中国铁建年鉴

CHINA RAILWAY CONSTRUCTION CORPORATION LIMITED YEARBOOK

2010

中国铁道建筑总公司史志编审委员会编

中国铁道出版社

2011·北京

图书在版编目(CIP)数据

中国铁建年鉴．2010/中国铁道建筑总公司史志编审委员会．—北京：中国铁道出版社，2011.7

ISBN 978-7-113-12754-1

Ⅰ．①中…　Ⅱ．①中…　Ⅲ．①铁路工程-中国-2010-年鉴　Ⅳ．①F532.3-54

中国版本图书馆 CIP 数据核字(2011)第 046372 号

书　　名：中国铁建年鉴(2010)
作　　者：中国铁道建筑总公司史志编审委员会
出版发行：中国铁道出版社(100054,北京市宣武区右安门西街 8 号)
责任编辑：罗桂英
封面设计：杨启燕
印　　刷：北京中铁建印刷有限公司
开　　本：787 毫米×1092 毫米　1/16　印张:43　插页:48　字数:150 万
版　　本：2011 年 4 月第 1 版　2011 年 4 月第 1 次印刷
印　　数：1～3500 册
书　　号：ISBN 978-7-113-10908-0
定　　价：180.00 元

中国铁道建筑总公司史志编审委员会

本期年鉴编辑工作人员

编 辑 说 明

一、《中国铁建年鉴》是一部概览中国铁建系统的综合性、资料性工具书，1993年创刊，逐年连续出版，本期年鉴为第18卷。年鉴全面、系统地反映2009年度中国铁建系统企业改革、施工生产、经营管理、科技教育、党群工作等方面的成果、经验和重要活动信息。

二、年鉴内容采用文章、条目、图片、表格等表现形式。年鉴体例采用分类编辑法，全书由类目、分目、条目三个层次组成，个别类目如工程施工、科技文化，为表述清楚设次分目。本期年鉴设类目16个，类目下设分目64个、次分目20个、条目1374条、表格81份、文章20篇。

三、本期年鉴为能更好地反映中国铁建的企业概貌和整体竞争实力，在彩页中增设"股份公司领导活动"、"企业文化"栏目和12项工程入选新中国成立60周年百项经典暨精品工程专版。

四、年鉴稿件来源于中国铁建总部机关各部门及所属各单位，并经其主管领导审核把关。年鉴文章、条目、图表中涉及的某些数据，是按不同口径、通过不同渠道提供的，如有矛盾之处，应以经营计划和财务部门提供的数据为准。

五、本年鉴根据行文实际需要，对单位名称采用全称和简称并用的办法。

六、本年鉴卷首有详细的目录，卷末有按汉语拼音顺序排列的主题分析索引，文中所有信息均可由目录、索引、书眉获得。

七、本年鉴坚持"质量第一、读者第一、服务第一"的宗旨，从年鉴内容到格式均按《编辑出版法规手册》的有关规定进行规范。如有疏漏不当之处，欢迎提出宝贵意见。

八、《中国铁建年鉴》的编辑出版，得到中国版协年鉴工作委员会、中国铁道出版社和兄弟单位的指导、帮助，得到中国铁建系统各级领导、部门的关心、支持，得到各单位史志工作者的密切配合，我们在此一并致谢。

2009 年 7 月 25 日，中共中央总书记、国家主席、中央军委主席胡锦涛视察中国铁建昆明 BT 项目二环改扩建工程和昆明中铁大型养路机械集团公司。胡锦涛总书记在视察昆明中铁大型养路机械集团公司时发表重要讲话；在视察昆明 BT 项目二环改扩建工程时，寄语中国铁建**“建优质工程，树企业形象”**。

图为胡锦涛总书记在中国铁建董事长、党委书记李国瑞（左一）陪同下，视察昆明中铁大型养路机械集团公司，了解企业自主研发和创新改造等情况。

（富建强 提供）

图为胡锦涛总书记与中国铁建昆明 BT 项目二环改扩建工程指挥部指挥长、中国铁建副总经济师琚建明亲切握手。

（刘 文 提供）

2009 年 2 月 15 日，国家主席胡锦涛在访问坦桑尼亚期间，专程前往位于首都达累斯萨拉姆市郊的坦桑尼亚中国专家公墓，凭吊长眠在那里的 69 名中国专家和技术人员。图为中国铁建中国土木工程集团公司党委书记刘志明(前排左一)向胡锦涛主席(前排左二)介绍为援建坦赞铁路而牺牲的烈士事迹。

(吕 力 提供)

2009 年 9 月 25 日，中共中央政治局常委、国务院总理温家宝在视察四川省东方电气集团东方汽轮机有限公司灾后重建工作后，接见部分援建单位的负责人。图为温家宝总理（左一）亲切接见中铁二十三局集团公司董事长、党委书记王长留（右一）。

（吴东儒 提供）

2009 年 4 月 28 日，中共中央政治局常委、书记处书记、国家副主席习近平（左一）在庆祝“五一”国际劳动节暨保增长促发展劳动竞赛推进大会上，亲切接见中铁十一局集团公司总经理赵晋华（右一）等与会代表。

（徐云华 提供）

2009年3月16日，中共中央政治局常委，国务院副总理李克强（前排右一）视察北京铁城建设监理公司监理的西安北站工程。（田春珍 提供）

2009年4月29日，在中华全国总工会劳动模范座谈会上，中共中央政治局委员、全国人大常委会副委员长、中华全国总工会主席王兆国（前排左一）与全国五一劳动奖章获得者，中国铁建党委副书记、纪委书记、工会主席、监事会主席彭树贵（前排右一）亲切交谈。

（李青颖 提供）

2009年7月10日，中共中央政治局委员、国务院副总理王岐山（前排左一）视察中铁二十三局集团公司承建的满洲里国际货场工程。（吴东儒 提供）

2009年10月16日，中共中央政治局委员、国务院副总理张德江视察中铁轨道系统集团长沙重型装备产业基地。图为张德江副总理(前排左二)视察时，听取中国铁建总裁赵广发(前排右一)对中铁轨道系统集团公司发展情况的汇报。（刘 文 摄）

2009年7月2日，中共中央政治局委员、北京市市委书记刘淇视察中铁十七局集团公司北京地铁4号线8标段建设工地。（孟庆财 提供）

2009年4月5日，中共中央政治局委员、新疆维吾尔自治区党委书记王乐泉视察中铁十二局集团公司喀和铁路建设工地。王乐泉在接见建设方、施工方、监理方代表时说："南疆人民永远不会忘记你们，你们是历史的功臣。"（赵九轩 提供）

2009 年 1 月 18 日，中共中央政治局委员、上海市市委书记俞正声视察中铁二十四局集团公司京沪高速铁路上海虹桥站建设工地，慰问参建职工和外来务工人员。 （平贵书 摄）

2010 年 10 月 1 日，国务院国资委主任王勇（前排中）在中国铁建董事长、党委书记孟凤朝（前排左一）陪同下，视察中铁十四局集团公司北京地铁 9 号线建设工地。 （刘建国 摄）

2009 年 10 月 14 日，国务院监事会主席李克（前排左三）到中铁十三局集团公司哈大铁路客运专线施工现场调研。 （郭金华 摄）

2009 年 6 月 22 日，第九届中国国际现代化铁路技术装备展览会在上海举办。图为铁道部副部长胡亚东在昆明中铁大型养路机械集团公司展台参观。（富建强 摄）

2009 年 11 月 18 日，铁道部副部长陆东福（前排右二）视察中铁建设集团公司海南三亚站房工程。（赵大鹏 提供）

2009 年 10 月 5 日，铁道部副部长卢春房（前排中）视察中铁二十四局集团公司宁杭铁路客运专线板场。（姚小平 提供）

董事长、党委书记孟凤朝（前排左一）视察中铁二十局集团公司哈尔滨西客站建设工地。

（张延永 摄）

总裁赵广发(中)视察中铁二十三局集团公司石武铁路客运专线黄龙寺隧道建设工地。

(吴东儒 提供)

党委副书记霍金贵（右二）到中铁十五局集团公司京沪高速铁路施工现场检查指导工作。

（孙进修　摄）

党委副书记、纪委书记、工会主席、监事会主席彭树贵（左二）到中铁十一局集团公司石武铁路客运专线项目部就学习实践科学发展观活动开展情况进行调研。

（尚云功　邹荣　摄）

副总裁、总经济师扈振衣（左二）到中铁建电气化局集团公司巴布亚新几内亚三层综合商厦项目施工现场考察。（李净　摄）

副总裁夏国斌(左三)到中铁二十三局集团公司向莆铁路青云山隧道1号斜井施工现场检查指导工作。 (吴东儒 提供)

副总裁范德(右三)在中铁房地产集团公司开发建设的贵阳中国铁建·国际城项目检查指导工作。 (夏 冀 提供)

副总裁周志亮(中)在中国铁建BOT项目——渝遂高速公路璧山收费站检查工作。(遂渝公司 提供)

副总裁、总会计师庄尚标(前排左三)到中铁二十四局集团安徽工程公司多元经济基地检查生产情况。

(姚小平 提供)

2009年9月1日，中国铁建应邀参加长春第五届东北亚投资贸易博览会。图为副总裁张宗言(前排右一)向商务部副部长魏建国(前排左一)介绍大型养路机械制造情况。

(李仕兵 摄)

副总裁刘汝臣(左一)视察中铁十七局集团公司京秦铁路丰润制梁场。

(杨艳 摄)

中国铁建12项工程入选新中国成立60周年百项经典暨精品工程

大秦铁路　沈阳至大连高速公路

京津城际铁路　成昆铁路

青藏铁路

南京站

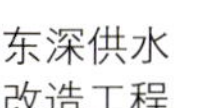

东深供水改造工程

乌鞘岭特长铁路隧道

芜湖长江大桥

江苏润扬长江公路大桥

引滦入津工程

北京地铁 1 号线

中铁第五勘察设计院集团公司主持开发的“客运专线预应力混凝土简支箱梁预制场工业化技术及应用”成果获中国铁道学会科学技术一等奖。（王丽洁 提供）

中铁十四局集团公司在厦门集美跨海大桥工程施工中，采用目前国内最先进的预制拼装工艺技术，并拓新施工组织理念，创造国内跨海大桥建设新速度。图为大桥夜景。（贺洪静 提供）

中铁十三局集团公司在沪蓉西高速公路支井河特大桥工程施工中开发的“峡谷条件下430米跨度上承式钢管混凝土拱桥双拱肋无风缆节段拼装工法”被评为国家一级工法。（李澍彤 提供）

中铁十二局集团公司在郑西铁路客运专线观音堂隧道工程施工中开发的“观音堂隧道进口明洞段高边坡变形机理及桩钉复合支护技术研究”成果通过专家组鉴定，达到国际先进水平。（赵九轩 提供）

中铁十一局集团公司在石太铁路客运专线孤山大桥工程施工中自主研制开发的“时速250公里客运专线无砟轨道大跨度斜腿刚构桥竖向转体综合施工技术”成果通过湖北省科技厅鉴定，达到国际先进水平。（郑平良 摄）

中铁十六局集团公司在陕西黄陵至延安高速公路葫芦河特大桥施工中研发的“百米高墩外翻内爬模施工工法”被评为2009年度国家公路工程工法。图为施工中的特大桥。

（郭秀琴 提供）

中铁二十四局集团福建公司在厦门杏林大桥下穿鹰厦铁路工程施工中开发的“超浅埋下穿铁路、公路长管幕隧道施工关键技术”成果通过福建省住房和城乡建设厅鉴定，达到国际先进水平。

（黄友明 颜振聪 提供）

中铁十二局集团公司在广深港铁路客运专线狮子洋隧道工程施工中，成功破解无冷冻条件下的盾构快速始发进洞、带压换刀等技术难题，填补8项国内外水下隧道及盾构法施工的技术空白。

（赵九轩 提供）

中铁十四局集团公司承建的广深港铁路沙湾特大桥工程，添补国内大跨高位提篮拱桥施工技术空白。

（贺洪静 提供）

中铁十一局集团公司在宜万铁路马鹿箐隧道工程施工中自主研制开发的“马鹿箐隧道岩溶溃水风险控制及处治技术”成果通过湖北省科技厅鉴定，达到国际先进水平。图为在马鹿箐隧道施工中研制的120米长抽水车。

（赛铁兵 提供）

▲中铁第一勘察设计院集团公司勘察设计，中铁十七、十八、二十二局集团公司和中铁十四局集团北京中铁房山桥梁公司、中铁轨道系统集团中铁株洲桥梁公司参建，铁四院（湖北）工程监理咨询公司、西安铁一院工程咨询监理公司、北京铁城建设监理公司监理的北京至天津城际轨道交通工程（北京南站改扩建工程）获2009年度中国土木工程詹天佑奖。

（茹亚新　提供）

◀中铁二十局集团一公司参建的苏州绕城高速公路（西南段）工程获2009年度中国土木工程詹天佑奖。

（麻炜　提供）

▲中铁二十四局集团公司、中铁十九局集团二公司、中铁二十局集团一公司参建的京杭运河常州市区段改线工程获2009年度中国土木工程詹天佑奖。图为建成的青洋大桥全景。 （姚小平 提供）

◀中铁第四勘察设计院集团公司勘察设计，中铁二十四局集团公司参建的合肥至南京铁路(含滁河大桥)工程获2009年度中国土木工程詹天佑奖。 （刘时运 提供）

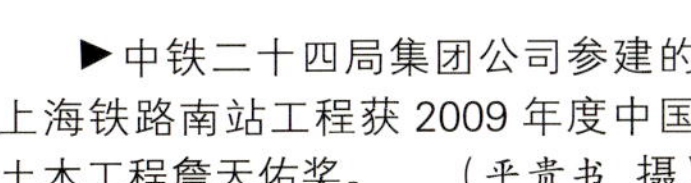

▶中铁二十四局集团公司参建的上海铁路南站工程获2009年度中国土木工程詹天佑奖。 （平贵书 摄）

中铁十七局集团公司承建，中铁十一、十四、二十三、二十五局集团公司参建的新建成都北编组站工程获 2009 年度中国建设工程鲁班奖。 图为编组站上行驼峰。

（吴东儒 提供）

中铁建设集团公司承建，中铁二十二局集团电气化工程公司参建的中国铁建大厦工程获 2009 年度中国建设工程鲁班奖。

（万红梅 提供）

中铁十四局集团公司参建的山东泰安抽水蓄能电站工程获2009年度中国建设工程鲁班奖。
（贺洪静 提供）

中铁十八局集团公司承建，中铁十二、十三、十五、十六、十七、十九、二十、二十三局集团公司和中铁建电气化局集团公司参建的新建遂宁至重庆铁路工程获2009年度中国建设工程鲁班奖。图为中铁二十三局集团公司承建的草街嘉陵江特大桥工程。
（吴东儒 提供）

中铁二十一局集团公司承建及其二公司、四公司参建的敦煌站综合工程获2009年度中国建设工程鲁班奖。
（王新选 摄）

中铁十六局集团公司承建，中铁十四、十七、十八局集团公司参建的北京地铁5号线工程获2009年度中国建设工程鲁班奖。 （杨海刚 摄）

中铁十九局集团二公司承建的南京长江第三大桥工程获 2009 年度国家优质工程金质奖。
（张 莹 提供）

中铁十一局集团一公司、中铁十五局集团五公司承建的济焦新高速公路济源至焦作段工程获 2009 年度国家优质工程银质奖。
（冯秀国 提供）

中铁十八局集团公司、中铁十一局集团四公司、中铁十二局集团二公司、中铁十五局集团二公司参建的国道 213 线云南思茅至小勐养高速公路工程获 2009 年度国家优质工程银质奖。
（冯秀国 提供）

中铁二十二局集团公司承建的苏州工业园区南环路东延工程获 2009 年度国家优质工程银质奖。
（王建承 摄）

中铁十四局集团公司、中铁二十三局集团一公司承建的济南段店互通立交桥工程获 2009 年度国家优质工程银质奖。
（吴东儒 提供）

中铁十五局集团公司、中铁二十四局集团公司及其安徽工程公司参建的合肥市金寨路高架桥工程获 2009 年度国家优质工程银质奖。 （姚小平　提供）

中铁十五局集团二公司承建的宁淮高速公路南京六合南互通立交工程获 2009 年度国家优质工程银质奖。（郑凤华　提供）

中铁十一局集团一公司、四公司和中铁二十四局集团公司参建的浙赣铁路电气化提速改造工程温厚特大桥获 2009 年度国家优质工程银质奖。　（姚小平　提供）

中铁十四、十八、十九局集团公司，中铁十七局集团一公司、中铁十九局集团五公司、中铁二十三局集团一公司参建的青岛滨海公路仰口隧道工程获 2009 年度国家优质工程银质奖。　（吴东儒　提供）

中铁十一局集团公司、中铁十九局集团公司及其五公司、中铁第一勘察设计院集团公司承建的青藏铁路22标段那曲以桥代路特大桥工程获2009年度国家优质工程银质奖。（杨秀权 摄）

中铁十八局集团二公司承建的天津华能杨柳青热电有限责任公司四期工程获2009年度国家优质工程银质奖。（孙希东 提供）

中铁十四、十五局集团公司承建的华能中电威海风力发电49.5兆瓦风力发电场工程获2009年度国家优质工程银质奖。（贺洪静 提供）

中铁十一局集团电务工程公司、中铁第一勘察设计院集团公司承建的新建青藏铁路格尔木至拉萨段电力工程（格尔木至唐古拉北段）获2009年度国家优质工程银质奖。（张孟桥 摄）

中铁十八局集团公司及其三公司、中铁二十四局集团公司及其南昌建设公司、中铁二十五局集团电务工程公司参建的新建井冈山铁路井冈山市站房工程获2009年度国家优质工程银质奖。（方东 摄）

中铁十四局集团公司承建的重庆忠垫高速公路杨家岭特大桥工程被评为 2009 年度全国建筑业新技术应用示范工程。（贺洪静　提供）

中铁十七局集团公司承建的西安浐灞 2 号桥钢结构工程被评为第 7 批中国建筑钢结构优质工程钢结构金奖。（孟庆财　提供）

中铁二十局集团一公司承建的无锡江海路高架桥工程被评为 2009 年度中国市政金杯示范工程。（麻 炜　提供）

中铁十四局集团公司承建的烟台魁星楼隧道工程被评为 2009 年度中国市政金杯示范工程。（贺洪静　提供）

2009 年 11 月 18 日，中国铁建董事长、党委书记李国瑞（左二）在中国铁建大厦会见安哥拉总统特使雅伊梅博士、安哥拉驻中国大使伯纳多一行，双方就安哥拉基础设施建设等合作事宜举行会谈。
（杨云铭 摄）

2009 年 6 月 6 日，中国铁建副董事长丁原臣（左三）会见波兰基础设施部部长代表团。（吕 力 提供）

2009 年 3 月 24 日，土耳其驻中国大使访问中国铁建。（吕 力 提供）

2009 年 7 月 13 日，奥地利驻华大使馆商务参赞安思来博士一行组成的奥地利商务代表团到昆明中铁大型养路机械集团公司参观考察。（富建强 摄）

中国铁建承建的沙特阿拉伯麦加轻轨工程。（董立巍 摄）

2009年8月4日，坦桑尼亚总统基奎特阁下为中土东非有限公司承建的新吉达审计署办公楼启用揭牌并发表演讲。（吕力 提供）

中国土木工程集团公司援外项目——库克体育馆。（吕力 提供）

2009年9月1日，中铁十一局集团公司承建的利比亚铁路工程的黎波里车站4公里线路在利比亚革命胜利40周年纪念日前试铺完成。（罗鑫 提供）

中铁十七局集团公司承建的阿尔及利亚东西高速公路工程。（孟庆财 提供）

中铁二十一局集团一公司承建的精伊霍铁路敖包特大桥工程。（高秋凤 提供）

中铁十一局集团公司承建的武广铁路客运专线胡家湾特大桥工程。（徐云华 摄）

中铁十七局集团公司参建的黔桂铁路工程。（孟庆财 提供）

中铁十三局集团公司承建的京石铁路客运专线跨张石高速公路段。（李升旺 提供）

中铁建电气化局集团公司承建的福厦铁路客运专线东源牵引变电所。（安三力 摄）

中铁十二局集团公司承建的武汉铁路编组站工程。（赵九轩 提供）

中铁二十五局集团公司承建的郑西铁路客运专线洛阳南站无柱雨棚工程。（雷罡 提供）

中铁十三局集团公司承建的甬台温铁路木周岭特大桥工程。（李仕兵 摄）

中铁十九局集团公司参建的温福铁路湾坞大桥工程。（杨秀权 摄）

2009 年 12 月 10 日，中铁十二局集团公司承建的宜万铁路齐岳山隧道胜利贯通。

（赵九轩　提供）

中铁十七局集团公司承建的海南东环铁路南渡江特大桥工程。

（孟庆财　提供）

北京铁城建设监理公司监理的兰青铁路二线民和湟水河特大桥工程获青海省建筑工程江河源杯奖。（田春珍　提供）

中铁建电气化局集团公司承建的改建铁路沪汉蓉通道武汉至安康增建二线 XYS-07 标段工程。（赵守民　摄）

中铁十二局集团公司及其四公司，中铁十三、十五、十八局集团公司，中铁十九局集团二公司、中铁二十局集团一公司参建的南京至淮安高速公路工程获 2009 年度中国公路交通优质工程一等奖。 （麻 炜 提供）

中铁十四局集团公司、中铁十三局集团三公司、中铁十九局集团二公司参建的淮安至盐城高速公路工程获 2009 年度中国公路交通优质工程二等奖。 （贺洪静 提供）

中铁十二、十七局集团公司，中铁二十三局集团一公司参建的湖南省常德至张家界高速公路工程获 2009 年度中国公路交通优质工程一等奖。 （赵九轩 提供）

中铁十九局集团二公司承建的重庆水江至界石高速公路石龙隧道工程获 2009 年度火车头优质工程奖。 （牟 军 摄）

中铁十四局集团公司承建的江苏宁常高速公路工程获2009年度火车头优质工程奖。（贺洪静 提供）

中铁十九局集团一公司承建的陕西户勉公路朱家垭隧道工程获2009年度火车头优质工程奖。（蔡庆荣 摄）

中铁十四局集团公司承建的南京城市快速内环东线高架桥工程获2009年度江苏省优质工程扬子杯奖。图为高架桥夜景。（贺洪静 提供）

中铁十九局集团公司承建的杭州湾跨海特大桥工程获2009年度浙江省建设工程钱江杯奖(优质工程)。（杨秀权 摄）

中铁十三局集团公司承建的上海嘉闵高架工程。 （曹国赞　摄）

中铁十八局集团二公司承建的渝湘高速公路南湖隧道工程获 2009 年度重庆市巴渝杯优质工程奖。（阎世杰　提供）

中铁十五局集团二公司承建的三门峡市涧河立交桥工程。（王　磊　摄）

中铁二十四局集团公司参建的上海长江隧桥工程。 （平贵书　摄）

中铁十三局集团公司承建的沈吉高速公路长山堡特大桥工程。（王成锋 摄）

中铁二十三局集团公司承建的湖南常张高速公路工程。 （吴东儒 提供）

中铁十三局集团公司承建的长春市四环路 102 国道跨伊通河飞燕式钢管混凝土异性拱桥工程。 （李仕兵 摄）

中铁建设集团公司承建的铁道部羊坊店住宅区旧房改造工程 7、8 号楼及 1 号地下车库工程获北京市结构长城杯金奖。（赵大鹏 提供）

中铁二十二局集团三公司承建的厦门海豚湾小区被评为中国人居环境金牌住区。（万红梅 提供）

中铁十一局集团公司建造的内蒙古神华物资公司哈乌素 2000 立方米储油罐群。（黄跃勇 摄）

中铁建设集团公司承建的北京石景山万达广场工程获北京市结构长城杯银奖。 （赵大鹏 提供）

中铁十一局集团建筑安装公司承建的湖北省鄂州市中央美地花园1号楼工程。 （王小颖 提供）

中铁建设集团公司承建的北大科技园创新中心获北京市建筑长城杯金奖。 （赵大鹏 提供）

中铁十六局集团北京工程公司承建的银川建发现代城工程。 （邹裴锋 提供）

中铁建设集团公司承建的北京东直门交通枢纽工程获北京市结构长城杯金奖。 （赵大鹏 提供）

北京铁城建设监理公司监理的北京地铁 4 号线工程获北京市市政基础设施结构长城杯工程金质奖。

（田春珍　提供）

中铁十九局集团电务公司承建的沈阳地铁 1 号线铁西广场站工程获长春、哈尔滨、沈阳三市优质工程观摩金杯奖。

（张　莹　提供）

中铁十一局集团城市轨道公司承建的广州地铁 3 号线高人区间成型盾构隧道工程。　（徐云华　摄）

中铁十七局集团公司承建的北京地铁西单站获北京市市政基础设施结构长城杯工程金质奖。　（孟庆财　提供）

中铁十一局集团城市轨道公司承建的上海轨道交通 6 号线供电工程。

（王大河　摄）

中铁十三局集团公司承建的南水北调中线京石段应急供水工程吴庄隧道。（李升旺 提供）

中铁十八局集团二公司承建的云南滇东电厂工程。（孙希东 摄）

中铁十九局集团华南公司承建的南水北调京石段卢沟桥暗涵工程获北京市市政基础设施结构长城杯工程金质奖。（张莹 提供）

中铁十三局集团公司承建的呼兰电厂热力管道工程。（李仕兵 摄）

2009年6月30日，中铁轨道系统集团公司试制的具有知识产权的首组时速350公里道岔通过铁道部专家鉴定，其道岔研究、设计、制造技术达到世界领先水平。（王 策 摄）

昆明中铁大型养路机械集团公司自主研发、具有知识产权的首台国产化YHG－1200移动式闪光焊轨车试制成功。（富建强 摄）

中铁十九局集团公司京沪高速铁路静海制梁场一次性通过铁道部质检中心实地核查认证，静载试验一次成功，顺利取得32米箱梁生产条件许可证。（闫旭光 摄）

昆明中铁大型养路机械集团公司自主研发、具有知识产权的首台CQS-550型道岔全断面道砟清筛机试制成功。（富建强 摄）

中铁十五局集团公司固镇轨道板场为国内首座自主创新的CRTS－Ⅱ型轨道板场。（郑凤华 提供）

中铁房地产集团公司开发建设的徐州中国铁建·人才家园。（赵 娜 提供）

中铁房地产集团公司开发建设的中国铁建·南宁凤岭山语城。（赵 娜 提供）

中铁地产（成都）开发有限公司设计的龙泉驿住宅项目方案获2009年全国人居经典建筑规划设计方案综合大奖。图为设计方案模型。（赵 娜 提供）

中铁房地产集团公司开发建设的长春中铁·国际花园一期工程。（李仕兵 摄）

中铁第四勘察设计院集团公司设计的武昌火车站工程获中国建筑学会建国60周年建筑创作大奖。（刘时运 提供）

中铁第四勘察设计院集团公司总体设计的武广铁路客运专线投入运营。图为动车组列车通过武汉东湖特大桥。（刘时运 提供）

2009年12月10日，中铁第四勘察设计院集团公司设计的宜万铁路最后一座Ⅰ级风险岩溶隧道——齐岳山隧道胜利贯通，隧道内铺设无砟轨道。（李敏 摄）

中铁第四勘察设计院集团公司总体设计的郑西铁路客运专线开通运营。（刘时运 提供）

中铁第一勘察设计院集团公司设计的昆明铁路集装箱中心站工程获中国铁路现代物流发展创新成果一等奖和铁道部优秀设计一等奖。（刘明伟 摄）

2009 年 5 月 20 日，中铁十四局集团公司承建的中国铁建 BOT 项目——南京长江隧道全线贯通。

（贺洪静　提供）

2009 年 9 月 28 日，中国铁建 BT 项目——昆明二环改扩建工程正式通车。图为中铁十六局集团四公司承建的金星立交桥工程。

（杜巍巍　摄）

中铁十三局集团公司 BOT 项目——哈尔滨绕城高速公路东北段天恒山隧道。

（李仕兵　摄）

中铁二十二局集团五公司承建的中国铁建 BOT 项目渝遂高速公路大学城隧道工程。

（万红梅　提供）

2009年3月24日，中铁物资集团公司与德国福斯罗公司合资成立北京中铁福斯罗技术有限公司。

（叶玲玲 摄）

2009年8月21日，中铁物资集团公司代表中国铁建与中国石油签署合资合作框架协议。图为中铁物资集团公司董事长、总经理申兆军与中国石油副总裁兼销售公司总经理刘宏斌分别代表双方在协议上签字。（叶玲玲 摄）

2009年12月16日，中铁物资集团公司在钓鱼台国宾馆与德国福斯罗集团公司签署股权转让协议。图为中铁物资集团公司董事长、党委书记申兆军与德国福斯罗集团公司副总裁桑德斯代表双方签署股权转让协议。

（叶玲玲 摄）

2009 年 2 月 2 日，香港特别行政区政务司司长唐英年（左一）视察由香港特区政府捐资援建、中铁十五局集团公司承建的映秀至卧龙公路灾后恢复重建工程 YW1 标段施工现场。

（王春花　袁枚　摄）

中铁十三局集团公司重建的都汶高速公路龙溪隧道工程。（蔡小红　摄）

2008 年 5 月 12 日，四川汶川特大地震发生后，各省市自治区和香港特别行政区政府积极响应党中央、国务院号召，全力以赴对地震灾区灾后重建开展对口支援。中国铁建所属中铁十一、十三、十四、十五、二十、二十一、二十二、二十三、二十四局集团公司和中铁建电气化局集团公司 10 个单位承担了一批灾后重建工程，累计完成投资 50.92 亿元。

2009 年 5 月 10 日，浙江省人民政府对口援建、中铁二十局集团公司承建的灾后重建工程——剑阁至青川公路酒家垭隧道建成通车。

（孙厚明　摄）

中铁二十四局集团公司援建的都江堰柳街小学。（邓宇胜　摄）

中铁二十二局集团四公司举办欢迎大学毕业生联欢晚会。
（康 雪 摄）

2009 年 4 月 26 日，昆明中铁大型养路机械集团公司举办庆祝生产大型养路机械 20 周年“彩虹颂”大型文艺晚会。晚会分为《前进脚步》《云岭彩虹》《与春天同行》3 个篇章，展现了建厂 55 周年、生产大型养路机械 20 周年，发展成为中国养路机械领军企业的发展历程。（富建强 摄）

中铁第四勘察设计院集团公司创作表演的舞蹈《天路》获湖北省迎国庆 60 周年职工文艺展演二等奖。
（李 杰 摄）

目　录
Contents

特　载
Special Records

大 事 记
Record of Major Events

概　况
CRCC in Brief

相关链接
Related Links

董事会工作
Activities of the Board of Directors

相关链接

Related Links

工程施工

Engineering Construction

工程管理

Engineering Management

· 宜万铁路 ·

· *Yiwan Railway (Yichang – Wanzhou)* ·

· 京沪高速铁路 ·

· *Beijing – Shanghai High – Speed Railway* ·

· 京石铁路客运专线 ·

· *Passenger Dedicated Railway Line (Beijing – Shijiazhuang)* ·

港澳工程

Engineering in Hong Kong and Macao

安全质量监督

Safety and Quality Supervise

设备物资

Equipment and Material

海外经营　境外工程

Overseas Operation & Projects

海外经营

Overseas Operation

· 海外业务 ·

· *Overseas Business* ·

· 海外资源管理 ·
· *Overseas Resource Management* ·

境外工程
Overseas Projects

经 营 管 理
Operation & Management

企业管理
Enterprise Management

经营计划
Operation Planning

房地产开发与监管

Real Estate Development and Supervision

资本运营与管理

Capital Operation and Management

财　务

Financial Affairs

审计监事

Audit Supervisors

· 审计工作 ·

· *Audit Work* ·

· 监事会工作 ·

· *Work of Board of Supervisors* ·

· 审计与风险管理 ·

· *Audit and Risk Management Committee* ·

综合管理

Comprehensive Administration

机关政务　行政事务

Office Affairs & Administration

人力资源
Human Resources

信息化建设
Information Construction

法律事务
Legal Affairs

公　安
Public Security

机关房地产管理

Administrative Real Estate Management

离退休职工管理

Retired Staff Management

科技 文化

Science, Technology & Culture

科　技

Science and Technology

文　化

Culture

·史志鉴工作·

·*Making Chronicle Work*·

党的工作
CPC Work

综合工作
Comprehensive Work

组　织
Organization

宣　传
Publicity

纪检监察

Discipline & Supervision

报　纸

Newspaper

工会　共青团

Labor Union & CYL

工　会

Labor Union

· 生产综合 ·

· *Manufacture Overall* ·

· 组织权益 ·

· *Organization's Rights* ·

团 委

CYL Committee

所属单位

CRCC's Subsidiaries

中国土木工程集团有限公司

China Civil Engineering Construction Corporation

中铁十一局集团有限公司

China Railway 11th Bureau Group Co., Ltd.

中铁十二局集团有限公司

China Railway 12th Bureau Group Co., Ltd.

中铁十三局集团有限公司

China Railway 13th Bureau Group Co., Ltd.

中铁十四局集团有限公司

China Railway 14th Bureau Group Co., Ltd.

中铁十五局集团有限公司

China Railway 15th Bureau Group Co., Ltd.

中铁十六局集团有限公司

China Railway 16th Bureau Group Co., Ltd.

中铁十七局集团有限公司

China Railway 17th Bureau Group Co., Ltd.

中铁十八局集团有限公司

China Railway 18th Bureau Group Co., Ltd.

中铁十九局集团有限公司

China Railway 19th Bureau Group Co., Ltd.

中铁二十局集团有限公司

China Railway 20th Bureau Group Co., Ltd.

中铁二十一局集团有限公司

China Railway 21st Bureau Group Co., Ltd.

中铁二十二局集团有限公司

China Railway 22nd Bureau Group Co., Ltd.

中铁二十三局集团有限公司

China Railway 23rd Bureau Group Co., Ltd.

中铁二十四局集团有限公司

China Railway 24th Bureau Group Co., Ltd.

中铁第一勘察设计院集团有限公司

China Railway First Survey and Design Institute Group Co., Ltd.

中铁第四勘察设计院集团有限公司

China Railway Fourth Survey and Design Institute Group Co., Ltd.

中铁第五勘察设计院集团有限公司

China Railway Fifth Survey and Design Institute Group Co., Ltd.

中铁上海设计院集团有限公司

China Railway Shanghai Design Institute Group Co., Ltd.

中铁物资集团有限公司

China Railway Goods and Materials Co., Ltd.

昆明中铁大型养路机械集团有限公司

Kunming China Railway Large Road Maintenance Machinery Co., Ltd.

中铁轨道系统集团有限公司

China Railway Rail System Group Co., Ltd.

北京铁城建设监理有限责任公司

Beijing Tiecheng Construction Supervision Co., Ltd.

中铁建(北京)商务管理有限公司

China Railway (Beijing) Business Management Co., Ltd.

中国铁建股份有限公司北京培训中心

China Railway Construction Corporation Beijing Training Center

人 物

Elite

新闻人物

Media Elite

科技人物

Science and Technology Elite

模范人物

Model Workers

先进集体

Advanced Groups

逝世人物
Deceased Elite

光荣榜
Honor Roll

统计资料
Statistics

文献辑要
Documentation Abstract

附　录

Appendix

信息资料

Information

中国铁建所属单位名录

Directory of CRCC's Subsidiaries

索　引

Index

2010 年 1 月 28 日 ~31 日，中国铁建首届一次职工代表大会暨 2010 年工作会议在北京隆重召开。图为大会会场。（刘 文 摄）

特 载

本栏责任编辑 杨启燕

明路子 建班子 抓基层 带队伍
促进经济发展方式转变

——党委书记、董事长李国瑞在中国铁建股份有限公司党委二届五次全体会议上的工作报告

（摘 要）

（2010 年 1 月 28 日）

关于 2009 年以来的主要工作

2009 年是新世纪以来中国经济发展最为困难的一年。国际金融危机持续扩散蔓延，世界经济深度衰退，中国经济社会发展遭受严重冲击，企业改革发展面临前所未有的挑战。面对极为严峻复杂的经济形势，股份公司党委审势度势，正确研判，积极应对，作出了“抢抓机遇保发展，调整优化上水平，加强管控增效益，深化改革转机制”的重大决策。各级党委充分发挥政治优势和组织优势，引领广大干部职工认清形势，坚定信心，化危为机，把思想和行动统一到中央的重大部署上来，统一到股份公司对形势的判断和重大决策上来，为抢抓机遇保增长，科学发展促转型提供了坚强的思想政治保证和组织保证。2009 年，全系统新签合同额、实现营业收入、利润总额、净利润等主要经济技术指标均创历史新高。

一、学习实践科学发展观活动富有成效

按照中央和国资委党委的部署，股份公司党委紧紧围绕“党员干部受教育、科学发展上水平、人民群众得实惠”的总体要求，以应对国际金融危机为大课堂，以“抢抓机遇保增长，科学发展促转型”为主题，以各级班子和处以上干部为重点，紧密联系实际，突出实践特色，深入开展学习实践科学发展观活动，取得显著成效，各单位比较满意，广大党员和职工比较满意，全系统群众满意度测评平均“满意”率 99.07%。对此，中央学习实践活动办公室给予较高评价，并协调新华社、中央电视台等中央主流媒体两次报道，股份公司党委还在中央企业学习实践活动总结大会上作了经验介绍。

1. 进一步明晰企业发展战略。股份公司及各单位党委和领导在金融危机大背景下，站在科学发展观高度，重新审视企业发展战略，围绕是不是科学发展、要不要科学发展、能不能科学发展、怎样科学发展等重大课题进行深入调研、思考和谋划。一是真诚倾听，广泛征求意见。股份公司党委向所属单位党委共征集到 11 个方面的意见和建议 354 条。通过向 29 个所属单位领导班子成员、机关中层干部、工程公司党政主官和其他员工 4 个层面的人员发放 2260 份调查问卷，征求到 8 个方面 26692 条意见和建议。还向铁道部、商务部、住房和城乡建设部、国家安全生产监督管理总局等部委和大业主、大客户发函，征求到 22 条意见建议。二是对标找差距。股份公司领导班子主动与国际一流建筑企业对标找差距。既从盈利能力、生产效率、利润结构、产业结构、商业模式等方面，又从经营理念、运营模式、体制机制、管理方式等方面，与法国万喜（Vinci）、布依格（Bouygues）及德国豪赫蒂夫（Hochtief）、日本鹿岛建设（Kajima）对标找差距，还与中国中铁、中国建筑、中国交通建设、中冶科工等同行业中央建筑企业进行全方位对比，深度查找差距。三是深入调研，形成科学发展新共识。股份公司党委常委成员围绕“抢抓机遇保增长，科学发展促转型”这个主题，结合分工，确定“建筑为本，运营为纲，加快结构调整，促进企业转型”、“确保安全生产，落实科学发展”等 11 个涉及企业发展全局的课题，率领调研组深入 15 个集团公司、16 个工程公司和 10 个项目部进行广泛深入的调研。在此基础上，形成 11 份有情况、有分析、有举措的调研报告。所属 29 个单位 295 名领导班子成员也分别带队，深入基层，进行 322 个课题调研，形成调研报

告243份。股份公司党委召开有机关部门以上领导参加的调研成果交流暨解放思想讨论会，通过研讨，大家在中国铁建科学发展上水平的重大问题上形成新的共识。四是全面深刻，撰写分析检查报告。股份公司党委常委会在解放思想大讨论的基础上，召开专题民主生活会，形成领导班子集体分析检查报告。为确保质量，又专门委托4名常委分别主持召开4个不同层面的座谈会，听取所属单位主要领导、管理人员、技术人员、党代表、职工代表、劳动模范的意见和建议。经6月6日党委二届四次全委扩大会审议通过，上报下发，进一步廓清了中国铁建发展战略，确定了“抢抓机遇保增长，科学发展促转型”的清晰思路，明确提出加快产业结构调整升级，创新发展模式，提高发展质量，经过5年左右努力，实现企业稳健转型，把中国铁建建设成为“中国建筑业的领军者，全球最具竞争力的大型建设集团”战略构想。按照这一构想，推进工程承包产业升级，在继续扩大铁路、公路等建筑市场份额的同时，深度开发海外市场，构建海外大经营格局；着力打造设计咨询领先优势；乘势扩大房地产经营规模；稳健介入优质资本运营项目；积极运作矿山资源开发；依托主业快速完善工业产业结构布局；努力建立大型现代物流服务平台。股份公司已经成立战略规划领导小组，目前正在组织力量编制《中国铁建股份有限公司“十二五”规划》和《中国铁建股份有限公司三年滚动规划》。各集团公司党委和领导，都站在科学发展高度，总结经验教训，剖析建筑业发展规律、施工企业发展规律、本企业发展规律，重新审视发展战略，完善发展思路。

2. *进一步解决突出问题*。各级党委按照边学边改、边查边改的要求，集中时间、集中力量解决一批影响和制约企业科学发展的突出问题以及群众反映强烈的问题。2009年7月，股份公司决定把十一、十二局集团电化工程公司重组到中铁建电气化局集团公司，提高产业集中度和竞争力；8月，股份公司投入资金111.5亿元，增加各集团公司注册资本金，提升经营能力。截至2009年底，股份公司本级解决24个突出问题；全系统解决621个影响和制约企业科学发展的突出问题，解决119个党员干部党性党风方面群众反应强烈的突出问题，解决155个涉及职工群众切身利益等方面的突出问题。惠泽员工保稳定。在2009年初国际金融危机席卷而来的时候，股份公司就明确提出“两不减、两同步”，即不减员、不减薪；职工工资同步足额发放，同步按国家政策办理基本社会保障保险；按时发放农民工工资。在发展生产、提高效益基础上，增加职工工资收入，2009年职工平均收入比2008年增长17.53%。坚持兑现“三不让”承诺；妥善处理中铁二十局集团公司、中铁第一勘察设计院集团公司等单位2300余人1998年违规病退等历史遗留问题，涉及费用1.24亿元。

3. *进一步完善体制机制*。按照国务院国资委关于董事会规范运行的规定，调整股份公司董事会各专门委员会的组成；制定股份公司高级管理层和集团公司负责人的绩效考核办法，对集团公司负责人实行以绩效考核为依据的年薪制；积极推进二级公司董事会的规范运行试点工作，中铁房地产集团公司董事会试点工作顺利推进；调整总部部分机构设置，进一步理顺机关职能；积极推进管理制度的修订和完善，截至2009年底，股份公司本级和所属二级公司两级新制定出台制度618项，修改完善制度404项，废止过时的旧制度229项。

4. *进一步加强基层党的建设*。各单位把学习实践科学发展观活动与学习贯彻落实党的十七届四中全会精神和全国国有企业党的建设工作会议精神相结合，积极探索新形势下加强和改进企业党建工作的新思路、新途径和新办法，基层党组织的建设进一步加强。股份公司党委派出调研组，深入基层单位，对基层党建工作进行专题调研。中铁十三局集团公司党委作出决定，集团公司、工程公司所属项目部及三级公司的党政主官分设，党组织书记岗位一律按正职配备。中铁十九局集团公司制定党支部标准化建设实施纲要，切实规范基层党支部建设。中铁二十一局集团公司认真推行党委工作责任制，坚持对工程公司、项目部党建工作进行全面考核评价，保证党建工作在基层得到有效落实。

二、领导班子建设力度加大

思想政治建设不断加强。股份公司党委始终把思想政治建设作为领导班子建设的首要任务，摆在突出位置。通过组织党委中心组学习，加强理论武装，提升各级领导班子领导企业科学发展的能力。2009年，股份公司党委召开8次党委中心组扩大会议进行专题学习研讨。各单位党委组织300多次中心组学习。通过深化创建“四好领导班子”活动，提升领导班子的整体素质。领导干部培训工作取得成效。

考核调整工作切实推进。2009年以来，考核25个单位领导班子，任免领导人员116人（不含改任顾问和退休人员）。其中，调整正职39人；提拔76人。目前，所属30个单位现有领导班子成员344人，平均年龄48.49岁，大学本科以上学历319人，占92.7%；高级专业职务315人，占91.5%；1982年以后毕业的大学生169人，占49.1%。与2008年底相比，平均年龄降低0.85岁，大学本科以上学历人员所占比例提高6.8个百分点，1982年后毕业大学生所占比例提高

7.9 个百分点。通过调整配备,所属单位领导班子的知识、年龄、专业结构得到进一步改善,能力建设得到加强,为抢抓机遇、加快发展提供了组织保证。

领导干部管理进一步规范。一是建立所属二级公司领导班子副职正常退出机制。为积极推进领导班子成员新老交替,提高领导班子的生机与活力,适应当前企业快速发展的需要,经股份公司党委常委第 24 次会议研究决定,所属单位领导班子副职年满 58 周岁改任顾问职务。2009 年有 24 人改任顾问职务。二是所属二级公司领导班子副职竞争上岗制度全面推行。经股份公司党委研究,对需要补充缺员的 12 家单位领导班子 39 个副职岗位全部采取面向内部公开竞争上岗的方式选拔产生。三是后备干部队伍建设步入正常。根据各单位呈报意见和股份公司党委全面考核了解的情况,股份公司党委掌握了一大批优秀后备人才,为股份公司有针对性的培养和选拔领导人员提供坚实基础。四是建立所属二级公司现任领导班子成员年度考核制度。考核主要采用个人书面述职和单位党委评价方式进行,结合职代会评议和日常考核验证,为股份公司党委进一步掌握所属单位领导干部的工作情况和思想作风建设情况提供第一手数据和资料。五是股份公司重要人事任免程序进一步规范。随着股份公司公司制运作逐步规范化,提名委员会在领导干部选任过程中的作用进一步得到强化。所属各单位董事会人选变动,党委常委会集体讨论决定后全部经过提名委员会和董事会审议通过。

三、大张旗鼓地开展形势任务教育

2009 年初,国际金融危机席卷而来,中国经济处于最困难时期。中央果断推出 4 万亿元的一揽子经济刺激计划,温家宝总理响亮提出“信心比黄金更重要”。在此关键时刻,股份公司和各单位党委把形势任务教育作为党委工作的大事,在干部职工中开展“坚定信心、危中识机,抢抓机遇、迎接挑战,统一思想、鼓舞斗志”主题形势任务教育活动。宣传部门编写提纲,报纸刊发宣讲材料,各级党组织运用多种方式对职工进行宣传教育。特别是在应对金融危机的关键时刻,2009 年 7 月 25 日,胡锦涛总书记在视察昆明中铁大型养路机械集团公司时发表重要讲话,他说:“虽然当前我们面临着国际金融危机的严峻形势,但是我来了一看,你们的企业还是一片春天。”指示中国铁建一要加强自主创新,二要加强质量管理,三要“走出去”开拓国际市场。在视察中国铁建 BT 项目昆明二环改扩建工程时寄语中国铁建“建优质工程,树企业形象”。股份公司党委一班人认真学习领会胡总书记重要讲话精神,并迅速向各单位下发学习贯彻通知,党委指示《中国铁道建筑报》连续 10 期在报纸头版显著位置登载胡总书记重要讲话,发表 7 篇社论,推动讲话精神深入学习。胡锦涛总书记重要讲话经过各级党组织广泛传达学习贯彻,家喻户晓,人人皆知,给正在应对金融危机、抢抓机遇保增长、科学发展促转型的全系统广大干部职工以极大的鼓舞和巨大力量。2009 年下半年以来,各级党委认真贯彻股份公司武汉经营工作会议、信阳安全质量工作会议、经营工作专题会议和经营创效视频会议精神,以股份公司所作的重大决策统一思想,特别是开展对高速铁路工程质量极端重要性的再认识、再宣传、再提高;以整风精神强力提升经济运行的质量和效益;这些都取得了显著成效。总之,形势任务教育贯穿全年,起着统一思想、振奋精神、鼓舞斗志的作用。

四、宣传工作成绩喜人

各级党委始终把对外宣传放在突出位置,围绕重难点工程进展,提前谋划,精心组织,确保对外宣传时时有重点,处处有亮点。2009 年,中央主流媒体多次宣传报道中国铁建,中央电视台《新闻联播》播发 25 篇,新华社发稿 43 篇,全系统在中央主流媒体刊稿上千篇,相关主流网络媒体转载上万次,大大提升了中国铁建的品牌形象。中国铁建开展宣传思想工作的经验在国资委召开的首次中央企业宣传思想工作会议上作了介绍,开展公民道德建设和精神文明建设创建活动的经验在第六届中国公民道德论坛上作了介绍,受到较高评价。在主动进行正面宣传的同时,股份公司和所属单位建立新闻发言人制度,举办新闻发言人暨突发事件新闻宣传培训班,提升全系统应对突发事件的新闻处置能力,及时、有效地开展危机公关,2009 年处理突发事件 20 余起,把负面影响降低到了最低限度,有效地维护了企业形象。《中国铁道建筑报》紧紧围绕企业中心工作,营造了良好的舆论氛围。

五、企业文化建设不断深化

股份公司党委、股份公司隆重举行庆祝新中国成立 60 周年暨兵改工 25 周年纪念活动,各级党组织积极响应,大力选树英雄模范人物,弘扬铁道兵精神,深化企业文化建设。股份公司党委积极组织参加全国、全路英雄模范评选活动,李艳光成功入围第二届全国道德模范候选人,获得助人为乐类提名奖;杨连第成为“100 位为新中国成立作出突出贡献的英雄模范人物”候选人,并当选“共和国铁路楷模”。股份公司评选并隆重表彰 60 名中国铁建杰出人物、10 名中国铁建首届十佳道德模范,举办“闪光的里程”书法、美术、摄影作品展和“我与中国铁建”征文活动。各级党组织通过报纸、网站等载体和召开纪念会、座谈会、演讲比赛等方式,大力宣传新中国成立 60 年来取得的巨大成就,特别是中国铁建兵改工 25 周年来取得的辉煌业绩，讴歌铁道兵精神，弘扬中国铁建价值观和企业精神。扎实开展工程公司文化建设年活动，为做专做强做优工程公司提供文化支撑。

六、反腐倡廉建设稳步推进

各级纪检监察组织以服务企业中心工作为大局，以落实惩治和预防腐败体系工作为龙头，以完善党风廉政建设责任制为主线，突出领导人员廉洁从业、查办违纪违法案件、效能监察和源头治理四项工作重点，党风建设和反腐倡廉工作取得新的成效，3次在全国性的纪检监察工作会议上介绍经验，邀请中央纪委和国务院国资委纪委领导到所属企业进行调研，检查指导工作。查办案件工作继续保持强势，全年立案处理305件，党纪政纪处分458人，追究刑事责任44人，伸张了正义，打击了歪风。积极应对和化解各类企业经营风险事件106起，保护了企业合法权益和广大经营管理者的工作热情。

七、工会、共青团工作展示作为

各级工会组织在服务企业科学发展、维护企业稳定和谐中作出积极贡献。成功召开中国铁道建筑总公司第三次工会代表大会，积极筹备建立中国铁建股份有限公司职工代表大会制度。共青团组织广泛开展“保增长、促转型，我是青年我先行”主题实践活动、争创“青年文明号”、争当“青年岗位能手”活动和“青年创新创效活动”，成功召开股份公司第一次团代会，团的自身建设得到加强，2009年有85名先进青年和115个先进青年集体受到团中央、中央企业团工委及省部级团组织的表彰。

中国铁建作为一家有影响力的中央企业，发挥党委的政治核心作用是一个重大的政治原则。中国铁建作为境内外上市公司和国资委董事会试点企业，企业的决策体制发生了重大变化。股份公司党委遵循中央和国资委党委精神，结合实际，不断探索、总结、完善在现代企业制度的新体制下发挥政治核心作用的途径和方法。2009年，股份公司党委召开常委会议18次，讨论议题32项。召开党委全委会两次，召开股份公司领导班子民主生活会两次。股份公司党委常委会十分重视贯彻民主集中制原则，既发挥党委班子整体功能和政治核心作用，又十分注意协调和充分发挥董事会、经理层和监事会的重要作用，较好地保障了法人治理结构的规范和良好运行。国务院国资委2009年在对20多家中央企业试点企业董事会考核评价的基础上，中国铁建被列为运行良好的7家中央企业之一。股份公司党委指导督促各单位制定基本议事制度，贯彻“三重一大”要求，规范领导班子的重大决策行为。

关于2010年党委工作主要任务

党的十七届四中全会对大型国有企业党组织政治核心作用作出新概括，提出新要求：“把建设高素质经营管理者队伍、人才队伍、党员队伍、职工队伍和增强国有经济活力、控制力、影响力贯穿国有企业党组织活动始终，保证党组织参与决策、带头执行、有效监督，发挥政治核心作用。”股份公司和各单位党委，要坚决贯彻四中全会决定和全国国有企业党建工作会议精神，以建设高素质经营管理者队伍、人才队伍、党员队伍、职工队伍和增强国有经济活力、控制力、影响力为主线，在参与重大决策、带头执行、选人用人、贯彻党和国家路线方针政策等关键方面发挥好政治核心作用。

2010年，中国铁建面临新形势、新任务，党委工作的总体要求是：**以科学发展观和党的十七届四中全会精神为指导，以“明路子、建班子、抓基层、带队伍”为主线，以党组织的政治优势、组织优势有力推动经济发展方式转变，坚定不移地走质量效益型发展道路。**

一、明路子，就是要把各级领导思想统一到坚持走质量效益型发展道路上来

中央经济工作会议强调5个更加注重：要更加注重提高经济增长质量和效益，更加注重推动经济发展方式转变和经济结构调整，更加注重推进改革开放和自主创新、增强经济增长活力和动力，更加注重改善民生、保持社会和谐稳定，更加注重统筹国内国际两个大局，努力实现经济平稳较快发展。归根结底是要转变经济发展方式，坚持走质量效益型发展道路。这对于中国铁建有很强的针对性和指导性。**紧紧抓住2009~2013年这5年黄金机遇期，基本实现中国铁建经济发展方式的转变，切实走上质量效益型发展道路，对于中国铁建和各个企业，都具有全局性、根本性和战略性，其实质是贯彻科学发展观，实现又好又快发展。**

自兵改工后，中国铁建不断发展壮大，特别是党的十六大以来，中国铁建的改革发展进入了快车道。在看到量的巨额增加的同时，更要看到公司质的飞跃，体现在五大转变：一是由单一的施工环节向规划可研、勘察设计、施工、物流、监理、维护运营和投融资完善的产业链转变；二是由单一的施工承包向六大业务板块协同发展转变；三是由国内单一市场到开发国内外两个市场、海内外一体化经营转变；四是由国有独资公司向境内外上市公司转变；五是由传统的管理体制向现代企业制度转变。这5个转变，使中国铁建进一步树立了良好的市场形象和社会形象。但与国外一流的建筑公司相比，与同行业中央企业相比，我们面临着内忧外患的压力，主要体现在：一是经济效益低下，盈利能力偏低；二是集中于传统业务，产业结构不合理；三是企业的运营效率和项目管理水平明显落后于国际一流公司，在系统内部各单位之间差距也很大，个别工程局和有的工程公司财务资金状况堪忧；四是安全生产没有处于受控状态;五是作为老的国有企业,管理机制相对落后。以上这些重大的、深层次的矛盾和问题,制约着中国铁建又好又快发展。因此,**必须以强烈的忧患意识,抓住当前和今后几年的有利时机,加快经济发展方式的转变,强力提升经济运行的质量和效益,就成为中国铁建和所属各个企业全部工作的重中之重**。要在加快发展中转变,在调整结构中转变,在技术创新中转变,在推行精益化管理中转变,在加强领导班子和基层建设中转变,在深化改革中转变。

各单位党委,要运用党委会、领导班子会议、中心组学习等多种方式,组织各级领导人员深入学习中央经济工作会议、中央企业负责人会议、股份公司工作会议精神,把各级干部的思想统一到股份公司对中国铁建面临的新形势、新任务的判断上来,统一到加快经济发展方式转变、坚持走质量效益型发展道路的战略决策上来,统一到2010年的奋斗目标和主要工作任务上来。在关系企业科学发展的全局性、根本性、战略性的重大问题上,各级党委要以政治优势、组织优势强力推动。要深化2009年学习实践科学发展观活动的成效。要以整风精神解决当前影响发展方式转变、影响经济质量和效益提升的突出问题。2010年,各级领导班子民主生活会的主题,就是以科学发展观和股份公司工作会议精神,审视本企业的经济发展方式和经济运行的质量和效益。

二、建班子,就是要以科学发展观统领领导班子建设,着力建设优秀的经营管理者团队

中国铁建的发展面临前所未有的机遇和挑战。能不能抓住当前这个战略机遇期,保持科学发展的良好态势,关键在各级领导班子。股份公司各级领导班子和领导人员队伍建设目标是:以"四好领导班子"为标准,建设善于领导企业科学发展的领导班子,造就一支堪当重任的优秀职业经理人队伍,形成一套符合中国铁建实际的企业领导人员考核评价和选拔管理机制。

"四好领导班子"有4条标准,但概括起来最主要的是两个方面:一是经济效益好。经济效益不好,不能为"四好领导班子"。二是领导班子自身形象好。领导班子自身形象不好,不能为"四好领导班子"。因此,要把各级领导班子建设成为团结、务实、进取、廉洁的坚强领导核心,成为加快发展的领导班子,成为改革创新的领导班子,成为奋发有为的领导班子,成为团结稳定的领导班子,成为领导企业又好又快科学发展的领导班子。2010年,要继续加强各级领导班子的组织建设。一是强调要选准配强各级主官领导。要按照政治上强、善经营懂管理、能够驾驭全局、具备抓班子带队伍能力、清正廉洁的要求,选准配强各级主官领导。选准配强各级主官领导,是加强领导班子建设的关键。邓小平曾经指出,解决领导班子问题,主要是配备好一、二把手,一、二把手敢字当头,就可以把队伍带起来。主官领导对一个企业的发展和风气关系极大。必须高标准选拔配备主官领导。对不适应、不称职的主官领导,要及时、果断调整。二是在副职配备中,要注重专业配套和年龄、知识的合理结构。三是各级党委要把加强领导班子建设作为党委工作重点。给企业一个好项目固然重要,但配一个好班子更加重要,给一个好项目管一时,配一个好班子管一个较长的时期。进一步加强各级领导班子的思想政治建设,要认真贯彻中央关于从严管理干部的指示精神,各级主要负责人要加强对本级领导班子和下一级主官领导的管理教育和监督。调整规范工程公司法人治理结构。根据《公司法》立法精神,从中国铁建实际出发,工程公司不再设董事会、监事会,设执行董事、总经理1名,为法人代表;设专职党委书记1名、监事1名,有利于生产经营和提高效率。

抓人才,切实增强企业竞争能力。要制定与股份公司总体发展战略相适应的"十二五"人才规划,创新对人才的评价、分配、激励、约束机制,给特殊人才特殊待遇。要重点做好职业经理人、项目经理、海外人才3支队伍建设。

对企业需要的各类人才,要立足内部,加强培养,一是通过培训班;二是在实践中培养造就,"在战争中学习战争"。同时,要用市场化、社会化、国际化方法选人用人。要结合股份公司的发展战略和业务板块,关注已经或者即将进入的新业务领域里的人才队伍建设,如矿业资源开发、资本市场投资等领域。对海外支柱市场,要积极推行本土化策略,十分注意招募所在国员工及人才参与公司的业务发展。

三、抓基层,就是要强力推进工程队建设

企业规模越大,发展速度越快,对基层建设要求越高。因为基础不牢,地动山摇。党委工作重点在领导班子,重心在基层。企业活力在基层,基础在基层。各级党组织要从夯实企业科学发展基础的高度着力抓好基层建设、基础工作。

要强力推进工程队建设。2009年三季度,赵广发总裁提出的加强工程队建设,是非常必要的,是完全正确的。加强工程队建设,是加强工程公司建设的重中之重,是法人管控项目的组织体制保障,是加强基层建设、基础工作、职工队伍全面建设的具有全局性的重大举措,也是解决大包、违规分包、层层转包、取缔包工头的釜底抽薪之举,各级党委要作为2010年一项重大而紧迫的工作任务,强力推进。

要深化工程公司建设。工程公司是中国铁建的基石。2007年,股份公司、股份公司党委作出关于加强工程公司建设的决定，各单位认真贯彻执行决定的要求，为加强工程公司建设做了大量工作，取得一定成效。各单位要继续贯彻执行股份公司关于加强工程公司建设的一系列要求，进一步加强工程公司建设，把资源向工程公司集中，坚定不移地推动工程公司做优做专做强。

要切实加强工程项目部党组织建设。一是运用2009年股份公司党委调研全系统项目党建工作情况成果，于2010年3月下旬召开全系统项目党建工作经验交流会。二是针对股份公司海外生产经营规模迅速扩张，海外工程项目和党员及职工队伍数量越来越多，海外项目党建面临不同国家和地区的地域政治、社会制度、法律体系、宗教信仰、语言文化、风土人情等巨大差异的新情况、新问题，组织进行深入的专题调研，制定出台《中国铁建股份有限公司加强海外工程项目部党组织建设指导意见》，逐步规范和全面推进海外项日党建工作。

四、带队伍，就是要大力实施职工素质工程

实施职工素质工程。实践充分证明，中国铁建职工队伍整体素质是好的，是一支特别能吃苦、特别能战斗的队伍。但必须看到，在企业快速发展、转型升级的大背景下，提高职工整体素质的要求极为迫切。要大力推进职工素质工程，建设一支爱岗敬业、技术精湛、作风过硬、素质优良的职工队伍。要加强职工思想教育，引导员工树立正确的价值观，增强职工投身中国铁建发展的责任感、使命感。认真抓好职工岗前理论、技术实践培训和规程规范学习，充分利用企业现有的培训机构、社会培训机构和"职工夜校"等培训资源，举办各种培训班，组织内外部专家集中授课和现场操作示范，对职工进行素质技能培训。开展案例教育、事故分析，用身边的事教育身边的人，提高职工对事故的分析判断和处理能力。组织开展岗位练兵、技术比武、"导师带徒"等活动，引导职工学习业务、钻研技术。重视发现培养技术骨干，完善高技能人才培养体系。要从严管理职工队伍，明确职工教育管理、奖惩措施，促进职工队伍管理的制度化、规范化。

搞好党员轮训。遵照中央和国资委的统一部署，2010年要对全体党员组织进行一次轮训。重点对广大党员、干部进行科学发展观、理想信念、党员意识、责任意识、党风党纪等方面的教育培训，确保到课率，做到"全覆盖"。各级党委要作出具体安排，处理好工学矛盾。

要严管善待，带好外部劳务队伍。目前，外部劳务已经成为中国铁建完成生产任务的重要力量。要依法、依规对外部劳务进行管理，善待重合同、守信用、合格的劳务分承包商，严管善待外部劳务人员。重视外部劳务的岗位培训工作，切实提高外部劳务的操作技能和安全防护意识。坚决清除不合格分包商。

五、加强和改进宣传思想工作，提升中国铁建软实力

企业规模的扩张，"走出去"步伐的加快，"转型"的深入推进，迫切要求我们加强和改进宣传思想工作，提升企业的软实力。要以践行企业价值观为主题，运用各种载体，采取多种形式，举办多样活动，在理念深化上下功夫，在文化自觉上下功夫，充分发挥文化的管理功能，在全体员工中形成统一的价值取向和行为方式，切实以文化力提高执行力和战斗力。加大推行企业标志、企业歌曲在机关、项目的规范使用力度，力争使全系统的显性文化规范到位。强化对外宣传，提升企业品牌形象。围绕京沪高速铁路、沙特麦加地铁等重难点工程建设，准确、及时地报道亮点，塑造企业良好品牌形象。

六、以贯彻落实《国有企业领导人员廉洁从业若干规定》为契机，全面推进党风建设和反腐倡廉工作

中国铁建要的是两优：优质工程，优秀干部；优秀企业，优秀干部。不能"工程建好了，干部倒下了"；不能"企业发展了，干部倒下了"。当前，要以深入贯彻落实《国有企业领导人员廉洁从业若干规定》为契机，加强各级领导人员廉洁从业；加大查办违纪违法案件力度，严肃惩治腐败分子；强化对企业重组改制、产权交易、资金管理、工程招投标、工程分包、物资设备采购和选人用人等关键环节的监控；加强反腐倡廉制度建设，不断推进源头预防和治理腐败工作。

七、发挥群众工作优势，构建和谐中国铁建

股份公司党委要进一步加强对工会、共青团组织的领导，支持工会、共青团围绕中心、服务大局、突出特点、有力有效开展工作，在服务科学发展、构建和谐中国铁建、促进各类人才成长方面发挥组织作用。各级党组织要把改善职工生活质量摆在重要议事日程，让广大职工群众共享企业发展成果，引导好、发挥好广大职工全力支持和积极参与企业改革发展稳定的积极性、创造性。

加快经济发展方式转变
坚持走质量效益型发展道路
——董事长、党委书记李国瑞在中国铁建首届一次职工代表大会暨2010年工作会议上的报告
（摘 要）
（2010年1月29日）

这次会议，以科学发展观和中央经济工作会议、中央企业负责人会议精神为指导，总结2009年工作，部署2010年任务。

2009年是新世纪以来中国经济发展最为困难的一年，金融危机席卷全球，中国经济快速下滑，许多行业和企业停产半停产，中央政府果断推出40000亿元应对国际金融危机的一揽子计划和政策措施。在国务院国资委的领导下，中国铁建敏锐研判国际金融危机给企业带来的机遇和挑战，确定“抢抓机遇保增长，调整优化上水平，加强管控增效益，深化改革转机制”四大任务。中国铁建在应对危机中抢抓机遇，在快速发展中调整结构，在学习实践中确定战略，在探索试点中规范运行，在动态调整中优化班子，在主动适应中加强党建。特别是2009年7月，在应对金融危机的关键时刻，中共中央总书记国家主席、中央军委主席胡锦涛视察昆明中铁大型养路机械集团公司和中国铁建BT项目昆明市二环改扩建工程，在昆明中铁大型养路机械集团公司发表重要讲话，充分肯定了中国铁建取得的重大成绩，胡锦涛总书记说：“虽然当前我们面临着国际金融危机的严峻形势，但是我来了一看，你们的企业还是一片春天。”指示我们一要加强自主创新；二要加强质量管理；三要走出去，开拓国际市场。胡锦涛总书记寄语中国铁建：“建优质工程，树企业形象。”胡总书记重要讲话在全系统广泛传达学习，给正在应对危机的广大干部职工以极大鼓舞和巨大力量。在应对全球百年一遇的金融危机这个非常时期，从股份公司到各个单位都做出了非常努力，取得了非常业绩。

回顾2009年，中国铁建所经历的过程不平凡，所做的工作不容易，所取得的成绩不简单。在应对百年不遇的金融危机过程中，中国铁建经受了重大考验，积累了宝贵经验，也带来了很多启示。企业之间的差距，往往是在经济调整时期形成的。在金融危机袭来的时候，我们要思考在这场金融危机中，中国铁建应该有哪些进步、有哪些提高？再过几年，全球经济复苏、中国大规模的基建投资高潮过去，到那时候，中国铁建会是什么样子，应该是什么样子？我们利用在危机中依然保持快速发展的时机，加快经济发展方式转变，加快产业结构调整和升级，加快技术创新。各单位在总结2009年工作的时候，要注意从规律性上对2009年的经验进行总结，以指导今后的工作。

中央经济工作会议强调5个“更加注重”：更加注重提高经济增长质量和效益；更加注重推动经济发展方式转变和经济结构调整；更加注重推进改革开放和自主创新、增强经济增长活力和动力；更加注重改善民生、保持社会和谐稳定；更加注重统筹国内国际两个大局，努力实现经济平稳较快发展。归根结底是要转变经济发展方式，走质量效益型发展道路，这对于中国铁建有很强的针对性和指导性。紧紧抓住2009～2013年这5年黄金机遇期，基本实现中国铁建经济发展方式的转变，切实走上质量效益型发展道路，对于中国铁建和所属各企业，都具有全局性、根本性和战略性，其实质是贯彻科学发展观，实现企业又好又快发展。

自兵改工以来，中国铁建不断发展壮大。特别是党的十六大以来，中国铁建的改革发展进入了快车道。在看到量的巨额增加的同时，更要看到公司质的飞跃。体现在五大转变：一是由单一的工程施工向包括规划可行性研究、勘察设计、制造、施工、物流、监理、维护运营和投融资在内的完善的产业链转变；二

是由单一的施工承包向六大业务板块协同发展转变;三是由国内单一市场到开发国内外两个市场、海内外一体化经营转变;四是由国有独资公司向境内外上市公司转变;五是由传统的管理体制向现代化企业制度转变。这5个转变,使中国铁建进一步树立了良好的市场形象和社会形象。但与国外一流的建筑公司相比,与同行业中央企业相比,中国铁建面临着内忧外患的压力,主要体现在:一是经济效益低下,盈利能力偏低;二是集中于传统业务,产业结构不合理;三是企业的营运效率和项目管理水平明显落后于国际一流公司,在系统内部各单位之间差距也很大,个别工程局集团公司和工程公司财务资金状况堪忧;四是安全生产没有处于受控状态;五是作为老国企,管理机制相对落后。以上这些重大的、深层次的矛盾和问题,制约着中国铁建又好又快发展。因此,我们必须以强烈的忧患意识,抓住当前和今后几年的有利时机,加快经济发展方式的转变,坚持走质量效益型发展道路,就成为中国铁建和所属各企业全部工作的重中之重。在企业走什么样的发展道路这个方向性、战略性问题上,各级领导必须统一思想,形成合力,狠抓落实,务求实效。

一、在加快发展中转变

发展是硬道理,发展是第一要务。要正确处理发展与转变经济发展方式的关系,在加快发展中转变,在加快转变中谋发展。2010年和今后3~5年,在中国政府一揽子刺激经济政策的推动下,铁路建设处于黄金机遇期,国内基础设施建设处于高峰期,中国铁建发展面临着前所未有的战略机遇期。机不可失,时不再来,时不我待。我们必须进一步树立强烈的机遇意识,抢抓机遇,经过我们的主观努力,把机遇变成市场份额,变成营业收入,变成效益和实力。要抓住当前这难得的机遇,不失时机的上规模、上实力、上水平、上效益。根据快报统计,2009年全系统新签合同额6013亿元,位居五大中央建筑企业之首。新签合同额前5名的单位是:中铁十二局集团公司478亿元,中铁十八局集团公司438亿元,中铁十六局集团公司397亿元,中铁十一局集团公司385亿元,中国土木工程集团公司385亿元;营业收入前5名的单位是:中铁十二局集团公司379亿元,中铁十一局集团公司302亿元,中铁十七局集团公司274亿元,中铁十九局集团公司260亿元,中铁十八局集团公司245亿元;净利润前5名的单位是:中铁十二局集团公司6.44亿元,中铁十一局集团公司3.35亿元,中铁第四勘察设计院集团公司3.31亿元,中铁十七局集团公司3.3亿元,中铁十六局集团公司3.15亿元。中铁建电气化局集团公司2009年新签合同额大幅度提高。中铁建设集团公司2009年在铁路市场取得突破,中标29个站房,占全年新签合同额的40%。各单位要继续把承揽任务作为首道工序,摆在首位,抓住难得机遇,抢占市场份额,多承揽,多拿订单,多储备任务。要承揽大项目,含金量高的项目,技术上高精尖的项目。要细分市场,锁定目标,超前谋划,精心组织,志在必得。铁路建设是主战场,同时要加大铁路外市场的经营力量,扩大工程承包的专业领域和地域,完善产业链条,培育新的经济增长点,分散市场风险。要强调加强设计质量、工程质量和工业产品质量管理,特别是要把高速铁路的设计和施工质量,提高到对铁道部党组负责,对人民生命财产安全负责的高度来对待。

二、在调整结构中转变

2007年,我们规划了六大业务板块,开始了产业结构调整升级,给企业发展注入了新的动力。2008年,公司在境内外成功上市,为企业产业结构调整升级提供了巨额资金支持和融资平台,近几年的实践为产业结构调整升级积累了宝贵经验。2010年应该是加大产业结构调整升级的一年,应该是产业结构调整升级见成效的一年,我们要在加快产业结构调整升级中推进经济发展方式的转变。

经过对国内外一流建筑集团的分析,我们把"建筑为本、运营为纲"确定为中国铁建产业结构调整升级的基本方向,经过几年的努力,把传统的、基本以施工为主的商业模式调整为建筑加运营的新的商业模式上来。

1. 要推进工程承包产业升级。工程承包是我们的核心业务,是我们的传统优势,是我们的根本和基础。其市场占有、利润构成、价值贡献、从业人数,都占绝对优势,担负着做规模、养队伍、树品牌的重任,是中国铁建的立身之本,也是进行产业结构调整、扩张其他业务板块的前提和基础,必须进一步做优做强做大。对这一点,必须头脑清醒,思想统一。尤其是设计院和工程局,更要抓住根本,突出主业增实力。当前,解决资源不足与规模不断扩大和产高利低这两个突出矛盾,推进工程承包的产业升级势在必行。一是要大力推进经营能力升级,着力构建设计咨询服务、工程总承包和投融资三大经营体系。二是要大力推进承包模式升级。设计、采购、施工一体化的工程总承包(EPC)模式是工程承包业务的高端,凡有条件的,积极争取工程总承包。三是要继续大力推进装备水平升级,提升生产竞争力。四是要大力推进项目管理升级,推进项目管理的规范化和标准化。五是要大力推进"四电"业务升级。"四电"业务是技术密集型业务。2009年,股份公司实现"四电"资源内部重组整合;中铁建电气化局集团公司在中铁第四勘察设计院集团公司电化处的参与下,实现郑西铁路客运专线联调联试,这在中国铁建历史上是破天荒的,是历史性突破,要以此为契机,进一步提升“四电”系统集成能力。

2. 要做强做大设计咨询板块。要抢抓机遇,加快设计咨询业务板块的发展。近年来,设计咨询业务对中国铁建海内外发展贡献是大的。现在正值设计咨询业务板块发展的黄金机遇期,要把设计咨询板块发展成为中国铁建的一大亮点和优势。发展目标:一是扩大市场份额,二是增加企业收益,三是提升技术能力,四是实现设计、施工的协同效益。4 个设计院的定位:国际化的工程咨询公司,即国际化的工程技术服务商。我们要转变经济发展方式,必须有设计院的技术支撑;我们要在更高水平、更大范围参与海外竞争,必须要有设计院独特的技术优势。对 4 个设计院来说,是科技型企业,必须突出技术竞争力。4 个设计院,要坚持专业化发展,即坚持在铁路行业发展,坚持在重大基础设施领域发展,坚持规划、可研、勘察、设计、项目管理、生产技术等全功能服务,坚持国际化发展。

3. 要大力拓展海外业务。2010 年要深度开发尼日利亚、阿尔及利亚、利比亚、沙特、安哥拉、阿富汗、博茨瓦纳等支柱市场,实现滚动发展。要紧跟铁道部走出去的部署,扩大海外份额。积极跟踪美国、巴西铁路项目,慎重决策。阿拉伯联合酋长国铁路项目,中国土木工程集团公司负责,志在必得。要构建以股份公司、中国土木工程集团公司和各集团公司 3 个海外经营平台,形成互相支持、互为补充的海外经营机制,形成大海外经营格局。要明确中国土木工程集团公司的战略定位:海外经营龙头,主要任务是拿项目。股份公司要按这样的定位考核中国土木工程集团公司领导班子业绩,并使中国土木工程集团公司经济利益在其中。中国土木工程集团公司要继续发挥好海外龙头作用,对拿到的海外大项目,由股份公司组织设计、施工。要进一步研究海外的架构模式,形成真正意义上的设计、采购、施工利益共同体,使整体利益最大化。现在海外规模大,要十分注意防范风险,及时催收工程预付款和进度款;原则上如果业主不能按合同约定支付款项,我方就不能垫资施工。中铁十八、十四、十五、二十局集团公司和中铁第一勘察设计院集团公司、中铁建设集团公司等单位,要继续发育海外自营能力。对支柱市场,要积极推行实体化改革。沙特阿拉伯麦加铁路,正在组织大干,取得了重大突破,要确保按期建成。阿尔及利亚东西高速公路项目克服了许多困难,进度快、质量好,为企业赢得了信誉,2010 年要特别做好补充合同谈判工作,该拿的钱一定要拿回来,总部垫付的资金务必还本付息。

4. 要加快房地产板块发展。中铁房地产集团公司成立 3 年,市场经历了冰火两重天。中国铁建房地产业务起步晚,但起点比较高,我们从施工企业转过来搞房地产,转型是成功的。2009 年,中铁房地产集团公司土地储备的建筑面积 1000 万平方米,销售 61 万平方米,回笼资金 30 亿元。2010 年,中铁房地产集团公司计划在建施工面积 730 万平方米,竣工面积 90 万平方米,销售 117 万平方米,回笼资金 70 亿元。中国铁建要以中铁房地产集团公司为龙头,以打造 5 ~8 家局集团公司的专业房地产公司为支撑,全面提升房地产业务板块;要使房地产成为成长最快、成为股份公司利润的重要支柱之一的创效板块。土地是房地产最宝贵的资源。截至 2009 年底,全系统土地储备 467 万平方米,但从发展需要看,土地储备仍然不足。中铁房地产集团公司要进一步加强土地经营,努力建立起适应企业需要、总量适度、区域合理、梯次有序的土地储备规模。特别是要充分发挥全系统的资源和优势,拿好地、拿便宜地。一是充分发挥各局、院、厂的区域优势,拿好地块。帮助拿到好地的局、院、厂,可以分享利益。二是借助 BT、BOT 项目,带动拿地。三是运用设计施工优势,进入土地一级开发市场,借助土地一级开发,拿好地。四是利用设计院规划和设计城市轨道交通的优势,抢占先机,在近期开工的地铁沿线拿好地。总之,中铁房地产集团公司要加强土地经营,同时我们又不能只靠房地产集团单打独斗,要充分运用全系统的资源优势,拿好地,拿便宜地。最近,我们利用合肥国际城在当地的重大影响,在合肥蜀山区再拿 67 万平方米好地;利用贵阳 BT 项目,在贵阳再拿 100 万平方米好地,就是成功的经验。局集团公司拿地的资金要自行解决。拿地要积极谨慎,在发展战略上,要完成土地储备计划,但具体到某一块地,要坚持宁可少买一块地,不可错买一块地的原则。因为一块烂地,就可能把企业拖入困境。拿地要经过评估,要按 2009 年 11 月合肥房地产工作会议规定的程序决策,决不可拍脑袋,从源头上管控房地产业务的风险。现在市场好,要抓住当前的有利时机,加快现有项目的开发施工,加快推盘,加快销售,加快资金回笼,这是当前房地产业务板块的工作重点。中铁房地产集团公司要逐步做到回笼资金占年度投资的 70%。中铁建设集团公司的定位,要由房屋建筑施工企业转型为房屋建筑施工与房地产开发并重的集团公司。总之,2010 年的房地产业务,要出现一个新局面,推进到一个新阶段。

5. 要稳健推进资本运营板块。2010 年是资本经营见成效的一年。运营项目是行业发展的趋势,是万喜等国际一流的建筑公司提高企业利润率水平的重要手段。在股份公司总部层面,实行生产经营与资本经营并举的方式,稳健介入项目运营业务。定位在基础设施领域,发挥好设计、施工的协调优势。其目的是使中国铁建拥有优质经营资产,为股份公司提供稳定的现金流,提升股份公司的盈利能力。关键是要选准项目,主要看是否有良好的投资回报及可控的风险,要有眼光,要抓住本轮基建高潮,积极谨慎选择拓展优质运营项目。渝遂高速公司2009年实现营业收入7.7亿元,净利润4亿元,2010年要争取有一定增长。京承高速公路二期2010年预算收入2.1亿元,力争保本持平,要积极与市有关方面协商超概算费用问题。南京长江隧道要确保2010年"五一"开通运营,要做好运营收费和BT回购两种预案,加快概算调整,积极为两台盾构机安排后续项目。京沪济乐高速公路BOT项目,计划3年工期要提前到两年建成通车,2010年要组织施工高潮,安排投资计划24亿元。贵阳北二环BT项目,计划工期1.5年,为了有利于100万平方米的房地产项目开发,工期缩短到1年,2010年1月下旬开工,年底竣工通车,投资24亿元。贵阳太慈桥片区路网改造BT项目,拟于3月底开工,为了有利于中铁房地产集团公司现有项目的开发,工期15个月,不提前。重庆渔洞长江大桥,2010年底主体竣工。昆明市二环改扩建工程项目,2009年"十一"已经通车,2010年要把17亿元的回购资金收回,要加大新增工程合同谈判力度,把钱拿回来。成渝高速公路三通道BOT项目,中国铁建持股40%,设计施工由我方总承包,近期开工,要加快建设。成立中铁建中非建设有限公司,代表股份公司持股并负责尼日利亚莱基自由贸易区的开发运营;对莱基自由贸易区要清晰定位,总体规划,分步实施,稳健经营,防范风险;3月底前要解决世界银行持股问题;要以地生财、吸引入园企业投资等多种思路解决融资和滚动发展问题;要就汤下面,有效利用各股东有限的资本金,2010年年内达到首批企业入园程度。总之,2010年资本经营的指导思想是:收缩战线,突出重点;确保在建,尽早投产;资本金总量控制。对于中铁十五局集团焦化厂等项目,要下决心用出售或资产置换等方式进行处置。包括2010年在内的未来3年,一些重大的资本经营项目投入运营,为股份公司提供稳定的现金流和稳定的收益。

6. 要以技术创新推动工业制造板块成长。工业制造板块是近两年来发展较快的业务板块之一。2008年、2009年,昆明中铁大型养路机械集团公司和中铁轨道系统集团公司的营业收入分别占股份公司营业收入的1.59%和1.73%,这两年的净利润分别占股份公司的5.23%和6.06%。昆明中铁要以胡锦涛总书记重要讲话为纲,大力发展大型养路机械制造、修理、铁路线路养护和大修、施工工程装备制造四大业务,把昆明中铁建设成为集研发、制造、销售、修理和养护施工为一体的国际知名企业。2010年,昆明中铁要办成几件大事:一是要多拿订单,特别是要把铁道部"十一五"补充计划拿到手。二是要解决产能瓶颈问题,在2009年新基地一期工程投产的基础上,加快二期工程建设,确保国庆节前投产。三是要加快自主创新步伐,两年内实现大型养路机械全部国产化。四是要扩展产业链。昆明中铁取得的可喜业绩得益于有大型养路机械这个好产品,昆明中铁做不大也是因为只有这一个拳头产品。因此,必须扩大产业链。与中铁十四局集团北京中铁房山桥梁有限公司合作组建北京维修中心,2010年3月底争取进车修理,6月房山维修基地竣工。昆明中铁要积极与有关局集团公司以股份制方式合作,进入铁路局线路养护和大修市场。要研究和生产适销对路的工程装备。五是积极进入海外市场,2010年要有所突破。中铁轨道系统集团公司要打造高速道岔、高速弹条扣件、混凝土制品、电气化制品、施工装备五大专业板块,努力发展成为国内领先、世界一流的生产轨道系列产品和专用施工装备的企业集团。中铁轨道系统集团公司聚集人才,研发制造了土压平衡盾构,实属不易,可喜可贺,要确保盾构的产品质量。中铁建电气化局集团轨道交通器材公司、康远新材料公司,技术含量高,市场前景好,要尽快形成规模经营。中铁十一局集团六公司高速铁路提运架设备和门式起重机等产品,要加大自主创新力度,走专业化生产道路。总之,要使工业制造板块成为股份公司成长较快、利润贡献率较大的板块。

7. 要积极慎重进行矿产资源开发。股份公司董事会已决定将矿产资源开发作为公司主营业务,并呈报国务院国资委审批,主要是为了更好地发挥公司优势,延伸产业链条,开辟新的经济增长点,对企业、对国家都具有重要意义。要把矿产资源开发作为重要的潜力板块,坚持"积极、稳健、循序渐进"的原则,在指导思想上要抓住机遇,积极运作;在具体实施中要稳健操作,循序渐进,防范风险,经过3~5年的工作,使其成为公司重要的新的经济增长点。2009年以来,中国铁建和铜陵有色金属集团控股有限公司合作收购加拿大初级矿业公司所拥有的厄瓜多尔铜矿,这是个大项目,属于战略性投资,要在既定原则、框架下,继续积极稳妥推进,力争成功。中铁二十一局集团公司要在股份公司领导下,设立专门工作班子,继续跟踪甘肃、新疆有关重大矿业项目。中国铁建与鞍山钢铁集团公司合作,积极谨慎运作尼日利亚铁矿项目。

8. 要积极发展物资贸易板块。要按照将物资集团打造成为全球最具实力的工程物流系统服务商和铁路物资集成供应商的愿景目标,打造供货和销售平台,对全系统物流资源进行必要的整合,提升物资集团系统化服务和集成化供应的核心竞争优势,实现新的跨越。

我们要有力度地进行产业结构调整升级,其目的有四:一是提升盈利能力;二是构筑竞争新优势;三是在3到5年后国内这一轮基建高潮回落到正常状态时,我们中国铁建能够保持稳定持续发展;四是有利于我们在更大范围、更高层次参与国际竞争。

三、在技术创新中转变

中国铁建的核心竞争力是什么?我们作为中国建筑业的第一方阵,与第二方阵本质的区别在哪里?在于我们强大的技术创新能力,在于我们在技术上领先行业,在于我们能规划、设计、施工超大型的、技术复杂的国家重大骨干工程项目。这是第二方阵所望尘莫及的。加强技术创新,是中国铁建转变经济发展方式的本质要求和重要内涵,是企业占领市场和提高效益的永远不竭的动力。没有技术创新就没有经济发展方式的根本性转变。因此,要在技术创新中推动经济发展方式的转变。

中国铁路进入了高速时代,进入了现代化时代,从总体上带动中国铁建近几年技术创新出现了新的飞跃。有四大亮点:一是具有高速铁路勘察、设计、施工、制造、安装成套技术。中铁第四、第一勘察设计院集团公司和中铁上海设计院集团公司进入时速350公里高速铁路勘察设计,中铁第五勘察设计院集团公司进入时速200公里~250公里高速铁路勘察设计。从地域看,高速铁路覆盖了东北、华北、西北、华东、中南和华南;从高速铁路的内涵看,从选线到站前、站后,到像武汉、广州、浦东这样现代化的大型换乘站,即高速铁路的系统集成,中铁第四、第一勘察设计院集团公司全部掌握;在高速铁路的技术标准制定上,中铁第四、第一勘察设计院集团公司已经制定19项。从施工看,老局、新局、中铁建电气化局集团公司、中铁建设集团公司和北京铁城建设监理公司,全部进入高速铁路施工领域;从专业上看,线下、线上,路基、桥隧、无砟轨道、长轨铺设、“四电”集成等全部掌握。无砟轨道,各个局都掌握了生产制造安装能力,具有自主知识产权,中铁第五勘察设计院集团公司开发了一套针对无砟轨道的精调设备。二是地下工程,是技术创新的又一大亮点。2009年,中国铁建完成地下工程施工里程1126折合公里。据2005、2006、2007年统计,年完成的地下工程占全国几乎一半以上。从设计到施工,中国铁建应该是中国地下工程的领军者。中铁第一勘察设计院集团公司长大山岭隧道设计,中铁第四勘察设计院集团公司复杂地质水文条件的水下工程设计取得很大成绩,走在全国同行业前面。其中中铁第四勘察设计院集团公司设计的穿越钱塘江水下隧道,直径15.43米,作为潮汐地带水下隧道,世界上绝无仅有。从施工方面看,不同的复杂的地质水文条件的地下工程覆盖面很广。从中铁十一、十二、十六局集团公司施工的宜万铁路高风险隧道到中铁十六局集团公司施工的关角隧道,从中铁二十二、十八局集团公司施工的厦门海底隧道到中铁十八、十六局集团公司施工的青岛海底隧道。南京长江隧道是水下工程扛鼎之作,中铁十二局集团公司施工的狮子洋隧道有望2010年突破,中铁十六局集团公司穿黄工程进展顺利,中铁十五局集团公司福田车站正在组织施工。总之,从黄土隧道到软弱围岩隧道,从溶洞、突水突泥隧道到瓦斯隧道,从冻土隧道到水下隧道,我们都经历过,都攻克过,而且正在攻克之中。地铁,我们现在基本实现盾构机施工,全系统现有盾构机96台。装备制造是技术创新的第三大亮点。围绕着高速铁路配套有很多突破,900吨的提梁机、运输车、架桥机自己生产;中铁轨道系统集团公司已经生产时速250公里的高速铁路道岔和高速铁路弹条扣件,时速350公里的高速铁路道岔已试制完成;中铁物资集团公司正在与德国福斯罗公司合作生产高速铁路扣件;昆明中铁大型养路机械集团公司制造的高速铁路焊机已经出厂,属于世界领先技术;中铁建电气化局集团公司拥有自主知识产权的接触网导线,经过郑西铁路客运专线试挂,满足时速350公里的技术条件,将会打破只有一家德国公司垄断国内供货的局面;中铁建电气化局集团公司与技术领先的德国力倍公司合作生产接触网零配件,市场前景甚好,铁道部支持按欧洲标准建立行业一流的实验室。第四个亮点,截至2009年底,全系统高新技术企业14家,省级技术中心20家,省部级重点工程实验室1个;获得省部级科技奖59项,获授权专利140项,国家和省部级工法200项。正是以上这些带有全局性的重大技术成就,支撑和引领着中国铁建近年来稳定而快速发展,也支撑和引领着中国铁建不断扩大海外市场。

2010年,我们必须把技术创新摆在更加突出的位置,加大技术创新的力度,以技术创新来支撑发展、引领未来。原始创新是自主创新,系统集成是自主创新,引进、消化、吸收、再创新也是自主创新。我们是企业，是市场主体，不是高校和科研机构，我们追求的目标是扩大市场占有和利润最大化，因此我们必须以市场驱动技术创新。要以市场为导向，建立市场驱动，其核心是开发和生产市场期待的东西，占领本行业科技进步的制高点，把市场的主动权掌握在自己手中。市场需要什么，我们就研究开发什么。铁路发展的方向和建筑市场的需求，驱动着技术进步；技术进步的成果，推动着竞争力的增强、市场份额的扩大和经济效益的提高。2010 年科技工作要继续以完善和巩固高速铁路建设技术为主攻目标，狠抓重点项目技术攻关工作，力争在科技创新平台建设上有所突破，大力支持施工机具设备的开发，广泛开展技术交流活动，加强科技总结，充分利用各种渠道申报各种奖励，满足企业总承包特级资质对科技进步指标的要求。要积极研究解决跨越大江大河复杂桥梁的设计与施工这个短板。要把熟练掌握欧洲标准作为设计、施工、制造技术攻关的一个重大方面。要切实强化对科技创新的领导，形成以科技与生产经营一体化、科技成果产业化为方向，以提高技术实力、提高市场竞争力为目标，形成主管领导亲自抓，分管领导和总工程师具体负责，以专业技术人员为骨干，全体职工广泛参与，开发与施工和制造紧密结合，齐心协力推进技术进步的大科技格局。

四、在精益化管理中转变

推行精益化管理，走质量效益型发展道路，是中国铁建贯彻落实科学发展观的集中体现，是加快发展方式转变的必然要求。是片面追求产值增长，还是走质量效益型发展道路；是粗放经营、广种薄收，还是精细管理、效益至上，两种经营思想贯穿于我们兵改工以来的全过程。在兵改工以来的发展历程中，我们有丰富的经验，也有深刻的教训。近几年，中国铁建改革发展取得了显著成绩，但产高利低这个问题没有真正解决，其根源在于总体上还是劳务密集型企业，还是粗放经营。推行精益化管理，走质量效益型道路，是我们必须下真功夫、大功夫认真解决好的重大问题。当前，必须切实抓好以下几项工作。

1. 高度重视概算梳理。铁路概算梳理，关乎全局，带有根本性，影响企业的生死存亡。要紧跟铁道部的部署，切实抓紧、抓实、抓出成效，把这件根本性大事解决好。要进一步加强领导。从第一批概算梳理情况看，各单位之间不平衡，参差不齐。有的单位，走了点弯路，上报资料经不起审查，只能同情你，但解决不了问题。这与我们主管领导的重视程度、介入深度有关。各单位必须高度重视，主管领导亲自抓，分管领导直接抓，业务部门系统抓，建立机制，形成体系。要加强与业主、设计、监理和技术专家的协调沟通，认真做好翔实完整的基础资料，争取好的效果。铁路概算梳理工作，铁道部是关键，建设单位是难点，设计院是工作重点，是投资概算梳理的操作层。系统内的设计单位，要站在中国铁建整体利益的高度，多出主意，多想办法，密切配合，为施工单位排忧解难，为股份公司多作贡献。通过多方面、全方位的努力，争取理想的结果。

2. 高度重视亏损企业、亏损项目的扭亏增盈。亏损企业、亏损项目成为经济效益的出血点，成为不稳定的源头。亏损企业和亏损项目，极大拉低了企业的总体盈利水平。因此，必须把扭亏增盈摆在突出位置，采取切实有效措施，确保取得实效。对重点亏损企业、重点亏损项目要一个一个地进行解剖，弄清原因，有针对性地采取强有力措施，限期扭亏、减亏。要落实扭亏增盈责任，把扭亏增盈作为领导绩效考核的重要指标，与薪酬、奖惩挂钩。要强化经济责任追究制度，对造成重大亏损的，要严肃追究领导责任和管理责任。

3. 高度重视解决中介和大包问题。现在有两个问题突出，一是利用中介搞经营，二是大包，影响恶劣，后果严重。利用中介，加大了经营成本；有的以划割工程任务作为与中介合作的条件，项目中标后切出一块任务外包，效益包出去了，安全、质量、工期等风险留下了。包工头，成为安全、质量事故的制造者，成为麻烦的制造者。中介和包工头，是寄生在企业肌体上的两个“毒瘤”。必须发育我们自己的经营能力，取缔中介；必须强力推行工程队建设，规范外部劳务管理，取缔包工头。用中介和包工头与我们各级领导人员有关。各级领导要以刮骨疗毒的勇气和壮士断腕的精神，与中介和包工头切割。不痛下决心解决中介和大包问题，推行精益化管理，提高毛利率，走质量效益型发展道路只能是一句空话。

4. 继续大力推进物资设备集中招标采购。2009 年下半年，股份公司颁发了《设备集中招标采购管理暂行办法》和《物资集中招标采购管理暂行办法》，2010 年工作的重点是抓好两个办法的贯彻落实。2009 年，我们钢材供应量 1200 万吨、水泥 4700 万吨、设备采购资金 91 亿元，但是我们却没有更好地发挥出中国铁建的品牌和批量采购优势。实行集中采购，一是能确保产品质量，二是有话语权，有力度削减价格，降低采购成本。要加大集中招标采购的力度，扩大集中招标采购的范围。要总结京津冀地区先行开展的钢材集中采购工作经验，在全国其他主要区域推广。推行集中招标采购，2010 年要有重大突破。

5. 继续大力推进财务、资金集中管理。近年来，股份公司大力推进财务、资金集中管理，对加强管控、发挥集团优势、提高资金使用效率起到了重要作用。净现金流前5名的单位是:中国土木工程集团公司49亿元,中铁第四勘察设计院集团公司42亿元,中铁十二局集团公司39亿元,中铁十一局集团公司31亿元,中铁十七局集团公司26亿元。净现金流增加额前5名的单位是:中铁十三局集团公司增加13.7亿元,中铁十一局集团公司增加12.8亿元,中铁十八局集团公司增加12亿元,中铁第四勘察设计院集团公司增加12亿元,中铁十五局集团公司增加10.6亿元。2010年,要继续加强财务信息化建设,确保到年底,各集团公司全部完成集中核算系统的部署,对所属境内核算单位的覆盖面达到100%;资金集中管理系统覆盖所有的二级资金结算中心,实施率达到100%。把"资金池"作为推进资金集中管理的主要手段,确保境内所有法人单位全部引进"资金池"业务,网上资金集中量至少达到全部资金的80%以上。要继续加强应收应付款的管理,加快存货周转,加强银行授信业务管理,加快资金周转,有效压低银行贷款规模,提高资金使用效率。

6. 继续大力推进责任成本管理。近几年,我们从推广中铁十二局集团公司责任成本管理经验入手,形成了一套较为完善的责任成本管理理念和制度体系。2010年,责任成本管理工作的重点:一是加大覆盖率,二是进一步深化、细化责任成本管理的各个环节。不论是工程承包企业,还是各创效板块企业;不论是国内还是海外,都要全面开展责任成本管理工作,确保百分之百覆盖。责任成本管理工作的效果取决于精细化程度。股份公司确定2010年责任成本管理的目标是:毛利率比2009年提高0.5个百分点,管理费用、销售费用占营业收入的比率比2009年降低0.2个百分点。这是硬指标,各单位要千方百计,确保完成。

五、在加强班子和基层建设中转变

加强领导班子建设,是经济发展方式转变的关键;加强工程公司建设、加强工程队建设,是经济发展方式转变的坚实基础。

1. 要以科学发展观统领领导班子建设,着力培养优秀的企业经营管理者团队。2009年以来考核25个单位,任免领导人员116人(不含改任顾问与退休人员)。其中,调整正职39人;提拔76人。目前,包括新成立的中铁建中非建设有限公司在内的所属30个单位现有领导班子成员344人,平均年龄48.49岁,大学本科以上学历319人,高级专业职务315人,1982年以后毕业大学生共有169人。与2008年底相比,平均年龄降低0.85岁,大学本科以上学历人员所占比例提高6.8个百分点,1982年后毕业大学生所占比率提高7.9个百分点。通过调整配备,所属单位领导班子的知识、年龄、专业结构得到进一步改善,能力建设得到加强,为抓住机遇、加快发展提供了组织保证。2010年,股份公司领导班子建设的目标是:要以"四好领导班子"为标准,把各级领导班子建设成为领导企业科学发展的领导班子,造就一支能堪当重任的优秀企业家队伍,形成一套符合中国铁建实际、有别于党政干部的企业领导人员考核评价、选拔任用的管理体制和机制。目前,在领导班子建设中存在的主要问题:一是观念滞后,经营管理粗放,不适应、不利于科学发展;二是不团结不协调;三是执行力不强,令不行,禁不止,我行我素;四是不廉洁从业。"四好领导班子"有4条标准,但概括起来最主要的有两个方面:一是经济效益好。经济效益不好,不能评为"四好领导班子"。二是领导班子自身形象好。领导班子自身形象不好,不能评为"四好领导班子"。因此,要把各级领导班子建设成为团结、务实、进取、廉洁的坚强领导核心,成为加快发展的领导班子,成为改革创新的领导班子,成为奋发有为的领导班子,成为团结稳定的领导班子,成为领导企业又好又快科学发展的领导班子。2010年,要继续加强各级领导班子的组织建设,一是强调要选准配强各级主管领导。要按照政治上强、善经营懂管理、能够驾驭全局、具备抓班子带队伍能力、清正廉洁的要求,选准配强各级主管领导。选准配强各级主管领导,是加强领导班子建设的关键。邓小平曾经指出,解决领导班子问题,主要是配备好一、二把手,一、二把手敢字当头,就可以把队伍带起来。主管领导对一个企业的发展和风气关系极大。必须高标准选拔配备主管领导。对不适应、不称职的主管领导,要及时、果断调整。二是在副职配备中,要注重专业配套和年龄、知识的合理结构。三是各级党委要把加强领导班子建设作为党委工作重点。给企业一个好项目固然重要,但配一个好的领导班子更加重要;给一个好项目管一时,配一个好的领导班子将管一个较长的时期。进一步加强各级领导班子的思想政治建设,要认真贯彻中央关于从严管理干部的指示精神,各级主要负责人要加强对本级领导班子和下一级主管领导的管理教育和监督。要调整规范工程公司法人治理结构。根据《公司法》立法精神,从中国铁建的实际出发,工程公司不再设董事会、监事会,设执行董事、总经理1名,为法人代表,设专职党委书记1名,设监事1名,有利于生产经营和提高效率。各集团公司要统一认识,2010年"五一"之前要调整到位,不要再犹豫等待。

2. 要强力推进工程队建设。2009年三季度,赵广发总裁提出要加强工程队建设,是非常必要的,是完全正确的,是加强工程公司建设的重中之重,是法人管控项目的组织体制保障,是加强基层建设、基础工作、职工队伍全面建设的具有全局性、根本性的重大举措,也是解决大包、违规分包、层层转包、取缔包工头的釜底抽薪之举,要作为2010年各级领导一项重大而紧迫的工作任务,强力推进。加强工程队建设,一是必须专业化。二是必须以我为主。核心骨干成员要以我为主,作业人员以外部劳务为主。三是要突出架子队。要在实践中不断总结、不断完善。有3名以上党员的工程队,都要设党支部,要发挥工程队党支部战斗堡垒作用和党员的模范带头作用。

3. 要继续加强工程公司建设。工程公司是中国铁建的基石。2007年,股份公司作出加强工程公司建设的决定以来,各集团公司做了大量工作,取得了一定成效,涌现了一大批做优做强的工程公司,但发展不平衡。要继续贯彻落实股份公司关于加强工程公司建设的决定,坚持不懈地推进工程公司做专做优做强。要坚决取消第四级法人,严格控制成立分公司。

4. 实施职工素质工程。实践反复证明,中国铁建职工队伍整体素质是好的,是一支特别能吃苦、特别能战斗的队伍。但必须看到,在公司快速发展、转型升级的情况下,提高职工整体素质的要求极为迫切。要大力推进职工素质工程,建设一支爱岗敬业、技术精湛、作风过硬、素质优良的职工队伍。要加强思想政治教育,引导全体员工树立正确的人生观、价值观,增强投身中国铁建发展的使命感、责任感。认真抓好员工的岗前理论、技术实践培训和规程规范学习,充分利用股份公司、集团公司两级现有的培训机构、社会培训机构和“工地大学”、“职工夜校”等一切培训资源,举办各种培训班,组织内外部专家集中授课和现场操作示范,对职工进行素质技能培训。开展案例教育、事故分析,用身边的事教育身边的人,提高员工对事故的分析判断和处理能力。组织开展岗位练兵、技术比武、“导师带徒”等活动,引导职工学习业务、钻研技术,重视发现培养技术骨干,完善高技能人才培养体系,提高高技能人才的待遇和地位,像重视高级专家那样重视高技能人才。要从严管理职工队伍,促进职工队伍管理的制度化、科学化和规范化。

六、在深化改革中转变

只有深化改革,企业才能充满生机活力,才能推动经济发展方式的根本性转变。在2009年学习实践科学发展观活动的基础上,股份公司2010年要组织制定《中国铁建“十二五”发展规划》和3年滚动规划,不仅要提出具体经济指标,更要对制约企业科学发展的一些重大的、深层次的矛盾和问题进行深入研讨,并提出解决办法。各集团公司要以股份公司规划为指导,编制本企业《“十二五”发展规划》和3年滚动规划。2010年股份公司要与各集团公司负责人签订3年任期经济责任状。要坚持和完善经营业绩考核办法,使之成为走质量和效益型发展道路的政策导向。要利用好资本市场这个融资平台,适时进行再融资,为转变经济增长方式,加快发展提供资金支持。要按照国务院国资委部署,深化股份公司层面的董事会试点。要积极推进集团公司董事会规范运行试点。要积极推动中央企业之间和与省属国有企业之间优势互补的重组。各级领导人员要清醒意识到,我们作为大国企、老国企,经营机制相对落后,因此,要抓住当前有利时机,积极稳妥地深化人事、用工、分配三项制度改革,逐步形成干部能上能下、人员能进能出、收入能高能低的机制,增强企业的生机和活力。要严格控制职工队伍总量。我们企业的科学发展要惠及广大职工。要在发展生产提高效益的基础上,逐步增加职工收入,实事求是解决职工生活中的重大问题,改善职工生活质量;对养老保险、医疗保险、住房公积金和工伤保险等基本社会保障要予以落实。各级领导人员心里要装着施工生产一线的干部和职工,装着各类人才,关心他们的疾苦。

董事会工作、组织工作、反腐倡廉工作、宣传思想工作、企业文化工作、新闻舆论工作、工会工作、青年团工作、稳定工作、离退休工作等,都很重要,董事会工作要点和党建工作要点,要抓紧印发,各单位要认真贯彻落实。

2010年,在股份公司层面,首次召开职工代表大会,这是一件大事,要以职代会为基本形式,加强职工民主管理和民主监督,群策群力,实现企业又好又快发展。

强化管理增效益　科学发展上台阶
——总裁赵广发在中国铁建首届一次职工代表大会暨2010年工作会议上的报告
（摘　要）
（2010年1月29日）

这次工作会议，也是中国铁建首届一次职工代表大会。会议的主要任务是，以科学发展观为指导，认真贯彻中央经济工作会议和中央企业负责人会议精神，总结2009年工作，分析当前形势，部署2010年工作，动员全系统上下统一思想，明确目标，锐意进取，扎实工作，推动企业科学发展上台阶。

一、2009年企业发展情况

2009年，是新世纪以来中国经济发展最为困难的一年。面对国际金融危机的冲击和严峻复杂的经济形势，在国务院国资委的正确领导和国家有关部委、地方政府的大力支持下，全公司以深入学习实践科学发展观活动为契机，以"抢抓机遇保增长、调整结构上水平、强化管理增效益、深化改革转机制"为主线，正确研判形势，适时调整思路，推行精益化管理，走质量效益型道路，圆满完成了各项奋斗目标。

（一）新签合同额创历史新高。一年来，我们紧紧抓住国家加大基础设施建设、拉动内需的历史性机遇，适时召开武汉经营工作会议，调整经营思路和目标；及时向各集团公司注资111.5亿元，提高各单位经营能力；围绕"铁路、路外、海外"3个市场，加大开发和协调力度，全面超额完成年度计划。新签合同额6013亿元，同比增长42.1%。其中，国内新签合同额5416亿元，同比增长42%，占新签合同额的90.1%；海外新签合同额597亿元，占新签合同额的9.9%，同比增长42.3%。从经营领域看，新签铁路工程合同额3050亿元，新签公路工程合同额1279.5亿元，新签城市轨道交通合同额522亿元，新签水利水电工程合同额56.5亿元，新签市政工程合同额287亿元，新签房建工程合同额277亿元。从业务板块看，新签工程承包合同额5553亿元，同比增长39.2%；新签勘察设计咨询合同额62亿元，同比增长35.1%；新签工业制造合同额56.8亿元，同比增长60.7%；房地产开发实现销售金额26亿元；新签物流与物资贸易合同额279亿元。从各单位情况看，新签合同额差距明显缩小，逐步趋于均衡，有11家单位超过300亿元，17家单位超过200亿元，排名前5位的单位是：中铁十二局集团公司478亿元、中铁十八局集团公司438亿元、中铁十六局集团公司397亿元、中国土木工程集团公司和中铁十一局集团公司均为385亿元。中铁二十五局集团公司、中铁建设集团公司、中铁上海设计院集团公司、中铁二十局集团公司、中铁建电气化局集团公司同比翻了一番以上。其中，中铁二十五局集团公司同比增长200%以上；中铁建设集团公司同比增长150%以上；中铁上海设计院集团公司、中铁二十局集团公司、中铁建电气化局集团公司同比增长120%以上；中铁物资集团公司、中铁第五勘察设计院集团公司同比增长95%。

经营工作成效显著，不仅表现为数量的大幅提升，还表现在任务结构、质量的明显优化。一是铁路市场的竞争优势进一步增强。新签铁路工程合同额3050.6亿元，同比增长20.1%，在国内铁路市场独占鳌头。其中，两个传统弱势领域铁路"四电"工程、铁路站房工程双双实现跨越；中铁建设集团公司接连中标哈尔滨西站、长春西站、宁波站等大型站房工程，中标总额73.12亿元；通过资源整合，中铁建电气化局集团公司提高了施工水平和市场竞争力，新签合同额220亿元。二是工程承包板块多元化发展。公路、城市轨道交通市场均呈现出强劲的发展势头，竞争力明显提升。新签公路工程合同额1279.5亿元，同比增长107.6%，新签城市轨道交通工程合同额522亿元，同比增长347.9%。三是国内外经营实现同步发展。国内和海外新签合同额分别同比增长42%和42.3%，均创历史新高。海外经营在国际金融危机背景下取得这一成绩，来之不易。四是经营创效理念得到较好贯彻。全年通过股份公司协调的联合经营创效12亿元以上。

（二）营业收入大幅攀升。我们坚持以现场保市场，狠抓合同落实，优化资源配置，加强项目管理，精心组织生产。全年实现营业收入3555亿元，同比增长57.21%。其中，国内市场完成营业收入3332亿元，同比增长59.48%；海外市场完成营业收入223亿元，同比增长29.66%。从业务板块看，工程承包完成营业收入3248亿元，勘察设计咨询完成营业收入76亿元，工业制造完成营业收入81亿元，房地产开发完成营业收入26亿元，物流与物资贸易完成营业收入159亿元。工程承包板块中完成营业收入超过200亿元的单位有7家，排名前5位的是：中铁十二局集团公司378.86亿元、中铁十一局集团公司301.92亿元、中铁十七局集团公司274.23亿元、中铁十九局集团公司260.27亿元、中铁十八局集团公司245.46亿元，增幅较大的单位有中铁建电气化局集团公司、中铁二十三局集团公司、中铁十一局集团公司、中铁二十四局集团公司和中铁二十五局集团公司，增幅均超过80%。

（三）经济运行质量持续提升。我们全面推行精益化管理，着力开展"三次经营"，强力推行资金、设备、物资集中管理，加大概算梳理和清欠力度，开源节流，堵漏增效，成效明显。全年实现利润总额83亿元，同比增长181.81%；实现净利润6731.71亿元，同比增长81.63%。有10家单位实现利润超过3亿元。其中，中铁十二局集团公司深入推行责任成本管理，理性经营，实现利润总额7.01亿元、净利润6.44亿元，居全系统之首；中铁十一局集团公司加大管控力度，采取企检共治的措施，坚决遏制项目亏损，全年实现净利润3.35亿元；中铁十七局集团公司、中铁第四勘察设计院集团公司稳健发展，创效能力和经济效益处于前列，全年实现净利润分别是3.3亿元和3.31亿元；中国土木工程集团公司效益增长较快，全年实现净利润2.87亿元，比上年增长65.8%。一年来，加强审计监督，累计完成审计项目3109个，查处违规违纪金额33.17亿元，促进增收节支3891万元。在经营规模持续扩大和房地产、BT等项目投资规模不断扩张的情况下，银行贷款规模得到有效控制。目前，全系统货币资金存量616.59亿元，财务状况进一步改善，经济运行质量稳步提升。

（四）重难点工程实现新突破。我们针对在建工程任务重、工期紧、重难点项目多、潜在风险大的特点，以"保安全、保质量、保工期、保效益、保形象"为目标，以重难点工程为突破口，强化队伍建设，推进项目标准化管理，加大技术创新和装备投入，有效保证了在建项目有序可控、稳步推进。全年投入91.4亿元，添置设备20436台（套），其中盾构机25台（套）、铁路客运专线施工设备193台（套），有效提升了机械化施工能力和水平。年初确定的25个重难点项目，大部分取得重大突破。国内最告急的广州南站，在极度困难的情况下采取果断措施，紧急调集13个局集团公司近4000人进场增援，展开大会战，并派出强有力的工作组现场督战，提前8天完成任务，确保了武广铁路客运专线2009年12月26日开通运营，受到铁道部领导的表扬和社会各界的赞誉。南京长江隧道于8月22日双线贯通，标志着中国超大直径盾构隧道科研和施工达到世界领先水平；国内第一条海底隧道——厦门翔安隧道于2009年11月5日全线贯通；世界级风险岩溶隧道——宜万铁路齐岳山隧道，经过6年的艰苦奋战，终于攻克最后难关，于2009年12月10日贯通；武广、郑西、石太、合武铁路客运专线，襄渝、甬台温、温福和福厦铁路建成通车；京沪高速铁路，京石、石武、广深港客运专线，沪宁、广珠、昌九城际铁路，厦深、渝利铁路等项目，进展顺利，有序可控；吐库铁路二线中天山隧道、兰渝铁路西秦岭隧道、青岛海底隧道、锦屏电站引水隧洞等项目稳扎稳打，稳步推进。海外项目，面对建设标准各异、施工环境复杂、资源调配困难等难题，迎难而上，艰苦奋战，建设了一个个优质精品工程，树立了企业形象。沙特阿拉伯麦加地铁项目是中沙两国元首见证签约的标志性项目，也是股份公司第一个集设计、施工、采购、运营于一体的项目，工期之紧迫、任务之繁重、环境之复杂前所未有，在铁道部的高度重视和大力支持下，在股份公司工作组和项目公司、中铁十八局集团公司、中铁第一勘察设计院集团公司等单位的共同努力下，在中国土木工程集团公司、中铁十五局集团公司等在沙单位的协助下，土建施工取得重大突破，大部分工期节点按计划要求快速推进，设计已经突破瓶颈，产品认证取得成效，系统工程有序推进，为按期完成任务奠定了坚实基础。阿尔及利亚东西高速公路，除M3标段，其他标段均已建成通车。以色列卡迈尔隧道顺利贯通。一系列重难点工程的圆满完成，受到所在国的高度评价，为祖国争得了荣誉。

全年完成实物工程量：隧道1126公里，桥梁1991公里，正线铺轨3971公里，公路1797公里，土石方10亿立方米，房建2110万平方米，为历年之最。安全质量形势总体保持稳定，各类事故低于往年水平，因工责任事故死亡率控制在每百亿元产值2人以下，中铁十九、二十、二十一局集团公司，中铁建设集团公司、中铁建电气化局集团公司被评为中国铁建安全生产先进单位。全系统创中国建设工程鲁班奖6

项，国家优质工程金质奖1项、银质奖13项，省部级优质工程奖98项。

（五）科技创新取得新成果。我们以巩固和提高核心竞争力为目标，围绕工程建设和工业制造，加大科技创新和研发力度，全年科技投入46亿元。在施工领域，重点加强复杂地质隧道、高墩大跨特殊结构桥梁、高速铁路、铁路“四电”系统集成等关键领域、关键技术攻关。中铁十三局集团公司施工的沪蓉西高速公路支井河大桥，跨度430米，是世界最大跨度的上承式拱桥；中铁十七局集团公司开发的“CRTSⅡ型板式无砟轨道施工关键技术及成套装备”，达到国际先进水平，获得2009年度铁道学会科学技术一等奖。中铁轨道系统集团公司面向全国招聘科研人员100余名，组建7个专业研究所，已经具备生产盾构机等施工机械的能力，开发了高速道岔等核心产品。昆明中铁大型养路机械集团公司不断提高铁路养护设备国产化率，始终占据铁路养护设备的高端领域。中铁建电气化局集团公司承担的“高速电气化铁路新型接触线研制”项目达到世界领先水平。中国土木工程集团公司，中铁二十二、二十四、二十五局集团公司，中铁建电气化局集团公司和中铁轨道系统集团公司6家技术中心通过省级认定，全系统通过省级认定的技术中心达到20个。全年获中国土木工程詹天佑奖8项、省部级科技进步奖59项、国家级勘察设计“四优”奖5项，授权专利140项，28项工法被认定为国家级工法。中国铁建12项工程被评为新中国成立60周年全国百项经典暨精品工程。

（六）资本经营稳步推进。我们充分发挥上市公司的投融资功能，积极审慎开展资本经营，带动企业结构调整，促进产业升级，提升盈利能力。全年实施16个投资项目，实际投资总额53.68亿元，完成投资40.38亿元。其中，BT项目4项；BOT项目3项；股权投资项目9项。为尽快进入矿产资源开发领域，在申请矿产资源开发主业的同时，积极联合国内相关企业，拓展海外矿产资源市场，取得有效进展。联合铜陵有色金属集团控股有限公司收购厄瓜多尔铜矿；尼日利亚莱基自由贸易区项目完成股权结构调整，实现我方控股，并成立中铁建中非建设有限公司，加强前方力量。既有项目的建设和运营管理得到进一步加强，大多数风险可控，具有较好的收入预期。遂渝高速公路，全年完成收入7.65亿元，预计实现利润4亿元；昆明市二环改扩建工程项目，目前已回购8亿元，预计实现利润2.3亿元；中铁十三局集团公司哈尔滨绕城公路已顺利移交，预计实现利润近1亿元。

（七）基础管理有效加强。我们始终把队伍建设和基础管理作为企业发展的根本保证，深入推进工程公司建设、工程队建设、信息化建设和制度建设，夯实企业发展基础。

1. 工程公司建设逐步深入。各单位坚持专业化发展方向，大力提升专项施工能力和项目管理能力，进一步加大调整力度，培育发展了一大批专业优势明显、管理团队精干、队伍组织高效、市场开发能力和创效能力较强的工程公司。2009年评选的“中国铁建工程公司20强”的营业收入和利润分别占全部136家工程公司总额的35%和38%，其中中铁十二局集团公司有5家进入20强行列，并包揽了前4名。此外，一些工程公司不断推进差异化发展，扩大专业优势。中铁十一局集团轨道公司，400余名职工管理了14台盾构机，2009年完成营业收入7.1亿元，实现净利润2901万元；中铁十九局集团六公司，以承揽矿山建设和采矿为主，2009年实现净利润6805万元；中铁二十三局集团四公司，积极实施“法人管项目”，人均创利居工程公司前列。

2. 工程队建设强力推进。针对工程项目大量使用包工队，造成基层施工技术、管理能力削弱，经济效益流失，工期、安全、质量无法保证的现象，股份公司及时作出全面加强工程队建设的决定，得到全系统广大干部职工的积极响应。各单位迅速行动，及时部署，采取措施，在架子队的基础上组建专业施工队。多数单位新上项目基本上杜绝了大包转包现象。

3. 信息化建设全面启动。股份公司把信息化建设提升到更加突出的位置全力推行，设立信息中心，发布《中国铁建信息化规划纲要》和《中国铁建信息化项目建设行动指南》，明确信息化蓝图、目标、行动路线和建设模式；按照“高起点、高标准、高效率、低成本”的建设方针，建立覆盖全部二级单位和部分三级单位的全数字高清视频会议系统，同时引进推广使用工程经营信息管理系统，并启动远程视频监控平台、协同办公系统、人力资源管理系统的建设。信息化建设投入明显加大，股份公司本级投入就达1000多万元。在总部的示范引导下，各单位加大信息化建设力度，目前有18家集团公司建设协同办公系统，有13家集团公司开始建设综合施工项目管理系统。信息化建设带来的综合效益正在逐步显现。

4. 制度建设更加规范。股份公司建立董事会对经理层、总裁对副总裁、股份公司对集团公司负责人绩效考核体系；加强经营管理体制和机制的建立和完善，全面梳理现有的规章制度，修订完善经营管理、计划统计、项目管理、风险管理、工程公司建设、工程队建设等方面的管理规定和制度200余项。

（八）和谐稳定局面进一步巩固。我们始终坚持以人为本、关注民生，努力解决职工群众的实际问题；

加强党建和思想政治工作，发挥组织和政治优势，构建和谐企业。企业民主管理持续深入，发挥职工代表大会作用，推进企务公开，拓宽职工民主管理、民主监督渠道，维护职工合法权益。职工收入水平有了新的提高，全系统在岗职工人均收入同比增长 17.53%。加大困难职工帮扶力度，“三不让”工作不断深化，全年帮扶困难家庭 15616 户次，救助患病职工 4412 人次，救助困难职工子女入学 2724 人，支付救助资金 2473 万元。离退休干部工作不断加强，广大老职工在企业和谐发展中起到重要作用。党风建设和反腐倡廉工作扎实推进，强化了监督和保障作用，为企业发展保驾护航。充分发挥工会和共青团组织的桥梁和纽带作用，开展争先创模、劳动竞赛、青年突击队等活动。新闻宣传和企业文化建设有效加强，营造了积极向上、和谐融洽的良好氛围，扩大了企业的知名度和影响力。

过去的一年，企业继续保持快速发展的良好势头，综合实力不断增强，社会影响力持续提升。党和国家领导人多次视察中国铁建，给予充分肯定和高度评价。胡锦涛总书记寄语中国铁建“建优质工程，树企业形象”。北京、天津等多位省市领导人主动上门与我们沟通联系，邀请参与地方投资建设。美国、巴西、澳大利亚、沙特阿拉伯等近 20 个国家和企业代表团造访总部机关，商谈合作事宜。中国铁建连续 4 年入选世界 500 强，排名上升到 252 位，名列中国 500 强第 14 位；实现公司对广大股东的良好回报，在资本市场树立了良好的形象。

总结过去一年的工作，我们体会到：

第一，必须结合企业实际，研判形势，把握规律。市场变化莫测，机遇稍纵即逝，企业发展不进则退。只有深入研判宏观经济形势，认真分析企业发展面临的机遇和挑战，把握科学发展规律、行业发展规律和企业发展规律，紧密结合企业自身实际，审时度势，正确决策，企业才能在日益激烈的市场竞争中立于不败之地。

第二，必须牢固树立全局观念和大局意识。中国铁建是一个整体，拥有良好的社会信誉和品牌效应。讲政治、顾大局、守纪律，是铁道兵文化的精髓。实践证明，大力继承发扬铁道兵优良传统，牢固树立全局观念和大局意识，有效整合资源，发挥各自优势，形成合力，实现中国铁建利益最大化，是我们搏击市场、勇立潮头的致胜法宝，是打造百年老店的坚实基础和有力保证。

第三，必须始终依靠职工群众办企业。职工是企业的主人，是企业改革发展的根本力量，只有坚持以人为本，相信职工、依靠职工，尊重基层和职工群众的首创精神，妥善解决职工的实际问题，充分调动他们的积极性、主动性和创造性，才能确保企业克服前进道路上的困难和问题，无往而不胜。

第四，必须强化管理、夯实企业发展基础。基础建设是企业永恒的主题。“基础不牢，地动山摇”。只有通过加强信息化建设、制度建设，全面推行精益化管理，夯实企业的管理基础；通过队伍建设、提高职工素质，夯实企业人才队伍基础；通过科技创新，掌握关键核心技术，取得国际标准制定的话语权，为占据行业未来发展制高点夯实基础，才能不断提升发展的质量和效益，使企业基业长青、长治久安。

第五，必须抓好落实、提升企业执行力。“杰出的策略必须加上杰出的执行才能奏效”。对于企业，明确的奋斗目标，正确的工作思路，具体的工作措施，如果没有强有力的执行力作为保障，只能是纸上谈兵、一事无成。制度和措施一经确定，必须不折不扣地有效执行，只有这样，企业各项决策部署和战略构想才能落到实处，企业发展的目标才能实现。

在充分肯定成绩的同时，我们也要清醒地看到，工作中还存在着许多问题：一是发展不平衡。各单位创利水平差距明显，同是工程局，利润相差数倍。二是盈利水平低，增产不增收，亏损企业和亏损项目多，个别亏损比较严重。三是安全质量形势不稳固，存在管理漏洞和薄弱环节，事故时有发生。四是执行力还不强，个别单位和部门对企业重大决策部署认识不到位，特别对工程队建设和物资设备集中采购执行不力，做表面文章；个别领导干部不在状态，不务正业；等等。这些问题，需要在今后的工作中不断加以改进。

二、面临的形势和任务

正确分析当前经济形势，是我们做好全年工作的前提。中央经济工作会议对当前国内外形势作出了清晰的判断，总体上看，2010 年经济发展环境将好于 2009 年。国际金融市场渐趋稳定，世界经济有望恢复增长。中国经济回升向好的基础逐步巩固，市场信心明显增强，扩大内需和改善民生的政策效应持续显现。但世界经济复苏的基础并不稳固，中国经济发展面临的形势依然严峻，经济运行中新老矛盾相互交织，保持经济平稳较快发展、推动经济发展方式转变和经济结构调整难度加大。2010 年，国家将继续保持宏观经济政策的连续性和稳定性，继续实施积极的财政政策和适度宽松的货币政策，基础设施建设投资保持适度增长。从各省市自治区、各部门、各行业的投资安排来看，基建规模有增无减，铁路、公路、轨道交通、市政、房建等继续保持高位运行，建筑企业面临着千载难逢的历史机遇。

2010年，国家更加注重经济发展的质量和效益，积极推进国有经济布局和结构调整。国资委已经明确在年内将中央企业由现在的129家整合到80～100家，并从2010年开始在中央企业全面推行经济增加值考核，引导中央企业提高价值创造能力。要求中央企业继续在"抓改革、调结构、提质量、控风险、增实力"上狠下功夫，充分发挥业绩考核的导向作用，实现价值创造的新跨越。

从中国铁建自身看，近几年企业发展势头强劲，实力显著提升，但仍然存在着结构严重失衡和产高利低的突出问题。在产业调整布局上，同行企业已经形成较为完整的产业链和多种创效途径，结构调整基本到位并逐步产生效益。我们虽然明确了"六大"板块战略和发展方向，但仍然是工程承包一头独大，房地产开发、工业制造、物流与物资贸易板块的规模还很小，没有足够的社会影响力和市场竞争力，矿产资源开发进展相对滞后。盈利主要靠工程承包规模做支撑，企业产高利低，大而不强。这种单一的结构模式，在基建市场向好的时候，问题还不十分明显，一旦建筑市场萎缩，企业发展就会难以为继，前景令人担忧。还有思想观念、经营理念、管理手段、企业架构、队伍素质、人才储备和科技创新等方面，与国内外优秀企业相比，还存在一定差距。为此，我们要时刻保持清醒的头脑，既不能盲目乐观、掉以轻心，更不能悲观失望、无所作为。要把困难和问题估计得更充分一些，把应对措施考虑得更周密一些，把工作安排得更细致一些，增强责任感、危机感和紧迫感，以坚定的信心和务实的态度做好工作。

基于对形势的分析判断和对企业实际情况的把握，2010年工作的总体要求是：**以科学发展观为指导，认真贯彻落实中央经济工作会议和中央企业负责人会议精神，紧紧围绕提高企业发展质量和效益这一中心任务，突出市场开发和在建工程管理，大力推进结构调整和科技创新，切实加强队伍建设、制度建设和信息化建设，全面推行精益化管理，加快转变经济发展方式，推动企业科学发展上台阶。**

2010年的奋斗目标是：新签合同额确保6000亿元，力争6500亿元；完成营业收入确保3700亿元，力争4000亿元；实现利润总额确保80亿元，力争90亿元，净利润确保70亿元，力争75亿元。净资产收益率10.78%，毛利率提高0.5个百分点，成本费用总额占主营业务收入比重97.9%，应收账款周转率7.05次，人均收入增长10%以上。减少一般责任事故，预防较大责任事故，杜绝重、特大责任事故。年度责任事故死亡率控制在百亿元产值2人以内，单位工程合格率100%，争创中国建设工程鲁班奖和国家优质工程奖10项以上。

三、2010年主要工作安排

2010年是"十一五"规划的最后一年，也是中国铁建强化管理增效益、科学发展上台阶的关键一年。做好2010年的工作，意义重大。全系统上下要按照总体要求，进一步解放思想、更新观念，思路再开阔一些，步子再大一些，发展再快一些，确保各项奋斗目标的超额完成。为此，重点抓好以下9个方面的工作：

（一）更加注重市场开发，保持平稳较快增长

在国际国内市场竞争加剧的严峻形势下，我们要始终把市场开发作为企业生存发展的"生命工程"来抓，在精耕细作传统市场的同时，千方百计开拓新兴市场，力争新突破，实现新发展。

1. 深度开发国内市场。首先，要突出铁路市场的重中之重地位。2010年，铁路建设安排新开工项目70个，投资计划达到7000亿元。要高度关注2010年铁路计划招标项目的进展情况，盯紧重大项目，尽早介入，周密策划，力争土建大标、"四电"项目和站房工程，确保占取优势份额。其次，要拓展公路市场。各单位要实时掌握各省（市、自治区）公路的建设动态，重点巩固、维护并不断拓展高等级公路市场，努力提升公路市场经营能力。第三，要持续加大对城市轨道交通市场的开发力度。目前，全国已有25个城市获得轨道交通建设的正式批复，到2015年前后，将建设87条轨道交通线路，总里程达2495公里，总投资近万亿元。2010年要在巩固扩大既有市场的同时，周密部署即将开工轨道建设的6座城市新市场的经营开发，提升盾构施工能力，争取更多的市场份额。第四，要充分培育房建与市政工程市场。房建与市政工程市场容量巨大，具有长期刚性需求的特点，要把加强对房建工程和市政工程的承揽力度作为一项战略任务来抓。重视在天津滨海新区、福建海西经济区、黄河三角洲以及海南国际旅游岛、珠海横琴岛等新型开发区域撒网布局，努力实现房建与市政工程经营持续较快发展。第五，要加强对高端市场、弱势市场和大型国企市场的开发力度。重视高、难、精、尖、新项目的承揽，努力提高水利、机场、码头等弱势市场的占有率；加强与中核、华能、大唐、神华等大型国企的合作，努力开发大型国企的基建市场。随着低碳经济时代的到来，再生能源和节能环保项目将成为国家未来投资的重点，要着眼长远，加快再生能源、节能环保等新兴市场的开发，迅速抢占制高点。

2. 强化海外经营。海外市场潜力巨大，为企业发展提供了广阔的发展空间。要实施"大海外"战略，加快"走出去"步伐，做强做大海外业务，为国内基建高潮过后保持企业可持续发展提前做好准备。

一是立足核心市场，加大经营力度。要立足沙特阿拉伯、阿尔及利亚、尼日利亚、利比亚、安哥拉五大市场，巩固既有市场，辐射周边市场，实现滚动发展。要不断开辟新市场、进军新领域，扩大经营范围和覆盖面，重点抓好海外铁路项目的承揽。铁道部已经成立中美、中巴、中东等9个境外合作项目协调组，我们要紧紧依靠铁道部，积极跟进，力争成为重点推荐单位，争取较大份额。二是整合优势资源，完善协调机制。要进一步整合资源、明确分工，建立高效的协调机制，发挥中国铁建整体优势和各单位自身优势，实现优势互补，提升经营能力。股份公司要加强与国家各部委、国家驻外机构和国外政府高层的联系，加强对海外经营的协调和指导，为海外经营营造良好环境。中国土木工程集团公司要发挥在海外经营中的“龙头”作用和商务优势，以揽为主，以干为辅，为中国铁建争取更大的国际市场份额。各设计、施工单位要发挥专业优势，不断总结经验，提高市场开拓能力。三是坚持理性经营，加强能力建设。海外经营不确定因素多，风险高，要始终坚持理性经营，加强责任成本管理；深入研究国际经济形势和最新动向，把握市场规律，熟练运用规则，熟悉汇率、税收、劳务用工等方方面面的法律法规和政策，把工作做实、做细，规避风险。要把能力建设作为海外经营的重要任务，大力提高国际资本运作、勘察设计、商务谈判、语言沟通和其他涉外事务能力，增强在全球范围内优化整合资源配置的能力，突破瓶颈，弥补短板，掌握主动权。

3. 推进经营创新。一是注重经营模式创新。加强工程总承包市场开发，积极探索中外合资、收购兼并等方式，形成企业新的竞争力。二是加快经营协作创新。在股份公司的统一领导下，加强系统内各单位、各板块之间的业务沟通和经营协作，加大内部协调力度，严禁内部竞争，服从组织协调，实现企业共赢。三是推进经营机制创新。着力优化股份公司高层沟通、协调经营的方式方法，加快集团公司区域经营管理机制的建设步伐，有效发挥整体经营优势；要建立完善项目经营责任制、经营费用管理基金制等激励约束机制，充分激发经营工作的活力。四是突出经营风险防范机制创新。坚持依法经营，严禁中介承揽、提点大包，严禁非法分包转包，确保经营工作在平安健康的轨道上运行。

（二）更加注重抓好在建工程，确保工期质量安全有序受控

全系统在建任务量近7000亿元，2010年计划完成投资4000亿元。要统筹安排，科学组织，优化资源配置，强化现场管理，高度重视安全质量，严格履行合同，确保在建项目有序可控、稳步推进。

1. 狠抓重难点工程。根据项目规模、技术含量、施工难度和工期要求，股份公司将京沪、京石、石武、兰渝、兰新铁路，青岛海底隧道、锦屏引水隧洞、深圳福田车站以及沙特阿拉伯麦加地铁、沙特阿拉伯南北铁路等29项工程确定为重难点工程。各单位要根据实际情况确定本企业的重难点工程。对于重难点工程，要高度重视，重点突破。要在项目开工初期，精心准备，下足功夫，使项目一开工，就能达到最佳状态。要严格过程控制，加强工序衔接和全程监控，提高工作效率，环环相扣，步步为营，有序推进。要加强科研攻关，对关键技术、控制性工程和施工难题，加强技术攻关，依靠科技创新，实现重难点工程的重大突破。2010年，沙特阿拉伯麦加地铁项目是重中之重，必须兑现合同，确保按期开通。

2. 推进项目标准化管理。要认真落实全路建设工作会议精神，“高标准、讲科学、不懈怠”，坚持质量、安全、工期、投资效益、环境保护、技术创新“六位一体”，以标准化管理为抓手，按照机械化施工、工厂化生产、专业化队伍、信息化管理的要求，对项目管理流程进行再造。要着力通过信息化建设提升项目标准化管理水平。铁道部贵广铁路公司在项目建设信息化方面理念先进、经验丰富，要学习他们的做法，加快建设项目管理信息系统建设，及时将建设过程的进度、安全、质量及相关负责人纳入管理信息系统，提高管理水平，为落实质量终身负责制和实行“可追溯”制度创造条件。要高度重视铁路项目信誉评价工作，高标准、高质量、高效率地组织好铁路施工，通过现场标准化施工管理来赢得信誉。中铁十二局集团公司在铁道部组织的9次信誉评价中取得“九连冠”，要继续保持领先地位。排名靠前的单位力争进入A类行列，排名靠后的单位必须提升名次，名列C类的单位务必走出困境。

3. 高度重视安全质量。要深入学习领会胡锦涛总书记“建精品工程、树企业形象”的指示精神和国务院领导“高度重视安全生产、高度重视工程质量、高度重视央企形象”的要求，认真汲取近年来全国工程建设领域安全质量事故的深刻教训，举一反三，自我加压，做到目标不变、力度不减。要坚持“标本兼治、重在治本”，强化风险管理，建立“全覆盖、无遗漏”的安全质量监控体系，坚决落实责任制，加大监督检查和惩处力度，尤其要高度重视海外工程安全质量，以更加有力的措施和更加严格的手段，整治事故隐患，严防事故发生。

（三）更加注重精益化管理，提高经济运行的质量和效益

精益化管理就是要以经济效益为中心，精打细算、精益求精，实现"低成本竞争，高品质管理"。要在全系统扎实推进精益化管理，大力降低成本费用，提高资本使用效率，提高经济价值创造能力，确保国有资产保值增值，给股东稳定持久的回报。

1. 深入抓好"三次经营"。坚持效益优先的原则，严把任务承揽关，坚决杜绝承揽亏损项目，切实通过"一次经营"从源头上确保任务含金量。继续加大变更索赔力度，并把此项工作作为业绩考核的一项重要指标，切实通过"二次经营"提高经济效益。继续加强过程控制，优化施工方案和资源配置，科学设置组织架构，加强设备物资集中管理，深入推进责任成本管理，切实通过"三次经营"实现降本增效。国务院国资委主任李荣融在谈到台塑集团成本管理的经验时说："王永庆先生作批示，16 开的纸一分为四，然后在四分之一上作批示，企业只有这样，才有赢的希望。"我们要学习台塑集团的做法，从一点一滴做起，抓好每一个环节控制，将成本费用降到最低。今年要确保管理费用、营业费用率降低 0.2 个百分点，毛利率提高 0.5 个百分点以上。

2. 转变项目管理模式。大力实施"法人管项目"，将人、财、物的支配权集中到法人企业管理，做到"一精简、两集中"。一是精简机构。根据实际需要和发展要求，优化管理架构，压缩管理层级，实施扁平化管理。二是深入有效地推行设备物资集中采购和管理。各单位要坚决执行股份公司关于设备物资集中采购管理的有关规定。特别是企业内部生产的设备和物资材料，在产品性能、质量满足要求和价格不高于市场同类产品的前提下，必须坚定不移地在企业内部推广使用，这要作为一条纪律来执行，令行禁止。内部生产企业要加强自身建设、发挥自身优势，根据施工生产的实际需要开发功能先进、经济实用的产品，并积极做好技术咨询和售后服务工作，最大限度地满足用户要求。股份公司已设立物资和设备两个采购中心，具体业务由中铁物资集团公司和中铁二十二局集团北京中铁天瑞机械设备有限公司负责。要尽快建立工作机制，加快开展工作，发挥好作用。三是进一步加强资金集中管理。加快推进"资金池"业务，最大限度地减少资金闲置，压减银行贷款，提高资金使用效率，降低财务费用。

3. 努力提高全面预算管理水平。要充分发挥预算的引导和控制作用，建立完善全面预算管理体系，将企业的一切生产经营活动都纳入预算管理。预算编制要实事求是、科学合理。预算按规定程序确定后，就严格执行。严格控制计划外开支，尤其要严格控制非盈利性、非生产性开支。

4. 加强和改进经营业绩考核。要认真学习和贯彻国资委中央企业负责人经营业绩考核工作会议精神，按照国务院国资委主任李荣融"把清实情、提准目标、严肃考核、认真兑现"的要求，做好经营业绩考核工作。国资委即将下发《中央企业负责人经营业绩考核暂行办法》，从 2010 年起全面推行经济增加值（EVA）考核，以经济增加值指标代替净资产收益率指标；推行全员业绩考核，强化任期考核的导向，引导企业健康发展。要根据国资委要求修改完善股份公司对所属单位的考核办法，研究制定全员业绩考核办法。要简便易行，更加注重导向作用，引导企业调整结构和防控风险，提高资本使用效率和发展质量，增强核心竞争力。

5. 强化监督检查和风险防控。一要强化审计工作。继续坚持"管理 + 效益"的模式，注重过程控制，重点抓好各类专项审计、企业领导人员经济责任审计、财务收支审计和项目审计，逐步由发现型、符合型审计向预防型、增值型审计转变，为企业创造效益和价值发挥重要作用。二要稳健理财，防范财务风险。在资金安排上，坚持现金为王，量入为出，留有余地，严防资金链断裂。严格执行财务内控制度，大力压缩贷款规模，加强对外担保管理，及时清理银行账户和备用金。积极利用好税收优惠和合理避税政策，提高经济效益。三要防范法律风险。建立健全企业总法律顾问制度和法律风险防范机制，切实加强企业规章制度、经济合同、重要决策的法律审核，增强全员法律意识，妥善处理法律纠纷，有效防范法律风险，不断提升依法经营、依法管理和依法决策的能力。

（四）更加注重产业结构调整，加快企业战略转型

加快结构调整步伐，完善产业布局，延伸产业链，促进企业转型升级，是当前和今后一个时期的重要任务。

1. 加大企业战略性并购和重组力度。坚持走集约规模型经济发展之路，努力拓宽经营领域和创效渠道，改变单一的增长模式和发展方式。要立足国内，放眼全球，选择具有一定市场价值和发展潜力、有利于完善产业链和提升经营水平的相关企业，进行并购重组，拓展经营范围，壮大整体实力。进一步加大内部结构调整力度，加强资源有效整合，将分散于企业内部高度同质化的"小业务、小集体、小作坊"进行重组。进一步整合铁路"四电"、工业制造、房地产开发、物流贸易、矿产开发、钢结构生产等资源，形成规模，增强竞争力。各单位要根据自身在股份公司产业链中的位置，增强发展板块经济的意识，整合内部资源，完善产业链，提升整体效益。

2. 做强做大业务板块。在巩固加强工程承包板

块的同时,大力发展其他业务板块,提升创效能力,推进产业结构调整,解决一头独大的问题,促进企业持续健康发展。勘察设计咨询业务板块,位居工程承包产业链的上游,是施工的“龙头”和效益的源头。要加强科技创新,继续提升勘察设计咨询能力和水平。要立足路内、面向路外,立足国内、面向海外,不断拓展市场空间。要进一步加强与施工企业的融合共生,提升股份公司和各集团公司施工总承包能力和效益水平。房地产业务板块,要认真贯彻合肥房地产工作会议精神,充分认识发展房地产业务的重要性和紧迫性,发挥中国铁建的品牌优势和各集团公司的区位优势,加大资源整合和市场开发力度,以中铁房地产集团公司为“龙头”,联合协作,优势互补,有序推进,走专业化、集约化、规模化发展之路。要密切关注国家产业政策导向,把握房地产市场发展动向,以直辖市、省会城市和经济发达城市为主,加大土地储备。进一步加快房地产在建项目建设进程,大力提升房地产专业管理能力,创新营销方式,优化产品结构,实现滚动发展。房地产业务收益高、风险大,尤其要坚持积极审慎、量力而行,决不能盲目跟风、一哄而上;尤其要规范决策程序、强化管理,做好实地调查、投资分析和方案比选,防范经营风险。股份公司计划从 2010 年到 2012 年,房地产业务要分别实现营业收入 40 亿元、75 亿元、120 亿元,净利润 4 亿元、10 亿元、18 亿元;力争通过 3 年的发展,房地产业务对中国铁建净利润的贡献率超过 20%。工业制造业务板块,要以昆明中铁大型养路机械集团公司和中铁轨道系统集团公司为主,整合全系统工业制造资源,提高生产能力,加快工业制造板块的发展速度。要通过对技术的引进消化吸收,根据施工现场的实际需要,开发新产品;通过自主创新和新产品研发,推动企业技术进步;通过合资、合作和兼并来扩大规模;通过产品内部优先选用来扩大市场和产量;通过海外工程,把产品推向国外,走向世界。物流与物资贸易业务板块,要进一步上规模、上水平。要借助物资集中招标采购平台,发挥长期积累的资源优势,加强“工程物流系统服务”和“铁路物资集成供应”两大核心业务体系建设,不断向价值链上下游拓展,发展钢材现货贸易、油品集中供应、仓储物流、产品深加工等业务;要紧紧依托海外工程项目,拓展国际贸易,扩大市场范围。逐步构建覆盖中国铁建经营网点的物流网络,形成全天候、全方位的集成服务能力。矿产资源开发业务板块,要稳步推进。要适时抓住机遇,通过兼并重组、资源整合,优势互补、联合开发的方式构建矿产资源开发平台,培养矿产资源开发人才,提升专业能力。2010 年,要重点推进与铜陵有色金属集团控股有限公司的合作,认真抓好厄瓜多尔铜矿项目各项工作的落实,力争在矿产资源项目开发和资源储备方面取得突破。

3. 积极审慎开展资本经营。要把资本经营作为推动企业转型升级的有效手段,推动经济增长方式由单一的施工生产向资本市场和高附加值领域转变,开辟新的经济增长点。要不断总结资本经营的成熟做法和先进经验,选择与主业关联度高、见效快、风险低的工程建设项目或资源型项目,如能源、环保、房地产、道路交通、矿产资源等,采用独资、合资、合作等灵活多样的方式进行经营开发。正在跟踪的项目,要密切关注,深入调研,目标一旦确定,就要择机而入,规范运作。董事会已经审议通过的项目,要加快合同谈判和工作落实,争取早上马、早投产、早受益。既有项目要继续抓好实施,加强投资管理和监控,确保按期完成建设任务,尽快实现收益。资本经营投资回报率高、专业性强、风险大,要坚持“战略优先、规模适度、结构合理、规范运作”的原则,坚持投资必须创造价值、投资回报必须高于投资成本、投资风险必须可控、投资必须有人负责,充分进行科学论证,严格按照规定权限和程序慎重决策,规范管理。

(五)更加注重科技创新,提升企业的核心竞争力

科技创新是引领企业持续发展、占据未来竞争制高点的强大动力。要坚持“科技兴企”原则,不断提升企业科技研发能力,以技术进步引领企业发展。

1. 强化工程建设领域科技创新。我们的土建施工技术目前处于国内领先地位,要持续不断地改进工艺,开展技术攻关,加强成熟技术和工法的推广应用。地下工程施工要广泛采用新技术、新设备、新工艺,努力提高机械化施工水平,逐步淘汰落后的施工方式,确保技术领先。进一步加强桥梁建造技术突破,全面掌握长大桥梁及特殊桥梁的关键技术。提升高速铁路修建技术水平,加强无砟轨道和铁路“四电”集成技术创新,依靠科技进步改进工艺,保证安全质量。

2. 加快工业制造领域科技创新。要坚持把原始创新、集成创新和引进消化吸收再创新相结合,努力开发具有自主知识产权和专利的产品,不断提高产品技术性能和技术含量。产品研发和技术创新要紧密结合施工需要和现代工程新特点、新工艺,生产高性能工程装备,满足市场的需要。昆明中铁大型养路机械集团公司要以大型养路机械制造为主业,重点加快钢轨铣磨车的研发和清筛、捣固等设备的国产化进程。中铁轨道系统集团公司要加大高速道岔、高速弹条扣件系列产品和盾构机等其他重装设备的技术研发力度,保持技术领先。要加强矿山法施工的隧道工

装器材的研发和更新换代，重视钢结构的技术研发和生产能力的提升。

3. 构建完善的科研创新体系。要全力打造中国铁建科技创新平台，构建完善的科研创新体系，提升企业集团技术研发和创新能力。搭建以股份公司为“龙头”，各集团公司积极参与的科研体系，做到专业互补、信息互通、联合开发、成果共享。继续加大科研经费有效投入，为科研活动提供必要的资金保障。

（六）更加注重队伍建设，夯实企业发展基础

职工队伍素质是铸造一流品牌、提升企业竞争能力的重要基础。适应未来更高层次、更高水平、更加激烈的竞争，关键是要有一支良好素质的职工队伍。要从战略的高度，充分认识队伍建设的重要性，研究制定人才发展战略和队伍建设规划，切实加强队伍建设和教育培训，全面提升职工队伍素质，着力打造一支爱岗敬业、技术精湛、作风过硬的高素质、高层次现代化的职工队伍。

1. 加强企业经营管理者队伍建设。毛泽东说过，政治路线确定之后，干部就是决定的因素。要坚持“德才兼备、以德为先”的用人导向，把那些诚实可靠、业务精通、能力较强、经过艰苦环境锻炼，能够得到“群众认可、出资人认可和社会认可”的干部选拔到领导岗位。要全面落实党风廉政建设责任制，提高领导干部的廉洁自律意识，严格管理、严格要求、严格教育，端正思想作风，抵制歪风邪气；要进一步完善领导干部考核考评机制，强化监督，努力培养一支素质过硬、作风扎实、坚强有力、堪当重任的企业经营管理者队伍。

2. 加强技术干部队伍建设。根据企业发展需求，有计划、有步骤、有针对性地吸收引进和培养一批适应国际市场竞争需要、有利于打造企业核心竞争力的海外经营人才、院士级大师级技术专家、高端管理人才和资本运营人才。对急需的特殊人才，可适当放宽聘用标准、提高薪酬待遇。积极搭建人才施展作为的平台，营造拴心留人的良好环境，使人才能够进得来、留得住、用得好。

3. 加强工程队建设和工程公司建设。工程队建设是工程公司建设的延伸和升华，是根据企业实际，着眼长远发展，总结经验，吸取教训作出的重大决策。股份公司经过深入调研，在广泛征求意见的基础上，出台了《关于加强工程队建设的指导意见》。各单位要进一步统一思想，提高认识，站在企业生存发展的战略高度，坚定不移地贯彻好、落实好。要强力实施集团公司、工程公司、项目部、工程队“四级架构、队为基础”的组织模式；建立和谐稳定的劳动关系，严格控制人员规模的膨胀；坚持“专业化队伍、军事化管理、机动化用工、规范化运作、标准化建设”的原则，按照先铁路工程，后其他工程，先重点工程，后一般工程，先进行架子队改造，后组建工程队的步骤强力推行。工程队建设要因地制宜、分类指导，要制定明确的推进计划、工作目标和管理制度，并严格执行。新开工铁路项目要全面推行工程队管理模式，按照工程队管理要求组织施工。力争2010年年底之前，工程队模式覆盖全系统铁路项目，并逐步扩展到其他项目。要严格按照《关于进一步深化工程公司建设若干问题的意见》，以工程队建设为核心，深入推进工程公司建设，围绕做强、做专、做精工程公司，发展和培育工程公司专项施工能力。要进一步加强工程公司20强评选工作，创新评选方式，研究制定激励机制，营造你追我赶、力争上游的良好氛围。

4. 加强教育培训。教育培训要为企业改革发展服务，为调整经济结构和转变发展方式服务，为实施“走出去”战略服务。要教育广大职工树立正确的世界观、人生观、价值观，认清世情、国情、企情，增强责任感、危机感和紧迫感，培养良好的职业道德、爱岗敬业精神和主人翁意识，从操作技能、执行能力、知识结构、创新意识和工作理念等方面不断提高职工的素质。要充分利用企业现有教育资源，发挥北京培训中心的作用，进一步探索与高等院校合作办学的模式，重点加大对国际商务、外语、专业技术、项目管理等方面的培训。要结合工程队建设和基层班组建设加大工程队长、工班组长的培训力度，建立一线作业人员培训和持证上岗制度，通过开展岗位练兵、技术比武和各种形式劳动竞赛活动，提升作业人员的职业素质和岗位技能。

（七）更加注重信息化建设，推动企业管理上水平

加强信息化，以信息化带动规范化、标准化，促进管理现代化，提升核心竞争力，是企业发展的必由之路。要深刻认识信息化建设的重大意义和对企业发展的支撑与推动作用，加强领导，把握企业特点，根植企业文化，走具有中国铁建特色的信息化建设道路。

1. 加强领导，健全组织，提高人员素质。信息化是“一把手”工程。各级领导要高度重视，完善信息化管理机构，提升信息化组织机构的规格，配备有经验、有能力、懂业务的综合性人才，组成强有力的实施团队，组织与管理信息化建设工作。

2. 统一规划，分步实施，预留发展空间。信息化建设是一项系统工程，各单位要按照《中国铁建信息化规划纲要》的要求，坚持“高起点、高标准、高效率、低成本”的建设方针，在股份公司的统一领导下，先易后难，分步实施，逐步建成。对信息化硬件、软件要

组织统一采购，确保相互兼容，降低采购成本，并从制度、技术、设施等方面加强管理，确保信息安全。对硬件的投入和软件的选择，要充分考虑未来发展趋势，为今后软件升级和扩容预留空间，避免重复投资。

3. 注重成效，抓住关键，示范引导。条件成熟一项，抓紧实施一项，争取尽快投入使用，早日见到效果。目前，视频会议系统已经开通，要在2010年年底前实现向所有工程公司和项目延伸；在全系统推广使用远程监控系统，落实重点工程关键部位的进度、安全监控；股份公司、集团公司网上协同办公要在年内全部开通运行；人力资源、财务、设备、物资等关键业务以及项目管理要尽快上网，做到集中监控、集中管理，逐步实现信息化对业务运营的支撑。

（八）更加注重制度建设，着力规范企业管理

要坚持“依法治企”原则，着力加强制度建设，推进企业向制度管理转变。

1. 完善规章制度。各单位要结合企业实际，定期对本单位的各项规章制度进行及时梳理和修订，健全完善制度体系，保持规章制度的针对性、时效性，使企业的一切活动都有章可循。

2. 坚持制度管理。依法治企，关键在于制度落实。要建立督查和责任追究机制，维护制度的严肃性和权威性。无论是领导干部还是基层员工，都要严格遵守规章制度，要在企业内部形成人人遵守制度、维护制度、监督制度实施的良好氛围。今后，凡是股份公司出台的制度，对口部门要负责对制度落实进行督导检查，坚决纠正有令不行、有禁不止的行为。

3. 加强制度与文化融合。我们是铁道兵改工的队伍，素有严格的管理制度、令行禁止的优良作风和强有力的执行力，要把企业文化体现在制度建设和落实中，把制度建设和落实作为企业文化建设的一项重要内容，使规章制度成为大家共同的价值观，养成良好的工作习惯，使制度成为习惯、习惯符合制度，使规章制度和企业文化相互融合、相互促进、融为一体。

（九）更加注重以人为本，构建和谐企业

科学发展观的核心是以人为本。各级领导要牢固树立以人为本的理念，始终把发展企业与贡献国家、奉献社会、回报股东、造福职工有机统一起来，切实解决职工群众最关心、最现实、最直接的利益问题，紧密团结广大职工群众，凝聚各方力量，努力形成共同促进企业发展、共享改革发展成果的良好局面。

1. 加强企业民主管理。要严格按照现代企业制度的要求，认真履行职代会职能，充分发挥职工代表大会作用。凡是企业改革和生产经营的重大决策，都要通过职工代表大会广泛听取职工的意见，凡是涉及职工切身利益的重大事项，都必须经职工代表大会通过。要落实职工代表权益，深化企务公开、完善公开机制，进一步畅通职工民主参与、民主管理、民主监督渠道，尊重和保障职工的知情权、参与权、表达权、监督权。充分发挥工会、共青团组织作用，广泛开展争先创模、劳动竞赛、青年突击队等活动，凝聚广大职工群众的智慧和力量。

2. 切实关心职工生活。要脚踏实地为职工群众办实事、办好事。加强“三不让”工作，确保“三不让”承诺得到全面落实；继续做好帮扶救助工作，帮助困难群体解决好生活中的实际问题；要加强离退休人员的管理服务工作，从政治、学习、生活等方面关心离退休人员，发挥离退休人员在企业改革发展稳定中的作用。

3. 维护职工合法权益。各单位要解决好息工待岗问题，保持职工收入的持续增长；切实解决一线职工工资偏低和拖欠问题，明确责任，按期完成。要切实做好职工“五险”、“两金”缴纳工作，按时足额缴费，进一步落实职工带薪休假制度。

4. 促进企业和谐稳定。把握正确的舆论导向，加大宣传教育，用“铁道兵”精神和“中国铁建”品牌激发员工的向心力和凝聚力，提高企业的知名度和影响力。要积极加快铁道兵纪念馆的筹备和建设。“铁道兵”精神是我们中国铁建区别于其他中央企业的传统优势，要继承发扬、代代相传。要高度重视信访和维稳工作，健全工作机制，做好重信重访、群信群访专项治理，及时解决职工群众的合理诉求；将隐患消除在基层，消除在萌芽状态，促进企业和谐稳定。

关于财务收支及经济运行情况的报告

——副总裁、总会计师庄尚标在中国铁建首届一次职工代表大会暨工作会议上的报告

（摘 要）

（2010 年 1 月 29 日）

一、2009 年度财务收支及经济运行情况

（一）主要经济指标完成情况

2009 年以来，股份公司以“抢抓机遇保增长、调整优化上水平、加强管理增效益、深化改革转机制”为主线，外抓机遇，内强管理，在各单位的共同努力下，克服金融危机等各种不利因素影响，公司继续保持快速发展的良好态势，据快报反映，各项经济指标再创历史新高。

1. 新签合同额。2009 年，股份公司新签合同额 6013 亿元，同比增长 42.1%。其中，国内新签合同额 5416 亿元，同比增长 42%，占新签合同额的 90.1%；海外新签合同额 597 亿元，同比增长 42.3%，占新签合同额的 9.9%。

2. 营业收入。2009 年，股份公司实现营业收入 3555.2 亿元，比 2008 年的 2261.4 亿元增加 1293.8 亿元，增长 57.21%。其中，工程承包业务板块实现营业收入 3248.37 亿元，占营业收入的 91.36%；勘察设计咨询业务板块实现营业收入 76.38 亿元，占营业收入的 2.12%；工业制造板块实现营业收入 81.42 亿元，占营业收入的 2.26%；其他业务板块实现营业收入 201.32 亿元，占营业收入的 5.57%。

3. 利润总额。2009 年，股份公司实现利润总额 83.07 亿元，比 2008 年的 45.69 亿元增加 37.38 亿元，增长 81.83%。

4. 净利润。2009 年，股份公司实现净利润 67.32 亿元，比 2008 年的 37.06 亿元增加 30.26 亿元，增长 81.63%。

5. 管理费用。2009 年，股份公司管理费用 134.09 亿元，比 2008 年的 87.25 亿元增加 46.84 亿元，增长 53.69%。

6. 财务费用。2009 年，股份公司财务费用 3.66 亿元，比 2008 年的 10.62 亿元减少 6.96 亿元，下降 65.5%。

7. 毛利率。2009 年，股份公司实现毛利 330.93 亿元，比 2008 年的 225.34 亿元增加 105.59 亿元，增长 46.86%。毛利率 9.31%，比 2008 年的 9.96% 下降 0.65 个百分点。

8. 成本费用总额占营业收入比重。2009 年，股份公司成本费用总额占营业收入比重 97.82%，比 2008 年的 97.71% 上升 0.11 个百分点。

9. 净利润率。2009 年，股份公司净利润率 1.89%，比 2008 年的 1.64% 上升 0.25 个百分点。

（二）基本财务状况

2009 年，股份公司资产总额 2829.9 亿元，比 2008 年增加 628.9 亿元，增长 28.57%。负债总额 2289 亿元，比 2008 年增加 71 亿元，增长 33.24%。货币资金 649.5 亿元，比 2008 年的 574.7 亿元，增加 74.8 亿元，增长 13.02%。应收账款及长期应付款 465.95 亿元，比 2008 年的 338.78 亿元增加 127.17 亿元，增长 37.53%。应付账款及长期应付款 956.44 亿元，比 2008 年的 600.7 亿元增加 355.74 亿元，增长 59.22%。资产负债率 80.89%，比 2008 年底的 78.06% 上升了 2.83 个百分点。

（三）经济运行中存在的主要问题

1. 产高利低问题突出。

2. 成本控制力度不够。

3. 盈利水平差距较大。

4. 亏损项目依然严峻。

5. 债权债务持续上升。

6. 财务状况尚未根本好转。

7. 集中管控效果还不明显。

二、下一步工作的措施和要求

（一）保持清醒头脑，积极应对“后危机时代”新的挑战

自2007年10月美国次贷危机爆发以来，国家为确保经济的持续健康发展，出台一系列财政政策和货币政策，特别是40000亿元的基础建设投资和适度宽松的货币政策，为2009年国家GDP的增长起到关键作用，也达到了预期目标。但付出的代价也相当大，一方面2009年国家新增信贷规模巨大，约9.59万亿元。由于国家加大投入，中国的PPI、CPI处于上升通道，这些将导致企业资金、成本面临很大的压力。另一方面有些项目重复建设、提前建设。虽然2010年国家仍然保持积极的财政政策和适度宽松的货币政策，但由于2009年新增信贷规模大，很多银行包括国有银行大量放款，导致资本充足率下降。加上中央银行上调存款准备金率，银行放贷能力下降。

2010年宏观经济形势对于我们企业方方面面的影响要引起各单位高度重视，时刻保持清醒的头脑。一是经营规模可持续发展问题。积极的财政政策实际上使我们透支了以后年度的施工任务，对公司可持续发展带来一定困难。二是成本压力增大。随着国家宏观经济形势的变化，物价指数的上涨将导致公司的生产成本上升。三是坏账风险增大。应收账款尽管因营业收入增长保持总量平稳，但增长幅度较快，将导致企业资金趋于紧张。由于宏观经济形势的不确定性，甲方特别是地方项目在资金安排上可能出现支付困难。因此各单位在资金安排和工程款催收上要做进一步的工作，提前谋划。四是信贷资金的紧张将导致银根紧缩、利率上涨。目前，国家已经提高银行的存款准备金率，利率之所以没有调整，主要是经济形势还没根本好转。如果利率调增，将导致我们筹集资金的成本上升。五是违约风险增加。诉讼、担保以及业主违约等都会增加企业的风险。六是税务监管的压力加大。七是金融衍生产品风险增加。有些中央企业为了控制财务成本，与银行协商下浮贷款利率，买进利率掉期产品，这种利率掉期产品具有很大的风险。各单位要认真进行自查，凡有这种金融衍生品的单位要及时将情况上报股份公司。八是人民币升值带来压力。当前股份公司海外业务不断增多，由于世界经济的不确定性，存在人民币升值和汇兑的风险，各单位要认真思考和应对。从国际层面看，前段时间“迪拜世界”的倒债事件，要引起我们的警惕。尽管海外的经济形势趋于回稳，但是突发事件还是时有发生，各单位切不可掉以轻心。

（二）深入推进责任成本管理，打造企业核心竞争优势

2010年的责任成本管理工作，首先要在面上达到百分之百覆盖。目前，全系统绝大部分单位（包括项目）都开展责任成本管理工作，但也有个别单位和项目基本上没有开展。2010年要做到不论工程承包单位，还是其他业务板块的单位；不论在国内的单位，还是在海外的单位，都要百分之百开展责任成本管理工作，不留死角。其次，要深化和细化责任成本管理工作。责任成本管理是一种精细化的管理，只有把每个环节的工作都做细了，做扎实了，才能出效果；只是在形式上做了，而不把每一个环节的工作做好，就不会取得好的效果，可能还会起负面作用。尽管全系统绝大多数单位开展了责任成本管理工作，但同类型单位、同类型工程项目的效果相差很大，其原因主要在于工作的精细化程度不同。各单位必须一级抓一级，把每项工作落到实处。在工程项目上，要切实做好做细投标时的成本测算，中标后的方案优化、责任预算编制、责任成本分解与核算、责任成本节约或超支考核和分析、奖惩兑现、变更索赔等工作，要特别注重考核和核算的准确性和及时性，注重各部门之间工作的相互衔接和相互协调，避免各自为政。第三，要下大力规范外部劳务的使用，强力推进工程队管理模式，规范外包劳务的财务核算。第四，材料物资和设备的集中采购要全面推开，并积极开展材料物资和设备集中采购程度检查评比工作。第五，要切实做好变更索赔工作，抓实抓细，抓出成效。2010年，各单位责任成本管理的目标仍然是毛利率比2009年提高0.5个百分点，管理费用、销售费用占营业收入的比例比2009年降低0.2个百分点。

（三）严格经济责任，确保企业效益最大化

一是要认真做好大额亏损项目的督办工作。股份公司办公室、人力资源部、经营计划部、财务部、审计监事局、纪检监察室联合下发《关于对大额亏损项目进行督办的通知》，要求各单位要高度重视，彻底清查亏损项目，根据股份公司、股份公司党委《关于严格经济责任的决定》，厘清经济责任，追究相关人员责任，尽快实现扭亏为盈，提高企业经济效益。二是要充分认识严格经济责任的紧迫性和重要性。履行经济责任、严格经济责任、落实经济责任是企业负责人的首要职责。各级管理者必须统一思想，增强紧迫感、压力感、危机感，牢固树立“不履行经济责任、不严格经济责任、不完成经济责任目标就是失职”的理念，要从生存发展的高度充分认识严格经济责任的重要性，全面落实经济管理职责。三是各单位要按“决定”的要求，明确各经济主体的经济责任，建立健全经济责任管理体制。四是各单位要根据管理层级建立完善董事会对经理层、经理层对执行层、执行层对作业层，上级企业对所属单位的业绩考核的完整体

系，量化责任。通过激励与约束机制的有效运转实现对管理者行为的引导，保证各级经济责任的落实。五是各单位要严格重大经济事项责任，加强重大经济事项管理和处罚，重大经济事项主要包括：决策管理、投资管理、融资及债务管理、项目管理、资产质量管理、信息披露管理、其他重大经济事项管理等。

（四）强化资金管理，实现财务状况根本好转

1. 要利用好国家加大基建投资的大好时机，为企业转型创造良好条件。各单位要认真贯彻落实2009年9月中国铁建经营创效工作视频会议上提出的“三次经营”精神，通过大力推行精益化管理，尽快实现财务状况的根本好转。其标志就是工程承包、勘察设计、工业制造、物流与物资贸易等业务板块的资金来源主要是业主的预付款及自身利润的积累，而不需要其他额外的资金支持或银行贷款。

2. 以资金池业务为重点，强化资金集中。强化资金集中管理的主要目的是防范资金风险和减少资金沉淀浪费，降低资金成本，提高资金的使用效率。各单位必须上下一盘棋，才能够最大限度地汇集沉淀资金；形成资金集中规模后，才能够发挥集团的资金优势。目前，股份公司全系统资金集中度不到60%，这里有客观的因素，比如业主指定银行、业主不同意授权等，但主要问题还是主观上的。有些单位一味强调客观条件，不积极做工作消除障碍。2010年，资金集中管理工作以资金池业务为重点，强化资金集中，切实有效压低银行贷款规模。各单位在资金集中方面分别采取柜台结算、网上银行、统收统支、收支两条线和资金池等方式，均取得明显效果。相对于其他手段来讲，资金池业务基本不改变原有账户的使用，不需要增加太多投入，集中效率更高，容易被业主、项目部和资金管理部门接受，因此，2010年将资金池业务作为异地资金集中的主要手段，境内所有法人单位要全部引进资金池业务，网上资金集中量至少达到全部资金的80%。贷款较高的公司，要合理使用沉淀的资金头寸，加大偿还贷款力度，减少有息负债。各资金中心要做好业务流程指导工作，保证2010年实现80%资金集中的目标。

3. 加快资金周转，提高营运效率。2009年，股份公司向集团公司注入了资本金，有效地缓解了大部分单位的资金紧张状况。但随着工程规模的扩张，如果资金使用效率不能大幅度地提高，银行贷款与担保还会逐渐增多，资产负债率水平还会进一步攀升。因此，各单位必须加快资金周转，严格控制资产负债率的上升，防止财务风险。一是各单位要继续加强应收应付款等债权债务的管理。在催收欠款方面，各单位采取很多创新手段，取得很大成绩，如与银行合作办理应收账款保理业务等，但要注意对收账成本的管理，现在有些单位的收账成本很高。应付账款的占用虽然为我们暂时提供了资金，但是一定要注意延期付款的合同风险与法律诉讼风险。二是要采取各种措施，加快存货周转。三是加强银行授信业务管理，推行集团公司统一授信，取消三级公司的自行授信。

4. 要拓宽融资渠道，合理安排资金预算。对于企业业务转型过程中所需的资金，如房地产业务，可以通过银行贷款、债券、票据、基金等多渠道筹集，但一定要结合自身的实际和能力，量力而行，稳步推进，千万不能冒进。在资金的使用上，要精心进行预算安排，避免浪费和闲置。

（五）加强集中管控力度，不断提高集团控制力

1. 深化全面预算管理，充分发挥预算的引导和控制作用。首先，要切实编好2010年全面预算。预算编制过程，就是对未来的工作进行统筹安排的过程。各单位要在对2010年各项工作、各方面的指标统筹安排的基础上，实事求是地编制预算。一方面要有先进性，主要指标与上年相比要有进步；另一方面要尽可能与实际运行情况吻合，减少预算的差异。其次，要充分发挥预算的引导和控制作用，这是我们今后要着力解决的问题。预算按规定程序批准后，就是企业的“法律”，必须不折不扣地执行；如果需要调整，必须按规定程序进行。日常的经济活动，特别是各项开支，必须按预算进行控制，定期进行预算执行情况的考核和分析，发现问题及时纠正，需要调整的，及时按规定程序进行调整。第三，要在预算的编制、执行过程中，不断发现问题和解决问题，不断完善预算体系、预算编制流程和全面预算管理制度。

2. 逐步实施“法人管项目”，努力推动项目集中核算与管理。要规范项目管理，解决管理粗放的难题，必须转变项目管理模式，逐步实施“法人管项目”模式，以提高资源的利用效率，形成规模和集约效应，堵塞漏洞，增加效益。从财务的角度考虑，我们在会计核算集中、会计信息化方面做了很多工作，但是目前实际的会计核算还是在项目上，下一步，我们要在同一法人项下，实行一套账的真正意义上的集中核算，这也是我们集中管理、集约化管理的一个模式和组成部分。这项工作要实施下去，首先需要各级单位领导思想观念的转变，因为管理方式的变革必然涉及权力的再分配，没有各级领导的大力支持，就难以取得成功。

在当前和今后一个时期，财务信息化工作的指导思想是：遵循股份公司信息化整体发展战略，紧紧围绕加强内控、提高效率、促进管理的要求，在充分利用先进技术的同时，更加注重从实际出发，解决实际工

作中急需解决的问题，着力突破重点领域和关键环节信息化瓶颈，尽快提升中国铁建财务信息化水平，促进财务管理水平的升级。2010年，财务信息化建设的主要目标是：上半年完成《中国铁建财务信息化总体规划》的调研和定稿工作，以及相关建设方案的制定工作。到2010年底，各集团公司全部完成集中核算系统的部署，对所属境内核算单位的覆盖面达到100%，基本解决财务报表自动生成的问题；资金集中管理系统覆盖所有的二级资金结算中心，实施率达到100%，股份公司对各集团公司资金结算、信贷、调剂业务集中管理和监控的目标得以实现；网络报表系统的使用效果得到进一步提升，在信息披露和内部管理方面发挥更大作用，在集团公司启动网络报表的二级部署工作；推动落实《财务信息安全管理制度手册》，进一步提升信息化安全水平，避免发生重大信息化安全事故。

3. 大力推进保险资源集中。成立诚合保险经纪（北京）有限责任公司是股份公司为实现总体效益最大化而实施的一项战略决策和部署，是股份公司强化管理、推行集团集约化管理的需要，是我们增强风险意识、防范风险、降低灾害损失的需要，是获取一定收益的需要，是提高赔付比率、加强理赔过程管理的需要，是进一步提升中国铁建系统竞争能力的需要，是进一步规范运作、堵塞漏洞、反腐倡廉的需要，也是股份公司推行其他集中管理借鉴经验的一种需要。各单位要进一步统一思想、统一认识，坚决贯彻股份公司的战略部署和决策，股份公司下发的文件，各单位必须严格执行。

4. 进一步加强银行信贷、担保、抵押、诉讼等或有事项的集中统一管理，未经股份公司批准，各单位不得新增贷款、对外担保和抵押。目前，股份公司对各单位贷款、担保进行了相对的集中管理，下一步要做到股份公司总部对银行总行的全系统集中，最大限度控制各单位信贷规模，降低信贷风险。

5. 要严格利润分配和对外捐赠管理，依法维护股东权益。各单位要按照股份公司的统一规定进行利润分配和实施对外捐赠管理，严格履行相关决策程序，未经批准，不得自行决定对外捐赠事项。

6. 进一步加强设备物资的集中采购和管理。建立集团公司统一采购管理制度，做到能集中采购的不分散采购，能公开招标的不定向采购，要把重大设备物资采购管理作为降本增效的重要手段，减少市场因素对企业经营和效益造成的负面影响。

没有集中管理，就没有规模效益；没有集中管理，就无法遏制各个层面经济事项的浪费现象；没有集中管理，就无法有效控制企业生产经营中的各项风险。股份公司如此庞大的规模，如果还像以前作坊式的经营管理模式，企业必死无疑，只有强化管控、集中管理才是我们发展的必由之路。

（六）加强海外财务管理，防范海外财务风险

在海外的财务管理上，各单位要注意以下几点：一是要发现、培养和引进适应海外经营的财务方面的人才。二是要完善海外企业的治理结构和管理体系，健全内部控制机制，加强风险的识别、预警和管控。三是要建立海外企业重大经营事项报告制度，境内投资主体要及时了解和掌握海外企业生产经营和财务状况，加强海外企业投资、资金等重大事项的监督管理。四是重视海外项目和海外单位的账务、税务管理，重视研究和筹划。分包股份公司和中国土木工程集团公司项目的单位，在账务、税务管理上要服从股份公司和中国土木工程集团公司的安排。独立在海外承包项目的单位，总部要对项目上的账务、税务等有关工作给予指导、帮助和检查。五是确保资金安全。要健全内部控制制度，完善资金收付的审批和操作程序。财务人员在资金管理上要慎之又慎，不可有丝毫的麻痹大意。选择存款银行时，应尽量选择中资银行。六是加强汇率风险管理。外币资金除留够近期使用的外，能够兑换人民币的，要尽可能的兑换成人民币，尽量少留当地币。在工程承包合同的谈判中，要尽量增加欧元、美元等便于兑换、币值相对稳定的币种比例。要随时关注汇率的变动情况，以便及时采取措施。七是加强海外项目和海外单位应收款的管理，及时催收工程预付款和进度款。原则上，如果业主不能按合同约定支付款项，我方就不能垫资施工。八是规范海外项目和海外单位的会计核算，严格按会计准则确认收入、成本、费用和利润，严格按会计准则确认各项资产、负债的价值，正确核算汇兑损益。九是加强海外项目和海外单位的责任成本管理。海外项目和海外单位虽然有特殊性，但加强成本管理、提高经济效益是任何项目和单位都需要的，而成本管理的一般原理是相通的。各单位要针对海外项目和海外单位的特点，在海外项目和海外单位推行责任成本管理，提高海外项目和海外单位的经济效益。十是各单位要加强对海外财务工作的研究，加强对海外项目和海外单位指导、帮助和监督检查。

三、关于2009年财务收支专项审计和检查情况

为进一步促进会计基础工作，加强财务管理，提高会计信息质量，规范管理，做好应对各种审计检查的准备，保障企业健康持续发展，按照“把握总体、揭露隐患、服务发展”的工作思路，从2009年7月开始，股份公司财务部、审计监事局联合组成审计和财务检查组，抽调人员近50人，历时4个多月，检查集团公

司本部、工程公司、指挥部等核算单位132个。此次检查的重点包括5个方面：一是会计信息的真实性。即有无滥用会计政策、会计估计、会计方法，编制虚假财务报告、编造虚假利润等问题，有无潜亏挂账，资产、负债和损益是否真实可靠。二是财务收支的合规性。即收入的确认和成本费用的开支是否正确，资金的管理是否符合国家和公司的有关规定。三是资产质量。即是否正确计提各项减值准备和折旧，是否合理分摊费用，有无挂账的不良资产。四是重大经营活动和决策的合法合规性。即企业在重大事项、重要项目安排、大额资金使用等方面，是否符合国家有关法律法规规定和企业内控程序，有没有给企业造成较大损失。五是重大违法违规问题。即有无公款私存、“小金库”等资金账外循环问题，在资本运作、改制重组、资产处置、设备物资采购、对外担保以及高风险业务等经济活动中，是否存在重大违反财经法规等问题。

（一）检查发现的主要问题

1. 项目管理方面。一是部分单位仍存在合同工程量不实，超计价拨款问题。二是部分单位仍然存在出借资质、违规转包分包的情况。三是部分单位内部单位间违规互相拆借资金。四是部分单位存在以假发票、收据入账的现象。2009年，国家税务部门在青藏铁路、武广铁路客运专线等铁路项目税务检查中，发现施工单位存在巨额假发票事件，数额之大，令人震惊；而在此次收支检查过程中，也发现各单位不同程度地存在以假发票、收据等入账的现象。

2. 资金管理方面。资金是企业的命根子，堵塞资金漏洞、充分发挥资金效应是企业管理的重要内容，而资金管理不严谨的现象各单位都不同程度地存在。一是部分单位仍然存在小金库、账外账。二是部分单位大额现金收支频繁，超标准存放现金。有的单位备用金借款把关不严，清理不及时，现金账面余额巨大，有的单位备用金余额过千万，甚至个人借款余额达四五百万元，大量占用企业资金。三是部分单位现金管理混乱，公私不分，账实不符。有的单位通过个人账户收支资金，资金监管处于失控状态。四是部分单位随意对外拆借资金，向外部单位、内部职工高息借款。五是部分单位仍存在职工集资，为职工建房垫资等现象。六是部分单位存在占用社会保险金、住房公积金等专项资金问题。

3. 投资管理方面。一是部分单位投资、筹资等未严格履行有效的决策程序。有的单位先执行后决策，且为合资方代付投资款，损害了企业利益。二是部分单位投资没有进行必要的可行性分析，决策程序不符合规定。三是部分单位对于投资亏损的情况未能及时梳理、分析原因。四是部分单位注册资本不到位或抽逃资金存在较大法律风险。

4. 资产管理方面。一是部分单位不能正确划分收益性支出与资本性支出，将购置的固定资产一次列销。二是部分单位没有按规定计提折旧，导致损益不实。三是部分单位资产管理混乱，部分资产账账、账实不符，存在权属不清、资产流失风险。有的单位财务部门与设备物资部门信息不符，设备物资部门反映的资产，财务部门的明细账中却没有，财务部门账面有的资产，设备物资部门账上没有反映。有的单位资产挂在个人名下，形成账外资产。四是部分单位在建工程达到固定资产认定标准未及时组资。五是部分单位对总公司锦鲤资产管理中心的资产未能实施有效管理。

5. 税务管理方面。严格按照税法规定，及时、足额纳税是企业应尽的义务，偷税、漏税行为既不可取，也加大企业税务风险，而合理、有效利用税法规定进行纳税筹划，是企业必须做好的功课。通过检查发现，各单位在涉税方面主要存在的问题有：一是部分单位发放的奖金、津贴等职工福利未按照规定扣税，增加了企业的税务风险。二是部分单位营业税、印花税、增值税、房产税等不按规定计算缴纳，存在税务风险。三是部分单位收取子公司管理费等费用的业务行为存在一定税务风险。各单位必须提高思想意识，加强沟通，合理避税，努力降低企业整体税务负担，降低企业税务风险。

6. 会计基础工作方面。会计基础工作既是企业财务工作的脸面，也是企业内部管理水平高低的体现。在检查审计中发现，我们的基础工作仍然薄弱。一是部分单位会计科目设置混乱，内容包罗万象，账务核算不清。二是部分单位仍存在大额亏损项目，潜亏挂账金额巨大。三是部分单位内部往来和交易抵销不充分或无依据抵销，导致资产负债不实。四是部分单位存在账账、账实不符的情况。有的单位设置两套账簿，账表不符。五是部分单位账务处理随意性较大，费用、成本归类不准确，为达到利润指标，随意调节收入、成本，会计信息严重失真。有的单位无视规定，收入确认方法和原则严重违背会计准则，有的单位在会计期末私自采取预计价结转成本或冲减管理费用等方式调节利润；有的单位工程完工百分比居然超过100%。六是部分单位离退休人员统筹外费用、公安经费处理不规范。尽管股份公司三番五次强调大股东占用资金问题的严重性，但有的单位仍不闻不问，被北京证监局等相关监管机构检查发现仍存在违规情况。

以上检查发现的问题分析其原因，首先是有些单位管理人员特别是单位领导法纪观念淡薄。按财经纪律办事,是各级企业管理者履行职责的底线,是企业健康发展的基本保证。近年来,不按制度办事,不正确履行职责,违反程序和规定处理业务,截留和转移资金,私设"小金库"等违法违纪、损害企业利益的行为时有发生。其次是有些单位的领导和管理人员业务素质不高,自以为是,盲目自信,对本单位存在的问题视而不见,习以为常,不把制度规定当回事,导致问题越积越多,越来越严重。

(二)下一步整改措施

1. 直面问题真抓实改,以良好的状态迎接审计。我们要随时做好迎接审计的准备,绝不能掉以轻心。如果大家不太健忘的话,应该对2007年的国家审计署对铁路项目的延伸审计记忆犹新。那次审计,国家审计署历时半年之久,对铁道部26个铁路建设项目进行审计,中国铁建系统有31个勘察设计、施工、监理和物资供应单位接受审计。有的单位在那次审计中交出了比较满意的答卷,经受住了考验;有的单位则差强人意、四处告急,企业信誉和经营工作遭受重大打击。前事不忘,后事之师。我们决不能在同一个地方摔倒两次。为此,希望各单位克服侥幸心理和麻痹思想,成立组织,专人负责,制定整改和迎接审计的方案,在2009年自查自纠和股份公司检查整改的基础上,对重点问题和重点环节再进行一次排查,彻查彻改,不留死角,消灭问题和隐患,并制定好应急方案,一旦出现问题,能够比较好地控制局面,防止问题失控和扩大化。

2. 充分认识基础工作的重要性,持之以恒抓基础管理。万丈高楼平地起,基础工作是我们企业管理的基石,是我们企业健康发展的保障,基础不牢地动山摇,外强中干迟早要完。抓基础工作,是一个聚沙成塔、集腋成裘的过程,是一个日积月累、积少成多的过程,正所谓"不积跬步,无以至千里;不积小流,无以成江海"。抓基础工作,还要从细节做起,《道德经》说"天下大事,必作于细",管理的精髓在于细,细节决定成败,细节是真功夫、是真水平,真正的差距往往体现在细节里,正所谓"魔鬼总是躲在细节里"、"成败只在毫厘之间"。日本丰田汽车,跟美国同类车型几乎一样,可丰田汽车却在世界销量第一,原因是他和同类汽车相比,密封系数高1%,省油1%,噪声小1%。就是这1%,就是这一点点,分出了孰强孰弱。因此,在日常工作中,各级人员要充分认识基础工作的重要性,摒弃那种"看的不很明白,听的不很准确,记的不很清楚,想的不很周密,做的不很扎实,马马虎虎,凑凑合合,差不多就行"的劣习,从细节做起,从一点一滴做起,坚持不懈、踏踏实实抓基础工作,最终必有收获。

3. 完善内控制度,实行规范管理,建立长效机制,提高企业管理水平。各单位要严格贯彻执行国家法律法规和股份公司的相关规定,建立健全各项内控制度,形成科学的决策机制、执行机制和监督机制,改进和完善业务处理流程,思想、行动齐启动,杜绝管理漏洞,消除隐患,防止并及时发现和纠正各种舞弊行为,保护企业财产完整,提高企业管理水平。

4. 增强风险意识,切实防范法律、税务等方面的风险。各级业务人员要加强学习,提高自身素质,业务处理应严格遵照国家相关法律法规的规定;要强化对工程招投标、工程项目的监督管理,对不合法、不合规的经济业务事项,要坚决纠正;要严格按照税法规定及时足额缴纳各项税款,切实提高风险防范意识和风险防范能力。

5. 强化日常监督。各单位应着眼整体,建立起有效的日常监督机制,充分发挥纪检监察和内部审计的职能与优越性,加强内部审计和内部监督力量,加大监督检查频率,进一步加强所属单位的财务监管,对下属子企业在执行会计制度及财经纪律等方面出现的问题及时予以纠正。

统一认识 坚定信心 开拓进取 科学发展
开创中国铁建房地产板块新局面
——副总裁范德在中国铁建股份有限公司房地产工作会议上的报告
(摘 要)
(2009 年 11 月 28 日)

这次房地产工作会议是继年初股份公司工作会议、武汉经营工作会议、信阳安全质量现场会之后,股份公司召开的又一次重要会议,也是公司历史上规格最高、覆盖面最广、参加人数最多的一次房地产专题工作会议。这次会议的主要目的是:认真总结房地产板块发展过程中的成功经验,认清形势,统一认识,坚定信心,开拓进取,调动全系统各种有效资源,加快房地产板块发展步伐,开创中国铁建房地产板块新局面。

一、充分认识、正确评估房地产板块发展现状

(一)房地产板块发展已经取得一定成绩

中国铁建房地产业务起步较晚,虽然国资委在2005 年 10 月已将房地产开发经营确定为中国铁建的主业,但实际上当时仅有中铁十四局集团公司在青岛黄岛区的"盈泰嘉园"项目、中铁二十局集团公司在重庆的"中铁·山水天下"项目、中铁二十二局集团公司在厦门的"中铁·时代家园"项目、中铁建设集团公司在北京的"佳汇国际中心"等几个小规模的开发项目,而且都是与其他单位合作,主要由对方操盘运作。可以说,在 2006 年之前,中国铁建的房地产开发业务还处于试验和探索阶段。而同类型中央企业已较早开展房地产业务,并取得了良好的业绩。中国建筑 2006 年房地产开发业务已实现营业收入 117.9 亿元,实现利润 32.9 亿元,以 8.79% 的营业收入贡献了 51.78% 的利润。中国中铁 2006 年房地产开发业务已实现营业收入 18.79 亿元,实现利润 4.26 亿元,以 1.15% 的营业收入贡献了 12.53% 的利润。

2007 年初,根据中国铁道建筑总公司工作会议确定的"积极推进结构调整,整合资源,优化重组,构建创效板块"的发展战略,中国铁建确立房地产开发在股份公司主业中的重要战略地位,将房地产板块列为股份公司六大创效板块之一。2007 年 3 月,整合组建中铁房地产集团有限公司,改变了中国铁建没有专业房地产集团公司的历史。2007 年 10 月,中国铁建制定和实施《中国铁建股份有限公司房地产开发经营发展规划》,按照"积极稳妥、重点突破、整体跟进、广泛合作、规模发展"的发展战略,确定由区域性房地产开发商发展成为全国一流的房地产发展商的总体目标。

中铁房地产集团公司组建仅仅两年,克服了创业和发展初期的重重困难,经受了房地产市场剧烈调整的考验,初步建立起一套运作规范、职责清晰的房地产业务管理体系,选拔和培育了一支朝气蓬勃、兢兢业业、善于学习、勇于开拓的房地产专业管理团队,为房地产板块的发展积累了成功的经验、奠定了坚实的基础。目前,中铁房地产集团公司 12 个房地产项目已全部开工建设,其中 7 个项目已经开盘销售,其余 5 个项目在 2010 年上半年都可以推盘预售。江苏省徐州市"徐州龙域中央"于 2007 年 12 月 18 日破土动工,经过近 700 天的努力,一期住宅在 2009 年 10 月 20 日全部竣工,创造了 1 个月销售超过 1500 套住宅,40 万平方米同时开工、同时竣工等多项徐州市最高纪录,得到徐州市市委、市政府的高度评价。2008 年 8 月,在全国房地产市场仍处于寒冬时,股份公司果断决策,以较低的价格取得安徽省合肥市极具潜力的 662 亩土地,打造"中国铁建国际城"。中铁房地产集团合肥置业公司精心组织、周密策划,在较短时间内完成规划设计、开工建设、开盘销售等重要工作,一期 1436 套住宅在几天内销售一空,合同销售额 5.1 亿元,成为合肥市最具影响力的楼盘之一,该项目全部开发完成预计可实现营业收入90亿元,实现利润15亿元,相当于股份公司现在一个优秀的工程局5年产生的利润。位于北京市房山区的"中国铁建原香小镇"项目一期200套房源预约排号近800人,开盘当天一抢而空,合同销售额达1.5亿元。北京西派国际公寓住宅部分已全部销售完毕,累计合同销售金额23亿元,实现营业收入16.3亿元。广西壮族自治区南宁市"中国铁建山语城"项目一期花园洋房销售同样火爆,已签约145套,销售面积2.2万平方米,合同销售金额1.76亿元。

中铁十四局集团公司房地产业务起步较早,发展势头良好,集团公司下属的山东凯华置业公司注册资金2.67亿元,是全系统除中铁房地产集团公司以外注册资金最高的专业房地产公司。该公司目前有3个开发项目,3年内预计可实现销售金额20亿元,实现利润5亿元。

中铁二十一局集团公司将发展房地产业务作为调整产业结构、创造新的经济增长点的重要战略举措。2008年7月在陕西省西安市曲江新区取得的126亩土地已实现较大增值,开发完成后预计可实现营业收入16.7亿元,实现利润约3亿元。集团公司近期又在曲江增持了一块620亩的土地,全部开发完成预计可实现销售收入96亿元,实现利润17亿元。

中铁建设集团公司作为股份公司最早开展房地产业务的单位之一,为了股份公司房地产板块的发展,以大局为重,将北京西派国际公寓和长沙山语城项目的股权转让给中铁房地产集团公司。目前,中铁建设集团公司进一步明确房地产业务在公司战略中的重要地位,提出在未来3~5年房地产业务年销售金额超过30亿元,实现利润占集团公司利润的一半以上。

自2007年以来,中国铁建房地产板块的发展速度明显加快,发展质量显著提高,发展效益初步显现。2007年,中国铁建新增土地储备面积3322亩,总建筑面积491万平方米;2008年,新增土地储备面积1770亩,总建筑面积340万平方米。截至2009年10月底,中国铁建分别在北京、天津、重庆、长沙、贵阳、南宁、成都、合肥、长春、济南、厦门、南京、西安等22个城市持有32个房地产开发项目,建设用地总面积7010亩,规划总建筑面积1392万平方米,项目全部开发完成后预计可实现营业收入563亿元,实现利润73亿元。主要项目分布情况是:中铁房地产集团公司在北京、长沙、贵阳、保定、徐州、长春、成都、南宁、合肥等9个城市有12个项目,规划可售面积862万平方米;中铁建设集团公司在北京、信阳等地有4个项目,规划可售面积145.8万平方米;中铁十四局集团公司在青岛、南京等地有开发面积53.83万平方米;中铁二十局集团公司在重庆有开发面积52万平方米;中铁十八局集团公司在湖北武汉、鄂州等地有开发面积51.1万平方米;中铁二十二局集团公司在黄石、保定等地有开发面积50.4万平方米;中铁十三局集团公司在天津、成都、长春等地有开发面积49万平方米;中铁十六局集团公司在海南等地有开发面积20万平方米。2008年,中国铁建房地产板块实现营业收入10.83亿元,比2007年增长46.4%,2009年预计可实现销售金额28亿元,实现营业收入22亿元,比2008年增长103.1%。

(二)房地产板块发展与其主业地位尚不相称

虽然中国铁建房地产板块的发展已经取得一定成绩,但与其他板块相比仍然差距巨大。2008年,中国铁建的工程承包业务收入2073亿元,占总营业收入2261亿元的91.69%,而房地产板块的营业收入为10.83亿元,仅占总营业收入的0.48%。处于产业链下游利润率较低的工程承包业务"一业独大",房地产开发虽然同属中国铁建主业,但其经营规模明显偏小,经营收入明显偏低,尚不具备与主业地位相称的业绩和规模。

近几年,受国家加大铁路、公路、机场等重大基础设施建设力度的刺激,中国铁建工程承包板块业绩持续快速增长,完成施工产值和新签合同额屡创新高。2009年前三季度,中国铁建工程承包业务收入2153亿元,同比增长83.4%,新签合同额3660亿元,同比增长81.5%。房地产板块如果不能抓住时机、加快发展步伐,不但不能实现占中国铁建总营业收入和利润比例逐年提高的目标,而且会与工程承包业务板块的差距不断扩大,最终沦为中国铁建的边缘化业务。

最近短短两个多月的时间,国资委对中央企业开展房地产业务情况召开了三次房地产专题会议。在11月24日国资委召开的加强中央企业房地产业务管理会议上,国资委领导明确指出,主业不包括房地产的中央企业要逐步退出房地产市场,已经是主业但规模和实力不强的中央企业,房地产业务也要进行调整和重组。由此可见,如果不能加快发展、迅速增强中国铁建房地产业务的规模和实力,就有可能被国资委将房地产开发从公司主业中调整出去,中国铁建将丧失发展房地产业务的历史机遇。

(三)中国铁建房地产板块发展与其他中央企业相比还存在较大差距

中国铁建房地产板块的规模和实力不但与公司工程承包板块相比有巨大差距,与其他中央企业相比,也存在较大差距。目前,国资委已分批将房地产开发列为中建、中房、保利、华侨城、中铁工、中铁建、中化、中粮、中冶、五矿、中水、葛洲坝、中旅、华润、招商、南光集团等16家中央企业的主业。上述16家中央企业均下设独立的房地产集团,其中中海地产、保利地产、华润置地、华侨城、方兴地产、招商地产、中粮地产 7 家企业实现房地产业务独立上市。从 16 家企业的总资产、净资产、营业收入、利润等主要经济指标显示，中海地产、保利地产、华润置地三家企业处于行业领先地位。中海地产在 2004 ~ 2006 年连续名列中国房地产百强企业综合实力排行榜第 1 名，2008 年实现营业收入 188.9 亿元，实现净利润50.72亿元；保利地产 2008 年实现营业收入 155.2 亿元，实现净利润 22.39 亿元；华润置地 2008 年实现营业收入 91.33 亿元，实现净利润 20.91 亿元。

在同类型中央企业中，中国建筑 2008 年房地产板块实现营业收入 188.2 亿元，实现利润 41.6 亿元，以 9.3% 的营业收入贡献了 48.1% 的利润；中国中铁房地产板块实现营业收入 39.3 亿元，实现利润 5.7 亿元，以 1.7% 的营业收入贡献了 8.6% 的利润；中国中冶房地产板块实现营业收入 42.5 亿元，实现利润 4.7 亿元，以 2.8% 的营业收入贡献了 8.7% 的利润；中国铁建房地产板块实现营业收入 10.8 亿元，仅占总营业收入 2261 亿元的 0.48% 。

2009 年上半年，中国建筑房地产板块实现营业收入 152.8 亿元，实现利润 34.4 亿元，以 13.7% 的营业收入贡献了 54.5% 的利润；中国中铁房地产板块实现营业收入 16.8 亿元，实现利润 2.6 亿元，以 1.1% 的营业收入贡献了 6.8% 的利润；中国中冶房地产板块实现营业收入 18.5 亿元，以 2.5% 的营业收入贡献了 6.2% 的利润；中国铁建房地产板块实现营业收入 6.1 亿元，实现利润 0.9 亿元，以 0.5% 的营业收入贡献了 3% 的利润。

从以上数据可以看出，中国铁建房地产板块的营业收入和利润均排在中国建筑、中国中铁、中国中冶之后，占公司总营业收入的比例也相对较低。再比较一下同类型中央企业在房地产业务方面的投入，至 2009 年上半年末，中国建筑、中国中铁、中国中冶房地产存货分别为 517.7 亿元、223.2 亿元和 192.4 亿元，而中国铁建仅为 135.7 亿元。房地产开发业务的存货主要包括房地产开发成本和房地产开发产品两部分，存货水平的高低一方面说明了公司对房地产业务的投入，也预示着未来可能实现的收入，保持适当的存货水平对房地产业务的发展具有积极作用。可以说，中国铁建现有的存货水平难以保证未来几年形成良好的收入和利润，难以与其他同类型中央企业抗衡。

中国建筑在 2009 年上市后又组建了中建地产，作为除中海地产外的另一个房地产运营平台，大力发展房地产业务，同时，中国建筑已明确将房地产作为公司的第一主业，各项资源和投入向房地产业务倾斜，并计划将目前房建、房地产、基建的营业收入比例由 80% 、10% 和 10% 逐渐调整为 60% 、20% 和 20% 。如果实现这一目标，中国建筑每年仅房地产板块的利润就将超过 80 亿元。中国中铁也在大力发展房地产业务，并提出到 2011 年进入中国房地产行业前 10 名，到 2016 年进入中国房地产行业前 5 名的战略目标。因此，中国铁建必须加快推进房地产板块的发展步伐，努力缩小与同类型中央企业在房地产业务方面的差距。

二、坚定信心、开拓进取，加快中国铁建房地产板块的发展步伐

为实现股份公司工作会议提出的“抢抓机遇保增长，调整结构上水平”的主要任务，我们必须认清形势，坚定信心，把握规律，防范风险，勇于开拓，积极进取，更好地发展房地产板块，创造中国铁建新的经济增长点，为股份公司结构调整和转型奠定坚实基础。

（一）认清市场形势，坚定发展信心

房地产业是国民经济的重要支柱产业，具有极强的产业关联度和带动作用，对于拉动钢铁、建材、汽车、家电、家居等几十个产业的发展举足轻重，对金融业稳定和发展至关重要，对于推动居民消费结构升级、改善民生具有重要作用。同时，房地产业也是受国家政策和宏观经济环境影响最大的行业之一，近十多年来，伴随中国经济的快速、稳定、健康发展，房地产市场也保持了持续快速的发展势头。根据国家统计局公布的数据，全国商品房平均价格已从 1998 年的 2063 元/平方米提高到 2008 年的 3919 元/平方米。全国商品房销售面积从 1998 年的 1.22 亿平方米增长到 2007 年的 7.7 亿平方米，2009 年 1 ~ 10 月完成销售面积 6.6 亿平方米，同比增长 48.4% ，预计全年销售面积将超过 8 亿平方米。全国商品房销售金额从 1998 年的 2513 亿元增长到 2007 年的 3 万亿元，2009 年 1 ~ 10 月实现销售金额 3.2 万亿元，同比增长 79.2% ，预计全年销售金额将超过 3.8 万亿元。

据专家分析，中国的房地产业未来至少还有 30 年快速增长空间，这包含着政治的、经济的、文化的、市场的以及其他多方面的正面支持因素。中国经济已经持续多年呈两位数增长，虽然受到国际金融危机的影响，国内经济发展速度减慢，但目前中国经济已领先全球率先复苏，经济的增长必然带来城市的进一步发展、居民收入的增加和住房需求的扩大。而中国巨大的人口基数和城市化的进程也将带来庞大而稳定的市场需求，全国每年新增人口和城市化带来的住房需求为 2 亿平方米。目前中国城市人均住房面积约 28 平方米，预计到 2020 年人均住房面积将达到 35 平方米，未来 10 年，城市改善性住房需求面积约为 50 亿平方米。2008 年，中国城乡居民储蓄存款余额超过 20 万亿元，由于国内投资理财的渠道十分有限，而商品房具有消费品和投资品的双重特性，投资购房已成为许多居民的选择，并成为应对通货膨胀预期的手段。可以预见，中国的房地产市场具有很大的市场发展空间和广阔的发展潜力。

同时，房地产开发业务也是与我们传统的工程承包业务联系最紧密、关联程度最高、带动效应最大、市场壁垒最小的业务，中国铁建发展房地产业务的优势非常明显。各地政府非常欢迎像中国铁建这样的大型中央企业参与城市的建设和运营，改善城市面貌，进行项目投资和开发，打造优美的人居环境。国资委领导也明确指出，中央企业大力发展房地产业务，对于承担应尽的社会责任、规范行业内部竞争，保证国有资本保值增值、提高企业经济效益，增强中央企业在房地产领域的控制力、带动力和影响力等方面都具有重要意义。显而易见，中国铁建与同类型中央施工企业的下一个竞争主战场将会在房地产业务领域。

在2009年4月学习实践科学发展观调研成果交流暨解放思想大讨论会上，股份公司明确提出要坚定发展房地产业务的信心，科学分析房地产市场环境和发展趋势，加快推进房地产业发展进程。但从具体实施情况看，在我们的实际工作中仍比较迟疑和观望，在合理获取土地资源、加快开发进度等方面丧失了一些机会，留下了较大遗憾。

我们必须认清形势、坚定信心，将房地产作为一个事业、一个产业来做，既不能因一时的市场调整和困难而丧失信心、悲观失望；也不能在取得一点成绩和进步时就盲目乐观、沾沾自喜；更不能在房价高涨、土地市场亢奋的时候丧失理性、头脑发热。各级领导要认清形势、坚定信心，在面对各种复杂环境和市场变化的情况下，坚定发展房地产业务的决心不动摇，坚定发展房地产业务的步伐不退缩，坚持走科学发展道路，把股份公司的房地产业务发展成为真正的朝阳事业、支柱产业、创效板块。

（二）保持清醒头脑，增强风险意识

在认清房地产业具有广阔的发展前景和巨大的发展潜力，坚定发展房地产业务的同时，我们必须保持清醒头脑，充分认识到房地产在带来高收益的同时，更是一个高风险的行业。房地产行业政策依赖性强、所需资金量大、投资周期长、业务环节多、影响因素复杂，同时由于进入门槛低，市场竞争非常激烈，如果运作不当、管理不到位，会造成巨大损失。系统内有一些单位曾经在20世纪90年代初的海南、北海等地进行房地产开发，造成较大亏损，这些教训是深刻的，我们必须引以为戒。

自2007年底开始，受国际金融危机和国家宏观调控政策的双重影响，中国房地产市场遭遇深幅调整，商品房销售量价齐跌，房地产投资大幅下滑，市场遭遇“严冬期”考验。2008年底，国家果断出台刺激经济增长的十大措施，实施“扩内需、保增长、促消费”的一系列优惠政策。鼓励住房、汽车等大宗商品消费，房地产市场信心逐渐恢复。以2009年初的“小阳春”行情为标志，全国房地产市场逐步回暖，商品房销售量价齐升；同时，土地市场也快速复苏，土地价格抬升、地王频出。以北京市为例，根据北京市统计局公布的数据，2009年1～10月，北京市商品房期房销售面积1315万平方米，同比增长120%；现房销售面积442.6万平方米，同比增长89.9%。北京市商品住宅期房四环路平均售价19750元/平方米，四环至五环售价17391元/平方米。11月20日，北京市国有企业大龙地产以50.5亿元的总价、2.99万元的楼面地价拿下位于顺义区天竺开发区的住宅用地，并成为北京楼面地价、总价的双料新“地王”。

从2007年到2009年短短3年时间，房地产市场一度从顶点跌入寒冬，又在2009年初春回暖后进入盛夏。近期，部分城市出现房价持续快速上涨、土地价格飚升的情况，一定程度上出现了泡沫。在这种市场状态下，我们必须保持头脑冷静。虽然从长期看，土地资源的稀缺性、城市化的进程、中国巨大的住房刚性需求等多种因素的共同影响决定了地价、房价不断上涨的整体趋势；但从短期看，房价、地价在较短时间内快速上涨，是由于在适度宽松的货币政策环境下大量资金投入房地产市场，造成部分地区市场供需失衡，一定程度上出现泡沫，蕴藏着很大的市场风险，也预示着下一步房地产市场又可能面临新一轮调整周期，其调整的情况将主要取决于国家宏观政策的走向、经济形势的状况和房地产市场的供求关系。我们要高度关注房地产市场的各种变化因素，在市场高位时要加快销售、谨慎拿地，不拿高价地、不做地王。

（三）把握发展规律，积极开拓进取

房地产业务与我们传统的工程承包业务不同，具有其行业自身的发展规律和明显的行业特征。工程承包主要采用订单式生产，重点是按图施工、按期交付，在取得订单后不用过多考虑市场和销售的问题；而房地产开发是通过对土地属性的分析判断，采取合理的规划设计和产品定位，运用有效的市场营销手段，最终实现让消费者“买单”。实际上，房地产行业是市场竞争非常激烈、市场化程度相对较高的行业，其中最大的风险就是市场的风险。房地产项目在销售和交付前的巨大投入，最终要接受市场和客户的检验。如果不能认清市场规律、了解消费者需求，不能规划和建设符合市场要求的产品，就会受到市场的惩罚。因此，房地产最重要的观念就是“市场观念”，如果只找“市长”而摸不着“市场”,房地产项目是不可能成功的。

根据现行会计制度的要求,房地产业务收入的确认、利润的实现与工程承包业务相比,也存在较大差异。工程承包业务的产值、收入和利润都可以在当期财务报表中实现,而房地产业务收入的确认应同时具备以下条件:一是项目已竣工并经有关部门验收合格,房屋面积已经有关部门测定;二是已与客户签订正式的房屋销售合同;三是房屋已经客户验收,并与客户办妥交付入住手续,双方履行了合同规定的义务。房地产项目通过预售实现的合同销售金额及获得的销售回款,只能用于相关的工程建设,并作为企业的预收账款管理。商品房只有在竣工验收并办理完成移交手续后,才可以将预收账款转为营业收入。因此,房地产项目从获得土地开始,一般至少需要 2 ~3 年时间才有可能实现营业收入和利润。

我们要深刻认识房地产行业发展规律,清晰理解国家政策法规的要求,提高市场调研和分析能力,强化“市场意识”和“消费者意识”,保障中国铁建房地产板块的健康、有序、科学发展。

中国铁建作为房地产行业的新兵,在发展过程中会遇到各种各样的困难,经受各种各样的考验。目前,房地产板块的各项资源还相对不足,土地储备有限,产品结构比较单一,房地产项目领军人才匮乏,各类专业管理人才紧缺,与行业内专业分包商、供货商还没有建立起巩固的战略伙伴关系,尚没有自己的规划设计、销售策划、物业管理团队和品牌。针对这些困难和不足,需要我们以团结拼搏、积极进取的精神,以高度的使命感、责任感和紧迫感,以时不我待、知难而进的工作状态,瞄准行业标杆和竞争对手,向优秀的房地产企业学习,不断提高自身的管理水平和产品竞争能力,加快人才队伍建设,全面提升企业实力。

(四)明确发展目标,加快发展步伐

中国铁建要通过全面提升房地产业务专业化水平,打造企业核心竞争力,构建适合中国铁建的房地产运营模式,大力提升房地产专业管理能力,实现房地产板块的跨越式发展。

1. 规模效益目标。结合中国铁建房地产项目现状和板块发展要求,合理确定房地产板块的规模和效益目标。中铁房地产集团公司已初步具备跨越式发展的基本条件,要加快发展步伐,到 2010 年实现营业收入 30 亿元,实现利润 3.5 亿元;到 2011 年实现营业收入 60 亿元,实现利润 8 亿元;到 2012 年,要实现年新开工面积 500 万平方米,营业收入 100 亿元,实现利润 15 亿元的目标。中国铁建房地产板块 2011 年要实现营业收入 75 亿元,实现净利润 10 亿元;2012 年要实现营业收入 120 亿元,实现净利润 18 亿元。

2. 人力资源目标。截至 2009 年上半年,股份公司从事房地产开发业务的员工总数 979 人,占股份公司在岗员工总数 190545 人的 0.51%。要利用 3 ~5 年的时间,全面加强人力资源体系建设,制定人力资源发展规划,通过外部招聘引进、系统选拔调配、内部培训提升等多种途径,特别要加大引进外部中高级人才的力度,实现各类专业管理人才的数量增加和素质提升,突破人力资源对房地产业务的瓶颈制约。争取利用 3 年左右时间,到 2012 年,培养 100 名房地产领军人才,500 名房地产骨干人才,1000 名房地产专业管理人才。同时,中国铁建房地产板块从业人员比例增加到员工总数的 1%。

3. 市场地位目标。中国铁建在继续重点培育和支持中铁房地产集团公司发展的同时,在其他集团公司内,着力选拔和扶持 5 ~8 家有资金、有条件、有经验、有业绩的专业房地产公司的发展,逐步将这些公司培育为区域型的专业房地产公司,共同担当打造“中国铁建”房地产品牌的重任。到 2015 年,中国铁建房地产板块基本构建起以“中铁地产”为龙头、以各集团专业房地产公司为支撑的“大地产”格局。中铁房地产集团公司的综合实力显著提高,进入国内房地产行业前 20 强;其他 5 ~8 家集团公司所属专业房地产公司的综合实力明显增强,在所在区域房地产市场竞争中居有利位置。

三、发展房地产业需要高度重视的几个关键问题

(一)创新思路,分清权责,明确房地产项目的决策机制

由于房地产开发属于高风险、高收益的资金密集型行业,房地产项目的决策和审批机制非常重要,对房地产业务的开展也起着决定性的作用。要不断探索和创新房地产项目的决策机制,既严格防范决策和经营风险,又充分调动和发挥各方面的积极性和能动性,快速应对市场变化。对全系统房地产开发业务应采取“统一评估、分级授权、分工负责”的管理机制,开拓新的房地产项目采用“谁主张,谁论证;谁受益,谁负责”的原则进行管理和审批。

中铁房地产集团公司是中国铁建二级单位中的首家董事会规范运作试点企业。董事会规范运作的目的,就是实现董事会建设制度化、运作规范化,提升决策水平、提高决策效率。股份公司主要通过下达地产公司的经营发展目标和年度经营业绩考核指标,培育和支持地产公司做专做强做大。地产公司要根据股份公司的经营发展战略和目标,制定具体的战略实施方案和计划,充分发挥董事会成员知识结构、专业背景、决策视角多元化的特点,建立和完善项目决策机制,合理增加土地储备规模,加快推进房地产开发步伐,确保

实现预期效益。

开展房地产业务的集团公司,需要拓展和获取新的房地产项目,应将项目的可行性研究报告报股份公司房地产开发部,由房地产开发部组织中铁房地产集团公司和其他专业机构对项目的可行性进行考察和评估,评估后再召开股份公司房地产领导小组会议进行研究,经股份公司房地产领导小组审查同意后,我们建议由集团公司董事会进行房地产项目的审议和决策,决策通过后获得的房地产项目应报股份公司备案。

开展房地产业务的集团公司应制定今后 3 ~5 年房地产业务发展战略规划,指定 1 名集团公司领导分管房地产开发业务,有相应的机关管理部门和机构,并成立专业的房地产公司进行项目的策划、运作和管理。要积极选拔、调配和引进有经验、有能力、有开拓精神的房地产业务专业人才。根据房地产业务发展规划,有针对性地考察和筛选房地产项目,对项目进行细致的市场调查和周密的策划研究,制定合理的销售计划和资金筹措方案。

(二)调动资源,发挥优势,合理进行区域布局

房地产项目的铁律“一是位置、二是位置、三还是位置”。房地产板块必须建立合理的区域布局,区域布局的原则是:选择经济社会发展水平较好,居民收入水平较高,市场供求关系比较合理,市场容量较大,具有可持续发展潜力的城市作为区域布局重点。

中国铁建 27 个集团公司总部分布在北京、天津、上海、广州、武汉、太原、长春、济南、西安等 14 个大中城市,其中北京有 10 个公司总部。各集团公司在所在城市和地区发展时间长、企业影响大、社会信誉好、知名度高,与当地政府和有关部门建立了良好的联系,具有良好的社会资源。但各集团公司开展房地产业务也不能搞一窝蜂,一哄而上,要根据自己的能力和资源,判断是否具备发展房地产业务的条件。股份公司鼓励有下列条件之一的集团公司积极稳妥地开展房地产业务:一是有资金实力,二是有自有土地储备,三是有在市场上获得性价比高的土地资源的能力。

如果要开展房地产业务,必须充分发挥集团公司的区位资源优势,根据房地产板块区域布局原则,聚焦集团公司最熟悉的区域市场,在这些市场做深做透,提高市场占有率,提高开发能力,夯实跨地域发展的人才基础、专业基础。可以首先建立项目公司,项目公司运作成熟后向城市公司发展,城市公司发展壮大后向区域公司发展,从而最终构建中国铁建合理的房地产区域布局。国内大部分房地产企业,其起步和发展,均以珠三角、长三角、环渤海三大经济圈发达城市为主进行布局,万科、中海地产、保利地产、华润置地等标杆企业,其主要房地产项目均布局于上述城市群。万科 2008 年珠三角、长三角、环渤海城市销售金额分别为 176.2 亿元、166 亿元和 97.5 亿元,分别占公司总销售金额的 36.8% 、34.7% 和 20.4% ,合计三大经济圈销售比例 91.9% 。中海地产 2008 年珠三角、长三角、环渤海城市销售金额分别为 84.01 亿元、60.95 亿元和 58.56 亿元,分别占公司总销售金额的 31.57% 、22.90% 和 22.01% ,合计三大经济圈销售比例 76.48% 。因此,中国铁建房地产项目区域布局必须以三大经济圈发达城市为依托,以直辖市、省会城市和经济发达的中等城市为重点,合理进行房地产项目的区域布局。要谨慎进入经济不够发达、市场容量较小、去化速度较慢的城市和地区开展房地产项目。

(三)积极稳妥进行土地储备

土地是稀缺资源,房地产项目的获取和土地储备是房地产板块发展的基石,土地储备状况直接决定了房地产板块发展的未来,土地储备必须符合房地产板块发展战略的要求,并坚持“战略引领、策划先行、风险预控、效益为本”的原则。凡是不符合房地产发展战略的土地不储备,凡是没有进行周密的市场分析和调研的项目不储备,凡是达不到规定的投资收益率水平的项目不储备。在土地市场亢奋、地王频出的时候,更要把握新增土地储备的质量、合理控制土地储备规模和节奏。土地功能类型应以住宅用地为主,审慎介入商业办公、旅游度假等长期经营性项目。项目规模以单宗土地面积 300 亩以下、建筑面积 50 万平方米以下的中等体量为宜。在土地储备途径和方式上,应结合股份公司实际,充分运用中国铁建世界 500 强企业和大型中央企业的优势和影响力,灵活运用土地一二级联动开发、项目并购、土地招标、挂牌或拍卖等多种方式,加强土地市场调研和经营策划,确保以合理的价格获取优质土地资源。

中国铁建系统内尚有一定规模的自有土地,部分是股份公司股改上市土地、部分是总公司国有土地,土地性质以工业用地为主,土地分布较广,要加强对系统内土地资源的管理和使用,尽快盘活土地资源、提高土地使用效率。可以采取毛地挂牌、上市交易等合法手段将这些土地储备转化为开发资源。

(四)高度重视人才体系建设,尽快突破人才瓶颈制约

“土地、资金和人才”是影响房地产业发展的三个关键因素,资金是获取土地资源的保证,而人才是将土地资源转化为经济效益的基础。对于中国铁建来说,土地和资金的障碍基本扫清,“人才”问题已经成为影响中国铁建房地产板块快速发展的首要制约因素。目前,房地产板块正处于快速发展阶段,无论是中铁房地产集团公司,还是其他集团公司,都面临着房地产项目

领军人才严重匮乏、专业人才严重不足的问题。根据房地产业务发展的规模和速度,要大力加强人才队伍建设,通过面向市场招聘引进、系统内部竞争选拔等方式,加快人才培养和引进步伐,建立、健全和完善人才的选聘和任用机制、人才培养和考核评价机制、激励和约束机制,形成科学、完善的人力资源体系,尽快突破人才瓶颈制约。

(五)规范品牌体系,打造中国铁建统一的地产品牌

房地产品牌的直接作用是有助于产品的开发和销售,间接作用是通过品牌提升拿地、融资能力,品牌作为一种重要的市场资源,能够有效提升公司的竞争能力。同样的地理位置,万科的项目就可以比竞争对手每平方米多卖1000元~2000元。

“中国铁建”品牌在国内外已经具有很高的知名度和美誉度,是实力和能力的象征。“中国铁建国际城”在合肥为什么卖的那么火?一方面是因为我们的项目地理位置优越、户型设计好、性价比高,另一个很重要的原因是“中国铁建”的金字招牌。消费者相信世界500强企业的实力、相信中央大型企业的社会责任、相信“中国铁建”做出的各种承诺。因此,必须全面规范和加强中国铁建房地产项目的品牌体系建设,要利用一年多的时间,到2010年底,全面统一和规范房地产业务品牌,建立企业品牌和项目品牌识别管理体系,规范和推广VI企业识别系统。充分利用“中国铁建”强大的品牌号召力和社会影响力,全面打造“中国铁建”房地产品牌。要利用3~5年时间塑造2~3个全国知名的房地产项目品牌,如“中国铁建国际城”等,以企业品牌推动项目品牌发展,以项目品牌提升企业品牌形象,实现企业品牌与项目品牌的良性互动。

(六)提升物业管理与服务,增加产品附加值

房地产开发活动兼跨生产与流通两个领域,是一项复杂的系统工程,物业管理与服务作为房地产商品的消费环节,是房地产开发的延续和完善。近年来,随着生活水平的日益提高,人们的居住观念也发生了很大变化,住房不再仅是遮风避雨的场所,而是安全、文明、舒适的工作和生活环境,物业管理已越来越成为消费者选择物业的一项重要标准。消费者花钱买的不仅仅是房子,还有物业管理和服务。物业管理服务也不再是单纯的售后服务,它已贯穿于房地产开发的全过程,成为房地产开发经营的重要组成部分,并成为企业经营的品牌。中海地产、万科除了有成功的开发产品外,还有知名的“中海物业”、“万科物业”品牌。

中国铁建要发展房地产业务必须建立自己的物业管理团队,塑造自己的物业管理品牌。近期,可以通过与知名物业公司合作,逐步培养和锻炼自己的物业管理团队,为打造中国铁建自己的物业管理品牌打好基础和准备。

(七)切实培育专业管理能力,构建核心竞争力

随着房地产板块规模的日益扩大,从业人员的不断增加,如何提升企业的专业管理能力、增强企业核心竞争力将成为非常重要的课题。房地产企业必须大力提升六大专业管理能力,即土地经营能力、规划设计能力、工程管理能力、销售策划能力、资本运营能力和成本控制能力。这六大能力贯穿于房地产开发的整个过程,是企业核心竞争力的集中体现。土地经营是将资本转化为房地产企业赖以生存和发展的土地资源,土地经营能力的高低和土地经营的成效直接决定了房地产企业的未来。规划设计的实质是结合土地的自然和地理属性,在相应限制条件的基础上,通过产品的研发和创新,规划符合消费者需求的产品。工程建设管理的重点是保证开发建设的进度、质量、安全、成本等符合项目总体开发计划的要求。销售策划要贯穿于项目开发过程的始终,产品设计、工程建设、营销推广必须紧紧围绕项目销售展开。成本管理是企业永恒的主题,市场竞争的本质实际上就是成本控制能力的竞争。

中国铁建房地产业务发展的时间还相对较短,发展的经验不足,专业化的能力还有待提升,我们必须以万科、中海地产等行业内优秀企业为标杆,学习其成功的经验和好的做法,迅速提升专业管理能力,打造核心竞争力,开创中国铁建房地产板块发展新局面。

继往开来 科学经营
为企业发展和转型当好开路先锋
——副总裁张宗言在中国铁建股份有限公司经营工作会议上的讲话
（摘 要）
（2009年6月14日）

这次经营工作会议，是在国际金融危机蔓延、国家加大基建投资、企业面临崭新发展环境的形势下召开的。会议的主要目的是：回顾总结过去3年的经营成绩，交流经营工作经验，分析当前企业的经营形势，统一思想，提高认识，动员全系统上下抢抓机遇，科学经营，全面开创经营工作新局面，为中国铁建加快发展、结构调整和战略转型贡献新的力量。

一、近3年经营工作取得的主要成绩

2006年以来，在国家基建投资持续增长、市场竞争日趋激烈、企业内部改革和结构调整不断向纵深发展的大背景下，全系统抓住机遇，奋力承揽，3年新签合同额9223亿元，其中国内工程承包、设计咨询、工业制造、物流贸易四大业务板块新签合同额7455亿元，为企业股改上市、战略转型和保持健康、持续、快速发展提供了强有力的支撑。

（一）国内工程承包乘势而为，屡创历史新高

3年来，全系统积极抓住国内基建市场总体走高的良好机遇，固守主业地位，奋力拓展主营业务，国内工程承包实现持续增长，2006、2007、2008年新签合同额分别为1613亿元、1803亿元和3582亿元，不断刷新历史纪录，3年新签国内工程承包合同额6998亿元。其中，中铁十二局集团公司866亿元；中铁十一局集团公司569亿元；中铁十六局集团公司566亿元；中铁十九局集团公司530亿元；中铁十七局集团公司509亿元。绝大部分单位经营规模实现快速扩张，中铁二十三、二十一、二十四、十二、十四和十一局集团公司2008年新签国内工程承包合同额比3年前增长了一倍以上；中铁建电气化局集团公司于2005年组建起步，在2006～2008年3年间奋力开辟市场，3年新签合同额172亿元，成为“四电”领域的一支新生力量。

我们坚持核心客户战略，占领铁路市场的较大份额。全系统3年新签铁路合同额3924亿元，占同期新签国内工程承包合同总额的56%。企业占取全国铁路市场的份额逐年扩大，特别是2008年在铁道部工程交易中心招标的铁路项目中，中国铁建系统中标2084亿元，为铁路一级市场招标总额的44.63%，在分享铁路市场的5家中央企业中位列第一。3年来，我们在设计时速200公里以上的高速铁路、客运专线、城际铁路等项目上中标2236亿元，占招标总额的42%，取得最大份额。在举世瞩目的京沪高速铁路角逐中，中国铁建取得46.6%的份额，并中标全线第1、第2大标段，成为最大赢家。3年间，中铁十二、十七、十一局集团公司分别新签铁路合同额643亿元、392亿元和382亿元，列全系统前三位。

我们在突出铁路项目承揽的同时，大力推动非铁路项目经营，工程承包的行业、地域布局进一步优化。公路市场稳健发展，3年中标公路工程1332亿元，占同期新签国内工程承包合同总额的19%；城市轨道交通工程突飞猛进，新签合同额年平均增长率69%，3年中标城市轨道交通工程281亿元，覆盖国内建设轨道交通工程的所有城市；市政和房建工程同步增长，新签合同额年平均增长率分别达到37%和17%，3年分别中标520亿元和493亿元；水利水电、机场码头、能源矿山、环保工程等领域的工程经营都实现了新的进步。在地域经营方面，我们依靠有利的二级单位分布格局，在华北、东北、华东、中南、华南、西北、西南等各区域强力经营，取得了良好成绩，中国铁建在各省区的综合竞争力普遍提高，企业覆盖全国的生产经营布局得到不断优化。

我们坚持理性经营，注重在提高科技含量、打造品

牌含量和提高效益含量上下功夫,并取得明显效果,具体体现在“两多一少”。一是科技含量高、社会影响大的工程多。在占据铁路客运专线、高速铁路最大份额的同时,全系统3年中标全长10公里以上、地质特别复杂的特长隧道68座,中标采用盾构施工技术的地下工程62项,中标跨越长江、黄河等大江大河和海湾、技术特别复杂的特大桥梁26座,高技术含量的市政、房建、水利水电等项目也明显增多,这些项目为企业创新技术、提升品牌、扩大影响提供了基本平台。二是大型项目多。3年间,各单位中标20亿元以上的铁路标63个,5亿元以上的公路标11个。大型项目比重的增加为各单位革新管理模式、提高管理效能、实现规模效益创造了有利条件。三是效益风险大、先天亏损严重的项目少。各单位普遍贯彻了“几个不揽”的原则,“联合投标”越来越成为各单位的普遍做法,亏损项目、垫资项目明显减少。与此同时,总公司、股份公司加大行业之间和系统内部的协调力度,有效遏制了无序恶性竞争,全系统中标项目的效益质量得到明显改善。

(二)各业务板块经营竞相发力,取得显著成绩

3年来,随着企业加快结构调整,推进产业重组和着力打造六大业务板块的步伐,相关业务的市场开发同步跟进,经营工作的先导和龙头作用充分发挥,有力地促进了各业务板块的强势推进。设计咨询、工业制造、物流贸易3年国内新签合同额457亿元,其中2008年新签合同额217亿元,比3年前增长了239%。

设计咨询板块紧抓大规模铁路建设和国内基建市场景气上扬的机遇,积极开展经营工作,承揽设计咨询任务以平均19%的速度逐年递升,3年新签合同总额113亿元。中铁第一勘察设计院集团公司在牢牢占领西北铁路设计市场的同时,着力扩张市场区域和设计领域,承揽了广州、重庆、沈阳等多个城市轨道交通项目的设计任务。特别难能可贵的是3年中标设计全长10公里以上特长隧道31座,保持了在长大隧道设计方面的竞争优势。中铁第四勘察设计院集团公司经营承揽贯彻占领科技制高点战略,承揽的铁路客运专线、高速铁路设计任务份额一路领先。同时,3年先后承担设计水下长大隧道7座,涵盖了目前世界水底隧道矿山、盾构、沉管等三种主要施工方法,形成了在水下隧道设计领域无与争锋的竞争优势。中铁第五勘察设计院集团公司的市场开发工作积极有效,3年中标铁路设计项目10项,在北京、杭州、西安等地铁项目的设计竞标中取得了良好成绩。中铁上海设计院集团公司成功进入高速铁路、客运专线的勘察设计市场,承担了时速350公里的合肥至蚌埠客运专线的设计任务。北京铁城监理公司以铁路市场开发为重点,经营规模不断扩大,主要经济技术指标进入国家大型监理企业的前列。

工业制造板块一手抓技术创新、形成能力,一手抓市场开发、形成规模,开辟了良好的市场前景。昆明大型养路机械集团公司面对国内大型养路机械市场“三分天下”、市场竞争加剧的形势,不等不靠,加大营销力度,2007年争取到铁道部“十一五”装备规划的采购合同182台车47.58亿元,2008年承揽自采合同超过7亿元,3年新签生产订单72.5亿元,年均增长率19%,保持了在本行业国内铁路大中型养路机械80%以上的市场份额。中铁轨道系统集团公司于2006年5月成立以来,签订生产合同额29.4亿元。其中,道岔12亿元;其他产品17.4亿元。2008年新签生产订单总额25.5亿元,营销工作保证了中铁轨道系统集团公司的发展需要,为企业提供了饱满的生产任务。此外,部分集团公司所属的工业制造企业也乘势发展,中铁十一、十四、十五、二十四局集团桥梁厂,中铁二十三局集团水泥厂,中铁十八局集团金属结构厂等都取得了较好的经营成绩。

物流贸易板块开拓进取,取得喜人的经营成绩。中铁物资集团公司立足企业实际,在细分市场和客户的基础上,选准目标积极开发市场,并创新经营管理,培育成熟了“贸易+物流”的业务模式,成为铁道部授权的铁路建设项目的部管物资代理公司和铁路建设用钢轨招标代理服务商、国家发展改革委员会批准的成品油专项供应单位,还成立了民用爆破器材专营公司。3年新签合同总额230亿元,其中2008年137亿元,成为中国铁建系统物流贸易产业的支柱企业。此外,中国土木工程集团公司,中铁十六、十七、二十四局集团公司等单位也积极开展物流贸易业务,取得了良好的经营成绩。

(三)经营基础管理和队伍建设不断加强,实现长足进步

3年来,全系统在强力开发市场,取得良好承揽和营销成果的同时,高度重视经营体制机制的构建、经营工作制度的完善、经营方法的研究和经营队伍的建设,经营工作的基础管理取得明显成效。各单位根据市场变化情况,结合企业实际,分别形成各具特色的经营工作体制和机制。如中铁十一、十二、十七局集团公司等单位基本健全以集团公司重点经营、区域性机构区域经营、工程公司滚动经营为主体的工作体制,建立主要依靠经济杠杆、辅之以行政手段的工作机制,有力地促进了企业经营工作的有效开展;中铁二十一、二十四局集团公司等单位主要依靠集团公司本级经营,拉动了全集团的市场开发;中铁二十二、二十五局集团公司等单位区域经营卓有成效,实现了在多个新地域开花结果;中铁十三、二十局集团公司,中铁建设集团公司等

单位在巩固既有市场的同时，开始重视铁路市场；中铁十五、十九局集团公司等单位工程公司经营能力强劲，达到了集腋成裘、聚沙成塔的效果。

全系统着力完善经营工作制度和经营工作方法。3年间，总公司、股份公司先后出台《中国铁道建筑总公司新签合同及统计报表管理办法》《关于实行铁路工程投标报备制度的通知》等10余项经营工作制度和办法，对全系统的经营工作进行了有效规制。各单位都根据自身实际，加强了经营工作的制度建设和方法总结，如中铁十九局集团公司等单位实施的核心客户管理办法、市场细分办法等，分别从不同的侧面理顺了经营流程，规范了经营行为，提高了经营效能。

全系统经营队伍建设得到新的加强。总公司、股份公司先后主办和组织了9次经营工作研讨会、经验交流会和业务培训班，促进了全系统经营工作水平的提高；各单位分别采用委外培训、集中办班、以会代训、"导师带徒"、倡导自学等多种方式，对经营人员进行不间断的业务培训，全系统的经营公关能力、报价能力、标书编制能力等都实现了明显进步；通过组织政治学习、加强职业道德教育等办法，提高了从业人员的政治修养和敬业精神。一大批经营骨干人才长期奋战在经营第一线，恪尽职守，吃苦奉献，任劳任怨，公而忘私，成为支撑企业开拓经营、快速发展的真正脊梁。

二、经营工作面临的新挑战新机遇

当前，在全球金融危机蔓延、世界经济衰退、国内经济保增长的大背景下，国内建筑业发展正处于前所未有的重要战略机遇期，同时海外建设投资萎缩、国内市场竞争激烈、结构调整任务艰巨、企业可持续发展制约因素增多等问题对我们提出了严峻的挑战。

首先是国家为"保增长"，加大基建领域投资为我们带来黄金机遇期。为了抵御这场百年不遇的全球性金融危机，中央已全面实施促进经济平稳较快发展的一揽子计划，大规模增加政府投资，实施总额4万亿元的两年投资计划，涵盖了铁路、公路、城市轨道交通、水利水电、港口、机场等领域，国内基建行业呈现高度繁荣局面，进入爆发式增长期，基建盛宴扑面而来。

其次是国际金融危机对企业海外市场发展带来不利影响。随着金融危机的蔓延，发达国家经济衰退，祸延发展中国家，原油价格跳水造成中东、非洲等石油输出国财政收入锐减，导致全球建设投资明显减少，企业扩大规模、加快发展的压力将更多地转移、传递于国内经营各业务板块。

第三是基建市场发展的周期性，以及中央企业重组启动等客观情况迫使企业必须加快结构调整，促进产业转型，走可持续发展之路。基建投资的周期性是国际国内基建市场发展的基本规律。中国为刺激经济，拉动国内消费，进一步加大基建投资计划，基建行业短期内爆发式增长，但投资已透支后续发展规划，增长的持续性将大大缩短，预计到2013年之后基建市场将呈现平缓增长或负增长。同时，国务院国资委已启动新国有资产经营管理公司的筹建工作，不能进入到80~100家的中央企业将成为新成立的国有资产经营管理公司的二级子公司。企业未来如何持续发展？何去何从？针对这些如影随形的尖锐问题，股份公司作出了加快结构调整，促进产业转型，实现可持续发展的战略决策。这一战略的实施，要求经营工作不仅要发挥抓机遇、促发展的龙头作用，还要承担保稳定、创条件的重要职责。没有工程经营的强有力支撑，没有主营业务的做强做大，企业稳健转型将无从实现。

根据以上形势，中国铁建国内经营工作当前主要面临以下几个方面的问题：

1. 如何抓住机遇，既有数量又有质量地分享基建盛宴？如何因势利导，又好又快地推进工程承包业务发展？如何在竞争激烈，强者恒强，弱者更弱，建筑企业将进一步两级分化的环境中独占鳌头？

2. 如何形成工程经营的长效工作机制？如何更好地利用并发育系统内经营资源，从根本上提高全系统的工程经营能力？如何确保企业的主营业务不论市场景气与否都能够保持相对稳定的市场份额？

3. 如何提升工程承包之外各业务板块的营销水平？如何通过不断加强各板块的经营能力，持续扩大各板块的经营规模，不断提高工程承包之外各业务板块对企业经济指数的贡献率？

4. 如何实现工程承包与其他业务板块的有机互动？如何形成工程承包带动各业务板块、各业务板块促进工程承包的良好发展局面？

三、当前和下一步的主要任务

打造百年铁建，确保基业长青，是我们矢志不移的追求。我们必须站在更高的位置，用更宽阔的眼界和更长远的目光来筹划经营工作，使经营工作更具科学性、前瞻性和系统性，能够更加从容地应对各种复杂局面。根据当前主客观形势和企业发展的要求，国内经营工作的总体要求是：贯彻落实科学发展观，紧紧抓住国内"保增长"基建大投资的历史机遇，以促进企业快速发展和结构调整为主线，以全面整合经营要素、提升经营能力为核心，坚持科学经营，开拓创新，奋力抢占国内基建市场，快速推进各板块业务增长，实现营销与生产、规模与能力、经营与效益同步增长，为做大做强做优中国铁建提供前提条件，全力当好企业持续健康发展的开路先锋。

（一）更新理念，树立正确的经营工作思路

理念决定行为，思路决定出路。我们要想在经营工作上有大的作为，实现大的突破，首要的问题是必须更新理念，走出对经营工作的一些认识误区，树立正确的工作思路。

1. 必须真正确立经营工作在全局中的龙头地位。经营工作是企业各项工作的先导，是生产经营的龙头，这是被企业所在行业的生产模式和竞争方式所决定的。我们主营业务的模式是先承揽任务，后组织施工，包括我们的设计咨询业务、现有的工业制造业务、物流贸易业务等，无一不是订单式的生产模式，没有中标通知书、没有订单，就没有企业的一切；我们所在的行业又是一个高度同质化竞争的行业，在技术水平、安全质量、生产能力等相差无几的情况下，经营能力往往就是企业的核心竞争力，也就是谁能签到订单，谁才有发展的基础。经营工作的龙头地位不是一句空话，应体现于工作的方方面面。对于集团公司一级而言，应体现为企业发展的第一要务，是"一把手工程"。集团公司主要领导及全体班子成员必须高度重视经营工作，主要领导至少要拿出50%以上的精力对经营工作进行亲自筹划，亲自部署，亲自上手，亲自调度，亲自落实。若非如此，经营工作就很难取得突破，企业也很难实现快速发展。

2. 必须贯彻大经营的工作思路。经营工作必须拓宽视野，放开手脚，贯彻系统化管理和全局性运作的思路。一是经营工作不只是经营项目，而且要经营市场。要通过拿项目来占领和拓展市场，但当项目与市场有矛盾时，宁可放弃项目。事实证明，营造一个长期的良好市场生态环境远比眼前中标一两个项目更为重要。二是经营工作不仅要经营市场，还必须经营现场。只有施工现场不出问题，树立起良好的施工信誉，市场经营才有坚实基础。三是经营工作不只是着眼于简单重复的施工项目，更要着眼于企业既有管理资源和生产要素，引领施工生产和技术进步的发展方向，使企业在稳健的轨道上不断扩张规模，创新、提高资质，提高"产品档次"，实现持续发展。四是经营工作不仅要经营规模，而且要经营效益，没有效益的规模没有意义，不能积极主动创造效益的经营是一种失职行为。五是经营工作既要注重本业务板块、本行业、本地域、本单位的规模和效益，还要加强沟通，密切配合，减少内部竞争，实现互相保护，促进全系统各业务板块、各行业、各地域、各级各单位资源共享，良性互动，共同发展。

3. 必须坚持自主经营、直接经营和滚动经营。自主经营、直接经营是占据主动的经营，是可以滚动的经营，也是最有成效的经营。承揽任务要靠良好的经营机制和自身艰苦细致的工作，通过一定渠道强行突破，剑走偏锋，火中取栗，偶尔为之可以，但不能成为经营工作的常态。因为通过强行突破往往只能拿到项目，而拿不到效益和市场。只有通过自主经营、直接经营才能积累经营资源，建立真正的市场关系和人脉关系，实现经营滚动，才能降低经营成本，才能规避项目的经济和信誉风险。在经营活动中，要防止出卖资质，保证资质和经济安全；要减少一次性经营，实现滚动式经营；要防止"买卖式"经营，实现用实力、文化和诚信去经营；要防止只顾局部利益的经营，注重维护整个系统的经营生态环境。实践证明，不能实现滚动发展的经营，就无从支撑企业的持续发展。

4. 必须始终以服从、服务的态度对待客户和业主。经营工作是最直接的市场行为，市场行为必须按市场规律办事。在市场的生态链上，客户永远是至尊者，企业永远是服务者。在市场行为中，不存在行政级别，也不存在年龄长幼。在与客户和业主打交道的过程中，我们必须摆正位置，以"低人一等"的心态去面对现实，以"高人一等"的身份去做工作，即业主的分管领导要由我们的主管领导亲自去沟通，业主的中层干部要由我们的集团公司领导去做工作。只要是客户，只要是业主，只要是有益于我们市场开拓的，不论对方职务高低、年龄大小，都是我们的上帝。如果官本位意识严重，放不下身段，不懂得"微笑服务"的真谛，就只能被业主拒之门外，最终被市场清扫出局。与此同时，要树立全员经营意识，教育企业每名员工在平时的工作中每时每地都要做到谨言慎行，善待客户。

（二）紧抓机遇，全力抢占更大的基建份额

2009年以来，企业经营工作继续保持良好的发展态势。1～5月，全系统新签国内工程承包合同额1532亿元，创历史同期最好水平。中铁十二局集团公司新签国内工程承包合同额超过160亿元，中铁十九局集团公司超过130亿元，中铁十一、十三、十七局集团公司分别超过120亿元，中铁二十三、二十四、二十五局集团公司分别超过110亿元，经营势头强劲，工作局面特别喜人。我们必须乘胜前进，不断强化机不可失、时不再来的紧迫感，紧抓机遇，顺势而为，坚持不懈，只争朝夕，为中国铁建成为这场基建盛宴的最大受益者奋力拼搏。

一是要看重责任，确保经营指标完成。各单位2009年的经营指标已经在年初下达，这些指标是基本目标，可以说是最低要求，各单位必须确保完成。在此基础上，各单位都要自我加压，力争有更大的作为。全系统年内要确保承揽国内工程任务4000亿元以上。实现这一奋斗目标是有条件的，2009年铁路建设投资将比2008年翻一番，公路建设投资将比2008年增加30%，城市轨道交通建设投资将在1000亿元以上，各行业的建设投资都在增加，市场容量巨大，只要我们看重责任，强力经营，奋斗目标完全有可能实现。

二是要强攻硬上，力争铁路市场份额。铁路是我们的主战场，必须强攻硬上，寸土必争，确保最大份额。首先，股份公司要加强对铁路项目经营的统筹协调，实时掌控系统各单位的投标意向，尽可能优化排兵布阵，并加强高层沟通，力争形成中国铁建在各条线上的整体竞争优势。在当前市场条件下协调联合是我们经营工作的手段之一，通过协调联合，可以提高中标率，提高项目质量，降低经营成本。股份公司将审时度势，在捍卫系统利益的前提下，对外加强沟通，对内加强调控，积极推进联合经营。协调联合的原则：①以业主意向为主的原则；②综合考虑专业优势、区位优势和滚动发展优势的原则；③各单位经营均衡发展的原则，推强扶弱，以强带弱，实现强者恒强，弱者不弱。希望各单位能够着眼大局，积极予以配合。其次，各单位要加强核心客户管理，对长期合作、经营资源优势明显的铁路局（铁路公司），要做深做细各项工作，争取更多的市场份额；从路局脱钩后组建的有关单位，要发挥“血缘”优势、地域优势和“藕断丝连”优势，对所在铁路局的招标项目，要做到守土有责，逢标必争，每投必中。第三，要统筹使用好信誉加分，有关单位要把信誉加分用在关系中国铁建整体份额的最关键项目的竞争上。第四，要集中精力抓好重点铁路项目的投标组织。2009年铁路计划新开工项目达80项，累计投资超过1.5万亿元，除5月前已经招标的外，兰新铁路第2双线、山西中南部通道、大同至西安铁路客运专线、兰渝铁路广元重庆段、郑州至徐州铁路客运专线、上海至南通铁路、沪昆铁路客运专线杭州昆明段、西成铁路客运专线西安江油段、西兰铁路客运专线宝鸡兰州段、成都至兰州铁路、西安至合肥铁路新增二线、张家口至唐山铁路、云桂铁路、北京至沈阳铁路客运专线、重庆至贵阳铁路、合肥至福州铁路合肥武夷山段、合肥至福州铁路武夷山福州段、成都至贵阳铁路等项目的总投资都在300亿元以上，要列为我们经营承揽的重中之重。各单位要找准自身工作重点，提前进入情况，统筹做好相关工作，确保在这些重大铁路项目竞标中总份额领先。此外，要下大力气拓展铁路“四电”、站房、动车段、维修段等铁路市场份额，精心组织京沪、汉宜、沪杭高速铁路“四电”集成和湘桂铁路扩能改造站后等“四电”工程以及杭州、郑州、沈阳等大型站房工程的承揽，力争实现2009年新签“四电”、站房工程合同额比2008年翻一番。

三是要协调推进，不断巩固和发展非铁路市场。在抓好铁路市场经营的同时，必须强力经营非铁路市场。这是加快经营发展，扩大企业规模的必由之路，也是完善工程资质类别，形成企业多元承包能力的客观需要。关于非铁路项目经营，要贯彻经营若水战略，注重细分市场，取得路外市场先机。公路市场是我们最为重要的路外主战场，必须一如既往地加强跟踪承揽，在巩固既有阵地的同时，努力抢占更多的市场份额；城市轨道交通是我们下一步至关重要的市场扩展方向，各单位要高度重视这一发展潜力巨大的基建领域，密切关注有关项目的进展情况，做好投标组织各个环节的工作，持续强化我们在这一领域的竞争优势；市政和房建工程要继续发展，不断在现有基础上取得突破；水利水电、港口机场等领域的工程任务在全系统总量中份额过少、比重不够的问题要引起我们的重视，各单位要积极主动思考对策，努力挺进这些薄弱市场，逐步提高在这些领域的市场占有率。抓好非铁路市场经营的要害：①各单位要高度重视，集团公司、工程公司两级要自觉承担开拓占领路外市场的重任。②具体项目要逐个落实。要定指标，要定责任，要定奖惩。③充分发挥中国铁建所属工程局布局相对合理的区位优势。通过扎实、细致、入微的工作扎根当地，辐射周边，确保把所在区域锻造为自己的核心市场，在竞争中成为无与争锋的“当地虎”。④各单位都要精心培育优势市场。对市场环境好、工程单价合理、既有经营资源丰厚的区域和行业要精心呵护，精心培植，使其能够持续开花结果。

四是要理性经营，确保承揽任务质量。占取较大市场份额的前提是必须严把任务质量关，谨防在大力拓展市场的过程中出现泥沙俱下的局面。各单位在经营中要坚持效益唯先的原则，深刻认识到不顾工程单价承揽任务无异于饮鸩止渴。在具体工作中，①要划定“几个不揽”，除非出于战略目的，坚决做到不越雷池半步。②要充分发挥设计院的优势，从设计投标开始就重视提高项目质量。③要发挥中国铁建系统内部拥有资质高、资质多的优势，在路内外的各行业积极推动联合经营。④要坚持与施工能力相适应的原则，承揽任务要充分考虑企业施工能力、专业能力的适应情况以及生产要素的周转情况，安全质量风险不可控的项目要慎重承揽，特别是施工能力较弱的单位要集中精力承揽投入少、风险小、见效快的项目，防止花钱买负担。⑤要坚持均衡任务结构、区域分布的原则，铁路项目与非铁路项目要均衡，各行业、各区域经营要均衡，特别是所属各工程公司的经营承揽要均衡发展，对基础薄弱、发展被动的工程公司，集团公司要结合加强工程公司建设，在经营承揽和任务分配上给予政策倾斜；与此同时，还要坚持适度超前、引领企业打造市场定位工程的原则，在确保承揽任务总体效益的前提下，部分有条件的单位要积极占领科技制高点，大力承揽“高新精尖”工程，为持续提升中国铁建的产品档次贡献力量。

（三）看重使命，努力提升各业务板块的营销水平

设计咨询、工业制造、物流贸易等板块肩负着企业结构调整、产业转型“尖刀连”的历史使命。2009年以来，相关业务板块经营走势总体良好。截至5月底，设计咨询板块新签合同额25亿元，工业制造板块新签合同额20亿元，物流贸易新签合同额78亿元。各相关单位要看重发展使命，珍惜发展机遇，不断提高营销水平和生产能力，进一步加快发展速度，尽早成长为企业真正的经济支柱。

1. 设计咨询要奋力抢占市场。要发挥我们综合设计力量较强的优势，抓机遇，强经营。首先，要把目标定高，4个设计院2009年的新签合同总额要力争达到70亿元以上。中铁第一、第四勘察设计院集团公司要居安思危，实现强者恒强；中铁第五勘察设计院集团公司和中铁上海设计院集团公司要抓机遇，提能力，扩规模，逐步走向高端市场；北京铁城监理公司2009年的新签合同额要力争比2008年提高30%以上。要多揽铁路任务，强力经营铁路市场，从项目建议书阶段开始就要锁定目标，与竞争对手争客户、争项目、争份额，特别是在铁路大线的竞争上要寸土不让；要抓住基建大发展和实施“走出去”战略的机遇，大步走向公路、城市轨道交通、市政等非铁路市场和海外市场；要积极承担科研项目，努力占领科技制高点，形成以项目带动科研，以科研促进经营的良性互动局面。各设计院要创新经营方式，走联合经营之路，逐步走出行业限制，变与竞争对手的竞争为竞合，变与施工单位的“两张皮”为设计、咨询、采购、施工总承包各方共同受益，为股份公司实现大经营和有效益的经营发挥龙头作用。

2. 工业制造要落实发展战略。工业制造板块应确立“立足铁路，走出铁路”、“立足国内，走向国际”、“依托基建发育成长，走出基建发展壮大”的战略方针。当前阶段，一是要继续加强铁路市场经营，不断提高既有产品的市场占有率，2009年昆明大型养路机械集团公司要力争新签合同额13亿元以上，中铁轨道系统集团公司要力争新签合同额达到30亿元；二是要加强营销管理和市场调研，积极研发适销对路的产品，不断优化产品结构，努力开拓新的市场领域；三是要建立自己的“4S店”，打造集销售、零配件、售后服务、信息反馈为一体的经营“桥头堡”，全面革新营销模式，促进营销工作上台阶；四是要在加强营销工作的同时，依靠自身专业、技术研发优势和股份公司资金优势，不断提升生产能力，实现产能配套。

3. 物流贸易要借势长足发展。年初国务院推出十大产业振兴规划，其中与我们关联密切的，除装备制造业外，就是物流业。因此，物流贸易要乘势而为，加快发展。首先，要站稳既有阵地，巩固既有市场。在铁路市场上的既有业务只能扩大，不能萎缩，要站稳部管物资代理服务业务脚跟，并不断延伸相关市场。2009年在铁路市场上的新签合同额要力争达到130亿元以上。其次，立足当前，着眼未来。中铁物资集团公司要从现在做起，密切关注并深入研究国家出台的振兴物流业政策，提前制定发展规划，把目标定在成为覆盖全国、辐射海外、渗透各行业的大型物流业“拖拉斯”的方向上。第三，优化配置，强本固基。强化人才队伍建设，内引外联相结合，提高物流管理专业水平；加快物流网络建设，提高物流信息化水平；整合各种资源，完善营销、运输、仓储、流通加工、包装、配送、信息处理等基本功能，为企业大发展提供组织保证。

（四）着眼未来，着力发育工程总承包能力

工程总承包是建筑业发展的基本方向。作为世界500强和国际最大的工程承包商之一，要想走向高端市场，甩掉一部分竞争对手，必须把工程总承包的问题摆上重要议事日程。工程总承包的全面推进，有赖于行业政策的根本变化和市场环境的彻底革新。目前，我们应该着力在4个方面下功夫。

1. 整合经营资源，共享经营成果，着力构建“准工程总承包”格局。中国铁建的经营资源遍布全国，经营领域覆盖各行各业，但基建是主线，各工程局以及设计咨询、工业制造、物流贸易的客户具有高度的重合性。针对这一特点，我们要充分发挥全系统经营资源的综合优势，大胆创新经营方式，深挖项目资源，做到一次经营，多次受益；一专业经营，多专业受益；一板块经营，多板块受益。在集团公司层面，要坚持全集团经营“一盘棋”，构建兵团作战、滚动经营格局，如在公路市场上，要做到一次经营，多个标段中标；一个项目经营，中了土建中路面，中了路面再干电力通信及交通附属工程；干完一期，再干二期。又如在铁路市场上，中了线下盯线上，上了站前干站后，实现土建、铺架、“四电”、站房的多专业受益。在股份公司层面，要落实整体经营的思路，一方面要发挥集团优势，打造联合舰队，通过联合协调提高中标率、占有率和任务质量；另一方面是要更加注重各业务板块的沟通和联合，通过精心策划，协同作战，做到一次经营，设计咨询、工程承包、工业制造、物流贸易等多板块共同受益。

2. 积能蓄势，提前抓好工程总承包的“软硬件”建设。一方面要认真总结我们在海外经营方面的工程总承包经验，潜心研究国际上通行的EPC、PMC等先进经营模式的内涵，从中找出规律性的东西，获取理性认识；另一方面要走出中国铁建，到国内的工程总承包项目上，到国内一些具有丰富工程总承包经验的单位考察学习，虚心请教，获取第一手资料。要在内研外调的基础上，形成我们开展工程总承包业务的指导性文件

和规范。与此同时,各单位要高度重视新资质的就位问题,要对照施工总承包特级资质的新标准,加强内外资源整合,逐项落实各项必要条件,力争有较多的单位能够拿到总承包市场的通行证。

3. 发挥主观能动性,积极创造客户、创造市场。要加强与国家有关部委、行业主管部门的沟通汇报,通过参加高层有关会议,参加协会有关活动,迎接有关领导来单位或赴现场检查,必要时打专题报告等形式,积极向上呼吁推动工程总承包市场开放;要加强与各建设单位的沟通,做好宣传和说服工作,使工程总承包的好处能够打动人心,力争被其接受。总的讲,就是要通过我们自身的努力,积极去创造客户和市场,推动国内工程总承包招标的进程。

4. 及时捕获国内工程总承包项目的招标信息,强力经营"交钥匙"工程。目前,国内铁路、公路行业工程总承包项目不多,但在其他行业这类招标项目不少。我们要精心捕捉市场信息,深挖市场资源,及时锁定目标,强力承揽。对重大项目的工程总承包,股份公司要发挥资源优势,直接运作,通过组建项目公司等方式,积累经验,把工程总承包业务逐步推向深入。

(五)科学经营,切实把握市场规律和正确的经营方法

我们想在这场基建盛宴中分享较大份额,根本问题是要全面提升各单位的经营能力,对于多年来经营承揽徘徊不前、经营规模始终较小的单位来说,这一问题尤为关键。提高经营能力是一个系统工程,其中一个很重要的方面是必须加强市场规律研究,加强经营理论研究,掌握正确的经营方法。

1. 加强市场规律和经营理论研究。首先,要研究国内建设项目的管理体制。中国大型基建项目大都是由政府或大型国企主导,即由政府或准政府主持招标,其招投标活动实质上是一种政府采购行为,蕴含较强的政治性、权力性和商业性,关系错综复杂,其内涵我们必须潜心洞察,认真研究。其次,要研究建筑业企业的市场营销特点。建筑业施工企业的营销活动除具有信誉致胜、品牌致胜、方案致胜、价格致胜等一般企业的特点外,还具有高层影响致胜、人脉资源致胜、长期感情积累致胜等方面的鲜明特点,我们必须认真把握这些特点,及时有效地改进我们的工作,提高工作的针对性和有效性。第三,要研究项目招投标的"游戏规则"。项目竞标的胜负,主要取决于企业形象与标书质量,标书质量则取决于公关、施组、报价和商务四个方面,其中公关与报价尤为关键。如何实现公关与报价,以及与施组、商务等要素彼此之间的高度响应,密切配合,良性互动,我们要进行深入研究。第四,要研究不同地区、不同行业的市场情况和市场竞争规律。全国各区域、各行业、各单位的市场容量、招投标方法、游戏规则、定标文化、工程单价水平以及管理环境等各不相同,我们要精心研究,掌握规律,分别采取不同的对策。实践证明,对这些规律,谁先认识,谁先中标;谁没有认识,就不可能中标。

2. 掌握正确的工作方法。正确的方法往往是成功的一半。在深刻认识市场规律,获得正确的理性认识的基础上,要注重经营方法的创新问题。行之有效的经营方法有很多,如:①要懂得"ABC 分类法"和"二八定律",即对经营工作进行分类管理。哪些地方项目较多、哪些地方项目较少,哪些地方工程单价较高、哪些地方工程单价较低,哪些地方市场环境较好、哪些地方市场环境较差,哪些是可控的项目、哪些是不可控的撞大运项目,哪些是重点的必中项目、哪些是一般的可中可不中项目,等等,都要列出清单,根据难易程度和轻重缓急,认真筹划部署相关措施。要真正把 80% 的人力、物力、财力用在 20% 的重点市场、重点项目和关键工作上。既要做到迎难而上,敢于竞争;又要做到知难而退,善于放弃;做到有所为,有所不为。不能见项目就硬上,见标就乱投,眉毛胡子一把抓,打乱仗,打败仗。②要应用好"链条原理"、"木桶原理"和"混凝土原理"。经营工作是一个长长的链条,从信息筛选,到项目跟踪、到资格预审、公关、编标、投标、中标,各项工作必须环环相扣,草蛇灰线,伏笔千里,才能水到渠成。在经营活动中,既要把复杂的问题简单化,又要把简单的问题"复杂化"。项目中标是各个方面因素的系统集成,决定竞标成败的往往是在细节上,关键工作不到位,其他工作投入越大损失越大,而做好关键工作并不意味着就能解决问题,到位的工作不一定中标,不到位的工作不可能中标,只有在各个方面上都没有明显的短板,中标才有希望。锁定一个项目、培育一片市场,就像浇铸一件混凝土构件,钢筋、水泥、砂石料的配合比例不能出问题,有些工作做多了反而过犹不及;搅拌、入模、捣固的工序工法不能出问题,否则就会失之毫厘,谬之千里;拆模的时间要把握好,拆模后的养护要及时跟上,否则就会功亏一篑,满盘皆输。③要善于应用"杠杆原理"。谁都不可能在经营工作中包打天下,困难的问题要善于借力解决。不仅要借上级领导之力,兄弟单位之力,而且要借竞争对手之力。竞争对手同样是合作伙伴,只要筹谋策划好,或协商沟通好,其力量就可以为我所用。④要恪守"太阳下山规则"。今日事必须今日毕,特别是对业主的工作不能过夜。市场如战场,情况瞬息万变,相关工作必须分秒必争。快人一步,会进入无竞争领域。如果把今天的事放到明天去做,很可能就连做的机会都没有了。经营工作绝不是简单的请客吃饭,它是一门学问,更是一门科学，是自然科学和社会科学的集合。我们要孜孜不倦地分析其内涵，研究其理论，掌握其规律，灵活运用各种有效的方法。唯其如此，才能真正提高经营能力，提高中标率，才能把既定的经营承揽目标真正落在实处。

（六）完善体系，全面加强经营工作的基础建设

1. 加强经营要素建设。就是要解决靠什么去经营的问题。一是企业资质问题。资质是企业参与市场竞争的通行证，没有资质就没有竞争的资格。我们相当一部分单位存在资质不高、不全、不多的问题，系统内存在着资质分布不合理、结构不合理的问题。有的单位有资质没市场，有的单位有市场没资质，与大型综合工程招标的资质要求有很大差距，对此，各单位要高度重视，该申报的抓紧申报，该整合的抓紧整合，尽快予以解决。二是建造师等各种执业证书问题。绝大部分单位都存在相关执业证书不全、持有人员不够的问题，有的在编标时找不到符合条件的项目经理，给投标工作造成很大制约，对此也要着力加以解决。三是集团公司、工程公司两级注册资本金的问题。现在项目招标对投标人的注册资本金都有下限要求，注册资本金不够直接就被淘汰。四是省部级以上优质工程、科技进步奖等商务业绩问题。各单位要加大相关工程奖项的申报力度，为提高投标书商务的响应能力创造条件。五是施工管理水平及企业信誉问题。施工现场安全质量问题不断，企业没有良好的信誉，经营工作就会举步维艰。特别是在铁路企业信用评价中的位次，对企业占有铁路市场往往具有决定性的作用。出现安全质量问题的单位都会受到投标限制，而对信誉好的单位，铁路及部分路外市场有时会直接奖励项目部。各单位都要加强安全质量管理，确保不出安全质量事故；要高度重视铁路企业信用评价工作和有关省区交通等各行业开展的信用评价活动，力争好成绩。实践证明，市场之争就是信誉之争。六是生产能力的问题。有关单位要注重资源整合，加大设备投入，提高机械化作业水平，加快科技创新和管理创新，提高任务吞吐能力，解决施工能力制约经营发展的问题。

2. 加强经营队伍建设。经营人员、经营队伍是十分重要，也是十分关键的经营要素。我们必须大力加强经营队伍建设，为经营工作的顺利开展提供人才保证。一是要贯彻精英搞经营的原则。经营工作是一项十分艰难、十分辛苦的工作，同时也是一项十分光荣的工作。经营工作者长期处在“五加二”、“白加黑”、加班加点的超负荷工作之中，长期面对“门难进、脸难看、事难办”的尴尬局面，长期生活在“不得不见、不得不喝、不得不笑”的困苦环境中，长期处在“中标兴奋、不中气愤”的高度紧张的精神状态中，长期徘徊在既要遵守法律法规、又要遵守“游戏规则”的十字路口，长期处在“城门失火、殃及池鱼”的危险境地。所以，经营工作对从业人员要求很高，它要求经营人员必须具有良好的身体素质、心理素质和文化素质；必须忠于企业，诚实可靠，具有过硬的政治素质；必须善于沟通，了解招投标程序，精通或掌握概预算知识，具有较高的业务水平；必须意志坚强，吃苦耐劳，谨言慎行，具有良好的心智和性格。我们要提高门槛，精心选拔一批高素质的年轻干部不断充实经营队伍。二是加强培训培养。通过召开研讨会、举办培训班、“导师带徒”等办法不断提高经营人员的素质；通过在实践中压担子，促进年轻干部自学，在工作中不断提高自己，不断锻炼成长。三是着力稳定经营队伍。教育经营人员自觉把经营工作当成一份终身的事业来做，努力培养职业经营人，实现揽管相对分工，防止揽了项目干项目，干了项目揽项目的揽管一个人的“包工队”模式。完善经营效绩考核制度，关心并切实提高经营人员的政治待遇和生活待遇，实现事业留人、感情留人、待遇留人，从多方面防止经营人才的流失。实践证明，经营市场是人去经营，经营市场是去经营人。只有保持经营队伍的层次和相对稳定，才能更好地掌握市场规律，才能使友谊更好地转化为经营生产力，实现滚动经营。四是强化经营人员的整体功能。要加强经营调度，实现全集团、全系统经营“一盘棋”，防止经营资源浪费，努力使有限的经营人力资源产生“一加一大于二”的效能。经营部门还要根据所属单位的投标、编标积极性，项目信誉的好坏，承揽重难点项目的多少等，在大型项目的任务分割上给予调控，形成自身的威信力，从而提高对经营工作和经营人员的调度能力。

3. 构筑一套切合实际、行之有效的经营工作机制。解决经营工作长治久安的问题，工作体制和机制是要害、是关键。在经营实践中，各单位都形成了有各自特色的经营管理体制和工作机制。但从总的实际效果看，中铁十二局集团公司等单位以区域经营为主体的经营工作体制值得全系统借鉴推广。其中的核心：第一是必须建立以区域经营为平台，分工合作，全集团经营一体化运作的基本体系。在布局上集团公司与工程公司、工程公司之间既不能有市场间隔，也不能自相残杀。集团公司及集团公司的派出性经营机构必须把全国以及本区域的经营工作统起来。要把不是公司的经营机构按公司化运作，让他们通过经营实现自己的生存发展。对经营机构要做到“六给两要”，“六给”即给地盘（一定的区域或行业），给资质（内部所有资质归他使用），给人才（公关、施组、报价、商务人才），给权力（实现“老板式”经营，对外要能代表企业，有一定的财权和人权），给服务（具体经营过程中，该上级解决的问题，必须到位），给奖惩（根据业绩奖惩）；“两

要”就是：一要有效益的项目，二要有信誉的市场。第二是必须建立职责明晰的分工责任制。要明晰股份公司、集团公司、区域性经营机构、工程公司、一次性指挥部（项目部）等各级经营职责，做到股份公司重点经营、集团公司为主经营、工程公司配合经营。一个单位内部该承担区域经营责任的必须承担区域经营责任，该承担配合经营责任的必须承担配合经营责任，特别是具体到一个项目的承揽，各方面的责任必须明确，该谁办的事就必须谁去办。确保分工责任制落实的关键是利用好经济杠杆，集团公司的经济政策要为经营责任制的落实提供有力支撑和全面保障。第三是必须建立严格的奖优罚劣机制。在经营奖罚上要贯彻“结果高于一切”、“打了胜仗的将军是不应受到责备的”等原则，在奖惩使用经营干部时，要看他揽了多少项目，以其承揽的任务数量和质量说了算。要消除对经营工作和经营干部的偏见，总认为没干过项目、没当过项目经理就不能提拔重用的观念需要纠正。第四是主管领导必须亲历亲为，并且在具体工作中要自觉接受区域经营机构或项目经营责任人的调遣，该主管领导出面的必须出面，该主管领导办的事必须办到。主管领导是经营工作的第一责任人，主管领导如果不承担具体的经营责任，不率先垂范，再好的经营工作体系和机制也很难实现有效运转。此外，设计咨询、工业制造、物流贸易等板块要根据行业特点，建立符合自身特点的行之有效的经营工作体制和运行机制。

4. 实现经营工作的信息化、自动化、格式化。要紧跟时代发展步伐，全面提升经营工作基础管理的现代化水平。一是建立市场信息管理系统，拓宽信息采集渠道，及时全面地捕获与经营工作密切相关的经济政策、行业动态、基建发展规划、项目进展情况等信息；加强信息加工，做好筛选、分析、判断、综合等各方面的工作，确保信息质量；提高信息的传递、处理速度，提高经营工作的效率和质量。二是建立投标综合管理系统，包括成本分析系统、报价决策系统、施组方案系统、商务业绩系统等，都要实现格式化、模块化和集约化管理，从而为提高投标工作的效益和质量创造条件。三是建立新揽任务管理系统，建立健全各类台账，对企业新揽任务的数量、质量、结构、分布、执行等情况进行系统的管理和统计分析，充分发挥对经营工作的指导作用，增强经营工作的全局性、应变性、针对性和计划性。

5. 建立健全经营法纪风险的防范机制。经营法纪风险是对企业最具杀伤力的一种风险，它比安全质量事故更具破坏性。预防经营法纪风险是我们经营人员保护自身的需要，更是我们经营人员维护企业市场生态环境应尽的职责。防范经营法纪风险关键是四条：一是坚持诚信经营，以信誉品牌致胜，以诚致胜，以点点滴滴的感情积累致胜，在营销活动中把握尺度和方式方法，依法经营，真正做到重声誉、重责任、重法纪、重诚信，这是最为根本的。二是加强营销公关队伍的建设，慎重选择和使用经营人员，发现不称职的经营人员要尽快稳妥地调整其工作岗位。三是严格经营活动的管理程序，增强保密意识，经营活动要尽量缩小范围，招待费用的列销和处理要及时，要合法合规，严禁经营人员以书面或电子形式私记和自立账目。四是建立健全应急和防范机制。危机一旦爆发，要迅速采取措施，当事人要回避，帐务要清楚，企业纪检部门要直接面对，积极发挥作用，保护我们的干部，保护企业的生态环境。

（七）恪尽职守，积极做好经营创效和索赔创效工作

经营是施工生产的先导，更是经济效益的先导。经营不是简单的承揽任务，也不仅是确保承揽有效益的任务，而是“二次经营”要从“一次经营”开始，要通过经营直接创效，从经营工作一开始就要埋好炸开效益之门的“地雷”，并把经营工作延伸至施工管理的全过程，搞好索赔创效。经营项目“一次经营”（中标）决胜负，过程管理论英雄，“二次经营”（索赔）定成败。

1. 加强经营创效和索赔创效工作的领导。实践证明，经营创效和索赔创效是项目提高效益最为关键、最为有效的手段。据统计，近 3 年全系统累计实现变更补差索赔总额占完成总投资的比例平均在 10% 以上，但各单位差距较大，有的单位接近 20%，有的单位还不到 5%。各单位要高度重视，把这方面的工作摆在关系企业生存发展的突出位置来抓。一是做到经营创效和经营承揽同布置、同落实，细化经营过程管理，经营人员必须承担经营创效方面的责任。中标后要向施工单位交待报价策略、效益来源、外部关系，施工过程中还要跟踪到底，全过程服务变更补差索赔工作。二是建立健全索赔创效的工作责任体系，集团公司要有分管领导和专业部门牵头负责这方面的工作，明确集团公司区域性指挥部（经营部）、一次性指挥部、工程公司、工程公司项目部以及北京办事处等各级、各单位在索赔创效方面的工作职责和工作标准，确保责任体系分工明确，并闭合成环，能够实现上下联动。三是加强经营创效和索赔创效的制度建设，要把这方面的工作作为一项常态的正常业务工作，通过制定一系列的制度、办法和措施，构建起长效的工作机制。四是加强工作研讨和学习交流，经营创效和索赔创效是一种政策性较强、专业性较强、技巧性很高的工作，要定期不定期举办培训班，组织召开研讨会和交流会，促进业务水平和工作能力共同提高。五是狠抓工作落实，分阶段、分项目抓好目标落实；明确奖罚标准，健全激励

机制，充分调动相关人员抓好这项工作的积极性。

2. 抓好经营创效和索赔创效工作的各个环节。首先要在标前努力做优项目，尽早介入项目，尽早建立与建设单位、设计单位的沟通关系，努力在项目的初步设计阶段、在定额和工法上做文章，把项目质量做优做实。其次要在工前优化设计。各施工单位都要把优化施工图设计作为每个项目上场之初的头号工程来抓，认真抓好现场调查，认真抓好图纸核对，认真分析招投标文件和合同条款，在第一时间选派专业人员专司其职，确保工作开展有力有效。第三要在工中、工后抓好索赔创效。索赔包括变更设计、单价补差、甲方违约和自然灾害索赔等。做好这方面工作的关键：一方面要敢想敢为，行动第一，不能被有关政策、有关合同条款吓住，自己束缚自己的手脚，坐以待毙。另一方面是方法要对路，资料要完善。如铁路项目只有一类变更才管用，你搞再多的二类变更都是无用功；铁道部批复一类变更要求很高，你上报的材料内容一定要有理有据等等。

3. 缜密做好当前铁路概算清理和投资梳理方面的相关工作。铁道部安排对竣工销号项目和部分在建项目进行概算清理和投资梳理，该项工作对于改善各单位铁路项目的效益情况具有十分重大的意义。经过全系统上下的共同努力，设计、施工单位的协同配合，我们在投资梳理和概算清理方面取得了一定成绩，但还远未达到我们预期的效果。各单位要高度重视这项工作，都要成立专门的领导小组和业务督导小组，定目标、定责任、定办法、定奖罚，以强有力的措施推动这项工作。特别是对于投资梳理的重大问题、关键环节，各单位主要领导要亲自出面，亲自抓；对于矛盾比较突出的地材、工费、大临、铺架等费用严重不足、补差困难的问题，股份公司将统一汇总有关情况，专题向有关部委沟通汇报，望各单位按要求准时上报有关材料，以翔实的、具有说服力的基础资料推动此项工作的落实。我们要通过上下联动，分工负责，强力出击，确保在铁路投资梳理这场战役中取得重大成效。

抓好经营创效和索赔创效的要害：一是经营和现场施工人员要负责任，要把自己该做的工作真正做深做细，不能只求项目，不管效益，更不能只管干活，不负盈亏；二是设计单位要大力配合，敢于承担责任，积极为下游创效创造条件。所属设计院过去在这方面都做了不少工作，希望下一步继续支持配合，为中国铁建的整体效益不断作出贡献。

全面贯彻落实《若干规定》
不断深化反腐倡廉建设
为中国铁建基业长青保驾护航

——党委副书记、纪委书记彭树贵在中国铁建股份有限公司党风建设和反腐倡廉工作会议上的报告

（摘　要）

（2010 年 1 月 31 日）

一、2009 年主要工作回顾

一年来，中国铁建各级党委、纪委全面贯彻落实十七届中央纪委三次、四次全会精神，按照国务院国资委纪委的部署，以科学发展观为统领，紧紧围绕股份公司“抢抓机遇保增长、调整结构上水平、强化管理增效益、深化改革转机制”的主线，扎实推进反腐倡廉建设，各项工作都取得新的进展。

（一）惩防体系建设融入中心工作，与企业改革发展协调推进

各级党委以党风廉政建设责任制为抓手，坚持融入企业中心工作，加快了惩防体系的构建步伐。一是严格执行党风廉政建设责任制。根据国务院国资委党

委、股份公司党委对落实党风廉政建设责任制情况开展专项检查的部署，各级党委重点围绕“责任是否明确、制度是否健全、措施是否落实”三项内容，对执行情况进行了专项检查。总的来看，全系统党风廉政建设的责任范围、责任内容、责任考核、责任追究界定明确，各级党政主管高度重视，执行比较到位，党风廉政建设责任制与领导人员业绩评价、经济奖惩、选拔任用得到了有机结合。全系统共签订责任书4017份，检查考核下级单位（含工程项目部）2816个，实施责任追究86人。有8个单位总结了落实党风廉政建设责任制的实践经验，形成一批行之有效的理论成果。二是惩防体系建设稳步推进。各单位按照整体性、系统性、协调性、实效性的原则，把惩防体系建设同依法经营、规范管理紧密结合，与健全企业内控机制有机结合，将反腐倡廉的要求纳入管理流程和制度规范中，初步形成与企业发展同步推进的廉洁从业教育长效机制、科学系统的反腐倡廉制度体系和制约有效的权力运行监控体系。普遍以完善“三重一大”集体决策制度为重点，进一步健全企业监督管理办法；认真执行资产损失责任追究办法、财务管理规定等规章制度；充分发挥各监督主体作用，注重运用现代信息技术，加强过程监督和实施动态监控，构建全方位、多层面的监督网。中铁十六局集团公司修订《廉政风险防范管理措施》，加强各级领导人员廉洁从业管理。中铁十九局集团公司利用内部反面典型进行不间断警示教育，建立廉洁从业教育长效机制。股份公司出台招标监督暂行办法等一系列内控制度，加大了管控力度，提高了管理水平。全系统建立反腐倡廉制度规定436项，修订164项，废止33项。在全国纪检监察调研工作会议上，中国铁建作为唯一一家中央企业介绍惩防体系建设经验，受到中央纪委领导和与会代表一致好评。

（二）党性党风党纪教育扎实深入，作风建设得到加强

各级党委、纪委普遍抓住学习实践科学发展观活动的重要契机，深入开展党性党风党纪教育。通过召开党委中心组扩大会、党委会、职工党员座谈会等多种形式，开展以“加强党性党风党纪教育，筑起拒腐防变思想长堤”为主题的系列教育活动。全系统开展教育活动842场次，接受教育16万人次；主要领导人员上党课或作反腐倡廉专题报告1500人次。通过召开民主生活会，组织述廉议廉，自觉对照检查，深刻剖析存在的问题，提出整改措施，各级领导人员党性意识明显增强，领导班子的凝聚力、创造力和战斗力显著提升。全系统各级领导人员实行廉洁承诺9167人次，述廉议廉4866人次，廉洁谈话2597人次，诫勉谈话446人次，上缴礼品、礼金、礼券和有价证券304人次。

（三）查办案件工作力度加大，以惩促防、以案促教成绩突出

一是严厉惩处违纪违法行为。各单位针对企业的实际和特点，在重点加大对亏损项目有关人员责任追究的同时，深挖亏损背后隐藏的徇私舞弊、贪污受贿、挥霍浪费等各类违纪违法案件，有效惩治了腐败行为，彰显了执纪执法的公正性和严肃性，增强了职工群众反腐倡廉的信心。全年共受理群众来信、来访、电话举报386件次，初核312件，立案305件，结案301件。通过办案挽回或避免经济损失1.9亿元。中国铁建《严厉查处民事案件背后的腐败问题，坚决维护国有资产安全》的经验，在中央纪委、监察部和国务院国资委召开的全国国有企业查办案件座谈会上作了介绍。二是实事求是保护干部。各级纪检监察组织在严厉惩处违纪违法行为的同时，对坚持原则、严格管理、不徇私情而受到诬告的领导人员，在查清事实的基础上，旗帜鲜明地予以支持和保护。全年为27名受到诬告、错告的经营管理者公开给予正名，澄清了问题，消除了不良影响，有力地保护了企业经营管理者的工作积极性，维护了企业改革发展稳定大局。三是充分发挥办案治本功能。全系统各级纪检监察组织始终坚持“有案不查就是失职，办案不治本就是未尽职”的工作理念，注重案情的分析，充分运用办案的现实成果，开展警示教育；帮助企业“亡羊补牢”、整章建制，较好地发挥了查办案件的治本功能。

（四）效能监察工作势头强劲，促进企业管理水平稳步提升

2009年，全系统效能监察工作始终以加强生产经营关键部位和薄弱环节的监控为重点，以规范权力运行为主线，从解决职工群众反映强烈的普遍问题、关注的热点问题和制约企业改革发展的关键问题着手，先后立项开展整治亏损项目、承担新增中央投资项目实施情况、加强工程公司建设、治理工程建设领域突出问题等多项效能监察和专项检查，有力地促进企业管理水平和经济效益的双提升。一是整治亏损项目效能监察成效显著。各级纪检监察组织对存在管理混乱、经济效益差、外包工程成本失控、安全事故频发等问题的工程项目集中进行清理整顿，协助项目全面推行责任成本管理，加大整治力度，制定有效措施，初步实现遏制项目亏损蔓延、扭亏增盈、提高经济效益的整治目标，基本达到整治和帮扶一批严重影响企业经济运行质量的责任性亏损项目的目的。中铁十三局集团公司采取与工程公司建设、财务专项审计、责任成本管理三项检查工作同步推进的方式，开展亏损项目整治，范围广、力度大、效果好。中铁十七局集团公司将“大盈变小盈、小盈变持平”的项目亦视作亏损项目进行整治，

解决项目经理经营目标低标准现象。中铁二十局集团公司剖析整治亏损项目数量多、工作细。一年来,全系统集中整治工程项目394个,扭亏为盈项目61个、扭亏金额4.2亿元,遏制潜亏项目57个、减亏7.2亿元;清收拖欠一年期以上工程款1020笔、金额18.5亿元,纠正重复计价超计价拨款88件、金额2.7亿元,清退不合格包工队307个,纠正处理违规招标问题20件,调整项目领导班子86个,撤换项目经理72人,为企业挽回或避免经济损失29.2亿元。中国铁建效能监察工作经验在中央纪委、监察部和国务院国资委召开的中央企业效能监察工作座谈会上作了介绍,继续保持效能监察工作在中央企业的领先地位。二是新增中央投资项目专项检查不折不扣。各级纪检监察组织协同有关部门重点检查、抽查项目229个,查阅资料73800份,发现问题485个,提出整改建议6450余条,组织召开施工现场经验交流会27场次,总结推广78个项目的成功管理经验。三是工程建设领域突出问题专项治理工作开局良好。根据中央和国务院国资委的统一部署,结合企业实际,股份公司及时下发《开展工程建设领域突出问题专项治理工作实施方案》,各单位迅速落实,全面展开排查工作。目前此项工作正在有序推进。

(五)队伍建设不断加强,履职能力普遍提高

通过扎实有效的思想教育、严格规范的目标管理和全面系统的业务培训,各级纪检监察干部综合素质明显提升,履职能力普遍增强。特别是在企业经营风险日趋严峻的形势下,善于认真总结经验教训,不断加大创新力度,积极探索防控经营风险的新途径,化解经营风险的能力大大提高。尤其是面对突发事件,广大纪检监察干部以对企业高度负责的精神,挺身而出,不畏艰辛,忍辱负重,积极有效地保护了企业正当利益,维护了各级经营管理者合法权益。中铁十一局集团公司等单位普遍建立企检共建机制,管控风险的能力进一步增强。2009年,全系统化解经营风险106起,保护218人次。纪检监察系统获得各类表彰43项,其中省部级以上9项;完成调研课题85个,撰写调研论文90篇;举办培训班37期,培训760人次。中铁十四局集团公司纪委高度重视抓岗位培训、抓队伍建设,收到明显效果。

二、2010年的主要任务

2010年要深入贯彻党的十七届四中全会精神,按照十七届中央纪委五次全会和国务院国资委纪委部署,以惩防体系建设为统领,重点抓好《国有企业领导人员廉洁从业若干规定》贯彻落实,切实解决反腐倡廉建设中群众反映强烈的突出问题,积极开展专项检查,继续加大惩治腐败力度,更加注重反腐倡廉制度建设,不断提高预防腐败的能力,推动中国铁建持续健康发展。

(一)以深入贯彻落实《若干规定》为契机,切实增强领导人员廉洁从业意识

《若干规定》是规范国有企业领导人员廉洁从业行为的基础性法规,是加强国有企业反腐倡廉建设的重要举措,是2010年党风建设和反腐倡廉工作的重点。

第一,要扎实开展廉洁从业教育。上之所为,人之共瞻。各级党政主管要切实负起落实《若干规定》的责任,各级领导人员要以既是教育者更是被教育者的身份,带头学习,增强遵纪守法、廉洁从业的意识。要广泛宣传《若干规定》,使广大职工知晓其内容,增强民主管理和民主监督的意识。要深入推进以"依法经营、廉洁从业"为主要内容的廉洁文化建设,加强对领导人员和重点岗位人员的廉洁从业教育,不断规范从业行为。

第二,要大力加强领导人员作风建设。国有企业能否实现科学发展,领导人员的作风建设至关重要。要按照《若干规定》的要求,加强领导人员作风建设,贯穿于廉洁从业的各个环节。要大力弘扬求真务实的作风,以"改进服务态度、提高工作效能、落实管理责任"为主要内容,改进机关作风;以"精简、高效、节约"为重要原则,整治文风会风,切实解决一些领导人员作风漂浮、工作不实的问题。要大力弘扬民主作风,认真落实"三重一大"集体决策制度,拓宽职工民主监督渠道,切实解决独断专行、盲目决策的问题。要大兴艰苦奋斗之风,严禁挥霍公款,违规职务消费,严格控制出国(境)数量和规模,切实解决贪图享受、奢侈浪费的问题。各级领导人员要把《若干规定》中"不得有"的"七类行为",作为不可逾越的底线。人以原则为崇高,行以正道为高尚。守住原则和底线,这既是做人的一种境界,亦是生活对人的一种磨练。

第三,要积极营造风清气正的发展环境。为企之要,重在用人;得人者兴,失人者崩。匡正选人用人风气,是营造企业风清气正发展环境的关键,是从源头上治理和预防腐败的根本对策。用一贤人,则群贤毕至;用一小人,则小人齐趋。因此,要按照党的十七届四中全会和中央纪委五次全会的要求,继续深化干部人事制度改革,防止和纠正"带病上岗"、"带病提拔"等问题,树立公道正派的用人导向,不断提高选人用人公信度,让浩然正气在中国铁建蔚然成风,成为企业快速发展的不竭动力。这是全系统广大职工群众的期盼所在、福祉所在,亦是各级领导人员的责任所在。

(二)以迎接中央专项检查为动力,进一步推进惩防体系建设

2009 年,中央纪委下发《关于开展推进惩治和预防腐败体系建设检查工作方案》,从 2010 年 3 月开始,将对部分中央企业的惩防体系建设情况集中进行检查。同时,对中央企业党委和领导班子成员廉洁从业情况进行测评。我们要以迎接专项检查为动力,不断加大工作力度,扎实推进惩治和预防腐败体系建设。

首先,各级党委要高度重视,切实加强领导,认真组织实施。在企业内部构建更为完善的惩防体系,是各级党委要长期面对和必须解决的具有全局性、战略性意义的重大课题,它直接影响着反腐倡廉建设水平和企业发展稳定。各单位要以检查促建设,推进惩防体系建设进程,提升各级领导人员经营管理水平;各级主要领导人员要精心组织,统筹安排,确保检查过程规范有序,检查结果真实有效。同时,要把检查结果作为对领导班子、领导人员综合考核评价的重要内容,作为年终考核、评优评先、干部选拔任用和实施问责的重要依据。

其次,要用创新的方法加快推进惩防体系建设。当前惩防体系建设已进入关键时期,按照整体目标要求,2010 年要建成与现代企业制度相适应的惩防体系基本框架,时间十分紧迫,任务艰巨繁重。要不断探索,勇于创新,更加自觉地把惩防体系建设植于企业内部控制和风险管理制度之内、融入企业经营管理体系之中,切实为企业改革发展提供有力保证。股份公司纪委将结合企业经营管理实际,用系统工程的思路和方法,设计中国铁建惩防体系建设构架图,直观反映惩防体系建设工作思路、内容、目标、实现途径等,构建反腐倡廉责任体系、工作体系和评价体系。

（三）以坚决查处违纪违法案件为抓手,严肃惩治消极腐败现象

查办案件,是从严治党的内在要求,是惩治腐败的重要手段,对促进企业良性发展、干部作风根本好转和职工队伍和谐稳定具有不可替代的重要作用。各级纪检监察组织要继续保持惩治腐败高压态势,坚决查处发生在领导机关和领导人员以及工程项目的违纪违法案件。一是要结合贯彻落实《若干规定》,严肃查处各级领导人员以权谋私、利用职权为特定关系人牟利、滥用职权和违规进行职务消费等案件。二是要结合当前开展工程建设领域突出问题和“小金库”专项治理发现的问题,重点查处在工程建设中违规决策、违法分包转包、私设私分“小金库”和因失职渎职、贪污受贿造成项目亏损或潜亏的案件。三是要严肃查处职工群众反映强烈的损害企业利益、侵害职工合法权益和违反组织人事纪律案件。对上述领域中发现的违纪违法问题,要发现一起,查处一起,决不姑息,用铁的纪律保证企业的利益不受损失、职工群众的权益不受侵害、企业的清风正气不受破坏。

要认真执行中央纪委、监察部关于严格依纪依法办案的规章制度,以及股份公司《案件检查工作暂行办法》《党纪政纪案件审理程序暂行办法》等规定。继续完善企检共建和协调办案机制,进一步提高查办案件的质量和水平。

（四）以开展工程建设领域突出问题和“小金库”等专项治理工作为重点,促进企业规范管理

坚决贯彻中央和国务院国资委专项治理的统一部署,结合自身实际,开展专项检查和效能监察工作,着力解决当前影响企业经营管理水平提高、影响企业经济运行质量和效益增长的突出问题,促进企业规模和效益同步提升。

一是全面推进工程建设领域突出问题专项治理工作。2009 年 7 月,中央作出决定,用两年左右时间,集中开展工程建设领域突出问题专项治理工作。股份公司已经作了部署,2010 年要重点做好招投标管理、物资设备采购、工程项目合同、资金管理使用、质量安全、项目标准化施工、工程队建设等方面问题的集中排查和全面整改。各级纪检监察组织要加强组织协调,切实督促职能部门认真履行职责,通过自查自纠、重点抽查等方式,找准突出问题,及时加以整改。防止小失误酿成大问题,小过错酿成大事故,为迎接国家审计署专项审计奠定基础。

二是认真组织开展“小金库”专项治理工作。根据中央和国务院国资委总体部署,股份公司将对各单位特别是工程项目违规设置账外账和“小金库”问题进行专项治理。私设账外账和“小金库”是严重违反《会计法》和财经纪律的行为,不仅扰乱企业经营管理秩序,造成国家和企业效益流失,而且极易诱发和滋生各种腐败现象。认真清理并坚决取缔“小金库”,是加强反腐倡廉建设、从源头上防治腐败的有效手段,是规范各级领导人员从业行为、加强资金管理、提高经济效益、降低经营风险的有效措施。各级领导人员要充分认识设置账外账和“小金库”所带来的严重危害,严格按照专项治理要求,加强领导,狠抓落实。股份公司将对如何开展“小金库”专项治理工作提出具体要求,各单位要认真组织实施。

三是继续开展整治亏损项目效能监察。2010 年,各单位要对近两年已竣工和在建工程项目进行一次重点清理,对管理严格、质量过硬、安全达标、效益显著的项目,要认真总结经验,对项目管理人员予以褒奖;对亏损项目,要组织经营、审计、财务、人事、纪检监察等专业力量进行全面分析,帮助查找亏损原因,有的放矢、扎扎实实地制定扭亏增盈具体措施;对因管理失控、行为失范而造成亏损的项目,要根据《股份公司、

股份公司党委关于严格经济责任的决定》，追究相关人员的责任。尤其需要引起重视的是，有的项目管理者为了完成指标，保住“乌纱”，不惜弄虚作假，隐瞒亏空，虚报盈利，给企业带来巨大经营风险和财务黑洞，职工群众对此深恶痛绝、反映强烈。因此，各单位在开展整治亏损项目效能监察时，要把潜亏项目作为重点来抓，对违反《会计法》编制虚假会计报表，导致会计信息失真的；对侵害企业和职工利益，使用借（贷）款或职工养老保险等专款完成上缴款任务的；对不按《会计准则》如实核算收入、成本、费用和损益，造成项目虚盈实亏的违纪违法等问题，要按照有关要求，严肃追究领导人员和相关人员的责任。

（五）以推进制度创新为根本，进一步抓好源头防腐工作

制度建设是系统反腐、源头治本、超前预防的关键所在。扬汤止沸，弗如灭火去薪。只有堵住腐败的源头，才能保护领导人员和手握重权的人不致于误入腐败的深渊。因此，我们要以更大的力度，积极促进各项管理制度的建立和完善，用制度管事，靠制度管人，最大限度地减少腐败现象的发生。

一是增强制度设计的针对性和科学性。虽然“世上无无弊之法”，但是要尽量减少制度自身的问题，减少制度的漏洞，提高制度设计的质量。要以“规范经营，强化管理”为重点，围绕生产经营管理的重点领域、关键环节以及群众反映的热点问题，盯住领导者的位子，装金钱的袋子，容易钻的空子等敏感部位进行设计。要注重完善程序性制度，对重要事项的权力运作，力求责任主体明确、程序规范严谨、奖罚分明有力，在制度设计上尽量减少不确定性或自由裁量宽泛的弊端。要注重各项制度的配套与周延，避免出现冲突、缺陷或盲区，并及时修订和废止不合时宜的规章制度。总之，要既保证制度规定的科学性，又保证制度实施的可行性；既体现中央和上级的要求，又符合企业客观实际。

二是创新监督机制，提升监督效能。真诚地关爱和关注企业领导者，是国有企业反腐倡廉建设的重中之重。而监督制约就是最好的关爱。因此，必须认真研究新形势下腐败现象发生的特点和规律，针对腐败多发易发的领域和部位，不断地推进监督机制创新，创造不能腐败的环境，保护好干部，维护好发展。要围绕企业项目管理、投资经营、内外采购、重大决策、选人用人等容易出问题的关键环节，健全公开监督和责任追究制度，加强对企业领导人员行使权力的约束，逐步形成人人有权力，人人权有限，人人受监督的良好氛围。要进一步建立完善决策制度。中央纪委即将印发规范国有企业“三重一大”集体决策事项的意见，我们要认真学习贯彻，让权力在“阳光”下运作，形成“事事有制度覆盖、人人受程序约束”的监管局面。要贯彻落实《2010～2020年深化干部人事制度改革纲要》，不断深化干部人事制度改革，完善用人督查制度，防止用人上的不正之风，提高选人用人公信度，严格执行干部选拔任用程序，这些程序既不能颠倒，更不能随意删减、更改，必须做到坚持原则不动摇，执行标准不走样，履行程序不变通，遵守纪律不放松。要按照中央和国务院国资委的要求，严格执行《关于党员领导干部报告个人有关事项的规定》。要按照国务院国资委关于实行党政领导干部问责制的有关规定，制定切合企业实际的实施细则。要根据国务院国资委开展巡视工作的指导意见，积极推进巡视工作。要继续推行海外特派员制度，确保境外资产安全，切实维护中国铁建在境外的声誉。

三是增强制度的执行力。天下之事不难于立法，而难于法之必行。各级领导人员要做执行制度的表率。要牢记胡锦涛总书记在中央纪委五次全会上提出的“法律面前人人平等、制度面前没有特权、制度约束没有例外”的告诫，不能认为自己职务高、权力大就可以漠视、变通甚至践踏和违反制度。要以身作则带头严格执行制度，这不仅是对制度的最好维护，也是赢得职工群众信赖的关键。要加强对规章制度的宣传教育。知之深切，方能自觉。只有使广大职工成为熟知规章制度的“明白人”，落实规章制度的“有心人”，才能做到记于心而见于行，才能不断增强遵守和执行制度的自觉性。各级纪检监察组织要强化对制度执行情况的监督检查。法不严则不力，治不严则无获。没有监督的制度就是一纸空文。要及时总结、分析、纠正制度执行中的偏差，敢于排除各种干扰，加大对违反制度行为的查处，做到不以资深而姑息，不以位高而免责，增强制度的严肃性和威慑力。

三、以求真务实的作风切实抓好反腐倡廉各项任务的落实

（一）认清形势，为确保完成各项任务提供思想保证

正确认识和科学判断形势是抓好反腐倡廉建设的重要前提，是完成各项任务的思想基础。当前，企业反腐倡廉建设的形势有如下几个特点：

一是中央对国有企业反腐倡廉建设的关注力度愈来愈大。中央纪委近期严肃查处了陈同海、康日新、张春江等多起国有企业高级管理人员腐败案件，国企领导人员特别是主要负责人已被列为腐败案件的易发多发人群。大力加强国有企业党风建设和反腐倡廉工作，已经成为党和国家反腐倡廉建设的重要部分。

二是企业内部管理潜在漏洞愈来愈多。企业规模

迅速扩张，工程项目高度分散、点多线长，项目管控难度加大；“走出去”步伐不断加快，境外项目如何监管面对难题；对外投资力度加大，资金风险明显增高；因管理不善，造成成本加大、效益流失的机率大大增加；因监督不到位，导致以权谋私、权力寻租的危险性大大增加，这些都给我们党风建设和反腐倡廉工作带来了新的考验和挑战。

三是企业经营环境愈来愈险。我们作为完全市场竞争的建筑施工企业，可谓身处风险丛林。除了面对承揽项目的市场风险、履行合同的信誉风险、资金风险、利润风险、法律风险等等之外，还要饱受因一些潜规则而受到牵连的经营风险的折磨，特别是随着一些与我们有业务关联的地方政府官员和业主，因涉嫌贪污受贿而落马，常常连带我们一些领导人员和相关经营人员，接受地方纪检、监察和司法机关调查的事件频频发生，经常是按下葫芦浮起瓢，应接不暇。中央纪委明确指出要“在坚决惩处受贿行为的同时，加大对行贿行为的查处力度，对有行贿记录的单位和个人，在市场准入、经营资质、贷款审批、投标资格等方面加以严格限制”。在越来越严峻的市场氛围下，各级纪检监察组织为企业清障除险、保驾护航的任务无疑将更加艰巨。

四是职工群众对反腐倡廉的期望值愈来愈高。对企业中存在的种种腐败现象，职工群众深恶痛绝，尤其是对一些领导人员滥用职权、贪污受贿、假公济私、奢侈腐化、违规用人、盲目决策等违纪违法行为更是强烈不满。广大职工群众越来越寄希望于通过加大反腐倡廉建设力度，遏制这种不良风气，惩治这些腐败行为，净化企业发展环境，惠及职工群众生活。“民心是一种最简单而又最真挚的财富”，职工群众对反腐倡廉的心理期待是我们做好工作的不竭动力。

（二）明确思路，为确保完成各项任务提供措施保证

1. 紧紧抓住一个重点：以全面贯彻落实《国有企业领导人员廉洁从业若干规定》为重点，就是抓住了2010年企业党风建设和反腐倡廉工作的关键。国有企业领导人员廉洁从业，是党中央对各级领导人员的基本要求，是国有企业反腐倡廉建设的重要环节，也是每一名国有企业领导人员自我成长、自我发展的内在需要。因此，要针对廉洁从业存在的突出问题，认真找准原因，切实加以解决，全面推动企业反腐倡廉建设。

2. 牢牢把握两个并重：在推进反腐倡廉建设中，要始终把握“惩治和预防、治标和治本并重”的原则，既要“治标”、“惩治于既然”，又要“治本”、“防患于未然”。胡锦涛总书记在党的十七大报告中指出，“坚持标本兼治、综合治理、惩防并举、注重预防的方针，在坚决惩治腐败的同时，更加注重治本，更加注重预防，更加注重制度建设”。因此，各级党委、纪委要时刻牢记严厉惩处不是目的，而是手段。我们的目的是通过惩治，为有效预防各级各类工作人员不犯错误或少犯错误设立醒目的警戒牌。同时，我们也要清醒地认识到只有坚决惩治腐败，才能更加有效地预防腐败。实践中，我们只有更加自觉、更加准确地把握这一原则，才能取得标本兼治、惩防并举的整体效能，才能不断为企业的健康快速发展打造良好的环境。

3. 始终坚持三个必须：一是必须始终坚持“围绕中心、服务大局”。这是企业纪检监察工作的根本指导思想。纪检监察组织必须紧紧围绕企业“加快经济发展方式转变、坚持走质量效益型发展道路”的战略目标和生产经营的重点环节来确定工作思路、谋划工作布局，用全新的视野，把反腐倡廉建设置于促进企业全面发展的大背景下，置于建设具有国际竞争力的建筑业领军者的大目标中，通盘考虑，整体谋划，推动纪检监察工作与企业经营管理密切融合，为企业又好又快发展发挥作用。二是必须始终坚持以人为本。这是我们党实践全心全意为人民服务宗旨的必然要求。反腐倡廉工作与构建和谐企业息息相关，作为纪检监察干部，要牢固树立“当群众的贴心人”的责任意识，会同有关部门，把职工群众关心的热点、难点、焦点问题解决好，把职工群众的切身利益实现好，为企业发展营造和谐稳定的环境。三是必须始终坚持执行党风廉政建设责任制。各级党政主管领导要把落实党风廉政建设责任制视为须臾不可放松的政治责任，予以高度重视并自觉承担起推进反腐倡廉建设第一责任人的职责。要把反腐倡廉建设作为党委的重要工作来抓，纳入企业改革发展的总体工作部署，加强组织领导，协调各方力量，健全工作机构，完善配套制度，支持纪检监察组织履行职责、开展工作，推动反腐倡廉各项任务的落实。

4. 不断增强四种意识：一是不断增强危机意识。危机的种子与企业的成长如影随形。在一定程度上说，危机意识也是预防腐败的思想大堤。各级纪检监察组织要清醒地看到反腐倡廉建设面临的深层次矛盾并没有根本解决，有些方面还在加剧，任务仍然十分繁重。因此，我们必须充分认识反腐败斗争的长期性、复杂性和艰巨性，切实增强危机意识，思危求进，迎难而上，坚定反腐倡廉建设的信心和决心。二是不断增强保护意识。要全面理解反腐倡廉工作为企业改革发展保驾护航的丰富内涵，深刻认识企业培养一名经营管理人才的艰辛与不易。要把保护意识融入到宣传教育、规章制度、监督检查等各项反腐倡廉工作内容之中，把严格的教育、完善的制度、到位的监督、严厉的惩

处作为"保护与支持"的有力武器来打造,规范领导人员用权行为,规范企业经营行为,保护企业资产和效益不流失,保护干部健康成长。三是不断增强实干意识。各级纪检监察组织要在全系统积极倡导真抓实干、求真务实的精神,并将实干作为选拔各级领导人员的重要尺度,形成实干兴企的浓厚氛围。四是不断增强创新意识。各级纪检监察干部要本着对企业真诚负责、对干部职工真情爱护的精神,紧紧围绕反腐倡廉工作的新任务、新要求,与时俱进,开拓创新,不断研究新情况,解决新问题,推动反腐倡廉工作向纵深发展。

(三)强化自身建设,为确保完成各项任务提供组织保证

一是要提高能力和素质。只有不断提高能力和素质,事业才有支撑,尽责才有依靠,成事才有保证。要通过加强党的方针政策和基本理论的学习,增强党性修养,提高政治素质;通过加强经济、法律、财务等相关专业知识的学习,增加知识储备,提高业务水平。各级纪检监察组织要定期对纪检监察干部进行教育培训,组织专题研讨,不断提高纪检监察干部解决实际问题的能力,不断提高协助党委加强党风建设和组织协调反腐败工作的能力。

二是要改进工作作风。坚强的党性、良好的作风和严明的纪律是纪检监察干部正确履职的重要保证。广大纪检监察干部要按照"做党的忠诚卫士,当群众的贴心人"主题实践活动的要求,在思想上铸就热爱工作,勤奋工作的意识;在工作中秉承严格遵守办案纪律、秉公执纪的职业操守;在实践中坚持深入基层开展调研工作的优良传统,把调查研究作为谋事之基、成事之本,作为密切联系群众的有效途径。

三是要健全组织机构。按照中央纪委和国务院国资委纪委的要求,在企业改革发展中,纪检监察工作只能加强不能削弱。要建立健全纪检监察组织机构,把党性观念强、企业管理经验丰富、具有相关专业知识的优秀人才充实到纪检监察队伍中来,提高纪检监察组织的战斗力;要强化纪检监察工作双重领导体制,严格执行"纪委书记向上一级纪检监察组织述职制度"和"纪检监察组织主要负责人调动前,必须征求上一级纪检监察组织的意见"等制度要求,提高纪检监察组织的领导力;要进一步重视对纪检监察干部的培养、选拔和任用,形成有效的激励机制,提高纪检监察组织的向心力和凝聚力。

坚定不移地走
中国特色社会主义工会发展道路
为推进企业又好又快发展建功立业

——党委副书记、工会主席彭树贵在中国铁路工会中国铁道建筑总公司第三次(中国铁建股份公司第一次)代表大会上的报告

(摘要)

(2009年11月9日)

一、"二大"以来工会工作回顾

(一)服务中心工作,推进企业发展业绩显著

劳动竞赛卓有建树。全系统各级工会把广泛开展劳动竞赛作为服务生产经营的主要抓手,有效地推进了重点工程建设。在青藏铁路、京沪高速铁路和铁路客运专线等一大批世纪性工程建设中,深入开展以"五比五创"为主要内容的劳动竞赛,充分调动和激发了全体员工的积极性和创造性,安全质量、技术创新、

环境保护均受到业主好评,提升了企业核心竞争力。成功攻克青藏铁路高寒缺氧、多年冻土、生态脆弱三大世界性难题,创造世界高原铁路建设的奇迹;圆满建成世界首条商用上海磁悬浮工程,创造世界第一精度;率先突破京沪高速铁路多项关键技术难题,创造全线第一速度;积极承揽以举世瞩目的南京长江隧道为代表的一大批高科技含量的地下工程,战胜无数艰难险阻,取得辉煌成果,为中国铁建争得了荣誉。

劳动保护展示作为。总公司工会以推进职工安全生产为重心,认真调研,选树典型,采取上下联手、与行政联手的方式,总结推广"一法三卡"的成功经验,召开有各集团公司行政主管和工会领导干部参加的劳动保护暨现场安全管理工作推进会,推进劳动保护和安全管理创新。各单位普遍在工程项目、作业队和工班推行"一法三卡"科学工作法,有力地防范了事故风险,促进了安全生产。全系统有79个单位荣获全国"安康杯"竞赛优胜企业,56个集体荣获全国"安康杯"竞赛优胜班组,并在全国"安康杯"竞赛优胜单位暨全国五一劳动奖状颁奖大会上介绍经验。

"创争"活动成果丰硕。在国务院国资委"创争"活动表彰中,有24名个人、23个集体分别获中央企业知识型先进职工、学习型红旗班组称号。青藏铁路科技攻关小组作为先进集体代表,在人民大会堂作典型经验介绍。在国务院国资委和国家劳动保障部组织的中央企业职工技能大赛中,中国铁建包揽金、银、铜奖。

群众性的合理化建议有效开展。近5年,全系统职工提合理化建议和技术改进项目130267项,采纳61290项,实施25626项,创造经济效益73279万元。其中,1056项成果获得省部级以上奖励,5个单位获全国建筑业科技进步与技术创新先进企业、168个单位获省市经济技术创新先进单位称号;1人获得中华技能大奖,77人获省部级职工技术创新标兵、235人获省部级职工技术能手称号。

争先创模成绩卓越。全系统有29个单位获得全国五一劳动奖状,20个单位获全国"工人先锋号"称号,350个单位获得省部级先进集体、五一劳动奖状和火车头奖杯荣誉,28个集体获省部级"工人先锋号"称号;82名个人获得全国劳动模范和全国五一劳动奖章荣誉,1人获全国民族团结进步模范个人称号,1人入围"100位新中国成立以来感动中国人物",1455名个人获得省部级劳动模范、五一劳动奖章和火车头奖章荣誉。近几年来,中国铁建的先进模范人物四进人民大会堂、一进怀仁堂作先进事迹报告,4名职工光荣地出席了中国工会第十五次全国代表大会。

股改上市保障有力。在推进企业股改上市进程中,各级工会主动服务大局,严格掌握政策,深入细致地做好职工股回购和职工内退工作,确保了职工队伍的和谐稳定和企业整体上市工作的平稳推进。

建家建线与时俱进。总公司召开全系统建家建线观摩推进会,以京沪高速铁路、南京长江隧道为重点,推广了11个单位建家建线的典型经验。近5年,全系统建职工之家2933个,荣获全国模范职工之家33个、全路模范职工之家55个、总公司模范职工之家274个。

(二)维护职工权益,创建和谐企业作用突出

有效解决职工息工待岗问题。针对职工息工待岗问题比较突出的实际,召开全系统解决职工息工待岗问题推进会,制定刚性措施,工会与行政联合发文,推动企业多渠道解决职工就业上岗。近3年来,全系统有2.3万名息工待岗职工重新上岗,职工息工待岗率从三年前的10.4%下降到2009年的2.6%。中华全国铁路总工会在全路转发了中国铁建的经验,中华全国总工会对中国铁建的做法给予充分肯定,作为全国工会工作亮点上报中共中央办公厅。

切实抓好"三不让"承诺。按照覆盖全面、运作规范、救助及时、保障有力的要求,各单位有效推进"三不让"承诺工作。近3年来,筹集"三不让"专项资金2.45亿元,救助困难职工家庭44180户次,资助困难职工子女上学7388人次,救助患病职工9722人次。在中华全国铁路总工会召开的"三不让"承诺表彰大会上,有两个集团公司被评为先进单位。

广泛开展集体合同推进年活动。各级工会以劳动工资为重点,积极推进和完善集体合同制度。全系统开展集体合同推进年活动和"共同约定行动"。有12个单位被所在省(市)评为落实集体合同先进单位,有6个单位被评为省级劳动关系和谐企业。农民工权益得到切实维护,有两个单位的经验被中华全国总工会推广。

(三)加强职代会建设,民主管理不断深化

各级下大力抓好职代会制度建设,认真落实职代会各项职权。全系统职代会建制率、召开率100%,职工满意率96%。一些单位开展星级职代会评比、职代会资料展评、职代会优秀提案评比;有的单位以职工代表巡视和基层民主监督会等多种形式,推进民主管理。全系统各级职代会严格坚持民主评议干部制度,促进企业干部队伍优化和管理水平的提高。全系统民主管理和企务公开不断深化,总公司工会两次荣获全国推动厂务公开民主管理工作先进单位称号,6个所属单位荣获全国厂务公开民主管理先进单位称号。

(四)重抓项目建会,基层建设扎实深入

各级工会把工作重心放在基层,重抓项目工会建设。股份公司工会召开全系统工会基层建设推进会,

旗帜鲜明地提出项目建会的原则。制定下发《关于加强工会基层建设的指导意见》,以项目建会为重点,推动基层工会制度化、规范化、标准化建设,全系统开展项目工会达标活动,有150个项目被评为达标先进单位。国务院国资委向中央企业全文转发中国铁建的指导意见。全系统女职工工作不断加强,群众性体育活动普遍开展,工会财务工作规范化持续推进。

(五)加强自身建设,工会履职能力有效提升

各级工会注重加强自身建设,不断提升自身素质和履职能力。近5年,全系统累计培训工会干部12250人次。在系统学习中国特色社会主义工会发展道路理论的同时,密切联系实际,针对当前工会工作面临的新情况、新问题,开展深入研讨,以理论创新带动思路创新和工作创优。有效推进具有典型性、指导性的特色工作,近3年评出特色工作56项,做法得到国务院国资委的充分肯定并在中央企业推广。总公司工会连续两年在国务院国资委召开的中央企业工会工作会议上作典型经验介绍。

回顾过去的工作,主要体会是:必须坚持在党委领导和行政支持下,依法独立履行工会职能。党的领导是保持工会社会主义性质和正确方向的根本前提,行政支持是做好工会工作的基本保证。工会工作必须自觉接受党的领导,积极争取行政支持。但工会组织不能等同于党委和行政组织,必须依法独立履行职能,充分发挥党联系群众的桥梁纽带作用。必须坚持“两个维护”相统一,充分发挥工会实施维权和服务企业发展的作用。维护职工合法权益是工会的核心职能,而维护企业利益,推进企业发展是维护和实现职工利益的根本保证。要突出维护职能,切实担当起党和国家赋予工会的神圣职责,同时又要主动融入中心,在服务生产经营、推进企业发展上有所作为,实现企业发展与职工利益的共赢。必须坚持企业发展与实现人的发展相统一,推进企业和谐发展。企业发展与人的发展相互依存,离开企业的发展,职工的发展就无从谈起;离开职工整体素质的提高和积极性、创造性的发挥,企业发展就会失去动力。工会组织必须把对企业负责与对职工负责统一起来,在推动企业发展中实现职工的发展。必须坚持党政工联手的工作格局,提升工会工作的效果。解决事关企业发展和职工利益的重大问题,最为重要的是党政工领导要形成共识,统一部署,加强协调;同时,党政工相关部门要联手协作,共商举措,合力推进,使各项工作高屋建瓴、事半功倍。必须进一步解放思想,推动工会工作创新发展。解放思想,实事求是,是工会工作必须遵循的思想路线。勇于探索,开拓创新,是工会工作生机和活力的源泉。只有尊重群众的首创精神,与企业同发展,与职工同命运,才能使工会工作更好地体现时代性,把握规律性,富于创造性,提升新水平。

二、当前工会工作面临的形势和任务

随着改革的深入和利益主体、分配方式、价值观念多元化的形成,企业许多深层矛盾将越来越凸现,工会工作面临许多新情况、新问题。

*1. 劳动关系呈现复杂局面,维权维稳、构建和谐任务艰巨。*当前,整个社会劳动关系呈现复杂局面,在一些地方的企业劳动争议和职工群体上访事件呈井喷之势。国内外敌对势力在中国劳动关系矛盾比较突出的事件中,往往借题发挥,从而引发一些政治事件,破坏中国安定团结的大好局面,我们必须保持高度的政治警觉。当前,我们企业的劳动关系矛盾也不容忽视。据不完全统计,近3年来,劳动争议和群体性事件(苗头)反映到集团公司以上的达300余件,尤其值得注意的是,这些劳动关系热点问题呈逐年增长之势,一些群体事件规模比较大,在当地造成不良影响。还要看到,今后两三年内,全系统雇佣外部劳务数量还要大幅度增加,这将使企业劳动关系更为复杂,矛盾也会更加突出。因此,维权维稳和构建和谐劳动关系,将成为工会组织的头等大事,任务异常艰巨。

*2. 企业规模急剧扩张,融入中心、服务发展责任重大。*在应对经济危机,国家实行积极财政政策的形势下,建筑市场迅速扩大,全系统经营规模和生产能力将大幅度扩张。目前,重点工程项目9000余个,高科技、高难度、高风险的项目急剧增加,企业资源空前紧张,管理水平明显滞后,施工隐患不断增多,安全生产形势严峻。我们要完成企业发展目标,任务十分艰巨,劳动竞赛、安全管理面临领域拓展、方法创新等新课题。各级工会在融入中心、服务发展方面责任更加重大,如何更好地展示作为,面临新的考验和挑战。

*3. 企业管理链条日益延长,民主管理和民主监督难度加大。*随着企业经营规模的扩大、产业领域的拓宽,企业管理链条越来越长,特别是对项目的监控难度加大,企业经济活动中的不规范行为和腐败现象明显增加。出现这些问题,既有监管缺失,也有民管不到位的问题。企业要实现科学发展,必须进一步强化行政监管和党内监督,同时也必须加强民主管理,而且只有在民主管理深入开展的阳光环境中,行政和党内监督才能充分发挥作用。加强民主管理和民主监督是实践提出的重大课题。

*4. 职工队伍更加分散,基层建设任务繁重。*当前,随着市场拓展,重点工程项目激增,职工队伍更加分散,工会工作覆盖面和工会组织职能的发挥与企业发展要求还存在明显差距。

5. 企业上市后体制环境发生变化,职代会职能与

法人治理结构的依法对接亟待解决。股份公司上市后,股东大会对企业重大问题的决策具有法定权,如何界定股东大会和职代会的权限,处理好二者的关系和运作程序,防止职代会职能的边缘化和职代会职权的弱化,是一个需要探索和解决的重要问题。职工民生状况如何,职代会能否维护好职工合法权益,事关企业发展稳定的大局,法律赋予的股东大会和职代会的职权都必须得到充分落实。劳资双方,一鸟两翼、互相依存。共同维护好出资人和劳动者的合法权益,这就要求工会工作适应新的体制环境,有所创新,有所前进。

还应看到,当前工会工作面临的环境越来越好。一是工会地位空前提高。特别是中国工会第十五次全国代表大会以来,胡锦涛总书记的重要讲话和习近平代表党中央的致词,高度评价了工人阶级的历史地位和重大贡献,把维权提高到执政为民的高度,并明确党和政府将把更多的资源和手段赋予工会组织,为工会工作创造更加良好的条件。中央还一再强调,工人阶级始终是推动中国先进生产力发展的根本力量,是实现和发展最广大人民根本利益的坚定力量,是维护安定团结的中坚力量,工会工作是党的群众工作的重要组成部分。不管改革如何深化,经济如何发展,党的全心全意依靠工人阶级的方针不会改变,工会的地位和作用只能强化,不能削弱。这些重要思想,是对党的"依靠"方针的丰富和发展,是为工会依法独立行使职能提供的强大政治保障。

二是工会工作环境优化。中国特色社会主义工会发展道路理论是中国特色社会主义理论体系的重要组成部分,明确新形势下社会主义工会的性质、宗旨、目标、原则和任务,为进一步推进工运事业发展奠定思想理论基础。中国重在保障劳动者合法权益的劳动立法、工会立法和民事立法不断完善,为工会维权工作提供了更加完备的法律依据和良好的法制环境。

三是各级党政高度重视。各级党委切实加强对工会工作的领导,重视解决工会建设的重大问题。各级行政积极支持工会工作,形成党政工联手推进工作的格局,工会的作用将得到更加有效地发挥。

四是广大职工认同支持。广大职工对企业的归属感普遍增强,对工会组织的认同与支持度不断提升,积极参加工会组织开展的各项活动,工会组织的凝聚力和职工队伍的向心力不断增强。

三、今后五年的主要工作

今后的五年,是中国铁建紧紧抓住难得的历史机遇,全力打造具有国际竞争力的大型建筑企业集团的重要战略发展时期。根据这一新形势、新任务的要求,今后五年,全系统工会工作的指导思想是:**以邓小平理论、"三个代表"重要思想为指导,认真学习实践科学发展观,深入贯彻党的十七大、中国工会十五大以及中国铁路工会十三大精神,坚定不移地走中国特色社会主义工会发展道路,以维护职工合法权益、构建和谐劳动关系为主题,以服务生产经营、推进企业发展为主线,以加强教育引导、提升职工素质为重点,以坚持重心向下、抓好基层建设为保证,全面发挥工会组织各项职能,为维护企业和谐稳定,促进企业科学发展而努力奋斗。**

(一)主动依法科学维权,努力构建和谐劳动关系

人,是企业发展的决定性要素。职工的心是企业的根,企业要想基业常青,必须稳住职工的心。因此,我们要切实解决好职工最关注、最现实、最直接的利益问题,妥善处理各种利益关系,确保职工队伍和谐稳定。

要建立和完善职工工资正常增长和支付保障机制。近几年来,企业管理层薪酬待遇有较大增长,而普通职工工资增长较慢。股份公司党委高度重视这一突出问题,把提升普通职工工资待遇作为学习实践科学发展观整改落实的重要内容,责成工会牵头,行政和工会联手进行专项调研,提出意见和举措。股份公司工会和行政将于2010年内联手开展这项工作。人是企业的第一资源,提高职工工资不仅是改善职工物质待遇,而且是推进企业发展的直接动力。职工有了归属感,企业就会和谐稳定,就能吸引大批高素质人才;调动起职工的积极性和创造性,就能有效提升企业核心竞争力。解决职工薪酬待遇政策性很强,要按照效率优先,兼顾公平的原则,科学调整不同层次的利益关系,保证在企业迅速发展时期普通职工工资待遇相应增长。同时,要重视解决好高素质人才的薪酬待遇问题,遏制人才流失现象发生。要认真解决好普通职工工资拖欠问题。各单位要建立健全职工工资正常增长和支付保障机制。同时,要在全系统实行农民工工资代发制度,维护好农民工的合法权益。

要继续解决职工息工待岗问题。认真贯彻总公司、总公司党委联合印发的《关于解决职工息工待岗问题的指导意见》,高度重视职工的上岗安置问题。目前,企业规模快速增长,为职工上岗就业提供了广阔空间,在这种情况下,不应该也不允许出现大批职工息工待岗的现象。要在充分利用企业劳动力资源的前提下雇佣外部劳务,禁止用外部劳务排挤企业内部职工。要严格用工规范,强化用工责任,使职工息工待岗动态始终控制在3%以内。

要切实抓好职工社会保险福利工作。社会保险和福利事关职工生存保障、生活水平提高和企业和谐稳定,做好这项工作是企业各级领导义不容辞的法定责任。要按时足额缴纳"五险一金",少数单位拖欠社会

保险基金的问题，必须引起各级领导高度重视，限期加以解决。建立完善企业年金和职工补充医疗保险制度，在企业建起职工生活保障安全网。按照国家财政有关规定，职工福利费不再计提，但可按原标准使用和直接列销，企业应用好国家政策，千方百计为职工谋福祉、办实事，不断强化职工的福利保障。

*要进一步做好困难职工帮扶工作。*继续加大力度推进“三不让”承诺工作的落实，认真解决好少数基层单位拖欠“三不让”资金问题，保证按时足额拨付“三不让”及送温暖资金，建立和完善困难职工档案，推进网络化管理，对困难职工实施有效救助。让广大职工切实感受到企业大家庭的温暖。

*要加强集体合同规范化和检查考核。*集体合同是维权工作的法制手段。实践证明，把职工关注的难点、热点问题纳入集体合同，依法履行和兑现，可以有效地化解矛盾，维护和谐稳定。要继续推进集体合同规范化。首先要严格平等协商程序。按照《集体合同规定》的要求，企业方和职工方代表进行认真协商，规范合同文本。要认真落实劳动保障部和中华全国总工会关于建立工资集体协商机制的精神，把工资集体协商作为维权机制建设的核心内容，构建党委重视、行政主导、上级工会运作和企业劳动关系双方互动的工资集体协商工作格局。其次要推进集体合同全面履行和考核检查。在全系统实行集体合同“双重责任”制，即在工会牵头考核的同时，将集体合同主要指标纳入各级党政领导责任目标考核体系。

*要建立健全职工利益诉求表达机制和劳动关系预警机制。*通过职工代表巡视、基层民主监督、党政工领导人建立基层联系点等多种形式，构建利益诉求平台，及时了解职工呼声，做好劳动争议调解工作，把矛盾化解在萌芽状态，确保基层队伍稳定。

维护职工合法权益是工会组织的神圣职责，更是工会干部责无旁贷的光荣使命。维权必须“坚持以职工为本，主动依法科学维权”，这是工会维权的行动纲领。所谓主动，就是主动去做，成为职工利益的自觉的维护者；所谓依法，就是要依照《劳动法》《劳动合同法》《劳动争议调解仲裁法》《公司法》等法律法规办事，增强维权工作的权威性；所谓科学，就是以科学的理念和方法，正确处理不同主体的利益关系，增强维权的实效性。

（二）积极融入中心工作，为推进企业发展建功立业

企业不兴旺，职工没希望。各级工会要主动适应拓展市场和企业迅速发展的需要，积极融入中心，团结带领广大职工与企业和衷共济，在重点工程建设和企业发展中充分发挥主力军作用。有为才能有位。工会必须在服务生产经营上充分发挥职能，真正有所作为，让党委信得过、行政离不开、职工信任和拥护。

*卓有成效地开展劳动竞赛。*劳动竞赛是工会工作融入中心，直接推进生产经营的主要载体。各级工会要主动适应新形势、新任务，继续深入开展劳动竞赛。要根据企业生产经营目标选好竞赛的主攻方向，使竞赛活动真正成为广大职工施展才能、创造业绩的舞台。一要突出重点，集中精力组织好高科技含量、高难度、高风险和环保高标准的工程项目的劳动竞赛。当前和今后一段时间，要以路内外、国内外重大项目为重点，研究制定竞赛方案，深入现场指导，开展针对性强、内容集中、富有特色、效果显著的主题竞赛和综合性竞赛。通过竞赛活动，攻克技术难关，保证安全质量，改善经营管理，创建优质工程，提升经济效益，打造市场信誉。2010年，中华全国总工会和中华全国铁路总工会将在京沪高速铁路组织劳动竞赛，中国铁建作为主要承建单位，参建的各集团公司要按照中华全国总工会、中华全国铁路总工会和业主的部署和要求，组织职工以昂扬的斗志投入竞赛，以骄人业绩建设世界一流高速铁路，塑造企业良好形象。二要推进内容、形式和载体创新。竞赛范围不仅限于内部职工，还可引入农民工；不仅限于操作层，还可涉入管理层、技术层。形成多环节、立体式、全方位的劳动竞赛格局。股份公司将出台劳动竞赛管理办法，并将继续开展全系统劳动竞赛评比表彰工作。各单位要从实际出发，加强组织领导，改进管理，提升竞赛的效果。三要打造先进的企业精神和企业文化。通过劳动竞赛，大力培育和弘扬锐意创新、勇于超越、攻难克险、拼搏奉献、团结协作、诚实守信的精神和作风；努力培养和塑造知识型、技术型、复合型的高素质职工队伍。

*切实做好劳动保护工作。*建筑业属高危行业，其第一风险源是安全问题。建筑企业工会必须充分发挥劳动保护职能，切实抓好安全生产。当前，企业规模迅速扩大，施工生产任务更加趋于急、难、险、重，施工队伍高度分散，安全和劳动保护资源空前紧张，尤其是今后两三年内，安全生产形势将越发严峻。因此，要从维护职工安全健康、维护职工家庭幸福和推进企业科学发展的高度扎实抓好劳动保护工作。实践证明，“一法三卡”体现了安全生产规律和职工群众的智慧，是行之有效的科学的施工生产管理方法。各级工会要同行政联手，继续抓好“一法三卡”的推广工作，要结合实际，在实践中不断丰富和完善，使之覆盖全系统所有重点工程项目，充分调动一线职工做好安全工作的主动性、积极性和创造性。使先进的管理理念、方法和规范在项目生根，具体化为岗位职责和工作程序，有力地实施过程监控，确保不发生重大事故。要以项目为重

点，抓好劳动保护监督检查人员的培训，加强劳动保护和安全管理基础建设，建立和完善现场医疗卫生保障体系，确实抓好职业病防治工作。股份公司拟在适当时候表彰一批推行“一法三卡”、抓好劳动保护和安全管理工作的先进基层单位。

大力开展技术改进和技术创新活动。劳动，是人类一切智慧的凝聚，掌握先进技术，又是新时期工人阶级先进性的重要体现。各级工会要针对目前企业操作层高技能人才缺乏，技术力量不足的现状，以关键技术工种的技术改进、技术创新和工法创新为重点，卓有成效地开展技术改进和创新活动。使职工牢固树立“知识工人有力量”的先进理念，引导职工在“有技术”的征途上，实现“更有力量”的人生追求。要以提升企业核心竞争力为目标，在高科技、高难度、高风险的重大工程项目建设中，抓好技术培训，开展技术练兵和技能竞赛活动，化解施工风险和难题，提高质量和效率。要把技术改进和技术创新活动同开展“工人先锋号”、“创建学习型组织，争当知识型职工”、“降本增效”和“合理化建议”等活动紧密结合。努力造就一大批蓝领专家，进一步强化职工队伍的整体素质，有效地提升企业核心竞争力。

深入开展争先创模活动。先进模范人物是企业的旗帜、职工的楷模。各级工会要高度重视和继续下大力开展争先创模活动，扎实抓好企业劳动模范评选表彰，及时组织好省部和国家级劳动模范申报工作。要改进劳动模范管理工作，对有重大影响的工程项目，股份公司将特批劳动模范指标，对有重要影响的先进人物特授劳动模范称号，体现“劳而优则模”。要改善和提升劳动模范待遇，努力营造尊重知识、尊重人才、尊重劳动、尊重创造的良好环境。要大力倡导和弘扬劳动模范精神，让劳动模范精神成为引领企业的价值取向，成为广大职工职业生涯中的高尚追求。

（三）全面落实职代会职权，把民主管理提升到新水平

实行民主管理，是通过法律规定的党的重要主张。国有企业作为我们党执政的物质基础，必须以民主管理为载体，把党的“依靠”方针落到实处。各级党政工领导必须把民主管理提到重要议事日程，身体力行，深入推进。

大力推进职代会的标准化建设。职代会是企业实行民主管理的基本形式，是职工行使民主权力的主要载体。各级工会要认真贯彻落实股份公司党委下发的《职工代表大会实施办法》，不断完善实施细则和操作标准，大力推进职代会的标准化建设。要强化职代会制度的刚性和严肃性，认真落实职代会法定的各项职权，任何单位不能打折扣，职代会的各项法定程序，都必须严格执行，不能冲减和替代，这是民主管理标准的底线。各单位要结合实际推行职代会标准化考核，广泛开展职代会达标活动。各级党委和行政也要高度重视，加强领导，积极支持，不断加强职代会的规范化和标准化，确保职代会各项职权的落实。股份公司将在2011年初建立本级职代会。

认真抓好民主评议干部工作。民主评议领导干部是职代会的一项十分重要的职权，是职工民主政治权利的关键所在。近几年来，民主评议领导干部已成为推进企业干部队伍动态优化的重要机制。各单位要进一步加强民主评议领导干部工作。一要扩大评议范围，项目经理队伍素质的高低，对企业兴衰至关重要，要把评议范围从各级领导班子成员扩大到项目经理。二要规范评议程序，强化评议的严肃性，提升评议质量，并把评议结果作为使用干部的重要依据，影响干部的荣辱升降。三要加强对评议工作的组织领导，做好评议中的信息对称和思想政治工作。

进一步深化企务公开工作。企务公开，是一种制度关怀，既是对职工的尊重，更是对管理者的爱护。一方面，体现职工的主人翁地位，化解劳动关系矛盾，凝聚职工队伍。另一方面，把企业管理者的用权行为置于阳光之下，可防止和避免国有资产流失，使干部少犯错误。要针对生产经营的突出问题推进重点公开。实行物资设备集中采购，是股份公司在企业规模不断扩大的情况下采取的重要举措，各级工会要主动参与，推进实施，下大力堵塞国有资产流失的黑洞，提升经济效益。要针对企业运行中的关键环节实施过程公开。企业重大决策、重大项目运作、劳务队伍的使用以及财务制度的执行情况等，都要形成公开制度。要针对职工最关注、最直接、最现实的利益问题，强化热点公开。解决好职工福利待遇问题，不断改善民生状况，有效化解矛盾。要以项目为着力点强化基层的企务公开。扩大企务公开的覆盖面，不断向施工生产一线深入，努力把企务公开的要求融入到项目管理的各项工作之中，使项目公开的信息更全面、更透明，作用更明显。要创新公开的载体和方式方法。在不泄漏商业秘密的前提下，可通过内部局域网实行公开，提升企务公开的效果，强化民主监督力度。

充分发挥职工董事、职工监事的作用。企业改制上市后，职工董事、职工监事在企业管理中的地位和作用更加重要。要不断完善职工董事、职工监事工作制度，充分发挥他们代表职工参与企业高层决策和监督作用。职工董事和职工监事要不断提高自身素质，充分反映和维护职工的正当诉求和合法权益。

（四）坚持“项目建会”原则，全面加强工会基层建设

项目建会是针对建筑企业的特点提出的加强工会基层建设的重要原则,是有中国铁建特色的典型经验。新形势下,要持之以恒坚持贯彻这一重要原则,进一步加强基层建设。

深入推进项目建会工作。自2006年在南京召开全系统工会基层建设推进会以来,各单位项目建会工作全面加强。面对新形势下基层建设面临的挑战,各单位要继续深入贯彻股份公司党委《关于加强工会基层建设的指导意见》,以项目部为重点,以工程队、架子队为基础,全面推进工会基层建设。要以扩大基层工会工作覆盖面,强化基层工会职能为重点,坚持“四个同步”,新上项目和新建单位必须及时建立健全工会组织,规范工会工作制度,制定工会建设考核标准,继续推进项目工会达标活动。要加强基层兼职工会干部的在职学习培训,提高他们从事工会工作的实际能力。

认真抓好架子队工会建设。采用架子队施工是大势所趋,各单位要针对架子队职工数量少,管理人员比例高的特点认真研究架子队工会建设问题,并在调研的基础上搞好试点,切实解决好架子队工会建设的具体问题。

强化集团公司和工程公司工会职能。集团公司和工程公司工会组织建设总体比较规范,职能作用发挥比较充分。但少数单位存在工会办事机构设置单一、工会职能弱化现象。《工会法》规定,任何组织和个人不得随意撤销、合并工会组织。今后,集团公司工会不管人员怎样精简,都要按照权益保障、生产保护职能分开的原则设置办事机构,并征求上级工会意见。目前,工会只设1个综合部的单位,要按照职能分开的要求,分工素质较高的人员专门负责权益保障和生产保护工作,防止职能不分,责任不清的现象发生。目前,少数工程公司工会人员过少,极个别的甚至无机构、无分工,难以承担工会职能,这种情况应尽快改变。集团公司和工程公司工会机构设置总的要求是:机构精干,职能分开。要重视和加强工会财务和经审工作,解决好少数基层单位拖欠工会经费的问题,依法收好、管好、用好工会经费,保证工会工作正常开展。要加强工会女职工委员会组织建设,坚持哪里建工会、哪里有女职工,那里就要建立工会女职工组织的原则,凡是企业工会中有10名以上女会员的,都应建立工会女职工委员会,不足10名的,设女职工委员。女职工委员会主任由同级工会女主席或女副主席担任,也可按照相应条件配备女职工委员会主任,享受同级工会副主席待遇。要重视开展群众性体育活动,增强职工体质,凝聚职工力量。

(五)深入推进建家建线,把以人为本真正落实到企业

古人云:“饱其腹而求其美,暖其肤而求其丽,安其居而求其乐。”在全面建设小康社会的新时代,建家建线必须与时俱进。以工程项目为重点,以改善民生状况、优化生活和工作环境、塑造企业形象、凝聚职工队伍、构建和谐企业为主线,不断提升建家建线水平和境界。要认真贯彻股份公司建家建线观摩推进会精神,坚持高起点、高标准,保证必要的资金投入,实行规范化管理,不断完善基础设施的建设与配套,不断满足职工物质文化需求,真正让全系统广大职工在世界上公认的高雅的、高贵的建筑行业中实现诚实劳动、和谐劳动、体面劳动。要高度重视抓好境外工程项目的建家建线工作,保持海外职工队伍稳定,做到队伍分散心不散,人行万里有温暖,充分展示中国铁建在国际市场的品牌形象。

(六)适应新形势,努力提升工会履职能力

加强自身建设,提升履职能力,是工会适应新形势,完成好肩负的光荣使命的迫切需要。各级工会要以“政治家、社会活动家、协调劳动关系专家”为目标,努力提升工会干部的全面素质和履职能力,有所作为,不辱使命。要加强学习,认真学习实践科学发展观和中国特色社会主义工会发展道路理论,学习企业管理,学习政策法律、学习工会工作知识,努力提升协调劳动关系、服务生产经营、解决复杂问题和推进工作创新的能力。要坚持德才兼备、以德为先的标准选拔配备工会领导干部,引进竞争机制,严把干部“入口”关,努力提升工会干部的整体素质。要按“创新思路好、履职业绩好、基层建设好、联系群众好”的要求,抓好各级工会领导班子建设。各级工会干部要密切联系职工群众,进一步改进工作作风,到劳动关系热点问题多的基层去,到安全风险大的现场去,到环境艰苦的项目去,到工会工作薄弱的单位去,研究新情况,解决新问题。要继续推进特色工作,不断开拓工会工作的广阔前景与未来。

“太平唯慎达民意,盛世忧思重苍生。”我们正处在中华民族伟大复兴的重要历史时期,以胡锦涛为总书记的党中央把民生问题摆在重于一切的地位。企业的振兴和发展也必须重视职工的发展。我们必须要时刻牢记:劳动光荣,工人伟大!

2009 年 12 月 4 日，第九届中国年度管理大会在北京举行。中国铁建获第九届双十具价值管理榜样称号。图为全国政协副主席张榕明（中）为中国铁建等获奖企业代表颁奖。（谢华刚 提供）

大 事 记

本栏责任编辑　**杨启燕**

2009 年大事记

1 月

▲6 日　中国铁建召开安全质量工作电话会，各集团公司及有收听条件的工程公司党政工团领导在 89 个分会场参加会议。中国铁建董事长、党委书记李国瑞，总裁金普庆，副董事长丁原臣，副总裁夏国斌、赵广发、周志亮在北京主会场出席会议。大会由党委副书记、纪委书记、工会主席彭树贵主持。会议总结 2008 年中国铁建系统安全质量工作情况，表彰 2008 年度安全生产达标单位，兑现 2008 年安全工作包保责任状。

▲8 日　中国在建线路最长、设计时速最高的武广铁路客运专线——武汉综合试验段首次动车试验成功。武广铁路客运专线综合试验段位于湖北省武汉市江夏区和咸宁市咸安区，正线全长 63.124 双线公里，含新乌龙泉站、新咸宁站两座车站。中铁十一局集团公司等单位参加工程建设。

▲9 日　中铁十四局集团江苏工程公司连续 11 年实现安全年目标，安全生产 4045 天。

▲12 日　中国铁建副董事长丁原臣会见郑州宇通重工有限公司董事长、总经理吴项林等一行 4 人。双方就在全球金融风暴形势下的经营和合作情况交换意见。

▲13 日 ~14 日　西非中国和平统一促进会第二届理事大会在尼日利亚首都拉各斯召开，此次大会选举产生新一届会长、副会长和秘书长。香港董氏集团董瑞萼当选会长，中国土木工程集团公司副总经理陈晓星作为西非中资企业家代表当选副会长。

▲15 日　中国铁建（在京）侨联召开全体成员大会，传达国务院国资委副主任黄丹华在中央企业侨联第二次代表大会上的讲话精神，选举中国铁建工会何庆安为新一届侨联主席。

▲16 日　中铁十八局集团公司及其六公司被评为天津市援建四川、甘肃地震区过渡安置房先进集体。

▲18 日　中国共产党中国铁建党委二届三次全委会在中国铁建大厦三楼报告厅召开。中国铁建 35 名党委委员有 32 名出席会议，中共中央候补委员李金城、中国铁建纪委委员、各单位党委书记、中国铁建机关有关部门负责人列席会议。会议由中国铁建党委常委会主持。中国铁建党委书记李国瑞代表党委常委会向全委会作工作报告，会议审议通过党委常委会工作报告的决议。会上，李国瑞、金普庆分别以党员董事长、总裁身份向全委会作履职情况报告，这在中国铁建党委全会上是第一次，是发挥党组织政治核心作用的有益探索。

▲同日　中国土木工程集团公司董事长、总经理林荣新在利比亚铁路机构总部与机构秘书赛义德先生签署西线铁路项目合同。

▲同日　中共中央政治局委员、上海市市委书记俞正声视察中铁二十四局集团公司京沪高速铁路上海虹桥站建设工地，慰问参建职工和外来务工人员。

▲20 日　中国铁建工程公司建设推进会在北京国际会议中心召开。会上，中国铁建副董事长丁原臣宣读《关于表彰加强工程公司建设先进单位暨先进工程公司的决定》，副总裁赵广发作题为《加强管理，筑牢基础，努力把工程公司建设推向新水平》的讲话。国务院国资委监事会第 15 办事处主任王克勤，中国铁建董事长、党委书记李国瑞，总裁金普庆，党委副书记、纪委书记、工会主席彭树贵，副总裁扈振衣、夏国斌、范德、周志亮、庄尚标出席会议。大会由党委副书记霍金贵主持。

▲同日　中铁十一、十九、二十局集团公司和昆明中铁大型养路机械集团公司及中铁十七局集团二公司、六公司获全国文明单位称号。

▲21 日　中国铁建 2009 年工作会议在北京召开。国务院国资委监事会主席孙广运出席会议并讲话。中国铁建董事长、党委书记李国瑞作题为《抢抓机遇，管控风险，在金融危机中实现新发展》的报告，执行董事、总裁、党委副书记金普庆作题为《近忧需远虑，增长必转型，坚定不移地把中国铁建纳入科学发展的轨道》的报告。中国铁建独立非执行董事李克成、赵广杰、吴太石，副董事长丁原臣，非执行董事、党委副书记霍金贵，监事会主席、党委副书记、纪委书记、工会主席彭树贵，副总裁兼总经济师扈振衣，副总裁兼总工程师夏国斌，副总裁范德、赵广发、周志亮，副总裁、总会计师兼总法律顾问庄尚标出席会议。

▲同日　纪念陈再道诞辰 100 周年座谈会在人民大会堂举行，中共中央政治局常委、全国政协主席贾庆林出席会议，中共中央政治局委员、中央军委副主席郭伯雄在座谈会上讲话，中国铁建党委副书记霍金贵、党委宣传部部长钱桂林应邀出席。会后，主办方向与会

领导、代表赠送由中国人民解放军八一电影制片厂、中国铁建股份有限公司等单位联合摄制的6集文献纪录片《传奇上将陈再道》。

▲22日　中国铁建股份有限公司2009年党风建设和反腐倡廉工作会议在北京召开。中国铁建党委书记、董事长李国瑞出席会议并讲话，要求各级领导干部做清醒而坚定的优秀职业经理人。会议以学习落实科学发展观为统领，全面贯彻十七届中央纪委三次全会精神，总结2008年党风建设和反腐倡廉工作，剖析当前反腐倡廉工作面临的形势，部署2009年任务。会议听取党委副书记、纪委书记彭树贵所作的《以科学发展观统领党风建设和反腐倡廉工作，为实现企业又好又快发展提供坚强保证》的报告。会议由党委副书记霍金贵主持。副董事长丁原臣，副总裁扈振衣、夏国斌、范德、赵广发、周志亮、庄尚标出席会议。

▲23日　中铁十六局集团五公司承建的宜万铁路大支坪隧道全线贯通。该隧道长8778延长米，集岩溶、岩溶水、高地应力、瓦斯、断层、暗河、岩爆、软岩、突泥突水为一体，是宜万铁路全线8座高风险隧道之一。

▲25日　中共中央政治局委员、北京市市委书记刘淇，市长郭金龙视察中铁十四局集团公司北京地铁9号线建设工地，看望春节期间坚持施工的干部职工。北京市领导王安顺、吉林、李士祥、梁伟、黄卫、陈刚，市建委主任隋振江、市地铁投资公司总经理杨彬和中国铁建董事长、党委书记李国瑞，副总裁赵广发及中铁十四局集团公司副总经理曹希彬陪同慰问。

▲1月　中铁十九、二十局集团公司和昆明中铁大型养路机械集团公司、中铁十二局集团建筑安装工程公司被国资委授予中央企业思想政治工作先进单位称号；中国铁建党委宣传部部长兼团委书记钱桂林、中铁第四勘察设计院集团公司党委书记胡莫愁、中铁二十三局集团公司党委副书记兼副董事长干天成、中铁十四局集团北京中铁房山桥梁公司党委书记谷其人被国资委授予中央企业优秀思想政治工作者称号。

2月

▲2日　中国铁建包西铁路工程指挥部在陕西省西安市召开2009年度工作会暨“包西杯”劳动竞赛表彰大会。中国铁建党委副书记、纪委书记、工会主席彭树贵出席表彰大会并讲话；中国铁建副总工程师、包西铁路工程指挥部指挥长彭江鸿作“包西杯”劳动竞赛活动和2008年度施工生产情况总结，安排部署2009年工作任务；西安铁路局重点工程指挥部指挥长张跃新出席大会并讲话。大会由中国铁建总裁助理林兰生主持。

▲3日　中铁十四局集团公司承建的中国第三公路长隧——沪蓉西高速公路龙潭隧道全线贯通。龙潭隧道左右线长17.2公里，集溶洞、暗河、突水涌泥、断层、偏压、岩爆、高地应力等地质灾害于一体，被誉为中国高风险岩溶隧道施工领域的“珠穆朗玛峰”。

▲9日　上海市市长韩正到四川省都江堰市灾后重建工程现场看望全体参建人员，对中铁二十三局集团公司灾后重建工作给予高度评价。

▲10日　中国铁建党委书记、董事长李国瑞在中国铁建三楼报告厅就2009年形势和任务作报告。李国瑞董事长强调2009年的主要任务是抢抓机遇保增长，调整优化上水平，加强管理增效益，深化改革转机制。中国铁建领导丁原臣、彭树贵、夏国斌、赵广发、庄尚标及机关近200人参加报告会。会议由党委副书记霍金贵主持。

▲同日　中国铁建总承包的沙特阿拉伯麦加轻轨项目合同签约仪式在沙特阿拉伯首都利雅得举行。中国国家主席胡锦涛和沙特阿拉伯国王阿卜杜拉出席合同签约仪式。中国铁建总裁金普庆与沙特阿拉伯城乡事务部部长兼麦加地区发展委员会主席阿卜杜拉·阿齐兹签署中标合同。麦加轻轨项目采用EPC＋O/M模式，即设计、采购、施工＋运营管理（3年）的模式，合同投资17.73亿美元，连接麦加与麦地那的正线全长18.06公里，合同工期22个月，计划2010年10月开通运营。

▲11日　中国驻马里大使张国庆，马里妇女儿童和家庭促进部部长当芭，住房、国土事务和城市化部部长福法纳一行考察中国土木工程集团公司、中铁二十四局集团公司承建的巴马科河南、河北两项妇女儿童活动中心工程。两位部长称赞工程质量非常好，有特色。

▲12日　中共中央总书记、国家主席胡锦涛在访问马里期间，视察中铁二十四局集团公司承建的马里妇女儿童活动中心工程，并与参建人员合影留念。

▲13日　宁夏回族自治区党委书记陈建国视察中铁十三局集团一公司承建的吴忠市黄河公路大桥工程。

▲15日　国家主席胡锦涛在访问坦桑尼亚期间，专程前往位于首都达累斯萨拉姆市郊的坦桑尼亚中国专家公墓，凭吊长眠在那里的69名中国专家和技术人员。中国土木工程集团公司党委书记、副董事长刘志明陪同胡锦涛主席凭吊，并向胡主席汇报为援助坦赞铁路而牺牲的烈士情况。

▲17日　国务院国资委党委委员、纪委书记贾福兴一行在中国铁建董事长、党委书记李国瑞，党委副书记、纪委书记、工会主席彭树贵的陪同下到南京长江隧

道工地调研。

▲18日　中铁十八局集团公司承建的阿曼库苏高速公路建成通车。

▲24日　中铁十二局集团建筑安装工程公司西安工程指挥部女职工小组、中铁十四局集团北京房山桥梁公司京沪高速铁路宿州制梁场女职工班组、中铁二十局集团一公司财务部、中铁二十一局集团一公司哈密桥梁工程分公司女子钢筋班、中铁二十三局集团川东水泥公司质检中心控制班、中铁第四勘察设计院集团公司地路处测试中心土工试验室6个集体获全国建功立业标兵岗称号；中铁十一局集团三公司武广（北）项目部材料员李红、中铁十六局集团公司人事部主任闫晓萍、中铁十七局集团二公司项目试验室主任侯艳斌、中铁十八局集团隧道工程公司项目副经理赵彦春、中铁第一勘察设计院集团公司高级工程师王孔雀5名女职工获全国建功立业标兵称号。

▲25日　中共中央总书记、国家主席胡锦涛及国务院副总理张德江、国务委员戴秉国在中国铁建总裁金普庆关于如何建设好沙特麦加朝觐轻轨城铁项目的致信上作重要批示。胡锦涛批示要求："建好此项目意义重大，一定要搞好。"张德江批示要求："铁道部要认真贯彻总书记批示精神，加强指导协调，与中铁建共同建好此项目，确保质量，确保工期。"戴秉国批示要求："请外交部对该项目建设予以高度重视，尽力提供支持和帮助。"

▲26日　北京市副市长苟仲文率15个有关厅委局负责人及北京市怀柔区和北汽福田集团公司的领导到中国铁建机关调研。中国铁建董事长、党委书记李国瑞，副董事长丁原臣分别介绍企业发展情况。

▲27日　中铁十二局集团四公司经营中心女职工小组、中铁十六局集团五公司工会女职工委员会、中铁十九局集团五公司沪宁城际铁路项目部女职工小组、中铁二十一局集团三公司包西铁路第5项目部工地试验室女职工小组获全路先进女职工集体称号；中铁十四局集团隧道公司工会主席刘慧云、中铁十七局集团五公司京沪高速铁路项目部工程部部长常鉴玲获全路先进女职工称号；中铁十五局集团六公司工会女职工委员会副主任张莉桦，中铁建电气化局集团公司工会工作部副部长、女职工委员会负责人房玮被授予全路先进女职工工作者称号；中铁十六局集团四公司工会女职工委员会被全国妇女巾帼建功活动领导小组授予全国巾帼文明岗称号。

▲28日　中铁二十三局集团川东水泥公司熟料新型干法水泥生产线正式投产。

3月

▲4日　中共中央组织部干部五局副局长荆德健，国务院国资委企业干部二局六处调研员张志武一行就国有企业党建工作到中国铁建调研。中国铁建党委书记、董事长李国瑞，总裁、党委副书记、执行董事金普庆，党委副书记、董事霍金贵，党委副书记、纪委书记、工会主席、监事会主席彭树贵出席座谈会。

▲6日　中央纪委副书记张惠新在云南省省委常委、省纪委书记李汉柏，国务院国资委党委委员、纪委书记贾福兴和中国铁建党委副书记、纪委书记、工会主席、监事会主席彭树贵等陪同下，到昆明中铁大型养路机械集团公司调研。

▲10日　为贯彻国资委党委《关于广泛发动职工群众积极开展降本增效活动的通知》，抵御世界金融危机，促进企业年度生产经营任务的完成，中国铁建董事长、党委书记李国瑞签发文件，要求全系统广泛开展以降本增效为主要内容的劳动竞赛活动。

▲11日　中铁第一勘察设计院集团公司承担的兰州铝厂、自备电厂铁路专用线工程获第四届全国优秀工程总承包铜钥匙奖。

▲13日　中国铁建深入学习实践科学发展观活动动员大会在中国铁建大厦三层报告厅召开。中央企业学习实践活动第12指导检查组组长、中国交通建设集团公司原副董事长陈永宽出席会议并讲话，中国铁建学习实践活动领导小组组长、党委书记、董事长李国瑞作动员报告。中国铁建党委常委、学习实践活动领导小组成员，领导小组办公室主任、副主任和全体工作人员，所属集团公司、公司、党校、直属机关党委书记、副书记和党委组织部长（党办主任），总部机关全体党员和职工参加大会。会议由中国铁建学习实践活动领导小组常务副组长、党委副书记霍金贵主持。

▲16日　中铁二十一局集团公司成立5周年庆祝大会在甘肃省兰州市隆重举行。甘肃省省委副书记刘伟平，省人大常委会副主任、省总工会主席孙效东，副省长石军，中国铁建党委副书记、纪委书记、工会主席、监事会主席彭树贵出席大会。

▲18日　中国铁建学习实践活动领导小组副组长、党委副书记、总裁金普庆在总部机关结合学习实践科学发展观教育活动，就中国铁建近几年来企业的发展情况以及下一步加强机关建设、发挥机关职能作用等方面的问题作形势报告。中国铁建学习实践活动领导小组常务副组长、党委副书记霍金贵主持报告会。

▲19日～22日　中国铁建新闻发言人暨突发事件新闻处置培训班在中国铁建北京培训中心举办。中

国铁建所属各单位新闻发言人、党委宣传部部长、安全质量监督部部长,中国铁建直管项目部、京沪高速铁路项目部及所属各单位在北京、上海、天津、重庆等重点工程项目负责人100余人参加培训。培训班邀请国务院国资委宣传局副局长卢卫东、新闻处处长苏桂峰,国务院新闻办公室和铁道部政治部、宣传部领导,清华大学专家学者现场授课。学员通过"理论授课、案例分析和模拟情景再现"三位一体的教学方式,初步掌握与媒体沟通及危机应对的技能方法。

▲20日　中铁十八局集团一公司京沪高速铁路静海制梁场通过国家生产许可证审核和产品质量检验。

▲21日~22日　铁道部副部长卢春房、总工程师何华武先后到中国铁建承担设计与施工的武广铁路客运专线、合武铁路等工地考察调研。

▲22日　中铁第四勘察设计院集团公司设计的武汉至孝感、黄石、咸宁、黄冈4条城际铁路开工建设。4条城际铁路总里程314公里,总投资400多亿元,设计时速200公里以上,建设工期两年半。

▲同日　阿尔及利亚总理、阿民族解放阵线总书记阿卜杜勒·阿齐兹·贝勒哈代姆视察中国铁建阿尔及利亚东西高速公路M4标段。

▲24日　土耳其驻中国大使馆大使缪拉·埃森利率土耳其签证联合工作组到中国铁建访问。中国铁建副董事长丁原臣与来访客人进行亲密友好会谈,双方就中国铁建土耳其安哥拉分公司工作人员签证问题交换意见。

▲同日　中国铁建党委副书记、纪委书记、工会主席、监事会主席彭树贵,工会副主席张克明与参加中华全国总工会组织的先进女职工代表庆"三八"进京参观学习活动的中国铁建12名代表座谈。

▲25日　中铁二十二局集团二公司自行研制的WZ500C无砟道床铺轨机组获国家实用新型专利。

▲26日　阿富汗工矿部部长伊伯汉姆·阿迪尔一行在阿富汗驻华使馆大使埃克利尔·艾哈迈德·哈基米陪同下到中国铁建访问。中国铁建副董事长丁原臣与来访客人进行友好交谈。

▲同日　2008年度第八届中国土木工程詹天佑奖颁奖典礼在北京国家大剧院举行。中国铁建参建的烟大铁路轮渡工程、上海共和新路高架道路工程、青藏铁路格尔木至拉萨段轨道工程、浙赣铁路电气化提速工程、北京地铁5号线工程、重庆轻轨较新线较场口至动物园段工程和中国铁建承建的北京中关村金融中心工程、北京工业大学体育馆工程获第八届中国土木工程詹天佑奖。

▲30日　中国铁建BOT项目——南京长江隧道双洞安全穿越65米深的长江江心,成功破解世界级工程技术难题,实现"质量零缺陷、安全零事故、文明施工零投诉"的建设目标。

▲同日　中铁二十局集团二公司承建的浙江省援建四川汶川"5·12"地震灾后恢复重建项目——剑阁至青川公路酒家垭隧道贯通。

4月

▲1日　中铁十一、十六、十七、二十二局集团公司等单位参建的石太铁路客运专线全线通车。

▲3日　中国经济社会理事会在全国政协礼堂召开三届一次会议,中国铁建董事长、党委书记李国瑞当选理事。

▲5日　中共中央政治局委员、新疆维吾尔自治区党委书记王乐泉一行视察中铁十二局集团公司承建的喀和铁路SK、S2标段建设工地。王乐泉在接见建设方、施工方、设计方和监理方代表时说:"南疆人民永远不会忘记你们,你们是历史的功臣。"

▲同日　中央扩大内需第一检查组在组长吴忠泽带领下,到中铁建设集团装饰分公司承担施工的北京市宣武区社区卫生服务中心(站)规划设置与规格化建设工程现场,检查中央投资项目资金使用及工程功能情况。

▲10日　中国铁建在北京召开学习实践科学发展观活动电话会议,党委书记、董事长李国瑞和中央企业学习实践活动第12指导检查组组长陈永宽发表讲话,党委副书记霍金贵主持会议。会议通报了前一阶段学习实践活动的简要情况,对下一步开展学习实践活动提出要求。

▲12日　吉林省省长韩长赋视察中铁十三局集团公司承建的大安灌区三道岗子泵站建设工地,对现场管理及施工质量表示满意。

▲14日　中国铁建董事长李国瑞、副总裁扈振衣在钓鱼台国宾馆会见蒙古国道路交通建筑和城市建设部部长哈·巴特图拉嘎、财政部部长桑·巴雅尔朝格特,双方就中国铁建和蒙古国政府在基础设施领域的合作展开友好、亲切的会谈。

▲同日　中共湖南省省委书记、省人大常委会主任张春贤,中共湖南省省委常委、长沙市市委书记陈润儿一行到建设中的中铁轨道系统集团公司重型施工装备制造基地调研,看望慰问为中国铁建盾构施工装备辛勤工作的建设者。

▲15日　中铁物资集团公司与中国民生银行签署战略合作协议。中国民生银行将向中铁物资集团公司提供40亿元人民币的综合授信支持。中铁物资集

团公司董事长、总经理申兆军与中国民生银行交通金融事业部总裁韩峰分别代表双方签署协议。

▲16 日　中国铁建召开中国铁道建筑总公司暨股份公司干部大会。中国铁建股份有限公司董事长、党委书记李国瑞主持会议。国务院国资委企业干部管理二局副局长张志强宣读国资委党委《关于赵广发等4名同志职务任免的通知》《关于同意赵广发等4名同志职务任免的函》和国资委《关于赵广发、金普庆职务任免的通知》;国资委企业干部管理二局局长姜志刚作重要讲话;原总公司党委书记,股份公司执行董事、总裁金普庆发表离职讲话;新任总公司党委书记,股份公司执行董事、总裁赵广发发表任职讲话;总公司董事长、总经理,股份公司董事长、党委书记李国瑞宣读股份公司董事会关于赵广发、张宗言、刘汝臣职务聘任的通知,并代表股份公司董事会、公司党委作重要讲话。

▲20 日　京沪高速铁路股份有限公司党委致信中国铁建党委,对《中国铁道建筑报》京沪高速铁路建设的新闻宣传表示肯定。中国铁建董事长、党委书记李国瑞在信上批示:“京沪高速铁路是中国铁路现代化的标志性工程,要继续给予重点关注,浓墨重彩予以宣传报道。”

▲23 日　中国铁建 12 个集体、16 名个人分别获中央企业先进集体和劳动模范称号。

▲25 日 ~26 日　中国铁建党委召开学习实践科学发展观活动调研成果交流暨解放思想大讨论会,会议的主要任务是交流前一段开展深入学习实践科学发展观活动的调研成果,并进行解放思想讨论。中国铁建党委书记、董事长李国瑞主持会议,中央企业学习实践活动第 12 指导检查组组长陈永宽、副组长白英等应邀参加会议。中国铁建党委副书记、总裁赵广发,党委副书记霍金贵、彭树贵,党委常委、副董事长丁原臣,党委常委、副总裁扈振衣、夏国斌、范德、周志亮、庄尚标、张宗言、刘汝臣等参加会议。

▲28 日　中铁二十一局集团公司获得全国五一劳动奖状,彭树贵、赵晋华、刘天懿、邹建江、高庆生、马小利、冉瑞忠、戚广枫 8 人获得全国五一劳动奖章,中铁十三局集团二公司成都地铁将军衙门站项目经理部、中铁十五局集团贵州路桥公司武广铁路客运专线制梁项目队张拉工班、中铁十七局集团四公司太佳高速公路项目部、中铁二十局集团四公司麻武高速公路 2 标段项目部、中铁第四勘察设计院集团城建院地下工程设计所 5 个单位被授予全国“工人先锋号”称号。

▲同日　中铁二十二局集团哈尔滨铁路建设集团公司、中铁二十三局集团四公司、中铁二十四局集团贵溪桥梁厂西环线昌北制梁厂、中铁二十五局集团建筑安装工程公司、中铁建电气化局集团公司 5 个单位获得火车头奖杯,徐华祥、马明聪、张凤华、付增、庄纪栋、徐磊、李传营、殷明刚、焦森华、赵朴、郝趁义、魏良行、李令选、赵锋、李国华、李宪勇、姚贵荣、付绍成、刘彦明、何志工、曹保刚、贾学斌、宋景奇、申伟、董佃俭、邹红军、蔡梅群、张天祯、孙国庆 29 人获得火车头奖章。

▲29 日　《中国铁建 2008 年社会责任报告》首次向公众发布。该报告是中国铁建上市后,依据上海证券交易所《公司履行社会责任报告》编制指引和国务院国资委《关于中央企业履行社会责任的指导意见》,参考《全球报告倡议组织(GRI)可持续发展报告指南》编制的首份社会责任报告。

5 月

▲5 日　中铁建电气化局集团公司与德国力倍公司签署高速铁路电气化接触网零部件制造技术转让协议,与江苏康远新材料公司签署中国高速铁路电气化接触线合资合作协议。

▲7 日　中国铁建总裁赵广发会见来访的澳大利亚 ATEC 公司董事会主席康普顿先生和首席执行官巴拉西斯先生,双方就在澳大利亚市场进行合作展开友好会谈。

▲8 日　中铁建电气化局集团公司承建的内蒙古自治区第一条电气化铁路——包兰线包头至惠农段电气化铁路改造工程正式开通运营。

▲12 日　四川汶川“5 · 12”地震灾后重建工程——都汶高速公路映秀段正式通车。中共中央总书记、国家主席胡锦涛,国务院副总理李克强、中央军委副主席徐才厚等中央领导出席通车仪式,并亲切接见中铁二十一局集团公司总经理李宁等建设者代表。中铁十三、二十一局集团公司共同承建都汶高速公路龙溪隧道工程。

▲13 日　中国铁建董事长、党委书记李国瑞在北京总部机关贵宾室会见美国安永公司全球主席兼全球首席执行官詹姆斯 · 特利一行。宾主双方就金融危机、相互交流与合作等事宜进行友好交谈。

▲同日　昆明中铁大型养路机械集团公司自主研发、具有知识产权的首台国产化 YHG - 1200 移动式焊轨车在济南铁路局管内线路投入使用,标志着中国钢轨接头部位无大型机械化设备焊接的历史结束。

▲15 日　中共中央政治局委员、国务院副总理张德江到昆明中铁大型养路机械集团公司调研。张德江强调,要深入贯彻落实科学发展观,抓住铁路大发展的难得机遇,进一步推进自主创新,引进先进技术、突破关键技术,为推进铁路技术装备现代化作出新的成绩。国务院国有资产监督管理委员会主任李荣融,国务院

副秘书长肖亚庆，云南省省委常委、昆明市市委书记仇和，副省长和段琪等陪同调研。

▲20 日　中铁十四局集团公司承建的南京长江隧道左线贯通。中国铁建总裁赵广发、南京市常务副市长沈建等出席贯通仪式。

▲23 日　“有你，更有力量——责任与担当·纪念汶川地震1周年”高层论坛在北京人民大会堂隆重举行。中国铁建副总裁张宗言出席论坛，并介绍中国铁建攻克多项世界难题，成功打通都汶高速公路龙溪隧道、为灾区重建抢出一条“生命线”的可歌可泣的经历。

▲24 日　中国铁建董事长李国瑞获“2009 中国资本市场十大最佳创富创新奖”，董事会秘书李廷柱获“2009 中国资本市场最佳创富 IR 奖”。

▲25 日　中铁第一勘察设计院集团公司勘察设计的哈密至罗布泊铁路建设动员大会在新疆维吾尔自治区哈密市举行。中共中央政治局委员、自治区党委书记王乐泉，乌鲁木齐铁路局局长罗金保，中铁第一勘察设计院集团公司党委书记李长海等参加动员大会。哈罗铁路全长 360 公里，设计标准为国家Ⅱ级单线铁路，内燃牵引，预留电化条件。工程总投资 32.8 亿元，总工期两年。

▲同日　中铁十八局集团国际公司承建的苏丹鲁法大桥正式通车，鲁法市和哈萨黑萨市一河隔千年的历史从此结束。鲁法大桥跨越青尼罗河，全长 354 米、宽 11 米，工程总投资 1725 万美元。

▲27 日　国务院国资委副主任黄淑和在中国铁建董事长、党委书记李国瑞陪同下到南京长江隧道工地调研。

▲同日　中国铁建人选 2008 年度上市公司 100 强，位列第 8 名。

▲28 日～31 日　中铁十九局集团五公司吉林市制梁场生产的后张法预应力混凝土铁路桥箱型简支梁通过国家审查，获得生产许可证。

▲30 日　中铁第一勘察设计院集团公司勘察设计，中铁十九局集团公司承建的阿尔及利亚东西高速公路 M5 标段建成通车，比合同工期提前 8 个月完工。阿尔及利亚公共工程部部长阿玛尔·顾勒、艾因·迪夫拉省省长阿卜杜拉·卡代合·卡迪出席通车仪式。该标段全长 23 公里，合同投资 3.3 亿美元，2007 年 2 月正式开工。

▲31 日　中国铁建机关召开学习实践科学发展观活动思想交流大会。会议的主题是交流前一段时间各部门学习实践活动的体会、认识与经验。大会由党委副书记霍金贵主持，党委书记、董事长李国瑞和在京的部分领导出席会议，机关各部门负责人和全体党员干部 200 余人参加会议。工程管理部、财务部、法律合规部、党委宣传部、纪委 5 个部门负责人代表所在部门党支部作交流发言。

6 月

▲3 日　中国铁建在总部机关召开学习实践科学发展观活动第三阶段（即整改落实阶段）工作电话会议。会议的主要任务是传达学习中共中央政治局委员、中央书记处书记、中央组织部部长李源潮和国资委主任李荣融的重要讲话精神，总结学习实践活动第二阶段工作，安排部署第三阶段学习任务。会议由党委副书记霍金贵主持，党委书记、董事长李国瑞，中央企业学习实践活动第 12 检查组组长陈永宽出席会议并讲话。中国铁建学习实践科学发展观活动领导小组全体成员在主会场参加会议。各集团公司、公司及子公司学习实践科学发展观活动小组成员在各分会场收听电话会议。中铁十一、十三、十四、二十三局集团公司和中铁物资集团公司党委分别在电话会上介绍学习经验。

▲同日　中铁十六、二十局集团公司共同承建的宝天高速公路麦积山特长隧道胜利贯通。该隧道全长 12.286 公里。

▲5 日　亚洲最长的中间站——长 7.2 公里、载运量 2 万吨级的新袁树林车站开通，标志着中铁建电气化局集团二公司承担施工的北同蒲大新至韩家岭铁路扩能改造工程全线贯通。

▲9 日　中国铁建首次法律工作会议在北京召开。会议强调，要在全系统建立健全企业法律风险防范机制，确保企业健康稳定和可持续发展。中国铁建副总裁、总会计师兼总法律顾问庄尚标出席会议，发表题为《加强法制建设，防范法律风险，努力推进股份公司法制工作再上新台阶》的重要讲话。

▲10 日　中央学习实践活动领导小组办公室指导协调三组到中国铁建机关召开调研座谈会，高度评价中国铁建在学习实践活动中，形成科学发展新共识，履行“共和国长子”责任。

▲同日　京沪高速铁路首座自主创新型轨道板厂——中铁十五局集团固镇轨道板厂及其配套的拌和站、试验室通过京沪高速铁路蚌埠建设指挥部组织的专家组评审验收，标志着该厂进入试生产阶段。

▲13 日　中铁十八局集团公司承建的中国大陆首座海底隧道——厦门翔安海底隧道右线在全线率先贯通。

▲14 日～16 日　中国铁建股份有限公司经营工作会议在湖北省武汉市召开。中国铁建董事长、党委

书记李国瑞，总裁赵广发分别作题为《建筑为本，运营为纲，加快结构调整，促进企业转型》和《坚定信心不动摇，科学发展促转型，为推动企业建设再上新台阶而努力奋斗》的讲话；副总裁张宗言、扈振衣分别就国内和海外经营工作进行总结，党委副书记、纪委书记、工会主席、监事会主席彭树贵就纪律监察工作提出要求。中国铁建副董事长丁原臣，副总裁周志亮、庄尚标、刘汝臣及各集团公司有关领导、经营部门负责人180人参加会议。国务院监事会第15办事处主任杨建奎出席会议。

▲16日　中国铁建董事长、党委书记李国瑞在北京钓鱼台国宾馆会见加拿大前总理吉思·克雷蒂安一行，与加拿大艾芬豪投资集团公司主席罗伯特·弗里德兰先生就中国铁建设计、采购、施工、运营总承包蒙古国南戈壁能源公司铁路项目达成一致意见。

▲同日　中国铁建副董事长丁原臣在北京总部机关会见以波兰基础设施部部长采·格拉巴尔采克为团长的波兰政府代表团一行。

▲19日　中国铁建2008年度股东大会在中国铁建大厦三层报告厅举行，有56名A股和H股股东参加会议，代表8598620602股份，占总股本的69.69%。股份公司董事、监事、董事会秘书出席会议，股份公司高级管理人员、总部机关部门负责人列席会议，会议由董事长李国瑞主持。会议审议董事会2008年度工作报告、监事会2008年度工作报告、公司2008年度财务决算报告、利润分配方案、2008年度报告及其摘要等13项议案，审阅《独立董事2008年度履职情况报告》，审议《关于增补赵广发先生和朱明暹先生为公司第一届董事会董事的议案》。与会股东逐项审议议案并进行投票表决，各项议案均获得有效表决通过。

▲22日　中国铁建总裁赵广发会见中信集团总裁常振明一行，双方就中国中信—中国铁建联合体阿尔及利亚项目的运行情况交换了意见。

▲同日　中国铁建董事长李国瑞、总裁赵广发、副董事长丁原臣、党委书记霍金贵会见“铁道兵硬骨头战士”张春玉。

▲同日　中铁十五局集团六公司承建的青海首条地方铁路——柴达尔至木里铁路铺架工程创造日架梁14孔全国新纪录，打破青藏铁路高原架梁11孔纪录。

▲23日　中共中央政治局委员、广东省省委书记汪洋在省委秘书长徐少华、广州市市长张广宁等陪同下，到中铁二十五局集团公司承建的广珠铁路1标段建设工地考察调研国家重点工程项目投资进度落实情况及重点建设项目征地拆迁工作。

▲26日　中铁十三局集团公司参建的长春站综合交通立体换乘中心工程开工仪式在长春火车站北广场举行。吉林省省委书记王珉、省长韩长赋等参加开工庆典，中铁十三局集团公司董事长、总经理雷升祥代表参建单位发言。该工程总建筑面积16.68万平方米，总投资28亿元，建设工期42个月。

▲同日　中国铁建在《证券时报》主办的2008年度中国上市公司价值百强等系列奖项评选中，获最具社会责任上市公司、首届中国最受投资者欢迎上市公司网站奖，股份公司董事会秘书李廷柱获首届中国上市公司最佳投资者关系管理董秘奖。

▲27日　中国铁建在《中国证券报》主办的2008年度上市公司百强金牛奖评选中，入选2008年度上市公司金牛百强榜，排名第15位。

▲28日　铁道部副部长卢春房一行在中国铁建总裁赵广发陪同下，先后考察中铁十五局集团公司承建的广深港铁路客运专线福田站工程、中铁二十二局集团公司承建的广州新客站工程，要求中国铁建各参建单位坚持高标准、讲科学、不懈怠，进一步加强组织领导，强化建设管理，确保工程质量。

▲29日　中国铁建在第三届国际慈善论坛上获优秀企业公民奖。

▲30日　为纪念建党88周年，全国优秀共产党员代表座谈会在北京人民大会堂召开。中共中央政治局常委、中央书记处书记、国家副主席习近平，中共中央政治局常委、中央纪委书记贺国强等领导出席座谈会。中铁第一勘察设计院集团公司副院长、第十七届中央候补委员李金城作为国务院国资委唯一代表参加会议，并与其他39名代表一同受到习近平、贺国强等领导接见。

▲同日　中铁十一、十八局集团公司承建的武咸城际铁路试验段全线铺通。该试验段19.33公里。

▲同日　中铁第四勘察设计院集团公司勘察设计，中铁十一、十二、十五、十八、十九、二十四局集团公司参建的温福铁路通车试运营。

▲同日　中铁轨道系统集团公司试制的具有自主知识产权的首组时速350公里道岔通过铁道部组织的厂内试制试铺验收审查。专家组通过评审认为：中铁轨道试制的高速道岔可为中国时速350公里客运专线铁路建设提供重大技术装备，标志着该集团公司道岔研究、设计、制造技术达到世界先进水平。

7月

▲1日　中国铁建总裁赵广发、副总裁张宗言、工会副主席柴顺林专程赴兰州，率中铁二十一局集团公司董事长、总经理李宁，党委书记孟广顺及中铁第一勘察设计院集团公司院长王争鸣一行，会晤甘肃省省长

徐守盛。徐守盛代表甘肃省委省政府,感谢中国铁建长期对甘肃发展的大力支持,并表示在今后的工作中,一定会全力支持中国铁建在甘肃的发展,共同为甘肃经济发展和社会稳定作出更大努力。

▲5 日　中国铁建副总裁范德会见来访的安徽省合肥市副市长刘烈东。双方就中国铁建在合肥市的房地产开发交换了意见。

▲6 日　中国铁建在青海省西宁市承办国务院国资委中央企业宣传思想工作座谈会。国务院国资委宣传局局长杜渊泉、中国铁建党委副书记霍金贵等出席会议,中铁十七局集团公司、中铁二十一局集团四公司及青海省 5 家中央企业负责人参加会议。会议探讨新形势下宣传思想工作面临的新情况和新问题。

▲7 日　中铁十一、十五局集团公司等单位参建的达成铁路扩能改造工程全线通车。

▲同日　全路标准化管理暨质量现场会在中铁十一局集团公司京沪高速铁路建设工地召开。

▲8 日　中铁十二局集团公司承建的阿尔及利亚东西高速公路 M4 标段比计划工期提前 194 天通车。

▲同日　中国铁建董事长、党委书记李国瑞到中铁建电气化局集团公司调研,目的是进一步整合系统内优势资源,做专做强中国铁建"四电"板块。

▲9 日 ~8 月 4 日　中国铁建副总裁、总工程师夏国斌率股份公司管理体系认证延伸审核组到中国土木工程集团阿尔及利亚公司及股份公司阿尔及利亚东西高速公路项目检查指导工作。

▲10 日　中共中央政治局委员、国务院副总理王岐山在内蒙古自治区调研时,视察中铁二十三局集团二公司承建的满洲里铁路国际货场工程,对正在建设施工的各项工作表示满意。

▲同日　国土资源部组织有关中央新闻媒体到中铁十五局集团公司京沪高速铁路磨盘张制梁场就促进农民工再就业、拉大内需保增长及节约土地、耕地保红线的"双保行动"的做法和经验进行采访报道。

▲同日　中国铁建开展深入学习实践科学发展观活动总结大会在中国铁建大厦召开。会议由党委副书记霍金贵主持,党委书记、董事长李国瑞,中央企业学习实践活动第 12 指导检查组组长陈永宽出席会议并讲话。党委副书记、总裁赵广发,党委副书记、纪委书记、工会主席彭树贵,党委常委、副董事长丁原臣,副总裁扈振衣、周志亮等出席会议。机关全体人员和中国铁建学习实践科学发展观活动领导小组成员参加会议。

▲13 日　奥地利驻华大使馆商务参赞安思来博士、驻香港商务专员薛乐华先生等一行 5 人组成的商务代表团到昆明中铁大型养路机械集团公司参观考察。

▲14 日　中国铁建 2009 年铁路工程经营工作座谈会在甘肃省兰州市召开。总裁赵广发、副总裁张宗言、工会副主席柴顺林等出席会议,会议由张宗言主持。中铁十一、十二、十四、十五、十七、十八、二十、二十一局集团公司和中铁第一勘察设计院集团公司、北京铁城建设监理公司的主管领导共 25 人参加会议。

▲15 日　中国国际商会 2009 年第一次常务理事会暨高端会员联谊会在中国铁建大厦召开。中国国际商会副会长、国家开发银行董事长陈元,中国国际商会副会长张伟,中国国际商会副会长、中国铁建股份有限公司董事长、党委书记李国瑞,中国国际商会秘书长周学海及副会长单位、常务理事单位、中国国际商会有关人员出席会议。

▲16 日　中国铁建召开视频会议系统建设动员会,一个集视频会议、融合通信、现场监控、集成网管等功能于一体,覆盖全系统,具有国内同行业先进水平的高品质视频会议系统一期工程,将在 8 月底完成安装调试并开通试用。视频会议系统将实现中国铁建总部对所属单位间的及时的信息沟通。

▲同日　中铁二十三局集团三公司承建的雅泸高速公路干海子特大桥顺利贯通。该桥是国内首次采用集超长连续纵坡、双螺旋隧道、高墩桥梁"三位一体"独特设计施工的高速公路特大桥。

▲20 日　杨连第入选"100 位新中国成立以来感动中国人物"候选人。

▲20 日 ~21 日　铁道部副部长卢春房带领建设司、工程管理中心、鉴定中心等有关部门领导到中国铁建参与建设的北同蒲铁路雁门关隧道和准朔铁路工地现场办公。

▲21 日　中国铁建党委、中国铁建发出通知,在全系统广泛开展庆祝新中国成立 60 周年和中国铁建兵改工 25 周年纪念活动。

▲同日　中铁十一局集团电务工程有限公司、中铁十二局集团电气化工程有限公司主体划转中铁建电气化局集团有限公司管理。

▲22 日　中国铁建董事长、党委书记李国瑞在《人民日报》9 版《感言》栏目发表《门槛,也许就是台阶》的文章。

▲25 日　中共中央总书记、国家主席、中央军委主席胡锦涛在中共中央书记处书记、中央办公厅主任令计划,中共中央书记处书记、中央政策研究室主任王沪宁,中共云南省省委书记、省人大常委会主任白恩培等陪同下,视察中国铁建昆明 BT 项目二环改扩建工程和昆明中铁大型养路机械集团公司。胡锦涛总书记在视察昆明 BT 项目二环改扩建工程时,寄语中国铁

建"建优质工程,树企业形象";胡总书记在视察昆明中铁大型养路机械集团公司时发表重要讲话。

▲同日　李建辉、马振辉、潘志刚、胡美玲、王海明、杨绍阁、李寿福、付建中、黄超、王文宏当选中国铁建第四届"十大杰出青年",赵凯、刘秀、蔺军红、陈波、孙德才、尹小能、廖衡湘、尹柱、伊礼欣、何铁光当选"十佳青年技术工人"。

▲27 日　中国铁建党委召开第 27 次常委会,决定在全系统广泛开展学习贯彻落实胡锦涛总书记重要指示精神活动。

▲27 日 ~28 日　中国铁建保密工作会议在北京大兴中国铁建党校召开。会议要求中国铁建各单位围绕当前海内外一体经营的新形势,抓好信息安全和保密工作,确保党和国家重大机密不外泄,维护党和国家的利益;确保企业和商业机密不外泄,维护企业的利益。

▲28 日　中铁第四勘察设计院集团公司设计完成的石长铁路增建第二线和娄邵铁路扩能建造工程先后在湖南省长沙市望城县和邵阳市启动。

▲30 日　国资委信息化领导小组办公室副主任、国资委办公厅正局级巡视员刘长虹率有关人员到中国铁建指导企业信息化建设工作。中国铁建总裁赵广发、副总裁范德亲切会见刘长虹一行,并就中国铁建信息化建设工作交换意见。

▲同日　中铁第一勘察设计院集团公司勘察设计的新建太原枢纽西南环、太兴铁路、吕临支线、侯西复线铁路建设动员大会在山西省太原市柴村汾河滩举行。铁道部副部长卢春房、山西省副省长李小鹏到会讲话,山西省省长王君宣布动员令。中国铁建副总裁张宗言应邀出席动员大会。

▲7 月　中国铁建以 2008 年营业收入 325.38 亿美元的经营业绩位列 2009 年"世界企业 500 强"第 252 位,排名比 2008 年上升 104 位。

▲7 月　中铁十四局集团公司研发的"莱钢厂区复杂环境 1600 万石方深孔控制爆破安全快速施工综合技术"成果通过中国工程爆破协会技术鉴定。

▲7 月　中国铁建被纳入中证指数公司旗下的中证央企指数、中证系列海外指数、沪深 300 相对成长指数、沪深 300 相对价值指数样本股,同时上海证券交易所还将中国铁建选入上证公司治理指数、上证 180 公司治理指数样本股。

8 月

▲4 日　中央企业学习实践活动办公室企业二组副组长廖华军一行 5 人在山西省太原市调研,中国铁建党委副书记霍金贵陪同调研,驻晋单位中国铁建十二、十七局集团公司及中国中铁三局集团公司参加座谈。

▲6 日　中国铁建工会二届十三次全委(扩大)会议暨会员代表会议在北京召开,29 人出席全委(扩大)会议,60 人出席会员代表会议。全委(扩大)会议增替补柴顺林等 11 人为二届委员会委员,补选柴顺林、孙启业为常委,柴顺林为副主席、经费审查委员会主任;会员代表会议经过差额选举,彭树贵等 13 人当选为中国铁路工会第十三次全国代表大会代表。

▲8 日 ~11 日　中国铁建总裁赵广发,副总裁扈振衣、庄尚标率机关有关部门负责人到沙特阿拉伯麦加轻轨项目现场办公。

▲12 日　中国铁建总裁赵广发,副总裁扈振衣、庄尚标一行到中国土木工程集团公司承建的沙特阿拉伯首都利雅得国王大道改造工程施工现场考察。

▲同日　中国铁建总裁赵广发,副总裁扈振衣、庄尚标在沙特阿拉伯首都利雅得拜会中国驻沙特大使杨洪林。赵广发转达中国铁建董事长、党委书记李国瑞对使馆领导的问候,感谢他们多年来对中国铁建各项工作的大力支持和帮助。

▲13 日 ~21 日　中国铁建总裁赵广发,副总裁扈振衣、庄尚标率机关有关部门和所属有关单位负责人赴阿尔及利亚现场办公。赵广发总裁先后考察中国土木工程集团公司,中铁十二、十四、十七、十九局集团公司承建的阿尔及利亚东西高速公路 M1、M2、M3、M4、M5、M6、M7 中标段和 W7、W8 西标段工程。

▲17 日　贝宁总统亚伊到中铁十四局集团公司承建的科托怒立交桥施工现场慰问建设者。

▲18 日　中铁建电气化局集团南方工程有限公司、北方工程有限公司分别在湖北省武汉市、山西省太原市成立。

▲19 日 ~20 日　中国铁建工程项目管理暨质量安全管理现场会在中铁二十三局集团公司石武铁路客运专线工程项目经理部召开。会议作出全面推进标准化管理,确保企业长治久安,避免设计、施工质量隐患发生的决定。

▲21 日　中国铁建与中国石油在北京签署合资合作框架协议。中铁物资集团公司董事长、总经理申兆军与中国石油副总裁兼销售公司总经理刘宏斌分别代表双方在协议上签字。双方决定通过组建合资公司,逐步开展汽油、柴油、润滑油、沥青等石化产品的集体采购专供业务。

▲22 日　中铁第四勘察设计院集团公司勘察设计、中铁十四局集团公司承建的南京长江隧道全线贯通。

▲28 日　中央企业第一套 1080P 全高清数字视频会议系统在中国铁建建成开通，标志着中国铁建远程视频会议系统实现与下属集团公司的零距离沟通，将为企业降低成本，提高工作效率，提升现代化管理水平起到积极的推动作用。

▲30 日　中铁十一局集团公司承建的利比亚沿海铁路的黎波里车站双线 4 公里铺通。利比亚总统卡扎菲、意大利总理贝卢斯科尼参加铺通庆典仪式。

▲31 日　中国铁建在北京召开 2009 年中期业绩发布会，上半年实现净利润 22.46 亿元，同比增长 48.9%。

▲同日　香港特别行政区政务司司长唐英年、发展局常任秘书长麦齐光及港府 30 余名议员一行到中铁十五局集团成都公司承建的香港政府援建四川省灾后恢复重建的映秀至卧龙公路检查工作，唐英年司长一行对现场标准化管理、工程进度和质量给予高度评价。

▲31 日 ~9 月 1 日　国务院国资委在北京召开中央企业宣传思想工作会议。中国铁道建筑总公司党委书记、中国铁建股份公司总裁赵广发作题为《展示宣传思想工作新作为，确保中国铁建成功上市》的经验介绍。

▲8 月　中铁第一勘察设计院集团公司设计的昆明铁路集装箱中心站工程设计获 2009 年度中国铁路现代物流发展创新成果一等奖。

▲8 月　中铁第五勘察设计院集团公司勘察设计、中铁十八局集团公司承建的苏丹鲁法大桥工程被苏丹共和国授予桥梁施工特优奖。

▲8 月　中铁第一勘察设计院集团公司在中国勘察设计协会主办的 2009 年度工程项目管理营业收入和工程总承包完成合同额排行榜中，再度排名第一。

▲8 月　中铁十二局集团二公司被认定为国家级高新技术企业。

9 月

▲1 日　中国铁建参加在吉林省长春市举办的第五届东北亚投资贸易博览会，展区以历史、资本运营、海外工程、勘察设计咨询与工程承包、物流与物资贸易、中国铁建在吉林 6 个部分，展示中国铁建最具代表性的作品。

▲3 日　中铁二十局集团一公司承建的无锡江海路高架桥工程获 2009 年度中国市政金杯示范工程奖。

▲4 日　中国铁建大厦 B 座开工建设。

▲6 日　中国铁建总裁赵广发、副总裁张宗言一行拜访上海铁路局，与上海铁路局局长安路生、党委书记刘涟清、常务副局长王峰等进行会谈，并就加强辖区内铁路建设，进一步扩大合作、实现共赢深入交换意见。

▲同日　中铁十六局集团四公司承建的中国首例高速公路泉厦扩建工程厦门段大跨度小间距隧道——大帽山新建左线隧道建成通车。

▲8 日　中铁十三、十六局集团公司分别承建的昆明轨道交通 1 号线呈贡北站、广电大学站开工建设。

▲同日　中国铁建党委、中国铁建召开维护稳定和信访工作表彰会议暨维护稳定和信访工作视频电话会议，中国铁建董事长、党委书记李国瑞主持会议并讲话，副总裁范德宣读中国铁建党委、中国铁建表彰维护稳定和信访工作先进集体和先进个人的决定，党委副书记霍金贵总结近两年维护稳定和信访工作情况，对国庆 60 周年的维护稳定和信访工作提出具体要求。

▲15 日　安徽省副省长黄海嵩率领省政府代表团一行 10 余人访问中国铁建。中国铁建董事长、党委书记李国瑞，副总裁扈振衣、范德、周志亮，副总经济师曾庆道等在北京总部机关会议室与安徽省代表团成员进行会谈，就进一步加强安徽省基础设施建设和其他项目合作，推动安徽经济发展交换了意见。

▲同日　国家安全生产监督管理总局副局长梁嘉琨率国务院安委会第 14 督查组到中铁二十四局集团公司昌九城际铁路项目部检查施工安全生产情况。

▲同日　中铁建设集团公司被评为中国最佳人力资源典范企业。

▲16 日　北京市海淀志愿者联合会第一次代表大会召开。中国铁建成为北京市海淀志愿者联合会正式会员，中国铁建党委宣传部部长、团委书记钱桂林当选北京市海淀志愿者联合会一届一次理事会理事。

▲18 日　中国铁建党委召开党委中心组扩大会议，传达学习全国国有企业党建工作会议精神。

▲21 日　国家水利部部长陈雷、辽宁省省长陈政高出席中铁十三局集团一公司参建的辽宁省大伙房输水一期工程通水仪式。

▲同日　中铁二十四局集团福建铁路建设公司李艳光、南昌铁路工程公司何伟分别当选首届江西省助人为乐模范和诚实守信模范。

▲22 日　国务院监事会主席李克率国资委监事会第 16 办事处进驻中国铁建。

▲25 日　中共中央政治局常委、国务院总理温家宝在四川省省委书记刘奇葆、省长蒋巨峰等陪同下视察四川省东方电气集团东方汽轮机有限公司灾后重建工作，亲切接见担负灾后重建的中铁二十三局集团公司董事长、党委书记王长留等参建单位负责人。

▲同日　中国铁建与山东省签署战略合作协议暨

京沪高速公路济南至乐陵段项目投资协议。

▲同日　中铁房地产集团公司以股权受让方式获得北京第六大洲房地产公司100%股权。

▲28日　中国铁建党委、中国铁建在北京隆重召开纪念新中国成立60周年暨兵改工25周年视频会议，表彰中国铁建杰出人物和首届十佳道德模范。

▲同日　中国铁建BT项目——昆明二环改扩建工程通车。

▲同日　中国铁建参与建设的洛湛铁路开通运营。

▲29日　中铁十九局集团五公司预制梁二公司党委书记李军被授予全国民族团结进步模范个人称号。

▲9月　中国铁建以2008年营业收入2261亿元的业绩，位列中国企业500强第14位；在2009年度中国企业效益200佳排名中，中国铁建以净利润37亿元名列第67位。

10月

▲1日　中国铁建参建的东部新建沿海铁路——温福铁路客运专线通车运营。

▲9日~15日　中国铁建董事长、党委书记李国瑞率团赴利比亚铁路慰问参建职工，并进行现场办公。

▲10日　中铁第一勘察设计院集团公司勘察设计的青藏铁路被评为十佳感动中国工程设计，中铁第四勘察设计院集团公司设计的南京火车站被评为百项经典建设工程；中铁第一、第四勘察设计院集团公司被评为十佳自主技术创新企业；中铁第一勘察设计院集团公司董事长王争鸣、中铁第四勘察设计院集团公司董事长蒋再秋被评为十佳现代管理企业家。

▲同日　中国驻阿尔及利亚大使刘玉和在中国中信—中国铁建联合体董事长兼阿尔及利亚东西高速公路西标段项目经理部总经理华东一等陪同下，到中铁十七局集团三公司阿尔及利亚东西高速公路项目部检查指导。

▲12日　中铁十一局集团一公司一队（原杨连第连）更名为“杨连第队”。

▲13日　铁道兵第一政治委员、中华人民共和国开国上将吕正操逝世。

▲14日　国务院监事会主席李克、主任金丹阳一行7人，在中国铁建副总裁兼总会计师庄尚标，中铁十三局集团公司董事长兼总经理雷升祥、总会计师赵文祥等陪同下，到中铁十三局集团三公司哈大铁路客运专线施工现场调研。

▲同日　中铁十四局集团公司承建的广深港铁路沙湾特大桥合龙，创国内高速铁路提篮大跨高位拱桥之最，填补国内大跨高位提篮拱桥施工技术空白。

▲16日　中共中央政治局委员、国务院副总理张德江在国务院副秘书长肖亚庆，财政部副部长丁学东，湖南省省委书记、省人大常委会主任张春贤，省委副书记、省长周强等陪同下，视察中铁轨道系统集团长沙重型装备产业基地。张德江副总理强调，要加快产品升级换代，促进产业结构调整。

▲同日　尼日尔总统坦贾在中国驻尼大使陈功来和尼国政要等200多人陪同下，视察中铁十四局集团海外公司援建尼日尔二桥建设工地，对中国建设者表达衷心的感谢和慰问，并号召尼国青年“向中国铁建建设者学习”。

▲16日~17日　中国铁建总裁赵广发在陪同张德江副总理视察中铁轨道系统集团公司期间，就做强做大工业制造板块进行调研，从企业发展的战略高度，对该集团公司的产品和产业结构进行科学定位，对集团公司的发展提出要求、指明方向。

▲18日　中铁十四局集团公司承建的阿尔及利亚东西高速公路M2、M1标段优先段27公里路段及重难点工程0A251悬灌桥胜利通车，比合同工期提前3个多月。

▲19日　广东省铁路投资集团总经理罗练锦与中铁第四勘察设计院集团公司院长何义斌在湖北武汉签署“广东省城际轨道交通规划研究合同”。规划涵盖广东全省行政区域，重点研究环珠三角地区和粤东、粤西、粤北地区，是中国首项省际轨道交通规划。

▲19日~21日　由中国商务部主办，加拿大BC省（不列颠哥伦比亚省）协办的中国工程技术展览会在温哥华开展。中国铁建董事、党委副书记霍金贵参加在温哥华会展中心举行的开幕式及当天下午举办的中加工程技术论坛并讲话。

▲20日　“登高英雄”杨连第当选“共和国铁路楷模”。

▲21日　中国铁建在四川西昌锦屏电站召开隧道TBM施工技术交流会。所属单位技术主管参加会议，并参观锦屏二级电站东端中铁十八局集团公司分别采用TBM和钻爆法施工的1号、2号引水隧洞，中铁十三局集团公司采用钻爆法施工的4号引水隧洞以及锦屏一级电站闸坝工程等施工现场。

▲22日　特立尼达和多巴哥共和国总理曼宁阁下和夫人在卫生部长纳瑞斯先生陪同下，率政府相关部门官员视察中国铁建承建的斯卡伯罗总医院工程施工现场。

▲23日　中国铁建党委副书记、总裁赵广发在总部机关学习报告会上作题为《认清形势，把握规律，科

学发展》的重要讲话。

▲25 日 中铁二十一局集团公司开发的“铁路大跨度下承式连续梁拱组合桥施工及控制技术”、“福厦铁路客运专线丘后特大桥 128 米钢箱系杆拱施工技术”、“‘5·12’强震后特长瓦斯隧道恢复重建施工技术研究”成果通过甘肃省科技厅鉴定。

▲26 日 中铁十二局集团公司承建的宜万铁路最后一座高风险隧道——齐岳山隧道平导安全贯通，为这座施工难度较大的高风险隧道打开了一条生命通道。

▲28 日 中铁十三局集团一公司承建的世界最大跨度上承式钢管拱桥——沪蓉西高速公路支井河特大桥建成通车。

▲28 日～11 月 4 日 国务院副总理张德江对阿尔巴尼亚和爱沙尼亚进行正式访问，中国铁建总裁赵广发应邀作为中国企业家代表随同访问。

▲29 日 中国土木工程集团公司和中铁二十四局集团公司援建的马里卡伊妇女儿童活动中心举行启用剪彩仪式。马里总统杜尔、中国驻马里大使张国庆为卡伊妇女儿童活动中心剪彩。

▲同日 中国铁建参建的成昆铁路、青藏铁路、京津城际铁路、南京站、大秦铁路、引滦入津工程、东深供水改造工程、沈阳至大连高速公路、芜湖长江大桥、乌鞘岭特长铁路隧道、北京地铁 1 号线、江苏润扬长江公路大桥 12 项优质工程入选新中国成立 60 周年百项经典暨精品工程。

▲同日 中铁十八、十九局集团公司，中铁建电气化局集团公司被评为第八届全国设备管理优秀单位；中铁十二局集团二公司设备物资部副部长申智杰、中铁十八局集团公司设备物资部部长李义刚、中铁十九局集团矿业公司总经理信长才、中铁建电气化局集团公司设备运输物资部部长安玉涛被评为第四届全国设备管理优秀工作者。

▲30 日 中国铁建参建的新建遂宁至重庆铁路、新建成都北编组站、中国铁建大厦、敦煌站综合工程、北京地铁 5 号线、山东泰安抽水蓄能电站获 2009 年度中国建设工程鲁班奖(国家优质工程)。

▲31 日 中铁二十四局集团公司等单位参与建设的世界上规模最大的隧桥结合工程——上海长江隧桥建成通车。

▲10 月 2009 中国国际矿业大会在天津滨海国际会展中心举行。来自世界 50 个国家的约 2000 名代表和 254 个展商参会，中铁十九局集团矿业公司应邀参加此次国际矿业盛会，并充分展示了中国铁建的企业品牌和良好形象。

▲10 月 中铁十九局集团五公司长吉铁路路基队 QC 小组和青岛陈家贡湾特大桥 QC 小组被评为全国优秀质量管理小组。

▲10 月 中铁第四勘察设计院集团公司入选国家发展改革委员会委托投资咨询评估机构。

▲10 月 中铁十二局集团公司及其建筑安装公司和太原理工大学合作完成的“平板网架结构抗震性能及耐久技术研究”成果通过山西省科技厅组织的鉴定，达到国际先进水平。

11 月

▲4 日 兰新铁路第二双线建设动员大会在新疆维吾尔自治区乌鲁木齐市新建兰新铁路第二双线二宫火车站站址举行。中共中央政治局委员、新疆维吾尔自治区党委书记王乐泉，新疆维吾尔自治区党委副书记、自治区主席努尔·白克力，甘肃省省长徐守盛，青海省省委书记强卫、省长宋秀岩等出席大会，中国铁建董事长、党委书记李国瑞在主席台就座。该条铁路由中铁第一勘察设计院集团公司勘察设计，中铁十五、二十一局集团公司等单位参加建设，全长 1776 公里，工程总投资 1435 亿元。

中共中央政治局委员、新疆维吾尔自治区党委书记王乐泉在参加完新建兰新铁路第二双线建设动员大会后，在办公室亲切会见中国铁建董事长、党委书记李国瑞一行。

▲同日 中共中央书记处书记、中央纪律检查委员会副书记何勇视察中铁十三局集团四公司承建的天定高速公路 19 标段定西北互通桥建设工地。

▲5 日 中铁十八、二十二局集团公司等单位承建的中国大陆海底第一隧——厦门翔安海底隧道全线贯通。该隧道的贯通对于探索适合中国国情的海底隧道建造技术具有里程碑式意义。

▲5 日～8 日 铁道部副部长卢春房一行在广州南站、深圳福田站、厦深铁路沿线现场办公，检查指导工作。作为两站一线的设计单位，中铁第四勘察设计院集团公司董事长蒋再秋全程陪同。

▲6 日 中央纪律检查委员会副书记、监察部部长马馼到中铁十六局集团公司南水北调中线穿黄项目工地考察。

▲7 日 中铁二十四局集团福建公司在厦门杏林大桥下穿鹰厦铁路工程施工中开发的“超浅埋下穿铁路、公路长管幕隧道施工关键技术”成果通过福建省住房和城乡建设厅组织的鉴定，达到国际先进水平。

▲同日 中国企业联合会、中国企业家协会发布第 14 批中国企业新纪录。中铁十六局集团轨道公司南水北调北京团结湖至第九水厂输水工程 3 标段项目

于2007年7月25日~8月25日实现月掘进1006.8米,创造国内盾构施工月掘进速度新纪录;首都机场APM项目部2006年首创研发的APM长距离混凝土走行面快速施工工法和APM走行面专用模具创造国内APM走行面施工新纪录;南水北调中线京石段应急供水工程大口径PCCP管道安装工程创造国内大口径管道安装施工新纪录。

▲9日　中国铁路工会中国铁道建筑总公司第三次(中国铁建股份公司第一次)代表大会在北京召开。大会选举产生新一届工会委员会,召开第一次委员会全体会议,选举常委,彭树贵当选工会主席、柴顺林当选工会副主席;选举产生新一届工会经费审查委员会,柴顺林当选主任,冀涛当选副主任。

▲12日　中国土木工程集团公司副总经理陈晓星获第二届中非友好贡献奖。

▲13日　在"国投杯"中央企业企业文化活动电视专题片大赛中,中国铁建股份有限公司宣传部拍摄制作的电视专题片《青藏铁路》获银奖,《抗震救灾,中国铁建在行动》获优秀作品奖,《文化奠基铸丰碑》获好作品奖。

▲13日~24日　中国铁建总裁赵广发、副总裁周志亮赴尼日利亚施工现场办公,赵广发总裁强调:加快实施"大海外"战略。

▲14日　中铁十九局集团公司、中铁十七局集团六公司获全国企业文化建设先进单位称号;中铁十九局集团公司总经理孙公新、党委副书记富德春,中铁十七局集团六公司党委书记邓光明被授予全国企业文化建设优秀工作者称号。

▲17日　国务院国资委纪委书记贾福兴在中国铁建党委副书记、纪委书记、工会主席、监事会主席彭树贵陪同下,先后到中铁十一局集团公司和中铁第四勘察设计院集团公司检查指导工作。

▲18日　中国铁建全资子公司——诚合保险经纪(北京)有限责任公司在北京成立。

▲同日　中国铁建董事长李国瑞会见安哥拉总统特使雅伊梅一行,副总裁扈振衣和中铁十三局集团公司董事长、总经理雷升祥参加会谈,就中铁十三局集团公司参与安哥拉战后重建项目进行交流。

▲19日　中国铁建党委中心组举办学习贯彻党的十七届四中全会精神辅导报告会,邀请中央党校党建教研部副主任、教授、博士生导师戴焰军作题为《加强和改进新形势下党的建设》的辅导报告。

▲21日　中铁上海设计院集团公司设计的国内第一孔时速350公里单位无砟轨道简支梁箱试制梁试验在合蚌铁路客运专线蚌埠梁场获得成功。

▲22日　中铁十四局集团三公司承建的亚洲跨度最大、安装精度最高的天津滨海新区响螺湾海河开启桥成功开合。

▲同日　中铁建电气化局集团公司援建的四川省威州民族师范学校及其附属小学捐资仪式在汶川县举行。

▲26日　中铁建电气化局集团公司被中国社会工作协会评为2009年第五届中国优秀企业公民。

▲28日　中铁第一勘察设计院集团公司设计的西安至宝鸡铁路客运专线、西安至安康增建二线、宁西铁路西安至南阳段增建第二线、黄陵至韩城至侯马铁路4条铁路在陕西西安同时举行开工典礼。4条铁路总长度和投资总额分别为939公里和542亿元,其中陕西省境内的铁路长度与投资分别占75%和86%。

▲同日　中铁十二、十六局集团公司,中铁建电气化局集团公司被授予全国企业职工教育培训先进单位称号;中铁十二局集团湘潭技工学校校长王志湘、中铁十六局集团公司劳资培训部副部长赵生伟、中铁建电气化局集团公司人力资源部高级经济师汪文革被评为全国企业职工教育培训先进个人。

▲28日~29日　中国铁建房地产工作会议在安徽省合肥市召开。会议由中国铁建副总裁刘汝臣、庄尚标主持,中国铁建董事长、党委书记李国瑞,总裁赵广发,副董事长丁原臣,副总裁范德和张宗言等出席会议。会议提出,力争到2015年,使中国铁建的房地产板块基本上构建和形成以中铁地产为龙头、以各集团专业房地产公司为支撑的"大地产"格局。

▲30日　中国铁建广州南站施工会战总结表彰大会在广东省广州市祈福宾馆召开。中铁十一、十二、十三、十四、十五、十六、十七、十八、十九、二十二、二十三、二十五局集团公司和中铁第四勘察设计院集团公司、中铁物资集团公司、中铁轨道系统集团公司15家单位的77名建设者受到表彰。

▲11月　昆明中铁大型养路机械集团公司获云南省质量效益型先进企业称号。

▲11月　《中国铁道建筑报》驻中铁十八局集团公司记者站站长姜书范获全国优秀新闻工作者称号。

▲11月　中铁第一勘察设计院集团公司被评为全国企业文化建设百佳贡献单位。

12月

▲1日　共青团中国铁道建筑总公司第二次暨中国铁建股份有限公司第一次代表大会在北京召开,赵佃龙当选新一届团委书记,沈玉泉当选团委副书记。

▲3日　大同至西安铁路客运专线开工动员大会在山西省太原市举行。大西铁路客运专线全长859公

里，工程总投资963.3亿元。中铁第一勘察设计院集团公司，中铁十二、十七、二十五局集团公司等单位参加工程建设。

▲同日　中国铁建2009年度财务工作会议在北京召开。会议传达2009年中央企业财务工作会及国务院国资委、财政部2009年财务决算会议精神，总结中国铁建2009年财务工作，确定2010年财务工作总体思路。

▲4日　由《英才》杂志、中央电视台经济频道、新浪网、北京青年报社、北京电视台财经频道联合推出的2009年度第九届中国年度管理大会暨双十管理盛典在北京举行。中国铁建股份有限公司获第九届“双十具价值管理榜样”称号。

▲同日　湖南省省委常委、长沙市市委书记陈润儿一行到中国铁建访问。总裁赵广发，副总裁夏国斌和有关人员会见陈润儿一行。双方就中铁轨道系统集团公司迁址长沙以及中铁房地产集团公司在长沙经营房地产业务问题进行磋商。

▲9日　中国铁建召开党委中心组学习扩大会，传达学习中央经济工作会议精神。

▲同日　国务院监事会主席李克、第16办事处主任金丹阳一行在中国铁建副总裁、总会计师庄尚标陪同下，到中铁十八局集团公司津秦铁路客运专线项目经理部和五公司机关检查指导工作，对集团公司总体生产经营状况及良好的发展势头给予充分肯定。

▲10日　中铁十二局集团公司承建的宜万铁路齐岳山隧道贯通。

▲同日　中铁房地产集团公司设计的四川成都龙泉驿住宅项目方案获2009年全国人居经典建筑规划设计综合大奖。

▲10日～12日　中国铁建优秀论文暨优秀工法评审会在甘肃省兰州市召开，评出优秀论文112篇、优秀工法94篇。

▲12日　江苏省省委常委、苏州市市委书记蒋宏坤在江苏省苏州市会议中心会见中国铁建董事长、党委书记李国瑞一行，双方深入讨论下步合作的具体项目，并达成共识。

▲15日　中铁十七局集团建筑公司承建的山西省图书馆工程被评为全国建筑施工安全质量标准化示范工地。

▲同日　北京铁城建设监理公司被评为共创2009年鲁班奖工程监理企业。

▲同日　中铁十三局集团公司被授予全国建筑业先进企业称号。

▲16日　中国铁建董事长、党委书记李国瑞在北京总部大厦会见国际金融公司东亚太平洋局局长冯桂婷女士率领的世界银行代表团一行。冯桂婷等世行官员表示，将以真诚的愿望、积极的态度和中国铁建进行合作，双方在有关合作的具体事项和时间节点上达成共识，积极推进。

▲17日　青海省省委副书记、省长宋秀岩到中铁二十一局集团公司承建的兰新铁路二线傅家寨4号隧道出口工地现场办公，详细询问工程情况，并鼓励建设者继续发扬“挑战极限，勇创一流”的青藏铁路精神，把兰新铁路二线建设好。

▲同日　中国铁建召开党委中心组学习扩大会，传达学习中央企业负责人会议精神。

▲18日　中铁二十一局集团公司房地产项目——陕西西安曲江·梧桐苑项目开工建设。该工程占地面积84000平方米，建筑面积31万平方米，设计居住户数约1500户。

▲同日　中铁二十一局集团公司董事会秘书兼工会副主席、甘肃省作家协会会员卫学昌撰写的散文《母爱如天》获黄河文学三等奖。

▲20日　中国铁建董事长、党委书记李国瑞入选“中国经济百人榜共和国60年影响中国经济60人”。

▲22日　中国铁建副总裁夏国斌会见港珠澳大桥前期工作小组办公室主任朱永灵一行，并就双方共同关心的问题交换了意见。

▲同日　山西中南部铁路通道、合肥至福州铁路客运专线、杭州至长沙铁路客运专线建设动员大会，在中铁十七局集团公司承建的石武铁路客运专线郑州东站建设工地举行。中共中央政治局委员、国务院副总理张德江出席开工动员大会，宣布三项铁路工程开工并为工程奠基。

▲26日　中国铁建参建的武广铁路客运专线投入运营。

▲同日　中铁十一、十二局集团公司等单位参建的武汉天兴洲公路铁路两用长江大桥通车。

▲同日　中国铁建股份有限公司第一届董事会第二十五次会议审议通过关于与铜陵有色金属集团控股有限公司联合收购加拿大初级矿业公司Corriente Resources Inc.股权的议案。

▲同日　阿富汗总统卡尔扎伊率国家政府官员视察中铁十四局集团公司援建的阿富汗总统府多功能中心施工现场。

▲27日　云桂铁路分别在云南省昆明市和广西壮族自治区百色市开工，中铁十二、十九局集团公司等建设者代表分别在昆明、百色参加开工动员大会。云桂铁路全长710公里，合同工期6年。

▲28日　尼泊尔总理马达夫·库马尔·尼帕尔在尼泊尔驻华大使馆单独会见中国铁建董事长李国瑞

一行,双方就中铁十五局集团公司承担的马兰其一期引水隧道工程及今后相关合作事宜进行深入交流。

▲同日 中铁房地产集团公司以股权受让方式收购长沙市大联实业发展有限公司49%股权。

▲31日 北京市公安局在中国铁建召开铁道建筑公安局领导班子任命大会。自2010年1月1日零时起,中国铁建在京公安机构正式纳入北京市公安局体制运行,机构名称由中国铁道建筑总公司公安局更名为北京市公安局铁道建筑公安局。

▲12月 中铁第一勘察设计院集团公司主持的青藏铁路格尔木至拉萨段工程总体设计、青藏铁路多年冻土区工程地质勘察,与中国建筑设计研究院共同完成的青藏铁路拉萨站站房获2008年度全国优秀设计金奖。

▲12月 在2009年度全国优秀测绘工程奖评选中,中铁第一勘察设计院集团公司测绘的"青藏铁路1:2000航测数字化地形图"获金奖,测绘的"兰武铁路二线乌鞘岭特长隧道控制测量"和"郑州至西安铁路客运专线(陕西境内)无砟轨道精密工程控制测量"获银奖。

▲12月 中国勘察设计大师、中铁第四勘察设计院集团公司总工程师王玉泽获全国工程勘察设计行业信息化突出贡献人物奖。

▲12月 中铁二十二局集团公司被评为2009年度重质量讲效益福建质量网络品牌单位。

中铁第五勘察设计院集团公司勘察设计、中铁十八局集团公司承建的苏丹鲁法大桥工程被苏丹共和国授予桥梁施工特优奖。

(阎世杰 提供)

2009 年 1 月 10 日，全国企业诚信建设大会在北京人民大会堂举行，中国铁建被评为 2008 年度中国最佳诚信企业。图为中国铁建等获奖单位代表与中国企业联合会常务副会长兼理事长李德成（右三）合影。

（董立巍　王昌尧　摄）

概　况

本栏责任编辑　**杨启燕**

【简况】 中国铁建股份有限公司(以下简称中国铁建或股份公司)的前身为组建于1948年7月的中国人民解放军铁道兵,1984年集体转业并入铁道部,改称铁道部工程指挥部;1989年成立中国铁道建筑总公司,2000年9月28日与铁道部脱钩,先后划归中央企业工作委员会和国务院国有资产管理委员会管理;2007年11月5日由中国铁道建筑总公司独家发起成立中国铁建股份有限公司,于2008年3月10日、13日分别在上海证券交易所和香港联合证券交易所成功上市。

中国铁建下辖33家二级子公司和单位。在岗职工209103人,拥有1名工程院院士、5名国家勘察设计大师、191名享受国务院特殊津贴的专家。资产总额2829.9亿元,较2008年增长28.57%。主要机械动力设备59906台(套),总功率499.03万千瓦,技术装备率7.64万元/人,动力装备率21.41千瓦/人。业务范围涵盖工程承包、勘察设计咨询、工业制造、房地产开发、物流与物资贸易及资本运营,打造了包括科研、规划、勘察、设计、施工、监理、维护、运营、设备制造和投融资等在内的全面完整的建筑业产业链和业内最完善的资质体系,在高原铁路、高速铁路、高速公路、桥梁、隧道和城市轨道交通工程设计及施工领域确立了行业领导地位。兵改工以来,在工程承包、勘察设计等领域获得国家级奖项363项。其中,国家科技进步奖55项;国家勘察设计"四优"奖74项;中国土木工程詹天佑奖39项;中国建设工程鲁班奖71项;国家优质工程奖124项。

中国铁建经营范围遍及除台湾以外的31个省、直辖市、自治区,香港、澳门特别行政区,以及世界60多个国家和地区,是中国乃至全球最具实力、最具规模的特大型综合建设集团之一。连续4年入选"世界企业500强",2009年排名第252位;连续12年入选"全球225家最大承包商",2009年排名第4位;连续5年入选"中国企业500强",2009年排名第14位;连续4年被评为"中国最佳诚信企业";连续6年工程承包业务收入居全国首位,是中国最大的工程承包商。

组建60多年来,中国铁建秉承铁道兵令行禁止、勇于创新、一往无前的优良传统和工作作风,形成以"诚信、创新永恒,精品、人品同在"为核心价值观的卓越文化,"不畏艰险,勇攀高峰,领先行业,创誉中外"的企业精神,具有强大的企业凝聚力、执行力和战斗力。目前,中国铁建紧紧抓住国家加大基础设施建设、拉动内需的历史性机遇,朝着"中国建筑业的领军者,全球最具竞争力的大型建筑集团"的奋斗目标扎实迈进。 (杨启燕)

【主要指标】 2009年是新世纪以来中国经济发展最为困难的一年。面对国际金融危机的冲击和严峻复杂的经济形势,中国铁建敏锐研判国际金融危机给企业带来的机遇和挑战,以"抢抓机遇保增长,调整优化上水平,加强管控增效益,深化改革转机制"为主线,围绕"铁路、路外、海外"3个市场,加大开发和协调力度,适时调整经营思路和目标,推行精益化管理,走质量效益型道路,改善项目结构,提高经营质量,使生产经营保持健康发展。

(1)新签合同额创历史新高。全年新签合同总额6013亿元,较2008年增长42.1%。主营核心业务大幅增长,全年新签工程承包合同5553亿元,占新签合同总额的92.3%,较2008年增长39.2%。其中,新签铁路工程合同3050.6亿元,占新签合同总额的50.73%,占国内市场份额的56%;新签公路工程合同1279.5亿元,占新签合同总额的21.3%,同比增长107.6%;城市轨道交通、市政、房建工程分别新签工程合同522亿元、287亿元、277亿元。根据加快结构调整、促进产业转型的战略部署,非工程承包板块营销工作积极作为,实现新签合同额460亿元,较2008年增长91.1%,实现比工程承包板块更快发展。勘察设计咨询板块经营持续增长,全年新签勘察设计咨询合同62亿元,比2008年增长35.1%。工业制造板块经营快速发展,在加大投资、扩大产能的同时,营销工作局面快速跟进,全年新签工业制造业务合同56.8亿元,较2008年增长60.7%。物流与物资贸易板块经营大步跨越,全年新签合同279亿元。

(2)经济业绩大幅攀升,行业地位继续巩固加强。2009年,在国家大规模加快基础设施建设,扩大内需大背景下,营业收入再创历史新高。全年实现营业收入3555.2亿元,较2008年增长57.21%,其中工程承包板块实现营业收入3248亿元,比2008年增长56.68%。全年实现净利润67.31亿元,同比增长81.63%。在工程承包板块的带动下,中国铁建产业结构调整加快,其他板块投入加大,勘察设计咨询、工业制造、物流与物资贸易等业务板块保持持续快速增长,营业收入较2008年分别增长61.5%、67.94%、62.66%。房地产开发业务虽然起步晚,但发展较快,2009年实现销售收入26亿元,较2008年增长141%。

(3)全面推行精益化管理,经济运行质量持续改善。为解决"产高利低"的突出问题,强力推行资金、设备、物资集中管理,加大概算梳理和清欠力度,实现经济效益和经济运行质量的提升。与2008年相比,资产总额由2201.02亿元增加到2829.9亿元,增长28.57%;净资产由483.01亿元增加到540.79亿元;销售、管理、财务费用148亿元,占营业收入的比重较2008年降低了0.54个百分点。 (杨启燕)

【主要财务指标完成情况】 2009年,股份公司实现营业收入3555.21亿元,比2008年的2261.41亿元增加1293.8亿元,增长57.21%。其中,工程承包增长56.68%;勘察设计咨询增长61.50%;工业制造增长67.94%;物流与物资贸易增长62.66%;房地产开发增长141.11%。海外营业收入223.03亿元,比2008年的172.02亿元增加51.01亿元,增长29.65%。实现利润总额83.07亿元,比2008年的45.69亿元增加37.38亿元,增长81.83%。实现净利润67.32亿元,比2008年的37.06亿元增加30.26亿元,增长81.63%。年末资产总额2829.9亿元,负债总额2289.11亿元,所有者权益540.79亿元。截至年底,货币资金余额649.52亿元,比年初的574.7亿元增加74.82亿元,增长13.02%。 (丁亚杰)

中国铁建主要经济技术指标完成情况比较

项　　目	2008年	2009年	同比增长(%)
资产总额(亿元)	2201.02	2829.90	28.57
净资产(亿元)	483.01	540.79	11.96
营业收入(亿元)	2261.41	3555.20	57.21
利润总额(亿元)	45.69	83.07	81.81
技术开发投入(亿元)	17.56	51.62	193.96
上缴税金(亿元)	86.98	124.93	43.63
全员劳动生产率(万元/人年)	36.77	41.28	12.27
净资产收益率(加权平均)(%)	7.63	13.12	
总资产报酬率(%)	3.01	3.79	
总公司国有资产保值增值率(%)	124.00	109.88	

制表:杨启燕

【企业资质】 股份公司系统具有施工资质企业153家。其中,主项资质为总承包特级资质企业18家;主项资质为施工总承包一级资质企业105家;主项资质为专业承包一级资质企业30家。具有房屋建筑工程施工总承包一级资质企业51家,公路工程施工总承包一级资质企业67家,市政公用工程施工总承包一级资质企业100家,水利水电工程施工总承包一级资质企业20家,铁路工程施工总承包一级资质企业18家,矿山工程施工总承包一级资质企业3家,城市轨道交通工程专业承包资质企业25家,铁路电气化工程专业承包一级资质企业22家。 (董跃君)

【管辖单位】 中国铁建股份有限公司实行三级法人管理体制,下辖中国土木工程集团有限公司、中铁十一局集团有限公司至中铁二十五局集团有限公司、中铁建设集团有限公司、中铁建电气化局集团有限公司、中铁房地产集团有限公司,中铁第一、第四、第五勘察设计院集团有限公司,中铁上海设计院集团有限公司、中铁物资集团有限公司、昆明中铁大型养路机械集团有限公司、中铁轨道系统集团有限公司、北京铁城建设监理有限责任公司、中铁建(北京)商务管理有限公司、中铁建中非建设有限公司、中国铁道建设(加勒比)有限公司、中国铁道建设(香港)有限公司、诚合保险经纪(北京)有限责任公司、北京培训中心等33家二级子公司和单位;有三级企业305家,其中工程公司140家。 (陈维　李学红)

【新增二级企业】 设立中铁建中非建设有限公司。12月30日,为加快莱基自由贸易区建设,经2009年第12次总裁办公会议研究决定并经董事会批准,组建中铁建中非建设有限公司,为中国铁建独家发起设立的二级子公司,代表中国铁建持股、控股中非莱基投资有限公司(原中土北亚国际投资发展有限公司),注册资本金10亿元人民币,注册地北京市海淀区复兴路40号中国铁建大厦。

成立诚合保险经纪(北京)有限责任公司。为整合股份公司系统保险资源，强化集中管理力度，经2009年第2次总裁办公会议研究决定并经2009年3月27日第一届董事会第15次会议审议通过，成立诚合保险经纪（北京）有限责任公司，为中国铁建独家发起设立的二级子公司，注册资本金2000万元人民币，注册地北京市海淀区复兴路40号中国铁建大厦。

（陈　维　李学红）

【新增直管项目管理机构】　成立股份公司麦加轻轨项目公司。2月14日，为确保沙特阿拉伯麦加轻轨项目顺利完成，成立中国铁建沙特麦加轻轨项目公司，负责沙特阿拉伯麦加轻轨项目的设计、采购、施工和3年运营管理总承包的组织实施及商务联络工作。

成立中国铁建鱼洞长江大桥建设指挥部。4月10日，为加强对重庆鱼洞长江大桥正桥二期工程（下游幅桥）BT项目的投资建设管理，成立中国铁建鱼洞长江大桥建设指挥部。（陈　维　李学红）

【企业分立重组】　7月14日，为进一步整合电气化资源，提升中铁建电气化局集团公司的竞争能力，经2009年7月14日股份公司第6次总裁办公会议研究决定，将中铁十一局集团电务工程有限公司、中铁十二局集团电气化工程有限公司的人员、资产以2009年6月30日为截止时点主体划转中铁建电气化局集团公司管理。

9月23日，为理顺关系，明确责任，便于管理，经2009年7月29日股份公司第一届董事会第19次会议审议通过，从2009年7月1日起，将中铁建（北京）商务管理有限公司从中铁物资集团有限公司划出，作为股份公司二级机构管理。

10月22日，为加强和提升中国土木工程集团公司海外市场竞争实力，完善其在承揽实施海外大型工程总承包项目中的产业链条，经2009年10月12日股份公司第10次总裁办公会议研究决定，将中铁第四勘察设计院集团公司所属福建铁四院勘察设计研究院有限公司的人员、资产以2009年9月30日为截止时点整体划转中国土木工程集团公司管理。

（陈　维　李学红）

【机构编制变更情况】　1月15日，经商务部核准，批复中国土木工程集团有限公司成立中国土木阿尔及利亚有限公司。

2月13日，批复中铁十四局集团有限公司注册香港公司，主要负责境外项目资金划拨。

3月4日，下发《关于中国铁建股份有限公司定期报告编制委员会人员组成的通知》，明确股份公司定期报告（含季报、半年报、年报）编制委员会人员组成。

同日，批复中铁十七局集团有限公司设立广州分公司（仅限于经营承揽）。

3月6日，批复中铁上海设计院集团有限公司成立天津分公司。

3月25日，批复中铁十三局集团有限公司以2008年9月30日为基准日整体收购长春建设勘察设计研究院有限责任公司，收购价153.39万元。

4月10日，批复中铁十一局集团有限公司设立成都分公司（仅限于经营承揽）。

4月23日，批复中铁第四勘察设计院集团有限公司设立长沙分公司（仅限于经营承揽）。

4月27日，批复中铁十二局集团有限公司成立保险代理有限责任公司。

5月8日，批复昆明中铁大型养路机械集团有限公司与中铁十四局集团有限公司所属北京中铁房山桥梁有限公司合作，成立北京瑞维通工程机械有限责任公司，注册资金9700万元。其中，昆明中铁大型养路机械集团有限公司投资6500万元，拥有67%的股权；北京中铁房山桥梁有限公司投资3200万元，拥有33%的股权。

6月18日，公布《中国铁建股份有限公司总部机关职能部门工作职责》。

7月10日，批复中铁十二局集团有限公司设立陕西锦辉工程检测有限责任公司和天津分公司（仅限于经营承揽）。

同日，批复中国土木工程集团有限公司组建轨道铺架事业部。

7月13日，批复北京铁城建设监理有限责任公司设立重庆铁城建设监理有限责任公司。

7月27日，批复中铁二十一局集团有限公司成立铺架工程分公司。

8月3日，批复中铁物资集团有限公司与中国石油天然气股份有限公司合资成立中石油铁建油品销售有限公司，注册资本金10000万元，双方各持50%股份。

8月11日，批复中铁建柳州勘察设计院有限公司更名为中铁四院南宁勘察设计院有限公司。

8月13日，批复中铁建电气化局集团有限公司成立南方工程有限公司和北方工程有限公司。

8月19日，批复中铁第四勘察设计院集团有限公司与昆明市轨道交通有限公司合资设立西南交通工程设计有限责任公司。注册资本金1000万元，中铁第四勘察设计院集团公司占80%股份，昆明市轨道交通有限公司占20%股份。

9月1日，批复中铁物资集团东北有限公司成立大连、哈尔滨分公司。

10月10日,批复中铁房地产集团有限公司增加领导职数,调整后的领导职数为10名。其中,董事长、党委书记、总经理各1名;副总经理5名;副总经理、总会计师1名;总法律顾问1名。

10月16日,批复中铁物资集团华东有限公司成立上海分公司。

11月11日,批复中铁十二局集团有限公司成立贵州分公司(仅限于经营承揽)。

同日,批复撤销中铁十三局集团长春市混凝土有限公司。

11月12日,批复中铁十一局集团有限公司投资2000万元成立房地产开发有限公司。

同日,批复中铁二十五局集团有限公司投资1亿元设立轨道交通工程有限公司,投资2亿元设立房地产开发有限公司,在青岛、西安分别设立北方分公司和西北分公司。

同日,批复中铁十三局集团大连广桥科技发展有限公司迁址天津市,更名为中铁十三局集团天津工程科技有限公司,注册资本金增至5000万元。

11月26日,经商务部核准,批复中国土木工程集团有限公司成立中国土木工程(赞比亚)有限公司。

12月22日,批复北京铁城建设监理有限责任公司与德国欧博迈亚国际有限公司合资组建北京中德工程咨询有限责任公司。注册资本金600万元人民币。其中,北京铁城建设监理公司出资306万元人民币,占51%股份;德国欧博迈亚公司出资294万元人民币,占49%股份。

12月25日,批复中铁第一勘察设计院集团有限公司成立成都分公司(仅限于经营承揽)。

同日,批复中铁十七局集团有限公司成立青岛分公司(仅限于经营承揽)。

12月30日,批复中铁十二局集团有限公司成立济南分公司(仅限于经营承揽)。 (陈 维 李学红)

【干部构成】 截至年底,中国铁建系统干部总数110182人。其中,专业技术干部102170人,占干部总数的92.73%;女干部22555人,占干部总数的20.47%;少数民族干部4013人,占干部总数的3.64%;党员干部44317人,占干部总数的40.22%。专业技术干部中高级技术职务12811人,中级技术职务26747人,初级技术职务53738人。学历结构:研究生及以上毕业2069人,大学本科毕业57601人,大专毕业36270人,中专毕业7479人,高中毕业4534人,初中以下2229人,大专以上学历占干部总数的87.07%。年龄结构:30岁以下53744人,31岁~40岁29469人,41岁~50岁16873人,51岁以上10096人。全系统有享受政府特殊津贴人员191人。 (王 谐)

【工人构成】 截至年底,中国铁建系统工人总数136063人,比2009年减少1735人。女工人31727人,占工人总数的23.32%。文化程度:大学本科及以上2794人,占工人总数的2.05%;大专、高技13600人,占工人总数的10%;中专、技校、职高28178人,占工人总数的20.71%;高中38677人,占工人总数的28.43%;初中及以下52814人,占38.82%。136063人签订劳动合同,占工人总数的100%。其中,固定期限的52420人;无固定期限的83643人。各类技术工人98478人,占工人总数的72.38%。76660人获得国家职业资格证书。其中,初级工5389人;中级工20469人;高级工40645人;技师9062人;高级技师1095人。持证率占技术工人总数的77.84%。 (张建红)

【主要技术设备】 截至年底,中国铁建系统拥有机械动力设备59906台(套)。其中,主要施工机械设备19309台(套);进口主要施工机械设备1518台(套)。设备固定资产原值264.88亿元、净值178.01亿元,机械设备总功率499.03万千瓦,人均技术装备率和动力装备率分别为7.64万元、21.41千瓦。拥有盾构机、TBM掘进机84台,铁路客运专线900吨架桥机72台、运梁车74台、提移梁机122台(套)、移动模架138套,常规铁路架桥机38台、铺轨机24台,电气化施工设备303台(套),大型机械化整道设备42台。机械设备成新率67.21%,主要施工机械设备完好率92.7%、利用率78.78%、闲置率6.26%。2009年更新各类机械设备13438台,价值83.68亿元;报废设备3005台,原值4.56亿元。 (白云飞)

【改革发展】 建立规范的公司治理结构,形成科学有效的职责分工和制衡机制。股东大会、董事会、监事会、经理层各司其职、各负其责、权责明确、相互监督,协调运转。股东大会依法行使对公司经营方针、筹资、投资、利润分配等重大事项的表决权。董事会对股东大会负责,依法行使企业的经营决策权。董事会9名成员中,外部董事5名,其中独立董事4名。董事会下设的审计与风险管理、薪酬与考核、战略与投资、提名委员会中,独立董事担任主席的占2个。涉及专业的事项首先经专门委员会审议通过,再提交董事会审议,提高了董事会的运作效率。监事会对股东大会负责,对公司财务和董事、高级管理人员履职情况等进行检查监督。经理层根据职责分工执行和落实董事会的各项决策。在完善的法人治理结构下,公司各部门及子公司组成了一个有机的整体,组织机构健全完整,运作正常有序。

坚持利益相关方参与,保证公司可持续发展。严格遵循坚持"真实、准确、完整、及时"的信息披露原则,先后制定《中国铁建股份有限公司信息披露管理办法》《中国铁建股份有限公司新中标项目信息披露实施细则》《关于建立和完善公司总部信息管理机制的通知》等规章制度,主动、及时对外披露公司相关信息。高度重视与各利益相关方的沟通,设立专门机构负责投资者关系工作,出台《中国铁建股份有限公司投资者关系工作制度》《中国铁建股份有限公司投资者来访接待工作实施办法》,建立投资者关系管理档案,实现动态管理,及时妥善处理各方面关系。

加强风险管理,提高内部控制水平。根据国资委等部委及上海证券交易所等监管机构的要求,中国铁建建立四位一体的内部控制与风险管理组织体系,即董事会下设审计与风险管理委员会、经理层成立全面风险管理领导小组、发展规划部为内控与风险管理工作的职能部门、各业务部门设立风险内控联络员,从不同角度和层面加强公司的内部控制和风险管理工作。加快产业结构调整,促进企业稳步转型。年内,非工程承包板块积极作为,全年新签合同额460亿元,比2008年增长91.1%,实现比工程承包板块更快的发展。勘察设计咨询板块经营持续增长,全年新签合同额62亿元,比2008年增长35.1%;工业制造板块经营快速发展,在加大投资、扩大产能的同时,营销工作快速跟进,全年新签合同额56.8亿元,较2008年增长60.7%;物流与物资贸易板块经营大步跨越,全年新签合同额279亿元,完成营业收入159亿元,占营业收入总额的4.41%。房地产板块成为新的利润增长点,全年销售面积76万平方米,实现营业利润9.3亿元。矿产资源开发业务迈出实质性步伐,12月10日,中国铁建与铜陵有色金属集团控股有限公司共同投资成立中铁建铜冠投资有限公司。生产经营与资本经营逐步实现一体化,项目运营业务稳健发展。

深化社会责任意识,响应联合国全球契约十项原则,加入联合国全球契约行动,以自身行动践行联合国关于人权、劳工、环境和反腐败的各项要求,树立企业公民的良好形象。2009年,中国铁建作为具有优势竞争力、优化结构、优质增长、优先发展、优在责任的"五优"典范,获第九届双十具价值管理榜样称号。

(杨启燕)

【企业管理】 2009年,中国铁建全面推行精益化管理。一是加大内部审计监督力度,围绕落实公司体制、机制、制度问题,有针对性地开展工作,逐步由发现型、符合型审计向预防型、增值型审计转变,从以监督为主向监督与服务并重转变,在发挥审计保健、防疫作用的同时,为企业创造效益,增加价值。全年完成审计项目3109个,查处违规违纪金额33.17亿元,促进增收节支3891万元。二是规范制度建设,公司建立董事会对经理层、总裁对副总裁、股份公司对集团公司负责人绩效考核体系,先后修订完善经营管理、计划统计、项目管理、风险管理、工程公司建设、工程队建设等管理规定和制度200余项。三是深化工程公司建设,坚持专业化发展方向,大力提升专项施工能力和项目管理能力,进一步加大调整力度,培育发展一大批专业优势明显、管理团队精干、队伍组织高效、市场开发能力和创新能力较强的工程公司,年内评选出中国铁建工程公司20强。四是加强工程队建设,在架子队基础上组建专业施工队,杜绝大包转包现象。五是着力培养优秀的企业经营管理者团队,年内考核25个单位的领导班子,任免领导人员116人。其中,调整正职39人;提拔76人。所属单位领导班子的知识、年龄、专业结构得到进一步改善,能力建设得到加强。六是实施职工素质工程,在全系统广泛开展评选中国铁建杰出人物和中国铁建首届十佳道德模范活动,促进职工整体素质的提高。

(杨启燕)

【科技创新】 2009年,中国铁建以高速铁路科研项目为重点,大力开发支撑重难点工程建设的关键技术,努力扶持有产业前景的新产品、新装备,全年科技投入51.6亿元。中铁十七局集团公司开发的"CRTSⅡ型板式无砟轨道施工关键技术及成套装备"成果,达到国际先进水平,其制造技术、安装工艺、配套设备在京沪等高速铁路广泛推广应用,获得2009年度中国铁道学会科学技术一等奖。中铁轨道系统集团公司面向全国招聘科研人员100余名,组建7个专业研究所,已具备生产盾构机等施工机械的能力,开发了高速道岔等核心产品。昆明中铁大型养路机械集团公司不断提高铁路养护设备国产化率,始终占据铁路养护设备的高端领域。中铁建电气化局集团公司承担的"高速电气化铁路新型接触线研制"项目达到世界领先水平。中国土木工程集团公司,中铁二十二、二十四、二十五局集团公司,中铁建电气化局集团公司和中铁轨道系统集团公司6家技术中心通过省级认定,全系统通过省级认定的技术中心达到20家。参建的上海铁路南站、北京至天津城际轨道交通工程(北京南站改扩建工程)、合肥至南京铁路、苏州绕城高速公路(西南段)、京杭运河常州市区段改线工程获中国土木工程詹天佑奖;青藏铁路多年冻土区工程地质勘察、青藏铁路格尔木至拉萨段总体设计、青藏铁路拉萨站站房、包茂高速公路秦岭终南山特长隧道综合工程设计获国家级勘察设计“四优”奖；全系统获省部级科技进步奖59项，授权专利140项，28项工法被认定为国家级工法。

（杨启燕）

【工程创优】 2009年，中国铁建本着“落实过程精品，强化岗位责任，切实提高质量管理水平”的指导思想，坚持源头抓起，加强过程控制，提高项目整体履约能力，总体质量形势稳步提升，工程创优成效显著。年内创火车头优质工程63项、国家级优质工程20项。其中，新建遂宁至重庆铁路工程、新建成都北编组站工程、中国铁建大厦工程、敦煌站综合工程、北京地铁5号线工程、山东泰安抽水蓄能电站工程获中国建设工程鲁班奖；南京长江第三大桥获国家优质工程金质奖，浙赣铁路电气化提速改造工程——温厚特大桥、新建井冈山铁路井冈山市站工程、新建青藏铁路格尔木至拉萨段电力工程（格尔木至唐古拉北段）、青藏铁路22标段那曲以桥代路特大桥工程等13项工程获国家优质工程银质奖。京津城际铁路、大秦铁路、成昆铁路、青藏铁路、引滦入津工程、东深供水改造工程、沈阳至大连高速公路、江苏润扬长江公路大桥、芜湖长江大桥、乌鞘岭特长铁路隧道、北京地铁1号线、南京车站12项工程被评为新中国成立60周年百项经典和精品工程。

（杨启燕）

【国内工程施工】 2009年，中国铁建完成施工总产值3298亿元，其中国内工程完成施工产值3077亿元，占施工总产值的93.3%。全年完成实物工程量为历年之最。其中，土石方101203万立方米；隧道1126公里；桥梁1992公里；正线铺轨3971公里；公路1797公里；通信线路13108条公里；供电线路8838公里；房屋建筑面积2110万平方米。年内，确定国内重点工程23项，多项重难点工程已完工或取得重大突破。全年完成铁路施工产值1785.87亿元，占施工总产值3298亿元的54.1%。广州新客站提前8天完成任务，确保了武广铁路客运专线开通运营；南京长江隧道双线贯通，水下隧道施工技术日趋成熟；宜万铁路齐岳山隧道顺利贯通，攻克世界罕见高风险隧道施工难题；郑西、石太、合武铁路客运专线，襄渝二线、甬台温、温福和福厦铁路建成通车；京沪高速铁路，京石、石武、宜万、向莆、广深港铁路客运专线，沪宁、广珠、昌九城际铁路，厦深、渝利铁路，厦门翔安隧道等项目进展顺利；吐库铁路二线中天山隧道、天津西站至天津站地下直径线、锦屏电站引水隧洞等项目稳步推进。

（杨启燕）

【海外工程施工】 2009年，中国铁建继续贯彻国家“走出去”战略，在大力发展海外自营能力的同时，紧跟中国铁路“走出去”的步伐，积极开拓海外市场，带动劳务、设备及技术出口，海外市场份额不断扩大。全年承揽海外工程72项，新签合同额597亿元，占新签合同总额的9.9%，比2008年增长41.7%；完成海外营业收入223亿元，占营业总收入的6.27%，比2008年增长29.65%；完成施工产值221亿元，占施工总产值的6.7%。沙特阿拉伯麦加轻轨项目是中沙两国元首见证签约的标志性项目，工期紧迫、任务繁重、环境复杂，年内土建工程取得重大突破，大部分工期节点按计划要求快速推进。尼日利亚阿布贾城市铁路工程采用中国技术标准，年内工程全面铺开。阿尔及利亚55公里铁路新线项目、175公里电气化铁路新线项目设计和施工工作积极推进。土耳其安卡拉至伊斯坦布尔高速铁路二期工程进展顺利。沙特阿拉伯南北铁路完成合同投资5.24亿美元的62.8%。

（杨启燕）

【房地产开发】 根据2007年中国铁道建筑总公司工作会议确定的“积极推进结构调整，整合资源，优化重组，构建创效板块”的发展战略，中国铁建将房地产板块列为公司六大创效板块之一，制定《中国铁建股份有限公司房地产开发经营发展规划》，按照“积极稳妥、重点突破、整体跟进、广泛合作、规模发展”的发展战略，确定由区域性房地产开发商发展成为全国一流的房地产发展商的总体目标。截至2009年底，中国铁建分别在北京、天津、重庆、贵阳、南宁、成都、合肥、长春、济南、厦门、南京、西安等22个城市拥有37个房地产开发项目，建设用地总面积467.33万平方米，规划总建筑面积1392万平方米，先后打造了中国铁建国际城、中国铁建原香小镇、中国铁建山语城等房地产项目品牌。2009年，房地产销售面积76万平方米，实现营业收入26.11亿元，营业利润9.32亿元。

（杨启燕）

【铁路大型养路机械产品开发】 截至年底，中国铁建昆明中铁大型养路机械集团公司生产各类大中型养路机械1151台，分布于各铁路局、局集团公司和地方铁路。（1）新产品样机试制。年内完成YHGQ-1200气压式焊轨车、WY-100Ⅲ物料运输车和DWY-S水车新产品样机试制，并通过铁道部出厂评议。CQS-550道岔清筛机通过铁道部质检中心动力学试验，在道岔清筛挖掘方式上实现重大突破。QJC-190桥梁检查车正在组装样机试制。（2）新工艺和国产化。完成DWL-48型捣稳车50%向70%国产化比例的技术转化，确保捣稳车正常生产与顺利交付。完成CD08-475道岔捣固车76项进口件国产化转化和5种车型H型钢国产化等项目，并在部分核心装置及核心技术上

实现突破。大型养路机械轮对注油压装通过 CRCC 认证,获得轮对压装生产资质。（杨启燕）

【轨道系列产品生产】 2009 年,中国铁建中铁轨道系统集团公司采取“强化集团管控,坚持高端运作,巧用竞合手段,搞好售后服务”的经营策略,全年承揽生产任务 40 亿元,完成股份公司年度计划的 160.9%。开发的高速铁路道岔产品覆盖 30 余个铁路新建项目,高速铁路弹条扣件产品成功进入北京、深圳地铁市场,并新开辟哈萨克斯坦、西班牙、伊朗、意大利等海外市场,产品出口到 30 多个国家和地区;年内与长沙城轨公司建立合作伙伴关系,签订长沙地铁供应盾构机和管片的意向性协议,为施工装备产品进入轨道交通市场创造了条件。（杨启燕）

【党建工作】 2009 年,中国铁建深入开展学习实践科学发展观活动,股份公司党委紧紧围绕“党员干部受教育、科学发展上水平、职工群众得实惠”的工作目标,结合实际情况,着力转变不适应、不符合科学发展要求的思想观念,着力解决影响和制约科学发展的突出问题以及党员干部党性党风党纪方面群众反映强烈的突出问题。各级党组织在广大党员和职工群众中广泛开展形势任务教育活动,引导公司全体员工正确认识当前形势任务,增强忧患意识、大局意识和责任意识,坚定信心,团结一致,以良好的精神状态扎实工作,实现企业又好又快发展的目标。

中国铁建党风建设和反腐倡廉工作严格坚持“标本兼治、综合治理、惩防并举、注重预防”的方针,惩治和预防腐败体系建设不断推进,呈现出向纵深发展的良好态势。“五个一”教育活动富有成效,领导人员廉洁从业意识进一步增强,查办案件工作力度加大,以惩促防、以案促教成绩突出。以整治亏损工程项目为重点的效能监察取得重要进展,促进企业管理水平稳步提升。出台《招标监督暂行办法》等规章制度 436 项,反腐倡廉制度体系更加完善。年内,中国铁建在全国纪检监察调研工作会议上,作为唯一一家中央企业介绍惩防体系建设经验,受到中央纪委领导和与会代表一致好评。（杨启燕）

【信息化建设】 2009 年,中国铁建把信息化建设提升到更加突出的位置全力推行,设立信息中心,发布《中国铁建信息化规划纲要》和《中国铁建信息化项目建设行动指南》,明确信息化蓝图、目标、行动路线和建设模式。按照“高起点、高标准、高效率、低成本”的建设方针,建立覆盖全部二级单位和部分三级单位的全数字高清视频会议系统,引进推广使用工程经营信息管理系统,启动远程视频监控平台、协同办公系统、人力资源管理系统建设。年内有 18 家集团公司建设协同办公系统,13 家集团公司开始建设综合施工项目管理系统。信息化建设带来的综合效益正在逐步显现。（杨启燕）

【履行社会责任】 （1）诚信纳税。全年缴纳各类税金 124.93 亿元,同比增长 43.63%。（2）创造社会就业。年内,中国铁建使用外部劳务、解决农村劳动力就业约 200 万人,为农民致富和新农村建设作出积极贡献;在海外雇佣当地管理人员 2158 人、劳务 23752 人,不但改善了当地雇员家庭经济状况,解决了当地政府的就业问题,而且为当地政府培养了一大批技术人才,极大地促进了当地经济的发展。中国铁建《融入当地社会,实现和谐发展》实践经验,被国资委评为中央企业优秀社会责任实践。（3）支持社会公益事业。公司按照国务院扶贫领导小组和国资委的扶贫要求,结合帮扶地区河北省万全县、尚义县,新疆维吾尔自治区阿尔泰市的实际情况,派专职人员挂职扶贫,积极做好招商引资、劳动技能培训及复转军人安置等工作,并投资 80 余万元用于建设、扶贫和救灾工作。继续开展“金秋助学”活动,资助困难及受灾职工子女 2197 人,发放助学金 507.57 万元;资助困难农民工子女 87 人,发放助学金 15.63 万元。积极参与“希望工程”等支教助学活动,全年投入资金 354 万元。年内,中国铁建获中国优秀企业公民奖。（4）参与灾后重建。中国铁建在“有你,更有力量——责任与担当·纪念汶川地震 1 周年”高层论坛上,因“提前打通灾区生命线都汶公路工程”等 22 个项目,获得“抗震救灾可持续发展项目”大奖,中国铁建是唯一获奖的建筑类企业。（杨启燕）

【应对金融危机】 2009 年,中国铁建面对国际金融危机的冲击和严峻复杂的经济形势,敏锐研判,客观分析,确定“抢抓机遇保增长,调整优化上水平,加强管控增效益,深化改革转机制”四大任务,在危机中抢抓机遇,在快速发展中调整结构,在学习实践中确定战略,在探索试点中规范运行,在动态调整中优化班子,在主动适应中加强党建。7 月 25 日,中共中央总书记、国家主席胡锦涛在视察中国铁建全资子公司昆明中铁大型养路机械集团公司时充分肯定中国铁建取得的重大成绩,表扬中国铁建在国际金融危机的严峻形势下,企业仍然保持一片生机;在视察中国铁建 BT 项目昆明二环改扩建工程时,寄语中国铁建:“建优质工程,树企业形象。”（杨启燕）

中国铁道建筑总公司领导人员名单

总公司领导

董事长、总经理、党委副书记	李国瑞
董事、党委书记	金普庆（4月退休）
	赵广发（4月任）
副董事长、党委常委	丁原臣
党委副书记	霍金贵
党委副书记、纪委书记、工会主席	彭树贵
党委常委	扈振衣
	夏国斌
	范　德
	周志亮
	庄尚标
	张宗言（4月任）
	刘汝臣（4月任）

中国铁建股份有限公司领导人员

董事长、党委书记	李国瑞
执行董事、总裁、党委副书记	金普庆（4月退休）
	赵广发（4月任）
执行董事、副董事长、党委常委	丁原臣
非执行董事、党委副书记	霍金贵
非执行董事	朱明暹（2月任）
独立非执行董事	李克成
	赵广杰
	吴太石
	魏伟峰
党委副书记、纪委书记、工会主席、监事会主席	彭树贵
副总裁、党委常委、总经济师	扈振衣
副总裁、党委常委	夏国斌
	范　德
	周志亮
副总裁、党委常委、总会计师	庄尚标
副总裁、党委常委	张宗言（4月任）
	刘汝臣（4月任）

中国铁建股份有限公司总法律顾问、总工程师、董事会秘书、总裁助理、三总师副职、纪委副书记、工会副主席、专职外部董事

总法律顾问	庄尚标（兼）
总工程师	韩凤险（10月任）
董事会秘书	李廷柱
总裁助理	林兰生
	王学伟
	段昌炎（4月退休）
	李友才
	卓　磊
	陈大洋（4月任）
	李明申（10月任）
副总工程师	彭江鸿
	辛　实
	张璠琦（6月任）
副总经济师	尚清喜
	曾庆道
	刘发林
	张永宝
	许顺生
	琚建明
	孟乔然（8月任）
副总经济师兼直属机关党委书记	廖大球（12月任）
纪委副书记、监察局局长	李河川
纪委副书记	王国平
工会副主席	张克明（11月退休）
	柴顺林（6月任）
专职外部董事	李德琛
专职外部董事、职工监事	于凤丽
专职外部董事	李左军
	房光辉

中国铁建股份有限公司机关各部门及二级机构负责人以上人员名单

董事会秘书局
主任　李学甫
副主任　靖　菁
秘书处处长　靖　菁（兼）
股权代表管理处处长　谢华刚

办公室
主任　冯中海
副主任　韩明莉（享受部门正职待遇）
　马吉财
　戴开扬
部员　曹　军
　卜锦华
行政秘书处处长　梁树峰
文书处处长　詹荣华（10月退休）
信息处处长　孙永利
行政保卫处处长　樊祐修
信访处处长　邵长亮
信访处副处长　牛凤忠
档案馆馆长　刘贤福（享受部门正职待遇，5月退休）
　汪枞华（6月任）
档案馆副馆长　晋爱萍（6月任）

发展规划部
部长兼企协秘书长　衣守义
副部长　霍广安（享受部门正职待遇，4月退休）
　陈　维（享受部门正职待遇）
部员　杜经红
战略规划处处长　任保义
考核评价处处长　李吉锋
企协副秘书长
兼企业管理处处长　董跃君（享受部门副职待遇）
编制处处长　李学红

人力资源部（党委干部部）
部长　陈大洋（兼）
副部长　宋旭东
　张晓明
领导干部处处长　陈建军
人事处处长　张晓明（兼）
劳资处处长　张介鹏
社会保险管理处处长　王玉平
培训与技能鉴定处处长　刘爱波

科技设计部
部长　王清明
科研处处长　贾志武
技术处处长　许和平
设计咨询管理处处长　李重阳

经营计划部
部长　孙国富
副部长　张国峰
　王旭永
市场开发处处长　吴文钊
市场开发处副处长　吕　琳
造价合同处处长　王旭永（兼）
计划统计处处长　户苏予

工程管理部
部长　陈勇鹏
副部长　高晓东
　曾宗根
部员　刘　晖
综合处处长　贾国林
工程管理处处长　陈洪波

安全质量监督部
部长　王　峰
副部长　彭　峰
　秦正刚
安全监督处处长　程明薪
质量监督处处长　仇　发

房地产开发部
部长　曾庆道（兼）
副部长　楼　翔（4月任）

设备物资部
部长　覃为刚（6月任）
总机械师　沙明元（享受部门正职待遇）
副部长　白云飞（6月任）
设备处处长　白云飞（兼）
工业处处长　康　琳
工业处副处长　郭春雷
资本运营部
部长　金守华
副部长　张沛然
总经济师　荀照杰
部员　李学智
　尹　华
　汪起帆
咨询评估处处长　陈梦月
投资管理处处长　王　闯
矿产资源处处长　鞠小华
资产管理处处长　汪起帆（兼）
财务部
部长　余兴喜
副部长　曹锡锐
　冀　涛
资金结算中心主任　黄健民
部员　彭长林
财务处处长　王　磊
会计处处长　李　彤
机关财务处处长　杨现庆
产权处处长　汪兆启
审计监事局
局长　黄少军（兼）
副局长　董海军
部员　李忠心
审计一处处长　王铁兵
审计二处处长　边元双
法律合规部
副部长　王甲国（主持工作）
　刘　兵
国际部
部长　武宪功（7月任）
党委办公室
主任　赵登善
党委秘书处处长　高尚升
党委组织部
部长　张良才
副部长　林立人（享受部门正职待遇）
组织员　高学存
组织处处长　杨　赳
党员教育管理处（机关党委工作处）处长　王子利
党委宣传部（企业文化部）
部长兼政研会秘书长　钱桂林
副部长　刘　渝
政研会副秘书长兼宣传教育处处长　李昌明
企业文化处处长　钱东锋
新闻处处长　刘　渝（兼）
纪委办公室
主任　白　晶
纪检监察室
主任　王兆刚
纪检监察专员　杜庆吉
执法监察处处长　王共鸣
工会生产综合部
部长兼火车头体协秘书长　王学方（4月退休）
生产宣教处处长　李青颖
工会组织权益部
部长　孙启业
组织女工处处长　孙秀伟
财务处副处长　吕向东
团委
书记　赵佃龙（9月任）
海外事业部
部长　郝桂林
副部长　于洪忠
经济合作处处长　王永强

（王　谐）

中国铁道建筑总公司机关各部门及二级机构负责人以上人员名单

机关离退休职工管理部

部长、总支书记	马玉亮
副部长	孙大海（5月退休）
	赵连成
生活服务处处长	曾楚雄
就医服务处副处长	杨建群（6月任）
组宣处处长	谭李平（6月任）

机关房地产管理中心

主任	吕殿义
副主任	张家年
部员	张宏德
基建处处长	童联合
房地产管理处处长	杜学文（6月任）

铁道建筑公安局

局长、党组书记	刘彦照（4月退休）
	朱德全（5月任）
副局长	于清浦（4月退休）
办公室主任	倪训付
刑事侦察处处长	刘　波
治安处处长	刘金平
法制督察处处长	赵守存

中国铁道建筑报社

社长	朱海燕（4月任）
总编辑	朱海燕（兼）
副社长	韩传荣（4月任）
副总编辑	王　洋（4月任）
总编辑助理	罗光明（享受部门副职待遇）
办公室主任	韩传荣（兼）
新闻部主任	何大成（4月任）
政文部主任	梅梓祥
美术摄影部主任	王沂光
广告部主任	杨晓志

（王　谐）

• 相关链接 •

全球契约的由来

1995年召开的世界社会发展首脑会议上，联合国秘书长科菲·安南曾提出“社会规则”、“全球契约”（Global Compact）的设想。1999年1月在达沃斯世界经济论坛年会上，安南提出“全球契约”计划，并于2000年7月在联合国总部正式启动。“全球契约”计划号召各公司遵守在人权、劳工标准、环境及反贪污方面的十项基本原则。安南向全世界企业领导呼吁，遵守有共同价值的标准，实施一整套必要的社会规则，即“全球契约”。“协议”使得各企业与联合国各机构、国际劳工组织、非政府组织以及其他有关各方结成合作伙伴关系，建立一个更加广泛和平等的世界市场。“协议”的目的是动员全世界的跨国公司直接参与减少全球化负面影响的行动，推进全球化朝积极的方向发展。

中国铁道建筑总公司所属单位组织序列表

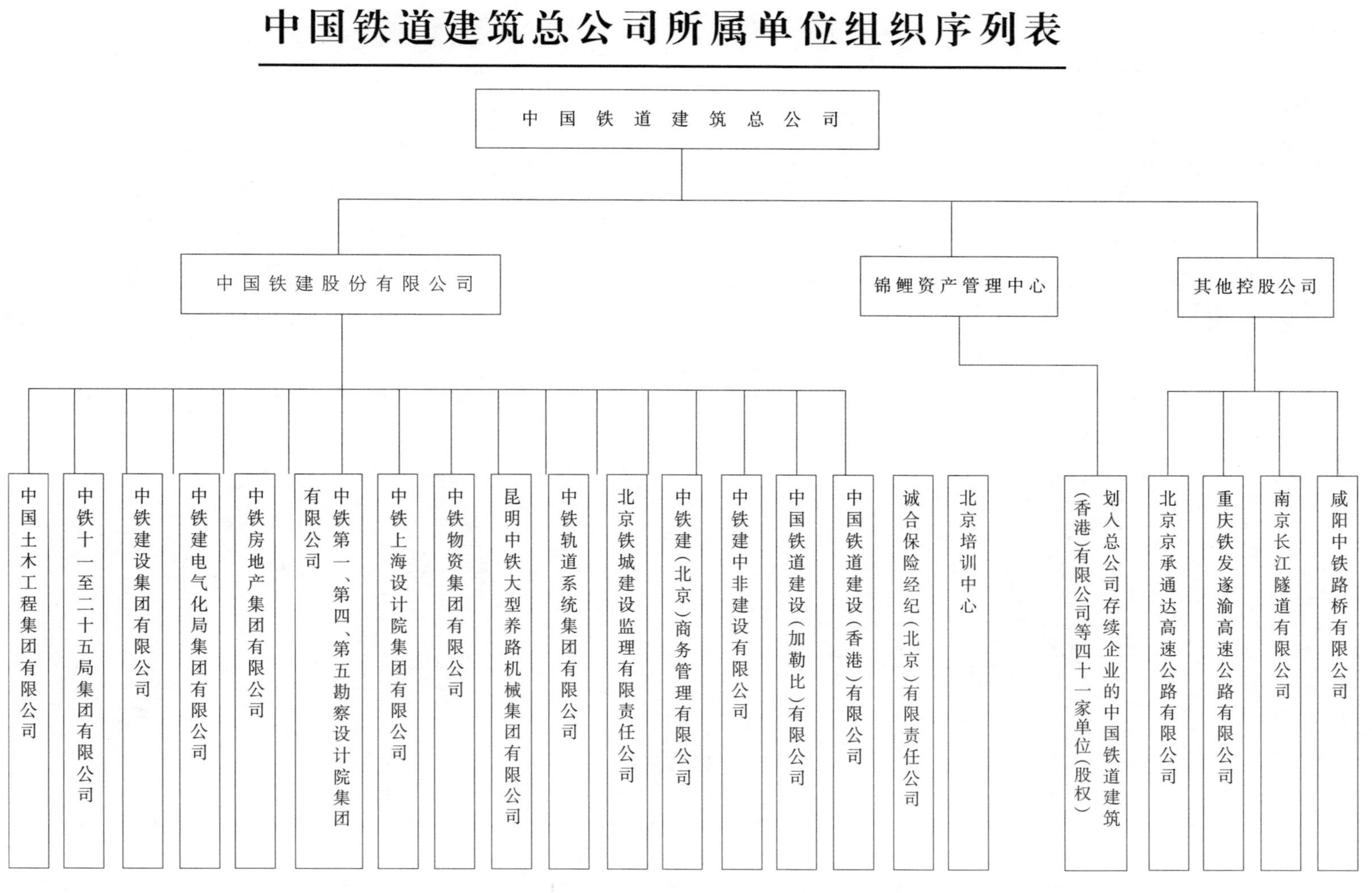

制表:李学红

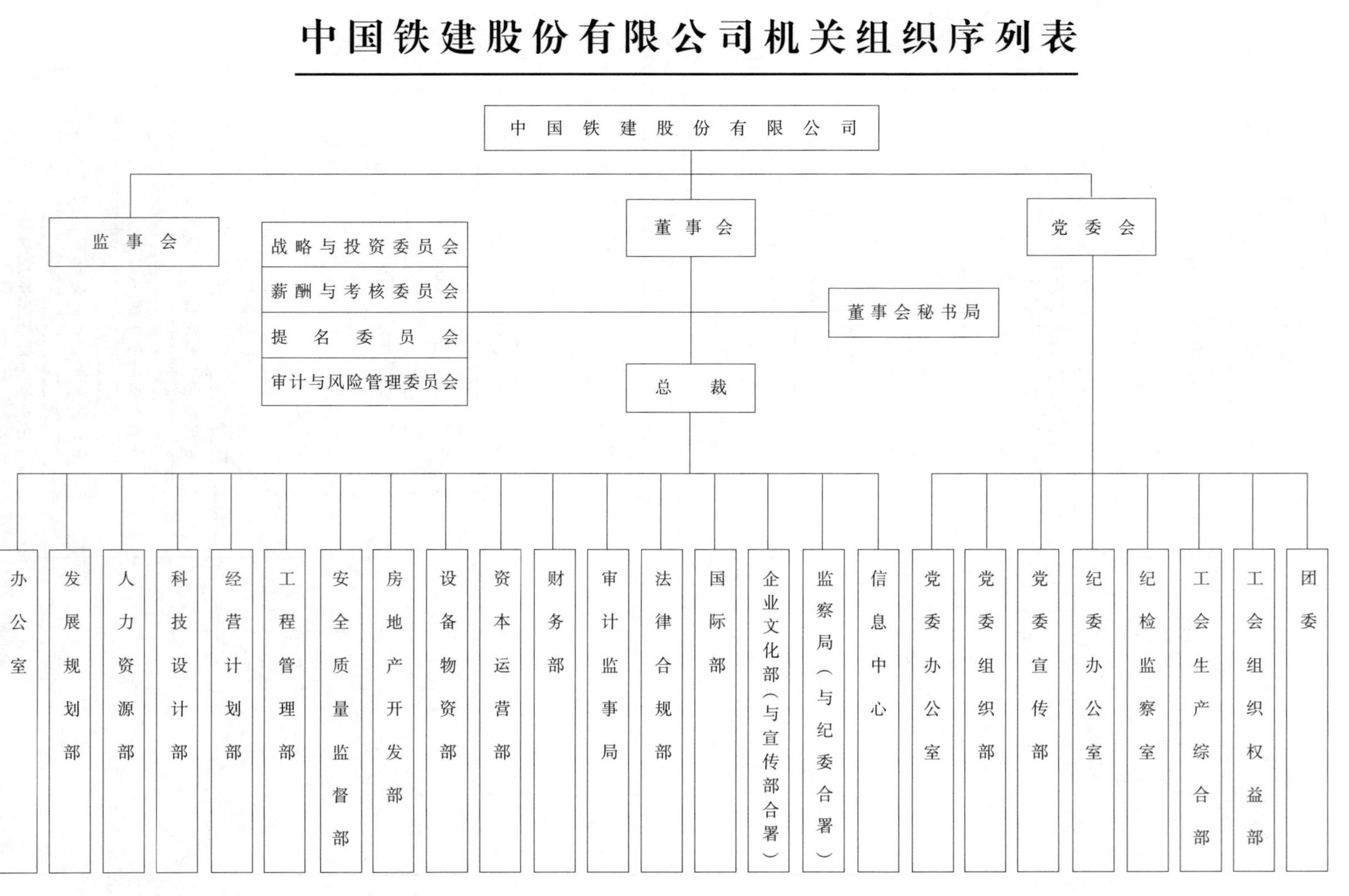
中国铁建股份有限公司机关组织序列表
中国铁建股份有限公司
监事会
董事会
党委会
战略与投资委员会
薪酬与考核委员会
提名委员会
审计与风险管理委员会
董事会秘书局
总裁
办公室
发展规划部
人力资源部
科技设计部
经营计划部
工程管理部
安全质量监督部
房地产开发部
设备物资部
资本运营部
财务部
审计监事局
法律合规部
国际部
企业文化部（与宣传部合署）
监察局（与纪委合署）
信息中心
党委办公室
党委组织部
党委宣传部
纪委办公室
纪检监察室
工会生产综合部
工会组织权益部
团委
制表：李学红

中国铁建股份有限公司所属二级单位组织序列表

中国铁建股份有限公司

- 中国土木工程集团有限公司
- 中铁十一局集团有限公司
- 中铁十二局集团有限公司
- 中铁十三局集团有限公司
- 中铁十四局集团有限公司
- 中铁十五局集团有限公司
- 中铁十六局集团有限公司
- 中铁十七局集团有限公司
- 中铁十八局集团有限公司
- 中铁十九局集团有限公司
- 中铁二十局集团有限公司
- 中铁二十一局集团有限公司
- 中铁二十二局集团有限公司
- 中铁二十三局集团有限公司
- 中铁二十四局集团有限公司
- 中铁二十五局集团有限公司
- 中铁建设集团有限公司
- 中铁建电气化局集团有限公司
- 中铁房地产集团有限公司
- 中铁第一勘察设计院集团有限公司
- 中铁第四勘察设计院集团有限公司
- 中铁第五勘察设计院集团有限公司
- 中铁上海设计院集团有限公司
- 中铁物资集团有限公司
- 昆明中铁大型养路机械集团有限公司
- 中铁轨道系统集团有限公司
- 北京铁城建设监理有限责任公司
- 中铁建(北京)商务管理有限公司
- 中铁建中非建设有限公司
- 中国铁道建设(加勒比)有限公司
- 中国铁道建设(香港)有限公司
- 诚合保险经纪(北京)有限责任公司
- 北京培训中心

制表:李学红

中国铁道建筑总公司党组织序列表

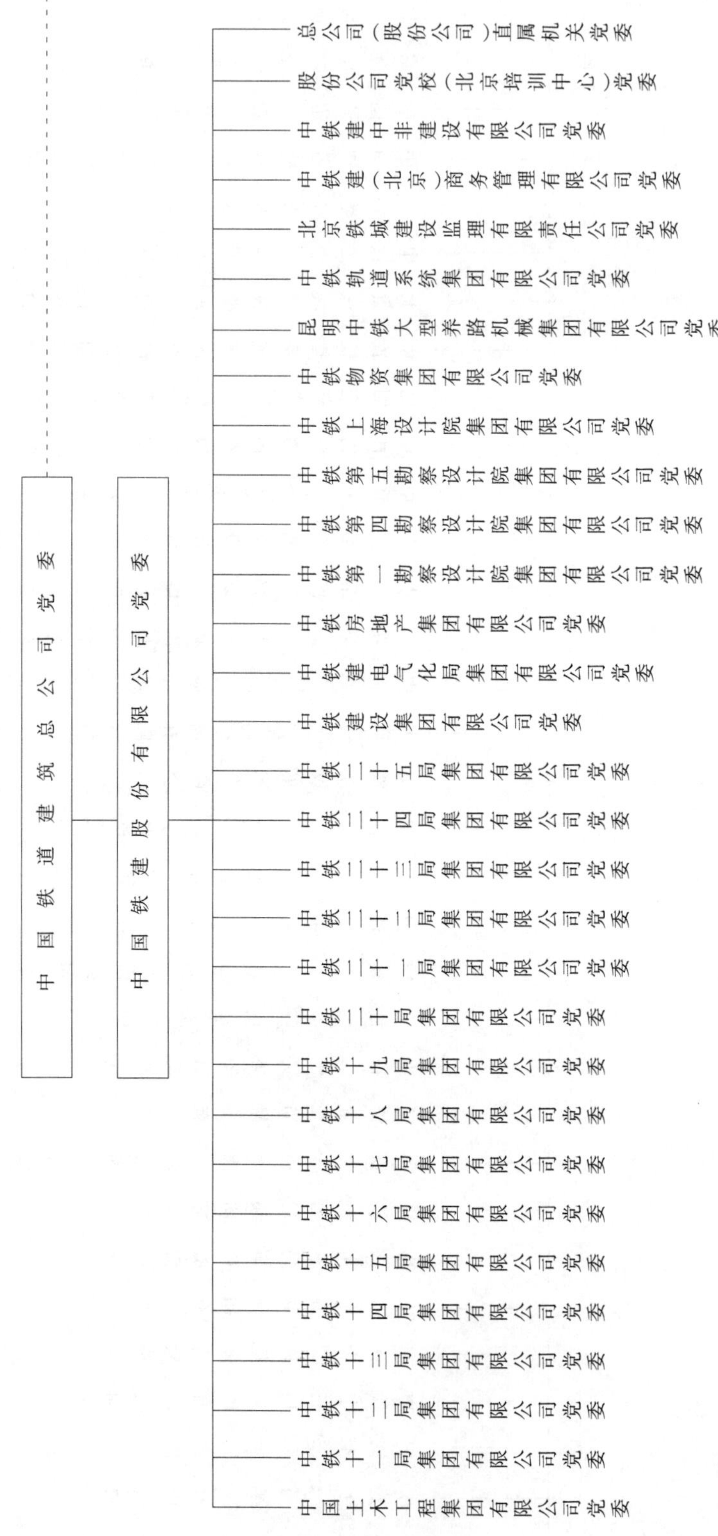

制表：杨赳

中国铁道建筑总公司工会组织序列表

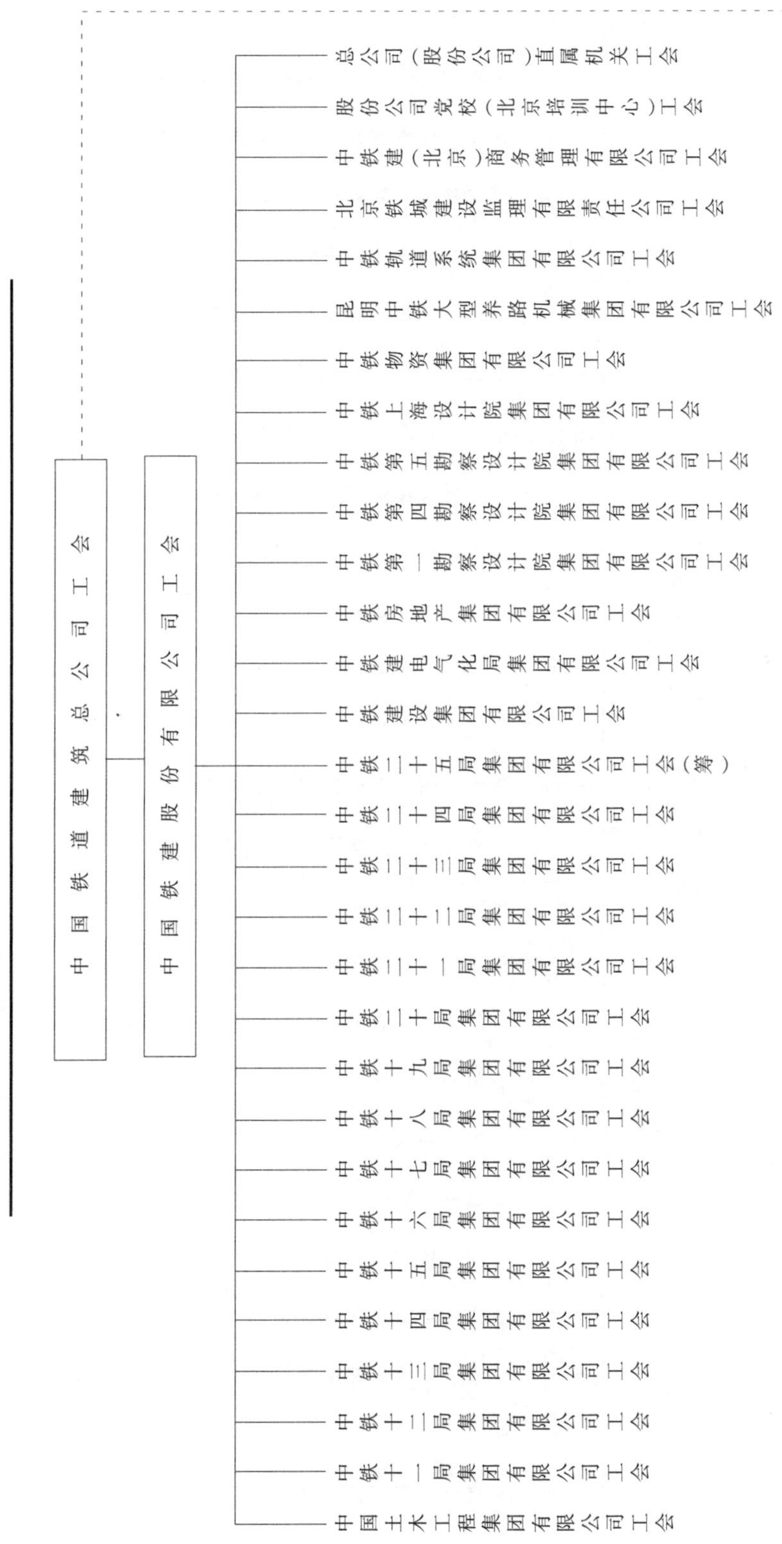

中国铁道建筑总公司共青团组织序列表

中国铁道建筑总公司团委

中国铁建股份有限公司团委

- 中国土木工程集团有限公司团委
- 中铁十一局集团有限公司团委
- 中铁十二局集团有限公司团委
- 中铁十三局集团有限公司团委
- 中铁十四局集团有限公司团委
- 中铁十五局集团有限公司团委
- 中铁十六局集团有限公司团委
- 中铁十七局集团有限公司团委
- 中铁十八局集团有限公司团委
- 中铁十九局集团有限公司团委
- 中铁二十局集团有限公司团委
- 中铁二十一局集团有限公司团委
- 中铁二十二局集团有限公司团委
- 中铁二十三局集团有限公司团委
- 中铁二十四局集团有限公司团委
- 中铁二十五局集团有限公司团工委
- 中铁建设集团有限公司团委
- 中铁建电气化局集团有限公司团委
- 中铁第一勘察设计院集团有限公司团委
- 中铁第四勘察设计院集团有限公司团委
- 中铁第五勘察设计院集团有限公司团委
- 中铁上海设计院集团有限公司团委
- 中铁物资集团有限公司团委
- 昆明中铁大型养路机械集团有限公司团委
- 中铁轨道系统集团有限公司团工委
- 中铁建（北京）商务管理有限公司团委
- 中铁建中非建设有限公司团委

制表：杨 赳

2009 年 6 月 19 日，中国铁建 2008 年度股东大会在中国铁建大厦三层报告厅举行。（刘 文 摄）

董事会工作

特载 | 大事记 | 概况 | 董事会工作 | 工程施工 | 海外经营 境外工程 | 经营管理 | 综合管理 | 科技文化 | 党的工作 | 工会 共青团 | 所属单位 | 人物 | 统计资料 | 文献辑要 | 附录

本栏责任编辑 **杨启燕**

【总公司董事会】 由李国瑞、丁原臣、赵广发3名董事组成。董事会按照《公司法》《公司章程》的规定行使职权。作为中央第二批董事会试点企业,2009年按照国务院国资委要求,继续做好董事会试点各项工作。在国务院国资委指导下,建立健全公司法人治理相关制度,继续完善董事会决策机制,组织董事参加国资委董事会专题培训及试点企业工作座谈等,董事会试点工作不断完善。 (李廷柱)

【总公司董事会向国资委报告年度工作】 8月29日,国资委召开董事会试点企业年度工作报告专题会议,总公司作为第二批董事会试点企业,向国资委报告2008年度工作。李国瑞董事长代表董事会向国资委作年度工作报告,汇报总公司董事会运行、生产经营等情况,其他董事进行补充发言。国资委主任李融荣对总公司董事会运作给予充分肯定,认为中铁建董事会是中央企业董事会运行良好的7家试点企业之一,并对继续完善董事会试点工作提出要求。 (李廷柱)

【修订《中国铁道建筑总公司章程》】 为使总公司董事会运行符合依法合规的要求,年内修订《中国铁道建筑总公司章程》部分条款,并根据公司实际调整董事会人数,12月7日报经国务院国有资产监督管理委员会批准,12月23日正式印发《中国铁道建筑总公司章程》。 (李廷柱)

【总公司董事会第5次会议】 6月30日在中国铁建大厦14层第2会议室召开,会议审议通过关于总公司2008年财务决算报告及2009年财务预算、总公司2008年投资计划完成情况及2009年投资方案、总公司投资建设工程技术研发基地(中国铁建大厦B座)项目、总公司本级BOT项目情况、总公司锦鲤资产管理中心资产现状及2009年工作安排等议案。 (靖 菁)

【总公司董事会第6次会议】 7月29日在中国铁建大厦14层第2会议室召开,会议审议通过关于国际华城别墅项目遗留问题处置情况的议案。 (靖 菁)

【总公司董事会第6次临时会议】 12月26日,总公司董事会第6次临时会议以通讯表决方式召开,会议审议通过关于2010~2012年关联交易上限和相关框架协议续签的议案。 (靖 菁)

【中国铁建股份有限公司股东大会】 股东大会是股份公司的权力机构,依法行使下列职权:决定公司的经营方针和投资计划;选举和更换非由职工代表担任的董事、监事,决定有关董事、监事的报酬事项;审议批准董事会报告;审议批准监事会报告;审议批准公司的年度财务预算方案和决算方案;审议批准公司的利润分配方案和弥补亏损方案;对公司增加或者减少注册资本作出决议;对发行公司债券作出决议;对公司合并、分立、解散、清算或者变更公司形式作出决议;制定和修改公司章程,并批准《股东大会议事规则》《董事会议事规则》和《监事会议事规则》;对公司聘用、解聘或者不再续聘会计师事务所作出决议;审议单独或者合计持有公司3%以上有表决权股份的股东提出的议案;审议批准公司在一年内购买、出售重大资产超过公司最近一期经审计总资产30%的事项;审议批准变更募集资金用途事项;审议批准股权激励计划;审议批准公司章程规定的对外担保事项;审议法律和公司股票上市地的证券监督规则规定的应当由股东大会审议批准的关联交易;审议法律、公司股票上市地的证券监督管理机构的相关规定及公司章程规定应当由股东大会决定的其他事项。 (李廷柱)

【2009年第1次临时股东大会】 1月13日,中国铁建股份有限公司2009年第1次临时股东大会在北京市复兴路40号中国铁建大厦召开,会议审议通过《关于发行中期票据的议案》。 (李学甫)

【2008年度股东大会】 2009年6月19日,中国铁建股份有限公司2008年度股东大会在北京市复兴路40号中国铁建大厦召开。会议审议通过董事会2008年度工作报告、监事会2008年度工作报告、公司2008年度财务决算报告、公司2008年度报告及其摘要、公司2008年度利润分配方案、H股募集资金用途变更、聘用会计师事务所为公司2009年度外部审计师及支付其2008年度费用、增补赵广发和朱明暹为公司第一届董事会董事、《中国铁建股份有限公司董事、监事薪酬管理办法》、调整独立董事年度基本报酬标准、2008年度董事薪酬标准、修改《中国铁建股份有限公司章程》、授予董事会发行公司H股股份一般性授权等议案。 (李学甫)

【中国铁建股份有限公司董事会】 由9名董事组成:董事长李国瑞,副董事长丁原臣,执行董事、总裁赵广发,非执行董事霍金贵、朱明暹,独立非执行董事李克成、赵广杰、吴太石、魏伟峰。董事会对股东大会负责,按照《中国铁建股份有限公司章程》依法行使职权。董事会下设战略与投资、提名、薪酬与考核、审计与风险管理4个专门委员会。董事会制定《股东大会议事规则》《董事会议事规则》《监事会议事规则》《独立董事工作制度》《总裁工作细则》及各专门委员会工作细则等20个法人治理相关工作制度。（李廷柱）

【股份公司董事会战略与投资委员会】 主要职责：对公司长期发展战略规划和重大战略性投资决策进行研究并提出建议；审核公司年度经营计划，对须经董事会批准的重大投资、融资和担保方案进行研究并提出建议；对须经董事会批准的重大资本运作、资产经营项目进行研究并提出建议，对需经董事会批准的公司重组、并购及转让公司所持股权、改制、组织结构调整的方案进行研究并提出建议；监督、指导公司的安全风险管理工作；对以上事项的实施进行评估检查；董事会授权的其他事项。战略与投资委员会由赵广发、丁原臣、朱明暹、李克成、吴太石5名董事组成，赵广发任战略与投资委员会主席。（李学甫）

【股份公司董事会提名委员会】 主要职责：定期检讨董事会的架构、人数及组成（包括专业能力、知识及经验方面），并就任何拟作出的变动向董事会提出建议；研究董事、总裁和其他高级管理人员的选择标准和程序，并向董事会提出建议；广泛搜寻具备合适资格可担任董事、总裁和其他高级管理人员的人选；对董事候选人、总裁候选人和其他高级管理人员人选进行审查并提出建议；评核独立非执行董事的独立性；就董事、总裁和其他高级管理人员的委任或重新委任以及董事、总裁和其他高级管理人员（尤其是董事长和总裁）继任计划的有关事宜向董事会提出建议；董事会授权的其他事项。提名委员会由李国瑞、霍金贵、朱明暹、李克成、赵广杰5名董事组成，李国瑞任提名委员会主席。2009年，提名委员会先后于3月27日、4月16日、4月27日、6月19日、8月6日、9月16日、10月27日召开7次会议，审议关于增补非执行董事、增补公司执行董事、选聘公司总裁、选聘公司副总裁、派往部分所属单位董事、部分所属单位董事会人选变动等议案。（李学甫）

【股份公司董事会薪酬与考核委员会】 主要职责：制定、审查公司董事及高级管理人员的薪酬政策与方案；研究公司董事及高级管理人员的考核标准，进行考核并提出建议；监督公司薪酬制度执行情况；董事会授权的其他事项。薪酬与考核委员会由赵广杰、李克成、吴太石3名董事组成，赵广杰任薪酬与考核委员会主席。2009年，薪酬与考核委员会先后于3月18日、7月29日召开两会议，审议中国铁建股份有限公司高级管理人员绩效考核办法及实施细则、董事履职评价办法、党群领导干部绩效考核办法及实施细则、绩效合约、高级管理人员薪酬管理办法、董事和监事薪酬管理办法、股份公司领导班子2008年度业绩考核和绩效薪金等议案。（李学甫）

【股份公司董事会审计与风险管理委员会】 主要职责：负责提议公司外部审计机构的聘请、更换；公司内部审计制度的监督；公司内外部审计的沟通、监督和核查；财务信息及其披露的审阅；内控制度的审查；公司风险管理策略和解决方案的制定，重大决策、重大事件和重要业务流程的风险控制、管理、监督和评估等；董事会授权的其他事项。审计与风险管理委员会由吴太石、赵广杰、魏伟峰3名董事组成，吴太石任审计与风险管理委员会主席。2009年，审计与风险管理委员会先后于1月12日、2月25日、4月7日、4月26日、8月25日、11月26日召开6次会议，审议2008年年度报告、2009年一季度报告、半年度报告，审议聘请2009年度公司外部审计公司和支付2008年度外部审计费用、公司2008年度内部控制自我评估报告、2009年全面风险管理报告，讨论2009年内控监督与评价工作，听取公司总部财务收支与资金中心自查工作汇报，部署2009年年度报告审计、年终内控报告和风险管理报告有关工作。（李学甫）

【董事会秘书】 股份公司设董事会秘书1名，由董事会聘任和解聘。董事会秘书为公司的高级管理人员，对董事会负责。其主要职责：（1）组织筹备董事会会议和股东大会，准备会议材料，安排有关会务，负责会议记录，保障记录的准确性，保管会议文件和记录，主动掌握有关决议的执行情况。对实施中的重要问题，应向董事会报告并提出建议。（2）确保公司董事会决策的重大事项严格按规定的程序进行。根据董事会的要求，参加组织董事会决策事项的咨询、分析，提出相应的意见和建议。受委托承办董事会及其有关委员会的日常工作。（3）作为公司与证券监管部门的联络人，负责组织准备和及时递交监管部门所要求的文件，负责接受监管部门下达的有关任务并组织完成。（4）负责协调和组织公司信息披露事宜，建立健全有关信息披露的制度，参加公司所有涉及信息披露的有关会议，及时知晓公司重大经营决策及有关信息资料。（5）负责公司股价敏感资料的保密工作，并制定行之有效的保密制度和措施。对于各种原因引起公司股价敏感资料外泄，要采取必要的补救措施，及时加以解释和澄清，并通告公司股票上市地监管机构。（6）负责协调来访接待，保持与新闻媒体的联系，负责协调解答社会公众的提问，并组织向中国证券监督管理委员会报告有关事宜。(7)保证公司的股东名册妥善设立，保证有权得到公司有关记录和文件的人及时得到有关记录和文件。(8)协助董事及总裁在行使职权时切实履行境内外法律、本章程及其他有关规定。在知悉公司作出或可能作出违反有关规定的决议时，有义务及时提醒，并有权如实向中国证券监督管理委员会及其他监管机构反映情况。(9)协调向公司监事会及其他审核机构履行监督职能提供必要的信息资料，协助做好对有关公司财务负责人、公司董事和总裁履行诚信责任的调查。(10)履行董事会授予的其他职权以及公司股票上市地要求具有的其他职权。 (李廷柱)

【专职外部董事】 股份公司设专职外部董事5人，主要职责：根据股份公司的发展战略、决议决定和《公司法》以及所派往的子公司章程中董事责任义务的规定要求履行其工作职责；负责所派往的子公司董事会工作情况报告和生产经营状况的分析报告及提交股份公司领导的定期或专题报告和年度述职报告；执行重大事项报告制度；在履行职责时，发现派往子公司的经营、管理等行为有可能危及企业资产安全、造成企业资产流失或者侵害投资者权益以及认为应当立即报告的其他紧急情况，要及时向股份公司提出专项报告；完成领导交办的其他工作。 (徐 红)

【中国铁建股份有限公司第一届董事会第13次会议】 1月19日在中国铁建大厦14层第2会议室召开，会议审议通过公司2009年度生产经营计划指标、公司2009年净利润和营业收入指导指标、《中国铁建董事会2009年工作要点》等议案。 (靖 菁)

【中国铁建股份有限公司第一届董事会第14次会议】 2月17日以通讯表决方式召开，会议审议通过关于在沙特阿拉伯登记中国铁建股份有限公司沙特麦加轻轨项目公司的议案。 (靖 菁)

【中国铁建股份有限公司第一届董事会第15次会议】 3月27日在中国铁建大厦14层第2会议室召开，会议审议通过增补非执行董事、投资建设尼日利亚拉各斯莱基自由贸易区有关问题、设立保险经纪公司有关问题、设立中国铁建(沙特)有限公司、变更中铁轨道系统集团有限公司注册资本金和股份公司回购中铁轨道系统集团有限公司股权等议案。 (靖 菁)

【中国铁建股份有限公司第一届董事会第16次会议】 4月16日在中国铁建大厦15层第1会议室召开，会议审议通过增补公司执行董事、选聘公司总裁、选聘公司副总裁的议案。 (靖 菁)

【中国铁建股份有限公司第一届董事会第17次会议】 4月27日~28日在中国铁建大厦14层第2会议室召开，会议审议通过董事会2008年度工作报告、总裁2008年度工作报告、公司2008年度财务决算报告、2008年度利润分配方案、2008年年度报告及其摘要、H股募集资金用途变更、募集资金存放使用情况报告、中铁房地产集团有限公司计提存货跌价准备有关问题、公司2009年第一季度报告、公司2009年度全面预算、公司2009年度投资方案、2009年度公司信贷规模、公司向银行申请综合授信额度、2009年度公司内部担保额度、聘用会计师事务所为公司2009年度外部审计师及支付其审计费用、2008年度企业社会责任报告、2008年度公司内部控制自我评估报告、2009年度全面风险管理报告、公司高级管理人员业绩考核与薪酬管理办法、2009年总裁个人绩效合约、《董事、监事薪酬管理办法》、调整独立董事薪酬标准、2008年度董事薪酬标准、中铁建电气化局集团有限公司向其控股子公司轨道交通器材公司提供担保问题、将公司对昆明中铁大型养路机械集团有限公司债权转为股权投资、调整董事会专门委员会成员、修改公司章程、授予董事会发行公司H股股份一般性授权、召开公司2008年年度股东大会审议相关事宜、在阿拉伯联合酋长国迪拜登记注册中国铁建(中东)有限公司、派往部分所属单位董事等议案。 (靖 菁)

【中国铁建股份有限公司第一届董事会第18次会议】 6月19日在中国铁建大厦14层第2会议室召开，会议审议通过向石武铁路客运专线增加投资、《中国铁建二级公司董事会规范运作试点指导意见》《中国铁建二级公司章程指引》、派往中铁房地产集团有限公司外部董事、调整公司关连交易上限、董事会向国资委2008年度工作报告等议案。 (李 静)

【中国铁建股份有限公司第一届董事会第19次会议】 7月29日在中国铁建大厦14层第2会议室举行，会议审议通过股份公司领导班子2008年度绩效薪金、派往中铁房地产集团有限公司外部董事人选、调整中铁建(北京)商务管理有限公司隶属关系、调整所属子公司注册资本金等议案。 (李 静)

【中国铁建股份有限公司第一届董事会第20次会议】 8月6日以通讯表决方式召开，会议审议通过关于中铁十九局集团公司董事长人选问题的议案。 (李 静)

【中国铁建股份有限公司第一届董事会第 21 次会议】 8 月 27 日在中国铁建大厦 14 层第 2 会议室举行,会议审议通过公司 2009 年上半年财务决算、公司 2009 年半年度报告及其摘要、公司募集资金存放与实际使用情况报告、修订董事会提名委员会、战略与投资委员会工作细则、投资京沪高速公路乐陵(鲁冀界)至济南段项目等议案。 (李 静)

【中国铁建股份有限公司第一届董事会第 22 次会议】 9 月 21 日以通讯表决方式召开,会议审议通过部分所属单位董事会人选变动、部分单位董事改任顾问的议案。 (李 静)

【中国铁建股份有限公司第一届董事会第 23 次会议】 10 月 27 日在中国铁建大厦 14 层第 2 会议室举行,会议审议通过公司 2009 年第三季度报告、将矿产资源开发列入公司主营业务、中铁物资集团有限公司董事会人选变动的议案。 (李 静)

【中国铁建股份有限公司第一届董事会第 24 次会议】 11 月 26 日在中国铁建大厦 14 层第 2 会议室举行,会议审议通过关于收购厄瓜多尔铜矿项目的议案。 (李 静)

【中国铁建股份有限公司第一届董事会第 25 次会议】 12 月 26 日在中国铁建大厦 14 层第 2 会议室举行,会议审议通过中国铁建与铜陵有色金属集团控股有限公司联合收购加拿大初级矿业公司 Corriente Resources Inc.、中铁房地产集团有限公司收购长沙市大联实业公司 49% 股权、2008 年 10 月 1 日 ~2009 年 9 月 30 日子公司利润分配及部分应收股利转增投资方案、2010 ~2012 年关连交易上限和相关框架协议续签、修订《中国铁建股份有限公司关联交易决策制度》等议案。 (李 静)

【中国铁建获系列大奖】 2009 年,中国铁建先后获得由第九届中国年度管理大会颁发的 2009 年"双十具价值管理榜样"、中国上市公司市值管理研究中心和《经济观察报》颁发的"2009 中国资本市场十大最佳创富创新奖"和"最佳创富 IR 奖"、21 世纪报系理财周刊颁发的"2009 中国上市公司最佳市值管理董事会"及"最佳董事会秘书"、中国社会科学院工业经济研究所和中国经营报社颁发的"最具竞争力港股上市公司(10 强)"、第九届中国上市公司百强高峰论坛颁发的"百强企业领袖奖"和"百强企业明星奖"等 17 个奖项。 (李廷柱)

【外部董事到所属企业调研】 6 月 4 日 ~11 日,股份公司独立(外部)董事朱明暹、赵广杰、吴太石、魏伟峰和总公司外部董事陶瑞,在股份公司副董事长丁原臣、董事会秘书李廷柱等陪同下,先后到公司所属中铁轨道系统集团公司、中铁二十四局集团安徽公司、中铁十四局集团公司、中铁十八局集团公司和京沪高速铁路沿线中铁十二局淮河特大桥项目及济南西客站工程、中铁十五局集团公司磨盘张制梁场、中铁十七局集团公司京沪高速铁路 1 标段进行现场调研。外部董事以"京沪高速铁路建设、板块建设、集团公司与工程公司建设"为调研主线,深入了解基层情况,深度剖析企业在发展战略、体制机制和经营管理等方面存在的问题,体现出关键时期、关键阶段对公司发展的指导作用,为董事会决策提供了现实依据。 (孙 瞻)

【外部董事到铜陵有色调研】 11 月 6 日 ~7 日,股份公司独立(外部)董事朱明暹、李克成、赵广杰、吴太石、魏伟锋,在股份公司副董事长丁原臣、副总裁周志亮陪同下,赴安徽对拟合作伙伴铜陵有色金属集团股份有限公司进行专题调研。调研组通过现场考察、座谈交流,为董事会决策提供依据。 (孙 瞻)

【董事、监事培训】 按照国务院国资委要求,2009 年组织公司董事参加国资委举办的薪酬与考核管理等专题培训。按照北京证监局《关于开展 2009 年北京辖区上市公司董事、监事常规培训的通知》要求,先后安排 6 名董事、监事参加两期上市专题培训。 (靖 菁)

【编发《董事会工作简报》】 全年编发《董事会工作简报》4 期,主要介绍公司外部董事调研工作情况、推进董事会规范运作试点工作布置会议情况,印发李国瑞董事长在董事会试点规范运行试点工作会议上的讲话和在董事会关于收购厄瓜多尔铜矿项目的重要讲话。 (靖 菁)

【董事会秘书局】 董事会秘书局为公司董事会的常设工作机构,负责公司董事会日常工作事务,负责筹备、组织股东大会、董事会会议,负责董事会决议执行情况的监督和信息反馈;负责起草董事会重要文件,建立健全董事会各项工作制度;负责董事会印章管理,处理法人代表授权委托事项;负责为董事履职提供工作服务;负责公司投资者关系管理,管理股东名册,接待投资者来访,与投资者保持良好的日常沟通与交流;组织编制年度报告、半年度报告、季度报告等定期报告;负责安排、组织业绩路演、推介活动;负责董事会与公司内外部的联络与沟通,协调与境内外监管机构的关系；负责公司内部重大信息的收集、整理与汇总，对外进行信息披露；负责公司委派的专职外部董事的日常管理、工作服务；负责委派的专职外部董事代表出资人行使决策意见的沟通与协调；负责公司董事会与全资、控股子公司董事会的业务联系；参与公司股票、债券及其衍生品的发行工作；参与公司全面风险管理、内部控制、履行社会责任等工作；承办总公司董事会相关工作；完成领导交办的其他工作。董事会秘书局下设秘书处、投资者关系处和股权代表管理处，定员 14 人，设主任 1 人、副主任 1 人，现员 9 人。

2009 年，董事会秘书局在董事会、公司、公司党委领导下，依据部门职责和中国证券监督管理委员会、中国保险监督管理委员会北京监管局及上海、香港两地证券交易所等的监督管理要求，按照 2009 年董事会工作安排，主要围绕股份公司董事会规范运作、完善公司治理体系建设、规范信息披露、投资者关系管理、二级公司董事会规范运作试点等方面开展工作，为企业改革与发展服务，依法合规办事，注重工作实效。

（李学甫）

【参加学习实践科学发展观活动】 按照公司深入开展学习实践科学发展观活动工作方案的要求，董事会秘书局党支部认真组织学习，围绕“二级公司董事会规范运作”主题开展调研，向机关各部门和所属集团公司广泛征求意见和建议，针对存在的问题认真整改。按照公司党委整改落实方案要求，对“进一步规范子公司法人治理结构体制，加快推进董事会规范运作试点工作”认真落实整改，根据二级公司董事会试点领导小组部署和工作推进计划，拟订《二级公司董事会规范运作试点指导意见》《二级公司董事会试点章程指引》等指导性文件。7 月 30 日，股份公司召开中铁房地产集团公司董事会规范运作试点工作会议，标志着二级公司董事会规范运作试点工作正式启动。在首家试点单位经验成熟的基础上，进一步扩大试点范围，有序推进二级公司董事会规范运行工作。（靖 菁）

【公司法人治理制度进一步完善】 2009 年，公司继续加强董事会制度建设，遵照国务院国资委《董事会试点中央企业董事会规范运作暂行办法》等一系列制度性文件，按照国资委、中国证券监督管理委员会、上海证券交易所、香港证券联合交易所等监管部门要求，修订《中国铁道建筑总公司章程》《中国铁建股份有限公司章程》《中国铁建股份有限公司战略与投资委员会工作细则》《中国铁建股份有限公司提名委员会工作细则》，制定《中国铁建股份有限公司董事、监事薪酬管理办法》《中国铁建股份有限公司新中标项目信息披露实施细则》，进一步完善公司治理机制，确保董事会运行依法合规。

（靖 菁）

【修订《中国铁建股份有限公司章程》】 2009 年，根据中国证券监督管理委员会《关于修改上市公司现金分红若干规定的决定》和香港证券联合交易所关于“使用公司网站等发出公司通讯”等要求，公司章程部分条款重新修订，经 4 月 27 日股份公司第一届董事会第 17 次会议和 6 月 19 日股份公司 2008 年度股东大会审议通过，8 月 31 日国务院国有资产监督管理委员会批准，《中国铁建股份有限公司章程》9 月 21 日正式印发。

（李 静）

【《中国铁建股份有限公司董事、监事薪酬管理办法》印发】 股份公司董事会薪酬与考核委员会拟订《中国铁建股份有限公司董事、监事薪酬管理办法》，经 4 月 27 日股份公司第一届董事会第 17 次会议和 6 月 19 日股份公司 2008 年度股东大会审议通过，6 月 23 日正式印发。

（靖 菁）

【修订《中国铁建股份有限公司提名委员会工作细则》】 根据国务院国资委《董事会试点中央企业董事会规范运作暂行办法》和国资委、中共中央组织部《关于董事会试点中央企业董事会选聘高级管理人员工作的指导意见》等有关文件要求，股份公司调整董事会提名委员会人数、成员及职责，重新修订《中国铁建股份有限公司提名委员会工作细则》，经 8 月 27 日股份公司第一届董事会第 21 次会议审议通过正式印发。

（李 静）

【修订《中国铁建股份有限公司战略与投资委员会工作细则》】 根据国务院国资委《董事会试点中央企业董事会规范运作暂行办法》等有关文件要求，股份公司调整董事会战略与投资委员会人数及成员，重新修订《中国铁建股份有限公司董事会战略与投资委员会工作细则》，经 8 月 27 日股份公司第一届董事会第 21 次会议审议通过正式印发。

（李 静）

【《中国铁建股份有限公司新中标工程项目信息披露工作细则》制定】 为向广大投资者及时、准确、完整、充分地披露新中标项目（合同）情况，股份公司依据上市地交易所相关规定及《中国铁建股份有限公司信息披露管理办法》《中国铁建股份有限公司重大信息内部报告制度》要求，制定下发《中国铁建股份有限公司新中标工程项目信息披露工作细则》，规范新中标工程项目的信息披露工作。

（赫东娜）

【印发《关于建立和完善公司总部信息管理机制的通知》】 12月31日,股份公司、股份公司党委下发《关于建立和完善公司总部信息管理机制的通知》,要求进一步明确股份公司相关部门信息管理的主要职责;加强信息沟通,实行信息资源共享;规范信息发布渠道,统一信息发布口径;加强领导,注重实效。

(卢富平)

【监管部门现场检查】 11月17日~12月4日,中国证券监督管理委员会北京监管局就防止大股东占用资金等问题进行现场检查,对规范股份公司与总公司资金往来及资产管理等问题提出整改建议。股份公司针对存在的问题逐条研究整改措施,先后下发《关于对北京证监局检查所提问题进行整改及进一步规范关联资金往来管理工作的通知》《关于进一步规范使用公司称谓的通知》等文件,认真落实整改。中信证券作为股份公司保荐人,根据上海证券交易所的要求,12月中旬对公司进行现场检查,检查报告提交上海证券交易所。

(王海强)

【信息披露】 2009年,股份公司按照证券监督管理机构的要求,在上海、香港两地市场及时、公平地披露公司信息,保证披露信息的真实、准确和完整。截至12月31日,在上海证券交易所网站披露年度、半年度和季度报告等定期报告6份及临时公告44份、H股公告6份、股东大会会议资料1份、其他类文件3份,并按上海证券交易所要求将《中国铁建股份有限公司董事、监事薪酬管理办法》《中国铁建股份有限公司董事会提名委员会工作细则》《中国铁建股份有限公司董事会战略与投资委员会工作细则》及《中国铁建股份有限公司章程》(2009修订)进行披露。截至12月31日,在香港证券联合交易所披露中文公告与通告58份、通函12份、月报表11份、财务报表2份、委任代表表格1份、各类英文文件52份。上述公告均同时在股份公司网站转载。

(赫东娜)

【编制定期报告】 股份公司高度重视年度报告、半年度报告和季度报告等定期报告的编制与披露工作,充分发挥审计与风险管理委员会和独立董事的作用,在定期报告编制委员会组织领导下,协调股份公司相关业务部门的力量,统筹规划、各负其责、密切配合,高标准、高质量地完成了2008年年度报告(A股和H股)、2009年一季度报告、半年度报告(A股和H股)、三季度报告的编制和披露工作。

(赵 媛)

【投资者关系管理】 股份公司遵循充分合规披露信息、投资者机会均等、诚实守信、保密、互动沟通等原则,建立投资者关系管理机制。全年接待机构投资者122批次478人;处理投资者来函1000余封,对个别投资者提出的敏感问题,及时向股份公司领导汇报;接听投资者来电千余次,针对股份公司公告、股价、国内外事件对公司影响等问题及时向投资者说明。年内,股份公司与投资者进行多种形式的交流,股份公司领导、董事会秘书、董事会秘书局先后参加第五届中国证券市场年会、高盛高华2009投资前沿年会、美国银行美林中国投资峰会、麦格理证券亚洲基础设施高峰会议等交流与研讨活动。

(赵 媛)

【业绩发布和路演】 年内,股份公司配合定期报告的发布,召开2008年度业绩发布会、2009年半年度业绩发布会、2009年三季度业绩电话交流会等活动。9月2日~16日,股份公司到香港和美国进行2009年中期业绩发布和非交易性路演活动,在香港举行中国铁建2009年中期业绩记者见面会和中期业绩发布会,组织21场一对一、一对多投资者见面会,会见70多名机构投资者代表及投资经理,促进了公司与投资者之间的良性互动。

(卢富平)

【二级公司董事会试点筹备工作】 为进一步规范二级公司法人治理结构,健全和完善集团母子公司管控体系,根据国资委关于推进董事会试点工作的要求,股份公司决定选择部分二级公司开展董事会试点工作。股份公司拟订《二级公司董事会试点筹备工作计划》,根据国资委《关于中央企业建立和完善国有独资公司董事会试点工作的通知》精神,制定《中国铁建二级公司董事会规范运作试点指导意见》和《中国铁建二级公司董事会试点章程指引》,经股份公司第一届董事会第18次会议审议通过。

(徐 红)

【征求二级公司董事会试点工作意见】 3月,股份公司在北京召开董事会试点工作征求意见座谈会,召集10个所属企业的主管领导和相关部门负责人参加,对二级公司董事会试点有关问题进行学习和研讨;向其他所属企业发放调查问卷,广泛收集对董事会试点工作的意见和建议。

(徐 红)

【中铁房地产集团公司董事会规范运作试点工作会议】 7月30日,股份公司召开中铁房地产集团公司董事会规范运作试点工作会议。会上,股份公司为中铁房地产集团公司5名外部董事颁发聘书,中铁房地产集团公司董事长与外部董事签署服务合约。中铁房地产集团公司董事会规范运作试点工作会议的召开,标志着股份公司二级公司董事会试点工作正式启动。

(徐 红)

【继续推进二级公司董事会规范运作试点工作】 在首家董事会规范运作试点单位经验成熟的基础上,股份公司决定进一步扩大试点范围,确定再选择中铁十五、二十一局集团公司作为董事会规范运作试点单位,继续推进二级公司董事会规范运行工作。股份公司先后召开推进董事会规范运作试点工作布置会、推进董事会规范运作试点工作碰头会,并召集中铁十五、二十一局集团公司董事长、党委书记、董事会秘书部署试点筹备工作。

(徐 红)

【印发法人治理制度汇编】 为做好股份公司董事会制度建设,董事会秘书局对公司法人治理制度、董事会试点文件、上市公司治理及监管主要规范性文件进行梳理,分别汇编成《董事会试点工作文件资料选编(二)》《中国铁建股份有限公司法人治理制度汇编》《上市公司治理及监管主要规范性文件选编》(上下册),发放全系统作为工作参考。

(李 静)

• 相关链接 •

铁路驼峰的发展

驼峰是铁路编组站的主要特征,是货车快速解体和编组的重要设备。所谓"驼峰",就是在地面上修筑的犹如骆驼峰背形状的小山丘,设计成适当的坡度,上面铺设铁路,利用车辆的重力和驼峰的坡度所产生的位能,辅以机车推力来解体列车的一种调车设备,是编组站解体车列的一种主要方法。在进行驼峰调车作业时,先由调车机将车列推向驼峰,当最前面的车组(或车辆)接近峰顶时,提开车钩,这时就可以利用车辆自身的重力,顺坡自动溜放到编组场的预定线路上,从而可以大大提高调车作业的效率。

在铁路运输发展初期,人们要解体或编组一列火车,通常都是利用牵出线或正线,人工扳道,手闸制动进行作业。车辆溜放的动力是靠机车的推力。这是世界铁路编组站调车设备发展的第一阶段——平面调车阶段(1825~1876年)。

平面调车劳动强度大,工作条件差,作业效率和安全性能低。在此期间,人们不断寻找一种能够提高效率、降低劳动强度、改善工作条件的调车设备。1876年,德国人修建了世界上第一座简易驼峰,利用位能溜放车辆解体列车,但编组场内仍为人工扳道,手闸制动。这较之平面调车作业有了很大进步,驼峰到现在一直保留在铁路编组作业中。这是铁路编组站调车设备发展的第二阶段——简易驼峰调车阶段(1876~1924年)。

人们没有满足于已有的发展,1924年,美国人首先在设有驼峰的编组站上使用车辆减速器(也称缓行器),控制车辆溜放速度。1925年,德国又首先实现驼峰道岔的集中控制,免除了人工扳道和利用手闸制动的繁重劳动。铁路编组站调车设备的发展进入了机械化驼峰调车阶段(1924~1948年)。

随着现代科学技术的发展,特别是电子学、自动控制理论和计算机技术的飞跃发展,为驼峰调车作业实现自动化创造了条件。美国铁路工程技术人员于1941年开始研究自动化驼峰。1948年,美国在帕蒂北编组站建成世界第一个控制车辆溜放速度的半自动化驼峰;1952年在凯利编组站建成第一个用模拟电子计算机控制车辆溜放速度的自动化驼峰;1956年在奇脱菲编组站建成第一个用数字计算机控制溜放速度的自动化驼峰。

上世纪50年代以后,铁路编组站调车设备的发展进入到半自动和自动化驼峰调车阶段(1948年至今)。驼峰调车作业的自动化,不仅能提高驼峰作业效率和编组站的改编能力,而且能保证作业安全,改善劳动条件和降低劳动强度。随着铁路网的不断扩大,科学技术的迅速发展,编组站作业综合自动化将会成为人们不断改进和完善的目标。

中铁十八、二十二局集团公司承建的厦门翔安隧道工程。（白树君 摄）

工程施工

本栏责任编辑 杨启燕

工 程 管 理

【工程管理部】 是股份公司工程管理、环境保护、设备管理、物资管理、铁路运输、节能减排及铁路战备综合管理职能部门。主要职责：负责组织制定建设项目施工管理、竣工验收管理等规章制度，负责交流推广先进项目管理经验，负责组织有关部门处理和解决公司承建的重点工程中的施工组织、施工难点问题和竣工验收交接工作，负责工程调度和重难点工程的信息工作，负责公司总承包项目和本级工程项目的施工组织管理指导工作，负责工程（劳务）分包商审核和架子队建设指导工作，负责工程项目环境保护、防洪、抗震减灾等工作；参与公司总体发展战略及中长期规划的研究制定、社会责任报告编撰工作，参与全面风险管理、绩效考核、经济对标、信息化建设、责任成本管理及概预算梳理、设计变更、经济索赔工作，承办总公司管理的国家铁路战备、经营项目工程管理工作。2009 年 6 月，经第 5 次总裁办公会议研究决定，将原设备物资处职能划出。定员 11 人，设部长 1 人，副部长 2 人；下设综合处、工程管理处、调度处。 （陈洪波）

【施工生产综述】 2009 年，全系统完成实物工程量：隧道 1126 公里，桥梁 1991 公里，正线铺轨 3971 公里，公路 1797 公里，土石方 10 亿立方米，房屋建筑 2110 万平方米。

重难点工程实现新突破。2009 年，股份公司重点工程有 25 项。其中，国内 23 项；海外 2 项。年内针对在建工程任务重、工期紧、重难点项目多、潜在风险大的特点，以“保安全、保质量、保工期、保效益、保形象”为工作目标，以重难点工程为突破口，强化队伍建设，推进项目标准化管理，加大技术创新和装备投入，有效地保证了在建工程有序可控、稳步推进。南京长江隧道于 8 月 22 日双线贯通，标志着中国超大直径盾构隧道科研和施工达到世界领先水平；国内第一条海底隧道——厦门翔安隧道于 11 月 5 日全线贯通；世界级风险岩溶隧道——宜万铁路齐岳山隧道，经过 6 年艰苦奋战，终于攻克最后难关，于 12 月 10 日贯通；武广、郑西、石太、合武铁路客运专线，襄渝、甬台温、温福和福厦铁路建成通车；京沪高速铁路，京石、石武、广深港铁路客运专线，沪宁、广珠、昌九城际铁路，厦深、渝利铁路等工程，进展顺利，有序可控；吐库铁路二线中天山隧道、兰渝铁路西秦岭隧道、青岛海底隧道、锦屏电站引水隧洞等工程稳扎稳打，稳步推进。海外工程，面对建设标准各异、施工环境复杂、资源调配困难等难题，迎难而上，艰苦奋战，建设了一个个优质精品工程，树立了企业形象。沙特阿拉伯麦加地铁工程是中沙两国元首见证签约的标志性项目，也是股份公司第一个集设计、施工、采购、运营于一体的项目，工期紧迫、任务繁重、环境复杂前所未有。工程在铁道部的高度重视和大力支持下，在股份公司工作组和项目公司、中铁十八局集团公司、中铁第一勘察设计院集团公司等单位的共同努力下，在中国土木工程集团公司、中铁十五局集团公司等在沙单位的协助下，土建施工取得重大突破，大部分工期节点按计划要求快速推进，设计已经突破瓶颈，产品认证取得成效，系统工程有序推进，为按期完成任务奠定了坚实基础。阿尔及利亚东西高速公路，除 M3 标段，其他标段均已建成通车。以色列卡迈尔隧道顺利贯通。一系列重难点工程的圆满完成，受到所在国的高度评价，为祖国争得了荣誉。 （陈洪波）

【表彰优秀项目经理】 依照《中国铁建股份有限公司优秀项目经理评选办法》，张文锦等 90 人被股份公司评为 2009 年度优秀项目经理。

中国铁建优秀项目经理

张文锦	李国军	王金柱	李文俊	卢芝海
聂亚军	田红星	张　平	范　军	史聪慧
许超英	范廉明	王学申	蔡英康	王力生
张文军	穆永江	崔永军	谢伟东	刘玉清
刘美良	仇高山	公绪论	范家镇	杨凡成
杨连刚	陈生军	曾宪长	段玉顺	张跃进
郎建平	尹　足	向大强	赵　永	张晓峰
陈建军	孙中林	梁　毅	眭爱宏	李永珑
聂武丁	王应权	郑雁翎	陈典华	孙伟鹏
石明记	李世争	石文广	曹美俊	刁金昌
程月端	赵永军	李　智	李少先	杨绍阁
罗俊国	白建伟	俞小轩	李玉洁	刘庭联
林仰栋	王　亮	卢长德	张志国	张　才
孙锡寿	林殿文	周振兴	于加顺	袁全祥
王　武	郭中新	杨冰勇	袁保山	陆喜刚
黄仲戒	刘声辉	谭　鹰	范　波	龚汉兵
李学荣	张永春	李　擘	韩培玉	赵文泉
李章锁	郭志光	李汝军	李爱忠	马功民

（陈洪波）

【武广铁路客运专线工程】 北起武汉枢纽南端乌龙泉，南至新广州枢纽北端花都站，全长 868.62 公里，包括长沙（株洲）、衡阳枢纽配套工程，途经湖北、湖南、广东 3 省的咸宁、岳阳、长沙、株洲、衡阳、郴州、韶关、清远等市。2005 年 6 月 23 日开工，2009 年 12 月 26 日建成通车。中铁十一、十二、十四、十五、十六、十七、十八、十九、二十五局集团公司承担495.244公里施工任务,合同投资237.3亿元,占武广铁路客运专线乌龙泉至花都段工程总投资的55%。主要工程量:桥梁1259座207316延长米,隧道114座90331延长米,路基198.412公里。区段内正线全部铺设无砟轨道。

(陈洪波)

【石太铁路客运专线工程】 东起河北省石家庄北站,西至山西省太原站,途经两省的鹿泉市、井陉县、平山县、盂县、寿阳县、阳曲县,全长189.93公里。该线为双线、全封闭、全立交设计,使用电力牵引,设计时速200公里。客运专线静态工程投资126.37亿元。2005年6月11日开工,2009年4月1日建成通车。全线有桥梁94座、隧道32座,桥梁隧道长度占线路总长的60.1%,其中包括全长27公里的太行山隧道。石太铁路客运专线是连接中国西部和华北的又一条快捷运输通道,将大幅度提高两省铁路客运和晋煤外运能力,缓解运能紧张状况,对促进冀晋国民经济发展、保障国家重点物资运输具有十分重要的作用。中铁十一、十二、十三、十六、十七、二十、二十二局集团公司和中铁建电气化局集团公司参加工程建设。 (陈洪波)

【甬台温铁路工程】 是国家《中长期铁路网规划》的一项重要工程,由铁道部、浙江省共同投资建设。甬台温铁路北起浙江省宁波市,南至温州市,全长280公里,经途新建奉化、宁海、三门、临海、台州、台州南、温岭、雁荡山、绅纺(预留)、乐清、永嘉、新温州、温州南等车站,为国家I级双线铁路,设计时速200公里。工程总投资162.8亿元,合同工期4年,2009年9月28日建成通车。工程沿线地质条件复杂,软土地基分布广泛,桥梁隧道长度占线路总长的62%,施工难度大。主要工程量:路基土石方2079万立方米,新建车站13座,桥梁198座89600延长米,隧道59座88900延长米,正线铺轨555公里,电气化接触网架线839.5公里,征地13423亩,拆迁103.4万平方米。中铁十一、十二、十三、十六、十八、二十四局集团公司参加工程建设。 (陈洪波)

【温福铁路工程】 北起浙江省温州市温州南站,经瑞安、平阳、苍南,至福建省福鼎、霞浦、福安、宁德,穿过福州市的罗源、连江、马尾,南至晋安区的福州枢纽福州站,全长298.4公里,总投资174.8亿元。2004年12月26日开工,2009年9月28日建成通车。温福铁路为国家I级干线双线电气化铁路,是中国铁路中长期规划“八纵八横”主通道沿海快速铁路的重要组成部分,对于福建省建设海峡西岸经济区、做大做强省会中心城市具有十分重要的战略意义。该条铁路设计时速200公里,桥梁隧道占线路总长的78%。中铁十一、十二、十五、十九、二十四局集团公司参加工程建设。 (陈洪波)

【郑西铁路客运专线工程】 东起河南省郑州市,西到陕西省西安市,基本与陇海铁路平行,全长484.5公里,总投资400亿元,设计时速200公里以上。2005年5月开工,2009年2月6日建成通车。郑西铁路客运专线是徐州至兰州客运专线的重要组成部分,对于缓解陇海铁路全线运输“瓶颈”制约,加强中国中、东、西部铁路运输和经济交流具有重要意义。中铁十一、十二、十六、十七、二十三、二十五局集团公司和中铁建电气化局集团公司参加工程建设。 (陈洪波)

【襄渝铁路二线工程】 为国家I级电气化铁路,是沟通中国西南地区与东北、华北、华中、华东、西北等广大地区,尤其是四川和重庆的重要铁路通道。2005年8月13日开工,2009年10月31日建成通车。中铁十一、十二、十三、十五、十七、十八、二十、二十一、二十二、二十三、二十五局集团公司和中铁建电气化局集团公司参加工程建设。 (陈洪波)

【合武铁路客运专线工程】 为国家I级双线铁路,设计时速200公里。东起安徽省合肥市,途经六安、麻城至湖北省武汉市,穿越大别山腹地,是国家规划的沪汉蓉快速通道的重要组成部分。全长357公里,总投资160亿元。2005年9月开工,2009年4月1日建成通车。中铁十一、十二、十七、二十四、二十五局集团公司参加工程建设。 (陈洪波)

【南京长江隧道工程】 是江苏省南京市城市总体规划确定的“五桥一隧”过江通道中的重要工程。2005年1月,中国铁道建筑总公司、南京市交通建设投资控股(集团)有限责任公司、南京市浦口区国有资产投资经营有限公司共同出资组建南京长江隧道有限责任公司,全权负责过江隧道项目的投资、建设、运营、管理和维护,公司注册资金10.42亿元人民币,其中中国铁道建筑总公司控股80%。公司经营期限暂定34年,其中建设期4年、经营管理期30年。公司董事长李国瑞,总经理尚清喜。长江南京段上游过江通道工程规划起点为浦口区的浦珠路,沿浦口经济开发区现状用地南侧向东南方向至黄家村,下穿长江主航道,在梅子洲中部钻出地面后,以桥梁形式跨夹江,于建邺区南京电化厂附近的上新河人渡码头上岸沿新河口大街,在与规划河西滨江大道相交后，连接上应天大街，沿应天大街规划红线东行至终点江东路。全长5800米，按时速80公里6车道城市快速通道规模建设，采用“左汊盾构隧道+右汊桥梁”方案，其中左汊盾构隧道长3900米，右汊桥梁长910米。2005年9月30日开工，2009年8月22日顺利贯通。中铁十四、十五局集团公司参加工程建设。（陈洪波）

【厦门东通道(翔安隧道)工程】 是福建省厦门市第三条进出岛公路通道，连接厦门市本岛和大陆架翔安区。全长8695米，其中海底隧道长6050米，跨越海域宽4200米。工程设计采用三孔隧道方案，两侧为行车主洞各设3车道，中孔为服务隧道。主洞隧道建筑限界净宽13.5米、净高5米，设计行车时速80公里；服务隧道建筑限界净宽6.5米、净高6米。隧道最深处位于海平面下约70米，采用钻爆法施工，是中国大陆第一座大断面的海底隧道。该隧道对于中国隧道建设技术的进步和发展，缩小与世界先进水平的差距，将起到里程碑的作用。2005年9月开工，2009年11月5日全线贯通。工程总投资31.97亿元。中铁十八、二十二局集团公司分别承担A2、A3标段施工任务。（陈洪波）

·宜万铁路·

【工程综述】 宜万铁路是中国铁路网“八纵八横”主骨架中沿江铁路大通道的重要组成部分，是中部通往西部的桥梁和纽带。沿江铁路大通道由上海经南京、芜湖、铜陵、九江、武汉、宜昌、恩施至重庆、成都，途经沪、苏、皖、赣、鄂、渝、川七省市，横跨中国东、中、西部，连接长江上、中、下游，全长约2200公里。修建宜万铁路可早日结束沿江没有铁路贯通的历史，填补鄂渝湘黔边区24万平方公里无铁路的空白，缩短沿江各大中城市之间的运距，带动沿线103个贫困县市的经济发展，对于国家实施西部大开发战略，加快中西部地区发展，促进少数民族地区的繁荣富裕有着十分重要的意义。宜万铁路呈东西走向，从宜昌东站引出，跨越长江，经点城、土城、五爪观至贺家坪，穿堡镇隧道至榔枰，穿八字岭野三关隧道，跨支井河、野三河至高坪，经落水洞至建始、龙凤坝、恩施，过恩施车站跨清江，经龙麟洞穿云雾山、马鹿箐隧道，再经元堡至利川，向西经凉雾穿齐岳山山脉，进入重庆市万州区，于五桥区沱口处跨长江至万州车站。线路全长377.128公里，其中湖北省境内324.424公里、重庆市境内52.704公里，为国家Ⅰ级电气化铁路，总投资167亿元，2004年1月开工。中铁十一至二十一局集团公司承担线下土建工程施工任务。（陈洪波）

【中铁十一局集团公司宜万铁路27、W21、W24标段工程】 27标段合同投资44518万元。主要工程量：马鹿箐隧道Ⅰ线长7879延长米、平导1座长7857米，Ⅱ线长7836延长米。W21标段长8.41公里，合同投资15665万元。W24标段长7.298公里，合同投资15013万元。（陈洪波）

【中铁十二局集团公司宜万铁路32、W10标段工程】 32标段长7.51公里，合同投资20840万元，主要工程量：齐岳山隧道进口3645延长米。W10标段长10.85公里，合同投资36900万元。（陈洪波）

【中铁十三局集团公司宜万铁路38标段工程指挥部】 驻四川省万州市。标段长8.365公里，合同投资16130万元。主要工程量：站场路基土石方2.09万立方米；桥梁2座409.57延长米；隧道2座7770延长米，其中广成山隧道5353延长米、庙垭口隧道2417延长米；正线铺轨8.365公里。（陈洪波）

【中铁十三局集团公司宜万铁路W17标段工程指挥部】 驻湖北省利川市。标段长13.014公里，合同投资23940万元。Ⅰ线主要工程量：金子山隧道6835延长米；Ⅱ线主要工程量：金子山Ⅱ线隧道7643延长米。（陈洪波）

【中铁十四局集团公司宜万铁路W7、9标段工程指挥部】 驻湖北省长阳县，指挥长张浚厚。W7标段长8.15公里，合同投资19050万元。主要工程量：隧道5座4900.6延长米，桥梁7座2391.91延长米。9标段合同投资22842万元，主要工程量：隧道9座12425延长米，其中全线重点控制工程堡镇隧道左线进口5639延长米，右线进口5618延长米；桥梁6座535.26延长米；涵洞9座418.32横延米；路基土石方32.07万立方米。（陈洪波）

【中铁十五局集团公司宜万铁路W6标段工程指挥部】 驻湖北省宜昌市。标段长12.453公里，合同投资43126万元。主要工程量：隧道11784延长米，桥梁2264.5延长米，涵洞135横延米，土石方31万立方米。（陈洪波）

【中铁十六局集团公司宜万铁路16标段工程指挥部】 驻湖北省巴东县。标段长10公里，合同投资70000万元。主要工程量：野三关隧道Ⅰ线6043延长米、Ⅱ

线6000延长米，大支坪隧道Ⅰ线4137延长米、Ⅱ线4106延长米。（陈洪波）

【中铁十六局集团公司宜万铁路W2标段工程指挥部】 驻湖北省宜昌市。标段长12.9公里，合同投资35500万元。（陈洪波）

【中铁十七局集团公司宜万铁路39、W9标段工程】 39标段长7.65公里，合同投资15434万元。W9标段长15.166公里，合同投资20736万元。（陈洪波）

【中铁十八局集团公司宜万铁路6、W11标段工程】 6标段合同投资45382万元，主要工程量：白云山隧道Ⅰ线6827延长米，Ⅱ线5587.516延长米。W11标段长15.521公里，合同投资41092万元。（陈洪波）

【中铁十九局集团公司宜万铁路W16、W22标段工程】 W16标段长8.7公里，合同投资31000万元。W22标段长9.275公里，合同投资23459万元。（陈洪波）

【中铁二十局集团公司宜万铁路37、W15标段工程】 37标段合同投资18204万元。W15标段长11.439公里，合同投资31032万元。（陈洪波）

【中铁二十一局集团公司宜万铁路工程指挥部】 驻重庆市。合同投资4384万元，主要工程量：别岩槽隧道进口段1452延长米。（陈洪波）

·京沪高速铁路·

【工程综述】 京沪高速铁路全长1318公里，途经北京、天津、济南、南京、上海等21座车站，设计时速350公里。全线桥梁1140公里，占正线长度的86.5%；隧道16公里，占正线长度的1.2%；路基162公里，占正线长度的12.3%。全线铺设无砟轨道1268公里，占线路长度的96.2%；有砟轨道50公里，占线路长度的3.8%。2008年4月18日开工，计划工期5年。中铁十二、十四、十五、十六、十七、十八、十九局集团公司参加工程建设，合同投资387亿元。上海虹桥站工程由上海建工集团股份有限公司和中铁二十四局集团公司联合体负责施工。（陈洪波）

【京沪高速铁路JHTJ-4标段工程】 位于江苏、安徽省境内，正线长285.737公里，合同投资170亿元。主要工程量：路基63.06公里；桥梁54座229670延长米，公路跨铁路立交桥10座，隧道2座460延长米，铺轨688.27公里。由中铁十二、十四、十五局集团公司联合体负责施工。中铁十二局集团公司京沪高速铁路工程指挥部驻安徽省蚌埠市，指挥长高治双；中铁十四局集团公司京沪高速铁路工程指挥部驻安徽省蚌埠市，指挥长张挺军；中铁十五局集团公司京沪高速铁路工程指挥部驻安徽省宿州市，指挥长习仲伟。（陈洪波）

【京沪高速铁路JHTJ-3标段工程】 由中铁十六局集团公司和中国水利水电集团公司联合体负责施工。中铁十六局集团公司京沪高速铁路工程指挥部驻山东省枣庄市，指挥长郭品云。标段长86.77公里，合同投资50亿元。主要工程量：路基35.876公里，土石方415万立方米；桥梁35座48885延长米，隧道2座1828延长米；车站1座；双线铺轨264.596公里。（陈洪波）

【京沪高速铁路JHTJ-1标段工程】 由中铁十七、十八、十九局集团公司联合体负责施工。中铁十七局集团公司京沪高速铁路工程指挥部驻河北省廊坊市，指挥长梁毅；中铁十八局集团公司京沪高速铁路工程指挥部驻河北省沧州市，指挥长赵明传；中铁十九局集团公司京沪高速铁路工程指挥部驻天津市，指挥长侯希承。标段长237.28公里，合同投资167亿元，总工期60个月。主要工程量：路基土石方297万立方米；桥梁9座218574延长米，其中北京特大桥全长48166延长米、天津特大桥全长117800延长米、清沧特大桥全长27886延长米、沧德特大桥沧州段全长1816延长米；涵洞39座1061.33横延米；车站3座，线路所1座；正线铺轨545.047公里，浇注无砟道床423.9公里。（陈洪波）

【中铁二十四局集团公司京沪高速铁路工程指挥部】 驻上海市虹桥区，指挥长郭富君。承担虹桥车站站场及相关工程施工任务，合同投资1.27亿元。（陈洪波）

·京石铁路客运专线·

【工程综述】 京石铁路客运专线北起首都北京，南至河北省省会石家庄市，全长283.672公里。其中，北京市境内48.712公里；河北省境内234.96公里。中铁十一、十二、十三、二十一、二十二局集团公司参加工程建设。（陈洪波）

【中铁十一局集团公司京石铁路客运专线工程指挥

部】 驻河北省望都县,指挥长王金柱。承担 JS-3 标段部分工程施工任务,线路长 57.46 公里,合同投资 32.8 亿元。合同工期 2008 年 8 月~2011 年 3 月。主要工程量:路基 18.3 公里,桥梁 9 座 39112.45 延长米,涵洞 84 座 2306.487 横延米,车站 1 座,无砟轨道铺设 115 公里。(陈洪波)

【中铁十二局集团公司京石铁路客运专线工程指挥部】 驻河北省石家庄市,指挥长张金柱。承担 JS-4 标段部分工程施工任务,线路长 28 公里,合同投资 9.8 亿元。合同工期 2008 年 8 月~2009 年 7 月。主要工程量:路基 5.396 公里,桥梁 5 座 1323 延长米,隧道 2 座 4579 延长米,盖板箱涵 9 座。(陈洪波)

【中铁十三局集团公司京石铁路客运专线工程指挥部】 驻河北省新乐市,指挥长吴焕通。承担 JS-3、JS-4 标段部分工程施工任务,线路长 50.8 公里,合同投资 32.8 亿元。合同工期 2008 年 8 月~2011 年 4 月。主要工程量:特大桥 8 座 34789 延长米,路基 16 公里,制架箱梁 1122 孔,涵洞 72 座,轨道板预制 138.737 公里。(陈洪波)

【中铁二十一局集团公司京石铁路客运专线工程指挥部】 驻河北省鹿泉市,指挥长宋建忠。承担 JS-4 标段 16.02 公里直通线线下工程及 24.2 公里有砟轨道铺设和正线 120.9 公里无砟轨道铺设施工任务,合同投资 13.9 亿元。合同工期 2008 年 8 月~2011 年 6 月。主要工程量:桥梁 3 座 13774 延长米,制架简支箱梁 235 孔,架设预应力简支 T 梁 225 孔,涵洞 7 座,路基填方 24 万立方米,铺设有砟轨道 59.718 公里。(陈洪波)

【中铁二十二局集团公司京石铁路客运专线 JS-1 标段工程指挥部】 驻北京市房山区,指挥长陈延军。承担 JS-1 标段部分工程施工任务,合同投资 14.1 亿元。主要工程量:永定河特大桥 14490 延长米,铺轨 156.6 公里。合同工期 2008 年 8 月~2011 年 10 月。(陈洪波)

【中铁二十二局集团公司京石铁路客运专线 JS-4 标段工程指挥部】 驻河北省井陉县,指挥长王桂春。承担 JS-4 标段 1.9 公里直通线施工任务,合同投资 5400 万元。主要工程量:跨石太铁路特大桥 657.85 延长米,涵洞 3 座 103.5 横延米。(陈洪波)

·石武铁路客运专线·

【工程综述】 石武铁路客运专线全长 840 公里,设计时速 350 公里。全线设新石家庄、新高邑、新邢台、新邯郸、新安阳、新鹤壁、新新乡、新郑州、新许昌、新漯河、新驻马店、新明港、新信阳、大悟、莱店、新恒店、武汉 17 个车站。郑州至武汉段工期 39 个月,石家庄至郑州段工期 45 个月,投资总额 1167.6 亿元。石家庄市域内涉及鹿泉市、赞皇县、元氏县、高邑县,全长 47 公里。2008 年 10 月开工。中铁十一、十四、十五、十六、十七、十八、十九、二十、二十三局集团公司参加工程建设。(陈洪波)

【中铁十一局集团公司石武铁路客运专线工程指挥部】 驻湖北省武汉市黄陂区,指挥长荆山。承担湖北段 TJ-II 标段施工任务,线路长 71.71 公里,合同投资 50.8 亿元。合同工期 2008 年 11 月~2011 年 2 月。主要工程量:路基 23.42 公里,大中桥 4 座 35990 延长米,制架简支箱梁 743 孔,造桥 295 孔;隧道及明洞 6 座 12300 延长米;车站 1 座;铺设无砟轨道 144.58 公里,铺轨 517.792 公里,铺道岔 54 组。(陈洪波)

【中铁十四局集团公司石武铁路客运专线工程指挥部】 驻河北省邢台市,指挥长王焕。承担河北段 SZ-2 标段施工任务,线路长 68.63 公里,合同投资 45 亿元。合同工期 2008 年 10 月~2011 年 2 月。主要工程量:路基 5.4 公里,区间及站场土石方 137.25 万立方米;桥梁 9 座 63265.46 延长米,占线路全长的 92%;涵洞 403.75 横延米;车站 1 座。(陈洪波)

【中铁十五局集团公司石武铁路客运专线工程指挥部】 驻河南省郑州市,指挥长郑根锁。承担河南段郑州枢纽部分工程施工任务,合同投资 2.7 亿元。合同工期 2008 年 11 月~2011 年 12 月。主要工程量:桥梁 6470 延长米。(陈洪波)

【中铁十六局集团公司石武铁路客运专线工程指挥部】 驻河南省信阳市,指挥长任灿伟。承担河南段 SWZQ-9 标段部分工程施工任务,线路长 21.3 公路,合同投资 12.5 亿元。合同工期 2008 年 10 月~2011 年 12 月。主要工程量:路基土石方 172 万立方米,桥梁 17 座 6033 延长米,涵洞 43 座 954.54 横延米,隧道 7 座 5709 延长米,铺设轨道 42.65 公里。(陈洪波)

【中铁十七局集团公司石武铁路客运专线工程指挥

部】 驻河南省信阳市,指挥长郝占胜。承担河南段SWZQ-9标段部分工程施工任务,线路长39.299公里,合同投资25.8亿元。合同工期2008年10月~2011年6月。主要工程量:路基17.24公里,桥梁28.5座17240延长米,涵洞44座919.09横延米,铺设无砟轨道39.299公里,车站1座。 (陈洪波)

【中铁十八局集团公司石武铁路客运专线工程指挥部】 驻河南省驻马店市,指挥长杨国良。承担河南段SWZQ-8标段施工任务,线路长56.1公里,合同投资32.8亿元。合同工期2008年10月~2011年6月。主要工程量:路基12.33公里,桥梁8座42590延长米,隧道2座1184延长米,涵洞38座844横延米;制架箱梁640孔,现浇梁248孔,预制无砟轨道板59000块,铺设轨道板56.1公里。 (陈洪波)

【中铁十九局集团公司石武铁路客运专线工程指挥部】 驻河南省新乡市,指挥长李华伟。承担河南段SWZQ-2标段部分工程施工任务,线路长49.984公里,合同投资37.7亿元。合同工期2008年10月~2011年6月。主要工程量:路基6.04公里;特大桥3座43944延长米,现浇连续梁15联,制架箱梁1305孔;铺设无砟轨道49.984公里;车站1座。 (陈洪波)

【中铁二十局集团公司石武铁路客运专线工程指挥部】 驻河南省新乡市,指挥长周海军。承担河南段SWZQ-2标段部分工程施工任务,线路长22.58公里,合同投资17.9亿元。合同工期2008年10月~2011年6月。主要工程量:路基土石方180万立方米;特大桥2座13758延长米,制架简支箱梁478片;预制无砟轨道板26000块,铺设轨道板22.58公里。 (陈洪波)

【中铁二十三局集团公司石武铁路客运专线工程指挥部】 驻湖北省大悟县,指挥长袁松。承担湖北段TJ-I标段施工任务,线路长62.3公里,合同投资39.9亿元。合同工期2008年11月~2011年3月。主要工程量:路基23.332公里;桥梁54座19227延长米,制架简支箱梁532孔,连续梁6联;涵洞62座1513.17横延米;隧道13座19816延长米,其中黄龙寺隧道8715延长米;铺设无砟轨道62.3公里。 (陈洪波)

·向莆铁路·

【工程综述】 新建向塘至莆田(福州)高速铁路位于江西、福建两省境内,西起江西省南昌市向塘镇,途经丰城市、抚州市、福建省三明市,东至福建中部沿海地区的福州市和莆田市。向莆铁路是海峡西岸经济区拓展中西部腹地的一条最重要铁路,也是福建首条连接中部和内陆省份的现代化铁路。全长603.6公里,其中福建段384.3公里、莆田段44.38公里,设车站24座。投资总额518亿元,计划工期5年。中铁十二、十四、十八、十九、二十一、二十三、二十四局集团公司参加工程建设。 (陈洪波)

【中铁十二局集团公司向莆铁路工程指挥部】 驻福建省三明市,指挥长王法岭。承担向莆铁路福建段FJ-3B标段施工任务,线路长18.2公里,合同投资92000万元,合同工期2008年10月~2012年5月。主要工程量:路基1030米,隧道4座14963延长米,大桥5座1198延长米,车站1座。 (陈洪波)

【中铁十四局集团公司向莆铁路工程指挥部】 驻福建省三明市尤溪县,指挥长赵克东。承担向莆铁路福建段FJ-3A标段施工任务,线路长69.5公里,合同投资350000万元,合同工期2008年10月~2012年8月。主要工程量:隧道18座58100延长米,桥梁25座7216延长米,车站2座。 (陈洪波)

【中铁十八局集团公司向莆铁路工程指挥部】 驻福建省三明市,指挥长崔连友。承担向莆铁路福建段FJ-1A标段施工任务,线路长80公里,合同投资358000万元,合同工期2008年10月~2012年5月。主要工程量:土石方654万立方米,隧道32.5座45636延长米,桥梁38座12754延长米,涵洞27座1651横延米,车站2座。 (陈洪波)

【中铁十九局集团公司向莆铁路工程指挥部】 驻福建省福州市,指挥长王跃进。承担向莆铁路福建段FJ-11标段施工任务,线路长12.8公里,合同投资43000万元,合同工期2007年11月~2010年11月。主要工程量:大尖山隧道6220延长米,道德山隧道6043延长米,涵洞3座65横延米,公路跨铁路立交桥1座58米。 (陈洪波)

【中铁二十一局集团公司向莆铁路工程指挥部】 驻福建省莆田市,指挥长赵彦旭。承担向莆铁路福建段FJ-12A标段施工任务,线路长14公里,合同投资59479万元,合同工期2008年6月~2010年11月。主要工程量:莆田特大桥左线159号墩~502号墩,右线1号墩~70号墩。 (陈洪波)

【中铁二十三局集团公司向莆铁路工程指挥部】 驻福建省莆田市，指挥长袁全祥。承担向莆铁路福建段FJ－10标段施工任务，线路长26.1公里，合同投资151695万元，合同工期2008年8月～2011年12月。主要工程量：土石方47万立方米，隧道4座46504延长米，桥梁4座948延长米，涵洞6座。（陈洪波）

【中铁二十四局集团公司向莆铁路JX－1A标段工程指挥部】 驻江西省南昌市，指挥长魏立发。承担向莆铁路江西段JX－1A标段施工任务，线路长31.3公里，合同投资101138万元，合同工期2008年6月～2010年4月。主要工程量：土石方167万立方米，桥梁14座12000延长米，涵洞60座1845横延米，箱梁制运架363孔。（陈洪波）

【中铁二十四局集团公司向莆铁路JX－4A标段工程指挥部】 驻江西省南昌市，指挥长朱赤。承担向莆铁路江西段JX－4A标段施工任务，线路长71.2公里，合同投资163000万元，合同工期2008年12月～2011年9月。主要工程量：路基51.8公里，隧道7座9000延长米，桥梁49座10000延长米，涵洞225座，站场2座。（陈洪波）

·贵广铁路·

【工程综述】 贵广铁路是铁路“十一五”规划的重点项目，自贵州省贵阳市至广东省广州市，是一条客货兼顾、以客为主、完善西部路网布局的区际快速铁路干线，跨黔、桂、粤三省区，全长841.8公里，沿线设30座车站，投资总额858亿元，为国家Ⅰ级客运双线铁路，设计时速300公里。2008年10月14日开工，工期计划6年。贵广铁路的建设可快捷、大能力地完成区际客货交流任务，将成为区域经济合作的桥梁，促进沿线经济的快速、均衡、协调发展，对实施西部大开发战略和可持续发展，构建和谐社会具有重要意义。中铁十二、十三、十四、十六、十八、二十一、二十三局集团公司参加工程建设。（陈洪波）

【中铁十二局集团公司贵广铁路工程指挥部】 驻广西壮族自治区桂林市，指挥长李天胜。承担贵广铁路第6标段施工任务，线路长66.2公里，合同投资572800万元，合同工期2008年12月～2013年5月。主要工程量：路基土石方436万立方米，桥梁26座19000延长米，隧道14座31000延长米，涵洞137座4815横延米，铺轨505公里，车站2座。（陈洪波）

【中铁十三局集团公司贵广铁路工程指挥部】 驻广西壮族自治区贺州市，指挥长臧守杰。承担贵广铁路第8标段施工任务，线路长67.5公里，合同投资29300万元，合同工期2008年12月～2012年10月。主要工程量：路基土石方827万立方米，隧道9座2383延长米，桥梁13座8321延长米，涵洞234座6273横延米，无砟道床25公里，车站2座。（陈洪波）

【中铁十四局集团公司贵广铁路工程指挥部】 驻广西壮族自治区贺州市，指挥长谢晋水。承担贵广铁路第9标段施工任务，线路长60.9公里，合同投资354306万元，合同工期2008年12月～2013年3月。主要工程量：路基土石方268万立方米，桥梁23座12575延长米，隧道10座33789延长米，涵洞59座2033横延米，正线铺轨299公里，车站1座。（陈洪波）

【中铁十六局集团公司贵广铁路工程指挥部】 驻广东省肇庆市，指挥长赵国旗。承担贵广铁路第11标段施工任务，线路长59.2公里，合同投资432102万元，合同工期2008年12月～2013年2月。主要工程量：土石方731万立方米，桥梁23座6967延长米，隧道27座36781延长米，铺架151公里，车站2座。（陈洪波）

【中铁十八局集团公司贵广铁路工程指挥部】 驻贵州省黎平县，指挥长贾振功。承担贵广铁路第4标段部分工程施工任务，线路长33.9公里，合同投资180000万元，合同工期2008年12月～2012年12月。主要工程量：路基土石方183万立方米，隧道3.5座29309延长米，桥梁6座575延长米，涵洞15座348横延米，车站1座。（陈洪波）

【中铁二十一局集团公司贵广铁路工程指挥部】 驻贵州省黎平县，指挥长张超民。承担贵广铁路第3、第4标段部分工程施工任务，线路长31.4公里，合同投资190000万元，合同工期2009年1月～2012年11月。主要工程量：隧道7座29832延长米，桥梁5座1119延长米。（陈洪波）

【中铁二十三局集团公司贵广铁路工程指挥部】 驻广西壮族自治区阳朔县，指挥长廖礼坤。承担贵广铁路第7标段施工任务，线路长94公里，合同投资526642万元，合同工期2008年12月～2012年11月。主要工程量：路基土石方800万立方米，桥梁44座24946延长米，隧道23座43851延长米，涵洞108座

2973 横延米，铺设无砟轨道 188 公里，车站 2 座。

（陈洪波）

·包西铁路·

【工程综述】 包头至西安铁路省界（陕西）至张桥段是包柳铁路通道的组成部分，是陕北、内蒙古中西部与西南、华东、中南、关中及陕南等地区客货交流的便捷通道。线路北接京包、包兰铁路，中通神朔、侯西、太中银铁路，南连西康、陇海铁路，东接西安南京铁路，是国家 13 个大型煤炭基地中的陕北、黄龙煤田煤炭外运的重要通道。包西铁路陕西省界至张桥段位于陕西省境内，北起神延铁路内蒙古与陕西省界，向南至榆林市，经米脂县、绥德县、延安市、甘泉县、富县、洛川、黄陵至庆兴，向西经蒲城县接侯西铁路的张桥车站，全长 646.4 公里，合同总额 123.71 亿元。全线有桥梁 310 座 102.04 公里，隧道 93 座 152.78 公里，桥隧长占线路总长的 40%。2007 年 3 月开工，合同工期 34 个月。全线两个标段工程全部由中国铁建所属 7 个集团公司承建，其中省界至延安北段由中铁十九、十五、十七局集团公司承建，线路长 376.051 公里，合同投资 45.86 亿元；延安北至张桥段由中铁二十一、十二、十四、十一局集团公司承建，线路长 290.11 公里，合同投资 77.85 亿元。

（王正军　艾有高）

【中国铁建股份有限公司包西铁路工程指挥部】 驻陕西省延安市，指挥长由股份公司副总工程师彭江鸿担任，副指挥长陈洪峰。下设综合协调部、工程技术部。

（王正军　艾有高）

【中铁十一局集团公司包西铁路工程指挥部】 驻陕西省蒲城县，指挥长高潮府。承担 BXS－2 标段 84.526 公里线下工程及延安北至张桥段铺架工程施工任务，管段长 105 公里。主要工程量：路基土石方 1120 万立方米，附属圬工 32.6 万立方米；桥梁 19 座 8669.3 延长米，制梁 573 孔，架梁 1924 孔；隧道 2 座 11036 双线延长米；正线铺轨 530.6 公里，站线铺轨 41.45 公里；房屋建筑 9206 平方米，“四电”工程 87.35 公里。重点工程庆兴隧道 10240 双线延长米。

（王正军　艾有高）

【中铁十二局集团公司包西铁路工程指挥部】 驻陕西省洛川县，常务副指挥长范军。承担 BXS－2 标段 107.29 公里线下工程及房屋、“三电”迁改工程施工任务，管段长 101.1 公里。主要工程量：路基土石方 468 万立方米，附属圬工 13.4 万立方米；桥梁 63 座 20964 延长米，制梁 1956 孔；隧道 39 座 51569 延长米；车站 3 座，房屋建筑 12154 平方米。重点工程桐木石隧道 8285 双线延长米。

（王正军　艾有高）

【中铁十四局集团公司包西铁路工程指挥部】 驻陕西省白水县，指挥长张新朝。承担 BXS－2 标段 38.4 公里线下工程及管段内永临电力线路工程施工任务，管段长 38.39 公里。主要工程量：路基土石方 241 万立方米，附属圬工 9 万立方米，桥梁 24 座 8403.21 延长米，隧道 17 座 23347 延长米；房屋建筑 5727 平方米。

（王正军　艾有高）

【中铁十五局集团公司包西铁路工程指挥部】 驻陕西省绥德县，指挥长张海庆。承担 BXS－1 标段 120 公里线下工程施工任务，管段长 119.8 公里。主要工程量：土石方 523.7 万立方米，附属圬工 29.4 万立方米，桥梁 64 座 22404.25 延长米，隧道 12 座 21482 延长米，制梁 635 孔。重点工程新寺则河隧道 7669 延长米。

（王正军　艾有高）

【中铁十七局集团公司包西铁路工程指挥部】 驻陕西省子长县，指挥长闫文生。承担 BXS－1 标段 96.368 公里线下工程及房屋建筑、“三电”迁改工程施工任务，管段长 96.4 公里。主要工程量：路基土石方 290.98 万立方米，填改良土 14 万立方米，桥梁 58 座 22750 延长米，隧道 9 座 21172 延长米。重点工程冒天山隧道 14915 延长米。

（王正军　艾有高）

【中铁十九局集团公司包西铁路工程指挥部】 驻陕西省神木县，指挥长王纯玉。承担 BXS－1 标段 90 公里线下工程及省界至延安北铺轨工程施工任务，管段长 156 公里。主要工程量：土石方 1277 万立方米，附属圬工 34.5 万立方米，桥梁 70 座 9410.33 延长米，正线铺轨 428.98 公里，站线铺轨 56.99 公里，制梁 1093 孔，架梁 1874 孔，房屋建筑 16035 平方米。

（王正军　艾有高）

【中铁二十一局集团公司包西铁路工程指挥部】 驻陕西省延安市，指挥长李寿福。承担 BXS－2 标段 60.89 公里线下及房屋工程施工任务，管段长 55.1 公里。主要工程量：土石方 264.5 万立方米，桥梁 25 座 9502.08 延长米，隧道 14 座 23474 米，房屋建筑 9664 平方米。重点工程新九燕山隧道 9353 延长米。

（王正军　艾有高）

**【中铁第一勘察设计院集团公司包西铁路工程指挥

部】 驻陕西省延安市,指挥长李伟。承担大保当至张桥段勘测设计任务。 (王正军 艾有高)

【施工进度及完成工程量】 截至2009年底,全线完成投资96.79亿元,占合同总额的79.9%。施工进度及完成工程量:土石方开工累计完成3763.31万立方米,占设计总量4018.25万立方米的93.5%;桥梁开工累计完成91.71公里,占设计总量95.593公里的92.7%;隧道开工累计完成143.44公里,占设计总量151.027公里的93.5%;制梁开工累计完成1925孔,占设计总量4374孔的42.5%;铺轨开工累计完成34.9公里,占设计总量的3.6%。(王正军 艾有高)

【重要记载】

▲1月12日 中国铁建包西铁路工程指挥部在西安召开2009年度工作会议暨“包西杯”劳动竞赛表彰大会。中国铁建包西铁路工程指挥部指挥长彭江鸿作题为《学习先进经验,再创竞赛佳绩,誓夺包西铁路主体工程施工决战年的全面胜利》的工作报告,股份公司党委副书记、纪委书记、工会主席、监事会主席彭树贵和西安铁路局包西铁路工程指挥部指挥长张跃新出席会议并作重要讲话。会议表彰2008年度“包西杯”劳动竞赛优胜单位2个、重点优胜项目7个和先进个人72名。

▲8月19日 中铁十九局集团公司在Ⅰ标段野鸡河中桥架设第一孔梁,包西铁路省界至延安北段铺架工程开始。

▲10月27日 中铁十一局集团公司在Ⅱ标段太皇山洛河大桥架设第一孔梁,包西铁路延安北至张桥段铺架工程开始。

▲11月29日 中铁十二局集团公司承建的桐木石隧道贯通。

▲12月19日 中铁十五局集团公司承建的邓家楼隧道工程在通过黄土冲积浅埋层时,由于地质原因发生塌方,8名民工被埋在掌子面。由于该隧道施工规范,现场采用小导洞快速掘进方案抢险,被埋民工28小时后顺利得救。 (艾有高)

·青岛胶州湾隧道·

【工程综述】 青岛胶州湾隧道是连接青岛市主城与西部黄岛城区的重要通道,南接薛家岛,北连团岛,下穿胶州湾海域3.95公里。线路全长7.12公里,隧道长6.17公里。设两条主隧道和一条服务隧道,主隧道内设双向6车道,设计行车时速80公里。采取钻爆法施工,是中国在建的第二条大断面海底隧道。2006年12月开工,计划2010年底建成通车。中铁十六、十八局集团公司参加工程建设。 (陈洪波)

【中铁十六局集团公司青岛胶州湾隧道工程指挥部】 驻山东省青岛市,指挥长凌树云。承担第1标段施工任务,线路长2.845公里,合同投资5.9亿元。主要工程量:左线隧道2845延长米,服务隧道2750延长米,匝道隧道142.6延长米。 (陈洪波)

【中铁十八局集团公司青岛胶州湾隧道工程指挥部】 驻山东省青岛市,指挥长张斌。承担第3标段施工任务,合同投资5.1亿元。主要工程量:左线隧道3293.3延长米和洞口工程,路基1.8公里。(陈洪波)

·锦屏二级水电站·

【工程综述】 雅砻江锦屏二级水电站位于四川省凉山彝族自治州木里、盐源、冕宁三县交界处的雅砻江干流锦屏大河湾上。电站利用雅砻江锦屏大河湾的310米天然落差,截弯取直开挖隧洞引水发电,隧洞最大埋深2500米,开挖洞径大于12米,装机容量480万千瓦,工程动态总投资297.7亿元。水电站枢纽建筑主要由拦河低闸、泄水建筑、引水发电系统等组成,主体工程于2007年1月开工,计划2013年第一台机组发电,2015年全部建成。 (陈洪波)

【雅砻江锦屏二级水电站C5标段工程】 由中铁十三局集团公司和北京振冲工程股份有限公司联合体负责施工,主体工程为东端3号、4号引水隧洞,合同投资153932万元,合同工期2007年8月~2014年12月。3号引水隧洞长1413米,主要采用直径12.4米的TBM掘进机施工;4号引水隧洞长11918米,主要采用钻爆法施工。中铁十三局集团公司雅砻江锦屏二级水电站工程指挥部驻四川省锦屏镇,指挥长吴焕通,承担4号引水隧洞工程施工任务。 (陈洪波)

【雅砻江锦屏二级水电站C4标段工程】 由中铁十八局集团公司负责施工,主体工程为1号、2号引水隧洞东端及检修排水系统,合同投资176593万元,合同工期2007年5月~2013年9月。1号引水隧洞长14144.291米,主要采用TBM掘进机施工,开挖直径为12.4米;2号引水隧洞长11929.086米,主要采用钻爆法施工,为马蹄形断面,开挖直径13米。根据引水隧洞围岩预测,Ⅱ类围岩占36.7%,Ⅲ类围岩占54.1%,Ⅳ类围岩占8.3%,Ⅴ类围岩占0.9%。中铁十八局集团公司雅砻江锦屏二级水电站工程指挥部驻四川省锦

屏镇，指挥长孔凡成。 （陈洪波）

·天津海河隧道·

【工程综述】 海河隧道工程位于天津市滨海新区于家堡中心商务区和东西沽地区，工程北起胜利路，南至津滨大道立交，以隧道的形式穿越现状新港路、永泰路、规划友谊路、规划中心公园、规划于新路、规划南大街、海河、规划滨河南路、津沽公路，在津沽公路南侧升至地面，路线全长4.2公里，隧道长3.38公里，其中埋在地下的部分达到2.9公里，双向6车道，采用沉管隧道施工工艺。 （陈洪波）

【中铁十八局集团公司海河隧道工程指挥部】 驻天津市，指挥长冯希民，承担天津海河隧道工程施工任务。合同投资218881万元，合同工期2009年2月～2010年12月。 （陈洪波）

港澳工程

【澳门关闸边检大楼扩建二期工程】 主要工程为对已建成的澳门边检大楼进行扩建改造，合同投资17087万澳门元。2008年5月8日开工，2009年底完工。由中国土木工程（澳门）有限公司承建。（吕 力）

【澳门凼仔成都街地下停车场及公园建造工程】 建筑面积28000平方米，合同投资4.4亿澳门元。2009年9月17日开工，合同工期876天。由中铁（澳门）有限公司承建。工程采用低噪音及低污染钻孔桩施工。 （吕 力）

【澳门路凼城莲花路轻型车停车场工程】 建筑面积17375平方米，地上5层，合同投资7700万澳门元。2009年11月5日中标，计划工期359天。由中铁（澳门）有限公司承建。 （吕 力）

安全质量监督

【中国铁建股份公司安全管理委员会】 2007年成立。2009年，中国铁建股份公司安全管理委员会成员调整，总裁赵广发任主任委员；副总裁刘汝臣、夏国斌，工会主席彭树贵任副主任委员；机关有关部门负责人为委员。下辖安全管理委员会办公室，设在安全质量监督部，安全质量监督部部长王峰兼任办公室主任。中国铁建股份公司安全管理委员会主要职责：规划、监督、指导全系统安全工作；对安全生产状况进行评估，及时提出强化管理的举措；对安全重大问题提出决策性意见；审查较大以上事故调查处理报告，提出处理意见。 （程明薪）

【安全质量监督部】 负责中国铁建系统监督管理劳动安全、人身安全、锅炉压力容器安全、运输安全和工程质量、计量、试验工作，在安全、质量管理和“三标”体系运行工作中发挥规划、监督、管理和服务作用的职能部门。下设安全监督处、质量监督处、贯标办公室，定员10人，设部长1人、副部长2人。现员6人。其中，教授级高级工程师2人；高级工程师4人。各集团公司设安全、质量监督管理机构。安全质量监督部的主要职责是：贯彻执行中央和国家有关部委安全生产和质量管理的方针、政策和法规，管理、监督全系统劳动安全、人身安全、锅炉压力容器安全和质量管理、计量、试验及贯标认证工作；组织制定安全生产、质量管理规划、规章制度；分析安全生产、质量管理情况，提出预防事故措施；组织开展安全、质量大检查活动，促进安全质量标准工地建设，推广现代安全、质量管理办法；开展安全、质量创优、评优活动和“三标”体系运行工作，协助较大以上事故的调查处理，实施有关奖惩事宜。 （程明薪）

【安全质量工作综述】 2009年，中国铁建坚持“安全第一，预防为主，综合治理”和“百年大计，质量第一”方针，牢记胡锦涛总书记对中国铁建“建优质工程，树企业形象”的殷切期望，按照国务院领导“高度重视安全生产、高度重视工程质量、高度重视央企形象”的指示精神，不断增强安全质量责任感和使命感，本着对国家、社会、历史和员工负责精神，积极开展“质量安全年”各项工作，扎实推进安全生产“三项行动”，切实加强“三项建设”，广泛开展质量安全警示教育、标准化建设和工程质量“大反思、大检查、大整改”等活动，保持了相对平稳的安全质量态势。

在安全管理方面，牢固树立“细节决定成败、素质决定行为、规范决定安全”理念，倡导系统工程思想，突出安全预控，依靠先进技术和科学管理手段，改善安全生产环境，落实各级责任制，积极整治事故隐患，强化标准化建设，打造本质安全企业。在生产经营规模、管理跨度、管理难度大幅度增加情况下，安全生产状况总体稳定，并趋向好转，达到年度责任事故死亡控制在百亿元产值2人以内的安全生产内控目标。中铁十九、二十、二十一局集团公司和中铁建设集团公司、中铁建电气化局集团公司被股份公司评为2009年度安全生产先进单位。

在质量管理方面，本着"落实过程精品，强化岗位责任，切实提高质量管理水平"指导思想，坚持源头抓起，加强过程控制，提高项目整体履约能力，总体质量形势稳步提升，工程创优成效显著。2009年，获中国建设工程鲁班奖6项，国家优质工程金质奖1项、银质奖13项；12项工程获新中国成立60周年"百项经典暨精品工程"。2个QC小组被评为全国优秀质量管理小组，2个班组被评为全国质量信得过班组；中铁十一、十八局集团公司获全国工程建设QC活动优秀企业称号，50个质量管理小组获全国工程建设优秀质量管理小组奖。 （彭 锋 程明薪）

【安全质量工作电话会议】 1月6日，中国铁建召开安全质量工作电话会议，股份公司董事长李国端、总裁金普庆、副董事长丁原臣，党委副书记、纪委书记、工会主席彭树贵，副总裁夏国斌、赵广发、周志亮在北京主会场出席会议。大会由彭树贵副书记主持。全系统设89个分会场，收听人数2636人。会议总结分析2008年中国铁建安全生产和工程质量情况，部署2009年安全质量工作任务；表彰安全生产先进单位，兑现2008年安全工作包保责任状。 （程明薪）

【安全质量管理干部培训】 2月22日～28日在福建省厦门市举办中国铁建系统安全质量管理干部培训班，对在职安全质量管理干部进行法律法规、事故案例分析、事故调查处理和优质工程评选培训。（程明薪）

【安全生产工作紧急会议】 3月18日在北京召开。会议针对严峻的安全生产形势，部署开展安全大检查活动。要求各单位增强做好安全生产的责任感、紧迫感和危机感，加强事故隐患排查治理，规范施工标准化作业，落实安全生产责任，健全突发事件应急预案管理工作机制，确保工程安全生产。 （程明薪）

【安全工作包保责任状】 年初，股份公司李国瑞董事长、总裁金普庆与各集团公司主要党政领导分别签订"2009年安全工作包保责任状"。年终，兑现责任状，按规定分别给予达标的中铁十二、十三、十七、十九、二十、二十一、二十二、二十三、二十五局集团公司，中铁建设集团公司、中铁建电气化局集团公司、中铁房地产集团公司，中铁第四、第五勘察设计院集团公司，中铁上海设计院集团公司、中铁物资集团公司、昆明中铁大型养路机械集团公司、中铁轨道系统集团公司、中铁建（北京）商务管理有限公司党政主要领导10000元～30000元奖励。 （程明薪）

【全国"安全生产月"活动】 根据中共中央宣传部、国家安全生产监督管理总局、公安部、国家广播电影电视总局、中华全国总工会、共青团中央《关于开展2009年全国"安全生产月"活动的通知》精神，6月，中国铁建组织开展第8次全国"安全生产月"活动。各单位紧紧围绕"关爱生命、安全发展"活动主题，广泛宣传，深入检查，加强隐患排查治理。在活动期间，安全生产形势相对稳定，取得较好效果。 （程明薪）

【"全国质量月"活动】 根据中共中央宣传部、国家质量监督检验检疫总局、国家发展改革委员会、中华全国总工会、共青团中央联合下发的《关于开展"2009年全国质量月"活动的通知》精神，全系统开展2009年质量月活动。各单位围绕"全员全过程全方位参与，全面提高质量安全水平"活动主题，强化质量责任意识，广泛进行标准化建设，开展质量管理小组活动，从细节入手，找准质量控制点，推动全面质量管理，提高质量控制标准，实现质量状态可控。 （彭 锋）

【安全生产先进单位】 中铁十九、二十、二十一局集团公司，中铁建设集团公司、中铁建电气化局集团公司获2009年度中国铁建安全生产先进单位称号。

（程明薪）

【安全先进工作者】 2009年，中国铁建表彰安全先进工作者71名。

中国铁建安全先进工作者

陈玉凤	李忠武	李法胜	赵晋华	钟佑明
周炳学	郝晋峰	蒋梅荻	杨俊明	陈铁骑
矫祯宇	李华宇	李景元	周华山	闫子峰
金国海	瞿宏俊	王龙言	李丰国	宋彦彬
姚建华	孙中林	赵 朴	冉 伟	黄旭升
王 星	周 兵	孙公新	王必军	禾 征
何廷金	张云平	刘明先	王泽泉	杨洪亮
赵清贵	王建强	王桂春	喻长富	张瑞彬
李忠诚	张旭光	黄玉仁	杨茂顺	李永茂
屈明勇	罗宇辉	韦 平	蔡俊福	孟令昆
曹 光	王国华	黄保素	冯永涛	崔跃峰
柳 星	林文如	石兴国	赵庆文	张新宝
钟家宝	韩治龙	邬 歆	葛 强	刘爱武
彭江鸿	郭信君	张 泽	刘志鹏	王 峰

曾宗根　　　　　　　　　　　　（程明薪）

【质量管理先进个人】 2009年，中国铁建表彰质量管理先进个人79名。

中国铁建质量管理先进个人

唐晓东　刘青松　邹立岩　余先江　王　乐
朱　丹　张俊庆　王中军　张秀玉　姜国瑞
孙宏伟　岳丽敏　林宪广　于自清　李　明
金国海　刁仲伟　李文华　陈　建　薛丽波
张　风　卫建胜　王建伟　丁愿文　段志国
刘　泽　徐纯治　陈广柏　陈　霞　林群义
王国成　李军政　邓家成　杨明星　杜智国
陈希天　孙　磊　吕维英　崔永志　李　铎
梁永锋　董　煊　余祖绍　余　游　廖　霞
曾水长　饶　广　刘德祥　刘北京　史清涛
邢世春　周炳学　陈　杰　龙浩畅　何文超
钟金东　李建国　毕　辉　甘　平　姬保兵
王　博　黄树标　杨岳勤　李建忠　尚清喜
刘　辉　辛　实　秦正刚　高晓东　（仇　发）

【中国铁建安全质量标准工地建设】 2009年，全系统有62个工地（车间）被评为中国铁建安全质量标准工地（车间）。

中国铁建安全质量标准工地

中国土木工程集团（澳门）有限公司澳门关闸边检大楼扩建二期工程

中铁十一局集团一公司青兰高速公路邯涉段16合同段

中铁十一局集团电务工程公司郑西铁路客运专线“四电”工程项目部

中铁十一局集团城轨公司广州市轨道交通3号线北延段10标段

中铁十二局集团公司京沪高速铁路4标段

中铁十二局集团公司改建成昆铁路广通至昆明段扩能改造工程土建1标段

中铁十二局集团公司广州动车组检修基地工程

中铁十二局集团建筑安装工程公司改建铁路苏州站改造工程

中铁十三局集团二公司广州交通轨道3号线同泰区间3标段

中铁十三局集团三公司哈大铁路客运专线TJ1－7标段

中铁十三局集团四公司武汉轨道交通2号线一期工程循礼门站

中铁十三局集团六公司长春102国道跨伊通河大桥工程

中铁十四局集团公司京沪高速铁路4标段

中铁十四局集团公司璧城至大学城隧道工程第1合同段

中铁十四局集团二公司国道112线天津东段工程28合同段

中铁十五局集团公司京沪高速铁路TJ－4标段

中铁十五局集团公司昆明市主城二环路快速系统改扩建工程东南二环段BT项目

中铁十五局集团公司青岛海湾大桥工程

中铁十六局集团路桥工程公司京沪高速铁路土建3标段八工区三分部

中铁十六局集团北京轨道交通工程建设公司深圳地铁402标段项目部

中铁十六局集团铁运工程公司重庆渝湘高速公路D9标段项目经理部

中铁十六局集团北京工程公司银川建发现代城工程

中铁十七局集团公司郑西铁路客运专线KHZQ11标段综合工程

中铁十七局集团公司武广铁路客运专线WGZFI标段武汉站及配套工程

中铁十七局集团一公司忻阜高速公路路基工程第7合同段

中铁十八局集团公司厦门翔安海底隧道A2标段

中铁十八局集团公司滨海新区西中环及延长线快速路（一期）京津塘高速公路津唐段2标段

中铁十八局集团公司石武铁路客运专线（河南段）SWZQ－8标段驻马店特大桥工程

中铁十九局集团公司京沪高速铁路土建1标段

中铁十九局集团公司沪宁城际铁路工程站前Ⅴ标段

中铁十九局集团公司厦深铁路广东段4标段站前线下工程

中铁十九局集团公司玉蒙铁路第2标段

中铁二十局集团公司昆明市二环改扩建工程福德立交及官南立交段工程

中铁二十局集团公司襄渝铁路二线工程指挥部新李子溪隧道工程

中铁二十局集团公司奉云高速公路B14合同段分界梁隧道工程

中铁二十局集团一公司无锡羊尖镇工业园集中区锡张高速XZLJ－4标段

中铁二十一局集团公司太中银铁路ZQⅦ标段综合工程

中铁二十一局集团公司福厦项目部福厦铁路客运专线铁路丘后特大桥工程

中铁二十一局集团二公司兰州东岗家具购物城工程

中铁二十二局集团公司厦门翔安海底隧道 A3 标段

中铁二十二局集团三公司莆田三信金鼎广场工程

中铁二十二局集团五公司雅泸高速公路 C10 合同段

中铁二十三局集团公司向莆铁路青云山隧道 2 号斜井工程

中铁二十三局集团一公司湖南宁道高速公路第 6 合同段钢筋加工场

中铁二十三局集团三公司雅安至泸沽高速公路 C20 合同段

中铁二十三局集团四公司都江堰灾后重建蒲阳中学项目

中铁二十四局集团公司昆山站客运设施改造工程项目部

中铁二十四局集团公司朔黄肃宁北站职工公寓项目部

中铁二十四局集团公司福州站改扩建工程项目部

中铁二十五局集团公司武广铁路客运专线站后工程 WGZFⅥ标段

中铁二十五局集团公司广西田德铁路 TD2 标段

中铁二十五局集团公司郑西铁路客运专线站前 ZXZQ02 标段

中铁建设集团公司东直门交通枢纽暨东华国际广场商务区南区工程

中铁建设集团公司华城万象 9、10 号楼工程

中铁建设集团公司福建大厦工程

中铁建电气化局集团公司洛阳至张家界段电气化改造 LZDH2 标段

中铁建电气化局集团四公司泉三高速公路交通机电工程

中铁建电气化局集团五公司新菏兖日铁路电气化改造工程

中铁第四勘察设计院集团公司华菱涟钢铁路专用线工程

中铁物资集团公司东北公司仓储运输部

昆明中铁大型养路机械集团公司总装公司

中铁建（北京）商务管理有限公司中国铁建大厦物业服务中心 （程明薪）

【优秀质量管理小组】 2009 年，全系统有 115 个 QC 小组被评为中国铁建优秀质量管理小组。其中，一等奖 43 个；二等奖 72 个。

中国铁建优秀质量管理小组一等奖

中铁十一局集团一公司沅湖汉江特大桥质量控制 QC 小组

中铁十一局集团电务工程公司上海浦江公交配套系统接触网项目部 QC 小组

中铁十二局集团三公司厦蓉高速公路 AT8 项目部 QC 小组

中铁十二局集团一公司武广铁路客运专线架桥 QC 小组

中铁十三局集团四公司哈尔滨绕城高速公路天恒山隧道初期支护质量控制 QC 小组

中铁十三局集团公司大型钢箱梁低温地区焊接变形控制 QC 小组

中铁十四局集团隧道公司张智博 QC 小组

中铁十四局集团北京中铁房山桥梁公司广深港铁路客运专线轨道板 QC 小组

中铁十五局集团一公司 208 国道特大桥主墩基坑施工 QC 小组

中铁十五局集团五公司巫奉高速公路大风口隧道光面爆破 QC 小组

中铁十六局集团铁运工程公司神朔铁路工程指挥部机车质量攻关 QC 小组

中铁十七局集团四公司武广铁路客运专线无砟轨道 QC 小组

中铁十七局集团一公司广深港铁路 ZH－2 标段三分部项目部第 4QC 小组

中铁十八局集团一公司武广铁路客运专线沪蓉高速公路特大桥保护层 QC 小组

中铁十八局集团北京中铁大都公司住宅楼 QC 小组

中铁十九局集团三公司黄塔桃高速公路项目部 SMA－13 沥青路面施工 QC 小组

中铁十九局集团四公司包西铁路陕西段四工区电渣压力焊接 QC 一小组

中铁二十局集团一公司 204 国道扩建常熟段路面标 QC 小组

中铁二十局集团四公司铁运工程公司二分公司 QC 小组

中铁二十一局集团二公司安全质量部 QC 小组

中铁二十一局集团电务工程公司迁漕铁路项目部 QC 小组

中铁二十二局集团公司广州新客站项目部站房桥墩柱 QC 小组

中铁二十二局集团二公司石太铁路客运专线铺架项目部高速道岔施工 QC 小组

中铁二十三局集团四公司都江堰市蒲阳中学重建工程 QC 小组

中铁二十三局集团养马河工程公司德阳东汽项目部 QC 小组

中铁二十四局集团南昌建设公司小山羊 QC 小组

中铁二十四局集团福建铁路建设公司甬台温铁路项目Ⅱ标段二工段 QC 小组

中铁二十五局集团建筑安装工程公司海南东环铁路Ⅲ标段万宁制梁场 QC 攻关小组

中铁二十五局集团三公司跨综合通道特大桥旋挖钻施工桩体质量控制 QC 小组

中铁建设集团市政工程分公司 QC 小组

中铁建设集团公司第 55 项目部碳纤维片材粘贴 QC 小组

中铁建电气化局集团五公司襄渝铁路二线电气化第 2 项目部 QC 小组

中铁建电气化局集团二公司洛张铁路工程项目部坠砣创新 QC 小组

昆明中铁大型养路机械集团机加工公司精加工工段生产质量 QC 小组

昆明中铁大型养路机械集团机加工公司精加工工段数控刀具 QC 小组

中铁第一勘察设计院集团公司 10 千伏大风区段电力架空线路设计 QC 小组

中铁第一勘察设计院集团公司呼和浩特东客站站房设计 QC 小组

中铁第四勘察设计院集团地质路基设计研究处贵广铁路地路 QC 小组

中铁第四勘察设计院集团工程勘察院财务部 QC 小组

中铁第五勘察设计院集团公司路基检测仪器质量控制 QC 小组

中铁第五勘察设计院集团公司灵江特大桥施工控制 QC 小组

中铁上海设计院集团公司学前东路立交工程 QC 小组

中铁上海设计院集团公司合蚌铁路客运专线可研桥梁 QC 小组

中国铁建优秀质量管理小组二等奖

中国土木工程集团尼日利亚铁路现代化工程项目经理部中土阿布贾梁枕厂 QC 小组

中国土木工程集团尼日利亚公司阿萨巴中央银行密肋梁施工 QC 小组

中国土木工程集团尼日利亚公司拉各斯阿构桥梁清水混凝土表面质量 QC 小组

中国土木工程集团尼日利亚铁路现代化工程项目经理部中土钢结构加工厂 70T 龙门吊安装 QC 小组

中国土木工程集团中土(澳门)公司 A12 商住项目部治理地库大面积渗漏 QC 小组

中铁十一局集团电务工程公司合宁铁路客运专线项目部电力分部 QC 小组

中铁十一局集团四公司孤山大桥斜腿竖向转体施工质量 QC 小组

中铁十一局集团五公司悬臂挂篮现浇箱梁 QC 小组

中铁十二局集团二公司广深港铁路项目盾构 QC 小组

中铁十二局集团四公司京沪高速铁路第 4 标段项目经理部 14 工区 QC 小组

中铁十二局集团建筑安装工程公司西铁多元综合楼 QC 小组

中铁十二局集团电气化工程公司朔宁铁路信号 QC 小组

中铁十三局集团公司粉砂层地质条件下地连墙成槽质量控制 QC 小组

中铁十三局集团公司巫奉高速公路摩天岭隧道施工 QC 小组

中铁十三局集团公司临策铁路 35 千伏电力输电线路施工 QC 小组

中铁十四局集团公司宜万铁路工程指挥部杨孝成 QC 小组

中铁十四局集团二公司东环之星 QC 小组

中铁十四局集团二公司武广铁路客运专线项目部李玉君 QC 小组

中铁十四局集团五公司京沪高速铁路徐锡国 QC 小组

中铁十五局集团隧道工程公司大亚湾核电项目 QC 小组

中铁十五局集团公司南京长江隧道工程江心洲右汊大桥独柱索塔 QC 小组

中铁十五局集团七公司津蓟高速公路莲花岭隧道 QC 小组

中铁十六局集团路桥工程公司武广铁路客运专线项目部无砟轨道质量控制 QC 小组

中铁十六局集团轨道交通公司天津站交通枢纽工程 QC 小组

中铁十六局集团二公司天津港保税区天保—久益采矿设备厂房二期工程 QC 小组

中铁十六局集团二公司开发区项目部 QC 小组

中铁十七局集团四公司宜万铁路项目部 QC 小组

中铁十七局集团五公司邯武项目第 1QC 小组

中铁十七局集团三公司京沪高速铁路 13 工区第 3QC 小组

中铁十八局集团华南公司浏阳河隧道工程 QC 小

组

中铁十八局集团二公司建筑安装项目部 QC 小组

中铁十八局集团建筑安装公司石家庄房建项目部 QC 小组

中铁十九局集团五公司路桥四公司陈家贡湾特大桥 QC 小组

中铁十九局集团二公司隧道围岩稳定性 QC 小组

中铁十九局集团一公司彬长项目部 QC 小组

中铁二十局集团二公司重庆绕城高速公路 QC 小组

中铁二十局集团三公司奉云高速公路 14 标段路基锚索施工 QC 小组

中铁二十局集团五公司西安地铁项目部 QC 小组

中铁二十一局集团四公司太中银铁路项目部 QC 小组

中铁二十一局集团二公司东岗项目部 QC 小组

中铁二十一局集团公司福厦铁路项目部梁场 QC 小组

中铁二十一局集团一公司吐库铁路项目部 QC 小组

中铁二十二局集团公司厦门翔安海底隧道项目部施工 QC 小组

中铁二十二局集团电气化工程公司楼宇智能化项目部 QC 小组

中铁二十二局集团五公司沙湾项目部 QC 小组

中铁二十三局集团二公司武广铁路客运专线无砟道岔项目部 QC 小组

中铁二十三局集团一公司福州绕城高速公路项目部 QC 小组

中铁二十三局集团六公司模型优化 QC 小组

中铁二十三局集团轨道技术分公司郑西铁路客运专线无砟轨道项目质量 QC 小组

中铁二十四局集团公司萧甬铁路电气化项目部 QC 小组

中铁二十四局集团南昌公司重庆绕城高速公路项目部 QC 小组

中铁二十四局集团鹰潭设备安装工程公司昌九城际铁路架梁项目部 QC 小组

中铁二十五局集团柳州铁路工程公司黄织铁路工程指挥部打括隧道 QC 小组

中铁二十五局集团广州铁路工程公司洛阳南站线下工程 QC 小组

中铁二十五局集团恒元建筑工程公司桂林市城北装璜材料批发市场二期工程 QC 小组

中铁建设集团公司第 37 项目部北大科技成果转化中心 QC 小组

中铁建设集团公司设备分公司解放军总医院 9051 工程 QC 小组

中铁建设集团公司第 55 项目部东直门交通枢组 QC 小组

中铁建电气化局集团五公司成都地铁工程项目部 QC 小组

中铁建电气化局集团三公司胶济铁路客运专线轨道电路 QC 小组

中铁建电气化局集团一公司奎北铁路信号设备配线 QC 小组

中铁第一勘察设计院集团公司纳潮河大桥设计 QC 小组

中铁第一勘察设计院集团公司工经处软件应用 QC 小组

中铁第一勘察设计院集团公司新丰镇编组站综合自动 SAM 系统设计 QC 小组

中铁第四勘察设计院集团地质路基设计研究处向莆铁路隧道工程地质勘察设计 QC 小组

中铁第四勘察设计院集团通信信号设计研究处杭州地铁 2 号线综合监控系统初步设计 QC 小组

中铁第四勘察设计院集团线路站场设计研究处 T&E 运输经济数据库研究 QC 小组

中铁第五勘察设计院集团公司 SX48 – 1500 型节段拼装造桥机研制 QC 小组

中铁第五勘察设计院集团市政工程设计院道路所 QC 小组

中铁第五勘察设计院集团公司电铁之源 QC 小组

中铁上海设计院集团公司地质 QC 小组

中铁上海设计院集团公司钱营孜煤矿铁路专用线设计 QC 小组

（仇　发）

2009年中国铁建生产安全事故统计表

事故级别	总计（起数）	死亡人数（含失踪人数）（人）	重伤人数（人）	直接经济损失（万元）	备注
一般事故	4	6			
较大事故	4	14			
重大事故					
特别重大事故					
其他					
合计	8	20			

制表:程明薪

中国铁建系统12项工程入选新中国成立60周年百项经典暨精品工程情况表

序号	项目	获奖单位
1	京津城际铁路	中铁十一、十四、十七、十八、二十二局集团公司
2	大秦铁路	中铁十一、十三、十四、十六、十七、十八、十九、二十局集团公司
3	成昆铁路	中国铁建股份公司,中铁十一、十二、十三、十四、十五、十六、十七、十八、十九、二十、二十一、二十二、二十三、二十四局集团公司
4	青藏铁路	中国铁建股份公司,中铁十一、十二、十三、十四、十五、十六、十七、十八、十九、二十、二十一、二十二、二十三局集团公司,中铁第一勘察设计院集团公司,北京铁城建设监理公司
5	引滦入津工程	中铁十八局集团公司
6	东深供水改造工程	中国铁建股份公司,中铁十二局集团公司
7	沈阳至大连高速公路	中铁十一、十二、十三、十四、十九局集团公司
8	江苏润扬长江公路大桥	中铁十九局集团公司
9	芜湖长江大桥	中铁十四、十六局集团公司
10	乌鞘岭特长铁路隧道	中铁十二、十六、十七、十八、二十一、二十二局集团公司,中铁第一勘察设计院集团公司
11	北京地铁1号线	中铁十六局集团公司
12	南京车站	中铁第四勘察设计院集团公司

制表:彭 锋

中国铁建1984～2009年获奖优质工程统计表

项目 数量 年度	中国土木工程詹天佑奖	中国建设工程鲁班奖（国家优质工程）	国家优质工程	省（直辖市）优质工程	铁道部优质工程	火车头优质工程	总公司优质工程
1984年			1				1
1985年			1		1		7
1986年			1		4		
1987年			1		3		
1988年				8(8)	3		
1989年			2	5(5)	7		
1990年		2	2	7(7)	2		
1991年		1	2	10(10)			10
1992年				3(3)	1		12
1993年				8(8)	5		14
1994年				2(2)			9
1995年				7(7)	24		19
1996年		3		10(10)	12		20
1997年		4		7(7)	20		29
1998年		2		10(10)	27		27
1999年	2	2	4	13(13)	24		54
2000年		3	5	22(14)	13		41
2001年	2	5	1	19(14)	21		61
2002年		6	5	44(29)	9	12	64
2003年	5	9	5	43(25)	18	28	55
2004年	3	6	10	69(42)		14	48
2005年	1	4	13	69(59)		29	78
2006年	5	5	11	66(14)		56	90
2007年	8	5	23	73(11)		61	110
2008年	8	8	18	67		71	99
2009年	5	6	20			63	91
合　计	39	71	125	562(298)	194	334	939
总　计	235			1090(298)			939

注：省、直辖市优质工程括号中的数量不含建设过程中所获“优质结构奖”数量。　　制表：彭　锋

中国铁建2009年度获优质工程奖情况统计表

优质工程等级	工　程　名　称	施　工　单　位
中国建设工程鲁班奖(国家优质工程)	中国铁建大厦工程	中铁建设集团公司、中铁二十二局集团电气化工程公司
	新建遂宁至重庆铁路工程	中铁十八、十二、十三、十五、十六、十七、十九、二十、二十三局集团公司，中铁建电气化局集团公司
	敦煌车站综合工程	中铁二十一局集团公司及其二公司、四公司
	新建成都北编组站工程	中铁十七、十一、十四、二十三、二十五局集团公司
	北京地铁5号线工程	中铁十六、十四、十七、十八局集团公司
	山东泰安抽水蓄能电站工程	中铁十四局集团公司
国家优质工程金质奖	南京长江第三大桥工程	中铁十九局集团二公司
国家优质工程银质奖	河南省济焦新高速公路济源至焦作段工程	中铁十一局集团一公司、中铁十五局集团五公司
	国道213线云南思茅至小勐养高速公路工程	中铁十二局集团二公司、中铁十八局集团公司、中铁十五局集团二公司、中铁十一局集团四公司
	苏州工业园区南环路东延工程	中铁二十二局集团公司
	合肥市金寨路高架桥工程	中铁十五局集团公司、中铁二十四局集团公司及其安徽工程公司
	济南段店互通立交桥工程	中铁十四局集团公司、中铁二十三局集团一公司
	青岛滨海公路仰口隧道工程	中铁十八局集团公司、中铁十九局集团公司及其五公司、中铁十四局集团公司，中铁十七局集团一公司、中铁二十三局集团一公司
	宁淮高速公路南京六合南互通立交工程	中铁十五局集团二公司
	浙赣铁路电气化提速改造工程——温厚特大桥工程	中铁十一局集团四公司、一公司，中铁二十四局集团公司
	新建井冈山铁路井冈山市站工程	中铁十八局集团公司及其三公司、中铁二十四局集团公司及其南昌建设公司、中铁二十五局集团电务工程公司
	新建青藏铁路格尔木至拉萨段电力工程(格尔木至唐古拉北段)	中铁十一局集团电务工程公司、中铁第一勘察设计院集团公司
	青藏铁路22标段那曲以桥代路特大桥工程	中铁十九局集团公司及其五公司、中铁十一局集团公司、中铁第一勘察设计院集团公司
	天津华能杨柳青热电有限责任公司四期工程	中铁十八局集团二公司
	华能中电威海风力发电49.5兆瓦风力发电场工程	中铁十四、十五局集团公司
中国铁道工程建设协会火车头优质工程	溪洛渡水电站对外交通辅助道路Ⅲ标段黄茅坝隧道、下河坝隧道工程	中铁十一局集团一公司
	武英高速公路东河特大桥工程	中铁十一局集团一公司
	岳潜高速公路严家隧道工程	中铁十一局集团四公司
	重庆至遂宁高速公路云雾山隧道工程	中铁十一局集团五公司、中铁十九局集团二公司

续表

优质工程等级	工　程　名　称	施　工　单　位
	新建合宁铁路客运专线“四电”集成工程	中铁十一局集团电务工程公司
	新建铜陵至九江铁路安徽段第 8 标段电力工程	中铁十一局集团电务工程公司
	山西晋济至济源段高速公路 L5 标段南河特大桥工程	中铁十二局集团一公司
	青岛至红其拉甫线山东省境内马站至莱芜段高速公路第 3 合同段上虎峪隧道工程	中铁十二局集团一公司
	云南小勐养至磨憨高速公路回弄山隧道工程	中铁十二局集团二公司
	兰青铁路兰州至西宁增建二线老鸦城隧道工程	中铁十二局集团三公司
	西安铁路物资供应段 2 号住宅楼工程	中铁十二局集团建筑安装公司
	泉三高速公路三明段机电工程 SMD2 合同段工程	中铁十二局集团电气化工程公司
	重庆市云阳至万州高速公路巴阳 1、2 号特大桥工程	中铁十三局集团三公司
	金华市西二环跨金华江大桥工程	中铁十三局集团一公司
	津蓟高速公路延长线 4 合同段盘山互通立交工程	中铁十四局集团公司及其二公司
	宁常高速公路溧水至南京段 NC－LS1 合同段工程	中铁十四局集团公司
	津汕高速公路天津段小孙庄互通立交工程	中铁十四局集团公司
	日照时代名苑综合楼(贵和大厦)工程	中铁十四局集团公司
	五一桥水电站工程	中铁十四局集团公司
	沪蓉西高速公路 27 合同段马水河特大桥工程	中铁十五局集团一公司
	重庆绕城北段高速公路 N5 合同段玉峰山隧道工程	中铁十五局集团二公司
	西汉高速公路 35 标段郭家山隧道工程	中铁十五局集团五公司、中铁十三局集团公司
	陕西省蓝商高速公路 LS－A8 标段李家河 3 号隧道工程	中铁十五局集团五公司
	江西省武吉高速公路 A20 合同段上奉隧道工程	中铁十五局集团五公司、中铁十九局集团三公司
	津蓟高速公路延长线第 5 合同段莲花岭隧道工程	中铁十五局集团七公司
	二河国道主干线陕西境户县经洋县至勉县段公路朱家垭隧道工程	中铁十五局集团公司、中铁十九局集团一公司
	兴郭路跨苏嘉杭高速公路大桥及引道工程	中铁十五局集团公司
	黄塔高速公路 2 标段汪村互通立交桥工程	中铁十六局集团四公司
	首都机场旅客捷运系统工程	中铁十六局集团公司
	重庆鱼洞长江大桥工程	中国铁建股份公司、中铁十七局集团公司及其二公司、中铁二十三局集团公司及其六公司、中铁二十二局集团公司及其电务公司
	张石高速公路石家庄段 ZS13 标段工程	中铁十七局集团公司
	沿海公路乐亭到冀津界段 T5、T6 合同段工程	中铁十七局集团三公司
	内蒙古 103 线城壕至大饭铺高速公路塔哈拉川特大桥工程	中铁十七局集团公司及其四公司
	厦门市仙岳路西段海沧大桥—鹰厦铁路高架改造工程 E 标段工程	中铁十七局集团六公司

续表

优质工程等级	工　程　名　称	施　工　单　位
	西安三环路(系统)工程西三环 C05、C06 标段工程	中铁十七局集团建筑工程公司
	北京至天津城际轨道交通工程	中铁十一、十七、十八、二十二局集团公司
	南宁市仙葫大桥工程	中铁十八局集团公司
	黔桂铁路六甲隧道工程	中铁十八局集团公司
	陕西丹凤至陕豫界高速公路丹江湘子庙特大桥工程	中铁十八局集团公司
	蓝商高速公路蓝田至林岔河段秦岭特长隧道工程	中铁十八局集团公司
	井冈山铁路井冈山车站工程	中铁十八、二十四局集团公司,中铁二十五局集团三公司
	中营高速公路 8 合同段沙坡头黄河特大桥工程	中铁十八局集团五公司
	重庆至长沙公路水江至界石段高速公路石龙隧道工程	中铁十九局集团二公司、中铁二十局集团二公司
	广东佛山市和顺至北滘公路主干线 DS09 标段工程	中铁十九局集团公司及其华南工程公司
	宝鸡市代家湾渭河大桥工程	中铁二十局集团六公司
	318 国道甘孜境段公路改建工程 BT9 合同段拉纳山隧道工程	中铁二十局集团二公司
	湖南邵阳至怀化高速公路第 16 合同段雪峰山隧道工程	中铁二十局集团二公司
	敦煌火车站工程	中铁二十一局集团二公司
	申嘉湖(杭)高速公路观音桥枢纽互通立交工程	中铁二十一局集团三公司
	东轻“特板”项目熔铸车间厂房工程	中铁二十二局集团六公司
	广州市轨道交通 5 号线谭村站土建工程	中铁二十二局集团六公司
	黄塔(桃)高速公路第 5 合同段牛岭隧道工程	中铁二十二局集团一公司
	同安湾大桥及两端接线工程	中铁二十二局集团三公司
	厦门市海豚湾(一期)工程	中铁二十二局集团三公司
	南昌洪都大桥工程	中铁二十三局集团一公司
	水麻高速公路路面 3 标段工程	中铁二十三局集团三公司
	内蒙古准东铁路二期工程狮子岭隧道工程	中铁二十三局集团四公司
	湖北恩施至利川高速公路 X5 合同段岩湾隧道工程	中铁二十三局集团四公司
	萧甬铁路电气化改造及相关配套工程	中铁二十四局集团上海电务电化公司
	深圳市福龙路I标段工程	中铁二十五局集团公司
	中国铁道建筑总公司综合办公楼	中铁建设集团公司、中铁二十二局集团公司
	滨洲线齐齐哈尔至海拉尔段自动闭塞改造工程	中铁建电气化局集团三公司
	合肥市金寨路高架桥工程	中铁十五、二十四局集团公司
中国铁建优质工程	武英高速公路东河特大桥工程	中铁十一局集团一公司
	西安城市交通项目三环路长乐路立交工程	中铁十一局集团一公司

续表

优质工程等级	工　程　名　称	施　工　单　位
	西安城市交通项目三环路咸宁路立交工程	中铁十一局集团公司
	岳潜高速公路严家隧道工程	中铁十一局集团四公司
	新建合宁铁路客运专线“四电”集成工程	中铁十一局集团电务工程公司
	新建铜陵至九江铁路安徽段信号工程	中铁十一局集团电务工程公司
	山西晋济至济源(省界)段高速公路L5标段南河特大桥工程	中铁十二局集团一公司
	合武铁路金寨隧道工程	中铁十二局集团二公司、四公司
	合武铁路红石埂隧道工程	中铁十二局集团四公司
	云南小勐养至磨憨高速公路回弄山隧道工程	中铁十二局集团二公司
	兰青铁路兰州至西宁增建二线老鸦城隧道工程	中铁十二局集团三公司
	青岛至莱芜高速公路马莱段第10合同段工程	中铁十二局集团三公司
	西安铁路物资供应段2号住宅楼工程	中铁十二局集团建筑安装工程公司
	北京地铁供电监控及环境监控二合一系统工程	中铁十二局集团电气化工程公司
	孝柳铁路电气化、通信工程	中铁十二局集团电气化工程公司
	泉三高速公路三明段机电工程SMD2合同段工程	中铁十二局集团电气化工程公司
	重庆市云阳至万州高速公路巴阳1号大桥工程	中铁十三局集团公司
	重庆市云阳至万州高速公路巴阳2号特大桥工程	中铁十三局集团公司
	金华市西二环跨金华江大桥工程	中铁十三局集团公司
	南水北调中线京石段应急供水工程吴庄隧洞工程	中铁十三局集团公司
	津蓟高速公路延长线4合同盘山互通立交工程	中铁十四局集团公司及其二公司
	342省道无锡市区段新建工程S342－3合同段工程	中铁十四局集团三公司
	宁常高速公路溧水至南京段NC－LS1合同段工程	中铁十四局集团公司
	津汕高速公路天津段小孙庄互通立交工程	中铁十四局集团公司
	日照时代名苑综合楼(贵和大厦)工程	中铁十四局集团公司
	五一桥水电站工程	中铁十四局集团公司
	大丽铁路松桂隧道工程	中铁十四局集团公司
	沪蓉西高速公路27合同段马水河特大桥工程	中铁十五局集团一公司
	重庆绕城北段高速公路N5合同段玉峰山隧道工程	中铁十五局集团二公司
	西汉高速公路35标段郭家山隧道工程	中铁十五局集团五公司、中铁十三局集团公司
	陕西省蓝商高速公路LS－A8标段李家河3号隧道工程	中铁十五局集团五公司
	江西省武吉高速公路A20合同段上奉隧道工程	中铁十五局集团五公司、中铁十九局集团三公司
	云南省蒙自新街高速公路第3合同段工程	中铁十五局集团五公司
	津蓟高速公路延长线第5合同段莲花岭隧道工程	中铁十五局集团七公司

续表

优质工程等级	工　程　名　称	施　工　单　位
	柞水至小河高速公路 17 合同段长哨特大桥工程	中铁十五局集团七公司
	西汉高速公路 XH－42 合同段朱家垭隧道工程	中铁十五局集团公司、中铁十九局集团一公司
	兴郭路跨苏嘉杭高速公路大桥及引道工程	中铁十五局集团公司
	黄塔高速公路 2 标段汪村互通立交桥工程	中铁十六局集团四公司
	首都机场旅客捷运系统工程	中铁十六局集团公司
	重庆奉节县三峡二期地质灾害续建工程猴子石滑坡治理工程	中铁十七局集团一公司
	重庆鱼洞长江大桥工程	中铁十七局集团公司
	107 互通跨京广铁路及 107 国道主线桥工程	中铁十七局集团公司
	河北省沿海高速公路 T5 合同段与 T6 合同段工程	中铁十七局集团三公司
	内蒙古 103 线城壕至大饭铺高速公路塔哈拉川特大桥工程	中铁十七局集团四公司
	厦门市仙岳路西段高架改造 E 标段工程	中铁十七局集团六公司
	西安三环路(系统)工程西三环 C05、C06 标段工程	中铁十七局集团公司
	北京至天津城际轨道交通工程	中铁十一、十七、十八、二十二局集团公司
	南宁市仙葫大桥工程	中铁十八局集团公司
	黔桂铁路六甲隧道工程	中铁十八局集团公司
	陕西丹凤至陕豫界高速公路丹江湘子庙特大桥工程	中铁十八局集团公司
	蓝商高速公路蓝田至林岔河段秦岭特长隧道工程	中铁十八局集团公司
	井冈山铁路井冈山车站工程	中铁十八局集团三公司
	朱平公路道路新建工程	中铁十八局集团上海工程公司
	中营高速公路(8 合同段)沙坡头黄河特大桥工程	中铁十八局集团五公司
	沪蓉国道主干线支线分水岭(鄂渝界)至忠县高速公路第 B7 合同段工程	中铁十九局集团一公司
	大唐彬长发电厂 2×600 兆瓦新建工程	中铁十九局集团一公司
	重庆奉节至云阳高速公路 B20 合同段梅子沟大桥工程	中铁十九局集团一公司
	内蒙古伊泰集团准东铁路二期 5 标段公沟隧道工程	中铁十九局集团一公司
	沿海公路秦皇岛至乐亭段高速公路 Q1 合同段工程	中铁十九局集团三公司
	宝鸡市代家湾渭河大桥工程	中铁二十局集团六公司
	国道 318 线甘孜境段公路改建工程 BT9 合同段拉纳山隧道工程	中铁二十局集团二公司
	湖南邵阳至怀化高速公路第 16 合同段雪峰山隧道工程	中铁二十局集团二公司

续表

优质工程等级	工　程　名　称	施　工　单　位
	重庆至长沙公路水江至界石高速公路石龙隧道工程	中铁十九局集团二公司、中铁二十局集团二公司
	敦煌火车站工程	中铁二十一局集团二公司
	申嘉湖(杭)高速公路观音桥枢纽立交工程互通工程	中铁二十一局集团三公司
	兰青铁路二线电气化工程	中铁二十一局集团电务电化公司
	东轻"特板"项目熔铸车间厂房工程	中铁二十二局集团六公司
	广州市轨道交通5号线谭村站土建工程	中铁二十二局集团六公司
	黄塔(桃)高速公路牛岭隧道工程	中铁二十二局集团一公司
	同安湾大桥及两端接线工程	中铁二十二局集团三公司
	厦门市海豚湾(一期)工程	中铁二十二局集团三公司
	河北沿海高速公路T2合同段工程	中铁二十二局集团四公司
	南昌洪都大桥第Ⅱ合同段工程	中铁二十三局集团一公司
	云南富广高速公路安登特大桥工程	中铁二十三局集团一公司
	水麻高速公路路面3标段工程	中铁二十三局集团三公司
	内蒙古准东二期铁路狮子岭隧道工程	中铁二十三局集团四公司
	六武高速公路路基工程安徽段第15合同段工程	中铁二十三局集团三公司
	湖北恩施至利川高速公路X5合同段岩湾隧道工程	中铁二十三局集团四公司
	重庆至遂宁高速公路I4合同段工程	中铁二十三局集团六公司
	上海铁路公安指挥中心工程	中铁二十四局集团上海房地产开发公司
	萧甬铁路电气化改造及相关配套工程	中铁二十四局集团上海电务电化公司
	深圳市福龙路工程I标段工程	中铁二十五局集团公司
	中国铁道建筑总公司职工住宅楼10号工程	中铁建设集团公司
	中国铁道建筑总公司38号工住宅及地下车库工程	中铁建设集团公司
	北京师范大学体育馆工程	中铁建设集团公司
	北京官园公寓1号楼工程	中铁建设集团公司
	国家自然科学基金委员会评审业务楼扩建工程	中铁建设集团公司
	地中海风情汇福苑一组团工程	中铁建设集团公司
	中国铁道建筑总公司综合办公楼工程	中铁建设集团公司、中铁二十二局集团公司
	陇海铁路徐州至连云港东段电气化改造工程	中铁建电气化局集团公司
	改建包兰铁路包头至惠农段电气化改造施工总承包BHSG－总标段工程	中铁建电气化局集团公司,中铁十一、十二局集团公司

制表:仇　发

中国铁建兵改工以来职工因工死亡人数逐月统计表

数量 项目 / 年度	一月	二月	三月	四月	五月	六月	七月	八月	九月	十月	十一月	十二月	全年合计		
													职工人数（人）	死亡人数（人）	千人死亡率（‰）
1984 年	1	4	1	1	3	1	3	2	3	1	4	3	150549	27	0. 179
1985 年		1	3	1	2	10	4	2	4	6	2	1	153134	36	0. 235
1986 年	4	1	1	5	3	3	7	5	6	5	3	1	151620	44	0. 29
1987 年			4	12	2		9	8	3	4	2	1	151428	45	0. 297
1988 年			4	1	5	1	2		3		2	3	146855	21	0. 143
1989 年	3		4	2	3		3	1	1	3			150962	20	0. 132
1990 年	1				1		3		1		2		153288	8	0. 053
1991 年			1	1	1		3		5	9	4		158588	24	0. 151
1992 年	1					1	1	2	1	1	2	6	160379	15	0. 094
1993 年	1	2	1		1	3	1	2	1	6	1		145876	19	0. 13
1994 年		3		2			5		1	1		2	145368	14	0. 096
1995 年		3		5		1		1		1	1	2	145608	14	0. 096
1996 年	1	1			1	1				1	1		146871	6	0. 041
1997 年	1	9		3	4	1	1	3	4		2		141327	28	0. 198
1998 年			2								2		139731	4	0. 029
1999 年			1	7	2	2	1	5	3	1		10	171445	32	0. 187
2000 年	6		4				1	5	1	1	1	1	200850	20	0. 1
2001 年	2				2		2	2	6		7	3	186680	24	0. 129
2002 年											1		186000	1	0. 005
2003 年			2			1	1						176000	4	0. 023
2004 年	1				1		2	1	1		1	4	227650	11	0. 048
2005 年		7	4		1			2	7			12	230533	33	0. 143
2006 年	1	8		1						4		6	237232	20	0. 084
2007 年	4		6	4	1	4			3				242168	22	0. 091
2008 年			5		3			2					184868	10	0. 054
2009 年			5					3		6		6	209103	20	0. 096
合 计	27	39	48	45	36	29	49	46	54	50	38	61		502	0. 1162

制表：程明薪

原铁道兵部队和中国铁建逐年事故死亡人数统计表

项目 数量 年度	死亡人数	千人死亡率	项目 数量 年度	死亡人数	千人死亡率	项目 数量 年度	死亡人数	千人死亡率
1948 年	21		1975 年	263	0.56	1984 年	27	0.179
1949 年	96		1976 年	257	0.74	1985 年	36	0.235
1950 年	36		1977 年	216	0.64	1986 年	44	0.29
1951 年	365		1978 年	193	0.58	1987 年	45	0.297
1952 年	521		1979 年	192	0.51	1988 年	21	0.143
1953 年	448		1980 年	177	0.58	1989 年	20	0.132
1954 年	33		1981 年	116	0.52	1990 年	8	0.053
1955 年	157	1.55	1982 年	121	0.62	1991 年	24	0.151
1956 年	144	1.26	1983 年	76	0.47	1992 年	15	0.094
1957 年	60	0.58				1993 年	19	0.13
1958 年	125	1.24				1994 年	14	0.096
1959 年	235	1.53				1995 年	14	0.096
1960 年	249	1.77				1996 年	6	0.041
1961 年	151	1.17				1997 年	28	0.198
1962 年	63	0.64				1998 年	4	0.029
1963 年	137	0.68				1999 年	32	0.187
1964 年	106	0.51				2000 年	20	0.1
1965 年	336	1.63				2001 年	24	0.129
1966 年	436	1				2002 年	1	0.005
1967 年	351	1				2003 年	4	0.023
1968 年	263	0.6				2004 年	11	0.048
1969 年	373	0.58				2005 年	33	0.143
1970 年	404	0.7				2006 年	20	0.084
1971 年	536	1.3				2007 年	22	0.091
1972 年	371	0.71				2008 年	10	0.054
1973 年	254	0.61				2009 年	20	0.096
1974 年	291	0.67	铁道兵合计	8173	0.88	中国铁建合计	522	0.1162

制表：程明薪

中国铁建兵改工以来伤亡事故统计表

数量 项目 年度	合计				职工因工伤亡事故				职工在国有公路上发生交通事故				职工非因工伤亡事故				我方主要责任造成群众伤亡事故				外部劳务伤亡事故			
	起数	轻伤	重伤	死亡	起数	轻伤	重伤	死亡	起数	轻伤	重伤	死亡	起数	轻伤	重伤	死亡	起数	轻伤	重伤	死亡	起数	轻伤	重伤	死亡
1984 年	312	187	107	79	219	162	69	27					36	7	9	24	57	18	29	28				
1985 年	241	168	58	52	215	157	51	36					17	3	4	10	9	8	3	6				
1986 年	259	160	61	77	217	156	47	44					26	3	6	19	16	1	8	14				
1987 年	166	99	38	63	145	92	36	45					13	5	2	11	8	2		7				
1988 年	117	64	23	45	92	60	21	21	4		1	3	15		1	15	6	4		6				
1989 年	111	76	26	33	87	56	19	20	14	20	5	5	10		2	8								
1990 年	113	89	18	31	86	69	15	8	12	17	3	8	12	3		12	3			3				
1991 年	128	99	24	38	107	84	21	24	7	9	4		11			11	3	6		3				
1992 年	144	113	15	28	130	112	13	15	6	1	2	4	6			7	2			2				
1993 年	144	131	28	32	129	119	21	19	10	9	6	11	3	1		2	2	2	1		11			20
1994 年	107	97	8	21	99	94	6	14	3	3	2	2	5			5	1	2		4	9	10	6	33
1995 年	92	85	15	14	92	85	15	14													4	3		6
1996 年	72	62	9	8	70	62	9	6					2			2					3			9
1997 年	87	72	11	36	85	72	11	28					2			8					4	5		7
1998 年	66	59	7	6	64	59	7	4					2			2					4	2	1	9
1999 年	103	86	9	37	98	86	9	32					5			5					2			4
2000 年	66	74	13	21	65	74	13	20					1			1					3	1	1	5
2001 年	66	80	14	30	62	80	14	24					4			6					1			1
2002 年	79	70	7	2	78	70	7	1					1			1					2	1	2	4
2003 年	72	67	10	4	72	67	10	4													2	1		4
2004 年	76	79	7	12	75	79	7	11					1			1								
2005 年	57	63	10	33	57	63	10	33													3			3
2006 年	60	60	11	20	60	60	11	20													1	3		3
2007 年	67	70	14	22	67	70	14	22													3			4
2008 年	4	2	2	10	1			4													3	2	2	6
2009 年	8			20	6			15													2			5
合计	2817	2212	545	774	2472	2088	456	478	56	59	23	33	172	22	24	150	107	43	41	73	57	28	12	123

制表：程明薪

中国铁建兵改工以来各单位逐年职工因工死亡人数统计表

单位 \ 数量 \ 年度	职工因工死亡人数																										
	一九八四年	一九八五年	一九八六年	一九八七年	一九八八年	一九八九年	一九九〇年	一九九一年	一九九二年	一九九三年	一九九四年	一九九五年	一九九六年	一九九七年	一九九八年	一九九九年	二〇〇〇年	二〇〇一年	二〇〇二年	二〇〇三年	二〇〇四年	二〇〇五年	二〇〇六年	二〇〇七年	二〇〇八年	二〇〇九年	合计
中国土木工程集团公司																											
中铁十一局集团公司	2	7	6	4	2	2	1	1	7	1	5						2	2		2		1	4				49
中铁十二局集团公司	2	1	1	2	4										2	2		14					2	9		2	41
中铁十三局集团公司	1	2		2	4	3		1	1	1			1			4				1			1	1			23
中铁十四局集团公司	1	3	1	6	1	1	1	4	2				1	1		1	1					6				6	36
中铁十五局集团公司	3	2		2	2	4		6	2	3	4			1		8	6	1					1	3	1		49
中铁十六局集团公司	6	8	11	4	1	2	1	2	2	3	1	2	1	20				1			1	8		3		5	82
中铁十七局集团公司	1		2	3		1	1	1			3												9	4	4	1	30
中铁十八局集团公司	5	4	9	16	3		2	1		3		6	1			2	2	1						1	5	3	64
中铁十九局集团公司	1		4	1	1	3		3		5		1		1	1	10	8				1	12		1			53
中铁二十局集团公司	1	6	7	5	3	4	1	1	1							4		2			2		3				40
中铁二十一局集团公司																											
中铁二十二局集团公司																						3					3
中铁二十三局集团公司																											
中铁二十四局集团公司																					4					2	6
中铁二十五局集团公司																										1	1
中铁建设集团公司		1	1																								2
中铁建电气化局集团公司																											
中铁第一勘察设计院集团公司																											
中铁第四勘察设计院集团公司																					1						1
中铁第五勘察设计院集团公司																			1								1
中铁上海设计院集团公司																											
中铁物资集团公司			1										1														2
昆明中铁大型养路机械集团公司																					1						1
中铁建(北京)商务管理公司																					1	3					4
中国铁建直属单位	4	2	1				1	4		3	1	5	1	5	1	1	1	3		1							34
合　计	27	36	44	45	21	20	8	24	15	19	14	14	6	28	4	32	20	24	1	4	11	33	20	22	10	522	

注:中国铁建直属单位包括原工厂局、国内工程公司、铁路运输处、铁道战备舟桥处。

制表:程明薪

设 备 物 资

【设备物资部】 6月，经股份公司第5次总裁办公会议研究决定设立。原工程管理部设备物资处和科技设计部工业处的管理职能及现有人员划入设备物资部。定员9人，设部长1人、副部长1人、总机械师1人；下设设备处、物资处、工业处。主要职责：贯彻执行国家有关设备、运输、物资、工业、节能减排工作的方针、政策和法规；组织制定股份公司系统设备、运输、物资、工业、节能减排管理的各项规章制度；负责股份公司主要物资和大型专用设备的集中招标采购和大型专用施工设备的内部调配；组织设备重大技术的推广与交流；负责利用外资贷款购置设备，协调总承包工程项目和本级经营项目主要物资的供应；负责股份公司系统铁路路料运输、工程路用车、铁路机车车辆调拨、铁路自轮运转特种设备管理；负责铁路集采专供物资、油料、民爆器材计划及协调工作；负责工业企业建设和工业产品技术研发、引进、消化、吸收，以及工业企业资源优化配置、产品调整的研究论证；负责股份公司节能减排管理，组织全系统设备、运输、物资、节能减排检查及年度统计报表汇总上报工作。 （白云飞）

【主要技术设备】 截至2009年底，中国铁建系统拥有机械动力设备59906台（套）。其中，主要施工机械设备19309台（套）；进口主要施工机械设备1518台（套）。机械动力设备固定资产原值264.88亿元、净值178.01亿元，机械设备总功率499.03万千瓦，人均技术装备率和动力装备率分别为7.64万元、21.41千瓦。拥有盾构机、TBM掘进机84台，铁路客运专线施工用900吨架桥机72台、运梁车74台、提移梁机122台（套）、移动模架138套，常规铁路架桥机38台、铺轨机24台，电气化施工设备（作业车、放线车、立杆车、轨道起重设备、重型轨道车、轨道平板车等）303台（套），大型机械化整道设备（起拨道捣固车、配砟整形车、动力稳定车等）42台。全系统机械设备成新率67.21%，主要施工机械设备完好率92.7%、利用率78.78%、闲置率6.26%。全年更新各类机械设备13438台，价值83.68亿元；报废设备3005台，原值4.56亿元。主要施工设备实现机电液一体化、智能化、多功能化，在数量、质量和装备能力上已接近或达到世界先进水平，提高了中国铁建的市场竞争力，在工程投标和完成施工任务中发挥了重要作用。 （白云飞）

【设备管理专业人员】 中国铁建系统有设备管理专业技术人员9829人。其中，高级工程师595人；工程师1807人。设备技术工人32389人。其中，机械司机11965人；汽车驾驶员11498人；修理工3483人。各单位全年完成专业技术培训527期，培训9852人。 （白云飞）

【设备运输物资节能检查】 年内下发《关于认真开展2009年度设备、运输、物资、节能检查工作的通知》，要求所属单位从机构设置、制度落实、人员配备、资料管理等方面，加强设备购置、租赁、使用、维护保养、安全操作管理，坚持操作人员持证上岗；加强铁路工程路用车及大吨位预制梁运输专用车和桥梁、轨枕、钢轨运输专列的使用管理；加强主要原材料和大宗物资招标采购和危爆物品的使用管理；建立节能减排组织体系和指标监测体系。各单位根据股份公司安排，统一部署，狠抓落实，总结经验，制定整改措施，取得较好效果。 （白云飞）

【推广应用“四新”技术】 组织系统内的设备管理人员与国内外主要设备制造商进行施工设备和施工工艺的交流，促进新设备、新技术、新工艺的推广应用。组织相关人员参加第十届北京国际工程机械展览与技术交流会，及时了解国内外工程机械的技术水平和发展趋势。 （白云飞）

【参加行业活动】 中国铁建作为中国设备管理协会、中国建筑业协会建筑机械设备管理分会和中国物流与采购联合会的团体会员单位，积极参加协会活动，与协会保持密切联系。2009年，经股份公司推荐，中铁十一局集团六公司、中铁十二局集团四公司、中铁十三局集团二公司、中铁十四局集团三公司、中铁二十局集团四公司被评为全国建筑施工企业、建筑机械租赁企业设备管理优秀单位；3名设备管理人员被评为全国建筑施工企业、建筑机械租赁企业设备管理优秀项目经理，3人被评为全国建筑施工企业、建筑机械租赁企业设备管理优秀工作者；3名设备操作人员被评为全国建筑施工企业、建筑机械租赁企业设备管理优秀机械工人。通过行业协会活动，有利于推动全系统设备自主创新，建立健全设备管理体系，促进中国铁建设备管理水平的全面提高。

（白云飞）

【设备管理】 年内印发《关于加强设备管理工作的

意见》，要求所属单位积极配合，在机构设置、人员配备、制度建设以及设备维护管理等方面逐步加强，充分发挥设备资源最大效能。（白云飞）

【设备、物资集中招标采购】 股份公司全面推行设备物资集中招标采购制度，下发中国铁建设备、物资集中招标采购管理暂行办法。年内集中招标采购盾构机25台，采购金额15.9亿元，市场价格18.28亿元，节约资金2.38亿元，设备分别应用于北京、苏州、大连、郑州、天津、深圳地铁施工。招标采购大型设备15台（套）。其中，中铁十九局集团公司900吨运架一体机1台、多功能地质钻机1台；中铁二十局集团公司900吨轮胎提梁机1台；中铁二十二局集团公司龙门吊2台；中铁二十一局集团公司轨道车2台、混凝土搅拌站8套。采购金额5128万元，市场价格5810万元，节约资金682万元。（白云飞）

【铁路运输】 全年股份公司系统完成铁路运输86953车，运送各类物资520余万吨。（白云飞）

【组织专列、超限货物运输】 2009年，经铁道部批准，股份公司为所属各单位组织桥梁钢轨运输专列22列，保证襄渝二线、西格二线、武广、洛湛、太中银、达成、襄胡等铁路施工任务的完成；办理架桥机组、铺轨机组等超限货物运输6次，确保铺架设备及时上场、转场和一线施工正常进行，解决了施工现场的急需。（白云飞）

【工程路用车管理】 2009年，根据襄渝二线、西格二线、武广、洛湛、太中银、达成、襄胡、包西、柴木等铁路铺轨、架梁任务需要，全年申请使用工程路用车3831辆。其中，N车3824辆；P车7辆。股份公司对各单位提出的使用申请，严格把关、及时申报计划并要求使用单位加强管理，按时通报使用情况，杜绝违章使用情况的发生，保证各条新线铺架现场的桥梁、轨排和材料运输。（刘宝庆）

【铁路编组自运行设备发运】 为保证股份公司电气化施工任务的完成，及时与铁道部运输局联系，全年为所属单位铁路编组自运行设备发运办理铁道部调度命令70次，发运274车次。（白云飞）

【申请购买铁路旧内燃机车】 为解决一线铺架施工机车牵引动力不足等问题，确保铺架工程任务的顺利完成，向铁道部申请购买东风4B内燃机车68台，实际落实37台。其中，中铁十一局集团公司2台；中铁十四局集团公司7台；中铁十五局集团公司10台；中铁十七局集团公司10台；中铁十九局集团公司8台。（白云飞）

【物资供应】 2009年组织供应钢材1188万吨，木材64万立方米，水泥4700万吨，油料171万吨，炸药15万吨。（刘宝庆）

【解决民爆器材直接供应】 长期以来，由于民爆器材的采购和运输受施工所在地区地方保护主义的影响，民爆器材价格居高不下，民爆器材直接供应难以实现，为解决股份公司系统民爆器材直接供应业务存在的困难，股份公司及所属集团公司积极与甘肃、广西、重庆、陕西、贵州、湖北、海南、福建、湖北、江西等省、市、自治区政府沟通，争取民爆器材行业主管部门支持，最大限度地解决股份公司系统民爆器材的直接供应，降低部分地区施工单位民爆器材的采购价格，全年为施工单位解决民爆器材直接供应6000余吨，节约资金约1200万元。（刘宝庆）

【工业制造】 2009年，股份公司计划完成新签工业制造合同额32亿元，实际完成54.57亿元；计划完成企业总产值45亿元，实际完成60.5亿元；计划完成营业收入45亿元，实际完成53亿元。其中，昆明中铁大型养路机械集团公司加大营销力度，扩大市场份额，以铁道部、铁路局为主市场，积极向地方铁路及大型企业、煤矿等专用铁路拓展市场空间，全年新签合同额14.5亿元，为年度计划的145%，比上年增长73.96%；中铁轨道系统集团公司采取“强化集团管控，坚持高端运作，巧用竞合手段，搞好售后服务”经营策略，道岔产品覆盖30余条新建铁路项目，弹条扣件产品进入北京、深圳地铁市场并出口30个国家和地区，并与长沙城市轨道公司达成地铁盾构机和管片供应意向性协议，全年新签合同额40亿元，完成年度计划的160.9%。（郭春雷）

【节能减排管理】 为深入贯彻落实《国务院关于加强节能工作的决定》和国务院国资委《关于加强中央企业节能减排工作的意见》精神，股份公司确立节能减排指导思想和工作目标，建立健全节能减排组织管理、统计监测体系，加强节能减排计量、统计等基础工作。2009年，股份公司所属单位结合全国节能宣传周活动，加大国家节能减排政策的宣传力度，坚持施工与节能并重的原则，依靠技术进步和管理创新，实现企业效益和社会效益双赢。（刘宝庆）

2009 年 9 月 23 日，中国铁建举行阿尔及利亚东西高速公路项目 M6 标段全段、M7 标段优先段和谢里夫省西互通区通车典礼。（吕 力 提供）

海外经营 境外工程

本栏责任编辑 杨启燕

海外经营

·海外业务·

【国际部】 2009年7月成立，股份公司机关行政职能部门，原股份公司委托中国土木工程集团公司管理的外事管理职能及人力资源部人事处管理的外事职能、海外事业部承担的海外业务管理职能划入。定员8人，设部长1人，副部长1人，下设外事处、海外业务管理处。主要职责：贯彻执行党和国家有关外经、外事方针、政策、法律、法规；执行公司的有关决定、决议；负责编制公司海外经营战略，制定、完善公司外经、外事管理制度和规定；代表公司对口国家外交、外经主管部门、省市外事管理部门；负责与驻华使（领）馆、驻外使领馆、商会、协会的工作联系以及驻外企业的交流与合作；负责公司领导参加外事活动联络，因公出国（境）人员审批、护照办理、签证等工作；负责公司境外业务管理、协调、监督、服务工作；负责公司海外业务风险管理与内控工作；负责ENR（全球最大225家国际承包商）评选资料准备及报送工作；负责公司对外经营资格证书年检、企业信用等级评价的申报、更新工作；负责处理境外突发事件及公司系统境外投资、机构、承揽工程情况统计报表及相关统计分析工作。（霍蓓蓓）

【全球最大225家国际承包商排名】 4月，按照中国对外承包工程商会通知要求，完成美国《国际工程新闻记录》（ENR）组织的全球最大225家国际承包商排名的资料报送工作。2009年，中国铁建在ENR全球最大225家国际承包商中排名第4位。

（霍蓓蓓）

【对外经营资格年检】 5月，按照北京市商务委员会的通知要求，完成对外承包工程经营资格和对外劳务合作经营资格的更新和年检。（霍蓓蓓）

2009年中国铁建海外经营新签合同额统计表

单位：万元人民币

序号	单　　位	新签合同额	占海外合同总额比例（%）
1	中国铁建股份公司本级	1208910	21.452
2	中国土木工程集团公司	3342452	59.311
3	中铁十四局集团公司	69734	1.237
4	中铁十五局集团公司	480805	8.532
5	中铁十六局集团公司	7650	0.136
6	中铁十七局集团公司	53575	0.951
7	中铁十八局集团公司	401577	7.126
8	中铁建设集团公司	70189	1.245
9	中铁第一勘察设计院集团公司	205	0.004
10	中铁物资集团公司	178	0.003
11	中铁轨道系统集团公司	159	0.003
	总　　计	5635434	100.000

制表：杨　贺

2009 年中国铁建海外经营完成产值统计表

单位：万元人民币

序号	单　　位	海外经营完成产值	占海外总产值比例（%）
1	中国铁建股份公司	215623	7.380
2	中国土木工程集团公司	502817	17.209
3	中铁十一局集团公司	100237	3.431
4	中铁十二局集团公司	509812	17.448
5	中铁十四局集团公司	431212	14.758
6	中铁十五局集团公司	30510	1.044
7	中铁十七局集团公司	177150	6.063
8	中铁十八局集团公司	595758	20.390
9	中铁十九局集团公司	199409	6.825
10	中铁二十局集团公司	102894	3.522
11	中铁二十三局集团公司	10029	0.343
12	中铁二十四局集团公司	25991	0.890
13	中铁建电气化局集团公司	14780	0.506
14	中铁第四勘察设计院集团公司	205	0.007
15	中铁第五勘察设计院集团公司	683	0.023
16	中铁上海设计院集团公司	4762	0.163
	总　　计	2921872	100.000

制表：杨　贺

2009 年中国铁建在香港、澳门及海外常设机构表

单　　位	机　构　名　称	所在国家或地区	机构性质
中国铁建股份公司本级	中国铁建股份有限公司沙特分公司	沙特阿拉伯	分公司
	中国铁建（加勒比）有限公司	特立尼达和多巴哥共和国	已注册
	总公司阿尔及利亚项目经理部	阿尔及利亚	指挥部
中国土木工程集团公司	中土集团公司沙特分公司	沙特阿拉伯	分公司
	中国土木阿尔及利亚有限公司	阿尔及利亚	有限公司
	中土东非有限公司	坦桑尼亚	有限公司
	中国土木工程（澳门）有限公司	澳门	有限公司
	中土集团公司吉布提办事处	吉布提	办事处
	中土尼日利亚有限公司	尼日利亚	有限公司

续表

单　　位	机　构　名　称	所在国家或地区	机构性质
中国土木工程集团公司	中国土木工程博茨瓦纳有限公司	博茨瓦纳	有限公司
	中土集团公司阿联酋代表处	阿拉伯联合酋长国	代表处
	中土集团公司以色列分公司	以色列	分公司
	中土集团俄罗斯（远东）办事处	俄罗斯	办事处
	中土集团公司利比亚分公司	利比亚	分公司
	中国土木工程集团（香港）有限公司	香港	有限公司
	中铁（澳门）有限公司	澳门	有限公司
	中土集团公司日本代表处	日本	代表处
	中土集团公司（波兰）有限公司	波兰	有限公司
	中土集团公司土铁项目欧洲代表处	德国	代表处
	中土巴西国际商业有限公司	巴西	有限公司
	中国铁建土耳其分公司	土耳其	分公司
中铁十二局集团公司	亚昌公司	阿尔及利亚	分公司
中铁十三局集团公司	安哥拉办事处	安哥拉	办事处
	纳米比亚办事处	纳米比亚	办事处
	马来亚办事处	马来西亚	办事处
中铁十四局集团公司	喀布尔办事处	阿富汗	办事处
	印度办事处	印度	办事处
中铁十五局集团公司	尼泊尔工程公司	尼泊尔	分公司
	沙特公司	沙特阿拉伯	分公司
中铁十八局集团公司	尼日利亚有限公司	尼日利亚	注册公司
	迪拜工程公司	阿联酋迪拜市	注册公司
	沙特工程公司	沙特阿拉伯利雅得市	注册公司
	马达加斯加公司	马达加斯加	注册公司
	中国铁道建筑（泰国）有限公司	泰国曼谷	注册公司
	马斯卡特公司	阿曼马斯卡特区	注册公司
	印度办事处	印度	办事处

制表：杨　贺

【境外来访】 3月24日，土耳其驻中国大使馆大使缪拉·埃森利率土耳其签证联合工作组访问中国铁建。股份公司副董事长丁原臣会见来访客人，双方就中国铁建土耳其安哥拉分公司工作人员的签证问题交换了意见。

4月14日，股份公司董事长李国瑞、副总裁扈振衣在北京钓鱼台国宾馆会见蒙古国道路交通建筑和城市建设部部长哈·巴特图拉嘎、财政部部长桑·巴雅尔朝格特，双方就中国铁建和蒙古国政府在基础设施领域的合作展开友好、亲切的会谈。

5月7日，股份公司总裁赵广发会见来访的澳大利亚ATEC公司（澳大利亚运输和能源走廊有限公司）董事会主席康普顿先生和首席执行官巴拉西斯先生，双方就在澳大利亚市场进行合作展开友好会谈。

6月16日，股份公司副董事长丁原臣在北京中国铁建大厦总部机关会见以波兰基础设施部部长采·格拉巴尔采克为团长的波兰政府代表团。

同日，股份公司董事长李国瑞在北京钓鱼台宾馆会见加拿大前总理吉思·克雷蒂安一行，与加拿大艾芬豪投资集团公司主席罗伯特·弗里德兰先生就中国铁建设计、采购、施工、运营总承包蒙古国南戈壁能源公司铁路项目达成一致意见。

7月15日，股份公司副总裁、总经济师扈振衣会见来访的马来西亚常青集团主席张晓卿，双方就巴布亚新几内亚综合商厦项目交换了意见。

8月13日，股份公司副董事长丁原臣会见来访的加拿大艾芬豪投资集团公司主席罗伯特·弗里德兰，弗里德兰先生向丁原臣副董事长介绍其在蒙古国和刚果金矿运营进展情况，丁原臣副董事长表示中国铁建希望与艾芬豪投资集团公司在上述两个市场继续展开深入合作。双方还就未来在印度市场的潜在合作机会进行了亲切友好的沟通，丁原臣副董事长表示中国铁建完全有能力、有信心承揽印度的大型基础设施项目，希望合作尽快由具体项目开始。

12月16日，股份公司董事长李国瑞在北京总部中国铁建大厦会见东亚太平洋局长冯桂婷女士率领的世界银行代表团，李国瑞董事长向世界银行贵宾介绍了中国铁建的有关情况，表明中国铁建与世界银行合作的具体意向。冯桂婷等世界银行官员表示，将以真诚的愿望、积极的态度和中国铁建合作，双方在有关合作的具体事项和时间节点上达成共识。副总裁周志亮、董事会秘书李廷柱参加会见。

12月28日，尼泊尔总理马达夫·库马尔·尼帕尔在尼泊尔驻华大使馆单独会见中国铁建董事长李国瑞一行。李国瑞董事长向总理阁下介绍了中国铁建的基本情况和青藏铁路设计、施工情况，尼帕尔总理表示了解青藏铁路建设，认为中国铁建设计、修建了青藏铁路，完全有实力承包尼泊尔工程，建议与财政部部长进行沟通。随后，李国瑞董事长单独会见了尼泊尔财政部部长苏伦德拉·潘迪，并互相交换了具体意见。

（杨　贺）

【出访考察】 7月9日~14日，股份公司副总裁、总工程师夏国斌率股份公司管理体系认证延伸审核组赴中国土木工程集团阿尔及利亚有限公司及股份公司阿尔及利亚东西高速公路项目视察指导工作。

8月8日~11日，中国铁建总裁赵广发，副总裁扈振衣、庄尚标率机关有关部门负责人到沙特阿拉伯麦加地铁项目现场办公。期间，召开系统工程、联调联试、运营管理及成本核算专题会议，与铁道部专家组沟通，和业主代表、监理公司磋商，并拜会中国驻吉达领事馆总领事、参赞。

8月13日~21日，股份公司总裁赵广发，副总裁扈振衣、庄尚标率机关有关部门和所属有关单位负责人赴阿尔及利亚现场办公。先后考察中国土木工程集团公司，中铁十二、十四、十七、十九局集团公司承建的阿尔及利亚东西高速公路中、西标段工程；详细了解阿尔及利亚55、175、139、151公里铁路及其复线约1000公里项目的设计、施工情况，实地查看甘塔斯隧道等重难点工程。期间，分别召开公路、铁路专业会议和现场办公会议，广泛听取联合体、项目公司等各方面意见，并拜访业主、监理公司和阿尔及利亚公共工程部、中国驻阿尔及利亚大使。

10月11日~17日，股份公司董事霍金贵到特立尼达和多巴哥共和国中国铁建项目现场办公，向中国铁建多巴哥斯卡伯罗总医院项目提出要求。22日，特立尼达和多巴哥共和国总理曼宁阁下及夫人在卫生部部长纳瑞斯先生陪同下，率领政府相关部门官员，视察中国铁建承建的斯卡伯罗总医院施工现场。

10月28日，股份公司总裁赵广发一行5人随中国国际贸易促进代表团出访爱沙尼亚和阿尔巴尼亚。

11月13日~24日，股份公司总裁赵广发、副总裁周志亮率机关有关部门和所属有关单位负责人赴尼日利亚现场办公，先后检查指导尼日利亚在建工程和莱基自由贸易区项目，并对矿产资源合作项目进行考察。

12月17日~22日，股份公司总裁赵广发率机关有关部门和所属有关单位负责人赴沙特阿拉伯现场办公，检查指导麦加地铁项目，并拜访使馆、经商参处、业主代表、监理公司等各方，改善和加强项目的外部环境。

（杨　贺）

·海外资源管理·

【海外事业部】 股份公司机关事业部门。7月，股份公司调整海外事业部职能，原海外业务管理职能划入国际部。现主要职能：负责股份公司本级海外资源项目及部分区域工程项目的合作、开发、管理，以股份公司名义对外跟踪、承揽境外工程项目。海外事业部实行独立核算、自负盈亏。现员14人，其中部长、副部长各1人。（王巍）

【海外市场开发】 2009年，中国铁建继续贯彻国家"走出去"战略，大力发展海外自营能力，为保持企业平稳快速发展，加大开拓海外市场力度，根据股份公司海外市场分布及资源掌握情况，年内重点跟踪沙特阿拉伯麦加轻轨铁路、特立尼达和多巴哥医院工程项目，已签约实施；参加特立尼达和多巴哥福廷角医院一、二期及阿利玛医院、桑蒂格朗迪医院工程等项目投标。（王巍）

【沙特阿拉伯麦加轻轨项目合同签订】 2月10日，中国铁建总承包沙特阿拉伯麦加轻轨项目合同签约仪式在沙特阿拉伯首都利雅得举行。中国铁建总裁金普庆与沙特阿拉伯城乡事务部部长兼麦加地区发展委员会主席米特·伊本·阿卜杜勒·阿齐兹在沙特阿拉伯首都利雅得签订麦加轻轨项目合同，项目总投资17.7亿美元。中国国家主席胡锦涛和沙特阿拉伯国王阿卜杜拉出席合同签约仪式。（王巍）

境外工程

【阿尔及利亚东西高速公路工程】 东连突尼斯，西接摩洛哥，是贯穿阿尔及利亚东西部的主要交通大动脉，全长1216公里，分东、中、西3个标段，总投资110.4亿美元。日本公司中标东标段；中国中信与中国铁建联营体中标中、西两个标段，合同投资57.5亿美元。中标段由中国铁建组织施工，工程自BBA省东部边界至谢利夫省的西部边界，跨越布衣哈、布迈戴斯、阿尔及尔、艾因迪夫拉等省份，长169公里，合同投资22.4亿美元，按照双向6车道高速公路设计，采用欧洲技术标准。工程分三期签订施工合同，一期工程由M4标段（14公里）和M5标段（23公里）组成，合同于2006年9月18日签订；二期工程由M1标段（36公里）、M2标段（16公里）、M6标段（24.5公里）、M7标段（24公里）组成，合同于2007年5月13日签订；三期工程为M3标段（27.5公里），合同于2004年4月12日签订。三期合同总投资22.43亿美元。其中，M1、M2标段由中铁十四局集团公司负责实施；M3、M4标段由中铁十二局集团公司负责实施；M5、M7标段由中铁十九局集团公司负责实施；M6标段由中国土木工程集团公司负责实施。中交第一公路勘察设计研究院负责M3、M4标段的设计，中铁第一勘察设计院集团公司负责M5、M6、M7标段的设计，中国中铁二院工程集团公司负责M1、M2标段的设计。2006年9月18日正式开工，总工期40个月。由于新增和追加工程等原因，业主将工期延长至2010年7月。截至2009年底，开工累计完成投资24.65亿美元，占合同投资的109.89%；M1、M2、M4、M5、M6、M7标段相继通车。（吕力 杨启燕）

【阿尔及利亚94公里铁路更新工程】 位于BISKRA至TOUGGOURT路段，对该既有铁路线路进行更新改造，采用欧洲技术标准。合同投资4996万欧元。2007年5月13日开工，合同工期18个月。由中国土木工程集团公司和中铁二十四局集团公司负责施工。截至2009年底，开工累计完成线路更新32.472公里；开工累计完成投资2346万欧元，占合同投资的46.96%。（吕力 杨启燕）

【阿尔及利亚67公里铁路复线工程】 位于KHEMIS至OUED FODDA路段，是阿尔及利亚北方干线铁路的一部分。采用欧洲技术标准。合同投资6103万美元。2006年12月5日开工，合同工期18个月。由中国土木工程集团公司、中铁二十三局集团公司及中国中铁九局集团公司、沈阳铁路局负责施工。工程实施以来，由于业主对线路提速的反复论证，造成设计、施工图纸批复暂停，工程进度受到严重影响。2009年4月1日，业主最终确定工程按原合同时速140公里标准实施，不再提速，工期延长到28个月。截至2009年底，开工累计完成投资1675.6万美元，占合同投资的32.33%。（吕力 杨启燕）

【阿尔及利亚55公里铁路新线工程】 跨阿尔及利亚布利达和艾因迪夫拉两省，由阿福龙至黑密斯，是阿尔及利亚北方铁路干线的组成部分。2007年7月，中国土木工程集团公司与土耳其OZGUN组成联合体中标，合同投资4.3亿欧元，中国铁建占89.76%的股份。合同工期30个月。主要工程量：土石方771.5

万立方米，桥梁 23 座 1030 延长米；单洞单线隧道 2 座 7370 延长米，单洞双线隧道 1 座 2750 延长米；铺轨 192 公里，铺道岔 152 组。工程由中铁十二局集团公司组织实施，中国土木阿尔及利亚有限公司参与工程施工，中铁第一勘察设计院集团公司负责工程设计。截至 2009 年底，相关保函已经出具，预付款催收工作正在加紧进行；人员指标获得批复；各项设计和施工工作积极推进。 （吕 力 杨启燕）

【阿尔及利亚 175 公里铁路电气化新线工程】 跨越布迈戴斯、布依哈和 BBA 三省，由布拉里季堡至特尼亚，是阿尔及利亚北方铁路干线的组成部分。主要工程量：土石方 3280 万立方米，铁路高架桥 76 座 22.81 公里，单洞双线隧道 22 座 16540 延长米，车站改建和新建 9 座 2.2 万平方米，电气化轨道工程 339.32 公里。中国土木工程集团公司与土耳其 OZGUN 组成联合体中标，2009 年 4 月 15 日签署框架合同，总投资 17.28 亿欧元，中国铁建占 84% 的份额。合同工期 48 个月，暂定以 6 个应用合同（设计 + 临建、隧道、土建、轨道、电气化、通信信号）分期实施。5 月 27 日，一期应用合同签约，合同投资 1.24 亿欧元；7 月 18 日正式开工。工程由中铁十四局集团公司组织实施，中铁十二、十九局集团公司及中国土木阿尔及利亚有限公司参与工程施工，中铁第四勘察设计院集团公司和中国中铁二院工程集团公司负责施工设计。截至 2009 年底，相关保函已经出具，预付款催收工作正在加紧进行；人员指标获得批复；补充协议递交业主；设计工作全力推进。

（吕 力 杨启燕）

【土耳其安卡拉至伊斯坦布尔高速铁路二期工程】 全长 158 公里，合同总投资 12.7 亿美元，由中国铁建土耳其安卡拉分公司牵头，与中国机械进出口集团公司及土耳其两家当地公司组成合包集团中标。工程由两个标段组成，1 标段从科斯科亚至温滋尔罕姆，长 104 公里，于 2006 年 11 月 28 日授标并签约，合同投资 6.6 亿美元；2 标段从温滋尔罕姆至依诺奴，长 54 公里，于 2006 年 7 月 11 日授标并签约，合同投资 6.1 亿美元。两个标段工期均为 730 天。工程内容包括该范围内的路基、桥涵、隧道、轨道、通信、信号、电力电气化等工程及两端向外延长约 130 公里的通信工程，工程设计和施工全部采用欧洲技术标准。中国土木工程集团公司负责施工。截至 2009 年底，完成隧道 14000 延长米、桥梁 3000 延长米，完成投资 1.53 亿美元。 （吕 力 杨启燕）

【尼日利亚铁路现代化工程】 为双线标准轨铁路，拉各斯至卡诺全长 1315 公里。2006 年 10 月 30 日中标，合同总投资 83 亿美元，是目前中国公司在国际工程承包市场获得的最大订单。由中国土木工程集团公司负责设计施工总承包，采用中国铁路技术标准进行设计、施工，开创中国技术标准输出先河。2007 年 3 月开工，合同工期 4 年。因尼方原因，2008 年 10 月 3 日收到业主暂时停工令。经过双方近一年的反复磋商和谈判，同意保留尼铁现代化项目原合同，工程采取分段实施，先期启动阿布贾至卡杜纳、拉各斯至伊巴丹段。2009 年 10 月签订阿布贾至卡杜纳分段实施补充协议。阿布贾至卡杜纳段单线铁路长 186.5 公里，设车站 9 座、铁路桥 18 座，合同投资 8.49 亿美元，合同工期 36 个月。中铁十八、二十四局集团公司参与工程施工。 （吕 力 杨启燕）

【尼日利亚拉各斯防波堤工程】 主要工程为修复东西防波堤 400 米、导流防波堤 500 米。2007 年 5 月 4 日，中国铁建与中国港湾建设集团总公司组成联合体中标该工程，合同投资 1.38 亿美元，合同工期 24 个月。2008 年 3 月开工。截至 2009 年底，完成投资 4680 万美元。由于业主未提供施工图纸，西堤混凝土预制构件设计发生重大变更，工程进度受到严重影响。 （吕 力 杨启燕）

【尼日利亚阿布贾城铁工程】 2007 年 5 月签约，全长 60.67 公里，合同投资 8.4 亿美元，合同工期 4 年。采用中国技术标准，由中土尼日利亚有限公司负责设计施工总承包。2009 年工程重新启动，中标里程增加到 77.782 公里，合同投资根据施工实际情况进行调整。年内完成现场勘察和站前工程的施工图设计。截至 2009 年底，开工累计完成合同投资 3963 万美元。 （吕 力 杨启燕）

【尼日利亚达迈高速公路工程】 位于尼日利亚东北部，为 132.6 公里州际高速公路双线改造、扩建工程，主要工程量：土方 309 万立方米，级配碎石 41 万立方米，沥青混凝土路面 209 万平方米，管涵 1.2 万延长米。2006 年 7 月 21 日签约，合同投资 3 亿美元，合同工期 40 个月。前期由于业主资金不到位，工程处于半实施半停工状态。经过中国土木工程集团公司坚持不懈的努力，现业主安排了较大比例的预算，新机械设备陆续到位，工程将全力以赴按计划向前推进。截至 2009 年底，开工累计完成合同投资 4244 万美元。 （吕 力 杨启燕）

【尼日利亚拉各斯轻轨工程】 全长27.52公里，合同总投资17.48亿美元，合同工期36个月。主要工程量：车站13座，车辆段1处，土石方37万立方米，铺轨61公里，铺道岔28组。2009年4月30日中标，中国土木工程集团公司负责设计施工。工程根据拉各斯州政府资金情况分三期签约实施。一期为勘测设计和施工前期准备，合同投资7700万美元。

（吕 力 杨启燕）

【以色列特拉维夫红线轻轨工程】 为特拉维夫轻轨规划的一期线路，是以色列建国以来最大的基础设施建设项目，也是以色列历史上技术最复杂的建设项目。全长23公里，主要工程为9公里地下双线隧道、10座地下车站及23座地面车站，采用欧洲及以色列技术标准。2007年5月28日签约，合同投资17.05亿欧元。该工程为中国土木工程集团公司BOT/PPP项目，特许经营期限32年。其中，建设期5年；运营期27年。2009年与以色列政府及银行谈判，以推动项目尽早达成财务融资。（吕 力 杨启燕）

【以色列海法市卡迈尔公路隧道工程】 全长9495延长米，采用钻爆法施工。2006年10月工程中标，合同投资约合人民币71690万元，合同工期30个月。2007年6月开工，由中铁十二局集团公司负责施工。2009年7月完工。（吕 力 杨启燕）

【利比亚沿海铁路工程】 西起利比亚首都的黎波里，沿利比亚北部海岸贯通至东部城市西尔特，正线全长472公里，合同总投资26.3亿美元，合同工期48个月。其中，胡姆斯至西尔特352公里，2008年2月3日签约，合同投资18亿美元；的黎波里至胡姆斯120公里，2008年8月19日签约，合同投资8.03亿美元。2008年11月26日开工，由中铁十一局集团公司负责施工，中铁第四勘察设计院集团公司负责初步设计和施工图设计。截至2009年底，开工累计完成投资4725万美元。（吕 力 杨启燕）

【利比亚南北铁路工程】 纵跨利比亚南北，由黑舍至南部城市塞卜哈，单线铁路全长802公里，设计时速160公里，设车站24座。2008年2月3日签约，合同投资8亿美元，合同工期36个月。2008年12月29日开工，由中铁二十三、十四、十六局集团公司负责施工，中铁第五勘察设计院集团公司负责初步设计更新和施工图设计。截至2009年底，开工累计完成投资385万美元。（吕 力 杨启燕）

【利比亚西线铁路工程】 东起利比亚首都的黎波里，西至与突尼斯接壤的加迪尔角，双线铁路全长172公里，设计时速250公里，设车站15座。2009年1月18日签约，合同投资8.05亿美元，合同工期36.5个月。计划2010年开工，由中铁十三局集团公司、中国土木工程集团公司负责施工，中铁第四勘察设计院集团公司负责初步设计及施工图设计。

（吕 力 杨启燕）

【博茨瓦纳国际科技大学工程】 工程分两期建设，总建筑面积20万平方米，总投资10亿美元。一期工程于2008年12月19日授标中国土木工程博茨瓦纳有限公司，合同投资5600万美元，2009年3月16日开工，合同工期18个月。（吕 力 杨启燕）

【沙特阿拉伯南北铁路CTW200标段工程】 位于沙特阿拉伯北部哈伊勒市，线下全长338公里，线上全长458公里，单线铺轨510公里。合同投资5.24亿美元。合同工期2007年4月~2010年7月。由中铁十八局集团公司负责施工。截至2009年底，开工累计完成投资3.29亿美元，占合同投资的62.8%。

（阎世杰 杨启燕）

【沙特阿拉伯麦加轻轨工程】 位于麦加城珈玛拉特市，全长18.25公里，合同投资17.7亿美元。合同工期2009年3月~2010年11月。主要工程量：土石方930万立方米，高架桥13.8公里，车站9座。由中铁十八局集团公司组织施工。（阎世杰 杨启燕）

【安哥拉罗安达铁路大修工程】 西起罗安达巴亚车站，途经仁热、卢卡拉，东至马兰热车站，是安哥拉三条铁路主干线之一。全长450公里，合同投资50662万美元，合同工期2005年2月26日~2009年8月。主要工程量：路基土方754万立方米，桥涵125座，铺道砟45万立方米。由中铁二十局集团公司负责设计施工总承包。2009年工程全部完成。

（麻 炜 杨启燕）

【安哥拉本格拉铁路大修工程】 位于安哥拉中部，西起大西洋沿岸的洛比托港，东至安哥拉与刚果的边境，是安哥拉三条铁路主干线之一，全长1344公里，合同投资156776万美元，合同工期2006年1月~2011年1月。由中铁二十局集团公司负责设计施工总承包。截至2009年底，开工累计完成投资8449.76万美元。（麻 炜 杨启燕）

2009年11月14日，中国铁建高级经营管理人员培训班开班典礼在股份公司培训中心举行。

（华文娟 提供）

经营管理

本栏责任编辑 **杨启燕**

企业管理

【发展规划部】 主要职责：组织制定股份公司总体发展战略、中长期发展规划；组织开展公司发展方针、政策、策略和各创效板块战略、分战略、子战略等战略体系构建工作；组织全面风险管理和内控工作，负责全系统业绩考核评价和投资项目后评价工作；与财务部共同组织经济对标工作；负责企业改革、资源配置、整合、并购、重组、合并、分离、分立、关闭、注销、撤销、破产等方案的制定、实施；负责企业组织架构、机构编制设立、审批、撤销管理工作；负责工程公司和企业管理建设；负责企业资质管理和注册资本金调整及企业工商注册、商标、标识、域名等注册登记工作；承担企业管理协会工作；编辑出版《中国铁道建筑管理》杂志。6 月 4 日，根据《股份公司、股份公司党委关于对机关部分机构编制职能进行调整的通知》，部门增加组织社会责任报告编写和架子队建设管理职能。定员 15 人，下设战略规划处、政策研究处、企业管理处、风险内控处和编制处。 （衣守义）

【股份公司高级管理人员绩效考核管理】 1 月 1 日，《中国铁建股份有限公司高级管理人员绩效考核办法》经董事会审议批准后正式实施。股份公司高级管理人员包括总裁、副总裁、总会计师、总经济师、总工程师、总法律顾问、董事会秘书，其中总裁、董事会秘书由董事会考核，其他高级管理人员由总裁考核。绩效考核分为任期考核和年度考核两部分。在年度考核中，总裁的考核指标包括经营指标和管理指标两类，分别占 60%、40% 的比重。经营指标侧重于国资委对总公司考核指标的传递，突出经济效益；个性指标侧重于公司“内功”，突出精益化管理。其他高级管理人员的考核指标包括公共指标和个性指标两类，各占 50% 的比重。公共指标与总裁的经营指标相同，个性指标侧重于高级管理人员当年分管的主要工作。 （李吉锋）

【子公司负责人绩效考核管理】 8 月 7 日，《中国铁建股份有限公司子公司负责人绩效考核管理办法》经股份公司第 7 次总裁办公会议审议通过下发。绩效考核分为任期考核和年度考核两部分。在年度绩效考核中，设经营指标 5 项、安全指标 1 项，经营指标按照各子公司经营业务板块的不同设置，体现差异化考核原则。子公司负责人绩效考核管理办法重点突出净利润与营业收入两项指标对股份公司的绝对贡献程度，充分显示出完成利润多、绩效薪酬多，完成利润少、绩效薪酬少的设计理念。 （李吉锋）

【总裁年度绩效合约签订】 根据股份公司高级管理人员绩效考核管理办法的规定，董事会薪酬与考核委员会提出 2009 年度总裁绩效合约的主要内容，其中以 2009 年财务预算值为绩效考核的挑战值，将预算值下调 5%；以略高于 2008 年决算的数值为 2009 年的目标值，将预算值下调 10% 作为门槛值。经董事会审议通过后，发展规划部及时印制董事长与总裁的绩效合约文本，按照董事会薪酬与考核委员会的要求，分别提交董事长与总裁确认后签字生效。 （李吉锋）

【其他高级管理人员年度绩效合约签订】 遵照总裁要求，将董事会薪酬与考核委员会依据高级管理人员分管工作、2009 年工作重点而审定的绩效合约主要内容提交高级管理人员审阅、修改，经总裁最终审定后印制成合约文本，分别提交总裁与高级管理人员进行合约的签订。 （李吉锋）

【子公司负责人年度绩效合约签订】 为明确子公司负责人经营业绩责任，促进子公司按照绩效考核目标要求加强管理，提升股份公司整体效益，遵照总裁办公会议要求，年初在股份公司子公司绩效考核管理办法尚未出台的情况下，根据财务部、经营计划部提供的 2008 年营业收入、净利润、新签合同额 3 项指标目标值，整理制定子公司负责人绩效考核合约，并在股份公司 2009 年工作会议期间，举行总裁代表股份公司与子公司负责人签订年度绩效合约仪式。 （李吉锋）

【子公司经营业绩考核】 依据总裁代表股份公司与子公司负责人签订的“2008 年度企业负责人经营业绩责任书”和子公司经审计的财务决算，适当考虑子公司经会计师事务所确认的地震损失、2008 年实际支付的离退休人员统筹外费用、锦鲤资产管理中心盈亏额与上缴租赁费之间的差异、安全生产等相关因素的影响，对实行企业负责人年薪制的子公司进行 2008 年度经营业绩完成情况统计汇总，报经总裁办公会议审议通过后，形成子公司 2008 年度绩效考核结果并行文公布。在参与绩效考核的 27 家子公司中，中铁十二局集团公司得分最高，获得 208 分；中铁房地产集团公司得分最低，获得 60 分；6 家子公司得分超过 150 分，占总数的 22%。27 家子公司平均得分 121 分。（李吉锋）

【本级项目绩效考核】 根据总公司本级资本经营项目及本级工程项目管理考核办法的有关规定，年内成立本级项目绩效考核领导小组，对南京长江隧道公司、上海建设管理分公司、重庆铁发遂渝高速公路公司、北京京承通达高速公路公司、鱼洞长江大桥建设指挥部5个总公司、股份公司本级项目进行2008年度经营业绩完成情况考核。考核领导小组采取听取工程项目汇报、现场实地检查、审核数据资料等方式，对本级项目考核指标完成情况进行汇总梳理，提出考核评价意见，经考核领导小组研究确定并报经总裁审批后形成考核结果。发展规划部会同人力资源部将考核结果、绩效薪酬及时向本级项目行文公布。（李吉锋）

【总公司2008年度中央企业负责人经营业绩考核】 4月，按照国资委要求，总公司上报中央企业负责人经营业绩完成情况总结分析报告，报告详细介绍了总公司2008年度各项考核指标完成情况、科技创新和科研开发取得的成果以及节能减排工作情况。经国资委最终审核确认，总公司首次跻身经营业绩考核A级行列。2008年实际纳入国资委考核（或测试评价）的中央企业145家，获得A级评价的有32家。其中，在国资委实行董事会试点工作的24家中央企业中，测试评价获得A级的仅4家，中国铁建作为董事会试点企业位列其中。（李吉锋）

【编制相关报告】 年内，先后组织编写《中国铁建2008年社会责任报告》《中国铁建2009年全面风险管理报告》和《中国铁建内部控制自我评估报告》，并经股份公司董事会审议通过公开发布。（张世杰）

【参加“最具价值上市公司”评选】 年内，股份公司参加《证券时报》举办的“最具价值上市公司”评选活动，获得“十佳最具社会责任上市公司”第3名。（张世杰）

【中国铁建内控与风险管理体系建设】 7月1日、9月29日先后召开中国铁建内控与风险管理体系建设启动大会和推进会，制定《中国铁建2009年重大、重要风险管控落实方案》和《中国铁建内控与风险管理体系建设整体规划》，明确股份公司内部控制和风险管理建设基本思路和目标。其中整体规划包括2009年股份公司总部与试点单位实施计划和2010、2011年实施方案。年内，中铁十二局集团公司和中铁房地产集团公司内部控制与风险管理试点工作启动。（张世杰）

【股份公司发展战略与规划】 中国铁建上市后，企业管理体制和经营机制发生重大变化，为进一步加强企业发展战略与规划的总体性谋划，年内下发《关于进一步加强股份公司发展战略与规划编制工作的通知》，成立股份公司发展战略与规划研究制定领导小组和起草小组，对股份公司整体发展战略进行统一研究部署。（张世杰）

【施工企业资质管理】 截至2009年底，股份公司系统具有施工资质企业153家。其中，主项资质为总承包特级资质企业18家；主项资质为施工总承包一级资质企业105家；主项资质为专业承包一级资质企业30家。具有房屋建筑工程施工总承包一级资质企业51家，公路工程施工总承包一级资质企业67家，市政公用工程施工总承包一级资质企业100家，水利水电工程施工总承包一级资质企业20家，铁路工程施工总承包一级资质企业18家，矿山工程施工总承包一级资质企业3家，城市轨道交通工程专业承包资质企业25家，铁路电气化工程专业承包一级资质企业22家。6057人取得国家一级建造师执业资格。（董跃君　刘军锋）

【工程公司建设】 中国铁建系统有各类资质的工程公司137家，占全系统营业总额的73%，占利润总额的42%。加强工程公司建设是企业夯基固本的长期战略，从2007年开始，总公司就把加强工程公司建设作为企业管理的基础工作来抓，并下发相关指导意见。近年来，特别是股份公司上市后，如何提高企业盈利能力、最大限度回报股东成为企业发展的重大问题。为进一步强化工程公司建设力度，提供工程公司的创效和积累能力，股份公司连续两年开展“中国铁建工程公司20强”评选活动，依据2009年度各工程公司利润指标绝对值大小进行排序，进入20强的工程公司分别在股份公司杂志、网站和报纸进行公开发布，引起全系统各级领导、广大员工的极大关注，起到很好的推动作用。

中国铁建工程公司20强

中铁十二局集团一公司
中铁十七局集团二公司
中铁十二局集团四公司
中铁十二局集团二公司
中铁十二局集团三公司
中铁十七局集团三公司
中铁十七局集团一公司
中铁十六局集团五公司
中铁十二局集团建筑安装工程公司
中铁二十局集团六公司
中铁十一局集团二公司

中铁十一局集团四公司
中铁十三局集团三公司
中铁十六局集团二公司
中铁十三局集团二公司
中铁十六局集团三公司
中铁十一局集团三公司
中铁十六局集团北京轨道交通工程公司
中铁十一局集团一公司
中铁十六局集团四公司 （董跃君 刘军锋）

【企业管理协会工作】 2009年是中国铁建实现跨越式大发展的又一年。从2005年首次进入世界企业500强排名485位起步，5年间实现越升352位的发展奇迹，2009年度排名133位；在中国企业500强中首次跻身前10名，排名第8位，成为全球最大建筑工程承包商，并在中国企业效益200佳中排名第33位。年内，中国铁建在全国性建筑行业创优评奖中取得丰硕成果，所属部分企业和优秀管理者成为全国建筑行业的先进代表。2个单位被中国建筑业协会授予全国建筑业先进企业称号，4人被授予全国建筑业优秀企业家称号，36人被评为全国建筑业企业优秀项目经理；7个单位被中国施工企业管理协会授予全国优秀施工企业称号，7人被授予中国工程建设优秀职业经理人（优秀施工企业家）称号，35人被评为全国工程建设优秀项目经理。 （董跃君）

【编辑发行《中国铁道建筑管理》】 全年编辑发行《铁道建筑管理》6期，审阅稿件480余篇，修改刊登各类文章242篇121万字，刊登照片128幅。为宣传企业精神，促进企业管理创新发挥了积极作用。（杜经红）

【调整总部机关部分机构职能】 6月4日，为进一步理顺职能关系，提升总部机关的管控能力，经股份公司2009年第5次总裁办公会议研究决定，调整股份公司机关部分机构编制职能。增设设备物资部、国际部、信息中心；总裁办公室与党委办公室分立；发展规划部增设风险内控处；人力资源部设培训与技能鉴定处（职业技能鉴定中心），人力资源部社会保险管理处与职业卫生医保处合并为社会保险管理处；工程管理部增设调度处；安全质量监督部增设贯标办公室；审计监事局监事会办公室主任由原兼职调整为专职；工会生产综合部图书馆与档案馆合并为档案馆；总公司企业管理协会变更为中国铁建股份有限公司企业管理协会；机关房地产管理中心设基建处、房地产管理处。

7月20日，为加快企业研发机构建设步伐，有效整合科技资源，提升股份公司自主创新能力和核心竞争力，经2009年7月14日股份公司第6次总裁办公会议研究决定，设立股份公司技术中心。技术中心办公室设在科技设计部，一个机构两牌牌子。

12月16日，将发展规划部考核评价处职能划入财务部全面预算管理处，全面预算管理处责任成本管理职能划出并更名为预算考核处；财务部设立成本管理处，负责全系统责任成本管理工作；发展规划部考核评价处更名为政策研究处，负责公司制度建设和企业重大课题组织研究工作；董事会薪酬与考核委员会的工作机构由发展规划部调整到财务部。

（陈 维 李学红）

经 营 计 划

【经营计划部】 主要职能：负责公司国内工程经营工作的协调、指导和管理工作，组织编制公司经营发展战略规划和经营计划工作相关规章制度和办法；负责重大工程项目投标的组织协调、国内较大工程（施工）总承包及本级工程承包项目的前期调研与承揽；负责概预算、定额等工程经济工作，组织和指导铁路项目概算调整、清理及路外重大工程项目调概索赔等工作；负责本级工程承包项目内部经济责任合同的拟定、签订、监督工作；负责企业内部固定资产投资建设项目立项批复，负责公司生产经营、固定资产投资的计划和统计工作；负责公司总部机关小型及大修项目、翻建职工住房项目的立项与计划申报和计划完成情况的监督检查；负责经营风险管理与内控工作；负责工程承包考核指标下达；承办总公司相关计划统计工作。下设市场开发处、造价合同处、计划统计处；设部长1人、副部长2人；定员15人，现员12人。

（孙国富）

【经营工作综述】 2009年，全系统认真贯彻股份公司年初工作会议和武汉经营工作会议精神，在企业发展和转型中自觉承担“开路先锋”重任，奋力抢抓国家应对国际金融危机、加大基建投资“保增长”的历史机遇，经营计划工作取得良好成绩。(1)新签合同额快速增长，创历史最好水平。全系统新签合同额6242.6亿元，比上年增长47.5%，完成年初计划的193.8%、内控计划的121.5%。(2)工程承包板块多元发展，在相关行业基建市场的竞争力明显提升。铁路市场的竞争优势进一步增强，在国内铁路市场获取的份额独占鳌头;公路市场的经营份额成倍扩大,比上年翻了一番多;城市轨道交通市场收获丰硕成果;在其他基建市场竞争中均取得突出成绩。(3)积极推动产业结构调整,非工程承包板块经营实现快速发展。设计咨询板块经营持续增长,工业制造板块经营快速发展,物流贸易板块经营大步跨越。(4)坚持理性经营和科学经营,承揽任务的质量明显提高。全系统贯彻理性经营原则,大力倡导科学经营,全面推进经营工作的精益化,做到防守与进攻并重,有所为有所不为,较好地实现了经营效率、效用和效益的三位一体,承揽任务的质量明显提高。(5)加强统筹管理,股份公司对全系统经营工作的指导协调长足进步,股份公司站在发挥中国铁建整体优势,实现市场经营管理系统化、科学化的高度,全面加强全系统经营工作的统筹协调和规制管理。(6)全面强化效益宗旨意识,变更索赔取得良好成绩。股份公司在理顺变更索赔工作的管理体系和加强沟通、协调、指导方面做了大量工作。(7)认真做好计划统计工作,全年生产计划执行良好。 (王旭永)

【2009年经营工作会议】 6月14日~15日,中国铁建2009年经营工作会议在湖北省武汉市召开。股份公司领导李国瑞、赵广发、丁原臣、彭树贵、扈振衣、周志亮、庄尚标、张宗言、刘汝臣,所属二级单位主管领导、主管海内外经营工作的分管领导、总会计师、负责海内外经营工作的部门负责人及总部机关部门以上领导200余人参加会议。国务院监事会第15办事处主任杨建奎出席会议。会上,股份公司董事长李国瑞、总裁赵广发发表重要讲话,副总裁张宗言、扈振衣分别就国内和海外经营工作讲话,党委副书记、纪委书记、工会主席、监事会主席彭树贵就纪律监察工作讲话。会议分别由副总裁、总会计师庄尚标,副董事长丁原臣主持。会议总结3年来的经营工作经验,充分肯定经营工作成绩,进一步分析企业改革发展面临的新形势,确定经营工作思路。此次会议是股份公司规模最大的一次经营工作会议,是一次充分发挥经营工作龙头作用,加快中国铁建发展、结构调整和战略转型的里程碑式的会议。 (吕 琳)

【2009年新签合同】 2009年新签合同3112项,新签合同额6242.6亿元,完成年度计划的193.8%,与上年同期相比增长47.5%。其中,工程承包合同额5872.5亿元;勘察设计咨询合同额62.3亿元;工业装备制造合同额56.8亿元;物流贸易合同额279.5亿元;房地产开发合同额50.1亿元;其他11.5亿元。国内新签合同额5645.5亿元,按工程类别分:铁路项目465项,合同额2928.9亿元,占合同总额的46.9%;公路项目568项,合同额1280.4亿元,占合同总额的20.5%;机场码头4项,合同额51.4亿元,占合同总额的0.8%;城市轨道交通项目112项,合同额350.2亿元,占合同总额的5.6%;市政项目327项,合同额276.8亿元,占合同总额的4.4%;水利电力项目88项,合同额55.8亿元,占合同总额的0.9%;勘察设计项目516项,合同额62.3亿元,占合同总额的1%;工业物资项目269项,合同额56.8亿元,占合同总额的0.91%。海外新签合同额597.1亿元,其中工程承包合同额593.1亿元。海外工程承包合同额中,铁路274.6亿元,占46.3%;公路40.9亿元,占6.9%。 (吴文钊)

【投标协调】 年内先后组织新建南京至杭州铁路客运专线站前及相关工程、新建赣州至韶关铁路、新建贵广(南广)铁路广州枢纽及相关工程、山西平定至阳曲高速公路等项目的投标协调工作,确保股份公司铁路内外市场的总体份额,有效地防止了股份公司系统的效益流失。 (吴文钊)

【经营工作座谈会】 先后于5月12日、10月19日在北京召开。会议分别总结前一阶段经营工作取得的成绩和存在的不足,部署下一阶段经营工作重点,确保年度经营承揽指标完成。各集团公司、公司分管经营工作的领导和经营部部长参加座谈会。 (吴文钊)

【铁路工程经营工作座谈会】 分别于7月3日、7月4日在甘肃兰州、黑龙江哈尔滨召开。会议围绕如何更好地贯彻落实股份公司经营工作会议精神、加大铁路工程经营承揽力度、实现股份公司"抢抓机遇保增长"目标等问题进行研究。 (吴文钊)

【工程经营信息管理系统推进会】 12月1日在北京召开,会议的目的是推进中国铁建工程经营信息管理系统的实施。会议通报工程经营信息管理系统网络版软件的试用情况,并对网络版软件下一步的推进工作作总体布置;讨论股份公司合同新签及执行管理办法(征求意见稿)。 (吴文钊)

【第一期高级经营管理人员培训班】 11月13日~12月28日在股份公司北京培训中心举办中国铁建第一期高级经营管理人员培训班。股份公司所辖26个集团公司的74名经营骨干参加培训。培训期间,系统地学习了当前国际国内形势、企业战略管理与企业经营理念、招投标理念策略与实务、合同管理与实务、工程项目设计变更及索赔、团队建设与公共关系、中国铁建经营管理研究等综合知识,学员开阔了视野,提高了认

识,培训收到预期效果。（吴文钊）

【工程经营信息系统培训班】 为保障中国铁建工程经营信息管理系统的推进实施,12月18日~23日在河北石家庄举办两期中国铁建工程经营信息系统培训班。各集团公司、公司负责合同新签、合同执行、商务信息的业务人员参加培训。（吴文钊）

【组织港珠澳大桥岛隧工程投标前期工作】 9月组织中国土木工程集团公司,中铁十二、十三、十四、十八、十九局集团公司,中铁第四勘察设计院集团公司工程技术人员,编制《港珠澳大桥岛隧工程设计施工总承包招标市场调查函》,资料质量受到业主好评,并受业主委托编制招标文件商务部分。期间,接待港珠澳大桥前期工作协调小组办公室(业主单位)考察股份公司总部和中铁十八局集团公司海河沉管隧道施工现场,为下一步投标中标港珠澳大桥岛隧工程打下良好基础。（吕琳　高勇）

【工程造价工作座谈会】 3月2日,股份公司在北京召开工程造价工作座谈会。股份公司副总裁周志亮系统总结此轮铁路工程项目投资梳理(概算清理)情况,分析工程造价面临的形势,指出工作中的重难点,提出下一步工作的思路、方法与要求。（王旭永　王青志）

【经营创效工作视频会议】 9月26日,股份公司召开经营创效工作视频会议,分析企业经济运行情况,统一思想,提高认识,动员全系统要以变更索赔和成本管理为主要抓手,全面强化经营管理,提高工程项目的创效能力,改善企业的经济运行质量。3000余人参加视频会议。（王旭永）

【铁路项目变更索赔研讨座谈会】 为真实了解目前铁路项目工程费用存在的问题,做好变更补差索赔工作,股份公司于11月23日~24日在北京召开包西、宜万、郑西等铁路项目变更索赔工作座谈会。股份公司副总工程师彭江鸿参加会议,并对做好铁路项目变更索赔工作提出具体要求。（王旭永）

【变更索赔人员培训班】 为加大全系统变更索赔创效工作的力度,提高专业人员的业务能力,加强集团公司、工程项目间的互相学习与交流,股份公司于8月16日~20日在北京举办工程项目变更补差索赔研讨班,全系统180余名业务领导参加培训,邀请9名专家授课。（王青志　范永芳）

【编写《工程项目变更索赔工作指导意见》】 为规范中国铁建系统变更索赔工作,强化业务管理,统一各层面在变更索赔工作上的思想认识,建立全系统范围内的工作组织体系,明确工作内容、分工和职责,组织起草《中国铁建变更索赔工作指导意见》。12月7日,指导意见经股份公司总裁办公会议通过后下发所属单位执行。（王旭永　范永芳）

【编印《变更补差索赔文件汇编》】 为提高全系统变更索赔管理水平,方便业务人员及时掌握当前变更索赔的相关文件资料,6月编印《中国铁建变更补差索赔文件汇编》。（王旭永　王青志）

【工程项目变更索赔工作管理】 2009年,股份公司加强变更索赔工作管理,注重全系统变更索赔工作基础建设,全年实现工程项目变更索赔243.45亿元,为同期完成施工产值的7.38%。其中,铁路工程实现变更索赔162.53亿元;公路工程实现变更索赔44.36亿元;工业与民用建筑工程实现变更索赔10.77亿元;地铁及轻轨工程实现变更索赔9.33亿元;市政工程实现变更索赔10.08亿元;水利电力工程实现变更索赔4.16亿元;其他工程实现变更索赔2.2亿元。（王旭永　范永芳）

【浦南高速公路调概索赔】 年内,股份公司多次与福建省省政府及相关单位就浦南高速公路费用问题进行沟通商谈,积极推动工程调概索赔工作尽快解决。（王旭永）

【海南铁路西环线费用追索】 4月22日,总公司向铁道部财务司上报《关于请求尽快解决海南铁路西环线拖欠款问题的请示》,经铁道部协调,年内,粤海公司支付股份公司250万元拖欠款,尚欠1182.7万元。（王旭永）

【铁路工程定额测定】 根据铁道部要求,股份公司组织所属单位有关业务人员于2008年8月14日开始对铁路工程定额进行测定。测定工作分路基、桥梁和隧道3个专业,分别按照编写实施细则、现场测定、资料整理和报告编写4个阶段进行。（王旭永　王青志　范永芳）

【铁路工程小临费用调研】 7月,受铁路工程定额所委托,组织在建铁路工程小临费用调研、测定,年内完成33个工程项目、55个标段的小临费用项目测定,汇编成册并按时提交,圆满完成受托工作。（王青志）

【小型项目费用审批】 8月，股份公司将机关小型项目费用审批工作划归经营计划部管理，参与小型项目立项审批、招投标、项目谈判等过程，审核监督小型项目合同管理、验工计价、计量款支付等工作，审核批复总公司基建办公室提交的小型项目计划投资。年内批复小型项目投资7100万元，确保了机关小型项目建设的顺利进行。 （范永芳）

【主要经济技术指标完成情况】 2009年完成企业总产值3666.8亿元，其中国内产值3445.6亿元、海外产值221.2亿元，完成年度计划的140.8%，完成内控确保计划的113.7%。与2008年同期相比增长67.7%，其中，国内产值同比增长72.9%；海外产值同比增长14.5%。在企业总产值中，施工产值3298.1亿元，占89.9%；勘察设计咨询62.22亿元，占1.7%；工业制造88.53亿元，占2.4%；物资贸易158.3亿元，占4.3%；房地产开发24.2亿元，占0.7%；其他产值35.4亿元，占0.96%。在施工产值中，铁路1785.8亿元，占54.1%；公路775.1亿元，占23.5%；水利电力84.3亿元，占2.6%；房建154.3亿元，占4.7%；城市轨道147.4亿元，占4.5%；市政249.7亿元，占7.6%；其他101.5亿元，占3.1%。

全年完成主要实物工程量：土石方101203万立方米，隧道1126公里，桥梁1992公里，正线铺轨3971公里，修建公路1797公里，通信线路13108条公里，供电线路8838公里，房屋施工面积2110万平方米、竣工面积404万平方米。 （户苏予）

【2009年生产经营计划】 根据中国铁建“十一五”发展规划总体目标和国家宏观经济形势以及各单位在建工程施工工期、投资规模和剩余任务量等因素，结合各单位上报的2009年生产经营建议计划，综合有关业务部门意见，确定2009年生产经营计划指标，通过总裁办公会议和董事会审议批准，于5月正式下达。8月，股份公司根据国际、国内形势的发展变化，特别是国家为应对国际金融危机，加快基础建设、扩大内需，促进经济增长的政策措施的出台，及时调整计划，下达2009年股份公司生产经营内控计划。 （户苏予）

【2009年企业投资计划】 5月经总裁办公会议和董事会审议批准，分别下达总公司、股份公司2009年企业投资计划。 （邵洪博）

【统计工作获奖】 年内完成国家统计局2009年建筑业统计报表、住房和城乡建设部建筑业企业主要指标月度快速调查、北京市海淀区统计局建筑业统计季报工作。在国家统计局2009年度统计数据质量评比中，股份公司获建筑业、固定资产投资两个专业统计一等奖。 （户苏予）

【计划统计投资培训班】 6月、9月分别在中国铁建北京培训中心和河北石家庄铁道学院举办业务培训班。一是统计分析培训班。专题编写教材，紧密联系实际，内容涉及统计分析写作和常用计算机知识等。二是企业投资计划统计培训班。自编教材3册，内容包括《2009年立项文书实例点评》《企业投资计划和统计网上直报系统》《企业投资计划和统计常用文件选编》。由业务人员和软件编程人员同步授课，采取文件写作点评、测试等方式教学，收到良好效果。培训业务骨干180人，颁发岗位培训合格证书173人。 （户苏予 邵洪博）

【统计执法检查】 5月，北京市海淀区统计局对股份公司进行统计执法检查，通过对原始记录、统计台账、上报统计数据质量等检查，未发现违规行为，顺利通过北京市海淀区统计局统计执法检查。 （户苏予）

【昆明中铁获国家重点产业振兴计划资金补助】 根据国家发展改革委员会、工业和信息化部《关于印发〈重点产业振兴和技术改造专项投资管理办法（暂行）〉的通知》，股份公司及时申报符合中央预算内资金补助条件的昆明中铁大型养路机械集团公司和中铁轨道系统集团公司，两部委下达《关于重点产业振兴和技术改造2009年新增中央预算内投资项目的复函》和《关于下达重点产业和技术改造（第七批）2009年新增中央预算内投资计划的通知》，给予昆明中铁中央预算内资金补助3546万元。 （户苏予）

【计划统计会议】 11月9日~11日，在云南昆明召开2009年中国铁建计划统计工作会议，集团公司分管领导、部门负责人及工作人员100余人参加会议。股份公司副总裁张宗言作题为《突出队伍建设，强化业务管理，努力推动计划统计工作迈向新的发展阶段》的工作报告。会议总结2009年度计划统计工作，通报表彰统计工作先进单位和先进个人，下发《关于编报2010年生产经营发展计划和布置2009年统计年报工作的通知》和《关于编制企业投资2009年完成情况和2010年建议计划的通知》，布置2010年生产经营建议计划、企业投资计划、定期统计报表和2009年企业投资完成情况年报、建筑业统计、勘察设计统计年报任务。同时，采取以会代训的方式，对企业投资报表程序和生产经营软件进行操作培训， （户苏予）

【统计咨询服务】 年内,根据中国证监会要求和股份公司董事会安排,参与公司上市后的信息披露工作;为公司年度报告、半年度报告、季度报告及企业社会责任报告提供相关资料;根据所属单位承揽和完成合同情况,编写《统计信息》10期,及时为企业管理和领导决策提供依据;为国务院监事会提供《企业年度报告》相关内容。 (户苏予)

【2009年企业投资完成情况】 2009年,全系统完成投资1572375万元,为年度计划1546000万元的101.7%。其中,资本运营项目完成投资191338万元,完成年度计划的596%,占年度完成投资总额的12%;房地产开发项目完成投资350031万元,完成年度计划的63%,占年度完成投资总额的22%;固定资产建设项目完成投资106315万元,完成年度计划的55%,占年度完成投资总额的7%;设备购置实际完成投资869160万元,完成年度计划的121%,占年度完成投资总额的59%。 (邵洪博)

【上报2009年企业投资完成情况和2010年企业投资计划】 根据国务院国资委《关于做好报送中央企业2009年投资完成情况和2010年投资计划工作的通知》要求,编报中国铁道建筑总公司2009年企业投资完成情况和2010年企业投资计划,经股份公司总裁办公会议和董事会讨论通过上报国务院国资委。2009年,总公司完成企业投资1204539万元。其中,固定资产投资1016401万元;股权(产权)投资188138万元。在股权投资中,境外投资142519万元。2010年,总公司计划投资1049859万元。其中,企业固定资产投资916630万元(固定资产建设项目140129万元,固定资产设备购置776501万元);股权(产权)投资133299万元(境外投资97867万元)。 (邵洪博)

【编报2009~2010年中央在京单位建房计划】 根据北京市住房和城乡建设委员会《关于编报中央和军队在京单位2009~2010年跨年结转和新申请建房计划的通知》要求,完成中国铁道建筑总公司在京单位2009~2010年跨年结转和新申请建房计划的编报工作。2008年结转到2009年施工计划项目2项,储备项目1项。截至2009年底,总公司机关38号职工住宅楼及车库项目已竣工交付使用,完成建筑面积51157平方米;原总公司总医院医疗用房改扩建项目随总医院移交给北京朝阳医院,该项目不再结转,建筑面积8852平方米。2009年新增施工项目4项,储备转施工项目1项,总建筑面积181571平方米。年内开工24414平方米,年底竣工19914平方米。2009年结转到2010年施工项目4项,总建筑面积161657平方米。2010年利用自有土地新申请建设项目7项,计划投资55000万元,总建筑面积613491平方米,其中职工住宅计划投资49000万元,建筑面积353293平方米,资金来源全部由职工个人出资。 (邵洪博)

【2009年股份公司企业投资计划】 4月27日~28日,2009年股份公司企业投资计划经第一届董事会第17次会议审议通过。股份公司2009年企业投资计划总额150亿元。其中,资本运营项目3.21亿元;房地产开发项目55.8亿元;固定资产建设项目17.2亿元;固定资产设备购置项目73.8亿元。 (邵洪博)

【2009年总公司企业投资计划】 2009年中国铁道建筑总公司企业投资计划1518215万元。其中,股份公司1499997万元;总公司本级及总公司机关18218万元。2009年总公司本级资本运营和房地产开发续建项目3项,年度计划投资均为项目公司融资,总公司不出资。2009年总公司机关固定资产建设重点项目为中国铁建工程研发中心,拟建规模58000平方米,计划总投资30000万元,年内计划投资15300万元。 (邵洪博)

【2009年总公司机关固定资产调整计划和大修计划】 根据5月27日第2次中国铁道建筑总公司总经理办公会议纪要和6月30日中国铁建股份公司董事会第5次会议研究决定:2009年总公司机关固定资产投资计划调整为20885万元,增加2727万元;大修计划投资178.7万元。 (邵洪博)

【投资计划统计管理机制创新】 年内,总公司下发《关于进一步规范企业投资计划和统计有关工作的通知》,实施"一纵三横"("一纵"是各业务口对下管理境内外对口的业务板块,上下贯通;"三横"是横向对计划部门提供,便于宏观调控、综合平衡。)的计划统计管理模式,实行"分块管理、统一汇总"的管理原则。资本运营部负责股权(产权)投资项目管理,经营计划部负责固定资产建设项目管理,设备物资部负责固定资产设备购置管理;经营计划部负责统一汇总。 (邵洪博)

【投资计划统计管理方式创新】 2009年,总公司加大投资项目管控力度,股份公司采取深入在建项目现场检查、大型施工机械集中招标采购、重大投资项目董事会决策、投资项目概算梳理等方式,实现投资计划统计管理工作的科学化、规范化和程序化。年内开发运用中国铁建企业投资计划统计网上直报管理系统，扩展了业务管理的覆盖范围，极大地提高了业务处理的便捷性、数据的准确性。全系统固定资产投资统计连续3年获国家统计数据质量一等奖。（邵洪博）

【投资计划统计工作方法创新】 2009年，总公司和股份公司进一步加强和改进投资计划统计工作。一是坚持先决策后列入投资计划的原则，规范投资行为，严肃计划纪律，年内收审1000万元以上的投资项目43个。二是抓大放小，实行总量控制，提高计划统计起点，企业自建自用项目500万元以上项目单列计划，500万元以下合并计算，做到不重不漏；企业对外投资项目一律单列计划。三是信息畅通，为方便各级领导和业务人员及时全面了解企业投资计划统计工作，规范投资行为，防范投资风险，将2008年11月～2009年10月期间的总公司、股份公司审定的投资项目主要文件汇编成册印发，提高透明度，保障信息通畅，实施有效的跟踪管理。（邵洪博）

2009年中国铁道建筑总公司企业投资计划表

单位及项目名称	资本运作本企业投入资金（万元）	房地产开发本企业投入资金（万元）	固定资产建设项目计划投资（万元）	固定资产设备购置计划投资（万元）	本企业投资合计（万元）
总公司总计	32065	558239	189928	737923	1518215
股份公司合计	32065	558239	171770	737923	1499997
总公司本级及机关合计			18158	60	18218
总公司本级					
京承高速公路二期工程					
南京长江隧道					
西安中国铁建洛克大厦（原天创大厦）					
总公司机关			18158	60	18218
机关房地产中心			18000		18000
机关部门			158	60	218

制表：邵洪博

2009年中国铁建股份有限公司企业投资计划表

单位名称	资本运作（万元）	房地产开发（万元）	固定资产建设项目（万元）	固定资产设备购置（万元）	合计（万元）
总　　计	32065	558239	171770	737923	1499997
中国土木工程集团公司			3160		3160
中铁十一局集团公司				76405	76405
中铁十二局集团公司				87675	87675
中铁十三局集团公司	8105	9718	2439	29543	49805
中铁十四局集团公司		5700		12155	17855
中铁十五局集团公司				86456	86456
中铁十六局集团公司		500	1323	59841	61664
中铁十七局集团公司			450	36117	36567
中铁十八局集团公司		1000		68561	69561
中铁十九局集团公司			2974	47484	50458
中铁二十局集团公司		9000	799	42029	51828
中铁二十一局集团公司			101	31284	31385
中铁二十二局集团公司		2000		18552	20552
中铁二十三局集团公司			4130	37519	41649
中铁二十四局集团公司			1454	51840	53294
中铁二十五局集团公司				20803	20803
中铁建设集团公司		7465	4040	3823	15328
中铁建电气化局集团公司	1560		950	6171	8681
中铁房地产集团公司		522856		886	523742
中铁第一勘察设计院集团公司				1712	1712
中铁第四勘察设计院集团公司			20527	7029	27556
中铁第五勘察设计院集团公司			170	2000	2170
中铁上海设计院集团公司			10000	1292	11292
北京铁城建设监理公司				787	787
昆明中铁大型养路机械集团公司			77457	2501	79958
中铁轨道系统集团公司			35880	2476	38356
中铁物资集团公司			5916	2226	8142
中国铁道建设（香港）有限公司				32	32
股份公司总部	22400			724	23124

制表：邵洪博

2009 年中国铁建股份有限公司固定资产建设重点项目计划表

单位及项目名称	建设性质	建设地点	计量单位	实物量	项目计划总投资（万元）	开工累计完成投资（万元）	本年计划投入（万元）	阶段	开竣工时间
总　　计					316132	82999	149858		
中铁十九局集团公司					15000		2974		
集团公司亦庄总部办公楼	新建	北京市	平方米	37622	15000		2974	其他	
中铁二十三局集团公司					19988	16338	3650		
川东 2x2500T/D 熟料干法线	技改	四川省	条	1	19988	16338	3650	建设期	2006 年 8 月 ~ 2009 年 3 月
中铁建设集团公司					28144		4000		
中铁建设大厦	新建	北京市	万平方米	4	28144		4000	建设期	2006 年 12 月 ~ 2009 年 2 月
中铁上海设计院集团公司					17000		10000		
科研设计用房	新建	上海市	平方米		17000		10000	规划设计	
中铁第四勘察设计院集团公司					36000	7631	19600		
生产科研综合楼	新建	湖北省	平方米	52800	36000	7631	19600	建设期	2007 年 1 月 ~ 2010 年 8 月
昆明中铁大型养路机械集团公司					115000	24207	75957		
产业基地（含新征地）	新建	云南省	平方米	280000	115000	24207	75957	规划设计	2007 ~ 2009 年
中铁轨道系统集团公司					85000	34823	33677		
锰钢辙叉项目	改扩建	湖南省	项	1	15000		13000	建设期	2008 年 10 月 ~ 2009 年 12 月
厂房、办公楼、科研楼及配套	新建	湖南省	项	1	40000	34823	5177	建设期	2007 年 1 月 ~ 2009 年 6 月
施工装备制造项目	新建	湖南省	项	1	30000		15500	建设期	2008 年 9 月 ~ 2010 年 2 月

制表：邵洪博

中国铁建股份有限公司2009年海外经营计划表

单位 ＼ 指标名称	新签合同额（万美元）					完成营业额（万美元）				
	合计	其中				合计	其中			
		工程承包	劳务合作	设计咨询	贸易		工程承包	劳务合作	设计咨询	贸易
总　计	475415	465892	1123	1700	6700	383938	375741	544	1400	6253
中国土木工程集团公司	280000	272977	823		6200	110000	103753	494		5753
中铁十一局集团公司	18000	18000				30000	30000			
中铁十二局集团公司						61158	61158			
中铁十三局集团公司						700	700			
中铁十四局集团公司	10000	10000				10000	10000			
中铁十五局集团公司	40000	40000				30000	30000			
中铁十六局集团公司										
中铁十七局集团公司	6000	6000				18000	18000			
中铁十八局集团公司	39000	38700	300			40000	39950	50		
中铁十九局集团公司	30000	30000				15000	15000			
中铁二十局集团公司	30000	30000				50000	50000			
中铁二十一局集团公司										
中铁二十二局集团公司										
中铁二十三局集团公司	10000	10000				10000	10000			
中铁二十四局集团公司	1000	1000				1000	1000			
中铁二十五局集团公司	500	500								
中铁建设集团公司										
中铁建电气化局集团公司	2000	2000				1800	1800			
中铁房地产集团公司										
中铁第一勘察设计院集团公司	300			300		300			300	
中铁第四勘察设计院集团公司	800			800		500			500	
中铁第五勘察设计院集团公司	600			600						
中铁上海设计院集团公司						600			600	
中铁物资集团公司										
中铁轨道系统集团公司	500				500	500				500
股份公司海外部	6715	6715				4380	4380			

制表：户苏予

中国铁建股份有限公司2009年生产经营计划表

指标名称 / 单位	新签合同额（万元） 计划目标							企业总产值(万元) 计划目标							净利润（万元）
	合计	其中						合计	其中						
		工程承包	勘察设计咨询	工业制造	房地产开发	物流与物资贸易	其他		工程承包	勘察设计咨询	工业制造	房地产开发	物流与物资贸易	其他	
总计	32216000	30149920	564000	385500		1021000	95580	26037500	23719800	475000	559600	220400	879100	183600	426000
中国土木工程集团公司	2000000	1945420					54580	900000	850700					49300	20000
中铁十一局集团公司	2000000	1995000		5000				1700000	1692000		8000				22000
中铁十二局集团公司	3000000	3000000						2300000	2295000					5000	41200
中铁十三局集团公司	1800000	1800000						1300000	1293000			5000		2000	15000
中铁十四局集团公司	1800000	1800000						1550000	1550000						21000
中铁十五局集团公司	1800000	1800000						1450000	1430000					20000	20500
中铁十六局集团公司	2000000	1985500		2500		10000	2000	1650000	1628600		2600	6100	10500	2200	29200
中铁十七局集团公司	2200000	2200000						1800000	1794000				1600	4400	29600
中铁十八局集团公司	2200000	2170000		30000				2000000	1960000		40000				14600
中铁十九局集团公司	2200000	2200000						1900000	1900000						22300
中铁二十局集团公司	1800000	1800000						1500000	1460000		5000	5000		30000	28000
中铁二十一局集团公司	1000000	990000					10000	900000	890000					10000	9300
中铁二十二局集团公司	1000000	975000				15000	10000	900000	875000			3500	15000	6500	10200
中铁二十三局集团公司	1200000	1200000						1000000	970000		30000				9500
中铁二十四局集团公司	1300000	1265000		20000			15000	1000000	965000		20000			15000	10000
中铁二十五局集团公司	1000000	1000000						800000	780000			800	10000	9200	2000

续表

指标名称 / 单位	新签合同额（万元）							企业总产值(万元)							净利润
	计划目标							计划目标							
	合计	其中						合计	其中						
		工程承包	勘察设计咨询	工业制造	房地产开发	物流与物资贸易	其他		工程承包	勘察设计咨询	工业制造	房地产开发	物流与物资贸易	其他	（万元）
中铁建设集团公司	800000	800000						700000	700000						14500
中铁建电气化局集团公司	1100000	1090000	2000	8000				600000	590000	1500	4000			4500	12900
中铁房地产集团公司								200000				200000			20000
中铁第一勘察设计院集团公司	240000	25000	215000					220000	27000	185000				8000	27800
中铁第四勘察设计院集团公司	270000	50000	220000					220000	30000	190000					29800
中铁第五勘察设计院集团公司	60000	7000	53000					48000	4500	43500					3600
中铁上海设计院集团公司	50000	6000	44000					40000	5000	35000					3400
中铁物资集团公司	1000000					996000	4000	858100					842000	16100	10800
中铁物资集团	1000000					996000	4000	850000					842000	8000	10800
中铁建(北京)商务管理有限公司								8100						8100	
昆明中铁大型养路机械集团公司	100000			100000				230000			230000				18300
中铁轨道系统集团公司	220000			220000				220000			220000				10000
北京铁城建设监理公司	30000		30000					20000		20000					600
股份公司培训中心								1400						1400	12
股份公司海外事业部	46000	46000						30000	30000						230

制表：户苏予

房地产开发与监管

【房地产开发部】 主要职责：贯彻国家房地产经营法律法规和政策，制定企业房地产发展战略和规划；负责股份公司系统房地产开发管理工作和公司总部房地产开发类投资管理与监管；开展国内房地产业发展趋势的分析、研究，组织协调处理和解决房地产企业遇到的问题，构建科学、规范、高效的房地产运营管理体系。下设开发处、监管处，定员5人，设部长1人。

（曾庆道）

【股份公司房地产开发与经营领导小组】 由股份公司领导和相关业务部门领导组成，组长范德，副组长庄尚标、曾庆道，成员衣守义、孙国富、金守华、余兴喜、黄少军、王甲国。下设办公室，挂靠房地产开发部，主要负责领导小组会议事宜及有关文件处理。

2009年召开会议两次，分别听取中铁十三局集团公司关于哈尔滨市南岗区先锋路459号土地项目、中铁二十一局集团公司投资西安曲江房地产开发项目、中铁十七局集团公司太原两宗自有土地开发项目、中铁第一勘察设计院集团公司兰州三宗自有土地开发项目的汇报。会议在听取项目可行性分析报告、进行认真研究和讨论的基础上，提出会议意见和要求，形成房地产领导小组会议纪要并下达中国铁建房产函〔2009〕206、207、209号文执行。（曾庆道）

【房地产项目开发进展情况汇报会议】 7月17日组织召开股份公司房地产项目开发进展情况汇报会议，会议听取中铁房地产集团公司关于徐州新城4号地开发、北京官园公寓房地产项目形象进度工作进展情况和开发项目存在的问题及解决问题的具体措施的汇报。股份公司总裁赵广发、副总裁范德、副总裁兼总会计师庄尚标、副总经济师曾庆道等参加会议并分别讲话，要求各单位看重责任，正视困难，迎接挑战，下定决心，加强管理，采取强有力的措施，保证房地产项目的开发进度，实现对股东和社会的承诺。（楼翱）

【股份公司房地产专题会议】 7月21日，股份公司召开房地产专题会议，听取中铁房地产集团公司上半年主要工作开展情况、下半年工作计划、今后工作打算及各开发项目进展情况、2009～2015年发展目标等方面的汇报。股份公司总裁赵广发、副董事长丁原臣、副总裁范德分别作重要讲话。（楼翱）

【股份公司房地产工作会议】 11月28日～29日，股份公司在安徽合肥召开房地产工作会议，股份公司副总裁范德作题为《统一认识、坚定信心、开拓进取、科学发展，开创中国铁建房地产板块新局面》专题报告，董事长李国瑞、总裁赵广发分别作题为《关于当前发展房地产板块的几个问题》《着眼长远、加快推进，努力把房地产业打造为中国铁建支柱产业》的重要讲话。会议总结两年来全系统房地产业务开展取得的成绩，中铁房地产集团公司和中铁十四、二十一局集团公司及中铁建设集团公司分别在会上发言，副总裁庄尚标作会议总结。此次房地产工作会议对于进一步统一思想认识，吸取经验教训，调动各方面的积极性，合力做优做强房地产业务，把房地产发展成为中国铁建的重要创效板块，推进中国铁建产业结构调整升级具有重要意义，并对加快股份公司房地产业务的发展起到重要的指导和推动作用。（楼翱）

【房地产开发项目审批及监管制度】 由于房地产开发属于高风险、高收益的资金密集型行业，房地产项目的决策和审批机制非常重要，对房地产业务的开展起着决定性作用。年内不断探索和创新房地产项目决策机制，坚持“谁主张，谁论证；谁受益，谁负责”的房地产项目开发审批原则，建立“统一评估，分级授权，分工负责”的房地产开发业务管理机制，严格防范决策和经营风险，充分调动和发挥各方面的积极性和能动性，快速应对市场变化。开展房地产业务的集团公司，需将要拓展或新获取的房地产项目形成可行性研究报告上报股份公司，股份公司组织考察和评估项目的可行性；评估后，召开股份公司房地产领导小组会议研究审查；同意后，集团公司董事会进行房地产项目的审议和决策，决策通过后获得的房地产项目报股份公司备案。（楼翱）

【房地产计划统计定期报表制度】 为全面、准确掌握全系统房地产开发经营情况，及时为国家及企业提供、反馈房地产开发业务统计信息，贯彻落实股份公司计划统计工作“统一汇总，分块管理”的管理模式，制定股份公司房地产计划统计定期报表制度，实现对子公司房地产业务的有效监控。（闫翔宇）

【房地产开发统计】 截至年底，中国铁建分别在北京、天津、重庆、长沙、贵阳、南宁、成都、合肥、长春、济南、厦门、西安等22个城市拥有37个房地产项目的开发权益，建设用地面积7010亩，规划建筑面积1392万平方米。全年房地产板块完成投资42.92亿元，销售面积76万平方米，销售金额35.7亿元，实现营业收入26亿元。

（闫翔宇）

资本运营与管理

【资本运营部】 主要职责：贯彻执行国家资本管理的法律法规，落实国务院国资委有关资产管理规定，制定公司资本发展战略和运作制度；负责组织研究国内外宏观、微观经济形势和相关产业运行状况，定期向公司领导提出分析报告；负责公司总部境内外经营性固定资产投资（含矿业投资）、权益性资本投资管理工作；负责国内外投资考核指标的下达，组织公司对外经营性投资项目的选择、咨询、论证、评估；负责投资项目股权管理和项目实施过程的监管；负责实物资产管理工作。承担中国铁道建筑总公司及总公司锦鲤资产管理中心相关工作职能。下设咨询评估处、投资管理处、矿产资源处、资产管理处，定员13人，设部长、副部长、总经济师各1人。 （金守华）

【资本运营项目概况】 2009年，中国铁建系统资本运营项目104项。其中，总公司本级5项；股份公司99项。

总公司本级资本运营项目均为BOT项目。其中，运营项目3项；在建项目1项；停建项目1项。总公司本级项目总投资137.26亿元。其中，资本金46.8亿元；企业应投入资本金或注册资本金36.68亿元，已投入资本金30.93亿元。年内，总公司BOT项目实现营业收入9.8亿元。

股份公司资本运营项目总投资1231.91亿元。其中，资本金600.43亿元；企业应投入资本金113.12亿元，企业累计投入资本金82.39亿元。99项资本运营项目中，股份公司本级10项，BOT项目4项，BT项目11项，参股及股权项目56项，酒店项目28项。股份公司本级项目总投资958.42亿元。其中，资本金474.94亿元；企业应投入资本金84.4773亿元，企业已投入资本金54.3682亿元。BOT项目投资96.42亿元。其中，资本金23.83亿元；企业应投入资本金17.02亿元，企业已投入资本金7.83亿元。年内实现营业收入7026万元。BT项目投资65.21亿元。其中，资本金37.02亿元；企业应投入资本金41.39亿元，企业已投入资本金28.85亿元；累计贷款30.11亿元。年内实际回购款24.36亿元，回购款余额32.33亿元。参股及股权项目投资1028.1亿元。其中，资本金524.5亿元；企业应投入资本金50.06亿元，企业已投入资本金23.12亿元。酒店项目投资29.92亿元。其中，资本金19.17亿元；企业应投入资本金3.73亿元，企业已投入资本金3.73亿元。 （李学智）

2009年中国铁道建筑总公司本级资本运营项目情况统计表

项目名称	投资方式	总投资（万元）	资本金（万元）	企业应投入资本金（万元）	企业已投入资本金（万元）	营业收入（万元）
总计		1372604	468086	366849	309296	98444.8
咸阳渭河3号桥	BOT	11930	4000	3600	3600	1042.8
京承高速公路二期	BOT	391900	137000	95900	95900	19672
重庆遂渝高速公路	BOT	474663	166132	132906	124880	77730
南京长江隧道	BOT	331792	104154	83323	83323	
潮揭高速公路	BOT	162319	56800	51120	1593	

制表：李学智

2009年中国铁建股份有限公司资本运营情况统计表

项 目 名 称	数量	总投资（万元）	资本金（万元）	企业应投入资本金（万元）	企业累计投入资本金（万元）
总 计	99	12319082	6004326	1131196	823942
股份公司本级	10	9584234	4749393	844773	543682
中国土木工程集团公司	6	538377	248190	4390	4390
中铁十一局集团公司	4	93724	67500	12600	12600
中铁十二局集团公司	9	1603112	718712	42104	42104
中铁十三局集团公司	6	194922	224291	39690	39690
中铁十四局集团公司	5	232014	2000	2000	2000
中铁十五局集团公司	4	74157	31585	82063	82063
中铁十六局集团公司	4	33317	2380	2980	2980
中铁十七局集团公司	3	1308	828	694	694
中铁十八局集团公司	1	38735	38735	3500	3500
中铁十九局集团公司	2	90442	41179	21534	21534
中铁二十局集团公司	10	35827	73673	40921	40921
中铁二十一局集团公司	7	12663	12663	2259	2259
中铁二十二局集团公司	4	200050		173	173
中铁二十三局集团公司	3	10200	10200	1720	1720
中铁二十四局集团公司	8	3501	3501	2837	2837
中铁建电气化局集团公司	4	71064	17037	10757	10757
中铁物资集团公司	4	14453	14253	7184	7184
昆明中铁大型养路机械集团公司	1	12095	8103	8103	1940
中铁轨道系统集团公司	3	7299	5557	752	752
中铁上海设计院集团公司	1	400	400	160	160

制表：李学智

【总公司咸阳渭河 3 号桥 BOT 项目】 概算总投资 1.193 亿元，公司注册资本金 4000 万元。总公司占 80% 股份，应出资本金 3600 万元；咸阳市城市建设投资公司代表咸阳市政府占 10% 股份，应出资本金 400 万元。项目于 2005 年初正式运营，特许经营期 25 年（2004 年 7 月 1 日～2029 年 6 月 30 日）。项目所需 8000 万元贷款由北京市交通银行公主坟支行提供，贷款期限 8 年（2004 年 2 月 27 日～2012 年 2 月 27 日）。项目 2009 年通行费收入 1043 万元，运营 5 年累计收入 6127 万元。（李学智）

【总公司京承高速公路二期工程 BOT 项目】 概算总投资 39.19 亿元，2006 年 9 月 30 日竣工，经营期 28 年。项目资本金 13.7 亿元，总公司占 70% 股份，应出资本金 9.59 亿元；首都高速公路发展集团有限公司占 30% 股份，应出资本金 4.11 亿元。总公司建设期担保 14 亿元已解除。截至 2008 年底，项目资本金全部到位。项目 2009 年通行费收入 19672 万元，运营累计收入 51087 万元。（李学智）

【总公司重庆遂渝高速公路工程 BOT 项目】 总投资 47.47 亿元，2007 年 12 月 29 日提前一年全线通车，特许经营期 30 年。项目资本金 16.62 亿元，总公司占 80% 股份，应出资本金 13.29 亿元；重庆高速发展集团有限公司占 20% 股份，应出资本金 3.32 亿元。项目 2009 年收入 77940 万元，运营累计收入 148180 万元。（李学智）

【总公司南京长江隧道工程 BOT 项目】 工程全长 5.85 公里，双向 6 车道。建设工期 4 年，经营期 30 年。概算总投资 33.18 亿元，项目资本金 11.61 亿元。总公司占 80% 股份，应出资本金 9.29 亿元；南京交通集团控股有限公司占 10% 股份，应出资本金 1.16 亿元；南京浦口区国资局占 10% 股份，应出资本金 1.16 亿元。2007 年 1 月，项目资本金全部到位。项目建设期股东按股比承担担保责任，总公司担保额 19.41 亿元。2009 年完成投资 7.39 亿元，开工累计完成投资 28.76 亿元；左线隧道于 2009 年 5 月 22 日贯通，右线隧道于 2009 年 8 月 20 日贯通，工程建设全面进入收尾阶段。按照 2010 年 5 月 1 日建成通车的要求，工程进度节点基本可控。（李学智）

【总公司广东潮揭高速公路工程 BOT 项目】 全长 29.35 公里，概算总投资 16.23 亿元，特许经营期 25 年。总公司占 90% 股份，应出资本金 5.11 亿元；广东锦峰集团有限公司占 10% 股份，应出资本金 5680 万元。由于合作方违规操作，广东省交通厅发文收回特许经营权，项目处于清理移交状态。截至 2009 年底，总公司已投入资金 1593 万元。（李学智）

【股份公司尼日利亚莱基自由贸易区参股项目】 尼日利亚拉各斯州政府为合资公司免费提供 30 平方公里土地和 50 年的特许经营权。自由贸易区投资项目将享有尼日利亚出口加工区法案所规定的一切优惠政策和税收豁免；合资公司有权将自由贸易区内的土地批给区内企业，使用期限不超过 99 年；合资公司的收益主要来自于向区内企业出租土地的收益，根据尼日利亚出口加工区法案可以收取管理费和其他税收。项目中方为中土北亚国际投资发展有限公司，在中国北京注册，注册资本金 5000 万元人民币。中方股东与股比分别是中土北亚国际投资发展有限公司 60%，其中中国铁建股份公司 50%（含中国土木工程集团公司 15%）；南京北亚投资有限公司 15%；南京江宁经济技术开发总公司 15%；中非基金 20%。尼日利亚拉各斯州政府以土地入股 20%，莱基全球投资有限公司占 20% 股份。项目一期工程总投资 49.41 亿元，其中资本金 22.71 亿元。股份公司应出资 1 亿美元（股份公司 0.7 亿美元，中国土木工程集团公司 0.3 亿美元），截至 2009 年底，累计出资 800 万美元。一期工程于 2007 年 9 月开工，计划 2011 年竣工，工期 5 年。根据 2009 年 9 月 22 日中土北亚中方股东会决议，中土北亚注册资本金由 5000 万元人民币增至 20000 万元人民币，各方股东按股比增资。2009 年计划投资 20400 万元，实际完成投资 26619 万元。（李学智）

【股份公司昆明二环改扩建工程 BT 项目】 由股份公司投资建设。2008 年 7 月 9 日，股份公司成立昆明市二环改扩建工程指挥部。工程合同总额 32.57 亿元。2008 年 12 月 15 日开工，计划 2009 年 12 月 14 日竣工，总工期 12 个月，回购期 5 年。工程于 2009 年 9 月 28 日主线提前通车，极大缓解了昆明市内的交通压力，期间未发生质量事故和重大安全事故，得到昆明市委市政府的多次表彰和嘉奖，也赢得了昆明市人民的赞誉。截至2009年12月31日，除金瓦路工程（因重大变更）外，二环范围内各桥梁竣工，进入验收移交、结算审计阶段。（李学智）

【股份公司重庆鱼洞长江大桥正桥二期工程BT项目】 重庆鱼洞长江大桥正桥工程分两期建设。一期主要工程为上游幅桥及下游幅桥部分墩身，已于2008年10月31日竣工，12月26日通车运营。根据重庆市发展和改革委员会《关于鱼洞长江大桥正桥二期工程（下游幅桥）BT融资并建设总承包模式直接发包的批复》，重庆市城市建设投资公司为建设单位，中国铁建股份有限公司为BT融资建设总承包单位，中铁十七、二十三局集团公司等单位负责施工。2009年4月10日，股份公司成立中国铁建鱼洞长江大桥建设指挥部。项目下游幅桥12号～16号桥墩基础和墩身工程，于2008年3月10日～6月26日完成；其余工程于2009年3月28日开工建设，计划2011年7月28日竣工，建设工期28个月（含附属和配套等工程）。二期工程合同总额45785万元，其中建筑安装工程费33467万元。全年完成投资10828万元，其中建筑安装工程费9619万元。截至2009年12月31日，股份公司累计投入资金14881万元。（李学智）

【股份公司石武铁路客运专线河南段参股项目】 为加强京广铁路客运专线河南段建设，铁道部和河南省于2007年6月16日在郑州市注册成立京广铁路客运专线河南公司，首期注册资金1亿元。2008年12月18日，股份公司受让5%股权，郑州铁路局占85%股份，河南招商集团占10%股份。股份公司最终总投资15亿元，最终股权比例根据各股东资本金到位情况，适时调整。2009年，股份公司第一届董事会第18次会议决议通过向石武铁路客运专线增加投资10亿元，占8.12%股份，郑州局占81.88%股份，河南铁路投资有限责任公司占10%股份，股份公司最终总投资25亿元。石武铁路客运专线河南段正线长506.857公里，总投资7453708万元，其中静态投资6165577万元；资本金占50%。2008年10月开工，计划2012年6月竣工。2008年股份公司出资9亿元，其余资金随建设进度陆续投入。（李学智）

【股份公司四川纳叙地方铁路参股项目】 四川省新建地方铁路隆昌至叙永铁路纳溪至叙永段工程（简称纳叙铁路）全长77.599公里，是四川省和泸州市的重点建设工程，北接纳溪火车站，南至叙永站。按地方铁路Ⅰ级标准建设，由铁道第二勘察设计院设计。2004年11月18日开工，计划2008年6月开通运营。纳叙铁路概算总投资14.5亿元，资本金7.25亿元。股份公司联合体出资1.22亿元，占16.85%股份。其中，股份公司本级7000万元；中铁十二、十五局集团公司各出资1837.5万元；中铁二十一、二十三局集团公司各出资770万元。四川省地方铁路局出资3.13亿元，占43.15%股份。泸州市兴泸投资公司出资1.45亿元，占20%股份。中国铁路建设投资公司出资1.45亿元，占20%股份。2008年1月，四川纳叙铁路有限责任公司召开第7次股东会议决定调整股权比例，公司注册资本金3000万元。其中，中国铁道建筑总公司出资16.85%；四川省铁路集团有限责任公司出资52.73%；泸州市兴泸投资集团有限公司出资29.59%；中国铁路建设投资公司出资0.83%。2009年1月24日全线贯通，11月2日通过初验，具备开办临时运输条件。（李学智）

【股份公司京沪高速公路乐陵至济南段工程BOT项目】 线路长113公里，工程总投资70亿元，计划2010年开工，建设工期3年，收费期最长不超过25年。股份公司占65%股份，山东省交通厅公路局占35%股份。2009年9月5日，股份公司与山东省签署战略合作协议，与山东交通厅签署济乐高速公路投资协议。中铁建山东京沪高速公路济乐有限公司完成注册，计划2010年6月1日开工。2009年股份公司完成投资22974万元。（李学智）

【中铁建铜冠投资有限公司】 10月27日，《关于股份公司进入矿业的建议》和《关于中国铁建股份有限公司进入矿业可行性研究报告》经股份公司第一届董事会第23次会议审议通过上报国务院国资委，申请将矿产资源投资开发增加为股份公司新主业。11月26日，股份公司第一届董事会第24次会议研究决定启动与铜陵有色金属集团控股有限公司（以下简称铜陵有色）联合收购加拿大Corriente公司。为完成收购，中国铁建与铜陵有色成立合资公司——中铁建铜冠投资有限公司，注册地为安徽省铜陵市，注册资本金

200000 万元,双方各出资 50%。收购加拿大 Corriente 资源有限公司的股权工作正式启动,正在与铜陵有色就共同组建收购团队、展开收购有关工作进行协商。在完成收购后,拟立即转入矿山开发阶段。2009 年投入中铁建铜冠投资有限公司注册资本金 100000 万元。（李学智）

【诚合保险经纪公司】 3 月 27 日,股份公司第一届董事会第 15 次会议决议同意独家发起设立诚合保险经纪公司。诚合保险经纪(北京)有限责任公司是经中国保险监督管理委员会批准成立,由中国铁建股份有限公司于 2009 年 5 月出资,经诚合公司股东大会同意设立的全国性、综合性保险经纪公司,注册资本金 2000 万元人民币,总部设在北京。公司业务范围:建筑安装工程一切险、建筑施工人员人身意外伤害险、企业财产险、机械设备险、机动车辆险、货物运输险、各类责任险等保险经纪业务。2009 年投入注册资本金 2000 万元。（李学智）

财 务

【财务部】 股份公司负责资产产权管理、财务管理、会计核算、资金管理和会计监督的综合职能部门。主要职责:贯彻执行国家财务会计法律法规和制度,组织制定和实施公司财务发展战略,制定和实施公司财务会计规章制度,管理、组织、监督、检查和规范公司财务会计工作;负责全面预算管理和责任成本管理,组织公司系统业绩考核评价;负责公司系统财务会计管理、会计电算化、资金管理、产权管理和公司总部机关本级会计核算、经费管理、财务预决算工作;负责组织开展经济活动分析和实施财务会计诚信建设,依法编制和及时提供财务会计报告;协助做好公司信息披露相关工作;建立和落实财务内控制度与责任,对公司经济活动过程和经济运行任务进行财务监督和控制;建立和完善财务、汇率、利率、资金风险防范预警与控制机制;组织实施财务收支稽核检查;负责既有的股权管理、货币类金融产品及债券投资与管理;承办总公司及锦鲤资产管理中心财务工作;负责国务院监事会派驻公司办公室事务的协调配合和服务工作;完成公司董事会及董事会相关委员会交办的工作。下设财务处、会计处、机关财务处、产权处、预算及考核处、成本管理处、资金结算中心。定员 33 人,设部长 1 人、副部长 2 人、资金结算中心主任 1 人。现员 29 人。其中,高级会计师 11 人;会计师 11 人。（余兴喜）

【会计人员】 2009 年,股份公司系统有持证在岗会计人员 13043 人。按性别划分,男性 6210 人,女性 6833 人;按文化程度划分,硕士以上学历 135 人,大学本科学历 5036 人,大专学历 5681 人,中专学历 1306 人,其他文化程度 885 人;按专业技术职务划分,高级会计师 804 人,会计师 2526 人,助理会计师 4244 人,会计员 3185 人,其他专业技术人员 236 人,无专业技术职务人员 2048 人;按行政职务划分,总会计师 306 人,副总会计师 213 人,财务部部长 525 人,财务部副部长(含部总会计师)492 人,其他人员 11507 人。（李 彤）

【财务制度建设】 年内印发《关于进一步加强账销案存资产管理的通知》,明确账销案存资产的管理职责与权限,进一步规范账销案存资产的后续管理,完善企业内部控制制度;制定《中国铁建股份有限公司财务决算管理办法》,规范财务决算报告编制工作;制定《中国铁建股份有限公司财务报告编制流程暂行办法》,规范财务报告编制流程,提高会计信息质量;制定《中国铁建股份有限公司财务决算评分管理暂行办法》,加强对各级企业的财务监督,提高企业财务报告和财务分析的编报质量;制定《中国铁建股份有限公司境外财务管理暂行办法》,规范境外企业以及非法人机构、非经营性机构财务管理,维护公司合法权益,保障境外资产安全完整和保值增值;制定《中国铁建股份有限公司安全生产费用财务管理与会计核算暂行办法》,规范安全生产费用的财务管理和会计核算;制定《中国铁建股份有限公司对外捐赠管理办法》,进一步规范各级企业对外捐赠行为,加强各级企业对外捐赠管理,更好地履行社会责任,维护广大股东、债权人和职工权益;制定《关于对保险资源实行集中管理的决定》《保险资源集中管理暂行办法》《保险资源集中管理专责人制度》《关于中国铁建系统机动车辆保险份额分配的通知》一系列办法的实施,对加强企业保险资源集中管理起到极大地推动作用。（曹锡锐）

【财务决算】 为提高报表的利用率和有效性,年内与事务所、所属单位积极反复沟通研讨,精简财务指标和表样,网络报表体系指标包含 40000 个,决算基础报表数量从 2008 年的 156 份精简到 117 份;逐步健全财务报告编报流程,完善所属单位报表审核机制和内部报表编报控制流程,制定财务报告编制时间节点制度;编写基础报表填报手册,举办两期网络基础报表培训班,提高财务决算人员的报表编制水平和业务处理能力;7月新增3份保险业务明细表及金融衍生业务季报表,同时将主要财务指标、预算执行情况及存在问题每月按时向所属单位反馈,加大快报信息利用,强化动态监管力度;制定《中国铁建股份有限公司财务决算管理办法》,进一步加强决算管理工作。 (王 磊)

【会计信息披露和配合审计工作】 财务信息主要包括:主要会计数据的计算摘录,每股收益的计算,非经常性损益的分析认定,业务板块的划分及毛利率的分析计算,主要经济指标大幅增减原因的分析、解释,担保、收购、兼并等重要事项的确认。年内在上海证券交易所、香港联合证券交易所完成股份公司会计信息披露及向国资委、财政部编制、报送财务决算报告的工作,并配合3家决算审计机构,完成股份公司324家法人单位审计。 (丁亚杰)

【财务分析】 财务分析是公司领导掌握本企业真实状况并做出正确决策的重要依据,也是反映财务工作水平、展示财务成果的一个重要平台。2009年,进一步增强财务信息的分析深度和利用程度,由过去的只重数据不重分析转为数据与分析并重,通过季度、半年度、年度经济运行分析,为领导及时掌握企业现状、作出准确决策提供依据。建立内部通报制度,由过去的年度、半年度通报变为年度、半年度、季度以及每月快报通报,便于企业及时改进存在的问题,对企业加强管理起到促进作用;建立对标分析制度,定期与中央主要建筑施工企业进行对标分析,查找公司自身差距,及时分析差异症结所在,同时吸取其他企业的成功经验,制定改进措施,提高企业管理水平;建立问题跟踪制度,对存在问题继续深入分析,查找问题原因;组织研究财务分析办法,引导企业打破已有模式,鼓励大胆创新,努力提高企业整体财务分析水平,为管理层决策献计献策。 (王 磊)

【表彰财务工作先进单位和先进个人】 2009年,股份公司表彰财务工作先进单位95个、会计基础工作先进单位6个、财务信息化工作先进单位5个、资金集中管理工作先进单位5个、预算工作先进单位5个、决算工作先进单位6个,财务工作先进个人161名。

财务工作先进单位

中铁十二局集团公司
中铁物资集团公司
中铁十三局集团公司
中铁十六局集团公司
中铁十七局集团公司
中铁建电气化局集团公司
中土集团阿尔及利亚公司
中土集团尼日利亚公司
中铁十一局集团二公司
中铁十一局集团四公司
中铁十一局集团桥梁工程公司
中铁十二局集团三公司
中铁十二局集团四公司
中铁十二局集团建筑安装工程公司
中铁十三局集团二公司
中铁十三局集团四公司
中铁十三局集团六公司
中铁十四局集团三公司
中铁十四局集团水利水电工程分公司
中铁十四局集团京沪高速铁路项目经理部
中铁十五局集团六公司
中铁十五局集团华南公司
中铁十五局集团公司集疏港公路项目经理部
中铁十六局集团三公司
中铁十六局集团路桥工程公司
中铁十六局集团北京工程公司
中铁十七局集团一公司
中铁十七局集团二公司
中铁十七局集团三公司
中铁十八局集团五公司
中铁十八局集团建筑安装工程公司
中铁十八局集团福建分公司
中铁十九局集团兰渝铁路项目部
中铁十九局集团一公司第9项管部
中铁十九局集团五公司
中铁二十局集团公司石武铁路客运专线河南段项目部
中铁二十局集团一公司苏州北环项目部
中铁二十局集团六公司
中铁二十一局集团四公司
中铁二十一局集团电务电化工程公司
中铁二十一局集团京石铁路客运专线项目指挥部
中铁二十二局集团一公司
中铁二十二局集团六公司
中铁二十二局集团哈尔滨铁路建设集团公司
中铁二十三局集团三公司
中铁二十三局集团四公司
中铁二十三局集团石武铁路客运专线指挥部
中铁二十四局集团福建铁路建设公司
中铁二十四局集团上海铁建工程公司
中铁二十四局集团新余工程公司

中铁二十五局集团三公司
中铁二十五局集团广州铁路工程公司
中铁二十五局集团南方实业开发公司
中铁建设集团公司西安分公司
中铁建设集团公司第 47 项目部
中铁建电气化局集团一公司
中铁建电气化局集团三公司
中铁房地产集团合肥置业公司
中铁第一勘察设计院集团甘肃铁一院工程监理公司
中铁第一勘察设计院集团兰州铁道设计院有限公司
中铁第四勘察设计院集团工程勘察院
中铁第四勘察设计院集团线路站场设计研究处
中铁第五勘察设计院集团北京铁研建设监理公司
中铁上海设计院集团南昌铁路勘测设计院有限责任公司
中铁物资集团东北公司
中铁物资集团中南公司
中铁轨道系统集团道岔分公司
中铁轨道系统集团隆昌铁路器材公司

会计基础工作先进单位

中铁十二局集团公司
中铁十七局集团公司
中铁十三局集团公司
中铁建电气化局集团公司
中铁物资集团公司
中铁轨道系统集团公司

财务信息化工作先进单位

中铁物资集团公司
中铁十三局集团公司
中铁第一勘察设计院集团公司
中铁二十五局集团公司
中铁十一局集团公司

资金集中管理工作先进单位

中铁十二局集团公司
中铁十六局集团公司
中铁物资集团公司
中铁二十三局集团公司
中铁十一局集团公司

预算工作先进单位

中铁十二局集团公司
中铁物资集团公司
中铁二十一局集团公司
中铁十七局集团公司
中铁十八局集团公司

决算工作先进单位

中铁十六局集团公司
中铁建电气化局集团公司
中铁十二局集团公司
中铁物资集团公司
中铁十三局集团公司
中铁二十二局集团公司

财务工作先进个人

徐　阳　姜　华　刘若男　张　静　顾德军
赵晓勇　李邦林　杨秀高　夏舒珍　向永兰
周修阳　郭亿方　辛聪生　舒红宇　赵晓军
吴卫国　张东辉　吴高飞　杨　帆　董朝晖
张继玉　窦立兵　李战国　马建政　于浩壮
修德军　宿京辉　徐国兵　郭洪伟　伍玉良
于纪斌　李西青　闫文哲　党同霞　王　民
谢经渠　陈　萍　黄　伟　王小瑜　高红霞
李战伟　鲁　镇　宋丽芳　孙兆新　王映福
蔺文虎　朱长安　沈　沛　张子斌　徐　永
踪敬民　朱开友　宋志宏　王绍宗　周　健
王金平　郑良虎　张　立　陈　东　邓强林
张子荣　金　雁　刘凯林　兰　岚　王新峰
陈　政　李育红　赵文来　崔　军　刘丽岩
迪海涛　王　俭　郝　哲　冯少民　赵国华
张智超　苏登科　韩惠敏　李　芳　李　虹
张晓娥　李艳丽　周长林　崔　杰　白继科
党艳银　杨学峰　柴惠英　许海英　丁　浩
魏　东　张志贤　戴炜瑜　杨　帆　柏广军
张兆亮　罗道永　杜殿明　夏福兵　李　军
杨照群　张利芳　顾龙江　纪孝煊　吕为进
苏忠良　王吉莉　吁　松　苗学波　蒋伟新
文晓名　赖庆生　罗军华　陈　红　郑军梅
高越月　万松芬　徐冰瑶　熊永军　董振东
曹德安　车成余　闫　冲　邓长斌　董　莉
强　勇　苏　梅　张雅丽　周继军　任亚亚
杨慕洲　张　勇　孙咏梅　殷少群　孙世畅
王卫彪　于　斌　常元春　陈　钊　韩　鹏
韦春华　王喜桔　李　娟　袁超财　任　向
贾莉莉　王凤丽　吕　昕　高长建　聂　勇
王晨曦　余园林　田俊英　姚黎明　黄　文
杨现庆　丁亚杰　李　鲲　东润宁　王　丽
邓　凯

（李　鲲）

【责任成本管理】　2009 年，贯彻落实股份公司银川责任成本管理工作会议精神，所属单位采取多种形式开展责任成本管理培训，解决责任成本管理操作方法不统一、不规范等问题。对中铁十六、十七局集团公司进行责任成本管理调研，在调研中发现许多先进管理思路及成熟做法。9月，下发《关于2009年度责任成本管理工作考评的通知》，在全系统内开展责任成本管理自查自评活动。制定股份公司责任成本管理检查考评方案，由所属单位成本管理部门负责人组成6支检查考评工作小组，11月19日召开检查考评工作启动会议，考评工作历时35天，评出责任成本管理先进集团公司6个、先进工程公司10个、先进项目部12个。12月11日，召开股份公司责任成本管理工作视频会议，股份公司总会计师庄尚标作题为《推进责任成本管理，提高企业经济效益》的讲话，介绍检查考评工作情况，肯定2009年中国铁建责任成本管理工作取得的主要成效，深刻分析责任成本管理实施的重要性，提出2010年责任成本管理工作总体思路。（城　云）

【全面预算管理】 2月，组织部分单位汇审股份公司2009年全面预算，完成全面预算报告，并向国资委上报。4月，全面预算报告提交股份公司董事会并获得通过。5月，股份公司批复所属单位2009年预算，要求各单位严格按照预算进行企业的经营管理，合理配置企业资源，使企业的发展处于有序、可控状态。股份公司按照《全面预算管理暂行办法》规定，要求所属单位按季度上报预算执行情况分析，及时解决企业运行中存在的问题。10月，股份公司召开全系统预算管理工作视频会议，传达国资委2010年预算编报的基本要求，安排2010年全面预算工作。（张鸿斌）

【国有资本经营收益上缴】 9月，根据《财政部、国资委关于印发〈中央企业国有资本收益收取管理暂行办法〉的通知》和国资委《关于上缴2008年度国有资本收益的通知》精神，核定中国铁道建筑总公司2008年度应缴国有资本收益9848万元，总公司于9月完成国有资本收益缴款手续，并及时报财政部和国资委备案。（尚　健）

【国有资本经营预算】 12月，根据财政部《关于下达中国铁道建筑总公司2009年中央国有资本经营预算专项（拨款）的通知》，批复总公司2009年国有资本经营预算中央企业离休干部医药费补助资金27万元。（尚　健）

【财务收支专项审计检查】 股份公司财务收支专项审计检查于7月启动，年底结束。检查主要围绕会计信息的真实性，财务收支的合规性，资产质量、重大经营活动和决策的合法合规性，重大违法违规问题，会计基础工作6个方面开展。检查二级单位33家，其中包括集团公司本部、工程公司、指挥部等132个核算单位。检查采取监事会、审计监事局、财务部联合检查的形式，抽调各类审计、财务和会计师事务所人员近60人分6个组进行。检查发现，全系统财务工作仍然存在会计信息质量、资产质量不高和会计基础工作薄弱等问题。（冀　涛）

【税务工作】 2009年，股份公司、所属单位分别对《跨地区经营汇总纳税企业所得税征收管理暂行办法》和土地增值税、施工制梁增值税问题进行研讨，认真做好税收筹划工作，截至年底，所属集团公司本部已有12家被认定为高新技术企业，5家被认定为西部大开发企业，享受税收优惠政策。5月，完成股份公司所得税年度汇算清缴工作；7月，股份公司上报国家税务总局《关于内退及统筹外费用调减纳税所得额的请示》，申请股份公司发生的内退精算费用和由总公司统一负担的离退休人员统筹外费用，在股份公司企业所得税申报时准予税前扣除；8月，配合完成股份公司股利分红的代扣代缴所得税工作；9月，协助完成股份公司2009年度税务稽查工作；10月，完成股份公司房地产税和车船使用税的核定征收工作。（李　彤）

【财务集中管理】 2009年，继续按照"统一领导、统一规划、分级负责"的原则稳步、有序推进财务集中管理系统建设，取得显著成绩。截至年底，股份公司本部、28个集团公司建立财务集中管理系统，覆盖率93.3%，增加中国土木工程集团公司，中铁十二、十四、十五、十六、二十、二十一、二十二、二十四、二十五局集团公司，中铁上海设计院集团公司、北京铁城建设监理公司、诚合保险经纪（北京）公司13家二级单位，在集团公司层面基本实现财务集中管理。（李　彤）

【网络报表开发应用】 中国铁建网络合并报表系统平稳运行，顺利完成2008年决算报表、2009年一季度报表、半年度报表、三季度报表和财务快报的编制工作。5月，网络合并功能模块升级到2.0版本，并调整决算报表参数。6月，股份公司财务部针对目前部分报表人员从业时间较短、软件操作不熟练的特点，在黑龙江哈尔滨举办两期财务报表和网络合并报表应用技能培训。7月，调整财务快报业务参数，增加保险类报表、金融衍生业务季报表、债务监测季报表。11月25日，网络合并报表一期项目成功验收。（岳云飞）

【资金集中管理】 2009年，中国铁建系统资金集中管理工作在思想认识、体制机制、制度流程、系统应用等方面狠下功夫，取得新突破。（1）加强认识，组织得力。年内,股份公司对部分单位进行专项调研;集团公司落实机构编制和人员,并加大所属工程公司和项目部的宣传力度,组织召开资金集中管理专项会议,灌输资金集中管理理念。(2)多种模式并存,全面推行资金池业务。股份公司结合所属集团公司行业、企业特点,以两级资金中心为核心,采取统收统支、收支两条线、资金池等管理模式,通过柜台结算、网银结算、银企互联等多种手段加强资金集中管理。针对建筑行业企业资金管理特点,4 月 ~5 月,股份公司分别与中国建设银行、中国农业银行和中国工商银行签订现金管理业务框架协议,在工程局全面推广资金池业务。此项业务的开展,实现资金最大化集中,满足工程项目正常资金使用,部分业主监管账户纳入资金池归集,实现资金集中管理扁平化及流动性最大化。(3)实用为先,需求至上,软件系统全面支持。针对股份公司多种行业、多种模式资金管理特点,股份公司与浪潮集团合作,订制开发符合中国铁建资金管理需求的系统。截至年底,系统核心业务结算模块已在 14 家资金结算中心上线使用,完全替代原有铁道部结算系统。网银结算、内部网银、内部调剂及外部信贷、担保管理等模块已在试点单位上线正常运行。软件系统提供收支两条线、统收统支、分收统支、统收分支以及集团账户、定期存款、委托付款等多种资金管理手段的支持,并与中国建设银行等 8 家商业银行进行接口,支持多级中心管理,为中国铁建系统多种模式、多种手段的资金集中管理工作提供全面的系统支持。 (东润宁)

【基建财务】 根据财政部《关于基本建设财务管理规定》,加强总公司复兴路 40 号院内基建项目财务核算,配合完成院内 18、58 号楼竣工审计和经济适用房调整分配及各项基建项目招投标工作,保证了院内基建项目的顺利进行。 (乐 华)

【资产评估】 2009 年,总公司完成中铁十三局集团公司收购长春建设勘察设计研究院有限公司资产、上海铁城工程实业公司产权转让、中铁二十局集团公司处置中心医院股权、隆昌工务器材厂及中铁建物业管理中心改制等资产评估备案工作,产权转让项目主要采用未来收益法和成本法进行评估,涉及评估前净资产 15281.51 万元,评估后净资产 17256.48 万元,评估增值 1974.97 万元。年内印发《中国铁建净资产评估管理暂行办法》,并确定 6 家净资产评估机构为全系统资产评估服务。 (阎 宇)

【企业年度工作报告】 总公司每年向国资委监事会报送《企业年度工作报告》,该报告是全面综合反映企业经营管理和改革发展信息的重要载体,是企业向出资人报送的重要文件,是监事会了解掌握企业情况、有效履行出资人监督职责的重要基础。年内,总公司及所属 34 家企业编制完成 2008 年度《企业年度工作报告》,并及时上报国资委,受到国资委书面表扬。 (阎 宇)

【国有股权划转基金理事会】 根据财政部、国资委、中国证监会、社保基金理事会《境内证券市场转持部分国有股充实全国社会保障基金实施办法》和财政部 2009 年第 63 号公告,总公司所持中国铁建 24500 万股、中铁第四勘察设计院集团公司所持三特索道 30.66 万股国有股划归全国社会保障基金理事会持有,年内股东变更登记手续完成。 (阎 宇)

【国有企业监事会换届】 根据国务院批准的《监事会换届调整方案》,2009 年 9 月 ~2012 年 9 月,中国铁道建筑总公司由国务院监事会第 16 办事处负责联系,监事会主席李克,办事处主任金丹阳、副主任樊华,专职监事孔建峰、刘齐。 (阎 宇)

【股份公司总部财务管理】 年内完成总公司、股份公司、锦鲤资产管理中心、海外事业部日常费用报销、核算、报税、报表等工作;分析 2009 年度总部经费开支情况,预测 2010 年总部经费预算指标;参与财务收支专项审计检查,规范总部会计业务,处理部分历史遗留问题。 (杨现庆)

【募集资金的管理与使用】 股份公司上市后,收到 A 股募集资金 222.46 亿元,扣除发行费用后,实际收到募集资金 218.21 亿元。根据 A 股招股说明书披露的募集资金用途,截至 2009 年底,利用募集资金购置国内施工设备 74.13 亿元,补充流动资金 78.56 亿元,投入昆明中铁大型养路机械集团公司技术引进国产化项目改扩建工程 58.32 亿元、中铁轨道系统集团公司轨道系统项目 3.2 亿元、长沙秀峰山庄项目 4 亿元、石武铁路客运专线项目 9 亿元。股份公司 2008 年在香港上市收到募集资金净额折合人民币 173.59 亿元,分别存放于中国银行(香港)有限公司、中国建设银行股份有限公司香港分行和中国交通銀行股份有限公司香港分行开立的募集资金专用账户。截至 2009 年底,购买国内外施工设备 107.67 亿元,补充流动资金 17.36 亿元。其中,股份公司从 2009 年 7 月 28 日起,根据股东大会决议和国家外汇管理局批复,将 114 亿元港币汇回内地,并在 2009 年结汇使用人民币 80.07 亿元。2009 年 6 月 19 日,股份公司根据股东大会决议将 H

股募集资金折合人民币20亿元暂时补充流动资金，12月18日将该笔资金归还H股募集资金境外专用账户。根据监管要求，股份公司按季度向北京证监局、外管局及时报送A股、H股募集资金使用情况。

（孙立颖）

【银行授信与合作】 2009年，股份公司系统与银行签订授信额度4741.2亿元，包括融资类1581.3亿元，非融资类3159.9亿元。其中，股份公司本级分别与18家国内银行和2家外资银行签订综合授信协议，授信金额1265.6亿元，保证股份公司融资和生产经营需求。为降低融资成本、改善融资结构，8月，股份公司在国内银行成功发行3年期中期票据100亿元。为强化银企合作关系，股份公司分别与中国建设银行、兴业银行、光大银行、汇丰银行签订全面战略合作协议，其中中国建设银行为股份公司本级及子公司提供1300亿元授信额度支持。

（陈　英）

【资金结算中心系统运营情况】 2009年，全系统各级资金中心在强化内部资金结算、集中信贷管理，加大内部资金调剂力度，缩减外部贷款等方面，取得较好经济效益。股份公司系统成建制的18家资金中心吸收内部存款443.1亿元，内部调剂资金372.94亿元，按同期银行贷款利率计算，节约资金成本近20亿元。累计实现收入17.02亿元，累计实现净收益9.2亿元。股份公司资金中心系统为系统内加快资金周转，提高资金使用效率，保证生产经营和项目投资，节约成本、创造效益发挥了巨大作用。

（东润宁）

【担保情况】 根据股份公司第一届董事会第7次会议审议通过，2009年股份公司对所属企业担保额度211.8亿元。年内为中铁十一、十三、十四、十五、十八、二十三、二十四、二十五局集团公司及中铁第五勘察设计院集团公司、北京铁城建设监理公司与20余家银行办理担保合同29笔，担保金额79.9亿元；为四川纳叙铁路有限公司、Chun Wo - Henryvicy - CRCC - Queensland Rail Joint Venture提供对外担保3笔，担保金额1.19亿元。截至2009年底，担保总额81.1亿元，占公司净资产比例的15%。

（蔡梅君）

【股份公司财务工作会议】 12月3日～5日股份公司财务工作会议在北京召开，股份公司副总裁、总会计师庄尚标作题为《持之以恒狠抓基础管理，坚定不移力推集中管控，进一步提升中国铁建的财务管理水平》的工作报告；会议表彰2009年度财务工作先进单位和先进个人，布置2009年财务决算管理、财务信息化管理、资金集中管理和企业年度工作报告工作；听取部分单位财务工作经验介绍；邀请安永会计师事务所、韬睿咨询公司进行相关财务知识培训。国务院监事会、机关有关部门负责人以及所属企业总会计师、财务部长、资金管理负责人、决算负责人等近200人参加会议。

（李　鲲）

【两人获全国表彰】 股份公司副总裁、总会计师庄尚标和中铁十二局集团公司总会计师王锦友获全国先进会计工作者称号，并被中华全国总工会授予全国五一劳动奖章。

（刘新龙）

【会计人员继续教育】 6月29日～8月7日，股份公司在北京培训中心举办6期在京单位中、初级会计人员继续教育培训班，1460余名财会人员参加培训。培训班开设企业会计准则讲解2008、新税制改革与纳税筹划、报表编制、财务信息化安全、企业内部控制规范等课程；18人获得财政部颁发的从事会计工作满30年“会计人员荣誉证书”。

（刘新龙）

【财会学会工作】 2009年，股份公司获铁道财会学会科研课题研究一等奖2项、二等奖9项、三等奖8项；2篇论文参加铁道财会学会论文研讨活动，获优秀论文奖；编辑出版《铁道财会》论文专辑，发表论文36篇；在《铁道财会》刊登信息交流3篇，参加摄影比赛上报作品127幅；参加中国总会计师协会“2009中国企业内部控制高层论坛”征文活动，上报参赛论文5篇。

（刘新龙）

【战备资产财务管理】 年内与总公司战备局组成联合检查组，针对战备资产财务管理的合规性及日常账务处理的规范性进行检查，形成检查报告，提出整改建议。完成总公司战备局日常财务管理工作，按计划及时拨付战备资金，保障战备任务实施。

（邓　凯）

审 计 监 事

【审计监事局】 股份公司负责内部审计、监事会及董事会审计与风险管理委员会的工作机构，下设审计一处、审计二处、监事会办公室。定员10人，设局长、副局长各1人。现员8人。其中，高级技术职务5人；中级技术职务1人；初级技术职务2人。主要职责：贯彻执行国家有关方针、政策、法规，制定内部审计制度和监事会工作制度及有关规定，协助修订股份公司审计与风险管理委员会工作细则；负责对公司及所属企业(单位)财务收支、财务预决算、资产质量、经营绩效、建设项目等有关经济活动的真实性、合法性和效益性进行审计监督和评价；负责对股份公司高级管理人员、所属企业负责人收入进行审计监督评价；负责管理和组织实施股份公司内部经济责任审计及日常审计工作；承办总公司直管项目公司、项目部(指挥部、协调组)和锦鲤资产管理中心的内部审计工作；负责协助监事会主席、监事处理监事会日常事务；协助监事会主席做好监事会业务建设，完善监事会议事规则；负责监事会会议的筹备与组织、督促检查决议的贯彻执行情况；对监事会提出的问题组织调研，进行协助和处理；协调监事会与股份公司所属各单位、机关业务部门之间的关系；协助组织召开审计与风险管理委员会定期和临时会议；负责审计与风险管理委员会会议签到、决议、纪要、记录等文字工作；负责做好审计与风险管理委员会决策的前期准备工作，向其提供相关书面材料；负责审计与风险管理委员会提交董事会审议的专项意见；协助审计与风险管理委员会对股份公司风险管理策略和解决方案、重大决策、重大事件、重要业务流程进行风险控制、管理、监督和评价；负责组织会计师事务所审计股份公司年度财务决算，并监督检查会计师事务所审计质量；负责内部审计学会工作及审计人员岗位资格证书的管理，组织审计人员后续教育、业务培训和审计理论研究；总结审计工作，交流、推广审计经验，评选和表彰审计先进单位和先进个人。(黄少军)

·审计工作·

【审计工作综述】 2009年，全系统累计完成审计项目3109个，查处违规违纪金额331660万元、损失浪费金额58443万元，促进增收节支3891万元；提交审计报告2064份，提出审计建议9023条，违规违纪问题在审计中基本得到纠正；移交纪检监察部门立案查处9人，给予党纪、政纪处分8人。完成中铁十二、十三、十五、十六、十九、二十一、二十五局集团公司和中铁上海设计院集团公司法定代表人的经济责任审计，中铁十一、十六、十八、十九、二十二、二十三局集团公司和中铁房地产集团公司拟提拔领导人员的经济责任审计，中国铁道建筑报社的后续审计和财务收支审计，重庆鱼洞长江大桥建设指挥部的竣工结算审计和财务收支审计，总公司18号楼改扩建工程、西10号楼竣工结算、总公司综合楼弱电及绿化工程、海外事业部装修工程及陕西天创数码大厦工程基建审计。审计工作在促进企业落实经济责任、防范和控制风险、规范经营管理，确保国有资产有效运营等方面发挥了积极作用。

(沈晓霞)

【审计机构及审计人员】 截至2009年底，中国铁建系统设立内部审计机构163家，有专职审计人员502人。(沈晓霞)

【审计项目】 中国铁建系统累计完成273名企业法人代表和行政主管经济责任审计，离任审计面达100%。依据审计结果，有30人被提拔重用，有12人被撤免降职；提交审计报告254份，提出审计建议1213条，被采纳1132条；查出有问题金额147340万元。通过整改，违规违纪和会计差错基本得到纠正。

工程项目审计。年内，全系统完成工程项目审计1575个，查出有问题金额40623万元，有针对性地提出审计建议4713条，纠正违规违纪及挽回损失金额15638万元。

财务收支审计。按照股份公司《关于开展财务收支专项审计和检查工作的通知》和《中国铁建2006～2008年度财务收支专项审计和检查方案》要求，各级审计机构紧紧围绕“内控、责任、绩效”开展审计和检查，摸清企业财务收支、会计信息质量和生产运营状况，揭示企业隐患和风险。

内部控制审计。全年完成内部控制审计19项，提交报告15份，提出审计建议108条，有效发挥审计提升管理的职能作用，促进企业完善内控流程、规避企业风险。

专项审计。一是强化专项审计调查，为领导决策提供决策依据；二是强化企业基建项目审计，全年完成小型基建项目审计43个，累计审减额2760万元，在规范基建投资行为、确保工程质量的同时，节约了企业建设资金；三是强化后续审计，通过后续审计，督促审计意见及建议得到有效落实，实现审计效益、效果最大化。(章　曦)

【审计理论研究及培训】 2009年，全系统举办审计后续教育培训班24期，308名专兼职审计人员参加培训；36篇论文在省部级以上专业刊物上发表；4篇论文在中国内部审计协会组织的2009年度全国内部审计与内部控制体系建设理论研讨中获奖，其中三等奖1篇、优秀奖3篇。(沈晓霞)

【表彰审计工作先进单位和先进工作者】 2009年，股份公司表彰审计工作先进单位32个，先进工作者47名。

审计工作先进单位

中铁十二局集团公司审计处
中铁十七局集团公司审计处
中铁二十局集团公司审计部
中铁建设集团公司审计部
中铁建电气化局集团公司审计部
中铁十一局集团五公司监察审计部
中铁十二局集团二公司审计科
中铁十二局集团建筑安装工程公司审计科
中铁十三局集团一公司纪审监察部
中铁十四局集团四公司审计部
中铁十四局集团电气化工程公司监察审计部
中铁十五局集团五公司审计科
中铁十五局集团成都公司审计监察部
中铁十六局集团五公司审计部
中铁十六局集团北京工程公司审计部
中铁十七局集团二公司审计部
中铁十七局集团三公司审计科
中铁十八局集团一公司审计科
中铁十八局集团五公司审计部
中铁十八局集团北京中铁大都工程公司审计部
中铁十九局集团四公司审计科
中铁十九局集团五公司审计部
中铁二十局集团四公司审计考核部
中铁二十一局集团电务电化工程公司审计科
中铁二十二局集团一公司审计部
中铁二十三局集团一公司审计部
中铁二十三局集团二公司审计部
中铁二十四局集团福建铁路建设公司审计部
中铁二十四局集团上海电务电化公司审计部
中铁二十四局集团浙江工程公司审计部
中铁二十五局集团三公司监察审计部
中铁建电气化局集团五公司审计部

审计工作先进工作者

张仁华　陈凤茂　王贤俊　刘西临　姜宏伟
高彩燕　王　辉　菅海东　陈忠军　程显平
王立衡　许　科　王维军　杜永才　陈奇仁
黄利吉　涂彩虹　徐　云　王翠英　朱翠云
王瑞林　孙玉堂　陈红燕　张海燕　吴细华
陈　巍　马俊红　赵晋秀　第五小鹏　芦　静
杨秀兰　侯　伟　张学利　卢君勇　吕俊萍
宗冠春　陈邦晋　潘梅芬　刘　菡　胡治华
高艳玲　李　强　张静波　孟爱梅　金　涛
何永雷　陈清宇　（沈晓霞）

·监事会工作·

【中国铁建股份有限公司第一届监事会第5次会议】 4月28日召开,会议审议通过《公司2008年度监事会工作报告》《公司2008年度报告及摘要》《公司2008年度财务决算方案》《公司2008年度利润分配方案》《公司2009年第一季度报告》《公司募集资金存放与实际使用情况的专项报告》6项议案。（董海军）

【中国铁建股份有限公司第一届监事会第6次会议】 8月27日召开,会议审议通过《公司2009年半年度报告及其摘要》《公司募集资金存放与实际使用情况的专项报告》的议案。（董海军）

【中国铁建股份有限公司第一届监事会第7次会议】 10月27日召开,会议审议通过《公司2009年第三季度报告》的议案。（董海军）

【对公司依法运作情况的独立意见】 2009年,监事会参加2次股东大会、列席13次董事会会议。监督检查股东大会、董事会召集召开程序、决议事项、董事会对股东大会决议的执行情况、董事和高级管理人员履行职责情况。监事会认为:本年度公司决策程序合法有效,股东大会、董事会决议能够得到很好落实,公司治理及内部控制制度健全有效,形成较完善的经营机构、决策机构、监督机构之间的制衡机制。公司董事及高级管理人员在报告期内,看重责任,勤勉敬业,审慎决策,认真履职,严格遵守国家有关的法律、法规及公司的各项规章制度,抢抓机遇保增长,调整结构上水平,强化管理增效益,深化改革转机制,圆满完成各项奋斗目标。本年度没有发现董事或高级管理人员在执行职务时有违反法律法规、公司章程或损害本公司股东利益的行为。（董海军）

【检查公司财务情况的独立意见】 监事会认为,公司2009年度财务报告真实反映了公司的财务状况和经营成果,安永会计师事务所有限责任公司对该报告出具了标准无保留意见的审计报告,对该报告无异议。（董海军）

【对公司募集资金实际投入情况的独立意见】 监事会认为,报告期内公司全部募集资金的使用与招股说明书中承诺的用途以及2008年度股东大会有关变更H股募集资金用途的决议相一致,未发生募集资金使用不当的情况。（董海军）

【对公司收购、出售资产情况的独立意见】 监事会认为，报告期内公司收购、出售资产决策审慎，定价公允，程序合规，未发现损害股东利益或造成公司资产流失的情况。 （董海军）

【对公司关联交易情况的独立意见】 监事会认为，报告期内公司严格执行《关于严格禁止控股股东占用上市公司资金问题的通知》，修订《公司关联交易决策制度》并严格执行，未发现利用关联交易损害中小股东利益的行为，不存在控股股东及其附属企业非经营性占用公司资金的情况。 （董海军）

【对公司日常经营活动的独立意见】 报告期内，监事会密切关注公司经营运作情况，组织公司有关部门及人员对所属子公司财务及资金运作等情况进行认真检查，未发现公司及公司董事和高级管理人员违反国家法律法规、公司章程及制度问题。监事会认为，报告期内公司治理结构运作正常，风险管理与内控制度完善，重大经济决策和经营管理行为合法、规范。（董海军）

【对信息披露的独立意见】 监事会认为，报告期内公司严格执行《公司信息披露管理办法》《公司重大信息内部报告制度》，主动加强与境内外上市地监管部门的联系与沟通，严格遵守上市地的监管法规，信息披露真实、完整、及时、公平。 （董海军）

·审计与风险管理·

【中国铁建股份有限公司第一届董事会审计与风险管理委员会第6次会议】 1月12日召开，会议听取安永会计师事务所对公司2008年前三季度审计情况的汇报；审议并原则通过安永会计师事务所2008年年度报告审计计划。 （章　曦）

【中国铁建股份有限公司第一届董事会审计与风险管理委员会第7次会议】 2月25日召开，此次会议与安永会计师事务所就公司2008年年度报告审计进行第2次沟通。一是听取安永会计师事务所年度报告审计计划中对风险判断、审计重点、风险舞弊测试及评价方法、多地点审计分类四方面的补充说明；二是听取安永会计师事务所提交的2008年公司内控测试情况报告；三是听取安永会计师事务所审计计划进展及需沟通事项的汇报；四是听取安永会计师事务所关于开展内部控制评价项目建议的介绍。 （章　曦）

【中国铁建股份有限公司第一届董事会审计与风险管理委员会第8次会议】 4月7日召开，此次会议与安永会计师事务所就公司2008年年度报告审计进行第3次沟通。会议听取安永会计师事务所对公司2008年年度报告（初审稿）审计情况的汇报；审议发展规划部提交的《中国铁建2009年全面风险管理报告》（讨论稿）和《中国铁建董事会关于公司内部控制的自我评估报告》（讨论稿）。 （章　曦）

【中国铁建股份有限公司第一届董事会审计与风险管理委员会第9次会议】 4月26日召开，会议听取安永会计师事务所对公司2008年年度报告（初审稿）审计情况的汇报，审议发展规划部提交的《中国铁建2009年全面风险管理报告》（讨论稿）和《中国铁建董事会关于公司内部控制的自我评估报告》（讨论稿），讨论发展规划部提交的《中国铁建2009年全面风险管理报告》和《中国铁建董事会关于公司内部控制的自我评估报告》，部署公司总部财务部（含资金管理中心）开展财务收支审计专项检查的有关事项和公司2009年内部控制的监督与评价工作，听取中铁房地产集团公司关于第六大洲项目有关事项的汇报。

（章　曦）

【中国铁建股份有限公司第一届董事会审计与风险管理委员会第10次会议】 8月25日召开，会议审议通过安永会计师事务所2008年度合并报表审计中关于股份公司单体报表审计情况报告和2009年度中期审阅报告，并听取发展规划部2009年上半年关于公司内控和风险管理的有关情况报告。 （章　曦）

【中国铁建股份有限公司第一届董事会审计与风险管理委员会第11次会议】 11月26日召开，会议原则通过安永会计师事务所2009年年度报告审计计划，提出补充意见；听取发展规划部2009年关于公司风险管理和内控实施方案执行情况报告，提出对下一步工作要求。 （章　曦）

2009 年 5 月 22 日，昆明中铁大型养路机械集团公司组织全体中层以上领导干部参加西点执行力培训。

（富建强 提供）

综合管理

本栏责任编辑 **杨启燕**

机关政务 行政事务

【办公室】 6月,股份公司对机关部分机构编制职能进行调整,总裁办公室与党委办公室分立,总裁办公室更名为股份公司办公室,行政秘书处更名为秘书处,工会生产综合部图书馆与档案馆合并为档案馆。11月,经股份公司第11次总裁办公会议研究决定,办公室信息处更名为网站管理处。定员30人,设主任1人,副主任3人;下设秘书处、文书处、网络管理处、行政保卫处、信访处、档案馆。主要职责:综合协调公司机关职能部门之间的工作,传达、督办公司经理层领导有关决定、指示;负责起草综合性文件、报告及文秘、政务信息、信访、会议纪录及纪要整理,负责文书、档案管理和年鉴、史志编写工作;负责公司内外联系接待和综合性会议会务安排;负责信息化建设和网站管理;负责公司机关行政管理和安全保卫工作。 (冯中海)

【中国铁建股份有限公司2009年工作会议】 1月21日在北京召开。国务院监事会第15办事处监事会主席孙广运出席会议并讲话。中国铁建董事长、党委书记李国瑞和执行董事、总裁、党委副书记金普庆分别作题为《抢抓机遇,管控风险,在金融危机中实现新发展》和《近忧需远虑,增长必转型,坚定不移地把中国铁建纳入科学发展的轨道》的工作报告。中国铁建独立非执行董事李克成、赵广杰、吴太石,副董事长丁原臣,非执行董事、党委副书记霍金贵,监事会主席、党委副书记、纪委书记、工会主席彭树贵,副总裁兼总经济师扈振衣,副总裁兼总工程师夏国斌,副总裁范德、赵广发、周志亮,副总裁、总会计师兼总法律顾问庄尚标出席会议。会议要求面对新形势,全系统要抢抓机遇,管控风险,在金融危机中实现中国铁建的新发展。2009年的主要任务是:抢抓机遇保增长,调整优化上水平,加强管控增效益,深化改革转机制。 (梁树峰)

【秘书工作】 紧密围绕股份公司生产经营目标和机关重点工作,坚持为领导、机关、基层服务的宗旨,落实股份公司行政领导指示,收集、汇总需要办公会决策的事项,认真做好上下级和公司机关部门之间的协调工作,参与政策研究,督办相关会议决定事项,办文办会办事,积极开展政务信息和业务建设。年内向各部门收集相关议题,组织安排总裁办公会议12次,形成会议纪要12份,编写《督办情况》4期;承办重大会议13次,安排使用会议室与接待室1659次。起草有关报告、讲话、材料、通报、信息等45份;深入基层调研6次,调研基层单位16个,完成调研报告5篇;全年承办各类文件、材料、信函3846件;编写新闻信息162条,其中向股份公司网站、《中国铁道建筑报》报送新闻30条,向国务院国资委报送信息132条、被采用23条。

(梁树峰)

【文书处理】 严格按照《中国铁道建筑总公司公文处理办法》的各项规定,以精简、规范、高效为原则,以及时、准确、优质为目标,努力提高工作效率和质量。2009年收发各类文件36843份,清退文件资料3023份。下发《关于明确股份公司机关部分机构公文发文字号的通知》,进一步规范股份公司机关发文字号。严格公文核稿程序,加强公文管理工作,全年核稿630余份,制发总公司、股份公司公文、公函624件。规范和加强印章管理,严格执行审批手续,年内印章使用没有出现差错。认真遵守机要文件交换规定,2009年,总公司被评为中央国家机关和中央企业机要交换优秀集体,机要文件交换员被评为国家机关机要文件优秀交换员和中央企业机要文件交换先进个人。年内整理归档文书档案25卷532份。打字室全年承办文件材料10550件。其中,打印文件2750件420万字;复印文件材料5360件40.3万张;胶印文件材料2440件116.5万张。制版5932张。 (詹荣华 陈丽娜)

【政务信息】 政务信息工作以服务生产经营为着眼点,为各级领导掌握下情、提供决策服务,从信息源头抓起,指导、督促所属单位采写、上报信息,通过评比表彰信息工作先进单位和先进个人,调动所属单位撰写信息的积极性;坚持信息数量与质量并重原则,收集、整理、编发了一大批针对性强、适用对路的反映企业生产经营、工作思路和经验等方面有价值的信息。全年编发《铁建信息》167期,刊用信息385篇,印发26720份。

(韩明莉)

【网站管理】 7月,股份公司网站改版升级,调整网站首页风格和页面结构,在注重新闻报道的同时,强化企业业务展示功能。日均点击量由改版前的每天7000~8000次,提高到改版后的每天15000次左右,取得较好效果。在国务院国资委网站绩效评估中,中国铁建网站由D级上升到A级,在129家中央企业中排名第6位;6月,股份公司网站被《中国证券时报》评为首届中国最受投资者欢迎上市公司网站。12月,中国铁建办公自动化系统和人力资源管理系统一期工程开始建设。

(孙永利)

【行政管理】　进一步完善行政管理工作制度，促进机关工作规范化、标准化。年内先后制定《办公楼行政管理规定》《安全保卫管理规定》《车辆使用管理规定》《办公用品管理规定》《会议审批制度》《接待服务工作规则》《机关节假日值班制度》《机关办公区消防安全管理规定》和《机关工作人员行为规范》9项管理制度；根据第5次股份公司总裁办公会议决定，编制总部机关行政管理制度汇编，印发机关各部门执行。完成办公用品集中采购，全年为机关各部门配置和更换办公设备172台。其中，台式电脑61台；笔记本电脑69台；打印机30台；传真机6台；碎纸机3台；投影仪3台。购置礼品、纪念品3000余件（套）。坚持规范服务、创新服务、保障运行、安全生产的基本工作方针，对监管单位多次进行宣传和指导，机关食堂通过规范管理有了很大起色，机关汽车队被评为2009年度北京市交通安全先进单位。接待服务质量进一步提高，全年接待来访客人12277人次，提供会议服务1689次；接待来访国内外政府代表团和重要客户访问团21次，完成总部机关大型会议6次。强化铁建大厦安全管理，年内组织安全大检查3次、消防演练2次，制定安全管理规定5项，下发消防安全整改通知书11份，协助机关信访部门接待上访55次420人次，阻止冲闯办公楼事件8次。（樊祐修　戴红）

【受理来信来访】　2009年，股份公司系统受理来信来访9503件次。其中，各类申诉203件次；集体经济124件次；揭发检举99件次；工资福利1776件次；离退休待遇1269件次；劳动就业324件次；医疗改革1669件次；伤残病亡待遇442件次；工程款拖欠516件次；征地拆迁219件次；职工生活915件次；工程质量14件次；精简下放203件次；历史遗留问题735件次；各种建议78件次；环境保护10件次；其他907件次。（邵长亮）

【信访工作领导重视情况】　股份公司各级领导阅批职工群众来信、接待职工群众来访2759件，占来信来访总件次的29%，接待职工群众集体来访236批次3169人次，占集体来访总批次的83.4%、总人数的83.9%。（邵长亮）

【信访立案】　年内，股份公司系统信访立案738件次。其中，全国人大、政协、中央联席会议办公室、国家信访局、铁道部建设司、国务院国资委等上级领导机关立案120件次；股份公司各级立案618件次。结案697件次，结案率占立案总数的94.4%。（邵长亮）

【出据证明】　经查证铁道兵六七十年代参加新疆维吾尔自治区原子弹核爆炸试验的有关资料，为铁道兵第九核站效应大队37名参试人员出据相关证明；经查证铁道兵六七十年代为支援越南抗美救国斗争的史料，给广东省、广西壮族自治区籍入越参战及抢修铁路、公路保障任务的829名铁道兵退伍老战士出据相关证明。通过以上证明，这部分人员按国家有关政策享受到抚恤待遇。（邵长亮）

【维稳信访工作表彰】　2月17日，国务院国资委在北京召开中央企业维护稳定信访工作表彰大会暨中央企业维护稳定信访工作会议。会上，股份公司分别获中央企业维护稳定工作先进集体和中央企业信访工作先进集体称号。股份公司办公室邵长亮、中铁二十局集团公司赤宝奎获中央企业优秀信访办公室主任称号，中铁十五局集团公司巩丹平、中铁二十局集团公司窦继存、中铁第一勘察设计院集团公司吴冰获中央企业优秀信访工作者称号。股份公司在会上就维护稳定信访工作经验作书面交流。（邵长亮）

【开展“信访积案化解年”活动】　中央、国务院、国资委将2009年作为“信访积案化解年”。为确保该项活动落到实处，股份公司转发中发〔2007〕5号、中办发〔2009〕3号和中信联发〔2009〕3号文件，并结合企业自身特点，提出具体贯彻意见。通过深入开展化解年活动，股份公司解决了不少信访积案。（邵长亮）

【股分公司维护稳定信访工作表彰大会暨维护稳定信访工作视频会议】　9月8日在北京召开。股份公司董事长、党委书记李国瑞主持会议并讲话，副总裁范德宣读股份公司党委、股份公司的表彰决定，党委副书记霍金贵总结近两年来的股份公司维护稳定信访工作，部署建国60周年大庆的维护稳定信访工作任务。会上，中铁十二局集团公司等9个单位被授予中国铁建维护稳定工作先进集体称号；中铁十一局集团一公司等5个单位被授予中国铁建信访工作先进集体称号，陈亚军等11人被受予中国铁建优秀信访办公室主任称号，吴江等22人被授予中国铁建优秀信访工作者称号。

中国铁建维护稳定工作先进集体

中铁十二局集团公司
中铁十五局集团公司
中铁十七局集团公司
中铁二十局集团公司
中铁二十一局集团公司
中铁建设集团公司

中铁第一勘察设计院集团公司
中铁二十三局集团公司
中铁二十四局集团公司

中国铁建信访工作先进集体

中铁十一局集团一公司
中铁十六局集团公司
中铁二十二局集团公司
中铁二十四局集团安徽工程公司
中铁第四勘察设计院集团公司

中国铁建优秀信访办公室主任

陈亚军　中铁十一局集团公司信访办公室主任
张林祥　中铁十二局集团公司办公室文书信访科科长
王年合　中铁十五局集团五公司信访办公室主任
牛鸣东　中铁十七局集团一公司党委办公室主任
孙贵生　中铁十八局集团公司办公室副主任
王　敏　中铁十九局集团二公司信访办公室主任
高丽萍　中铁二十三局集团二公司办公室副主任
梁　梅　中铁二十四局集团南昌铁路工程公司信访办公室主任
曾志辉　中铁二十五局集团广州铁路工程公司信访办公室主任
吴　冰　中铁第一勘察设计院集团公司信访办主任
吴增油　中铁第四勘察设计院集团公司信访办副主任

中国铁建优秀信访工作者

吴　江　中国土木工程集团公司董事、党委副书记
黄龙舟　中铁十三局集团公司办公室秘书
贺洪静　中铁十四局集团公司办公室副主任
唐　嘉　中铁十六局集团公司党委办公室信访办公室主任
祁国华　中铁十七局集团二公司信访办公室主任
李　仆　中铁十八局集团公司办公室主任
吴华胜　中铁十九局集团公司办公室信访科科员
李　平　中铁二十局集团四公司办公室主任
翁夏玲　中铁二十一局集团三公司劳动人事部副部长
窦继存　中铁二十二局集团公司维稳信访办公室调研员
周　宏　中铁二十三局集团养马河工程公司党委书记
唐宏基　中铁二十五局集团建筑安装工程公司党委副书记、纪委书记
刘占雄　中铁建电气化局集团公司办公室副主任
楼　翱　中铁房地产集团公司综合管理部部长
王鹏亚　中铁第五勘察设计院集团公司办公室秘书
王　勋　中铁上海设计院集团公司党群工作部部长
陈和平　中铁物资集团公司办公室主任
石兴国　中铁建（北京）商务管理公司物业管理中心总经理
郭　云　昆明中铁大型养路机械集团公司党委纪委办公室副主任
蔡应元　中铁轨道系统集团株洲桥梁公司离退休服务部部长
梁振文　北京铁城建设监理公司董事会秘书
杨震秀　股份公司北京培训中心办公室秘书

（邵长亮）

【档案馆库房搬迁】 2006年4月，总公司机关办公楼拆迁扩建，档案馆库房临时搬迁至原北京铁建工贸集团公司转租总政玉泉路干修所北楼一层会议室；2008年7月，中国铁建大厦正式投入使用，新馆尚未确定，大厦地下1层西侧自行车库暂时作为档案库房使用；2009年6月，档案馆与工会生产综合部图书馆合并，股份公司决定把原图书馆库房改建成档案馆库房，建筑面积260平方米。9月14日~12月18日，档案库房搬迁历时3个月，搬运档案资料530余箱40余车，档案上架6万余卷；图书整理打包323箱51972册。

（汪枞华　晋爱萍）

【中国铁建档案工作第一次协作组会议】 3月27日~4月1日在中土大厦召开。会议采取集中指导的形式，研究解决档案工作中亟待解决的问题。一是审议通过《中国铁建股份有限公司档案协作组章程》，创新档案业务指导方法。二是认真贯彻落实国家档案局8号令精神，讨论修订《中国铁建系统机关文件材料归档范围和文书档案保管期限的规定》。三是针对中国铁建系统认真贯彻党中央“走出去”发展战略，海外经营不断拓展，境外工程档案收集归档困难等问题，组织与会人员进行有益的探索和研讨。四是各单位在会上交流档案工作情况和经验，对存在的共性问题进行现场交流。（郭美孝　晋爱萍）

【企业档案工作目标管理认定】 年内，中铁十八局集团建筑安装工程公司和中铁二十五局集团二公司、三公司通过档案工作目标管理国家二级认定，中国铁建系统档案工作整体管理水平进一步提高。（郭美孝）

【档案业务指导】 坚持认真履行档案监督、指导、服务职能,全面加强所属单位的档案业务指导,全系统档案工作整体建设水平不断提高。加强项目部档案业务指导。年内先后到股份公司昆明城市二环路改造工程指挥部、北京京承通达高速公路公司、中铁十六局集团公司深圳地铁项目部了解项目档案管理状况,针对存在的问题进行指导,促进了项目部档案资料的规范化、标准化、现代化管理。根据国家档案局等部门联合颁发的《国有资产与产权变动档案处置暂行办法》和股份公司有关规定,对在资产重组、企业重构中改变隶属关系或撤销合并单位的档案工作分别提出具体处置意见,规范产权变动单位的档案管理工作。建立档案业务 QQ 交流平台,采取网上在线服务、电话质询服务等方式,加强所属集团公司、公司档案人员的业务指导。

(晋爱萍 郭美孝)

【印发《中国铁建系统机关文件材料归档范围和文书档案保管期限规定》】 4 月,根据国家档案局第 8 号令《机关文件材料归档范围和文书档案保管期限规定》精神,结合中国铁建系统档案管理实际,经中国铁建股份有限公司档案协作组第一次会议重新修订,印发《中国铁建系统机关文件材料归档范围和文书档案保管期限规定》。规定的颁布实施,对全系统正确界定文件材料归档范围、准确划分文书档案保管期限,及时开展档案价值鉴定工作,确保档案资料的齐全、完整有着积极的推动作用。 (晋爱萍)

【参加中央企业档案工作会议】 7 月 28 日,股份公司参加国资委和国家档案局在北京联合召开的中央企业档案工作会议,国资委副主任黄淑和、国家档案局局长杨冬权出席会议并讲话,从 2010 年起,国资委将对中央企业的档案工作进行直接指导。中央企业分管档案工作的领导和档案部门负责人,国资委办公厅、规划局、评价局、产权局、改革局负责人参加会议。会上,中国铁建作题为《着力档案管理创新,服务企业生产经营》的经验介绍,受到与会中央企业的好评。

(晋爱萍)

【档案业务培训】 11 月,在中铁十六局集团公司举办档案业务与档案管理软件培训班,132 名专兼职档案人员参加培训。通过培训,加强了项目部档案资料的规范化、现代化管理,实现了项目部各种资料的对口交接归档,促进了项目部与机关档案信息资源共享。

(晋爱萍 郭美孝)

【学习刘义权先进事迹】 10 月,按照国家档案局关于开展向刘义权学习的通知精神,组织全系统档案人员收看《新闻联播》播报的刘义权先进事迹,并订制刘义权先进事迹光盘 200 张下发所属集团公司学习,通过档案业务 QQ 群交流平台展开讨论,迅速在全系统掀起学习刘义权先进事迹的热潮。 (郭美孝)

【股份公司机关档案接收、整理和开发利用】 全年收集进馆科技档案 31 卷 102 份,整理上架 90 卷 8500 份、图纸 111 张;归档 2008 年度文书档案 123 卷 1838 份,专门档案 30 卷,整理上架 152 卷 1862 份;归档会计档案 283 卷,整理上架 283 卷份;整理归档声像档案照片 403 张、光盘 2 张、录音带 14 盘,归档文书资料 92 册。利用档案 358 卷份 240 人次。其中,文书档案 282 卷份 198 人次;科技档案 10 卷份 26 人次;会计档案 66 卷份 55 人次;声像档案 30 份 7 人次;资料 488 册 59 人次。复印档案资料 1896 张。 (郭美孝 晋爱萍)

【档案统计】 认真执行国家档案局《档案统计年度报表》制度,加强全系统档案统计工作,及时汇总上报统计资料和档案信息。据统计,全系统有专职档案人员 329 人,兼职档案人员 3195 人。其中,档案研究馆员 2 人;副研究馆员 24 人;馆员 37 人;其他中级职务 79 人。馆存档案 1569631 卷、录音录像 3074 盘、照片 237726 张、光盘 6552 张、底图 2463751 张。2009 年利用档案 247599 万件(件)、30441 人次。中国铁建各级档案部门高度重视档案统计工作,统计数据准确、上报及时,连续 6 年受到国家档案局通报表扬。(晋爱萍)

【图书管理】 全年订阅报纸 16 种,杂志 92 种。借书人数 985 人次,阅览人数 1825 人次,借阅人数总计 2810 人次。年内购买图书 2186 册,同时配套购进 DVD 光盘 106 套,向读者开展影像服务项目。

(汪枞华)

人力资源

【人力资源部】 主要职责:负责制定公司人力资源发展战略和规划并组织实施;负责制定公司人力资源各项管理制度和办法;负责公司领导人员、所属企业和单位领导班子成员、总部机关人员管理;负责全系统专业人才队伍管理建设;负责公司高级管理人员、所属企业和单位领导班子成员、总部机关人员薪酬管理;负责全系统功效挂钩、工资总额计划(预算)和工资收入分配管理、指导、监督、检查工作;负责劳动关系管理、指导;负责总部机关工作人员劳动合同、考核、招聘、任免及薪酬管理;负责人才开发、员工培训、考核和职业技能鉴定;负责社会保险和企业年金管理;负责卫生保障、职业病防治和员工健康保健;负责公司人才资源、劳动工资、离退休职工统计。定员22人,设部长1人、副部长2人,下设领导干部处、人事处(人才中心)、劳资处、社会保险管理处、培训与技能鉴定处(职业技能鉴定中心),现员17人。 (陈大洋)

【股份公司领导班子建设】 根据国资任字〔2009〕29号文通知,赵广发任总公司董事,免去金普庆总公司董事职务;根据国资党任字〔2009〕20号文通知,赵广发任总公司党委书记,张宗言、刘汝臣任总公司党委常委,免去金普庆总公司党委书记、常委、委员职务;根据国资党委干二〔2009〕67号通知文,同意赵广发为股份公司执行董事、总裁、党委副书记人选,张宗言、刘汝臣为股份公司副总裁、党委常委人选,金普庆不再担任股份公司执行董事、总裁、党委副书记、党委常委、党委委员职务。调整后,中国铁建股份有限公司董事会由9名董事组成。其中,外部董事5名;内部董事4名。董事会下设战略与投资、提名、薪酬与考核、审计与风险管理4个专门委员会。公司党委成员35人,党委常委12人。公司经理层设总裁1人、副总裁7人,其中1人兼任总会计师。公司本级领导班子成员12人,平均年龄53.1岁,全部具有高级以上专业职务。

(陈建军)

【所属单位领导班子建设】 按照股份公司党委统一部署和年初人事工作要点的安排,全年对23个单位进行全面考核和补缺考核。股份公司党委年内召开常委会议11次,调整25个单位的领导班子,任免领导人员116人(不含改任顾问、退休人员、享受待遇人员)。其中,提拔76人;平调交流40人。对中国土木工程集团公司,中铁十二、十四、十五、十六、十九、二十一、二十二、二十三、二十五局集团公司和中铁房地产集团公司、中铁建中非建设有限公司、中铁第四勘察设计院集团公司、中铁上海设计院集团公司、中铁物资集团公司、昆明中铁大型养路机械集团公司、北京培训中心39名正职进行调整,新提拔任正职的13人平均年龄47.38岁,全部为大学本科以上学历,硕士以上学位或学历的占62%。建立所属领导班子副职正常退出制度,经股份公司党委常委第24次会议研究决定,所属单位领导班子副职年满58周岁改任顾问职务,年内有24人改任顾问职务,13人办理退休或不再担任现职。大力推行竞争上岗制度,12家单位38个副职干部岗位全部采用竞争上岗方式从各单位内部产生,股份公司组织3个考核组专门负责此项工作,当场打分、当场计分、当场宣布、当天公示,反映了股份公司党委在用人制度方面进行的有益探索和改革。加大干部交流力度,全年股份公司和所属单位领导干部之间上下交流14人,各单位横向交流干部9人。规范领导干部管理工作,所属单位董事会人选变动全部要通过股份公司董事会提名委员会和股份公司董事会审议通过,全年召开7次股份公司董事会提名委员会会议;所属单位现任领导班子成员基本按股份公司党委要求进行年度考核,考核主要采用个人书面述职和单位党委评价方式;逐步启动董事会规范运作试点工作,为中铁房地产集团公司选配外部董事5人。

截至2009年底,30个所属单位领导班子编制职数356人(含中铁建中非建设有限公司),现有领导班子成员344人,平均年龄48.49岁,大学本科以上学历319人,高级专业职务315人;1982年以后毕业的大学生169人,占现有班子成员总数的49%。与2008年底相比,平均年龄降低0.85岁,大学本科以上学历人员所占比例提高6.8个百分点,1982年以后毕业的大学生所占比率提高7.9个百分点。所属各单位领导班子中有主管领导64人,平均年龄50.78岁,大学本科以上学历57人(含大普),其中1982年以后毕业的全日制大学本科毕业生26人。通过调整配备,所属单位领导班子知识、年龄、专业结构得到进一步改善,加强了领导干部能力建设,为应对金融危机和完成大规模基建任务提供了组织保证。 (陈建军)

【领导人员调整】 中国土木工程集团公司:陈志杰任副总经理;彭娜免职退休;关延波免职退休;免去林荣新总经理职务;袁立任董事、总经理、党委副书记;免去陈晓星副总经理、党委委员职务,调股份公司和中铁建中非建设有限公司工作;曹保刚、孙勇、严学斌任副总经理;薛立智任总会计师。

中铁十一局集团公司:免去覃为刚副总经理、党委常委、党委委员职务;潘延凯任顾问,免去党委副书记、纪委书记、党委常委职务;李玉棋任顾问,免去副总经理、董事职务;雷佳民任纪委书记,免去工会主席职务;彭兴文任党委常委、工会主席;雷位冰、张成、李小红任副总经理。

中铁十二局集团公司:史道泉任董事长;免去张宗言董事长、董事、党委副书记、党委常委、党委委员职务,调股份公司工作;陈汉彪任顾问,免去副总经理、董事职务。

中铁十四局集团公司:免去韩风险董事长、董事、党委书记、党委常委、党委委员职务,调股份公司工作;杨有诗任董事长、党委书记,免去总经理职务;张挺军任董事、总经理、党委副书记;顾忠久任顾问,免去党委副书记、工会主席、党委常委职务;王红卫、周长进任副总经理。

中铁十五局集团公司:季田免职退休;许东坤任董事长;裴璐辉任总会计师;免去张璠琦董事长、董事、党委副书记、党委常委、党委委员职务,调股份公司工作。

中铁十六局集团公司:覃正标任董事长、党委副书记;免去刘汝臣董事长、董事、党委副书记、党委常委、党委委员职务,调股份公司工作;李忠钦任顾问,免去总会计师、董事职务;免去金跃良副总经理、总经济师职务,调中铁物资集团公司工作;孔令健、杨哲峰、黄昌富任副总经理;张夕和任总会计师。

中铁十七局集团公司:宋占波任党委副书记;张学安任党委常委、纪委书记;王关平任顾问,免去党委副书记、纪委书记、党委常委、监事职务;文珂任副总经理,免去总工程师职务;王月幸任副总经理;杜嘉俊任总工程师;郑余近任顾问,免去副总经理职务。

中铁十八局集团公司:李永军免职退休;孔庆亮任顾问,免去工会主席、党委常委职务;杨玉刚任顾问,免去副总经理、董事、党委常委职务;荆长华任顾问,免去总会计师、董事、党委常委职务;赵心昭任党委委员、党委常委、工会主席;邓勇、彭仕国任副总经理;马秀之任总会计师。

中铁十九局集团公司:史俊奉任顾问,免去副总经理、董事职务;江志明任顾问,免去工会主席、党委常委职务;葛永利任董事长;免去左春文董事长、董事、党委副书记、党委常委职务;富德春任工会主席;侯希承任副总经理,免去总工程师职务;吴言坤、解方亮、魏万征、柏林成、尚尔海任副总经理;丰兴桥任总工程师。

中铁二十局集团公司:王冠峰、李克林免职退休。

中铁二十一局集团公司:陈尚贵任高级顾问;李宁任董事长;孟广顺任党委书记、副董事长,免去副总经理职务;张超民任副总经理;赵彦旭任总工程师;免去柴顺林董事长、董事、党委书记、党委常委、党委委员职务,调股份公司工作;免去王继红总工程师职务。

中铁二十二局集团公司:熊升品任顾问,免去副总经理、董事、党委常委职务;免去孟乔然总经理、副董事长、董事、党委副书记、党委常委、党委委员职务,调股份公司工作;司家海任董事、总经理、党委副书记;王在仁任副总经理,免去总工程师职务;李国华、陈宏伟、秦培文任副总经理;王爱国任总工程师。

中铁二十三局集团公司:张树福任顾问,免去党委副书记、纪委书记、党委常委职务;张克华任顾问,免去副总经理、董事、党委常委职务,12 月退休;免去王长留董事长、董事、党委书记、党委常委、党委委员职务;李洪奇任董事长;陈涛任党委书记、董事,免去副总经理职务;师文有、刘衍堂任副总经理。

中铁二十四局集团公司:免去武宪功总经济师、党委委员职务;林校纯任顾问,免去副总经理、党委委员职务;刘明杰任副总经理;李生任党委委员、纪委书记;叶建国任党委委员、工会主席;王建民、江如辉任副总经理;沈济业任总会计师。

中铁二十五局集团公司:王汉林任董事长,免去总经理职务;王精华任副董事长,免去董事长职务;安康任董事、总经理、党委副书记;葛斌任副总经理。

中铁建设集团公司:许士靖免职退休;张允顺任顾问,免去副董事长、董事、党委常委职务;免去梅洪亮副总经理职务,调中铁房地产集团公司工作。

中铁房地产集团公司:吴仕岩任董事、总经理,党委副书记;免去李黎总经理职务;曾庆道、吴太石、束可欣、王文英、王连印任外部董事,李左军任监事会主席、监事,洪梅任监事;免去安康副总经理、党委委员职务,调中铁二十五局集团公司工作;梅洪亮、申伟任副总经理;赵福明任总法律顾问。

中铁第一勘察设计院集团公司:邓殿科免职退休;董勇、彭文盛任副院长。

中铁第四勘察设计院集团公司:孙万美任顾问,免去工会主席、党委常委职务;免去胡莫愁副董事长、董事、党委书记、纪委书记、党委常委、党委委员职务,退休;何义斌任党委书记;刘家美任党委常委、纪委书记、工会主席;莫小玲任副院长。

中铁上海设计院集团公司:李永利任董事长、党委副书记;薛新功任董事、总工程师、院长、党委副书记;柳京京任高级顾问,免去董事长、董事、院长、党委副书记、党委常委职务;免去马汉栋总工程师职务。

中铁物资集团公司:杜宝新免职退休;申兆军任党委书记,免去总经理职务;免去李明申副董事长、董事、党委书记、党委委员职务;金跃良任董事、副董事长、总经理、党委副书记。

昆明中铁大型养路机械集团公司：张天祯任顾问，免去党委副书记、纪委书记、党委委员职务；王学武任顾问，免去总会计师、董事、党委委员职务；苏太贤任顾问，免去副总经理、董事、党委委员职务；王尊贤任高级顾问，免去副董事长、董事、党委书记、党委委员职务；马云昆任党委书记，免去总经理职务；任延军任董事、总经理、党委副书记；孙国庆、张忠、陈永祥任副总经理，莫斌任党委委员、纪委书记。

中铁轨道系统集团公司：王全生任副总经理、总工程师、党委委员；龚道君、贺勇军任副总经理。

北京铁城建设监理公司：贾晖东任工会主席，党委委员、党委书记；王鉴任党委委员、党委副书记。

中铁建（北京）商务管理公司：任大有任顾问，免去总会计师、党委委员职务，10 月免职退休；孙胜任工会主席。

总公司党校（股份公司北京培训中心）：顾传智任校长（主任）、党委副书记；陈继柏任党委书记，免去校长（主任）职务；单永新任副校长（副主任）。

中铁建中非建设公司：陈晓星任董事长、总经理、党委书记；张国峰任副总经理、总工程师、党委委员；张文锦、丁永华任副总经理、党委委员；曹锡锐任财务总监、党委委员。（陈建军）

【领导人员交叉任职】 股份公司有企业 29 家（含股份公司本级），全部为公司制企业。董事长、党委书记 1 人担任的有股份公司，中铁十一、十二、十四、十七、十九、二十二、二十四局集团公司，中铁建设集团公司、中铁物资集团公司、昆明中铁大型养路机械集团公司、中铁建（北京）商务管理公司 12 家企业，董事长、总经理分设的有股份公司，中铁十一、十二、十四、十六、十七、十九、二十、二十二、二十四、二十五局集团公司，中铁建设集团公司，中铁建电气化局集团公司，中铁房地产集团公司，中铁第四勘察设计院集团公司、中铁上海设计院集团公司，中铁物资集团公司、昆明中铁大型养路机械集团公司 18 家企业，董事长、总经理 1 人担任的有中国土木工程集团公司，中铁十三、十五、十八、二十一、二十三局集团公司，中铁第一、第五勘察设计院集团公司，中铁轨道系统集团公司，中铁建（北京）商务管理公司、北京铁城建设监理公司 11 家企业。（陈建军）

【直属项目、公司领导人员调配】 中国铁建鱼洞长江大桥建设指挥部：王闯任指挥长，赵青山任副指挥长兼总工程师，王国正任副指挥长兼安全总监。

京广铁路客运专线河南有限责任公司：推荐周志亮为董事人选、张沛然为监事人选。

中国铁建股份有限公司沙特麦加轻轨项目公司：郝桂林任总经理，张永宝任党工委书记，朱哲训任常务副总经理兼总工程师，张树根任副总经理，赵佃龙任副总经理。

诚合保险经纪（北京）有限责任公司：余兴喜、孙国富、金守华、曹锡锐任董事会董事，余兴喜任董事长，于凤丽、李忠心任监事会监事，于凤丽任监事会主席，曹锡锐为总经理人选。

中铁建山东京沪高速公路有限公司：周志亮、孟乔然为股东会股东代表，孟乔然、林兰生、孙国富、余兴喜、张沛然为董事会董事人选，孟乔然为董事长人选，陈梦月为董事会秘书人选；于凤丽、李忠心为监事会监事人选，于凤丽为监事会主席人选；刘晖为副总经理人选，耿杰为总工程师人选，乔国英为财务总监人选。

北京锦成宏资产管理咨询有限公司：黄健民任经理，法定代表人；李忠心任监事。

南京长江隧道有限责任公司：李国瑞不再担任董事长、董事；尚清喜为董事长人选，免去总经理职务；李振刚为总经理人选。（王谐）

【机关人员任免调配】 2009 年，配合总部机关机构改革和职能调整，选择合适的工作人员到相应的工作岗位任职，任免调配机关人员 93 人次，其中包括 15 人专业职务聘任。年内，正式调入总部机关 32 人，助勤 13 人，选拔挂职 11 人；退休 18 人，其中包括 4 名内退人员。改革总部机关人员选拔任用的渠道与方式，通过公开招聘（面向全社会和面向全系统）、内部竞争上岗、助勤、挂职等方式，为总部机关职能部门选拔一批政治素质好，业务能力强的工作人员，保证相关职能部门的工作顺利开展。在股份公司系统采用公开招聘方式，为房地产开发部选拔副部长 1 名，选拔团委书记和副书记各 1 名；通过面向全社会公开招聘方式，为法律合规部选拔工作人员 2 名；通过内部竞争上岗，中国铁道建筑报社领导班子配齐，社长、副社长、副总编辑等岗位得到补充。（王谐）

【高校毕业生接收】 坚持“统筹协调、突出重点、确保主业、兼顾辅业、总量控制、适度调剂”的原则，全程监控毕业生接收工作的各个环节，确保接收毕业生质量。2009 年，全系统接收高校毕业生 16500 余人，其中在京单位接收京外高校本科毕业生 1093 人。在京单位接收的京外高校本科毕业生中，北京生源 183 人，占 16.74%；非北京生源 910 人，其中博士研究生 7 人、硕士研究生 148 人、本科及双学位毕业生 755 人。完成下达本科生计划 787 人的 96%，完成下达研究生计划 159 人的 97.5%。接收的毕业生绝大多数来自国家教育部直属院校及行业重点高校，整体质量较高，政治素质和学习成绩比较好。接收铁路、公路、市政、水电、建筑、财经管理等专业毕业生的比例有较大幅度增加，特别是土木工程等主专业占到70%以上，缓解了施工一线专业技术人员紧缺的状况，提高了专业技术人员队伍素质，改善了人才队伍的结构，促进了人才队伍的建设。（王 谐）

【京外调干落户】 2009年办理进京落入67户。其中，绿色通道5户；京外调干指标30户；公开招聘指标32户。全年申报调干指标30人，公开招聘指标25人。（王 谐）

【专业职务任职资格评审】 根据人力资源和社会保障部、国资委有关政策和股份公司专业技术职务评审工作的总体安排，3月下发2009年度专业技术职务和政工专业职务评审通知，全面布置职务评聘工作。按照股份公司评审规定，中铁十一至二十五局集团公司、中铁建设集团公司、中铁第五勘察设计院集团公司、中铁上海设计院集团公司继续进行高级工程师任职资格评审，评审结果报股份公司审批。根据股份公司高级政工师评审委员会部分委员工作变动的情况，经国资委批准，调整股份公司高级政工师评审委员会委员。11月~12月，本着坚持原则、结合实际、服务大局、优化结构的指导思想，顺利开展工程、经济、会计、政工系列的职务评审工作。经4个系列高级职务评审会议评审，1900人通过相应高级专业职务任职资格。其中，223人具备教授级高级工程师任职资格；1252人具备高级工程师任职资格；133人具备高级经济师任职资格；118人具备高级会计师任职资格；174人具备高级政工师任职资格。截至2009年底，全系统有教授级高级工程师697人，高级工程师8685人，高级经济师800人，高级会计师1036人，高级政工师1247人，拥有高级专业职务人员总量达到12811人。（张晓明）

【4人获茅以升铁道工程师奖】 经中国铁道学会和中国科学技术发展基金会茅以升科技教育基金委员会评定，中铁十八局集团公司韩利民、中铁二十三局集团公司田宝华、中铁建电气化局集团公司李学斌、中铁第四勘察设计院集团公司陈泽建获得2009年度茅以升铁道工程师奖。（王 谐）

【3人获铁道环境保护奖】 经中国铁道学会科学技术奖评审会评定，中铁十三局集团公司臧守杰、中铁第四勘察设计院集团公司王忠合、中铁第一勘察设计院集团公司魏建方获得第一届中国铁道学会铁道环境保护奖。该奖项是2008年经铁道部同意、国家奖励办公室批准在中国铁道学会科学技术奖下设立的专项奖，以表彰为铁道环境保护事业作出突出贡献的人员。（王 谐）

【1人被纳入“新世纪百千万人才工程”国家级人选】 中铁建设集团公司副总经理、总工程师贾洪被确定为2009年度“新世纪百千万人才工程”国家级人选。（王 谐）

【干部统计】 根据国资委关于中央企业人才资源统计工作的总体要求，按时完成统计工作，并顺利通过国资委审核。截至2009年12月31日，总公司系统有干部110182人。其中，专业技术干部102170人（包括取得政工职称人数）；政工干部6490人（专职从事政工工作）。干部中离休干部933人，其中80岁以上603人、70岁~79岁330人；退休干部18059人。（王 谐）

【离休干部医疗待遇提高】 根据中央组织部《关于提高部分离休干部医疗待遇的通知》精神，按照干部管理权限，经过认真审核，有5名离休干部符合提高副省部级医疗待遇条件，68名离休干部符合提高享受副司局级医疗待遇条件。（王 谐）

【申请离休干部医疗药费补助】 根据中央组织部、财政部、人力资源和社会保障部、国资委有关中央企业离休干部医药费补助工作的通知精神，为中铁十四局集团徐州机械总厂留守处申请中央企业离休干部医药费补助27万元。（王 谐）

【海外高层次人才基地建设】 根据中央关于海外高层次人才引进计划，国资委2008年布置22家中央企业作为第一批人才基地建设单位，2009年拟再增加30家左右，中国铁建被列其中。7月9日，国资委召开中央企业人才工作会议，要求第二批人才基地建设单位尽快启动建设海外高层次人才创新创业基地的有关工作。按照会议精神，中国铁建组织总部机关有关业务部门和昆明中铁大型养路机械集团公司、中铁轨道系统集团公司，中铁第一、第四、第五勘察设计院集团公司，中铁上海设计院集团公司等单位召开会议，确定基地建设基本设想、研究领域和方向、科技研发课题等内容，明确建设人才基地与企业发展战略的关系和作用，拟订人才基地建设方案，并向国资委正式提交建设人才基地的申请报告。（张晓明）

【博士后工作站评估】 2009年，人力资源和社会保障部开展博士后科研工作站评估工作。6月,中国铁建启动博士后工作站招生等工作,在中国博士后网站、相关院校发布博士后招收公告,经考核,招收2名北京交通大学在读博士生,待2010年1月通过学校博士论文答辩后,正式办理博士后进站手续。博士后工作站以"大跨度及复杂桥梁结构空间分析及性能研究"和"大跨度及复杂桥梁结构车—线—桥耦合振动及列车走行性分析"为研究方向。年内完成人力资源和社会保障部组织的博士后科研工作站评估工作的材料申报,并通过北京市人力资源和社会保障局初评。 (张晓明)

【沙特项目公司人员协调】 年初,股份公司调查摸底全系统穆斯林人员情况,经中国铁建沙特麦加轻轨项目公司考核,选派陈利民、李宗泓赴沙特项目公司从事技术工作,并接受北京大学硕士研究生张晶赴沙特工作。按照股份公司10月6日会议纪要精神,根据沙特项目公司工作需要,协调中铁十一局集团公司宁黔平,中铁十三局集团公司钟志唐,中铁十八局集团公司韩利民、吴运久、宴建伟、白云峰,中铁建电气化局集团公司孟宪浩、杨鹏、叶俊明、魏佳贵,中铁第一勘察设计院集团公司刘为民、魏州泉、王李刚、吕磊涛,中铁第四勘察设计院集团公司谢静高、刘正自,股份公司赵佃龙、白云飞、李重阳、安惠泽组成股份公司工作组赴沙特项目公司开展工程管理工作;协调中国土木工程集团公司马琳君、刘孟富,选派清华商务英语班郭章峰赴沙特工作。 (张晓明)

【股份公司领导薪酬管理】 经股份公司董事会审议通过,6月27日印发《中国铁建股份有限公司高级管理人员薪酬管理办法》。根据7月29日股份公司董事会审议通过的股份公司高级管理人员2008年度薪酬议案和11月13日国资委对中国铁建高级管理人员2008年度薪酬兑现复函,股份公司领导正职2008年度薪酬总额72.96万元,其中基薪19.8835万元、绩效薪53.0765万元。此外,国资委批准给予股份公司主要负责人2008年度EVA奖励0.5万元。股份公司领导副职薪酬按照正职的85%确定。股份公司领导年度绩效薪的40%延期兑现。 (张介鹏)

【领导人员职务消费调查】 4月9日,根据财政部、监察部和审计署办公厅印发的《关于开展国有企业领导人职务消费制度改革调研的通知》和国资委要求,上报股份公司领导人员职务消费情况调查表、情况报告和建议意见。 (张介鹏)

【劳动用工】 2月10日,根据国家人力资源和社会保障部《关于中国铁道建筑总公司部分工作岗位实行不定时工作制和综合计算工时工作制的批复》,制定《中国铁道建筑总公司部分工作岗位实行特殊工时制度实施办法》。12月,根据国家人力资源和社会保障部、国资委《关于开展劳务派遣用工情况调查的通知》要求,股份公司在全系统组织开展劳务派遣用工情况调查,并向国资委上报调查情况。年内,股份公司被评为北京市海淀区和谐劳动关系单位。 (张介鹏)

【工资管理】 经股份公司第7次总裁办公会议审议通过,8月7日印发《中国铁建股份有限公司子公司负责人薪酬管理办法》,自2008年度开始,股份公司对所属子公司负责人实行与绩效考核挂钩的绩效年薪激励分配制度。8月28日,根据《中国铁建股份有限公司子公司负责人薪酬管理办法》及股份公司对所属企业2008年度绩效考核结果,结算所属企业主要负责人2008年度薪酬,印发《关于子公司负责人2008年度薪酬结算兑现的通知》,实行考核年薪制的28家企业,领导正职2008年度年薪平均52.5157万元,最高年薪82.56万元,最低年薪35.1988万元,其中平均绩效薪酬37.1824万元,子公司领导年度绩效薪酬的20%延期兑现。9月1日,印发《关于股份公司本级项目负责人基薪基数调整的通知》,股份公司本级指挥部、项目部和项目公司负责人(海外项目除外)基薪基数由原来的6500元调整为8500元,此标准自2008年1月1日起执行。11月,股份公司开展自有职工和农民工工资支付及"五险两金"缴费和使用管理情况专项检查,要求各单位保障每一个劳动者劳有所得,切实解决拖欠自有职工和农民工工资问题,维护职工合法权益,确保职工队伍稳定。12月,根据股份公司直管项目考核小组对本级直管项目部及代管的总公司本级直管项目公司2008年度业绩考核得分情况,结算北京京承通达高速公路公司、重庆铁发遂渝高速公路公司、南京长江隧道公司和上海地铁2号线项目、鱼洞长江大桥建设指挥部负责人2008年度薪酬,股份公司直管项目负责人正职2008年度平均年薪41.2817万元,最高年薪48.756万元,最低年薪30.7007万元,其中直管项目负责人正职2008年度绩效薪平均27.4097万元,直管项目负责人年度绩效薪酬的40%延期兑现。 (张介鹏)

【劳动工资统计】 人员情况。在岗长期职工年末人数204234人,2009年增加30062人。其中,新录用大学、中专、技校毕业生17198人;非在岗职工回归2993人;从农村、城镇招收1734人;录用退伍军人392人;调入649人。2009年减少在岗长期职工13829人。其中,退休1445人;死亡252人;在岗长期职工减为非在岗职工2843人；终止解除劳动合同2867人；开除、除名、辞退397人；调出596人。增减抵消后在岗长期职工年末人数比上年净增加16698人，增长8.9%。非在岗职工年末人数51549人，比2008年减少2638人。在岗长期职工和非在岗职工年末人数260649人，比2008年增加15917人。其他从业人员年末人数34306人，比2008年增加9691人，其主要成分是零散外部劳务人员。在岗长期职工中息工放假人员年末人数10241人，为在岗长期职工人数的5%，比2008年减少390人。建制单位外部劳务人员年末人数540300人，比2008年增加182746人。离休、退休、退职人员年末人数68455人，比2008年增加2757人。劳动报酬。在岗长期职工工资总额867108万元，比2008年增加212269万元；年人均工资42388元，比2008年增加7599元。非在岗职工生活费总额68614万元，比2008年减少3137万元；年人均生活费13077元，比2008年增加159元。其他从业人员劳动报酬总额98149万元，比2008年增加33403万元；年人均劳动报酬26666元，比2008年增加1284元。建制单位外部劳务人员劳动报酬总额1453341万元，比2008年增加814368万元；年人均劳动报酬26899元，比2008年增加9347元。在岗职工中息工放假人员生活费总额8294万元，比2008年增加1376万元；年人均生活费9455元，比2008年增加3332元。 （张建红）

【工效挂钩与工资计划】 按照国资委要求，继续实行企业工资总额与利润总额单项指标挂钩规定，总公司2009年度工效挂钩工资总额基数1030206万元，利润总额基数427871万元。 （邹　磊）

【股票期权激励计划】 根据国资委《关于中国铁道建筑总公司整体重组并境内外上市的批复》，股份公司董事会薪酬与考核委员会拟定中国铁建股票期权激励计划并提交董事会审议通过上报国资委。 （邹　磊）

【机关工作人员工资】 2009年，总公司发放总部机关工作人员工资及部门经费3485万元。根据北京市2009年职工平均工资标准，先后于1月、4月、7月调整机关工作人员企业年金、养老保险、失业保险、医疗保险、住房公积金个人缴费标准。 （邹　磊）

【内退人员生活补贴】 1月参照北京市有关文件调整股份公司总部内退人员基本生活费，截至2009年12月31日，为72名总部机关内退人员发放内退生活补贴303万元。根据个人上年工资总额基数，先后于1月、4月、7月调整内退人员企业年金、养老保险、失业保险、医疗保险、住房公积金个人缴费标准。 （邹　磊）

【企业退休养老金、抚恤金发放】 截至2009年12月31日，为总公司521名离退休人员及遗属发放企业退休养老金694万元、抚恤金45780元。 （邹　磊）

【股份公司精算工作】 股份公司在2007年股改上市时，经国资委批准对三类人员生活费采取预留国有资产处理的方式。截至2009年12月31日时点，完成对股份公司2009年度内退和长期离岗46810人精算，福利支出100307万元。 （邹　磊）

【社会保险】 6月，股份公司调整机关部分机构编制职能，人力资源部职业卫生医保处与社会保险管理处合并为社会保险管理处，取消中铁建社保代办机构。原由北京市社保基金管理中心管理的业务直接交由北京市各区县社保中心管理。在社会保险移交区县过程中，多次与市社保、区社保、所属单位召开社会保险移交工作协调会，逐一核对参保职工基础数据，保证基础数据的真实性、合理性和完整性，核对参保职工31800人次、外省调入人员200余人，个人账户录入信息量3000条。总公司机关、股份公司机关、海外部全年上缴养老保险费1077万元、医疗保险费620万元、失业保险费46万元、生育保险费30万元、工伤保险费10万元，提取企业年金388万元、住房公积金279万元。年内为股份公司18个在京地区统筹单位146名退休人员办理上报、审批事项，其中股份公司机关退休20人。按照股份公司档案移交管理规定，整理、移交社会保险会计档案357卷。 （李　倩　梁秀丽　张雪琴）

【医疗保险】 2009年，北京市正式批复：中铁十六、十九、二十二局集团公司和中铁建设集团公司、中铁建电气化局集团公司、中铁房地产集团公司6家在京单位整体一次性纳入北京市医疗保险，参保人数约13000人，以前参加工作时间视同缴费年限。 （王玉平　张雪琴）

【卫生防疫】 为做好总公司机关甲型H1N1流感疫情防控工作，最大限度地减轻疫情对职工健康的威胁，购置板蓝根冲剂、口罩等医药卫生用品发放职工预防，并按照北京市要求，安排机关工作人员到指定医院注射甲型H1N1流感疫苗。 （王玉平）

【健康体检】 年内组织总部机关在职职工和离退休人员777人进行健康体检。其中，在职职工245人（男性178人、女性67人）；离退休人员527人（男性363

人、女性 164 人);聘用人员 5 人。近年来,宫颈癌的发病率呈现上升趋势,本着预防为主、及时发现、及早治疗的原则,女职工增加 TCT 检查项目。

(王玉平　张雪琴)

【**教育培训**】　2009 年,股份公司系统培训职工 65325 人。干部培训 26102 人。其中,管理干部岗位培训 6615 人;专业技术人员新技术、新工艺、新知识培训 9978 人;海外人员培训 967 人;项目经理培训 3410 人;“十一大员”岗位继续教育培训 4687 人次;研究生培训 445 人。劳务人员适应性岗位培训 39223 人。

(刘爱波)

【**本级培训**】　2009 年,股份公司机关举办各类培训班 47 期,培训各类人员 8020 人。其中,领导干部培训班 10 期,培训 660 人;专业管理人员培训班 15 期,培训 1570 人;岗位专业知识培训班 15 期,培训 4210 人;专业技术人员继续教育培训班 7 期,培训 1580 人。

(刘爱波)

【**海外培训**】　为加快海外国际工程人才的培养与储备,适应构建“大海外”经营格局的要求,8 月 18 日 ~ 12 月 31 日在清华大学举办为期 4 个多月的中国铁建国际工程专业英语培训班,45 名即将走向海外工作的大学毕业生参加培训。　(刘爱波)

【**教育培训工作获奖情况**】　年内,中铁十二局集团公司、中铁十六局集团公司、中铁建电气化局集团公司被评为全国企业职工教育培训先进单位;中铁十二局集团公司湘潭铁路工程学校王志湘、中铁十六局集团公司劳资培训部赵生伟、中铁建电气化局集团公司人力资源部汪文革被评为全国企业职工教育培训先进个人。　(刘爱波)

【**职业技能鉴定考核站年检**】　根据国家人力资源和社会保障部职业技能鉴定中心规定,股份公司所属 20 个职业技能鉴定考核站进行年检自检,自检成绩均超过 75 分,为良或优秀。股份公司职业技能鉴定指导中心安排中铁十二、十五、二十局集团公司和中铁建电气化局集团公司、中铁第一勘察设计院集团公司考核站互检,抽检中铁十一、十二、十三、十五局集团公司和中铁建电气化局集团公司考核站,互检、抽检结果均合格。　(苗振林)

【**股份公司 2009 年技能人才评价**】　2009 年,中国铁建下达 10083 人的职业技能鉴定计划。其中,初级工 675 人;中级工 1703 人;高级工 5442 人;技师 1734 人;高级技师 529 人。实际完成 6707 人的职业技能鉴定,为年度计划的 66.5%。其中,初级工 1362 人;中级工 1267 人;高级工 2956 人;技师 866 人;高级技师 256 人。6326 人取得职业资格证书,通过率 94.3%。其中,初级工 1316 人;中级工 1170 人;高级工 2867 人;技师 754 人;高级技师 219 人。　(苗振林)

【**参加中央企业班组长岗位管理能力资格认证远程培训班**】　按照国资委关于做好中央企业班组长岗位管理能力资格认证远程培训工作的指示精神,股份公司决定先在昆明中铁大型养路机械集团公司和中铁轨道系统集团公司两家工业制造企业先行试点,再逐步向工程局集团公司推开。2009 年,两家企业有 347 人参加清华大学班组长远程培训。其中,昆明中铁大型养路机械集团公司 205 人;中铁轨道系统集团公司 142 人。　(耿杰明)

【**高技能人才研修班**】　根据股份公司 2009 年教育培训计划安排,结合企业高技能人才队伍建设情况,11 月,在石家庄铁道学院举办工程测量、建筑材料试验技师研修班。参训学员 118 人。其中,工程测量 58 人;建筑材料试验 60 人。培训对象为所属集团公司从事工程测量、建筑材料试验工作的现职技师、高级技师和相关业务技术人员。　(耿杰明)

中国铁建干部基本情况统计表

（2009 年度）

单位＼数量＼项目	总数（人）干部总数	其中 女	其中 少数民族	各类干部（人）局级	副局级	相当局级职务	处级	调研员	副处级	相当处级职务	科级	副科级	相当科级职务	科员、办事员	专职从事专业技术工作	学历（人）高等院校 研究生毕业	高等院校 大学本科毕业	高等院校 专科毕业	中专毕业	高中	初中以下	政治情况（人）共产党员	共青团员	民主党派	无党派	年龄（人）25岁以下	26岁~30岁	31岁~35岁	36岁~40岁	41岁~45岁	46岁~50岁	51岁~54岁	55岁~59岁 计	55岁~59岁 女	60岁以上
总部机关	277	76	6	40	22		83		6							36	200	37		2	2	242				2	17	17	47	48	61	49	34		2
中国土木工程集团公司	848	222	50	2	11		59	1	78	48	56	53	100	172	268	77	621	82	25	22	21	486	146	4	212	120	207	98	112	76	89	99	47	1	
中铁十一局集团公司	7986	1434	176	2	12		88	5	139	41	896	750		1160	4893	43	4076	2161	513	857	336	3130	2209	1	2646	2154	1859	1068	706	383	761	692	363		
中铁十二局集团公司	7633	1401	138	2	12		127	26	184	46	706	687	154	1017	4672	43	5263	1468	529	257	73	2693	2986	1	1953	2132	1854	1146	947	380	485	406	283		
中铁十三局集团公司	5355	969	578	2	14		82		105	6	236	237	107	1235	3332	19	2703	2006	302	254	71	1957	1600	5	592	991	1316	1014	824	320	495	340	49		6
中铁十四局集团公司	7101	1576	69	2	16		104		183	8	636	705	281	1052	4114	48	3587	2528	685	176	77	3026	1647			1089	1801	1696	1222	546	410	261	76		
中铁十五局集团公司	5823	1223	136	2	13		108	76	229	3	538	479	92	500	3783	41	3009	2140	304	239	90	2197	1884		1742	1423	1533	908	565	372	480	394	147		1
中铁十六局集团公司	9001	1900	379	3	10		140	22	270	14	783	462	75	547	6675	142	4867	2884	483	367	258	3371	3557	3	2070	2995	2314	881	714	366	751	603	377		
中铁十七局集团公司	6766	1265	203	2	11	2	102	45	174	106	471	356	332	972	4193	31	4412	1641	304	249	129	3054	2708			1285	2758	665	632	355	426	404	241		
中铁十八局集团公司	7300	1397	255	3	16		180	13	305	27	906	634	182	675	4359	43	3523	2775	401	298	260	2565	1818		2917	1864	1970	1149	869	343	412	318	344	8	31
中铁十九局集团公司	7106	1684	636	2	14	4	64	5	104	79	540	736	225	453	4880	37	3190	3204	351	182	142	2590	2945	1	1570	2416	1439	887	980	286	499	396	202	1	1
中铁二十局集团公司	6711	1594	84	3	11		90	103	127	50	640	442	262	462	4521	38	3110	2475	626	334	128	2429	1827	1	2454	1477	1653	1156	798	452	662	375	138		
中铁二十一局集团公司	4107	849	135	2	10	2	58	14	128	2	266	408	13	607	2597	25	1746	1902	286	117	31	1690	1518		899	1075	973	475	578	328	347	254	77		
中铁二十二局集团公司	4992	1020	200	2	14		50	31	102	4	310	357	141	626	3355	55	1794	2100	452	326	265	2240	1279	2	1471	1177	1088	562	565	332	519	480	266	1	3
中铁二十三局集团公司	5680	1234	88	2	12		73	2	147	4	567	677	96	1638	2462	33	2152	2592	635	221	47	2023	1693		1964	1535	1298	964	799	479	451	131	22		1
中铁二十四局集团公司	4965	751	70	2	14		68		119	17	356	421	81	1398	2489	20	2158	1872	580	191	144	2327	1409	2	1227	1352	958	458	594	445	526	322	304	1	6
中铁二十五局集团公司	3456	651	337	3	11		47	11	109		220	180	15	588	2272	13	1728	1265	376	59	15	1473	1114	1	868	1074	685	458	466	308	212	144	109		
中铁建设集团公司	1624	268	61	2	10		137	1	54		100	56		314	950	26	1228	289	31	45	5	765	570		289	397	459	268	191	72	122	98	17		
中铁建电气化局集团公司	2733	624	57	3	11		50	25	103	38	272	268	46	344	1573	55	1409	883	217	108	61	1025	669		268	739	618	420	352	185	239	125	54		1
中铁房地产集团公司	95	11	4	3	5		16		18	5	23			25		4	85	6				70				1	29	23	26	7	6	2	1		
中铁第一勘察设计院集团公司	3113	662	87	2	9		54	28	101		64	18		99	2738	212	2090	606	150	46	9	1650	273	25	1165	137	589	415	600	519	467	257	128		1
中铁第四勘察设计院集团公司	3325	706	127	3	8		64		91		44	21		280	2812	644	2019	493	124	32	13	1409	376	10	1530	383	688	382	707	591	333	176	65		
中铁第五勘察设计院集团公司	1051	281	42	2	8		41		58		75				867	175	770	99	7			524	170			175	362	122	158	118	74	21	21	2	
中铁上海设计院集团公司	895	216	10	1	3		4		30		28	42			787	97	646	127	14	11		237	171	3	484	199	225	99	131	97	81	36	26		1
中铁物资集团公司	722	201	32	2	7		35	4	63	11	91	58	15	423	34	39	411	183	26	48	15	393	225		30	168	172	85	64	57	90	62	24		
昆明中铁大型养路机械集团公司	439	96	34	2	8		43		23		13				350	42	275	96	18	2	6	239	52	1	147	50	91	69	87	61	40	15	26		
中铁轨道系统集团公司	834	154	10	1	5		10	3	34	7	41	107	17	270	339	26	417	275	29	67	20	334	228	2	270	242	125	100	94	136	81	41	15		
北京铁城建设监理公司	51	16			1		4	1	3	3	18			24	37	3	42	6				34			17	4	5	7	12	9	9	5			
中铁建（北京）商务管理公司	166	67	4		1		12	2	14	11	26	5	2	41	52		48	73	10	24	11	122			44	2		11	21	17	47	48	20		
北京培训中心	27	7	5		2		8	1	3	3	4	2	2	2		2	22	2	1			22		1	4			1	4	5	5	7	5		
合计	110182	22555	4013	97	301	8	2001	419	3104	533	8926	8161	2238	14924	69404	2069	57601	36270	7479	4534	2229	44317	33074	63	26833	26658	27086	15604	13865	7693	9180	6561	3481	14	54

制表：王　谐

中国铁建技术干部情况统计表

（2009 年度）

单位＼数量＼项目	总数（人）					工程技术人员（人）				卫生技术人员（人）				教师（人）				经济人员（人）				统计人员（人）				政工人员（人）				会计人员（人）				文案人员	翻译人员	新闻人员	文艺人员	农艺研究体育律师
	技术干部总数	其中				小计	高级工程师	工程师	助工、技术员及未聘职务	小计	正副主任医师	主治医师	医、护师及未聘职务	小计	教授、高级讲师	讲师	助教、助讲、教员及未聘职务	小计	高级经济师	经济师	助经、经济员及未聘职务	小计	高级统计师	统计师	助统、统计员及未聘职务	小计	高级政工师	政工师	助理政工师、政工员	小计	高级工程师	会计师	助会、会计员及未聘职务					
		副处以上领导	高级	中级	初级																																	
总部机关	271	151	194	49	19	99	84	13	2	3	3							39	24	6	9	1	1			65	44	14	7	47	26	13	8	4	1	11	1	
中国土木工程集团公司	785	141	247	216	277	516	183	136	197	1			1	1			1	58	17	20	21					21	3	13	5	91	20	22	49	2	95			
中铁十一局集团公司	6151	264	701	1603	3847	4178	439	997	2742	294	19	89	186	49	3	28	18	385	63	113	209	4		2	2	562	103	217	242	667	69	154	444	12				
中铁十二局集团公司	7596	397	759	2205	3968	5615	524	1534	3557	204	33	106	65	39	4	10	25	547	59	185	303	14			14	412	62	209	141	746	77	201	468	2	16	1		
中铁十三局集团公司	5209	203	750	1745	2714	3590	476	1275	1839	76	5	25	46	27	13	7	7	540	76	131	333	12		2	10	346	95	137	114	607	83	160	364	9	1		1	
中铁十四局集团公司	6745	290	787	1506	4452	5082	566	1092	3424	75	2	28	45	24	12	10	2	419	55	123	241	3			3	426	87	130	209	685	61	121	503	14	17			
中铁十五局集团公司	5306	380	547	1361	2908	3782	338	910	2534	136	8	48	80	13	6	6	1	427	45	153	229	2		2		382	95	118	169	561	55	124	382	3				
中铁十六局集团公司	8601	396	903	1694	4719	6442	612	1214	4616	168	7	54	107	11	1	8	2	523	66	90	367	24	1	2	21	640	115	212	313	787	110	136	541	3		2	1	
中铁十七局集团公司	6452	346	597	1422	3102	4849	360	998	3491	247	43	66	138	9		1	8	378	62	67	249	17	1	8	8	415	75	171	169	532	56	108	368	3			2	
中铁十八局集团公司	6706	454	876	1666	4164	5034	586	1266	3182	97	13	32	52	71	18	31	22	350	43	80	227	20		8	12	370	121	123	126	732	92	116	524	12	15	1		4
中铁十九局集团公司	6467	161	614	1541	3739	4697	361	1137	3199	174	31	44	99	16	6	7	3	519	90	94	335	66	2	5	59	336	62	109	165	652	62	132	458	6	1			
中铁二十局集团公司	6541	210	467	1656	3075	4149	301	863	2985	122	4	25	93	62	18	19	25	917	26	310	581	8		5	3	468	62	136	270	801	53	295	453	10	3		1	
中铁二十一局集团公司	3988	216	368	1060	2560	3024	269	751	2004	51	1	17	33	4		3	1	204	12	68	124	4		1	3	263	58	114	91	423	27	103	293	5	1		1	8
中铁二十二局集团公司	4542	181	422	1003	2650	3280	330	710	2240	175	7	35	133	6		2	4	315	18	54	243	12			12	300	44	112	144	440	27	85	328	8	6			
中铁二十三局集团公司	5088	237	385	1094	2495	3779	280	772	2727	71	6	16	49	11	1	5	5	373	21	86	266	11	1	4	6	307	34	108	165	523	41	99	383	6	3	1		
中铁二十四局集团公司	4032	201	287	1510	2235	3041	209	1143	1689	2		1	1	3	1		2	260	25	90	145	4			4	337	33	166	138	382	19	109	254	3				
中铁二十五局集团公司	3377	168	230	893	1656	2558	154	620	1784	9	1	6	2	2	1	1		247	19	91	137	2			2	240	34	90	116	312	21	81	210	5				2
中铁建设集团公司	1576	204	177	481	628	1309	135	399	775	2		2						48	18	17	13					57	12	28	17	159	12	34	113					1
中铁建电气化局集团公司	2639	178	274	628	1737	1977	180	449	1348	21	2	5	14	9	1	8		157	26	33	98	4	1	3		163	28	73	62	307	34	55	218	1				
中铁房地产集团公司	95		34	40	20	69	21	39	9					1			1	3	1		2					3	2		1	19	9	1	9					
中铁第一勘察设计院集团公司	3113	229	1166	1145	705	2851	1117	1041	693	16	2	4	10	6		6		44	4	21	19	8	2	3	3	49	22	19	8	128	17	45	66	5	6			
中铁第四勘察设计院集团公司	3308	166	1308	1221	736	2986	1236	1060	690	3		3	0	20	1	15	4	49	6	23	20	25	3	17	5	86	20	40	26	126	40	54	32	7	6			
中铁第五勘察设计院集团公司	939	75	335	256	343	893	317	249	327									5	2		3					14	10	4		27	10	11	6					
中铁上海设计院集团公司	843	8	189	293	353	790	183	272	335									24		1	23	2		2		5	2	2	1	18		10	8	2	2			
中铁物资集团公司	652	96	46	98	247	97	13	39	45	3		2	1					372	15	21	336	3		1	2	51	10	14	27	120	8	21	91	6				
昆明中铁大型养路机械集团公司	363		50	155	135	285	46	113	126	13		10	3					28	4	15	9	3		2	1	5		4	1	27		11	16		2			
中铁轨道系统集团公司	615	48	46	137	206	394	36	68	290	20	1	9	10	8		3	5	73	1	16	56	4		3	1	39	3	19	17	69	5	17	47	6		2		
北京铁城建设监理公司	51	6	25	17	9	41	23	12	6																	3	1	2		7	1	3	3					
中铁建(北京)商务管理公司	96	22	20	38	37	13	3	4	6	31	5	17	9					8	2	5	1					25	9	7	9	19	1	5	13					
北京培训中心	23	13	7	14	2					2		1	1	10	6	4										6	1	4	1	5		5						
合　计	102170	5441	12811	26747	53738	75420	9382	19176	46862	2016	193	645	1178	402	92	174	136	7312	800	1913	4599	253	12	70	171	6396	1247	2395	2754	10019	1036	2331	6652	134	175	18	7	18

制表：王　谐

中国铁建政工干部情况统计表

（2009 年度）

单位	总数(人)									部门情况(人)					学历(人)							年龄(人)						
	合计	其中																										
		选聘	女	少数民族	共产党员	民主党派	已取得专业职务	局级	处级	党委政治部门	纪委	工会	共青团	其他	本科及以上	专科毕业	专科肄业	中专毕业	中专肄业	高中	初中	35岁以下	36岁~40岁	41岁~45岁	46岁~50岁	51岁~54岁	55岁~59岁	60岁以上
总部机关	76		26	2	70		72	5	21	17	9	13	3	34	56	17				2	1	5	5	13	24	17	12	
中国土木工程集团公司	14	4	3		14		5	2	7	6	2	2	1	3	12	2						1	1	3	2	5	2	
中铁十一局集团公司	532		100	11	449	1	515	3	47	63	26	34	23	386	184	133		35		146	34	107	53	37	105	164	66	
中铁十二局集团公司	423	81	51	7	359		412	3	42	70	19	59	15	260	145	113	1	41		94	29	75	38	31	116	87	76	
中铁十三局集团公司	346	3	22	9	104		108	3	14	41	20	27	9	249	158	126		11		47	4	64	47	34	91	92	18	
中铁十四局集团公司	404	59	77	3	288		272	3	17	90	26	32	16	240	162	150		43		39	10	85	105	84	74	52	4	
中铁十五局集团公司	511	23	85	12	390		410	3	76	102	42	77	19	271	235	188		29		57	2	154	49	45	119	108	36	
中铁十六局集团公司	782	114	153	18	580		578	4	107	168	66	90	58	400	323	279	11	44		73	52	227	53	62	142	191	107	
中铁十七局集团公司	415		80	7	322		404	3	62	103	74	130	59	49	156	155		28		65	11	105	31	23	83	106	67	
中铁十八局集团公司	423	172	82	21	323		283	3	81	104	25	49	9	236	158	148		42		46	29	110	53	50	79	73	58	
中铁十九局集团公司	350	8	67	28	312		334	5	45	74	26	40	13	197	159	132		17		30	12	73	52	38	96	75	15	
中铁二十局集团公司	448	109	57	5	326		190	1	40	46	25	35	13	329	174	144		59		63	8	82	101	71	77	99	18	1
中铁二十一局集团公司	203	10	24	5	192		192	3	33	78	19	23	5	78	96	86		7		12	2	28	40	32	50	42	11	
中铁二十二局集团公司	274	51	49	8	237		204		17	37	15	18	10	194	108	106		15		32	13	63	21	28	62	65	35	
中铁二十三局集团公司	231	9	56	2	211		168	3	46	107	28	36	13	47	112	104		11		4		77	43	35	43	27	6	
中铁二十四局集团公司	361	23	54	1	298		312	4	45	130	17	42	14	158	138	153		25		24	21	92	41	40	58	69	60	1
中铁二十五局集团公司	188		41	10	173		149	4	21	61	17	24	7	79	97	69		10		10	2	45	28	27	32	27	29	
中铁建设集团公司	63		7	1	63		62	1		4	2	5	1	51	26	32		1		4		3	8	3	20	21	8	
中铁建电气化局集团公司	163	16	48	3	140		134	1	36	29	14	24	5	91	76	59		6		18	4	42	18	16	36	39	12	
中铁房地产集团公司	3		1		2		3	1	1	3					2	1						1	1				1	
中铁第一勘察设计院集团公司	49	12	6	3	43		49	2	27	29	5	6	2	7	37	10		2				6	7	8	8	15	5	
中铁第四勘察设计院集团公司	86	2	15		81		86	2	16	10	4	4	1	67	46	33		3		2	2	4	8	19	27	17	11	
中铁第五勘察设计院集团公司	14		3	1	11		11	3	5	6	6	1	1		11	3						3	4	1	1	2	3	
中铁上海设计院集团公司	5				4		5	2		4	1				5							3		1		1		
中铁物资集团公司	51	5	16	1	47		44		15	21	6	6	3	15	38	10		2		1		17	3	5	14	10	2	
昆明中铁大型养路机械集团公司	17	17	3	3	17		17	1	9	10	3	3	1		7	10						2	3	2	1	5	4	
中铁轨道系统集团公司	39	29	13	1	31		35	1	3	6	5	7	1	20	11	17		1		6	4	7	5	11	10	5	1	
北京铁城建设监理公司	5	5	3		4		5		1	3		1		1	3	2						1	3		1			
中铁建(北京)商务管理公司	8	8			8		6		4	3	1			4	4	2				1	1				3	1	4	
北京培训中心	6		2		5		6	2	2	2	1			3	6							1	2		2		1	
合　计	6490	760	1144	162	5104	1	5071	68	840	1427	504	788	302	3469	2745	2284	12	432	0	776	241	1483	823	719	1376	1415	672	2

制表：王　谐

中国铁建工人情况统计表

（2009 年度）

<table>
<tr><th colspan="2">项　目</th><th>人　数</th><th colspan="2">项　目</th><th>人　数</th></tr>
<tr><td colspan="2">2008 年末工人总数</td><td>137798</td><td colspan="2">内部退养</td><td>27871</td></tr>
<tr><td colspan="2">2009 年末工人总数</td><td>136063</td><td colspan="2">外出劳务</td><td>491</td></tr>
<tr><td rowspan="2">合同期限</td><td>有固定期限</td><td>52420</td><td colspan="2">行政奖励总人数</td><td>467</td></tr>
<tr><td>合同期限</td><td>83643</td><td rowspan="5">其中</td><td>局级劳模和先进</td><td>191</td></tr>
<tr><td colspan="2">2009 年度新增工人</td><td>5736</td><td>省部级以上劳模</td><td>13</td></tr>
<tr><td rowspan="5">其中</td><td>新招收(招聘)工人</td><td>503</td><td>五一奖章获得者</td><td>3</td></tr>
<tr><td>接收复员退伍军人</td><td>430</td><td>省部级以上三八红旗手</td><td>3</td></tr>
<tr><td>接收中专、技校以上毕业生</td><td>2495</td><td>火车头奖章</td><td>12</td></tr>
<tr><td>总公司系统外调入</td><td>163</td><td colspan="2">行政处分总人数</td><td>15</td></tr>
<tr><td>其他</td><td>399</td><td rowspan="4">其中</td><td>记大过</td><td>5</td></tr>
<tr><td colspan="2">2009 年度减少工人</td><td>6006</td><td>撤职</td><td>2</td></tr>
<tr><td rowspan="9">其中</td><td>调出总公司系统</td><td>118</td><td>留用察看</td><td>4</td></tr>
<tr><td>办理退休</td><td>2367</td><td>开除</td><td>3</td></tr>
<tr><td>因工死亡</td><td>33</td><td colspan="2">除　名</td><td>81</td></tr>
<tr><td>非因工死亡</td><td>206</td><td colspan="2">劳动教养</td><td></td></tr>
<tr><td>终止劳动合同</td><td>290</td><td colspan="2">刑事处分</td><td>3</td></tr>
<tr><td>用人单位解除劳动合同</td><td>1357</td><td rowspan="3">外部劳务</td><td rowspan="2">城乡建筑企业人数</td><td rowspan="2">554056</td></tr>
<tr><td>劳动者解除劳动合同</td><td>850</td></tr>
<tr><td>其他</td><td>338</td><td>零散使用人数</td><td>48130</td></tr>
</table>

制表：张建红

中国铁建工人构成情况统计表

（2009 年度）

项目		人数	其中技术工人
2008 年末工人总数		137798	98346
2009 年末工人总数		136063	98478
其中	女工人	31727	15306
	中共党员	26522	19535
	共青团员	17525	13273
	少数民族	3225	2331
文化程度	初中及以下	52814	34681
	高中	38677	28877
	中专、技校、职高	28178	22903
	大专、高技	13600	9886
	本科及以上	2794	2131
年龄	30 岁以下	29264	22995
	31 岁～40 岁	33467	25182

项目		人数	其中技术工人
年龄	41 岁～50 岁	51404	36602
	51 岁～55 岁	18289	11911
	56 岁～60 岁	3639	1788
参加工作时间	1983 年以前	62039	42315
	1984～2000 年	53706	39506
	2001 年以后	20318	16657
获得国家职业资格证书人数	初级工	—	5389
	中级工	—	20469
	高级工	—	40645
	技师	—	9062
	高级技师	—	1095
	合　计	—	76660

制表：张建红

中国铁建铁道行业工种情况统计表

（2009 年度）

工种名称	人数	工种名称	人数
铁路线路工	7864	电控组调工	–
铁路桥梁工	2103	通信工	1700
铁路桥梁装吊工	1042	电源工	95
桥隧工	878	信号工	1846
铁路隧道工	1769	舟桥起重工	786
电力线路工	856	舟桥组装工	–
接触网工	1030	轮渡组装工	–
道岔钳工	37	栈桥组装工	–
铺轨机司机	154	机动舟驾驶员	–
轨道车司机	522	蒸汽机车钳工	66
大型线路机械司机	183	蒸汽机车锅炉工	–
钢轨焊接工	93	蒸汽机车司机	30
钢轨探伤工	10	蒸汽机车副司机	123
浸注处理工	–	蒸汽机车司炉	24
木材防腐整备工	–	内燃机车司机	391
装载机司机	1895	信号员(长)	59
装卸工	109	扳道员(长)	93
通信组调工	2	调车长	118
通信钳工	1	运转车长	81
信号组调工	3	其他	369
信号钳工	4	合计	24336

制表:张建红

中国铁建社会通用及其他工种情况统计表

（2009年度）

工种名称	人数	工种名称	人数
车工	501	筑路工	1014
铣工	143	砌筑工	1581
磨工	43	混凝土工	6118
镗工	61	测量工	6592
组合机床操作工	11	钢筋工	3999
铸造工	102	架子工	1449
锻造工	245	防水工	100
焊工	4718	装饰装修工	139
金属热处理工	73	电工	3117
冷作钣金工	34	电气设备安装工	189
涂装工	138	管工	854
装配钳工	332	汽车驾驶员	12901
工具钳工	145	起重装卸机械操作工	1444
机修钳工	1930	天车司机	588
汽车修理工	1897	计算机操作员	773
锅炉设备安装工	51	计算机维修工	24
锅炉操作工	331	话务员	111
维修电工	975	中式烹调师	1011
手工木工	943	中式面点师	63
精细木工	64	钻探工	1266
土石方机械操作工	3769	合计	59839

制表：张建红

信息化建设

【信息化建设领导小组】 4月29日,中国铁建成立信息化建设领导小组,股份公司总裁赵广发任组长,副总裁范德任常务副组长,副总裁夏国斌和副总裁、总会计师、总法律顾问庄尚标任副组长。在办公室设信息建设项目组。年内,领导小组考察德勤、埃森哲、企源、赛迪等多家国内外咨询顾问公司,并通过竞标精选出中国铁建信息化建设咨询顾问公司;调研26家股份公司所属二、三级单位和工程项目部,并在全系统开展问卷调查,了解情况,掌握需求,对中国铁建核心业务与管理流程进行梳理。经过反复论证,提出符合中国铁建现状与发展需要的《中国铁建信息化规划纲要》和《中国铁建信息化建设项目行动指南》,明确中国铁建信息化蓝图、目标、行动路线和建设模式。

(孙永利　孟浩雅)

【信息化工作筹备组】 6月,股份公司调整机关部分机构编制职能,设立信息中心,成立信息化工作筹备组,在办公室领导下启动信息化工作,具体负责股份公司信息化建设项目的规划、立项、招标、实施和管理,肖新华任组长。(孟浩雅)

【信息中心】 11月12日,经股份公司第11次总裁办公会议研究决定,信息中心正式成立。定员7人,设主任、副主任各1人;下设规划需求处和建设运维处。主要职责:组织制定股份公司整体信息化规划和年度计划;组织股份公司机关各业务部门和所属单位完成相关信息系统的建设、运行、技术支持和维修、维护任务;指导、监督所属单位的信息化工作;整体推进中国铁建信息化的运用与管理,并保持持续改进与完善,实现信息化对主营业务的支持;承担国家有关部委、股份公司下达的信息系统科技攻关任务;承担股份公司系统信息化专业人员的技术培训;完成股份公司领导和信息化领导小组交办的其他工作。(孟浩雅)

【中国铁建信息化建设项目】 中国铁建未来的信息化项目包括三大类项目群,即应用系统、IT管控和基础设施类项目群。中期目标是用5年时间,建设一个统一规划的中国铁建内部专用广域网和符合标准与需求的数据中心,建立分类、定义、名称、编码“四统一”的中国铁建信息标准与管理体系,搭建总体应用架构贯通中国铁建组织体系、覆盖各业务板块的“五纵四横”九大应用平台,并通过完善信息化组织机构、确立“横向融合、上下互动”的信息化治理机制、创新信息化项目管理模式来构建中国铁建的信息化治理体系,以建设中国铁建的“大信息化”。(孙永利　孟浩雅)

【中国铁建视频会议系统一期开通】 8月28日,中国铁建1080P全高清数字视频会议系统在中国铁建建成开通,标志着中国铁建远程视频会议系统实现与所属集团公司的零距离沟通,将为企业降低成本,提高工作效率,提升现代化管理水平起到积极的推动作用。一期工程开通27个分会场,参会人员只需坐在本单位会议室,通过大屏幕,就能“面对面”地参加北京总部主会场的各种会议,使“半天会议两天旅程”的现象成为历史。

(孟浩雅)

法律事务

【法律合规部】 主要职能:负责公司法律事务工作;贯彻执行国家法律、法规,参与公司重大经济活动规划,提出减少、避免法律风险的措施和法律意见;审核、修改经济合同、协议和重要规章制度;代表公司处理诉讼、仲裁、行政复议案件;参与处理公司债权债务的清理和追收工作;参与企业的重组、分立、并购、兼并、注销、撤销、合并、破产、解散、投融资、担保、租赁、产权转让、投招标等重大经济活动,处理有关法律事务;负责选聘律师,并对其工作进行监督和评价;开展法律咨询;指导公司本级境外公司、项目部的法律工作;负责公司合规风险管理,组织拟订、制定公司合规政策,主动识别、评估、检测和报告公司合规风险,并提出有效的风险处置方案;负责组织提供上市公司规范运作的法律服务。承办总公司相关法律事务。定员5人,设部长1人。

(文荣周)

【制定法律事务管理制度】 为规范股份公司法律事务工作,年内先后下发《股份公司法制工作3年目标》《法律事务管理办法(试行)》《法律纠纷案件管理暂行办法》《规章制度、经济合同、重要决策法律审核办法(试行)》《法律文书管理办法(试行)》《授权委托书法律审核办法》《外部法律顾问管理办法》《合规管理办法(试行)》8个规范性文件,做到法律事务工作有章可循。

(文荣周)

【总法律顾问制度建设】 6月9日,股份公司在北京召开全系统法律事务工作会议,推动股份公司法制工作3年目标计划全面落实,要求各单位建立健全以总法律顾问制度为核心的法律风险防范机制。所属二级单位中,16家设置总法律顾问,其中中铁十三、十六局集团公司和中铁房地产集团公司设置专职总法律顾问,11家设立独立法律事务职能部门,7家设立二级法律事务机构。三级单位中,8家设有专职总法律顾问,42家有兼职总法律顾问,62家设立独立法律事务部门。二级单位专职法律工作人员62人,三级单位专职法律工作人员162人,总计224人。 (文荣周)

【建立法律工作网络交流平台】 年内建立股份公司法律工作交流网络平台,为系统内法律专业人士提供工作、交流、学习的载体,通过网络平台交流理论学习体会、案例分析和实践工作经验,上传法律法规和相关理论学习资料,极大地整合了全系统法律力量,提高了整体业务素质。 (文荣周)

【建立律师资源库】 律师事务所的选聘在很大程度上取决于经办律师的专业水准和所掌握的资源,需要经过长期的磨合、考察才更有利于作出最佳判断;截至年底,已经选拔、签约35家外部合作律师事务所,并部分地实现了借助外部力量免费服务企业内部工作的有效合作机制,为下一步律师选聘工作奠定了良好的基础。 (文荣周)

【案件处理】 2009年,股份公司结案并胜诉杨池林、吕衍军、杨玉萍等36个诉讼、仲裁案件,协调相关单位处置海南美兰机场、衡水百威等案件。根据股份公司《法律纠纷案件管理暂行办法》,协调处理中铁十五局集团公司与中铁二十三局集团三公司内部纠纷案件,历史遗留问题得到妥善解决。 (文荣周)

【法律事务】 年内参与股份公司鱼洞长江大桥BT项目、中期票据发行业务、尼日利亚莱基自由贸易区建设、济南至乐陵高速公路BOT项目、港珠澳大桥工程、昆明地铁、重庆高速、美国高铁、伊朗铁路、巴西项目、与铜陵有色合作收购铜矿项目、特里尼达和多巴哥项目、铁一院12家公司和隆昌厂重组收购等17个重大项目合同起草和谈判,为项目顺利进行提供法律保障。 (文荣周)

【合规管理】 建立合规管理机制,制定《股份公司合规管理办法》,培育合规文化,防范合规风险行为。完善合规管理体系,在机关各部门设立兼职合规管理员,负责本部门的合规风险管理工作。规范股份公司对外签订合同、协议格式,制定《股份公司合同文本倡导格式及标准》,推进股份公司合规体系建设。 (文荣周)

【"五五"普法宣传工作】 根据国资委普法办公室的要求和中国铁建"五五"普法规划,年内继续开展"五五"普法教育宣传工作,在总部机关举办《企业国有资产法》讲座,购置《企业国有资产法条文与释义》和《工程建设领域突出问题专项治理法律政策指导》等书籍发放机关各部门学习,举办全系统法律业务培训班,组织"2009年百家网站法律知识竞赛",开展"12·4"全国法制宣传日活动。通过普法活动,提高各级管理人员知法守法、依法决策、依法经营、合规管理的法律意识。 (文荣周)

【政策与法律理论研究】 为解决业务经营中重大法律理论疑难问题,便于机关工作人员熟悉相关的法律法规、政策、准则和规则,年内研究与公司经营管理联系密切的法律理论,完成"中国铁道建设集团法律地位和外部董事问题"、"上市和中期票据发行募集资金使用投入方向"、"股票增发有关的法律问题"、"工程变更与索赔的法律问题"4项课题研究。 (文荣周)

公　安

【铁道建筑公安局】 1984年,根据国务院、中央军委决定由中国人民解放军铁道兵并入铁道部后,经公安部、铁道部批准在军队内保的基础上组建的一支铁路人民警察队伍,纳入铁道部公安局序列,作为国家公安机关的组成部分,是国家派驻企业、管理铁路建设治安秩序的一支治安行政机构。2005年1月14日,国务院办公厅下发《关于第二批中央企业分离办社会职能工作有关问题的通知》,要求全国74家中央企业所属的中小学、公检法等职能单位自2005年起一次性全部与所在企业分离,按属地原则移交所在地人民政府管理。4月12日,中国铁道建筑总公司召开分离办社会职能工作会议,正式启动此项工作。截至2009年底,中国铁建还有所属50个公安机构772名民警尚未移交。 (朱德全)

【工作综述】 2009年,铁道建筑公安局以建国60周年大庆安全保卫工作为中心,认真做好辖区治安防范和铁路施工现场治安保卫工作,有力维护了辖区治安秩序稳定。全年立刑事案件67起,破获50起;协助地方公安机关破案 65 起，抓获犯罪嫌疑人 119 人，其中刑事拘留 62 人、逮捕劳教 29 人；打掉犯罪团伙 12 个，抓获团伙成员 32 人，追缴赃款赃物价值 212.2 万元，通过办案为企业避免经济损失 1.3 亿元。年内依托“环京护城河”行动和治安专项治理活动，组织安全检查和隐患排查，检查涉爆工程项目 1359 个，爆炸物品库点 1921 个，涉爆人员 3 万余名。加强外部劳务人员教育管理，开展形式多样的宣传教育活动 3000 余次，整顿外部劳务队伍 342 个 11 万余人，清理整顿民工队 20 个、清退 1039 人，依法查处外部劳务违法人员 57 人。排查、化解和调解处理各类矛盾纠纷 2124 起，摸排内部不稳定因素信息 1030 件(次)，劝阻上访 46 起。投入警力 500 人次，车辆 200 台次，配属支援北京市公安局文化保卫处，完成建国 60 周年庆祝大会及群众联欢晚会现场安全保卫任务。全年有 12 名民警荣立个人三等功，19 名民警受到嘉奖。（李 玲）

【铁路重点工程安全保卫】 2009 年，国家投资 7000 亿元人民币，建设哈大、京沪、京石、石武、武广、郑西、西格二线、襄渝二线、甬台温、温福、福厦、沪杭、京津、南广、桂广、兰渝等重点高速铁路和客运专线工程。年内投入警力 800 余名赴施工一线，通过建立警务指挥中心、设立临时公安分处或治安派出所、派驻民警在施工现场等方式，开展防盗、防火、防恐、防破坏等安全防范工作，严格爆炸物品安全管理、劳务队伍管理和施工现场治安管理，化解矛盾纠纷，开展治安专项整治活动，打击破坏铁路建设的违法犯罪行为，保证铁路工程建设安全。（朱德全 刘金平）

【分离移交进展情况】 截至 2009 年底，中国铁建 50 个公安机构完成移交手续，移交民警 720 人。其中，在京 36 个机构的 150 名民警成建制移交北京市公安局管理；京外十一、十三、二十公安处，直属第一、第五、第八、第九公安分处和原十六公安处管辖的第三、第八公安分处等 14 个公安机构的 573 名民警移交当地公安机关管理。京外十二、十四、十五、十七、十八、十九公安处和原十六公安处管辖的第二、第五公安分处等 50 个公安机构的 772 名民警尚未移交。（常金光）

【重点铁路工程施工现场治安状况调研】 年内组织 9 个调研组，深入石武铁路客运专线、京沪高速铁路、青藏铁路西格二线等重点铁路工程施工现场，开展工地治安问题调研，并对施工现场消防工作和民用爆炸物品库(点)进行安全检查，提出加强施工爆炸物品、现场制梁厂重点部位、大型机械设备安全管理和施工队伍治安管理及妥善处理化解路地矛盾纠纷 5 项重点工作，同时制定治安保卫工作方案，促进施工现场安全生产。（朱德全 刘金平）

【辖区爆炸物品安全管理】 全年检查辖区涉爆工程项目 1359 个，爆炸物品库点 1921 个，涉爆人员 3 万余名，及时查堵爆炸物品购买、运输、存储、使用、回收、保管等环节的管理漏洞，实现爆炸物品万无一失的安全管理工作目标。（刘金平）

【公务用枪安全管理】 年内检查未移交单位公务用枪保管使用情况两次，主要检查枪弹存储库(室)安全防范措施和公务用枪领用审批、登记情况，及时消除隐患，保证枪支合法、安全使用。（刘金平）

【安全保卫任务】 8 月 24 日～10 月 1 日，抽调 103 名民警支援北京市公安局文化保卫处参加建国 60 周年庆祝大会和联欢晚会安全保卫任务。期间，出动警力 500 人次，车辆 200 台次，圆满完成护送群众游行方阵，天安门广场周边广、电、医疗站点和联欢晚会现场安全保卫任务。（刘金平）

【袁绪宏当选中国铁建杰出人物】 10 月，为纪念新中国成立 60 周年暨中国铁建兵改工 25 周年，中国铁道建筑股份公司开展中国铁建杰出人物评选活动，评出中国铁建杰出人物 60 名，铁道建筑公安局第十四公安处第二分处处长袁绪宏当选。（李 玲）

【总公司在京公安机构移交北京市公安局】 12 月 12 日，北京市公安局与中国铁道建筑总公司签署公司所属在京公安机构移交协议，并举行揭牌仪式。股份公司总裁赵广发代表总公司与北京市公安局签署移交协议。根据协议，中国铁道建筑总公司在北京市的公安机构一次性成建制移交北京市公安局，移交民警纳入北京市公务员序列，作为地方公安机关按属地原则在地方行政区域内开展工作，不再履行市公安局执法权限以外的职责。市局成立铁道建筑公安局为直属副局级机构，内设正处级机构 5 个，副处级机构 2 个，设置治安派出所 2 个，2010 年 1 月 1 日起正式纳入市局机构序列，主要负责中国铁道建筑总公司在京内部单位和铁路、轨道交通施工现场的治安保卫及刑事案件、治安案件、重大责任事故案件侦办等工作。12 月 31 日，市公安局在总公司召开铁道建筑公安局领导干部任命大会，任命铁道建筑公安局领导班子成员。（李 玲）

【铁道建筑公安局领导班子成员任命】 12 月 31 日，北京市公安局在中国铁道建筑总公司召开铁道建筑公安局领导干部任命大会，任命沈仲岳为北京市公安局铁道建筑公安局党委书记、局长，朱德全为党委副书记、政委，张在祥为副局长，赵守存为副局长，倪训付为政治处主任。北京市市委常委，市公安局党委书记、局长马振川；市委政法委副书记段桂青，中国铁建董事长、党委书记李国瑞，总裁赵广发、副总裁周志亮出席会议。（李 玲）

【铁道建筑公安局移交善后工作组成立】 12 月 25 日，为确保工程、建筑系统公安业务工作有序衔接和队伍稳定，经公安部同意，铁道部公安局、北京市公安局、中国铁路工程总公司、中国铁道建筑总公司联合行文成立铁道建筑公安局移交善后工作组，朱德全任组长，尚进任副组长，负责协调、推进铁道建筑公安局未移交单位的分离移交和队伍日常管理工作。移交善后工作组属铁道部公安局代管临时机构，人员从北京市公安局借调，办公经费和办公条件由中国铁道建筑总公司负责，公安业务及队伍日常管理由铁道部公安局负责。移交善后工作组自 2010 年 1 月 1 日起正式启动。（常金光）

【安全工作大检查】 12 月 29 日～31 日，铁道建筑公安局以烟花爆竹安全管理和预防煤气中毒工作为重点，出动警力和治安保卫力量 514 人，对辖区单位进行安全大检查。检查城市轨道交通施工现场 23 个，铁路工程施工现场 4 个，发放烟花爆竹安全管理和预防煤气中毒宣传教育资料 7000 余份，张贴标语 1800 份，悬挂横幅 180 条，召开专题会 134 场，受教育人数达 8900 人次，确保了元旦期间辖区治安秩序的稳定。（刘金平）

【侦破 1 起特大盗窃案】 5 月 1 日，中铁十七局集团公司京沪高速铁路一工区被盗进口测量全站仪 1 台，价值 20 余万元。第十七公安处快速出警，经过 3 天的快速侦破，将犯罪嫌疑人张某某、朱某某抓获归案，追回被盗赃物测量全站仪 1 台。经审查，犯罪嫌疑人对犯罪事实供认不讳。（谢红海）

【打掉特大盗窃犯罪团伙】 10 月 31 日，中铁十七局集团四公司京沪高速铁路工程项目部安次制梁厂被盗笔记本电脑 7 台、手机 3 部、现金 7000 元。铁道建筑公安局接报后迅速成立专案组，于 11 月 3 日在河南省新乡市快捷国际酒店将犯罪嫌疑人黄某某、何某某、黄某 3 人抓获。经审查，犯罪嫌疑人交代 10 月 25 日～11 月 2 日期间，在京沪高速铁路中国中铁六局集团公司和中国铁建十八局集团公司、十七局集团四公司等施工单位盗窃笔记本电脑 38 部、手机 9 部、现金 9870 元的犯罪事实。（谢红海）

机关房地产管理

【总公司机关房地产管理中心】 代表总公司行使业主权利的职能部门和办事机构。主要职责：负责总公司机关房地产管理、建筑物维修、更新改造和新增项目的建设管理工作；负责制定总公司机关基本建设计划，提出基建方案，办理基建、维修项目审批手续；负责机关基建项目的规划，参与论证、分析，及时向总公司领导提供有价值的情况和数据，并在工程立项后组织实施工作；负责总公司机关调整配售住房工作委员会及其办公室有关住房调整配售决议案的组织实施和房屋日常管理具体工作；负责机关院内地下车库管理和房产证办理及职工住宅变更过户手续；负责总公司机关与地方政府部门及周边单位相关事务的协调处理；负责总公司机关人防工程的日常管理和维护。定员 8 人，设主任、副主任各 1 人，下设房管处、基建处。现员 10 人。（吕殿义）

【基建项目管理】 根据总公司机关大院整体规划要求，积极落实国家建房政策，充分准备中国铁建大厦 B 座的前期施工手续和开工建设工作，继续 68 号职工住宅楼及地下车库二期工程的施工任务。为美化机关大院居住环境，完成 68 号职工住宅楼北花园建设。（童联合）

【中国铁建大厦 A 座】 建筑面积 60708 平方米，地上 15 层、地下 3 层，为 5A 级智能化建筑，是中国铁建股份有限公司总部所在地。作为企业集团的总部大厦，从立项到竣工，始终秉持"自筹、自建、自行施工"的管理思路，工程由中铁第五勘察设计院集团公司设计，中铁建设集团公司负责施工，北京铁城建设监理公司监理，2008 年 7 月 28 日正式投入使用，工程先后获得中国铁道建筑总公司优秀设计奖和北京市安全文明施工工地、建筑工程结构长城杯、建筑长城杯、智能化专业设计科技进步三等奖，11 月 4 日通过中国建筑业协会验收，获中国建设工程鲁班奖。大厦外观设计坚固、实用、美观，室内装饰高档、舒适，设有报告厅、电视电话会议室、董事长会议室、总裁会议室及若干部门会议室，确保机关办公需要。节能减排与智能建筑相结合，降低了大厦的运营使用成本。在冷源提供方面采用螺杆机与离心式的优化组合，同程式管道设计解决了南北温差，热回收空调机组将能量回收利用，楼宇控制系统使大厦的节能适时控制，智能化系统综合运用，达到5A级大厦标准。多家通信运营商同步引入，卫星对射与光纤同步运用为信息化建设提供了平台，楼宇控制对大厦的安保、巡更、消防管理提供了保障。基本实现总公司提出的“50年不落后，20年保持先进，10年内可以扩展”的大厦建设宗旨和智能化建设理念。

（张家年）

【中国铁建大厦B座】 9月4日，中国铁建大厦B座即中国铁道建筑总公司科研技术研发基地（科研楼）项目顺利开工，股份公司董事长李国瑞、总裁赵广发参加开工仪式并讲话，副总裁范德主持开工仪式，总部机关全体员工、中铁建设集团公司、北京铁城建设监理公司、中铁第五勘察设计院集团公司等单位领导出席开工仪式。中国铁道大厦B座建筑面积54002平方米，地上14层、地下3层，预计2011年年底完工。新建的中国铁建大厦B座与A座交相辉映，在长安街西延长线上形成亮丽建筑风景线。（张家年）

【68号职工住宅楼地下车库二期工程】 3月，68号职工住宅楼车库二期工程原址32、34号职工住宅楼的搬迁工作基本完成，4月开始拆除旧楼和周围天然气、水、电、暖、电力等外线切改工作，4月15日开工建设，12月14日竣工验收，具备停车条件。施工中克服场地狭小、紧邻居民、日间施工时间短、雨季地下开挖不利等困难，解决了车库二期工程坡道方案选择、坡道整体东移、人防口修改、通风降噪方案、楼梯前室布局等难题。在保证建筑面积不改变前提下，最大限度增加车位；在建造成本不增加的前提下，最大限度增加使用功能。工程建筑面积10500平方米，工程投资约2000万元。（童联合）

【机关大院环境绿化建设】 68号职工住宅楼北侧花园项目建设。3月1日开工，4月25日竣工。建筑面积8750平方米，其中铺装1675平方米，种植草坪6131平方米；黄杨绿篱1971延长米，种植乔木207株、灌木（不含月季）1832株，安装座椅13个、垃圾桶7个，配套并完善路灯照明、养护灌溉和排水系统，累计完成产值约200万元。

68号职工住宅楼南花园苗木种植。11月，完成苗木采购招标工作；12月，根据气候条件，种植法桐40株、五角枫7株、银杏4株，完成苗木种植计划的20%。

（童联合）

【机关大修项目】 2009年，机关大修项目立项24项，计划投资178.7万元。其中，北京中铁建物业管理中心19项143.2万元；北京中铁工业有限公司5项35.5万元。由于计划下达时间错过最佳施工季节等原因，截至12月底，完成项目和投资过半，总计完成13项，完成投资89.1万元。其中，北京中铁建物业管理中心完成10项71.6万元；北京中铁工业有限公司完成3项17.5万元。未完成项目11项89.6万元。其中，北京中铁建物业管理中心9项71.6万元；北京中铁工业有限公司2项18万元。（童联合）

【零星项目建设】 5月8日，完成原中国铁道建筑报社2、3层楼9间房屋装修，作为股份公司领导秘书宿舍使用；8月10日，完成24楼2层两间房屋装修，粉刷面积约130平方米；11月9日，完成北京铁建医院3层7间房屋装修，作为复兴路40号院居委会办公室使用，粉刷面积约430平方米，安装防盗门2樘。通过与北京市海淀区规划局和海淀区住房和城乡建设委员会沟通协调，完成58号职工住宅楼、18号楼改造工程规划验收和竣工备案。8月~11月，配合股份公司审计监事局，完成58号职工住宅楼、18号楼改造工程竣工决算，为总公司资金组织工作奠定了基础。（童联合）

【住房调整配售工作机构成立】 2008年12月4日，总公司第六次总经理办公会议决定，成立总公司机关旧房调整配售提案小组，组长张永宝（至2009年5月）、冯中海（2009年5月起），副组长张克明。提案小组下设办公室，主任吕殿义、副主任林立人。2009年12月3日，召开机关住房调整配售工作专题会议，决定成立总公司机关调整配售住房工作委员会，冯中海任召集人，赵登善、张良才任副召集人。会议要求工作委员会尽快提出2至3个处级及处级以下住房调整配售方案，提交机关职代会表决，方案通过后由工作委员会及其办公室负责尽快实施落实。会议以纪要形式发至机关各部门。（杜学文）

【住房调整配售】 提交调整配售住房提案。总公司机关旧房调整配售提案小组及其办公室，按照总经理办公会议通过的“民主决策、充分听取职工意见、由职工代表会议决定”的原则开展工作，先后召开提案小组（调整配售住房工作委员会）全体会议5次、办公室会议18次、其他有关调整配售住房会议4次。按照总经理办公会议的要求和确定的工作程序，办公室先后5次修改房屋调整配售提案，分别于10月14日和12月16日向股份公司机关职代会提交议案九项26条、两项4条。职代会表决通过调整配售住房范围、机关处级住房面积标准、总公司机关按经济适用房评估价调整配售部分旧房等议案。

调整配售局级住房。7月16日，按照总公司领导指示和2007年机关职代会通过的局级房配售方案要求，为7名局级干部调整配售了28、29号楼腾退房及18号楼扩建后增加面积的局级住房7套。

调整配售处级住房。从2009年初开始，面对总公司机关处级房调整配售复杂的局势，提案小组及其办公室严格按照总经理办公会确定的“以机关为主，适当考虑解决历史遗留问题”的总体思路和总公司机关职代会通过的参加处级房调整配售范围、住房面积标准，协调各方利益关系，认真审核机关和各相关直属单位上报人员材料，聘请专业律师，对举报参加处级房调整配售的4人配偶一方已享受福利分房情况展开周密调查，并将调查结果向机关全体职工公布。本次调整配售处级住房63套。其中，机关45套；中铁建（北京）商务管理公司、北京铁城建设监理公司、原中铁工程有限公司、原海外公司、原物资局等直属单位18套。为总公司机关未调到处级房的16名处级干部调整配售了小三居住房，总公司机关处级干部住房基本得到改善。

严格履行住房调整配售程序。在局、处级房的配售过程中，严格掌握国家有关政策，按照总公司机关职代会通过的有关调整配售住房决议，处理房屋配售中的相关问题。(1)凡是没有北京市常住户口的只给办理租用手续。(2)有北京市常住户口的，必须先交回原住房产权证、签订腾退原住房协议和承诺书，并一次性交清房款后，方可签订购房合同、取得入住权。

（杜学文）

【处置非法侵占公有住房】 8月，总公司机关院内先后发生两起非法侵占公有住房事件。一是58号楼3门3012室(102平方米)被私自换锁强行进住；二是28号楼1门302室(115平方米)被私自撬锁并强行安装防盗门。两起事件在机关大院造成很坏影响。机关房地产管理中心分别于8月24日和9月1日，向北京市公安局110报警，要求收回被非法侵占房屋。北京市公安局及时将两起案件移交铁道建筑公安局。经多方努力，28号楼302室于12月收回，58号楼3门3012室被非法侵占问题正在处理中。（杜学文）

【地下车位销售】 下发出售地下车位公告。与北京市复兴路40号社区治安综合治理委员会、居委会、机关物业管理中心联合下发《关于出售地下车位公告》，1700份公告发放到每个住户家中。公告公布58号楼地下车位167个、68号楼一期地下车库车位484个、78号楼地下车位106个已售出，部分车位需要调整；58、78号楼地下1层车位42500元/个、地下2层37500元/个，68号楼地下1层车位（塑胶地面）43500元/个、地下2层40000元/个、地下3层37500元/个。公告明确购买车位的范围，提出对地下车位管理的有关要求。

研究制定地下车位销售办法。总公司房屋配售小组制定地下车位销售办法，机关房地产管理中心负责实施。办法规定，地下停车场在和平时期为停车使用，战时用于人防；车位使用期限为50年；允许以优惠价购买1个车位，如需第2个车位则以成本价购买；中国铁道建筑总公司人防办公室委托机关物业管理中心对车辆进行管理。8月6日，总公司机关旧房调整配售工作委员会全体会议表决通过关于修改68号楼一期地下车位销售办法的议案。

挑选车位及办理购买车位手续。按照销售车位办法规定，先抓序号再按所抓序号先后顺序依次挑选车位，按所抓车位对应价格交款后，机关房地产管理中心与购买车位人签订购买车位合同，颁发车位使用权证。

截至12月底，销售地下车位512个，回收车位款22113150元。此外，68号楼二期地下车库319个车位的销售工作准备就绪。大院有车住户基本购买了地下车位，将车辆停入地下停车场，大大缓解了院内地面交通拥堵状况，改善了院内居民的生活秩序。（杜学文）

【人防工作】 中国铁道建筑总公司机关人防工作在国家人防办公室的指导和国务院机关事务管理局的直接领导下，认真贯彻落实《人民防空法》和中共中央、国务院、中央军委《关于加强人民防空工作的决定》，坚持“长期准备、重点建设、平战结合”的方针，充分发挥现有资源（地下道、室）作用，确保人防工作万无一失。总公司机关现有地下室8处，建筑面积70957.48平方米，平时作为车库、仓库、招待所使用；掩体1个，建筑面积1200平方米，作为战备专用。2006年，机关人防工程委托社区物业管理中心进行日常管理，要求派专人负责，定期检查，时刻保持通风、干燥、安全状态，发现问题及时维修处理，确保机关在遇突发事件和应急时能够安全使用。（卫洪海）

离退休职工管理

【总公司机关离退休职工管理部】 是负责总公司机关离退休、内部退养职工日常管理和服务的职能部门。定员15人,设部长、党总支书记、副部长各1人。下设组织宣传处、生活服务处、就医服务处。

截至2009年底,总公司机关有离退休和内部退养人员589人。其中,离休干部18人;退休干部432人;退休工人67人;内部退养72人。直属单位参与机关离退休人员文体活动360人。设党支部16个,党员482人。 (黄科山)

【离退休职工管理与服务】 政治待遇。拨款64790元,为589名离退休和内部退养人员订阅《中国老年报》。全年分发报纸46300份,刊物2900册,传阅文件资料670余份。开放阅览室,提供报纸、杂纸53种;定时开放阅文室,为老干部提供相关文件学习。"十一"前夕表彰先进党支部7个、优秀共产党员标兵3名、优秀共产党员50名;举办"青山依旧在,夕阳无限红"摄影作品展,开展全国道德模范"双百"和铁道部100名英模人物评选投票活动;参加北京市海淀区社区和谐家庭评选活动,96户受到表彰。

生活待遇。全年为离退休人员发放慰问金134000元,看望住院病人52名;发放节日补助、补贴2326870元;为24名满70和80周岁的老职工祝贺生日;完成925人次医疗费用报销单据(10000余张)的初审报账工作,发放报销医疗费用797625元。组织部分老干部到北京郊区疗养,组织近400名离退休人员到京郊采摘,组织15名退休人员参加北京市5天休养,组织党支部委员、组长、文体协会各分会会长等110人到承德进行为期两天的参观活动。配合医疗部门,为500余名离退休人员注射流感疫苗;全年看望走访困难离退休人员家庭102户,为两名去世老职工办理后事。春节期间,慰问总公司原领导、原领导遗霜29人,走访慰问困难和病重离退休人员95名。

健全文体组织,调整完善15个文体活动组织。组织开展登山、门球等15项室内外文体活动并组织比赛,分别参加北京市丰台区、万寿路街道门球等项目比赛并取得较好成绩。全年有37500多人次参加各项活动。 (黄科山)

中铁十九局集团公司被评为全国企业文化建设先进单位。2009 年 5 月 21 日，中铁十九局集团五公司举行文化广场启动仪式。（高 翀 摄）

科技 文化

本栏责任编辑 杨启燕

科　　技

【科技设计部】　与股份公司技术中心办公室一个机构两块牌子，是负责全系统科技开发、新技术推广、科研管理、设计管理的职能部门。业务上接受国家科学技术部、住房和城乡建设部、铁道部和国务院国有资产监督管理委员会的指导，并对所属单位的科技工作实施业务指导。主要职责：贯彻国家有关科技方针、政策，执行国家规范和标准，组织制定科研、技术、勘察设计的有关规章制度和方法；负责科技创新体系的建设，承担技术中心办公室日常工作；负责科技立项、成果评审、技术方案审查；负责科学技术奖、工法、优秀论文、专利、标准、"勘察设计四优成果"、中国土木工程詹天佑奖等各种科技奖项的归口管理以及评审、奖励和推荐工作；指导集团公司科技工作建设，确定本系统科技发展布局和优先发展领域；负责编制年度科技发展项目计划、科研项目资助经费计划并组织实施；组织科技攻关、新技术的推广应用和成果转化，组织国内外技术合作、交流、研讨工作；负责勘察设计单位咨询资质的申报、认定、升级和管理工作。下设综合处、科研处、技术处、设计咨询管理处。定员15人，现员7人。其中，部长1人、处长3人、职员3人；教授级高级工程师3人，高级工程师3人，副研究馆员1人。　（王清明）

【科技工作综述】　2009年，以巩固和提高核心竞争力为目标，以满足企业总承包特级资质对科技进步指标的要求为抓手，以掌握应用高速铁路建设技术为重点，不断夯实主业技术，科技对企业发展的支撑作用进一步凸显。

1. 科技成绩显著，企业品牌提升。

全系统承担国家、省部级新立科研项目25项，其中股份公司主持17项，获政府等外部资助9751万元。股份公司新立科研项目65项，资助1825万元；资助工程实验室、技术中心网站等相关费用120万元。年内，105项科技成果通过省部级鉴定和评审，获省部级科技进步奖59项；获国家级勘察设计"四优"奖5项，省部级勘察设计"四优"奖20项；5项工程获中国土木工程詹天佑奖；申请专利177项，授权专利146项，累计拥有专利427项；28项工法被认定为国家级工法，172项工法被认定为省部级工法；12项工程被评为新中国成立60周年百项经典暨精品工程，有18家单位获此殊荣。显性科技指标综合历年最好，科技成绩显著，提升了中国铁建的知名度和影响力。

2. 科技研发重点突出，科技支撑作用凸显。

在高速铁路科研方面，中铁十七局集团公司完成的"CRTSⅡ型板式无砟轨道施工关键技术及成套装备"研究成果达到国际先进水平，CRTSⅡ型板式无砟轨道制造技术、安装工艺、配套设备在京沪等高速铁路建设中广泛推广应用，获得2009年度中国铁道学会科学技术一等奖；设计的CRTSⅡ型板式无砟轨道施工布板软件为国内首创，使德国博格公司设计的施工布板软件不得不免费向京沪高速铁路提供50套，突破国外技术封锁，为企业节约了大量资金。针对高速铁路大跨度桥上无砟轨道结构的设计理论体系和设计方法国内外均无系统研究的现状，立项研究武广铁路客运专线大跨度桥上无砟轨道设计关键技术。经中铁第四勘察设计院集团公司两年努力，取得可靠成果，并成功应用于武广铁路客运专线，为中国大跨度桥上无砟轨道结构设计提供理论指导和设计依据，解决了武广铁路客运专线大跨度桥上、大梁缝处、钢轨伸缩调节器区等地段的无砟轨道结构设计难题，整体技术达到国际领先水平，完善了高速铁路建造技术。中铁建电气化局集团公司承担的"新建350公里/小时客运专线'四电'系统集成综合技术"研究，支撑了中国第一条由一家企业完成全部"四电"集成施工任务的郑西铁路客运专线建设。中铁第五勘察设计院集团公司开发的"客运专线预应力混凝土简支箱梁预制工厂化技术及应用"成果，基本构建了高速铁路梁场建设和管理的模式，获得2009年度中国铁道学会科学技术一等奖，技术成果全部或部分推广应用于近50个梁场建设。中铁二十三局集团公司在现有无砟轨道形式基础上，开发出拥有完全自主知识产权的新型无砟轨道板——CRTS III型无砟轨道板。这些技术的研究，提高了中国铁建的整体技术能力，增强了全系统的高速铁路竞争实力，支撑了中国高速铁路的发展。

在重点工程科研方面，结合重点工程建设，确立的"锦屏电站大埋深高富水大断面引水隧道施工技术"、"天津地下直径线浅埋软土地层大直径泥水盾构机综合施工技术研究"、"软土条件下海河隧道沉管综合施工技术"、"福田车站及相关工程综合施工技术"、"广珠铁路西江特大桥施工技术研究"、"上海新客站综合施工技术研究"等科研课题进展顺利，支撑了重难点工程的建设。

3. 科技攻关硕果累累，技术水平长足发展。

2009年，各单位针对高速铁路、地质条件复杂的长大隧道、越江跨海隧道，深水长大桥梁、大型客运站房、城市地铁等重点工程领域及大型养路机械、重型装备制造领域的重难点项目，大力开展科技攻关，形成大量高水平的设计、施工技术，开发多种新型工业产品，全系统工程建设水平继续保持领先地位。

高速铁路创新世界运营速度。中国铁建掌握艰险山区、黄土地区等不同地质条件下的高速铁路修建技术,攻克路基、桥梁、隧道、无砟轨道设计施工和大号码道岔铺设、长轨焊接、大型客站修建及通信信号、电气化系统集成等技术难题。承担的时速250公里的石太铁路客运专线、时速350公里的武广高速铁路于2009年顺利开通运营,郑西铁路客运专线即将开通运营。

桥梁技术跃上新台阶。中铁十三局集团公司承建的沪蓉西高速公路支井河大桥顺利通车,实现中国铁建桥梁跨度施工技术飞跃,从280米跃进到430米,是世界最大跨度的上承式拱桥,技术水平国际领先。中铁十四局集团公司承建的天津海河开启桥西主桥顺利建成,开启吨位世界最大。中铁十四局集团公司承建的广深港铁路客运专线沙湾特大桥主跨168米连续刚构顺利合龙,是高速铁路最大跨径的连续刚构桥,技术水平世界领先。中铁第四勘察设计院集团公司设计、中铁十五局集团公司承建的南京江心洲大桥工程,应用的独柱塔自锚式空间索系悬索桥设计施工技术达到国际先进水平。

隧道技术在保持领先中继续突破。中铁第四勘察设计院集团公司设计、中铁十四局集团公司承建的南京长江隧道顺利贯通,攻克工程技术难度最大、地质条件最复杂、挑战风险最多的越江隧道技术难题,标志着超大直径盾构隧道设计施工技术水平迈上新高度。中铁十八、二十二局集团公司承担施工的厦门翔安海底隧道全线贯通,标志着中国首座海底隧道建设实现突破。中铁十一、十六、十二局集团公司承担施工的宜万铁路马鹿箐隧道、野山关隧道、大支坪隧道和齐岳山隧道贯通,标志着宜万铁路建设取得决定性胜利,实现高岩溶地区隧道修建技术的突破。这些隧道工程的成功实施,标志着中国铁建在保持山岭隧道设计施工技术国内领先地位的同时,又实现了越江跨海隧道和高岩溶地区隧道修建技术的突破,领先优势不断巩固。

施工装备制造能力快速提升。组装和调试完成第一台土压平衡式盾构机,制造4台盾构机后配套设备;自主研发制造出厂HZS120G和HZS90G混凝土搅拌站,是国内最新技术的第五代搅拌站的代表;通过联合开发制造ZTR260、ZTR280系列旋挖钻机,并通过国家质量检测中心检测和欧盟CE认证,主要技术参数达到国际先进水平。工业产品开始为施工主业提供设备支持,实现施工工艺和施工设备互相促进。

施工技术在海外取得进展。承建的阿尔及利亚东西高速公路M1、M2、M4、M5、M6、M7标段建成通车,施工中解决泥岩地质条件下高路堑、大下坡架梁、空间曲线小半径大跨度悬灌梁施工、高弹模沥青路面等技术难题。

4. 科技创新建设进展显著。

加强中国铁建科技创新体系建设,成立中国铁建股份公司技术中心。所属集团公司技术中心等科技创新机构建设取得进展,建立多层次科技投入体系,为集团公司科技创新提供有力保障。2009年,股份公司累计科技投入46亿元,比2008年增长90%。其中,外部资助9751万元;科学研究与试验发展(R&D)经费161003万元。中铁十二局集团公司科技投入22亿元,达到营业收入的6.3%;中铁十七局集团公司科技投入5.16亿元,达到营业收入的2%。

技术中心建设又有新进展。2009年,中国土木工程集团公司,中铁二十二、二十四、二十五局集团公司,中铁建电气化局集团公司和中铁轨道系统集团公司6家技术中心通过省级技术中心认定。截至年底,全系统有20家技术中心通过省级认定。

工程实验室建设步入正轨。加强工程实验室管理,在科研立项、经费投入等方面给予支持。中国铁建隧道工程实验室也是山西省隧道工程技术研究中心,实验室结合施工生产实际,加大隧道施工技术研究和现场技术服务力度,不断提高企业隧道施工技术水平和创新能力,实现隧道施工技术品牌战略。中国铁建轨道第一工程实验室承担10项铁道部、总公司科研课题,研发成果及时应用于工程设计中,取得较好效果。昆明中铁大型养路机械集团公司工程实验室新产品开发取得多项成果。中铁十七局集团公司为保持在无砟轨道技术上的领先地位,进一步加强无砟轨道工程实验室建设,计划申请股份公司认定。中铁十八局集团公司TBM工程实验室,加强TBM掘进机施工技术研究,已申报股份公司认定,以保持TBM和穿江过海隧道两大技术领域优势。中铁第一勘察设计院集团公司加强隧道及地下工程研究,正在申报陕西省隧道及地下工程重点实验室,夯实科研基础。 (王清明)

【高速铁路长轨条铺设观摩会】 1月12日在湖北省咸宁市召开,所属集团公司80余名工程技术人员参加会议。会上中铁十一局集团公司介绍长轨条铺设技术,与会人员参观武广铁路客运专线长条铺轨基地及铺设现场。 (许和平)

【盾构隧道设计施工技术交流会】 6月25日~26日在江苏省南京市召开,所属集团公司100余名工程技术人员参加会议。交流会涵盖设计、施工、管理、机械操作等方面内容,代表了国内盾构设计施工的最前沿技术,对提高股份公司盾构设计施工水平起到良好的推动作用。 (许和平)

【隧道TBM施工技术交流会】 10月20日～21日在四川省西昌市召开，会上中铁十八局集团公司介绍TBM隧道施工技术。会议期间，与会人员参观中铁十八局集团公司承建的锦屏二级水电站1号、2号引水隧洞和中铁十三局集团公司承建的4号引水隧洞施工现场。通过现场观摩和技术交流，与会人员对TBM施工设备及其应用技术有了初步的感性认识和基本了解，为今后承担类似工程的设计和施工奠定基础。

（许和平）

【国家级工法编写及申报培训班】 为推进中国铁建国家级建设工法的开发和应用，促进中国铁建技术创新力度和技术积累，提升中国铁建整体施工技术管理水平和工程科技含量，4月14日～16日在股份公司北京培训中心举办中国铁建国家级工法编写及2007～2008年度国家级工法申报培训班，130人参加培训。培训班邀请国内长期从事技术和科技管理工作、对工法编制有深入研究和编写实践经验的专家授课，中国铁建系统20余名专家对本系统申报的105篇2007～2008年度国家级工法进行现场指导、修改和完善，既提高了工法编写水平，又保证了申报项目的质量。

（许和平）

【5项工程获中国土木工程詹天佑奖】 中国土木工程詹天佑奖是土木工程领域科技创新的高层次奖项之一，由中国土木工程学会和詹天佑土木工程科技发展基金会主办。自1999年设立以来，共评选9届。2009年，中铁二十四局集团公司参建的上海铁路南站工程；中铁第一勘察设计院集团公司勘察设计，中铁十七、十八、二十二局集团公司和中铁十四局集团北京中铁房山桥梁公司、中铁轨道系统集团中铁株洲桥梁公司参建，铁四院（湖北）工程监理咨询公司、西安铁一院工程咨询监理公司、北京铁城建设监理公司监理的北京至天津城际轨道交通工程（北京南站改扩建工程）；中铁第四勘察设计院集团公司勘察设计，中铁二十四局集团公司参建的合肥至南京铁路（含滁河大桥）工程；中铁二十局集团一公司参建的苏州绕城高速公路（西南段）工程；中铁二十四局集团公司、中铁十九局集团二公司、中铁二十局集团一公司参建的京杭运河常州市区段改线工程获第九届中国土木工程詹天佑奖。

（许和平）

【科技研究开发计划】 根据《中国铁道建筑总公司科技研发项目计划管理办法》，2009年资助科研经费1945万元。其中，股份公司新立科技研究开发计划项目65项，资助经费1825万元；资助工程实验室、技术中心网站等建设费用120万元。

（黄 宁）

【中央企业技术创新信息平台】 根据《关于中央企业技术创新信息平台建设有关工作的通知》要求，中央企业技术创新信息平台（www.csoet.cn）于2009年4月试运行。股份公司在4月16日参加国资委中央企业技术创新信息平台建设工作视频会和4月28日技术创新信息平台操作使用培训班后，为支持配合中央企业技术创新信息平台的开通使用，建立二级组织26个、二级用户349个，保证RTX在线。5月，信息平台开通。截至年底，收集中国铁建系统信息486条，向国资委信息平台报送信息117条，其中报送科技信息21条、国家科技成果信息4条、国家级专家信息17条、大型仪器设备信息15条，在企业专属平台采用信息60条。中国铁建在国资委2009年信息平台试运行保障情况通报中，位列企业子平台信息保障第4名、信息平台用户注册第2名。

（彭京渝）

【技术中心网站】 2009年，股份公司技术中心网站（www.crcctc.com）改版，开启内部系统平台（内网），为股份公司内部用户提供服务，内部授权用户覆盖全系统。网站在拥有清华同方数据库查询平台的基础上，又增加万方数据库查询平台，并补充机械与仪表工程、建筑科学、水利工程、交通运输、一般工业技术等期刊495种及公路水路运输、铁路等国家、行业标准2300余项数据资料，注册用户通过两个数据库查询可进行论文检索和全文下载，为广大工程技术人员提供了及时、便捷的服务。两个数据库查询平台全年被查询156950次，下载论文103086篇。

全年各单位向网站报送科技信息333篇，发布280余篇；发布行业资讯120余篇、科技动态和最新科技成果500余篇，其中最新科技成果40余篇；上传标准规范40余本，2003～2004年、2005～2006年国家级工法2本，2005～2006年度铁道部工法1本，2001～2005年总公司《工程建设施工优秀科技论文》3本，股份公司2004～2005年度、2007年度优秀科技论文2本，新规范25本。其中，铁路规范20本；建筑规范5本。网站总注册人数9900余人，比2008年同期增加2000余人；年平均点击率30900次。

（彭京渝）

【技术中心网站会议】 5月26日～27日，股份公司在北京召开中央企业技术创新信息平台培训暨中国铁建技术中心网站研讨会。股份公司本部及二级单位的科技信息管理人员30余人参加会议。会议传达国资委《关于中央企业技术创新信息平台建设有关工作的通知》和中央企业技术创新信息平台建设工作视频会议有关精神，部署股份公司信息平台建设和内容保障工作，表彰信息报送工作成绩突出单位5个。其中，中铁十六、十四局集团公司获一等奖；中铁十八、二十二局集团公司和中铁第一勘察设计院集团公司获二等奖。 （彭京渝）

【科技成果】 全年有105项科技成果通过省部级鉴定和股份公司评审。其中，53项科技成果通过省部级鉴定，52项科技成果通过股份公司评审；7项达到国际领先水平，43项达到国际先进水平，37项达到国内领先水平，9项达到国内先进水平，7项达到行业领先水平，2项达到行业先进水平。 （贾志武）

【国家和省部级工法认定】 2009年，全系统有9项工法被认定为国家一级工法，16项工法被认定为国家二级工法，3项工法被认定为国家一级工法升级版，172项工法被认定为省部级工法。 （李庆民）

【中国铁建工法关键技术和优秀工法评选】 根据《中国铁道建筑总公司工法管理办法》，11月18日～20日、12月10日～12日分别对全系统申报的40项工法关键技术、111项工法进行评审，评出中国铁建优秀工法95项。其中，一等奖43项；二等奖52项。 （李庆民）

【中国铁建优秀科技论文评选】 依据《中国铁道建筑总公司优秀科技论文评选办法》，组织2009年度优秀科技论文评审，评出中国铁建优秀科技论文112篇。其中，一等奖37篇；二等奖75篇。发放奖金44700元。 （梁爱珍）

【59项科技成果获省部级科技进步奖】 2009年，全系统有59项科技成果获省部级科技进步奖。其中，特等奖2项；一等奖10项；二等奖26项；三等奖21项。 （程博华）

【中国铁建科学技术奖评选】 根据《中国铁道建筑总公司科学技术奖奖励办法》，组织2009年度中国铁建科学技术奖评审，评出中国铁建科学技术奖102项。其中，特等奖3项；一等奖20项；二等奖36项；三等奖43项。 （程博华）

【获国家勘察设计"四优"奖5项】 2009年，全系统获全国优秀工程勘察设计奖金奖3项，银奖1项，铜奖1项。 （程博华）

【获省部级勘察设计"四优"奖20项】 2009年，全系统获省部级优秀工程勘察设计奖3项，优秀工程设计奖15项，优秀工程设计软件奖2项。 （程博华）

【中国铁建勘察设计"四优"奖评选】 根据《中国铁道建筑总公司优秀工程勘察设计评选奖励办法》，评出2009年度中国铁建优秀工程勘察2项、优秀工程设计28项。 （程博华）

【授权专利】 2009年，股份公司拥有国家授权专利146项。其中，发明专利20项；实用新型专利112项；外观设计9项；软件著作权4项。 （张育红）

2009年度中国铁建获省部级科技进步奖汇总表

序号	获奖项目名称	获奖等级	颁奖机关	获奖单位
1	大型客运站设计理论创新、仿真评估技术及工程应用	特等奖	中国铁道学会	中铁第一勘察设计院集团公司
2	京津城际无砟轨道工程技术及应用	特等奖	中国铁道学会	中铁十七局集团公司 中国铁道建筑总公司
3	铁路客运专线预应力混凝土简支箱梁预制场工业化技术及应用	一等奖	中国铁道学会	中铁第五勘察设计院集团公司 中铁十三局集团公司 中铁十七局集团公司
4	新建合肥至南京铁路关键技术	一等奖	中国铁道学会	中铁第四勘察设计院集团公司
5	青藏铁路格尔木至拉萨段安全状态监测系统	一等奖	中国铁道学会	中铁第一勘察设计院集团公司
6	京津城际铁路路基设计和施工关键技术	一等奖	中国铁道学会	中铁十八局集团公司

续表

序号	获奖项目名称	获奖等级	颁奖机关	获奖单位
7	新建时速250公里合宁铁路客运专线通信、信号、电力与电气化系统集成施工技术	一等奖	中国施工企业管理协会	中铁十一局集团公司
8	上跨地铁线路超浅埋暗挖双孔大断面隧道变形控制技术	一等奖	中国施工企业管理协会	中铁十七局集团公司
9	铁路客运专线预应力混凝土简支箱梁预制场工业化研究	一等奖	中国施工企业管理协会	中铁第五勘察设计院集团公司 中铁十三局集团公司 中铁十七局集团公司
10	城市地铁近距离穿越地铁和桥梁综合施工技术	一等奖	中国施工企业管理协会	中铁十六局集团公司
11	双洞8车道高速公路隧道关键技术研究	一等奖	广东省	中铁十七局集团公司
12	青藏铁路高原多年冻土区工程勘察、设计和施工暂行规定	一等奖	财政部	中铁第一勘察设计院集团公司
13	LR1200钢轨闪光焊机	二等奖	中国铁道学会	中铁十一局集团公司
14	武康铁路二线新刘家沟小间距高风险隧道建造技术	二等奖	中国铁道学会	中铁十一局集团公司
15	《铁路隧道风险评估与管理暂行规定》技术规范	二等奖	中国铁道学会	中铁十二局集团公司
16	斜坡软弱地基填方工程特性及工程技术的研究与推广应用	二等奖	中国铁道学会	中铁十三局集团公司
17	京津城际铁路高性能混凝土耐久性及其应用技术研究	二等奖	中国铁道学会	中铁十七局集团公司 中铁十四局集团公司
18	京津城际精密工程控制测量技术与方法	二等奖	中国铁道学会	中铁十七局集团公司
19	霞浦长大铁路隧道综合施工技术	二等奖	中国铁道学会	中铁十九局集团公司
20	索梁体系无站台柱雨棚钢结构安装技术	二等奖	中国铁道学会	中铁二十五局集团公司
21	遥感技术在线路工程生态环境调查中的应用研究	二等奖	中国铁道学会	中铁第一勘察设计院集团公司
22	新型铁路桥梁整体式挡风结构	二等奖	中国铁道学会	中铁第一勘察设计院集团公司
23	盾构隧道计算方法及结构设计研究	二等奖	中国铁道学会	中铁第四勘察设计院集团公司
24	高速铁路电力关键技术研究	二等奖	中国铁道学会	中铁第四勘察设计院集团公司
25	高速铁路软土地基沉降控制试验研究	二等奖	中国铁道学会	中铁第四勘察设计院集团公司
26	特大型旅客站房建筑节能研究及应用	二等奖	中国铁道学会	中铁第四勘察设计院集团公司
27	富水大断面黄土隧道关键施工技术研究	二等奖	中国施工企业管理协会	中铁十二局集团公司
28	轨道交通槽形梁设计研究	二等奖	中国施工企业管理协会	中铁第一勘察设计院集团公司
29	济南段店互通立交桥	二等奖	中国施工企业管理协会	中铁二十三局集团公司

续表

序号	获奖项目名称	获奖等级	颁奖机关	获奖单位
30	青岛滨海公路	二等奖	中国施工企业管理协会	中铁二十三局集团公司
31	铁路客运专线100年耐久性混凝土技术试验研究	二等奖	山西省	中铁十二局集团公司
32	天兴州大桥北汉桥下部结构力学特性和施工关键技术及其仿真研究	二等奖	湖北省	中铁十二局集团公司
33	铁路客运专线双块式无砟轨道组合轨道排架法施工技术研究	二等奖	天津市	中铁十八局集团公司
34	宜万铁路高压富水岩溶隧道施工关键技术	二等奖	甘肃省	中铁二十一局集团公司
35	岩盐铁路路基施工技术研究	二等奖	青海省	中铁二十一局集团公司
36	DXZ32/900型下承自行式移动模架研制及现浇箱梁施工技术研究	二等奖	河北省	中铁二十二局集团公司
37	新丰镇编组站综合管理信息系统研究及应用	二等奖	陕西省	中铁第一勘察设计院集团公司
38	铁路线路大型养路机械成套设备技术与应用研究	二等奖	财政部	昆明中铁大型养路机械集团公司
39	南疆铁路吐库二线铁路中天山特长隧道TBM整机修复改进及工程应用	三等奖	中国铁道学会	中铁十八局集团公司
40	单元板式无砟轨道综合施工测量技术	三等奖	中国铁道学会	中铁二十三局集团公司
41	铁路客运专线钢—混凝土连续结合梁综合施工技术	三等奖	中国铁道学会	中铁二十四局集团公司
42	铁路客运专线后张法预应力单箱双室整孔箱梁预制综合施工技术研究	三等奖	中国铁道学会	中铁二十五局集团公司
43	JQ900A型架桥机小解体过隧道及重新组装施工技术	三等奖	中国铁道学会	中铁二十五局集团公司
44	青藏铁路钢轨及接头配件低温冷脆性试验研究	三等奖	中国铁道学会	中铁第一勘察设计院集团公司
45	青藏铁路楚玛尔河地区路基地温及沉降研究	三等奖	中国铁道学会	中铁第一勘察设计院集团公司
46	铁路客运专线综合维护管理信息化需求及工程模型研究	三等奖	中国铁道学会	中铁第一勘察设计院集团公司
47	基于移动通信网络在线远程视频传输信息应用技术	三等奖	中国铁道学会	中铁第一勘察设计院集团公司
48	石武铁路客运专线对机场中波导航台电磁干扰影响模拟测试研究	三等奖	中国铁道学会	中铁第四勘察设计院集团公司
49	铁路客运专线列车检修库消防问题的研究	三等奖	中国铁道学会	中铁第四勘察设计院集团公司
50	应用航(卫)片开展铁路建设项目生态环境影响评价的技术方法	三等奖	中国铁道学会	中铁第四勘察设计院集团公司
51	铁路客运专线防风预警监控系统	三等奖	中国铁道学会	中铁第四勘察设计院集团公司
52	既有铁路线上跨结构整体顶升施工技术	三等奖	中国铁道学会	中铁上海设计院集团公司

续表

序号	获奖项目名称	获奖等级	颁奖机关	获奖单位
53	复杂环境条件下地铁暗挖施工与构筑物保护技术	三等奖	山东省	中铁十四局集团公司
54	敞开式硬岩 TBM 整机修复改进及工程应用	三等奖	天津市	中铁十八局集团公司
55	新交通系统轨道工程施工技术研究	三等奖	天津市	中铁十八局集团公司
56	堆石(卵石)混凝土技术	三等奖	新疆维吾尔自治区	中铁二十一局集团公司
57	防风吹雪走廊系统施工技术	三等奖	新疆维吾尔自治区	中铁二十一局集团公司
58	电气化铁路与石油、天然气管道间相互影响及防护工程的研究	三等奖	陕西省	中铁第一勘察设计院集团公司
59	富水大断面黄土隧道关键施工技术研究	三等奖	财政部	中铁十二局集团公司

制表:程博华

2009 年度中国铁建科学技术奖项目表

序号	获 奖 项 目 名 称	获 奖 单 位	获奖等级
1	马鹿箐隧道岩溶溃水风险控制及处治技术	中铁十一局集团公司	特等奖
2	峡谷条件下 430 米跨度上承式钢管混凝土拱桥综合施工技术	中铁十三局集团公司	特等奖
3	CRTSⅡ型板式无砟轨道施工关键技术及成套装备	中铁十七局集团公司	特等奖
4	时速 250 公里客运专线无砟轨道大跨度斜腿刚构桥竖向转体综合施工技术	中铁十一局集团公司	一等奖
5	铁路 T 型简支梁现场预制循环流水生产线设计与施工技术研究	中铁十二局集团公司	一等奖
6	铁路客运专线大跨度下承式钢管混凝土提篮式系杆拱桥施工技术研究	中铁十二局集团公司	一等奖
7	添加剂型高模量沥青混凝土施工技术研究	中铁十二局集团公司	一等奖
8	富水砂卵石地层土压平衡盾构施工关键技术	中铁十三局集团公司	一等奖
9	锦屏电站东端辅助洞高压大流量裂隙水治理与岩爆防治技术	中铁十四局集团公司	一等奖
10	南京长江独柱塔自锚式空间索系悬索桥施工技术研究	中铁十五局集团公司	一等奖
11	海域铁路工程综合施工技术	中铁十六局集团公司	一等奖
12	岩溶隧道防突水突泥地质灾害综合施工技术	中铁十六局集团公司	一等奖
13	公轨两用特大跨连续刚构桥综合施工技术	中铁十七局集团公司	一等奖
14	超高墩大跨连续刚构桥综合施工技术	中铁十七局集团公司	一等奖
15	严寒地区无砟轨道综合施工技术	中铁二十三局集团公司	一等奖

续表

序号	获 奖 项 目 名 称	获 奖 单 位	获奖等级
16	超浅埋下穿铁路、公路长管幕隧道施工技术	中铁二十四局集团公司	一等奖
17	JQ900A 型架桥机小解体过隧道及重新组装施工技术	中铁二十五局集团公司	一等奖
18	新建铁路郑州至西安客运专线“四电”系统集成技术研究	中铁建电气化局集团公司	一等奖
19	西安地铁 2 号线穿越地裂缝带的工程措施研究	中铁第一勘察设计院集团公司	一等奖
20	新建合肥至南京铁路关键技术研究	中铁第四勘察设计院集团公司	一等奖
21	铁路客运专线无砟轨道工程设计与应用技术研究	中铁第四勘察设计院集团公司	一等奖
22	盾构隧道计算方法及结构设计研究	中铁第四勘察设计院集团公司	一等奖
23	铁路客运专线信息系统总体架构的研究	中铁第四勘察设计院集团公司	一等奖
24	CRTSⅡ型双块式无砟轨道快速施工技术研究	中铁十二局集团公司	二等奖
25	千枚岩地层长大隧道施工期支护结构稳定性及施工技术研究	中铁十二局集团公司	二等奖
26	观音堂隧道进口明洞段高边坡变形机理及桩钉复合支护技术研究	中铁十二局集团公司	二等奖
27	平板网架结构抗震性能及耐久技术研究	中铁十二局集团公司	二等奖
28	无砟轨道客运专线特殊地质条件下路基沉降变形规律及控制技术	中铁十四局集团公司	二等奖
29	HS900B 型变幅式架桥机及 DCY900L 型运梁车研制	中铁十五局集团公司	二等奖
30	骆驼场隧道风积沙段综合施工技术研究	中铁十五局集团公司	二等奖
31	大坡度小半径重叠盾构隧道综合施工技术	中铁十六局集团公司	二等奖
32	高地温隧道综合施工技术	中铁十六局集团公司	二等奖
33	国产化双块式轨枕生产制造技术	中铁十六局集团公司	二等奖
34	拱式钢箱斜塔斜拉桥施工技术	中铁十七局集团公司	二等奖
35	特大吨位 T 型刚构转体施工技术	中铁十七局集团公司	二等奖
36	SSJ900/32 型过隧道架桥机架梁施工技术	中铁十七局集团公司	二等奖
37	TB880E 型隧道掘进机整机修复改进及在中天山特长隧道的应用	中铁十八局集团公司	二等奖
38	铁路客运专线双块式无砟轨道及整体道岔施工技术	中铁十八局集团公司	二等奖
39	主跨 173 米预应力斜拉桁架连续刚构桥悬臂浇注综合施工技术	中铁十八局集团公司	二等奖
40	轻轨托换施工技术	中铁十八局集团公司	二等奖
41	跨越既有电气化铁路门式墩 D 便梁施工技术	中铁二十局集团公司	二等奖

续表

序号	获 奖 项 目 名 称	获 奖 单 位	获奖等级
42	防风吹雪走廊系统在精伊霍铁路中的研究与应用	中铁二十一局集团公司	二等奖
43	汶川大地震龙溪特长瓦斯隧道恢复抢建技术研究	中铁二十一局集团公司	二等奖
44	福厦铁路客运专线丘后特大桥128米钢箱系杆拱施工技术研究	中铁二十一局集团公司	二等奖
45	大直径石质通风竖井混凝土衬砌滑模施工技术研究	中铁二十一局集团公司	二等奖
46	单元板式无砟轨道施工测量技术	中铁二十三局集团公司	二等奖
47	城际铁路单箱双室箱梁快速预制技术	中铁二十五局集团公司	二等奖
48	海航维修机库屋盖网架智能化累计提升关键技术研究	中铁建设集团公司	二等奖
49	电气化铁路接触网用自洁式高强度轻型绝缘子	中铁建电气化局集团公司	二等奖
50	大跨度空间钢结构复杂节点试验研究	中铁第一勘察设计院集团公司	二等奖
51	郑西铁路客运专线水泥土挤密桩、CFG桩复合地基关键技术研究	中铁第一勘察设计院集团公司	二等奖
52	青藏铁路楚玛尔河地区路基地温及沉降研究	中铁第一勘察设计院集团公司	二等奖
53	快速公交系统(BRT)成套技术研究	中铁第四勘察设计院集团公司	二等奖
54	武广铁路客运专线隧道综合修建技术研究	中铁第四勘察设计院集团公司	二等奖
55	城市轨道交通供电系统RAMS分析研究	中铁第四勘察设计院集团公司	二等奖
56	武广铁路客运专线动车组运用检修体系研究	中铁第四勘察设计院集团公司	二等奖
57	双块式无砟轨道组合式轨排法施工装备及工艺	中铁第五勘察设计院集团公司	二等奖
58	用Ev2评价客运专线路基压实质量研究	中铁第五勘察设计院集团公司	二等奖
59	《铁路预制混凝土梁梁场设计施工技术指南》编制	中铁第五勘察设计院集团公司	二等奖
60	基于卫星链路的海外EPC工程跨国协同办公系统	中国土木工程集团公司	三等奖
61	美宝湿润烧伤膏(MEBO)结合创面智能负压(NPWT)治疗各类难愈性溃疡的临床研究	中铁十二局集团公司	三等奖
62	ZPW-2000A型无绝缘移频自动闭塞施工技术	中铁十四局集团公司	三等奖
63	高地应力顺层偏压软岩地层条件下隧道施工技术	中铁十四局集团公司	三等奖
64	高大建筑群中深基坑石方控制爆破施工技术	中铁十四局集团公司	三等奖
65	混合花岗岩固结灌浆施工技术	中铁十四局集团公司	三等奖
66	高压摆喷灌浆防渗芯墙施工技术	中铁十四局集团公司	三等奖
67	高位、现浇连续梁冬季大体积混凝土施工技术	中铁十四局集团公司	三等奖
68	富水断层糜棱岩带突泥突水风险控制及综合施工技术	中铁十六局集团公司	三等奖

续表

序号	获 奖 项 目 名 称	获 奖 单 位	获奖等级
69	武广铁路客运专线 CRTS Ⅰ 型双块式无砟轨道施工技术	中铁十七局集团公司	三等奖
70	客运专线 CRTS－Ⅱ型双块式无砟轨道施工技术	中铁十七局集团公司	三等奖
71	客运专线 DZ32/900 型移动模架施工技术	中铁十七局集团公司	三等奖
72	长大岩溶瓦斯隧道施工技术	中铁十七局集团公司	三等奖
73	CFG 桩施工参数自动控制施工技术	中铁十七局集团公司	三等奖
74	中宁黄河大桥大跨钢桁梁悬拼施工技术	中铁十七局集团公司	三等奖
75	全钢大钢模板拼装及节点处理控制技术研究与应用	中铁十七局集团公司	三等奖
76	单拱大跨地铁隧道控制地表沉降施工技术研究	中铁十八局集团公司	三等奖
77	(40 米＋64 米＋40 米)大跨度铁路连续槽形梁成套施工技术研究	中铁十八局集团公司	三等奖
78	客运专线 TLJ－900 型架桥机及 12 米宽预制箱梁过隧道施工技术研究	中铁十八局集团公司	三等奖
79	客运专线 112 米提篮拱卧拼提升竖转施工技术研究	中铁十八局集团公司	三等奖
80	困难条件下换铺 75 千克/米 SC381 提速道岔施工技术	中铁十九局集团公司	三等奖
81	铁路客运专线预制箱梁后浇翼缘板施工技术	中铁十九局集团公司	三等奖
82	高速铁路桥梁混凝土桥面喷涂聚脲防水层施工技术	中铁十九局集团公司	三等奖
83	曲线双向不对称变宽箱梁悬灌施工技术	中铁十九局集团公司	三等奖
84	黄河砂土层深基坑施工技术	中铁二十局集团公司	三等奖
85	渗水管线下富水砂质地层浅埋暗挖施工技术	中铁二十局集团公司	三等奖
86	特殊地形条件下特大桥下部结构施工技术	中铁二十局集团公司	三等奖
87	堆石(卵石)混凝土在乌精二线铁路工程的研究及应用	中铁二十一局集团公司	三等奖
88	敦煌火车站房及无柱风雨棚施工关键技术研究和新技术应用	中铁二十一局集团公司	三等奖
89	铁路大跨度下承式连续梁拱组合桥施工及控制技术研究	中铁二十一局集团公司	三等奖
90	长江隧桥工程 B1 标段桥梁综合施工技术	中铁二十四局集团公司	三等奖
91	铁路客运专线钢—混凝土连续结合梁综合施工技术	中铁二十四局集团公司	三等奖
92	32 米铁路槽形梁膺架现浇法施工技术	中铁二十四局集团公司	三等奖
93	燕居岭隧道穿越水库下断层破碎带综合施工技术	中铁二十四局集团公司	三等奖
94	襄渝铁路Ⅱ线铁路炭质片岩隧道施工技术研究	中铁二十五局集团公司	三等奖
95	跟管钻进法超长管棚施工技术	中铁二十五局集团公司	三等奖

续表

序号	获 奖 项 目 名 称	获 奖 单 位	获奖等级
96	西安地铁2号线下穿钟楼及城墙设计施工方案	中铁第一勘察设计院集团公司	三等奖
97	客运专线综合维护管理信息化需求及工程模型研究	中铁第一勘察设计院集团公司	三等奖
98	客运专线无砟轨道系统动力学及减震技术研究	中铁第四勘察设计院集团公司	三等奖
99	城际铁路运输组织研究	中铁第四勘察设计院集团公司	三等奖
100	客运专线综合视频监控系统方案研究	中铁第四勘察设计院集团公司	三等奖
101	应用航片开展铁路建设项目生态环境影响评价的技术研究	中铁第四勘察设计院集团公司	三等奖
102	高速铁路长线台座岔枕生产技术研究	中铁轨道系统集团公司	三等奖

制表:程博华

2009年中国铁建新立科技研究开发计划项目表

序号	项 目 名 称	负 责 单 位
1	新建350公里/小时客运专线通信、信号、电力、电气化系统集成综合技术	中铁建电气化局集团公司 中铁十一局集团公司 中铁十二局集团公司
2	福田车站及相关工程综合施工技术	中铁十五局集团公司
3	软基条件下海河隧道沉管施工综合施工技术	中铁十八局集团公司
4	高速电气化铁路新型接触线的研制	中铁建电气化局集团公司
5	干接缝桥梁设计、施工技术研究及设备研制	中铁第一勘察设计院集团公司 中铁第五勘察设计院集团公司
6	广(州)珠(海)铁路西江特大桥施工技术研究	中铁二十二局集团公司
7	土耳其高速铁路UIC60钢轨直向250公里/小时、侧向160公里/小时有砟轨道大号码道岔铺设技术研究	中国土木工程集团公司
8	非洲地区供水工程建设与管理的研究	中国土木工程集团公司
9	海外铁路总承包项目勘察设计管理模式与方法研究	中国土木工程集团公司
10	复合式土压平衡盾构机过全断面浅埋富水沙层施工技术	中铁十一局集团公司
11	京沪高速铁路4标段精密网控制技术研究	中铁十二局集团公司
12	高压富水断层帷幕注浆施工技术	中铁十二局集团公司
13	小龟山车站围护结构监控量测与信息反馈技术	中铁十二局集团公司
14	工厂化自动化流水作业线预制简支T梁施工技术	中铁十二局集团公司
15	复杂地质及近邻既有建筑的地铁隧道盾构施工及变形控制技术研究	中铁十二局集团公司
16	铁路客运专线钢管拱桥吊索式挂篮悬臂现浇系梁施工技术研究	中铁十三局集团公司
17	铁路客运专线无砟轨道Ⅱ型板预制安装技术研究	中铁十三局集团公司
18	福建南平市闽江大桥及南岸连接线工程	中铁十三局集团公司

续表

序号	项　目　名　称	负　责　单　位
19	铁路大跨度连续钢桁柔性拱桥综合施工技术研究	中铁十三局集团公司
20	大跨度下承式铁路钢桁梁悬臂拼装综合施工技术	中铁十四局集团公司
21	长大隧道施工灾害预警预测体系及治理措施研究	中铁十四局集团公司
22	梯形轨枕组合模板及新型预应力施工台座设计	中铁十四局集团公司
23	海河特大桥310米跨双索面钢混梁独塔斜拉桥施工技术	中铁十五局集团公司
24	浅埋软土地层大直径泥水盾构机综合施工技术研究	中铁十六局集团公司
25	垂直渗流带双线隧道综合施工技术	中铁十六局集团公司
26	中承式钢管混凝土集束拱桥施工技术研究	中铁十六局集团公司
27	京沪高速铁路简支系杆叠拱综合施工技术	中铁十七局集团公司
28	京沪高速铁路跨电气化京山四线及西黄左线空间刚架综合施工技术	中铁十七局集团公司
29	无砟轨道整体道岔板制造与铺设施工技术研究、创新与推广	中铁十七局集团公司
30	京沪高速铁路廊坊段路涵过渡段影响范围研究	中铁十七局集团公司
31	大跨度(48米+2×80米+88米+48米)道岔梁施工与监控技术的研究	中铁十九局集团公司
32	复杂海相沉积深厚软土地基客运专线路基沉降控制技术研究	中铁十九局集团公司
33	企业投资及计划统计报表管理系统	中铁二十局集团公司
34	地铁车站周边建筑复杂异形深基坑施工技术研究	中铁二十局集团公司
35	YCP35平衡冲击压实机研制	中铁二十局集团公司
36	基于“三维数字隧道”平台的隧道施工安全预警系统开发和运用	中铁二十一局集团公司
37	系杆拱综合施工技术研究	中铁二十三局集团公司
38	客运专线CRTS Ⅰ型板式无砟轨道精确测量技术研究	中铁二十三局集团公司
39	客运专线用热塑性树脂绝缘钢筋研制	中铁二十三局集团公司
40	管幕(棚)支护桥式盾构中继间法顶进箱型桥施工技术研究	中铁二十四局集团公司
41	潮汐地区双壁钢套箱围堰施工深水基础	中铁二十五局集团公司
42	建筑垃圾再生混凝土高性能化的技术研究	中铁建设集团公司
43	厦门西站施工监控关键技术研究	中铁建设集团公司
44	φ350×160千牛顿·米高风速环形预应力混凝土接触网支柱	中铁建电气化局集团公司
45	兰渝铁路长大隧道复杂围岩水文地质条件定量评价研究	中铁第一勘察设计院集团公司
46	木寨岭特长隧道炭质板岩等软弱岩体变形机理研究	中铁第一勘察设计院集团公司
47	高寒地区高速铁路隧道防冻害技术研究	中铁第一勘察设计院集团公司
48	客运专线列控系统集成关键技术研究	中铁第一勘察设计院集团公司
49	京沪高速铁路道岔区板式无砟轨道设计研究	中铁第四勘察设计院集团公司
50	客运专线CRTSII型板式无砟轨道设计技术研究	中铁第四勘察设计院集团公司

续表

序号	项　目　名　称	负　责　单　位
51	客运专线过渡段轨道结构设计技术研究	中铁第四勘察设计院集团公司
52	城市轨道交通供变电系统 RAMS 分析	中铁第四勘察设计院集团公司
53	舟山沈家门港海底隧道关键技术研究	中铁第四勘察设计院集团公司
54	铁路贯通线熔冰技术的研究	中铁第四勘察设计院集团公司
55	客运专线无砟轨道板(枕)场规划研究	中铁第五勘察设计院集团公司
56	客运专线桥梁抢修技术预研究	中铁第五勘察设计院集团公司
57	铁路桥梁大型临时工程计算方法与设计技术研究	中铁第五勘察设计院集团公司
58	现代控制系统在桥梁施工监控中的应用研究	中铁第五勘察设计院集团公司
59	新建铁路合肥至蚌埠客运专线主跨 160 米无砟轨道连续梁拱组合桥设计研究	中铁上海设计院集团公司
60	电气化铁道 27.5 千伏户外真空固封式模块化电器	中铁上海设计院集团公司
61	SPZ－200II 米轨双向配砟整形车	昆明中铁大型养路机械集团公司
62	DC－24 米轨捣固车	昆明中铁大型养路机械集团公司
63	城市轨道交通用扣件研制	中铁轨道系统集团公司
64	道岔钢轨件热处理 SQ 工艺与装备优化研究	中铁轨道系统集团公司
65	可动心轨辙叉结构优化的研制开发及相关工艺研究	中铁轨道系统集团公司

制表:黄　宁

2009 年度中国铁建科技成果鉴定、评审项目汇总表

序号	项　目　名　称	完成单位	鉴定、评审单位	综合技术水平
1	马鹿箐隧道岩溶溃水风险控制及处治技术	中铁十一局集团公司	湖北省科技厅	国际领先
2	峡谷条件下 430 米跨度上承式钢管混凝土拱桥综合施工技术	中铁十三局集团公司	吉林省科技厅	国际领先
3	严寒地区软塑粘土地层大断面浅埋隧道施工技术	中铁十三局集团公司	黑龙江省科技厅	国际领先
4	锦屏电站东端辅助洞高压大流量裂隙水治理与岩爆防治技术	中铁十四局集团公司	山东省科技厅	国际领先
5	新建合肥至南京铁路关键技术研究	中铁第四勘察设计院集团公司	湖北省科技厅	国际领先
6	复合式土压平衡盾构机过全断面浅埋富水砂层施工技术	中铁十一局集团公司	湖北省科技厅	国际先进
7	时速 250 公里铁路客运专线无砟轨道大跨度斜腿刚构桥竖向转体综合施工技术	中铁十一局集团公司	湖北省科技厅	国际先进
8	千枚岩地层长大隧道施工期支护结构稳定性及施工技术研究	中铁十二局集团公司	山西省科技厅	国际先进
9	平板网架结构抗震性能及耐久技术研究	中铁十二局集团公司	山西省科技厅	国际先进
10	铁路 T 型简支梁现场预制循环流水生产线设计与施工技术研究	中铁十二局集团公司	山西省科技厅	国际先进

续表

序号	项 目 名 称	完 成 单 位	鉴定、评审单位	综合技术水平
11	观音堂隧道进口明洞段高边坡变形机理及桩钉复合支护技术研究	中铁十二局集团公司	山西省科技厅	国际先进
12	奉华江大桥大跨度提篮拱桥施工技术及工艺研究	中铁十二局集团公司	山西省科技厅	国际先进
13	添加剂型高模量沥青混凝土施工技术研究	中铁十二局集团公司	山西省科技厅	国际先进
14	严寒地区软塑粘土地层大断面浅埋隧道施工技术	中铁十三局集团公司	吉林省科技厅	国际先进
15	富水砂卵石地层土压平衡盾构施工关键技术	中铁十三局集团公司	吉林省科技厅	国际先进
16	武广铁路客运专线路基沉降变形规律及其控制技术	中铁十四局集团公司	山东省科技厅	国际先进
17	大丽铁路松桂 1 号隧道炭质页岩大变形机理研究及综合防治技术	中铁十四局集团公司	山东省科技厅	国际先进
18	客运专线路基压实参数相关性研究及压实质量快速检测评估技术	中铁十四局集团公司	山东省科技厅	国际先进
19	客运专线无砟轨道施工设备研制——CRTS Ⅱ型板式无砟轨道施工关键技术及成套装备	中铁十七局集团公司	铁道部科技司	国际先进
20	公轨两用特大跨连续刚构桥综合施工技术	中铁十七局集团公司	山西省科技厅	国际先进
21	高性能混凝土耐久性现场快速检测技术研究方向	中铁十七局集团公司	铁道部科技司	国际先进
22	客运专线路基沉降控制措施及变形观测技术研究	中铁十七局集团公司	铁道部科技司	国际先进
23	京津城际铁路软土地基桥涵基础试验研究	中铁十七局集团公司	铁道部科技司	国际先进
24	高墩大跨连续刚构桥综合施工技术	中铁十七局集团公司	山西省科技厅	国际先进
25	钢构拱门式斜塔斜拉桥施工技术	中铁十七局集团公司	山西省科技厅	国际先进
26	单拱大跨地铁隧道控制地表沉降施工技术研究	中铁十八局集团公司	天津市科技成果转化中心	国际先进
27	敞开式硬岩 TBM 整机修复改进及工程应用	中铁十八局集团公司	天津市科技成果转化中心	国际先进
28	主跨 173 米预应力斜拉桁架连续刚构桥悬臂浇注综合施工技术	中铁十八局集团公司	天津市科技成果转化中心	国际先进
29	穿越黄河隧道综合施工技术	中铁十八局集团公司	河北省科技成果转化中心	国际先进
30	汶川大地震龙溪隧道特长大瓦斯隧道恢复强抢建技术研究	中铁二十一局集团公司	甘肃省科技厅	国际先进
31	DXZ32/900 型下承自行式移动模架研制及现浇箱梁施工技术研究	中铁二十二局集团公司	河北省科技厅	国际先进
32	快速公交系统（BRT）成套技术研究	中铁第四勘察设计院集团公司	湖北省科技厅	国际先进
33	特大型旅客站房建筑节能技术研究及应用	中铁第四勘察设计院集团公司	湖北省科技厅	国际先进
34	武广铁路客运专线隧道综合修建技术研究	中铁第四勘察设计院集团公司	湖北省科技厅	国际先进
35	盾构隧道计算方法及结构设计研究	中铁第四勘察设计院集团公司	湖北省科技厅	国际先进

续表

序号	项目名称	完成单位	鉴定、评审单位	综合技术水平
36	城市轨道交通供电系统 RAMS 分析研究	中铁第四勘察设计院集团公司	湖北省科技厅	国际先进
37	武广铁路客运专线动车组运用检修技术系统研究	中铁第四勘察设计院集团公司	湖北省科技厅	国际先进
38	CRTS Ⅱ型双块式无砟轨道快速施工技术研究	中铁十二局集团公司	山西省科技厅	国内领先
39	美宝湿润烧伤膏（MEBO）结合创面智能负压（NPWT）治疗各类难愈性溃疡临床研究	中铁十二局集团公司	山西省科技厅	国内领先
40	煤矸石多孔砖墙体抗震性能试验研究	中铁十三局集团公司	吉林省科技厅	国内领先
41	64 米大跨度铁路连续槽形梁混合支架现浇混凝土综合施工技术	中铁十八局集团公司	天津市科技成果转化中心	国内领先
42	铁路客运专线双块式无砟轨道及整体道岔施工技术	中铁十八局集团公司	天津市科技成果转化中心	国内领先
43	大直径石质通风竖井混凝土衬砌滑膜施工技术研究	中铁二十一局集团公司	甘肃省科技厅	国内领先
44	青藏高原多年冻土区房屋施工技术	中铁二十一局集团公司	甘肃省科技厅	国内领先
45	客运专线 900 吨过隧箱梁制运架施工技术研究	中铁二十一局集团公司	甘肃省科技厅	国内领先
46	客运专线路桥过渡段施工技术	中铁二十一局集团公司	甘肃省科技厅	国内领先
47	堆（卵）石混凝土施工技术研究	中铁二十一局集团公司	新疆维吾尔自治区科技厅	国内领先
48	城际铁路运输组织研究	中铁第四勘察设计院集团公司	湖北省科技厅	国内领先
49	城市轨道交通限界设计软件	中铁第四勘察设计院集团公司	湖北省科技厅	国内领先
50	客运专线信息系统总体架构的研究	中铁第四勘察设计院集团公司	湖北省科技厅	国内领先
51	客运专线综合视频监控系统方案研究	中铁第四勘察设计院集团公司	湖北省科技厅	国内领先
52	应用航（卫）片开展铁路建设项目生态环境影响评价的技术方法研究	中铁第四勘察设计院集团公司	湖北省科技厅	国内领先
53	XSLG—FD 新型铝合金色灯信号机构	中铁二十三局集团公司	哈尔滨铁路局	行业先进
54	HS900B 型变幅式架桥机及 DCY900L 型运梁车研制	中铁十五局集团公司	中国铁建股份公司	国际领先
55	大坡度小半径重叠隧道盾构综合施工技术研究	中铁十六局集团公司	中国铁建股份公司	国际领先
56	郑西铁路客运专线埋入式无限长路基桩板结构（EUSPS）设计研究	中铁第一勘察设计院集团公司	中国铁建股份公司	国际领先
57	南京长江独柱塔自锚式空间索系悬索桥施工技术研究	中铁十五局集团公司	中国铁建股份公司	国际先进
58	海域铁路工程综合施工技术	中铁十六局集团公司	中国铁建股份公司	国际先进
59	高地温隧道综合施工技术	中铁十六局集团公司	中国铁建股份公司	国际先进
60	富水断层糜棱岩带突泥突水风险控制及综合施工技术	中铁十六局集团公司	中国铁建股份公司	国际先进
61	超浅埋下穿铁路、公路长管幕隧道施工关键技术	中铁二十四局集团公司	福建省建设厅	国际先进

续表

序号	项　目　名　称	完成单位	鉴定、评审单位	综合技术水平
62	长江隧桥工程 B1 标段桥梁综合施工技术	中铁二十四局集团公司	中国铁建股份公司	国际先进
63	城际轨道预制单箱双室箱梁后浇端隔墙施工技术研究	中铁二十五局集团公司	中国铁建股份公司	国际先进
64	北京工业大学体育馆（2008 年北京奥运会羽毛球和艺术体操比赛馆）通风空调系统设计与施工技术的优化与管理研究	中铁建设集团公司	中国铁建股份公司	国际先进
65	青藏铁路楚玛尔河地区路基地温基沉降监测	中铁第一勘察设计院集团公司	中国铁建股份公司	国际先进
66	西安地铁 2 号线穿越地裂缝带的工程措施研究	中铁第一勘察设计院集团公司	中国铁建股份公司	国际先进
67	客运专线接触网（防）融冰技术研究	中铁第一勘察设计院集团公司	中国铁建股份公司	国际先进
68	高速铁路无砟轨道混凝土构件新材料	中铁十四局集团公司	北京市	国内领先
69	客运专线有砟岔枕制造技术	中铁十四局集团公司	北京市	国内领先
70	海外工程协同办公自动化系统	中国土木工程集团公司	中国铁建股份公司	国内领先
71	风积沙地层隧道施工方法及变形控制技术研究	中铁十五局集团公司	中国铁建股份公司	国内领先
72	32 米铁路槽形梁膺架现浇法施工技术	中铁二十四局集团公司	中国铁建股份公司	国内领先
73	厚砂岩溶地区钻孔桩施工技术研究	中铁二十五局集团公司	中国铁建股份公司	国内领先
74	无砟轨道施工装备与工艺研究	中铁二十五局集团公司	中国铁建股份公司	国内领先
75	海航维修机库屋盖网架智能化	中铁建设集团公司	中国铁建股份公司	国内领先
76	大跨度空间钢结构复杂节点实验研究	中铁第一勘察设计院集团公司	中国铁建股份公司	国内领先
77	高原区内燃牵引隧道通风技术研究	中铁第一勘察设计院集团公司	中国铁建股份公司	国内领先
78	郑西铁路客运专线水泥土挤密桩与 CFG 桩复合地基关键技术研究	中铁第一勘察设计院集团公司	中国铁建股份公司	国内领先
79	西安地铁 2 号线下穿钟楼及城墙设计施工方案	中铁第一勘察设计院集团公司	中国铁建股份公司	国内领先
80	客运专线牵引网钢轨电位研究	中铁第一勘察设计院集团公司	中国铁建股份公司	国内领先
81	客运专线综合维护管理信息化需求及工程模型研究	中铁第一勘察设计院集团公司	中国铁建股份公司	国内领先
82	基于移动通信网络在线远程视频传输信息应用技术研究	中铁第一勘察设计院集团公司	中国铁建股份公司	国内领先
83	弹性联结 e 型弹簧分开式扣件研究	中铁第一勘察设计院集团公司	中国铁建股份公司	国内领先
84	电气化铁路与石油、天然气管道间相互影响及防护工程的研究	中铁第一勘察设计院集团公司	中国铁建股份公司	国内领先
85	新丰镇编组站 GSM－R 数字移动通信系统方案研究	中铁第一勘察设计院集团公司	中国铁建股份公司	国内领先
86	兰新铁路第二复线环境与道岔融雪系统应用研究	中铁第一勘察设计院集团公司	中国铁建股份公司	国内领先

续表

序号	项　目　名　称	完 成 单 位	鉴定、评审单位	综合技术水平
87	西安地铁地裂缝隧道衬砌结构防渗技术与长期监测技术研究	中铁第一勘察设计院集团公司	中国铁建股份公司	国内领先
88	西安地铁基坑支护型式及坑基稳定性研究	中铁第一勘察设计院集团公司	中国铁建股份公司	国内领先
89	列车牵引计算、车站分布及运营费计算辅助设计系统	中铁第一勘察设计院集团公司	陕西省建设厅	国内领先
90	黄河大桥砂土层深基坑防护施工技术	中铁二十局集团公司	中国铁建股份公司	国内先进
91	富水砂质地段地铁暗挖施工技术研究	中铁二十局集团公司	中国铁建股份公司	国内先进
92	高速公路特大桥空心薄壁高墩施工技术	中铁二十局集团公司	中国铁建股份公司	国内先进
93	客运专线双线特大桥门式墩D便梁跨越既有线施工技术	中铁二十局集团公司	中国铁建股份公司	国内先进
94	燕居岭隧道穿越水库下断层破碎带综合施工技术	中铁二十四局集团公司	中国铁建股份公司	国内先进
95	特殊地质、超深基坑开挖、支护与监测技术研究	中铁二十五局集团公司	中国铁建股份公司	国内先进
96	高速铁路视频监控系统施工工艺及方法	中铁二十五局集团公司	中国铁建股份公司	国内先进
97	多源遥感技术在宝兰铁路客运专线地质勘察中的应用研究	中铁第一勘察设计院集团公司	中国铁建股份公司	国内先进
98	青藏铁路路基遮阳棚应用效果分析	中铁第一勘察设计院集团公司	中国铁建股份公司	国内先进
99	武广铁路客运专线无砟轨道过渡路基变形控制技术及施工工艺试验研究	中铁二十五局集团公司	中国铁建股份公司	行业领先
100	电力机车过关节式电分相过电压研究	中铁第一勘察设计院集团公司	中国铁建股份公司	行业领先
101	线路工程GPS水准高程拟合模型研究及其通用软件包编制	中铁第一勘察设计院集团公司	中国铁建股份公司	行业先进
102	地铁配电变压器容量选择研究	中铁第一勘察设计院集团公司	中国铁建股份公司	行业领先
103	铁路电力架空线路辅助设计软件	中铁第一勘察设计院集团公司	陕西省建设厅	行业领先
104	项目管理与设计流程控制系统	中铁第一勘察设计院集团公司	陕西省建设厅	行业领先
105	施工组织进度及平面布置示意图辅助设计系统	中铁第一勘察设计院集团公司	陕西省建设厅	行业领先

制表：彭京渝

2009年度中国铁建科研成果评审项目表

序号	项目名称	完成单位	综合技术水平
1	武康铁路二线新刘家沟小间距高风险隧道建造技术	中铁十一局集团公司	国际先进
2	大跨度曲线连续刚构桥综合施工技术	中铁十三局集团公司	国内先进
3	松花江大顶子山航电枢纽船闸工程施工技术	中铁十三局集团公司	国内领先

续表

序号	项目名称	完成单位	综合技术水平
4	台风区域深海大潮差桥梁基础施工技术	中铁十三局集团公司	国内领先
5	超百米薄壁空心双肢墩施工技术	中铁十五局集团公司	国内领先
6	城市地铁近距离穿越地铁和桥梁综合施工技术	中铁十六局集团公司	国际先进
7	岩溶隧道防突水突泥地质灾害综合施工技术	中铁十六局集团公司	国际先进
8	复合型上承式箱型葵形拱桥施工技术	中铁十六局集团公司	国内领先
9	铁路 V 型墩连续刚构转体桥式综合施工技术	中铁十六局集团公司	国际先进
10	CRTS Ⅱ 双块式轨枕生产制造技术	中铁十六局集团公司	国际先进
11	泰东河大桥主桥刚性系杆拱施工技术研究	中铁二十局集团公司	国内先进
12	岩溶地区双联拱公路隧道快速安全施工综合技术	中铁二十局集团公司	国内领先
13	单塔无背索斜拉桥施工技术	中铁二十局集团公司	国内领先
14	环形流水法无碴轨道双块式轨枕生产线（设备）	中铁二十局集团公司	国际先进
15	工程承包项目管理软件研发与应用	中铁二十四局集团公司	国内行业领先
16	竖向预应力倒 Y 型索塔双侧不对称斜拉桥施工综合技术研究	中铁二十四局集团公司	国内领先
17	铁路无砟轨道双块式轨枕生产技术研究	中铁二十四局集团公司	国际先进
18	现代导轨电车机电安装工程施工技术及工艺研究	中铁建电气化局集团公司	国内领先
19	胶济铁路客运专线客货分线信号施工技术	中铁建电气化局集团公司	国内领先
20	电气化铁路施工钢轨长度测量仪的研制与应用	中铁建电气化局集团公司	行业领先
21	无砟轨道区段铁路信号综合施工技术及工艺研究	中铁建电气化局集团公司	
22	高架区间槽形梁设计研究	中铁第一勘察设计院集团公司	国内领先
23	南疆铁路增建二线桥梁挡风结构试验研究	中铁第一勘察设计院集团公司	国内领先
24	光纤光栅传感检测系统在客运专线防灾安全系统中的应用研究	中铁第一勘察设计院集团公司	国内领先
25	青藏铁路钢轨及接头配件低温冷脆性试验研究	中铁第一勘察设计院集团公司	国内领先
26	遥感技术在线路工程生态环境调查中的应用研究	中铁第一勘察设计院集团公司	路内领先
27	牵引供电系统可靠性研究	中铁第一勘察设计院集团公司	国际先进
28	双块式无砟轨道组合式轨排法施工装备及工艺	中铁第五勘察设计院集团公司	国内领先
29	无砟轨道双块式轨枕工厂化生产技术研究	中铁轨道系统集团公司	国际先进
30	时速 250 公里客运专线 60 千克/米钢轨 18 号单开道岔制造技术研究	中铁轨道系统集团公司	国际先进

制表：黄 宁

2009年度中国铁建工法关键技术评审项目汇总表

序号	工　法　名　称	开发单位
1	高原高寒草原地区公路铁路植被防护及恢复施工工法	中铁十六局集团公司
2	DX挤扩灌注桩施工工法	中铁十六局集团公司
3	转辙机表示缺口监测报警系统安装工法	中铁十六局集团公司
4	现浇LPM轻质管空心楼板工法	中铁十六局集团公司
5	钢管柱自密实混凝土工法	中铁十六局集团公司
6	大断面TBM组装洞室施工技术	中铁十八局集团公司
7	二次衬砌与敞开式TBM掘进同步施工技术	中铁十八局集团公司
8	大断面敞开式TBM洞内组装技术	中铁十八局集团公司
9	桩基钢筋笼采用分体式钢筋等强度剥肋滚压直螺纹套筒连接快速施工技术	中铁十八局集团公司
10	全自动、脉冲式、全天候预制梁板喷淋养生系统施工技术	中铁十八局集团公司
11	山岭隧道反坡长大涌水带快速掘进施工技术	中铁十八局集团公司
12	变高变宽连续箱梁悬灌施工工法	中铁十九局集团公司
13	客运专线CRSTⅠ型板式无砟轨道长轨铺设施工工法	中铁二十二局集团公司
14	隧道内铺设客运专线有砟大号码道岔施工工法	中铁二十二局集团公司
15	城市轨道交通先隧后站逆序施工工法	中铁二十二局集团公司
16	地铁车站暗挖洞桩法施工工法	中铁二十二局集团公司
17	深水承台复合型钢板桩围堰施工工法	中铁二十二局集团公司
18	三角斜拉挂篮施工工法	中铁二十二局集团公司
19	风积沙地基冲击碾压处理施工工法	中铁二十二局集团公司
20	RPD－180型多功能管棚钻机在青云山隧道复杂地质中的运用	中铁二十三局集团公司
21	900吨运架设备调头转场	中铁二十三局集团公司
22	高速公路扩建工程桥梁拼接施工工法	中铁二十三局集团公司
23	墩粗直螺纹钢筋连接工法	中铁二十三局集团公司
24	石砌旧拱桥加固施工方法	中铁二十三局集团公司
25	薄壁空心高墩收分式滑模施工工法	中铁二十三局集团公司
26	松散体高边坡稳定性分析、监测预警与施工综合技术研究	中铁二十三局集团公司
27	武广铁路客运专线无砟轨道过渡路基变形控制技术及施工工艺试验研究	中铁二十五局集团公司

续表

序号	工　法　名　称	开发单位
28	无砟轨道施工装备与工艺研究	中铁二十五局集团公司
29	特殊地质、超深基坑开挖、支护与监测技术研究	中铁二十五局集团公司
30	广珠铁路白泥河特大桥提篮拱施工关键技术	中铁二十五局集团公司
31	铁路双线 1 米～80 米整体节点钢桁梁加工、架设工艺方案	中铁二十五局集团公司
32	高速铁路视频监控系统施工工艺及方法	中铁二十五局集团公司
33	厚砂岩溶地区钻孔桩施工技术研究	中铁二十五局集团公司
34	城际轨道预制单箱双室箱梁后浇端隔墙施工技术研究	中铁二十五局集团公司
35	超高 A 型清水混凝土塔柱施工工法	中铁建设集团公司
36	现浇预应力混凝土弧形箱梁施工工法	中铁建设集团公司
37	预应力管桩加固淤泥地基高路肩冲孔灌注桩施工工法	中铁建设集团公司
38	中央空调清洗施工工法	中铁建设集团公司
39	高大空间球形网架结构灯具安装工法	中铁建设集团公司
40	普里卡可绕金属软管施工工法	中铁建设集团公司

制表：李庆民

中国铁建 2009 年度国家级工法项目汇总表

序号	工　法　名　称	工法编号	开发单位	等级
1	高大建筑群中深基坑石方控制爆破施工工法	GJYJGF011－2008	中铁十四局集团公司 中国建筑第五工程局有限公司	一级
2	基坑可拆卸复合材料面板土钉支护施工工法	GJYJGF012－2008	中铁建设集团公司 温州中城建设集团有限公司	一级
3	跨座式单轨 PC 轨道梁预制工法	GJYJGF048－2008	中铁二十三局集团公司 中铁二十四局集团公司	一级
4	岩盐铁路路基施工工法	GJYJGF049－2008	中铁二十一局集团公司	一级
5	高原高寒地区连续长大下坡段铺架施工工法	GJYJGF050－2008	中铁十一局集团公司 中国土木工程集团公司	一级
6	软塑粘土地层大断面浅埋隧道微台阶施工工法	GJYJGF053－2008	中铁十三局集团公司	一级
7	隧道穿越高压富水断裂带施工工法	GJYJGF057－2008	中铁二十一局集团公司	一级
8	三台阶七步开挖施工工法	GJYJGF058－2008	中铁十二局集团公司	一级
9	430 米跨度上承式钢管混凝土拱桥双拱肋无风缆节段拼装工法	GJYJGF061－2008	中铁十三局集团公司	一级
10	青藏高原多年冻土区房屋基础施工工法	GJEJGF027－2008	中铁二十一局集团公司	二级

续表

序号	工　法　名　称	工法编号	开发单位	等级
11	索梁体系无站台柱雨棚钢结构安装工法	GJEJGF085－2008	中铁二十五局集团公司 河南国安建设集团有限公司	二级
12	岩盐地区耐腐蚀性混凝土施工工法	GJEJGF148－2008	中铁二十一局集团公司 中铁二十四局集团公司	二级
13	CRTSⅡ型无砟轨道板长线台座制造工法	GJEJGF150－2008	中国中铁六局集团公司 中国铁建十七局集团公司	二级
14	铁路客运专线 CRTS I 型双块式无砟轨道 CJT 型粗调机轨排粗调施工工法	GJEJGF152－2008	中国中铁五局集团公司 中国铁建二十三局集团公司	二级
15	困难条件下 75 千克/米 SC381 重载道岔施工工法	GJEJGF153－2008	中国铁建十九局集团公司 中国中铁七局集团公司	二级
16	铁路客运专线综合环保贯通地线施工工法	GJEJGF155－2008	中铁二十五局集团公司	二级
17	双块式无砟轨道组合式轨道排架法施工工法	GJEJGF160－2008	中铁十九局集团公司 北京铁五院工程机械科技开发有限公司	二级
18	高地应力顺层偏压软岩地层条件下隧道施工工法	GJEJGF163－2008	中铁十四局集团公司	二级
19	JQ900A 型架桥机小解体穿越隧道施工工法	GJEJGF165－2008	中铁二十五局集团公司	二级
20	大断面黄土隧道弧形导坑法施工工法	EJGF166－2008	中铁二十三局集团公司	二级
21	滨海地区软土地质网格式水冲法双排大口径顶管施工工法	EJGF170－2008	中铁十六局集团公司 中铁二十四局集团公司	二级
22	混合花岗岩固结灌浆施工工法	EJGF171－2008	中铁十四局集团公司	二级
23	铁路客运专线 900 吨架桥机及 13.4 米宽箱梁过隧道施工工法	EJGF188－2008	中铁二十一局集团公司 中铁二十二局集团公司	二级
24	上行式移动模架过空跨制架预应力混凝土连续梁工法	EJGF194－2008	中铁二十五局集团公司	二级
25	巨型石材铺装施工工法	EJGF213－2008	中铁十六局集团公司 中国土木工程集团公司	二级
26	CFZ－1500 型冲击反循环钻机钻孔桩施工工法	SJGF009－2008（原编号 YJGF11－2000）	中铁十五局集团公司	升级版
27	TB880E 型隧道掘进机（TBM）施工工法	SJGF031－2008（原编号 YJGF12－2000）	中铁十八局集团公司	升级版
28	混凝土施工缝 SEM 弥合防水砂浆施工工法	SJGF032－2008（原编号 YJGF33－2000）	中铁二十局集团公司	升级版

制表：李庆民

中国铁建2009年度省部级工法项目汇总表

序号	工法名称	工法编号	开发单位	认定机构
1	高速铁路转辙设备安装施工工法	129	中铁十一局集团公司	湖北省
2	时速250公里接触网全补偿Ⅱ型弹性链型悬挂安装施工工法	130	中铁十一局集团公司	湖北省
3	复合式土压平衡盾构机穿越长距离浅埋全断面富水沙层施工工法	131	中铁十一局集团公司	湖北省
4	小半径螺旋曲线隧道线性控制工法	SJGF09－12－72	中铁十二局集团一公司	山西省
5	软弱围岩小半径螺旋曲线隧道施工工法	SJGF09－12－73	中铁十二局集团一公司	山西省
6	双线铁路隧道穿越既有线铁路施工工法	SJGF09－12－74	中铁十二局集团一公司	山西省
7	长大隧道无轨运输快速施工工法	SJGF09－12－79	中铁十二局集团一公司	山西省
8	高瓦斯隧道二衬耐腐蚀气密性混凝土施工工法	SJGF09－12－75	中铁十二局集团一公司	山西省
9	铁路客运专线高液限全风化花岗岩改良土施工工法	SJGF09－12－94	中铁十二局集团一公司	山西省
10	变质岩承压水隧道施工工法	SJGF09－12－80	中铁十二局集团二公司	山西省
11	大断面水平岩层隧道施工工法	SJGF09－12－81	中铁十二局集团二公司	山西省
12	铁路客运专线满布支架现浇连续箱梁施工工法	SJGF09－12－62	中铁十二局集团二公司	山西省
13	铁路64米钢桁梁浮拖法架设工法	SJGF09－12－63	中铁十二局集团二公司	山西省
14	处理隧道塌穴施工工法	SJGF09－12－82	中铁十二局集团二公司	山西省
15	超浅埋大直径泥水盾构整机始发施工工法	SJGF09－12－76	中铁十二局集团二公司	山西省
16	大跨度深基坑可移动整体大模板侧墙施工工法	SJGF09－12－77	中铁十二局集团二公司	山西省
17	三台阶七步开挖施工工法	SJGF09－12－78	中铁十二局集团二公司	山西省
18	CFG桩复合地基土模旋切截桩现浇桩帽施工工法	SJGF09－12－95	中铁十二局集团三公司	山西省
19	大断面单洞双线变双洞单线隧道施工工法	SJGF09－12－83	中铁十二局集团三公司	山西省
20	高寒地区隧道冬季施工工法	SJGF09－12－84	中铁十二局集团三公司	山西省
21	移动式钢筋存料棚施工技术工法	SJGF09－12－24	中铁十二局集团三公司	山西省
22	深长高压旋喷桩双管法施工工法	SJGF09－12－96	中铁十二局集团四公司	山西省
23	TYYGZ－I型双块式无砟轨道整体道床施工工法	SJGF09－12－97	中铁十二局集团四公司	山西省
24	多用途浮箱浮运拆除梁体施工工法	SJGF09－12－64	中铁十二局集团四公司	山西省
25	区间接触网成锚段更换施工工法	SJGF09－12－111	中铁十二局集团电化工程公司	山西省
26	地铁环境与设备监控系统施工工法	SJGF09－12－112	中铁十二局集团电化工程公司	山西省
27	地铁750伏直流供电系统试验调试施工工法	SJGF09－12－113	中铁十二局集团电化工程公司	山西省
28	电缆绝缘穿刺连接器的制作工法	SJGF09－12－114	中铁十二局集团电化工程公司	山西省

续表

序号	工 法 名 称	工法编号	开发单位	认定机构
29	整体道床路基“四电”专业管道预埋施工工法	SJGF09－12－116	中铁十二局集团电化工程公司	山西省
30	综合接地系统施工工法	SJGF09－12－117	中铁十二局集团电化工程公司	山西省
31	确保远距离供电线路运行安全维护工法	SJGF09－12－115	中铁十二局集团电化工程公司	山西省
32	支架法节段现浇铁路客运专线连续梁施工工法	SJGF09－12－65	中铁十二局集团七公司	山西省
33	CRTSⅠ型双块式无砟轨道轨枕环形流水线制造工法	TGBJGF－07－08－001	中铁十二局集团一公司	铁道部
34	冲击钻孔桩深基坑防护施工工法	TGBJGF－07－08－027	中铁十二局集团一公司	铁道部
35	RPD－150C型多功能钻机超前钻探施工工法	TGBJGF－07－08－057	中铁十二局集团二公司	铁道部
36	CRTSⅡ型双块式无砟轨道施工工法	TGBJGF－07－08－007	中铁十二局集团二公司	铁道部
37	第四系中更新统（Q2）粘质黄土夹钙质结核土层中CFG桩施工工法	TGBJGF－07－08－025	中铁十二局集团三公司	铁道部
38	3000型液压提升平台翻模施工工法	TGBJGF－07－08－047	中铁十二局集团三公司	铁道部
39	张弦梁张拉测试与吊装工法	TGBJGF－07－08－050	中铁十二局集团建筑安装工程公司	铁道部
40	高瓦斯隧道二衬耐腐蚀气密性混凝土施工工法	TGBJGF－07－08－121	中铁十二局集团一公司	铁道部
41	大跨度深基坑可移动整体大模板侧墙施工工法	TGBJGF－07－08－122	中铁十二局集团二公司	铁道部
42	三台阶七步开挖施工工法	TGBJGF－07－08－119	中铁十二局集团二公司	铁道部
43	CFG桩复合地基土模旋切截桩现浇桩帽施工工法	TGBJGF－07－08－090	中铁十二局集团三公司	铁道部
44	TYYGZ－Ⅰ型双块式无砟轨道整体道床施工工法	TGBJGF－07－08－082	中铁十二局集团四公司	铁道部
45	多用途浮箱浮运拆除梁体施工工法	TGBJGF－07－08－116	中铁十二局集团四公司	铁道部
46	复杂地质承重式地下连续墙施工工法	TGBJGF－07－08－124	中铁十二局集团建筑安装工程公司	铁道部
47	区间接触网成锚段更换施工工法	TGBJGF－07－08－132	中铁十二局集团电化工程公司	铁道部
48	综合接地系统施工工法	TGBJGF－07－08－136	中铁十二局集团电化工程公司	铁道部
49	支架法节段现浇客运专线连续梁施工工法	TGBJGF－07－08－102	中铁十二局集团七公司	铁道部
50	富水千枚岩大断面公路隧道快速施工工法		中铁十二局集团二公司	交通运输部
51	浅埋偏压地段双连拱公路隧道施工工法		中铁十二局集团二公司	交通运输部
52	峡谷条件下430米跨度上承式钢管混凝土拱桥双拱肋无风缆节段拼装工法	2007－2008－1	中铁十三局集团公司	吉林省
53	铁路客运专线40米预应力混凝土连续箱梁多点顶推架设工法	2007－2008－6	中铁十三局集团公司	吉林省
54	软塑粘土地层大断面浅埋隧道微台阶施工工法	2007－2008－2	中铁十三局集团公司	吉林省

续表

序号	工法名称	工法编号	开发单位	认定机构
55	特大断面地下洞室空间分区交错施工工法	2007 - 2008 - 10	中铁十三局集团公司	吉林省
56	大跨变截面栓焊结构钢管桁架拱肋施工工法	2007 - 2008 - 12	中铁十三局集团公司	吉林省
57	城市轨道交通下行式架桥机节段胶拼箱梁施工工法	2007 - 2008 - 9	中铁十三局集团公司	吉林省
58	船闸人字闸门安装施工工法	2007 - 2008 - 13	中铁十三局集团公司	吉林省
59	45 米宽幅斜拉桥阶段主梁前支后吊移动平台施工工法	2009 - 117	中铁十三局集团公司	交通运输部
60	大跨度变截面栓焊结构钢桁架拱肋加工制作工法	2009 - 118	中铁十三局集团公司	交通运输部
61	无砟轨道铁路客运专线路基施工及沉降控制工法	证书尚未颁发	中铁十四局集团公司	山东省
62	时速 350 公里铁路客运专线 CFG 桩复合地基处理施工工法	证书尚未颁发	中铁十四局集团公司	山东省
63	高地应力隧洞建筑岩爆防治施工工法	证书尚未颁发	中铁十四局集团公司	山东省
64	隧洞高压大流量裂隙水治理施工工法	证书尚未颁发	中铁十四局集团公司	山东省
65	CRD 暗挖隧洞分离式台车衬砌工法	证书尚未颁发	中铁十四局集团公司	山东省
66	内贴加强环隧道支护开口施工工法	证书尚未颁发	中铁十四局集团公司	山东省
67	钢管隔断桩施工工法	证书尚未颁发	中铁十四局集团公司	山东省
68	无砟轨道铁路客运专线路基施工及沉降控制工法	TJBJGF - 07. 08 - 091	中铁十四局集团公司	铁道部
69	真空一堆载联合预压处理桥头软基施工工法	EJGF12 - 2008	中铁十五局集团公司	河南省
70	铁路客运专线 16 米多片式 T 梁架设施工工法	EJGF382008	中铁十五局集团公司	河南省
71	钢纤维混凝土施工工法	EJGF08 - 2008	中铁十五局集团公司	河南省
72	高填方路堤加筋土路肩挡土墙施工工法	EJGF09 - 2008	中铁十五局集团公司	河南省
73	海相沉积软土地层钻孔灌注桩桩端后压浆补强施工工法	EJGF11 - 2008	中铁十五局集团公司	河南省
74	DSZ32 米/900 吨型上行式移动模架原位整孔制造双线铁路箱梁施工工法	2007 - 16G 工字 03	中铁十六局集团公司	铁道部
75	200 公里时速弹性整体道床施工工法	2007 - 16G 工字 04	中铁十六局集团公司	铁道部
76	百米高墩外翻内爬模施工工法	GGG（京）C2 - 2009	中铁十六局集团公司	交通运输部
77	吹砂填筑深层软土路基施工工法	GGG（京）A1 - 2009	中铁十六局集团公司	交通运输部
78	双幅 T 构桥跨越电气化铁路同联单步转体施工工法	SJGF09 - 12 - 60	中铁十七局集团三公司	交通运输部
79	小半径曲线连续刚构悬臂现浇施工工法	SJGF09 - 12 - 61	中铁十七局集团五公司	交通运输部
80	隧道掘进水压光面爆破施工工法	SJGF09 - 12 - 71	中铁十七局集团五公司	山西省

续表

序号	工 法 名 称	工法编号	开发单位	认定机构
81	Rheda2000 无砟轨道道床板施工工法	SJGF09－12－86	中铁十七局集团二公司	山西省
82	真空—堆载联合预压加固软土地基施工工法	SJGF09－12－92	中铁十七局集团二公司 中铁十七局集团公司	山西省
83	LSM 大粒径沥青碎石柔性基层施工工法	SJGF09－12－93	中铁十七局集团三公司	山西省
84	光纤复合架空地线架设施工工法	SJGF09－12－109	中铁十七局集团电气化工程公司	山西省
85	CRTSⅡ型无砟轨道板长线台座制造工法	TJBJGF－07·08－009	中铁十七局集团公司	铁道部
86	CRTSⅡ型板式轨道板施工工法	TJBJGF－07·08－010	中铁十七局集团公司	铁道部
87	CRTSⅡ型板式无砟轨道水泥沥青砂浆施工工法	TJBJGF－07·08－011	中铁十七局集团公司	铁道部
88	CRTSⅡ型板式无砟轨道精调工法	TJBJGF－07·08－012	中铁十七局集团公司	铁道部
89	CRTSⅡ型板式无砟轨道混凝土底座板施工工法	TJBJGF－07·08－013	中铁十七局集团公司	铁道部
90	铁路客运专线 900 吨级简支箱梁运输架设施工工法	TJBJGF－07·08－036	中铁十七局集团公司	铁道部
91	铁路客运专线 CRTS－Ⅰ型单元式无粘结后张预应力轨道板预制施工工法	SJGF09－12－89 TJBJGF－07·08－077	中铁十七局集团一公司 中铁十七局集团公司	山西省 铁道部
92	铁路客运专线 CRTSⅠ型双块式无砟轨道组合式轨道排架法铺设工法	SJGF09－12－90 TJBJGF－07·08－080	中铁十七局集团二公司 中铁十七局集团公司	山西省 铁道部
93	架空收折式移动平台施工钢筋混凝土箱梁施工工法	SJGF09－12－59 TJBJGF－07·08－099	中铁十七局集团二公司 中铁十七局集团公司	山西省 铁道部
94	钢索塔平面拼装整体竖转施工工法	SJGF09－12－58 TJBJGF－07·08－114	中铁十七局集团二公司 中铁十七局集团公司	山西省 铁道部
95	富水厚砂层深基坑桩锚围护结构施工工法	SJGF09－12－70 TJBJGF－07·08－123	中铁十七局集团一公司 中铁十七局集团公司	山西省 铁道部
96	潮汐地区深水长桩施工工法	TJBJGF－07.08－028	中铁十八局集团公司	铁道部
97	铁路客运专线 CRTSⅡ型双块式无砟轨道排架法施工工法	TJBJGF－07.08－083	中铁十八局集团公司	铁道部
98	铁路客运专线 18 号板式道岔板铺设施工工法	TJBJGF－07.08－086	中铁十八局集团公司	铁道部
99	铁路客运专线 CRTSⅡ型双块式无砟轨道成套机械化施工工法	TJBJGF－07.08－081	中铁十八局集团公司	铁道部
100	铁路客运专线 TLJ－900 型架桥机及 12 米宽预制箱梁过隧道施工工法	TJBJGF－07.08－106	中铁十八局集团公司	铁道部
101	提篮拱卧拼提升竖转施工工法	TJBJGF－07.08－113	中铁十八局集团公司	铁道部
102	大跨度斜拉桥单点平铰水平转体施工工法	TJBJGF－07.08－115	中铁十八局集团公司	铁道部
103	铁路客运专线 32 米后张法简支箱梁预制施工工法	TJBJGF－07.08－031	中国铁建十八局集团公司 中国铁建十九局集团公司 中国中铁二局集团公司	铁道部

续表

序号	工法名称	工法编号	开发单位	认定机构
104	高寒、缺氧、强辐射环境下钢结构加工制作重防腐施工工法	TJBJGF－07. 08－054	中铁十八局集团公司	铁道部
105	轻轨基础托换施工工法	TJGF010－2008	中铁十八局集团五公司 天津滨海新区投资控股有限公司	铁道部
106	双块式无砟轨道工具轨法施工工法	TJGF019－2008	中铁十八局集团五公司	铁道部
107	困难条件下换铺75千克/米SC381提速道岔施工工法	部级工法	中铁十九局集团公司	铁道部
108	铁路客运专线预制箱梁后浇翼缘板施工工法	部级工法	中铁十九局集团公司	铁道部
109	软基条件下高速公路路基拼接（拓宽）施工工法	辽宁省工法	中铁十九局集团公司	辽宁省
110	城市大断面隧道正台阶轻扰动钻爆施工工法	辽宁省工法	中铁十九局集团公司	辽宁省
111	16米净空内22万伏高压线下地下连续墙施工工法	辽宁省工法	中铁十九局集团公司	辽宁省
112	可调式双管双液注浆堵漏施工工法	辽宁省工法	中铁十九局集团公司	辽宁省
113	地质钻引孔配合二重管旋喷桩实施桩间止水帷幕施工工法	辽宁省工法	中铁十九局集团公司	辽宁省
114	2×600兆瓦燃煤机组石灰石—石膏湿法脱硫吸收塔安装工法	辽宁省工法	中铁十九局集团公司	辽宁省
115	2×600兆瓦燃煤机组石灰石—石膏湿法脱硫回转式烟气换热器安装工法	辽宁省工法	中铁十九局集团公司	辽宁省
116	深基坑支护钢管支撑施工工法		中铁二十局集团一公司	陕西省
117	沈阳地铁富水砂质地层浅埋暗挖施工工法		中铁二十局集团四公司	陕西省
118	单塔无背索斜拉桥劲性混凝土整体提升模板体系施工工法		中铁二十局集团六公司	陕西省
119	南水北调渠道薄壁混凝土衬砌施工工法		中铁二十局集团五公司	陕西省
120	组合型钢“拱桥式”结构跨越隧道斜井喇叭口施工工法		中铁二十局集团公司	陕西省
121	铁路客运专线900吨架桥机及13.4米宽箱梁过隧道施工工法	TJBJGF－07. 08－107	中铁二十一局集团公司	铁道部
122	水资源保护区深水钢吊箱施工工法	TJBJGF－07. 08－108	中铁二十一局集团公司	铁道部
123	天然洞石幕墙干挂施工工法	TJBJGF－07. 08－126	中铁二十一局集团公司	铁道部
124	跨既有电气化铁路人行天桥现浇梁体施工工法	TJBJGF－07. 08－103	中铁二十一局集团公司	铁道部
125	单线隧道弓形腕臂施工工法	TJBJGF－07. 08－133	中铁二十一局集团公司	铁道部
126	青藏铁路多年冻土区房屋基础施工工法	TJBJGF－07. 08－125	中铁二十一局集团公司	铁道部
127	青藏高原多年冻土区房屋建筑施工工法	甘肃省工法	中铁二十一局集团二公司	甘肃省
128	大直径石质通风竖井混凝土衬砌滑膜施工工法	甘肃省工法	中铁二十一局集团三公司	甘肃省

续表

序号	工 法 名 称	工法编号	开发单位	认定机构
129	铁路客运专线路桥过渡段施工工法	甘肃省工法	中铁二十一局集团五公司	甘肃省
130	格构式接触网硬横跨全过程施工工法	甘肃省工法	中铁二十一局集团电务电化工程公司	甘肃省
131	110 千伏牵引变电所调试工法	甘肃省工法	中铁二十一局集团电务电化工程公司	甘肃省
132	堆石（卵石）混凝土施工工法	XJGF39 – 2008	中铁二十一局集团一公司	甘肃省
133	防风吹雪走廊系统施工工法	XJGF4 – 2008	中铁二十一局集团一公司	甘肃省
134	时速 350 公里客运专线 32 米无砟轨道后张法预应力混凝土箱梁施工工法	TJBJGF – 07 · 08 – 033	中铁二十二局集团公司	铁道部
135	预应力混凝土连续箱梁横向顶推施工工法	TJBJGF – 07 · 08 – 042	中铁二十二局集团公司	铁道部
136	全自动液压整体内模移动模架工法	TJBJGF – 07 · 08 – 043	中铁二十二局集团公司	铁道部
137	客货共线铁路简支 T 梁架设施工工法	TJBJGF – 07 · 08 – 046	中铁二十二局集团公司	铁道部
138	隧道内 CRTSII 型双块式无砟轨道施工工法	TJBJGF – 07 · 08 – 008	中铁二十三局集团公司	铁道部
139	铁路客运专线 900 吨级简支箱梁运输架设施工工法	TJBJGF – 07 · 08 – 036	中铁二十三局集团公司	铁道部
140	大断面黄土隧道弧型导坑二台阶四步开挖施工工法	TJBJGF – 07 · 08 – 061	中铁二十三局集团公司	铁道部
141	大断面黄土隧道弧型导坑法施工工法	TJBJGF – 07 · 08 – 062	中铁二十三局集团公司	铁道部
142	磁悬浮预应力钢筋混凝土复合轨道梁制作工法	SCGF 003 – 2008	中铁二十三局集团公司	四川省
143	大断面黄土隧道弧形导坑两台阶四步开挖施工工法	SCGF 012 – 2008	中铁二十三局集团公司	四川省
144	铁路客运专线整孔 32 米/900 吨箱梁运架施工工法	SCGF 015 – 2008	中铁二十三局集团公司	四川省
145	大断面湿陷性黄土隧道下穿构筑物施工工法	SCGF 023 – 2008	中铁二十三局集团公司	四川省
146	跨座式单轨 PC 轨道梁预制工法	SCGF 027 – 2008	中铁二十三局集团公司	四川省
147	CRTSII 型双块式无砟轨道施工工法	SCGF 041 – 2008	中铁二十三局集团公司	四川省
148	铁路客运专线 CRTSII 型双块式无砟轨道施工测量工法	SCGF 057 – 2008	中铁二十三局集团公司	四川省
149	大断面黄土隧道弧形导坑法施工工法	SCGF 073 – 2008	中铁二十三局集团公司	四川省
150	铁路客运专线 CPIII 基桩控制网测设工法	SCGF 097 – 2008	中铁二十三局集团公司	四川省
151	轻型吊架安装悬挑钢梁施工工法		中铁二十四局集团公司	福建省
152	炮孔填塞水袋隧道水压爆破施工工法	RJGF（闽） – 1 – 2009	中铁二十四局集团公司	福建省
153	ZQM1590 移动模架造桥机制梁施工工法	RJGF（闽） – 2 – 2009	中铁二十四局集团公司	福建省
154	低高度便梁加固斜交小半径曲线施工工法	TJBJGF – 07 · 08 – 049	中铁二十四局集团公司	铁道部
155	铁路槽型梁膺架现浇施工工法	TJBJGF – 07 · 08 – 104	中铁二十四局集团公司	铁道部

续表

序号	工法名称	工法编号	开发单位	认定机构
156	索梁体系无站台柱雨棚钢结构安装施工工法	TJBJGF－0708－065	中铁二十五局集团公司	铁道部
157	JQ900A型架桥机小解体过隧道及重新组装施工工法	TJBJGF－0708－109	中铁二十五局集团公司	铁道部
158	城际铁路单箱双室箱梁快速预制工法	TJBJGF－0708－098	中铁二十五局集团公司	铁道部
159	上行式移动模架过空跨制架预应力混凝土连续梁工法	GDGF102－2008	中铁二十五局集团公司	广东省
160	铁路客运专线综合环保贯通地线施工工法	GDGF103－2008	中铁二十五局集团公司	广东省
161	基坑可拆卸复合材料面板土钉支护施工工法		中铁建设集团公司 温州中城建设集团公司	北京市
162	电气化铁路二线隧道爆破掘进安全快速施工工法	TJBJGF－07.08－063	中铁第五勘察设计院集团公司	铁道部
163	高速公路循环水灌法填砂路基施工工法		中铁十四局集团公司 中国建筑第七工程局有限公司 中建七局（上海）有限公司 邢台路桥建设总公司	交通运输部
164	高墩大跨连续钢构桥无提升支架翻模施工工法		中铁十四局集团公司 中铁十七局集团三公司	交通运输部
165	混凝土底板单壁钢吊箱滩海高桩承台施工工法		中铁二十四局集团公司	交通运输部
166	110米跨钢混组合连续梁上部结构施工工法		中铁十九局集团二公司	交通运输部
167	C50机制砂超高泵送混凝土施工工法		中铁二十局集团公司	交通运输部
168	连续钢箱梁逐段拼装空间曲线顶推工法		中铁二十局集团公司	交通运输部
169	钢筋混凝土箱梁架空收折式移动平台施工工法		中铁十七局集团二公司	交通运输部
170	公路隧道超大直径深竖井施工工法		中交隧道工程局有限公司 中铁二十局集团二公司	交通运输部
171	4车道大跨度扁坦公路隧道施工工法		中铁二十一局集团公司	交通运输部
172	竖井工程分瓣式机械一体化滑膜衬砌施工工法		中交隧道工程局有限公司 中铁二十局集团二公司 中铁二十一局集团公司	交通运输部

制表：李庆民

2009年度中国铁建优秀工法项目表

序号	工法名称	开发单位	等级
1	特大体量隐伏岩溶泄水消能工法	中铁十一局集团公司	一等
2	既有线临近隧道爆破掘进安全快速施工工法	中铁十一局集团三公司	一等
3	背索平衡单边悬臂灌筑梁体施工工法	中铁十一局集团公司	一等
4	小半径螺旋曲线隧道线性控制施工工法	中铁十二局集团一公司	一等
5	双线铁路隧道穿越既有线铁路施工工法	中铁十二局集团公司	一等
6	超浅埋大直径泥水盾构整机始发施工工法	中铁十二局集团公司	一等

续表

序号	工 法 名 称	开 发 单 位	等级
7	大直径高精度钢筋混凝土管片预制施工工法	中铁十二局集团二公司	一等
8	大跨度深基坑可移动整体大模板侧墙施工工法	中铁十二局集团公司	一等
9	大断面单洞双线变双洞单线隧道施工工法	中铁十二局集团三公司	一等
10	TYYGZ－I 型双块式无砟轨道整体道床施工工法	中铁十二局集团公司	一等
11	特大断面地下洞室空间分区交错施工工法	中铁十三局集团公司	一等
12	大跨度变截面栓焊结构钢桁架拱肋加工制作工法	中铁十三局集团一公司 中国铁建股份公司	一等
13	隧洞高压大流量裂隙水治理施工工法	中铁十四局集团公司	一等
14	HS900B 变幅式架桥机架设 32 米整孔箱梁施工工法	中铁十五局集团公司	一等
15	城市大跨度双连拱隧道三导洞加横通道快速施工工法	中铁十五局集团公司 中国铁建股份公司	一等
16	高原高寒草原地区植被防护及恢复施工工法	中铁十六局集团公司 中国铁建股份公司	一等
17	CRTS－Ⅱ型双块式轨枕生产制造工法	中铁十六局集团公司	一等
18	富水厚砂层深基坑桩锚围护结构施工工法	中铁十七局集团一公司	一等
19	钢筋混凝土箱梁架空收折式移动平台施工工法	中铁十七局集团二公司	一等
20	钢索塔平面拼装整体竖转施工工法	中铁十七局集团二公司	一等
21	双幅 T 构桥跨越电气化铁路同步转体施工工法	中铁十七局集团三公司 中国铁建股份公司	一等
22	铁路客运专线 CRTS－Ⅱ型轨道板精调工法	中铁十七局集团一公司	一等
23	铁路客运专线 CRTS－Ⅱ型板式无砟轨道混凝土底座板施工工法	中铁十七局集团一公司	一等
24	CRTS－Ⅱ型板式无砟轨道水泥沥青砂浆施工工法	中铁十七局集团三公司	一等
25	TB880E 型隧道掘进机整机修复改进工法	中铁十八局集团公司	一等
26	敞开式 TBM 掘进与二次衬砌同步施工工法	中铁十八局集团公司	一等
27	大断面 TBM 组装洞室施工工法	中铁十八局集团公司	一等
28	大断面敞开式 TBM 洞内组装工法	中铁十八局集团公司	一等
29	桩基钢筋笼采用分体式钢筋等强度剥肋滚压直螺纹套筒连接快速施工工法	中铁十八局集团公司 中国建筑科学研究院建筑机械化研究分院	一等
30	自锚式桁吊组合全焊钢结构桥施工工法	中铁十八局集团公司	一等
31	淤泥质地层井点降水施工工法	中铁十九局集团公司	一等
32	复杂环境条件下城市隧道低振幅控制爆破施工工法	中铁二十局集团三公司 中国铁建股份公司	一等
33	大直径石质通风竖井混凝土衬砌滑模施工工法	中铁二十一局集团公司	一等
34	堆（卵）石混凝土工法	中铁二十一局集团公司	一等
35	防治风吹雪走廊施工工法	中铁二十一局集团公司	一等
36	城市轨道交通先隧后站逆序施工工法	中铁二十二局集团公司	一等
37	铁路客运专线 CRTS－Ⅰ型板式无砟轨道长轨铺设施工工法	中铁二十二局集团二公司	一等

续表

序号	工 法 名 称	开 发 单 位	等级
38	单元板式无砟轨道综合施工测量工法	中铁二十三局集团公司	一等
39	混凝土底板单壁钢吊箱滩海高桩施工工法	中铁二十四局集团公司	一等
40	炭质片岩松散破碎危岩地段隧道施工工法	中铁二十五局集团公司	一等
41	大跨度网架累积提升施工工法	中铁建设集团公司	一等
42	时速 350 公里铁路客运专线额定恒张力架设接触线施工工法	中铁建电气化局集团公司	一等
43	铁路抢修高墩液压顶升施工工法	中铁第五勘察设计院集团公司 铁道战备舟桥处 中国铁建股份公司	一等
44	反坡追排水、长距离管道抽淤施工工法	中铁十一局集团公司	二等
45	时速 250 公里铁路客运专线无砟轨道铁路大跨度刚构桥斜腿竖向转体施工工法	中铁十一局集团公司	二等
46	长大隧道无轨运输快速施工工法	中铁十二局集团公司	二等
47	变质岩承压水隧道施工工法	中铁十二局集团公司	二等
48	大断面水平围岩隧道施工工法	中铁十二局集团公司	二等
49	富水千枚岩大断面公路隧道快速施工工法	中铁十二局集团公司	二等
50	铁路隧道单线改双线施工工法	中铁十二局集团二公司	二等
51	30°三重管高压摆喷防渗墙施工工法	中铁十二局集团二公司	二等
52	超浅埋大断面隧道明暗结合施工工法	中铁十二局集团公司	二等
53	膨胀土隧道施工工法	中铁十二局集团公司	二等
54	隧道净空三维变形非接触式量测工法	中铁十二局集团公司	二等
55	多用途浮箱浮运拆除钢梁施工工法	中铁十二局集团公司	二等
56	深长高压旋喷桩双管法施工工法	中铁十二局集团公司	二等
57	深埋隧洞竖井混凝土垂直运输施工工法	中铁十三局集团一公司	二等
58	寒冷地区船闸人字闸门安装施工工法	中铁十三局集团四公司	二等
59	内贴加强环隧道支护开口施工工法	中铁十四局集团公司	二等
60	钢管桩隔断施工工法	中铁十四局集团公司	二等
61	无砟轨道铁路客运专线路基施工及沉降控制工法	中铁十四局集团公司	二等
62	盾构超小曲线半径隧道施工工法	中铁十六局集团公司	二等
63	复合型上承式钢筋混凝土箱形拱桥施工工法	中铁十六局集团公司 中国土木工程集团公司	二等
64	铁路 V 型墩连续刚构桥转体施工工法	中铁十六局集团公司	二等
65	现浇无粘结预应力轻质管空心楼板施工工法	中铁十六局集团公司 中国土木工程集团公司	二等
66	精装修沥粉贴金施工工法	中铁十六局集团公司	二等
67	小半径曲线连续刚构悬臂现浇施工工法	中铁十七局集团五公司	二等
68	LSM 大粒径沥青碎石柔性基层施工工法	中铁十七局集团三公司	二等
69	CRTS－Ⅱ型板式无砟轨道施工工法	中铁十七局集团二公司	二等
70	铁路客运专线 CRTS－Ⅰ型双块式无砟轨道组合式排架法铺设工法	中铁十七局集团二公司	二等
71	光纤复合架空地线架设施工工法	中铁十七局集团电气化工程公司	二等
72	山岭隧道反坡长大涌水带快速掘进施工工法	中铁十八局集团隧道工程公司	二等
73	全自动、脉冲式、全天候预制梁板喷淋养生系统施工工法	中铁十八局集团公司	二等

续表

序号	工 法 名 称	开 发 单 位	等级
74	曲线双向不对称变宽连续箱梁悬灌施工工法	中铁十九局集团公司	二等
75	渗水管线下富水砂质地层浅埋暗挖施工工法	中铁二十局集团四公司	二等
76	薄壁高墩大块翻模施工工法	中铁二十局集团四公司	二等
77	跨越既有线电气化铁路门式墩D便梁施工工法	中铁二十局集团四公司	二等
78	单塔无背索斜拉桥劲性混凝土整体提升模板体系施工工法	中铁二十局集团六公司	二等
79	既有线大跨度钢桁架结构低温条件下安装施工工法	中铁二十一局集团二公司	二等
80	高架大截面预应力框架梁施工工法	中铁二十一局集团二公司	二等
81	流动沙丘地带铁路路基边坡防护施工工法	中铁二十一局集团二公司	二等
82	斜拉三角挂篮悬臂浇筑预应力混凝土连续梁施工工法	中铁二十二局集团一公司	二等
83	深水承台复合钢板桩围堰施工工法	中铁二十二局集团六公司	二等
84	小半径螺旋隧道施工通风工法	中铁二十三局集团公司	二等
85	石砌旧拱桥加固施工工法	中铁二十三局集团三公司	二等
86	薄壁空心高墩收分式滑模施工工法	中铁二十三局集团三公司	二等
87	铁路客运专线轨枕埋入式大号码无砟道岔施工工法	中铁二十三局集团二公司	二等
88	SL－50/1500下承自行式移动模架造桥机施工多跨PC连续箱梁工法	中铁二十四局集团公司	二等
89	跟管钻进法超长管棚施工工法	中铁二十五局集团公司	二等
90	超高A形清水钢筋混凝土塔柱施工工法	中铁建设集团公司	二等
91	大跨度现浇预应力清水混凝土竖向弧形箱梁施工工法	中铁建设集团公司	二等
92	淤泥地基高路堤条件下冲孔灌注桩施工工法	中铁建设集团公司	二等
93	利用机器人检测清洗中央空调施工工法	中铁建设集团公司	二等
94	高大空间球形网架内照明系统施工工法	中铁建设集团公司	二等
95	时速350公里铁路客运专线接触网弹性悬挂安装调整施工工法	中铁建电气化局集团公司	二等

制表：李庆民

2009年度中国铁建获国家勘察设计“四优”奖项目表

序号	项 目 名 称	完 成 单 位	奖励等级	获奖类别
1	青藏铁路多年冻土区工程地质勘察	中铁第一勘察设计院集团公司	金质奖	全国优秀工程勘察
2	青藏铁路格尔木至拉萨段总体设计	中铁第一勘察设计院集团公司	金质奖	全国优秀工程设计
3	青藏铁路拉萨站站房	中铁第一勘察设计院集团公司	金质奖	全国优秀工程设计
4	包茂高速公路秦岭终南山特长隧道综合工程设计	中铁第一勘察设计院集团公司	银质奖	全国优秀工程设计
5	浙赣铁路电气化改造工程	中铁第四勘察设计院集团公司	铜质奖	全国优秀工程设计

制表：程博华

2009年度中国铁建获省部级勘察设计“四优”奖项目汇总表

序号	项 目 名 称	完 成 单 位	评选单位	奖励等级
	优秀工程勘察			
1	郑西铁路客运专线（省界至咸阳西段）无砟轨道工程控制网测量	中铁第一勘察设计院集团公司	陕西省	一等奖
2	武汉天兴洲公铁两用长江大桥施工控制网监理测量	中铁第一勘察设计院集团公司	陕西省	三等奖
3	江西丰城电厂二期扩建工程铁路专用线赣江大桥定测阶段工程地质勘察	中铁上海设计院集团公司	江西省	三等奖
	优秀工程设计			
4	上海轨道交通6号线港城路车辆段设计	中铁第一勘察设计院集团公司	陕西省	一等奖
5	北京地铁10号线苏黄区间超大断面“PBA”法设计	中铁第一勘察设计院集团公司	陕西省	一等奖
6	杭州市秋石快速路一期工程（石德立交—石石立交）设计	中铁第一勘察设计院集团公司	陕西省	一等奖
7	广州南沙开发区亭角立交工程	中铁第四勘察设计院集团公司	湖北省	一等奖
8	厦门市快速公交系统（BRT）一期工程1号线	中铁第四勘察设计院集团公司	湖北省	一等奖
9	上海市轨道交通6号线通信系统（含监控、自动售检票）工程	中铁上海设计院集团公司	上海市	一等奖
10	北京地铁10号线一期双井站	中铁第一勘察设计院集团公司	陕西省	二等奖
11	上海市中环线汶水路高架东段工程设计	中铁第一勘察设计院集团公司	陕西省	二等奖
12	银川市丽兴路跨线立交工程	中铁第一勘察设计院集团公司	陕西省	二等奖
13	南昌市昌南大道跨京九线、南莲路高架桥（合作项目）	中铁上海设计院集团公司	江西省	二等奖
14	兰州大学中子实验室工程设计	中铁第一勘察设计院集团公司	甘肃省	三等奖
15	北京地铁10号线劲松车站设计	中铁第一勘察设计院集团公司	陕西省	三等奖
16	武昌铁路旅客站房空调通风系统	中铁第四勘察设计院集团公司	湖北省	三等奖
17	上海轨道交通6号线声屏障工程	中铁上海设计院集团公司	中国勘察设计协会	三等奖
18	上海轨道交通1号线富锦路停车场	中铁上海设计院集团公司	上海市	三等奖
	优秀工程设计软件			
19	勘察设计协同作业平台系统	中铁第四勘察设计院集团公司	湖北省	一等奖
20	铁路客运专线客车开行方案优化研究及软件开发	中铁第四勘察设计院集团公司	湖北省	三等奖

制表：程博华

2009年度中国铁建勘察设计“四优”奖项目表

序号	项 目 名 称	完 成 单 位	奖励等级
	优秀工程勘察		
1	合肥至南京铁路客运专线铁路精密控制测量	中铁第四勘察设计院集团公司	一等奖
2	京广铁路南岭隧道岩溶病害工程地质勘察	中铁第四勘察设计院集团公司	二等奖
	优秀工程设计		
1	溪洛渡对外交通专用公路金沙江特大桥设计	中铁第一勘察设计院集团公司	一等奖
2	新丰镇编组站改扩建信号工程设计	中铁第一勘察设计院集团公司	一等奖
3	新建西安南京线合肥至南京铁路	中铁第四勘察设计院集团公司	一等奖
4	厦门市快速公交系统（BRT）一期工程一号线岛内段	中铁第四勘察设计院集团公司	一等奖
5	中国铁道建筑总公司综合办公楼	中铁第五勘察设计院集团公司	一等奖
6	绥芬河市新华街立交桥主桥100米+100米预应力混凝土斜拉桥设计	中铁上海设计院集团公司	一等奖
7	昆明东连接线高速公路设计	中铁第一勘察设计院集团公司	二等奖
8	山东惠青黄河公路大桥设计	中铁第一勘察设计院集团公司	二等奖
9	北京地铁10号线苏黄区间超大断面PBA法设计	中铁第一勘察设计院集团公司	二等奖
10	新建铁路敦煌站综合设计	中铁第一勘察设计院集团公司	二等奖
11	北京地铁10号线一期工程双井站设计	中铁第一勘察设计院集团公司	二等奖
12	兰州高新技术创新园区设计	中铁第一勘察设计院集团公司	二等奖
13	西延铁路扩能工程无线列调通信设计	中铁第一勘察设计院集团公司	二等奖
14	上海芦潮港铁路集装箱中心站路基处理工程设计	中铁第四勘察设计院集团公司	二等奖
15	广州市轨道交通4号线大学城专线段主控系统工程	中铁第四勘察设计院集团公司	二等奖
16	广州江村铁路110/10千伏变电站及馈线改造工程	中铁第四勘察设计院集团公司	二等奖
17	改建铁路萧甬线电气化改造工程信号设计	中铁上海设计院集团公司	二等奖
18	西安铁路枢纽新建北环线工程设计（新丰镇至茂陵段）	中铁第一勘察设计院集团公司	三等奖
19	银川市丽兴路跨线立交工程设计	中铁第一勘察设计院集团公司	三等奖
20	新丰镇编组站改扩建工程电气化及电力工程设计	中铁第一勘察设计院集团公司	三等奖
21	新沂至长兴铁路路基工程	中铁第四勘察设计院集团公司	三等奖
22	广深四线K45+260~K47+500软土路堤布袋注浆桩设计	中铁第四勘察设计院集团公司	三等奖
23	河南省郑州至石人山高速公路（郏县至鲁山县段）工程	中铁第四勘察设计院集团公司	三等奖
24	新建杭州动车运用所工程	中铁第四勘察设计院集团公司	三等奖
25	新建武昌南百米定尺焊轨基地工程	中铁第四勘察设计院集团公司	三等奖
26	焦柳铁路石门北至怀化段扩能工程张家界站房	中铁第四勘察设计院集团公司	三等奖
27	苏州工业园区南环路东延工程监控系统	中铁第四勘察设计院集团公司	三等奖
28	苇河至亚布力南（含亚布力南站舍）铁路新建工程	中铁第五勘察设计院集团公司	三等奖

制表：程博华

2009 年度中国铁建优秀科技论文表

序号	论 文 名 称	作　　者	单　　位
	一等奖		
1	深部岩溶隧道溃水特征分析及风险控制	中铁十一局集团公司	张旭东
2	新建客运专线大跨度无柱雨棚钢桁架吊装技术	中铁十一局集团公司	韩宇琪 宋树兵 曹　彬
3	京沪高速铁路凤阳试验段路堤填筑工艺及质量控制试验研究	中铁十二局集团公司	黄直久 王　勇 范廉明
4	大跨度下承钢管混凝土提篮式系杆拱桥系梁施工技术	中铁十二局集团公司	李建康 王福生
5	以色列卡迈尔隧道大跨度双侧壁导坑法施工技术	中铁十二局集团公司	怀平生 陶清兰
6	铁路客运专线高性能混凝土电通量影响因素试验研究	中铁十二局集团公司	王秀芬
7	430 米跨上承式钢管混凝土拱桥拱肋节段双肋整体拼装施工技术	中铁十三局集团公司	袁长春 王学哲 倪梓媛
8	卵石含量高粒径大的富水砂卵石地层盾构机选型研究	中铁十三局集团公司	李海峰
9	铁路客运专线无砟轨道 CPⅢ测量技术	中铁十四局集团公司	张传军
10	南京长江隧道特大直径盾构始发技术研究	中铁十四局集团公司	张士龙
11	大直径盾构隧道预制管片高精度钢模结构形式及精度控制	中铁十四局集团公司	赵　誉
12	移动模架造桥机提前过孔技术的分析及应用	中铁十五局集团公司	吴荣锋
13	海瑞克盾构机盾尾密封漏浆的原因分析及对策	中铁十五局集团公司	张海亮
14	移动式旋臂电动遮板吊装机的制作与应用	中铁十六局集团公司	张永全
15	宜万铁路大支坪隧道 +990 岩溶治理技术	中铁十六局集团公司	李庚许
16	CRTS－Ⅰ型单元式后张预应力无砟轨道板预制技术	中铁十七局集团公司	刘　箭
17	多用途浮箱、中 60 浮箱组合拼装简易混凝土搅拌船的设计与施工	中铁十七局集团公司	郭称龙
18	保阜高速公路跨京广铁路转体桥转体结构施工技术	中铁十七局集团公司	刘继龙
19	SX48/1500 型节段拼装造桥机施工技术	中铁十七局集团公司	李　风
20	硬岩掘进机中心刀改进与修复技术	中铁十八局集团公司	周雁领
21	西秦岭特长铁路隧道敞开式 TBM 施工出砟方式对比分析与选择	中铁十八局集团公司	齐梦学 邓　勇 王雁军
22	浅谈武陵山隧道高瓦斯工区的安全施工技术	中铁十九局集团公司	贾宪伟
23	黄土地区深基坑降水施工研究与实践	中铁二十局集团公司	刘义立 熊兴国

续表

序号	论文名称	作者	单位
24	高桥墩无支架施工技术	中铁二十一局集团公司	张 涛
25	50米移动模架施工连续箱梁的线形控制	中铁二十四局集团公司	黄耀东
26	简易上行式模架在后浇翼缘板箱梁施工中的应用	中铁二十五局集团公司	严国安
27	钢筋混凝土板在顶板早拆体系中应用的受力分析	中铁建设集团公司	韩振宇
28	同程采暖系统与异程采暖系统在节能方面的比较	中铁建设集团公司	孟繁勇
29	铁路客运专线超高设置对曲线半径及缓和曲线长度的影响分析	中铁第一勘察设计院集团公司	冯 威
30	公路隧道通风系统的防灾响应	中铁第一勘察设计院集团公司	魏军政
31	高低不平顺条件下高速铁路桥—隧过渡段路基的动力特征	中铁第四勘察设计院集团公司	郭建湖
32	武汉城市圈利用既有及规划铁路参与城市交通研究	中铁第四勘察设计院集团公司	周熙林
33	湘潭市莲城大桥总体设计	中铁第四勘察设计院集团公司	王庭正
34	新广州站桥建合建结构设计探讨	中铁第四勘察设计院集团公司	金福海
35	PHC管桩在提梁机轨道基础设计中的应用	中铁第五勘察设计院集团公司	徐惠纯
36	铁路高墩抢修器材的研究设计	中铁第五勘察设计院集团公司	高占军
37	27.5千伏户外模块化电器的新型牵引供电系统	中铁上海设计院集团公司	余家华
	二等奖		
1	澳门莲花停车场大跨度深基坑施工技术	中国土木工程集团公司	邱 林 付 强 何光学
2	静压预应力高强度混凝土管桩在地基补强中的应用	中国土木工程集团公司	李法胜 王科军
3	型钢防护棚架在跨既有线大跨度连续梁施工中的设计和应用	中铁十一局集团公司	吴 剑
4	时速250公里客运专线无砟轨道大跨度斜腿刚构桥斜腿竖向转体施工技术	中铁十一局集团公司	游国平
5	EPB盾构通过复杂地质地段中间风井施工技术	中铁十一局集团公司	张 成
6	地源热泵技术的应用与施工	中铁十二局集团公司	王兆强 史维斌 高建峰
7	大跨度提篮拱桥拱肋安装及线型控制技术	中铁十二局集团公司	王福生 李建康 李新芳
8	齐岳山隧道施工中物探与钻探的应用比较研究	中铁十二局集团公司	骆文学 和万春
9	飞燕式钢管混凝土异形拱桥大跨度变截面V构施工技术	中铁十三局集团公司	陈久恒 张志刚 宋向阳
10	寒区浅埋大跨粘土公路隧道的设计与施工技术	中铁十三局集团公司	胡利平 曲守财 王 涛
11	钢纤维喷射混凝土替代复合式衬砌试验及施工技术	中铁十三局集团公司	刘 涛

续表

序号	论 文 名 称	作　　者	单　　位
12	青岛海湾大桥海工高性能混凝土超长距泵送施工技术	中铁十四局集团公司	荣永刚 庄纪文
13	裸露基岩中大直径双壁钢围堰施工技术	中铁十四局集团公司	张立岩 魏贤华
14	南京长江隧道管片拼装技术	中铁十四局集团公司	徐喜荣 冯国伟
15	超大直径泥水盾构压力建舱密封试验技术	中铁十四局集团公司	陈　健
16	大粒径沥青柔性基层 LSPM－35 路面施工技术之探讨	中铁十五局集团公司	贾玉晋 员鑫鑫 任　维
17	马水河特大桥链升式模板体系设计	中铁十五局集团公司	白双喜
18	浙江苍岭隧道左线凝灰岩突水现象工程地质特征研究	中铁十五局集团公司	杨维训 李　忠
19	既有线铁路路基扩堑控制爆破施工技术	中铁十六局集团公司	刘新强
20	大曲率混凝土葵形拱桥施工技术	中铁十六局集团公司	薛　普
21	泥水加压平衡式顶管技术在城市污水施工中的应用	中铁十六局集团公司	艾新根
22	高速铁路隧道贯通测量方案优化与误差预计探讨	中铁十六局集团公司	王暖堂
23	CFG 桩头质量调查及截桩设备的制作	中铁十七局集团公司	刘红峰
24	SSJ900/32 型过隧道架桥机施工技术	中铁十七局集团公司	李久平
25	城市复杂地质条件下隧道掘进机选型	中铁十七局集团公司	张慧鹏
26	盾构隧道穿越既有原水管时周围地层的变形特性分析	中铁十七局集团公司	路明鉴
27	铁路客运专线路基岩溶注浆技术研究	中铁十八局集团公司	叶中兵
28	泥水盾构隧道渗漏机理及施工控制措施研究	中铁十八局集团公司	李文广
29	大断面 TBM 组装洞室设计与施工	中铁十八局集团公司	邓　勇
30	预制箱梁后浇翼缘板模板设计及施工	中铁十九局集团公司	陈浩昆 张　华
31	隧道掘进机（TBM）在那邦水电站施工中遇到典型问题及防治措施	中铁十九局集团公司	于铁正 张庆宇 王翠伟
32	过复杂建筑群处城市隧道弱干扰减振控制技术	中铁十九局集团公司	李少先 樊延祥
33	铁路客运专线路基综合施工技术	中铁二十局集团公司	岐峰军 赵平芳 魏　云
34	昌九城际铁路永修特大桥主桥深水基础双壁钢围堰施工及钢箱拱安装技术	中铁二十局集团公司	王永刚 王海波
35	钢筋混凝土系杆拱桥支架拼装施工技术	中铁二十局集团公司	张广义
36	铁路客运专线 900 吨梁制运架关键施工技术	中铁二十局集团公司	雷新民 薛　琪
37	太中银铁路黄迎段无缝线路施工技术	中铁二十一局集团公司	高玉峰

续表

序号	论 文 名 称	作　　者	单　　位
38	砂层地质旋挖钻孔桩施工方法	中铁二十一局集团公司	孙　琳
39	双峰特长隧道快速施工技术	中铁二十一局集团公司	卫永毅
40	长大隧道施工空气环境质量分析及控制措施	中铁二十一局集团公司	高玉峰
41	隧道软弱围岩侵限成因及应对方案	中铁二十一局集团公司	李世才 陈向军
42	铁路客运专线中等跨度预应力混凝土箱梁造桥机节段预制拼装技术研究	中铁二十二局集团公司	辛双六
43	青山湖隧道现浇箱体 H 型钢桁架整体模板加固技术	中铁二十二局集团公司	刘四德 陈　屹
44	广州新客站承台大体积混凝土施工技术	中铁二十二局集团公司	汪新立
45	严寒地区客运专线 CRTSI 型板式无砟轨道混凝土轨道板制造技术	中铁二十三局集团公司	张玉光
46	滁河大桥系杆拱的临时支架施工技术	中铁二十三局集团公司	李红金
47	钢管格构墩高抛自密实混凝土施工技术	中铁二十三局集团公司	李治强 武旭升 苏志才
48	郑西铁路客运专线列斜沟大桥节段拼装施工技术	中铁二十三局集团公司	王　岑
49	干海子螺旋隧道安全施工技术总结	中铁二十三局集团公司	李治强 武旭升
50	铁路客运专线大断面隧道穿越化工厂控制爆破技术	中铁二十四局集团公司	张建其
51	直放站的设计与调测	中铁二十四局集团公司	胡明仁
52	上行式移动模架制架连续梁过空跨施工技术	中铁二十五局集团公司	周　烽
53	现浇梁跨线龙门支架设计及受力检算	中铁二十五局集团公司	董金马
54	复杂地质条件下大跨径地铁隧道施工技术	中铁二十五局集团公司	沈炜东
55	全 U 托顶板快拆模板体系在施工中的应用	中铁建设集团公司	颜　刚
56	焊接球钢网架施工工艺	中铁建设集团公司	常付杰
57	浅谈钢筋委外加工的成本控制模式	中铁建设集团公司	梁雄贵
58	座椅送风口风量不平衡的解决办法	中铁建设集团公司	黄洪宇
59	高速铁路超细晶强化型铜镁合金接触线	中铁建电气化局集团公司	李学斌
60	青藏铁路望昆至布强格段多年冻土路基设计	中铁第一勘察设计院集团公司	王多青
61	敦格铁路与青藏铁路的接轨线路方案研究	中铁第一勘察设计院集团公司	张　毅
62	南疆铁路大风区桥梁挡风结构研究与设计	中铁第一勘察设计院集团公司	郑继平
63	以达坂城隧道为例谈长隧道的综合地质勘察	中铁第一勘察设计院集团公司	钱伟平

续表

序号	论文名称	作者	单位
64	深井接地在青藏铁路接地系统中的应用研究	中铁第一勘察设计院集团公司	王建文
65	无砟轨道基础变形影响计算方法的研究	中铁第四勘察设计院集团公司	王森荣
66	地铁车站单双层过河段沉降计算分析	中铁第四勘察设计院集团公司	林 蓼
67	站内一体化轨道电路工程应用的探讨	中铁第四勘察设计院集团公司	石先明
68	高速铁路 10 千伏电力系统 RAMS 定量评估研究	中铁第四勘察设计院集团公司	孙建明
69	铁路客运专线 CRTS Ⅱ 型无砟轨道板场建场技术研究	中铁第五勘察设计院集团公司	张立青
70	灵江特大桥连续梁施工应力监控中消除温度影响的方法	中铁第五勘察设计院集团公司	程慧林
71	电气化铁道感性容性无功不对称的补偿方法	中铁第五勘察设计院集团公司	祁忠永
72	萧甬线曹娥江大桥列车运行速度研究分析	中铁上海设计院集团公司	李 涛
73	既有线改造为城际客流服务可行性实例分析	中铁上海设计院集团公司	张卫星
74	铁路客运专线合用牵引变电所无功补偿容量计算法	中铁上海设计院集团公司	陈成全
75	门禁系统现场设备构成方案	中铁上海设计院集团公司	罗利平

制表：梁爱珍

文 化

·史志鉴工作·

【编辑出版 2009 年卷《中国铁建年鉴》】 《中国铁建年鉴》2009 年卷由中国铁道出版社出版，印发 3500 册。全书收集资料 300 余万字、图片 600 余幅，编辑成书 140 万字，刊用图片 300 余幅，全面系统地反映了中国铁建 2008 年度企业改革、施工生产、勘察设计、经营管理、科技文化和党群工作等方面的成果、经验和重要活动信息。同时在编排设计等方面不断探索创新，在彩页中增设“社会责任”、“先进工程公司”等栏目，较好地展示了中国铁建风采，提升了中国铁建的社会美誉度和市场辐射力。

（杨启燕）

【2008 年卷《中国铁建年鉴》获奖】 12 月，中国版协年鉴工作委员会在《年鉴通讯》第 5 期公布第四届全国年鉴编纂出版质量评比结果，《中国铁建年鉴》2008 年卷获全国年鉴编纂出版质量综合评比特等奖及框架设计、条目编写、装帧设计 3 个专项评比优秀奖。全国年鉴编纂质量评奖每 5 年举行一次，是中国年鉴出版界唯一的全国性评比奖项，和中国韬奋出版奖并列为中国出版者协会主办的两个全国性奖项。本次评比由中国出版工作者协会主办，中国出版工作者协会年鉴工作委员会承办。《中国铁建年鉴》曾在 2004 年举行的第三届全国年鉴编纂出版质量评比中获得条目编写一等奖和综合质量、框架设计、装帧设计 3 个单项评比二等奖，经过 5 年的不懈努力，不断创新和追求规范，《中国铁建年鉴》逐步形成自己的风格和特色。

（杨启燕）

【国家有关部委年鉴资料提供】 2009 年，除编辑《中国铁建年鉴》外，还向国务院国资委、铁道部、住房和城乡建设部、建筑业年鉴提供 4 万余字的年鉴资料，积极扩大中国铁建的社会影响力和知名度。

（杨启燕）

【参加国资年鉴编纂出版研讨会】 7 月 14 日，《中国国有资产监督管理年鉴》编纂出版研讨会在云南省昆明市召开，中国铁建在会上作题为《恪尽职守，创新思路，努力做好〈国资年鉴〉资料提供工作》的经验发言，受到一致好评。（杨启燕）

【参加第四次全国企业年鉴研讨会】 7月21日~24日，第四次全国企业年鉴研讨会在青海省西宁市召开，中国铁建作为中国版协年鉴工作委员会中央企业年鉴工作部主任单位出席研讨会议，并在会上作题为《正确认识企业年鉴价值，充分发挥企业年鉴作用》的研讨发言。（杨启燕）

【组织人员参与《汶川特大地震抗震救灾志》资料提供】 7月，根据国务院及国务院国资委《汶川特大地震抗震救灾志》编纂领导小组要求，中国铁建成立领导小组和编写组，承担《汶川特大地震抗震救灾志》中《地震灾害志》《灾区生活志》《社会赈灾志》《抢险救灾志》《英模人物志》《灾后重建志》及《图志》7部分志的资料提供工作。年内完成《地震灾害志》《灾区生活志》《社会赈灾志》《抢险救灾志》《英模人物志》《图志》6部分志的资料整理和提供，提供文字资料12万字、图片240幅；先后3次参加国务院国资委统一组织的《英模人物志》《灾区生活志》《社会赈灾志》集中改稿，3部分志的长编资料正式修改确认，上报国务院国资委。此外，根据国务院国资委要求，对《图志》所提供图片中的文字资料，包括摄影作者、摄影时间、地点、事件、人物等要素进行进一步核对、完善；对所提供图片的清晰度、像素、质量等进行认真甄别、取舍，上报图片213幅。（刘贤福 胡贵荣）

【《中国铁路志》资料提供完成情况】 2009年，为《中国铁路志》提供中国铁建系统建国以来承建的有特色的桥梁、隧道、轮渡资料225座，整理上报中国铁建工程建筑工业发展情况资料长编，与总政玉泉路老干部管理局铁道兵史料办公室共同完成原中国人民解放军铁道兵领导干部传记和简介（初稿）39篇，整理上报抗美援朝战争中铁道兵团牺牲的1481名烈士名录、铁道兵援越抗美战争中牺牲的376名烈士名录、和平建设时期被省以上民政部门批准的5名烈士名录，修改补充全国劳动模范、全国勘察设计大师、全国党代会代表、人大代表、政协委员、两院院士、正高级专业技术职务人员等23项列表人物和名录。总计45万字。（吕连亭）

·企业文化·

【开展工程公司文化建设年活动】 为深化工程公司文化建设，在全系统收集整理了对深化企业文化建设的意见和建议，在中国土木工程集团公司和中铁建设集团公司分别召开座谈会，对京沪高速铁路、包西铁路、京秦铁路客运专线、北京地铁6号线等重难点工程项目和部分工程公司进行检查和调研，细化工程公司战略、人本、执行、诚信、安全、质量、绩效、责任成本、风险管理、廉洁十大文化理念。所属单位按照股份公司党委的部署和要求，举行丰富多彩的活动，扎实开展工程公司文化建设，使企业核心理念逐步渗透到员工行为中。（钱东锋）

【铁道兵纪念馆筹建工作】 按照“高标准、高质量、高品位”的原则，自7月1日开始着手研究铁道兵纪念馆的筹建工作，组织人员在北京、武汉、延安参观考察中国化工博物馆、中华航空博物馆、武钢博物馆和延安革命纪念馆等8个场馆；先后12次召开有关会议，研究纪念馆筹建方案，初步明确领导机构和工作机构，策划纪念馆的展示内容。（赵其红）

【举办“闪光的里程”历史图片展及书法、摄影、美术作品展】 7月20日~9月10日，征集300余幅展现中国铁建61年来特别是兵改工25年来改革发展的辉煌成就、企业感人瞬间、工程建设风貌和铁建人风采的艺术作品；9月21日~9月30日分书法、摄影、美术三大板块在中国铁建大厦大厅展出，组织评委评选出书法、摄影和美术作品奖项。同时，遴选反映中国铁建光荣历史和辉煌业绩的照片，制作成展板展出。股份公司领导、机关广大员工、在京部分单位和项目部的员工前来观展，引起强烈反响。

（钱东锋）

【举办“我与中国铁建”征文活动】 7月16日~9月15日，党委宣传部在全系统举办“我与中国铁建”征文活动，收集作品800余篇，评出特别奖和一、二、三等奖及优秀奖94篇。作品联系实际，主题鲜明，情真意切，展示了员工昂扬的精神风貌和浓烈的爱企之情。通过征文活动，增强了员工的归属感、自豪感、荣誉感和企业的凝聚力、向心力。

（钱东锋）

2009 年 7 月 10 日，中国铁建召开学习实践科学发展观活动总结大会。（刘 文 摄）

党的工作

特载 | 大事记 | 概况 | 董事会工作 | 工程施工 | 海外经营 境外工程 | 经营管理 | 综合管理 | 科技文化 | 党的工作 | 工会 共青团 | 所属单位 | 人物 | 统计资料 | 文献辑要 | 附录

本栏责任编辑 **杨启燕**

综合工作

【总公司党委】 中国共产党中国铁道建筑总公司委员会（以下简称总公司党委）是国务院国有资产监督管理委员会党委领导下的对下属单位党组织实行统一领导的党组织。总公司党委在企业中处于政治核心地位，发挥政治核心作用。主要负责统一领导并组织实施股份公司党的建设和思想政治工作。总公司党委常委由金普庆、李国瑞、霍金贵、彭树贵、丁原臣、扈振衣、夏国斌、范德、赵广发、周志亮、庄尚标等11人组成。金普庆任党委书记，李国瑞、霍金贵、彭树贵任党委副书记。2009年4月，国资委党委下发《关于赵广发等4名同志职务任免的通知》（国资党任字〔2009〕20号），赵广发任党委书记，张宗言、刘汝臣任党委常委，免去金普庆的党委书记、党委常委、党委委员职务。总公司党委职能机构设党委办公室、组织部、宣传部、干部部。总公司纪委是总公司党委和国务院国有资产监督管理委员会纪委领导下的纪检监察机关，履行党的纪律检查和行政监察两种职能。党委副书记彭树贵任纪委书记。总公司工会接受总公司党委和中华全国铁路总工会的领导，党委副书记、纪委书记彭书贵任工会主席。（赵登善）

【股份公司党委】 中国共产党中国铁建股份有限公司委员会（以下简称股份公司党委）是中国铁道建筑总公司党委领导下的对下属单位党组织实行统一领导的党组织。股份公司党委在企业中处于政治核心地位，发挥政治核心作用。主要负责统一领导并组织实施全系统党的建设和思想政治工作。李国瑞任党委书记，金普庆（4月免）、赵广发（4月任）、霍金贵、彭树贵任党委副书记，丁原臣、扈振衣、夏国斌、范德、赵广发、周志亮、庄尚标、张宗言（4月任）、刘汝臣（4月任）为党委常委；彭树贵任纪委书记。股份公司党委职能机构设党委办公室、组织部（直属机关党委）、宣传部（企业文化部）、干部（人力资源）部。根据《总公司、总公司党委关于中国铁建股份有限公司成立后需明确的有关问题的通知》（中铁建劳〔2007〕207号）和总公司党委《关于成立中国铁建股份有限公司党委、纪委和工会、共青团组织的通知》（中铁建党组〔2007〕75号）精神，总公司党委委员、纪委委员、工会委员、团委委员同为股份公司党委委员、纪委委员、工会委员、团委委员。根据中组部和原中央企业工委及国资委党委批复、指示精神，基于总公司主营业务整体上市和局集团公司均为股份公司全资控股子公司，股份公司分布在全国各地的下属单位，党的领导关系由股份公司党委和所在省、自治区、直辖市党委双重领导，以股份公司党委垂直领导为主。按照中共中央有关文件规定，所属单位的领导班子成员以股份公司党委管理为主，地方党委协助管理。（赵登善）

【工作综述】 2009年，面对极为严峻复杂的经济形势，中国铁建党委审势度势，正确研判，积极应对，作出“抢抓机遇保发展，调整优化上水平，加强管控增效益，深化改革转机制”的重大决策。各级党委充分发挥政治优势和组织优势，引领广大干部职工认清形势，坚定信心，化危为机，把思想和行动统一到中央的重大部署上来，统一到公司党委对形势的正确判断和重大决策上来，为抢抓机遇保增长、科学发展促转型提供坚强的思想政治保证和组织保证，取得非常业绩。全年新签合同额6242.61亿元，完成营业收入3555.21亿元，实现净利润总额67.32亿元，同比分别增长47.54%、57.21%、81.63%；上缴税费125.73亿元，同比增长44.55%；资产总额2829.9亿元，同比增长28.57%；货币资金存量616.59亿元，其中总部本级货币资金存量150.16亿元，企业实力进一步增强；2009年职工人均收入比上年增长17.5%。2009年，中国铁建在世界500强企业中排名252位，在全球225家最大承包商中名列第4位，在中国企业500强中名列第14位。在金融危机严重冲击下，中国铁建主要经济指标再创历史新高。年内，公司党委紧紧围绕企业生产经营中心，创造性地开展工作，充分发挥党委的政治核心作用。

一、深入开展学习实践科学发展观活动

按照中央和国资委的部署，党委紧紧围绕“党员干部受教育、科学发展上水平、人民群众得实惠”的总要求，以应对国际金融危机为大课堂，以“抢抓机遇保增长，科学发展促转型”为主题，以各级领导班子和处以上干部为重点，紧密联系实际，突出实践特色，深入开展学习实践科学发展观活动，取得显著成效，全系统群众满意度测评平均满意率99.07%。新华社、中央电视台等中央主流媒体两次报道中国铁建党委深入开展学习实践科学发展观活动情况。

1. 进一步明晰企业发展战略。中国铁建党委在金融危机大背景下，站在科学发展观高度，重新审视企业发展战略，围绕是不是科学发展、要不要科学发展、能不能科学发展、怎样科学发展等重大课题进行深入调研、思考和谋划。一是广泛征求意见。党委向所属单位共征集到11个方面的意见和建议354条。通过向29个所属单位领导班子成员、机关中层干部、工程公司党政主官和其他员工4个层面的人员发放2260份调查问卷，征求到8个方面26692条意见和建议；向铁道部、商务部、住房和城乡建设部、国家安全生产监督管理总局等部委和大业主、大客户发函，征求意见和建议22条。二是对标找差距。公司领导班子主动与国际一流建筑企业对标找差距。既从盈利能力、生产效率、利润结构、产业结构、商业模式等方面，又从经营理念、运营模式、体制机制、管理方式等方面与法国万喜（VINCI）等国际一流公司对标找差距，还与中央建筑企业进行全方位对比，并且总结中国铁建过往的经验与教训。三是深入调研，形成科学发展新共识。公司党委常委围绕“抢抓机遇保增长，科学发展促转型”的主题，结合分工，确定“建筑为本，运营为纲，加快结构调整，促进企业转型”、“确保安全生产，落实科学发展”等11个涉及企业发展全局的课题，率领调研组深入15个集团公司、16个工程公司和10个项目部进行广泛深入的调研，形成11份有情况、有分析、有举措的调研报告。公司党委结合调研成果，召开全体领导班子成员和部门领导参加的调研成果交流暨解放思想讨论会，通过研讨，在中国铁建科学发展上水平的重大问题上形成新的共识。四是全面深刻，撰写分析检查报告。公司党委在解放思想大讨论的基础上，召开专题民主生活会，形成领导班子集体分析检查报告。为确保质量，又专门委托4名常委分别主持召开4个不同层面的座谈会，听取所属单位主要领导、管理人员、技术人员、党代表、职工代表、劳动模范的意见和建议，并经6月6日党委二届四次全委扩大会审议通过，进一步确定中国铁建发展战略。党委的战略构想得到董事会和经理层的高度认同，经过领导班子反复研讨，确定中国铁建转型的基本方向，制定“八个着力点”的路线图。其实质是向产业上游和利润高端调整。

2. 进一步解决突出问题。按照边学边改、边查边改的要求，集中时间、集中力量解决一批影响和制约企业科学发展的突出问题及群众反映强烈的问题。截至2009年底，公司本级已经解决24个突出问题，全系统共计解决621个影响和制约企业科学发展的突出问题，119个党员干部党性党风方面群众反应强烈的突出问题，155个涉及职工群众切身利益等方面的突出问题。

3. 进一步完善体制机制。调整总部部分机构设置，进一步理顺机关职能；积极推进管理制度的修订和完善，公司本级和所属二级公司两级全年新制定出台制度618项，修改完善各项制度404项，废止过时的旧制度229项。

4. 进一步加强基层党的建设。党委把学习实践科学发展观活动与学习贯彻落实党的十七届四中全会精神和全国国有企业党的建设工作会议精神相结合，积极探索新形势下加强和改进企业党建工作的新思路、新途径和新办法，基层党组织的建设进一步加强。

二、进一步加大领导班子建设力度

思想政治建设不断加强。党委始终把思想政治建设作为领导班子建设的首要任务，摆在突出位置。通过组织党委中心组学习，加强理论武装，提升各级领导班子领导企业科学发展的能力。年内，公司党委召开8次党委中心组扩大会议进行专题学习研讨。各单位党委组织300多次中心组学习。通过深化创建“四好领导班子”活动，提升领导班子的整体素质。

考核调整工作切实推进。全年考核领导班子25个，任免领导人员116人（不含改任顾问和退休人员）。其中，调整正职39人；提拔76人。截至年底，30家所属单位有领导班子成员344人，平均年龄48.49岁，大学本科以上学历319人，占92.7%；高级专业职务315人，占91.5%；1982年以后毕业大学生有169人，占49.1%。通过调整配备，所属单位领导班子的知识、年龄、专业结构得到进一步改善，能力建设得到加强，为抢抓机遇、加快发展和产业结构调整升级提供了组织保证。

深化人事制度改革。一是全面推行所属二级公司领导班子副职竞争上岗制度。对需要补充缺员的12家单位领导班子39个副职岗位全部采取面向内部公开竞争上岗的方式选拔产生。二是建立所属二级公司领导班子副职正常退出机制。为积极推进领导班子成员新老交替，提高领导班子的生机与活力，适应当前企业快速发展的需要，经党委常委会研究决定，所属单位领导班子副职年满58周岁改任顾问职务。全年有24人改任顾问职务。三是后备干部队伍建设步入正常。针对重眼前轻长远，对建立后备干部队伍的思想认识不到位的情况，公司在年初专门下文，对后备干部队伍建设工作提出具体要求。根据各单位呈报意见和公司党委全面考核了解的情况，掌握了一大批优秀后备人才，为各级党委有针对性的培养和选拔领导人员提供了坚实基础。四是建立所属二级公司现任领导班子成员年度考核制度。考核主要采用个人书面述职和单位党委评价方式进行，结合职代会评议和日常考核验证，为党委进一步掌握所属单位领导干部的工作情况和思想作风建设情况提供第一手数据和资料。五是公司重要人事任免程序进一步规范。随着公司制运作逐步规范化，公司董事会提名委员会在领导干部选任过程中的作用进一步得到强化。所属单位董事会人选变动，党委常委会集体讨论决定后全部经过提名委员会和董事会审议通过。

三、大张旗鼓地开展形势任务教育

年初，在国际金融危机席卷而来的关键时刻，党委立即在全系统部署开展形势任务教育。各级党组织按照公司党委的统一部署，组织专门人员编写提纲，印发宣讲材料，运用多种方式在广大干部、职工中广泛开展形势任务教育，坚定信心、危中识机，抢抓机遇、迎接挑战，统一思想、鼓舞斗志。公司党委还以认真学习贯彻胡锦涛总书记2009年7月25日视察所属昆明BT项目和昆明中铁时发表的重要讲话为契机，对广大员工进行形势任务教育。迅速下发学习贯彻通知，指示《中国铁道建筑报》连续10期在报纸头版显著位置登载胡总书记重要讲话，发表7篇社论，推动讲话精神深入学习。2009年下半年以来，各级党委认真贯彻公司于年中先后召开的经营工作会议、安全质量工作会议、经营工作专题会议和经营创效视频会议精神，以整风精神提升经济运行的质量和效益。

四、大力加强对外宣传工作

党委始终把对外宣传放在突出位置，围绕重难点工程进展，提前谋划，精心组织，确保对外宣传时时有重点，处处有亮点。年内，中央主流媒体多次对中国铁建进行宣传报道，中央电视台新闻联播播发25篇，新华社发稿43篇，全系统在中央主流媒体刊稿上千篇，相关主流网络媒体转载上万次，提升了中国铁建的品牌形象。中国铁建开展宣传思想工作的经验在国资委召开的首次中央企业宣传思想工作会议上作了介绍，开展公民道德建设和精神文明建设创建活动的经验在第六届中国公民道德论坛上作了介绍，受到较高评价。在主动进行正面宣传的同时，公司各级党委建立新闻发言人制度，举办新闻发言人暨突发事件新闻宣传培训班，提升全系统应对突发事件的新闻处置能力，及时、有效地开展危机公关，处理了突发事件，把负面影响降低到最低限度，有效维护了企业形象。

五、进一步深化企业文化建设

隆重举行庆祝新中国成立60周年暨兵改工25周年纪念活动，各级党组织积极响应，大力选树英模人物，弘扬铁道兵精神，深化企业文化建设。公司党委积极组织参加全国、全路英模评选活动，李艳光成功入围第二届全国道德模范候选人，获得助人为乐类提名奖；杨连第成为“100位为新中国成立作出突出贡献的英雄模范人物”候选人，并当选“共和国铁路楷模”。在全系统评选的基础上，公司评选并隆重表彰60名“中国铁建杰出人物”，10名“中国铁建首届十佳道德模范”。各级党组织通过报纸、网站等载体和召开纪念会、座谈会、演讲比赛等方式，大力宣传新中国成立60年来取得的巨大成就，特别是中国铁建兵改工25周年来取得的辉煌业绩，讴歌铁道兵精神，弘扬中国铁建价值观和企业精神。

六、稳步推进反腐倡廉建设

纪检监察组织以服务企业中心工作为大局，以落实惩治和预防腐败体系工作为龙头，以完善党风廉政建设责任制为主线，突出领导人员廉洁从业、查办违纪违法案件、效能监察和源头治理四项工作重点，党风建设和反腐倡廉工作取得了新的成效。全年立案处理305件，党纪政纪处分458人，追究刑事责任44人，伸张了正义，打击了歪风。积极应对和化解各类企业经营风险事件106起，保护了企业合法权益和广大经营管理者的工作热情。中国铁建纪委3次在全国性的纪检监察工作会议上介绍经验。

七、切实加强对工会、共青团工作领导

党委切实加强对工会、共青团工作的领导，使全系统工会、共青团工作不断展示新作为。工会组织在服务企业科学发展、维护企业稳定和谐中作出积极的贡献。成功召开总公司第三次暨股份公司首次工会代表大会和股份公司首次职代会。共青团组织广泛开展“保增长、促转型，我是青年我先行”主题实践活动、争创“青年文明号”、争当“青年岗位能手”活动和“青年创新创效活动”，成功召开公司第一次团代会，团的自身建设得到加强，全年有85名先进青年和115个先进青年集体受到团中央、中央企业团工委及省部级团组织的表彰。（赵登善）

【党委办公室】 总公司和股份公司党委的综合职能部门，协助党委领导处理日常工作的机构。6月，股份公司、股份公司党委对机关部分机构编制职能进行调整，将总裁办公室与党委办公室分立。定员6人，设主任1人；下设秘书处、调研处。主要职责：负责党委会和党委召开的全局性会议的筹备工作和会务工作，协助领导组织会议决定事项的实施；协助党委领导组织制定和起草工作计划、总结、报告和有关会议文件、材料等；审核以党委或党委办公室名义发布的公文；督促检查党委各部门和下属单位党委对中央和上级重要指示、决议和重要会议精神以及党委领导有关指示的执行落实情况，并跟踪调研，及时反馈信息；协调党群各部门之间的工作关系；协助党委领导组织处理需由党委直接处理的突发事件和重大政治事故；组织政治工作专题调查研究；了解掌握下属单位党委的工作情况和政治工作动态，做好政工信息的收集、整理、上报、通报，编发《政工情况》。负责维护稳定领导小组日常工作，处理群众来信来访，办理党委领导交办的有关信访事项；负责党委和党委领导的文电收发运转、党委印鉴和信件管理等工作；负责党委保密委员会的日常工作；办理党委领导交办的其他事项。

2009 年，党委办公室围绕党委中心工作和重点工作，积极参与，突出重点，狠抓落实，成效明显。

1. 深入开展学习实践科学发展观活动，做到“三突出”。一是突出全员参与。按照党委统一部署和要求，坚持把学习贯穿始终，认真学习有关文件和书籍，积极参加集体学习活动，结合自身实际深入思考问题，完成规定动作，创新自选动作。另外，从活动伊始，就和党委组织部等有关部门一起到有关单位调研取经，在制定股份公司学习实践活动方案、筹备召开动员大会、组织学习培训、召开民主生活会等全过程、全方位参与。同时，积极做好全面指导。党委办公室和检查指导组，从印发指导检查组工作职责、检查指导分工，下发指导检查流程，到参加解放思想大讨论，指导召开民主生活会，到召开总结大会，每个环节，每个流程，坚持统一部署，统一节奏和步调，确保活动两不误，双促进。二是突出整体推进。做到各项工作早安排，指导检查早行动，注重学习实践活动均衡发展。三是突出活动效果。推荐或撰写动态情况或信息 12 篇，分别刊发在股份公司学习实践活动网站上，同时，注重整改落实，根据征求意见，及时将《政工情况》在内网上开辟专栏，推动整改落实。

2. 积极开展信息调研活动。全年分别参加领导班子建设、业务板块经营、年终工作情况 3 次调研，及时起草调研报告，并为领导班子建设座谈会和党委全会的召开筹备相关工作；围绕党委中心工作和重点工作办好《政工情况》，全年编发 41 期，刊发信息 84 篇；在报纸、网站上编发 26 篇。

3. 努力做好维护稳定工作。年内下发《关于进一步加强维护稳定工作的通知》，调整股份公司维护稳定工作领导小组成员，建立排查预警、沟通化解、应急处置三项长效机制；下发关于做好建国 60 周年大庆维护稳定工作的通知，转发铁道部《关于进一步加强铁路建设实施阶段维护稳定工作的意见》，明确股份公司维护稳定工作领导小组即为铁路建设维护稳定工作领导小组，明确责任部门和人员，做好铁路建设工程中的稳定工作，确保铁路工程建设顺利实施。在国庆 60 周年之际，承办召开维护稳定信访工作表彰会议暨维护稳定信访工作视频电话会议，对今后的维护稳定工作，特别是建国 60 周年大庆的维护稳定工作作出部署，确保企业稳定和国庆平安。2009 年 7 月 5 日，乌鲁木齐市发生严重打、砸、抢、烧的暴力事件，股份公司党委高度重视，连夜向在疆各单位进行紧急情况部署，要求各级党组织与党中央保持高度一致，坚决服从新疆维吾尔自治区党委的各项安排，积极主动做好职工队伍稳定工作，任何组织和个人不得参加任何非组织行动，不听谣、不信谣、更不能传谣；及时建立信息报告制度，在疆各单位、各项目部 24 小时值班，确保信息通畅，在做好稳定工作的同时，认真组织施工，保持施工生产和生活秩序正常，期间未发生不稳定情况。针对中铁二十、二十一局集团公司，中铁第一勘察设计院集团公司等单位 2300 余人 1998 年病退等历史遗留问题，一方面指派有关部门到政府相关部门联系沟通，争取政策支持，另一方面做好部分人员的思想工作，取得理解和支持，同时，认真研究方案解决问题，保持企业和谐稳定。年内发生群体性上访事件 10 余次，先后处置中铁十三局集团公司民工恶意讨薪、中铁十四局集团公司原徐州工厂职工内部退养、中铁轨道系统集团公司原株洲厂部分职工福利待遇等群体性上访问题，有的得到妥善解决，有的悉诉罢访，有的正在协商沟通等待解决。接转群众来信 32 件。总公司被国资委评为维护稳定先进单位。

4. 积极开展保密教育和管理工作。一是抓学习。两次召开专门会议，组织机关和各单位深入学习《保密法》，认真学习胡锦涛总书记等党和国家领导人、国资委主任李荣融对保密工作的重要批示和指示，中央、国务院和国资委保密工作委员会有关规章制度等。二是抓会议精神的贯彻落实。及时向公司领导、保密工作委员会成员报告、传达上级保密工作会议精神，针对公司保密工作实际，制定相应措施；召开公司保密工作会议，邀请国家保密局、国资委办公厅、公司等领导讲课、作指示，并播放保密教育警示片，作涉密隐患现场演示等，增强保密意识。与各单位签订保密工作责任书和承诺书，与总部机关全体干部签订保密承诺书；对新来机关人员进行保密工作培训等，有效防止泄密事件发生。三是抓组织机构、人员配备。从总公司到集团公司、工程公司，保密组织健全，并根据机构、人员变化，及时调整保密组织，配齐、调强保密工作人员。四是抓制度建设。结合公司实际，组织制定相应的保密工作措施，并把国家、国资委保密工作委员会和中国铁道建筑总公司的保密规章制度编成《保密工作法规文件汇编》，下发所属单位，便于学习、贯彻落实。

5. 积极发挥职能作用。全年参与承办全系统重大会议 3 次，承办党委常委会议 18 次，研究审议议题32项；全年以党委名义发文19件；审核股份公司党委公文、公函69件，总公司党委公文、公函29件，保密工作委员会2件，股份公司电报15件。

（赵登善）

【保密工作会议】 7月，中国铁建在北京召开保密工作会议，机关各部门领导、保密工作人员，所属单位保密工作委员会主任、保密工作委员会办公室主任近100人参加会议，国家保密局、国资委办公厅领导出席会议。会议采取以会代训的方式，邀请国家保密技术研究所专家作涉密隐患现场演示，股份公司董事会秘书针对股改上市信息保密工作进行专题讲座，党委副书记彭树贵代表中国铁建党委作重要讲话。会议传达国资委保密工作会议精神，分析当前的保密工作形势，部署下一步保密工作。通过此次会议，有效地增强了各级领导机关的保密意识，促进了保密工作的开展。

（赵登善）

【信息工作】 2009年，股份公司党委信息工作围绕党的十七届四中全会精神和学习实践科学发展观活动，在加强领导班子建设、加强工程公司建设、加强项目党组织建设及开展党性党风党纪教育活动、维护企业稳定中，突出中国铁建特色，注重思想性、内参性、指导性，全年收集信息258篇，编辑《政工情况》41期，刊稿84篇，较好地发挥了辅助决策，交流沟通的作用。

（韩秀珍）

【扶贫工作】 2009年，股份公司选派专职人员到定点帮扶地区挂职，捐资80余万元用于河北省尚义县、万全县和新疆维吾尔自治区阿尔泰地区扶贫和救灾工作。一是中铁十六局集团公司和中铁建设集团公司捐资60万元扶贫开发尚义县、万全县。其中，中铁建设集团公司为尚义县捐资30万元，分别用于土地平整和种植蔬菜膜下滴灌工程，为朝力盖村10户养羊户建设标准化养殖圈舍1000平方米，为40户贫困户购优良马铃薯原种8000公斤，为二东沟和南水泉村修筑2公里长的沙石路。中铁十六局集团公司为万全县捐资30万元，建设膳南山村养殖小区，修建暖棚猪舍162间，扶持50余户贫困户发展暖棚养猪，年出栏生猪5000口，实现纯利润200万元，人年均增收近万元；建设兵民村节水灌溉项目，铺设防渗管道2000米，扩大水浇地200亩；硬化新羊屯村、老龙湾村养殖小区道路，解决75户贫困户入园养殖的困难。二是在新疆阿尔泰地区发生几十年罕见的冰雪灾害后，股份公司、中铁第一勘察设计院集团公司及时伸出援助之手，向阿尔泰捐助20万元。新疆阿尔泰市委、市政府收到捐款后，专门发来感谢信，并赠给有“心系灾区百姓，情暖山城人民”的锦旗一面，表达灾区对股份公司和中铁第一勘察设计院集团公司的感激之情。三是挂职干部卢振宇、李昌盛各资助贫困学生2名。

（高尚升）

【文印管理】 按照股份公司党委有关文件、公章管理规定，全年收发上级、本级、下级文件1535件。其中，上级文件114件；机密文件57件；秘密文件57件。党委领导传阅文件507件，党委办公室传阅文件914件。归档文件6卷100份。其中，永久卷2卷26份；30年卷1卷7份；10年卷1卷67份。全年使用股份公司党委、党委办公室、保密工作委员会印章5673枚次。

（韩秀珍）

组　织

【党委组织部】 股份公司党委主管党的建设工作的职能部门。主要职责：认真贯彻执行党中央、国资委党委和股份公司党委关于加强党的建设的指示精神，研究制定本系统党建工作规划、制度、规定和措施；负责领导班子思想政治建设、民主集中制建设，指导所属单位召开领导班子民主生活会和“四好领导班子”创建活动；负责党的委员会建设，指导所属单位按期召开党员代表大会，进行党委换届选举；指导所属单位加强工程项目部党组织建设、党支部建设、党员教育管理和发展党员工作，开展创建“五好党支部”、争当“六好共产党员”等党内“创先争优”活动；负责全系统党内表彰奖励和先进典型选树工作；负责党内统计、党费收缴与管理、党员组织关系接转、党内教育培训、党群系统组织机构设置和编制定员等工作。下设组织处、党员教育管理处（机关党委工作处），设部长1人、副部长1人、组织员1人；定员7人，现员6人。

（高学存）

【党组织和党员状况】 截至12月31日，中国铁建系统有党委789个、党总支部240个、党支部6042个。党员108452名。其中，在岗职工党员82098人；离退休（含内退）人员26258人；其他人员96名。党员队伍专业结构：管理人员、专业技术人员59749人，工人22349人。党员队伍年龄结构：35岁以下党员28804人，36岁~45岁21131人，46岁~54岁32543人，55岁~59岁10494人，60岁以上15480

人。党员队伍学历结构：研究生1666人，大学本科28654人，大学专科24636人，中专10011人，高中20004人，初中及以下23481人。 （刘立新）

【开展深入学习实践科学发展观活动】 按照《中共中央关于在全党开展深入学习实践科学发展观活动的意见》和国资委党委的统一部署及股份公司学习实践科学发展观活动实施方案的安排，股份公司党委决定，在全系统开展深入学习实践科学发展观活动。为加强对学习实践科学发展观活动的领导，股份公司党委成立以股份公司党委书记、董事长李国瑞为组长，3位副书记为副组长的学习实践活动领导小组，下设办公室，办公室内设综合组、材料组、宣传组、指导检查组4个日常工作组，指导检查组又分成4个小组，专门负责对所属28个单位学习实践活动指导检查工作。在组织人员精心制定、并经3月10日股份公司党委常委会审议批准的《中国铁建股份公司开展深入学习实践科学发展观活动实施方案》基础上，股份公司党委于3月13日组织召开中国铁建全系统深入学习实践科学发展观活动动员大会，总部机关全体党员职工和所属单位党委书记、学习实践活动领导小组办公室主任和综合组组长参加会议。在动员会上，股份公司党委书记李国瑞作动员报告，中央企业深入学习实践科学发展观活动第12指导检查组组长陈永宽作重要讲话。所属各单位按照股份公司学习实践活动实施方案的要求，在认真准备的基础上迅速启动学习实践活动，28个所属单位在3月25日前先后召开动员大会，对本单位的学习实践活动进行动员部署。

为既突出科学发展的主题，又结合股份公司当前应对金融危机、抢抓发展机遇的实际，股份公司党委确定“抢抓机遇保增长，科学发展促转型”的学习实践活动载体。股份公司各级党委，紧紧围绕科学发展的主题和活动载体，组织广大党员特别是各级领导班子和党员领导干部，深入学习实践科学发展观，按照“党员干部受教育、科学发展上水平、职工群众得实惠”的工作目标，结合股份公司的实际情况，着力转变不适应、不符合科学发展要求的思想观念，着力解决影响和制约科学发展的突出问题以及党员干部党性党风党纪方面群众反映强烈的突出问题，把工作的重点放在“提高思想认识、解决突出问题、创新体制机制、促进科学发展”上。

股份公司全系统的学习实践活动时间为6个月左右，从2009年2月下旬开始筹备，集中学习教育活动时间至2009年6月底结束，其中准备工作时间约半个月，集中学习教育活动则分为三个阶段进行。第一阶段为学习调研阶段，主要任务是学好理论，提高认识，统一思想，转变观念，重点抓学习调研、解放思想讨论两个环节的工作，时间1个半月左右；第二阶段为分析检查阶段，主要任务是征求意见，找准问题，分析原因，明确方向，重点抓召开领导班子专题民主生活会、形成领导班子分析检查报告这两个环节的工作，时间1个半月左右；第三阶段为整改落实阶段，主要任务是明确目标，落实责任，扎实推进，切实取得推动企业科学发展的实践成果，重点抓好制定整改方案、集中解决突出问题两个环节，时间1个月左右。

7月~8月为整改落实后续工作阶段，按照中央企业深入学习实践科学发展观活动领导小组《关于转发中央深入学习实践科学发展观活动领导小组〈关于做好第二批学习实践活动整改落实后续工作的通知〉的通知》要求，股份公司党委抓好总部机关整改落实后续工作，扎实搞好“回头看”，对照集中学习教育活动期间制定的整改落实方案，按照“可操作、能落实、好检查”的原则和“四明确一承诺”的要求进行“回头看”，逐项逐条梳理自查和评估。股份公司所属各级党委按照中央和国资委党委的要求，扎实抓好学习实践活动整改落实后续工作。

股份公司全系统学习实践科学发展观活动，精心组织，周密部署，高标准启动，严要求推进，高质量落实，深入学习调研，深入分析检查，深入整改落实，紧密联系实际，突出实践特色，努力形成科学发展新共识，在解决实际问题、完善体制机制上取得新突破、新成效，得到广大职工群众的充分肯定。在6月8日召开的股份公司领导班子学习实践科学发展观活动分析检查报告群众评议大会上，与会代表认为股份公司领导班子对科学发展观的认识“深”和“比较深”、查找问题“准”和“比较准”、原因分析“透”和“比较透”的均达到100%，认为发展思路“清”和“比较清”的达到98.6%，认为工作措施“可行”和“比较可行”的达到96%。28个所属单位领导班子的分析检查报告的群众评议结果，认为对科学发展观的认识“深”和“比较深”、查找问题“准”和“比较准”、原因分析“透”和“比较透”、发展思路“清”和“比较清”、工作措施“可行”和“比较可行”的平均百分率分别为98.25%、97.28%、95.97%、96.27%和95.04%。8月17日召开股份公司党委学习实践科学发展观活动群众满意度测评大会，股份公司领导、股份公司机关部门负责人以上领导、股份公司学习实践活动领导小组办公室成员、股份公司学习实践活动指导检查组成员、在京的所属单位党委书记及学习实践活动领导小组办公室主任、省部级以上劳动模范、先进个人、专业技术骨干和管理人员代表80人参加测评，测评满意率98.75%。其中，“满意”占85%；“比较满意”占13.75%。所属28个单位测评的平均满意率为99.04%。（张良才）

【召开学习实践科学发展观专题民主生活会】 按照股份公司开展深入学习实践科学发展观活动的统一部署，各单位认真召开党员领导干部学习实践科学发展观专题民主生活会。此次专题民主生活会与本年度的民主生活会合并召开，着重结合企业发展实际，突出科学发展主题，既从个人角度查找与科学发展不相适应、不相符合的观念、做法，从班子整体层面查找影响和制约企业科学发展的突出问题和深层原因。坚持做到“五个不上会”，即个人发言材料准备不好不上会、问题找的不准不上会、原因分析不透不上会、整改措施不实不上会、努力方向不明不上会，有效保证了民主生活会质量。在组织好领导班子专题民主生活会的同时，各单位以党支部为单位，组织全体党员认真参加以学习实践科学发展观为主题的专题组织生活会，按照科学发展观的要求，紧扣企业改革发展和个人思想、工作实际，分析检查自身的差距和不足，提高认识，明确努力方向。领导班子成员也以普通党员身份参加所在支部的党员组织生活会。（杨 赳）

【表彰“四好领导班子”】 10月17日，股份公司党委、股份公司作出决定，批准中国土木工程集团公司、中铁十一局集团公司、中铁十二局集团公司、中铁十九局集团公司、中铁二十一局集团公司、中铁二十四局集团公司、中铁建设集团公司、中铁第四勘察设计院集团公司、中铁轨道系统集团公司9个单位领导班子为股份公司2008年度“四好领导班子”。（杨 赳）

【部分单位召开党代会】 根据党章规定和股份公司党委要求，中铁二十局集团公司、中铁第五勘察设计院集团公司分别召开党代会，选举产生新一届党委会和纪委会。周富、吴德增分别当选中铁二十局集团公司、中铁第五勘察设计院集团公司党委书记。（杨 赳）

【部分单位党群组织更名】 1月16日，鉴于中国铁道建筑总公司主营业务整体上市，原总公司党校的资产已经划入中国铁建股份有限公司，为理顺产权关系，适应股份公司党校工作，总公司党委决定，中国共产党中国铁道建筑总公司委员会党校更名为中国共产党中国铁建股份有限公司委员会党校。股份公司党校和股份公司北京培训中心实行一套机构两块牌子。总公司党校党委、纪委和工会组织照此相应更名。（杨 赳）

【成立沙特麦加轻轨项目党工委】 4月20日，股份公司党委下发通知，决定成立中国共产党中国铁建股份有限公司沙特麦加轻轨项目公司工作委员会，张永宝、郝桂林、万铁堂、席居法、叶俊明任党工委委员，张永宝任书记，郝桂林任副书记。8月13日，根据工作需要，股份公司党委决定免去叶俊明股份公司沙特麦加轻轨项目公司党工委委员职务，增补张树根、董立巍为项目公司党工委委员；12月30日，增补赵佃龙、王洪波为项目公司党工委委员。（杨 赳）

【成立监理公司党委】 12月16日，股份公司党委下发通知，决定成立中国共产党北京铁城建设监理有限责任公司委员会，贾晖东、王鉴、敬廷银、李克贤、蔡梅群为党委委员，贾晖东为党委书记，王鉴为党委副书记。（杨 赳）

【部分单位增补党委委员】 经股份公司党委同意，增补黄庆华为中铁二十一局集团公司党委常委、委员，同意补选高称义、渠巨华为中铁二十一局集团公司党委委员；同意补选周光民为中铁二十四局集团公司党委委员；同意增补安康为中铁房地产集团公司党委委员；同意补选孟宪浩、姜晋南为中铁建电气化局集团公司党委委员。（杨 赳）

【发展党员工作】 2009年，各级党组织认真贯彻中央发展新党员“坚持标准、保证质量、改善结构、慎重发展”的工作方针，把发展党员工作重点放在优秀年轻专业技术人才、管理人才和生产一线技术工人上，全系统发展新党员2883名。其中，女党员494名；少数民族党员71名。新党员年龄结构：35岁以下2266名，占发展总数的78.6%；36岁~59岁617名，占发展总数的21.4%。学历结构：大学本科以上学历1340名，占发展总数的46.5%；大专学历976名，占发展总数的33.9%；中专、高中及以下学历567名，占发展总数的19.6%。发展生产一线党员2252名，占发展总数的78.1%。有专业技术职务的1631名，占发展总数的56.6%。（高学存）

【入党积极分子队伍建设】 建立一支数量充足的入党积极分子队伍是保证发展新党员质量的重要基础。各级党组织按照中央发展新党员工作要求，积极做好在企业生产经营和生产一线担当重任的优秀高知识群体人才和高技能人才培养教育工作，对列为入党积极分子的采取各种形式进行重点培养，并指定两名党员负责具体。截至2009年底，全系统基层党支部在15423名申请入党人员中，经上级党委批准，8766人被列为入党积极分子进行重点培养，有效地保证了为党组织不断输入新的生机与活力。（高学存）

【慰问生活困难党员和老党员】 为贯彻落实党的十七大关于建立健全党内激励、关怀、帮扶机制的要求，充分体现党组织对生活困难党员和老党员的关怀，以实际行动为党员群众办实事，股份公司党委决定，在国资委党委下拨28万元党费的基础上，再从本级留存的党费中拨出28万元，春节前慰问全系统生活困难党员682名。同时，下发《关于做好春节前慰问生活困难党员和老党员有关工作的通知》，要求所属单位党委从留用的党费中再拨出一部分款慰问生活困难党员和老党员，以适当增加慰问款和扩大慰问面。（王子利）

【贯彻落实中组部党费收缴管理规定】 年内及时转发国资委党委《关于转发中央组织部<关于对党费收缴、使用和管理情况进行自查的通知>的通知》，要求所属单位严格按照中组部《关于中国共产党党费收缴、使用和管理的规定》，对本单位收缴党员党费情况，特别是领导班子成员交纳党费情况进行摸底调查，同时对党员个人交纳党费情况进行自查。股份公司各级党组织以党员领导干部为重点，对党员领导干部交纳党费的基数、比例进行核查，同时对党员个人交纳党费情况进行自查，以促进党费收缴监督工作规范化和制度化。根据各单位党费收缴、使用和管理自查情况，向国资委提交《关于对党费收缴、使用和管理情况的自查报告》（王子利）

【开展向吴大观学习活动】 根据中组部、中宣部、中央深入学习实践科学发展观活动领导小组、国资委党委《关于开展向吴大观同志学习活动的通知》精神，股份公司党委从实际出发，制定具体方案，精心组织实施。股份公司系统各级领导高度重视，总部机关和所属单位以“加强党性修养、弘扬党的优良作风”为出发点，以“抢抓机遇保增长，科学发展促转型”为目标，立足本单位工作实际，全面深入地开展向吴大观学习活动。（王子利）

【股份公司党内统计会议暨党内统计培训班】 12月18日~19日在云南昆明召开。会议传达中组部、国资委党委党内统计工作会议精神，总结股份公司2008年党内统计工作，布置2009年党内统计任务，表彰股份公司党内统计全优报表单位和先进个人；同时对参会人员进行党内统计软件培训。（王子利）

·机关党务·

【直属机关党委】 主管股份公司直属机关及总公司直管项目部党的建设和党员干部思想政治教育工作。主要职责：负责机关和直管项目部党员干部职工的思想政治教育，指导所属党组织加强自身建设，发挥政治核心和保证监督作用；组织开展党员教育、培训、考评和处置不合格党员；培养入党积极分子和发展新党员；组织开展党内“创先争优”活动，表彰党内先进；指导所属党总支、党支部的换届选举；负责党费的收缴、管理和使用；负责党内统计和党员组织关系的接转；负责直属机关计划生育、社会救助和募捐工作。直属机关党委由9名委员组成，股份公司党委副书记霍金贵兼任直属机关党委书记，股份公司党委组织部部长张良才兼任党委常务副书记，李廷柱、李河川、张克明、赵登善、冯中海、陈大洋、马玉亮为党委委员。（王子利）

【机关党组织和党员队伍状况】 截至年底，机关党委下设党总支部1个、党支部47个。其中，机关支部23个；项目部支部8个；离退休支部16个。党员864名。其中，在岗职工党员372人；离退休人员（含内退）488人；其他人员4名。专业结构：管理人员、专业技术人员350人，工人22人。年龄结构：35岁以下党员74人，36岁~45岁135人，46岁~54岁146人，55岁~59岁79人，60岁以上430人。学历结构：研究生48人，大学本科343人，大学专科184人，中专111人，高中61人，初中及以下117人。（刘立新）

【学习实践科学发展观活动】 按照股份公司党委学习实践科学发展观活动实施方案的安排，组织股份公司机关广大党员特别是党员领导干部，深入学习实践科学发展观，紧紧围绕党员干部受教育、科学发展上水平、职工群众得实惠的工作目标，结合股份公司机关的实际情况，着力转变不适应、不符合科学发展要求的思想观念，着力解决影响和制约科学发展的突出问题以及党员干部党性党风党纪方面群众反映强烈的突出问题。机关党委按照股份公司学习实践科学发展观活动实施方案的步骤和要求，认真履行职责，重点做好11个方面工作。一是组织机关全体党员参加股份公司学习实践科学发展观活动动员大会。二是组织召开机关党委扩大会议，对机关各党支部开展学习实践活动进行安排。三是组织机关全体党员及部分在京单位党员参加中央党校经济学部教授杨秋宝所做的学习实践活动专题讲座。四是组织机关全体党员及部分在京单位党员参加国务院国资委政策法规局周渝波所做的《认真贯彻实施〈企业国有资产法〉，保障国有资产安全，防止国有资产损失》专题辅导讲座。五是组织机关全体党员听取股份公司总裁金普庆所作的《当前的形式与任务》党课报告。六是组织机关全体党员在所属各支部参加解放思想大讨论。七是按照学习实践活动分析检查阶段的要求，组织机关全体党员参加本支部的专题民主生活会。八是组织机关各支部广泛征求机关党员职工对股份公司领导班子的意见和建议。九是结合所征求到的所属单位对总部机关工作的意见和建议，组织各支部撰写所在部门的分析检查报告。十是组织机关各部门按照股份公司学习实践活动分析检查报告中分析查找出的问题，以及各部门的分析检查报告，制定整改措施。十一是组织各支部按照股份公司学习实践活动整改落实方案安排，认领由本部门负责整改的项目，并按要求抓好整改落实工作。（张良才）

【机关各部门党支部换届选举工作】 按照党章规定，机关党委下发《关于机关各部门组建党支部和党支部委员会换届选举的通知》，组织所属各部门党（总）支部进行换届选举，产生新一届支部委员会。董事会秘书局党支部委员会由李学甫、靖菁、谢华刚组成，李学甫任党支部书记；总裁办公室党支部委员会由冯中海、韩明莉、马吉财、戴开扬、梁树峰、孙永利、邵长亮组成，冯中海任党支部书记；发展规划部党支部委员会由衣守义、霍广安、陈维组成，衣守义任党支部书记；人力资源部党支部委员会由陈大洋、宋旭东、张晓明、张介鹏、陈建军、刘爱波、王玉平组成，陈大洋任党支部书记；科技设计部党支部委员会由王清明、梁爱珍、郭春雷组成，王清明任党支部书记；经营计划部党支部委员会由孙国富、王旭永、张国锋组成，孙国富任党支部书记；工程管理部党支部委员会由陈永鹏、高晓东、曾宗根组成，陈永鹏任党支部书记；王峰任安全质量监督部党支部书记；资本运营部党支部委员会由金守华、李学智、鞠小华组成，金守华任党支部书记；海外部党支部委员会由郝桂林、王永强、朱南海组成，郝桂林任党支部书记；财务部党支部委员会由余兴喜、冀涛、曹锡锐、黄健民、王磊组成，余兴喜任党支部书记；黄少军任审计监事局党支部书记；王甲国任法律合规部党支部书记；赵登善任党委办公室党支部书记；党委组织部党支部委员会由张良才、林立人、高学存组成，张良才任党支部书记；党委宣传部党支部委员会由钱桂林、刘渝、李昌明组成，钱桂林任党支部书记；纪委党支部委员会由李河川、白晶、王兆刚组成，李河川任党支部书记；工会党支部委员会由张克明、孙启业、王学方、吕向东、李青颖组成，张克明任党支部书记；机关房地产管理中心党支部委员会由吕殿义、张家年、张宏德组成，吕殿义任党支部书记；离退休职工管理部党支部委员会由马玉亮、孙大海、赵连成、曾楚雄组成，马玉亮任党支部书记。（王子利）

【成立中铁咸阳路桥有限公司党支部】 3月5日，按照党章规定，遵照股份公司机关党委《关于机关各部门组建党支部和党支部委员会换届选举的通知》要求，经股份公司机关党委研究，同意张世杰任中铁咸阳路桥有限公司党支部书记。（王子利）

【成立设备物资部党支部】 8月7日，经股份公司机关党委会议审议批准，成立设备物资部党支部。由覃为刚、白云飞、康琳组成设备物资部党支部委员会，覃为刚任党支部书记。（王子利）

【离退休职工管理部党总支组建党支部】 8月7日，经股份公司直属机关党委会议审议批准，同意离退休职工党总支组建第14党支部，由徐世才、许德清、张念宏组成支部委员会，徐世才任党支部书记。

（王子利）

【成立国际部党支部】 11月3日，经股份公司直属机关党委审议批准，成立国际部党支部，武宪功任国际部党支部书记。（王子利）

【股份公司机关学习报告会】 10月23日在中国铁建大厦报告厅召开，总裁赵广发结合国际国内经济形势及中国铁建实际情况作专题报告。在报告中，赵广发总裁全面分析国际、国内经济形势和企业发展状况，强调中国铁建一定要紧抓机遇，加快发展；要求全体员工进一步明确“三情”（世情、国情、企情），增强“三感”（责任感、紧迫感、危机感），轻看成绩，重视问题，增强忧患意识，为中国铁建多作贡献；提出要建设学习型、精干高效型、优质服务型、文明和谐型机关，要求机关全体人员，尤其是党员干部讲政治、讲大局，解放思想、开拓创新，明确职责、发挥职能，爱岗敬业、增强服务意识，要使每一位铁建员工的形象都符合作为一名世界500强企业员

工的形象。（王子利）

【组织参观建国60周年成就展】 10月13、14日分两批组织机关党员、职工到北京展览馆参观“辉煌60年——中华人民共和国成立60周年成就展”，对机关党员和职工进行爱国主义教育。（王子利）

【推荐中国铁建工会代表大会代表候选人】 10月13日，经机关党委会议研究，同意推荐白晶、冯中海、衣守义、孙启业、张克明、宋旭东、林立人、赵连成、赵登善、姚化栋、钱桂林、高晓东、彭树贵、韩传荣、冀涛（按姓氏笔画为序）15人为出席中国铁路工会中国铁道建筑总公司第三次（中国铁建股份有限公司第一次）代表大会代表候选人建议人选。（王子利）

【制定机关党员交纳党费新标准】 按照中组部《关于中国共产党党费收缴、使用和管理的规定》和上级党委有关文件精神，制定机关党员交纳党费新标准，4月起执行。（王子利）

【推荐中国铁建杰出人物】 按照《股份公司党委、股份公司关于开展建国60周年和兵改工25年纪念活动的通知》精神和《关于评选表彰“中国铁建杰出人物”的补充通知》要求，由机关各党支部推荐，经股份公司领导商议，机关党委于9月6日召开党委会研究，同意推荐安全质量监督部仇发为中国铁建杰出人物候选人人选。（王子利）

宣　传

【宣传部】 又称企业文化部，既属公司党委工作部门，又属行政工作部门。主要职责：负责所属各级党委的思想理论建设和职工的政治理论教育；负责学习型党组织建设，组织本级党委中心组学习，指导检查所属单位党委中心组学习；负责施工生产中的思想政治工作和对职工经常性的思想教育；负责企业改革的宣传教育和时事政策教育；负责全系统精神文明建设；负责党建思想政治工作研究和《铁建政工》的编辑出版；负责企业文化建设、品牌文化建设工作；负责中国铁建书法家协会日常管理工作；负责全系统重大活动的宣传报道和对全国性报刊、电台、电视台和网络媒体的新闻报道；负责企业电视专题片的摄制和宣传画册的编印；负责突发事件中的新闻处置；负责反邪教工作，协同有关部门进行普法教育和综合治理方面的宣传教育。设部长兼党建政研会秘书长1人，副部长兼新闻处处长1人，党建政研会副秘书长兼宣传教育处处长1人。定员10人，现员7人。下设宣传教育处、企业文化处、新闻处。

2009年，党委宣传部（企业文化部）按照股份公司党委、股份公司的部署和要求，坚持以邓小平理论和“三个代表”重要思想为指导，深入贯彻落实科学发展观，认真学习贯彻党的十七大和十七届三中、四中全会精神及全国国有企业党的建设工作会议、中央企业宣传思想工作会议精神，以生产经营为中心，深入开展学习实践科学发展观活动，积极开展思想政治工作，不断强化理论武装，大力加强新闻宣传，扎实推进企业文化建设和精神文明创建活动，为企业科学发展提供强有力的思想保证、精神动力和智力支持。（钱桂林）

【党委中心组学习】 围绕企业科学发展、国有资产法、廉洁从业有关规定、加强和改进新形势下党的建设等课题，先后组织召开8次党委中心组扩大会议进行专题学习、研讨，并邀请中央党校教授杨秋宝、戴焰军和国资委政策法规局局长周渝波作辅导报告。所属单位全年组织党委中心组学习300余次，加强理论武装，破解发展难题，更好地落实科学发展观。（李昌明）

【开展形势任务教育活动】 为积极应对金融危机，2月17日起草下发《股份公司党委关于广泛开展形势任务教育的通知》，并撰写宣传教育提纲，在全系统开展为期3个月的“抢抓机遇保增长，科学发展促转型”主题形势任务教育活动，把广大员工的思想和行动统一到股份公司二届三次党委会和2009年工作会议的决策部署上来，增强员工的危机意识、责任意识和发展意识，坚定搞好企业的信心和决心。（李昌明）

【深入开展学习实践科学发展观的宣传教育】 为配合搞好学习实践科学发展观活动，党委宣传部在中国铁建网站和《中国铁道建筑报》开辟“中国铁建深入学习实践科学发展观”专栏，上传图片1353幅，信息1418条。国资委转发简报信息18条，在中央企业中名列前茅。（李昌明）

【开展学习贯彻胡锦涛总书记视察昆明中铁和昆明二环路改扩建工程时的重要讲话精神】 7月25日，

胡锦涛总书记视察昆明中铁大型养路机械集团公司和昆明二环路改扩建工程，发表重要讲话并寄语中国铁建“建优质工程，树企业形象”。党和国家最高领导人在同一天分别视察中国铁建两个单位，在中国铁建历史上尚属首次。党委宣传部迅速起草印发《关于认真学习贯彻胡锦涛总书记视察昆明中铁和昆明 BT 项目时的重要讲话精神的通知》和《肩负总书记的殷切期望，努力开辟企业发展新天地》的宣传教育提纲，在全系统掀起了认真学习贯彻胡锦涛总书记讲话精神、建优质工程、树企业形象、扎实推进企业科学发展的热潮。（李昌明）

【李艳光获第二届全国道德模范助人为乐类提名奖】 在中宣部、中央文明办、总政治部、全国总工会、共青团中央、全国妇联等联合举办的第二届全国道德模范评选活动中，中铁二十四局集团公司李艳光成功入围候选人。党委宣传部专门下发《关于组织学习江西省道德模范候选人李艳光同志先进事迹的通知》和《关于积极参加第二届全国道德模范评选活动的通知》，组织全体员工学习和投票，职工踊跃投票 21 万余张，李艳光获第二届全国道德模范助人为乐类提名奖。（李昌明）

【杨连第成为全国“双百”候选人】 在中宣部、中组部等 11 个部门联合组织开展的评选“100 位为新中国成立作出突出贡献的英雄模范人物和 100 位新中国成立以来感动中国人物”活动中，党委宣传部向国务院国资委推荐上报 5 人为“100 位为新中国成立作出突出贡献的英雄模范人物”，杨连第成为 300 名候选人之一，其先进事迹在全国主流媒体上刊载。（李昌明）

【杨连第当选“共和国铁路楷模”】 在铁道部开展的“共和国铁路楷模”评选活动中，党委宣传部向铁道部推荐上报 6 人，杨连第成为候选人之一。党委宣传部积极组织投票，杨连第成功当选为“共和国铁路楷模”。10 月 20 日，铁道部召开“共和国铁路楷模”表彰座谈会，杨连第长子杨长林出席会议。当天下午，股份公司召开座谈会，党委书记、董事长李国瑞，党委副书记、总裁赵广发，党委副书记、纪委书记、工会主席、监事会主席彭树贵和党委常委、副董事长丁原臣等亲切接见杨长林，并馈赠礼品和颁发奖金。（李昌明）

【开展中国铁建杰出人物和首届十佳道德模范评选活动】 为表彰在中国铁建两个文明建设中作出突出贡献的英模，党委宣传部组织在全系统开展评选中国铁建杰出人物和十佳道德模范活动，经过预审会和评审投票，最终评选出 60 人为中国铁建杰出人物（改工前 15 名，改工后 45 名），10 人为中国铁建首届十佳道德模范。

中国铁建杰出人物

杨连第　原铁道兵一师一团一连副连长
史阜民　原铁道兵一师二团五连班长
李云龙　原铁道兵一师三团六连副班长
袁孝文　原铁道兵二师六团十一连副班长
何为华　原铁道兵二师六团汽车连战士
张春玉　原铁道兵三师十三团十六连副班长
龙均爵　原铁道兵三师十三团四连职工
李兴义　原铁道兵四师十七团三营教导员
向旺坤　原铁道兵五师二十二团二连副指导员
黄景学　原铁道兵六师二十九团十五连战士
邓云昌　原铁道兵七师汽车营一连战士
刘光聪　原铁道兵八师三十六团七连副排长
陶成聚　原铁道兵九师二十七团三营七连战士
梁忠孟　原铁道兵十师四十八团副团长
杨树礼　原铁道兵十三师后勤部装备科工程师
曹保刚　中国土木工程集团公司总经理助理
聂志娥　中铁十一局集团三公司团委书记
庞守献　中铁十一局集团原一公司副总经理、武九铁路项目经理
吴爱良　中铁十一局集团公司原纪委副书记
史聪慧　中铁十二局集团公司副总工程师、汉宜铁路指挥长
赵西民　中铁十二局集团二公司副总经理、宜万铁路齐岳山隧道指挥长
刘清华　中铁十三局集团三公司奉云项目书记
马振辉　中铁十三局集团三公司桂广铁路第 3 项目部拌合站站长
薛德成　中铁十三局集团原一处副处长
王守慧　中铁十四局集团公司董事长助理、南京长江隧道工程指挥部常务副指挥长
周家资　中铁十四局集团公司原高级工程师
何卫红　中铁十四局集团原三处五队工人
袁绪宏　铁道建筑公安局第十四公安处直属分处处长、成绵乐城际客运专线工程指挥部副指挥长
李云贵　中铁十五局集团公司原纪委副书记
陈明庚　中铁十五局集团原六公司副总经理
潘登华　中铁十六局集团公司副总工程师兼五公司董事长
黄昌富　中铁十六局集团公司副总工程师兼北京工程指挥部指挥长

黄菊生　中铁十六局集团原四公司财务科副科长
马鸿臣　中铁十七局集团公司原副总工程师
徐春光　中铁十七局集团三公司副总经理
邵尧霞　中铁十七局集团四公司副总工程师
王宜强　中铁十七局集团公司原副总经济师
肖德富　中铁十八局集团二公司原党委副书记、纪委书记
唐良杰　中铁十八局集团三公司巡视员
信长才　中铁十九局集团矿业公司总经理
徐　英　中铁十九局集团公司中心医院主任医师、脑五科主任
潘从富　中铁十九局集团原二公司一队木工班长
李令选　中铁二十局集团公司副总经济师兼蒙古国铁路工程指挥部指挥长
王扬善　中铁二十局集团公司原新运大队财务科科长
卢长德　中铁二十一局集团四公司副总经理
张家安　中铁二十二局集团六公司董事长、党委书记
黄梅英　中铁二十三局集团六公司工人
石长江　中铁二十四局集团福建公司钢筋工、高级技师
苏建斌　中铁二十五局集团三公司董事长、总经理
吴永红　中铁建设集团西安分公司经理
陈建波　中铁建电气化局集团一公司通号分公司第二专业队党支部书记、副队长
吴宏晋　中铁房地产集团公司中泓公司经理
李承根　中铁第一勘察设计院集团公司副总工程师
梁文灏　中铁第一勘察设计院集团公司副总工程师
顾湘生　中铁第四勘察设计院集团公司副总工程师
朱　丹　中铁第四勘察设计院集团公司副总工程师
张增勤　中铁第五勘察设计院集团公司教授级高级工程师
尹　坚　中铁上海设计院集团公司线站处站场所所长、安哥拉项目总工程师
张宝起　中铁物资集团东北公司董事长、总经理
董万春　原昆明机械厂厂长

中国铁建首届十佳道德模范

助人为乐道德模范

赵海生　中铁十七局集团五公司工人
李　军　中铁十九局集团预制梁二公司党委书记
李艳光　中铁二十四局集团南昌建设公司材料工

见义勇为道德模范

赵怀志　中铁十五局集团原五公司安全监察长

孝老爱亲道德模范

胡瑞霞　中铁十一局集团公司机关退休干部
史浩军　中铁第五勘察设计院集团东北分院建筑轨道所所长

诚实守信道德模范

胡　斌　昆明中铁大型养路机械集团公司总工程师

敬业奉献道德模范

蔺双平　中铁十七局集团三公司工人
马小利　中铁二十一局集团三公司工人
李金城　中铁第一勘察设计院集团公司副院长

（李昌明）

【举行庆祝新中国成立60周年暨中国铁建兵改工25周年纪念大会】　7月18日，党委宣传部组织印发《关于开展建国60周年和兵改工25周年纪念活动的通知》，在全系统开展丰富多彩的纪念活动。9月28日在京组织召开庆祝新中国成立60周年暨中国铁建兵改工25周年纪念大会视频会议，隆重表彰中国铁建杰出人物和中国铁建首届十佳道德模范，重温中国铁建六十一载风雨里程，礼赞中国铁建兵改工25年以来的辉煌成就。党委书记、董事长李国瑞在会上作题为《弘扬铁道兵精神，谱写中国铁建新篇章》的重要讲话，总裁赵广发主持会议并作总结，10名中国铁建杰出人物和十佳道德模范代表登台领奖，4位代表作了发言。（钱东锋）

【9家单位获首都精神文明建设委员会表彰】　2009年，中铁建设集团公司、中铁十六局集团五公司获2009年度首都精神文明单位标兵称号，中铁第五勘察设计院集团公司、中铁十六局集团北京轨道交通工程建设公司、中铁十六局集团路桥工程公司、中铁十六局集团北京工程公司、中铁十六局集团北京工程指挥部、中铁二十二局集团公司获2009年度首都文明单位称号。中国铁建总部机关所在的万寿路街道复兴路40号社区被评为2009年度首都文明社区称号。

（李昌明）

【赵广发出席中央企业宣传思想工作会议并介绍经验】　8月31日~9月1日，国务院国资委首次在北京召开中央企业宣传思想工作会议，中国铁建等8家单位大会发言介绍经验。总公司党委书记、股份公司总裁赵广发以《展示宣传思想工作新作为，确保中

国铁建成功上市》为题，介绍中国铁建党委积极拓展新闻宣传工作领域，创新新闻宣传方式，超前谋划，提前介入，全程渗透，重点突破，以有力、有效的措施保证股改上市成功的经验，受到与会人员的高度评价。党委宣传部精心制作的电视专题片《历史的跨越》在大会上放映，引起轰动。国资委副主任黄丹华在会上和随后不久举办的国有企业新闻宣传工作培训研讨班上，两次对中国铁建宣传思想工作给予高度评价。中国铁建党委副书记霍金贵、党委宣传部部长钱桂林参加会议。中央企业党委（党组）分管宣传思想工作的负责人，各省、自治区、直辖市国资委分管宣传思想工作的负责人，国务院国资委有关厅局负责人近300人参加会议。（钱东锋）

【霍金贵出席第六届中国公民道德论坛并发表演讲】 9月22日～23日，由中共中央宣传部主办、中国伦理学会和河南省委宣传部协办的第六届中国公民道德论坛在郑州举行。此次论坛以弘扬爱国主义精神为主题，探讨加强改进新形势下公民道德建设的思路、措施和办法，通过并宣读《弘扬爱国主义精神，争做爱国奉献模范——第六届中国公民道德论坛宣言》。中共中央政治局委员、书记处书记、中宣部部长刘云山致信祝贺，中宣部副部长翟卫华主持论坛并作总结。中国铁建作为国有企业和中央企业唯一特邀代表，党委副书记霍金贵在党委宣传部部长钱桂林陪同下出席论坛，并作题为《高举爱国主义伟大旗帜，深入开展公民道德建设》的演讲，就中央企业如何在新时期弘扬爱国主义精神进行介绍和阐述。中国铁建积极弘扬铁道兵优良传统，勇于负起责任、敢于担当大任的壮举，在与会的中宣部、共青团中央、全国妇联、中央军委总政治部领导、各省市宣传部门负责人及专家学者200多人间引起强烈共鸣，更进一步在社会各界树立了“中国铁建”的品牌形象。

（钱东锋）

【中国铁建在国有企业外宣工作座谈会上介绍经验】 3月14日，在中共中央外宣办、国资委、商务部等组织的部分国有企业外宣工作座谈会上，党委副书记霍金贵作题为《干工程，立丰碑，抓外宣，树形象》的经验介绍，介绍了中国铁建近年来在海外抓住关键点，加大外宣力度，扩大外宣效果的做法和经验，受到国家有关部委和中央媒体的充分肯定。

（钱东锋）

【组织开展政研课题研究】 作为国资委4项政研课题的牵头单位，11月12日在北京组织召开中央企业党建政研第六课题组成员单位会议，14家中央企业党委宣传部门出席会议。年内，中国铁建确定党建和思想政治研究课题，并组织实施思想政治研究工作，全年收集系统内政研论文181篇。（李昌明）

【编辑出版《铁建政工》】 配合中心工作认真组织稿源，精心编发，推广应用研究成果。全年出版《铁建政工》7期，约80万字，其中增刊一期。年内《铁建政工》改版，刊物面貌和质量明显提升。

（李昌明）

【编辑出版《锦鲤跃龙门》等5本书】 年内编辑出版中国铁建杰出人物和道德模范事迹汇编《英雄本色》和《“我与中国铁建”征文获奖作品集》《“中国铁建杯”首届职工书画作品选萃》《“闪光的里程”书法摄影美术作品选集》《锦鲤跃龙门》。其中组织撰写的《锦鲤跃龙门》，全书近28.6万字，印发30000册，真实再现了总公司进行重组改制、成立中国铁建股份有限公司，并在上海、香港两地A股、H股挂牌上市的历史进程。（赵其红）

【反邪教工作】 年内先后4次召开驻京单位党群工作部门领导参加的防范和处理邪教工作会议，传达贯彻上级精神，落实防范措施，确保一方平安。

（李昌明）

【参展第五届东北亚投资贸易博览会】 9月2日～5日，第五届东北亚投资博览会在长春举办，中国铁建首次参展。党委宣传部和经营计划部以及中铁十三局集团公司负责策划、组织、设计与布展工作，展台由历史沿革、工程承包、勘察设计咨询、工业制造、房地产、物流、资本运营、大型养路机械和影视宣传9部分组成。参展期间，与美国、德国、俄罗斯、加拿大、日本、韩国、蒙古等国人员进行了商务交流，接待商务部副部长魏建国、中国对外承包商会会长刁春和等。股份公司副总裁张宗言出席博览会开幕式。9月2日，中央电视台《新闻联播》在关于博览会开幕式报道中，中国铁建作为唯一的企业亮相。国家商务部、发展和改革委员会等高层领导对中国铁建展区的风格独特、内容丰富和亮点突出给予了高度评价。

（赵其红）

【参加首届2009加拿大—中国工程技术展览会】 10月19日～21日，商务部在加拿大不列颠哥伦比亚省（British Columbia）温哥华市会展中心举办2009加拿大—中国工程技术展览会，股份公司参展，党委宣传部为主承办。参展期间，接待商务部陈健副部长、加拿大华人商团、当地政府民众以及企业的参观和咨询。党委副书记霍金贵参加展览会开幕式、中加工程技术论坛、商务部展览会总结研讨会和相关业务洽谈会，并接受新华社加拿大分社、加拿大《大华商报》等媒体采访。（赵其红）

【学习实践科学发展观宣传报道】 3月~8月，中国铁建在全系统开展深入学习实践科学发展观活动，党委宣传部及时宣传报道学习实践活动的开展情况，先后组织策划新华社、中央电视台等8家中央主流媒体，围绕中国铁建“抢抓机遇保增长”、“在金融危机中勇担社会责任”等内容进行3次集中宣传报道。中央电视台在《新闻联播》节目中播出采访股份公司董事长李国瑞和总裁赵广发的内容；《人民日报》在“特别报道·讲述中国信念”栏目中刊发《李国瑞：“门槛，也许就是台阶”》的专访文章；新华社以《中国铁建在金融危机中昂首前行》为题，对中国铁建采取多项措施，努力“变百年一遇金融危机为百年不遇的发展机遇”进行专题报道，在社会各界引起强烈反响。（刘 渝）

【“两会”期间宣传报道】 “两会”期间，党委宣传部提前组织策划，新华社、《人民日报》《经济日报》、人民网等中央主流媒体，以《化百年一遇金融危机为百年不遇发展契机》《自主创新，中国铁建不惧金融危机》《增强创新能力，尽力开拓市场》等为题发表长篇深度报道，生动地阐述了中国铁建应对金融危机的新思路、新做法和显著成效。（尤家民）

【京沪高速铁路建设决战之年宣传报道】 2009年是举世瞩目的京沪高速铁路建设的决战年，党委宣传部协调所属有关单位和中央主流媒体，除了对承建的重点工程进行及时的跟踪报道之外，还结合工程环保、国家4万亿元投资拉动内需等社会关注的热点主动出击，策划组织相关专题报道，展现中国铁建员工修路不忘环保、为国家拉动内需作出突出贡献的骄人业绩和精神风貌。特别是中央电视台在《新闻联播》节目中以《京沪高铁：千里绿色一线牵》《借力4万亿，交通投资补短板》为题的专题报道，取得良好的社会反响。（刘 渝）

【南京长江隧道宣传报道】 攻克六大世界级难题的南京长江隧道被称为中国铁建的“扛鼎之作”。党委宣传部与南京长江隧道公司联合召开新闻发布会，分别就隧道穿越60米江心、左线及全线贯通等重大技术突破的节点，一年中3次组织新华社、《人民日报》《科技日报》《经济日报》和中央人民广播电台等主流媒体，以及人民网、新华网等影响力大的门户网站进行集中宣传报道。中央电视台还现场采访了股份公司总裁赵广发，有力地展示了中国铁建在地下工程建设领域取得的科技创新成果。（刘 渝）

【赵广发总裁接受中非论坛部长级会议记者专访】 在温家宝总理出国参加中非论坛部长级会议之前，党委宣传部根据会议期间中央主流媒体的总体报道思路，提前与新华社、中央电视台等媒体沟通，并提供中国铁建在非洲国家参建工程的有关情况。股份公司总裁赵广发在接受中央电视台和新华社记者采访时，阐述了中国铁建积极参与非洲国家的基础设施建设，在建设优质工程的同时，造福当地社会和民众的典型事例。中央电视台在《新闻联播》节目中播出对赵广发总裁的采访，新华社也刊发了通稿。（尤家民）

【“保增长、促转型，我是青年我先行”主题实践活动报道】 4月16日，组织中央主流媒体对股份公司团委在京沪高速铁路工地举行的“保增长、促转型，我是青年我先行”的主题实践活动进行深入采访报道；“五四”青年节期间，组织新华社、中央电视台、《中国青年报》等媒体以《活跃在京沪线上的轻骑兵》等为题，用大量的图片和文字重点报道铁建青年瞄准世界一流、决战京沪高铁的精神风貌和骄人业绩，在广大团员青年中产生了强烈共鸣。

（刘 渝）

【抗震救灾1周年宣传报道】 在四川汶川地震1周年之际，党委宣传部提前组织策划，新华社、人民网、《工人日报》和中央电视台等媒体以《中国铁建：以行动诠释抗震精神，还是当年铁道兵》等为题，陆续报道中国铁建参与灾后重建的情况；5月5日，中央电视台《新闻联播》“震后1年看重建”系列之一《重建灾区生命线》中，集中报道了中铁二十局集团公司青川公路和中铁二十一局集团公司都汶公路的建设情况；5月13日，胡锦涛总书记亲临灾区视察，亲切接见中铁二十一局集团公司总经理李宁等建设者；5月21日，中央电视台《科技博览》栏目推出专题片《贯通生命线》，全面反映中国铁建在灾区的生命线工程——都汶公路龙溪隧道建设中，拼搏奉献，攻坚克难的感人事迹。（尤家民）

【中国铁建获“2008年抗震救灾可持续发展项目”大奖】 5月23日，股份公司副总裁张宗言代表中国铁建参加在人民大会堂隆重举行的“有你，更有力量——责任与担当·纪念汶川地震1周年”高层论坛。张宗言讲述了中国铁建在抗震救灾和灾后重建中发扬铁道兵精神，勇担社会责任的感人事迹。人民网对此进行了现场直播，中国铁建以负责任的中央企业形象赢得广大网民和读者的赞誉。论坛上，中国铁建“提前打通灾区生命线都汶公路工程”等22个项目，被中国红十字会总会等慈善机构和人民网以及广大网民推选为“2008年抗震救灾可持续发展项目”。中国铁建成为唯一获此殊荣的建筑类企业。（尤家民）

【国内外重点工程宣传报道】 年内及时捕捉新闻信息，结合国家不同时期的宣传要点，跟踪报道股份公司重大事件和重点工程阶段性进展情况。先后报道沙特麦加轻轨中标、阿尔及利亚东西高速公路分段通车等海外工程动态情况；3次组织主流媒体报道南京长江隧道工程进展情况，并召开新闻发布会；对京沪、郑西和武广高速铁路铺轨、通车等关键工序和整体突破及厦门海底隧道贯通等国内重点工程动态进行报道；对胡锦涛总书记视察昆明中铁等重大活动开展宣传报道。全年对外发稿203篇。其中，在新华社刊发通稿42篇；在中央电视台《新闻联播》播发新闻24篇，在其他新闻栏目播发新闻33篇；在《人民日报》《光明日报》《经济日报》《工人日报》《中国青年报》《科技日报》和中央人民广播电台等报纸、电台刊发稿件41篇；在人民网、新华网、央视网和中央政府网等主流网站发稿63篇。（刘　渝）

【制作电视专题片、宣传片和印制对外宣传画册】 配合股份公司重大对外投资活动，制作关于尼日利亚自贸区项目的宣传片《信风的邀请》；配合中央企业宣传思想工作会议，制作专题片《历史的跨越》；配合参展第五届东北亚投资贸易博览会，制作企业宣传片（2009年版），修改《铁建员工之歌》，协助制作反映沙特麦加地铁建设的宣传片。根据企业年报、季报的经济指标，3次修订企业对外宣传画册，全年印制画册15000册。对宣传企业科学发展的最新成果，支持股份公司生产经营各项活动发挥了重要作用。

（赵其红　尤家民）

【电视专题片《青藏铁路》获奖】 11月13日，拍摄制作的电视专题片《青藏铁路》在“国投杯”中央企业企业文化活动电视专题片大赛中获银奖，制作的《抗震救灾，中国铁建在行动》获优秀作品奖、《文化奠基铸丰碑》获好作品奖。此次活动，是由国资委宣传工作局和中央企业党建研究会主办，国家开发投资公司协办，《企业文明》杂志社承办的。大赛收到参赛作品214部，经专家评审，评选出作品综合奖金奖4部、银奖6部、铜奖11部、优秀作品奖50部、好作品奖58部。（刘　渝）

【举办新闻发言人暨突发事件新闻宣传培训班】 3月19日~22日，股份公司在北京举办新闻发言人暨突发事件新闻宣传培训班，所属单位新闻发言人、党委宣传部部长、安全质量部部长及重点工程项目负责人120人参加培训。邀请国务院新闻办公室、国资委、铁道部和清华大学的新闻发言人及专家学者授课；股份公司董事长、党委书记李国瑞，总裁金普庆在培训班上作重要讲话。此次培训，有效地提升了新闻发言人应对突发事件的能力。（刘　渝）

【建立股份公司新闻发言人制度】 7月7日组织起草《关于建立新闻发言人制度（试行）的通知》，股份公司党委、股份公司联合行文下发，在全系统建立新闻发言人制度，任命股份公司和所属单位的新闻发言人，股份公司新闻发言人为霍金贵、李廷柱和钱桂林。新闻发言人制度的建立，为企业加强正面宣传，有效应对突发事件，加强企业与地方政府、人民群众、广大投资者和媒体的沟通联系，保证社会公众的知情权和监督权，提供了制度保障。（刘　渝）

【危机公关降低企业负面影响】 2009年在股份公司党委领导下，所属单位及时有效地处理了20起突发事件造成的新闻危机事件。如所属单位西格铁路二线假发票事件、与回民农民工纠纷事件，汉宜铁路施工视频新闻事件，沪宁城际铁路处理化学品爆炸事件，大瑞铁路与福建施工队财务纠纷事件，以及多起项目施工安全事件等。党委宣传部及时公关，积极引导舆论，有效地维护了企业的声誉和形象。（刘　渝）

【重要会议和重大活动宣传报道】 年内完成股份公司工作会、二届三次党委全委会、工程公司建设推进会、党风建设和反腐倡廉工作会、经营工作会、房地产工作会、统计工作会等重要会议的新闻报道和摄影、摄像工作，以及股份公司领导和机关部门有关重大活动的摄影、摄像、文字报道工作。全年参加各类会议和国家级活动摄影、摄像上百次。（刘　渝）

纪 检 监 察

【股份公司纪律检查委员会与监察局】 为合署办公机构，是股份公司执纪、监督组织，履行党的纪律检查和行政监察两项职能，对股份公司党委和行政领导全面负责。股份公司纪委在党委和上级纪委的双重领导下开展工作，纪检业务以上级纪委领导为主。主要职责和任务：维护党的章程和党内其他法规，检查党的路线、方针、政策、决议和国家法律法规以及企业规章制度的执行情况，协助党委和行政领导加强党风建设和组织协调反腐败工作；对党员进行党风党纪教育，对党员领导人员行使权力进行监督，检查和处理管理权限内的领导人员违纪案件；受理党员的控告申诉，保障党员的权利；组织开展效能监察和专项执法检查工作，为企业的改革发展和稳定提供纪律保证。2008 年 4 月 21 日，中共中国铁建股份有限公司第二届委员会选举产生新一届中国共产党中国铁建股份有限公司纪律检查委员会，王兆刚、王国平、白晶、李河川、林立人、黄少军、彭树贵（按姓氏笔画为序）7 人任委员。在纪委会一次全会上，彭树贵当选纪委书记（兼），王国平、李河川当选纪委副书记。股份公司纪律监察委员会定编 12 人，现员 8 人；设纪委办公室和纪检监察室两个部门，分别下设综合处、案件审理处和案件检查处、执法监察处。

2009 年，股份公司各级纪检监察组织全面贯彻落实十七届中央纪委三次、四次全会精神，按照国务院国资委纪委的部署，以科学发展观为统领，紧紧围绕股份公司“抢抓机遇保增长，调整结构上水平，强化管理增效益，深化改革转机制”的工作主线，扎实推进反腐倡廉建设，各项工作均取得新的进展。

（白 晶）

【组织机构与队伍建设】 股份公司党委、纪委和所属各级党委高度重视纪检监察组织的机构建设和人员的配备与培养。各级纪检监察组织机构比较健全，编制定员比较合理。全系统设立纪检监察组织 367 个，配备专、兼职纪检监察干部 921 人（专职 592 人，兼职 329 人）。其中，局级 33 人；处级 363 人；科级 390 人；科级以下 135 人。具有大专及以上学历的 901 人（包括具有研究生学历的 9 人），占纪检监察干部总数的 97.8%。通过扎实有效的思想教育、严格规范的目标管理和全面系统的业务培训，各级纪检监察干部综合素质明显提升，履职能力普遍增强。纪检监察系统全年获得各类表彰 43 项，其中省部级以上 9 项；完成调研课题 85 个，撰写调研论文 90 篇；举办培训班 37 期，培训人数 760 人次。

（白 晶）

【党风廉政建设责任制】 全系统各级党委、纪委认真贯彻落实党风廉政建设责任制，建立行之有效的制度规定，明确各负其责的领导体制，形成有效运行的工作机制，强化责任追究制度，并在实践中丰富党风廉政建设责任制内容。2009 年，全系统签订责任书 4017 份，检查下级单位（含工程项目部）2816 个，实施责任追究 86 人。其中，给予纪律处分 59 人；经济处罚 64 人；组织处理 27 人。按照国资委党委、股份公司党委的部署，开展落实党风廉政建设责任制情况专项检查，成立领导小组，制定自查方案，重点围绕“责任是否明确，制度是否健全，措施是否落实”三项内容，加大检查力度，层层推进，取得阶段性成效，有 8 家单位总结上报落实党风廉政建设责任制经验材料。

（白 晶）

【惩防体系建设】 各级党委以党风廉政建设责任制为抓手，坚持融入企业中心工作，稳步推进惩防体系建设。全系统按照整体性、系统性、协调性、实效性的原则，把惩防体系建设同依法经营、规范管理紧密结合，与健全企业内控机制有机结合，将反腐倡廉的要求纳入管理流程和制度规范中，初步形成与企业发展同步推进的廉洁从业教育长效机制、科学系统的反腐倡廉制度体系和制约有效的权力运行监控体系。普遍以完善“三重一大”集体决策制度为重点，进一步健全企业监督管理办法；认真执行资产损失责任追究办法、财务管理规定等规章制度；充分发挥各监督主体作用，注重运用现代信息技术，加强过程监督和实施动态监控，构建全方位、多层面的监督网。全系统建立反腐倡廉制度规定 436 项，修订 164 项，废止 33 项。在 3 月召开的全国纪检监察调研工作会议上，股份公司作为唯一一家中央企业介绍了惩防体系建设经验，受到中央纪委领导和与会代表一致好评。

（白 晶）

【党风党纪教育】 全系统纪检监察组织以学习实践科学发展观活动为重要契机，深入开展党性党风党纪教育。通过召开党委中心组扩大会、党委会、职工党员座谈会等多种形式，开展以“加强党性党风党纪教育，筑起拒腐防变思想长堤”为主题的系列教育活动。全系统开展教育活动 842 场次，接受教育 16 万人次；主要领导人员上党课或作反腐倡廉专题报告 1500 人次。

（白 晶）

【领导人员廉洁从业】 全系统通过召开民主生活会，组织述廉议廉，深刻剖析存在的问题，提出和落实整改措施，各级领导人员党性意识明显增强，领导班子的凝聚力、创造力和战斗力显著提升。全系统各级领导人员实行廉洁承诺9167人次，述廉议廉4866人次，廉政谈话2597人次，诫勉谈话446人次，上缴礼品、礼金、礼券和有价证券304人次。（白 晶）

【查办案件】 针对企业的实际特点，各级纪检监察组织在重点加大对亏损项目有关人员责任追究力度的同时，深挖亏损背后隐藏的徇私舞弊、贪污受贿、挥霍浪费等各类违纪违法案件，有效惩治了腐败行为，彰显了执纪执法的公正性和严肃性，增强了职工群众反腐倡廉的信心。2009年受理群众来信、来访、电话举报386件次，初核312件，立案305件，结案301件，处分458人。通过办案避免和挽回经济损失1.9亿元。在严厉惩处违纪违法行为的同时，对坚持原则、严格管理、不徇私情而受到诬告的领导人员，在查清事实的基础上，旗帜鲜明地予以支持和保护。全年化解经营风险106起，保护218人次，为27名受到诬告、错告的经营管理者公开给予正名，澄清了问题，消除了不良影响，有力地保护了企业经营管理者的工作积极性，维护了企业改革发展稳定大局。

（王兆刚）

【工程建设领域突出问题专项治理】 根据中央《关于开展工程建设领域突出问题专项治理工作的意见》和国务院国资委《开展工程建设领域突出问题专项治理工作实施方案》要求，中国铁建结合企业实际，在全系统深入组织开展专项治理工作，及时成立由党政主要领导任组长，主管纪检监察工作的党委副书记和分管市场经营、工程建设、财务资金、安全质量生产的5名副总裁任副组长，总部机关15个职能部门领导为成员的工程建设领域专项治理工作领导小组。领导小组办公室设在纪委、监察局，负责日常工作。股份公司制定下发《中国铁建开展工程建设领域突出问题专项治理工作实施方案》，提出总体要求和工作步骤，明确10个方面的专项治理重点，即检查和规范经营行为、工程建设项目决策行为、招投标管理和物资设备采购行为、工程项目合同管理、资金安排使用、质量安全管理、工程项目标准化施工、工程队（架子队）建设、项目信息公开和诚信体系建设，加大执法监察和查办案件力度。股份公司纪委、监察局注重加强组织协调，会同有关部门作出总体部署，进行任务分解，推动工作落实。总部机关各相关职能部门按照要求，定期向领导小组办公室汇报工作进展情况。所属30家二级企业成立由主管领导任组长的专项治理工作领导小组，并建立办事机构，制定具体实施方案，工作迅速推进。全系统形成分级管理、条块结合、职权明晰的工作网络，各单位按照动员部署、集中排查、全面整改规范、巩固深化完善四个阶段，认真开展专项治理工作。（王兆刚）

【扩大内需新增中央投资项目实施情况专项检查】
全系统各级纪检监察组织认真履行监督检查职责，协同有关部门重点检查、抽查229个新增中央投资项目，查阅各类资料73800余份，发现各类问题485个，提出整改建议6450余条，总结推广78个科学组织管理、规范施工流程、创新管理方法、高效廉洁的工程项目，组织召开施工现场经验交流会27场次，纠正违规违纪行为16件，挽回和避免经济损失9800万元。其中京沪高速铁路、宁杭铁路客运专线等重点工程项目的中央投资使用情况，受到国家审计署的高度评价，达到工程优质、进度有序、业主满意的效果，有效提升了项目管理水平，保证了国有资产安全。

（王兆刚）

【整治亏损项目效能监察】 全系统纪检监察组织对存在管理混乱、经济效益差、外包工程成本失控、安全事故频发等问题的工程项目集中进行清理整顿，协助项目全面推行责任成本管理，制定有效措施，加大整治力度，初步实现遏制项目亏损蔓延、扭亏增盈、提高经济效益的整治目标，基本达到整治和帮扶一批严重影响企业经济运行质量的责任性亏损项目的目的。全系统集中整治项目394个，扭亏为盈项目61个，扭亏金额4.2亿元；遏制潜亏项目57个，减亏7.2亿元；清收拖欠一年期以上工程款1020笔，金额18.5亿元；查处重复计价超计价拨款88件，金额2.7亿元；清退不合格包工队307个，纠正处理违规招标问题20件，调整项目领导班子86个，撤换项目经理72人，为企业挽回和避免经济损失29.2亿元。

（王兆刚）

【党风建设和反腐倡廉工作会议】 1月22日，中国铁建2009年党风建设和反腐倡廉工作会议在北京召开。会议主要任务是深入贯彻落实十七届中央纪委三次全会精神，总结2008年工作，部署2009年任务。各集团公司、公司、党校、工程公司等单位的党委书记、董事长、总经理、院（校）长、纪委书记、监察部（处）长和股份公司纪委委员及总部机关各部门副职以上（含）领导近600人参加会议。股份公司领导李国瑞、霍金贵、彭树贵、丁原臣、扈振衣、

夏国斌、范德、赵广发、周志亮、庄尚标出席会议。（白　晶）

【纪委书记座谈会暨亏损项目整治经验交流会】 9月3日～4日，中国铁建纪委书记座谈会暨亏损项目整治经验交流会在江西赣州召开。在此次会议上，与会各单位纪委书记作了发言，中铁十三、十五局集团公司等6家单位纪委进行亏损项目整治经验介绍。股份公司党委副书记、纪委书记、工会主席、监事会主席彭树贵，纪委副书记王国平，纪委副书记、监察局局长李河川，纪委办公室主任白晶，纪委纪检监察室主任王兆刚，以及各集团公司、公司纪委书记参加会议。（白　晶）

【经验交流】 3月5日，中央纪委、监察部在云南昆明召开全国纪检监察调研工作会议。股份公司党委副书记、纪委书记、工会主席、监事会主席彭树贵作为唯一一家中央企业的代表，在会议上作题为《加强纪检监察调研工作，促进企业健康快速发展》的经验交流发言，并获优秀调研报告奖。

11月16日，国务院国资委纪委、监察局在湖北武汉召开中央企业效能监察工作座谈会。股份公司党委副书记、纪委书记、工会主席、监事会主席彭树贵代表中国铁建，在会议上作题为《发挥效能监察降本增效作用，促进企业提升成本管理水平》的经验介绍。

11月23日，中央纪委、监察部和国务院国资委在山东济南召开国有企业查办案件工作会议。股份公司党委副书记、纪委书记、工会主席、监事会主席彭树贵代表中国铁建，在会议上作题为《严厉查处民事案件背后的腐败问题，坚决维护国有资产安全》的典型经验发言。（白　晶）

报　纸

【中国铁道建筑报社】 《中国铁道建筑报》是中国铁道建筑总公司主管、中国铁道建筑报社主办的行业性报纸。报社定员23人，现员20人；设社长、总编辑、副社长、副总编辑、总编助理各1人，下设办公室、新闻部、政闻部、美术摄影部、广告部。2009年正常出版报纸156期，实际出版215期，每期对开4版，月中、月末出版8版，全年出版860个版面。（韩传荣）

【变更报纸出版许可证】 2009年，报社按照国家新闻体制改革的要求，凡不具备法人条件的出版单位，按照企业管理法规定重新办理注册手续。经国家新闻出版总署批准，出版单位由中国铁道建筑报社变更为中国铁道建筑总公司《中国铁道建筑报》编辑部，法人由朱海燕变更为李国瑞。（韩传荣）

【总公司记者工作会】 3月14日～15日在中铁二十三局集团公司机关召开。社长兼总编辑朱海燕在会上总结2008年工作情况，要求记者认清形势、振奋精神，完成新一年新闻宣传任务；强调在金融危机的形势下，新闻宣传工作必须为保增长、促发展提供强大的舆论支持。（韩传荣）

【企业宣传报道】 2009年，紧紧围绕总公司“抢抓机遇保增长，调整优化上水平，加强管理防风险，深化改革转机制”的工作任务，认真做好采编，充分发挥评论员文章和言论的舆论引导作用。1月1日发表《抓住冬天里的春天》元旦献辞，传达党中央、国资委和总公司党委领导的讲话精神，鼓舞全体职工团结一心，振奋精神，奋起抗击金融危机带来的“寒冬”；并在不同时期、不同栏目编发《如何抓住基础建设的春天》《牛年鼓牛劲》《动摇不得》《懈怠不修》《折腾不得》《这个“冬天”为什么这样冷》《寒冬中一枝红梅报春来》《已是悬崖百丈冰，犹有花枝俏》《增强忧患意识，应对金融危机》等重要文章。配合深入学习实践科学发展观活动，发表《学习实践科学发展观重在出成果见实效》《论扩内需保增长》《论调结构上水平》《论抓改革增活力》《论重民生促和谐》《打好基础，扎实推进》《抓住核心，突出特色》《关注民生，凝聚民力》《联系当前，结合实际》《把握规律，化“危”为机》等系列评论。配合经营工作会配发《高扬经营龙头，加快战略转型》《加强专业公司建设，提升专项施工能力》等评论员文章。配合学习贯彻《国有企业领导人员廉洁从业若干规定》，发表社论《廉洁从业，建功立业》。配合中国铁建工程项目管理暨质量安全管理现场会，发表评论员文章《切实提高新形势下全员质量意识》。为纪念新中国成立60周年和铁道兵改工25周年，发表文章《沿着中国特色社会主义道路奋勇前进》《为人民共和国而歌唱》。配合房地产板块宣传，发表文章《开创中国铁建房地产建设的新局面》。为做好中国铁建共青团工作宣传，发表《在科学发展伟大实践中书写壮丽青春》等评论和文章300余篇。（韩传荣）

【开辟专刊专栏学习胡锦涛视察昆明中铁和昆明BT项目二环改扩建工程时的讲话精神】 7月25日，中共中央总书记、国家主席、中央军委主席胡锦涛视察昆明中铁大型养路机械集团公司和中国铁建昆明BT项目二环改扩建工程时发表重要。按照中国铁建党委要求，及时组织版面开辟专刊、专栏编发稿件，并组织人员深入一线采访，连续30多期刊发系列报道，先后发表《春有踪迹随东风——胡锦涛总书记视察昆明中铁纪实》《开辟企业发展新天地》《亲切的关怀，殷切的期望，胡锦涛总书记视察中国铁建昆明BT项目二环改扩建工程》《建优质工程，树企业形象》等文章100余篇40多万字，编发文章得到领导和基层职工的认同。 （韩传荣）

【党和国家领导人及省部级领导视察中国铁建在建工程报道】 为体现党和国家领导人对中国铁建的关怀和爱护，年内组织编发胡锦涛总书记视察昆明中铁大型养路机械集团公司和中国铁建昆明BT项目二环改扩建工程、中国国家主席胡锦涛出席中国铁建与沙特轻轨有关合作项目签字仪式；中共中央政治局委员、重庆市市委书记薄熙来出席重庆至利川铁路开工；铁道部副部长卢春房到中国铁建京沪高速铁路工地慰问；中共中央政治局委员、北京市委书记刘淇春节期间到中国铁建工地慰问；中共中央政治局委员、上海市市委书记俞正声到中国铁建京沪高速铁路工地慰问；国务院监事会主席刘怡到中国铁建检查指导；胡锦涛、李克强、徐才厚等中央领导人出席由中国铁建承建的都映高速公路通车仪式；中共中央政治局委员、国务院副总理张德江到昆明中铁大型养路机械集团公司视察；中共中央政治局委员、广东省省委书记汪洋视察中铁二十五局集团公司；中共中央政治局委员、中央书记处书记、国家副主席习近平接见李金诚；中共中央政治局委员、国务院副总理王岐山视察满州里铁路国际货场工程；中共中央政治局委员、新疆维吾尔自治区党委书记王乐泉参加兰新铁路第二双线开工建设；铁道部副部长卢春房参加由中国铁建承建的宜万铁路齐岳山隧道贯通大会和武广、郑西铁路客运专线现场办公等消息10多万字。 （韩传荣）

【海外工程报道】 年内加大海外工程宣传力度，先后发表《海外创业正当时——中铁十二局集团公司着眼未来开拓阿尔及利亚市场侧记》《陈晓星当选西非中国和平统一促进会副会长》《阿曼库苏高速公路通车，中铁十八局集团公司5年艰辛写就现代版〈一千零一夜〉》《马里两部长考察巴马科妇女儿童活动中心工程》《“这是我感受到的最平稳的路面”——阿尔及利亚总理视察东西高速公路M4标段时称赞》《土耳其签证联合工作组访问中国铁建》《阿尔及利亚公共工程部部长阿玛尔·顾勒为中铁十二局集团公司阿籍劳动模范授奖》《阿尔及利亚东西高速公路M4标段提前通车》《贝宁总统亚伊慰问铁建员工》《利比亚沿海铁路的黎波里车站双线4公里抢工完成——利比亚总统、意大利总理莅临庆典》《“中国企业，达玛姆!”》《阿尔及利亚工程部长称赞“中国人了不起”》《马里总统为卡伊妇女儿童活动中心剪彩》《加强经济交流，深化务实合作——张德江访问阿尔巴尼亚、爱沙尼亚，赵广发随同访问》《特多总理曼宁视察中国铁建承建医院项目》《中国铁建董事长李国瑞会见安哥拉总统特使雅伊梅一行》《加快实施“大海外”战略——总裁赵广发在尼日利亚现场办公时强调》《阿尔及利亚东西高速公路M7标段通车》等消息、通讯100余篇。 （韩传荣）

【国内重点工程宣传】 年内，加强国内重点工程“九线九隧四站一桥”跟踪报道；对京沪、京石、石武、沪宁、兰渝、向莆、渝利、贵广、广深、武广、郑西、宜万铁路，齐岳山隧道、关角隧道、中天山隧道、西秦岭隧道、南京长江隧道、厦门翔安隧道、青岛海底隧道、天津海河隧道、锦屏电站引水隧洞和南水北调穿黄隧道，福田车站、广州新客站、厦门西站和天津西站、广珠铁路西江特大桥等工程进行重点报道，刊发文章120篇。 （韩传荣）

【建国60周年和改革开放30周年报道】 为庆祝中华人民共和国成立60周年和纪念中国改革开放30周年，先后开辟“喜看变迁30年”、“经典回放”、“形势任务教育”、“科学发展观论谈”、“科学发展观重在实践”、“坚持科学发展观推进工程公司建设”、“向人民共和国汇报”、“共和国建设功臣 中国铁建楷模”、“庆祝中华人民共和国成立60周年”、“铁道兵将军”、“讲述我们自己的故事”等栏目，编发宣传典型人物、典型事件、科研技术稿件400余篇60多万字。其中“向共和国汇报”栏目，先后刊发《1949：前进，人民的“铁道兵”》《为人民共和国而歌唱》《为共和国开路架桥》《走向没有硝烟的战场》《当新中国国旗升起时》《镌刻在祖国西部的壮丽史诗》《与中国铁路一起跨越》等文章；同时增设摄影专刊，利用新老照片对比中国铁建发展的辉煌成就，体现各代党和国家领导人对中国铁建60年来的关怀。 （韩传荣）

【京沪高速铁路建设年报道】 在2009年4月18日京沪高速铁路开工建设1周年之际，《中国铁道建筑报》以16个版面，全方位、多角度地报道京沪高速铁路建设推进情况，得到国务院京沪高速铁路建设领导小组办公室和铁道部京沪高速铁路建设总指挥部的表扬。4月20日，京沪高速铁路股份有限公司党委致信中国铁建党委，充分肯定中国铁建对京沪高速铁路建设的新闻宣传。 （韩传荣）

【四川汶川大地震1周年报道】 2009年5月12日，为纪念四川汶川大地震1周年，报社精心策划，从不同角度反映大地震1周年以来，中国铁建参加救灾援建的施工场面和广大职工无私奉献精神，发表文章10多万字，刊发图片40余幅，充分反映了中国铁建在四川汶川援建工程所作的奉献和动人事迹。

（韩传荣）

【创办《大路文学》专刊】 2009年，《大路文学》专刊面世，走向读者。该专刊与多年前推出的《大路美术》《大路摄影》等专刊互相映照，构建出中国铁建系统的文化体系。60多年来，这几块园地培育成长起一大批文化名人和文学新军。《大路文学》的目标是建设成“文学”的“大路”，《大路文学》构成的主要元素是“中国”文学、“铁道”文学和“建筑”文学。全年《大路文学》出版156期，发表作品624万字。 （韩传荣）

【姜书范被评为全国优秀新闻工作者】 在2009年第10个记者节来临之际，中共中央宣传部、中共中央对外宣传办公室、国家广播电影电视总局、中华人民共和国新闻出版总署、中华全国新闻工作者协会联合表彰2009年全国优秀新闻工作者，《中国铁道建筑报》驻中铁十八局集团公司记者站站长姜书范获此殊荣，并受到中共中央政治局常委李长春，中共中央政治局委员、中央书记处书记、中宣部部长刘云山等中央领导的接见。 （韩传荣）

【全国好新闻评选】 由朱海燕、江耀明采写，王莹编辑的《东方腾起一条龙》获第23届中国产业经济新闻奖消息作品一等奖；由符勇、王维采写，符勇编辑的《距奥运7天：高速列车在京津起飞》获消息作品二等奖；由朱海燕采写、赵玲莉编辑的《流泪的中国有力量》获评论作品三等奖，由刘新红采写、王莹编辑的《开行第一天：合宁动车组爆棚》获消息作品三等奖，由曾正贤采写、赵玲莉编辑的《为了98名职工的生命》获通讯作品三等奖。由朱海燕采写，赵玲莉、王莹编辑的《安全，第一位的问题》获第五届全国安全生产2009年新闻评论二等奖。

（韩传荣）

【广告经营】 2009年，广告经营收入比2008年增长5%，上缴税金70余万元。 （韩传荣）

【2009年中国铁建新闻报道先进单位和先进个人】

中国铁建新闻报道先进单位

中铁十七局集团公司
中铁十九局集团公司
中铁十六局集团公司
中铁十一局集团公司
中铁十二局集团公司
中铁十八局集团公司
中铁二十四局集团公司
中铁十四局集团公司
中铁十五局集团公司
中铁二十局集团公司
中铁二十一局集团公司
中铁二十三局集团公司
中铁二十二局集团公司
中铁建电气化局集团公司
中铁十三局集团公司
中铁十七局集团二公司
中铁十七局集团四公司
中铁十七局集团五公司
中铁十六局集团一公司
中铁十一局集团四公司
中铁十八局集团二公司
中铁十六局集团三公司
中铁十二局集团二公司
中铁二十四局集团浙江工程公司
中铁十九局集团二公司
中铁十九局集团一公司
中铁十八局集团一公司
中铁十三局集团四公司
中铁十二局集团四公司
中铁十一局集团一公司
中铁十一局集团二公司
中铁十九局集团四公司
中铁十九局集团三公司
中铁十六局集团四公司
中铁十七局集团三公司
中铁二十四局集团安徽工程公司
中铁十七局集团一公司

中铁十六局集团五公司
中铁十九局集团矿业工程公司
中铁十八局集团五公司
中铁十九局集团轨道工程公司
中铁二十局集团电气化工程公司
中铁二十一局集团一公司
中铁二十四局集团南昌工程公司
中铁十七局集团六公司
中铁十六局集团二公司
中铁十二局集团一公司
中铁十七局集团建筑工程公司
中铁十四局集团海外工程分公司
中铁十九局集团五公司
中铁十四局集团四公司
中铁十二局集团三公司
中铁二十局集团一公司
中铁十八局集团三公司
中铁二十三局集团四公司
中铁二十局集团四公司
中铁十三局集团三公司
中铁十二局集团建筑安装工程公司
中铁建电气化局集团三公司
中铁二十三局集团养马河工程公司
中铁二十一局集团电务电化工程公司
中铁二十二局集团哈尔滨铁路建设集团公司
中铁二十一局集团三公司
中铁十六局集团铁运工程公司
中铁二十四局集团上海电务电化公司
中铁二十三局集团三公司
中铁二十二局集团四公司
中铁十五局集团六公司
中铁十四局集团三公司
中铁十五局集团五公司
中铁十四局集团二公司
中铁十一局集团五公司
中铁十六局集团路桥工程公司
中铁二十五局集团广州工程公司

中国铁建优秀记者

张荣文　吴炳森　姜书范　陈树青　赵守民
孔祥文　李良苏　杨秀权　蔡崇金　张兰忠
李佩山　李仕兵　成海忠　王立武　刘德联
江耀明　贾鹏翼　曾正贤　王昌尧　戴军武
尹登明　边均安　石宝进　方　玲　罗朝政

中国铁建优秀通讯员

张天国　杨春杰　董国隆　齐晓赛　伍　振
倪作霖　赵桂军　颜以亨　孙念国　向清明
周广宽　刘福昌　王华峰　马国瑞　王崇燕
蒋小军　高仕红　蔡庆荣　周安才　官国强
严茂林　杨卧龙　张建友　邓　捷　王　丹
冯学亮　文　雄　杨虎生　刘国占　张丽英
曹　军　周　娟　梁海梅　王中正　殷万军
王运亮　董世峙　谭德虞　张本国　朱洪山
杜　萍　余其平　李明春　应加明　张振宇
尹　镇　刘凤翥　张　明　李美华　史华兴
王运琥　章恒金　平贵书　蒋晓芬　李　霖
黎青川　刘长彬　路　科　杨广臣　崔纪松
姚贵荣　庄民群　连永章　庞曙光　武新才
徐晓庆　陈家顺　李全虎　唐明娟　袁明云
徐　春　安剑承　邓昆仑　李世科　刘连生
王建承　赵纯杰　吴安华　廖高山　刘晓娟
刘亚鹏　李小香　谌启程　洪国莉　张　勇
杜振克　杨茂森　孙丽华　沈北林　范佳新
龙　艳　叶玲玲　姜鸿雁　高　墅　陈宝慧
韦蓼英　牛仕红　周金龙　卫学昌　贾　岩
何毓轩　朱伟国　陶信山　曹战锋　王强强
柳　志　舒开喜　杨　涛　黄仕科　琚　莹
覃国华　王积鹏　廖　迪　赖　迪　皇甫振明
张　骥　殷伟伟　刘文杰　李文杰　曹筱璐
张秋华　陈正超　尚明宣　吴世星　王　斌
张记力　吴　红　刘　洪　刘珊珊　韦选毅
张君奇　邓春岭　潘永学

（韩传荣）

中国铁建所属基层单位开展丰富多彩的文体活动，丰富职工文化生活。图为中铁十九局集团公司南水北调项目部组织职工拔河比赛。（王浩渊 摄）

工会 共青团

本栏责任编辑 杨启燕

工　会

【股份公司工会】　股份公司工会同时履行公司总部机关工会职能，在股份公司党委领导下，依据《工会法》《中国工会章程》和《中国铁建股份有限公司章程》独立自主地开展工作。动员和组织职工参加企业的改革和生产经营管理活动，代表和组织职工参与企业民主管理；民主监督企业领导人员和经营管理人员履行职责情况；教育职工不断提高道德修养和科学文化素质，建设“四有”职工队伍；维护职工合法权益；负责全国和省（部、市）劳动模范和各类先进的评选、推荐、审核和公司劳动模范的评比、表彰等工作；负责公司总部机关工会日常工作。下辖中国土木工程集团公司，中铁十一至二十五局集团公司，中铁建设集团公司，中铁建电气化局集团公司，中铁房地产集团公司，中铁第一、第四、第五勘察设计院集团公司，中铁上海设计院集团公司，中铁物资集团公司，昆明中铁大型养路机械集团公司，中铁轨道系统集团公司，北京铁城建设监理公司，中铁建（北京）商务管理公司，北京培训中心及直属机关工会。股份公司党委副书记、纪委书记彭树贵兼任股份公司工会主席，股份公司工会副主席张克明（11月退休）、柴顺林（6月任）；下设生产综合部和组织权益部。股份公司工会另设体协理事会、工会经费审查委员会、女职工委员会。　（程玉鹤）

【中国铁建工会二届十三次全委（扩大）会暨会员代表会议、二届十四次全委会】　8月6日在北京五棵松饭店召开中国铁建工会二届十三次全委（扩大）会暨会员代表会议，出席全委（扩大）会议29人，出席会员代表会议60人。十三次全委会增替补11名委员，免9名委员；补选柴顺林、孙启业2名常委，柴顺林当选股份公司工会副主席和工会经费审查委员会主任。会员代表会议差额选举14名代表（含1名中华全国铁路总工会机关代表）出席中国铁路工会第十三次全国代表大会。在11月6日召开的中国铁路工会第十三次全国代表大会上，彭树贵、刘永年、宋占波当选中华全国铁路总工会第十三届委员会执委，柴顺林当选中华全国铁路总工会第十三届经费审查委员会委员。10月8日召开中国铁建二届十四次全委会，26名二届委员和3名经费审查委员会委员参加会议，会议审议通过提交中国铁道建筑总公司工会第三次（中国铁建股份有限公司工会第一次）代表大会的相关事项。　（孙秀伟　翟国棠）

【总公司工会第三次（股份公司工会第一次）代表大会】　中国铁路工会中国铁道建筑总公司第三次（中国铁建股份有限公司第一次）代表大会于2009年11月8日～10日在北京会议中心召开，会议正式代表260名，特邀代表2名，列席代表6名。其中，工会工作者和工会积极分子170人，占代表总数的65%；党政管理干部、文卫科技工作者、先进模范人物90人，占代表总数的35%。各类代表中，有女代表和少数民族代表53人，占代表总数的20.4%。代表平均年龄43.6岁，最大的59岁，最小的29岁；代表中，具有大专以上学历的占97.3%。大会审议通过中国铁道建筑总公司工会第二届委员会工作报告、中国铁道建筑总公司工会第二届委员会财务工作报告、中国铁道建筑总公司工会第二届经费审查委员会工作报告。大会总结二届（15年）以来的工会工作经验，部署今后5年的工会任务；选举产生中国铁道建筑总公司工会第三届（中国铁建股份有限公司工会第一届）委员会，31人当选；选举产生中国铁道建筑总公司工会第三届（中国铁建股份有限公司工会第一届）经费审查委员会，7人当选。两个委员会分别召开一次全体会议，选举产生6人组成的常务委员会，彭树贵当选工会主席，柴顺林当选工会副主席；柴顺林当选经费审查委员会主任，冀涛当选经费审查委员会副主任。　（孙秀伟　翟国棠）

·生产综合·

【生产综合部】　负责股份公司工会的综合、协调和文秘工作；负责工会系统的宣传教育、劳动竞赛、“创争”活动、合理化建议和技术革新评审、评先树模、工地文化建设工作；负责统战和侨联工作；负责股份公司总部机关工会日常工作。定员5人，下设综合处、生产宣教处。　（程玉）

【股份公司工会特色工作评审】　2月26日，股份公司工会在北京召开2008年度工会特色工作评审会，评选出24项特色工作成果。其中，一等奖8项；二等奖6项；三等奖10项。　（刘永胜）

2009年中国铁建股份公司工会特色工作获奖成果表

序号	成 果 名 称	完成单位	获奖等级
1	“职工书屋”建设成为亮点	中铁十一局集团公司工会	一等奖
2	建立“三不让”信息管理系统 研发困难职工帮扶救助软件	中铁十四局集团公司工会	一等奖
3	建设新型工地社区 全面提升建家境界	中铁十五局集团公司工会	一等奖
4	完善平等协商机制 强化双重责任考核 使集体合同成为保障职工利益的有效工具	中铁十六局集团公司工会	一等奖
5	致力创新劳动竞赛 打造“三力”竞赛文化	中铁十七局集团公司工会	一等奖
6	开展权益保障专题调研 实现两个维护和谐统一	中铁十八局集团公司工会	一等奖
7	推行建家建线“十字”标准 努力实现企业与职工和谐发展	中铁十九局集团公司工会	一等奖
8	借助信息化手段，更好地发挥工会组织的作用	中铁建设集团公司工会	一等奖
9	编印《工地对联·标语口号·格言警句集锦》	中铁十二局集团公司工会	二等奖
10	创新建家建线模式 推进建家建线上水平	中铁十三局集团公司工会	二等奖
11	为海外职工建设“和谐之家”	中铁二十局集团公司工会	二等奖
12	以“项目工会达标年”活动为载体 在构建和谐企业中发挥项目工会作用	中铁二十一局集团公司工会	二等奖
13	突出“四抓”，加强基层职代会建设	中铁二十五局集团公司工会	二等奖
14	努力革新工艺技术 积极开展劳动竞赛 打造项目和谐施工环境	中铁建电气化局集团公司工会	二等奖
15	坚持职工代表巡视质询 在维护中构建和谐企业	中铁十三局集团公司工会	三等奖
16	制定办法 抓好试点 指导推动项目部农民工之家建设	中铁十四局集团公司工会	三等奖
17	搞好体育运动会活动 营造和谐稳定后方	中铁十四局集团公司工会	一等奖
18	女职工维权机制建设实现新突破	中铁十五局集团公司工会	三等奖
19	多一份保险 多一道屏障	中铁十六局集团公司工会	三等奖
20	签订专项合同重维权 加大保护力度求实效	中铁十八局集团公司工会	三等奖
21	“巾帼建功立业”活动取得新成果	中铁十九局集团公司工会	三等奖
22	“六同”让农民工与“我”共建家园	中铁二十二局集团公司工会	三等奖
23	立足岗位 开展选塑“品牌员工”活动	中铁二十三局集团公司工会	三等奖
24	以“创建学习型企业，争做知识型职工”为载体攻坚克难	中铁二十四局集团公司工会	三等奖

制表：刘永胜

【劳动竞赛】 2008、2009年，所属单位按照铁道部、中华全国铁路总工会和股份公司要求，积极发动和引导广大职工在京沪高速铁路和铁路客运专线建设中，开展以“六比六创”和“五比五创”为主要内容的劳动竞赛，在攻克技术难关，保证安全质量，改善经营管理，创建优质工程，提升经济效益，打造市场信誉中取得显著成绩，有力地促进了施工生产任务的完成。为表彰先进，促进降本增效，深化劳动竞赛，股份公司对各单位申报的京沪高速铁铁路和铁路客运专线劳动竞赛资料进行认真评审，分别于4月和12月行文表彰一批优胜单位、先进单位和先进个人。

2008年度京沪高速铁路建设劳动竞赛综合优胜单位

中铁十六局集团公司京沪高速铁路3标段项目经理部

中铁十二局集团二公司京沪高速铁路4标段16项目部

中铁十七局集团公司京沪高速铁路土建工程1标段项目经理部8工区

中铁十七局集团公司京沪高速铁路土建工程1标段项目经理部13工区

中铁十二局集团三公司京沪高速铁路4标段18项目部

中铁十二局集团公司京沪高速铁路4标段1项目部

中铁十四局集团公司京沪高速铁路项目部

中铁十九局集团公司京沪高速铁路项目部

中铁十二局集团公司京沪高速铁路4标段9项目部

中铁十五局集团公司京沪高速铁路4标段11项目部1工区

2008年度京沪高速铁路建设劳动竞赛先进单位

中铁十二局集团电化工程公司京沪高速铁路4标段项目部

中铁十二局集团公司京沪高速铁路4标段22项目部

中铁十七局集团公司京沪高速铁路土建工程1标段项目经理部12工区

中铁十七局集团公司京沪高速铁路土建工程1标段项目经理部4工区

中铁十七局集团公司京沪高速铁路土建工程1标段项目经理部1工区

中铁十七局集团公司京沪高速铁路土建工程1标段项目经理部5工区

中铁十七局集团公司京沪高速铁路土建工程1标段项目经理部9工区

中铁十七局集团公司京沪高速铁路土建工程1标段项目经理部2工区

中铁十五局集团一公司京沪高速铁路项目部

中铁十七局集团五公司京沪高速铁路项目部

2008年度铁路客运专线劳动竞赛综合优胜单位

中铁十六局集团公司武广铁路客运专线XXTJⅢ标段项目部

中铁十二局集团公司郑西铁路客运专线工程指挥部

中铁十六局集团公司郑西铁路客运专线工程指挥部

中铁二十二局集团公司广州新客站工程项目经理部

中铁十二局集团公司武广铁路客运专线项目经理部

中铁二十三局集团公司郑西铁路客运专线工程指挥部

中铁十九局集团公司武广铁路客运专线5标段项目经理部

中铁十七局集团公司武广铁路客运专线XXTJVI标段项目部

中铁十九局集团公司温福铁路客运专线项目部

中铁十二局集团公司甬台温铁路客运专线工程指挥部

2008年度铁路客运专线劳动竞赛先进单位

中铁二十五局集团公司郑西铁路客运专线ZXZQ02标段洛阳南站项目部

中铁二十一局集团公司福厦铁路站前工程Ⅲ标段项目部

中铁十五局集团公司武广铁路客运专线5标段项目经理部

中铁十五局集团公司温福铁路项目经理部

中铁十四局集团公司广深港铁路客运专线ZH－1标段项目部

中铁二十四局集团公司昌九城际铁路CJQ－2标段项目部

中铁二十四局集团公司甬台温铁路工程项目部

2008年度劳动竞赛优秀组织者

王桂林 郭红民 高治双 符能松 李鹏年
庞继高 张挺军 张新朝 何正满 裴西伟
丁善晔 夏 雷 郝建彬 韩保军 刘金林
崔连友 韩万宝 马鸿翀 魏蜀秦 沈维圣
乔贺青 刘保华 王在仁 周振兴 孙国臣
李文耀 马峻岭 陈 明 门智杰 唐明娟

2009年度京沪高速铁路“六比六创”劳动竞赛综合优胜单位（中国铁建“工人先锋号”）

中铁十九局集团公司京沪高速铁路项目经理部

中铁十四局集团公司京沪高速铁路项目部

中铁十七局集团公司京沪高速铁路项目部 13 工区

中铁十二局集团二公司京沪高速铁路 4 标段 15 项目部

中铁十二局集团一公司京沪高速铁路 4 标段 3 项目部

中铁十二局集团二公司京沪高速铁路 4 标段 16 项目部

中铁十八局集团公司京沪高速铁路项目部

中铁十五局集团公司京沪高速铁路 4 标段项目部

中铁二十四局集团公司京沪高速铁路上海虹桥站及相关工程项目部

中铁十六局集团公司京沪高速铁路 3 标段 2 分部

2009 年度京沪高速铁路“六比六创”劳动竞赛单项优胜单位

安全生产：中铁十七局集团公司京沪高速铁路项目部 3 工区

工程质量：中铁十八局集团五公司京沪高速铁路项目部

工程进度：中铁十二局集团四公司京沪高速铁路 4 标段栏杆制梁场

科技创新：中铁十六局集团公司京沪高速铁路项目部

文明施工和节支降耗：中铁十五局集团公司京沪高速铁路固镇轨道板场

2009 年度京沪高速铁路“六比六创”劳动竞赛先进单位

中铁十二局集团四公司京沪高速铁路 4 标段 13 项目部

中铁十二局集团三公司京沪高速铁路 4 标段架桥项目部

中铁十二局集团三公司京沪高速铁路 4 标段 20 项目部

中铁十六局集团公司京沪高速铁路 3 标段 1 分部

中铁十二局集团七公司京沪高速铁路 4 标段 22 项目部

中铁十二局集团三公司京沪高速铁路 4 标段定远制梁场

中铁十六局集团公司京沪高速铁路 3 标段 4 分部

中铁十六局集团公司京沪高速铁路 3 标段 8 工区 7 分部

中铁十六局集团公司京沪高速铁路 3 标段 5 分部

中铁十六局集团公司京沪高速铁路 3 标段 3 分部

中铁十二局集团一公司徐州贾汪制梁场项目部

中铁十七局集团公司京沪高速铁路项目部 12 工区

中铁十七局集团公司京沪高速铁路项目部 6 工区

中铁十七局集团公司京沪高速铁路项目部 8 工区

中铁十七局集团公司京沪高速铁路项目部 9 工区

中铁十二局集团一公司京沪高速铁路 4 标段 1 项目部

中铁十二局集团一公司京沪高速铁路 4 标段 4 项目部

中铁十二局集团一公司京沪高速铁路 4 标段架桥项目部

中铁十二局集团二公司京沪高速铁路 4 标段 17 项目部

中铁十二局集团三公司京沪高速铁路 4 标段 19 项目部

中铁十二局集团四公司京沪高速铁路 4 标段 8 项目部

中铁十二局集团四公司京沪高速铁路 4 标段 12 项目部

中铁十二局集团四公司京沪高速铁路 4 标段栏杆梁场架桥公司

中铁十二局集团七公司京沪高速铁路 4 标段 21 项目部

中铁十六局集团公司京沪高速铁路 3 标段项目部 6 分部

中铁十七局集团公司京沪高速铁路项目经理部 2 工区

中铁十七局集团公司京沪高速铁路项目经理部 4 工区

中铁十七局集团公司京沪高速铁路项目经理部 7 工区

中铁十七局集团公司京沪高速铁路项目经理部安次制梁场

2009 年度铁路客运专线“五比五创”劳动竞赛综合优胜单位（中国铁建“工人先锋号”）

中铁十六局集团公司贵广铁路工程指挥部

中铁十二局集团公司联合体广州动车组检修基地项目部

中铁二十五局集团公司海南东环铁路站前Ⅲ标段指挥部

中铁建电气化局集团公司福厦铁路“四电”系统集成联合体项目部

中铁十一局集团公司沪宁城际铁路工程站前Ⅵ标段项目部

中铁十九局集团公司长吉城际铁路项目经理部

中铁十四局集团公司石武铁路客运专线项目经理部

中铁二十一局集团公司福厦铁路站前工程Ⅲ标段项目部

中铁十八局集团五公司无砟轨道工程公司

中铁十七局集团广深港铁路客运专线项目部

2009 年度铁路客运专线“五比五创”劳动竞赛单项优胜单位

安全生产：中铁十三局集团公司京石铁路客运专线工程指挥部

工程质量：中铁十五局集团公司广深港铁路客运专线 ZH－4 标段项目部

工程进度：中铁十六局集团公司石武铁路客运专线（河南段）项目经理部

科技创新：中铁十一局集团公司汉宜铁路客运专线 HYZQ－3 标段项目部

文明施工和节支降耗：中铁二十五局集团太中银铁路 ZQ－Ⅰ－1 标段工程指挥部

2009 年度铁路客运专线“五比五创”劳动竞赛先进单位

中铁十七局集团公司厦深铁路（广东段）工程指挥部

中铁十二局集团公司贵广铁路客运专线工程指挥部

中铁十一局集团公司京石铁路客运专线 JS－3 标段项目部

中铁十九局集团公司沪宁城际铁路站前Ⅴ标段项目部

中铁十二局集团公司沪杭铁路客运专线 4 标段项目经理部

中铁十六局集团公司兰渝铁路 LYS－2 标段项目经理部

中铁十七局集团公司郑西铁路客运专线工程指挥部

中铁建电气化局集团（联合体）郑西铁路客运专线“四电”集成工程指挥部

中铁二十二局集团公司津秦铁路客运专线项目部

中铁二十五局集团公司武广铁路客运专线沿线站房及配套工程Ⅵ标段工程指挥部

中铁十八局集团四公司石武铁路客运专线项目部

中铁十三局集团公司哈大铁路客运专线项目经理部

中铁十三局集团公司厦深铁路工程指挥部

中铁二十局集团公司石武铁路客运专线河南段项目部

2009 年度中国铁建“工人先锋号标兵”

卢芝海　刘昌盛　潘　弦　李　钢　林广南
朱增科　吴跃进　崔世平　任建军　伍锡敏
田友成　潘志刚　曹　晶　朱　超　付雷锋
赵建宁　张振宇　牟如涛　郭永忠　付加亮
郑春海　余　斌　张义理　侯仕斌　张建国
张　柱　孟永福　石景林　高禄巍　刘福春
陈保忠　谢　勇　曾小东　付书江　杨　磊
郭庭强　谢悬诚　韩　义　白俊刚　史仕军

2009 年度京沪高速铁路和铁路客运专线劳动竞赛优秀组织者

李传祥　周　晗　范廉明　张玉民　武　峰
黄实勇　方　波　牛玉成　陈　枢　徐孟校
梁世山　刘小果　陈益刚　金　鑫　张玉军
高明星　苏庆国　张国辉　刘瑞军　徐泽林
刘新福　秦绍泉　蔚东绪　杜树铭　赵明传
吴忠良　杨保富　李保华　孙吉东　王佳贵
王必军　葛育松　杜逢春　王志贵　余　祥
冯诚良　黄继荣　罗　达　李汝军　卫明博

2009 年度劳动竞赛优秀组织者

雷佳民　郝生德　王守英　郝晋峰　臧守杰
袁兰荣　王　焕　沈中祥　刁仲伟　薛学勇
陈炳祥　赵国旗　郝建彬　韩保军　邓中才
付彦生　王　岩　王运良　郝玉泉　刘庭联
宁宝钢　詹自成　郭建东　王　铭　张庆军
彭　杨　吕建华　李开明　李友望　何　政
张文虎　李卫东　周家祥　刘守智　仲延田
辛建成　李志群　刘志敏　杨朝凯　李克贤

（李青颖　宋卫国）

【劳动竞赛通报】　5 月 13 日，股份公司劳动竞赛委员会通报表彰 2008 年度中国铁建系统在铁道部、铁路局和铁路客运专线公司劳动竞赛中获奖的单位和个人。有 34 个单位、131 名个人获得中国铁路总工会专为铁路客运专线建设颁发的火车头奖杯和奖章；有 9 个单位获得铁道部综合评比第一名；96 次获得甲方综合评比第一名、9 次第二名、4 次第三名；63 次获得甲方单项评比第一名、1 次第二名；有 223 名先进个人获得铁路客运专线公司表彰；获得甲方奖励 996 万元。　（李青颖　宋卫国）

【评先树模】　为大力弘扬先进和劳动模范的先进思想和高尚品德，进一步激发广大职工为中国铁建又好又快发展而建功立业的积极性和创造性，各级工会积极培养、选拔、推荐先进，宣传先进，崇尚先进，造就了一大批各种荣誉称号的模范先进人物和先进集体。2009 年，1 个单位获得全国五一劳动奖状，8 人获得全国五一劳动奖章；1 人被评为全国民族团结进步模范个人；5 个单位被授予全国“工人先锋号”；

12个集体被评为中央企业先进集体，16人被评为中央企业劳动模范；5个单位获得火车头奖杯，29人获得火车头奖章；4个集体获得宜万铁路建设火车头奖杯，22人获得宜万铁路建设火车头奖章；9个单位获得武广铁路客运专线建设火车头奖杯，25人获得武广铁路客运专线建设火车头奖章；20人获得铁路勘察设计系统火车头奖章；53个集体获得铁路客运专线建设火车头奖杯，222人获得铁路客运专线建设火车头奖章；10个单位被评为省部级先进单位，22个单位获得省部级五一劳动奖状，23个单位被授予省部级“工人先锋号”；13人被评为省部级劳动模范，42人获得省部级五一劳动奖章，11人被评为省部级先进个人。（李青颖　宋卫国）

【工人先锋号】　4月15日，股份公司工会表彰在深入开展“工人先锋号”活动中涌现出的先进集体和先进个人，决定授予中国土木工程集团珠海分公司等41个集体“工人先锋号”称号，授予郭颖伟等26人“工人先锋号标兵”称号。

中国铁建“工人先锋号”

中国土木工程集团珠海分公司

中国土木工程集团博茨瓦纳公司洛巴策医院项目部

中铁十一局集团五公司三峡翻坝项目部

中铁十一局集团六公司机械产品事业部龙佑机械厂女子工班

中铁十二局集团宜万铁路工程指挥部

中铁十二局集团京沪高速铁路土建工程4标段项目经理部

中铁十三局集团五公司大广南项目部（队）

中铁十三局集团六公司102国道跨伊通河大桥项目经理部

中铁十四局集团公司西安市行政中心建设项目A1－1标段项目部

中铁十四局集团北京中铁房山桥梁公司

中铁十五局集团一公司京沪高速铁路项目部

中铁十五局集团六公司京沪高速铁路5工区（班）

中铁十六局集团电务工程公司二分公司

中铁十六局集团四公司宝天5、6标段项目部

中铁十七局集团三公司第二架梁队

中铁十七局集团五公司海南东环铁路项目部

中铁十八局集团厦深铁路工程指挥部

中铁十八局集团大都公司泸州项目部

中铁十九局集团公司长山壕金矿项目部

中铁十九局集团轨道交通公司第二工程公司

中铁二十局集团二公司第二工程队

中铁二十局集团六公司石武铁路客运专线项目部2分部

中铁二十一局集团电务电化工程公司精伊霍铁路站后工程项目部

中铁二十一局集团二公司赤大白地方铁路项目部4工区

中铁二十二局集团四公司广州新客站项目部

中铁二十二局集团二公司石太铁路客运专线铺架工程项目部

中铁二十三局集团二公司海满项目部

中铁二十三局集团七公司柴木铁路热水制梁场

中铁二十四局集团萧甬铁路电气化项目部

中铁二十四局集团昌九城际铁路CJQ－2标段架梁项目部

中铁二十五局集团广州公司铺架项目部

中铁二十五局集团二公司武广铁路客运专线项目部

中铁建设集团市政工程分公司

中铁建电气化局集团三公司包惠铁路项目部

中铁房地产集团贵州中泓房地产开发公司工程部

中铁第一勘察设计院集团航测遥感设计处全数字室

中铁第四勘察设计院集团公司图文中心合成室

中铁物资集团西北公司物资设备部

昆明中铁大型养路机械集团金属结构公司结构三工段

中铁轨道系统集团株洲桥梁公司咸宁制枕场

北京铁城建设监理公司关角隧道监理站

中国铁建“工人先锋号标兵”

郭颖伟　罗长友　白国峰　王　钢　张志刚
张　艳　钟儒华　刘新福　刘跃伟　石召监
赖建全　王克杰　司瑞明　汪永进　楼慧谷
刘晓煜　张学臣　周小东　李宏杰　黄彦彬
杨红刚　李国锋　高　宇　薛建中　王友刚
刘广泉

（李青颖　宋卫国）

【合理化建议和技术改进】　2009年，各级工会组织以科学发展观为指导，充分调动广大职工的积极性、创造性，积极组织广大职工针对施工中的重点难点问题开展合理化建议、技术改进和技术创新活动，产生一大批具有开创性、进步性、实用性、效益性和具有广泛推广价值的技术成果。12月，股份公司合理化建议和技术改进评审委员会评出111项成果。其中，一等奖12项；二等奖41项；三等奖58项。

（李青颖　宋卫国）

2009 年度中国铁建合理化建议和技术改进获奖项目表

序号	项目名称	单位	主要作者	获奖等级
1	变质岩承压水隧道施工方案	中铁十二局集团二公司	李五红　王利民	一等奖
2	柔性台座预制拼装顶推施工工法	中铁十四局集团隧道公司	戴尊勇　朱传刚	一等奖
3	地铁暗挖施工中既有桥梁、管道、运营线路的综合保护技术	中铁十八局集团公司北京工程指挥部	王立波	一等奖
4	隧道二次衬砌预埋接触网螺栓改进	中铁十七局集团公司厦深铁路工程指挥部	邢有成	一等奖
5	铁路客运专线 900 吨预制箱梁辅助检测工具——跨度样板尺和堵头	中铁十七局集团二公司	王国玉	一等奖
6	铁路客运专线 TLJ－900 型架桥机及 12 米宽预制箱梁过隧道施工技术	中铁十八局集团五公司	马文通　贾勤波	一等奖
7	铁路客运专线无砟轨道成套机械化施工技术	中铁十八局集团五公司	杨保富　曹建腾	一等奖
8	温福铁路霞浦隧道轨排架法施工双块式无砟轨道技术	中铁十九局集团公司温福铁路工程指挥部	李忠忱　王宝林	一等奖
9	湿陷性黄土沉降变形规律在隧道施工中的应用	中铁十九局集团公司兰渝铁路项目部	解方亮　周　烨	一等奖
10	隧道下锚段二衬台车改进施工工法	中铁十九局集团公司兰渝铁路项目部	彭志新　田仁东	一等奖
11	在预制箱梁施工中采用定尺钢筋和盘螺钢筋	中铁二十局集团公司石武铁路客运专线项目部	罗　凯　何云飙	一等奖
12	悬渚隧道明洞开挖合理化建议方案	中铁二十四局集团公司甬台温铁路项目部	陈克望　叶其龙	一等奖
13	望虞河特大桥 187、188 号承台基坑开挖防护	中铁十一局集团一公司	占　勇	二等奖
14	汀泗河特大桥 1－140 米钢箱系杆拱施工方案改进	中铁十一局集团一公司	陈林生	二等奖
15	冲填粉煤灰地层满堂支架法施工	中铁十一局集团四公司	周　刚	二等奖
16	武汉地铁 2 号线虎名区间竖井施工方案	中铁十一局集团四公司	田志波	二等奖
17	关于对信号基础模具进行改进的建议	中铁十一局集团电务公司	刘永清	二等奖
18	铁路 T 型简支梁循环流水生产线	中铁十二局集团一公司	王立军	二等奖
19	混凝土温度和含水率测试仪监测系统	中铁十二局集团一公司	李永祥	二等奖
20	“小导管加钢插管”法在老东山隧道特殊地质（Ⅴ级围岩）段施工中的应用	中铁十二局集团二公司	徐小法　帅建兵	二等奖
21	精减型混凝土拌合站的改造	中铁十二局集团四公司	张黎杰　梁振强	二等奖
22	优化结构物几何尺寸、科学设计模板减少周转材料投入有效降低工程成本	中铁十二局集团四公司	隋洪涛	二等奖
23	膺架制梁侧模推进小车	中铁十二局集团四公司	张书良	二等奖
24	替代超细水泥的混凝土新材料研究	中铁十四局集团北京中铁房山桥梁公司	姜忠仁　曹凤洁	二等奖
25	“三不让”承诺工作管理软件开发	中铁十四局集团公司工会	郭晓红	二等奖

续表

序号	项 目 名 称	单 位	主要作者	获奖等级
26	HSB900 型架桥机施工工法的改进	中铁十五局集团六公司	薛学勇 韩益民	二等奖
27	DF900D 架桥机通过隧道及隧道口架设改造	中铁十五局集团六公司	黄功华 汪锡铭	二等奖
28	钢板桩围堰免封底施工技术及应用	中铁十六局集团二公司	黄 瀚 刘存京	二等奖
29	荆河特大桥岩溶地区钻孔桩施工技术改进	中铁十六局集团三公司	胡 伟	二等奖
30	利用探勺控制钻孔灌注桩桩头高度	中铁十七局集团公司津秦铁路客运专线项目部	霍继军	二等奖
31	Ⅱ型轨道板钢筋网制作加工技术创新	中铁十七局集团公司津秦铁路客运专线项目部	李 金	二等奖
32	预制箱梁 TQCY－Ⅵ型滚轮整平机	中铁十七局集团公司津秦铁路客运专线项目部	范旭辉	二等奖
33	南广项目混凝土拌合站改进	中铁十七局集团公司南广高速铁路项目部	曹国平	二等奖
34	隧道内 T 梁施工技术	中铁十七局集团二公司	宁 卉 汪志军	二等奖
35	铁路客运专线 CRTSⅠ双块式无砟轨道组合式轨道排架法施工技术	中铁十七局集团二公司	邢培刚 胡开宝	二等奖
36	移动模架整体下放拆卸工艺	中铁十八局集团二公司	柳盛秀	二等奖
37	网架安装施工难点及解决方案	中铁十八局集团三公司	丁金涛 王如建	二等奖
38	客运专线 112 米提篮拱卧拼提升竖转法施工技术	中铁十八局集团五公司	彭仕国 李 波	二等奖
39	土地垭隧道电缆槽盖板制作新工艺	中铁十九局集团一公司	王佰军 张继平	二等奖
40	万向轮在隧道钢拱架制作中的应用	中铁十九局集团一公司	印有新	二等奖
41	桥面系遮板安装方案优化	中铁十九局集团二公司	刘福春	二等奖
42	梁面收光自制提浆整平机	中铁十九局集团五公司	高禄巍 李光鑫	二等奖
43	液压布料杆基础形式改进	中铁十九局集团五公司	高禄巍 陈浩昆	二等奖
44	Cop1638 凿岩机锚杆推进器	中铁十九局集团公司金英项目部	任孙吉	二等奖
45	双护筒法施工深淤泥、高河床、大直径桩基	中铁十九局集团公司广珠铁路项目部	戴德军 陈宜伟	二等奖
46	金鼎站特大桥（32＋48＋32）米连续梁临时支架优化设计	中铁十九局集团公司广珠铁路项目部	杜 刚 岳云宁	二等奖
47	温福铁路湾坞特大桥变高变宽连续箱梁悬灌施工技术	中铁十九局集团公司温福铁路工程指挥部	徐 亮	二等奖
48	福安货场大桥预制架设 T 梁改膺架现浇 T 梁施工技术	中铁十九局集团公司温福铁路工程指挥部	徐 亮	二等奖
49	箱梁高性能混凝土配合比优化	中铁二十局集团公司石武铁路客运专线项目部	赵抓刚 黄开均	二等奖
50	风积沙填筑铁路路基技术及推广应用	中铁二十一局集团二公司	张发祥 李长江	二等奖
51	自制无焊接开挖台车	中铁二十一局集团三公司	马小利	二等奖

续表

序号	项　目　名　称	单　　位	主要作者	获奖等级
52	长轨铺设推送装置技术改进	中铁二十五局集团公司郑西铁路客运专线项目部	李周玉　官有文	二等奖
53	洛湛铁路永州地区相关工程湘桂线T梁架设	中铁二十五局集团广州公司	张　胜　叶朋云	二等奖
54	大跨径公路隧道浅埋段双侧壁导坑施工新法	中铁十一局集团一公司	万　云	三等奖
55	采用移动模板台车施工长大框架涵	中铁十一局集团四公司	程诗昆	三等奖
56	关于铁路电力代维工程创新管理模式的合理化建议	中铁十一局集团电务工程公司	高宗文	三等奖
57	龙门吊轨道交叉位置由短钢轨改为转向盘	中铁十二局集团一公司	王建华	三等奖
58	泥水盾构刀盘结泥饼处理与防治方案优化	中铁十二局集团二公司	毋海军　常　鑫	三等奖
59	新奥法隧道收敛位移量测及全站仪的炮孔放样在隧道开挖的应用	中铁十二局集团二公司	李金祥　张振国	三等奖
60	CRTSⅡ型双块式无砟轨道第一线施工移动式混凝土溜槽	中铁十二局集团二公司	王兴林	三等奖
61	CRTSⅡ型双块式无砟轨道第二线施工混凝土转台车	中铁十二局集团二公司	王兴林　卫延斌	三等奖
62	预制块镶面现浇混凝土洞门施工方案	中铁十二局集团二公司	李五红　王利民	三等奖
63	长大反坡隧道穿越大型泥砂充填溶腔综合处理施工技术	中铁十二局集团二公司	席继红	三等奖
64	双导梁公路架桥机技术改造——辅助起重机构	中铁十二局集团三公司	张红卫　梁培克	三等奖
65	隧道洞口斜交套拱出洞技术	中铁十二局集团四公司	龚雄文	三等奖
66	31.5米整孔预制箱梁静载弯曲试验方案	中铁十三局集团公司哈大高速铁路项目部	齐占国　祖培禄	三等奖
67	地铁车站混凝土支撑拆除	中铁十三局集团公司苏州项目部	李　海	三等奖
68	长大桩基础旋挖钻施工	中铁十四局集团二公司	何帮喜　李红英	三等奖
69	无砟轨道混凝土浇注布料斗	中铁十四局集团四公司	陈让利	三等奖
70	空心墩墩帽施工工艺改进	中铁十四局集团四公司	乔元辉　王　剑	三等奖
71	现浇箱梁模板连续滑移法施工技术	中铁十四局集团四公司	王　剑	三等奖
72	自动钢筋弯曲机	中铁十四局集团北京中铁房山桥梁公司	柳志龙	三等奖
73	箱梁钢筋整体绑扎、吊装装置	中铁十四局集团北京中铁房山桥梁公司	潘志钢	三等奖
74	预制梁技术改进	中铁十四局集团公司广深港铁路工程指挥部	钱永贵　于华英	三等奖
75	双块式无砟轨道施工精度控制技术	中铁十五局集团六公司	黄功华　汪锡铭	三等奖
76	桥面系防护墙施工工艺工序	中铁十五局集团六公司	熊冠勋　王军波	三等奖
77	青海柴木铁路大通山隧道软弱围岩施工措施	中铁十六局集团一公司	杜英亮	三等奖

续表

序号	项目名称	单位	主要作者	获奖等级
78	客运专线梁场施工的改进方法	中铁十六局集团一公司	李德行	三等奖
79	西格铁路二线隧道长斜井施工改进方案	中铁十六局集团一公司	杨金歌	三等奖
80	改进试桩拔除方案减少对既有桥梁的影响	中铁十六局集团公司北京工程指挥部	史英俊	三等奖
81	优化施组方案，降低施工风险；创新抗翻螺旋丝杆，控制大断面二衬台车侧翻变形	中铁十六局集团公司北京工程指挥部	张广辉	三等奖
82	给挖掘机机斗安装“砍刀”	中铁十六局集团公司兰渝铁路项目部	王占龙	三等奖
83	建发现代城工程实心楼板改进为空心楼板技术	中铁十六局集团北京公司	张永治	三等奖
84	超宽自动提升门设计与施工	中铁十六局集团北京公司	羿生钻　任兵战	三等奖
85	既有线接触网基础防护	中铁十七局集团公司京沪高速铁路项目部	贾建平　廖文彬	三等奖
86	承台切角处理	中铁十七局集团公司京沪高速铁路项目部	赵建龙　廖文彬	三等奖
87	轨道板吊装工具改进	中铁十七局集团公司京沪高速铁路项目部	李国瑞	三等奖
88	箱梁张拉千斤顶吊具改进	中铁十七局集团公司京沪高速铁路项目部	余　斌	三等奖
89	CA 砂浆流动度测定仪改进技术	中铁十七局集团公司广深港铁路项目部	郭　宏　郝玉强	三等奖
90	美兰机场明挖隧道深基坑围护支撑体系优化	中铁十七局集团公司海南项目部	王宏敏　刘宝庆	三等奖
91	提高周转材料周转率	中铁十七局集团公司石武铁路客运专线项目部	徐俊卿	三等奖
92	桥梁墩台垫石预留孔施工的抽拔工艺	中铁十七局集团公司厦深铁路工程指挥部	杜长铃	三等奖
93	钢筋绑扎胎具的优化建议	中铁十七局集团公司津秦铁路客运专线项目部	陈建伟　靳建军	三等奖
94	ZM－90 建筑模板长效脱模剂	中铁十七局集团公司津秦铁路客运专线项目部	陈炯明	三等奖
95	高速铁路 900 吨箱梁钢筋骨架整体吊装装置	中铁十七局集团二公司	朱新广　刘国英	三等奖
96	无砟轨道道床板混凝土浇注器	中铁十七局集团二公司	邢培刚　冀凤卿	三等奖
97	变更单壁钢套箱围堰为钢板桩围堰	中铁十八局集团二公司	黄新春　梁树锋	三等奖
98	装配步履式双导梁架桥机整体横移技术	中铁十九局集团一公司	张继平　封德君	三等奖
99	独流碱河跨河施工方案优化	中铁十九局集团二公司	曾灵振　刘福春	三等奖
100	最大理论密度仪的技术改造	中铁十九局集团三公司	呼日查　朱　雁	三等奖
101	斜交桥顶进施工小齿板变大齿板	中铁十九局集团三公司	姜大普　徐文松	三等奖
102	箱梁雨季施工移动遮雨棚方案	中铁十九局集团五公司	高禄巍　陈浩昆	三等奖
103	BOOMER282 台车推进梁胶块	中铁十九局集团公司金英项目部	任孙吉	三等奖

续表

序号	项 目 名 称	单 位	主要作者	获奖等级
104	改进模版及支撑系统，加快混凝土施工进度	中铁十九局集团华南公司	杨绍阁 陈晓锋	三等奖
105	Ⅵ级围岩可伸缩台架的应用	中铁十九局集团公司兰渝铁路项目部	周 烨 孙成刚	三等奖
106	挖掘机斗背加焊斗齿开挖黄土隧道技术	中铁十九局集团公司兰渝铁路项目部	李绍杰	三等奖
107	西安地铁北苑车站基坑施工方案优化	中铁二十一局集团三公司	孙 琳	三等奖
108	长大焊轨基地施工改进技术	中铁二十一局集团五公司	朱全泉 洪富义	三等奖
109	绥德隧道4号斜井旋喷桩施工法	中铁二十一局集团五公司	符景龙 王兰荣	三等奖
110	广州地铁5号线三轨施工的合理化建议	中铁二十一局集团电务工程公司	冉军敏 袁明杰	三等奖
111	预应力弯梁偏位处理	中铁二十三局集团一公司	李锦锋	三等奖

制表：李青颖 宋卫国

【群众生产工作】 2009年，各级工会以劳动竞赛为抓手，充分调动广大职工为实现股份公司“抢抓机遇保增长，调整优化上水平，加强管控增效益，深化改革转机制”的积极性、创造性，大力组织职工广泛开展群众生产活动，在劳动竞赛、劳动保护、合理化建议、职工经济技术创新、职工技协等群众生产工作中取得明显成绩。据统计，集团公司和子(分)公司全年派出839个工作组组织劳动竞赛检查、蹲点2690次，用于劳动竞赛奖励基金9116万元；举办职工技能竞赛184次，参与工种154项，有9188名职工参与竞赛，同时参加省市以上技能大赛16次，有23人获得不同名次奖励；全年职工提出合理化建议和技术改进项目5655项，采纳3084项，实施2288项，创造经济价值43259万元，有187项成果获得省部级以上表彰奖励；全系统建立各级劳动保护监督检查委员会3105个，专职劳动保护监督检查员561人，兼职劳动保护监督检查员3257人，工会小组劳动保护检查员8060人，全年组织安全生产检查912次，发现安全隐患并提出整改意见2147项，采纳1950项，参与处理工伤事故64起，有24个单位获得全国“安康杯”竞赛优胜企业和优胜班组称号，18个单位获得省部级“安康杯”竞赛优胜单位称号。

（李青颖 宋卫国）

【理论研讨和培训】 6月23日～27日，股份公司工会在北京培训中心举办坚持走中国特色社会主义工会发展道路理论研讨班，全系统124名工会干部参加研讨学习。研讨班邀请中国劳动关系学院、中华全国总工会、铁道部党校专家、教授作专题讲课。股份公司党委副书记、纪委书记、工会主席、监事会主席彭树贵参加研讨并作重要讲话，工会副主席张克明作《当前工会工作面临的新情况新问题》专题讲座。

（李青颖 宋卫国）

【劳模参加乘高铁活动组织】 为庆祝新中国60华诞，宣传中国改革开放和社会主义现代化建设取得的伟大成就，展示党的十六大以来中国铁路发生的巨大变化和取得的丰硕成果，激发广大职工爱党、爱国、爱企的自豪感和使命感，推进和谐社会、和谐铁路、和谐企业建设，9月13日～15日，组织中国铁建124名劳动模范和先进代表进京参加铁道部开展的万名劳动模范进京“乘高铁、看发展、迎国庆”主题参观活动。期间，代表们乘坐有中国铁建参建的时速320公里京津城际铁路动车，参观北京铁路博物馆和鸟巢、水立方等奥运场馆。

（李青颖 宋卫国）

【参加全国铁路文艺汇演获奖】 为丰富职工精神文化生活，展示职工舞台艺术成果，繁荣铁路文学艺术创作，塑造企业崭新形象，推动职工文化繁荣昌盛，促进企业和谐发展，迎接新中国成立60周年，按照中华全国铁路总工会要求，4月～7月，组织所属单位参加第八届火车头文艺群星奖暨全路职工文艺汇演。股份公司工会选送声乐、舞蹈、器乐、曲艺、语言类作品27个参赛。其中，中铁二十四局集团公司刘晓军演唱的《我筑路的姐妹弟兄》《国家》，中铁十九局集团公司吕彦艳演唱的《光荣的筑路人》《天路》，中铁十九局集团公司选送的舞蹈《吉祥雪》，股份公司机关选送的舞蹈

《山丹丹开花红艳艳》获得全路职工文艺汇演优秀奖。(李青颖　宋卫国)

【韦选毅为天安门城楼作画】 为迎接新中国成立60周年,2008年,北京市市政府和中国文联艺术创作中心在全国为天安门城楼中央大厅征集巨幅山水画,中铁建电气化局集团公司职工韦选毅凭着深厚的艺术功底,经评审从全国30多位知名画家中脱颖而出,担负起天安门城楼中央大厅背景画的创作任务。2009年3月,一幅高240公分、宽640公分的《浩气正清华》巨幅山水国画绘制完成。画面气势磅礴,构思独具匠心,彰显出中华民族和华夏大地的伟大豪迈。8月1日,北京市有关领导在天安门城楼中央大厅为韦选毅创作的《浩气正清华》举行揭幕仪式,并颁发永久收藏证书。(李青颖　宋卫国)

【体协秘书长会议】 为贯彻全国、全路体育工作会议精神,研究部署全系统奥运之后职工体育工作任务,8月5日~6日,股份公司体协秘书长会议在北京五棵松饭店召开。股份公司党委副书记、纪委书记、工会主席、监事会主席彭树贵参加会议并就企业如何开展好职工体育工作作重要指示,体协秘书长王学方作工作报告。(李青颖　宋卫国)

【第二届“中国铁建杯”职工乒乓球赛】 8月23日~26日在股份公司北京培训中心举行,17个代表队参赛,比赛设男女混合团体、男子单打、女子单打3个项目。经过3天激烈角逐,中铁二十、十八、十九、十七、十四、十二、十一、十六局集团公司代表队获得混合团体前八名;中铁十八局集团公司孙军、中铁十七局集团公司李鑫、中铁二十局集团公司张小晶获得男子单打前三名;中铁十九局集团公司刘畅、中铁二十局集团公司徐娜、中铁第四勘察设计院集团公司黄君霞获得女子单打前三名;中铁建电气化局集团公司代表队获体育道德风尚奖。股份公司党委副书记、纪委书记、工会主席、监事会主席彭树贵,工会副主席张克明、柴顺林参加开闭幕式并观摩赛事活动。(李青颖　宋卫国)

【参加全国赛事活动】 根据中国火车头体育协会通知,股份公司体协委派中铁十二局集团公司门球队代表铁路行业协会,参加11月17日~22日在重庆由国家体育总局举办的2009年全国门球锦标赛暨第四届全国体育大会预选赛,取得较好成绩,并为铁路行业夺得唯一一个进军第四届全国体育大会门球项目决赛阶段的参赛权。(李青颖　宋卫国)

【第三届老年钓鱼比赛】 总公司老年体协于5月15日~16日在四川乐山举行第三届老年钓鱼比赛,15个代表队30名垂钓手参赛。本届比赛设手竿、海竿两个项目,分两个阶段进行,经过4个小时钓赛,手竿项中铁二十一局集团公司张云朝获单尾重第一名,中铁十三局集团公司高玉柱获单尾数第一名,昆明中铁大型养路机械集团公司杨广明获重量第一名;海竿项的单尾重第一名,单尾数第一名和重量第一名分别被中铁二十局集团公司简盛雨、中铁十五局集团公司李新才、昆明中铁大型养路机械集团公司杨广明摘取;手海竿团体单尾总数第一名和总重量第一名均由昆明中铁大型养路机械集团公司代表队夺冠。(汤友庭)

【总公司老年体协工作第14次会议暨老年体协代表大会】 9月18日~20日在河北石家庄召开,会议传达贯彻铁道部老年体协工作会议精神,总结一年来的工作情况,部署今后重点工作任务;中铁十一局集团公司等4个单位在会上介绍经验,现场观摩中铁十七局集团三公司老年体育示范基地建设。大会选举产生中国铁道建筑总公司老年体协第二届理事会:名誉主席王振侯,顾问刘秉顺,主席姜培敏,常务副主席沈柏铭(主持日常工作),常务副主席夏良振,秘书长刘茂芝,副秘书长汤友庭,常务理事冯中海、赵登善、余兴喜、马玉亮、宋卫国,理事王国卿、朱长洪、陈文举、何海涛、吴起善、谢英道、朴文精、杨慕堂、王德臣、张崇岩、梁安学、陈树林、侯向东、瞿观鄞、金国造、景春阳、金传培、张兴涵、左春文、简盛雨、张培众、顾金荣、王嘉福、邓殿科、张有、胡莫愁、李庆鑫、杜宝新。(汤友庭)

【老年体育科学研讨】 为进一步促进老年体育工作发展,提高老年人生活质量,营造全民健身良好氛围,2009年,总公司老年体协在全系统征集老年体育科学论文52篇。经总公司老年体协评审,评出优秀论文32篇,周亚军等34人获优秀论文奖。(汤友庭)

【股份公司机关工会】 (1)完善组织建设,健全管理制度。组织机关工会小组长学习贯彻中国工会十五大工作报告,引领职工把思想和行动统一到党中央精神上来,把工作重心凝聚到企业发展上来,使大家统一了思想,提高了认识。召开机关工会第四届六次会议,选举柴顺林为新任机关工会主席。按照股份公司上市的要求,及时增补工会小组长和职代会代表人数,并进行必要的分工和培训指导。进一步建立健全各项规章制度,做到“三化”,即管理程序化,工作人性化,经费透明化。制定机关职工互助补偿费、职工疗养费、探视病员费、困难补助费等费用登记制度,做到各项费用清清楚楚。(2)维护职工权力,落实职代会制度。通过职代会对机关调整住房分配方案进行表决,保证住房分配工作公开透明。在机关新建科技大厦的建设管理中,机关工会充分发挥监督职能,维护职工利益。年内多次配合相关部门及机关综合治理领导小组疏导上访群众,积极化解矛盾,有效地维护了机关的和谐与稳定。(3)关心职工生活、增强职工凝聚力。2009 年在落实"四大"节日福利费发放的同时,对特困职工和重病职工提高补助和慰问金额。对住医院职工,机关党委、机关工会代表公司领导予以看望慰问。从 2009 年起,机关工会每个月为当月生日的职工实施"慰问送卡活动",表达公司领导对每一位职工的关心,增强机关凝聚力和向心力,增添职工对公司的归属感。机关职工福利待遇逐年提高,年内继续为职工办理"2009 年北京公园年票—市政交通一卡通",新增中秋、端午过节费 500 元。组织女职工到北京郊区培训,即学到了知识,又放松了身心;特邀著名教授钱志亮作《轻松快乐地活着》知识讲座,提升女职工自身素质。(4)开展丰富多彩的文体活动,加强机关精神文明建设。组织职工登山运动,起到了锻炼身体、愉适情怀的作用,受到职工欢迎。建立业余体育组织,先后在机关组建业余篮球队、业余乒乓队、业余羽毛球队,不定期开展活动。年内按照中华全国总工会和中华全国铁路总工会的要求,组织机关职工观看爱国主义教育影片《建国大业》,激励职工奋发有为。(5)有线电视管理。10 月 6 日 ~26 日,配合北京歌华有线电视网络股份有限公司为机关有线电视用户发放数字机顶盒 1300 余台,改善有线电视用户收视效果。 (何庆安 刘永胜)

·组织权益·

【组织权益部】 负责股份公司工会组织建设和职工之家建设;负责研究制定工会的民主制度、集体合同制度和保护女职工合法权益的政策规定;负责职工保障机制的建立和完善,实施职工帮扶救助工作的开展;负责工会劳动争议和劳动法律监督工作;负责工会经费和资产管理。定员 5 人,下设组织女工处和保障财务处。 (孙秀伟)

【组织建设状况】 截至 2009 年底,全系统工会组织 4456 个。其中,集团公司工会 26 个;公司工会 2 个;党校工会 1 个;子公司工会 227 个;分公司、分院(处级)工会 240 个;项目部工会(工委)2271 个;工程队工会 1689 个。工会小组 10335 个。会员 402159 人。其中,职工会员 255614 人;女会员 57861 人;临时工会员 3752 人;劳务工会员 146545 人。 (孙秀伟 翟国棠)

【工会工作指导】 年内,参加指导中铁二十五局集团公司召开首届工会会员代表大会,分别指导中铁十一局集团公司、中铁二十局集团公司和昆明中铁大型养路机械集团公司工会进行换届选举。

(孙秀伟 翟国棠)

【干部队伍状况及培训】 截至 2009 年底,工会专职干部 847 人,占职工总数的 0.33%。工会兼职主席 4009 人。其中,集团公司和子(分)公司 379 人;项目部(队)3630 人。具有专业技术职务的工会专(兼)职干部 3112 人。其中,高级职务 546 人;中级职务 1660 人;初级职务 906 人。2009 年分三批选送局集团公司工会主席和专职女干部 5 名参加国资委职工董事暨工会主席培训班、全国国有大型企业工会主席培训班和国资委女性领导力提升高级研修班。全年专(兼)职工会干部接受各类培训 3028 人次。

(孙秀伟 翟国棠)

【职代会制度建设】 集团公司、子公司应建职工(代表)大会制度的单位 418 个,召开年度职代会的 436 个,评议领导干部的 414 个,职代会实行投票表决制的 418 个。职代会提案征集 4142 条,落实提案 3839 条。全年培训职工代表 5258 名;评议集团公司领导干部 207 名,优良率达 90% 以上的 191 人,占评议总数的 92%,汇总报告及原始测评结果报总公司党委组织部、干部部,为党委评选"五好领导班子"及选拔聘用干部提供重要参考依据。 (孙秀伟 翟国棠)

【女职工状况】 截至 2009 年底,全系统女职工 57911 人,女会员 57861 人;建立女职工委员会 750 个,配备女工委主任 679 人。其中,专职女职工委员会主任 104 人;兼职女职工委员会主任 575 人。女职工干部 5921 人,副处级以上女职工干部 732 人,占女职工干部总数的 12.4%。担任三级公司及以下单位工会主席的 28 人、副主席 9 人。具有专业技术职务的女干部 4813 人,其中高级职务 2139 人。女职工具有大专以上文化程度的 27409 人,占女职工总数的 47%;高中、中专学历的 21235 人,占女职工总数的 37%。女职工中,技师 2213 人,高级技师 94 人,技术能手 553 人。35 岁以下 26747 人,占女职工总数的 46.2%;36 岁 ~45 岁 19461 人,占女职工总数的 33.6%;46 岁 ~50 岁 8263 人,占女职工总数的 14.3%;50 岁以上 3440 人,占女职工总数的 5.9%。 (孙秀伟 翟国棠)

【全国优秀工会工作者】 经股份公司工会推荐,中铁十五局集团公司工会主席陈戈被评为全国优秀工会工

作者。（孙秀伟　瞿国棠）

【**全国三八红旗手**】　经股份公司工会推荐，中铁二十局集团四公司总会计师李芳获全国三八红旗手称号。（孙秀伟　瞿国棠）

【**全国女职工建功立业标兵岗**】　2009 年，中铁二十四局集团福建公司机关女职工委员会获“全国女职工建功立业标兵岗”称号。（孙秀伟　瞿国棠）

【**表彰先进**】　11 月，股份公司工会表彰工会先进单位 60 个、工会先进工作者 120 名。

中国铁建工会先进单位

中国土木工程集团尼日利亚公司工会
中铁十一局集团二公司工会
中铁十一局集团三公司工会
中铁十一局集团六公司工会
中铁十一局集团电务工程公司工会
中铁十二局集团一公司工会
中铁十二局集团三公司工会
中铁十二局集团电气化工程公司工会
中铁十二局集团七公司工会
中铁十三局集团一公司工会
中铁十三局集团二公司工会
中铁十三局集团三公司工会
中铁十三局集团四公司工会
中铁十四局集团四公司工会
中铁十四局集团五公司工会
中铁十四局集团北京中铁房山桥梁公司工会
中铁十四局集团电气化工程公司工会
中铁十五局集团一公司工会
中铁十五局集团二公司工会
中铁十五局集团五公司工会
中铁十五局集团六公司工会
中铁十六局集团三公司工会
中铁十六局集团五公司工会
中铁十六局集团铁运工程公司工会
中铁十六局集团路桥工程公司工会
中铁十七局集团一公司工会
中铁十七局集团二公司工会
中铁十七局集团三公司工会
中铁十七局集团四公司工会
中铁十八局集团一公司工会
中铁十八局集团二公司工会
中铁十八局集团五公司工会
中铁十八局集团大都工程公司工会
中铁十九局集团公司工会
中铁十九局集团一公司工会
中铁十九局集团三公司工会
中铁十九局集团五公司工会
中铁二十局集团一公司工会
中铁二十局集团四公司工会
中铁二十局集团六公司工会
中铁二十局集团电气化工程公司工会
中铁二十一局集团一公司工会
中铁二十一局集团三公司工会
中铁二十二局集团六公司工会
中铁二十二局集团哈尔滨铁路建设集团公司工会
中铁二十三局集团二公司工会
中铁二十三局集团川东水泥公司工会
中铁二十四局集团上海铁建工程公司工会
中铁二十四局集团福建铁路建设公司工会
中铁二十五局集团广州铁路工程公司工会
中铁二十五局集团建筑安装工程公司工会
中铁建设集团天津分公司工委
中铁建电气化局集团一公司工会
中铁第一勘察设计院集团公司线路运输处工会
中铁第四勘察设计院集团公司工会
中铁第五勘察设计院集团公司东北勘察设计院工会
中铁上海设计院集团公司桥梁隧道设计处工会
中铁物资集团西南公司工会
昆明中铁大型养路机械集团公司工会
中铁轨道系统集团公司隆昌工务器材厂工会

中国铁建工会先进工作者

王庆忠　王庆庆　肖兴礼　宋东升　杨太泉
昂国琳　宋文尚　杨华兵　王红彦　张起明
朱立鹏　刘洪文　李建平　侯仰红　高万刚
梁建平　李海林　罗　俊　刘晓敏　张　韬
杜玉芬　贾继文　张志刚　周安生　张振林
张德强　刘慧云　张玉金　刘小果　郭西森
袁伟娟　阮加稳　王平安　刘发军　刘晓利
万丙华　刘德建　李禄宁　李聪瑾　王崇普
王桂玲　于文斌　李百贵　刘德山　郁小桃
杨红芳　刘　杰　侯振民　李稷荣　郑良虎
王春花　赵玉环　石书印　陈善富　孙　君
姜　琳　党鸿儒　矣成辉　江志明　安绪才
王运良　张根荣　全庆华　包永明　刘伟兵
郑宗君　李社宁　肖　琼　鲁礼媛　叶成文
刘曙光　王启录　余　霞　高春萍　尤应红
游连举　郭佰峰　王怀尧　陈　平　黄泽继
李寿臣　鲁德霞　刘　莉　赵美安　段绪江

田和平	冉　毓	吕建华	黄友国	叶国华
鲁　民	章恒金	陈外联	杨柳黔	丁旭珍
游新岷	王赤亮	陈有忠	徐向军	龚　健
郭俊芳	赵学凯	吴从厚	孙炳双	易善健
王　玉	张诗彬	王福志	王　静	徐力勤
蔡云标	周书传	王　勋	刘林华	李光焯
马玉文	刘亚平	高广玲	龚成术	吴　波

（孙秀伟　翟国棠）

【庆祝“三八”活动】　3月6日，股份公司工会举办庆祝“三八”心理健康知识讲座，邀请北京师范大学教育学院副教授钱志亮作题为《轻松而快乐地活着》知识讲座，驻京12个单位的女职工代表和机关女职工150人参加，并送每人1本《病由心生》书籍。3月21日～23日组织系统内12名先进女职工代表进京参观学习，并参加中华全国总工会组织的活动。

（孙秀伟　翟国棠）

【落实“三不让”承诺】　年内，按照中华全国铁路总工会郑州深化“三不让”承诺工作会议精神，重点抓了经验交流、资金到位和“三不让”管理软件的推广工作。全年全系统筹集专项资金6097万元，救助困难职工家庭15616户次，救助资金1296万元；资助困难职工子女入学2724人次，资助资金241万元；救助患大病职工4412人次，救助资金936万元，有效地推进了构建和谐企业的进程。在中华全国铁路总工会召开的落实“三不让”承诺工作会议上，股份公司有2个单位和8名个人受到表彰。（吕向东）

【送温暖工程】　2009年，全系统各级工会按照股份公司党委的要求，继续加大对送温暖活动的投入，各级领导带队在元旦、春节期间开展走访慰问活动。“两节”期间，全系统筹集资金4141万元。其中，各级行政部门筹集2431万元；工会筹集750万元；“三不让”专项资金960万元。各级工会慰问困难职工18463户。其中，特困职工2125户；重困职工3896户；一般困难职工和烈遗属1760户。慰问劳动模范、离退休人员、一线职工和农民工13969人。全系统有1747名局、处以上领导参加慰问活动，按照“主动帮、全覆盖、不遗漏、求实效”的工作要求，把各级领导和企业的关怀与温暖送到每一户困难职工家中。（吕向东）

【“金秋助学”活动】　为切实帮助解决困难职工子女上学难问题，股份公司工会结合中华全国总工会、中华全国铁路总工会的要求下发通知，2009年三季度在全系统开展“金秋助学”活动，资助困难职工子女1914人，发放助学款440.90万元；资助困难农民工子女87人，发放助学款15.63万元；资助受灾职工子女283人，发放助学款66.67万元。（吕向东）

【集体合同】　2009年，各级工会以工资集体协商为重点，积极推进集体合同规范化建设。股份公司在年初下发通知，要求各级工会在“集体合同推进年”活动的基础上，重点抓好集体合同平等协商程序和规范化建设。所属单位在修订集体合同时，把控制职工息工待岗、职工工资增长与支付、社会保险金缴纳、送温暖和“三不让”承诺资金、工会经费拨付等作为集体合同的主要内容指标，纳入各级领导生产经营责任目标年度绩效考核，对涉及无故拖欠职工工资、未按时缴纳社会保险金的领导班子年终实行“一票否决”制度，增强了集体合同履约执行力。全系统集体合同签订率100%，兑现率95%，职工满意度92%以上。

（吕向东）

【铁总表彰落实“三不让”承诺工作先进集体和先进个人】　11月16日，中华全国铁路总工会表彰落实“三不让”承诺帮扶救助工作先进集体和先进个人，中铁十一、十四局集团公司被评为落实“三不让”承诺帮扶救助工作先进集体；中铁十三局集团公司罗秋生、中铁十四局集团公司郭晓红、中铁十五局集团公司何正满、中铁十六局集团公司王显俊、中铁十七局集团公司罗玉华，中铁二十一局集团公司余霞、杨登甫和股份公司吕向东被评为落实“三不让”承诺帮扶救助工作先进个人。（吕向东）

【新工会会计制度培训】　为贯彻学习新的《工会会计制度》及新财务管理软件，做好新旧会计制度及软件的衔接工作，12月15日～18日，股份公司工会举办工会会计制度培训班，全系统120余名工会财务干部参加培训。（吕向东）

【工会财务先进单位】　年内，中铁十四局集团公司工会财务部被中华全国总工会评为市级工会财务工作先进单位，中铁十一、十九、二十、二十一局集团公司工会被中华全国铁路总工会评为财务工作先进单位；股份公司工会获中华全国铁路总工会财务工作竞赛特等奖。（吕向东）

团　　委

【股份公司团委】　中国铁建股份有限公司2007年11月成立后,组建共青团中国铁建股份有限公司委员会(简称股份公司团委),同时行使中国铁道建筑总公司团委职能。股份公司团委在股份公司党委和中央企业团工委的领导下开展共青团和青年工作,对下实施垂直管理,主要负责全系统团组织建设、干部队伍建设、团的生产活动及团员青年的思想政治工作。股份公司团委下辖27个集团公司、公司团(工)委。全系统有953个基层团委,175个团总支,2331个团支部;专职团干部240人,兼职团干部3464人,团员47443人;35岁以下青年职工95762人。股份公司团委定员3人,设团委书记1人,团委副书记1人。

2009年,股份公司团委在股份公司党委和中央企业团工委的正确领导下,认真贯彻落实党的十七大精神和团的十六大精神,坚持以科学发展观为统领,立足服务生产经营、服务企业发展、服务青年成才,切实加强青工思想教育,积极开展团内主题活动,扎实推进创新创效行动,大力夯实团的自身建设,圆满完成各项工作目标和任务,为企业改革发展作出应有贡献。全年有85名先进青年和115个先进青年集体受到团中央、中央企业团工委及省部级团组织的表彰。其中,获团中央表彰的有1名先进青年和8个集体;获中央企业团工委表彰的有16名先进青年和14个集体。

(赵佃龙)

【换届选举、组建团委】　股份公司团委全年先后指导中铁十一、十二、十九局集团公司和昆明中铁大型养路机械集团公司团委换届改选,调整中国土木工程集团公司和中铁十六局集团公司团委负责人,指导重庆铁发遂渝高速公司组建团工委。(赵佃龙)

【共青团中国铁建一届九次全委(扩大)会议】　12月1日召开,会议总结一年来的工作,研究和部署共青团中国铁道建筑总公司第二次(中国铁建股份公司第一次)代表大会相关工作,并为股份公司原团委书记钱桂林举行卸任仪式。(沈玉泉)

【共青团中国铁道建筑总公司第二次(中国铁建股份公司第一次)代表大会】　为迎接团代会召开,股份公司团委编辑出版《共青团中国铁建2009年宣传报道集锦》《中国铁建共青团荣誉册》和《中国铁建"十大杰出青年"、"十佳青年技术工人"典型事迹集》;指导各单位设计制作30余块展板,在会场和中国铁建大厦展出;开展为团代会献礼系列活动,为团代会的召开营造良好的氛围。12月1日~2日,共青团中国铁道建筑总公司第二次(中国铁建股份公司第一次)代表大会在北京隆重召开,中央企业团工委书记许高峰、股份公司在京领导出席大会。会上,许高峰书记和股份公司总裁赵广发、党委副书记彭树贵发表重要讲话;股份公司工会组织权益部部长孙启业代表股份公司工会向大会致贺词;原总公司团工委书记房光辉、王参军,原股份公司团委书记钱桂林应邀出席大会。大会总结总公司第一次团代会以来的共青团工作,部署今后5年共青团工作任务,股份公司团委书记赵佃龙代表团委作工作报告。大会选举于晓畏、上官树红、马正秋、王波馨、王政松、孔好兵、邢跃跃、刘留、刘军锋、闫国良、孙伟良、孙利民、苏绪兴、李志远、李素敏、杨洋、汪菲娜、沈玉泉、宋占锋、张竞、张皓乾、陈江涛、陈沙陵、屈立军、赵佃龙、谈德瑞、曹晓东、韩晶、雷罡、窦利军30人为共青团中国铁道建筑总公司第二届(中国铁建股份有限公司第一届)委员会委员。12月2日下午召开共青团中国铁建股份公司一届一次全体会议,选举闫国良、孙伟良、沈玉泉、宋占锋、张竞、陈江涛、屈立军、赵佃龙、谈德瑞9人为共青团中国铁道建筑总公司第二届(中国铁建股份公司第一届)常务委员会委员,选举赵佃龙为共青团中国铁道建筑总公司第二届(中国铁建股份有限公司第一届)委员会书记,沈玉泉为副书记。股份公司党委书记李国瑞到会作重要讲话,对新当选的委员提出殷切期望。大会期间,股份公司团委组织演出的"飞扬的青春"文艺晚会和举办的共青团工作成果展为大会增添光彩,股份公司团委还组织与会代表到天安门观看升国旗仪式,激发团代表的爱国热情。

(沈玉泉)

【推优入党】　2009年,全系统有1029名团员在团组织推荐下光荣地加入中国共产党。(沈玉泉)

【组织团员青年深入学习贯彻科学发展观】　根据股份公司党委和中央企业团工委的要求,股份公司团委号召各级团组织积极配合本级党委,组织广大团员青年深入学习贯彻科学发展观,进一步加深对科学发展观的理解,并用科学发展观指导学习和工作。在学习过程中,股份公司团委在自查的基础上,广泛征求机关各部门和下属团组织对团委的意见和建议,并针对收集的意见和建议作出相应的整改措施,为下一步做好团的工作奠定良好的基础。(闫国良)

【学习陆昊书记与中央企业团干部专题座谈会议纪要精神】 中央企业团工委下发《关于印发共青团中央书记处第一书记陆昊同志与中央企业团干部专题座谈会议纪要的通知》，组织全系统团员青年贯彻落实。各级团组织积极响应，通过召开团委扩大会、学习会、座谈会和研讨会等多种形式认真学习领会会议纪要精神。9 月 4 日，股份公司团委在总部机关召开在京单位团委书记专题会议，学习传达会议纪要精神。会上，股份公司团委书记钱桂林对如何贯彻落实陆昊书记讲话精神和下一步系统团的工作提出具体要求。

（闫国良）

【组织参加建国 60 周年系列活动】 年内组织参加第二届全国道德模范评选表彰活动，号召广大团员青年广泛学习、宣传全国道德模范候选人先进事迹，学习他们助人为乐、见义勇为、诚实守信、敬业奉献、孝老爱亲的可贵品质和崇高精神；参加全国“双百”评选活动，学习全国“双百”候选人的先进事迹和崇高精神，在全系统广大团员青年中营造崇尚英雄、学习典型、争当先进的浓厚氛围；配合股份公司党委开展“我与中国铁建”征文比赛，广大团员青年积极响应，上交征文 200 余篇。

（闫国良）

【开展“保增长、促转型，我是青年我先行”主题实践活动】 结合股份公司党委、股份公司提出的“抢抓机遇保增长，科学发展促转型”的奋斗目标，3 月，团委下发《关于深入开展“保增长、促转型，我是青年我先行”主题实践活动的通知》，在全系统团组织中开展主题实践活动。4 月 16 日，股份公司团委在中铁十七局集团公司京沪高速铁路工地举行启动仪式，中铁十七、十八、十九局集团公司团委书记、青年突击队队员参加大会。中央企业团工委书记许高峰、股份公司党委副书记彭树贵参加仪式并作重要讲话。仪式上，与会领导向“青年突击队”授旗，并向获表彰的 20 名优秀青年突击队队长颁发奖牌，为获得表彰的 11 名“青年巾帼标兵”、10 名“优秀务工青年”、11 名“杰出青年岗位能手”代表颁发证书和奖金。仪式由股份公司宣传部部长、团委书记钱桂林主持，14 家中央企业的团委书记到场观摩，新华社、《人民日报》、人民网、《工人日报》、《中国青年报》和《中国青年》杂志等中央主流媒体记者进行现场报道，5 月 4 日《中国新闻联播》对此次活动进行了报道。

中国铁建京沪高速铁路建设优秀青年突击队

中铁十一局集团京沪高速铁路南京枢纽项目部

中铁十一局集团京沪高速铁路南京枢纽项目部管理 2 队

中铁十二局集团七公司京沪高速铁路 4 标段 22 工区

中铁十二局集团二公司京沪高速铁路 4 标段 15 工区 4 分部架子队

中铁十四局集团京沪高速铁路项目部宿州大店梁场

中铁十四局集团京沪高速铁路 4 工区综合架子队

中铁十五局集团京沪高速铁路 4 标段 1 工区

中铁十五局集团京沪高速铁路铺架工区架梁 1 队

中铁十六局集团京沪高速铁路胡伟青年突击队

中铁十六局集团京沪高速铁路李伟滕州隧道架子队

中铁十七局集团二公司京沪高速铁路项目 4 工区广阳制梁场

中铁十七局集团三公司京沪高速铁路项目 6 工区青年突击队

中铁十七局集团一公司京沪高速铁路项目 8 工区桥梁综合 3 队

中铁十七局集团五公司京沪高速铁路项目 7 工区桥梁作业 2 队

中铁十八局集团公司京沪高速铁路项目部 17 工区南运河大跨施工组

中铁十八局集团公司京沪高速铁路项目部 14 工区第 12 工程队

中铁十九局集团公司京沪高速铁路项目部 11 工区精测队

中铁十九局集团公司京沪高速铁路项目部制梁工区西青梁场模板段

中铁二十四局集团公司京沪高速铁路上海虹桥站工程青年突击队

中铁二十四局集团公司京沪高速铁路上海虹桥站工程项目部桥梁作业队

中国铁建京沪高速铁路建设青年巾帼标兵

王大莉　梅　佩　刘晓霞　郭艳娜　刘艳霞
李宝花　苏志英　王丽华　孔艳艳　温　蔚
潘文怡

中国铁建京沪高速铁路建设杰出青年岗位能手

康军峰　李　伦　张万国　付士健　马自远
樊宇强　熊剑庆　刘跃伟　曾灵振　王　非
陈尚勇

中国铁建京沪高速铁路建设优秀务工青年

陈立功　姚李磊　刘　喜　李定军　袁小兵
谭永立　王健峰　黄士新　任德波　唐丽平

（闫国良）

【开展“青年创新创效”活动】 年内，股份公司团委大力开展"青年创新创效"活动,并积极参加"神华杯"第二届中央企业创新奖评选,获银奖1项、优秀奖9项,股份公司团委获优秀组织奖。

"神华杯"第二届中央企业创新奖优秀组织奖

中国铁建股份公司团委

"神华杯"第二届中央企业创新奖银奖

中铁十二局集团公司《富水大断面黄土隧道施工关键技术研究》

"神华杯"第二届中央企业青年创新奖优秀奖

中铁十一局集团公司《ZQJ32/900型下行式客专简支箱梁移动模架研发及应用》

中铁十四局集团公司《高地应力顺层偏压软岩隧道综合施工技术》

中铁十六局集团公司《DSZ32米/900吨型上行式双导梁移动模架现浇双线铁路箱梁综合技术》

中铁十八局集团公司《敞开式硬岩TBM整机修复改进及工程应用》

中铁二十一局集团公司《无焊接开挖台车》

中铁建电气化局集团公司《现代导轨电车机电安装工程施工技术及工艺研究》

中铁第一勘察设计院集团公司《乌鞘岭隧道修建技术》

中铁第四勘察设计院集团公司《高速铁路双块式无砟轨道再创新技术研究》

中铁第五勘察设计院集团公司《双块式无砟轨道组合式轨排法施工装备及工艺》 (闫国良)

【共青团和青年工作理论研究】 为深入探索新形势下中国铁建共青团和青年工作的新思路、新机制、新办法,引导广大团干部在工作中学习、在实践中探索,推进中国铁建共青团和青年工作再上新台阶,股份公司团委组织各单位团委进行共青团和青年工作的理论研究和探讨,并形成10余项理论研究成果。其中,1项成果获中央企业共青团和青年工作理论研究成果三等奖;1项成果获中央企业共青团和青年工作理论研究成果提名奖。

中央企业共青团和青年工作理论研究成果三等奖

中铁十六局集团一公司团委主持的《中央企业青年思想创新教育研究》

中央企业共青团和青年工作理论研究成果提名奖

中铁十九局集团一公司团委主持的《现代企业制度下共青团工作再思考》 (闫国良)

【建立青年就业创业见习基地】 根据团中央通知要求,1月以来股份公司团委在全系统建立26个青年就业创业见习基地,为社会大中专毕业生提供388个见习岗位,以帮助青年积累工作经验,提高就业创业能力,并为企业选人、用人搭建平台。 (闫国良)

【接收香港大学生实习】 接到中央企业团工委关于接收两名香港浸会大学学生实习的通知后,股份公司团委制定详细方案,安排到中铁物资集团公司实习。实习期间,组织学习参观中铁十六局集团公司北京地下直径线工程施工现场、中铁十七局集团公司京沪高速铁路建设工地和中铁物资集团东北公司,并与中国铁建青年进行学习交流。通过实习,加深了香港大学生对中国铁建的印象,增进了两地青年的友谊。

(闫国良)

【加入北京市海淀志愿者联合会】 9月16日,北京市海淀志愿者联合会第一次代表大会召开。中国铁建成为北京市海淀志愿者联合会正式会员,股份公司原团委书记钱桂林当选北京市海淀志愿者联合会一届一次理事会理事。 (闫国良)

【加强共青团宣传工作】 2009年,股份公司团委全面加强共青团和青年工作的宣传力度。一是作为中央企业团工委和中国青年报社的第二批宣传对象,股份公司团委将"加强基层组织建设,加快青年人才的培养,让青年人在国家重难点工程中挑重担、扛大梁"作为宣传的重点,组织中国青年报社记者赴中铁十六、十九、二十一局集团公司和中铁第一勘察设计院集团公司进行采访报道。9月2日,《中国青年报》发表题为《中国铁建:为青年成长插上"隐形的翅膀"》文章,宣传报道中国铁建共青团和青年工作。二是组织新华社、《人民日报》、人民网、《工人日报》、《中国青年报》和《中国青年》杂志等中央主流媒体记者对京沪高速铁路建设先进青年集体和个人进行采访报道,编辑《京沪高速铁路建设先进青年集体和个人宣传材料》提供给记者,中央主流媒体发表20篇文章,对先进青年集体和个人事迹进行全面报道。三是要求各单位加强信息报送工作。2009年,基层团委向中央企业青年网报送信息量在整个中央企业名列前茅,股份公司团委工程师闫国良被评为中央企业青年网信息报送工作先进个人。 (闫国良)

【中国铁建第四届十杰、十佳评选】 7月25日,由股份公司团委组织开展的中国铁建第四届十大杰出青年、十佳青年技术工人评选活动结果揭晓,评选出中国铁建第四届十大杰出青年和十佳青年技术工人各10名,并在中国铁建团代会开幕式上隆重表彰。为宣传先进人物事迹,股份公司团委编辑《中国铁建十大杰出青年、十佳青年技术工人典型事迹集》下发到各级团组织,供大家学习。

中国铁建第四届十大杰出青年

李建辉　中国土木工程集团尼日利亚公司总经理助理

马振辉　中铁十三局集团三公司二分公司都汶项目部技术质量部部长

潘志刚　中铁十四局集团北京中铁房山桥梁公司总经理助理

胡美玲　中铁十五局集团南京工程指挥部工程管理部副部长

王海明　中铁十六局集团北京轨道公司南水北调团93标段项目部经理

杨绍阁　中铁十九局集团华南公司总经理助理兼一公司经理

李寿福　中铁二十一局集团公司包西铁路通道陕西段工程指挥部指挥长

付建中　中铁建设集团市政工程分公司经理

黄　超　中铁第一勘察设计院集团公司线路运输处处长

王文宏　昆明中铁大型养路机械集团公司技术室主任

中国铁建第四届十佳青年技术工人

赵　凯　中铁十一局集团一公司机械设备经租站修理班班长

刘　秀　中铁十二局集团三公司阳泉北站货运专线项目部测量队队长

蔺军红　中铁十七局集团建筑公司土建公司施工一队副队长

陈　波　中铁二十局集团六公司挖掘机司机

孙德才　中铁二十三局集团二公司富铁轨枕公司桥梁工段混凝土工

尹小能　中铁二十四局集团上海电务电化工程公司铁道信号技师

廖衡湘　中铁建电气化局集团四公司武襄铁路电气化工程4项目部作业队队长

尹　柱　中铁第四勘察设计院集团工程勘察院第一勘测队副队长

伊礼欣　昆明中铁大型养路机械集团机加工公司铣床技师

何铁光　中铁轨道系统集团电气化制品公司中级钢筋工

中国铁建优秀青年

孔凡华　余　霖　白海山　李　涛　曹运成
王文波　刘朝辉　邱玉良　付序进　王忠良
崔　杰　刘　稳　刘继鹏　董凤杰　崔纯纯
唐继昌　张华峰　黄　东　陈　勇　孙世豪
王　辉　彭志雄

(闫国良)

【开展“寻找身边的青年榜样”活动】　1月~4月,中国铁建开展“寻找身边的青年榜样”评选活动,评出中国铁建青年榜样28名,并将人物事迹汇编成《中国铁建青年榜样》,通过《铁建政工》增刊广泛宣传。在自评基础上,股份公司团委向中央企业团工委推荐3名青年榜样,经评审,2人被授予中央企业青年成长成才“身边的榜样”称号,1人获中央企业青年成长成才“身边的榜样”提名奖。

中央企业青年成长成才“身边的榜样”

蔺双平　中铁十七局集团三公司设备运输部助理工程师

黄梅英　中铁二十三局集团六公司钢筋班班长

中央企业青年成长成才“身边的榜样”提名奖

马振辉　中铁十三局集团三公司二分公司都汶项目技术质量部部长

中国铁建“身边的青年榜样”

赵佃龙　中国土木工程集团公司团委书记兼非洲事业部总经理

聂志娥　中铁十一局集团三公司青藏铁路铺架项目部轨排队女工班班长兼团支部书记

严　韧　中铁十一局集团桥梁公司董事长、总经理

陈志高　中铁十二局集团二公司副总经理兼太中银铁路、太古高速公路项目经理

马振辉　中铁十三局集团三公司二分公司都汶项目技术质量部部长

公绪论　中铁十四局集团四公司总经理助理兼京沪高速铁路项目部经理

马中卫　中铁十五局集团华北指挥部副指挥长

黄昌富　中铁十六局集团副总工程师兼北京工程指挥部指挥长

施振东　中铁十六局集团北京轨道交通公司副总工程师

蔺双平　中铁十七局集团三公司设备运输部助理工程师

杨利全　中铁十八局集团西安地铁指挥部副经理

王晓红　中铁十九局集团三公司施工技术科科长

穆青峰　中铁二十局集团四公司副总经理兼石武铁路客运专线一分部项目经理

朱昌岳　中铁二十一局集团四公司总经理、党委副书记

邓寿军　中铁二十二局集团四公司副总经理

黄梅英　中铁二十三局集团六公司钢筋班班长

石长江　中铁二十四局集团福建公司钢筋工技师

冯　正　中铁二十五局集团三公司项目经理

贾学斌　中铁建设集团设备安装分公司经理

张华峰　中铁建电气化局集团一公司副总经理、高级工程师

李伟奇　中铁第一勘察设计院集团兰州铁道设计院副院长

傅萃清　中铁第四勘察设计院集团城市轨道交通建筑设计研究院副总工程师

刘长勇　中铁第五勘察设计院集团市政工程院院长

罗利平　中铁上海设计院集团公司电化处总工程师

王　辉　中铁物资集团华南公司常务副总经理

赵永孟　昆明中铁大型养路机械集团公司国产化项目推进部高级工程师

朱高翔　中铁轨道系统集团株洲桥梁公司副总经理兼洛湛铁路项目部经理

聂桂荣　中铁建(北京)商务管理公司铁建宾馆副总经理　(闫国良)

【全国“两优两红”】

第9批全国五四红旗团委创建单位

中铁十八局集团公司团委

中铁十九局集团一公司团委

中铁二十局集团公司团委

中铁第四勘察设计院集团公司团委　(闫国良)

【中央企业团工委表彰“两优两红”】

中央企业五四红旗团委

中铁十四局集团公司团委

中铁二十二局集团公司团委

中铁建电气化局集团公司团委

中央企业五四红旗团支部

中铁二十三局集团公司向莆铁路FJ-10标段工程指挥部团总支

中铁建设集团物资公司团支部

中央企业优秀共青团干部

上官树红　中铁十二局集团公司团委书记

孙伟良　中铁二十局集团公司团委书记

窦利军　中铁二十一局集团公司团委书记

屈立军　中铁二十二局集团公司团委书记

雷　罡　中铁二十五局集团公司团工委副书记

汪菲娜　昆明中铁大型养路机械集团公司团委书记

徐　志　中铁二十局集团公司团委办公室主任

中央企业优秀共青团员

周俊志　中国土木工程集团尼日利亚公司北区经理部达迈项目生产副经理

于荣喜　中铁上海设计院集团公司站场设计处助理工程师

第10批中央企业五四红旗团委创建单位

中铁十五局集团公司团委

中铁第四勘察设计院集团城市轨道交通建筑设计研究院团委

中铁第五勘察设计院集团公司团委

中铁物资集团公司团委　(闫国良)

【中国铁建团委表彰“两优两红”】　5月4日,股份公司团委表彰优秀共青团员80名,优秀团干部66名,五四红旗团委37个,五四红旗团支部38个。

中国铁建优秀共青团员

周俊志　尚云功　张　伦　熊秋龙　党作为
罗检萍　杜　军　王海权　曹可心　郭　健
王　光　肖海军　罗红艳　黄　伟　周　翔
朱　磊　孟凡文　王林明　王晓辉　吕文超
任志强　杨　凯　李亚军　谷　伟　李　玲
王传娇　朱　波　欧霖金　刘　毅　雷　茹
醋宝平　薛宏强　刘　鑫　杨　帆　赖　迪
冯　雷　董　玺　杨　富　姚　魁　宋　健
张　平　王嘉林　李　斌　阳　卉　任青峰
汤　强　张　珺　卢志高　李广婧　张　宇
李　宁　刘　畅　任仲林　陈　飞　吴　娟
符兰英　魏盼盼　安茂强　何树国　般彦龙
刘空宝　李清亮　张世柱　刘大伟　胡鹏鹏
黄连峰　丁晓祖　赵立东　夏隆浩　吕正操
张宴智　刘振斌　李伟涛　缑凌维　王莉娜
罗杨洋　石媛媛　陈虹利　叶　飞　陈　凤

中国铁建优秀共青团干部

张正黎　蒋志涛　鲍大顺　张　波　上官树红
马彦龙　渠玲玲　王　睿　曹晓东　包　涵
郭丽宁　曹国赞　孙晓燕　唐承旺　董志均
陈文燕　李建平　姜恩田　刘　莉　冉开智
马正秋　李宝花　刘艾军　刘忠华　金　银
覃国华　兰　洪　段晓勇　王春瑞　郭晓曼
孙伟良　张君奇　谢妍琳　谢小刚　窦利军
孙久明　乌建峰　刘飞平　王莉莉　齐　锐
吴晓丹　王　辉　韩　瑨　姜鸿雁　王瑞雪
邓颖烜　张　冀　雷　罡　刘　芳　车　清
曾　佳　张　勇　覃慧琳　谈德瑞　祁　亮
赵建伟　韩牛牛　孔好兵　邢跃跃　马　媛
汪菲娜　袁　野　李　俊　王文斌　闵　敏

闫国良

中国铁建五四红旗团委

中铁十一局集团五公司团委

中铁十一局集团桥梁公司团委

中铁十二局集团四公司团委

中铁十二局集团电气化工程公司团委

中铁十三局集团二公司团委

中铁十三局集团四公司团委

中铁十四局集团五公司团委

中铁十四局集团青岛工程指挥部团委

中铁十五局集团五公司温州项目部团委

中铁十五局集团六公司铁路运输处团委

中铁十六局集团四公司团委

中铁十六局集团三公司第一路桥分公司团委

中铁十七局集团二公司团委

中铁十七局集团建筑工程公司团委

中铁十八局集团二公司团委

中铁十八局集团五公司团委

中铁十九局集团一公司团委

中铁十九局集团华南公司团委

中铁二十局集团公司团委

中铁二十局集团二公司团委

中铁二十一局集团二公司团委

中铁二十一局集团三公司团委

中铁二十二局集团四公司第6指挥部团委

中铁二十二局集团哈尔滨铁路建设集团公司团委

中铁二十三局集团二公司团委

中铁二十三局集团养马河公司团委

中铁二十四局集团公司团委

中铁二十四局集团上海铁建公司团委

中铁二十五局集团公司团工委

中铁二十五局集团广州公司团委中铁建设集团西安分公司团委

中铁建电气化局集团一公司团委

中铁第一勘察设计院集团公司团委

中铁第四勘察设计院集团地路处团委

中铁第五勘察设计院集团公司团委

昆明中铁大型养路机械集团公司团委

中铁轨道系统集团株洲桥梁公司团委

中国铁建五四红旗团支部(总支)

中国土木工程集团阿尔及利亚公司团总支

中铁十一局集团一公司青兰高速公路项目部机关团支部

中铁十一局集团公司机关第3团支部

中铁十二局集团二公司太中银铁路Ⅲ标段项目部团支部

中铁十二局集团三公司京沪高速铁路4标段20项目部团支部

中铁十三局集团六公司大安项目部团支部

中铁十三局集团一公司西北工程公司团支部

中铁十四局集团三公司阿尔及利亚项目部团支部

中铁十四局集团四公司阿尔及利亚项目部团支部

中铁十五局集团二公司第五机械化工程队团支部

中铁十五局集团三公司物资一分公司团支部

中铁十六局集团北京站至北京西站地下直径线1标段项目部团支部

中铁十六局集团二公司天津地铁项目部团支部

中铁十七局集团五公司武汉站项目部团支部

中铁十七局集团电气化工程公司一分公司团支部

中铁十八局集团一公司厦深铁路项目部团支部

中铁十八局集团大都公司汇福苑项目部团支部

中铁十九局集团二公司两河口项目部团支部

中铁十九局集团电务工程公司北京地铁4号线项目部团支部

中铁二十局集团四公司电力运输分公司团支部

中铁二十局集团六公司广州东新项目部团支部

中铁二十一局集团一公司电务分公司八钢项目部团支部

中铁二十一局集团福厦铁路项目部5分部团支部

中铁二十二局集团五公司六沾铁路项目部团支部

中铁二十二局集团六公司沈阳地铁项目部团支部

中铁二十三局集团三公司雅泸高速公路项目部团支部

中铁二十三局集团四公司内蒙古铁路工程指挥部团支部

中铁二十四局集团新余公司达成铁路项目部团支部

中铁二十四局集团安徽公司合肥四里河立交桥项目部团支部

中铁二十五局集团柳州公司田德铁路TD2标段团支部

中铁二十五局集团建筑安装工程公司广州亚运城项目部团支部

中铁建设集团物资公司团支部

中铁建电气化局集团科技公司唐山项目部团支部

中铁第一勘察设计院集团公司电气化处团支部

中铁第四勘察设计院集团公司桥梁处桥三室团支部

中铁第五勘察设计院集团公司桥梁设计院团支部

昆明中铁大型养路机械集团修理公司团支部

中铁轨道系统集团株洲桥梁公司武广铁路客运专线项目部机关团支部

（闫国良）

【开展争创“青年文明号”、争当“青年岗位能手”活动】 2009年，股份公司团委在全系统广泛开展争创“青年文明号”、争当“青年岗位能手”活动，带领广大团员青年奋战施工一线，充分发挥生力军和突击队的作用。有7个集体被评为中央企业“青年文明号”，1名青年被评为中央企业杰出“青年岗位能手”，3名青年被评为中央企业“青年岗位能手”；股份公司团委评选“青年文明号”40个、“青年岗位能手”110名。

中央企业“青年文明号”

中铁十一局集团四公司武广铁路客运专线乌龙泉至花都段项目部

中铁十二局集团一公司毛川高速公路项目部

中铁十三局集团公司102国道跨伊通河大桥项目经理部

中铁十八局集团一公司青岛胶州湾海底隧道项目部

中铁十九局集团公司包西铁路通道陕西段工程指挥部

中铁二十五局集团广州公司海南东环铁路Ⅲ标段项目部

中铁建(北京)商务管理公司大厦服务中心礼仪部

中央企业杰出“青年岗位能手”

施振东　中铁十六局集团北京轨道交通公司副总工程师

中央企业“青年岗位能手”

周明军　中铁十七局集团公司武汉轨道交通2号线5标段项目部经理

刘科明　中铁二十四局集团公司新余公司项目总工程师

黄　超　中铁第一勘察设计院集团公司线路运输处处长

中国铁建“青年文明号(工程)”

中国土木工程集团尼日利亚公司拉各斯阿构—奥科塔项目群

中铁十一局集团一公司汉宜铁路项目部

中铁十一局集团武广铁路客运专线SDIV标段项目部3分部

中铁十二局集团三公司包西铁路第3项目部

中铁十二局集团七公司吉怀高速公路14项目部

中铁十三局集团二公司京沪高速铁路南京南站项目部

中铁十三局集团三公司二分公司都汶项目部

中铁十四局集团向莆铁路FJ－3A标段项目部

中铁十四局集团贵广铁路工程指挥部第1项目部

中铁十五局集团公司京沪高速铁路4标段项目部

中铁十五局集团七公司忻阜高速公司项目部

中铁十六局集团北京工程指挥部北京地铁10号线二期5工区盾构司机班

中铁十六局集团二公司滨海工程指挥部

中铁十七局集团二公司京沪高速铁路项目广阳制梁场

中铁十七局集团建筑工程公司安哥拉项目部

中铁十八局集团一公司石武铁路客运专线河南段项目部2分部

中铁十八局集团五公司无砟轨道项目部

中铁十九局集团一公司那帮水电站工程

中铁十九局集团矿业公司锦丰金矿项目

中铁二十局集团一公司锡张4标段项目部

中铁二十局集团四公司石武铁路客运专线项目新乡南制梁场

中铁二十一局集团三公司向莆铁路项目部

中铁二十一局集团西格铁路二线工程指挥部祁连路特大桥工程

中铁二十二局集团一公司岫庄铁路工程指挥部

中铁二十二局集团哈尔滨铁路建设集团公司哈南项目部

中铁二十三局集团四公司内蒙古铁路工程指挥部

中铁二十三局集团公司向莆铁路青云山隧道1号斜井

中铁二十四局集团沪宁城际铁路工程站前Ⅳ标段4工区

中铁二十四局集团京沪高速铁路上海虹桥站项目部

中铁二十五局集团广州公司广珠铁路1标段白泥河特大桥工程

中铁二十五局集团三公司新建太中银铁路ZQ－I－1标段第3项目部

中铁建设集团海南分公司

中铁建电气化局集团二公司郑西铁路客运专线“四电”工程

中铁第一勘察设计院集团公司阿尔及利亚东南高速公路项目部

中铁第四勘察设计院集团公司新建武汉站工程桥梁设计组

中铁第五勘察设计院集团路桥公司南昌枢纽西环线沙田赣江特大桥南昌项目部

中铁上海设计院集团公司合蚌铁路客运专线精测组

昆明中铁大型养路机械集团公司铁路施工项目部

中铁轨道系统集团公司道岔项目部

中铁建(北京)商务管理公司物业管理公司大厦

服务中心礼仪部

中国铁建“青年岗位能手”

王兴奎　王科军　林　凯　罗　杰　杨　斌
吴忠安　杨辉国　万维燕　邱胜华　史振宇
辛井水　李江峰　李蔚龙　王东辉　刘振宇
李家茂　常　亮　杨　剑　李西亚　王　勇
宋乐军　历朋林　赵连生　刘修成　张　伟
韩　伟　马绪光　贾中太　付　娜　王炜权
王小飞　钟业章　邵成猛　侯占武　赵奇峰
黄　君　岳向文　艾进孝　朱新广　徐汝宝
刘　岩　王　亮　吴　涛　卢宝增　李明生
吕根群　高　峰　秦国立　杨会强　李宝财
李少先　刘召臣　云一鸿　赵　栋　徐　浩
韩书臣　李　斌　王永奇　谢登云　杨志刚
周建虎　李鸿鹏　汤兆国　陈　涛　范铸锐
罗小勇　王德峰　张　伟　杨志伟　张永军
胡瑞锋　桑润习　王　彦　曹建章　王飞球
张宗忆　王晓东　莫承振　李昶忻　阳昭军
朱小鹏　朱艺锋　张学臣　杨国强　宋璟毅
周安义　孙前进　李学斌　孙焕杰　罗文彬
王新栓　李红兵　崔玉周　朱雪峰　文阳保
周　强　赵海立　东爱明　陶红红　刘　建
丁　鑫　单发光　杨　琢　汤长键　程永亮
余　鸿　李如松　刘振建　池福波　徐光荣

（闫国良）

【团委人员变动】　7月，闫国良任股份公司团委工程师；10月，钱桂林不再兼任股份公司团委书记，赵佃龙任股份公司团委书记，沈玉泉任股份公司团委副书记。

（闫国良）

2009年12月1日~2日，共青团中国铁道建筑总公司第二次（中国铁建股份公司第一次）代表大会在北京召开。大会期间，股份公司团委举办“飞扬的青春”文艺晚会，表达广大团员青年立志继承和发扬铁道兵光荣传统，为中国铁建基业常青奉献青春的坚定信念。图为晚会现场。　（刘建国　摄）

中铁十九局集团公司迁址北京市经济技术开发区。　　（杨秀权 摄）

所属单位

本栏责任编辑　**杨启燕**

中国土木工程集团有限公司

【简况】 中国土木工程集团有限公司(以下简称中土集团公司)是铁路工程施工总承包特级,房屋建筑、市政工程施工总承包一级,土石方、城市轨道交通和建筑装修装饰工程专业承包一级资质企业;同时拥有香港地区房建、道路及渠道、地盘平整、海港和桩基础工程最高级别资质,尼日利亚土建(公路)、房建、电力安装工程D级(最高级别)资质,坦桑尼亚建筑一级资质,博茨瓦纳建筑E级(最高级别)资质和阿拉伯联合酋长国桥梁、隧道工程特级及房建、钢结构一级资质等。机关总部驻北京市海淀区北蜂窝4号。前身为铁道部援外办公室,1979年6月1日经国务院批准成立中国土木工程公司,1996年12月更名为中国土木工程集团公司;2000年9月与铁道部脱钩,先后划归中央企业工委、国务院国资委管理;2003年9月并入中国铁道建筑总公司,2007年12月企业改制改称中国土木工程集团有限公司。下辖北京中土大厦、中土凯明工程咨询有限公司、中土国际贸易有限公司、北京中铁建总国际经贸有限公司、国内工程部、中土集团培训中心、中土集团公司轨道铺架事业部(轨道工程公司)、广州中土实业发展有限公司、上海中土实业有限公司、中国土木工程集团有限公司珠海分公司、福建铁四院勘察设计研究院有限公司、海南基冠房地产开发(香港)有限公司、中国土木工程集团(香港)有限公司、中国土木工程(澳门)有限公司、中铁(澳门)有限公司、中土尼日利亚有限公司、中土尼日利亚铁路现代化项目经理部、中国土木阿尔及利亚有限公司、中土集团公司阿尔及利亚高速公路项目经理部、中土东非有限公司、中土集团公司利比亚分公司、中国土木工程博茨瓦纳有限公司、中土集团公司沙特阿拉伯分公司、中土集团公司以色列分公司、中国铁建土耳其安卡拉分公司、中土巴西国际商业有限公司、中土集团公司(波兰)有限公司、中土集团公司阿联酋代表处、中土集团公司吉布提办事处、中土集团公司尼泊尔办事处、中土集团公司欧洲代表处、中土集团公司日本代表处和中土集团公司俄罗斯(远东)办事处。职工922人,其中专业技术干部785人。资产总额117.68亿元。其中,固定资产原值23.31亿元、净值13.68亿元;流动资产96.14亿元。

2009年新签合同额561183万美元,完成营业额113302万美元,实现利润3.2亿元人民币,净利润2.6亿元人民币。期末在外人数3821人。职工年人均收入103198元人民币。国有资产保值增值率119.2%,净资产收益率14.2%,资产负债率80.92%。年内再次入选225家最大国际承包商行列,位居第72名。

公司以优异的经营业绩多次获得全国最大500家服务企业、国有企业500强、中国行业百强、中国建筑业功勋企业等称号,在世界最大225家国际承包商评选中,连续12年居世界百强之内;是中国对外承包工程商会副会长单位,中国国际贸易促进委员会、中国招标投标协会会员,中国铁道学会理事,中国国际工程咨询协会、中国土木工程学会、中国铁道工程建设协会和中国国际经济合作学会常务理事成员;对外承包工程和对外劳务合作AAA级信用等级企业,获中国对外承包工程企业社会责任银奖。 (吕 力)

【领导人员】

董事会

董事长	林荣新
副董事长	刘志明(兼)
董事	彭 娜
职工董事	吴 江

监事会

监事会主席	房光辉
监事	李忠心
职工监事	王庆忠

经理层

总经理	林荣新(兼)
副总经理	陈晓星
	郝毅忠
	袁 立
	初厚才
	赵仲宁
	周天想
	陈志杰
总工程师	胡社忠
总经济师	崔 杰
总会计师	彭 娜

党群系统

党委书记	刘志明
党委副书记	林荣新(兼)
	吴 江
工会主席	吴 江(兼)
纪委书记	吴 江(兼)

(韩维大)

【职工队伍】 职工922人。其中,干部869人;工人

53 人。干部中专业技术干部 785 人,占职工总数的 85.1%。其中,高级职务 247 人;中级职务 216 人;初级职务 277 人。大学本科以上学历 710 人,占职工总数的 77%;大专学历 87 人,占职工总数的 9.4%。30 岁以下 347 人,31 岁 ~40 岁 209 人,41 岁 ~50 岁 198 人,51 岁 ~59 岁 168 人。 (韩维大)

【境外工程】 阿尔及利亚东西高速公路工程 阿尔及利亚东西高速公路全长 1216 公里,东连突尼斯、西接摩洛哥,连通马格里布 5 国集团约 7000 公里的沿海地区,总投资 110.4 亿美元,分东、中、西 3 个标段建设。日本公司中标东标段;中国中信—中国铁建联营体中标中、西两个标段,合同投资 57.5 亿美元。中国铁建承建中标段工程,自 BBA 省东部边界至谢利夫省的西部边界,跨越布衣哈、布迈戴斯、阿尔及尔、艾因迪夫拉等省,长 169 公里。工程采用 CCTP 欧洲标准,双向 6 车道设计,设计时速 120 公里;M3 标段设计时速 100 公里,路面宽 32 米。工程分三期建设,一期工程由 M4、M5 标段组成,于 2006 年 9 月 18 日签约;二期工程由 M1、M2、M6、M7 标段组成,于 2007 年 5 月 13 日签约;三期工程为 M3 标段,于 2004 年 4 月 12 日签约。三期工程总投资 22.43 亿美元。M1、M2 标段由中铁十四局集团公司承建,M3、M4 标段由中铁十二局集团公司承建,M5、M7 标段由中铁十九局集团公司承建,M6 标段由中国土木工程集团公司承建。M3、M4 标段由中交第一公路勘察设计研究院有限公司负责设计,M5、M6、M7 标段由中铁第一勘察设计院集团公司负责设计,M1、M2 标段由中国中铁二院工程集团公司设计。工程于 2006 年 9 月 18 日正式开工,总工期 40 个月。由于新增和追加工程等原因,业主予以延期至 2010 年 7 月。2009 年,施工高峰期上场中方员工 7269 人,平均每月 6391 人;阿方员工 9644 人,平均每月 8138 人。工程现场主要设备 2780 台(套)。全年完成投资 14.34 亿美元,占工程总投资的 63.93%;开工累计完成投资 24.65 亿美元,占工程总投资的 109.89%。年内,M1、M2、M4、M5、M6、M7 提前通车,M3 标段将在工期内实现通车。

阿尔及利亚高速公路中段 M1 标段 位于布阿拉里季堡,隶属 BBA 省境内,长 35.95 公里,合同投资 43063 万美元,合同工期至 2010 年 7 月,由中铁十四局集团公司承建。2009 年完成投资 37873 万美元,占合同投资的 87.95%;开工累计完成投资 58936 万美元,占合同投资的 136.86%。2009 年 12 月 20 日,提前合同工期 7 个月通车。

阿尔及利亚高速公路中段 M2 标段 位于布维拉省境内,长 16 公里,合同投资 13047 万美元,合同工期至 2010 年 7 月,由中铁十四局集团公司承建。2009 年完成投资 12033 万美元,占合同投资的 92.23%;开工累计完成投资 17468 万美元,占合同投资的 133.89%。2009 年 10 月 18 日,提前合同工期 9 个月通车。

阿尔及利亚高速公路中段 M3 标段 位于阿尔及利亚布衣哈和布迈戴斯省境内,长 27.45 公里,合同投资 78577 万美元,合同工期至 2010 年 7 月,由中铁十二局集团公司承建。2009 年完成投资 41592 万美元,占合同投资的 52.93%;开工累计完成投资 64346 万美元,占合同投资的 81.89%。

阿尔及利亚高速公路中段 M4 标段 位于阿尔及利亚布迈戴斯和阿尔及尔省境内,长 14.64 公里,合同投资 14135 万美元,合同工期至 2010 年 7 月,由中铁十二局集团公司承建。2009 年完成投资 8848 万美元,占合同投资的 62.6%;开工累计完成投资 22687 万美元,占合同投资的 160.5%。2009 年 7 月 8 日,合同工期提前近 1 年通车。

阿尔及利亚高速公路中段 M5 标段 位于艾因迪夫拉省境内,长 23 公里,合同投资 32289 万美元,合同工期至 2010 年 7 月,由中铁十九局集团公司承建。2009 年完成投资 12187 万美元,占合同投资的 37.74%;开工累计完成投资 37614 万美元,占合同投资的 116.49%。2009 年 5 月 30 日,合同工期提前 13 个月通车。

阿尔及利亚高速公路中段 M6 标段 位于谢里夫省境内,长 24.214 公里,合同投资 23162 万美元,合同工期至 2010 年 7 月,由中国土木工程集团公司承建。2009 年完成投资 13864 万美元,占合同投资的 60.15%;开工累计完成投资 23335 万美元,占合同投资的 101.25%。2009 年 9 月 23 日,合同工期提前 10 个月通车。

阿尔及利亚高速公路中段 M7 标段 位于谢里夫省境内,长 24 公里,合同投资 20045 万美元,合同工期至 2010 年 7 月,由中铁十九局集团公司承建。2009 年完成投资 17008 万美元,占合同投资的 84.37%;开工累计完成投资 22107 万美元,占合同投资的 109.67%。2009 年 11 月 23 日,合同工期提前 8 个月通车。

阿尔及利亚 94 公里铁路更新工程 位于 BISKRA 至 TOUGGOURT 路段,对 94 公里既有铁路线路进行更新改造,工程采用欧洲设计标准,合同投资 4996 万欧元。2007 年 5 月 13 日开工,合同工期 18 个月,由中土集团公司与中铁二十四局集团公司承建。主要实物工程量:铺轨 94 公里,铝热焊 11243 头,道岔 58 组,道砟 18.8 万立方米。截至 2009 年底,开工累计完成线路更新 32.472 公里;开工累计完成投资 2346 万欧元,占合同投资的 46.96%。

阿尔及利亚67公里铁路复线工程　位于KHEMIS至OUED FODDA路段，是阿尔及利亚北方干线铁路的组成部分，工程采用欧洲设计标准，合同投资6103万美元(含税)。2006年12月5日开工，合同工期18个月，由中土集团公司与中国中铁九局集团公司、中国铁建二十三局集团公司、沈阳铁路局共同承建。主要实物工程量：土方62.7万立方米，道砟11.2万立方米；铺轨53公里，轨枕77958根，道岔16组，铝热焊头5033个；车站7座，桥梁5座，道口改造12处，小型排水涵80个。工程开工以来，由于业主对线路提速的反复论证，造成设计、施工图纸批复暂停，严重影响了工程进度。2009年4月1日，业主最终确认项目按原合同时速140公里标准实施，不再提速，延长工期28个月。截至2009年12月底，开工累计完成投资1675.6万美元，占合同投资的27.46%。

阿尔及利亚55公里铁路新线工程　跨阿尔及利亚布利达和艾因迪夫拉两省，连接阿福龙(El Affroun)—黑密斯(Khemis Miliana)，是阿尔及利亚北方铁路干线的组成部分，工程采用欧洲设计标准，合同投资4.3亿欧元(税后)。2009年7月18日开工，合同工期30个月。主要实物工程量：土石方771.5万立方米；桥梁23座1030延长米；隧道2座，单洞单线隧道2×7370米，单洞双线隧道2750延长米；铺轨192公里，道岔152组。项目对外由CCECC－OZGUN组成联合体，中国铁建占89.76%的份额。项目内部由中铁十二局集团公司负责牵头组织实施，施工单位为中铁十二局集团公司和中国土木阿尔及利亚有限公司，中铁第一勘察设计院集团公司负责施工设计。截至2009年12月底，相关保函已经出具，预付款催收工作正在加紧进行；人员指标获得批复，各项设计和施工工作积极推进。

阿尔及利亚175公里铁路电气化新线工程　跨越布迈戴斯、布依哈和BBA省，是阿尔及利亚北方铁路干线的组成部分，工程采用欧洲设计标准，设计时速客车160公里、货车100公里。主要实物工程量：土石方3280万立方米，铁路高架桥76座22.81公里，单洞双线隧道22座16.54公里，车站改建和新建9座2.2万平方米，电气化轨道工程339.32公里。2009年4月15日签署框架合同，合同投资17.28亿欧元，合同工期48个月，暂定以6个应用合同(设计＋临建、隧道、土建、轨道、电气化、通信信号)分期实施。5月27日，一期应用合同签约，合同投资1.24亿欧元，7月18日开工。项目对外由CCECC－OZGUN组成联合体，中国铁建占84%的份额。项目内部由中铁十四局集团公司负责牵头组织实施，施工单位为中铁十二、十四、十九局集团公司和中国土木阿尔及利亚有限公司，中国铁建第四勘察设计院集团公司和中国中铁二院集团公司负责施工设计。截至2009年12月底，相关保函已经出具，预付款催收工作正在加紧进行；人员指标获得批复，补充协议递交业主，内部管理框架搭建，设计工作全力推进。

土耳其安卡拉至伊斯坦布尔高速铁路项目二期工程　为买方信贷项目，合同总投资12.7亿美元，资金来源为中国进出口银行提供的7.2亿美元贷款和欧洲投资银行(EIB)提供的5.5亿美元贷款。由中国铁建土耳其安卡拉分公司牵头和中国机械进出口集团公司、土耳其两家当地公司组成合包集团中标。工程由两个标段组成，第1标段从科斯科亚(KOSEKOY)至温滋尔罕姆(VEZIRHAN)，全长104公里，2006年11月28日签约，合同投资6.6亿美元；第2标段从温滋尔罕姆(VEZIRHAN)至依诺奴(INONU)，全长54公里，2006年7月11日签约，合同投资6.1亿美元。两标段工期均为730天。工程包括路基、桥涵、隧道、轨道工程、通信、信号、电力电气化及两端向外延长段约130公里的通信工程，工程设计和施工全部采用欧洲标准。中国铁建全权委托中土集团公司负责实施，中国铁建土耳其安卡拉分公司承担整个项目的牵头管理和协调，并具体负责轨道工程的施工及通信、信号和电力电气化工程的设计、施工。截至2009年12月，项目线下施工完成隧道14000延长米，桥梁3000延长米，完成投资15300万美元。

尼日利亚铁路现代化项目　业主为尼日利亚联邦政府，工程咨询为意大利TEAM咨询公司。2006年10月30日签约，合同投资83亿美元，合同工期4年，由中土集团公司设计、施工总承包。该项目为新建一条从尼日利亚南部城市拉各斯至北部城市卡诺的双线标准轨铁路，长1315公里，设计时速150公里。全部采用中华人民共和国铁路技术标准，是中国首次全面向外输出中国铁路技术标准的铁路工程项目，也是截至目前国际工程承包单体合同额最大的项目。因尼方原因，2008年10月3日收到业主暂时停工令。经过双方近一年的反复磋商和谈判，同意保留尼铁现代化项目原合同，项目采取分段实施，先期启动阿布贾至卡杜纳和拉各斯至伊巴丹段。2009年10月签订阿布贾至卡杜纳分段实施补充协议。阿布贾至卡杜纳段单线铁路长186.5公里，合同投资8.49亿美元，合同工期36个月。工程主要包括9座车站，18座桥梁。年内完成阿布贾至卡杜纳段第1标段图纸设计，同时全力推进其他5个标段的设计工作；征地准备工作已开始，Sabon Lugbe砟场正在建设，Idu生产生活基地将建成；与中铁十八、二十四局集团公司及中土集团公司国内工程部、中铁国际等单位分别签订项目分包合同。

尼日利亚拉各斯防波堤工程　2007年5月4日签约，合同投资1.38亿美元，2008年3月开工，合同工期24个月。主要实物工程量：修复东西防波堤400米，导流防波堤500米；抛填石料55万立方米，预制扭王块7750块。由中土集团公司与中国港湾建设集团总公司分包实施。截至2009年底，开工累计完成投资4680万美元。由于业主未提供施工图纸，西堤混凝土预制构件设计发生重大变更，严重影响了西堤的施工和工期。

尼日利亚阿布贾城市铁路工程　业主为阿布贾首都地区部。2007年5月签约，合同投资8.4亿美元，合同工期4年。主要工程为实施总长60.67公里标准轨的测量、设计、采购、加工、施工、安装、测试、培训、预运营及维护。由中土集团公司负责设计、施工总承包，采用中国技术标准。2009年年初，工程重新启动，中标里程增加到77.782公里，合同投资根据以后实际工程量进行调整。年内完成现场勘察和站前工程施工图设计；一期工程（LOT1A、LOT3A）基本完成项目清表和临建工程，路基、桥涵、车辆段房建等工程已全面展开；二期工程（LOT1B、LOT3B）开始放样征地界，为全面开工做准备。开工累计完成投资3963万美元。

尼日利亚达迈高速公路工程　位于尼日利亚东北部，全长132.6公里，2006年7月21日签约，合同投资3亿美元，合同工期40个月。主要工程为既有双车道普通公路升级改造为双向4车道高速公路。主要实物工程量：清除旧沥青道路187万平方米，土石方350万立方米，沥青混凝土路面209万平方米，管涵1.2万延长米。由中土尼日利亚有限公司承建。开工累计完成投资4244万美元。

尼日利亚拉各斯轻轨工程　2009年4月30日，拉各斯州政府将蓝线轻轨项目正式授标，全长27.52公里，合同投资17.48亿美元，合同工期36个月，由中土集团公司负责工程设计、施工。主要工程量：车站13座，车辆段1处，土石方37万立方米，铺轨61公里，道岔装28组。项目将根据州政府资金情况分三期签约实施。一期为勘测设计和施工前期准备，合同投资7700万美元，8月11日收到一期预付款，施工人员及设备陆续上场，沿线营地建设全面启动。

尼日利亚既有线修复改造工程　为拉各斯至杰巴488公里既有铁路修复改造工程，更换部分钢轨、轨枕，补充部分道砟及修复部分信号系统、桥梁和附属工程。2009年11月3日签约，合同投资8300万美元，合同工期10个月，由中土尼日利亚公司拉格斯经理部承建。11月23日收到合同额13%的预付款，正在积极进行前期准备工作，组织人员进场，争取尽早全面开工，确保按期保质完成工程建设。

尼日利亚阿帕帕港口集装箱码头工程　位于拉各斯阿帕帕港口，业主为全球最大集装箱承运人之一的马士基集团。2009年7月20日签约，合同投资4141万美元，合同工期74周。主要工程为集装箱堆场清表、开挖原有路面，新填20厘米~40厘米的级配碎石路面，修建部分20厘米~40厘米的混凝土路面，建设配套海关楼、设备车间和门房等。由中土尼日利亚公司拉各斯经理部承建。年内完成投资的35%。

尼日利亚非行公路工程　2009年8月签约，合同投资8960万美元。工程分两个标段，1标段85公里，合同工期24个月；2标段23公里，合同工期15个月。由中土尼日利亚公司东南区经理部承建。年内已进入全面施工阶段。

以色列特拉维夫红线轻轨工程　为特拉维夫轻轨规划的一期线路，是以色列建国以来最大的基础设施建设项目，同时也是以色列历史上技术最复杂的建设项目。中土集团公司作为该项目的股东，参与项目的融资、设计、施工和运营。线路全长23双线公里，包括地下隧道9公里，地下车站10座、地面车站23座及地面车辆段，地面运营控制中心等工程，工程采用欧洲及以色列技术标准。2007年5月28日签约，合同投资17.05亿欧元，为BOT/PPP项目，特许经营期限32年，其中建设期5年、运营期27年。2009年与以色列政府及银行谈判，以推动项目尽早达成财务融资。

以色列海法市卡迈尔公路隧道工程　位于以色列北部的海法市，是以色列在建的最长隧道项目。隧道为单洞双线公路隧道，全长9495延长米，采用钻爆法施工。2006年10月签约，合同投资39828万美元。2007年6月开工，2009年7月完工。由中铁十二局集团公司承建。

利比亚沿海铁路工程　业主为利比亚铁路机构。西起利比亚首都的黎波里，沿利比亚北部海岸贯通至东部城市西尔特，全长472双线公里，设计时速250公里，合同总投资26.3亿美元。其中，胡姆斯至西尔特段352公里，2008年2月3日签约，合同投资18亿美元，合同工期48个月；的黎波里至胡姆斯段作为沿海延长线，正线长120公里，2008年8月19日签约，合同投资8.03亿美元，合同工期48个月。2008年11月26日开工，由中铁十一局集团公司承建，中铁第四勘察设计院集团公司负责施工设计。截至2009年底，开工累计完成总投资4725.26万美元。

利比亚南北铁路项目　业主为利比亚铁路机构。纵跨利比亚南北，从黑舍至南部城市塞卜哈，正线全长802公里，设计时速160公里，合同投资8亿美元，2008年12月29日开工，合同工期36个月。由中铁二十三、十四、十六局集团公司负责施工，中铁第五勘察设计院集团公司负责施工设计。截至2009年底,开工累计完成投资385.1万美元。

利比亚西线铁路工程　业主为利比亚铁路机构。东起利比亚首都的黎波里,西至与突尼斯接壤的加迪尔角,正线全长172双线公里,设计时速250公里,2009年1月18日签约,合同投资8.05亿美元,合同工期36.5个月。预计2010年开工。由中铁十三局集团公司和中土集团公司联合承建,中铁第四勘察设计院集团公司负责施工设计。

博茨瓦纳洛巴策精神病医院工程　位于博茨瓦纳首都南部约70公里的洛巴策镇,占地面积12.7万平方米,由24栋不同功能的单体建筑构成,合同投资6100万美元。2004年5月24日开工,2009年7月完工。由中国土木工程博茨瓦纳有限公司承建。

博茨瓦纳国际科技大学工程　分两期建设,建成后总建筑面积20万平方米以上,可容纳5900名全日制学生,总投资规模预计超过10亿美元。第一期工程于2008年12月19日授标中国土木工程博茨瓦纳有限公司,合同投资5600万美元,2009年3月16日开工,合同工期18个月。工程主要包括近3万平方米的教室、办公楼、图书馆、教师住宅和学生宿舍等房建工程以及室外上下水、电力和消防管网、道路、停车场、运动场地、围墙等配套设施,整个校园占地面积2500公顷,是目前博茨瓦纳政府以设计+施工模式发包的最大房建项目。

坦桑尼亚摩洛哥洛45公里公路工程　2009年6月17日签约,合同投资3887万美元,合同工期2010年2月~2012年2月。主要实物工程量:沥青双表公路45公里,土方96.33万立方米,桥梁3座,箱涵19座,管涵101座,级配碎石70500立方米。预计2010年2月开工,由中土东非有限公司承建。

坦桑尼亚摩洛哥洛48.6公里公路工程　2009年6月17日签约,合同投资3920万美元,合同工期2010年3月~2012年3月。主要实物工程量:沥青双表公路48.6公里,土方86.79万立方米,桥梁4座,箱涵16座,管涵136座,级配碎石67400立方米。预计2010年3月开工,由中土东非有限公司承建。

(孙湘春　刘凯　傅拂龙　曹文坪　吕力)

【援外工程】　汤加首都CBD重建项目　工程建筑规模3万余平方米,总投资4.4亿元人民币,由中土集团公司负责设计、施工总承包。工程分两期建设:一期工程包括总建筑面积7757.27平方米的2个单体建筑及道路、排水、电力、通信、污水处理、城市中心公园等配套设施,合同投资1.8亿元人民币;二期工程包括CBD房建工程,合同投资2.6亿元人民币。一期工程于2009年4月开工。

汤加王国城市道路改造工程　是汤加政府向中国政府及中国进出口银行申请的优惠贷款项目。2009年6月签订实施合同,合同投资2.91亿元人民币,合同工期24个月。主要是对汤加全国的主要道路进行升级改造,全长约144公里,分布在汤加4个岛屿,汤加主岛—塔布岛约118公里,施工面积70万平方米;瓦瓦乌岛17公里,面积8.8万平方米;哈派岛4.4公里,面积2.4万平方米;艾瓦岛4公里,面积2.6万平方米。年内完成施工设计,正在进行动工前的准备工作。

(郑谦　晏志华)

【港澳工程】　澳门关闸边检大楼扩建二期工程　业主为澳门特别行政区建设发展办公室。主要工程为对已建成的澳门边检大楼进行扩建改造,合同投资17087万澳门元。2008年5月8日开工,2009年底完工。由中国土木工程(澳门)有限公司承建。项目部被股份公司评为2009年度安全质量标准工地、被集团公司评为2008~2009年度先进集体和责任成本管理优秀项目部。

澳门氹仔成都街地下停车场及公园建造工程　占地面积28000平方米,总投资4.4亿澳门元,2009年9月17日开工,合同工期876天。地下停车场设私家车、电单车及残障人士专用车位2600余个;公园设有环园跑步径、宠物活动区、露天综合球场等设施,园内人工湖可兼备游泳池功能,同时建造2200平方米图书馆,设阅读座位200个、上网计算机60台。由中铁(澳门)有限公司承建。

澳门路氹城莲花路轻型车停车场建造工程　建筑面积17375平方米,地上5层,不设地下车库,设有512个摩托车车位及447个轻型汽车车位,合同投资7700万澳门元,2009年11月5日中标,计划工期359天。由中铁(澳门)有限公司承建。(曹文坪)

【境内工程】　深圳市轨道交通3号线横岗车辆段3105标段工程　业主为深圳市地铁3号线投资有限公司。2008年1月25日签约,合同投资9.16亿元,合同工期912天,由中国土木工程集团珠海分公司承建。2009年完成投资30922万元,9月28日顺利实现接车,被业主评为先进参建单位。

莞惠城际轨道交通工程GZH-13标段工程　莞惠城际轨道交通工程是广东省实现珠三角城市群同城化目标的重点工程之一,是实现"珠江三角洲1小时经济生活圈"的重要民心工程。全长99.448公里,其中东莞市境内67.46公里,惠州市境内31.988公里。CZH-13标段位于惠州境内,正线长3.44公里,其中隧道3.12公里。2009年9月16日中标，合同投资6.52亿元，合同工期866天。由中国土木工程集团珠海分公司承建。（吴 敏）

【经营管理】 工程经营。2009年，新签合同额561183万美元，完成营业额113302万美元。其中，非洲事业部新签合同额143518万美元，完成营业额37258万美元；中东事业部新签合同额367647万美元，完成营业额44740万美元；亚太事业部新签合同额9814万美元，完成营业额5482万美元；援外部新签合同额8584万美元，完成营业额3633万美元；新签境内工程合同额31620万美元，完成营业额22189万美元。全年实现利润3.2亿元人民币，净利润2.6亿元人民币。各主要海外市场深入贯彻公司“强化支柱市场建设”战略部署，在产值规模、利润指标、专业能力、管理水平和综合实力上取得新突破，以尼日利亚和阿尔及利亚为代表的第一类支柱市场进一步巩固壮大，以博茨瓦纳和东非为代表的第二类支柱市场迅速崛起。尼日利亚市场2009年完成营业额2.82亿美元，新签合同额11.58亿美元，在建项目50个，合同总额40.54亿美元，其中1000万美元以上项目34个、3000万美元以上项目13个，累计完成营业额5.44亿美元，待完工合同额35.1亿美元。经营机构实现有机整合，进一步增强市场开拓和项目实施能力。阿尔及利亚市场全年新签合同额28.5亿美元，经营规模迈上一个新台阶。外账管理工作进一步加强，有效规避财务和税务风险。各项规章制度不断完善，为市场稳定持续发展打下坚实基础。利比亚和土耳其市场承揽的大项目已进入实施阶段，力争经过3~5年发展，成为能够自我滚动发展的支柱市场。博茨瓦纳市场全年新签合同额1.59亿美元，承揽项目从传统房建领域拓展到土木工程领域；完成营业额5352万美元，13个在建项目进展顺利。东非市场“供水、房建、公路”三大板块初步形成，经营承揽工作实现突破，全年新签项目15个，合同总额1.18亿美元。沙特市场全年新签合同额2186万美元，完成营业额1423万美元，在做好在建项目的同时，又以联合体方式成功承揽沙特北南铁路CTW400项目，合同总额7.4亿美元。阿联酋市场狠抓在建项目实施，全年完成营业额2324万美元，创历史最好水平。以色列卡迈尔隧道总长9495米，是以色列最长的隧道群，于2009年7月10日提前完成移交工作。香港公司东涌公路项目于2009年2月全线通车，6月收到全部区段竣工证书，12月与香港路政署签署补充协议，补偿总金额1.4亿港币。中土澳门公司深挖设计变更潜力，边检大楼二期扩建项目工程变更累计超过2900多万澳门元。中铁澳门公司通过引进先进技术和工法，成功中标成都街地下停车场和莲花路轻型停车场项目，合同额分别为4.4亿澳门元和7700万澳门元。日本代表处保持研修生业务规模，合同额、营业额均超额完成年度计划。波兰公司努力提高物业出租率，全年完成营业额104万美元。巴西代表处2009年催收欠款65万美元。援外市场2009年利用中国政府优惠贷款成功承揽汤加城市道路改造项目，合同额2.91亿元人民币。珠海公司揽干并重，新签莞惠城际轨道交通工程，合同额6.5亿元人民币；深圳地铁3号线横岗车辆段项目，合同额9.9亿元人民币，已累计完成产值8.7亿元人民币，2009年9月28日顺利实现接车，并在业主组织的历次安全质量评比中名列前茅。凯明公司在做好日本研修生业务的同时，积极为利比亚、尼日利亚等海外重点市场提供房建设计服务。国内工程部在做好国内业务的同时，积极参与海外重点项目，与集团公司签订利比亚西线铁路50公里线下工程自营承包协议，协议金额1.35亿美元，经营规模和经营档次迈上新台阶。

其他经营。2009年，北京中土大厦全力降低装修改造影响，客房出租率超过70%，取得较好的经营成效。广州中土实业发展有限公司从长远发展出发，适时采取减租让利措施，稳定客户，实现利润1288万元。上海中土实业有限公司根据华美达酒店操作标准，顺利通过加盟酒店集团的年度检查，为扩大营销创造了条件。海南基冠房地产开发（香港）有限公司不断改进管理服务质量，华发大厦1~4层出租率100%，成功打造“海南古玩城”品牌。中土国际贸易有限公司面对日益激烈的市场竞争，不断加大经营力度，全年新签合同额5506万美元，完成营业额5003万美元。北京中铁建总国际经贸有限公司在继续做好经贸业务的同时，主动整合国内资源，积极参与尼日利亚铁路项目实施，生产经营保持稳定发展。随着股份公司和集团公司海外大型项目陆续进入施工期或施工高峰期，临时和长期出国（境）团组数迅速增多，全年办理因公出国（境）批件1102个。其中，长期出国（境）批件574个2818人次；临时出国（境）528个1546人次。邀请117个团组访华，访华人数523人次。为国外项目发运货物226批次，货值1.26亿美元，发运集装箱790个，滚装及散杂货9.2万立方米，其中由分包单位采购，公司负责发运的货物112批次，货值4207万美元。上报退税1.21亿元人民币，收到退税款1.25亿元人民币，其中以公司名义上报退税1.06亿元人民币，收到退税款1.15亿元人民币。（吕 力）

【企业改革】 建立“满足股份公司成本管理要求、具备中土海外经营特色”责任成本管理体系。一是突出海外特点。总结提炼五大类海外项目经营运作模式:以尼日利亚市场为代表的工程自营模式,以阿尔及利亚市场为代表的大项目合作实施模式,以港澳地区为代表的“专业分包”、“架子队”和“扫盲队”相结合的精细化管理模式,以阿联酋和沙特市场为代表的工程劳务分包模式,援外部统管的经济援助项目经营模式。二是完善管理体系。积极推行“一套体系”,即工程项目全面责任成本管理体系;“两个管理中心”,即对外以合同管理为中心,对内以责任成本管理为中心;“三项核心制度”,即经营单位经营业绩考评制、全面责任成本集体承包制、责任成本管理督察制;“四类管理举措”,即组织、经济、技术和合同举措,责任成本管理体系不断完善。三是强化成本意识。坚持“领导推动、全员参与”的原则,举办多种形式的专业培训,并在全公司开展以“加强业务学习,强化成本意识,深入推进全面责任成本管理工作”为主题的宣传教育活动,初步形成全员注重成本管理的良好氛围。四是注重管理创新。各级责任成本管理人员,结合不同项目特点,按照成本指标与项目中标价分离的思路,探索总结直接法、间接法和包干法3种成本指标测算方法,有效降低了项目成本,形成新的管理亮点。结合学习实践科学发展观活动,通过深入调研,积极推进,公司主业链条成功向上游设计领域和下游专业化施工管理领域延伸,资本运作项目继续沿着积极稳妥和规范可控的方向有序推进。福建铁四院勘察设计研究院有限公司于2009年9月30日整体划转中土集团公司,为完善公司主业链条,进一步拓展海外工程总承包市场创造了有利条件。组建中土集团公司轨道铺架事业部(轨道工程公司),主要负责实施公司境外大型铁路工程项目的架梁、铺轨、整道及相关工程的统一组织、指导、协调与管理工作。成立设计咨询部,采取多种方式选聘专业人员,通过对尼日利亚、阿尔及利亚、利比亚三大市场的调研,明确为海外支柱市场和重点项目提供设计咨询服务和技术支持的职能重心。尼日利亚莱基自由贸易区项目,各股东协商,决定中土北亚注册资本由5千万元人民币增至2亿元人民币,两年内需注入启动资金2亿美元。南京北亚已正式提出退出中土北亚,根据股份公司要求,由中土代持南京北亚股权。公司已为中土北亚投入注册资本金6000万元人民币,建设资金900万美元。重视安全生产,坚持“安全第一、预防为主、综合治理”的工作方针,深入开展“安全生产年”活动,安全生产形势总体稳定。坚持从源头抓起,强化过程控制;不断提高工程质量管理水平,5个质量管理小组获得股份公司二等奖,3人被评为质量管理先进个人。质量、环保、职业健康“三标一体”管理体系运转正常,2009年11月18日顺利完成新版质量管理体系换版工作。成立全面预算管理领导小组,及时分析集团公司整体运行情况指标数据,积极为生产经营提供决策支持;更换财务集中管理软件,国内单位已全部上线并验收,国外试点工作已启动。确定物资部、日本代表处等11个单位为资金收支管理型单位,由资金中心按照收支两条线原则进行资金集中管理;确定珠海公司、尼日利亚公司等20个单位为资金监控管理型单位,要求将超出存款限额的资金及时汇交公司集中管理和统一调度,确保资金安全,提高使用效益。

(吕　力)

【党群工作】 党的工作。集团公司党委下辖党委4个、党总支4个、党支部50个,有党员842人。(1)学习实践科学发展观活动。根据《中共中央关于在全党开展深入学习实践科学发展观活动的意见》和股份公司党委统一部署,集团公司党委组织所属4个基层党委、4个党总支和46个党支部的562名在职党员参加第二批深入学习实践科学发展观活动。学习实践活动坚持围绕和体现突出实践特色,在求实求效上下功夫,基本达到科学发展上水平、干部党员受教育、职工群众得实惠的目的。(2)领导班子建设。集团公司党委按照“四好领导班子”标准加强自身建设,坚持理论学习制度,提高理论素养和驾驭全局的能力;贯彻落实民主集中制,严格执行“三重一大”决策原则;带头落实党风廉政规定,廉洁自律,自觉接受职工监督;班子成员之间坦诚布公地交流和沟通,互相尊重、互相信任、互相支持、互相谅解,形成和谐团结的领导集体。集团公司领导班子被股份公司党委评为“四好领导班子”。集团公司党委按“一岗双责”规定,采用听取领导班子汇报和领导干部述职、民主测评、个别谈话等方式,全面考核二级经营单位领导班子和领导干部,加深了集团公司对各经营单位领导班子运转情况及领导人员个人履职情况的掌握和了解。(3)基层党组织建设。年内先后成立基层党委2个、党支部2个,6个党支部换届改选。以生产经营一线和青年骨干为重点做好组织发展工作,全年培训入党积极分子31名,发展新党员19名,党员转正26名。起草《中国土木工程集团公司驻外机构党组织建设实施办法》,决定陆续在重要的驻外机构设置专职党务工作岗位,在规模较大的成熟市场试行特派监察专员制度。(4)宣传思想教育工作。深入开展以“抢抓机遇保增长,科学发展促转型”为主题的形势任务教育活动,增强职工深化改革的信心,提高职工队伍思想素质,激发职工的工作热情和开拓精神。组织评先树优活动,曹保刚被评为中国铁建兵改工50周年杰出人物。为庆祝集团公司成立30周年,开展系列纪念活动,展示集团公司30年发展壮大的辉煌成就，展现中土人拼搏奉献、勇攀高峰的精神风貌，展望公司今后发展的美好前景。加大对外宣传力度，利用工程开工和竣工、所在国政府要员视察工程等重大事件及参与当地公益活动等时机做好对外宣传，扩大集团公司影响和品牌效应。制定宣传报道制度，建立宣传报道队伍和网络，不断提高宣传报道的数量和质量，为集团公司发展营造良好的舆论宣传氛围。(5)党风廉政建设。集团公司纪委先后组织召开反腐倡廉教育报告会和反腐倡廉工作座谈会，增强各级领导人员对反腐倡廉工作重要性的认识。出台《中国土木工程集团公司驻外机构(项目)特派监察专员暂行办法》，关口前移，在强化监督制度方面作出积极探索。立项开展亏损项目效能监察，为提升企业经济运行质量奠定政治基础。

工会工作。集团公司工会下辖基层工会12个、境外工会组织10个，专职工会干部3人、兼职工会干部37人，有工会会员近2000人。2009年，工会坚持维护职工权益，做好重点工作。(1)职工之家建设。境外各工会组织开展"健康工程"和"幸福工程"建设，加强医疗保障和饮食卫生工作，努力为职工创造良好的生活和工作环境，使长期在境外的职工能够心情舒畅地投入工作，促进生产经营顺利开展。(2)坚持职代会制度，落实职代会职权。召开职代会之前，围绕中心议题精心征集职工提案。职代会认真履行职责，发挥职工代表大会在民主管理、民主监督中的积极作用。(3)开展评先表彰活动。年内，集团公司董事长兼总经理、党委副书记林荣新被评为中央企业劳动模范；集团公司总经理助理兼中土尼日利亚有限公司总经理曹保刚被授予火车头奖章；中土珠海分公司、中土博茨瓦纳洛巴策医院项目部被股份公司授予"工人先锋号"称号，中土阿尔及利亚有限公司编组站项目部总经理助理郭颖伟被授予"工人先锋号"标兵称号；集团公司工会副主席王庆忠、中土大厦副总经理兼工会主席王庆庆被股份公司评为工会先进工作者。集团公司评选出优秀工作者10名、先进工作者40名，先进集体5个。(4)加强工会组织建设。基本形成集团公司、境内基层和境外职工之家及工会小组三级组织体系，为发挥工会组织作用，切实履行维权职责，提供了有力的组织保证。(5)积极开展送温暖活动。及时组织探视生病住院职工，对生活困难的职工发放困难补助，节日期间走访、慰问离退休老职工和出国职工家属，并帮助协调解决实际困难。(6)开展群众性文体活动。结合集团公司成立30周年庆祝活动，举办首届职工运动会。成立职工羽毛球俱乐部和篮球队，丰富广大职工群众的文化生活。

共青团工作。集团公司团委下辖团委2个、团总支4个、团支部37个，有团员332人。2009年，团的工作以"融入中心、服务青年"为宗旨，紧紧围绕集团公司中心工作和团员青年成长需求开展工作。一是突出特色，狠抓重点，深入开展传统教育活动。围绕纪念建国60周年、五四运动90周年和集团公司成立30周年，开展团员青年"溯源行"系列活动。东非公司团支部两名团员青年在"溯源行"活动中，经过4天的艰难跋涉，勇攀乞力马扎罗火山，将国旗和司旗插上非洲最高峰，展现了中土青年强烈的团队意识和坚韧不拔的意志品格。二是以取得实效为重点，深入开展"导师带徒"活动。中土尼日利亚有限公司东南区经理部等4个单位获得"导师带徒"活动优秀组织奖，15对师徒被授予优秀师徒奖。三是积极开展"保增长、促转型，我是青年我先行"主题实践活动，广大青年在本职岗位上奋发进取、增长才干，在生产经营主战场发挥作用，涌现出一大批优秀团员青年和优秀团支部。集团公司非洲事业部总经理兼公司团委书记赵佃龙被评为中国铁建"身边的青年榜样"，中土尼日利亚有限公司达迈项目部周俊志被评为中国铁建优秀共青团员，中国土木阿尔及利亚有限公司团总支书记张正黎被评为中国铁建优秀共青团干部，中国土木阿尔及利亚有限公司团总支被评为中国铁建五四红旗团支部，中土尼日利亚有限公司拉各斯团支部和中土集团阿尔及利亚东西高速公路M6标段团支部被评为中国铁建五四红旗团支部创建单位，李建辉被评为第四届中国铁建十大杰出青年。

(王凤莲　王庆忠　李志远　吕　力)

【北京中土大厦】 驻北京市海淀区北蜂窝6号。是集餐饮、住宿、娱乐、写字间、会议、健身于一体的三星级旅游饭店，拥有客房304套，写字间120间。总经理刘晓平。职工342人。资产总额13985.9万元。其中，固定资产原值17330.5万元、净值11513.6万元；流动资产2100.3万元；其他资产372万元。

2009年完成营业收入4268万元，实现利润-362万元。职工年人均收入29280元。净资产收益率112.77%，资产负债率101.54%，应上缴款完成率114.82%。

(齐成韧)

【中土凯明工程咨询有限公司】 驻北京市海淀区北小马厂6号华天大厦16层1607号。1993年2月14日经北京市工商行政管理局核准成立凯明工程咨询公司，2007年更名为中土凯明工程咨询有限公司，为集团公司直属工程咨询公司，承担工程咨询和设计任务，注册资本金600万元。拥有建筑工程设计甲级、铁道工程设计乙级、工程咨询和工程造价咨询甲级资质，主要经营工程建设项目的可行性研究、评估、咨询服务，技术开发、技术服务、人员培训，工业与民用建筑勘测设计、铁路桥梁设计。总经理李海生。职工38人。其中，一级建筑工程师3人；一级结构建造师3人；高级工程师2人；工程师14人。资产总额1105万元。其中，固定资产原值86万元、净值34万元；流动资产1046万元。

2009年完成营业收入721万元，完成营业额3366万元，实现利润20万元。职工年人均收入3.6万元。净资产收益率2.5%，产值利润率1.9%，资产负债率43.3%，国有资产保值增值率102.6%，应上缴款完成率100%。 （李海生）

【中土国际贸易有限公司】 驻北京市宣武门西大街28号大成广场7门1101～1108室。前身是中国土木工程集团公司贸易部，于1998年5月14日注册成立具有独立法人资格的有限责任公司，注册资本金2100万元。总经理马晓东。职工16人。资产总额8973.3万元。其中，固定资产原值186万元、净值67.9万元；流动资产8745.4万元；长期投资160万元。

2009年新签合同额37553万元，完成营业额34123万元，实现利润262.1万元。人均创利16.38万元，职工年人均收入113795元。净资产收益率6.62%，总资产报酬率2.72%，资产负债率68.73%，国有资产保值增值率106.64%，应上缴款完成率100%。 （胡文卫）

【北京中铁建总国际经贸有限公司】 驻北京市海淀区北蜂窝6号中土大厦19层。2004年10月成立，注册资本金1000万元。公司被授权使用中国铁建外经外贸经营权（2009年11月将外经外贸经营权交接给股份公司国际部），归口对外开展国际贸易和国际劳务合作业务。总经理房炳杰。职工17人，其中正式职工9人。资产总额2308万元。其中，固定资产原值129万元、净值61.7万元；流动资产3772.2万元；其他资产92万元。

2009年新签合同额622.11万元，完成营业额3625.4万元，实现利润175万元。职工年人均收入91864元。净资产收益率6.75%，产值利润率5.66%，资产负债率72.68%，国有资产保值增值率106.77%，应上缴款完成率110.13%。全年新派劳务28人，年末在外人数570人，办理澳门劳务合同立项手续4份，办理澳门劳务通行证及签注59人次、回国劳务83人，劳务输出完成营业额56734.2美元。 （孙慧娟）

【广州中土实业发展有限公司】 驻广东省广州市环市西路135号。前身是铁道部广州援外人员接待站、中国土木工程公司广州分公司、广州中土实业发展公司。总经理兼党委书记丁子牛。下辖广州市万通大厦有限公司、广州万凯市场发展有限公司。职工148人，其中正式职工44人。资产总额23477万元。其中，固定资产原值3934万元、净值2217万元；流动资产5622万元；其他资产17855万元。

2009年完成营业收入4319万元，实现利润1288万元。职工年人均收入6.1万元。净资产收益率5.7%，资产负债率29.3%，国有资产保值增值率101%。 （黄超英）

【上海中土实业有限公司】 驻上海市共和新路666号中土大厦27层。前身为上海中土实业发展公司，1992年9月成立，注册资本金6000万元；2007年更名为上海中土实业有限公司。总经理李银辉。下辖上海华美达中土酒店有限责任公司和上海中土进出口贸易有限公司。职工245人。资产总额34490万元。其中，固定资产原值38154万元、净值33312万元；流动资产824万元；其他资产354万元。

2009年完成营业收入2535万元，实现利润－998万元。职工年人均收入30123万元。资产负债率45.11%，国有资产保值增值率95%。公司获得上海市闸北区“特卡企业”资格，被上海市市政府授予“市外在沪大企业（集团）”称号。 （尹　怡）

【中国土木工程集团珠海分公司】 驻广东省珠海市吉大石花东路58号28栋6座。前身为中国铁道建筑总公司珠海分公司，2004年8月改制划归中国土木工程集团公司管理，2006年9月20日经集团公司批准成立中国土木工程集团公司珠海分公司。总经理黄兴富。职工50人，其中工程技术人员27人。资产总额13160万元。其中，固定资产原值1280万元、净值870万元；流动资产12289万元。

2009年承揽工程任务75542万元，完成产值51306万元，上缴集团公司利润258万元，缴纳税金1932万元。职工年人均收入119140元。净资产收益率12.73%，资产负债率94.5%，国有资产保值增值率41.05%。年内，公司获股份公司“工人先锋号”称号。

（吴　敏）

【福建铁四院勘察设计研究院有限公司】 驻福建省福州市晋安区火车站沁园支路41号。原为上海铁路局福州勘测设计院，1958年8月成立；2004年2月划归铁道第四勘察设计院管理，更名为铁道第四勘察设计院福州勘察设计院；2007年10月改制为福建铁四院勘察设计研究院有限公司,2009 年 10 月 12 日划归中国土木工程集团公司管理。系铁道综合甲级(Ⅱ)勘测设计单位;拥有铁道工程设计、工程岩土勘察、工程测量、工程咨询、建设工程监理甲级和建筑设计、工程总承包乙级资质。董事长兼总经理刘敬,党委书记兼副董事长沈铁锋。下辖线路站场设计所、桥梁隧道设计所、建筑所、工程经济设计所、岩土工程公司、监理公司、工程总承包部、测量队。职工 175 人。其中,干部 124 人;工人 51 人。资产总额 5820 万元。其中,固定资产原值 883 万元、净值 2130 万元;流动资产 4079 万元。设备仪器 1278 台(套)。

2009 年新签合同 65 项,合同金额 5100 万元;完成营业收入 4531 万元,实现利润 100 万元。职工年人均收入 9 万元。生产计划完成率 100%,设计项目质量优良率 95%、合格率 100%,监理项目工程合格率 100%。净资产收益率 4.8%,产值利润率 2.3%,资产负债率 0.63%,国有资产保值增值率 3.3%。公司被评为福建省优秀勘察设计单位,连续两届被福建省省委、省政府授予文明单位称号。 (郑礼福)

【中国土木工程(澳门)有限公司】 驻澳门宋玉生广场 263 号中土大厦 22 楼 C－H 座。为集团公司全资子公司,1989 年 6 月以中土香港公司名义在澳门登记注册,2001 年 11 月 26 日正式成立。主要经营建筑工程、设计咨询、房地产开发等业务。总经理李法胜。职工 38 人。其中,集团公司派澳人员 10 人;内地聘用 19 人;当地雇用 9 人。资产总额 11240 万元。其中,固定资产 3274 万元;流动资产 7966 万元。

2009 年新签合同额 6500 万元,完成营业额 23972 万元,实现利润 781 万元。职工年人均收入 12 万元。国有资产保值增值率 369%。 (尚书仁)

【中铁(澳门)有限公司】 驻澳门友谊大马路南方大厦 1 楼 BCDJLMNO 座。1989 年 6 月 28 日在澳门注册设立一次性项目公司,1993 年 4 月 19 日转为永久性公司。总经理付强。下辖中铁(澳门)职业介绍所有限公司、珠海中铁实业发展公司。职工 36 人。资产总额 18599 万元。其中,固定资产 2123 万元;流动资产 16501 万元;其他资产 690 万元。

2009 年承揽任务 38489 万元,完成产值 5810 万元,实现利润 1086 万元。职工年人均收入 12 万元。净资产收益率 35.38%,国有资产保值增值率 142.16%。 (李洪星)

【中土尼日利亚有限公司】 驻尼日利亚联邦共和国首都阿布贾市机场路。拥有尼日利亚土建(公路)、房建、桥梁、电力安装工程 D 级(最高)资质。总经理周天想,党委书记胡社忠。下辖阿卡铁路项目部、阿布贾轻轨项目部、拉各斯轻轨项目经理部,拉各斯、阿布贾、东南区和北区经理部,阿久巴尼日利亚有限公司。职工中方人员 576 人,其中集团公司 129 人;当地雇员 8000 余人。资产总额 41885.37 万美元。其中,固定资产原值 10795.84 万美元、净值 6312.43 万美元;流动资产 32147.87 万美元;其他资产 3425.07 万美元。机械运输设备 2337 台(套),设备原值 10454.88 万美元、净值 6105.67 万美元。

2009 年新签合同额 110993.58 万美元,完成营业额 30000 万美元,实现利润 1500 万美元。人均创利 25100 美元,职工年人均收入 11.82 万元人民币。净资产收益率 185.93%,产值利润率 7.03%,国有资产保值增值率 242.25%,应上缴款完成率 136.7%。 (王 霞)

【中国土木阿尔及利亚有限公司】 驻阿尔及利亚首都阿尔及尔。前身为中土阿尔及利亚办事处,2003 年设立;2007 年 9 月改制为中国土木阿尔及利亚有限公司。总经理袁立。下辖 67 公里铁路复线项目部、94 公里铁路更新项目部、阿尔及尔编组站项目部、奥兰石油专用线项目部、55 公里铁路新线项目部、175 公里铁路电气化新线项目部、阿尔及利亚东西高速公路 M6 标段项目部。职工 1017 人。其中,中方 417 人;阿方 600 人。资产总额 65153.47 万元。其中,固定资产原值 20033.59 万元、净值 9066.88 万元;流动资产 56086.59 万元;其他资产 9066.88 万元。机械运输设备原值 19754.5 万元、净值 8889.5 万元,总功率 27926.7 千瓦,动力装备率 27.46 千瓦/人,技术装备率 8.74 万元/人,完好率 85.8%,利用率 72.5%。

2009 年新签合同额 1943434 万元,完成营业额 67007 万元,其中阿尔及利亚东西高速公路项目完成 56545 万元,实现利润 1519 万元。人均创利 1.49 万元,全员劳动生产率 65.89 万元/人年,职工年人均收入 81725 元。净资产收益率 2.37%,产值利润率 2.24%,投资回报率 2.34%,资产负债率 85.29%,国有资产保值增值率 155.7%。 (吴 蔚)

【中土东非有限公司】 驻坦桑尼亚首都达累斯萨拉姆市。2007 年 1 月 1 日在整合坦桑尼亚办事处、乌干达办事处(含卢旺达)资源的基础上成立。总经理陈思昌。下辖坦桑尼亚、乌干达、卢旺达 3 个地区经理部,拥有坦桑尼亚房建及土建工程一级承包资质。职工 236 人。资产总额 18135 万元。其中,固定资产原值 8938 万元、净值 6632 万元;流动资产 11503 万元。机械运输设备 175 台(套),现值 3800 万元,总功率 48000 千瓦,动力装备率 197 千瓦/人,设备完好率 100%,利用率 90%。机械化施工程度 70%。年施工能力 2 亿元。

2009 年新签合同额 11794 万元,完成营业额 21207 万元,实现利润 1400 万元。人均创利 7 万元,全员劳动生产率 74 万元/人年,职工年人均收入 8 万元。国有资产保值增值率 9.13%,净资产收益率 7.65%,产值利润率 6%,资产负债率 98%,应上缴款完成率 100%。完成主要实物工程量 21207 万元。（石学勇）

【中土集团公司利比亚分公司】 驻利比亚的黎波里市。前身为中土集团公司利比亚代表处,设立于 1982 年;2008 年 5 月成立中土集团公司利比亚分公司。总经理陈志杰。职工 18 人。下辖 3 个利比亚铁路项目部。中方人员 1250 人,利方雇员 160 人。资产总额 30.03 亿元。其中,固定资产原值 302 万元、净值 129 万元;流动资产 29.7 亿元;其他资产 3172 万元。

2009 年与利比亚铁路机构签订利比亚西线铁路合同,合同额约 8 亿美元,完成施工产值 3.1 亿元人民币,实现利润 256 万元人民币,上缴集团公司 1070 万元人民币。职工年人均收入 16.8 万元。资产负债率 100.66%,产值利润率 0.427%,应上缴款完成率 100%,国有资产保值增值率 91.2%。

（赵淑华）

【中国土木工程博茨瓦纳有限公司】 驻博茨瓦纳哈伯罗内市特鲁昆。1991 年 10 月在当地注册成立,拥有博茨瓦纳房建、公路、小区发展、乡村供水和给排水 E 级资质。总经理王晓明。职工 193 人。资产总额 19125.34 万元。其中,固定资产原值 13125.25 万元、净值 7732.47 万元;流动资产 11338.46 万元。机械运输设备总量原值 12632.05 万元、净值 7311.7 万元,机械化施工程度 80%。年施工能力 42349.74 万元。

2009 年完成产值 42349.74 万元,实现利润 2072.52 万元。人均创利 10.74 万元,全员劳动生产率 219.43 万元/人年,职工年人均收入 9.9 万元。国有资产保值增值率 187.94%,净值产收益率 66.68%,产值利润率 6.03%,投资回报率 13.43%,资产负债率 80.33%,应上缴款完成率 293.62%。（葛海超）

【中国铁建土耳其安卡拉分公司】 驻土耳其安卡拉市。2006 年 6 月注册成立。总经理郑建兵。下辖土耳其铁路中土项目部。职工 18 人。资产总额 32606 万元。其中,固定资产原值 480 万元、净值 434 万元;流动资产 32173 万元。

2009 年完成营业额 17110 万元,实现利润 131 万元。人均创利 7 万元。产值利润率 0.76%,资产负债率 111.19%,国有资产保值增值率 96.54%。

（关子南　马鹏程）

【中土巴西国际商业有限公司】 驻巴西圣保罗市。1994 年设立巴西代表处,1997 年 7 月在当地注册成立中土(巴西)国际商业有限公司。法人代表李宪翔。主要负责中土集团公司在巴西及南美地区工程、贸易项目的追踪和承揽,并代表集团公司向巴西小门德斯工程公司催收欠款。

2009 年收回欠款 557.9 万元,上缴集团公司 443 万元,实现利润 354 万元。人均创利 354 万元,职工年人均收入 30 万元。（李宪翔）

【中土集团(波兰)有限公司】 驻波兰首都华沙。1993 年注册成立波兰办事处,1995 年 8 月成立中土波兰有限公司,1997 年 1 月更名为波兰华锐发展有限公司,2007 年 9 月更名为中土集团(波兰)有限公司。法人代表王松群。职工 8 人。拥有 30 套别墅,建筑面积 8316 平方米,土地面积 9565 平方米。资产总额 2793.3 万元。其中,固定资产原值 2554.7 万元、净值 1447.6 万元;流动资产 483.3 万元;其他资产 2310 万元。

2009 年新签出租、续租别墅合同 28 份,合同额 87.7 万美元;完成营业额 103.8 万美元。人均创利 60 万元,职工年人均收入 23.7 万元。资产负债率 1.52%,国有资产保值增值率 112%。（王松群）

【中土集团沙特阿拉伯分公司】 驻沙特首都利雅得市。1999 年 2 月设立沙特代表处,2008 年 8 月成立中土集团沙特阿拉伯分公司。法人代表王文举。职工 14 人。主要从事工程项目劳务分包和医生、护士劳务输出等业务。资产总额 4534.3 万元。其中,固定资产原值 145.8 万元、净值 83.9 万元;流动资产 4450.5 万元。

2009 年新签合同额 115282 万元,完成营业额 9684 万元。应上缴款完成率 100%,国有资产保值增值率 269.6%。（王文举）

【中土集团公司阿拉伯联合酋长国代表处】 驻阿

拉伯联合酋长国阿布扎比市。1985年设立。拥有桥梁、隧道和地下道等混凝土结构工程特级及房建、钢结构工程一级资质。代表余春茂。职工20人。资产总额13306.3万元。其中,固定资产原值7925.2万元、净值608万元;流动资产12698.3万元。机械运输设备原值397万元、净值380.3万元,设备完好率95%,利用率90%。

2009年完成营业额15751.88万元,实现利润1063.52万元。人均创利1.77万元,全员劳动生产率12.06万元/人年,职工年人均收入93126元。国有资产保值增值率80.3%,净资产收益率30.73%,产值利润率9.08%,资产负债率84.08%,应上缴款完成率100%。（全开华）

【重要记载】

▲1月18日　利比亚西线铁路签约,合同额8.05亿美元。

▲2月4日　集团公司董事长兼总经理林荣新访问阿尔及利亚,推动大型铁路项目的启动并深入阿东西高速公路施工现场检查指导工作。

▲2月15日　中华人民共和国主席胡锦涛在坦桑尼亚总统基奎特阁下的陪同下,到由中国土木工程集团公司负责修缮、维护的坦赞铁路中国专家公墓凭吊,集团公司党委书记兼副董事长刘志明向胡锦涛主席介绍了坦赞铁路概况,并汇报了为援建坦赞铁路而牺牲的烈士情况。

▲2月16日~20日　集团公司党委书记兼副董事长刘志明、副总经理周天想视察中土博茨瓦纳有限公司,并出席中土集团公司捐赠博茨瓦纳赛洛维地区孤儿安居房屋的捐赠仪式。

▲2月26日　集团公司党委书记兼副董事长刘志明前往辽宁省大石桥市,看望为援建坦赞铁路而牺牲的金成威烈士亲属,转达国家主席胡锦涛对金成威烈士的哀思和对金成威亲属的慰问之情。

▲3月18日　集团公司董事长兼总经理林荣新、副总经理初厚才出席澳门关闸边检大楼扩建二期工程主体结构封顶仪式。

▲3月19日　尼日利亚总统亚拉杜瓦和拉各斯州长等政要分别出席卡齐纳大学和拉各斯阿勾公路工程竣工典礼,中国驻尼日利亚大使徐建国、中土尼日利亚有限公司总经理曹保刚等出席竣工仪式。

▲3月24日　集团公司在北京召开深入学习实践科学发展观活动动员大会。

▲4月21日~22日　集团公司党委书记兼副董事长刘志明出席中阿合作论坛第三届企业家大会暨投资研讨会。

▲5月10日　集团公司董事长兼总经理林荣新、副总经理赵仲宁赴罗马尼亚考察集团公司承担的中国驻罗马尼亚使馆馆舍改建项目,大使刘增文、政务参赞屠江会见林荣新一行。

▲5月13日　中国商务部副部长陈健在集团公司董事长兼总经理林荣新陪同下视察土耳其高速铁路施工现场,并对工程实施作重要指示。

▲5月30日　坦桑尼亚总统基奎特阁下出席坦桑尼亚维多利亚湖供水工程竣工典礼,并发表演讲,感谢中土集团公司在内的工程建设者的辛勤付出。

▲5月31日　集团公司在北京举行庆典活动,庆祝中国土木工程集团有限公司成立30周年,董事长兼总经理林荣新主持庆典仪式,并与集团公司党委书记刘志明共同为庆祝公司成立30周年纪念鼎揭幕。

▲6月1日　集团公司在钓鱼台国宾馆举办成立30周年对外庆典活动,全国政协常委、原铁道部副部长孙永福,商务部老领导乌兰木伦、杨文生、何晓卫,股份公司总裁赵广发、副董事长丁原臣、党委副书记霍金贵、副总裁庄尚标,以及多个国家的驻华使节,外交部、商务部、铁道部、对外友协、承包商会、国家开发银行、进出口银行官员和广大合作单位领导200余人出席庆典活动。

▲6月4日~11日　集团公司党委书记兼副董事长刘志明到中土尼日利亚市场视察指导工作,宣布集团公司对尼日利亚市场机构整合的决定。

▲6月16日　集团公司党委书记兼副董事长刘志明、副总经理赵仲宁在集团公司总部会见由14个国家的外交部长助理、司局长及事务大使等组成的非洲国家高级外交官代表团一行。

▲6月26日　中国铁建股份有限公司在中土集团公司召开阿尔及利亚55公里和175公里铁路项目动员会。股份公司总裁赵广发,副总裁、总经济师扈振衣,副总裁、总会计师庄尚标出席会议并讲话。中国土木工程集团公司,中铁十二、十四、十九局集团公司,中铁第一、第四勘察设计院集团公司及中国中铁四院集团公司等单位领导出席会议。

▲7月8日　集团公司在北京召开深入学习实践科学发展观活动总结大会。

▲7月21日　集团公司党委书记兼副董事长刘志明出席以色列海法卡迈尔隧道工程竣工庆典。以色列交通部长、海法市市长、中国大使馆临时代办张晓安及业主代表出席竣工仪式。

▲7月31日　库克多功能综合室内体育馆工

程举行竣工仪式,英国女王代表费德里克·古德温阁下及夫人、库克副总理特拉佩·毛阿特先生及夫人、中国驻新西兰大使馆秘书贾尧苏女士、中土集团公司援外部副总经理刘先隆等近300人出席仪式。库克副总理特拉佩·毛阿特阁下致词,感谢中国政府对库克人民的慷慨援助,对中土集团公司的施工效率和施工质量给予高度认可。

▲8月4日　坦桑尼亚总统基奎特阁下为集团公司承建的新吉达审计署办公楼启用揭牌剪彩。

▲8月30日　利比亚最高领导人卡扎菲参加利比亚铁路工程沿海线的黎波里总站庆典活动。利比亚现任总理及其他高层官员在利比亚铁路执行和管理机构主席赛义德拉希德的陪同下,为利比亚铁路举行揭牌奠基仪式。与利方一同参加活动的还有受邀请参加利比亚40周年大庆的意大利总理贝卢斯科尼。中国驻利比亚大使王旺生、经济商务参赞郭长战、集团公司副总经理兼利比亚分公司总经理陈志杰陪同参加全部活动。

▲9月16日　珠海公司中标莞惠城际轨道交通工程GZH－13标段工程,合同额6.52亿元。

▲9月23日　集团公司承建的阿尔及利亚东西高速公路工程M6标段提前4个月通车。在通车典礼上,阿尔及利亚公共工程部部长、谢里夫省省长及中国驻阿尔及利亚大使刘玉和对项目给予高度评价。

▲10月22日　股份公司下发中国铁建发展〔2009〕121号文件,批准将中铁第四勘察设计院集团有限公司所属的福建铁四院勘察设计研究院有限公司整体、无偿划转集团公司管理。

▲10月28日～11月4日　集团公司党委书记兼副董事长刘志明随同股份公司总裁赵广发参加中国企业家代表团赴阿尔巴尼亚、爱沙尼亚考察访问。

▲11月4日　集团公司董事长兼总经理林荣新视察尼日利亚有限公司。期间,拜会尼日利亚交通部长、工程部长、首都地区部长和总统首席经济顾问以及中国驻尼日利亚大使徐建国。

▲11月10日　集团公司党委书记兼副董事长刘志明在集团公司总部会见秘鲁前部长会议主席(相当于秘鲁政府总理)、现任人权主义运动党主席Yuhede Simon先生率领的代表团,就双方在秘鲁合作开展铁路、高速公路、房建、矿产投资等项目事宜进行会谈。

▲11月12日　集团公司副总经理陈晓星获第二届"感动非洲的十位中国人"贡献奖。

▲11月12日～13日　集团公司党委书记兼副董事长刘志明出席中国对外承包工程商会五届三次理事会。会议举行2009中国对外承包工程企业社会责任论坛暨颁奖典礼,集团公司获中国对外承包工程企业社会责任银奖。

▲11月26日　集团公司党委书记兼副董事长刘志明在集团公司总部会见俄罗斯喀山市城市交通改造考察团。

(吕　力)

中铁十一局集团有限公司

【简况】　中铁十一局集团有限公司是铁路工程施工总承包特级,房屋建筑、公路、市政公用、水利水电工程施工总承包一级,公路路面、桥梁、隧道、机场场道工程专业承包一级,城市轨道交通工程专业承包和地质灾害工程防治施工甲级资质企业。机关驻湖北省武汉市武昌区中山路347号。前身系中国人民解放军铁道兵第一师,1984年1月1日集体转业并入铁道部,改编为铁道部第十一工程局;2001年8月1日企业改制改称现名。下辖第一至第六工程有限公司、电务工程有限公司、建筑安装工程有限公司、桥梁有限公司、城市轨道工程有限公司及襄樊管理部、北京办事处和东南、西南、中南、西北、华南、北方、华东、东北8个区域经营部。职工15472人。资产总额1696119万元。其中,固定资产原值341805万元、净值241731万元;流动资产1365325万元。机械运输设备2463台(辆),现值1679573452万元,总功率398926千瓦,动力装备率23.5千瓦/人,技术装备率9.6万元/人,新度系数0.72。年施工能力300亿元以上。

2009年承揽工程任务3997200万元。完成企业总产值3003017万元。其中,施工产值2978189万元;附营产值24828万元。实现利润38044万元,缴纳税金100842万元。人均创利24588元,全员劳动生产率370044元/人年,职工年人均收入27713元。国有资产保值增值率132%,净资产收益率24.55%,产值利润率1.26%,应上缴款完成率100%,资产负债率89.55%。完成主要实物工程量:土石方8921万立方米,隧道94475延长米,桥梁216044延长米,涵渠43182横延米;铁路正线铺轨1209.56公里,站线铺轨251.24公里,铺道岔608组,铁路架梁7527孔,通信线路1595条公里,供电线路1934公里,接触网463正线公里;公路170.52公里(其中高速公路143.89公里),公路路面3311913平方米,公路架梁2285片;房屋建筑223468平方米,地铁37615米,轻轨25044米。综合单位工程合格率100%。

兵改工以来,获国家和省部级优质工程奖93项、股份公司优质工程奖69项,获国家、省、部级和股份公司以上科技进步奖134项,其中股份公司科技进步奖96项。先后获湖北省最佳文明单位、全国优秀施工企业、全国精神文明建设先进单位、湖北省守合同重信用企业和全国五一劳动奖状等荣誉。

2009年获国家优质工程奖6项,省部级优质工程奖9项,5项工程被评为新中国成立60周年百项经典暨精品工程。参建的成都北编组站获中国建设工程鲁班奖,河南济(源)焦(作)新(乡)高速公路济源至焦作段、国道213线云南思茅至小勐养高速公路、浙赣铁路电气化提速改造工程温厚特大桥、新建青藏铁路格尔木至拉萨段电力工程(格尔木至唐古拉北段)、青藏铁路22标段那曲以桥代路特大桥5项工程获得国家优质工程银质奖。1项科技成果达到国际领先水平,2项科技成果达到国际先进水平,22项科研成果获得国家专利;1项科技成果被评为国家科技进步一等奖,11项科技成果被评为中国铁道学会科技进步二等奖。年内,集团公司获全国文明单位、全国优秀施工企业、中国优秀诚信企业、全国工程建设QC小组活动优秀组织企业、全国建筑业先进企业、全国和省级"安康杯"竞赛优胜单位、湖北省安全生产红旗单位、湖北省文明单位等称号;1人获得全国五一劳动奖章,1人被评为中央企业劳动模范,1人获全国优秀企业家称号,2人被评为省部级劳动模范。 (程　辉)

【领导人员】

董事会

董事长　王桂林
副董事长　赵晋华
董事　雷佳民
　李玉棋
职工代表董事　陈文举

监事会

监事会主席　李德琛
监事　潘延凯
　彭长林
职工代表监事　陈建荣
　袁麦辰

经理层

总经理　赵晋华
副总经理　李玉棋(7月免)
　覃为刚(6月免)
　谢敬平
　荆　山
　宫建岗
　张树海
　龙信桥
　吕　岗
总工程师　张丕界
总会计师　付　裕

党群领导

党委书记　王桂林
党委副书记　赵晋华
　雷佳民
　潘延凯(7月免)
纪委书记　潘延凯(兼,7月免)
工会主席　雷佳民
顾问　陈文举
　李玉棋(7月任)
　潘延凯(7月任) (宋大勇)

【工程项目指挥机构】 宜万铁路27标段工程指挥部　驻湖北省利川市团堡镇。指挥长李文俊,党工委书记周建国。

宜万铁路W21、W24标段工程项目部　驻重庆市万州区。项目经理夏敬礼。

京石铁路客运专线工程项目部　驻河北省望都县中华街9号。项目经理王金柱,党工委书记郑平良。

武康铁路二线襄胡段工程指挥部　驻湖北省十堰市武当路15号。指挥长兼党工委书记董存恒。

襄渝铁路增建二线(安梁段)工程指挥部　驻四川省宣汉县胡家镇。指挥长徐良,党工委书记陈建荣。

武广铁路客运专线XXTJI标段工程项目部　驻湖北省咸宁市温泉路12号。项目经理荆山,党工委书记车仁雪。

包西铁路工程指挥部　驻陕西省浦城县红旗路。指挥长高潮府,党工委书记秦立光。

武汉动车段工程项目部　驻湖北省武汉市东湖区风景区桥梁村。项目经理李庆堂,党工委书记钦醒。

合武铁路工程项目部　驻湖北省武汉市黄陂区滠口镇武警702部队。项目经理赵天元,党工委书记洪其栋。

汉宜铁路工程项目部　驻湖北省仙桃市黄金大道88号。项目经理赵天元,党工委书记洪其栋。

沪宁城际铁路工程指挥部　驻江苏省苏州市金阊区。指挥长兼党工委书记郝生德。

石武铁路客运专线工程指挥部　驻湖北省黄陂区木兰侧路1号。指挥长荆山,党工委书记束道法。

沪杭城际铁路工程指挥部　驻浙江省桐乡市崇福镇。指挥长李明,党工委书记苗忠稳。

宿淮安铁路工程指挥部　驻江苏省宿迁市洋河镇东郊。指挥长刘大伟，党工委书记周宗才。

湖北城际铁路工程指挥部　驻湖北省武汉市东湖新技术开发区黄龙山二路1号。指挥长杨明亮，党工委书记张运道。

厦深铁路工程指挥部　驻广东省潮州市饶平县东镇径口养护中心。指挥长刘国建，党工委书记宋长海。

兰渝铁路工程项目部　驻甘肃省宕昌县旧城坝。经理陈仕猛，党工委副书记李延勤。

湘桂铁路工程指挥部　驻广西壮族自治区柳州市鹿寨县建中东路30号。指挥长江淑春，党工委书记郑天真。

渝利铁路工程项目部　驻重庆市帮寿区桃花大道33号。经理余斌，党工委副书记陈贵全。

利比亚铁路工程项目部　驻利比亚的黎波里市。经理兼党工委书记龙信桥。（彭　刚）

【职工队伍】　年末职工15472人。干部7986人，其中专业技术干部6151人，占干部总数的77%。本科以上学历4119人，占干部总数的52%；大专学历2161人，占干部总数的27%。35岁以下5081人，占干部总数的64%；36岁～45岁1089人，占干部总数的14%；46岁以上干部1816人，占干部总数的22%。专业技术干部中高级职务701人、中级职务1603人、初级职务3847人，分别占专业技术干部的11%、26%、63%。全年接收高校毕业生1079人。其中，研究生7人；大学本科1059人；大学专科13人。

工人7486人，其中技术工人6329人，占工人总数的84.5%。大专以上学历575人，占工人总数的7.6%；中专、技校学历1614人，占工人总数的22%；高中学历1901人，占工人总数的25%。30岁以下1299人，占工人总数的17%；31岁～40岁1690人，占工人总数的23%；41岁～50岁2662人，占工人总数的35%。技术工人中初级工118人、中级工1466人、高级工4478人、技师289人、高级技师34人。（张红月）

【铁路工程施工】　2009年，在建铁路工程41项，合同投资4383500万元，完成施工产值1980000万元。石太、武广铁路客运专线，合武、甬台温、温福铁路，襄渝铁路增建二线安梁段、襄胡段按期开通；沪宁、沪杭城际铁路工程获得上海铁路局信用评价加分奖励，沪宁城际铁路项目部被上海铁路局评为标准化项目部；参建的武广铁路客运专线创造时速394公里的世界铁路第一运营速度，并参加中国铁路客站技术国际交流会。重点工程进展情况：

武广铁路客运专线XXTJI标段工程　全长102.8公里，合同投资376587万元，2006年2月1日开工。年内完成投资52400万元；完成土石方253万立方米，桥梁8334延长米，无砟轨道46公里，铺设长轨689公里、高速道岔58组、普通道岔130组，架设T型箱梁210孔，站房5918平方米、站台雨棚16020平方米。

包西铁路通道陕西段BXS－2标段工程　全长84.53公里，合同投资251657万元，2007年12月开工。年内完成投资77400万元；完成土石方498.5万立方米，桥梁1451.6延长米，隧道6316延长米，涵洞4076横延米，预制箱梁223孔，箱梁架设155孔，铺轨36.3公里，电力线路迁改11.49公里，通信线路迁改23.67公里。

沪宁城际铁路Ⅵ标段工程　全长55.99公里，合同投资320000万元，2008年7月开工。年内完成投资265300万元；完成土石方251万立方米，桥梁31394延长米，涵洞214横延米，预制箱梁1190孔，箱梁架设1196孔，现浇梁23孔。

汉宜铁路HSZQ－3标段工程　全长24.8公里，合同投资234100万元，2008年9月开工。年内完成投资17.94亿元；完成土石方733万立方米，桥梁23287延长米，涵洞5851横延米，地基处理509万米。

石武铁路客运专线湖北段TJⅡ标段工程　全长71.707公里，合同投资508100万元，2008年10月1日开工。年内完成投资200100万元；完成路基土石方492.5万立方米，桥梁27879延长米，隧道8293延长米，涵洞1216横延米，简支箱梁预制421孔，箱梁架设308孔，现浇梁140孔，铺设道岔11组。

厦深铁路XSGZQ－4标段工程　全长20.406公里，合同投资160700万元，2008年10月1日开工。年内完成投资26500万元；完成土石方115万立方米，桥梁2692延长米。

渝利铁路土建2标段工程　全长49.911公里，总投资163700万元，2009年1月10日开工。年内完成投资42393万元；完成土石方141万立方米，桥梁3610延长米，隧道4476延长米，涵洞832横延米。

兰渝铁路LYS－4标段工程　全长26.306公里，合同投资135000万元，2009年2月18日开工。年内完成投资34200万元；完成隧道5200延长米，其中罗沙隧道2626延长米，新城子隧道1243延长米，毛羽山隧道1331延长米；桥梁30.8延长米。

湘桂铁路永州至柳州段扩能改造站前工程XG－6标段工程　全长69.556公里，合同投资229100万元，2009年3月10日开工。年内完成投资84000万元；完成土石方596万立方米，隧道3060延长米，桥梁2764延长米，涵洞2178横延米。

湖北城际铁路　承建武咸城际铁路2标段、武黄城际铁路1标段、汉孝城际铁路HXSG－3标段工程，全长87.6公里，合同投资514900万元（含武咸城际铁路中沙试验段），2009年3月25日开工。年内完成投资91000万元；完成土石方278万立方米，桥梁2266延长米，涵洞1023横延米，现浇梁16孔，铺轨39.86公里，铺设道岔11组。

沪杭城际铁路HHZQ－6标段工程　全长31.985公里，合同投资216900万元，2009年4月1日开工。年内完成投资166600万元；完成土石方73万立方米，桥梁24269延长米，涵洞314横延米。

宿淮铁路SHZH－2标段工程　全长97.79公里，合同投资187500万元，2009年7月开工。年内完成投资35400万元；完成土石方106.7万立方米，桥梁2108延长米，涵洞6436.4横延米，通讯线路改迁320公里，电力线路改迁107公里。（彭　刚）

【路外工程施工】　2009年，在建路外工程113项，合同总额3678452万元。其中，公路工程61项，合同额1573289万元；其他工程52项，合同额475910万元。重点工程进展情况：

厦蓉高速公路贵州省榕江格龙至都匀段BT10标段工程　全长4.4公里，合同投资40948万元，2008年5月开工。年内完成投资27711万元；完成土石方5万立方米，桥梁1648延长米，隧道4439延长米。

厦成高速公路郴宁段1标段工程　全长1.97公里，合同投资48197万元，2008年9月开工。年内完成投资14967万元；完成土石方21万立方米，桥梁1821延长米，涵洞183横延米，公路制梁156片。

渭蒲高速公路C－C01标段工程　全长7.42公里，合同投资45130万元，2009年4月开工。年内完成投资19646万元；完成土石方18万立方米，桥梁1464延长米，涵洞12横延米。

哈尔滨高速公路伊春至绥化段土建A6合同段工程　全长26.21公里，合同投资46699万元，2009年5月开工。年内完成投资14332万元；完成土石方255万立方米，桥梁1105延长米，涵洞1447横延米。

成都地铁2号线一期土建5标段工程　位于四川省成都市青羊区，全长3.4公里，合同投资23761万元，2008年12月开工。年内完成投资7387万元；完成两个区间和1个车站建设。

西安地铁1号线12标段工程　位于陕西省西安市长乐东路，全长3747.433延长米，合同投资43392万元，2009年4月开工。年内完成投资6106万元。

莞惠城际轨道交通GZH－3标段工程　位于广东省东莞市东城牛山新溪边凯高南方广场，全长4850米（含车站），合同投资113423万元，2009年9月开工。主要工程量：地下车站1座，区间隧道盾构段2940延长米，区间隧道暗挖段1750延长米，风道井1座，盾构井2座，联络通道9座，管片预制厂1座，无砟道床4850双线延长米。年内完成投资8294万元。

（彭　刚）

【海外工程施工】　利比亚沿海铁路　全长451.2公里（含铺轨），合同投资1375000万元，2008年6月开工。年内完成投资100400万元；完成土石方807万立方米，桥梁25.36延长米，涵洞250.52横延米，正线铺轨6公里。（彭　刚）

【经营管理】　工程承揽。全年承揽工程任务96项，新签合同总额352.45亿元，完成股份公司下达年度计划的110.14%。其中，铁路工程21项，合同总额179.88亿元，占承揽总额的51.3%；公路工程35项，合同总额104.03亿元，占承揽总额的29.7%；城市轨道工程22项，合同总额60.78亿元，占承揽总额的17.4%；房屋建筑工程5项，合同总额2.07亿元，占承揽总额的0.6%；市政工程4项，合同总额2.97亿元，占承揽总额的0.9%；其他工程5项，合同总额0.64亿元，占承揽总额的0.2%；工业制造4项，合同总额2.08亿元，占承揽总额的0.6%。五公司和城市轨道工程公司自揽任务超过30亿元，其他综合工程公司自揽任务均在15亿元以上。

企业管理。7月22日，电务公司主体部分分立划转到中铁建电气化局集团公司。11月，集团公司召开董事会临时会议，决定成立中铁十一局集团房地产开发有限公司，12月7日在国家工商总局办理企业名称预先核准通知书。12月23日，劳务公司在湖北省工商局注销。10月26日～12月31日，开展贯彻落实股份公司经营管理专题会和经营创效视频会精神的专题活动，认真查找、整改经营活动中存在的问题。根据集团公司《项目组织管理优胜单位评选办法》《项目创效管理优胜单位评选办法》《十佳项目经理、十佳项目总工评选办法》组织开展评先评优活动。年内，集团公司先后制定《工程公司建设指导意见》《项目经理管理办法》《企业用工管理规定》《架子队建设指导意见》和《推进架子队管理模式的实施暂行办法》，全面推进工程公司、项目部、工程队“三位一体”建设，构建项目部“专业队、架子队”为主的劳务用工模式。7月，集团公司设立法律事务室，11月成立法律事务部，先后制定集团公司法制工作3年目标、法律文书管理办法、保险资源集中管理办法等规范性制度，建立工程项目特派员制度和工地试验室、现场混凝土试验动态管理系统。集团公司顺利通过长城质量保证中心质量、环境、职业健康安全“三标一体”管理体系再认证。

经济管理。集团公司根据市场变化及经营规模的不断扩大,及时调整经济管理政策有关指标,下发《责任成本管理督察暂行办法》《混凝土拌合站管理试行办法》《工程项目责任成本管理操作指南》和《集团公司经济管理文件资料汇编(二)》,并更新印发《集团公司外部劳务黑名单》,提高经营风险防范意识。全年督察在建项目158个,督察覆盖率73%。根据工程公司上报的数据统计,集团公司2009年度综合产值收益率8.2%,较2008年度的综合产值收益率6.14%提高了2.06%。参与投资梳理和概算清理铁路项目16个,参与变更索赔路外项目101个。在《铁建工人》报上开辟“工程项目责任成本管理操作指南知识问答”栏目,强化责任成本管理理念宣传。年末,集团公司亏损项目22个,较2008年底减少18个,完成减亏扭亏额4.77亿元。

安全质量。从基础管理入手,落实安全质量责任制,完善各项规章制度,推行现场规范化作业、标准化管理,强化施工过程监管,全面开展“安全生产年”及“三项行动”活动,实现年度安全生产管理控制目标,在建工程分项工程80911项、单位工程1431项,检查评定合格率100%,未发生等级以上质量事故。下发《工程项目安全质量奖励和处罚暂行办法》《铁路建设工程信用评价管理暂行办法》《公路建设工程信用评价考评管理暂行办法(试行)》和《安全生产费用管理办法》,收集汇编《安全管理文件汇编》(续一)和《工程质量管理法律、法规、文件选编》(二),规范现场安全和质量管理行为,解决内业资料、文明施工等方面存在的问题。逐级签订安全包保责任状或安全责任书及绩效考核责任状。5月,开展“全国安全生产月”和“全国质量月”活动,举办以“我与安全同在,我与质量同行”为主题的巡回演讲,6000多人参加安全咨询日活动。8月,组成8个工作组,开展质量安全“大反思、大检查、大整改”活动。9月,开展从集团公司领导至一线作业工人的工程质量“共同约定、郑重承诺”签名承诺活动,对所有在建项目安全质量进行分片检查,督促项目部彻底整改,消除工程质量问题及隐患。全年4243人参加各类安全质量培训,51195人次参加三级安全教育培训。

财务审计。组织多层次会计基础工作观摩和评比会,加强自查自纠,狠抓整改落实,进一步规范财务核算和管理,夯实会计基础工作。下发《财务工作先进单位和先进个人评比暂行办法》和《会计人员考核管理暂行办法》,严格会计人员考核和先进个人评比。核定各工程公司货币资金存量定额,实行定额货币资金管理,启动资金池运作,实现资金集中管理的扁平化,有效提高资金流动性。严控非生产性支出,集团公司按照生产经营规模,核定各工程公司经费开支标准,将其纳入经营业绩考核指标,压缩开支额度。制定《清理和催收拖欠债权工作管理暂行办法》,成立组织机构,全年清收历年欠款1.8亿元,超额完成年度计划。年内审计工程项目192项,出具审计报告192份,提出审计建议775条,发现问题金额1316万元。审计督察146项,查处违规违纪金额786万元。2009年,集团公司在股份公司责任成本管理综合考评中名列第二,5个单位被评为股份公司责任成本管理工作先进单位,5人被评为股份公司责任成本管理工作先进个人,3个工程公司被评为股份公司财务工作先进单位,8人被评为股份公司财务工作先进个人。　　(程　辉)

【科技教育】 科技攻关。集团公司制定科技发展项目13项,与股份公司签订科技合同3项,资助经费25万元。鉴定技术成果3项,“马鹿箐隧道岩溶溃水风险控制及处治技术”成果达到国际领先水平,“复合式土压平衡盾构机过全断面浅埋富水砂层施工技术”和“250公里/小时客运专线无砟轨道大跨度斜腿刚构桥竖向转体综合施工技术”成果达到国际先进水平;“新建250公里/小时合宁铁路客运专线通信、信号、电力与电气化系统集成施工技术”成果获国家科技进步一等奖,“武康铁路二线新刘家沟小间距高风险隧道建造技术”成果获中国铁道学会科技进步二等奖,“马鹿箐隧道岩溶溃水风险控制及处治技术”成果获股份公司科技进步特等奖,“250公里/小时客运专线无砟轨道大跨度斜腿刚构桥竖向转体综合施工技术”成果获股份公司科技进步一等奖;“高原高寒地区连续长大下坡段铺架施工工法”被评为国家级工法,4项工法被评为省部级工法,5项工法被评为股份公司优秀工法,5篇论文被评为股份公司优秀论文。京津城际铁路、大秦铁路、成昆铁路、沈阳至大连高速公路、青藏铁路工程被评为新中国成立60周年百项经典暨精品工程。全年组织申报专利8项,获得专利授权22项。2009年,集团公司继续被湖北省认定为技术中心和高新技术企业。

职工教育。全年举办各类培训班67期,培训职工5985人次;通过职工夜校和岗前、岗中及其他形式培训劳务人员22000人次。　　(赛铁兵　高　鹏)

【内部保卫与综合治理】 11月,集团公司成立保卫部,配备专职保卫干部。在湖北省综合治理委员会的领导下,坚持“属地管理”、“谁主管,谁负责”和“谁受益,谁出资”的原则,分级管理,逐级负责,广泛发动群众,坚持“打防结合,预防为主”的工作方针,围绕生产经营中心,加强安全生产管理,保证重点工程、重点场所、重点部位、贵重物品和财产的安全。全年集团公司未发生重、特大安全责任事故,职工违法犯罪率控制在规定指标内。6月23日,第十一公安处第一、八分处23名干警移交湖北省襄樊市公安局。根据国家和上级有关规定,组织两级机关、两级项目逐级签订保密协议。（万 峰）

【党群工作】 党的工作。集团公司党委下辖二级党委11个、党总支5个、党支部230个,有党员6352人,年内发展新党员195人。(1)党组织建设。3月,集团公司正式启动学习实践科学发展观活动,开展党性党风党纪集中教育,制定9个方面30条整改措施,集中和分期分批整改存在的问题,进行群众满意度测评,满意和比较满意率均达到100%。各级党组织围绕施工生产,结合自身实际,成立重难点工程"党员攻坚队",持续深入开展"创党员先锋岗、建红旗责任区"活动,将"创岗建区"活动与施工生产安全、质量、进度紧密结合,与现场管理、成本管理、后勤管理紧密结合;把发挥党员先锋模范作用与提高企业经济效益相结合,促进施工生产任务的完成。党内电化教育有声有色,拍摄的党员典型人物专题片《托起共和国的列车》被湖北省省委组织部评为二等奖。10月,集公司领导班子被股份公司党委评为"四好领导班子"。年内有1人被评为湖北省优秀共产党员。(2)宣传思想工作。集团公司党委先后开展以"抢抓机遇保增长,科学发展促转型"为主题的形势任务教育活动,以"在状态负责任,做主人争上游"为主要内容的"百日大干"思想大发动实践活动及"展现新作为,实现新发展"建言献策、质量意识宣传教育和"解放思想大讨论"、"四破四立"等主题思想教育活动。集团公司党委中心组被评为湖北省国资委2008~2009年度先进党委中心组。全年在中央、省部级媒体刊稿1550篇,5个单位、8名个人分别被评为股份公司新闻报道先进单位、优秀记者(通讯员)称号,5篇作品获股份公司新闻报道优秀作品奖;3人获得"我与中国铁建"征文三等奖;获湖北省23届摄影艺术展艺术类金奖1个,获湖北省优秀新闻作品二等奖2个。《铁建工人》报全年编发38期90余万字。集团公司对外网站浏览量不断上升,日均浏览5000人左右。1月,集团公司被命名为"全国文明单位",一公司、二公司、四公司和电务工程公司被湖北省评为最佳文明单位,六公司、建筑安装工程公司被湖北省评为省文明单位,三公司、城市轨道工程公司被湖北省评为省国资委文明单位。(3)党风廉政建设。集团公司党委认真开展党性党风党纪集中教育活动,先后组织学习党的十七届三中全会、十七届中央纪委三次全会精神和胡锦涛总书记重要讲话,组织党员干部观看《算一算七笔帐——常思贪欲之害》警示电教片。广泛学习宣传中央4个反腐倡廉法规和文件,开展党的十七届四中全会、中央纪委四次全会精神学习活动。开展"五个一"活动,即各公司主管领导讲一次反腐倡廉课,班子成员每人撰写一篇心得体会,党员干部集中观看一部反腐倡廉教育片,各级党委召开一次座谈讨论会,集中教育活动纳入群众满意度测评。各级纪检监察部门以中央新增投资项目、亏损工程项目以及"三重一大"、成本管理、招标采购为重点,积极开展效能监察,完成对87个项目的专项监察,下发整改建议书67份,为单位挽回直接经济损失322万元。两级纪检监察部门参与物资集中招标采购26次,为企业节约资金13600万元。设备集中招标采购412次,为企业节约资金1987.2万元。集团公司所属3个工程公司和18个项目指挥部与当地检察机关建立共建关系,联手查处内部案件3起。全年处分67人,其中党纪处分6人(留党察看1人,开除党籍3人),政纪处分62人(行政警告30人,记过13人,记大过11人,开除3人),受党纪、政纪双重处分1人。

工会工作。集团公司工会下辖工程公司工会12个,工会会员15469人。全年集团公司各级工会组织围绕产值目标,突出工期、安全、质量、效益、信誉等要素,扎实深入地开展劳动竞赛活动,先后组织开展"百日大干"和"决战四季度"劳动竞赛活动,完成产值233.48亿元,一、二、三、四、六公司和桥梁公司被评为"决战四季度"劳动竞赛优胜单位,沪宁、汉宜、石武、京石等铁路项目部分别获"决战四季度"劳动竞赛标杆、红旗项目部称号。沪宁、汉宜、京石铁路项目部在股份公司组织的铁路客运专线劳动竞赛评比中,分别获得综合优胜单位、单项优胜单位和先进单位奖,获奖数量在股份公司系统位居前列。集团公司工会投入40余万元开展"为百日大干鼓劲,为参战员工加油"、"温暖到脚下,服务到基层"慰问活动。劳动保护工作以推进员工安全生产为重心,以"安康杯"竞赛为载体,不断创新机制,拓展形式。举办职工代表培训班,集团公司、工程公司两级职工代表、基层工会兼职干部137人参加培训。《职工之声》全年发稿266篇;工会典型宣传在股份公司《情况通报》上转发2篇,3篇工会工作创新文章在《工人日报》上发表。高度重视困难职工救助工作,筹集资金183.57万元,救助385名困难职工家庭子女上学。农民工入会人数6210人,劳动合同签订率95%以上。年内,开展"强身健体迎五一,加油鼓劲促大干"系列活动,举办第九届棋类比赛、第十一届门球赛、第十五届"山城杯"钓鱼比赛,丰富职工文化生活。2009年,1人被评为全国女职工建功立业标兵,4 个单位获全国和省级“安康杯”竞赛优胜企业称号,9 个单位分别获得省部级五一劳动奖状和火车头奖杯,2 人被评为湖北省劳动模范,33 人获得省部级五一劳动奖章和火车头奖章,3 个单位被授予省部级“工人先锋号”,7 人分别获省部级“创新能手”、“节约能手”、“工人先锋号”标兵和“安康杯”竞赛优秀组织者等荣誉;集团公司被湖北省评为支持工会工作先进单位。

共青团工作。集团公司团委下辖二级团委 11 个、团支部 228 个,有团员 2684 人。集团公司各级团组织以构建和谐企业、促进生产经营为中心,以服务企业、服务青年为根本,以增强共青团的学习能力、服务能力、凝聚能力和战斗能力为重点,抓组织建设、抓基础夯实,充分发挥团员青年的生力军和突击队作用。7 月 18 日 ~8 月 6 日,组织“我与安全同在、我与质量同行”巡回演讲报告团,到集团公司 23 个工程指挥部巡回演讲,先后奔赴 10 个省市,历时 20 多天,行程 9000 多公里,举办演讲报告会 15 场。10 月,集团公司团委召开第二次团代会,选举产生共青团中铁十一局集团有限公司第二届委员会和出席股份公司第二次团代会代表。12 月,组织 12 位代表出席中国铁建第二次团代会,集团公司团委书记王政松当选共青团中国铁建第二届委员会委员,1 人获中国铁建第四届十杰技术工人称号。 (程 辉)

【焦柳线抢险】 7 月 29 日 4 时 22 分,由襄樊开往湛江的 1473 次旅客列车运行至焦柳铁路广西境内古砦至寨隆间,因连日持续强降雨造成山体崩塌掩埋线路,造成列车机车及机后 1 至 4 位车辆脱轨及部分人员伤亡,焦柳铁路中断行车。上午 8 时许,正在参加湘桂铁路建设的中铁十一局集团工程指挥部接到通知后,迅速调集两个项目部(三、四项目部)280 人组成抢险队,出动机械设备 35 台(套)(3 台挖机、3 台装载机、2 台推土机、8 台运输车、交通车 18 台及 1 台装有 6 吨油的油罐车)火速赶到现场,奋力开展抢险工作。经过 18 个小时的紧急抢险疏通,焦柳铁路恢复通车。

(程 辉)

【第一工程有限公司】 公路、市政公用工程施工总承包一级,铁路工程施工总承包二级,地基与基础、桥梁、隧道、公路路面、公路路基工程专业承包一级资质企业。驻湖北省襄樊市航空路 73 号。前身为中国人民解放军铁道兵第一师第一团,1984 年 1 月 1 日集体转业并入铁道部,改编为铁道部第十一工程局第一工程处;2001 年 9 月 26 日企业改制改称现名。董事长、总经理卞圣洲,党委书记包晓东。下辖 13 个工程队、4 个机械队及 1 个移动模架专业队、机械设备经租站、房建项目部,派出工程项目部 48 个。职工 2329 人。其中,干部 1253 人;工人 1094 人。专业技术干部 924 人,占干部总数的 74.8%;技术工人 846 人,占工人总数的 77.3%。资产总额 218655.67 万元。其中,固定资产原值 43551.17 万元、净值 30739.77 万元;流动资产 187149.4 万元。机械运输设备 280 台(套)。其中,机械设备 178 台;汽车 102 辆。设备总功率 36127 千瓦,动力装备率 15.5 千瓦/人,技术装备率 4.2 万元/人。年施工能力 40 亿元。

2009 年承揽工程任务 279600 万元,完成企业总产值 476333.88 万元,实现利润 3665.28 万元。人均创利 22308 元,全员劳动生产率 198474 元/人年,职工年人均收入 22896 元。国有资产保值增值率 126.62%,净资产收益率 27.74%,产值利润率 0.77%,资产负债率 94.24%,应上缴款完成率 100%。完成主要实物工程量:路基土石方 2150 万立方米,桥梁 51718 延长米,涵洞 12945 横延米,隧道 16514 延长米,公路制梁 4389 片,公路架梁 3599 片,铁路制梁 393 片,铁路架梁 14 片,房建 19518 平方米,铺轨 22.4 公里,铺道岔 34 组。实现安全生产 26 年,工程质量合格率 100%。年内,公司参建的济焦高速公路、浙赣铁路温厚特大桥工程获国家优质工程银质奖,1 人获得湖北省五一劳动奖章。 (陈小刚)

【第二工程有限公司】 公路、市政公用工程施工总承包一级,铁路工程施工总承包二级,房屋建筑工程施工总承包三级,公路路基、公路路面、桥梁、隧道、水工隧洞工程专业承包一级资质企业。驻湖北省十堰市白浪中路 99 号。前身为中国人民解放军铁道兵第一师第二团,1984 年 1 月 1 日集体转业并入铁道部,改编为铁道部第十一工程局第二工程处;2001 年 9 月 18 日企业改制改称现名。董事长、总经理王胜祖,党委书记彭兴文。下辖 5 个工程队、2 个专业施工队、2 个机械化专业施工队、2 个分公司、设备物资管理中心、铁源公司、铁建医院、生活服务中心,派出工程项目部 30 个。职工 2109 人。其中,干部 1039 人;工人 1070 人。专业技术干部 822 人,占干部总数的 79.11%;技术工人 818 人,占工人总数的 76.45%。资产总额 222648 万元。其中,固定资产原值 34400 万元、净值 22680 万元;流动资产 196370 万元。机械运输设备 276 台(辆),总功率 51740 千瓦,动力装备率 24.5 千瓦/人,技术装备率 9.9 万元/人。年施工能力 50 亿元。

2009 年承揽工程任务 491000 万元,完成企业总产值 451619 万元,其中施工产值 451619 万元。实现利润 5786 万元。人均创利 3513 元,全员劳动生产率

305305 元/人年,职工年人均收入 27787 元。国有资产保值增值率 153.09%,净资产收益率 43.87%,产值利润率 1.28%,资产负债率 94.24%,应上缴款完成率 100%。完成主要实物工程量:土石方 836.83 万立方米,桥梁 47535.31 延长米,隧道 14532 延长米,公路路面 3301913 平方米。实现连续安全生产 1491 天。年内,公司获湖北省最佳文明单位、湖北省"安康杯"竞赛优胜企业等荣誉,获新中国成立 60 周年百项经典暨精品工程、公路交通优质工程一等奖各 1 项,1 人被评为湖北省劳动模范。(邵 玉)

【第三工程有限公司】 铁路、市政公用、公路工程施工总承包一级,房屋建筑工程施工总承包二级,铁路铺轨架梁、公路路基、桥梁、隧道工程专业承包一级,混凝土预制构件工程专业承包二级及爆破施工资质企业。驻湖北省十堰市武当路 15 号。前身为中国人民解放军铁道兵第一师第三团,1984 年 1 月 1 日集体转业并入铁道部,改编为铁道部第十一工程局第三工程处;2001 年 9 月 26 日企业改制改称现名。董事长张树海,党委书记吴启新,总经理崔幼飞。下辖 15 个工程队、8 个专业化分公司、黄石中投公司、老河口设备物资基地、鹰潭、十堰房产管理部,派出工程项目部 38 个。职工 2935 人。其中,干部 1238 人;工人 1697 人。专业技术干部 928 人,占干部总数的 74.96%;技术工人 1526 人,占工人总数的 89.92%。资产总额 330458 万元。其中,固定资产原值 77249 万元、净值 48052 万元;流动资产 243124 万元。机械运输设备 752 台(辆),总功率 142103 千瓦,动力装备率 48.25 千瓦/人,技术装备率 22.47 万元/人,机车 45 台,铁道车辆 85 辆。年施工能力 50 亿元。

2009 年承揽工程任务 190900 万元,完成企业总产值 515218 万元。其中,施工产值 513218 万元;附营收入 2165 万元。实现利润 3896 万元。全员劳动生产率 392505 元/人年,职工年人均收入 20291 元。国有资产保值增值率 116%,净资产收益率 39.09%,产值利润率 0.73%,资产负债率 96.88%,应上缴款完成率 100%。完成主要实物工程量:土石方 1714 万立方米,桥梁 23871 延长米,涵渠 9243 横延米,隧道 7231 延长米,房屋建筑 5.58 万平方米,铁路铺轨 1290 公里,地铁铺轨 63.6 公里,铁路制梁 230 孔,铁路架 T 梁 3894 孔,铁路架 900 吨箱梁 1413 孔,铺设道岔 519 组,道砟 165 万立方米,无砟轨道安装 6660 延长米,CA 砂浆灌注 15883 延长米,公路制梁 267 片,现浇梁 940.4 米,公路架梁 68 片。安全施工生产处于可控状态。(徐新斌)

【第四工程有限公司】 公路、市政公用工程施工总承包一级,铁路工程施工总承包二级,土石方、桥梁、隧道、公路路基工程专业承包一级资质企业。驻湖北省武汉市东湖开发区华光大道 21 号。前身为中国人民解放军铁道兵第一师第四团,1984 年 1 月 1 日集体转业并入铁道部,改编为铁道部第十一工程局第四工程处;2001 年 9 月 28 日企业改制改称现名。董事长、党委书记李小红,总经理余先江。下辖 17 个工程队、7 个基地,派出工程项目部 44 个。职工 2825 人。其中,干部 1216 人;工人 1609 人。专业技术干部 772 人,占干部总数的 63.5%;技术工人 1528 人,占工人总数的 95%。资产总额 278700 万元。其中,固定资产原值 21200 万元、净值 20900 万元;流动资产 248000 万元。机械运输设备 333 台(辆),总功率 44946 千瓦,动力装备率 15.9 千瓦/人,技术装备率 2.9 万元/人。年施工能力 40 亿元。

2009 年承揽工程任务 24.6 亿元,完成企业总产值 435000 万元,实现利润 5393.6 万元。人均创利 19090 元,全员劳动生产率 322747 元/人年,职工年人均收入 28259 元。国有资产保值增值率 158.78%,净资产收益率 49.06%,产值利润率 1.24%,资产负债率 96%,应上缴款完成率 100%。完成主要实物工程量:土石方 1044 万立方米,桥梁 41931 延长米,涵渠 4918 横延米,隧道 21702 延长米。连续安全生产 1995 天。年内,公司被评为 2009 年度湖北省先进建筑业企业、武汉市守合同重信用企业、建筑施工安全质量标准达标示范企业,获国家优质工程银质奖和火车头优质工程奖各 2 项。(杨钟明)

【第五工程有限公司】 公路、市政公用工程施工总承包一级,房屋建筑、铁路、水利水电工程施工总承包二级,公路路基、桥梁、隧道、水工隧洞、土石方工程专业承包一级资质企业。驻重庆市沙坪坝区新桥新村 71 号。前身为中国人民解放军铁道兵第二十九团,1984 年 1 月 1 日集体转业并入铁道部,改编为铁道部第十一工程局第五工程处;2001 年 9 月 28 日企业改制改称现名。董事长、党委书记雷位冰,总经理王建红。下辖 14 个工程队、6 个子分公司,派出工程项目部 31 个。职工 2314 人。其中,干部 1280 人;工人 1034 人。专业技术干部 851 人,占干部总数的 66%;技术工人 853 人,占工人总数的 82%。资产总额 222103.72 万元。其中,固定资产原值 30522.03 万元、净值 21170.27 万元;流动资产 199653.34 万元。机械运输设备 534 台(辆),总功率 48990 千瓦,动力装备率 21.3 千瓦/人,技术装备率 7.18 万元/人。年施工能力 25 亿元。

2009 年承揽工程任务 378000 万元,完成企业总产值415800万元。其中,施工产值415300万元;附营产值540万元万元。实现利润2255.97万元。人均创利11185元,全员劳动生产率2174195元/人年,职工年人均收入46635元。国有资产保值增值率224.73%,净资产收益率42.09%,产值利润率0.54%,资产负债率96.66%。完成主要实物工程量:土石方1932万立方米,桥梁53860延长米,隧道37230延长米,涵洞8527横延米,制梁、架梁1110片。年内,3人被评为2008年度重庆市建筑企业优秀项目经理,1人被评为重庆市优秀共产党员。 (陈 莉)

【第六工程有限公司】 机电安装工程施工总承包一级,铁路、市政公用工程施工总承包三级,钢结构、环保、管道工程专业承包三级资质企业,具有A级起重机械安装改造、特种设备(锅炉)安装改造维修三级许可证。驻湖北省襄樊市七里河路2号。前身为中国人民解放军铁道兵第一师修理营,1984年1月1日集体转业并入铁道部,改编为铁道部第十一工程局修理厂;1999年10月更名为基建安装工程处,2001年8月1日更名为基建安装工程分公司,2007年2月8日改制改称现名。董事长、总经理韩阁,党委书记余振东。下辖机械产品事业部,派出工程项目部10个。职工638人。其中,干部325人;工人313人。专业技术干部253人,占干部总数的78%;高级技师6人,技师25人。资产总额48987万元。其中,固定资产原值21646万元、净值16671万元;流动资产26314万元。机械运输设备201台(套),总功率11482.9千瓦,动力装备率18千瓦/人,技术装备率260400元/人。年施工能力10亿元。

2009年承揽工程任务35892万元,完成企业总产值66000万元。其中,施工产值51000万元;工业产值15000万元。实现利润1548万元。人均创利24263元,全员劳动生产率628322元/人年,职工年人均收入26146元。实现安全生产7652天。国有资产保值增值率125.86%,净资产收益率24.94%,产值利润率7.7%,资产负债率86.4%,应上缴款完成率100%。完成主要实物工程量:无砟轨道26150米,铁路架梁1585片。 (邹 莉)

【电务工程有限公司】 通信工程施工总承包一级,房屋建筑工程施工总承包三级,机电设备安装、建筑智能化、铁路电务、铁路电气化、送变电工程专业承包一级,通信信息网络系统集成甲级资质企业。驻湖北省武汉市东湖开发区华光大道19号。前身为中国人民解放军铁道兵第一师通信信号工程营,1984年1月1日集体转业并入铁道部,改编为铁道部第十一工程局电务工程段;1986年4月改为电务工程处,2001年9月26日企业改制改称现名。2009年7月22日,公司主体部分分立划转中铁建电气化局集团公司管理。董事长、党委书记邵汉军(7月免),总经理徐金平(7月免),执行董事、总经理吴刚(7月任)。下辖项目管理中心、通信信号事业部、电力电化事业部和上海、广州、成都、上海、武汉区域项目部。职工254人。其中,干部176人;工人78人。专业技术干部157人,占干部总数的89%;技术工人40人,占工人总数的51%。资产总额65696万元。其中,固定资产原值4935万元、净值4236万元;流动资产60685万元。机械运输设备1788台(辆),仪器、仪表35台(套),总功率11785千瓦,动力装备率7.6千瓦/人,技术装备率2.2万元/人。年施工能力15亿元。

2009年7月~12月承揽工程任务85000万元,完成企业总产值144209万元,实现利润1039万元。人均创利14947元,全员劳动生产率2074950元/人年,职工年人均收入34580元。实现连续安全生产8678天。国有资产保值增值率36.31%,净资产收益率20.07%,产值利润率7.2%,资产负债率93.3%,应上缴款完成率100%。完成主要实物工程量:通信光缆1736.5条公里,电缆1752对公里;信号联锁道岔225组,自动闭塞224公里;电力输变电线路1517公里;电气化接触网159.5条公里,牵引变电所8座;“三电”拆迁2769处。 (李 毅 陆 蒂 喻 鑫)

【建筑安装工程有限公司】 房屋建筑工程施工总承包一级,铁路、市政公用工程施工总承包二级,地基与基础、钢结构工程专业承包一级,建筑装修装饰、环保工程专业承包二级资质企业。驻湖北省襄樊市长虹北路3号。前身为铁道部第十一工程局勘测设计研究院,1996年6月改称建筑安装工程处,2001年9月20日企业改制改称现名。董事长、党委书记郑碧仿,总经理王发明。下辖勘测设计所、物资设备管理站、武汉分部,派出工程项目部22个。职工724人。其中,干部467人;工人257人。专业技术干部353人,占干部总数的48%;技术工215人,占工人总数的29%。资产总额55988万元。其中,固定资产原值8193万元、净值5849万元;流动资产47986万元。机械运输设备104台(辆),总功率7040千瓦,动力装备率9.72千瓦/人,技术装备率1.78万元/人。年施工能力11.5亿元。

2009年承揽工程任务130235万元,完成企业总产值108534万元。其中,施工产值108004万元;附营收入350万元。实现利润935万元。人均创利11719元,全员劳动生产率335603元/人年,职工年人均收入

28512 元。实现安全生产 8868 天。国有资产保值增值率 100%，净资产收益率 34.6%，产值利润率 1.01%，资产负债率 94.92%，应上缴款完成率 100%。完成主要实物工程量：土石方 435.5 万立方米，桥梁 5861 延长米，隧道 509 延长米，涵渠 2137 横延米，房屋建筑 158016 平方米。分项工程合格率 100%。年内，公司被评为湖北省 2007～2008 年度文明单位。

（王晓颖）

【桥梁有限公司】 桥梁、混凝土预制构件专业承包二级，钢结构工程专业承包三级资质企业。集高速铁路箱梁和高速铁路大板、博格板及城市轻轨 PC 梁、U 型梁制造、铁路轨下产品生产，工业、贸易、物流、房地产开发、战备器材桥梁租赁于一体。驻江西省鹰潭市南站路 24 号。前身为中国人民解放军铁道兵鹰潭仓库，组建于 1954 年 6 月；1984 年 1 月 1 日集体转业并入铁道部，改编为铁道部工程指挥部鹰潭材料总厂；1989 年更名为中国铁道建筑总公司鹰潭战备材料总厂，2001 年 11 月划转中铁十一局集团有限公司，2003 年 7 月企业改制改称为鹰潭战备材料总厂有限公司，2007 年 8 月 10 日更名为中铁十一局集团桥梁有限公司。董事长、总经理严韧，党委书记胡士华。下辖铁路制品公司、物业管理公司、器材租赁公司、多种经营公司、工程公司、铁路器材公司，派出工程项目部 8 个。职工 381 人。其中，干部 226 人；工人 155 人。专业技术干部 152 人，占干部总数的 67%；技术工人 126 人，占工人总数的 81%。资产总额 86300 万元，其中固定资产原值 28610 万元、净值 7994 万元；流动资产 45318 万元。机械运输设备 271 台，铁路专用线 5 条 3.747 公里，料场、库房 10 万平方米。年最大吞吐能力 40 万吨。

2009 年承揽工程任务 21500 万元，完成企业总产值 173000 万元，实现利润 679 万元。人均创利 2.14 万元，全员劳动生产率 448581 元/人年，职工年人均收入 27448 元。实现安全生产 9478 天。国有资产保值增值率 106.54%，净资产收益率 6.33%，资产负债率 89.04%，产值利润率 0.38%，应上缴款完成率 100%。全年生产轨枕 73.7 万根，销售轨枕 59.7 万根。生产箱梁 2424 榀，生产大板、博格板 31173 块。年内，公司获得江西省文明单位、质量管理先进企业、2009 年诚信 AAA 级单位等荣誉。

（杨汉思）

【城市轨道工程有限公司】 隧道、市政公用、地基与基础工程施工总承包一级，房屋建筑工程施工总承包二级，混凝土预制构件专业承包二级，城市轨道交通工程专业承包资质企业。驻湖北省武汉市东湖开发区华光大道 21 号。前身为中铁十一局集团公司广州分公司，2006 年 4 月 19 日改为城市轨道工程公司，2007 年 11 月 20 日企业改制改称现名。董事长、党委书记张成，总经理徐加兵。机关设 9 个部，派出工程项目部 13 个。职工 416 人。其中，干部 365 人；工人 51 人。工程技术人员 189 人，占干部总数的 45.4%。资产总额 96239 万元。其中，固定资产原值 29369 万元、净值 23786 万元；流动资产 57839 万元。机械运输设备 183 台（辆），总功率 22585 千瓦，动力装备率 54.3 千瓦/人，技术装备率 48.5 万元/人。年施工能力 8 亿元。

2009 年承揽工程任务 280700 万元，完成企业总产值 71300 万元，实现利润 761 万元。人均创利 18269 元，全员劳动生产率 1150225 元/人年，职工年人均收入 36179 元。国有资产保值增值率 104%，净资产收益率 6%，产值利润率 1.07%，资产负债率 89%，应上缴款完成率 100%。完成主要实物工程量：地铁隧道 13.58 公里，其中盾构隧道 11 公里，矿山法隧道 1.35 公里，明挖法隧道 1.23 公里；地铁车站建设面积 13573 平方米。年内，公司获得湖北省五一劳动奖状和“安康杯”竞赛优胜单位等荣誉。

（余忠娥　周　鹏）

【襄樊管理部】 驻湖北省襄樊市七里河路 2 号。2006 年 9 月，由襄樊基地资产管理开发中心与原襄樊管理部合并组建。第一党委书记由陈文举兼任，主任卢仕通，党委书记王红彦。下辖物业管理科、襄阳管理分部。2009 年 12 月 30 日主体划转并入六公司，继续保留和使用襄樊管理部名称，下辖襄阳管理分部。代表集团公司协调处理与当地政府的关系，负责退休、内退、待岗职工管理和襄樊基地全面管理。职工 285 人。其中，内部退养 193 人；离岗休养 11 人；待岗 47 人；在岗职工 34 人。资产总额 1064 万元。其中，固定资产原值 98 万元、净值 45 万元；流动资产 1019 万元。职工年人均收入 17011 元。

（陈　莉）

【重要记载】

▲1 月 1 日　一公司实现连续安全生产 26 年。

▲1 月 8 日　三公司承建的武广铁路客运专线武汉综合试验段首次试车顺利。

▲1 月 10 日　集团公司承建的宜万铁路马鹿青隧道双线贯通。

▲1 月　铁道部副部长卢春房到集团公司京石铁路客运专线工程项目部慰问建设者，并在上海铁路局局长王峰陪同下视察集团公司沪宁城际铁路黄花泾河特大桥工程。

▲2 月 16 日　集团公司评出新时代“登高英雄”

十佳项目经理和十佳项目总工20名。

▲2月　电务工程公司首次跨出国门,承担沙特麦加萨法至穆戈达莎18公里轻轨站后工程施工任务。

▲3月10日　三公司在武广铁路客运专线株洲北联络线成功铺设国内首例50号重型高速无砟道岔。

▲3月27日　集团公司深入学习实践科学发展观活动动员大会在武汉召开。

▲4月18日　集团公司投资建设的湖北省规模最大的地铁管片厂正式投产。

▲5月3日　中国驻利比亚大使管经济商务参赞郭长战一行到集团公司利比亚沿海铁路工地看望参建员工。

▲6月6日　中国驻利比亚大使王旺生一行到集团公司利比亚铁路工程项目部检查指导工作。

▲6月14日　铁道部副部长卢春房在上海铁路局副局长王峰,集团公司董事长、党委书记王桂林陪同下,视察沪杭铁路客运专线6标段桐海特大桥与桐乡站工程进展情况。卢春房副部长对集团公司率先在沪杭线完成第一墩给予高度评价。

▲6月30日　六公司自行研制的900吨箱梁32B型架桥机通过国家起重运输机械质量监督检验中心鉴定。

▲7月15日　中国铁路文工团到集团公司京石铁路客运专线工程项目部作“心系铁路建设,情暖参建职工”的慰问演出。

▲7月22日　电务工程公司主体部分分立划转中铁建电气化局集团公司管理。

▲7月29日　集团公司湘桂铁路工程指挥部赴焦柳铁路广西段参加火车脱轨事故抢险救援。

▲7月　集团公司、电务工程公司获湖北省第16届优秀企业“金鹤奖”;集团公司董事长、党委书记王桂林,电务工程公司总经理徐金平获湖北省优秀企业家“金牛奖”。

▲8月15日　利比亚国家安全顾问阿卜杜拉视察集团公司利比亚沿海铁路的黎波里火车站铺轨工地。

▲8月24日　湖北省省委书记罗清泉到三公司参建的武广铁路客运专线武汉站建设工地调研。

▲8月30日　集团公司承建的利比亚沿海铁路的黎波里车站双线4公里施工完成,利比亚总统卡扎菲、意大利总理贝卢斯科尼莅临庆典。

▲9月6日　集团公司被评为首届“影响湖北·湖北省最具社会影响力单位”,董事长、党委书记王桂林被评为“影响湖北·湖北省十大时代风云人物”。

▲9月13日　桥梁公司京石铁路客运专线项目部获中华全国总工会“职工书屋”称号。

▲10月11日　股份公司董事长、党委书记李国瑞一行到集团公司利比亚沿海铁路项目部慰问参建职工,并进行现场办公。

▲11月22日　铁道部副总工程师郑健陪同参加中国铁路客站技术国际交流会的340名代表,参观建筑安装工程公司承建的武广铁路客运专线赤壁北站,并给予一致好评。

▲11月28日~12月1日　中国公路建设行业协会在集团公司培训中心为集团公司举办一期公路安全证(A、B、C类)取证培训班,集团公司及工程公司管理人员、项目负责人、专职安全员300余人参加培训和考核。

▲12月18日　四公司采用矿山法施工的武汉地铁2号线24标段双线隧道在全线率先贯通。隧道全长2504米,为浅埋层、多突水、多溶洞复杂地质下的地下隧道施工提供了经验。　　(程　辉)

中铁十二局集团有限公司

【简况】　中铁十二局集团有限公司具有铁路工程施工总承包特级,房屋建筑、公路、水利水电、市政公用工程施工总承包一级,桥梁、隧道、公路路面、公路路基工程专业承包一级,城市轨道交通工程专业承包和地质灾害防治工程甲级资质,并享有对外经营权。公司机关驻山西省太原市西矿街130号。下辖第一、第二、第三、第四工程有限公司及建筑安装工程有限公司、电气化工程有限公司、第七工程有限公司、市政工程有限公司、海南振海工程有限公司、铁路养护工程有限公司,广州、华东、海外、西北、川渝、云贵工程指挥部,物资公司、铁道大厦、中心医院、兴城疗养院、湘潭铁路工程学校、北京办事处、物业管理中心、资金调度中心等单位。职工16642人。其中,干部8293人;工人8349人。专业技术干部5894人,占干部总数的71.07%;技术工人5041人,占工人总数的60.38%。资产总额2339442万元。其中,固定资产净值255639万元;流动资产2034717万元;货币资金431591万元。机械运输设备4757台(辆),总功率454280.8千瓦,固定资产原值264910.2万元、净值181114.7万元;年内新购设备975台,价值40183.3万元;动力装备率29.2千瓦/人,技术装备率11.6万元/人,主要设备完好率96.7%,利用率80.3%,新度系数0.68,综合机械化施工水平

88.8%。年施工能力360亿元以上。

2009年承揽工程任务114项，合同总额478.396亿元。完成企业总产值356.06亿元，其中施工产值355.2亿元。实现利润70439万元。职工年人均收入48529元。资本金收益率59.74%，净资产收益率31.45%，产值利润率1.72%，资产负债率89.13%。完成主要实物工程量：土石方10471万立方米，隧道165470延长米，桥梁241100延长米，正线铺轨97.3公里，站线铺轨148.6公里，公路135公里，公路路面259.9万平方米，房屋建筑84万平方米，通信线路761.5公里，供电线路863.3公里，电气化接触网548公里。工程质量合格率100%。年内，集团公司承建的遂渝铁路综合工程获中国建设工程鲁班奖，云南省思小高速公路工程获国家优质工程银质奖；获省部级优质工程13项，获中国铁道学会科学技术进步奖和省级科学技术进步奖4项；被评为国家级优秀QC小组5个，省部级优秀QC小组3个。全年获得16项国家专利授权，其中发明专利3项；有48项工法被评为省部级工法。 （张林祥）

【领导人员】

董事会

董事长	张宗言（4月免）
	史道泉（4月任）
副董事长	宋津喜
董事	史道泉
	宋津喜
	王敦厚（1月退休）
	陈汉彪（7月免）
	霍玉华
	刘永年

监事会

监事	王爱民
	周永健（7月退休）
	庄学海
	窦光武

经理层

总经理	宋津喜
副总经理	王敦厚（1月退休）
	陈汉彪（7月改任顾问）
	霍玉华
	和万春
	张喜胜
	薛如明
	乔志东
	祁玺剑
	向远华
	原　军
总工程师	高治双
总会计师	王锦友

党群领导

党委书记	史道泉
党委副书记	宋津喜（兼）
	王爱民
纪委书记	王爱民（兼）
工会主席	刘永年

（唐运尚）

【工程项目指挥机构】 郑西铁路客运专线工程指挥部　驻河南省三门峡市崤山路中段卢氏大酒店。指挥长兼党工委书记霍玉华。

京沪高速铁路4标段项目经理部　驻安徽省蚌埠市环湖西路345号市委党校。项目经理宋津喜，常务副经理高治双，党工委书记张仲理。

沪杭铁路客运专线项目经理部　驻浙江省嘉善县金嘉大道金贸商务宾馆10楼。项目经理兼党工委书记陈汉彪。

柳南铁路工程指挥部　驻广西壮族自治区南宁市中华支一路3号华夏大酒店。指挥长兼党工委书记向远华。

汉宜铁路工程指挥部　驻湖北省潜江市潜江中路13号五月花宾馆。指挥长兼党工委书记史聪慧。

京石铁路客运专线项目经理部　驻河北省石家庄市联盟路639号。项目经理兼党工委书记胡建国。

宜万铁路工程指挥部　驻湖北省利川市腾龙大道1号。指挥长兼党工委书记董裕国。

武汉铁路枢纽工程指挥部　驻湖北省武汉市江汉区复兴二村常宏里23号力兴花园A座。指挥长贾康田。

张集铁路工程指挥部　驻河北省张家口市世纪豪园17号楼。指挥长和万春，常务副指挥长蒋荣富，党工委书记房文重。

广深港铁路工程指挥部　驻广东省广州市南沙区东风农场园林西街。指挥长姚永勤，党工委书记曾本波。

广州动车组检修基地工程指挥部　驻广东省广州市番禺区钟村镇屏山一村。指挥长兼党工委书记郑胜允。

海公铁路工程指挥部　驻内蒙古自治区乌海市海勃湾区狮城东街三元酒店。指挥长赵晓文，党工委书记厉建宗。

集包铁路增建二线工程指挥部　驻内蒙古自治区卓资县迎宾西路粮贸宾馆。指挥长蒋荣富，党工委书记房文重。

龙厦铁路工程指挥部　驻福建省漳州市胜利西路207号。指挥长兼党工委书记陈汉彪，常务副指挥长杨景杉。

包西铁路工程指挥部　驻陕西省洛川县国税局旁。指挥长兼党工委书记薛如明，常务副指挥长范军。

广昆铁路工程指挥部　驻云南省禄丰县广通镇金光路219号海缘楼。指挥长王江来。

阿尔及利亚东西高速公路工程指挥部　驻阿尔及利亚阿尔及尔市。指挥长兼党工委书记张占军。

济南西客站工程指挥部　驻山东省济南市张庄路391号大西洋俱乐部。指挥长闫保家。

贵广铁路工程指挥部　驻广西壮族自治区桂林市北辰路438号。指挥长兼党工委书记李天胜。

渝利铁路工程指挥部　驻重庆市渝北区龙塔街道兴盛大道281号。指挥长兼党工委书记赵树林。

广珠铁路工程指挥部　驻广东省佛山市三水区西南镇沙头街30座。指挥长宋新录，党工委书记洪杰。

西康铁路二线工程指挥部　驻陕西省镇安县岭南路29号。指挥长易继武，党工委书记曹光星。

兰新铁路二线项目部　驻新疆维吾尔自治区乌鲁木齐市达坂城区新冠酒店。指挥长祁玺剑，常务副指挥长邸建玄。

宁安铁路1标段工程指挥部　驻安徽省铜陵市长江西路1729号天井湖宾馆1号楼。指挥长窦光武，党工委书记牛守信。

宁安铁路6标段工程指挥部　驻安徽省池州市贵池区秋浦西路20号。指挥长欧邦云。

北京地铁工程指挥部　驻北京市海淀区莲花小区2号楼。指挥长姜建民。（张林祥）

【职工队伍】 职工16642人。干部8293人，其中专业技术干部5894人，占干部总数的71.07%。学历结构：大学本科以上5445人，大学专科1659人，中专706人，高中以下483人。年龄结构：25岁以下2352人，26岁～30岁2034人，31岁～35岁1246人，36岁～40岁987人，41岁～45岁412人，46岁～50岁523人，51岁～54岁438人，55岁以上301人。年内接收大学本科毕业生1572人。

工人8349人，其中技术工人5041人，占工人总数的60.38%。4596人获得国家职业技能鉴定资格。其中，初级工207人；中级工727人；高级工2748人；技师801人；高级技师113人。学历结构：初中及以下3749人，高中2709人，中专、技校、职高1275人，大专高职536人，本科80人。年龄结构：30岁以下870人，31岁～40岁1722人，41岁～50岁3786人，51岁～60岁1971人。（蒲晋东）

【工程施工】 京沪高速铁路土建4标段　位于江苏省、安徽省境内，经徐州、宿州、蚌埠、滁州4个地级市，是京沪高速铁路全线里程最长、投资最大的标段。正线全长285.7公里，合同投资170.4亿元，合同工期2008年1月～2011年12月。主要工程量：路基62.9公里，桥梁54座222310延长米，隧道2座460延长米，涵洞178座。由集团公司与中铁十四、十五局集团公司联合承建，集团公司承担96.2亿元施工任务。2009年完成投资43.89亿元。

武广铁路客运专线6标段　位于广东省韶关、清远、广州市花都区境内，全长88.089公里，合同投资47.4亿元，合同工期2006年2月～2009年2月。主要工程量：路基19.3公里，隧道28座28243延长米，桥梁66座41092延长米。2009年完成施工产值4.69亿元。

郑西铁路客运专线ZXZQ3标段及重点隧道1标段　位于河南省三门峡市境内，全长76.52公里，合同投资37.4亿元，合同工期2006年3月1日～2009年3月20日。主要工程量：隧道18座28100延长米，桥梁47座23500延长米，路基24.9公里。2009年完成施工产值35146万元。

甬台温铁路客运专线Ⅰ标段　由集团公司与中铁十三、十六局集团公司联合承建，总投资26.17亿元。集团公司管段位于浙江省宁波市境内，全长20.788公里，合同投资10.45亿元，2005年10月开工，2009年9月28日开通。主要工程量：路基土石方82.69万立方米，水泥稳定土挤密桩10020米，桥梁6座8345.31延长米，隧道3座7141延长米，宁站、宁波东站改造。2009年完成施工产值12359万元。

包西铁路通道（陕西段）工程　位于陕西省境内，全长101.104公里，合同投资29.38亿元，合同工期2007年11月25日～2010年8月。主要工程量：路基25.17公里，车站3座，土石方497万立方米，桥梁56座24867延长米，隧道39座51066延长米，涵洞100座。2009年完成施工产值12.97亿元。

西格铁路二线3标段　位于青海省西宁市湟源县、海晏县托勒蒙古族乡境内，全长63.01公里，合同投资10.78亿元，合同工期2007年10月～2009年5月。主要工程量：路基土石方502万立方米，桥梁19座14185.02延长米，涵洞82座2229.36横延米，隧道10座12270横延米。2009年完成施工产值2.3亿元。

龙厦铁路LX－Ⅳ标段　位于福建省漳州市境内，全长55.086公里，合同投资13.19亿元，合同工期2007年6月～2009年4月。主要工程量：路基土石方

814.5 万立方米，桥梁 26 座 16342.19 延长米，涵洞 200 座 5415.63 横延米，隧道 9 座 7776 延长米，车站 3 座。2009 年完成施工产值 2.88 亿元。

张集铁路　新建铁路张家口至集宁线工程，集团公司为设计施工总承包单位，以集团公司为主体，与中国中铁六局、四局电气化公司和中国铁建中铁第一勘察设计院集团公司组成联合体共同承建。集团公司管区工程合同投资 11.1 亿元，合同工期 2006 年 5 月 1 日 ~ 2008 年 10 月 31 日。主要工程量：土建线路 61.19 公里，电力及电力牵引线路 109.292 公里，旧堡隧道 9585 延长米，后河 1 号特大桥 2003.79 延长米。2009 年完成施工产值 5.1 亿元。

广深港铁路客运专线狮子洋隧道　位于广深港铁路客运专线东涌站至虎门站之间，为全线控制性工程，全长 10800 延长米，合同投资 11.8 亿元，合同工期 2006 年 5 月 1 日 ~ 2009 年 4 月。隧道采用盾构法施工，是国内第一座越江长大隧道。2009 年完成施工产值 2.93 亿元。

贵广铁路 GGTJ - 6 标段　位于广西壮族自治区桂林市临桂县、灵川县境内，全长 66.2 公里，合同投资 57.28 亿元，合同工期 2008 年 12 月 19 日 ~ 2013 年 6 月 18 日。主要工程量：隧道 14 座 30100 延长米，桥梁 45 座 23500 延长米。2009 年完成投资 6.92 亿元。

沪杭铁路 HHZQ - 4 标段　位于浙江省嘉善县境内，正线全长 19.202 公里，合同投资 16.53 亿元，合同工期 2009 年 4 月 ~ 2010 年 9 月。主要工程量：路基 1.28 公里，特大桥 2 座 17920 延长米，无砟轨道道床 38.404 公里，车站 1 座。2009 年完成投资 13.1 亿元。

广昆铁路扩能改造工程　全长 25.5 公里，合同投资 10.76 亿元，合同工期 2007 年 10 月 ~ 2010 年 9 月 30 日。主要工程量：桥梁 4 座 2391.7 延长米，隧道 4.5 座 20398 延长米。2009 年完成投资 45788 万元。

京石铁路客运专线 JS - 4 标段　位于河北省石家庄市境内，分为京石正线和石太直通线两部分，京石正线全长 28 公里，石太直通线全长 24.2 公里。集团公司管段合同投资 10.04 亿元，合同工期 2008 年 10 月 ~ 2011 年 10 月。2009 年完成投资 4.88 亿元。

广珠铁路 SG - 2 标段　位于珠江三角洲的佛山、江门、珠海三市境内，全长 44.399 公里，合同投资 14.76 亿元，合同工期 2008 年 3 月 31 日 ~ 2011 年 11 月 30 日。主要工程量：改移道路 49 处，区间正线路基长 14.459 公里，桥梁 13 座 25811 双线延长米，涵洞 93 座 2579.16 横延米，新建车站 2 座。2009 年完成投资 76504 万元。

湘桂铁路扩能改造工程 XG - 3 标段　全长 59.06 公里，合同投资 17.5 亿元，合同工期 2009 年 3 月 ~ 2012 年 3 月。主要工程量：区间路基土石方 426 万立方米，站场土石方 79.3 万立方米，桥梁 24 座 13440.4 延长米，隧道 5 座 5640 延长米，涵洞 158 座 3740.25 横延米。

渝利铁路土建工程 1 标段　位于重庆市境内，全长 36.118 公里，合同投资 36.4 亿元，合同工期 2008 年 12 月 ~ 2013 年 12 月。主要工程量：路基土石方 1132.6 万立方米，桥梁 49 座 28650 延长米，隧道 21 座 32426 延长米，涵洞 3237.37 横延米，无砟道床铺轨 18.71 公里。

向莆铁路 XPFJ - 3 标段　位于赣东和闽中地区，全长 235.41 公里，合同投资 9.2 亿元，合同工期 2008 年 10 月 ~ 2012 年 5 月。主要工程量：隧道 21.5 座 73537 延长米，桥梁 33 座 8693.09 延长米，涵洞 18 座，新建车站 3 座。

广州动车段工程　位于新广州站以南广州市番禺区和佛山市顺德区交界处，合同投资 19.36 亿元，合同工期 2007 年 9 月 ~ 2008 年 12 月。主要工程量：路基土石方 388 万立方米；动车走行线全部设计为高架桥，特大桥 3 座 5784.97 延长米；房屋工程以中钢结构厂房为主，总建筑面积 13 万平方米。2009 年完成投资 92671 元。

苏州站改造工程　位于江苏省苏州市平江区原苏州站位置，包含站房工程和站场工程，建筑面积 85717 平方米，合同投资 12.36 亿元，合同工期 2007 年 11 月 18 日 ~ 2010 年 4 月 10 日。2009 年完成投资 13451 万元。

深圳地铁 2 号线工程 2227 标段　包括新秀站和东门南站至黄贝岭站、黄贝岭站至新秀站两个区间土建工程及其他附属工程，区间采用盾构法施工，左线全长 996.306 延长米，右线全长 998.054 延长米，单线隧道总长 1994.36 延长米，区间联络通道 1 座。合同投资 42482 万元，合同工期 2008 年 6 月 15 日 ~ 2010 年 8 月 15 日。2009 年完成投资 14288 万元。

西安北站房工程　位于陕西省西安市城区中轴未央路、城市三环路及绕城高速公路交通枢纽衔接处，与西安市地铁 2 号线相连。地下 1 层、地上 2 层，建筑面积 115233 平方米，站台雨棚 53708 平方米，高架站房 8770 平方米。合同投资 13 亿元。2009 年完成投资 2.8 亿元。

济南西客站 ZH 标段　合同工期 2008 年 6 月 ~ 2011 年 4 月。主要工程量：框架桥 6 座，旅客地道 1 座，特大桥 10 座，其中单线桥 10511.9 延长米，双线桥 52921 延长米；涵洞 23 座。2009 年完成施工产值 19426 万元。

太原至古交高速公路 S2 合同段　全长 6.65 公

里,合同投资6.2亿元,合同工期2008年12月30日~2011年10月30日。主要工程量:西山隧道左线6544延长米、右线6540延长米。2009年完成投资10548万元。 (张林祥)

【经营管理】 工程任务承揽。围绕"稳定规模、提升质量、优化结构、促进发展"的目标,坚持理性经营、稳健经营、自主经营的原则。全年中标114项,合同总额478.396亿元。其中,铁路工程20项,合同额270.82亿元,占合同总额的56.6%;公路工程38项,合同额122.93亿元,占合同总额的25.7%;地方铁路及专用线3项,合同额1.63亿元,占合同总额的0.3%;水利水电工程2项,合同额1.93亿元,占合同总额的0.4%;房建工程27项,合同额20.94亿元,占合同总额的4.4%;轨道交通工程6项,合同额18.6亿元,占合同总额的3.9%;市政工程4项,合同额4.3亿元,占合同总额的0.9%;索赔补差33.23亿元,占合同总额的6.9%;其他工程14项,合同额3.8亿元,占合同总额的0.8%。

项目管理。针对在建工程施工规模大、任务重、生产要素严重不足、技术标准高、重难点工程等多重困难,各级施工生产管理部门积极推进科技创新和项目标准化管理,认真抓好安全质量,保证在建工程的进度、安全、质量有序受控,施工生产平稳推进。一是重难点工程取得重大突破。参与建设的武广、郑西、甬台温、温福、合武等铁路客运专线建成通车,达成、武汉北编组站等一批铁路项目竣工投产,京沪、沪杭、包西等铁路项目加快推进,齐岳山隧道胜利贯通,以色列卡迈尔隧道建成,阿尔及利亚东西高速公路M4标段通车。二是专项施工能力和技术水平进一步提升。全年建成隧道165470延长米,桥梁241100延长米。在隧道施工方面,以齐岳山等高风险隧道的顺利贯通为标志,企业对长大隧道、特殊地质隧道的攻坚能力取得长足进步;在桥梁施工方面,京沪高速铁路淮河特大桥主桥顺利合龙,甬台温铁路奉化江大桥顺利完工,沪杭转体桥、汉宜汉江大桥、广珠铁路北江大桥平稳推进,大吨位箱梁制提运架、深水大跨度悬灌梁等施工技术进一步成熟。此外,在无砟轨道、高速铁路路基、盾构施工技术和大型现代化站房建造技术等方面有了长足的进步和提高。

安全质量。深入开展质量安全"大反思、大排查、大整治"活动,开展质量安全警示教育,进一步加大监督检查和处罚力度,保证各项质量安全管理制度的全面落实。在施工规模急剧扩张,生产要素紧缺的条件下,整合资源,加强对不良地质隧道、深水高桥、高层建筑、铁路既有线、客运专线施工、特种设备和易燃易爆物品等事故隐患的排查治理工作,安全生产形势保持相对稳定。年内,集团公司杜绝一般及以上安全责任事故。参建的遂渝铁路工程获中国建设工程鲁班奖,云南思小高速公路工程获国家优质工程银质奖,13项工程被评为省部级优质工程,4项工程被评为中国铁建优质工程;获全国工程建设优秀QC小组6个,省部级优秀QC小组3个,中国铁建优秀QC小组2个;在铁路建设工程质量信誉评价中第9次获得全路第一。

财务管理。坚持谨慎、稳健的理财原则,以提高资产质量和经济运行效率为主题,突出抓好资金管理和责任成本管理。一是着力加强财务状况和经济运行情况的分析和监控。集团公司每半年、工程公司每季度、项目部每月召开财务状况分析报告例会,及时发现经济运行中存在的问题,为相关部门经济政策、财务管理目标和措施的调整提供决策依据。二是严格落实资金集中管理制度。加强资金动态管理和现金流监控,按照"所有权分散、使用权集中"的管理思路,加大集团公司内部资金集中管理力度;规范内部信贷资金管理审批机制,建立健全集团公司上缴款、设备贷款、保证金贷款分类管理与考核制度;加大对各类保证金、拖欠款、上缴款的催收力度。三是进一步深化责任成本管理。坚持开源与内控并重、宏观与微观并举的成本管理思路,完善以责任体系为基础、业务体系为载体、监控体系为保障的成本管理体系;编印《项目成本管理操作实务》,加强重点项目成本预控和督察。

(张林祥)

【科技工作】 全年审定集团公司本级科技开发项目76项,投入科技开发经费12亿元;各子公司科技开发项目116项,投入开发经费10.5亿元。年内有8项科技成果通过省级鉴定,其中7项达到国内先进水平、1项达到国内领先水平。全年获国家专利16项,其中发明专利3项;48项工法被评为省部级工法,4项科技成果获省部级科学技术进步奖。 (张林祥)

【党群工作】 党的工作。(1)组织开展学习实践科学发展观活动。按照上级的统一部署,组织所属单位干部和党员,认真开展学习教育活动。组织各级领导班子和党员干部,认真梳理企业发展思路,反思工作中的经验教训,查找体制机制、经营管理、队伍建设等方面存在的主要问题,确定企业的发展目标。同时,围绕影响企业长远发展的问题、基层员工高度关注和反映强烈的问题等,收集意见和建议414条,制定整改措施43项,员工满意度98.1%。(2)领导班子建设。加强领导班子制度建设,推进"三重一大"集体决策、领导干部民主生活会和领导班子廉政建设等制度的健全和落实。年内先后考核集团所属11个单位的领导班子，对5个单位的领导班子进行了调整和补充。深入开展创建“四好领导班子”活动，有10个所属单位的领导班子受到集团公司的表彰，集团公司领导班子被股份公司党委评为2008年度“四好领导班子”。(3)基层党组织建设。贯彻落实集团公司《项目党组织工作暂行条例》，通过推行项目党政主管交叉任职、强化“问责”、加强后备队伍建设等措施，增强基层书记队伍的素质和责任。继续抓好基层党组织工作考评，全年考核基层党组织236个，被评为先进党组织140个，达标党组织96个。积极开展创建“党旗工程”、“党旗岗位”活动，有20个先进党组织、65名优秀党员、11名优秀党务工作者受到集团公司表彰。全年发展新党员221名。(4)思想政治工作。结合生产经营实际，加强企业形势、标准化管理、安全质量管理及重难点工程施工的教育活动，激发员工工作积极性。以齐岳山隧道贯通庆典为契机，加大企业全方位的宣传力度。全年在省部级及中央媒体刊播稿件1200余篇。(5)党风廉政建设。以建立惩治和预防腐败体系为目标，积极开展党性、党风、党纪教育，全年开展警示案例教育126场次，参加人数7500多人次。深化执法效能监察活动，通过加强项目的过程监督、亏损项目专项整治和“预防职务犯罪，共建廉洁工程”等活动，有效促进了企业的规范管理。全年受理群众信访举报45件，核实案件线索34件，立案查处31件，结案31件，处分违纪人员64人，其中受党纪处分2人，政纪处分64人，党纪政纪双重处分2人，刑事处理1人。

工会工作。各级工会围绕中心，认真履行职责，为促进企业发展发挥积极作用。一是围绕重点工程，广泛开展“七比一争”、“安康杯”劳动竞赛和争先创模活动。在业主组织的劳动竞赛评比中，集团公司参建项目获得综合成绩第一名22次，单项第一名10次，13个项目获得火车头奖杯，40人获得火车头奖章；全年有19个单位、55人获得省级以上奖励。二是积极开展合理化建议活动。全年征集评审合理化建议和技术改进项目50项，节约创造价值7200万元，16项成果获得中国铁建优秀项目成果奖。三是深入开展送温暖、“金秋助学”活动，走访慰问困难职工830户，筹集发放慰问金94万元；发放助学金12万元，集团公司106名困难家庭的学生得到救助。四是积极维护职工权益。以解决拖欠职工工资、息工待岗、劳动安全卫生、缴纳“五险二金”等涉及职工利益的问题为重点，进行集体合同履行情况检查；全年各级工会受理答复有关职工待遇和工资方面的来电来信87件。五是加强企业民主管理。按时召开职代会，听取和审议行政、财务和工会工作报告，审议通过重大议案15件，答复职工代表提案21件；各级评议企业领导干部、项目经理611名，奖励80人次，诫免2人次。

共青团工作。各级团组织紧密结合生产经营中心和团员青年特点，深入开展特色活动，培养宣传先进典型，增强团组织的内在活力。一是深入扎实地推进青年教育工作，开展主题教育、五四运动纪念、与青年团员谈心以及“学标准、守标准、用标准”等活动。二是组织开展“双争”、“青年突击队”竞赛、“青年安全生产示范岗”、“青年创新创效”等青年生产活动。三是稳步推进青年素质工程，开展“导师带徒”、“读书”选树青年典型等活动。四是建立健全基层团组织，加强团干部队伍建设。全年有18个青年集体和249名青年受到集团公司及以上机关表彰，其中国家级先进集体1个，中央企业先进集体1个，山西省先进集体8个、先进个人2名，中国铁建先进集体8个、先进个人18名。 （张林祥）

【第一工程有限公司】 铁路、公路、市政公用工程施工总承包一级，桥梁、隧道、公路路基、水工隧洞、公路路面工程专业承包一级资质企业。驻山西省临汾市育红路9号。董事长、总经理孙圣杰，党委书记宋凯。下辖32个项目部及路面公司、基础公司、造桥一公司、造桥二公司、架桥公司、隧道一公司、隧道二公司、制梁公司、混凝土公司、北海公司、劳动服务公司、临汾基地管理中心、南充基地、广州基地、宜昌基地、职工医院等单位。职工3259人。其中，干部1383人；工人1876人。专业技术干部1136人，占干部总数的82.14%；技术工人982人，占工人总数的52.35%。资产总额44.56亿元。其中，固定资产原值8.65亿元、净值4.85亿元；流动资产39.28亿元。主要施工机械设备622台(套)，资产原值43302万元、净值22250万元，设备总功率85272千瓦，完好率93.9%，技术装备率6.7万元/人，动力装备率25.63千瓦/人。年施工能力70亿元以上。

2009年承揽工程任务81.04亿元，完成施工产值70.7亿元，实现利润10500万元。全员劳动生产率317000元/人年，职工年人均收入49964元。完成主要实物工程量：土石方1795万立方米，桥梁62646延长米，隧道及引水隧洞16560延长米，铁路制梁3105孔，公路架梁1073片，涵渠7602横延米，圬工35万立方米，公路13.4公里，公路路面258万平方米。单位工程合格率100%，优良率100%。年内，晋济高速公路南河特大桥、马莱上虎峪隧道工程获火车头优质工程一、二等奖，参建的遂渝铁路工程获2009年度中国建设工程鲁班奖。架桥一公司QC小组和包西铁路安家

坪隧道QC小组分别获2009年度山西省优秀QC成果二等奖,架桥一公司QC小组被评为铁道部优秀QC小组。 (张广红)

【第二工程有限公司】 公路、市政公用、房屋建筑工程施工总承包一级,铁路工程施工总承包二级,隧道、桥梁、公路路基、铁路铺轨架梁、水工隧洞工程专业承包一级资质企业。驻山西省太原市小店区人民南路19号。董事长、总经理雷军,党委书记何雪光。下辖物业管理公司、建筑安装工程公司、机械化工程公司、物资公司、桥梁公司、混凝土公司6个专业化分公司和69个工程项目部。职工3047人。其中,干部1493人;工人1554人。专业技术干部1022人,占干部总数的68.5%;技术工人870人,占工人总数的56%。资产总额44亿元。其中,固定资产原值49049万元、净值28548万元;流动资产41亿元;货币资金4亿元。主要施工机械1021台(套),总功率83450千瓦,动力装备率27千瓦/人,技术装备率22万元/人,机械化施工程度87%以上。年施工能力60亿元以上。

2009年承揽工程任务67.81亿元,完成施工产值490896万元,实现利润10020万元。职工年人均收入46135元。完成主要实物工程量:土石方930万立方米,隧道56385延长米,桥梁25556延长米,制梁802片,架梁718片。年内获中国建设工程鲁班奖1项,国家优质工程奖1项,铁道部火车头优质工程奖1项,中国铁建优质工程奖2项;2个QC小组获全国工程建设优秀质量管理小组二等奖,1项科技成果获国家科学技术进步奖特等奖;获国家级工法1项,铁道部部级工法4项,公路工法2项,山西省省级工法8项。公司被评为全国守合同重信用单位。 (张鑫)

【第三工程有限公司】 公路、市政公用工程施工总承包一级,铁路工程施工总承包二级,公路路基、桥梁、隧道、水工隧洞工程专业承包一级,城市轨道交通工程专业承包资质企业。驻山西省太原市万柏林区西线街39号。董事长、总经理张凤华,党委副书记梁彬彬。下设机械化工程公司、混凝土工程公司、架桥工程公司、修理制造厂、物业管理中心、劳动力管理配置中心、招待所、机关门诊部8个专业公司及直属单位,派出32个工程项目部。职工2986人。其中,干部1347人;工人1639人。专业技术干部1329人,占干部总数的98.6%;具有职业技能鉴定资格的工人1129人,占工人总数的68.9%。资产总额44亿元,其中固定资产原值6亿元、净值4.12亿元。机械设备948台(套),动力装备率49.3千瓦/人,技术装备率11.6万元/人。年施工能力70亿元以上。

2009年承建工程任务83.7亿元,完成施工产值70.5亿元,实现利润1亿元。职工年人均收入42971元。完成主要实物工程量:土石方2452万立方米,桥梁55525延长米,隧道37557延长米,地铁376延长米,公路架梁2606片,铁路架梁683孔,铁路正线铺轨43公里,站线铺轨7公里,铺设道岔57岔组。工程质量合格率100%。年内获铁道部火车头优质工程奖、省级优质工程一等奖、中国铁建优质工程奖各1项;获铁道部优秀QC小组、山西省质量协会优质QC小组各1个,4个QC小组被评为山西省工程建设协会优秀QC小组。公司获得山西省五一劳动奖状、山西省安全明星企业、中央企业先进集体、山西省“四星级职代会”等荣誉,顺利通过国家高新技术企业认证, (刘玮钰)

【第四工程有限公司】 公路、市政公用工程施工总承包一级,铁路工程施工总承包二级,房屋建筑工程施工总承包三级,隧道、桥梁、土石方、公路路基、机场场道工程专业承包一级资质企业。驻陕西省西安市未央区徐家湾红旗东路3号。董事长、总经理谭雷平,党委书记梁健。下设机械化公司、预应力公司、混凝土公司、物业管理中心(山西介休)、劳务中心、建安公司、架桥公司、造桥公司8个建制单位及直属单位,派出60个工程项目部。职工2689人。其中,干部1411人;工人1458人。专业技术干部1395人,占干部总数的99%;技术工人865人,占工人总数的59%。资产总额462941.8万元。其中,固定资产原值38427万元、净值24317.7万元;流动资产409673.2万元。主要机械运输设备685台(套),总功率63711.7千瓦,技术装备率9.42万元/人,动力装备率21.6千瓦/人。年施工能力70亿元以上。

2009年承揽工程任务80亿元,完成施工产值70.12亿元,实现利润1亿元。全员劳动生产率339303元/人年,职工年人均收入43967元。完成主要实物工程量:路基土石方1834万立方米,圬工75万立方米,桥梁56092延长米,隧道36305延长米,涵洞9013横延米,正线铺轨3.2公里,站线铺轨21公里,铺道岔86组,铁路架梁707孔,公路架梁6109片,建成高速公路69公里,地铁403延长米。工程质量合格率100%。年内获国家优质工程奖2项,省部级优质工程奖4项;1项科技成果达到国内先进水平,获省部级工法2项。公司被评为全国优秀施工企业。 (孟彩红)

【建筑安装工程有限公司】 房屋建筑、市政公用、机电安装工程施工总承包一级,铁路工程施工总承包二级,地基与基础、建筑装修装饰、建筑幕墙、钢结构、机电设备安装工程专业承包一级和房地产开发四级资质企业。驻山西省太原市迎泽西大街169号。董事长、党委书记罗海滨,总经理何国民。机关设部室18个,下辖工程指挥部、项目经理部、专业分公司及后勤服务单位54个。职工1609人。其中,干部831人;工人778人。专业技术干部737人,占干部总数的88%;技术工人277人,占工人总数的36%。资产总额22.6亿元。其中,固定资产净值4725万元;流动资产15.9亿元。年施工能力30亿元以上。

2009年承揽工程任务53.06亿元,完成施工产值33.5亿元,实现利润6034万元。职工年人均收入40718元。完成主要实物工程量:房屋建筑834万平方米,土石方628万立方米,桥梁729延长米。全年获省部级优质工程奖8项,中国铁建优质工程奖1项,市级结构优良工程8项;创省级安全文明工地2个,市级安全文明工地9个,中国铁建安全质量标准工地1个;获国家优秀QC小组成果奖2项,山西省建筑施工企业优秀QC小组一等奖2项;5项工法关键技术通过省级鉴定,其中1项达到国内领先水平、4项达到国内先进水平。截至年底,实现连续安全生产8236天。公司先后被评为中央企业思想政治工作先进单位、企业文化建设先进单位和山西省建筑施工企业安全生产先进单位、优秀建筑企业、工程建设质量管理优秀企业、建筑业用户满意建筑施工企业。 (杨彩云)

【电气化工程有限公司】 通信、房屋建筑工程施工总承包一级,铁路电务、电气化、送变电、机电设备安装工程专业承包一级,公路交通工程通信、监控和收费系统专业承包资质企业。2009年7月15日,公司主体部分分立划转中铁建电气化局集团公司管理,重组后电气化工程公司迁址至山西省太原市宸流路西线街19号。董事长、总经理程庆海,党委书记李保国。下辖25个项目部,1个办事处。职工278人。其中,干部183人;工人95人。资产总额16.63亿元。其中,固定资产净值4000万元;流动资产16.1亿元。主要机械设备15台(套),设备原值1163万元、净值973万元,总功率2472千瓦,设备利用率72.3%。年施工能力25亿元以上。

2009年承揽工程任务26.3亿元,完成施工产值18.01亿元,实现利润2877万元。职工年人均收入43382元。完成主要实物工程量:接触网488.4条公里,变电所3座,配电所30座,通信线路155.9公里,信号自闭349公里,供电线路385.4公里,道岔1105组。工程合格率100%。年内,公司获火车头优质工程奖2项,山西省优质工程奖1项,中国铁建优秀QC小组1个,山西省优秀QC小组2个。公司先后被评为全国守合同重信用企业、山西省优秀施工企业。

(李 楠)

【第七工程有限公司】 铁路、市政公用工程施工总承包一级,公路、房屋建筑工程施工总承包二级,桥梁、隧道工程专业承包一级,公路路基工程专业承包三级,爆破工程C级和境外工程承包建筑施工资质企业。驻湖南省长沙市天心区友谊路176号。董事长向远华,党委书记邱卫,总经理刘建佳,下辖机械公司、设备租赁公司、制架梁公司、湖南省华铁工程质量检测有限公司、长沙市华铁房地产开发有限公司、长沙华铁物业公司6个分公司和31个工程项目部。职工1076人。其中具有专业技术职务的514人;具有职业技能等级的268人。资产总额11亿元。其中,固定资产原值1.67亿元、净值1.26亿元;流动资产9.73亿元。主要施工机械设备256台(套),资产原值10660.6万元、净值7074.4万元,设备总功率25412.4千瓦,技术装备率12万元/人。年施工能力25亿元以上。

2009年承揽工程任务33.98亿元,完成施工产值22.6亿元,实现利润2541.5万元。职工年人均收入37690元。完成主要实物工程量:土石方738万立方米,桥梁29574延长米,隧道10581延长米。年内,公司首次被评为中国铁建项目管理先进单位,先后获湖南省品牌信誉百强企业、湖南省信用等级AAA企业称号;顺利通过湖南省高新技术企业认定。

(姚郴东 王 进)

【市政工程有限公司】 市政公用工程施工总承包一级,房屋建筑、土石方、公路路面、公路路基工程施工总承包三级,桥梁工程专业承包二级资质企业。驻广东省珠海市香洲区情侣南路158号。公司是以珠海分公司为基础,分立珠海分公司并出资与建筑安装工程公司共同设立的建筑业企业。注册资本金5000万元。董事长兼总经理宋新录,党委书记洪杰。下辖6个工程项目部。职工580人,其中工程技术和经济管理人员280人。资产总额18617.55万元。其中,固定资产1641.51万元;流动资产17387.84万元。主要机械设备494台(套),完好率88%,新度系数0.69。年施工能力5亿元以上。

2009年承揽工程任务62542万元,完成施工产值20133万元,实现利润509.71万元。职工年人均收入79638元。工程质量合格率100%,优良率90%以上。

(耿淑琴)

【海南振海工程有限公司】 主营工程施工,兼营房地产开发。2007年12月,公司由海南振海有限公司变更为海南振海工程有限公司,注册资本金3000万元。驻海南省海口市面前坡东村1号。董事长、总经理王孝君,党委书记傅新良。下辖11个工程项目部。职工141人。其中,干部104人;工人37人。资产总额35956万元。其中,固定资产原值1879万元、净值1363万元;流动资产34470万元。主要机械设备72台(套),原值1118万元、净值793万元。年施工能力6亿元以上。

2009年承揽工程任务9.58亿元,完成施工产值5.32亿元,实现利润101万元。全员劳动生产率280000元/人年,职工年人均收入46512元。完成主要实物工程量:路基土石方273万立方米,桥梁7902延长米,隧洞8381延长米。工程质量合格率100%,优良率100%。 (刘 屹)

【铁路养护工程有限公司】 市政公用、房屋建筑工程施工总承包三级,公路路基工程专业承包三级资质企业。驻西藏自治区拉萨市经济技术开发区林琼岗路13-1号。前身为中铁十二局集团青藏铁路唐南段养护项目部,2007年1月注册成立中铁天路养护工程有限公司,2008年3月更名为中铁十二局集团铁路养护工程有限公司。董事长、总经理刘青林,党委书记张乐卿。下辖4个车间、机械化项目部。职工513人。其中,干部106人;工人407人。资产总额1.8亿元。主要机械设备300台(套),年施工能力3亿元以上。

2009年完成施工产值18029万元,职工年人均收入78133万元。 (左景龙)

【重要记载】

▲1月6日 集团公司召开创效与索赔管理工作视频会议,设主会场1个、分会场30个,这是集团公司第一次采用网络视频形式召开的会议。

▲1月10日 集团公司中标东北东部铁路新建通化至灌水段工程DT2标段,合同投资10.9亿元。

▲3月6日 集团公司中标湘桂铁路永州至柳州段扩能改造工程站前工程XG-3标段,合同投资17.5亿元。

▲3月15日 集团公司中标新建南京至安庆铁路铜陵东至池州段及安庆长江大桥NASZ-1标段工程,合同投资20.3亿元。

▲3月20日 集团公司召开学习实践科学发展观活动动员视频大会,设分会场31个,1200余人参加会议。

▲3月31日 集团公司中标新建上海至杭州铁路客运专线工程4标段,合同投资11.9亿元。

▲3月 建筑安装工程公司西安工程指挥部女职工小组被中华全国总工会授予全国女职工建功立业标兵岗称号,四公司经营中心女职工小组被中华全国铁路总工会评为全路先进女职工集体。

▲4月5日 中共中央政治局委员、新疆维吾尔自治区党委书记王乐泉一行视察集团公司承建的喀和铁路建设工地。

▲4月29日 经中国铁建股份有限公司党委决定,免去张宗言集团公司董事长职务,调任中国铁建股份有限公司副总裁,史道泉任集团公司董事长、党委书记。

▲5月29日 集团公司中标新建京沪高速铁路济南西站及相关工程ZF标段,合同投资12.4亿元。

▲7月7日 全路标准化管理暨质量现场会在集团公司京沪高速铁路施工现场召开,铁道部副部长卢春房、京沪高速铁路公司董事长蔡庆华、铁道部总工程师何华武等领导及全体与会人员,到集团公司承建的京沪高速铁路徐州东站建设工地进行现场观摩。

▲7月8日 集团公司承建的阿尔及利亚东西高速公司M4标段正式通车,阿尔及利亚工程部部长及中国驻阿大使刘玉和亲临现场祝贺。

▲7月13日 集团公司召开深入学习科学发展观活动总结视频大会,集团公司及所属单位领导班子成员、两级机关党员干部、项目部党政领导1224人分别在31个分会场参加会议。

▲7月21日 按照中国铁建发展〔2009〕72号文件精神,电气化工程有限公司主体划转中铁建电气化局集团有限公司管理,集团公司保留原电气化工程有限公司的部分人员、资质、项目等资产,并继续沿用中铁十二局集团电气化工程有限公司的企业名称。

▲同日 集团公司与中国土木工程集团公司联合承建的以色列卡迈尔公路隧道工程提前竣工。

▲8月9日 集团公司召开施工生产专题视频会议,号召全集团深入开展安全质量大反思、大检查、大整治活动。

▲8月24日 铁道部副部长卢春房在集团公司董事长、党委书记史道泉等陪同下,考察集团公司承建的郑西铁路客运专线张茅隧道无砟轨道施工情况,并给予高度评价。

▲9月23日 集团公司中标改建铁路西安至安康线增建二线XKS-2标段工程,合同投资19.2亿元。

▲9月25日 集团公司中标湘桂铁路黎塘至南宁段扩能改造工程和新建南宁至黎塘铁路工程站前及部分站后工程LN-5标段工程,合同投资33亿元。

▲9月27日　集团公司质量安全管理专题会在陕西省西安市召开，会议邀请铁道部工程质量安全总监总站站长杨陆海授课，集团公司及所属各单位主要领导、项目经理等300余人参加会议。

▲9月28日　集团公司中标渝怀铁路重庆北至涪陵段增建二线1标段工程，合同投资15亿元。

▲10月3日　铁道部副部长卢春房到集团公司承建的武广铁路客运专线大瑶山3号隧道进口建设工地现场办公，为正式开通运营做准备。

▲11月24日　集团公司中标新建兰新铁路第二双线（哈密至乌鲁木齐）站前工程LXTJ8标段，合同投资21.7亿元。

▲12月10日　集团公司承建的宜万铁路齐岳山隧道顺利贯通。

▲12月16日　集团公司中标新建吕梁至临县铁路工程ZNTJ－2标段，合同投资16亿元。

▲12月26日　集团公司中标新建南京至安庆铁路南京南至铜陵东、池州至安庆段工程NASZ－6标段，合同投资28.1亿元。（张林祥）

中铁十三局集团有限公司

【简况】　中铁十三局集团有限公司是铁路工程施工总承包特级，公路、市政、房建、水利水电工程施工总承包一级，桥梁、隧道、公路路基、公路路面工程专业承包一级，城市轨道交通工程专业承包及地质灾害防治工程甲级资质企业，同时拥有对外工程及援外工程A级资质。机关驻吉林省长春市岭东路2138号。前身系中国人民解放军铁道兵第三师，1984年1月1日集体转业并入铁道部，改编为铁道部第十三工程局；1999年12月1日更名为中铁第十三工程局，2001年6月企业改制改称现名。下辖第一、二、三、四、五、电务工程有限公司及天津工程科技、吉林省城建轨道交通勘察设计院、天津市春江房地产开发有限公司，赣州市铁龙工程实业、深圳中铁达实业有限公司及第六工程公司、技师学院、物业管理分公司，西北、华东工程指挥部和北京、赣州、呼和浩特办事处。职工13110人，其中在职职工9895人。在职职工中，干部5355人、工人4540人；专业技术干部5189人，占干部总数的96.9%；技术工人3157人，占工人总数的69.5%。资产总额1195317万元。其中，固定资产原值213698万元、净值137714万元；流动资产1029978万元；其他资产27625万元。机械施工设备1916台（套），原值139004万元、净值89794万元，设备总功率23.9万千瓦，技术装备率6.85万元/人，动力装备率18千瓦/人，综合机械化施工程度85%。

2009年承揽工程任务136项，合同总额315亿元。完成企业总产值1765960万元。其中，施工产值1761905万元；附营产值4055万元。实现利润21959万元。人均创利20568元，全员劳动生产率470818元/人年，职工年人均收入29888元。国有资产保值增值率126.36%，净资产收益率16.98%，产值利润率1.24%，资产负债率88.36%，应上缴款完成率100%。完成主要实物工程量：土石方7387万立方米，隧道64431延长米，桥梁112747延长米，涵渠38770横延米，铁路铺轨33公里，通信线路180公里，供电线路403公里，地铁13602延长米，地铁车站5座，公路309公里，铁路架梁888片，公路架梁5909片，房屋建筑31541平方米。工程质量合格率100%，安全生产实现目标。

兵改工以来，企业获得中国建设工程鲁班奖10项、中国土木工程詹天佑奖3项、国家优质工程奖8项、省部级优质工程奖77项、股份公司优质工程奖70项及国家科技成果奖4项、省部级科技成果奖23项、股份公司科技成果奖59项，并获得全国优秀施工企业、全国诚信AAA企业、全国守合同重信用企业、全国和谐劳动关系优秀企业、全国企业文化建设优秀单位、全国模范职工之家、全国建筑业科技进步与技术创新先进企业、全国建筑业先进企业等荣誉，连续10年被评为吉林省重合同守信用企业，连续多年被吉林省、长春市评为建筑业优秀企业、精神文明建设先进单位、明星企业、和谐劳动关系模范企业。先后有多人获得全国劳动模范、全国五一劳动奖章、全国优秀共产党员、全国优秀施工企业家、詹天佑铁道科学技术奖和茅以升铁道工程师奖等荣誉。

2009年，获得中国建设工程鲁班奖1项、中国市政金杯示范工程1项、省级优质工程奖2项、火车头优质工程奖5项、股份公司优质工程奖5项及国家级工法2项、省级工法6项、股份公司工法9项、国家级优秀QC小组4个、省部级优秀QC小组2个、中国施工企业管理协会科技进步奖1项、省级科技进步奖1项、股份公司科技进步奖2项，并获得全国建筑业先进企业、全国工程建设质量管理优秀企业、吉林省连续10年省重合同守信用单位、吉林省和谐劳动关系模范单位、吉林省五一劳动奖状等荣誉，被认定为吉林省高新技术企业。（李升旺）

【领导人员】

董事会

董事长	雷升祥
副董事长	梁　君
董事	张景生
	翁行焱
	井耀明
	赵文祥

监事会

监事会主席	李左军
监事	李忠心
	赵　华
	何惠伶
	孙　伟

经理层

总经理	雷升祥(兼)
副总经理	张景生
	翁行焱
	吴焕通
	臧守杰
	任汉波
	李素清
总工程师	纪尊众
总经济师	翁行焱(兼)
总会计师	赵文祥

党群领导

党委书记	梁　君
党委副书记	雷升祥(兼)
	赵　华
	井耀明
纪委书记	赵　华(兼)
工会主席	井耀明(兼)

(李升旺)

【工程项目指挥机构】 西北工程指挥部　驻甘肃省兰州市城关区张掖路1号保利大厦B座5楼。指挥长张子清,党工委书记王振江。

华东工程指挥部　驻上海市浦东新区云台路1000弄14号。指挥长李长学,党工委书记侯玉伟。

宜万铁路38合同段项目经理部　驻重庆市万州区新田镇油沙乡。项目经理邹玉发。

甬台温铁路客运专线项目经理部　驻浙江省奉化市舒家开发区奉白路梁家墩路口。项目经理张洪利。

锦屏项目部　驻四川省西昌市凉山州邮政局物流分局。项目经理吴焕通,常务副经理谷金富,党工委副书记迟军。

哈大铁路客运专线长春联络线工程指挥部　驻吉林省长春市青年路3788号。指挥长马卫东,党工委书记谭学河。

京石铁路客运专线工程指挥部　驻河北省新乐市66296部队农副业基地。指挥长吴焕通,党工委书记何惠伶。

上海嘉闵高架JM－4标段项目经理部　驻上海市闵行区华翔路1888号。项目经理李长学,常务副经理侯玉伟,党工委副书记王家庆。

贵广铁路工程指挥部　驻广西壮族自治区贺州市钟山县北门桥小区。指挥长臧守杰,党工委书记王兴亚。

兰渝铁路工程指挥部　驻甘肃省陇南市宕昌县民生广场1号楼。指挥长李素清,党工委书记周脉权。

沪杭铁路客运专线项目经理部　驻浙江省嘉兴市南湖区大桥镇。项目经理张洪利。

哈齐铁路客运专线项目经理部　驻黑龙江省大庆市杜尔伯特蒙古族自治县塔拉斯街地税局院内。项目经理兼党工委书记纪尊众,常务副经理戴文革,党工委副书记罗俊。(李升旺　孙立伟)

【职工队伍】 职工13110人。其中,在职职工9895人;内退职工3215人。在职职工中,干部5355人、工人4540人;专业技术干部5189人,占在职干部总数的96.9%。干部中,高级职务750人,中级职务1750人,初级职务2091人。专业技术干部中,工程系列3590人,会计系列607人,经济系列540人,政工系列326人,卫生系列76人,教育系列27人,统计系列12人,其他系列11人。专业技术干部学历构成:本科以上2802人,大专1848人,中专292人,高中及以下247人。年内增加干部585人。其中,接收院校毕业生569人;调入16人。减少干部249人。其中,退休34人;辞职128人;合同终止4人;协商解除劳动合同58人,调出13人,其他12人。

在职技术工人3157人,普通工人1383人。技术工人占在职工人总数的69.5%。其中,高级技师78人;技师436人;高级工1360人;中级工1100人;初级工183人。工人年龄结构:35岁以下1927人,36岁～40岁506人,41岁～45岁375人,46岁～50岁1358人,51岁～54岁371人。年内技术工人增加54人,减少142人。(李升旺　荣　斌)

【铁路工程施工】 2009年,在建铁路工程40项,竣工11项,完成施工产值732296万元,占施工总产值的42%。完成路基土石方1981万立方米,隧道16807延长米,桥梁66123延长米,涵渠12176横延米,铁路铺轨33公里,通信线路101公里,供电线路397公里,变配电所4座,架梁681孔。重点工程进展情况:

京石铁路客运专线JS3、4标段　沿线经过河北省定州市、新乐市、藁城市和正定县。线路长74公里,合同投资32亿元。合同工期2008年8月1日~2011年5月8日。开工累计完成土石方260.82万立方米,桥梁34700延长米,制梁547片,架梁357片,路基强夯346986平方米,CFG桩2140461米,轨道板2784块。2009年完成投资163536万元;开工累计完成投资183733万元,占合同投资的57.8%。

六盘水至沾益铁路增建二线3标段　位于贵州省威宁县龙场乡境内。线路长14.05公里,合同投资73628万元。2007年7月开工,合同工期40个月。重点工程为乌蒙山2号隧道出口段10123.94延长米。2009年完成投资38642万元;开工累计完成投资54982万元,占合同投资的72.4%;累计完成隧道8411延长米,占设计量的62.1%。

哈大铁路客运专线TJ-1标段　位于辽宁省大连市甘井子区境内。线路长34.75公里,合同投资107514万元,合同工期2007年8月23日~2013年1月21日。2007年10月开工。2009年完成投资32148万元;开工累计完成投资36205万元,占合同投资的33.7%;桥梁完成7964.84延长米,开工累计完成13022.51延长米。

哈大铁路客运专线长春联络线　位于吉林省长春市境内。线路长10.53公里,合同投资88311万元,合同工期2008年6月1日~2011年10月1日。主要实物工程量:特大桥4.5座,其中双线桥3275延长米,单线桥13530延长米;正线铺轨20.524公里。开工累计完成投资38268万元,占合同投资的41.6%。

厦深铁路客运专线XSGZQ-5标段　位于广东省汕头市潮安县及普宁市境内。线路长35.917公里,合同投资184139万元。合同工期2008年10月1日~2010年11月30日。重点工程为榕江特大桥,全长7373.92延长米。开工累计完成投资96747.1万元,占合同投资的52.5%;累计完成桥梁9405.58延长米,占设计量的53.5%;累计完成隧道4635.8延长米,占设计量的52.8%。

沪杭铁路客运专线4标段步云特大桥工程　位于浙江省嘉兴市大桥镇境内。桥梁下部全长5033延长米,合同投资45700万元。合同工期2009年4月~2010年2月15日。开工累计完成投资39264万元,占合同投资的98.8%;累计完成桥梁4846.2延长米。

新建天水至平凉铁路TP-TJ2标段　位于甘肃省平凉市华亭县西华镇。全长18.152公里,合同投资58013万元。合同工期42个月,2009年4月开工。重点控制工程为六盘山特长隧道,主洞全长16690延长米,其中574米为双线隧道;隧道设斜井4座5800米。开工累计完成投资4500.53万元,占合同投资的7.8%;累计完成隧道2058延长米,占设计量的9.2%。

贵广铁路站前工程GGTJ-8标段　位于广西壮族自治区贺州市钟山县。全长67.4公里,合同投资293220万元。合同工期2009年2月28日~2014年7月18日,2009年4月18日开工。重难点工程为两安隧道12620延长米和东科岭隧道4862延长米。开工累计完成投资10509万元,占合同投资的5.7%;累计完成土石方105.7万立方米,占设计量的12.8%;累计完成桥梁2030延长米,占设计量的24.4%;累计完成隧道2967.4延长米,占设计量的12.4%。

兰渝铁路土建工程LYS-4标段　位于甘肃省陇南市宕昌县。全长93.6公里,总投资440000万元。集团公司管区66.948公里,合同投资310000万元。合同工期2009年2月28日~2014年7月18日,2009年1月开工。开工累计完成投资53318万元,占总投资的17.3%;累计完成桥梁4290.3延长米,占设计量的19.4%;累计完成隧道3026.4延长米,占设计量的7.6%。　　(李升旺　张永锋　张春玉)

【路外工程施工】　2009年,在建路外工程259项,竣工125项,完成施工产值1029609万元,占施工总产值的58%。完成土石方5406万立方米,隧道47624延长米,桥梁46624延长米,涵渠26594横延米,通信线路79公里,供电线路6公里,地铁13602延长米,公路309公里,架梁6116孔(片),给排水管路24公里,设备安装2189台(件),房屋建筑300365平方米。重点工程进展情况:

锦屏二级水电站C5标段　位于四川省凉山彝族自治州木里、盐源、冕宁三县交界处的雅砻江干流锦屏大河湾上。由集团公司和北京振冲公司联合承建。总投资279800万元,合同工期2007年8月18日~2014年12月31日。集团公司承担4号引水隧洞施工任务,合同投资153932万元。2009年,4号洞上断面完成1997米,开工累计完成4610米,占设计量的38.93%;下断面完成1850米,开工累计完成2800米,占设计量的23.65%。年内完成投资11142万元;开工累计完成投资24054万元,占合同投资的15.63%。

沪蓉西高速公路21合同段　位于湖北省巴东县境内。线路长3.068公里,总投资2.7亿元,合同工期46个月。重点工程支井河特大桥545.54延长米,合同投资12274万元。2004年10月开工。2009年完成投资2388万元;开工累计完成投资32401万元,占总投资的119.2%。2009年10月28日建成通车。

南京地铁1号线南延线DIS-TA04标段　位于江苏省南京市。线路长2116延长米,合同投资41323万元。合同工期2007年4月1日~2009年3月30

日。工程为一站一区间。2009 年,花南区间正洞完成 1454 延长米;开工累计完成 2873 延长米,占设计量的 95.2%。南京南站顶板开工累计完成 12 段,占设计量的 86%。年内完成投资 25155 万元;开工累计完成投资 35251 万元,占合同投资的 85.3%。

深圳地铁 2 号线东延线工程土建 2223 标段　位于广东省深圳市福田区。线路长 3.54 公里,合同投资 54498 万元。合同工期 2008 年 3 月 ~ 2010 年 4 月,2008 年 6 月 18 日开工。工程为两站三区间,其中盾构法施工区间长 4465 米,矿山法施工区间长 1504 米。2009 年完成投资 25280 万元;开工累计完成投资 35471 万元,占合同投资的 71.6%。

武汉市轨道交通 2 号线一期工程循礼门站地铁车站工程　位于湖北省武汉市。线路长 183 延长米,合同投资 13442 万元。2008 年 7 月开工。站台为地下两层岛式站台,车站建筑面积 13463.3 平方米。开工累计完成投资 9641 万元,占合同投资的 73%。

西安城市轨道交通 2 号线 13 标段　位于陕西省西安市新城区。线路长 337.6 米,主要包含万寿路车站及长乐坡车站,其中万寿路车站为地下 4 层内框架箱型结构岛式车站。合同投资 9815.3 万元。合同工期 2009 年 2 月 1 日 ~ 2011 年 5 月 21 日,2009 年 4 月 11 日开工。开工累计完成投资 2282.5 万元,占合同投资的 23.3%。

哈尔滨市地铁一期土建工程 10 标段　位于黑龙江省哈尔滨市。工程包括一站一区间及哈尔滨南站停车场出入场线,合同投资 26634.3 万元。合同工期 2009 年 3 月 10 日 ~ 2011 年 10 月 20 日,2009 年 9 月 18 日开工。年内车站钻孔桩完成 350 根,哈南站至农科院区间竖井开挖 29.451 米,施工通道累计完成上导 28.7 米、下导 24.2 米。开工累计完成投资 1107.2 万元,占合同投资的 4.2%。

北京地铁 6 号线一期工程第 10 合同段　位于北京市朝阳区。线路全长 793.27 米,五里桥车辆段建筑面积 88308.8 平方米,合同投资 39871 万元。合同工期 2009 年 7 月 1 日 ~ 2012 年 9 月 30 日,2009 年 10 月 26 日开工。年内完成土方开挖 56.9 万立方米,占设计量的 79.7%;土方回填 11 万立方米,占设计量的 22.4%。开工累计完成投资 3300 万元,占合同投资的 11.1%。

上海市辅助快速路 GM4 标段　位于上海市。合同投资 82166 万元。合同工期 2008 年 8 月 26 日 ~ 2009 年 10 月 31 日,2008 年 9 月 1 日开工。主要实物工程量:桥梁 4686 延长米,路基 2210.96 米,路面 73087 平方米。开工累计完成钻孔灌注桩 3877 根,承台 375 个,墩身 588 个,盖梁 52 个,现浇箱梁 79 联,钢箱梁架设 18 孔。年内完成投资 55317 万元;开工累计完成投资 75592 万元,占合同投资的 92%。

泉三高速公路泉州支线(南安至惠安段)公路工程 NHA2、NHA3 合同段　NHA2 合同段位于福建省泉州市丰泽区,线路长 6.3 公里,合同投资 26474 万元,合同工期 24 个月,2008 年 8 月 15 日开工。2009 年完成投资 14371 万元;开工累计完成投资 14499 万元,占合同投资的 55%。NHA3 合同段位于福建省泉州市洛江区,线路长 4.96 公里,合同投资 31497 万元,合同工期 24 个月,2008 年 10 月开工。2009 年完成投资 17666 万元;开工累计完成投资 18319 万元,占合同投资的 58%。

福建省南平市闽江斜拉大桥新建工程　位于福建省南平市延平区。大桥全长 607 延长米,桥跨组合为 45 米 + 160 米 + 272 米 + 130 米,主塔自桥面以上高 88 米。合同投资 16845 万元,合同工期 2008 年 9 月 4 日 ~ 2010 年 12 月 31 日。2009 年完成投资 5150 万元;开工累计完成投资 6250 万元,占合同投资的 37%。

引洮一期总干渠 3 号隧洞磨沟峡工程第 4 标段　位于甘肃省临洮县境内。3 号隧洞主洞全长 5500 延长米,合同投资 7765.89 万元。合同工期 60 个月,2006 年 11 月 15 日开工。2009 年完成投资 2752 万元;开工累计完成投资 5263.9 万元,占合同投资的 68%。隧洞完成 1590 延长米,开工累计完成 4523.3 延长米,占设计量的 69.5%。

长深公路承德至承唐界段工程 TJ12 合同段　位于河北省承德市兴隆县安子岭乡。线路长 5.35 公里,合同投资 26567.9 万元。合同工期 24 个月,2008 年 3 月 1 日开工。2009 年完成投资 8950 万元,占合同投资的 33.7%;完成路基土石方 95 万立方米,占设计量的 74%;完成隧道 860 延长米,占设计量的 69.3%。

(李升旺　张永锋　张春玉)

【国外工程施工】　利比亚西线铁路的黎波里至加迪尔角段工程　位于利比亚西北部北濒地中海地区。管段从的黎波里(不含的黎波里站)至祖瓦拉 1 号站(含祖瓦拉 1 号站),全长 105 公里,合同投资 20 亿元人民币,合同工期 1095 天。2009 年主要开展上场组织准备工作。　(李升旺　张永锋　张春玉)

【经营管理】　市场开发。全年承揽工程任务 136 项,新签合同总额 315 亿元。其中,铁路工程 137.7 亿元,占合同总额的 43.7%;公路工程 86.4 亿元,占合同总额的 27.4%;城市轨道工程 50.8 亿元,占合同总额的 16.1%;水利水电工程 8.7 亿元,占合同总额的 2.8%;市政工程 27.4 亿元,占合同总额的 8.7%;房屋建筑工程2.1亿元,占合同总额的0.7%。经营意识进一步深化,承揽总量取得历史性突破,承揽质量有所提高,铁路份额大幅提升,城市轨道交通专业优势发展稳固,区域经营战略成效显现。

企业管理。围绕"管理突破年"主题,继续深入开展工程公司、劳务公司、工程队建设等工作,企业生产经营规模、综合实力取得历史突破,全面建设迈上新台阶。开展工程公司建设达标考核及"承揽杯"、"产值杯"、"效益杯"等竞赛活动,进一步加强工程公司建设;开展调研,超前谋划,部署企业"十二五"发展规划编制工作;认真贯彻落实铁道部和股份公司关于加强工程队(架子队)建设要求,进一步加大专业架子队、内部劳务公司建设力度,模拟股份激发创造力和活力,部分架子队显现出战斗力和旺盛生命力;调整改善企业组织管理结构,在对五公司进行重组的基础上将其机关从长春迁至成都,完成长春勘察设计研究院收购工作,撤并大连广桥科技公司、长春春原工程检测科技公司,成立天津工程科技公司、华东工程指挥部、呼和浩特办事处。

经济管理。以评估和监察的方式,进一步强化合同和验工计价管理;修订变更索赔管理办法,严格变更索赔奖惩条款,进一步加大变更索赔力度,提高企业创效能力;严格资本运营、房地产开发、固定资产建设项目管理,进一步规范企业投资行为;按照"全面启动、多创亮点、以点带面、逐步完善"的工作思路,开展"百日达标"、"六比六看"、"视频对比"等活动,通过大力宣传、评优评先、举办培训班、对下帮扶指导等方式,全面推进责任成本管理,提高责任成本管理的普及率和认知度;加强项目评估,年内评估在建项目295项,评估率96.72%;评估新揽工程111项,综合评估率91.74%。

物资设备管理。贯彻落实股份公司设备物资集中招标采购制度,以"堵塞漏洞、降低成本、减少亏损、提高效益"为中心,建立健全物资设备管理机构,推行标准化管理,重点掌控物资设备采购关和调度管理关。年内,集团公司本级组织大型招(议)标3次,招标总额11116万元。积极利用股份公司集采平台,发挥规模优势,与供应商建立战略伙伴关系。进一步增强设备实力,全年新增设备639台(套),原值44219万元。集团公司拥有盾构机9台(套)、大型桥梁提运架设备14台(套)、黑色路面拌合摊铺设备3套、长大隧道专用设备11台(套),设备成新率65%、闲置率3%、完好率87%、利用率67%。加大设备调剂使用,对14台(套)大型桥梁提运架设备进行跟踪检查,倒排使用时间,加快周转,满足现场需要。

安全质量管理。坚持"安全第一、预防为主、综合治理"的方针,树立"安全责任重于泰山"的责任意识和"细节决定成败、素质决定行为、规范决定安全"的管理理念,突出系统思想与安全教育,依靠先进技术和科学管理手段,改善安全生产环境,落实安全责任制,推动集团公司安全管理工作从粗放型管理向制度化、精细化管理转变。年内未发生一般及以上安全生产责任事故,实现安全生产目标。持续改进质量管理体系,强化现场质量管理和监控,工程质量受控,工程创优成绩较好。新建遂宁至重庆铁路工程获中国建设工程鲁班奖,曹娥江大闸工程获浙江省优质工程奖,大顶子山航电枢纽船闸工程获黑龙江省优质工程奖,102国道跨京哈铁路立交桥被评为中国市政金杯示范工程,各有5项工程获火车头优质工程奖和股份公司优质工程奖,7项QC成果获上级11项奖励。质量、环境、职业健康安全三大管理体系运行有效,通过监督审核。

财务和审计。着力转变理财理念,促进财务管理转型。全力推行资金集中管理,实现资金集中5.2亿元;实行集中信贷管理,降低贷款、保函费率,财务费用同比下降2950万元;不断提升财务管理NC系统应用的深度和广度,在上线率100%的基础上,统一会计科目体系,启用NC固定资产管理模块;不断完善财务监督制度,强化会计基础工作,推行全面预算管理;以"摸家底、揭隐患、防风险、促发展"为目标,在集团公司实施"五个统一"的"大审计"模式,全年完成经济责任、项目终结、财务收支、经济效益等审计70项,累计投入审计工作2475工天,提交审计报告63份,提出审计建议348条,审计建议被采纳348条。

资本经营。资本经营有序推进,突破板块单一模式。哈尔滨绕城高速公路BOT项目完成建设任务,由BOT项目转为BT项目,特许经营权移交黑龙江省交通厅;积极运作贵阳北二环绕城路BT项目,并转由股份公司综合投资开发。收购长春勘察设计研究院,并进行增资,形成勘察、设计、技术咨询、特种设备租赁经营格局;天津分院开展轨道设计业务。积极运作购买天津滨海新区百亩开发土地;参股的中铁长春房地产公司柏家屯20万平方米一期开发基本完成,销售、回款势头良好;春江公司新都基地、靖江鑫园销售和开发征拆工作进展顺利。赣州铁龙大酒店、中铁达实业公司、培训中心、物业公司、锦鲤资产等资产经营和实体单位较上年均有新起色。

(潘 馥 王怀宇 郭永斌 姜国瑞 马建政 张立学)

【科技教育】 科技工作。遵循"面向现场、面向市场、面向创效"的科技工作方针,加大施工组织设计的编制和施工方案的优化,强化科技立项、科技成果鉴定和申报工作,积极开展科技交流、培训及技术指导帮扶工作，成效较为明显。2009年，集团公司被认定为吉林省高新技术企业，技术中心顺利通过省级评价验收；组织专家会审重难点工程施工组织设计、施工方案22项，召开重点工程方案论证会10次；列入股份公司科技研究开发计划项目5项，获得技术开发基金115万元；获得国家一级工法2项，吉林省省级工法6项，股份公司优秀工法9项；5项科技成果通过专家鉴定；"客运专线预应力混凝土简支箱梁预制场工业化研究"成果获国家科技进步一等奖，获吉林省科技进步奖1项、股份公司科技进步奖2项；获得授权专利5项，其中发明专利1项。

教育培训。依托在建项目、以施工现场培训为主，采取外送和内培相结合的方式，积极开展教育培训工作。2009年，集团公司有5449人次参加培训，其中内部培训106期4366人次，外送培训130期1083人次；选送7人参加中国人民大学在职会计专业硕士学位班学习；完成26个职业（工种）387名技工的职业技能鉴定工作，267人经考核获得职业资格证书。博士后工作站为1名博士后办理入站手续、为2名博士后办理出站手续。（李升旺　游祖群　张海英）

【党群工作】 党的工作。紧紧围绕集团公司"抢抓新机遇、迎接新挑战、实现新跨越"的年度工作目标，以生产经营为中心，继续加强领导班子和组织队伍建设，加大企业文化建设、宣传教育、纪检监察工作力度，充分发挥党在领导企业发展中的重要作用。（1）领导班子建设。全年筹备召开党委常委（扩大）会议13次，以开展学习实践科学发展观活动为契机，采取通知、问卷调查、座谈会等多种形式，广泛征求群众意见和建议，对领导班子进行全面考核，进一步提升党委工作效率，提高领导班子整体素质，增强领导班子合力与向心力。（2）党组织及党员队伍建设。下发《关于工程项目部、三级公司党政主管领导分设的通知》，为进一步发挥党组织保证监督作用完善体制条件；召开党委书记座谈会，就如何加强基层党建展开研讨；认真落实党委议事规则，进一步强化民主集中制建设。2009年，集团公司有党的基层组织265个，其中子（分）公司党委、工程项目部党委41个，党支部224个，有党员4553人。（3）思想宣传教育工作。学习吴大观先进事迹，深化科学发展观实践活动，弘扬企业"抢抓机遇上规模、打好铁路攻坚战、管好项目增效益、实现企业大发展"主旋律，编印《职工教育读本》，开展"十大新闻"、"十大魅力人物"、"十大科技创新工程"、"十大中标工程"评选活动。年内在省级以上媒体刊稿225篇，《铁道前锋》全年编印50期7万份。（4）企业文化建设。以铁路为重点，对项目文化建设对接帮扶，制定《项目文化建设通用实施方案》，下发《关于加强地铁项目工地文化建设的通知》。编辑出版新版《企业画册》，展示企业半个多世纪以来的经营业绩、重大工程、装备实力等；编辑出版《工地楹联及标语口号集锦》，为推进项目文化建设提供资料支持；采取文字、图片、模型、音响等形式，筹办东北亚博览会中国铁建展区，展现中国铁建的光荣传统和辉煌业绩。（5）纪检监察工作。认真开展党风党纪教育活动，加强廉政建设；开展大额亏损项目、中央新增投资项目实施情况、工程公司建设三项效能监察活动。全年初查核实案件线索16件，初核了结4件，转立案12件，结案处理11件；处分14人，其中党纪处分7人、政纪处分12人、党纪政纪双重处分5人、刑事处理1人。

工会工作。集团公司工会下辖处级工会14个，有专职工会干部38人、兼职工会干部210人，工会会员13112人，职工入会率100%。各级工会组织紧紧围绕企业生产经营主题，调动和发挥职工群众的积极性、主动性和创造性，认真推行"一法三卡"及"三位一体"建家建线工作，广泛开展劳动竞赛和争先创模活动，为企业发展建功立业。年内，六公司总经理刘俊民被评为中央企业劳动模范，成都地铁将军衙门站项目部授予全国"工人先锋号"称号，8人获得火车头奖章。7名省部级劳动模范、先进集体代表参加铁道部组织的国庆60周年进京观光活动。加强职工民主管理，规范职代会制度建设，深化企务公开工作，强化集体合同制度。积极维护职工权益，落实"三不让"承诺，努力构建职工生活保障体系，切实为职工排忧解难，全年筹集"送温暖"资金180余万元，走访慰问困难职工家庭2100多户次；受理职工来信来访来电86件次，调解劳动争议12件。集团公司被授予吉林省和谐劳动关系模范单位，并作为全省十佳单位获得省五一劳动奖状；1人被中华全国铁路总工会评为落实"三不让"承诺先进工作者，4个工程公司工会、7名个人分别被股份公司工会评为先进单位和先进工作者。

共青团工作。集团公司团委下辖基层团委9个、团总支10个、团工委43个、团支部162个，有35岁以下青年4242人，团员2859人。各级团组织以"抢抓机遇，青年先行"为主题，以"青年团员践行科学发展观"为载体，深入贯彻落实科学发展观，坚持一手抓团员青年立足岗位作贡献，一手抓团的建设促团的事业全面发展，凝聚青年团员力量，共同促进企业发展。开展青年突击队竞赛活动，为企业劳动竞赛贡献智慧与力量。进一步推进创新创效活动，组织团员青年广泛开展"五小"攻关，申报"五小"成果149项，51项成果获奖。继续开展"青年文明号"、五四红旗团委、五四红旗团支部等创建活动，切实加强团组织在企业生产经营中的拼搏助力作用。年内,四公司松花江大桥项目团总支获吉林省五四红旗团支部称号,7名个人、8个集体受股份公司团委表彰,28名个人、15个集体受集团公司团委表彰。

(李升旺　李　辉　尹希慧　包　涵　白宏业　孟长江)

【第一工程有限公司】 公路、房屋建筑、市政公用工程施工总承包一级,水利水电工程施工总承包三级,钢结构、桥梁、隧道、公路路面、公路路基工程专业承包一级资质企业。公司机关驻辽宁省大连市沙河口区沙跃街9号。董事长兼总经理王涛,党委书记张幸六。下辖11个分公司、18个项目部、物业公司、铁建宾馆及设备租赁中心。职工2359人。其中,干部1055人;工人1304人。技术干部982人,占干部总数的93.1%;技术工人1010人,占工人总数的77.4%。资产总额214826万元。其中,固定资产原值33719万元、净值22637万元;流动资产188285万元;其他资产3868万元。机械运输设备160台(套),现值11700万元,设备总功率24399千瓦,动力装备率10千瓦/人,技术装备率5万元/人,完好率90%,利用率60%。综合机械化施工程度85%。

2009年承揽工程任务37项,合同总额57.1亿元。完成企业总产值367163万元,实现利润1513万元。人均创利10877元,全员劳动生产率331108元/人年,职工年人均收入27794元。国有资产保值增值率107.41%,净资产收益率7.41%,产值利润率0.51%,资产负债率92.32%,应上缴款完成率100%。完成主要实物工程量:土石方2252万立方米,隧道12214延长米,桥梁12995延长米,涵渠9754横延米,铁路架梁279孔,公路141公里。安全生产实现目标,工程质量合格率100%。年内获火车头优质工程奖2项,股份公司优质工程1项;各有1个QC小组被评为全国优秀QC小组和股份公司优秀QC小组;2项工法被认定为2009年度公路工程工法,1项工法被认定为2007~2008年度铁路建设工程部级工法,2项工法被认定为吉林省2007~2008年度省级工法。公司被评为大连市模范劳动关系企业和中国建筑企业500强;2人获辽宁省表彰。

(李升旺　董占宝)

【第二工程有限公司】 公路、市政公用工程施工总承包一级,桥梁、隧道、公路路基工程专业承包一级,城市轨道交通工程专业承包资质企业。公司机关驻广东省深圳市盐田区东海大道盐田港9号小区中铁大厦。董事长兼总经理韩再明,党委书记胡发林。下辖5个分公司、1个办事处、19个项目部、13个劳务队及周转材料租赁公司、钢构公司和爆破公司。职工2082人,其中在职职工1613人。在职职工中,干部836人、工人777人;技术干部823人,占干部总数的98.4%;技术工人555人,占工人总数的71.3%。资产总额183536万元。其中,固定资产原值74164万元、净值45834万元;流动资产136136万元;其他资产1566万元。机械运输设备290台(套),现值37900万元,设备总功率43970千瓦,动力装备率20千瓦/人,技术装备率17万元/人,完好率92%,利用率68%。综合机械化施工程度90%。

2009年承揽工程任务7项,合同总额21.3亿元。完成企业总产值319934万元,实现利润4163万元。人均创利28750元,全员劳动生产率337538元/人年,职工年人均收入31434元。国有资产保值增值率116.64%,净资产收益率16.74%,产值利润率1.57%,资产负债率89.12%,应上缴款完成率100%。完成主要实物工程量:土石方377万立方米,隧道9684延长米,桥梁14067延长米,涵渠1304横延米,铁路架梁207孔,公路架梁977片,地铁13526米,地铁车站5座。实现安全生产目标,工程质量合格率100%。年内1项科技成果获股份公司优秀科技成果一等奖,各有1个QC小组被评为全国优秀QC小组和股份公司优秀QC小组,各有2项工法被认定为省级工法和股份公司工法。公司被评为全国设备管理优秀单位,1个项目部被江苏省总工会授予"工人先锋号"称号。

(李升旺　张欣欣)

【第三工程有限公司】 铁路、公路、市政公用工程施工总承包一级,房屋建筑、矿山工程施工总承包二级,桥梁、隧道、公路路基、土石方工程专业承包一级,铁路铺轨架梁工程专业承包二级资质企业。公司机关驻辽宁省沈阳市东陵区方家栏路60号。董事长兼总经理周长斌,党委书记王家福。下辖5个分公司、8个项目部。职工2252人。其中,干部889人;工人1359人。技术干部790人,占干部总数的89%;技术工人830人,占工人总数的61%。资产总额185566万元。其中,固定资产原值29770万元、净值19631万元;流动资产165181万元;其他资产754万元。机械运输设备466台(套),净值15000万元,设备总功率55711千瓦,动力装备率27千瓦/人,技术装备率9万元/人,完好率96%,利用率86%。综合机械化施工程度85%。

2009年承揽工程任务13项,合同总额38.4亿元。完成企业总产值400108万元,实现利润4378万元。人均创利19415元,全员劳动生产率357659元/人年,职工年人均收入28026元。国有资产保值增值率139.51%,净资产收益率31.16%,产值利润率1.34%,资产负债率93.24%,应上缴款完成率100%。

完成主要实物工程量：土石方 2162 万立方米，隧道 12882 延长米，桥梁 31747 延长米，涵渠 8628 横延米，正线铺轨 3 公里，站线铺轨 29 公里，道岔 72 组，铁路架梁 186 孔，公路架梁 2537 片。实现安全生产目标，工程质量合格率 100%。年内，参建的遂宁至重庆铁路工程获中国建设工程鲁班奖，2 项工程获火车头优质工程奖，1 项工程获浙江省优质工程奖，1 项工程被评为 2009 年辽宁省用户满意工程，2 项工程获股份公司优质工程奖。公司被评为全国重质量守信用 AAA 级诚信企业、“质量放心，用户满意”十佳诚信金牌服务单位及辽宁省守合同重信用企业。

（李升旺　李德英）

【第四工程有限公司】　公路、水利水电、市政公用工程施工总承包一级，桥梁、隧道、公路路面、公路路基、机场场道工程专业承包一级资质企业。公司机关驻黑龙江省哈尔滨市道外区先锋路 459 号。董事长兼总经理苏宝伶，党委书记刘敏。下辖 4 个工程分公司、1 个区域指挥部，19 个直属项目部、19 个工程队、1 个办事处及物业公司、新都基地、职工医院和机关服务中心。职工 2071 人。其中，干部 902 人；工人 1169 人。技术干部 899 人，占干部总数的 99.6%；技术工人 1108 人，占工人总数的 94.8%。资产总额 215334 万元。其中，固定资产原值 25661 万元、净值 16999 万元；流动资产 194029 万元；其他资产 4306 万元。机械运输设备 216 台（套），净值 11300 万元，设备总功率 33243 千瓦，动力装备率 16 千瓦/人，技术装备率 5 万元/人，完好率 80%，利用率 82%。综合机械化施工程度 90%。

2009 年承揽工程任务 24 项，合同总额 80.8 亿元。完成企业总产值 301134 万元，实现利润 3090 万元。人均创利 17301 元，全员劳动生产率 566359 元/人年，职工年人均收入 26616 元。国有资产保值增值率 114.42%，净资产收益率 11.91%，产值利润率 1.02%，资产负债率 90.19%，应上缴款完成率 100%。完成主要实物工程量：土石方 1405 万立方米，隧道 10498 延长米，桥梁 18091 延长米，涵渠 10015 横延米，正线铺轨 1 公里，铁路架梁 216 孔，公路架梁 781 片，给排水管路 5 公里，地铁 72 米，轻轨 339 米，公路 122 公里，房屋建筑 11000 平方米。实现安全生产目标，工程质量合格率 100%。年内，1 项工程被评为黑龙江省优质工程，1 项工程被评为新中国成立 60 周年黑龙江省标志建设工程；1 个 QC 小组被评为全国优秀 QC 小组；1 项工法被认定为国家一级工法，2 项工法被认定为吉林省优秀工法。公司被评为股份公司先进工程公司，公司援藏项目获得黑龙江省人大、西藏自治区日喀则市人民政府嘉奖。　（李升旺　赵楠）

【第五工程有限公司】　公路、市政公用工程施工总承包一级，铁路、房屋建筑工程施工总承包二级，水利水电工程施工总承包三级，桥梁、隧道、公路路基、钢结构、机电安装工程专业承包一级资质企业。2009 年 8 月，公司机关从吉林省长春市二道区公平路 2299 号迁至四川省成都市新都区学院路东段 289 号。董事长兼总经理李龙（4 月 17 日免），党委书记刘敬福（4 月 17 日免）；董事长兼党委书记刘树山（4 月 17 日任），总经理王占宇（4 月 17 日任）。下辖 8 个分公司，66 个项目部。职工 1711 人。其中，干部 933 人；工人 778 人。技术干部 890 人，占干部总数的 95.4%；技术工人 422 人，占工人总数的 54.2%。资产总额 157591 万元。其中，固定资产原值 20358 万元、净值 13487 万元；流动资产 141544 万元；其他资产 2560 万元。机械施工设备 353 台（套），净值 5000 万元，设备总功率 39388 千瓦，动力装备率 20 千瓦/人，技术装备率 5 万元/人，完好率 92%，利用率 85%。综合机械化施工程度 80%。

2009 年承揽工程任务 18 项，合同总额 14.1 亿元。完成企业总产值 208394 万元，实现利润 355 万元。人均创利 2010 元，全员劳动生产率 354997 元/人年，职工年人均收入 29795 元。国有资产保值增值率 101.5%，净资产收益率 1.27%，产值利润率 0.02%，资产负债率 91.09%。完成主要实物工程量：土石方 720 万立方米，隧道 15842 延长米，桥梁 14755 延长米，涵渠 2883 横延米，公路架梁 1057 片，给排水管路 6 公里，公路 43 公里，房屋建筑 5824 平方米。实现安全生产目标，工程质量合格率 100%。年内各有 1 项工程获火车头优质工程奖和股份公司优质工程奖，1 个项目部被中华全国总工会授予“工人先锋号”称号。

（李升旺　田艳霞）

【第六工程公司】　为集团公司综合分公司，具有铁路、公路、桥梁、隧道、水利、机械土石方、工业与民用建筑等工程施工能力。公司机关驻吉林省长春市二道区岭东路 2216 号。总经理刘俊民，党委书记王耀。下辖 2 个分公司、16 个直属项目部及周转材料管理中心。职工 761 人。其中，干部 463 人；工人 298 人。技术干部 422 人，占干部总数的 91.1%；技术工人 180 人，占工人总数的 60.4%。资产总额 81058 万元。其中，固定资产原值 11951 万元、净值 7469 万元；流动资产 72408 万元；其他资产 8605 万元。机械施工设备 266 台（套），净值 5000 万元，设备总功率 34396 千瓦，动力装备率 40 千瓦/人，技术装备率 6 万元/人，完好率 95%，利用率 81%。机械化施工程度 87%。

2009 年承揽工程任务 19 项，合同总额 17.6 亿元。完成企业总产值 114510 万元。其中，施工产值 114292

万元;其他产值218万元。实现利润2020万元。人均创利23296元,全员劳动生产率264276元/人年,职工年人均收入35851元。国有资产保值增值率145.15%,净资产收益率45.15%,产值利润率1.62%,资产负债率94.54%,应上缴款完成率100%。完成主要实物工程量:土石方471万立方米,隧道3311延长米,桥梁13667延长米,涵渠5091横延米,公路架梁557片,公路2公里,房屋建筑40598平方米。实现安全生产目标,工程质量合格率100%。年内,承建的102国道跨京哈铁路立交桥工程获得中国市政金杯示范工程奖,1项工程获股份公司优质工程奖;各有1个QC小组被评为全国优秀QC小组、铁道部优秀QC小组和股份公司优秀QC小组。1人被国资委评为中央企业劳动模范。 (李升旺 宁纪雅)

【电务工程有限公司】 国家通信、机电安装工程施工总承包一级,市政公用工程施工总承包三级,铁路电务、铁路电气化、送变电、建筑装饰工程专业承包一级,公路通信、监控、收费工程专业承包资质企业。公司机关驻天津市河东区新开路46号冠福大厦12层。董事长兼党委书记康仕恒,总经理王长军。下辖网络信息公司、华北分公司和27个工程项目部。职工401人。其中,干部201人;工人200人。技术干部147人,占干部总数的67.66%;技术工人187人,占工人总数的93.5%。资产总额48697万元。其中,固定资产原值2862万元、净值1982万元;流动资产44007万元;其他资产2708万元。机械运输设备60台(套),净值767.59万元,设备总功率4784.5千瓦,动力装备率10.95千瓦/人,技术装备率1.785万元/人,完好率86%,利用率65%。综合机械化施工程度85%。

2009年承揽工程任务10项,合同总额11.8亿元。完成企业总产值54717万元。其中,施工产值50880万元;其他产值3837万元。实现利润809万元。人均创利16212元,全员劳动生产率97915元/人年,职工年人均收入21042元。国有资产保值增值率104.5%,净资产收益率9.23%,产值利润率1.03%,资产负债率81.42%,应上缴款完成率100%。完成主要实物工程量:桥梁7425延长米,涵渠1095横延米,通信线路180公里,通信设备10站,供电线路403公里,变配电所7座,给排水管路12公里,设备安装2189台(件),房屋建筑455平方米。实现安全生产目标,工程质量合格率100%。年内各有1项工程获上海市建设工程“白玉兰”奖和天津市建筑工程“结构海河杯”奖,1项QC成果获股份公司优秀QC成果奖。公司工会被天津市河北区总工会授予河北区工会工作突出贡献单位称号。 (李升旺 曹慧)

【天津工程科技有限公司】 为集团公司独资子公司。9月28日在天津市汉沽区滨湖街18号茶淀工业园区服务中心注册成立,注册资本金5000万元。公司以承揽项目、监管集团公司在天津市施工项目为主要职能。执行董事李素清,总经理冯涛。职工15人。其中,干部11人;工人4人。资产总额10988万元。其中,固定资产原值33万元、净值32万元;流动资产10956万元。

2009年,承揽工程任务4项,合同总额6.6亿元。兼管天津地铁3号线华苑车辆段、天津西站交通枢纽配套市政公用桥梁3标段、天津地铁3号线供电系统安装和天津地铁2号线信息系统设备安装等工程项目。天津地铁3号线华苑车辆段项目于10月开工,年内完成产值1900万元,实现利润17万元。

(李升旺 曾长礼)

【吉林省现代城建轨道交通勘察设计研究院有限公司】 为集团公司独资公司,具有岩土、水文地质勘察专业甲级,工程测量、建筑行业建筑工程设计专业乙级,市政行业设计乙级,建筑装饰、风景园林设计专项乙级,工程测量、地籍测绘、房产测绘专业丙级,工程咨询丙级资质的设计研究院。前身为始建于1992年的长春建设勘察设计研究院有限责任公司,是国家“八五”期间创建的新型勘察设计企业;2005年由长春市建设勘察设计研究院改制为有限责任公司,2007年通过ISO9001: 2000质量体系认证,是国家建设主管部门审定的甲级工程勘察设计单位;2009年4月17日整体并入中铁十三局集团有限公司。设计院机关驻吉林省长春市二道区公平路2299号。董事长纪尊众,院长孙德良,党委书记陈明荣。下辖天津分院、北京分院。职工64人。资产总额1342万元。其中,固定资产原值244万元、净值126万元;流动资产1191万元;其他资产25万元。

2009年承揽勘察设计任务25项,合同总额650万元。完成产值548万元,实现利润13.5万元,人均创利5909万元。 (李升旺 刘志刚)

【天津春江房地产公司】 房地产开发四级资质企业。公司机关驻天津市河北区望海楼北里30号。注册资本金1800万元。董事长兼党工委书记翁行焱,总经理尹传金。职工21人。其中,干部15人;工人6人。资产总额26530万元。其中,固定资产原值138万元、净值25万元;流动资产17063万元;其他资产9442万元。

2009年开发建筑面积86105平方米。其中,成都新都项目36200平方米;天津靖江鑫园项目49905平方米。年度完成产值 4458 万元。其中,成都新都项目 3515 万元;天津靖江鑫园项目 943 万元。

（李升旺　唐振忠）

【深圳中铁达实业公司】　为集团公司物流仓储企业。驻广东省深圳市盐田区盐田港后方陆域 6 号区中铁物流大厦。总经理董建平,党工委书记曹菊泉。职工 42 人。资产总额 4413 万元。

2009 年完成产值 781 万元,实现利润 60 万元。国有资产保值增值率 100%,净资产收益率 4.3%,资产负债率 68%,投资收益上缴率 100%,应上缴款完成率 100%。（李升旺　董建平）

【重要记载】

▲1 月 31 日　铁道部副部长卢春房在集团公司董事长兼总经理雷升祥、副总经理李素清陪同下,视察集团公司京石铁路客运专线建设工地,对项目前期工作给予充分肯定。

▲2 月 13 日　宁夏回族自治区党委书记陈建国视察一公司承建的吴忠市黄河公路大桥工程,详细询问工程建设进展情况,对参建员工表示亲切慰问。

▲2 月 18 日　集团公司中标新建兰州至重庆铁路夏官营(不含)至广元(不含)段土建工程 LYS－4 标段,合同投资 44.03 亿元。

▲3 月 11 日　集团公司与中国土木工程集团公司签订利比亚西线铁路的黎波里至加迪尔角段线下工程施工合同,合同投资约 3 亿美元。

▲4 月 12 日　吉林省省长韩长赋一行视察六公司承建的大安灌区三道岗子泵站建设工地,对现场管理和施工质量表示满意。

▲4 月 17 日　集团公司正式收购长春建设勘察设计研究院,在长春举行收购合同签字仪式。

▲同日　集团公司召开党委常委扩大会和董事会,研究决定将五公司机关由长春整体南迁到四川成都。

▲5 月 12 日　三公司参建的都汶高速公路映秀段正式通车。中共中央总书记、国家主席、中央军委主席胡锦涛亲自为通车仪式剪彩。

▲6 月 3 日　广西壮族自治区党委书记郭声琨视察五公司南宁可利江环境综合整理工程,对项目文明施工、工程质量表示满意。

▲6 月 12 日　三公司中标宁波地铁 1 号线一期工程第 3 标段,合同投资 8.8 亿元,为宁波一期地铁最大标段。

▲6 月 26 日　吉林省省委书记王珉、省长韩长赋,长春市市委书记高广滨、副市长王学战,沈阳铁路局局长王占柱等出席集团公司参建的长春站综合交通换乘中心工程开工仪式。集团公司董事长兼总经理雷升祥代表参建单位发言。

▲7 月 25 日　辽宁省省委书记张文岳、省长陈政高,大连市市委书记夏德仁、代市长李万才等出席集团公司参建的大连市地铁一期工程开工奠基仪式。集团公司董事长兼总经理雷升祥应邀参加开工仪式。

▲8 月 6 日　三公司厦深铁路榕江特大桥钢桁梁柔性拱拼装方案通过专家论证。

▲8 月 10 日　五公司在四川省成都市新都基地举行迁址揭牌仪式。

▲9 月 1 日　中国铁建应邀参加第五届东北亚投资贸易博览会。集团公司协助中国铁建进行展台布置等相关工作。股份公司副总裁张宗言出席开幕式,集团公司董事长兼总经理雷升祥、副总经理任汉波参会。

▲9 月 8 日　昆明市轨道交通首期工程开工仪式暨铁路、地铁和轻轨项目建设动员大会在五公司承建的呈贡北地下车站工程施工现场举行。昆明市市委书记仇和、市长张祖林,股份公司总裁赵广发、副总裁张宗言,集团公司党委书记梁君应邀出席开工仪式。

▲9 月 21 日　国家水利部部长陈雷、辽宁省省长陈政高出席一公司参建的辽宁省大伙房输水一期工程通水仪式。

▲9 月 28 日　湖南省省委书记张春贤、省长周强等出席六公司参建的长沙地铁 2 号线一期工程开工典礼。

▲10 月 14 日　国务院国资委监事会主席李克、金丹阳主任一行 7 人在股份公司副总裁兼总会计师庄尚标、集团公司董事长兼总经理雷升祥等陪同下,到三公司哈大铁路客运专线施工现场和一公司机关检查指导工作。

▲10 月 17 日　四公司承建的黑龙江省哈尔滨绕城高速公路东北段 BOT 项目顺利交工通车。

▲10 月 28 日　一公司承建的国家重点工程沪蓉西高速公路支井河特大桥,历时 5 年胜利建成通车。

▲11 月 4 日　中共中央书记处书记、中纪委副书记何勇视察四公司天定高速公路 19 标段定西北互通桥建设工地,对工程施工现场管理、质量控制和项目党风廉政建设表示满意。

▲11 月 5 日　甘肃省副省长泽巴足到五公司引洮一期工程 3 号隧道磨沟峡段检查指导工作,对项目整体施工情况给予高度评价。（李升旺）

中铁十四局集团有限公司

【简况】 中铁十四局集团有限公司是铁路工程施工总承包特级,公路、市政公用、房屋建筑、水利水电工程施工总承包一级,公路路基、公路路面、隧道、桥梁工程专业承包一级及城市轨道交通工程专业承包和地质灾害防治工程甲级资质企业,并享有对外经营权。公司机关驻山东省济南市和平路1号。下辖10个全资子公司、3个专业性分公司和北京、杭州、武汉、广州、成都、青岛、西安7个区域性工程指挥部。职工15700人。资产总额1214618万元。其中,流动资产969082万元;固定资产原值197918万元、净值132796万元。机械动力设备2879台(套),现值242154万元,2009年新购置设备266台,设备新度系数0.73,总功率395535千瓦,动力装备率24千瓦/人,技术装备率11万元/人,主要施工机械完好率89%,设备利用率82%。

2009年承揽工程296.7亿元,完成企业总产值215亿元,实现利润3.02亿元,人均创利27859元。全员劳动生产率859015元/人年,职工年人均收入19002元。国有资产保值增值率157.34%,投资收益上缴率100%,产值利润率3.26%,应上缴款完成率100%,资产负债率93.81%,投资回报率44.25%。完成主要工程量:土石方4293.5万立方米,桥梁135308.5延长米,涵洞13269.9横延米,隧道106374.6延长米,正线铺轨434.896米,站线铺轨28.784米,生产桥梁1483孔7071片,架梁2340孔8890片,房屋建筑405751平方米。

兵改工以来,获中国建设工程鲁班奖15项、中国土木工程詹天佑奖4项、国家优质工程银质奖23项、省部级优质工程奖103项、中国市政金杯示范工程奖10项、全国用户满意工程6项;18项管理成果和18项科技成果分别获国家和省部级优秀成果奖。集团公司先后获全国优秀施工企业、全国守合同重信用企业、全国思想政治工作优秀企业、全国模范职工之家、全国"安康杯"竞赛优秀企业,山东省守合同重信用企业、特级AAA信用企业、重点工程建设先进单位、现场管理样板企业及济南市纳税明星企业等荣誉。2003年,集团公司和所属子公司均取得质量、环境和职业健康安全管理体系认证证书。

2009年,集团公司获中国建设工程鲁班奖3项、国家优质工程银质奖3项、省部级优质工程奖9项,参建的青藏铁路、京津城际铁路、大秦铁路、成昆铁路和芜湖长江大桥5项工程被评为新中国成立60周年百项经典暨精品工程。 (刘 宁)

【领导人员】

董事会

董事长	韩风险(10月免)
	杨有诗(12月任)
副董事长	杨有诗(12月免)
	张挺军(12月任)
董事	杨有诗
	张挺军
	丁立中
	陈保京
	李景元
	张海舟
	徐明新
	曹希彬
	顾忠久

经理层

总经理	杨有诗(12月免)
	张挺军(12月任)
副总经理	张海舟
	李景元
	徐明新
	曹希彬
	李振刚
	郑修杰
	张挺军(12月免)
	许兰民
	蒋汉祥
	王红卫(12月任)
	周长进(12月任)
总工程师	刘运平
总会计师	于立中

党群领导

党委书记	韩风险(10月免)
	杨有诗(12月兼)
党委副书记	杨有诗(12月免)
	张挺军(12月兼)
	陈保京
	顾忠久
纪委书记	张建国
工会主席	顾忠久

(陈 静 田 翠)

【职工队伍】 年末职工15700人。其中,男职工11888人;女职工3812人。按学历结构分:研究生及以上学历 54 人,本科学历 4084 人,大专(高职)3453 人,中专 1306 人,中专以下学历 6803 人。按专业技术职务结构分:高级职务 827 人,其中教授级高级工程师 33 人、高级工程师 545 人、高级政工师 105 人、高级经济师 58 人、高级会计师 65 人、其他系列 21 人;中级职务 1643 人,其中工程师 1130 人、政工师 171 人、经济师 144 人、会计师 133 人、其他系列 65 人;初级职务 3798 人,其中工程系列 2757 人、政工系列 243 人、经济系列 241 人、会计系列 472 人、其他系列 85 人。按技能人才队伍结构分:高技能人才 6043 人,其中高级技师 94 人、技师 531 人、高级工 3755 人、中级工 1395 人、初级工 268 人。（陈　静）

【工程项目指挥机构】 京沪高速铁路工程指挥部　驻安徽省宿州市。项目经理兼党委书记张挺军。

石武铁路客运专线工程指挥部　驻福建省尤溪市。项目经理王焕,党工委书记田友成。

向莆铁路工程指挥部　驻河北省邢台市。项目经理赵克东,党工委常务副书记沈中祥。

贵广铁路工程指挥部　驻广西壮族自治区贺州市。项目经理谢晋水,党工委书记兼指挥长郭占海。

成绵乐铁路工程指挥部　驻四川省成都市。项目经理兼党工委书记许兰民,党工委书记兼指挥长钱建国。

宜万铁路工程指挥部　驻湖北省长阳县。指挥长兼党工委书记张俊厚。

南京长江隧道工程指挥部　驻江苏省南京市。指挥长兼党工委书记韩风险。

武广铁路客运专线项目部　驻湖南省衡阳市。项目经理兼党工委书记徐明新。

广深港铁路客运专线 ZH－1 标段项目部　驻广东省广州市。项目经理周长进,党工委书记韩福启。

包西铁路通道 BXS－2 标段项目部　驻陕西省白水县。项目经理张新潮。

达成铁路扩能改造工程指挥部　驻四川省营山县。项目经理孟凡亚,党工委书记孙来民。

阿尔及利亚公路项目指挥部　驻阿尔及利亚布阿拉里季堡省。项目经理严学斌,党工委书记朱士良。（李占先）

【铁路工程施工】 京沪高速铁路 JHTJ－4 标段　位于安徽省宿州市,正线全长 47.886 公里,合同投资 36.7 亿元,合同工期 2008 年 1 月 8 日～2012 年 12 月。2009 年完成产值 13.3 亿元,开工累计完成产值 23.7 亿元,占合同投资的 64.58%。年内主要完成箱梁架设,宿州东站主体工程建设;预制轨道板 9900 块,占设计量的 41.25%;濉河和淮河特大桥及宿州东站部分区段通过沉降评估,具备无砟轨道施工条件,目前正在组织试验段施工;铺轨基地通道临时线路 8.5 公里铺轨和线路整修完成;徐州铺轨基地建成,通过建设及监理单位验收,具备存轨条件;徐州站西北上、下联络线完成架梁及桥梁联接 47 孔。

成绵乐铁路客运专线 CMLZQ－4 标段　位于四川省成都市,正线全长 35.8 公里,合同投资 50.18 亿元,合同工期 2009 年 7 月 1 日～2011 年 12 月 31 日。2009 年完成产值 5.55 亿元,其中站前工程 4 标段完成产值 4.2 亿元。年内主要完成路基及站场土石方 94 万立方米,特大桥 3141 延长米,隧道 317 延长米,道砟铺设 3.2 公里,散枕及锚固 3954 根。由于征地拆迁、资金和施工图纸不到位,工程推进难度大。

广深港铁路客运专线 ZH－1 标段　位于广东省广州市番禺区,全长 32 公里,合同投资 22.66 亿元,合同工期 2006 年 10 月 15 日～2009 年 5 月 31 日。2009 年完成产值 9.14 亿元,开工累计完成产值 26.68 亿元,占合同投资的 117.71%。开工累计完成桥梁 26721 延长米,占设计量的 92.35%,其中沙湾特大桥完成 17533 延长米;开工累计完成路基土石方 11.97 万立方米,占设计量的 85%;箱梁架设完成,隧道完工。

向蒲铁路 FJ－3A 标段　位于福建省尤溪县,全长 86.78 公里,合同投资 44.61 亿元,合同工期 2008 年 10 月 1 日～2012 年 5 月 31 日。戴云山隧道为全线的控制工程。2009 年完成产值 10.17 亿元,开工累计完成产值 11.87 亿元,占合同投资的 26.51%。尤溪、棋盘石隧道施工正常,戴云山隧道因图纸变更影响施工进度。

石武铁路客运专线 SZ－2 标段　位于河北省邢台市,正线全长 68.63 公里,合同投资 45.05 亿元,合同工期 2008 年 10 月 15 日～2011 年 12 月 31 日。2009 年完成产值 20.58 亿元,开工累计完成产值 22.08 亿元,占合同投资的 49.02%。开工累计完成土石方 96%;预制梁 788 孔,占设计量的 42%;架设梁 507 孔,占设计量的 26.9%。

贵广铁路 GGTJ－9 标段　位于广西壮族自治区贺州市,线路全长 60.9 公里,合同投资 35.4 亿元,合同工期 2008 年 12 月 19 日～2013 年 3 月 3 日。2009 年完成产值 6.23 亿元,开工累计完成产值 6.23 亿元,占合同投资的 17.6%。完成路基土石方 136.93 万立方米,占设计量的 51.09%;桥梁 1457.98 延长米,占设计量的 11%;隧道 4019.5 延长米,占设计量的 11.9%;辅助导坑 1906.7 米,占设计量的 70.3%。

包西铁路通道 BXS－2 标段　位于陕西省白水县,线路全长 38.4 公里,合同投资 13 亿元,合同工期

2007年11月30日~2010年3日。2009年完成产值4.55亿元,开工累计完成产值11.15亿元,占合同投资的96.3%。挖方全部完成,填方完成94.8%;桥梁完成7696延长米,占设计量的92%;隧道掘进23293延长米,占设计量的99.7%。

宁启铁路复线电化工程　位于江苏省南京市,正线全长99.56公里,合同投资33.6亿元,合同工期2009年1月1日~2012年12月31日。2009年底进场。

新建铁路太原至中卫(银川)线站前工程ZQ-Ⅱ铺架标段　位于山西省晋中地区,铺轨全长378.124公里,桥梁架设2436孔。合同投资7.88亿元,合同工期2008年1月1日~2009年6月30日。开工累计完成产值7152万元,占合同投资的12.5%。

新建锦州至赤峰铁路3标段　位于内蒙古自治区赤峰市,全长5925米,合同投资1.51亿元,合同工期2008年12月~2010年12月。开工累计完成产值6481万元,占合同投资的43.2%。

宁安城际铁路　2009年完成产值4100万元,顺安河特大桥桩基完成127根。　(李占先)

【铁路外工程施工】　南京长江隧道工程　位于江苏省南京市,合同投资19.32亿元,合同工期2005年9月30日~2008年12月15日。主要工程包括542.49米江北接线道路、420米收费广场、3905.03延长米左汊盾构隧道,左线盾构隧道长3022.17延长米,右线盾构隧道长3015.06延长米;左汊盾构隧道采用两台直径14.93米复合式泥水盾构机由浦口岸工作井同向掘进施工。截至2009年底,开工累计完成产值18.77亿元,占合同投资的97%。

厦榕高速公路水口至榕江段　截至2009年底,AT3标段开工累计完成产值14955.89万元,占合同投资的71.56%;AT9标段开工累计完成产值20717.8万元,占合同投资的63%;AT13标段路基土石方基本完成,桥梁完成44.7%,隧道完成51%,由于材料紧缺,施工进度缓慢。

天津海河开启桥工程1标段　位于天津市,桥梁全长868.8延长米,合同投资2.5亿元,合同工期2007年3月16日~2008年9月29日。截至2009年底,开工累计完成产值24368万元,占合同投资的97.5%。11月22日,开启桥顺利合龙并开启。

广州绕城公路南段第15合同段　截至2009年底,开工累计完成产值17905万元,占合同投资的60.1%。其中,桥梁工程桩基完成78.8%;系梁承台完成84.8%;墩柱完成84.3%;盖梁完成81.7%;预制小箱梁114片,完成设计量的67%;梁体安装完成设计量的40%;现浇箱梁完成368米,占设计量的24%;悬浇箱梁完成240米,占设计量的34%。

河北省沿海高速公路沧州歧口至海丰段土建工程6合同段　截至2009年底,开工累计完成产值20539万元,占合同投资的52.53%。其中,路基挖方完成,填方完成53.87%;桩基完成98%;承台完成90%;墩柱完成68%;预制箱梁83片,占设计量的24.78%;连续现浇梁浇注6联,占设计量的19.35%。

湖南宁道高速公路3标段　截至2009年底,开工累计完成产值12943万元,占合同投资的54.5%。其中,桥梁下部主体大部分完成;隧道开挖262延长米,占设计量的47.2%。

四川江边水电站工程C2标段　2009年完成产值6498万元,开工累计完成产值11048万元,占合同投资的68.4%。引水隧洞总长8479延长米,累计掘进7116延长米。

大广公路固安(京冀界)至深州段高速公路　截至2009年底,开工累计完成产值19328万元,占合同投资的72.65%。桥下部主体基本完成,梁板完成95.1%,土方完成82.5%。

上海A8高速公路拓宽改建工程　2009年12月3日在全线第一家胜利完工,比合同工期提前4个多月。作为2010年上海承办世博会的重要配套工程项目,工程的提前完工,为早日缓解上海内环高速的巨大交通压力和世博会的顺利举行作出了贡献。

连云港港区东疏港高速公路　截至2009年底,开工累计完成产值24673万元,占合同投资的68%。隧道工程完成开挖支护8745米,占设计量的95.4%;完成二次衬砌5029.9米,占设计量的54.9%。由于受资金等因素影响,施工进度滞后。

厦门至成都国家高速公路湖南段汝城至郴州高速公路10合同段　截至2009年底,开工累计完成产值8900万元,占合同投资的29.78%。路基土石方全部完成;桥梁完成69.5延长米,占设计量的9.8%;隧道开挖初支2043米,占设计量的55.9%。

沈阳地铁2号线一期工程土建施工第4合同段　截至2009年底,开工累计完成产值11538万元,占合同投资的54%。崇山路车站1、2号风道暗挖初支和车站主体小导洞完成;崇岐区间初支开挖完成,区间衬砌完成549米,占设计量的53%。

北京地铁9号线土建工程5合同段　位于北京市丰台区,承建六里桥站,军事博物馆站,六里桥站至北京西客站南侧预留区间,北京西客站北侧预留至军事博物馆站区间,军事博物馆站至盾构始发接收井区间。该合同段为综合标段,包括土建、装修、安装工程等。合同投资6.01亿元,合同工期2007年4月1日~

2010年12月15日。截至2009年底,开工累计完成产值9682万元,占合同投资的的16%。

苏州轨道交通1号线I-TS-17标段　截至2009年底,开工累计完成产值15676万元,占合同投资的72%。星塘街、钟南街两个车站进入附属结构施工。

哈尔滨市地铁一期土建工程第9标段　截至2009年底,开工累计完成产值8588万元,占合同投资的33%。

广东省江门至肇庆高速公路G11标段　截至2009年底,开工累计完成产值29853万元,占合同投资的56%。完成路基挖方45万立方米,占设计量的48.9%;路基填方80万立方米,占设计量的66.7%;桩基374根,占设计量的75%;隧道2463延长米,占设计量的51%。

鹤大高速经桓仁至丹东高速公路　截至2009年底,第6合同段开工累计完成产值18494万元,占合同投资的59.04%;隧道掘进4616延长米,占隧道单洞总长5071延长米的91.03%。第9合同段开工累计完成产值15117万元,占合同投资的55.3%;路基土方完成92.7%,隧道掘进1860米,占设计量的72.1%。

神木至府谷高速公路LJ-7标段　截至2009年底,开工累计完成产值16257万元,占合同投资的43.45%。土方完成70%,开挖石方全部完成;完成桩基91.9%,墩柱58.3%,箱梁预制78.7%;隧道掘进418延长米,占设计量的30%。

北京地铁6号线一期土建工程09合同段　2009年完成产值6742万元,占合同投资的6%。平安里站至平安里站换乘通道北端明挖基坑围护桩及冠梁施工完成,平安里站换乘通道北端明挖基坑底板结构完成;南锣鼓巷站至南锣鼓巷站围护桩完成182根。

阿尔及利亚高速公路　位于阿尔及利亚布阿拉里季堡省,承建M1、M2标段工程,线路长52公里,合同投资28亿元,合同工期2006年9月18日~2010年1月18日。截至2009年底,开工累计完成投资55.98亿元,占合同投资的107.65%。12月20日M1标段建成通车。　（李占先）

【经营管理】　工程承揽。2009年承揽工程138项,合同总额296.7亿元。其中,铁路工程19项,合同金额111.6亿元;公路工程53项,合同金额110.6亿元;水利工程12项,合同金额4.5亿元;房建工程17项,合同金额12.7亿元;城市轨道交通工程5项,合同金额25.5亿元;市政工程24项,合同金额14.6亿元;其他工程8项,合同金额5亿元;海外工程3项,合同金额10.72亿元。

资金管理。集团公司积极拓宽融资渠道,调整融资结构,降低融资成本。年内继续通过银行债券市场发行短期融资券4亿元直接融资,发行票面利率3.5%,低于同期贷款利率1.81个百分点,扣除发行承销费用后,每年可为企业节约融资成本近500万元;使用各种优惠贷款控制成本,在阿富汗项目融资4亿元到期的情况下,启动安哥拉项目获得进出口银行政策性贷款额度8亿元。根据项目资金需求,利率为3.51%的2亿元优惠贷款于6月底正式到位,融资成本大幅降低。2009年与集团公司签订合作协议的银行由12家增至15家,取得综合授信277亿元。全年完成资金结算297亿元。其中,票据结算295亿元;现金结算2亿元。内部调剂资金15.6亿元。其中,生产经营10.48亿元;房地产开发2.12亿元;资本运作项目3亿元。吸收集团公司所属单位存款集中内部资金10.2亿元。对外融资13.63亿元。其中,直接融资银行借款9.63亿元(包含进出口银行政策贷款2亿元);间接融资发行短期融资债券4亿元。办理各种银行保函类业务645笔,总金额147.83亿元。其中,办理信贷证明248笔,金额98.65亿元;办理投标保函189笔,金额3.23亿元;办理履约保函117笔,金额20.72亿元;办理预付款保函91笔,金额25.24亿元。

企业管理。3月,集团公司取得机电安装工程施工总承包二级、矿山专业施工总承包三级资质。年内,股份公司以现金出资的方式向集团公司增资6亿元,工商变更后集团公司注册资本金由5.1亿元增加到11.1亿元。为提升承揽大项目的能力,三、四、五公司和北京中铁房山桥梁公司注册资本金由6000万元增加到12000万元,电气化公司注册资本金由5000万元增加到10000万元。截至年底,集团公司有一级注册建造师(含临时建造师)617人。年内,1人获山东省优秀企业家称号,3人被评为2008年度山东省建筑业企业优秀项目经理,2人被评为2008年度全国公路交通优质工程奖工程项目经理,1人获全国建筑业优秀企业家称号,3人被评为2008年度全国工程建设优秀项目经理,6人被评为2008年度全国建筑业优秀项目经理;集团公司首次获中国优秀诚信企业和首批全国建筑业AAA级信用企业称号,被评为2008年度全国优秀施工企业;集团公司广深港铁路客运专线项目部获全国建设工程项目管理优秀成果一等奖,南京长江隧道工程盾构施工5项纪录成功入选中国企业新纪录。

安全质量。进一步完善安全管理制度,认真落实安全生产责任制,大力推动职业健康安全管理体系运行,逐步推行“风险管理,分级控制”理念。在建工程质量总体优良,工程质量合格率100%。年内获中国建设工程鲁班奖3项,国家优质工程银质奖3项,中国市政金杯示范工程1项,新中国成立60周年百项经典暨精品工程5项,铁道部优质工程火车头奖9项,中国公路交通优质工程奖1项,中国电力优质工程奖2项,山东省优质工程泰山杯奖4项,建国60周年山东省精品工程1项,北京市竣工长城杯奖2项,江苏省优质工程扬子杯奖1项,股份公司优质工程奖7项;获全国优秀QC小组3项,省部级优秀QC小组6项,股份公司优秀QC小组6项。

(卢清安　李　蓉　杨战勇　张弘弢)

【科技教育】 集团公司参建的青藏铁路工程、参与开发的“建筑结构减振防灾关键技术与应用”成果分别获2008年度国家科技进步特等奖和二等奖,实现集团公司国家级科技进步奖零的突破;获发明专利2项,实用新型专利12项;参建的浙赣铁路电气化提速改造工程和北京地铁5号线工程被授予中国土木工程詹天佑奖。“京津城际铁路高性能混凝土耐久性及其应用技术研究”成果获中国铁道学会科学技术二等奖,北京地铁5号线“复杂环境条件下地铁暗挖施工与构筑物保护技术”成果分别获中国施工企业管理协会科技进步一等奖、山东省科技进步三等奖。集团公司开发的“高地应力顺层偏压软岩地层条件下隧道施工工法”、“高大建筑群中深基坑石方控制爆破施工工法”、“混合花岗岩固结灌浆施工工法”获国家级工法,“无砟轨道铁路客运专线路基施工及沉降控制工法”获铁道部部级工法,“高地应力隧洞建筑岩爆防治施工工法”等7项工法获山东省省级工法。全年有5项科技成果申请省级鉴定和2项新产品新技术鉴定。

教育培训。全年举办培训班8期,培训750人次。与石家庄铁道大学、兰州交通大学联合办学,招收在职本(专)科生288人、工程硕士生26人。

(廖大垦　姜开玺)

【党群工作】 党的工作。集团公司党委下辖基层党组织689个。其中,党委135个(含党工委12个);党总支46个;党支部508个。有党员7076名。(1)党建工作。2009年,集团公司党委以开展学习实践科学发展观活动为契机,统一思想,上下发力,抢抓机遇,顽强拼搏,各项工作均取得较好成绩。承揽任务、完成产值、实现利润等主要经济指标再创历史新高,施工生产、现场管理、技术创新亮点频现,党委的政治核心作用、党组织的战斗堡垒作用、党员的先锋模范作用得到较好发挥,企业改革发展稳定。积极推进基层党组织规范化建设,把落实“四个同步”作为基层党建的基本原则,切实做到有项目就有党员,有党员就建党组织,有组织就有正常的党内生活。认真贯彻落实十七届四中全会决定和全国国有企业党建工作会议精神,各级党组织分别采取中心组学习、专题辅导、讲党课、集体学习等方式,组织广大党员干部认真学习领会会议精神,在重难点工程开展以“创品牌,争一流”为主题的实践活动,广大党员干部“立足岗位作贡献,推动发展当先锋”的积极性和主动性得到充分发挥。年内,集团公司获全国精神文明建设工作先进单位称号,8个单位进入省级文明单位行列。(2)思想宣传工作。集团公司与中国企业联合会合作,建立集团公司安全文化模块。成功组织首届集团公司十佳建设者和十佳道德模范的评选和表彰工作。集团公司获建国60周年中国企业文化建设十佳单位称号,集团公司机关、隧道工程公司、电气化公司,水利水电分公司、建安分公司顺利通过省级文明单位复查,5人被评为中国铁建杰出人物。全年在中央与地方媒体刊稿1680篇,其中中央级媒体刊稿390篇。中央主流媒体对集团公司承建的南京长江隧道、京沪高速铁路等重点工程进行了前所未有的大力报道,其中《南京长江隧道全线贯通》被评为南京市2009年度十大新闻,集团公司的品牌形象得到进一步提升。年内,集团公司被《中国铁道建筑报》评为年度新闻报道工作先进单位。(3)反腐倡廉工作。年内组织广大党员干部特别是党员领导干部和关键岗位人员,认真学习中央纪委三次、四次全会精神,宣传贯彻《国有企业领导人员廉洁从业若干规定》《国有企业领导人员违反廉洁自律“七项要求”政纪处分规定》,促使廉洁从业意识不断增强。开展预防职务犯罪图片展览、反腐败专题讲座、观看《贪之害》警示教育片活动,向全体领导干部和集团公司机关全体人员配发《从政提醒——党员干部不能做的150件事》和《党性党风党纪教育十五讲》两本教育书籍。全集团开展廉政教育活动368场次,10444人次接受教育;领导人员讲党课或做反腐倡廉报告391人次,主管领导上党课50人次以上,集团公司各级领导班子成员受教育面80%以上。推动落实领导人员廉洁自律三项监督制度,“民主生活会讲廉”、“职代会述廉评廉”、“年底报廉”走上规范化轨道。坚持完善领导人员三种谈话制度,“任前廉洁谈话”、“定期谈话”和“诫勉谈话”已成自觉行动。年内,全集团领导人员述职述廉417人次,任前廉政谈话176人,诫勉谈话56人,廉洁承诺348人。加强对制度落实情况和生产经营重要环节的监督检查,规范用权行为,促进政令畅通。年内对“三重一大”、“七项要求”等制度执行情况进行检查,强化成本管理关键环节事前预控,督促检查物资设备阳光采购和外部劳务招录情况。全年集团公司组织物资设备招标采购264项,节约资金2541.4万元;外部劳务招标录用722项,清退不合格劳务队伍29家。

2009 年受理群众举报 27 件，初核 10 件，了结 4 件。其中，失实的 1 件；适当处理的 3 件；转立案 6 件；结案 7 件。对未立案的信访案件都进行了妥善处理。查结的 7 件中，7 名涉案人员受到纪律处分。其中，党纪处分 5 人；政纪处分 3 人；双重处分 1 人；1 人受到刑事处理；1 人受到组织处理。为企业化解经营风险 6 次，挽回或避免经济损失 5370 万元。

工会工作。集团公司工会下辖 27 个处级单位工会，有专职工会干部 71 人、兼职工会干部 721 人，工会会员 16348 人。2009 年，集团公司工会主动融入生产经营中心开展以“五比五创”为主要内容的劳动竞赛，动员职工为保增长建功立业。全年有 54 个项目部在业主劳动竞赛评比中，116 次夺得综合或单项名次，综合评比 82 次夺得前三名，累计获业主奖金 1430 万元；有 46 个项目在安全、质量、进度、科技创新等方面由于业绩突出，受到业主的通报表彰。职工围绕生产经营提合理化建议 336 项，采纳 291 项，实施 286 项。为纪念全国“安康杯”10 周年，开展“安康杯”竞赛万人签字仪式，集团公司工会分别在人员集中的向莆、贵广、石武、京沪高铁等项目组织 4600 余人签字，上万名职工受到教育。“一法三卡”安全工作法在施工项目得到积极推进和发展，广大职工围绕安全生产提合理化建议 360 条，查找事故隐患近百件，有效防止了各类安全事故的发生。年内，集团公司第 5 次被授予全国“安康杯”竞赛优胜企业称号。继续深入开展职代会星级创建活动，指导各子（分）公司建立健全职代会制度。召开企务公开民主管理 10 周年座谈会，总结推广一批企务公开民主管理工作的经验与做法。年内，二公司、凯华置业公司被评为山东省职代会优秀星单位，三公司被评为山东省依靠职工办企业先进单位。开展创建劳动关系和谐企业活动，解决职工最关心、最直接、最现实的利益问题。制定《关于开展“共同约定行动”的实施意见》，对解决职工息工待岗、拖欠工资、一线职工工资正常增长等问题做出明确约定，有效维护了职工权益。年内，山东铁正工程试验检测中心被评为山东省劳动关系和谐企业先进单位。职工互助合作保险基金会本着公正、及时的原则，积极抓好保险基金收缴、管理和出险职工的补偿工作。截至年底，职工互助合作保险会员 15282 人，收缴会费 120.9 万元。全年为 356 名会员职工办理出险补偿，支付补偿金 43.15 万元。年内筹集送温暖资金 228 万元，走访、慰问特困职工家庭 72 户，重困职工家庭 108 户，一般困难职工家庭 870 户；慰问先进模范人物 109 人，离退休职工 369 人；看望伤病残人员 143 人，死亡职工遗属 136 人。不断完善“三不让”承诺帮扶救助保障体系，扩大“三不让”承诺救助范围，提高救助标准。全年筹集专项资金 458 万元，救助困难职工家庭 1050 户 130 万元，资助困难职工子女入学 52 人次 12 万元，救助患大病困难职工 47 人次 79 万元。推进“职工书屋”建设，为广大基层职工创造方便实用的读书场所和学习环境。年内，三公司被山东省推荐申报全国“职工书屋”示范点建设单位，北京中铁房山桥梁公司石武铁路客运专线制梁场被评为山东省“百佳职工书屋”建设先进单位。开展向农民工“送政策、送健康、送文化、送清凉”活动，规范集团公司农民工工资发放工作，推广南京过江隧道管片厂建设农民工之家的经验；组织农民工和正式职工一起接受阶段性劳动竞赛评优表彰，进一步调动农民工施工生产的积极性。开展工会特色工作，推进工会工作全面创新，年内，集团公司工会开展的保障工作软件管理被股份公司工会评为特色工作一等奖。

共青团工作。集团公司团委下辖二级团委 20 个、项目团委 41 个、团总支 11 个、团支部 176 个、团工委 5 个。全集团有专职团干部 26 人，35 岁以下青年 6553 人，共青团员 3043 人，经“推优”入党团员 102 人。集团公司团委适应企业深化改革的需要，创新工作手段，完善组织建设，组织开展“好书伴人生”读书活动和“情系母亲河，捐植纪念树”、向四川灾区孩子捐赠优秀少儿读物、青年志愿者服务等活动，4 名团员、3 名团干部和 8 个团组织分别获上级团组织表彰。

（张小峰　赵海涛　张　勇　韩栋梁　杜玉红）

【第一工程发展有限公司】　市政公用工程施工总承包一级，公路工程施工总承包二级，公路路面、桥梁工程专业承包二级，公路路基工程专业承包三级资质企业。机关驻山东省日照市海曲东路 66 号。2005 年 7 月 28 日成立，注册资本金 6513.93 万元，公司由集团公司及其二、三、四公司 4 个法人股东和王明波、刘德顺、王焕等 13 名自然人股东发起成立，集团公司为公司中的国有法人资产投资主体；2007 年 4 月，公司股东变更为集团公司和二、三、四公司 4 个法人股东；2009 年 6 月，公司股东变更为集团公司，公司成为法人独资企业。董事长、总经理王明波，党委书记刘德顺。下辖专业路面公司、房建办公室和 16 个项目部。职工 573 人。其中，专业技术人员 340 人；技术工人 194 人。资产总额 51003 万元。其中，固定资产原值 12599 万元、净值 7643 万元；流动资产 42970 万元；其他资产 370 万元。机械设备 46 台（套），设备原值 6343.28 万元、净值 3811.86 万元，总功率 10693 千瓦，技术装备率 7 万元/人，动力装备率 18.56 千瓦/人，设备成新率 60.09%，完好率 82%。

2009 年承揽工程任务 13.47 亿元，完成企业总产值8.5亿元，实现利润1250万元。职工年人均收入33200元。资产负债率86.2%。全年完成路基填方634.03万立方米，混凝土试件11836组，水泥砂浆试件4168组，评定分项工程2828项，工程质量合格率100%，工程优良率100%，未发生质量等级事故。年内获山东省优秀QC成果奖1项，集团公司优质工程2项、优秀QC成果奖5项。公司继续保持日照市守合同重信用企业称号。（公司企协）

【第二工程有限公司】 公路、市政公用工程施工总承包一级，铁路、房屋建筑工程施工总承包二级，公路路基、公路路面、桥梁、机场场道、隧道工程专业承包一级资质企业。公司驻山东省泰安市东岳大道西首。董事长、党委书记许兰民，总经理刘红旗。职工2482人。其中，专业技术人员679人；技术工人1489人。下辖26个项目部、34个专业化施工队。资产总额43801万元。其中，固定资产原值17100万元、净值7093万元；流动资产33402万元。机械运输设备142台（套），总功率18047.6千瓦，技术装备率2.44万元/人，动力装备率10千瓦/人。

2009年承揽任务23.3亿元，完成企业总产值27.7亿元，实现收入27.74亿元。单位工程质量合格率100%。年内，公司继续保持山东省守合同重信用企业、山东省文明单位和全国守合同重信用企业荣誉，连续4年保持省级AAA信誉企业称号。（黄兴伟）

【第三工程有限公司】 铁路、公路、市政公用工程施工总承包一级，水利水电、房屋建筑工程施工总承包二级，公路路基、公路路面、桥梁、机场场道、隧道工程专业承包一级资质企业。前身系中国人民解放军铁道兵第四师第十八团，组建于1951年3月；1984年1月1日集体转业并入铁道部，改称铁道部第十四工程局第三工程处；1999年12月企业更名为中铁第十四工程局第三工程处，2001年11月企业改制改称现名。公司机关驻山东省兖州市北环城路16号。董事长、党委书记田执祥，总经理岳耀群。职工2204人，其中专业技术人员690人。资产总额13.1亿元。其中，固定资产原值20132万元、净值11534万元；流动资产11.5亿元。机械运输设备374台（套），总功率42909千瓦，动力装备率19.5千瓦/人，技术装备率4.34万元/人。年施工能力30亿元以上。

2009年承揽任务31.6亿元，完成企业总产值30.3亿元。公司继续保持山东省守合同重信用企业、文明单位、AAA特级信用企业荣誉。

（公司企业策划部）

【第四工程有限公司】 公路、市政公用工程施工总承包一级，铁路工程施工总承包二级，矿山工程施工总承包三级，桥梁、隧道、公路路基、公路路面、机场场道工程专业承包一级资质企业。前身系中国人民解放军铁道兵第四师第十九团，组建于1965年3月；1984年1月集体转业并入铁道部，改称铁道部第十四工程局第四工程处；2000年1月更名为中铁第十四工程局第四工程处，2001年9月企业改制改称现名。公司机关驻山东省济南市英雄山路267号。董事长兼党委书记庄纪栋，总经理李旭。下辖31个项目部。职工2422人。资产总额15.66亿元。机械运输设备277台（套），年施工能力30亿元以上。

2009年承揽工程任务49亿元，完成施工产值30.05亿元，实现利润2349万元。职工年人均收入19699元。年内，青岛海湾大桥QC小组获全国优秀质量管理小组和山东省优秀质量管理小组称号。公司继续保持山东省守合同重信用企业、AAA级银行信用等级企业称号，年内获得山东省自主创新模范企业、山东省省直文明单位等荣誉。（王　帅）

【第五工程有限公司】 公路、市政公用工程施工总承包一级，铁路、水利水电工程施工总承包二级，桥梁、隧道、铁路铺轨架梁、公路路基、公路路面工程专业承包一级资质企业。前身系铁道部第十四工程局第五工程处，1991年6月组建，1999年12月更名为中铁第十四工程局第五工程处，2001年9月企业改制改称现名。公司机关驻山东省兖州市北站路口。执行董事兼党委书记薛峰，总经理赵方刚。职工1658人。资产总额141391万元。固定资产原值46589万元、净值34249万元；流动资产104648万元；其他资产2494万元。机械设备306台（套），现值49565.95万元、净值39769.5万元，总功率57536千瓦，动力装备率36.2千瓦/人，技术装备率36.2万元/人，完好率93.5%，利用率72%，新度系数0.72。企业年施工能力达95000万元以上。

2009年完成产值155641.7万元。其中，铁路工程完成产值127100.55万元；其他工程完成产值28541.15万元。分项工程评定合格率100%，单位工程合格率100%。（游伟博）

【电气化工程有限公司】 机电安装工程施工总承包一级，铁路电气化、铁路电务、消防设施工程专业承包一级，电信、送变电工程专业承包二级资质企业。公司机关驻山东省济南市和平路16号。董事长邢福安，党委书记刘正航，总经理袁清波。下辖3个劳务管理中心及通信中心、物业管理中心。职工744人。其中，干部314人;工人370人。机械设备26台(套),机械设备固定资产原值2471.9万元、净值843.7万元,总功率2016千瓦,动力装备率2.71千瓦/人,技术装备率1.134万元/人。

2009年完成企业总产值53610万元。其中,施工产值52926万元;其他产值684万元。实现利润1904万元,职工年人均收入22456元。国有资产保值增值率104%,应上缴款完成率100%。年内,公司被评为山东省创建劳动关系和谐企业工作先进单位,继续保持山东省守合同重信用企业、文明单位、优秀政工企业等荣誉。 (刘红梅)

【隧道工程有限公司】 以隧道和地下工程为主营业务,同时具备桥梁、土石方等综合施工能力。公司机关驻山东省济南市十六里河镇兴隆山庄。1994年10月组建,原名铁道部第十四工程局隧道公司;1995年12月更名为中铁第十四工程局隧道工程处,2001年12月更名为中铁十四局集团隧道工程分公司,2003年9月更名为中铁十四局集团工程发展有限公司山东隧道工程分公司,2007年6月原中铁十四局盾构分公司并入隧道分公司,2009年9月改称中铁十四局集团隧道工程有限公司。董事长马军,党委书记刘庆民,总经理李卫华。下辖25个项目部。职工1374人。资产总额102490万元。其中,固定资产原值31463万元、净值20979万元;流动资产80641万元;其他资产870万元。机械设备403台(套),现值8.9亿元、净值6.4亿元,总功率59500千瓦,动力装备率45千瓦/人,技术装备率48.5万元/人,主要施工设备完好率85%,利用率55.4%,新度系数0.72。

2009年新签合同额23.4亿元,完成企业施工产值183891万元,实现利润2619万元,人均创利1.9万元。总资产报酬率1.07%,产值利润率1.42%,成本降低率8.29%。年内,公司参建的北京地铁5号线工程获中国建设工程鲁班奖。 (樊国栋)

【北京中铁房山桥梁有限公司】 是铁道部定点生产预应力钢筋混凝土铁路桥梁、轨枕的主要厂家之一,首批取得铁道部桥梁和轨枕生产许可证,被选定为铁道部铁道器材开发中心研究发展基地;混凝土预制构件、预应力、桥梁工程专业承包二级,建筑装修装饰、钢结构、金属门窗工程专业承包三级资质企业。通过质量、环境、职业健康安全“三标一体”管理体系认证。驻北京市房山区阎村镇房山科技工业园区燕房园8号。原系中国人民解放军第6012工厂,1954年成立于广西黎塘;1984年随铁道兵并入铁道部,2002年8月28日企业改制改称现名。董事长、总经理鄂宝生,党委书记谷其人。下辖4个车间、4个分公司、10个项目部。职工847人。固定资产原值32161.7万元、净值22506.4万元,流动资产49809.3万元。机械设备1955台(套),总功率909800千瓦,设备完好率94%,利用率87%,技术装备率3.4万元/人,动力装备率25.2千瓦/人。

2009年承揽任务4.63亿元,完成工业总产值10.4亿元,实现利润1613.7万元;全年回收货款14.5亿元。年内开发试制新产品6项,获国家专利1项;公司研究的“客运专线有砟岔枕制造技术”和“高速铁路无砟轨道混凝土构件新材料”成果经北京市鉴定,均达到国内领先水平。公司继续被认定为北京市企业技术中心,保持北京市文明单位标兵、全国守合同重信用企业等称号,年内获得全国优秀施工企业、全国模范职工之家,山东省思想政治工作先进单位、山东省劳动关系和谐企业、山东省富民兴鲁劳动奖状荣誉。 (黄梅英)

【凯华置业有限公司】 为集团公司全资子公司,主要从事房地产开发和经营,组建于2001年3月27日。公司机关驻山东省济南市和平路16号。董事长、总经理马建平,党委书记高霜。下辖南京昌和房地产开发有限公司及胶南、济南、莱西、兖州4个分公司。职工77人。资产总额61300万元。

2009年在建工程13.6万平方米,完成销售面积9.67万平方米,实现销售收入31700万元,实现利润510万元。主营业务利润率2.7%。公司自成立以来,先后获山东省AAA级信誉企业、青岛市守合同重信用企业、A级诚信房地产开发企业、中国建设系统企业信用·信誉AAA级单位、山东省企业文化建设创新成果奖、山东省“青年文明号”、中国企业文化建设先进单位、建国60周年·中国企业文化单位示范单位等荣誉。开发的盈泰嘉园小区获中国新区建筑经典、中国新区环境经典称号和青岛市名盘金房奖,中国铁建·麟瑞商务广场获山东省建筑工程质量泰山杯奖,中国铁建·岸芷汀兰被列为“中国人居环境与新城镇发展推进工程,人居环境金牌建设试点项目”。年内,董事长、总经理马建平被评为“建国60周年·全国企业文化建设先进个人”,罗三林被评为中国企业文化建设先进个人,王建军被评为集团公司第六届十大杰出青年,高鹏被评为山东省优秀共青团员。 (高 忠)

【山东铁正工程试验检测中心有限公司】 前身系铁道兵第四师试验室,1998年更名为山东铁正工程试验检测中心,2007年11月28日企业改制改称现名。公司通过国家计量认证,是公路工程综合甲级、公路工程桥梁隧道工程专项试验检测机构,具有铁路工程基桩、建设工程质量检测资质。公司机关驻山东省济南市和平路16号。董事长刘宏文,党委书记吴新萍,总经理鲁爱民。职工128人。资产总额2368万元。机械设备原值1740万元。

2009年完成产值5315万元,实现利润160万元。

(鲁素芳)

【水利水电工程分公司】 前身系铁道部第十四工程局第一建筑安装工程公司,1992年11月组建;2002年9月企业改制改称中铁十四局集团有限公司建筑工程分公司,2003年9月更名为中铁十四局集团工程发展有限公司建筑工程分公司,2005年3月改称现名。公司机关驻山东省济南市历下区经十路13777号中润世纪广场18号写字楼10层。总经理贾开民,党委书记孙绍法。下辖27个综合工程项目经理部。职工608人。其中,专业技术人员327人;工人184人。设备资产总额3288万元,其中机械动力设备(含测试设备53台)154台(套),原值1892万元、净值1086万元。设备新度系数0.58,总功率15162千瓦,动力装备率24.93千瓦/人,技术装备率1.56万元/人,主要施工机械完好率81%、利用率78%。

2009年新签合同额9.11亿元,完成施工产值8.6亿元,实现利润1205万元。职工年人均收入30468元。公司连续17年未发生任何质量安全等级事故。截至2009年底,实现安全生产6265天。公司继续保持山东省文明单位称号,年内获济南市安全生产先进单位。承建的阿海水电站进场公路、江边水电站对外交通改建工程获山东省建筑工程质量泰山杯奖,五一桥水电站工程获铁道部优质工程火车头奖。

(于谋君)

【建筑安装工程分公司】 2002年7月5日成立,集团公司所属专业分公司,以工业与民用建筑工程为主,兼营公路、管网等市政工程。公司机关驻山东省济南市二环东路3966号东环国际广场B座3层。总经理王建伦,党委书记岳焕鹏。下辖15个项目部。职工300人。其中,专业技术干部176人;技术工人25人。资产总额77400万元。其中,固定资产原值8821万元、净值5226万元;流动资产72100万元。

2009年承揽工程任务40461.7万元,完成施工产值58100万元,实现利润1018.4万元。职工年人均收入3.3万元。投资收益上缴率100%,应上缴款完成率100%,施工产值利润率1.75%,工程成本降低率8.82%。工程质量合格率100%。年内,参建的日照时代名苑、麟瑞商务广场工程获山东省建筑工程质量泰山杯奖,公司继续保持山东省精神文明建设先进单位称号。

(汪丽霞)

【海外工程分公司】 2001年12月28日组建,主要负责集团公司对外经济合作、境外工程建设、进出口贸易、劳务输出等工作。公司机关驻山东省济南市历下区和平路16号。总经理王红卫,党委书记刘生应。下辖2个办事处、4个项目部。职工251人。其中,专业技术干部105人;技术工人112人。

2009年承揽海外工程10.72亿元,完成企业总产值2.24亿元。年内获山东省对外经济技术合作先进企业、省直机关先进基层党组织等称号。

(刘长彬　李　霖)

【重要记载】

▲3月19日　集团公司召开深入学习实践科学发展观活动动员大会。

▲3月24日　阿尔及利亚国家公共工程部长阿玛尔·古勒视察集团公司承建的阿尔及利亚东西高速公路M1标段工程。

▲4月16日~17日　集团公司直属项目经理座谈会、审计工作会议和工程项目廉政建设工作会在武广铁路客运专线项目部召开。

▲5月20日　集团公司承建的南京长江隧道左线贯通。

▲8月17日　集团公司召开由各级领导和党员代表参加的学习实践活动群众满意度测评大会,112人参加测评,满意率98.21%。

▲8月22日　集团公司承建的南京长江隧道右线顺利贯通,标志着中国长江流域工程技术难度最大、地质条件最复杂、挑战风险最多的越江隧道取得重大突破,也标志着中国超大直径盾构隧道的施工技术水准达到了一个新高度。

▲8月　股份公司以现金出资的方式对集团公司增资6亿元,工商变更集团公司注册资本金由5.1亿元增加至11.1亿元,大大增强了企业实力。

▲9月13日~19日　首次举办集团公司架子队队长培训班,以转岗和后备人选为重点,88名架子队长参加培训。

▲10月21日　集团公司京沪高速铁路项目部宿州梁场最后一孔预制箱梁成功灌注完成,标志着集团公司京沪高速铁路项目部1383孔箱梁预制任务全部完成。

▲10月26日　集团公司首届十佳建设者、十佳道德模范和第六届十大杰出青年表彰大会在山东济南召开。共青团山东省省委副书记任海涛出席

大会。

▲12 月 13 日　集团公司担负的京沪高速铁路 1383 孔箱梁的架设任务全部完成。

▲12 月 17 日　经股份公司、股份公司党委研究决定,任命杨有诗为集团公司董事长、党委书记,任命张挺军为集团公司董事、总经理、党委副书记,王红卫、周长进为集团公司副总经理。

▲12 月 26 日　阿富汗总统卡尔扎伊率国家政府官员视察由集团公司援建的阿富汗总统府多功能中心施工现场。　（刘　宁　田　翠）

中铁十五局集团有限公司

【简况】　中铁十五局集团有限公司是铁路工程施工总承包特级,公路、市政公用、水利水电、房屋建筑工程施工总承包一级,公路路基、公路路面、桥梁、隧道、铁路铺轨架梁工程专业承包一级,城市轨道交通工程专业承包及地质灾害防治工程甲级资质企业。机关驻河南省洛阳市四通路 2 号院。前身系中国人民解放军铁道兵第五师,1984 年 1 月 1 日集体转业并入铁道部,改编为铁道部第十五工程局;1999 年 12 月更名为中铁第十五工程局,2001 年 10 月 12 日企业改制改称现名。下辖第一至第七工程有限公司、贵州路桥公司、成都公司、西北工程公司 10 个子公司和华南、华东、华北、西南、中南、新疆、南京公司,天津工程公司、北京国际工程公司、济阳迎宾黄河大桥有限公司,达成铁路、包西铁路、京沪高速铁路工程指挥部及龙浦、温福、广深港、天津集疏港、阳翼、阜六项目部。职工 19193 人。其中,干部 5823 人;工人 13360 人。专业技术干部 5485 人,占干部总数的 94%;技术工人 8564 人,占工人总数的 64%。资产总额 1441409 万元,其中固定资产净值 167591 万元。主要施工机械设备 720 台(套),技术装备率 6.33 万元/人,动力装备率 15.45 千瓦/人,设备新度系数 0.72,完好率 91%,利用率 81.9%。年施工能力 300 亿元以上。

2009 年承揽工程任务 371.3 亿元,完成施工产值 187.81 亿元,实现利润 28221 万元。全员劳动生产率 978534 元/人年,职工年人均收入 29824 元。国有资产保值增值率 141.33%,产值利润率 1.5%,投资回报率 27.4%,资产负债率 90.4%,净资产收益率 21.3%。完成主要实物工程量:土石方 857 万立方米;隧道 127 座 75906 延长米,其中铁路隧道 39 座 23405 延长米;桥梁 340 座 108594 延长米,其中铁路桥梁 94 座 53552 延长米;涵渠 28137 横延米;铁路正线铺轨 495 公里,其中客运专线 226 公里;站线铺轨 79.8 公里;铺设道岔 294 组;铁路架梁 2763 孔,公路架梁 8375 片;混凝土圬工 178 万立方米,铺混凝土场面 13670 万平方米;给排水管路 24.5 公里;房屋建筑 201078 平方米。

企业改制以来,获中国建设工程鲁班奖 5 项,国家优质工程奖 17 项,省部级优质工程奖 94 项,中国铁建优质工程奖 83 项。创造铁路日铺轨 10.688 公里和公路隧道 318.33 米的全国纪录。1994 年在全国 500 家大型建筑企业中名列第 22 位,在中国行业 100 家最大经营规模建筑企业中名列第 12 位。1996 ~ 1997 年在全路基建系统率先通过 ISO9002 质量体系和英国皇家 UKAS 国际质量体系双认证。先后获得河南省先进企业、AAA 级信用企业、重合同守信用企业和全国优秀施工企业、全国精神文明建设先进单位、全国五一劳动奖状等荣誉。2009 年,集团公司连续 8 年蝉联全国“安康杯”竞赛优胜企业称号。　（郑凤华）

【领导人员】

董事会

董事长	许东坤
副董事长	张汉云
董事	史保魁
	谭振武
	东光宝
	陈　戈
	刁仲伟

监事会

监事会主席	廖大球
监事	汪起帆
	李国欣
	田仲荣
	淮行舟

经理层

总经理	许东坤
副总经理	张海亮
	谭振武
	刁仲伟
	东光宝
	王令振
	陈文秀
	金国海
总工程师	许建付
总经济师	张海庆
总会计师	裴璐辉

党群领导

党委书记	张汉云
党委副书记	史保魁
	李国欣
纪委书记	李国欣(兼)
工会主席	陈　戈

(周　全　邢宝柱)

【工程项目指挥机构】 华南公司　驻广东省深圳市宝安区阳光海花园3C222室。经理、党委书记黄艳阳。机关职工26人。全年承揽工程任务62647万元,完成施工产值9.23亿元。

华北公司　驻北京市石景山区重型机械厂西路聚兴园小区1-3-1401。经理周建富,党委书记吴兆善。在岗职工175人。全年承揽工程任务50.62亿元,完成施工产值8.13亿元。

西南公司　驻云南省昆明市西山区福景路38号。经理胡海清,党委书记锁社状。职工176人。全年承揽工程任务15.3亿元,完成企业总产值6.65亿元。

中南公司　驻湖北省武汉市武昌区友谊大道特1号友谊国际小区6栋1单元。经理胡良贵,党委书记刘佑胜。职工130人。完成施工产值3.448亿元,承揽工程任务11827亿元。

新疆公司　驻新疆维吾尔自治区乌鲁木齐市青海路123号。经理陈生军,党委书记刘培军。职工145人。全年承揽工程任务5880万元,完成施工产值41045万元。

华东公司　驻上海市闵行区莘沥路232号。经理王小川,党委书记田璐郅。职工193人。全年承揽任务21.94亿元,完成施工产值51101万元。

南京公司　2009年6月组建。驻江苏省南京市江陵开发区将军大道129号2幢108室。经理贾贯乾,党委书记乌汝领。机关职工197人。

天津工程公司　驻天津市经济技术开发区洞庭路122号。经理于良科,党委书记徐向真。全年承揽工程任务10.5亿元,完成产值7.22亿元。

城市交通工程公司　驻广东省广州市番禺区钟村镇一村。经理朱伟,党委书记裴西伟。全年完成施工产值60455万元。

济阳迎宾黄河大桥有限公司　驻山东省济阳县经二路73号。董事长张海庆,党委书记、总经理张富强。职工81人。全年完成企业总产值4635万元。

龙蒲高速公路项目经理部　驻福建省浦城县万安乡万新路18号。经理陈文秀(兼),党委书记卫培荣。职工47人。全年承揽工程任务20650万元,完成企业总产值67978万元。

天津集疏港项目经理部　驻天津市塘沽区3号路19号文体中心院内。指挥长于良科,项目经理马明玉。全年完成企业总产值22862万元。

广深港项目部　驻广东省深圳市福田区上梅林中康路北73号。项目经理、党委书记张海亮。职工40人。全年完成施工产值13.7亿元。

阳翼项目部　驻山西省阳城县下芹村锦华小区内。项目经理李文越。职工14人。全年完成施工产值5175万元。

阜六项目部　2009年7月20日组建。驻安徽省阜阳市颍上县南照镇。项目经理张国军,党委书记淮行舟。职工21人。全年完成施工产值12000万元。

达成铁路工程指挥部　驻四川省金堂县淮口镇解放路360号。指挥长谭振武,常务副指挥长毛金贵,党委书记武金刚。达成铁路工程10月竣工。

包西铁路工程指挥部　驻陕西省绥德县龙湾开发区。指挥长赵中华,党委书记姜永保。职工21人。全年完成施工产值71728万元。

京沪高速铁路工程指挥部　驻安徽省固镇县谷阳路222号。指挥长、党委书记习仲伟。完成施工产值15.51亿元。

(郑凤华)

【职工队伍】 职工19193人,其中干部5823人。干部中专业技术干部5485人。其中,工程专业3939人;经济专业455人;会计专业578人;政工专业385人;其他专业128人。具有高级专业技术职务的551人、中级职务的1378人、初级职务的2845人,分别占技术干部总数的10.1%、25.1%、51.9%。

工人13360人,其中技术工人8564人,占工人总数的64.1%。6181人取得国家职业资格证书。其中,初级工555人;中级工1448人;高级工3297人;技师808人;高级技师73人。

(王银生　李　爽)

【工程施工】 2009年在建工程336项。其中,铁路64项;公路151项;房屋建筑10项;市政68项;水利、水电、地铁等工程43项。重点工程进展情况:

广深港铁路客运专线福田站及相关工程ZH-4标段　正线全长11.429公里,合同投资434495万元。2008年10月开工,计划2012年9月竣工。主要工程量:福田站1023米,益田路隧道6236延长米,皇岗隧道3942延长米。2009年完成投资137543万元,开工累计完成投资149765万元,占合同投资的34.5%。

京沪高速铁路淮河特大桥工程　标段长50.465公里,占淮河特大桥全长的59%。合同投资373000万元。2008年2月开工,计划2012年12月竣工。主要工程内容包括制架梁、现浇梁、无砟轨道、改移道路等,铺设无砟轨道157.52公里。2009年完成投资150000

万元，开工累计完成投资240000万元，占合同投资的64.3%。

天津集疏港公路二期中段津沽一线立交至疏港二线立交工程　正线长5.886公里，合同投资12.198亿元。2008年9月29日开工，计划2011年9月29日竣工。主要工程为津沽公路立交、海河大桥和临港立交。按高速公路标准建设，设计行车时速80公里；主线高架为双向8车道，地面车道为双向6车道。2009年完成投资24447.3万元，开工累计完成投资24867.3万元，占合同投资的20.4%。

深圳市地铁2号线东延线土建工程2224标段　包括2座明挖车站和3段盾构区间，合同投资49259.5万元。2008年5月28日开工，2010年4月30日竣工。2009年完成投资15269万元，开工累计完成投资22151万元，占合同投资的49.8%。

包西铁路通道省界（陕西）至张桥段工程　正线长119.8公里，合同投资13亿元。2007年11月开工，计划2010年8月31日竣工。主要工程量：隧道13座21482延长米；特大桥14座14824.83延长米，大桥25座5592延长米，中桥24座1987.42延长米；涵洞378座；路基土石方523.7万立方米，附属工程浆砌混凝土片石29.4万立方米；预制梁635孔。2009年完成投资75543万元，开工累计完成投资112529.2万元，占合同投资的86.6%。

达成铁路扩能改造遂宁站至石板滩站新建双线铺架工程　线路长111.76公里，合同投资113619万元。2005年12月10日开工，2009年10月竣工。2009年完成投资49000万元，开工累计完成投资113619元，占合同投资的100%。

大瑞铁路大理至保山段1标段　长8811.5米，合同投资37195万元。2008年8月1日开工，计划2013年2月28日竣工。主要工程：阿克路隧道进口段4223延长米，秀岭隧道泄水洞1480延长米，顺濞河大桥150.71延长米，太平车站。2009年完成投资10243万元，开工累计完成投资19502.5万元，占合同投资的52.43%。

南同蒲铁路榆次西至侯马北段电气化扩能改造工程NTDG－1标段　合同投资33866万元。2008年10月20日开工，计划2010年6月20日竣工。2009年完成投资15600万元，开工累计完成投资35930元，占合同投资的10.6%。

太中银铁路ZQ－Ⅰ－2标段　长16.7公里，合同投资25354.5万元。2006年9月开工，2008年11月竣工。主要工程量：路基土石方196万立方米，桥梁14座4795.03延长米，涵洞32座1016.03横延米。2009年完成投资37563万元，开工累计完成投资41086.5元，占合同投资的162%。

北京地铁8号线二期工程土建工程03合同段　合同投资21373万元。2008年12月1日开工，计划2013年2月3日竣工。主要工程为回龙观东大街站和回龙观东大街站至霍营站明挖区间。2009年完成投资6124万元，开工累计完成投资6124元，占合同投资的28.7%。

成都地铁2号线一期工程土建工程9标段　合同投资18531.6万元。2008年8月开工，计划2011年3月竣工。主要工程为白果林站至中医学院站、中医学院站至通惠门站、通惠门站至将军衙门站3个区间及其附属结构，区间采用盾构法施工。2009年完成投资5334万元，占合同投资的28.8%。

天津地铁2号线19标段　正线长21.652公里，车站10座。合同投资13088.9万元。2009年2月10日开工，计划2010年12月31日竣工。2009年完成投资2876.6万元，占合同投资的22%。

吉林长珲高速公路图珲段02合同段　长16.88公里，合同投资58596万元。2007月6月1日开工，计划2010年9月31日竣工。2009年完成投资18672万元，开工累计完成投资49509万元，占合同投资的84.5%。

云南昆明市主城二环路快速系统改扩建工程东南二环段BT项目　长1011.8米，合同投资34400万元。2008年9月20日开工，2009年9月20日竣工。全年完成投资29400万元，开工累计完成投资34400万元，占合同投资的100%。

南京长江隧道右汊桥梁工程　位于江苏省南京市，合同投资25195万元。2006年9月25日开工，2008年12月30日竣工。主要工程量：江心洲右汊桥梁665延长米，接线道路320.5米，公路690米，跨线桥325.08延长米及4条单向右转匝道1240米。2009年完成投资3450万元，开工累计完成投资25195万元，占合同投资的100%。

青岛海湾大桥土建工程9标段　长1747.319米，合同投资13537万元。2007年5月开工，计划2010年2月竣工。2009年完成投资3662万元，开工累计完成投资7661.61万元，占合同投资的56.6%。

郧县汉江公路二桥工程　位于湖北省郧县，横跨汉江，是南水北调中线工程丹江口水库库区的一项淹没复建替代工程，也是郧县城市总体规划交通路网的骨干工程。全长2098.3米，合同投资21317.7万元。2008年11月12日开工，计划2012年4月12日竣工。2009年完成投资6116万元，开工累计完成投资6116万元，占合同投资的28.7%。

尼泊尔马兰奇引水隧道工程　长26.284公里，合同投资47002万元。合同工期2009年4月~2013年9月,2009年未开工。主要工程量:隧道断面12.7平方米,隧洞开挖350887立方米,喷射混凝土30587立方米,衬砌混凝土39962立方米;首部枢纽土方开挖62050立方米,浆砌石6125立方米,混凝土13340立方米。

沙特南北铁路CTW-200标段　长510公里,其中正线457.7公里、站线52.5公里。合同投资25684万元。2007年9月1日开工,计划2010年7月30日竣工。2009年完成投资8060万元,开工累计完成投资17391.4万元,占合同投资的67.7%。　(杨建国)

【经营管理】　工程经营。2009年,承揽工程任务192项,合同总额371.31亿元,完成总公司下达年度计划的111.5%。其中,铁路工程6项78.17亿元,占承揽总额的21%;公路工程91项184.73亿元,占承揽总额的49.8%;水利水电工程9项2.41亿元,占承揽总额的0.65%;房屋建筑1项0.17亿元,占承揽总额的0.05%;市政工程39项36.37亿元,占承揽总额的9.8%;其他工程43项21.19亿元,占承揽总额的5.7%;国外工程3项48.27亿元,占承揽总额的13%。

企业管理。按照现代企业制度要求,先后审议通过总经理工作报告,财务预算、决算方案,年度生产经营和收费计划、机械设备购置、企业内部机构调整方案及重大规章制度、企业发展战略与发展目标的制定等议案,形成董事会决议;修订完善集团公司章程、董事会议事规则、总经理工作细则、监事会议事规则等11项管理制度,制定《中铁十五局集团公司2010~2015年企业发展规划》,明确未来6年企业发展战略、主要经济指标和人才建设、科技发展、改革管理、文化建设、员工福利等企业发展目标。

安全质量。深入开展安全质量月、标准化工地建设、"安康杯"竞赛、群众性经济技术创新和"一法三卡"活动,狠抓责任目标的落实,确保集团公司安全质量平稳可控。集团公司连续8年被评为全国"安康杯"竞赛优胜企业。年内获中国建设工程鲁班奖1项、国家优质工程奖5项、省部级优质工程奖10项、中国铁建优质工程奖10项,获得全国质量信得过班组1个、国家级优秀QC小组1个、省部级优秀QC小组6个、中国铁建优秀QC小组5个。集团公司及子公司顺利通过质量、环境、职业健康安全管理体系复评审核。

财务管理。全面启用浪潮财务集中核算系统,开展会计基础工作考核,不断完善财务规章制度。全年实现营业收入1845078.5万元,发生成本费用1816857.5万元,实现利润28221万元。产值利润率1.5%,投资回报率27.4%,资产负债率90.4%,净资产收益率21.3%。上缴税金67597万元,其中营业税56069万元,企业所得税3544万元,增值税602万元。

人才队伍建设。全年接收各类毕业生1271名,其中硕士研究生1名、双学位生2名、本科生525名;开展海外预算专业人才、新闻宣传人才等公开招聘活动,通过发布招聘信息、报名、资格审查、面试、素质测评、考核、公布结果等流程,选聘社会专业人才20余名;接收顶岗实习学生150余名,接收安置军队转业干部及复员退伍军人19名。

审计工作。全年完成审计项目191项,占年度计划151项的126.5%。其中,经济责任审计23项;工程项目审计51项;财务收支审计32项;经济效益审计67项;后续审计4项;专项审计调查2项;其他项目审计12项。投入审计工天2869天,发现有问题金额10192.6万元。其中,违规违纪金额8616万元;不良资产1782.5万元;账目差错56万元。已纠正违规金额8616万元,提出审计建议590条。　(郑凤华)

【科技教育】　科技成果。年内完成重点科技开发项目27项,投入资金3363.6万元,获得股份公司科技进步一、二等奖各1项,河南省优秀工法5项。在京沪高速铁路轨道板生产中,自主研发的"一厂二线84块板"生产模式和综合施工技术具有国内领先水平,成为全线轨道板生产和标准化管理的亮点,京沪高速铁路股份有限公司和蚌埠指挥部先后两次在固镇轨道板场召开轨道板生产观摩会,树立了集团公司良好的社会形象。集团公司注册QC小组110个,5个QC小组被评为中国铁建优秀QC小组,4个QC小组被评为河南省工程建设优秀QC小组。

教育培训。举办培训班86期,培训职工3306人次,其中培训干部1911人次、培训工人1395人次。分两批对全集团179名副处职以上领导干部进行素质培训。选送11名副处级以上管理干部分别参加了总公司党校组织的领导干部任职资格、岗位培训班,选送9名优秀大学毕业生参加总公司党校组织的青年干部培训班。　(郑凤华)

【公安与综合治理】　公安处下辖5个公安分处、9个派出所。全年立刑事案件23起,破获21起,协破地方案件16起,抓获犯罪嫌疑人28名,打掉犯罪团伙2个,提请逮捕犯罪嫌疑人6名;收缴18枚假公章和犯罪嫌疑人用于诈骗活动的企业资质证书、营业执照等有关资质文件。　(郭乃瑞)

【党群工作】 党的工作。集团公司党委下辖党的基层党组织482个。其中,党委86个;总支部24个;支部372个。党员6779人。其中,在岗党员5144人;离退休党员1635人。(1)党委政治核心作用。集团公司党委积极参与企业带有根本性、方向性、长远性、全局性的重大问题决策,保证党和国家的方针政策在企业得到正确贯彻执行。在"双向进入、交叉任职"的领导框架下,集团公司党委对重大问题提出意见和建议,以书面形式反馈给董事会、经理班子,或由进入董事会、监事会、经理班子的党委成员,通过多种方式分别反映党组织的意见,使党组织的主张在企业决策中得到重视和体现。全年召开党委常委(扩大)会议5次,研究讨论干部人事调整、生产经营等重要事项;召开党委全委(扩大)会议3次,部署企业发展和党建思想政治工作等重要问题。(2)学习实践科学发展观活动。集团公司党委、35个所属单位党委、381个党支部的6570名党员和领导干部参加学习实践活动。各单位认真查找影响和制约企业科学发展的突出问题,通过多种形式广泛征求意见,集团公司收到20个单位输送的书面意见和建议532条,归纳梳理为10个方面32条,涉及企业长远发展的各个方面。(3)领导干部队伍建设。按照领导班子能力建设的基本要求和"德才兼备、以德为先"的用人原则,年内提升处级班子成员41人,调整交流122人,涉及20多个子(分)公司、指挥(项目)部,进一步优化了各单位领导班子的结构。(4)人才队伍建设。加大土木建筑等主要专业毕业生的引进力度,全年接收大专以上毕业生802名,其中本科528名;接收土木、试验、测量等专业的高职、技校毕业生469人,基本满足企业生产经营规模不断扩大对人才的实际需求。开展以提高操作技能为重点的岗位培训,全年举办培训班86期,培训职工3306人次,选送两名优秀大学毕业生参加清华大学英语培训班学习。(5)基层党组织建设。坚持完善组织体系,6个新组建单位及时建立党组织,7个单位党委增补党委委员,保证各项工作的连续性和党组织作用的正常发挥。"七一"期间,19个"五好党支部标兵"、56名"六好党员标兵"和18名优秀党务工作者受到集团公司党委表彰。(6)企业文化建设。加强项目文化建设,新上项目开工前,各单位对项目文化进行统一部署,高标准推进。加大工程文化建设力度,集团公司规范完善所属子公司机关文化建设,通过举办专题讲座等形式,提高单位的企业文化建设水平。年内,五公司被股份公司评为企业文化建设先进单位,广深港铁路客运专线、天津集疏港、太中银铁路项目部被评为企业文化建设优秀项目部,5人被评为企业文化先进个人。(7)思想政治工作。在形势任务教育、学习实践科学发展观、学习贯彻党的十七届四中全会精神等重要活动中,各级党组织广泛深入开展宣传教育活动,有力保证了以生产经营为中心的各项任务的完成。各级党组织加强思想动员,深入持久地抓好安全质量环保教育,充分调动职工的积极性和创造性,主动建功立业。集团公司和各单位组织举办系列活动,大力宣传新中国成立60年来取得的巨大成就和兵改工25年来企业取得的辉煌业绩,弘扬铁道兵光荣传统,进一步激发集团公司全体员工的爱国爱企热情。年内,集团公司获得股份公司"我与中国铁建征文"活动优秀组织奖。(8)党风廉政建设。全年受理信访举报48件,初查核实42件,了结15件;立案26件,结案21件;处分22人,有14人受到党纪处分,14人受到政纪处分,其中6人受到双重处分,4人受到刑事处理。

工会工作。集团公司工会下辖54个子公司、公司和直属单位工会,173个项目工会(工委),86个段(队)工会,725个工会小组;有工会会员19313人,专职工会干部67人。各级工会组织围绕中心,深入开展"四保四创"劳动竞赛、创建"工人先锋号"活动,以保增长促发展为重点的经济技术创新活动取得明显效果,全年支出劳动竞赛奖励经费1750万元,累计获得甲方劳动竞赛奖金2000万元。面向基层、面向重点项目,深入推进"安康杯"竞赛、"一法三卡"工作,提高职工的安全意识和安全素质,集团公司和二公司、五公司、六公司、七公司获得全国"安康杯"竞赛优胜企业称号,集团公司连续第8次获此殊荣;五公司二分公司获得全国"安康杯"竞赛优胜班组称号。成功举办集团公司第四届职工技能竞赛,职工技术创新成果受到河南省、股份公司奖励。以民主管理为重点的维权机制建设取得新成效,各级职代会、平等协商和签订集体合同制度进一步规范,企务公开得到深化。大力开展扶贫帮困工作,积极开展节日送温暖、"六一"助学活动,落实"三不让"承诺,2009年"双节"期间,集团公司筹集资金195万元,慰问24个单位的1223名困难职工。召开基层工会工作经验交流会,基层工会建设、工会工作得到进一步推进和加强。"建设新型工地社区"建家工作、"女职工权益保护专项协议"推进工作分别获得股份公司特色工作一、三等奖。9人分别获得省部级劳动模范和五一劳动奖章,1个集体获中华全国总工会表彰,3个集体获省部级表彰。

共青团工作。集团公司团委下辖62个基层团委、16个团总支部、215个团支部,其中子公司团委10个、公司级团委11个;有团员4170名,35岁以下青工7368名,专职团干部11名。深入开展"保增长促转型,我是青年我先行"主题实践活动,团结带领广大团员青年在企业改革发展和生产经营中发挥生力军和突击队作用,为促进企业又好又快发展作出应有贡献。集团公司团委被评为中央企业五四红旗团委创建单位,1个集体获中央企业五四红旗团支部称号,1个集体获得首届河南省志愿服务优秀组织奖,8个集体获得省部级以上"青年文明号"称号,7个集体分别获得河南省和中国铁建五四红旗团委(支部)称号;1人获河南省十大创新青年企业家称号,1人获得河南省五四青年奖章,1人获中国铁建"身边的青年榜样"称号,1人获第四届中国铁建十大杰出青年称号,26名团员青年获省市级"青年岗位能手"称号,6名团干部(团员)分别被评为河南省和中国铁建优秀团干部(团员)。 (张军权 袁伟娟 李建平)

【第一工程有限公司】 公路、市政公用、水利水电工程施工总承包一级,铁路工程施工总承包二级,土石方、桥梁、公路路基、公路路面、隧道工程专业承包一级资质企业。公司机关驻陕西省西安市经济技术开发区凤城二路13号。前身为中国人民解放军铁道兵第五师第二十一团,1984年1月集体转业并入铁道部,改编为铁道部第十五工程局第一工程处;2001年企业改制改称现名。董事长兼总经理杨运堂,党委书记廖由联。下辖23个项目部,7个分公司,21个建制工程队。职工1975人。其中,干部892人;工人1083人。专业技术人员585人,专业技术工人963人,高级技师1人。资产总额79111万元,其中固定资产原值8959万元、净值5112万元。机械运输设备725台(套),总功率11576千瓦,动力装备率5.85千瓦/人,技术装备率12429.9元/人,完好率90%,利用率75%,设备新度系数0.45。综合施工机械化程度80%。

2009年承揽工程任务229985万元,完成施工总产值143640万元,实现利润(减亏)1900万元。全员劳动生产率44476元/人年,在岗职工年人均收入27350元,国有资产保值增值率96.11%,净资产收益率-3.64%,产值利润率1.32%,投资回报率-3.64%,资产负债率91.89%。完成主要实物工程量:路基土石方470万立方米,桥梁17786延长米,隧道3937延长米,架梁796片,挡墙和防护及混凝土圬工7.38万立方米。

公司先后参与成昆、贵昆、南疆、兰新、宝成、达成、渝怀、青藏、襄渝二线、太中银、包西、京沪、广深港等30余条铁路干线、客运专线和山西太旧、湖北沪蓉西等50余条高速公路建设,以及以"引大入秦"为代表的水利水电工程和以中央电视台焦作影视城、焦作万方立交桥为代表的市政工程建设。施工的沪蓉西高速公路马水河特大桥以连续6个百米高墩、最高墩142米,在同类桥梁中排在亚洲第一;施工的国际招标项目"引大入秦"水利工程先门峡"倒虹吸"以高落差、大流量、大跨度在同类工程中排名亚洲之首。公司先后获得以原太高速公路、勉宁高速公路为代表的国家优质工程奖、以祁临高速公路为代表的中国土木工程詹天佑奖等工程大奖30余项。1996年7月在铁路基建系统率先通过ISO9002质量体系认证和UKSA国际标准体系认证,2004年1月通过环境、职业健康安全管理体系认证。 (公司办公室)

【第二工程有限公司】 公路、市政公用、房屋建筑工程施工总承包一级,铁路、水利水电工程施工总承包二级,桥梁、隧道、公路路基、公路路面、建筑幕墙工程专业承包一级资质企业。公司机关驻河南省焦作市工业路518号。前身为中国人民解放军铁道兵第五师二十二团,1984年1月集体转业并入铁道部,改编为铁道部第十五工程局第二工程处;2001年7月,企业改制改称现名。董事长古尊勇、李红星,党委书记白天贵,总经理彭跃立、李红星。下辖7个指挥(项目)部,3个分公司,4个直管项目部和24个建制工程队。职工2694人。其中,干部843人;工人1851人。专业技术人员835人,高级技师26人。资产总额10.87亿元,其中固定资产原值17165万元、净值7111万元。主要机械设备204台,动力装备率7.96千瓦/人,技术装备率29550元/人。

2009年承揽工程任务20.71亿元,完成施工总产值15.21亿元,实现利润1392万元。全员劳动生产率564587元/人年,职工年人均收入20661元。国有资产保值增值率106.21%,净资产收益率9%,产值利润率0.91%,投资回报率8.74%,资产负债率89.5%。完成主要实物工程量:路基土石方952.13万立方米,桥梁12177.42延长米,隧道6207.65延长米,涵洞5764.5横延米,房屋建筑2660.69平方米,挡墙及圬工17.6万立方米,预制梁1104片。

近年来,公司所承建的工程合格率一直保持在100%,单位工程优良率达到95.5%以上,有200余项工程被评为优质工程。其中,国家优质工程4项;省部级优质工程34项。1项工法被评为河南省优秀工法。公司两度被评为全国优秀施工企业,连续15年跻身河南省施工企业50强行列,连续16年保持中国建设银行河南分行AAA级信誉,连续5年获河南省守合同重信用企业称号,公司领导班子连续9年被中国铁建评为"四好领导班子"。1996年,公司率先在本系统通过ISO9002质量体系和英国皇家皇冠UKAS质量体系双认证,1998年率先在中国铁建系统导入CIS现代经营技法,2003年11月21日顺利通过质量、环境、职业健康安全管理体系认证,2005年3月在河南省首批取得

“安全生产许可证”。公司先后获全国守合同重信用企业、全国“安康杯”竞赛优胜企业、国家计量合格单位、国家档案目标管理二级单位和铁道部安全生产先进单位、遵守财经纪律先进单位、设备管理先进单位、先进党组织及河南省文明单位、施工企业50强金冠榜、百强企业、2008～2009年度建筑业骨干企业、建筑施工企业综合实力50强、模范职工之家、建筑业统计工作先进单位、社会治安综合治理先进单位、治安模范单位、政治工作优秀企业、宣传思想工作先进单位、创建和谐劳动关系模范企业、“安康杯”竞赛优胜企业、企务公开民主管理先进单位等荣誉。（张军涛）

【第三工程有限公司】 地基与基础、钢结构、基电设备安装工程专业承包二级，压力管道安装、锅炉安装五级资质企业。公司机关驻河南省洛阳市火车西站。前身为中国人民解放军铁道兵第五师后勤部修理营，1984年1月1日集体转业并入铁道部，改编为铁道部第十五工程局机械厂；2001年12月改称机械设备有限公司，2005年6月企业改制改称现名；2008年2月与集团公司物资有限公司合并重组。董事长兼总经理李广军。下辖7个分公司，11个项目部，4个供应站。职工920人。其中，干部240人；工人542人。专业技术人员218人。资产总额41741万元，其中固定资产原值8535万元、净值5240万元。机械运输设备378台（套），动力装备率5.86千瓦/人，技术装备率4.3万元/人，完好率93%，利用率90%。

2009年承揽工程任务5.998亿元，完成企业总产值42481万元，实现利润469万元。全员劳动生产率461750元/人年，职工年人均收入23502元。国有资产保值增值率103%，净资产收益率4.24%，产值利润率1.42%，投资回报率13.02%，资产负债率82.23%，应上缴款完成率69%。

公司自组建以来，发展为集科研、制造、安装、施工为一体的综合型施工企业。获国家科技进步三等奖1项，铁道部科技进步二等奖2项，河南省科技进步一、二等奖各1项，中国铁建科技进步一等奖6项；获国家和省、部级优秀工法奖各1项，集团公司科技进步成果奖14项，创优质工程9项，免检工程3项。公司先后获得洛阳市文明单位、综合治理先进单位、“八五”科技进步先进单位、设备管理工作先进单位、技术管理工作先进单位和集团公司“四好领导班子”、党风廉政建设先进集体等荣誉。（李新民）

【第四工程有限公司】 公路、市政公用工程施工总承包一级，铁路、房屋建筑工程施工总承包二级，土石方、桥梁、隧道、公路路基、水土隧洞工程专业承包一级资质企业。公司机关驻河南省郑州市二七区新圃东街117号。前身系中国人民解放军铁道兵第五师二十四团，1984年1月1日集体转业并入铁道部，改编为铁道部第十五工程局第四工程处；2007年1月28日与科技工贸公司合并重组，7月企业改制改称现名。董事长兼总经理程金泉，党委书记王福增。下辖9个分公司、5个项目部和侯马办事处、职工医院。职工2668人。其中，干部667人；工人2001人。资产总额114743万元，其中固定资产原值19528.67万元、净值8989万元。主要施工设备162台，技术装备率1.3万元/人，动力装备率7.59千瓦/人，完好率85%，利用率80%。

2009年承揽工程任务16.28亿元，完成企业总产值13.29亿元，实现利润1150万元。人均创利4310元，全员劳动生产率226106元/人年，职工年人均收入21301元。国有资产保值增值率108%，净资产收益率7.74%，产值利润率0.87%，投资回报率2.55%，资产负债率90.03%。完成主要实物工程量：路基土石方693万立方米，涵渠4148横延米，桥梁12547延长米，隧道8106延长米。

公司连续11年被中国建设银行山西省分行评为AAA级信用等级企业，先后获得山西省先进单位、优秀企业、精神文明先进单位和铁道部铁路安全先进单位等荣誉。（蔡艳艳）

【第五工程有限公司】 公路、市政公用工程施工总承包一级，铁路工程施工总承包二级资质企业。公司机关驻河南省洛阳市瀍河区买家街123号院。前身为中国人民解放军铁道兵第五师第二十五团，1984年1月集体转业并入铁道部，改编为铁道部第十五工程局第五工程处；2001年11月企业改制改称现名。董事长、党委书记宫元生，总经理李文兵。下辖13个分公司、3个直属项目部。职工3136人。其中，干部681人；工人2455人。专业技术598人干部，专业技术工人859人，高级技师15人。资产总额136908万元，其中固定资产原值22343万元、净值10184万元。机械运输设备266台（套），技术装备率1.22万元/人，动力装备率7.09千瓦/人。

2009年承揽工程任务50.83亿元，完成施工总产值22.53亿元，实现利润2270万元。全员劳动生产率718431元/人年，职工年人均收入19993元。国有资产保值增值率113.91%，净资产收益率4.58%，产值利润率1%，投资回报率5.2%，资产负债率93.25%，应上缴款完成率73.57%。完成主要实物工程量：土石方1217万立方米，隧道17000延长米，桥梁22000延长米，涵渠5734横延米，高速公路78.8公里。

兵改工后，创省部级优质工程10余项，临侯高速公路赵康枢纽工程获山西省优质工程汾水杯奖和中国建设工程鲁班奖。先后创造高速公路高架桥预制顶推施工4.5天/节和高速公路隧道钻爆法单口全断月掘进和初衬318.33米等全国纪录。公司先后获得全国优秀施工企业、火车头奖杯、全路安全生产先进单位、河南省"安康杯"竞赛优胜单位、AAA级信用企业、五一劳动奖状、施工企业50强及洛阳市10强施工企业、五一劳动奖状、重合同守信用企业等荣誉。

（赵文彦）

【第六工程有限公司】 铁路、公路、市政公用工程施工总承包一级，房屋建筑、水利水电工程施工总承包二级，公路路基、公路路面、隧道、桥梁工程专业承包一级，铁路铺轨架梁工程专业承包二级和公路水运实验检测乙级实验室资质企业。公司机关驻河南省洛阳市邙山路4号院。前身是中国人民解放军铁道兵南疆线新建铁路管理处，1984年1月集体转业并入铁道部，改编为铁道部第十五工程局新线铁路运输处；2001年12月企业改制改称现名。董事长兼总经理薛学勇，党委书记党宏学。下辖38个指挥（项目）部，9个分公司及铁路运输处、综合队和人才、设备两个管理中心。职工2423人。其中，干部1205人；工人1218人。专业技术干部523人，高级技师15人。资产总额13亿元，其中固定资产原值3.33亿元、净值1.6亿元。机械运输设备422台（套），技术装备率13.7万元/人，动力装备率56.6千瓦/人。

2009年承揽工程任务16.59亿元。完成企业总产值18.67亿元，其中施工产值18.65亿元。实现利润2411.92万元。国有资产保值增值率114.03%，产值利润率1.29%，资产负债率89.88%，净资产收益率15.39%，应上缴款完成率92.89%。完成主要实物工程量：路基土石方436万立方米，桥梁4901延长米，隧道3859延长米，涵洞1376横延米，正线铺轨353公里，站线铺轨32公里，架梁2825孔，铺道岔167组，铺道砟90万立方米。

公司先后被评为中央企业先进集体、全国"安康杯"竞赛优胜单位、全国优秀模范职工之家、全国用户满意施工企业和中国铁建先进基层党委、模范职工之家、企业文化建设先进单位、抗震救灾先进集体、审计先进单位、工程公司建设先进单位，被河南省评为建筑施工企业50强之10强、AAA信用单位、模范劳动关系和谐企业，继续保持集团公司"四好领导班子"、党风廉政建设先进单位等荣誉。承建的黄骅港特大桥工程被评为国家优质工程银质奖，遂渝铁路铺架工程被评为铁道部火车头优质工程。2006年12月，公司创造日架32米梁14孔全国纪录；2009年，公司参建的遂渝铁路铺架工程获中国建设工程鲁班奖，武广铁路客运专线项目部获得火车头奖杯，柴木铁路项目部2009年6月22日创造高原日架梁14孔的最好成绩，刷新青藏铁路日架梁纪录。

（公司办公室）

【第七工程有限公司】 公路、房屋建筑、市政公用工程施工总承包一级，铁路工程施工总承包二级，桥梁、隧道、公路路面、公路路基、水工隧洞工程专业承包一级资质企业。公司机关驻河南省洛阳市洛常路6号院。2001年8月16日，由原中铁第十五工程局实业总公司、机械化工程公司、建筑工程公司改制重组而成。董事长兼总经理黄笑，党委书记孙彬。下辖5个分公司、14个直属项目部。职工1587人。其中，干部616人；工人971人。专业技术干部502人，技术工人629人。资产总额87527.77万元，其中固定资产原值10638万元、净值5259万元。机械运输设备253台（套），技术装备率1.65万元/人，动力装备率7.4千瓦/人。

2009年承揽工程任务23.23亿元，完成企业总产值13.91亿元，实现利润1283万元。全员劳动生产率876717元/人年，职工年人均收入15439元。国有资产保值增值率104.55%，净资产收益率13%，产值利润率1.16%，投资回报率8.95%，资产负债率88.88%。完成主要实物工程量：土石方191.11万立方米，隧道1838延长米，桥梁9812.47延长米，涵渠1327.29横延米，架梁890片。

近年来，公司被评为河南省重合同守信用企业、房地产开发与建筑施工企业"综合实力50强单位"、AAA信用等级企业，通过质量、环境、职业健康安全管理体系认证；参建的南京城市快速通道九华山隧道工程获中国建设工程鲁班奖。

（公司办公室）

【贵州中铁路桥工程有限公司】 市政公用工程施工总承包二级、混凝土预制构件专业二级、预应力工程专业二级资质企业。公司机关驻贵州省都匀市北工区。前身为铁道部第二工程局都匀混凝土预制厂，始建于1958年3月；2001年12月资产重组划归中铁十五局集团公司管理，2003年3月企业改制改称现名。董事长张启亮（4月免）、杨俊（4月任），总经理杨俊，党委书记朱留锁（7月免）、韦建平（7月任）。下辖5个直属单位，9个派出机构。职工1125人。其中，干部364人；工人761人。专业技术干部225人，专业技术工人52人。资产总额45109万元，其中固定资产原值9551万元、净值6002万元。机械运输设备451台，总功率16434千瓦，动力装备率14.54千瓦/人，技术装备率

1.78 万元/人,完好率 92%,设备利用率 70%。

2009 年承揽工程任务 9392.5 万元,完成施工产值 115832 万元,实现利润(减亏)807 万元。职工年人均收入 24327 元。国有资产保值增值率 113.44%,净资产收益率 10.3%,产值利润率 0.7%,资产负债率 89.8%。

自 1958 年建厂以来,工厂(公司)先后为川黔、湘黔、黔桂、南昆、广梅汕、外福、京九、石长、水柏、株六复线等多条铁路供应桥梁、轨枕、扣件,累计完成预制桥梁 6622 孔,其中现场制梁 1700 余孔,生产轨枕 1905 万根,为中国铁路建设、促进地方经济发展作出积极贡献。公司拥有国家 MA 计量认证合格证、混凝土一级试验室,被认定为国家档案目标管理二级企业,被贵州省评为百强企业、文明单位、地方纳税先进单位和铁道部物资仓储先进单位,连续 17 年获贵州省重合同守信用单位称号,质量体系通过国际 ISO9000 标准认证。

(王敬中)

【成都公司】 驻四川省成都市郫县犀浦镇珠江东街 16 号。前身为中铁十五局集团公司泸州工程指挥部、达成铁路工程指挥部、西南工程处、四川工程指挥部,2004 年 7 月与集团公司四公司成都分公司合并,2008 年 4 月改称现名。董事长、党委书记张新(4 月免)、古尊勇(4 月任),总经理田兴柏。下辖 6 个项目部、机械设备管理中心。职工 420 人。其中,干部 116 人;工人 304 人。专业技术干部 132 人,专业技术工人 145 人。资产总额 20104 万元,其中固定资产原值 4188 万元、净值 2487 万元。机械运输设备及检测仪器 145 台(套),总功率 21750 千瓦,动力装备率 51.79 千瓦/人,技术装备率 3.01 万元/人,完好率 86%,利用率 73%。年综合施工能力 5 亿元以上。

2009 年承揽工程任务 9.2 亿元,完成施工总产值 3.77 亿元,实现利润 18 万元。全员劳动生产率 83.21 万元/人年,职工年人均收入 24373 元。国有资产保值增值率 91.99%,净资产收益率 -29.84%,产值利润率 0.08%,投资回报率 0.33%,资产负债率 90.01%。完成主要实物工程量:隧洞 12 座 3672 延长米,桥梁 31 座 1635 延长米,涵洞 186 横延米,路基土石方 99.26 万立方米,圬工 20.6 万立方米。企业先后被四川省授予"铁路重点建设先进单位"和"质量无投诉示范单位"称号。

(石 刚)

【西北工程公司】 铁路、公路、市政公用、水利水电、房屋建筑、机电安装、城市轨道交通、地质灾害治理工程承包,隧道、桥梁、公路路基、公路路面、矿山工程专业承包资质企业。公司机关驻陕西省西安市东关柿园路 1 号。董事长、党委书记石险峰,总经理李文涛。下辖 16 个工程项目部。职工 478 人。其中,干部 245 人;工人 125 人。专业技术干部 199 人,专业技术工人 37 人。资产总额 39618.5 万元,其中固定资产原值 5395.6 万元、净值 4372.6 万元。机械运输设备 23 台(套),总功率 1554 千瓦,技术装备率 0.37 万元/人,动力装备率 3.14 千瓦/人,完好率 70%,利用率 96%。

2009 年承揽工程任务 9.09 亿元,完成企业总产值 4.56 亿元,实现利润 939 万元。全员劳动生产率 953974 元/人年,职工年人均收入 34700 元。国有资产保值增值率 57.02%,净资产收益率 3.29%,产值利润率 2.05%,资产负债率 85.95%。完成主要实物工程量:土石方 43.66 万立方米,隧道 1670 延长米,桥梁 3257 延长米,正线铺轨 109.67 公里,站线铺轨 17.44 公里,铺道岔 25 组,架梁 42 孔。

(公司办公室)

【重要记载】

▲1 月 15 日　五公司被河南省评为创建劳动关系和谐模范企业,西北公司董事长、党委书记石险峰被评为创建劳动关系和谐活动先进工作者;二公司被河南省评为企务公开民主管理先进单位,一公司沪蓉西项目部工会主席余福寿被评为企务公开民主管理先进个人。

▲3 月 20 日　股份公司副总裁兼总工程师夏国斌率股份公司广深港铁路客运专线专家组到集团公司承建的广深港铁路客运专线 ZH-4 标段福田车站工地检查指导工作。

▲3 月 27 日　七公司许涤非被河南省评为知识型职工先进个人,三公司被评为学习型组织先进单位,一公司工程 4 队被评为学习型组织先进班组。

▲4 月 3 日　集团公司工会被评为 2008 年河南省工会理论政策研究先进单位。

▲5 月 9 日　映秀至汶川高速公路开工动员大会在"5·12"重灾区映秀镇举行。成都公司承建该项目 A1 标段工程,长 3.2 公里,合同投资 2.19 亿元。

▲5 月　六公司大广南高速公路项目部获湖北省"青年文明号"称号,六公司铁路运输处团委获股份公司五四红旗团委称号,六公司京沪高速铁路铺架工区架梁一队劳务工刘空保获股份公司"优秀务工青年团员"称号。

▲6 月 10 日　中国首座自主创新型轨道板厂——京沪高速铁路固镇轨道板厂及其配套的拌合站、试验室顺利通过京沪高速铁路蚌埠建设指挥部组织的专家组评审验收。

▲6 月 22 日　六公司承建的青海省柴木地方铁路铺架工程创造日架梁 14 孔全国新纪录,打破青藏铁

路高原架梁 11 孔纪录。

▲6 月　由集团公司购进的意大利 FD60 型双轮铣成槽机，经过组装调试，在广深港铁路客运专线深圳市福田车站工地现场成功试运行。

▲7 月 10 日　国土资源部组织有关中央新闻媒体到中国第一制梁基地——集团公司京沪高速铁路磨盘张制梁场，对梁场在做好促进农民工再就业、拉大内需保增长及节约土地、耕地保红线的“双保”行动的做法和经验进行采访报道。

▲7 月 13 日　二公司和公司社区分别被河南省焦作市授予创建国家卫生城市先进单位、创建国家卫生城市先进社区称号。

▲7 月 16 日　集团公司党委表彰 19 个“五好党支部标兵”、56 名“六好共产党员标兵”和 18 名优秀党务工作者。二公司、六公司、西北工程公司、华北公司、华南公司、新疆公司、京沪高速铁路工程指挥部、武广铁路客运专线项目部被集团公司评为 2008 年度“四好领导班子”。

▲7 月 31 日　集团公司副总经理张海亮获河南省十大创新青年企业家称号。

▲7 月　一公司太中银铁路 208 国道特大桥主墩基坑施工 QC 小组获全国工程建设优秀质量管理小组二等奖。

▲8 月 3 日　集团公司尼泊尔工程公司承建的尼泊尔马兰奇引水工程举行开工奠基仪式。集团公司董事长、总经理许东坤出席开工典礼。

▲8 月 6 日　二公司承建的四川广元灾后重建工程——将瓷项目千佛崖隧道顺利贯通。

▲8 月 27 日　中南公司江西陶瓷产业基地铁路专用线举行开工典礼。

▲8 月 31 日　香港特区政府政务司司长唐英年、发展局常任秘书长麦齐光及 30 余名议员一行在四川省发展和改革委员会副主任刘媛等陪同下，视察成都公司承建的四川灾后恢复重建项目映秀至卧龙公路工程。

▲9 月 27 日　全长 62.7 公里的京承高速公路三期工程在北京市密云县举行竣工典礼通车仪式。北京市市长郭金龙出席竣工仪式。

▲11 月 11 日　南京公司承建的南京长江右汊大桥工程被评为江苏省建筑施工文明工地。

▲11 月 14 日　中国驻尼泊尔大使邱国洪率大使馆考察团专程考察集团公司尼泊尔工程公司承建的马兰奇引水项目建设工地。

▲12 月 16 日　沙特公司承建的沙特首都利雅得市教育部学校建设项目 2 号工地破土动工。

▲12 月 29 日　二公司承建的宁淮高速公路南京六合南互通立交工程、参建的国道 213 云南思茅至小勐养高速公路工程获国家优质工程银质奖。

（郑凤华）

中铁十六局集团有限公司

【简况】　中铁十六局集团有限公司系铁路工程施工总承包特级，公路、市政公用、房屋建筑、水利水电工程施工总承包一级，公路路面、建筑装修装饰、隧道工程施工专业承包一级，城市轨道交通工程专业承包和地质灾害防治工程施工甲级资质企业；同时拥有对外承包工程、劳务合作经营资质。公司机关驻北京市朝阳区红松园北里 2 号。前身系中国人民解放军铁道兵第十一、十三师合编后的铁道兵第十一师，1984 年 1 月集体转业并入铁道部，改编为铁道部第十六工程局；2000 年 1 月更名为中铁第十六工程局，2002 年 5 月 10 日企业改制改称现名。下辖 10 个子公司、14 个专业公司与分支机构。职工 17906 人。其中，干部 8621 人；工人 9285 人。专业技术干部 7239 人，占干部总数的 84%；技术工人 8412 人，占工人总数的 90.6%。资产总额 1258768 万元。其中，流动资产 1057750 万元；长期投资 306 万元；固定资产 153370 万元；无形及递延资产 37131 万元；其他资产 10211 万元。机械设备 2481 台（套），原值 263476 万元、净值 184176 万元，总功率 359565 千瓦，技术装备率 10.29 万元/人，动力装备率 21.17 千瓦/人。

2009 年，承揽工程 193 项，合同总额 3651512 万元。完成企业总产值 2168677 万元。其中，施工产值 2126183 万元；实现利润 41550 万元。全员劳动生产率 327307 元/人年，职工年人均收入 39350 元。净资产收益率 32.53%，产值利润率 2.03%，资产负债率 89.09%，成本费用占主营业务收入比重 98.1%，应上缴款完成率 100%。完成主要实物工程量：土石方 5824.8 万立方米，隧道 106239 延长米，桥梁 93575 延长米，涵洞 17380 横延米，铺轨 55.8 公里，铺设通信线路 40.3 公里、供电线路 25 公里，建成公路 121.7 公里，房屋建筑 34.22 万平方米。年内获中国建设工程鲁班奖 2 项、省部级优质工程奖 14 项、国家级工法 2 项，3 项工程创中国施工企业新纪录。集团公司获全国重质量守信用企业称号，通过北京市高新技术企业认证。集团公司秉承“同心创业、永做更好”的企业精神，以“建设管理科学、技术精湛、信誉最佳、行业领先的工程总承包企业”为目标，坚持“精品兴企、诚信立业”和“超常规、争第一”理念，在国家铁路、公路、市政及城市轨道交通、房屋建筑、水利、电力、机场码头等大批重点工程建设中屡创佳绩，先后获中国建设工程鲁班奖13项，国家优质工程银质奖9项，省部级优质工程奖121项，中国土木工程詹天佑奖12项；有6项施工技术获国家科技进步奖，12项工法被评为国家级工法，2项成果获全国企业管理现代化创新成果二等奖，9项工程创中国企业新纪录。先后获得全国先进施工企业、全国施工技术进步先进企业、全国思想政治工作优秀企业、全国优秀施工企业、全国“安康杯”竞赛优胜企业、全国工程建设质量管理优秀企业、全国行业质量示范企业、全国质量服务诚信示范企业、全国重质量守信用企业、中国优秀诚信企业、全国企业文化建设工作先进单位、全国施工企业管理优胜奖和北京市质量管理优秀企业等荣誉。先后通过质量、环境、职业健康安全管理体系认证及历次监督审核。（刘承宝）

【领导人员】

董事会

董事长	刘汝臣（5月免）
	覃正标（5月任）
副董事长	侯向东
	覃正标（5月免）
董事	刘汝臣（5月免）
	侯向东
	覃正标
	赵瑞亮
	刘安金
	程红彬
	江拔其
	郭品云
	李忠钦（7月免）
职工董事	薛瑞林

监事会

监事会主席	房光辉
监事	李忠心
	徐成才
职工监事	李禄宁
	周京波

经理层

总经理	赵瑞亮
副总经理	刘安金
	程红彬
	江拔其
	金跃良（10月免）
	赵国旗
总工程师	马　栋
总经济师	金跃良（10月免）
总会计师	李忠钦（7月免）

党群领导

党委书记	侯向东
党委副书记	刘汝臣（5月免）
	覃正标（5月任）
	赵瑞亮
	郭品云
	吴秀义
纪委书记	吴秀义
工会主席	薛瑞林

（阎晓萍）

【工程项目指挥机构】 郑西铁路客运专线工程指挥部　指挥长兼党工委书记程红彬。驻河南省洛阳市广文路2号解放军外国语学院招待所。

京沪高速铁路3标段项目部　项目经理兼党工委书记江拔其。驻山东省枣庄市薛城高新区光明西路惠众大厦。

贵广铁路工程指挥部　指挥长兼党工委书记赵国旗。驻广东省广宁县东乡。

兰渝铁路LYS－2标段项目部　项目经理兼党工委书记薛瑞林，常务副经理陈炳祥。驻甘肃省渭源县新源街30号。

哈齐铁路客运专线项目部　项目经理马栋，党工委书记兼常务副经理任灿伟。驻黑龙江省大庆市公安分局后面。

武广铁路客运专线项目部　项目经理郎建平。驻湖南省株洲市天元区江南路21号。

福厦铁路项目部　项目经理兼党工委书记王义水。驻福建省福州市城门镇谢坑北省军区机关副食品基地。

宜万铁路工程指挥部　指挥长胡振潮，党工委书记朱法。驻湖北省巴东县大支坪镇财政所。

宜万铁路W2标段工程项目部　项目经理兼党工委书记高增发。驻湖北省宜昌市点军区宜昌市商业银行江南支行三楼。

广昆铁路工程指挥部　指挥长兼党工委书记常志军。驻云南省安宁市禄裱镇大哨农场。

石武铁路客运专线河南段项目部　项目经理兼党工委书记张鸿鹏。驻河南省信阳市东双河镇大石门村银杏花园。

朔黄铁路扩能改造工程指挥部　指挥长刘安金，常务副指挥长兼党工委书记崔久忠。驻河北省黄骅市文化路东景宾馆。

青岛胶州湾隧道项目部　项目经理刘安金，常务

副经理兼党工委书记凌树云。驻青岛市市南区巫峡路23号。（刘承宝）

【职工队伍】 年末职工17906人。管理与专业技术人员8621人。其中，女性1856人，占21.5%；少数民族353人，占4.1%。学历结构：大学本科及以上5016人，大专2803人，中专455人，高中及以下347人，分别占58.2%、32.5%、5.3%、4%。年龄结构：35岁以下6135人，36岁～40岁729人，41岁～45岁367人，46岁～50岁684人，51岁～54岁438人，55岁以上268人。有技术职务的专业技术人员7239人，占管理与技术人员总数的84%。其中，高级职务932人、中级职务1703人、初级职务4604人；工程系列5241人、经济系列459人、会计系列742人、卫生系列168人、统计系列23人、教育系列11人，档案、新闻、艺术系列6人，政工系列589人。

工人9285人。其中，固定期合同工5322人，占57.3；无固定期合同工3963人，占42.7%；女工1292人，占13.9%；少数民族491人，占5.3%。学历构成：本科及以上61人，占0.7%；大专高职442人，占4.7%；中专技校职高1684人，占18.1%；高中4287人，占46.2%；初中及以下2811人，占30.3%。年龄构成：30岁以下2206人，占23.8%；31岁～40岁2053人，占22.1%；41岁～50岁3220人，占34.7%；51岁～55岁1576人，占16.9%；56岁以上230人，占2.5%。技术工人8412人，占90.6%。获得国家职业资格证书的技术工人6313人。其中，高级技师71人；技师851人；高级工4065人；中级工869人；初级工457人。（阎晓萍 危跃荣）

【机械设备及管理人员】 年末拥有机械设备2481台（套），原值263476万元、净值184176万元，总功率359565千瓦，技术装备率10.29万元/人，动力装备率21.17千瓦/人。年内购置机械设备693台，原值120631万元；报废机械设备107台，原值3750万元；设备大修102台次，支出大修费549万元。拥有主要施工设备1289台（套），其中铁路机车21台、盾构机11台、架桥机6台、运梁车4台、提梁机6台、移动模架6套、挖掘机81台、装载机120台、压路机59台、各式起重机（塔式、门式、汽车）60台、混凝土拌和站（楼）73套、混凝土输送泵118台，混凝土搅拌运输车117台，大型自卸车193辆；设备成新率69.17%，完好率94.32%，利用率75.55%。

现有设备专业人员4672人。其中，高级工程师124人；工程师295人；助理工程师475人；技术员及其他管理人员527人；技术工人3093人。年内举办专业培训20期，培训各类人员595人。（梁文琴）

【工程施工】 2009年，承建工程241项，完成施工产值2126183万元，比2008年增长40.67%。其中，铁路工程54项，产值923058万元，占施工总产值的43.4%；公路工程72项，产值520441万元，占24.5%；房屋建筑工程14项，产值73950万元，占3.5%；市政工程49项，产值336221万元，占15.8%；水利工程8项，产值24578万元，占1.2%；电力工程13项，产值27031万元，占1.3%；机场工程6项，产值22049万元，占1%；地铁工程23项，产值192612万元，占9%；其他工程2项，产值6243万元，占0.3%。主要工程进展情况：

宜万铁路 承建16、W2标段工程，合同工期2004年6月～2009年4月。16标段长10公里，位于湖北省巴东县境内，主要由野三关、大支坪两座隧道及跨支井河中桥组成，合同投资96274万元。年内完成投资12366万元，开工累计完成投资90265万元，占合同投资的93.8%，主体工程基本完工。W2标段位于湖北省宜昌市点军区境内，长10.909公里，合同投资25739万元。主要工程量：土石方369.5万立方米，隧道6座5171延长米，桥梁8座3645延长米，车站房建3376平方米。年内完成投资1267万元，工程已完工。

武广铁路客运专线XXTJIII标段 位于湖南省株洲、湘潭市境内，线路长59.89公里，合同投资296397万元，合同工期2006年2月～2009年1月。主要工程量：桥梁66座27630延长米，路基30.01公里，隧道12座2250延长米，涵洞104座2188横延米，铺设无砟轨道道床124.7公里。2009年2月竣工。

郑西铁路客运专线ZXZQ02标段 位于河南省郑州至渑池段，线路长122.806公里，合同投资588682万元，合同工期2006年4月～2010年1月。主要工程量：土石方1285万立方米，隧道9座20003延长米，桥梁38座67782延长米，无砟轨道233.8公里，车站2座。年内完成投资59895万元，开工累计完成投资583870万元，占合同投资的99.2%。工程主体已完工。

京沪高速铁路土建3标段 位于山东省枣庄市至江苏省徐州市贾汪区境内，线路长86.797公里，合同投资505777万元。主要工程量：土石方727万立方米；桥梁35座48885延长米，预制箱梁1580孔，现浇连续梁48孔2363米，刚构连续梁30孔524米；滕州隧道1504延长米。2008年1月开工，计划2012年1月竣工。年内完成投资202089万元，开工累计完成投资362185万元，占合同投资的71.6%。

兰渝铁路LYS－2标段 位于甘肃省渭源、漳县境内,线路长69.96公里(含中国中铁十局集团15.9公里),合同投资354706万元。合同工期2009年2月~2014年7月,主要工程量:路基土石方158.85万立方米、站场土石方276.09万立方米,桥梁15座10300延长米,隧道13座49200延长米。年内完成投资60891万元,占合同投资的17.2%。

哈齐铁路客运专线3标段　位于黑龙江省大庆市境内,线路长64.599公里,合同投资432000万元,合同工期2009年10月~2013年10月。主要工程量:桥梁6座42227延长米,涵洞42座902.76横延米,路基22.372公里,无砟道床123.837公里,铺轨308.67公里,车站2座(安达站、龙凤站)。年内完成施工准备工作。

贵广铁路贺州至广州段GGTJ-11标段　位于广东省肇庆市境内,线路长59.2455公里(含中国中铁七局集团3.465公里),合同投资432102万元,合同工期2008年12月~2013年2月。主要工程量:土石方778.8万立方米,桥梁23座6967延长米,涵洞75座3424.28横延米,隧道27座36741延长米,铺架150.87公里。开工累计完成投资92659万元,占合同投资的21.4%。

福厦铁路站前工程1标段　位于福建省福州市、莆田市境内,正线长53.6公里,合同投资239672万元,合同工期2006年5月~2009年10月。主要工程量:土石方1547万立方米,隧道15座13738延长米,桥梁29座9753.3延长米,涵洞155座4737横延米,新建车站2座。年内完成投资44562万元,开工累计完成投资235213万元,占合同投资的98.1%。

石武铁路客运专线河南段SWZQ-9标段　位于河南省信阳市,线路长21.326公里,合同投资121067万元。合同工期2008年10月-2011年12月。主要工程量:路基土石方172万立方米,桥梁17座6033延长米,涵洞43座954.54横延米,隧道7座5709延长米,轨道工程42.65正线公里。年内完成投资81301万元,开工累计完成投资84315万元,占合同投资的67.1%。

成昆铁路广通至昆明段扩能改造工程3标段　位于云南省禄丰县至安宁市温泉镇境内,线路长30.82公里,合同投资85959万元,合同工期2007年10月18日~2011年6月15日。主要工程量:路基土石方161.8万立方米,隧道6座20.118公里,桥梁18座5.175公里,涵洞13座364.97横延米,无砟道床26.41公里。年内完成投资16524万元,开工累计完成投资53410万元,占合同投资的62.1%。

青藏铁路西格段增建二线关角隧道XGZHQ5-1标段　隧道位于青海省天峻县境内,总长32645延长米。集团公司承建的XGZHQ5-1标段正洞长17372延长米,合同投资135792万元,合同工期2007年11月~2012年4月。主要工程量:隧道开挖270.24万立方米,混凝土72.13万立方米。年内完成投资30520万元,开工累计完成投资45652万元,占合同投资的33.62%。

北京站至北京西站地下直径线ZJX1标段　承担崇外大街至宣武门隧道与轨道工程施工任务,线路长4136米。其中,明挖段230米;盖挖段110米;浅埋暗挖段775米;盾构掘进段3131米。轨道工程采用弹性支承块式整体道床。合同投资53024万元,合同工期2005年12月~2012年12月。年内完成投资2100万元,开工累计完成投资15476万元,占合同投资的29.2%。

北京地铁　承担6号线一期8标段、10号线二期11标段施工。6号线一期8标段工程合同投资87800万元,合同工期2009年4月~2012年9月。线路长3.746公里,包括两站(车公庄西站、车公庄站)三区间(白石桥南站至车公庄西站、车公庄西站至车公庄站矿山法施工及车公庄站至平安里站盾构)。年内完成投资6100万元,占合同投资的6.9%。10号线二期11标段工程合同投资81716万元,2009年3月5日开工,计划2012年11月竣工。工程位于北京市海淀区、丰台区,包括一个车站(莲花桥车站)三个区间(西局至六里桥、六里桥至莲花桥、莲花桥至公主坟区间盾构和浅埋暗挖)。年内完成投资9386万元,占合同投资的11.4%。

深圳地铁　承担4号线二期工程402标段和3号线3152标段施工任务。402标段包括莲花北站、上梅林站及区间隧道工程。车站采用半明挖或明挖法施工,区间隧道采用盾构法施工,合同投资27900万元,合同工期2006年11月~2010年8月。年内完成投资9479万元,开工累计完成投资24745万元,占合同投资的88.7%。3号线3152标段位于深圳市福田中心区,包括福田、少年宫、莲花村站及福田站至少年宫站区间盾构和少年宫站至莲花村站区间暗挖法施工任务,合同投资86306.71万元,合同工期2008年4月~2011年5月。年内完成投资44865万元,开工累计完成投资59093万元,占合同投资的68.5%。

杭州地铁　承担1号线九堡站和7、8号盾构标段与建华站及12、13号盾构标段施工任务,工程位于杭州市江干区。九堡站及7、8号盾构标段包括九堡站明挖法施工和红普路站至九堡站、九堡站至九堡东站、城站站至湖滨站区间盾构法施工任务,合同投资26378万元。2008年5月3日开工,计划2010年7月20日竣工。年内完成投资5087万元,开工累计完成投资

11846万元，占合同投资的44.9%。建华站及12、13号盾构标段包括建华站明挖法施工和建华站至彭埠站、湖滨站至龙翔桥站、龙翔桥站至凤起路站区间盾构法施工任务及七堡车辆段西出入线工程，合同投资25178万元，合同工期2007年8月~2009年11月。年内完成投资7463万元，开工累计完成投资14988万元，占合同投资的59.5%。

宝天高速公路 承建3个标段工程。BT5、BT6合同段位于甘肃省天水市东岔镇镜内，线路长6.74公里，合同投资37531万元，合同工期2005年9月~2010年1月。年内完成投资17298万元，工程于年底竣工。BT19合同段位于甘肃省天水市甘泉镇境内，线路长4.36公里，合同投资28248万元，合同工期2005年12月~2009年9月。年内完成投资8040万元，开工累计完成投资24608万元，工程按期竣工，质量优良。

南水北调穿黄工程Ⅱ-B标段 位于河南省郑州市黄河上游约30公里处，长19.3公里，合同投资30748万元，合同工期2008年8月~2010年3月。年内完成投资8248万元，开工累计完成投资25915万元，占合同投资的84.2%。 （刘承宝）

【经营管理】 工程经营。2009年，集团公司实施重难点项目全过程监控，施工生产实现平稳较快发展。全年完成企业总产值217亿元，占股份公司下达年度计划的120.6%，比2008年增长41.4%。抢抓历史机遇，规避经营风险，积极稳健地实施市场开发战略。年内承揽工程193项，新签合同总额365亿元，比2008年增加113.4亿元，增长45.1%。其中，新签铁路工程143亿元，占承揽总额的39.2%；新签铁路外工程222亿元，占承揽总额的60.8%。

安全质量。编制《工程项目标准化管理指导手册》，大力推行标准化管理，规范施工流程，全面落实安全终端责任制。加强安全质量队伍建设，完善制度体系，出台高风险隧道施工和危险源管理办法、安全隐患处罚及质量管理奖罚办法、长大隧道上场评审制度等一系列管理措施。加强重难点工程和高风险项目监控，完善信息化监控手段，制定应急预案，建立紧急逃生系统。加强铁路客运专线大型专用设备和盾构设备管理，实行机长负责制，落实安全管理责任，提高设备的完好率和安全性。加强高风险隧道风险控制，在架子队使用、衬砌距离、流程复制、地质超前预报等方面制定强制性措施，全年在建隧道174座403.38公里，多数工程管控良好。年内，宜万铁路野三关、大支坪隧道，广昆铁路秀宁隧道、西格铁路二线关角隧道出现突水突泥突石现象，现场实行危险源动态管理，观测监控及应急预案措施到位，全年未发生人员伤亡安全事故，工程质量合格率100%。参建的北京地铁5号线、新建遂宁至重庆铁路工程获中国建设工程鲁班奖，承建的京津高速公路第二通道工程通黄路立交桥等14项工程获省部级优质工程奖。有6个QC小组获2009年度全国工程建设优秀QC小组奖，3个QC小组获北京市优秀质量管理小组奖，6个QC小组获天津市优秀质量管理小组奖，5个QC小组获股份公司优秀QC小组奖。

经济管理。集团公司坚持走内涵式发展道路，强化内控，开源节流，实施联合创效，努力提高综合效益和经济增长质量，经济运行平稳。2009年实现利润3.15亿元，比2008年增长25.5%。银行贷款由8亿元降低到4.5亿元，负债率从2008年的95%下降到89%，货币资金存量20亿元。重视变更调差工作，全年实现变更索赔批复额55.7亿元。强化过程审计和监督，对10个工程公司及30个重点项目进行财务收支审计检查。加强法律事务管理，遗留问题处理取得新进展，全年收回长期债权投资4.24亿元。开辟新的增效渠道，京博、顺昌及北京工程公司的房地产业务取得初步成效，内蒙古东方君座合作开发房地产项目收益良好。启动铁路铺轨业务板块，年内承揽铺轨任务13亿元。

队伍建设。进一步加强工程公司建设，在投标协调、任务划分、资源配置上注重突出专业特点和定向培养，巩固强化独立施工能力，培育专业优势，提升企业核心竞争力和抗风险能力。全力保障集团公司所属单位投标和重难点工程的资金需求，调剂资金最多的单位超过4亿元。突出子公司的施工生产主体地位，实施扁平化管理，加大托管力度，让利基层。大力推进架子队建设，制定架子队建设管理办法，先后组建架子队115支，纳入正式编制。全面加强人才队伍建设，继续推行项目经理、总工程师竞聘制度。加强专业技术干部培养，从优秀技术工人中选拔聘任技术干部，重视待遇留人。全年有398人获得中级职称以上任资资格，接收各类专业大学毕业生1000余人，送外培训1200余人（次）。 （刘承宝）

【科技工作】 2009年继续贯彻“人才兴企、科技兴企、科技兴安”战略，集团公司通过北京市高新技术企业认证和北京市企业技术中心年度复审，建立中铁十六局集团工程数据库、技术中心网站，形成综合管理系统平台，提高企业创新能力。开发的“移动式龙门架吊篮”、“简易复合钢板桩”、“成型管片剪力销”、“一种移动模板”、“直流电动转辙机模拟试验器”5项科技成果获得国家实用新型专利，开发的“飞机滑行道下顶进长大箱涵施工工艺”获得国家发明专利;“巨型石材铺装施工工法”、“滨海地区软土地质网格式水冲法双排大口径顶管同时顶进施工工法”被评为国家级工法,“DSZ32 米/900 吨型上行式移动模架原位整孔制造双线铁路箱梁施工工法”、“200 公里时速弹性整体道床施工工法”被评为铁道部部级工法,“吹砂填筑深层软土路基施工工法”、“百米高墩外翻内爬模施工工法”被评为交通运输部部级工法;获得中国铁道学会科技进步奖 2 项,股份公司科技进步奖 6 项。年内与股份公司、集团所属工程公司和直管重点项目部建立视频会议系统;在长大隧道及重点桥梁、梁场、板场、拌合站等关键部位安装视频监控系统,现场施工进度、安全质量得到有效监控;隧道开挖面的围岩量测,超前地质预测预报信息收集及统计分析,城市地下及隧道工程出入洞人员信息自动登录系统的运用,有效地提升了企业的管理水平。（胡 薇）

【党群工作】 党的工作。2009 年,集团公司党委开展深入学习实践科学发展观活动,在历时 5 个月的学习实践活动中,各级党委紧紧围绕“党员干部受教育,科学发展上水平,人民群众得实惠”的要求,狠抓思想理论建设,坚持把理论学习贯穿活动始终,把领导带头贯穿活动始终,把突出实践特色贯彻活动始终,把边学边改、边查边改贯穿活动始终。坚持开展“四好领导班子”创建活动,通过民主评议、绩效考核等方式,增强各级领导干部的责任心和事业心,涌现了一批为职工群众认可的企业带头人,潘登华等 3 名子公司主要领导被股份公司评为中国铁建杰出人物。党员教育管理不断创新,开展“共产党员安全生产承诺”、“创岗建区”、“党员先锋工程”等党员主题实践活动,激发广大党员甘于奉献、攻坚克难、锐意进取的热情。成立集团公司党建研究会,召开首届年会,加强了企业党建工作的理论研究,取得一批研究成果。创新党员教育形式,在培育企业核心价值观上,充分利用电教手段,拍摄 6 部电视专题片宣传先进典型,调动员工生产积极性,这一创新形式获得北京市国资委宣传思想工作创新一等奖。进一步加强企业项目文化建设,及时修订集团公司《企业文化建设实用标准手册》,指导项目部现场管理标准化,昆明片的项目文化建设被云南省和昆明市誉为引领了整个云南建筑市场的文明工地建设。7 月 25 日,胡锦涛总书记视察四公司承建的昆明市二环改扩建工程菊华立交桥工地,对施工现场给予好评。以集团报、集团网站和工地简报、现场宣传栏等为载体,开展职工思想教育活动。加大对外宣传力度,提升企业的知名度和美誉度。

纪检监察工作。以落实建立惩防腐败体系 2008～2012 规划为抓手,开展向领导和管理人员赠送“廉洁自律友情提示卡”和“树立科学发展观,打造时代好作风”为主题的反腐倡廉宣传教育月及《国有企业领导人员廉洁从业若干规定》专题学习教育活动,促进领导人员廉洁自律。启动企检共建活动,与地方公检法纪机关建立协作配合及教育监督机制,并组成检查组,重点检查所属单位领导和管理人员落实党风廉政建设责任制情况。完善企业惩防腐败体系,修订《中铁十六局集团公司管理人员违纪违规行为处分规定》《中铁十六局集团公司党风廉政建设责任制实施意见》,出台《工程项目部纪检监察工作制度》《关于开展企检共建活动的规定》等规章制度。开展廉政风险防范管理工作,全集团 11593 人查找岗位风险点 49931 个,初步归纳合并为 196 类岗位 1047 个风险点,制定防范措施 1131 条。各级纪检监察部门全面落实案件线索排查制度,对重要案件实施督办或联合办案,组织实施百日办案联合行动,全年排查线索 43 条,初核线索 26 条,转立案 19 件,结案 22 件,处分 25 人。在严厉惩处各种违纪违法行为的同时,注重对企业经营管理人员的保护,对因坚持原则、严格管理、不徇私情而受到诬告错告的企业领导人员及因地方官员或业主人员问题受到牵连的企业领导或管理人员,在查清事实的基础上,旗帜鲜明地给予支持和保护。全年为 12 名领导管理人员澄清了问题,化解企业风险 7 起,保护了经营管理人员的积极性,维护了企业的发展稳定。开展整治亏损项目、三项招标制度落实情况、安全质量管理等多项效能监察和专项检查,促进企业管理水平和经济效益的提升。全年派出检查组 20 个,协助项目建章建制 224 个,提出工作建议 149 条;重点整治 18 个项目,5 个项目实现扭亏增盈,11 个项目遏制潜亏,累计减亏 1.48 亿元,发现案件线索 5 个,立案 5 件,处分 6 人。安全质量管理效能监察检查在建项目 91 个,现场发现并及时处置各类安全质量隐患 430 起,下达监察建议书 67 份,提出整改建议 186 条,监督兑现处罚 472 万元,兑现奖励 581 万元。对 115 个在建项目执行三项招标制度落实情况检查,发现并纠正违规招用劳务 23 起,违规物资招标 21 起,下达监察建议书 52 份,提出整改建议 137 条,清退外部队伍 3 支;现场监督三项招标 56 次,录用外部劳务队伍 252 支,设备、物资材料招标采购 226 项。2009 年,集团公司被股份公司评为效能监察先进单位,有 2 个工程公司和 3 名个人在股份公司党风建设和反腐倡廉工作会议上受到表彰;1 项调研成果获北京市纪检监察系统调研成果二等奖。

工会工作。集团公司各级工会组织围绕企业生产经营目标,推进架子队建设,年内在兰渝铁路助推项目部废除大包、全面推行架子队施工试点,落实职工主人翁地位,保证职工有组织、有生命力就业。开展“六比六看”等劳动竞赛活动,有8个项目部被评为集团公司“六比六看”综合优胜和先进单位,3个项目部被评为集团公司“五比五创”综合优胜和先进单位。职工技术创新和评先创模活动成果丰硕,有11条(项)合理化建议和技术改进成果分别获股份公司一、二、三等奖,15人被评为集团公司技术创新能手。全年获全国“安康杯”优胜企业1个、北京市“安康杯”竞赛先进企业3个;1人获得全国五一劳动奖章,1人被评为全国“安康杯”竞赛组织工作先进个人,1人被评为中央企业劳动模范,2人获得火车头奖章,4人获股份公司“工人先锋号”标兵称号;集团公司评出劳动竞赛优秀组织者6名、劳动模范51名、先进工作者51名、优秀务工人员100名。维护职工权益,以职工工资为主加强集体合同协商工作,集团公司工会向各子公司委派协商代表,对职工工资增长、最低工资、企业年金等集体合同主要内容开展实质性协商,采集录像等影音资料,推动了集体合同中职工劳动待遇标准的明显提高,2009年职工平均工资39350元,比2008年增长14.2%。职工息工待岗率1.9%,达到控制目标。社保基金足额缴纳,各单位“五险一金”缴纳率100%,个别单位长期拖欠的职工医疗费年内全部报销和支付。兑现“三不让”承诺,全年筹集送温暖和“三不让”基金1235万元,助困、助医、助学3123人(次),拨付送温暖和“三不让”基金732万元。集团公司再次获北京市创建和谐劳动关系先进企业称号,有7个单位被评为集团公司创建和谐劳动关系模范企业,12个单位被评为集团公司履行集体合同先进单位。加强基层工会建设,集团公司和所属子公司、分支机构及130多个项目部、128个成建制施工队均建立工会组织,全集团有专兼职工会干部238名,职工入会率、单位建会率100%。认真履行职代会的五项职权,全年民主评议领导班子成员和项目经理398名,优良率96.3%。各级职代会提案298条,落实279条。职工提出合理化建议350条,采纳220条,实施156条,创造经济价值990余万元。企务公开成绩显著,集团公司被北京市评为企务公开民主管理先进单位,7名工会干部、4个子公司分别被中国铁建工会评为先进工会工作者和先进工会组织。巩固建家建线成果,新上项目按照建家建线标准一步到位,年内建成省部级模范职工之家1个,集团公司模范职工之家26个,集团公司被北京市评为第七届职工艺术节优秀组织单位、国庆60周年活动先进集体、“迎国庆、讲文明、树新风”活动先进单位。开展“创建学习型组织,争做知识型职工”活动,年内组织在京职工和农民工参加北京市素质教育工程五大模块学习,全年送外培训职工1200余人(次),在岗培训职工3000余人(次),职工素质明显提升。各级女职工组织积极开展争当“巾帼四杰”(学习创新之杰、岗位奉献之杰、支援一线之杰、和谐文明之杰)活动,2个女职工委员会分别被评为全路先进女职工组织和全国总工会巾帼建功集体,2名女职工获北京市优秀创新女职工称号。

共青团工作。(1)组织建设。将青工委的建立和建设纳入基层建设的重要内容,在基层新建项目部试行基层团干部公推直选制度;启动团(工)委书记述职制度,建立各级团干部定期与团员青年谈话制度;继续推行共青团工作绩效考核制度,“五四”期间评选表彰15名优秀基层团干部。(2)服务生产。继续开展“青年岗位能手”和青年创新创效活动,在西格铁路二线关角隧道项目部成立8支“攻坚克险先锋青年突击队”,推荐三公司上行式双导梁移动模架技术参加“神华杯”第二届中央企业青年创新奖评选,对在京沪高速铁路建设中作出突出贡献的8支优秀青年突击队、4名青年技术创新标兵、4名青年管理标兵、8名“青年岗位能手”和8名优秀务工青年进行表彰。(3)青年活动。开展“与企业共奋进”主题征文活动,3000余名团员青年投稿,11月10日在集团公司机关举行“与企业共奋进”演讲比赛。(4)帮助青年成长成才。“导师带徒”活动进一步深化,推优荐才,推优入党,鼓励青年到基层专业架子队任职,积极创造条件帮助青年锻炼成长。年内,黄昌富被评为中央企业青年榜样,曹春被评为中央企业优秀共青团干部,蒋正伟等8名青年分别被评为北京青年榜样、北京市“青年岗位能手”,唐宏被评为北京市优秀团干部、黄君被评为优秀团员,王海明当选第四届中国铁建十大杰出青年,施振东被评为中国铁建“身边的青年榜样”。

(刘承宝　陈晓林　曹　春)

【第一工程有限公司】 公路、市政公用工程施工总承包一级,房屋建筑、铁路工程施工总承包二级,土石方、桥梁、隧道、公路路基、水工隧洞工程专业承包一级资质企业。公司机关驻北京市顺义区府前东街15号。董事长周灿华,党委书记王恒平,总经理孙胜臣。下辖12个分公司。职工2100人。其中,干部978人;工人1122人。技术干部938人,占干部总数的95.91%;获得国家职业资格证书的技术工人669人,占工人总数的59.63%。资产总额185167.44万元。其中,固定资产净值29348.6万元;流动资产152670.45万元;其他资产3148.39万元。机械运输设备585台(套),原值40591.41万元、净值33479.36万元,总功率65277千瓦,技术装备率19.2万元/人,动力装备率30.82千瓦/人。

2009年承揽工程任务125000万元,完成企业总产值254003万元,实现利润1915.49万元。净资产收益率20.27%,产值利润率0.76%,资产负债率94.59%,成本费用占主营业务收入比重99.24%。完成主要实物工程量:土石方596万立方米,桥梁17868延长米,隧道10709延长米,涵渠1102横延米。年内,2项工程分别获中国建设工程鲁班奖和北京市长城杯优质工程银奖,2项工法被评为公路工程部级工法。

公司先后获得北京市优秀管理企业、北京市资信一级企业、首都精神文明单位、全国"安康杯"竞赛优胜单位等荣誉,获国家或省部级优质工程32项。其中,中国土木工程詹天佑奖1项;中国建设工程鲁班奖4项;国家优质工程银质奖2项;北京市长城杯优质工程银奖1项;火车头优质工程奖3项。51项科技成果获集团公司、股份公司及省部级科技进步奖,获国家级工法2项、公路工程部级工法2项、股份公司工法5项。公司通过质量、环境、职业健康安全管理体系认证。 (郭 芹)

【第二工程有限公司】 市政公用、房屋建筑、公路、铁路工程施工总承包一级,桥梁、隧道、土石方、公路路基、钢结构工程专业承包一级资质企业。公司机关驻天津市河东区万新村三区。董事长任海顺,党委书记马金彪,总经理郭瑞。公司下辖9个分公司、6个直属单位和秦皇岛办事处、沧州办事处。年末职工2741人。其中,干部1314人;工人1427人。技术干部1244人,占干部总数的95%;技术工人1201人,占工人总数的81%。资产总额193800万元。其中,固定资产24058万元;流动资产167700万元;其他资产2042万元。机械运输设备357台(套),原值16390万元、净值12659万元,总功率29587.35千瓦,技术装备率5.86千瓦/人,动力装备率10.57千瓦/人。

2009年承揽工程任务309000万元,完成施工产值279400万元,实现利润3631万元。完成主要实物工程量:土石方739万立方米,桥梁7875延长米,隧道9029延长米,涵洞1383横延米,房屋建筑45370平方米。承建的大港油田经济适用房工程获天津市海河杯优质工程奖。公司入选中国铁建工程公司20强,排名第7位;入选天津市企业100强,排名第84位;获全国安全文化建设10强单位称号。

公司有40项工程获国家、省部级优质工程和科技进步奖。其中,中国建设工程鲁班奖4项;国家优质工程银质奖3项;中国土木工程詹天佑奖3项;全国十大建设科技成就奖1项。1项工程创中国企业新纪录。公司信用等级AAA级,先后获全国优秀施工企业、全国设备管理优秀单位、全国守合同重信用企业、天津市先进施工企业、天津市守合同重信用企业等称号,公司领导班子多次被股份公司评为"四好领导班子"。 (李清芳)

【第三工程有限公司】 公路、市政公用工程施工总承包一级,房屋建筑、铁路工程施工总承包二级,桥梁、隧道、机场场道、土石方、公路路基工程专业承包一级资质企业。公司机关驻浙江省湖州市湖东路288号。董事长郝孟广,党委书记古春生,总经理王勤荣。下辖7个建筑安装工程分公司和1个物业分公司。职工1871人。其中,干部1004人;工人863人。专业技术干部863人,占干部总数的86%;技术工人675人,占工人总数的77.9%。资产总额161192万元。其中,流动资产144387万元;固定资产净值13143万元;无形及递延资产3662万元。机械设备312台(套),原值12970万元、净值9018万元,总功率41543千瓦,技术装备率4.82万元/人,动力装备率22.2千瓦/人。

2009年承揽工程任务227000万元,完成企业总产值256438万元,实现利润4150万元。全员劳动生产率137070元/人年,人均创利2万元,职工年人均收入3.2万元。净资产收益率15.84%,产值利润率1.5%,资产负债率85.73%,成本费用占主营业务收入比重98.49%。应上缴款完成率100%。完成主要实物工程量:土石方816.5万立方米,桥梁19163延长米,隧道17032延长米,建成公路49.7公里,房屋建筑6286平方米。公司开发的"DSZ32米/900吨型上行式双导梁移动模架现浇双线铁路箱梁综合技术"获第二届中央企业青年创新优秀奖。公司获湖州市劳动关系和谐企业称号,公司领导班子被评为集团公司"四好领导班子"。 (邢咏萍)

【第四工程有限公司】 房屋建筑、公路、市政公用工程施工总承包一级,铁路工程施工总承包二级,桥梁、隧道、建筑装饰装修、公路路基、刚结构工程专业承包一级资质企业。公司机关驻北京市怀柔区迎宾中路2号。董事长胡振潮,党委书记刁常海,总经理向大强。下辖物资租赁中心、机械设备租赁中心、物业管理中心、铁鑫水泥制品有限公司4个单位。职工2419人。其中,干部1281人;工人1138人。专业技术干部1103人,占干部总数的86.1%;技术工人989人,占工人总数的86.9%。资产总额153700万元。其中,流动资产135200万元;长期投资214.6万元;固定资产35700万元。机械运输设备267台(套),设备原值13882万元、净值6651万元,总功率23658千瓦,动力装备率10.36千瓦/人,技术装备率2.91万元/人,综合机械化施工程度96%。

2009年承揽工程任务205200万元,完成企业总产值301650万元,实现利润3597万元。完成主要实物工程量:土石方299万立方米,桥梁15703延长米,隧道22515延长米,公路16.8公里,房屋建筑19164平方米。年内获火车头优质工程二等奖1项。公司获北京市建筑业诚信企业和怀柔区百家经济贡献企业、建筑业先进企业称号,顺利通过质量、环境、职业健康安全管理体系审核。 (蔡友兰)

【第五工程有限公司】 铁路、公路、市政公用、水利水电工程施工总承包一级,房屋建筑工程施工总承包二级,桥梁、隧道、公路路基工程专业承包一级,铁路铺轨架梁工程专业承包二级资质企业。公司机关驻河北省唐山市丰润区光华道2号。董事长潘登华,党委书记樊志高,总经理李成杰。下辖10个工程队以及通信信号公司、物业管理中心、医院。职工2447人。其中,干部1192人;工人1064人。专业技术干部1144人,占干部总数的96%;技术工人1031人,占工人总数的97%。资产总额151310万元。其中,流动资产132430万元;固定资产17938万元;无形及递延资产903万元;其他资产36万元。机械动力设备304台(套),原值26921.3万元、净值17192.4万元,总功率46735.5千瓦,动力装备率18.41千瓦/人,技术装备率6.7万元/人,综合机械化施工程度96%以上。

2009年承揽工程任务432900万元,完成企业总产值280975万元,实现利润6168万元。全员劳动生产率114万元/人年,人均创利2.52万元。净资产收益率31.11%,产值利润率2.28%,资产负债率88.07%,应上缴款完成率100.12%。完成主要实物工程量:土石方923.5万立方米,桥梁10278延长米,隧道14340延长米,架梁1835片,单位工程合格率100%。年内顺利通过质量、环境、职业健康安全管理体系审核。公司先后获全国安全生产优秀施工企业、中央先进集体、唐山市守合同重信誉单位、河北省重质量守信誉单位、河北省诚信企业称号。 (冯爽)

【北京轨道交通工程建设有限公司】 市政公用工程施工总承包一级,房屋建筑工程施工总承包二级,隧道、地基与基础工程、起重设备安装工程专业承包一级,建筑防水工程专业承包二级,城市轨道交通工程专业承包资质企业。公司机关驻北京市通州区新华西街26号。董事长张化海,党委书记陈建军,总经理赵巨川。职工1198人。其中,干部983人;工人215人。资产总额120600万元,其中固定资产16100万元。拥有国际先进的德产盾构设备、日产顶管设备和架桥机等机械设备304台(套),总功率49540.94千瓦,技术装备率63.79万元/人,动力装备率41.35千瓦/人,机械设备利用率95.06%。

2009年承揽工程任务354300万元,完成企业总产值175000万元。其中,施工产值170000万元;机加工产值4996万元。实现利润2885万元,人均创利24082元。国有资产保值增值率341.91%,净资产收益率76.7%,产值利润率2.03%,资产负债率96.3%,应上缴款完成率100%。完成主要实物工程量:土石方235万立方米,隧道5886延长米,圬工9.9万立方米,房屋建筑13500平方米。公司被评为首都文明单位和北京市优秀建筑企业、质量AAA级单位、质量卓越单位、高新技术企业。获中国建设工程鲁班奖1项,北京市结构长城杯优质工程金奖2项、银奖1项,火车头优质工程奖1项;获实用新型专利2项,3项工程创中国企业新纪录。 (王艳文)

【路桥工程有限公司】 市政公用工程总承包一级,公路路面工程专业承包一级资质企业。公司机关驻北京市密云县新北路29号。董事长、党委书记焦森华,总经理付常新。职工956人。其中,干部494人;工人462人。技术干部464人,占干部总数的93%;技术工人353人,占工人总数的76%。资产总额62751万元。其中,固定资产原值14821万元、净值8634万元,流动资产56756万元。主要机械运输设备73台(套),原值9199万元、净值4069万元,总功率10037千瓦,动力装备率9.66千瓦/人,技术装备率3.92万元/人。

2009年承揽工程任务81700万元,完成企业总产值131170万元,实现利润1338万元。产值利润率1.02%,国有资产保值增值率126.06%,资产负债率96%。完成主要实物工程量:土石方186万立方米,桥梁8549延长米,隧道4051延长米,涵洞966横延米。年内,公司获首都文明单位和北京市"安康杯"优胜单位称号,1项QC成果获北京市优秀奖。 (崔凤英)

【铁运工程有限公司】 集铁路运输、工程施工、多种经营为一体的铁路工程施工总承包二级资质企业。公司机关驻河北省高碑店市兴华北路75号。董事长葛传国,党委书记赵雨章,总经理李照中。下辖5个专业段、2个铁路运营指挥部、3个工程分公司、3个基地物业管理公司。职工1816人。其中,干部451人;工人1365人。专业技术干部187人,技术工人320人。资产总额28401万元。其中,流动资产17519万元;固定资产9985万元。主要机械运输设备100台(套),其中铁路机车21台,总功率98200千瓦,技术装备率10.05万元/人,动力装备率51.32千瓦/人。

2009年承揽任务31928万元,完成企业总产值

46324万元。其中，施工产值28783万元；运输产值17541万元。实现利润1345万元。神朔铁路电力机车全年完成重车牵引3575列，运送货物量1498.39万吨，完成货物周转量248088.73万吨公里，总走行1476608公里，机车运用率96.64%，实现连续安全生产3288天；包神铁路内燃机车全年完成货物总重103410万吨公里，总走行526890公里，机车运用率80.29%，实现连续安全生产2894天；沙蔚铁路完成货物周转量44297.51万吨公里，总走行1039395公里，实现连续安全生产2580天。公司获全国“安康杯”优胜单位、集团公司2009年和谐劳动关系模范企业称号，公司党委被股份公司评为先进基层党组织，公司领导班子被集团公司评为“四好领导班子”。（李有福）

【电务工程有限公司】 铁路通信、信号、电力及建筑智能化、机电安装工程专业承包一级，电气化工程专业承包三级资质企业。公司机关驻北京市朝阳区楼梓庄乡皮村北巷甲2号。下辖4个分公司和通信服务中心。职工497人。其中，干部289人；工人208人。专业技术干部220人，技师与技术工人90人。资产总额27621万元。其中，流动资产26840万元；固定资产206万元；无形及递延资产574万元。机械设备51台（套），原值456.21万元，净值107.55万元，总功率2800千瓦。年施工能力5亿元以上。

2009年承揽工程任务60000万元，完成企业总产值36680万元，其中施工产值36540万元，实现利润662万元。单位工程合格率100%，优良率95%。净资产收益率21.49%，产值利润率2.29%，资产负债率88.89%，成本费用占主营业务收入比重97.61%。年内参建的遂渝铁路工程获中国建设工程鲁班奖，烟大铁路轮渡工程被评为山东省精品建设工程；公司获北京市2009年度“安康杯”竞赛优胜奖。公司先后获中国建设工程鲁班奖2项，省部级优质工程奖6项，股份公司优质工程奖9项，被业主评为优质样板工程7项。公司顺利通过质量、环境、职业健康安全管理体系年度审核。（刘 娜）

【北京工程有限公司】 房屋建筑、市政公用工程施工总承包一级，机电安装工程施工总承包二级，钢结构、建筑装修装饰工程专业承包一级，机场场道、桥梁工程专业承包二级，土石方工程专业承包三级资质企业。公司机关驻北京市朝阳区红松园北里2号。董事长兼总经理孔令键，党委书记王振喜。下辖5个专业分公司及地产投资开发工程有限公司、建筑工程设计有限公司、北建精业建筑工程有限公司。职工566人。其中，干部502人；工人64人。技术干部404人，占干部总数的80.48%；技术工人32人，占工人总数的50%。资产总额32126万元。其中，固定资产1075.22万元；流动资产31051万元。机械运输设备96台（套），设备原值1935.5万元、净值1395.5万元，总功率2074千瓦，动力装备率3.66千瓦/人，技术装备率2.5万元/人，综合机械化施工程度86.5%。

2009年承揽工程任务270318万元，完成企业总产值102749万元，其中施工产值92087万元；实现利润200万元。完成主要实物工程量：土石方184万立方米，隧道2512延长米，涵渠276横延米，房屋建筑161838平方米。国有资产保值增值率307.69%，净资产收益率0.43%，资产负债率68%，应上缴款完成率100%。公司承建的首都机场滑行道下顶进长大箱涵工程施工工艺获国家发明专利；承建的银川建发现代城工程被评为宁夏回族自治区及银川市安全质量标准化工地和安全生产、文明施工标准化工工地；首都机场国航综合业务楼工程获北京市建筑长城杯银奖。公司先后被评为北京市优秀诚信企业、质量AAA级单位、质量卓越单位，2009年获全国优秀施工企业称号，连续3年获全国重质量守信用企业称号，公司领导班子连续4年被集团公司评为“四好领导班子”。（贾鸣慧）

【重要记载】

▲2月26日 国家安全生产监督管理总局副局长梁嘉琨一行在天津市政府副秘书长王志铭等陪同下，到集团公司天津站交通枢纽工程项目部调研。

▲2月 集团公司甬台温铁路项目部被评为浙江省重点建设立功竞赛先进集体。

▲3月30日 中国铁建副总裁、总会计师庄尚标在集团公司副董事长覃正标、总会计师李忠钦陪同下，到四公司就责任成本管理进行调研。

▲3月 五公司女职工委员会被中华全国铁路总工会评为先进女职工组织，二公司、四公司工会女职工委员会分别被中华全国总工会、全国妇联授予女职工巾帼建功立业标兵岗、巾帼文明岗称号。

▲4月16日 集团公司北京地下直径线工程1标段项目部被评为全国AAA级安全文明标准化诚信工地。

▲5月4日 股份公司、股份公司党委研究决定：覃正标任中铁十六局集团有限公司董事长、党委副书记；刘汝臣不再担任董事长、董事，免去其党委副书记、常委、委员职务。

▲5月 集团公司获北京市厂（企）务公开民主管理先进单位称号。

▲7月2日 福建省省委书记卢展工视察集团公司承建的福厦铁路福州南站工程。

▲7月8日　劳南兴等7人被集团公司授予“技术创新能手”称号。

▲11月6日　中央纪律检查委员会副书记、监察部部长马馼在国务院南水北调办公室和河南省省委、省政府领导陪同下，到集团公司南水北调中线穿黄项目工地考察。

▲11月7日　中国企业联合会、中国企业家协会发布第14批中国企业新纪录。轨道公司南水北调团结湖至第九水厂输水工程3标段项目于2007年7月25日~8月25日实现月掘进1006.8米，创造国内盾构施工月掘进速度新纪录；首都机场APM项目部2006年首创研发的APM长距离混凝土走行面快速施工工法、APM走行面专用模具创造国内APM走行面施工新纪录；南水北调中线京石段应急供水工程大口径PCCP管道安装工程创造国内大口径管道安装施工新纪录。

▲12月10日　铁道部宜万铁路高风险隧道全面贯通表彰暨确保2010年全线开通运营动员大会在湖北省利川市召开。五公司宜万铁路项目部获得火车头奖杯，四公司项目部总工程师杨彦岭、五公司项目经理李卫兵获得火车头奖章。（刘承宝）

中铁十七局集团有限公司

【简况】　中铁十七局集团有限公司系铁路工程施工总承包特级，公路、市政公用、水利水电、房屋建筑工程施工总承包一级，桥梁、隧道、机场场道、公路路基工程专业承包一级，城市轨道交通工程专业承包、地质灾害治理工程施工甲级资质企业。公司机关驻山西省太原市平阳路84号。前身系中国人民解放军铁道兵第七师，1984年1月1日集体转业并入铁道部，改编为铁道部第十七工程局；1999年12月改称中铁第十七工程局，2001年9月企业改制改称现名。下辖第一、二、三、四、五、六工程有限公司和建筑工程有限公司、电气化工程有限公司、上海轨道交通工程有限公司、铺架公司、物资有限公司、山西铧兴工程检测有限公司、物业管理中心、中心医院。职工16602人。其中，在岗职工13255人；非在岗职工3347人。资产总额1648879万元。其中，流动资产1368800万元；固定资产原值447503万元、净值233663万元。机械动力设备4522台(套)，原值217335.79万元、净值145285.74万元，设备总功率385500千瓦，动力装备率24千瓦/人，技术装备率9万元/人，设备成新率67%。年施工能力200亿元以上。

2009年承揽工程任务88项，新签合同总额3604377万元。完成企业总产值2746473万元。其中，施工产值2692301万元；附营产值54172万元。实现利润38006万元。全员劳动生产率353503元/人年，职工年人均收入38517元。国有资产保值增值率137.06%，产值利润率1.38%，净资产收益率25.25%，资产负债率89.01%，投资收益上缴率100%，应上缴款完成率100%。完成主要实物工程量：土石方9590万立方米，桥梁286390延长米，隧道66930延长米，涵洞36280横延米，公路120.24公里，房屋建筑62.04万平方米，通信线路2022公里，供电线路1139.5公里。工程质量合格率100%。无职工因工死亡和重伤事故发生。年内获中国土木工程詹天佑奖1项，中国建设工程鲁班奖3项，国家优质工程银质奖1项，省部级优质工程奖14项；获中国铁建以上科技进步奖16项，其中获国家科学技术特等奖、一等奖各1项，广东省科学技术一等奖1项，中国铁建科技成果特等奖1项、一等奖2项、二等奖3项、三等奖7项；获国家级工法1项、省部级工法18项、股份公司优秀工法12项、企业级工法18项。顺利通过质量、环境和职业健康安全管理体系再认证审核。集团公司继续保持全国优秀施工企业、全国精神文明建设工作先进单位、全国守合同重信用企业、AAA级信用单位和山西省思想政治工作优秀企业、企业文化建设优秀企业、文明和谐单位标兵等荣誉。年内被山西省评为帮扶新农村建设先进单位、A级纳税人、首届百家信用示范企业，通过山西省高新技术企业年度审计审核，获山西省优秀高新技术企业和太原市自主创新示范企业称号。

兵改工以来获中国建设工程鲁班奖12项，国家优质工程奖9项，省部级优质工程奖90项；获中国土木工程詹天佑奖3项，国家科技进步(科技创新成果)奖5项，省部级科技进步(科技成果)奖23项，中国铁建科技进步奖112项。公司先后获得全国先进施工企业、全国优秀施工企业、全国先进建筑施工企业、全国工程建设质量管理先进企业、全国工程质量管理优秀企业、全国建筑安全生产先进单位、全国安全生产工作先进单位、全国质量效益型先进施工企业、全国守合同重信用企业、全国五一劳动奖状、中国优秀企业形象单位、全国模范职工之家、全国精神文明建设工作先进单位、全国企业文化建设工作先进单位、全国企业文化建设优秀单位、全国企业文化建设工作创新奖、全国建筑业科技进步与技术创新先进企业、全国精神文明建设工作先进单位、中国和谐社会建设最具责任感企业和创鲁班奖工程特别荣誉企业等荣誉，连续23年保持全国思想政治工作优秀企业称号。（孟庆财）

【领导人员】

董事会

董事长	瞿观鄞
副董事长	段东明
董事	瞿观鄞
	段东明
	李忠信
	孙中林
职工代表董事	宋占波

监事会

监事会主席	李德琛
监事	李德琛
	王关平
	彭长林
职工代表监事	徐炳信
	张文田

经理层

总经理	段东明
副总经理	郑余近
	孙中林
	吴万良
	韩贤文
	梁　毅
	卢　朋
	文　珂(5月任)
	王月幸(5月任)
总工程师	文　珂(5月免)
	杜嘉俊(5月任)
总会计师	李忠信
总法律顾问	李忠信(7月兼)
安全总监	韩贤文(7月免)
	王月幸(7月兼)

党群领导

党委书记	瞿观鄞
党委副书记	段东明
	王关平
	宋占波(5月任)
纪委书记	王关平(5月免)
	张学安(5月任)
工会主席	宋占波

（贺晓荣　芦安全）

【工程项目指挥机构】　武广铁路客运专线项目经理部　驻广东省韶关市韶南大道中核锦园大厦南国酒店。项目经理卢朋(集团公司副总经理兼),党工委书记邵光堂。

郑西铁路客运专线工程指挥部　驻陕西省西安市未央区阳光大道2号邮政大酒店。指挥长孙中林(集团公司副总经理兼),党工委书记王树国。

广深港铁路客运专线项目经理部　驻广东省东莞市虎门大宁社区西坊居民小组南园住宅区。项目经理蔚东绪,党工委书记杜树铭。

武广铁路客运专线武汉站项目经理部　驻湖北省武汉市青山区工业二路25号公园家小区A2。项目经理李新国。

太中银铁路工程指挥部　驻陕西省子洲县兴庆路。指挥长兼党工委书记眭爱宏,党工委副书记蒋克荣。

南昌枢纽西环铁路工程指挥部　驻江西省南昌县公园路粮食局招待所。指挥长卢朋(集团公司副总经理兼),常务副指挥长兼党工委副书记赵俊武。

海南东环铁路工程项目经理部　驻海南省海口市新大洲大道519号。经理郑余近(集团公司副总经理兼),常务副经理王宏敏,党工委书记邵光堂。

包西铁路通道陕西段工程指挥部　驻陕西省子长县刘家沟粮库。指挥长阎文生,党工委书记张水平。

京沪高速铁路土建工程1标段项目经理部　驻河北省廊坊市广阳道西段300号。经理段东明(集团公司总经理兼),常务副经理梁毅(集团公司副总经理兼),党工委书记张凤鸣。

厦深铁路(广东段)工程指挥部　驻广东省陆丰市东海镇东环大道。指挥长李春道,党工委书记李德禄。

汉宜铁路项目经理部　驻湖北省荆州市荆堤路85号。经理伍丛佳,党工委书记王孟钧。

石武铁路客运专线(河南段)项目经理部　驻河南省信阳市羊山新区龙飞山办事处。经理卢朋(集团公司副总经理兼),常务副经理郝占胜,党工委书记刘晋太。

津秦铁路客运专线项目经理部　驻河北省唐山市路北区西山道270号。经理吴建荣,党工委书记周化斌。

准朔铁路ZSXS－1标段工程指挥部　驻山西省朔州市地税局福园小区17号楼。指挥长吴建顺,常务副指挥长兼党工委书记鲁建生。

贵阳铁路枢纽工程指挥部　驻贵州省贵阳市小河区兴隆新村19栋。指挥长王国钧,党工委书记时均新。

南广铁路NGZQ－3标段项目经理部　驻广西壮族自治区贵港市覃塘区覃塘镇中山大道580号。项目经理王应权,党工委书记吴玉忠。

杭甬铁路客运专线工程指挥部　驻浙江省上虞市百官街道林光村。指挥长兼党工委书记韩贤文(集团公司副总经理兼)，党工委副书记杨学仁。

宁杭铁路客运专线工程指挥部　驻浙江省湖州市杨家埠。指挥长兼党工委书记卢朋(集团公司副总经理兼)，党工委副书记单联香。

成绵乐铁路工程指挥部　驻四川省江油市国税局青莲培训中心。指挥长王月幸，常务副指挥长李永珑，党工委书记徐海清。

石武铁路客运专线郑州东站工程指挥部　驻河南省郑州市管城区永平路。指挥长李新国，党工委书记王国柱。

阿尔及利亚东西高速公路西段V8标段项目经理部　驻阿尔及利亚国特莱姆森省布赫拉拉镇。经理李新月，党工委书记田志明。

安哥拉项目经理部　驻安哥拉共和国罗安达市。经理王学斌，党工委书记史全喜，常务副经理郭森。

(孟庆财)

【职工队伍】　职工16602人。其中，在岗职工13255人；非在岗职工3347人。干部6766人。其中，女干部1265人；少数民族干部203人。干部中专业技术干部6452名。其中，高级职务597人；中级职务1422人；初级职务3102人。工程技术人员4849人。其中，高级工程师360人；工程师998人。经济管理人员378人。其中，高级经济师62人；经济师67人。卫生技术人员247人。其中，正副主任医师43人；主治医师66人。会计人员532人。其中，高级会计师56人；会计师108人。统计人员17人。其中，高级统计师1人；统计师8人。政工人员415人。其中，高级政工师75人；政工师171人。教师9人，其中讲师1人。学历结构：高等院校学历6084名。其中，研究生学历31人；大学本科学历4412人；专科学历1641人。年龄结构：25岁以下1285人，26岁～30岁2758人，31岁～35岁665人，36岁～40岁632人，41岁～45岁355人，46岁～50岁426人，51岁～54岁404人，55岁～59岁241人。年内接收高校毕业生1928人，增加干部1465人，安置军转干部16人；减少干部141人，其中退休12人。

工人8965人。其中，女工1677人；少数民族31人；技术工人6901人。技术工人中获得职业资格证书的初级工275人，中级工2449人，高级工2935人，技师1051人，高级技师88人。主要工种：铁道行业1405人。其中，线路工461人；桥梁工258人；桥梁装吊工63人；桥隧工80人；隧道工284人；电力线路工7人；接触网工8人；轨道车司机14人；装载机司机191人；通信工21人；信号工8人。社会通用工种4520人。学历结构：初中以下2814人，高中2331人，中专(含中技)2493人，大专(含高职)1139人，本科及以上151人。年龄结构：30岁以下3559人，31岁～40岁1294人，41岁～50岁3106人，51岁～55岁780人，56岁～60岁187人。年内接收安置高职毕业生240名，调出6人，调入技术工人5人，退休106人；安置复员退伍军人27人，其中驾驶员12人、其他技术专业15人。

(徐沛江　尚宗国　张学文)

【铁路工程施工】　2009年，在建铁路工程49项，完成投资179125万元。完成主要实物工程量：土石方4059万立方米，桥梁249540延长米，隧道28845延长米，涵洞17026横延米，铺轨51.1公里。重点工程进展情况：

精伊霍铁路S6标段　位于新疆维吾尔自治区伊犁哈萨克自治区境内，长14.16公里，合同投资41636万元。合同工期35个月，2004年11月开工。主要实物工程量：区间路基土石方9566立方米；隧道6座16478延长米，其中天山隧道6813延长米、科克乔克3号隧道3420延长米、蒙马拉尔1号隧道1355延长米、蒙马拉尔2号隧道1130延长米、科克乔克2号隧道675延长米、科克乔克1号隧道120延长米；桥梁5座557.3延长米，其中大桥2座、中桥3座。2009年，北天山隧道正洞竣工通车，合同内工程全部结束，开工累计完成投资48804万元，占合同投资的117.2%。

宜万铁路外资第9标段　位于湖北省建始县境内，长15.166公里，合同投资20736万元。合同工期45个月，2005年4月开工。主要实物工程量：路基土石方197万立方米；大桥22座4505延长米，中桥1座64.84延长米；隧道7座1135延长米，涵洞30座1219横延米。2006年6月增加二线施工，增加特大桥1座721延长米、大桥1座130延长米、土石方39万立方米。合同总投资29894万元。截至2009年底，主要实物工程量基本完成，开工累计完成投资35383万元，占合同总投资的118.36%。

福厦铁路站前重点工程ZD－1标段　承建两个区段工程任务。黄晶岭2号隧道区段位于福建省长乐市、福清市交界处，木兰溪特大桥区段位于福建省莆田市境内。主要实物工程量：木兰溪特大桥6829延长米，黄晶岭隧道5727延长米。合同投资40653万元。2005年9月开工。截至2009年11月，黄晶岭隧道和木兰溪特大桥全部竣工，完成投资52761万元，占合同投资的129.78%。

贵阳铁路枢纽贵阳南编组站扩建站前线下工程2标段　位于贵州省贵阳市境内，合同投资39854万元。合同工期2005年12月～2008年6月。因征地拆迁纠纷，施工设计变化，工期推迟。主要实物工程量：区间路基土石方56.74万立方米，站场土石方390.83万立方米;桥梁21座1913.71延长米,其中大桥2座、中桥2座、小桥9座、公路桥8座;涵洞73座4175.99横延米,隧道2座440延长米。截至2009年底,开工累计完成投资45192万元,占合同投资的113.39%。

武广铁路客运专线第6标段　位于广东省韶关市,长54.07公里,合同投资260692万元。合同工期36个月,2006年2月开工。主要实物工程量:特大桥17座24096延长米,大桥11座2811延长米,中桥6座501延长米,跨线桥13座;制架箱梁517孔,现浇箱梁321孔;隧道15.5座10472延长米,涵洞119座;路基土石方310万立方米。截至2009年7月,工程全部结束,开工累计完成投资354856万元,占合同投资的136.12%。

武广铁路客运专线武汉站WGZF1标段　位于湖北省武汉市境内,长5.7公里,合同投资142512万元。2006年9月开工,计划2008年10月竣工。主要实物工程量:路基及附属土石方289万立方米;桥梁8023.33延长米,其中特大桥4座6526延长米;涵洞16座660横延米,站房29703平方米。截至2009年底,完成全部合同投资。

石武铁路客运专线(河南段)SWZQ-9标段　位于河南省信阳市至豫鄂省界之间,正线长60.624公里,合同投资382096万元。合同工期2008年10月~2011年12月。主要实物工程量:桥梁48.5座28106.36延长米,涵洞93座2148.74横延米,铺设双块板式无砟轨枕120.454公里。截至2009年底,开工累计完成投资135621万元,占合同投资的35.49%。

广深港铁路客运专线ZH-2标段　位于广东省境内,跨东莞与深圳两市。长53.372公里,合同投资297793万元。合同工期2006年8月~2008年8月。主要实物工程量:路基及附属土石方608万立方米,特大桥14座29513.48延长米,涵洞358横延米,隧道14391延长米。2009年,合同外增加车站1座,开工累计完成投资321348万元,占合同投资的107.91%。

郑西铁路客运专线KHZQ11标段　位于陕西省西安市,长50.25公里,合同投资297793万元。合同工期28个月,2006年10月开工。主要实物工程量:路基及附属土石方188.3万立方米;桥梁46063.1延长米,其中特大桥2座45947.6延长米;涵洞12座612.52横延米;整体道床54.3公里,铺轨20.81公里。2009年,新增西安北站土建工程。截至年底,完成路基土石方、西安北客站地基处理、灞河特大桥、无砟轨道施工和渭河特大桥剩余架梁146孔,开工累计完成投资302581万元,占合同投资的101.61%。

太中银铁路SJS-II标段　位于山西省子州县,长45.34公里,合同投资137905万元。合同工期35个月,2007年4月开工。主要实物工程量:路基土石方318.72万立方米;桥梁24座24697.8延长米,其中特大桥9座21945.9延长米、大桥10座2240.1延长米、中桥5座511.80延长米;隧道9座7923延长米,涵洞45座,车站2座,铺道床26.88万立方米。截至2009年底,开工累计完成投资139871万元,占合同投资的101.43%。

包西铁路通道包头至大保当段4标段　位于内蒙古自治区伊金霍洛旗境内,长18.1公里,合同投资30648万元。合同工期2007年5月~2009年11月。主要实物工程量:区间路基土石方240万立方米;大桥2座371.05延长米,小桥4座815.5顶平米,跨线桥4座170.4延长米;涵洞13座271.15横延米,隧道1座4370延长米。截至2009年底,开工累计完成投资26344万元,占合同投资的85.56%。

包西铁路BXS-1标段　北起内蒙古与陕西交界处,南止陕西延安北站。全长371.5公里,由集团公司牵头与中铁十九局集团公司联合中标,合同总投资45.9亿元,合同工期2007年11月~2010年5月。集团公司承担96.4公里线下及“三电”迁改工程施工任务,合同投资117713万元。桥隧占管段长46%,其中冒天山隧道14915延长米。截至2009年底,开工累计完成投资100664万元,占合同投资的85.52%。

南昌枢纽新建西环线工程XHZ2标段　位于江西省南昌市,长24.37公里,合同投资70936万元。合同工期2007年7月~2010年6月。主要实物工程量:路基土石方127.11万立方米;桥梁8座12307.24延长米,其中特大桥3座11629.38延长米、大桥1座375.7延长米、中桥3座276.7延长米、小桥1座25.46延长米;涵洞49座1107.56横延米,铺道床12.81万立方米。截至2009年底,工程全部完工,开工累计完成投资79164万元,占合同投资的111.6%。

海南东环铁路站前工程DHZQ-1标段　位于海南省海口市,长65.233公里,合同投资429165万元。合同工期2007年9月~2009年6月。主要实物工程量:路基土石方386万立方米;桥梁23座32131.8延长米,其中特大桥6座28302.6延长米,大桥12座3467.1延长米,中桥1座110.6延长米,框架桥4座251.5延长米;隧道1座3600延长米,站场5个,正线铺道砟15.5万立方米、铺轨130.5公里。新设车站5座。截至2009年底,开工累计完成投资378220万元,占合同投资的88.13%。

北同蒲应县至原平取直线工程BTQZ-2标段　位于山西省代县,起自雁门关隧道中段,终至原平界,长21.1公里,合同投资45367万元。合同工期2007年12月~2010年12月。主要实物工程量:雁门关隧道主洞出口段5940延长米，3号斜井1座1384延长米，桥梁18座3466.31延长米，涵洞46座，车站1座，路基土石方250万立方米，整体道床5.994公里，道砟9.1万立方米。截至2009年底，开工累计完成投资31136万元，占合同投资的68.63%。

京沪高速铁路JHTJ-1标段　承建北京南站交通枢纽（不含）至沧德特大桥跨104国道连续梁（不含）区段工程，长233.19公里，合同投资1669859万元。2008年1月开工，计划2011年底前完成建筑安装。主要实物工程量：路基土石方296.7329万立方米；桥梁21座225320.65延长米，其中北京特大桥48166延长米、天津特大桥117799延长米、青沧特大桥27885延长米、沧德特大桥18159延长米；涵洞39座1061.33横延米，站场3个；正线铺轨545公里，铺道砟8.8万立方米。截至2009年底，开工累计完成投资1314445万元，占合同投资的78.72%。

厦深铁路工程XSFJ-I标段　位于福建省漳州市，长5.98公里，合同投资29707万元。合同工期2008年8月～2010年10月。主要实物工程量：路基土石方13.6万立方米；九龙江特大桥4572.66延长米，东美大桥431延长米。截至2009年底，开工累计完成投资18705万元，占合同投资的62.96%。

厦深铁路XSGZQ-6标段　位于广东省揭阳市，长31.1公里，合同投资96178万元。合同工期2008年10月～2010年12月。主要实物工程量：路基土石方449.56万立方米，桥梁13座8326.96延长米，隧道7座2896延长米，涵洞77座2431.5横延米，站场1个。截至2009年底，开工累计完成投资59368万元，占合同投资的61.73%。

厦深铁路惠州南至深圳段站前工程XSGZQ-11标段　位于广东省惠州市惠阳区和广东省深圳市南海岸，长33.434公里，合同投资157609万元。合同工期2009年10月～2011年3月。主要实物工程量：路基土石方315.505万立方米，桥梁8座22465.98延长米，隧道5座5323延长米，涵洞915.7横延米，站场2个。截至2009年底，完成投资3782万元，占合同投资的2.39%。

武汉至宜昌铁路工程HYZQ-5标段　长28.35公里，合同投资254257万元。合同工期2008年9月～2012年1月。主要实物工程量：路基16.99公里，桥梁6座11359.24延长米，正线铺轨193.3公里，预制梁6784片，架设T梁1696孔。截至2009年底，完成合同投资83000万元，占合同投资的32.64%。

天津至秦皇岛铁路客运专线工程3标段　位于河北省唐山市，长45.765公里，合同投资489380万元，由集团公司和中铁建电气化局集团公司共同承建，其中集团公司承建32.78公里，合同投资296000万元，合同工期2008年11月～2012年10月。主要实物工程量：桥梁5座25298延长米，其中夏屋庄特大桥3871延长米、崔马庄特大桥3071延长米、北营陡河1号特大桥7878延长米、榛子镇陡河2号特大桥10015延长米；路基6.192公里；预制无砟轨道板24517块，无砟轨道板铺设88.13公里，铺轨535.93公里，其中无砟道床450.42公里、有砟道床67.88公里，正线道岔70组。截至2009年底，开工累计完成投资94539万元，占合同投资的31.93%。

朔州至准格尔铁路工程ZSXS-1标段　位于山西省朔州市，长83.78公里，合同投资73535万元。合同工期2008年12月～2012年5月。主要实物工程量：路基土石方1102万立方米，桥梁27座8140延长米，涵洞114座5312横延米，隧道6座2759延长米，车站6座，房屋建筑9396平方米。截至2009年底，开工累计完成投资26560万元，占合同投资的36.12%。

杭州至宁波铁路客运专线工程HYZQ-2标段　长53.733公里，合同投资409218万元。合同工期2009年3月～2011年12月。主要实物工程量：桥梁9座41870.05延长米，占线路长度的77.8%；涵洞9座195.3横延米；隧道7座9466延长米，其中大山脑隧道6209延长米；站场路基1.762公里，区间路基0.783公里；轨道板预制161.359公里，轨道板（含底座）铺设107.466公里；车站2座。截至2009年底，完成投资134664万元，占合同投资的32.9%。

南京至杭州铁路客运专线工程第3标段　长48.462公里，合同投资438078万元。2009年3月10日开工，计划2011年12月31日竣工。主要实物工程量：特大桥4座34829延长米，涵洞27座842.4横延米，预制架设箱梁812孔，隧道5座9999延长米，路基土石方199.7万立方米，无砟道床制铺92公里，正线铺轨507公里，站线铺轨27.59公里，铺道岔117组，改建湖州南站专用线643米，车站2座。截至2009年底，完成投资116178万元，占合同投资的26.5%。

南宁至广州铁路NGZQ-3标段　位于广西壮族自治区南宁市和贵港市境内，长62.99公里，合同投资377302万元，其中集团公司198448万元，占合同投资的52.6%；中铁二十五局集团公司178854万元，占合同投资的47.4%。合同工期2009年3月～2012年3月。主要实物工程量：路基土石方547.95万立方米，桥梁13座23071延长米，涵洞197座4748.22横延米，隧道1座800延长米。截至2009年底，开工累计完成投资46657万元，占合同投资的23.51%。

成都至绵阳至乐山铁路客运专线CMLZQ-1标段　位于四川省江油市，长35.332公里，合同投资

217139 万元。合同工期 2009 年 7 月 ~2011 年 12 月。主要实物工程量:路基土石方 432.09 万立方米,桥梁 14 座 19877 延长米,隧道 2 座 1016 延长米,无砟轨道正线铺设 35.332 公里,改建江油车站 1 座。截至 2009 年底,开工累计完成投资 36794 万元,占合同投资的 16.2%。 (傅建军 孟庆财)

【铁路外工程施工】 在建铁路外工程 147 项,完成投资 955258 万元。完成主要实物工程量:土石方 5067 万立方米,隧道 38087 延长米,桥梁 39952 延长米,涵洞 20983 横延米。重点工程进展情况:

连霍国道主干线永登至古浪高速公路 YG9 合同段 位于甘肃省古浪县,长 4.95 公里,合同投资 44247 万元。合同工期 2009 年 4 月 ~2010 年 6 月。主要实物工程量:路基土石方 21 万立方米,桥梁 2 座 720.18 延长米,涵洞 3 座 167 延长米,隧道 2 座 3794 延长米。截至 2009 年底,开工累计完成投资 10100 万元,占合同投资的 22.83%。

连霍国道主干线永登至古浪高速公路 YG6 合同段 位于甘肃省永登县境内,长 7.1 公里,合同投资 38178 万元。合同工期 2009 年 6 月 ~2012 年 11 月。主要实物工程量:路基挖方 84.2 万立方米,填方 162.2 万立方米;中桥 1 座 65.54 延长米,公铁分离式立交桥 1 座 113.2 延长米;涵洞 8 座 487.8 横延米,通道涵 9 座 423 延长米;隧道 1 座 4522.595 延长米。截至 2009 年底,开工累计完成投资 8188 万元,占合同投资的 21.45%。

鱼洞长江大桥二期工程 位于重庆市大渡口区,大桥长 1025 延长米,合同投资 19108 万元。合同工期 2009 年 3 月 ~2011 年 4 月。主要实物工程量:北引桥桥台 1 个、桥墩 11 个、连续箱梁 12 跨;主桥过渡墩 1 个、悬灌 T 构 2 个。截至 2009 年底,开工累计完成投资 10248 万元,占合同投资的 53.63%。

十堰至天水高速公路 A-C17 标段 位于陕西省安康市石泉县,长 6.67 公里,合同投资 25670 万元。合同工期 2008 年 10 月 ~2010 年 5 月。主要实物工程量:土石方 166.55 万立方米,桥梁 18 座 3040.95 延长米,隧道 1 座 985 延长米,涵洞 17 座 494.71 横延米。截至 2009 年底,开工累计完成投资 23427 万元,占合同投资的 91.26%。

张涿高速公路 LJ-S7 标段 位于河北省涿州市境内,长 3.75 公里,合同投资 38095 万元。合同工期 2009 年 11 月 ~2011 年 7 月。主要实物工程量:大桥 2 座 602 延长米,隧道 2 座 2206 延长米。截至 2009 年底工程未开工。

承朝高速公路 9 标段马杖子分离式立交桥工程 位于河北省平泉县境内,合同投资 6305 万元。合同工期 2008 年 5 月 ~2009 年 7 月。主要实物工程量:立交桥 1 座 813 延长米。截至 2009 年底,开工累计完成投资 5780 万元,占合同投资的 91.67%。

丹通高速公路第 10 合同段 位于辽宁省丹东市境内,长 10 公里,合同投资 40719 万元。合同工期 2008 年 11 月 ~2010 年 9 月。主要实物工程量:土方 241.53 万立方米,桥梁 15 座 1388 延长米,立交桥 3 座 526 延长米,涵洞 7 座 232 横延米,隧道 3 座 3671 延长米。截至 2009 年底,开工累计完成投资 22165 万元,占合同投资的 54.43%。

太原至佳县高速公路东段第 4 合同段 位于山西省太原市境内,长 4.43 公里,合同投资 35155 万元。合同工期 2008 年 12 月 ~2010 年 6 月,业主要求提前 7 个月竣工。主要实物工程量:路基土石方 35 万立方米,双线凌井沟大桥 893 延长米,涵洞 1 座 86.45 延长米,西凌井隧道 3277.5 延长米,斜井 1 座 928 米,竖井 1 座 164 米。截至 2009 年底,开工累计完成投资 15100 万元,占合同投资的 42.95%。

湖北宜巴高速公路(鄂渝界)第 12 合同段 位于湖北省宜昌市境内,长 7 公里,合同投资 49482 万元。合同工期 2009 年 8 月 ~2012 年 8 月。主要实物工程量:路基挖方 338851 立方米、填方 77013 立方米,路基附属工程浆砌片石 6414.1 立方米,改路圬工 1703.6 立方米,桥梁 8628.08 延长米,隧道 4553 延长米。截至 2009 年底,开工累计完成投资 149 万元,占合同投资的 0.3%。

邯武快速路上跨西环路、邯长铁路立交市政工程 位于河北省邯郸市境内,合同投资 13837 万元,合同工期 2008 年 5 月 ~2009 年 7 月。主要实物工程量:主线桥及西引桥。主桥为独塔双索面预应力混凝土斜拉桥,桥长 260 延长米,索塔高 93.2 米,31 根钻孔灌注桩;西引桥长 200 米。截至 2009 年底,开工累计完成投资 7186 万元,占合同投资的 51.93%。

娄底至新化高速公路第 8 合同段 位于湖南省冷水江市境内,长 5.1 公里,合同投资 27322 万元。合同工期 2008 年 12 月 ~2010 年 12 月。主要实物工程量:桥梁 6 座 2260 延长米,路基土石方 254 万立方米,路面 12 万平方米,浆砌附属工程 2.3 万立方米,涵洞及通道 23 座 773 横延米。截至 2009 年底,开工累计完成投资 10703 万元,占合同投资的 39.17%。

临吉高速公路路基第 S11 合同段 位于山西省临汾市境内,长 3.8 公里,合同投资 41290 万元。合同工期 2009 年 9 月 ~2012 年 7 月。主要实物工程量:路基土石方 24.88 万立方米,桥梁 2 座 3082 延长米,隧道 1 座 4800 延长米,盖板涵洞 3 座 217.24 横延米,通道 1

座54.03横延米。截至2009年底,开工累计完成投资4068万元,占合同投资的9.85%。

大同灵丘至山阴高速公路9A标段　位于山西省大同市浑源县内,长3.05公里,合同投资33397万元。合同工期2009年6月~2011年4月。主要实物工程量:路基填挖方5万立方米,防护工程2627立方米,大桥1座127延长米,隧道5440延长米。截至2009年底,开工累计完成投资8195万元,占合同投资的24.54%。

厦漳高速公路扩建工程漳州段ZA2标段　位于福建省漳州龙海市境内,长2.532公里,合同投资32983万元。合同工期2009年5月~2010年11月。主要实物工程量:路基填土34.6万立方米,碎石桩13724米,路基防护2.3万立方米,特大桥1座1350延长米,互通主线桥1座1182延长米,互通匝道桥4座803延长米,涵洞12座322.67横延米。截至2009年底,开工累计完成投资15190万元,占合同投资的46.05%。

永宁高速公路A8合同段　位于福建省三明市境内,长8.8公里,合同投资32510万元。合同工期2009年6月~2011年6月。主要实物工程量:路基土石方261.6万立方米,桥梁3座493.5延长米,隧道2座3781延长米,通道涵、盖板涵19座967.09延长米。截至2009年底,开工累计完成投资18759万元,占合同投资的57.7%。

宁武高速公路宁德段A3标段　位于福建省宁德市境内,长7.035公里,合同投资33511万元。合同工期2009年10月~2011年10月。主要实物工程量:路基土石方209.79万立方米,防护圬工23.12万立方米,桥梁9座3080延长米,涵洞通道13座641.9延长米,分离式隧道1座588.5延长米。截至2009年底,开工累计完成投资5153万元,占合同投资的15.38%。

长沙轨道交通2号线一期土建工程SG-2标段　位于湖南省长沙市,合同投资29107万元,合同工期2009年9月~2011年10月。主要实物工程量:望城坡车站围护桩9536.66米,土石方100867.6立方米,新建车站出入口5个、消防出入口1个、风道2个;金星路车站围护桩6511.92米,土石方33106.32立方米,新建车站出入口4个、消防出入口1个、风道2个;西湖公园站至荣湾镇站区间809延长米,其中明挖399米、暗挖410米。截至2009年底,施工准备工作基本完成。

苏州轨道交通1号线I-TS-11标段土建工程　位于江苏省苏州市,合同投资28322万元,合同工期2008年3月~2010年7月。主要实物工程量:主体地下连续墙混凝土20728立方米,主体结构混凝土28453立方米,盾构区间掘进2713延长米。截至2009年底,开工累计完成投资15683万元,占合同投资的55.37%。

武汉市轨道交通2号线一期工程第5标段　位于湖北省武汉市,合同投资12516万元,合同工期2008年7月~2009年12月。主要实物工程量:盾构区间隧道4693.7延长米。截至2009年底,开工累计完成投资6050万元,占合同投资的48.34%。

(傅建军　孟庆财)

【经营管理】　工程经营。2009年承揽工程88项,新签合同总额3604377万元,占年度计划的163.84%,比2008年同期增长26.3%。其中,铁路工程17项2090034万元,占承揽总额的57.99%;公路工程42项1158058万元,占32.13%;市政轻轨工程10项165955万元,占4.6%;水利电力工程3项46243万元,占1.28%;房屋建筑工程7项36539万元,占1.01%;海外工程6项94318万元,占2.62%;其他工程2项6748万元,占0.19%。

安全质量。2009年,全集团层层签订安全包保责任状,集团公司组织6次综合或专项安全生产大检查,年内未发生较大及以上责任死亡事故。组织建筑和公路施工安全管理人员培训班4期,459人参加培训,其中205人取得山西省建设厅颁发的考核合格证书,254人取得中国交通运输部颁发的考核合格证书。集团公司郑西铁路客运专线KHZQ11标段综合工程、武广铁路客运专线WGZF1标段武汉站及配套工程和一公司忻阜高速路基工程第7合同段被股份公司评为2009年度安全质量标准工地(车间)。集团公司在铁道部2009年上半年施工企业质量信誉评价中获第三名,继续保持A类企业水平。年内单位工程完成438个,合格率100%。集团公司参建的浙赣铁路电气化提速改造工程获第八届中国土木工程詹天佑奖,参建的遂渝铁路、成都北编组站、北京地铁5号线3项工程获中国建设工程鲁班奖,一公司承建的青岛滨海公路仰口隧道工程获国家优质工程银质奖;重庆鱼洞长江大桥、沿海公路乐亭到冀津界段T5和T6合同段、西安三环路系统工程西三环C05和C06标段、河北张石高速石家庄段ZS13标段、内蒙古城壕至大饭铺高速公路塔哈拉川特大桥、厦门市仙岳路西段高架改造工程E标段、广州绕城高速公路龙头山隧道、京津城际铁路8项工程获火车头优质工程奖,厦门市五石路墩上至仙岳路段C合同段工程获福建省闽江杯优质工程奖,西安市浐灞河生态区2号桥工程获西安市钢结构建筑工程雁塔杯奖和第7批中国建筑钢结构优质工程钢结构金奖,北京地铁4号线和北京地铁4号线西单车站获北京市基础设施结构长城杯金奖，湖南常德至张家界高速公路获2009年公路交通优质工程奖，9项工程获股份公司优质工程奖。集团公司广深港铁路客运专线ZH－2标段三分部第4QC小组、京沪高速铁路1标段13工区QC小组和建筑工程公司第8项目QC小组被评为全国工程建设优秀QC小组，集团公司广深港铁路客运专线ZH－2标段三分部第4QC小组和武广铁路客运专线无砟轨道QC小组被评为铁道部优秀QC小组，另有5个QC小组被评为股份公司优秀QC小组。顺利通过华夏认证中心对集团公司质量、环境和职业健康安全管理体系的年度监督审核。

财务资金管理。2009年，继续加大对经营工作的服务保障和支持力度，认真坚持“三不揽”原则，积极参与标前论证和效益预测，全力支持变更调差工作，在资金、经费和担保等方面给予全力保障，中标项目预期收益率有了新的提高，“大经营”工作取得新成效。2009年末，企业资产总额从上年的114.8亿元增加到164.8亿元，同比增长43.55%。其中，货币资金28.76亿元，同比增长40.29%；应收账款20.8亿元，同比增长5.7%。固定资产原值44.75亿元，同比增长48.92%；负债总额146.77亿元，同比增长39.23%；应付账款86.63亿元，同比增长62.47%；所有者权益18.11亿元（含股份公司增加资本金6亿元），同比增长93.48%；资产负债率86.3%，同比下降5.6个百分点。全年现金流入295.8亿元，同比增长54.6%；现金流出288.6亿元，同比增长53.4%。经营活动现金流入280.3亿元，现金流出272.5亿元。年末货币资金净增加7.2亿元。在岗职工年人均收入36158元，同比增长23.9%；缴纳“五险两金”1.8亿元，同比增长23.7%；支付“两退”费用8059万元；支付福利费2650万元，支付职工教育经费、拨付工会经费和“三不让”资金2890万元。企业社会贡献总额28.4亿元，同比增长53.4%，社会贡献率22.3%。实现净利润3.3亿元，缴纳税金9.8亿元，支付职工薪酬10.4亿元。年初下发《关于下达2009年“双清双减”任务指标的通知》，修订《清欠收款实施办法》，与21个直管收尾项目签订“清欠收款责任合同书”，将减少银行贷款指标纳入资产管理责任制进行考核。先后对广州大学城、南京赛虹桥、美兰机场等直管收尾项目进行跟踪清收，与部分项目业主签订还款协议。截至年底，集团公司收回往年应收账款17.5亿元，现金保证金2.93亿元。企业汇总报表货币资金存量30亿元，较年初增加9.2亿元。制定下发《外汇收支结算管理暂行办法》，规范企业境外机构外汇收支结算管理，全年结汇4100万美元。按照“注册审批、授权管理、保证安全、方便结算”的原则，规范银行账户开设，对600多个银行账户、120多个资金中心内部账户进行注册登记，全年撤并多余银行账户32个，集聚闲散资金3000余万元。制定下发集团公司《资金集中管理降息降费优惠办法》和《专用设备借款降息降费优惠办法》，减免费用3015万元。为实施资金集中管理，制定下发《资金集中管理暂行办法》，与工商、农业、建设三大银行签订“现金管理服务协议”，将200余个银行账户纳入集中管理系统，集中资金3亿元，调控资金余缺10亿元，新增银行授信80亿元，办理资金结算40亿元，归还银行贷款6.64亿元，实现无银行贷款目标。通过内部资金调控，全年节约财务费用4100余万元。全年办理银行信贷证明、保函业务460笔280亿元，通过降低费率节约保函费用500万元。2009年，企业先后多次接受上级考核、调研、审计和检查，均未发现重大违规违纪问题。继续保持全国守合同重信用企业和AAA级信用单位称号，年内被评为山西省A级纳税人、百家信用示范企业和股份公司财务工作先进单位。

审计监督。全年完成审计项目170个，提出审计建议457条，促进企业增收节支2068.6万元；审计工程项目107个，其中中期审计60个、终结审计47个，挽回经济损失40余万元；对10个工程项目奖励资金分配和财务支出审签制度落实情况进行效能监察，追究责任人26名，挽回经济损失283万元；经济责任审计13项，其中子公司董事长离任审计1项、工程公司项目经理任期经济责任审计12项。年内，集团公司审计处和二公司审计部被山西省审计厅评为2008年内部审计先进集体，三公司审计科、建筑公司审计部被股份公司评为2008年度审计工作先进单位；6人分别被山西省审计厅和股份公司评为2008年内部审计先进工作者。

（徐建文　孟庆财）

【科技开发】 2009年，集团公司下达3批科技研究开发计划，立项目125项。其中，新立项目92项；延续项目33项。涉及线路及岩土工程36项，桥梁工程42项，隧道及地下工程31项，“四电”和信息工程4项，工程试验2项，建筑工程10项。申请承担铁道部、山西省、股份公司和太原高新区科研项目8项，获资助资金225万元。年内，22项工法通过山西省建设厅鉴定。其中，1项工法达到国际先进水平；11项工法达到国内领先水平；10项工法达到国内先进水平。“CRTSⅡ型板式无砟轨道施工关键技术及成套装备”成果通过铁道部科技司鉴定，达到国际先进水平；“鱼洞长江大桥公轨两用特大跨连续刚构桥综合施工技术”成果通过山西省科技厅鉴定，达到国际先进水平；“钢构拱门式斜塔斜拉桥施工技术”、“高墩大跨连续刚构桥综合施工技术”成果通过山西省科技厅鉴定，达到国际先进水平。集团公司评出科技成果奖14项,认定企业级工法20项,优秀技术总结及科技论文87篇;有16项科技成果获股份公司以上科技进步奖。其中,集团公司参建的“青藏铁路工程”获国家科技进步特等奖;“乌鞘岭隧道修建技术”、“SPJ900/32箱梁架桥机研制及应用”成果分别获中国铁道学会科技进步特等奖和二等奖;“双洞8车道高速隧道关键技术”成果获中国公路学会科技进步特等奖和广东省科技进步一等奖;“上跨地铁线路超浅埋暗挖双孔大断面隧道变形控制技术”成果获中国施工企业管理协会科学技术奖技术创新成果一等奖;“CRTSⅡ型板式无砟轨道施工关键技术及成套装备”成果获中国铁建科技进步特等奖。获国家级工法1项、省部级工法18项、股份公司优秀工法12项、企业级工法18项。集团公司通过高新技术企业年度审计,被评为太原市自主创新示范企业、山西省优秀高新技术企业。（景政萍　孟庆财）

【教育培训】 年内,集团公司在忻州职工教育培训中心举办工队(工班)长培训班,培训工队(工班)长116名;在石家庄铁道学院举办非工程专业子女岗前培训班,培训学员179名;邀请山西省人力资源和社会保障厅专家,培训劳资员81名,经考核全部获得集团公司颁发的劳资员合格证书。全年培训职工5409人次。其中,干部3109人次;工人2300人次。培训劳务人员16916人次。送外培训53人。其中,铁路客运专线施工技术及装备5人;一级建造师考前强化辅导班22人;国际商务英语培训班5人;建造师继续教育培训班5人;工程测量和建筑材料试验技师研修班6人;高速铁路测绘技术培训班6人;高级管理人员培训班4人。（尉增国　孟庆财）

【公安与综合治理】 年内立各类刑事案件26起,破获23起,其中侦破重特大案件17起,带破地方案件38起,抓获犯罪嫌疑人48名,捕判6人。打掉犯罪团伙11个,涉案成员29人;查破行政案件36起,查处违法人员38名,其中行政拘留5人;追缴赃款赃物折合人民币41万元,为企业挽回和避免经济损失1132万元。在京沪、京秦、石武、太中银等铁路项目开展治安专项集中打击活动,侦破刑事案件9起,抓获犯罪嫌疑人26名,打掉犯罪团伙5个;查处行政案件16起,处理违法人员17人,妥善处置群体性事件21起。年内接受报警2203起,出警1971人次,车辆1679台次;处理各类矛盾纠纷1673起,上访事件52起,协助清退不法工队51支;完成各项警卫任务14次,出动警力360余人次,车辆120余台次。检查涉爆工点179处,发现和整改安全隐患37起,收缴炸药21.3公斤,雷管7个,导火索121.4米;举办民爆培训班4期,办理爆破作业证书81本。发现火险隐患69起,整改69起;举行消防演练12次,发放消防宣传资料1400份。审查外部劳务队312支24600名,网上对比17400人次,清退劣迹前科人员32名。举办法制讲座16场次,发放宣传资料2400份,受教育人数18900余人。摸排重点人员91人,消除不稳定苗头和迹象36个。考评刑事案件26起,行政案件36起,无一人提出复议和诉讼,超期羁押现象明显减少,滥用强制措施现象基本杜绝。受理内部法律咨询20余件,解答基层公安民警执法疑难问题80余次;协助办理户籍迁移500余人次,协助申(换、补)领第二代居民身份证2700余人次、临时身份证130余人次,开具户籍证明290余人次;协助办理护照、港澳通行证79人次,边境管理区通行证45人次。对生活困难、重病、公伤、病故的17名民警及亲属进行慰问,为27名新晋升警衔民警调整警衔津贴。（李锦峰）

【党的工作】 集团公司党委下辖处级党委14个。其中,子公司党委10个;分公司党委1个;其他单位党委2个;集团公司机关党委1个。集团公司辖项目党工委18个,子公司辖党委7个、党总支5个、项目党工委192个。全集团有党支部446个,中共党员6677人。其中,正式党员6330人;预备党员347人。在岗党员5836人,离退休职工党员841人;女党员721人;少数民族党员58人。在岗职工党员中,工人党员1855人,占31.8%;管理人员和专业技术人员党员3981人,占68.2%。党员年龄结构:35岁及以下1911人,36岁~45岁916人,46岁~54岁2860人,55岁~59岁592人,60岁及以上398人。学历结构:研究生26人,大学本科1770人,大学专科1463人,中专520人,高中、技校1530人,初中及以下1368人。年内,发展新党员200名,其中发展一线党员134名。

集团公司深入学习实践科学发展观活动于2009年3月19日开始、6月30日结束,学习实践活动较好地实现了“党员干部受教育,科学发展上水平,职工群众得实惠”目标,得到股份公司学习实践活动第二指导检查组的肯定,群众满意度98.1%。年内,一公司、二公司、三公司、物资公司被集团公司党委评为优秀党委中心组,四公司、五公司、六公司、建筑公司、电气化公司被评为先进党委中心组,集团公司京沪高速铁路、郑西铁路客运专线、杭甬铁路客运专线、宁杭铁路客运专线、厦深铁路5个工程指挥(项目经理)部被评为优秀党工委中心组,集团公司武广铁路客运专线武汉站、海南东环铁路、广深港铁路客运专线、太中银铁路、汉宜铁路客运专线、石武铁路客运专线、阿尔及利亚高速公路、安哥拉房建8个工程指挥(项目经理)部被评为先进党工委中心组。年初对集团公司机关职能部门空缺领导岗位进行公开竞聘,择优选拔15名政治素质高、业务能力强、群众公认的干部充实到部门领导岗位。新配工程项目部领导班子成员42人,调整项目部领导班子成员10人。年内选拔特级项目经理25人,调整子(分)公司领导班子成员16人,在工程公司中选聘副处级项目部党工委书记7人。选送15人参加中央党校国资委分校、国家行政学院、股份公司党校青年干部培训班学习,其中处级10人、青年干部5人。全年评审通过中级职称272人、高级工程师56人,推荐上报股份公司高级职称评审30人。安置应届高校毕业生就业1155人。11月上旬举办基层党组织书记培训班,116名基层党工委、党支部书记参加培训。集团公司在各级各类媒体刊发稿件2300余篇,其中在《中国铁道建筑报》发表新闻作品725篇(幅),连续4个季度在《中国铁道建筑报》刊稿名列榜首。集团公司生产经营场景年内先后14次得到中央电视台《新闻联播》《晚间新闻》《午间新闻》《整点新闻》等栏目的播出。集团公司开展反腐倡廉建设主题教育活动61场次,主要领导上党课或作反腐倡廉专题报告68场次,受教育职工14300人次,其中领导班子成员教育面100%。年内核实案件线索44件,立案33件,结案33件;化解和控制风险38起,为企业挽回和避免经济损失2760万元。深入开展向生活困难党员送温暖活动,全年慰问生活困难党员128人,发放慰问金9.06万元,其中集团公司支付慰问金6.72万元。国庆前夕,走访慰问集团公司"三老"人员402人,支付慰问金24.4万元。 (陈春财)

【工会共青团】 工会工作。截至2009年底,集团公司工会下辖11个子分公司、中心医院、物业管理中心及集团公司机关14个处级单位工会,450个基层工会,1963个工会小组。有工会会员24548人,其中女会员2661人;专职工会干部65人,其中女专职工会干部25人;工会积极分子2230人。2009年,集团公司各级工会组织创新思路,突出重点,彰显特色,注重实效,在开展建功立业活动、推进职工素质工程、切实维护职工权益、不断加强自身建设等方面取得新进展、新成就。组织开展年度劳动竞赛,29个单位受到表彰并获得奖金48万元。在股份公司京沪高速铁路和铁路客运专线建设"五比五杯"劳动竞赛中,集团公司有10个单位、2名个人获得表彰奖励,获奖数量在全系统排名第一。全年集团公司投入劳动竞赛经费3899万元,获甲方(业主)奖励3302万元。合理化建议和技术创新、改进成果3861项,其中36项成果获得国家、省部级和股份公司奖励。9月,组织"迎国庆、讲奉献、促发展"大型主题巡回演讲,历时半个月,行程5000余公里,奔赴6个重点铁路客运专线项目,3000余人受到教育;在山西太原机关隆重举行庆祝中华人民共和国成立60周年暨兵改工25周年职工文体汇演活动,12个单位550余人参加表演,是一次内容丰富、节目精彩、反响强烈的群众性文体活动盛会。年内组织知识讲座35场次,开展技术比武13场次。职工代表大会期间征集提案798条,立案736条,提案落实率97.8%,有5个单位被评为省级职代会先进单位;将领导干部民主评议范围扩展到项目部和工程队,职工满意率98.2%。年内向困难职工发放送温暖资金430余万元,走访慰问困难职工734户次,新办"低保"17户,结帮扶对子180户;下发《关于进一步落实"三不让"承诺的通知》,筹集"三不让"专项资金559万元。全年受理职工来电、来信、来访及各种投诉68人次,所有信件及来电回复率100%,职工满意度95%。各级工会培训专兼职工会干部213人次,对13个单位工会主席的法人资格证书和法人代表证重新统一变更登记注册,17名工会干部获国家、省部级和股份公司优秀工会工作者、十佳工会主席、优秀工会积极分子称号。2009年,65人分别获得全国五一劳动奖章、山西省五一劳动奖章、山西省记功、铁道部火车头奖章和股份公司"工人先锋号"荣誉;12个单位分别获得山西省五一劳动奖状、山西省集体一等功、山西省"工人先锋号"、股份公司"工人先锋号"、铁道部火车头奖杯、山西省"安康杯"优胜企业和全国"安康杯"优胜企业荣誉。集团公司分别表彰模范集体和"工人先锋号"16个、劳动模范27名、先进生产(工作)者和"工人先锋号"标兵44名。

共青团工作。集团公司团委下辖10个子公司、1个分公司、中心医院、物业管理中心13个团委,建立基层团支部263个;有专兼职团干部387人,其中专职团干部8人,注册团员3219人,35岁以下青工7566人。2009年,各级团组织坚持用科学发展观的理论和观点指导青年工作,以"企业所急,党政所需,青年所盼"为工作出发点,创新活动方式,丰富活动载体,扩大活动影响,全年开展青年生产突击竞赛25次,青年科技攻关32次。4月27日,举办"心系企业发展,奉献青春力量"暨纪念五四运动90周年青年演讲比赛。以参加国家重点工程建设展现青春风采、智慧和力量,传承和弘扬"五四"精神表述青年的责任与义务,崇扬企业职工的先进事迹,赞美无私奉献、爱岗敬业精神为主题,37名选手进入复赛,15名选手进入决赛,评出一等奖1名、二等奖3名、三等奖5名、优秀奖6名;一公司、二公司、上海轨道交通公司、中心医院团委获得演讲比赛组织奖。4月16日,集团公司团委协办的中国铁建团委“保增长、促转型,我是青年我先行”主题实践活动暨中央企业“调整优化上水平,我是青年我先行”主题教育实践活动启动仪式在集团公司京沪高速铁路项目广阳制梁场举行。中央企业团工委书记许高峰,股份公司党委副书记、纪委书记、工会主席、监事会主席彭树贵,京沪高速铁路公司领导、中央企业20余家单位团委书记以及新华社、《人民日报》、中央电视台、《工人日报》、人民网、《中青报》及各大主流媒体记者参加启动仪式。启动仪式上分别向“优秀青年突击队”授旗,给“青年巾帼标兵”、“优秀务工青年”、“杰出青年岗位能手”颁奖。对2007年后参加工作的高职、中专、技校毕业生和新招合同工、2008年后参加工作的大学专科以上高校毕业生实行“导师带徒”,开展各类签约仪式25次,1463人拜师学艺,师徒结对签约。先后推选二公司团委为中央企业五四红旗团委;三公司蔺双平为中央企业青年“身边的榜样”,建筑公司蔺军红为股份公司第四届十佳青年技术工人,集团公司团委书记李素敏被评为中央企业优秀共青团干部。年内,集团公司授予三公司、四公司团委五四红旗团委称号,20个单位(项目)被授予五四红旗团支部称号,27人被授予优秀共青团员称号,27人被授予优秀共青团干部称号。 (赵卓峰 孟庆财)

【第一工程有限公司】 铁路、公路、市政公用工程施工总承包一级,房屋建筑工程施工总承包三级,桥梁、隧道、公路路基、铁路铺轨架梁工程专业承包一级资质企业。公司机关驻山西省太原市小店区人民北路18号。董事长、总经理赵朴,党委书记严勇智。下辖37个项目经理部、10个路桥公司、2个隧桥公司、2个机械运输公司、3个桥梁运架公司、2个轨道板公司和青岛公司、大同公司、商品混凝土公司、桥梁悬灌公司、非标加工公司、仓储公司、物业服务公司。职工2766人。其中,干部1248人(含聘用人员132人);工人1518人。技术干部850人,技术工人1312人;男职工2277人,女职工489人。资产总额276387万元。其中,固定资产原值52511万元、净值33124万元;流动资产229874万元。机械运输设备1162台(套),价值33124万元,其中年内新购设备190台(套),价值9722万元。设备总功率65286千瓦,成新率64%,动力装备率26千瓦/人,技术装备率84000元/人。综合机械化施工程度82%。

2009年承揽工程任务11项565000万元。其中,路内工程3项379900万元;铁路外工程8项185000万元。完成企业总产值504016万元。其中,施工产值503625万元;附营产值391万元。实现利润8201万元。完成主要工程量:土石方1266万立方米,桥梁55247延长米,隧道12224延长米,涵洞4718.8横延米,铺轨37.2公里,建成公路39.42公里,房屋建筑1397平方米。工程质量合格率100%。通过质量、环境、职业健康安全管理体系再认证监督审核,实现连续安全生产5375天。全员劳动生产率50.9万元/人年,职工年人均收入29342元。国有资产保值增值率123.85%,产值利润率1.63%,净资产收益率58.16%,资产负债率94.71%,投资收益上缴率100%,应上缴款完成率100%。年内,新建成都北编组站工程获中国建设工程鲁班奖,青岛滨海公路仰口隧道工程被评为国家优质工程,奉节三峡猴子石滑坡地灾治理工程被股份公司评为优质工程;广深港铁路客运专线三分部第4QC小组获全国工程建设优秀质量管理小组二等奖。4项关键技术通过鉴定,其中“复杂地质情况下大跨度深基坑桩锚围护施工技术”、“铁路客运专线CRTS-Ⅰ型无砟轨道板预制关键技术”成果达到国内领先水平;“铁路客运专线DZ32900型移动模架造桥机施工关键技术”成果达到国内先进水平;“SSJ900/32型过隧道架桥机架梁施工技术”成果属国内首创,达到国内领先水平。“CRTSⅡ型板式无砟轨道精调工法”、“CRTSⅡ型板式无砟轨道混凝土底座板施工工法”、“铁路客运专线CRTS-Ⅰ型单元式后张预应力轨道板预制施工工法”被住房和城乡建设部认定为部级工法,“铁路客运专线CRTS-Ⅰ型单元式后张预应力轨道板预制施工工法”、“富水厚砂层桩锚围护结构施工工法”被山西省认定为省级工法,3项工法被股份公司评为优秀工法;“分段式流动度测定仪”、“试件制作用圆柱体试模”、“多用途三向调节支撑螺栓”、“多用途双向调节支撑螺栓”、“轨道板后张预应力系统的定位装置”5项技术被国家知识产权局授予专利权。年内未发生重大安全质量事故和因工亡人事故,重伤率控制在0.5‰以内,无安全质量投诉事件发生,实现年度安全质量目标。公司获得全国安全生产优秀施工企业、山西省五星级职代会单位、2008~2009年度山西省文明和谐创建先进集体、股份公司先进集体和项目管理先进单位等荣誉,海南东环铁路工程项目部获得火车头奖杯,京沪高速铁路项目部和广深港铁路客运专线项目部被授予山西省“青年文明号”称号。 (胡巧芬 孟庆财)

【第二工程有限公司】 公路、房屋建筑、市政公用工程施工总承包一级,铁路、水利水电、矿山工程施工总承包二级,土石方、桥梁、隧道、公路路基、公路路面工程专业承包一级资质企业。公司机关驻陕西省西安市咸宁中路55号。董事长、总经理成志宏,党委书记朱守平。下辖7个路桥工程公司、9个机运工程公司、2个隧道工程公司、3个桥梁运架工程公司、4个制梁厂及西宁铁建宾馆有限公司。职工3086人。其中,干部1030人(含聘用人员529人);工人1718人。技术干部1376人,技术工人1547人;男职工2642人,女职工444人。资产总额295897万元。其中,固定资产原值54939万元、净值39032万元;流动资产247523万元。机械运输设备581台(套),价值31701万元,其中年内新购设备136台(套),价值10952万元。设备总功率81847千瓦,成新率75%,动力装备率26.25千瓦/人,技术装备率101671元/人。综合机械化施工程度85%。

2009年承揽工程任务14项583086万元,完成企业总产值544113万元。其中,施工产值543344万元;附营产值769万元。实现利润10304万元。完成主要工程量:土石方1822.8万立方米,桥梁52764延长米,隧道17310延长米,涵洞4893横延米,铺轨4.82公里,建成公路15.93公里,房屋建筑43547平方米。工程质量合格率100%。通过质量、环境、职业健康安全管理体系再认证审核。实现连续安全生产5637天。全员劳动生产率30.5万元/人年,职工年人均收入31907元。国有资产保值增值率197%,产值利润率1.9%,净资产收益率35.6%,资产负债率96%,投资收益上缴率100%,应上缴款完成率100%。年内,遂渝铁路庙湾大桥工程获中国建设工程鲁班奖,重庆鱼洞长江大桥一期工程、京津城际铁路获铁道部优质工程奖,浐灞河2号大桥工程获西安市雁塔杯优质工程奖,1项工程被业主评为优质工程,1项工程被业主评为样板示范工程,6项工程被业主评为优质样板工程,1个项目部被股份公司评为安全质量标准工地;“钻孔桩桩底、桩侧的后压浆装置”、“高墩大跨桥施工中TC5015塔吊的竖向转换装置”、“一种高速铁路900吨箱梁钢筋骨架整体吊装装置”、“无砟轨道道床板混凝土浇筑装置”4项技术被国家知识产权局授予专利权;“重庆鱼洞公轨两用长江大桥综合施工技术”、“高墩大跨连续刚构桥综合施工技术”成果获股份公司科技进步一等奖,“钢构拱门式斜塔斜拉桥施工技术”成果获股份公司科技进步二等奖;4项工法被铁道部认定为部级工法、2项工法被中国交通运输部认定为公路工程工法、5项工法被山西省认定为省级工法。公司获得全国文明单位和股份公司审计工作先进单位、财务工作先进单位、新闻报道先进单位等荣誉。

(王世平　孟庆财)

【第三工程有限公司】　公路、市政公用工程施工总承包一级,铁路工程施工总承包二级,房屋建筑工程施工总承包三级,土石方、桥梁、隧道、公路路基、公路路面工程专业承包一级资质企业。公司机关驻河北省石家庄市中山西路。董事长罗玉华,党委书记罗玉华(4月免)、杨金成(4月任),总经理杨琼东(4月免)、罗玉华(4月任)。下辖42个项目经理部、30个专业工程队、3个专业工程公司、2个物业公司及太原基地。职工2598人。其中,干部1061人;工人1537人。技术干部785人,技术工人1303人;男职工2350人,女职工248人。资产总额229755万元。其中,固定资产原值67099万元、净值31097万元;流动资产196306万元。机械运输设备484台(套),价值24996万元,其中年内新购设备125台(套),价值5244万元。设备总功率62919千瓦,成新率67%,动力装备率27千瓦/人,技术装备率11万元/人。综合机械化施工程度79%。

2009年承揽工程任务14项72.72亿元。其中,路内工程2项40.8亿元;新增架梁任务0.92亿元;铁路外工程12项31亿元。完成企业总产值501340万元。其中,施工产值500388万元;附营产值952万元。实现利润8279万元。完成主要工程量:土石方1525.5万立方米,桥梁46679延长米,隧道8638延长米,涵洞6256横延米,建成公路37.95公里。工程质量合格率100%。通过质量、环境和职业健康安全管理体系再认证监督审核,实现连续安全生产5840天。全员劳动生产率197万元/人年,职工年人均收入43097元。国有资产保值增值率174.95%,产值利润率1.65%,净资产收益率98.56%,资产负债率95.7%,投资收益上缴率30%,应上缴款完成率100%。年内完成分项工程362854项,合格率100%;单位工程48项,合格率100%。公司参建的浙赣铁路工程获中国土木工程詹天佑奖,参建的京津城际轨道交通工程和承建的沿海公路、张石高速公路被评为铁道部优质工程。郑西铁路客运专线项目部被股份公司评为安全质量标准工地,京沪高速铁路13工区QC小组被评为全国工程建设优秀QC小组。2项工法获股份公司优秀工法一等奖、1项工法获二等奖,“CFG桩施工参数自动控制施工技术”成果获股份公司科技进步三等奖。公司继续保持河北省文明单位称号,被股份公司评为先进集体,公司在集团公司“五比五杯”劳动竞赛中获得综合评比第二名和承揽任务、经济效益、创新3个单项奖杯。

(嘉世芳　孟庆财)

【第四工程有限公司】　公路、市政公用工程施工总承包一级,水利水电、房屋建筑工程施工总承包二级,桥梁、隧道、公路路基工程专业承包一级资质企业。公司机关驻重庆市北部高新区洪湖西路18号上丁企业公园24~25栋。董事长、总经理王业好,党委书记明思义。下辖39个项目经理部和晋中分公司、战备仓库、达州基地。职工3058人。其中,干部1523人(含聘用人员441人);工人1535人。技术干部1072人,技术工人1057人;男职工2525人,女职工533人。资产总额255663万元。其中,固定资产原值78428万元、净值34030万元;流动资产214598万元。机械运输设备649台(套),价值28732.88万元,年内新购设备69台(套),价值7313.97万元。设备总功率57786千瓦,成新率58.1%,动力装备率19.1千瓦/人,技术装备率8.65万元/人。综合机械化施工程度78%。

2009年承揽工程任务11项509772万元。其中,路内工程2项295000万元;铁路外工程9项214772万元。完成企业总产值406700万元。其中,施工产值405700万元;附营产值1000万元。实现利润1094万元。完成主要工程量:土石方1283万立方米,桥梁45220延长米,隧道18596延长米,涵洞7646横延米。工程质量合格率100%。通过质量、环境、职业健康安全管理体系再认证监督审核。全员劳动生产率110万元/人年,职工年人均收入30081元。国有资产保值增值率110.7%,产值利润率0.31%,净资产收益率10.28%,资产负债率96.44%,应上缴款完成率100%。公司参建的遂渝铁路工程获中国建设工程鲁班奖,2项工程获铁道部优质工程奖,4项工程获集团公司优质工程一等奖;2个QC小组被评为股份公司优秀QC小组;参与的“双洞8车道高速公路隧道关键技术研究”分别获广东省科技进步一等奖和中国公路学会科学技术特等奖;2项技术成果被国家知识产权局授予专利权;2项科技成果通过山西省建设厅鉴定,分别达到国内先进水平和国内领先水平;1篇论文获股份公司科技论文一等奖。公司获得山西省五一劳动奖状,被重庆市评为文明单位。 (苟朝虎 孟庆财)

【第五工程有限公司】 公路、市政公用工程施工总承包一级,铁路工程施工总承包二级,土石方、隧道、桥梁、公路路基工程专业承包一级资质企业。公司机关驻山西省太原市小店区人民北路20号。董事长、总经理杨永宏,党委书记唐广胜。下辖4个机运工程公司、2个桥梁工程公司、5个隧道工程公司、2个物业公司。职工2152人。其中,干部1043人(含聘用人员174人);工人1109人。技术干部885人,技术工人370人;男职工1838人,女职工314人。资产总额154185万元。其中,固定资产原值26940万元、净值13813万元;流动资产136471万元。机械运输设备704台(套),价值9442.7万元,其中年内新购设备150台(套),价值3785.4万元。设备总功率41294千瓦,成新率48.72%,动力装备率19.16千瓦/人,技术装备率4.38万元/人。综合机械化施工程度91.5%。

2009年承揽工程任务8项358078万元。其中,路内工程1项157850万元;铁路外工程7项200228万元。完成企业总产值237360万元,实现利润709万元。完成主要工程量:土石方1630.06万立方米,桥梁74299.4延长米,隧道8003.11延长米,涵洞7126.83横延米,建成公路10.07公里。工程质量合格率100%。通过质量、环境、职业健康安全管理体系再认证监督审核,实现连续安全生产9095天。全员劳动生产率103.2万元/人年,职工年人均收入30383元。国有资产保值增值率148%,产值利润率0.62%,净资产收益率17.5%,资产负债率95%。年内,1项科技成果通过山西省建设厅鉴定,达到国际先进水平,获股份公司科技进步二等奖;2项科技成果通过鉴定,分别达到国内先进水平和国内领先水平;2项工法被山西省认定为省级工法。公司被评为全国诚信建设优秀施工企业、山西省文明和谐单位、山西省工程建设质量管理优秀企业、股份公司效能监察先进单位,继续保持太原市文明和谐单位标兵称号。 (赵毅敏 孟庆财)

【第六工程有限公司】 公路、市政公用工程施工总承包一级,铁路工程施工总承包二级,房屋建筑工程施工总承包三级,土石方、桥梁、隧道、公路路基工程专业承包一级资质企业。公司机关驻福建省福州市连江中路181号中铁大厦。董事长陈治波,党委书记邓光明,总经理卢贤存。下辖路桥公司、混凝土公司、唐城大厦、南方饭店等单位。职工1188人。其中,干部645人;工人543人。技术干部231人,技术工人331人。资产总额200385万元。其中,固定资产原值24555万元、净值15002万元;流动资产179190万元。机械运输设备382台(套),价值16622万元,其中年内新购设备52台(套)、价值1450万元。设备总功率29358千瓦,成新率70%,动力装备率29千瓦/人,技术装备率11万元/人。综合机械化施工程度82%。

2009年承揽工程任务7项284568万元。其中,路内工程1项135901万元;路外工程6项148667万元。完成企业总产值300084万元。其中,施工产值299983万元;附营产值901万元。实现利润1874万元。完成主要工程量:土石方1208万立方米,桥梁42466延长米,隧道7325延长米,涵洞3159横延米,建成公路26.56公里。工程质量合格率100%。通过质量、环境、职业健康安全管理体系再认证监督审核,实现连续安全生产8762天。全员劳动生产率42.91万元/人年,职工年人均收入48340元。国有资产保值增值率116.5%,产值利润率0.6%,净资产收益率16.3%,资产负债率95.1%。承建的北京地铁5号线

13合同段被评为中国建设工程鲁班奖,参建的京津城际轨道工程、承建的厦门仙岳路高架桥工程获铁道部优质工程奖,厦门市五石路C合同段工程获福建省闽江杯优质工程奖,北京市地铁4号线08标段和北京市地铁4号线西单车站工程获北京市市政基础设施结构长城杯金奖,3项工程被评为集团公司优质工程;1项科技成果获股份公司科技进步一等奖。公司被评为全国文明单位、全国优秀施工企业、厦门市重合同守信用企业。 (罗义勇 孟庆财)

【建筑工程有限公司】 房屋建筑、市政公用工程施工总承包一级,建筑装修装饰、钢结构、地基与基础工程专业承包一级,土石方工程专业承包三级资质企业。公司机关驻山西省太原市学府街121号。董事长、总经理杨金成(4月免)、杨琼东(4月任),党委书记吴海涛。下辖19个工程项目部、土建公司、机运公司、租赁公司、房地产公司、物业管理中心、试验室。职工826人。其中,干部470人;工人356人。技术干部287人,技术工人219人;男职工602人,女职工224人。资产总额86491万元。其中,固定资产原值10675万元、净值7413万元;流动资产76966万元。主要机械运输设备158台(套),价值5475.75万元,设备总功率9962.85千瓦,成新率73.04%,动力装备率15千瓦/人,技术装备率6万元/人。综合机械化施工程度61.7%。

2009年承揽工程任务11项198808万元。其中,铁路工程4项147159万元;铁路外工程7项51649万元。完成企业总产值92562万元。其中,施工产值92509万元;附营产值53万元。实现利润169万元。完成主要工程量:土石方739万立方米,桥梁3055延长米,隧道2440延长米,房屋建筑205586平方米。工程质量合格率100%。通过质量、环境、职业健康安全管理体系再认证监督审核,实现连续安全生产7969天。全员劳动生产率20万元/人年,职工年人均收入30340元。国有资产保值增值率92.4%,产值利润率0.2%,净资产收益率2.8%,资产负债率94.8%,投资收益上缴率100%,应上缴款完成率100%。获铁道部优质工程奖2项、太原市优良工程和市结构优质样板工程各2项;1项技术成果经山西省建设厅鉴定,达到国内先进水平,获股份公司科技进步三等奖;1项工程被评为山西省新技术应用科技及示范工程;3项工法被认定为企业级工法;1项QC成果获国家优秀QC成果三等奖,2项QC成果获山西省优秀QC成果二等奖;1项工程被评为全国安全质量管理示范工程。公司被评为山西省安全生产工作先进单位、山西省建设工程质量管理优秀企业,继续保持全国用户满意企业和太原市文明和谐单位标兵荣誉。

(韩风云 孟庆财)

【电气化工程有限公司】 铁路电气化、电务、机电设备安装工程专业承包一级,送变电、电信、城市及道路照明工程专业承包二级及公路交通工程分项资质企业。2005年12月29日在太原市工商行政管理局开发区分局登记注册,2006年1月18日正式挂牌运行。公司机关驻山西省太原市高新区高新街32号。总经理乔根柱,党委书记王家玉。下辖21个项目经理部。职工134人。其中,干部107人(含聘用人员10人);工人27人。技术干部98人,技术工人26人。资产总额51739万元。其中,固定资产原值3028万元、净值2155万元;流动资产49584万元。主要机械运输设备370台(套),价值5007万元,其中年内新购设备33台(套),价值671万元。设备总功率19384千瓦,成新率77.9%,动力装备率150千瓦/人,技术装备率27.4万元/人。综合机械化施工程度80%。

2009年承揽工程任务17项128265万元。其中,铁路工程13项63965万元;铁路外工程4项64300万元。完成企业总产值55331万元,实现利润2312万元。完成主要工程量:通信光、电缆线路835公里,接触网79.6公里,电力线路67.9公里,电力线路迁改1470处,信号区间自动闭塞55.46公里,通信线路迁改1225处,新建变配电站6座,迁改基站变电站16座。工程质量合格率100%。通过质量、环境、职业健康安全管理体系认证,实现连续安全生产1464天。全员劳动生产率12.9万元/人年,职工年人均收入67700元。国有资产保值增值率85.5%,产值利润率4.2%,净资产收益率22.2%,资产负债率90%,投资收益上缴率51%,应上缴款完成率100%。参建的京津城际轨道工程被评为铁道部优质工程。年内开发的6个软件分别取得著作权;1项工法被认定为省级工法,3项工法被认定为企业级工法;2篇论文分别获得集团公司优秀论文二、三等奖。 (田晓敏 孟庆财)

【重要记载】

▲1月10日 集团公司参建的改建铁路黔桂铁路工程开通运营。该铁路全长188.32公里,2004年12月开工建设。集团公司承建的站前工程第6标段长32.15公里,合同投资4.9亿元,2005年1月开工,2008年12月实现管段工程一次性通过初验交付运营。

▲2月13日 集团公司与中铁二十五局集团柳州公司联合中标新建南宁至广州铁路站前工程NGZQ-3标段,合同总投资37.73亿元。集团公司承担

58.028 公里的施工任务,其中正线 44 公里、联络线 14.028 公里,合同投资 19.8 亿元。

▲2 月 23 日　集团公司中标新建杭(州)甬(宁波)铁路客运专线站前 HYZQ－2 标段,正线长 53.733 公里,合同投资 409218 万元。

▲3 月 7 日　集团公司中标新建宁(南京)杭(州)铁路客运专线站前及相关工程 NHZQ－3 标段,正线长 48.462 公里,合同投资 438078 万元。

▲4 月 12 日　二公司承建的西安市浐灞河生态区 2 号桥桥梁建设钢结构工程获第 7 批中国建筑钢结构优质工程钢结构金奖。该桥为扁平流线型混合式钢箱斜拉桥,全长 485 米,桥梁宽 29.6 米,双向 6 车道。

▲4 月 25 日　集团公司获山西省首届百家信用示范企业称号。

▲5 月 20 日　集团公司综合项目管理系统启动会在山西太原召开。会上,机关 9 个业务部门、14 个直管项目、11 个子(分)公司的负责人或分管领导与集团公司签订"总承包特级信息化达标工作责任状"。

▲5 月 26 日　中国铁建党任〔2009〕5 号文件决定,宋占波任集团公司党委副书记,张学安任集团公司党委常委、纪委书记;中国铁建任〔2009〕12 号文件和集团公司三届六次董事会会议决定,聘任文珂、王月幸为集团公司副总经理,杜嘉俊为集团公司总工程师。

▲6 月 12 日　国家发展和改革委员会副主任徐宪平视察集团公司京沪高速铁路管段北京特大桥、广阳制梁厂、CFG 桩路基等施工现场。北京特大铁路桥长 48.153 公里,是全线施工难度最大的特大桥,其中跨越京开高速公路的 108 米长钢箱拱桥为国内最长跨度钢箱铁路桥。

▲6 月 28 日　铺架分公司在海南东环铁路项目部设立铺轨基地,结束集团公司 20 年来没有专业铺轨施工的历史。

▲6 月 30 日　集团公司在机关召开学习实践科学发展观活动总结大会。自 3 月 19 日学习实践活动启动以来,集团公司 14 个单位党委、156 个工程项目党工委、450 个党支部和 6218 名党员参加学习活动。

▲7 月 5 日　集团公司中标新建铁路成都至绵阳至乐山客运专线江油至眉山段 CMLZQ－1 标段,线路长 35.332 公里,合同投资 217139 万元。

▲7 月 10 日　三公司京沪高速铁路 1 标段 13 工区 QC 小组被评为 2009 年全国工程建设优秀 QC 小组,一公司广深港铁路客运专线 ZH－2 标段三分部项目部第 4QC 小组、建筑公司第 8 项目部 QC 小组分别获得 2009 年全国工程建设优秀 QC 小组二、三等奖。

▲7 月 16 日　集团公司在铁道部 2009 年上半年铁路施工企业质量信用评价中,位居 A 类第三名,实现集团公司"确保前六,力争前三"的目标。

▲7 月 16 日～17 日　四公司战备仓库被评为全国四星级仓库。

▲8 月 19 日～22 日　第五届全国"四实"(实地、实战、实学、实研)企业文化研讨会(母子文化)在六公司召开。全国 18 个省市企业文化协会领导和 56 家大型企业 135 名代表到会交流研讨。与会代表参观六公司机关和项目文化建设,称赞:"中铁十七局集团六公司的项目文化精细、平实、大气、丰采,他们把集团公司、子公司和工程项目三位一体的母子文化进行有效的精确揉合,他们是把母文化和子文化的统一性与差异性做了辩证的分解融合的典范。"

▲9 月 9 日～21 日　集团公司开展"迎国庆、讲奉献、促发展"巡回演讲活动,7 名演讲员先后在机关和京沪、石武、汉宜、宁杭、广深港、海南东环 6 个铁路项目巡回演讲。这是集团公司兵改工以来组织的第一次巡回演讲。

▲9 月 11 日　集团公司中标新建石家庄至武汉铁路客运专线郑州东站工程 ZZSD－NO.2 标段,合同投资 178450 万元。

▲9 月 25 日～26 日　集团公司在山西太原举办庆祝建国 60 周年暨兵改工 25 周年职工文体展示活动,12 个单位约 500 余人参加表演。

▲9 月 29 日　集团公司中标厦(门)深(圳)铁路惠深段站前工程 XSGZQ－11 标段,线路长 33.434 公里,合同投资 157609 万元。

▲12 月 23 日～24 日　上海铁路局"捍卫质量、保卫安全"标准化管理现场会在集团公司宁杭铁路客运专线项目部召开。上海铁路局 31 家建设、施工、设计、监理等单位主要领导 400 余人参加会议。与会人员在观摩集团公司宁杭铁路客运专线标准化项目部和标准化工地——长兴隧道、长兴特大桥、路基及内业资料后赞不绝口,对各项施工管理工作给予高度评价。

▲12 月 29 日　集团公司中标新建南京至安庆铁路南京至铜陵东、池州至安庆段工程 NASZ－3 标段,线路长 39.569 公里,合同投资 22.91 亿元。(孟庆财)

中铁十八局集团有限公司

【简况】　中铁十八局集团有限公司系铁路工程施工总承包特级,公路、水利水电、市政公用、房屋建筑工程施工总承包一级,隧道、桥梁、城市轨道交通、机场场道、公路路面工程专业承包一级和地质灾害防治工程施工甲级资质企业，同时拥有对外承包工程资质和对外经营权。公司机关驻天津市河西区柳林。前身系中国人民解放军铁道兵第八师，1984 年 1 月 1 日集体转业并入铁道部，改编为铁道部第十八工程局；2001 年 4 月 18 日企业改制改称现名。下辖 10 个子公司、9 个分公司及 23 个指挥（项目）部。职工 17832 人。资产总额 189 亿元。其中，固定资产原值 38 亿元、净值 24 亿元；流动资产 158 亿元。机械运输设备 5960 台（套），总功率 585750.3 千瓦，动力装备率 31.95 千瓦/人，技术装备率 9.94 万元/人，成新率 68.42%。

2009 年承揽工程任务 195 项，合同总额 406.7 亿元。完成企业总产值 285.2 亿元，其中施工产值 281.1 亿元。实现利润 2.75 亿元。人均创利 15127 元，全员劳动生产率 55 万元/人年，职工年人均收人 33639 元。净资产收益率 21.75%，资产负债率 93.23%，保值增值率 144.38%。完成主要实物工程量：土石方 5401 万立方米，隧道 125.42 万延长米，桥梁 146.78 万延长米，涵渠 67.1 万横延米，铁路正线铺轨 9.98 公里、站线铺轨 0.92 公里，房屋建筑 57.9 万平方米。单位工程合格率 100%，分项工程合格率 100%。年内，集团公司参建的成昆铁路、引滦入津工程、大秦铁路、青藏铁路格尔木至拉萨段、乌鞘岭特长铁路隧道、京津城际铁路 6 项工程被评为新中国成立 60 周年百项经典暨精品工程，获中国土木工程詹天佑奖 1 项、中国建设工程鲁班奖 2 项、国家优质工程银质奖 4 项、中国市政金杯示范工程奖 1 项、省部级优质工程奖 23 项、股份公司优质工程奖 8 项，获全国建设工程优秀项目管理成果一、二、三等奖各 1 项，全国优秀 QC 小组活动成果奖 2 项、天津市优秀 QC 成果奖 6 项、铁道部优秀 QC 成果奖 2 项、股份公司优秀 QC 成果奖 5 项。集团公司被评为全国工程建设 QC 小组活动优秀企业、全国优秀施工企业、天津市优秀施工诚信企业和百强企业。全集团获全国"安康杯"竞赛优胜单位、优胜班组各 1 个，天津市劳动模范集体 1 个，天津市五一劳动奖状 6 个，天津市"工人先锋号"1 个，铁道部火车头奖杯 1 个，股份公司"工人先锋号"4 个；4 人被评为全国建筑业企业优秀项目经理，3 人被评为全国工程建设优秀项目经理，6 人被评为天津市劳动模范，10 人获是天津市五一劳动奖章，5 人获得铁道部火车头奖章，5 人被股份公司授予"工人先锋号"标兵称号。（阎世杰）

【领导人员】

董事会

董事长	刘金林
副董事长	郝趁义
董事	荆长华（10 月免）
	刘树洪
	杨玉刚（9 月免）
	彭道富
	孔庆亮（7 月免）

监事会

监事会主席	房光辉
监事	李忠心
	李会生
	翟玉奎

经理层

总经理	刘金林（兼）
副总经理	杨玉刚（9 月任顾问）
	彭道富
	邓中才
	范成国
	刘家文
	刘洪德
	陆晓辉
	李铁翔
总工程师	韩利民
总经济师	董广田
总会计师	荆长华（10 月任顾问）

党群领导

党委书记	郝趁义
党委副书记	刘金林
	刘树洪
纪委书记	刘树洪（兼）
工会主席	孔庆亮（8 月任顾问）

（刘琳琳）

【工程项目指挥机构】 神朔铁路复线工程指挥部 驻天津市河西区柳林中铁十八局集团公司办公大楼 10 楼。指挥长郎珉，党工委书记唐海涛。

宜万铁路工程指挥部 驻湖北省建始县北环路 46 号。指挥长李生宏（10 月免），关伟（10 月负责工作）。

达成铁路工程指挥部 驻四川省蓬溪县。指挥长贾振功，党工委书记孙开华。

北京地铁工程指挥部 驻北京市东城区和平里中街 29 号。指挥长兼党工委书记童顺军。

襄渝铁路二线安康至梁家坝段项目指挥部 驻陕西省紫阳县电信局。指挥长杨继明，党工委书记郭志强。

浦南高速公路 C 合同段项目经理部 驻福建省建瓯市建瓯宾馆。项目经理兼党工委书记彭道富。

甬台温铁路工程项目经理部 驻浙江省临海市大洋中路 520 号。项目经理韩利民，常务副经理苏在林，党工委书记钱守良。

胶济铁路客运专线工程指挥部　驻山东省潍坊市奎文区东风东街280号。指挥长刘东，党工委副书记刘耀臣。

武广铁路客运专线XJDⅠ标段项目经理部　驻湖北省武汉市江夏区庙山开发区阳光大道。项目经理李铁翔，党工委书记范业昌。

南疆铁路吐库二线工程项目部　驻新疆维吾尔自治区乌鲁木齐市南山矿区鱼儿沟。项目经理黄明普，党工委书记陈华东。

京沪高速铁路项目经理部　驻河北省沧州市公安局警官培训中心。项目经理赵明传，党工委书记吴忠良。

渝利铁路项目经理部　驻重庆市石柱县工业园区。项目经理李铁翔，常务副经理张海龙，党工委书记孙开华。

厦深铁路广东段工程指挥部　驻广东省汕尾市马宫镇金町工业区。指挥长刘洪德，常务副指挥长宋庚银，党工委书记矣成辉。

兰渝铁路工程指挥部　驻甘肃省陇南市武都区汉王镇。指挥长陆晓辉，常务副指挥长史振春，党工委书记徐启平(7月免)、江顺(7月任)。

向莆铁路FJ－1A标段工程指挥部　驻福建省泰宁县环城路78号。指挥长崔连友，党工委书记刘保良。

石武铁路客运专线河南段项目经理部　驻河南省驻马店市确山县武装部。项目经理邓中才，常务副经理杨国良，党工委书记钟兴兵(7月免)、王利(8月负责工作)。

津秦铁路客运专线项目经理部　驻天津市东丽区东基村金达大酒店。项目经理王志杰，党工委书记刘丛勇。

贵广铁路工程指挥部　驻贵州省凯里市从江县。指挥长刘洪德，常务副指挥长贾振功，党工委书记隋建丛。

京津城际延伸线工程项目部　驻天津东丽区京塘公路396号天管宾馆。项目经理钟兴兵(7月任)，党工委书记李瑞显(7月任)。

武黄城际铁路3标段项目经理部　驻湖北省黄石市团成山开发区大泉路。项目经理史长兴(9月任)，党工委书记范业昌(9月任)。

武咸城际铁路1标段项目经理部　驻湖北省武汉市江夏区纸坊街江夏大道。项目经理苗福启(9月任)，党工委书记刘永清(9月任)。

湘桂铁路扩改工程柳南段Ⅳ标段工程指挥部　驻广西壮族自治区南宁市兴宁区五塘镇。指挥长杨春明(10月任)，党工委书记余顺友(10月任)。

兰新铁路扩改甘青段项目经理部　驻青海省民和县新区。负责人计然、张国茂(12月负责工作)。

（刘琳琳　阎世杰）

【职工队伍】　职工17832人，其中干部7300人。干部中，专业技术干部6706人，占干部总数的91.8%；女干部1397人，占干部总数的19.1%。文化结构：研究生以上学历43人，本科3523人，大专2775人，中专401人，高中以下558人。年龄结构：30岁以下3834人，31岁～40岁2018人，41岁～50岁755人，51岁～59岁693人。专业技术干部中，初级职务4164人，中级职务1666人，高级职务876人。

工人10532人。其中，女工2742人，占工人总数的26%；技术工人9302人，占工人总数的88.3%。学历结构：高中及以下毕业6299人，中专、技校、职高1898人，大专、高技1701人，本科634人。年龄结构：30岁以下2554人，31岁～40岁2396人，41岁～50岁4542人，51岁～59岁1040人。技术工人中，初级工385人，中级工1822人，高级工3923人，技师1062人，高级技师95人。（代京军　李红燕）

【铁路工程施工】　2009年在建铁路工程42项。其中，新开工14项；续建28项；竣工11项。总投资4944403万元，完成施工产值1135843万元，占施工总产值的39.67%。重点工程进展情况：

新建京沪高速铁路土建工程JHTJ－1标段　位于河北省沧州市境内，合同投资350000万元，合同工期2008年1月～2012年6月。主要工程量：特大桥2座46043.14延长米；站场1座，长2公里；梁场3座，1746孔预制箱梁预制及架设。年内完成施工产值209887万元，占年度计划的100%；开工累计完成投资284887万元，占合同投资的81.4%。

襄渝铁路二线XYNS－2标段　位于陕西省紫阳县境内，线路长55.16公里，合同投资111554万元，合同工期2005年7月～2009年2月。工程于10月30日建成通车。

新建石家庄至武汉铁路客运专线(河南段)　位于河南省驻马店市，线路长56.1公里，合同投资328000万元，合同工期2008年10月～2011年12月。主要工程量：桥梁8座42590延长米；路基9段12.3公里；隧道2座1184延长米；涵洞38座725.83横延米；框架桥1座，公路跨铁路桥9座；驿城制梁厂1座，制架梁640孔，原位现浇梁250孔；CRTSII型轨道板厂1座，预制轨道板59000块，铺设轨道板17257块。年内完成施工产值164433万元，占年度计划的109.6%；

开工累计完成投资167784万元，占合同投资的51.15%。

新建向塘莆田铁路FJ－1A标段　位于福建省三明市境内，线路长69.27公里，合同投资365000万元，合同工期2008年10月～2012年4月。主要工程量：隧道32.5座43560延长米；桥梁38座12754.34延长米；框架涵27座1650.8横延米；区间路基土石方209.25万立方米，站场路基土石方444.98万立方米；粒料道床24.51万立方米，无砟道床7.404万立方米。年内完成施工产值128758万元，占年度计划的103%；开工累计完成投资136404万元，占合同投资的37.4%。

津秦铁路客运专线1标段　位于天津市东丽区境内，线路长32.932公里，合同投资230000万元，合同工期2008年11月～2011年12月。主要工程量：路基5.6公里；张贵庄跨外环线特大桥27448延长米；东大制梁场1座，制梁749片。年内完成施工产值57292万元，占年度计划的57.3%；开工累计完成投资57292万元，占合同投资的24.91%。

厦深铁路广东段站前工程XSGZQ－8标段　位于广东省汕尾市，线路长36.62公里，合同投资152000万元，合同工期2008年9月～2011年3月。主要工程量：隧道7座11657延长米；特大桥3座16865.74延长米，大桥1座251.16延长米；制梁420片。年内完成施工产值75234万元，占年度计划的100.3%；开工累计完成投资84056万元，占合同投资的55.3%。

南疆铁路吐库二线铁路SK1标段　位于新疆维吾尔自治区吐鲁番市，线路长32.387公里，合同投资118000万元，合同工期2007年6月～2011年4月。主要工程量：土石方9.54万立方米，桥梁207.4延长米，涵洞177横延米，隧道出口端右线303延长米、左线22452延长米。年内完成施工产值31999万元，占年度计划的100%；开工累计完成投资72908万元，占合同投资的61.8%。

新建兰州至重庆铁路第XQLS1标段　位于甘肃省陇南市境内，线路长31.558公里，合同投资164600万元，合同工期2008年8月～2013年9月。主要工程量：西秦岭右线隧道1座28236.9延长米，斜井1座2152米；范家坪隧道3152延长米；潘家沟大桥165延长米。年内完成施工产值24281万元，占年度计划的110.4%；开工累计完成投资31764万元，占合同投资的19.3%。

贵广铁路GGTJ－4标段　位于贵州省凯里市，线路长33.951公里，合同投资180000万元，合同工期2008年12月～2013年12月。主要工程量：隧道3.5座29309延长米，桥梁3座，车站1座，路基土石方183万立方米，涵洞15座348.49横延米。年内完成施工产值30500万元，占年度计划的101.7%；开工累计完成投资30500万元，占合同投资的16.9%。

渝利铁路第V标段　位于重庆市，全长34.344公里，合同投资145000万元，合同工期2008年12月～2013年12月。主要工程量：路基240.31米，隧道7座32804延长米，桥梁5座1299.19延长米。年内完成施工产值26920万元，占年度计划的128.2%；开工累计完成投资26920万元，占合同投资的18.6%。

武广铁路客运专线武汉至乌龙泉先建段XJDI标段　位于湖北省武汉市江夏区境内，线路长37.475公里，合同投资229999万元，合同工期2006年2月～2009年4月。2009年12月全线通车。

宜万铁路N6标段　位于湖北省长阳县境内，线路长9.726公里，合同投资50499万元，合同工期2004年6月～2009年2月。2009年3月铺轨。

宜万铁路W11标段　位于湖北省建始县境内，线路长15.521公里，合同投资45772万元，合同工期2006年10月～2009年12月。桥梁、隧道、路基等主体工程基本完工。

（陈慧霞　阎世杰）

【铁路外工程施工】　2009年在建路外工程265项，总投资3862309万元。其中，公路工程80项，合同投资1598906万元，完成施工产值584494万元；其他工程185项，合同投资2263403万元，完成施工产值1142875万元。重点工程进展情况：

沈阳地铁2号线一期土建工程第1合同段　位于辽宁省沈阳市，线路长1.87公里，合同投资23903万元，合同工期2007年12月～2009年12月。年内完成投资3756.5万元，占年度计划的100%；开工累计完成投资6541万元，占合同投资的27.36%。

深圳地铁2号线东延线土建工程2225标段　位于广东省深圳市，线路长2.574公里，合同投资47686万元，合同工期2008年6月～2010年8月。主要工程量：混凝土12万立方米，钢筋2万吨，钢支撑及围檩2800吨，土石方24.2万立方米。年内完成投资11262万元，占年度计划的56.3%；开工累计完成投资15411万元，占合同投资的32.31%。

北京轨道交通工程大兴线03标段　位于北京市，年内完成施工产值27222万元，占年度计划的108.9%；开工累计完成投资30040万元，占合同投资的58.7%。

北京地铁8号线5标段　位于北京市海淀区，车站长233.1米，合同投资20404万元，合同工期2008年12月～2013年5月。年内完成施工产值3789万元，占年度计划的133.4%；开工累计完成投资3789万元,占合同投资的18.56%。

天津地铁3号线12合同段　位于天津市河北区中山路与昆纬路交口处南侧,工程包括一站两区间。其中,中山路站长291米、宽20.5米,为地下2层岛式车站;中山路站至小树林站区间单线长1012米,中山路站至北站站区间单线长475米。合同投资16714万元,合同工期2007年7月~2011年3月。年内完成产值6133万元,占年度计划的65%;开工累计完成投资6133万元,占合同投资的36.7%。

天津市滨海新区中央大道海河隧道工程　位于天津市滨海新区于家堡中心商务区和东西沽地区。1标段线路长1306.5延长米,合同投资95800万元,合同工期2008年11月~2011年4月。年内完成投资34111万元,占年度计划的63.95%;开工累计完成投资34111万元,占合同投资的35.61%。2标段线路长4113延长米,合同投资123088万元,合同工期2009年6月~2010年12月。年内完成投资35075万元,占年度计划的105.2%;开工累计完成投资35075万元,占合同投资的28.5%。

锦屏二级水电站东端1号、2号引水隧洞工程C4标段　位于四川省凉山彝族自治州木里、盐源、冕宁3县交界处的雅砻江干流锦屏大河湾上,全长26.07公里,合同投资177500万元,合同工期2007年7月~2013年10月。年内完成施工产值22212万元,占年度计划的63.5%;开工累计完成投资41877万元,占合同投资的23.6%。

青岛胶州湾隧道土建工程3合同段　位于山东省青岛市。线路长4.243公里,合同投资38308万元,合同工期2007年7月~2010年6月。年内完成施工产值11607万元,占年度计划的66.3%;开工累计完成投资20838万元,占合同投资的54.4%。

天津海滨大道工程　位于天津市滨海新区,线路长5.885公里,合同投资74899万元,合同工期2009年1月~2010年12月。年内完成产值36400万元,占年度计划的84%;开工累计完成投资36400万元,占合同投资的48.6%。

沈阳地铁1号线第8合同段　位于辽宁省沈阳市,线路长2.788公里,合同投资18508.6万元,合同工期2006年4月~2008年7月。2009年,沈阳站主体结构和盾构区间掘进全部完成,目前正在进行出入口施工。

上海A15公路大桥7标段工程　位于上海市,大桥长6600延长米,合同投资72960万元,合同工期2008年1月~2009年8月。工程已建成通车。

深圳地铁1号线3标段　位于广东省深圳市,线路长3.534公里,合同投资31339万元,合同工期2007年1月~2008年12月。2009年9月深大站主体工程完工;10月,左线盾构工程贯通。

天津地铁2号线第13合同段　位于天津市河东区,线路长1.65公里,合同投资19055万元,合同工期2004年1月~2010年10月。2009年,盾构双线区间工程贯通,博山道站、沙柳路站主体工程基本完成。

厦门东通道(翔安隧道)A2标段　位于福建省厦门市,隧道长(含洞外路基)3769延长米,合同投资29470万元,合同工期2005年8月~2008年8月。年内完成施工产值9871万元,占年度计划的116.1%;开工累计完成投资33809万元,占合同投资的114.7%。隧道主体工程全部完成。

浏阳河隧道工程　位于湖南省长沙市,隧道长950延长米,合同投资21881万元,合同工期2007年11月~2009年4月。工程已经建成通车。

(陈慧霞　阎世杰)

【境外工程施工】　2009年,境外工程主要分布在尼日利亚、迪拜、沙特阿拉伯、苏丹、马达加斯加、阿曼、泰国等国家。全年承揽境外工程34项,其中新开工7项、续建27项,完成工程任务总额90206.58万美元,占施工总产值的52.29%。重点工程进展情况:

沙特阿拉伯南北铁路CTW200标段　位于沙特阿拉伯北部哈伊勒市,线下工程全长338公里,线上工程全长458公里,单线铺轨510公里。合同投资52406万美元,合同工期2007年4月~2010年7月。主要工程量:桥梁27座;圆涵148座,箱涵336座;道路挖方1362万立方米,路堤填方1545万立方米。年内完成投资20947万美元,开工累计完成投资32912万美元,占合同投资的62.8%。

沙特阿拉伯麦加轻轨铁路　位于沙特麦加城珈玛拉特市,线路长18.05公里,合同投资81641万美元,合同工期2009年3月~2010年6月。主要工程量:土石方930万立方米,高架桥13.8公里,车站9座,停车场1处。年内完成投资53584万美元,开工累计完成投资53584万美元,占合同投资的65.63%。

马达加斯加34号国道修复工程　位于马达加斯加MENABE地区,线路长112.35公里,合同投资4028万美元,合同工期2007年9月~2010年3月。主要工程量:路基土石方挖方10.2万立方米,借方14万立方米;基层精选料21700立方米,碎石垫层18.9万立方米;3座桥梁拆除重建,12座桥梁维修;新建涵洞156座。年内完成投资1800万美元,开工累计完成投资3253万美元,占合同投资的80.76%。

(彭冬青　阎世杰)

【经营管理】 工程承揽。2009 年承揽工程 195 项,新签合同总额 406.7 亿元,完成年度计划的 135.6%。其中,铁路工程 14 项,合同额 208.4 亿元;公路工程 49 项,合同额 106.1 亿元;电力工程 20 项,合同额 7.1 亿元;房屋建筑工程 24 项,合同额 13.2 亿元;市政工程 53 项,合同额 53.9 亿元;城市轨道交通工程 6 项,合同额 13.9 亿元;国内其他工程 29 项,合同额 4.2 亿元。承揽项目中亿元以上项目 73 项,合同额 369.2 亿元,占承揽任务总额的 90.8%;以集团公司名义承揽的工程 89 项,合同额 332.7 亿元,占承揽总额的 81.8%;海外工程 6 项,合同额 38.3 亿元。

企业改革。加强企业特级资质就位工作,成立特级资质重新就位领导小组,明确集团公司资质重新就位的目标,实现铁路工程施工总承包特级和铁路甲级设计,公路工程施工总承包特级或一级,市政工程施工总承包一级,城市轨道交通工程专业承包资质。年内,四公司、六公司获得市政、房屋建筑工程施工总承包一级资质;集团公司获得房地产开发资质,填补了集团公司资质空白。在天津市资质系统平台上完成集团公司技术人员、工程业绩、设备实力等资料录入。6 个梁场通过铁道部质检中心专家组考核,获得大批量箱梁预制生产许可。石武铁路客运专线驻马店轨道板厂生产的轨道板通过上道审查。为 50 名建造师办理注册、变更手续,协调聘用建造师 800 人次;完成 88 人深基坑施工建造师备案申报工作,其中部分人员获得天津市首批深基坑施工建造师资格;完成企业营业执照、资质证书、组织机构代码证的年检和换照变更工作。

安全质量管理。始终坚持“安全第一,预防为主,综合治理”的工作方针,突出安全预控,强化隐患治理;狠抓责任落实,强化现场管理;突出基础建设,提升安全意识,以高效率、高水平应对大规模、高标准施工要求,最大限度地控制较大以上因工亡人事故的发生,安全生产形势总体稳定。集团公司董事长、党委书记与集团公司所属单位主要党政领导签订“2009 年安全工作包保责任书”,兑现 2008 年包保责任奖惩。其中,57 名党政主管领导获得安全生产奖励,2 名因考核不达标受到处罚。集团公司安全质量标准工地建设开展得扎实有效,3 个项目被评为股份公司年度安全质量标准工地,14 个项目被评为集团公司安全质量标准工地。29 个单位没有发生员工和外部劳务因工亡人责任事故,被评为集团公司安全生产先进单位。年内,11 人参加股份公司安全质量干部培训,208 人通过天津市“三类人员”培训获得合格证书,57 人参加《天津市轨道交通地下工程质量安全风险控制指导书》辅导培训,组织人员参加注册安全评价师培训考试和延期注册工作。

财务审计工作。紧紧围绕“转变财务观念,理顺财务关系,规范经济运行,提高财务队伍素质,全面提升财务管理水平”的主题,准确把握上市后财务工作的运行规律,加强财务报告及公开披露信息管理,完善规章制度,防范财务风险,不断改善财经状况和经济运行质量。集团公司举办两期上市后财务管理与项目管理培训班,为提高财务工作质量奠定坚实基础。开展财务工作专项核查,摸清所属单位潜亏处理、资金状况、债权清收、债务控制及其他有关经济事项,为编制 2010 年财务工作计划提供参考依据。进一步完善单位负责人年度经营业绩考核办法,加大考核指标的难度和奖罚力度。巩固资金结算中心、“网上银行”归集和调剂资金的地位,提高企业自身资金供给能力和使用效益。利用 ERP 管理系统实现账务和报表集中,有效解决由于项目分散、经营区域跨度大带来的基层单位管理与监控的难题,有效消除信息迟滞、失真的现象,逐步实现财务管理直接化、信息集成化和决策支持智能化的工作目标。制定科学、系统、操作性较强的财务预算,保证预算执行的严肃性和连续性,真正发挥预算的控制作用,2009 年被股份公司评为预算先进单位。开展审计项目 15 项,提出审计报告 15 份,提出审计意见和建议 52 条。

(张云霞　王莹　王志武　兰岚　刘振武)

【科技教育】 科技工作。年内,5 项科技成果通过天津市科学技术委员会鉴定,1 项通过河北省科学技术厅鉴定。其中,4 项达到国际先进水平;2 项达到国内领先水平。10 项工法核心技术通过股份公司评审。其中,4 项技术达到国际先进水平;6 项达到国内领先或先进水平。3 项科技成果获省部级科技成果奖,6 项获股份公司科技进步奖。全年完成实用新型专利申报 8 项,获得授权专利 8 项。1 项工法被认定为国家级工法,8 项工法被认定为省部级工法,8 项工法被认定为股份公司优秀工法;5 篇科技论文获股份公司优秀论文奖。

教育培训。年内,领导干部、青年干部培训 180 人,“十一大员”培训 125 人,专业技术继续教育 865 人,试验和测量技师、高级试验工、钢筋工、电工、测量工培训 262 人。全年举办规范化岗位培训班 39 期,参加人员 2331 人次。

(黄欣　隋丽春)

【公安与综合治理】 全年立刑事案件 32 起,破获 21 起,协破地方案件 8 起;抓获作案人员 36 名,其中刑事拘留 19 名、逮捕 16 名;查处治安案件 174 起,处罚 49 人,调解各类纠纷 1200 余起;处置上访、阻工事件 450 余起,涉及人数 2200 余名,动用警力 1500 余人次,动用警车600余辆次。通过侦查办案或调解纠纷使企业避免经济损失2400万元,为企业挽回直接经济损失56万元。完善治安综合治理领导责任制和目标管理责任制,逐级签订责任书,签订率100%,形成一级抓一级、一级对一级负责的良性运行机制。深入开展"平安创建"活动,海河隧道、天津地铁3号线、滨海新区西中环道路工程被评为天津市市级文明工地。认真开展反邪教、反迷信教育活动,全年开展教育活动12次,12000人接受教育。 (马国武 刘 刚)

【党群工作】 党的工作。集团公司党委下辖基层党委21个、党总支21个、党支部459个,有党员7575人。(1)领导班子建设。集团公司党委以认真贯彻落实学习科学发展观活动为主线,着力抓好领导班子学习制度、议事规则、决策程序等各项制度的建立与落实,充分发挥党的政治核心作用。各级领导班子认真开好党内民主生活会,开展创建"四好领导班子"活动。年内,三公司、五公司、隧道公司3个领导班子被授予集团公司"四好领导班子"称号。(2)党组织建设。进一步优化党组织结构,坚持在设立工程项目部时同步设立党组织,同步配备党组织书记,同步开展党的工作。先后组建渝利铁路、沙特阿拉伯麦加轻轨等7个项目部党工委,指导各子(分)公司及时建立健全工程项目部党组织391个、专业队和架子队党支部101个,实现党组织建设国内国外全覆盖。"七一"期间,集团公司表彰10个先进基层党(工)委、41个"五好党支部"、71名"六好共产党员"、36名优秀党务工作者。年内举办1期入党积极分子培训班,培训入党积极分子70名;发展新党员180名。集团公司党校举办第五、第六期基层党组织书记及后备人才培训班,145人参加培训。(3)宣传思想工作。紧紧围绕党委中心工作,服务企业生产经营,发挥宣传思想工作的理论指导、舆论引导、思想疏导和典型示范作用,充分利用各种宣传手段,抓载体、抓有形、抓关键,在企业内部营造和谐稳定、健康发展的良好氛围,为企业建设提供强大的精神动力、思想保证和舆论支持。坚持党委中心组学习制度,以深入学习实践科学发展观活动为主要内容,用科学发展观推动各项工作。贯彻落实股份公司开展工程公司企业文化建设年活动,推进企业文化建设项目落地工作,树立企业文化建设样板,促进企业文化建设规范化。开展"以优美的环境迎国庆、以优异的成绩献国庆、以优质的活动庆国庆"的"三优"活动。推选先进典型,3人被评为中国铁建杰出人物。全年编辑出版《中铁工人》报24期,其中专版6期、专刊3期。集团公司政研会被评为天津市优秀思想政治工作研究会。加大海内外重点工程宣传力度,全年在全国性大报、省部级报刊、《中国铁道建筑报》、天津主流媒体、网络刊稿1000余篇,在中央电视台、天津电视台等地方电视台播发新闻27条,在内鼓士气、外树企业形象方面发挥突出作用。(4)党风廉政建设。贯彻落实中央纪委《关于严格禁止利用职务上的便利谋取不正当利益的若干规定》和国资委《关于认真贯彻落实国有企业领导人员廉洁自律七项要求有关事项的通知》,执行股份公司实施细则,重新制定下发《集团公司机关职能部门党风廉政建设责任制主要责任分解意见》,各级领导班子召开专题民主生活会,对照"五条禁令"及时纠正存在的问题。积极开展廉政教育活动,组织党员干部观看反腐倡廉警示教育片157场次,受教育党员干部超过11000人次。各级纪委层层签订党风廉政建设责任书,全集团签订党风廉政建设目标责任书272份。加大责任追究力度,全年对违反党风廉政建设责任制规定的8名责任人进行责任追究。年内受理群众来信来访举报33件,立案20件,结案20件;处分违纪违法党员干部20人。2009年,12人受到党纪处分,16人受到政纪处分,8人受到党纪、政纪双重处分;51人受到司法机关刑事处理,罚款143.89万元。通过办案避免和挽回经济损失1978万元,为企业化解经营风险3起。

工会工作。各级工会组织紧紧围绕"规范管理,创誉增效,科学发展,和谐建设"的工作方针,深入贯彻落实科学发展观,积极构建和谐劳动关系,全力维护职工合法权益,狠抓基层,强化管理,凝聚队伍,为企业的和谐发展作出突出贡献。劳动竞赛活动开展得扎实有效,建家建线工作取得可喜成果,"一法三卡"工作全面铺开。认真落实"三不让"承诺,扶贫帮困工作取得显著成效。贯彻落实平等协商集体合同制度,送温暖活动深入人心,女职工工作成效显著。深入推行企务公开,民主管理扎实推进。职工健身活动开展得有声有色,工会特色工作和信息工作逐步提升,得到党政领导认可和上级工会的充分肯定。

共青团工作。集团公司团委下辖21个团委、24个团工委、146个团支部,团员2987人。开展"青年安全生产示范岗"、"青年突击队"、"青春建功杯"创新创效和纪念五四运动90周年等生产活动,以"爱国、进步、健康、阳光"为主题,开展五四青年节接力赛、耐力赛和篮球友谊赛,组织国庆60周年文艺演出活动,丰富青年职工文化生活。2009年,2个集体、6名个人受到省部级以上表彰,33个集体、9个红旗团委、15个红旗团支部和16名优秀团干部、42名优秀团员受到股份公司团委、集团公司团委表彰;集团公司团委被团中央授予全国五四红旗团委创建单位,五公司团委被授予中央企业五四红旗团委,二公司、五公司团委被授予股份公司五四红旗团委称号。

（白志伟　沈艾红　李慧川　李文彪　阎世杰）

【国际工程有限公司】 前身为集团公司海外工程公司,2004 年 7 月改称国际工程公司;2005 年 3 月解散,各境外单位归集团公司直接管理;2006 年 11 月重组国际工程公司,按分公司模式进行管理;2008 年 11 月,企业改制改称现名,成为具有独立法人资格的子公司。公司机关驻天津市河西区柳林。董事长兼党委书记杨玉刚,总经理薛新广。下辖尼日利亚、沙特阿拉伯、马斯喀特、迪拜、泰国、马达加斯加 6 个境外注册公司和苏丹项目部、沙特南北铁路项目部、沙特麦加轻轨项目部、沙特麦麦高速铁路项目部、印度办事处 5 个临时境外单位。职工 422 人,聘用外籍技术和管理人员 241 人。境外资产总额 260014 万元,其中固定资产原值 44769 万元、净值 29669 万元。机械运输设备 818 台(套),净值 19613 万元,设备总功率 717625 千瓦,动力装备率 1688.5 千瓦/人,技术装备率 76.17 万元/人。年施工能力 50 亿元以上。

2009 年承揽境外工程任务 14.85 亿美元,完成施工产值 9.08 亿美元,实现利润 1.04 亿元人民币,完成上缴款 59685 万元人民币。全员劳动生产率 1455 万元人民币/人年,职工年人均收入 98700 元人民币。国有资产保值增值率 193.8%,净资产收益率 122%,资产负债率 98%,上缴款完成率 100%。完成主要实物工程量:土石方 1929.17 万立方米,桥梁 13777.65 延长米,涵洞 35395.2 横延米,房屋建筑 18311 平方米。承建的鲁法大桥工程获得苏丹交通部颁发的施工特优奖,沙特朱拜尔石油管道工程获得朱拜尔皇家委员会颁发的连续 50 万个工时作业零事故奖;2009 年 10 月,在中国对外承包商会组织的“走出去”企业 3 年综合业绩评比中,集团公司获得中国对外承包企业社会责任金奖。年内,公司获得天津市五一劳动奖状,麦加地铁项目部被评为股份公司“工人先锋号”、股份公司模范职工之家。

（综合管理部）

【第一工程有限公司】 公路、市政公用工程施工总承包一级,铁路工程施工总承包二级,土石方、桥梁、隧道、水工隧洞、公路路基工程专业承包一级资质企业。公司机关驻河北省涿州市冠云路 128 号。前身系中国人民解放军铁道兵第八师第三十六团,1984 年 1 月 1 日集体转业并入铁道部,改编为铁道部第十八工程局第一工程处;2001 年 8 月 28 日企业改制改称现名。董事长付仕保,党委书记卫海宏,常务副总经理付彦生。下辖机械化工程公司、铁建社区医院、物业管理中心和 19 个项目(指挥)部。职工 2540 人。其中,干部 1218 人;工人 1322 人。资产总额 139140.62 万元。其中,固定资产原值 44437.27 万元、净值 30298.21 万元;无形资产 1775.18 万元。机械运输设备 601 台(套),净值 15926 万元,设备总功率 70040.6 千瓦,动力装备率 27.5 千瓦/人,技术装备率 6.3 万元/人。年施工能力 25 亿元以上。

2009 年承揽工程任务 400000 万元。完成企业总产值 277000 万元,其中施工产值 276900 万元。实现利润 1885 万元。全员劳动生产率 109.1 万元/人年,职工年人均收入 28265 元。国有资产保值增值率 427.73%,净资产收益率 27.1%,资产负债率 92.79%,应收账款周转率 8.78 次,总资产周转率 2.03 次,职工收入增长率 16%,应上缴款完成率 100%。完成主要实物工程量:路基土石方 139 万立方米,隧道 11585 延长米,桥梁 10115 延长米,涵洞 529 横延米。沧县、泊头、静海、驿城、东丽、海丰 6 个梁场通过国家认证。年内获股份公司 QC 小组活动成果一等奖 1 项,2 个项目部被评为股份公司安全质量标准工地。1 人获得天津市五一劳动奖章,1 人获得火车头奖章。

（王大章）

【第二工程有限公司】 铁路、公路、市政公用、房屋建筑工程施工总承包一级,电力工程施工总承包二级,地基与基础、土石方、桥梁、隧道工程专业承包一级,铁路铺轨架梁工程专业承包二级资质企业。公司机关驻河北省唐山市丰润区光华道 8 号。前身系中国人民解放军铁道兵第 8 师第三十七团,1984 年 1 月 1 日集体转业并入铁道部,改编为铁道部第十八工程局第二工程处;2001 年 10 月企业改制改称现名。董事长张文卷,党委书记陈善富。下辖 40 个单位。职工 2205 人。其中,干部 877 人;工人 1328 人。资产总额 143563 万元。其中,固定资产原值 19282 万元、净值 11621 万元;流动资产 127499 万元。机械运输设备 173(套),原值 8176 万元、净值 2480 万元,设备总功率 22566 千瓦,技术装备率 4.39 万元/人,动力装备率 12.1 千瓦/人。年施工能力 20 亿元以上。

2009 年承揽工程任务 452000 万元。完成企业总产值 194500 万元,其中施工产值 193700 万元。实现利润 1107 万元。全员劳动生产率 88.21 万元/人年,职工年人均收入 29249 元。国有资产保值增值率 112.38%,净资产收益率 8.21%,产值利润率 0.6%,资产负债率 90.77%,应上缴款完成率 100%。完成主要实物工程量:路基土石方 310 万立方米,隧道 5145 延长米,桥梁 20087 延长米,涵洞 479 横延米,房屋建筑 12000 平方米。承建的天津华能杨柳青电厂工程获国家优质工程银质奖,参建的遂渝铁路工程获中国建设工程鲁班奖,参建的台缙高速公路工程获浙江省建设工程钱江杯奖,承建的水界高速公路南湖隧道工程获重庆市巴渝杯优质工程奖;获省部级优秀工法1项;获股份公司优秀QC小组活动成果二等奖1项,集团公司优秀QC小组活动成果二等奖1项。公司获全国模范职工之家、河北省职代会星级(三星)单位称号,公司裕圆酒店被授予河北省"工人先锋号"称号。2人分别获得全国和天津市五一劳动奖章,9人被评为集团公司先进生产工作者。（公司办公室）

【第三工程有限公司】 公路、市政公用、房屋建筑工程施工总承包一级,铁路工程施工总承包二级,隧道、桥梁、公路路基、水工隧洞工程专业承包一级,送变电工程专业承包二级资质企业。公司机关驻河北省涿州市冠云路。前身系中国人民解放军铁道兵第八师三十八团,1984年1月1日集体转业并入铁道部,改编为铁道部第十八工程局第三工程处;2001年10月企业改制改称现名。董事长温法玺,党委书记马伟峰,常务副总经理高永亮。下辖1个分公司、25个项目部及物业管理中心、医院、修理厂。职工2614人。其中,干部1238人;工人1376人。资产总额189973万元。其中,固定资产原值34305万元、净值17133万元;流动资产168935万元;无形资产1513万元;其他资产2388万元。机械运输设备538台(套),现值7749万元,设备总功率69572.1千瓦,动力装备率26.62千瓦/人,技术装备率2.96万元/人,机械化施工程度70%。年施工能力15亿元以上。

2009年承揽工程任务421592.6万元。完成企业总产值296000万元,其中施工产值295090万元。实现利润1806万元。全员劳动生产率96.23万元/人年,职工年人均收入24621元。国有资产保值增值率103.5%,净资产收益率21.04%,产值利润率3.08%,资产负债率94.25%,投资收益上缴率100%,应上缴款完成率100%。完成主要实物工程量:土石方522.8万立方米,隧道16319延长米,桥梁12308延长米,涵渠1358.3横延米。工程质量合格率100%。参建的井冈山铁路井冈山市站工程获国家优质工程银质奖,承建的京津高速公路通惠北干渠跨河桥工程获北京市政基础设施结构长城杯金奖,承建的西宁过境公路西段路基工程、天津开发区净水厂三期工程获集团公司优质工程奖。乐宜高速公路第3合同段工程被评为集团公司安全质量标准工地。（梁淑芳）

【第四工程有限公司】 市政公用工程施工总承包一级、房屋建筑工程施工总承包二级资质企业。公司于2005年3月4日由集团公司原津滨轻轨工程指挥部、技工学校、子弟学校和原建筑工程公司的部分单位合并重组而成。董事长冯焕富,党委书记李继业,总经理闫广天。下辖26个单位。职工994人。其中,干部656人;工人338人。资产总额110114.8万元。其中,固定资产原值23793.14万元、净值17510.73万元;流动资产2878.07万元。机械运输设备316台(套),设备总功率34511千瓦,动力装备率31.49千瓦/人,技术装备率6.79万元/人。年施工生产能力10亿元。

2009年承揽工程任务43106万元。完成企业总产值117000万元,其中施工产值126200万元。实现利润446.9万元。人均创利6661.93元,全员劳动生产率14.75万元/人年,职工年人均收入47000元。国有资产保值增值率107.26%,净资产收益率7.01%,产值利润率85.37%,资产负债率94.01%,应上缴款完成率100%。完成主要实物工程量:土石方42.07万立方米,桥梁11518.1延长米,隧道16369.17延长米,涵梁24.34横延米,房屋建筑2730.16平方米。实现连续安全生产1469天,单位工程质量合格率100%。"北京前门轨道工程不锈钢支座施工创新"获国家优秀质量管理成果奖。1人被集团公司评为劳动模范、4人被评为先进生产者,1个集体被集团公司授予"工人先锋号"称号,技工学校获得天津市五一劳动奖状,"'今日危险源'提示牌的推广和运用"获集团公司工会特色工作二等奖。（刘琛）

【第五工程有限公司】 市政公用、公路、房屋建筑工程施工总承包一级,铁路工程施工总承包二级,桥梁、隧道、公路路基、水工隧洞工程专业承包一级,预拌商品混凝土专业承包三级资质企业。公司机关驻天津市塘沽区新北路3199号。前身系中国人民解放军铁道兵第十四师六十八团、七十团及机械营合编组建的铁道兵第八师四十团,1984年1月1日集体转业并入铁道部,改编为铁道部第十八工程局第五工程处;2001年6月企业改制改称现名。董事长彭仕国,党委书记刘勇霖,总经理冯希民。下辖7个专业公司、3个指挥部、16个项目部及材料厂、基地管理中心。职工2602人。其中,干部1297人;工人1305人。资产总额314562.3万元。其中,固定资产原值76505.2万元、净值45497.3万元;流动资产256514.6万元。机械运输设备715台(辆),设备总功率72226千瓦,技术装备率7.5万元/人,动力装备率21.5千瓦/人。年施工能力40亿元以上。

2009年承揽工程任务486000万元。完成企业总产值421000万元,其中施工产值421000万元。实现利润2367万元。人均创利9096元,全员劳动生产率

161.79万元/人年,职工年人均收入34991元。国有资产保值增值率189.89%,净资产收益率17.57%,产值利润率0.78%,资产负债率95.72%,应上缴款完成率100%。实现连续安全生产597天,单位工程质量合格率100%。完成主要实物工程量:土石方583万立方米,桥梁24840延长米,隧道9680延长米,涵渠18370横延米,房屋建筑78600平方米。年内获中国土木工程詹天佑奖1项、中国建设工程鲁班奖2项、国家优质工程银质奖1项、全国市政金杯示范工程奖1项、省部级优质工程奖11项、股份公司优质工程奖2项。中央大道新港4号路地道工程项目部"科学控制、信息化施工,确保津滨轻轨托换工程质量"获2008年度全国优秀项目管理成果一等奖,该项目部QC小组被天津市评委优秀QC小组。获股份公司科技进步奖5项、优秀工法1项。海河隧道项目部被评为天津市市级文明施工示范工地。滨海新区西中环及延长线快速路(一期)京津塘高速公路津塘公路段2标段地道工程被评为天津市市级文明施工工地、股份公司安全质量标准工地。3人被评为全国建筑业企业优秀项目经理,1人被评为全国工程建设优秀项目经理,1人被评为天津市优秀项目经理,1人被评为天津市优秀纪检监察干部,2人被评为中国铁建劳动竞赛优秀组织者,2人被授予股份公司"工人先锋号"标兵称号,1人被评为天津市劳动模范,2人被评为股份公司劳动模范。无砟轨道公司被股份公司评为铁路客运专线劳动竞赛综合优胜单位,同时被授予股份公司"工人先锋号"称号;京沪高速铁路项目部获得股份公司劳动竞赛单项优胜单位"工程质量杯";公司财务部被评为股份公司财务工作先进单位;石武铁路客运专线项目部被评为天津市"青年文明号";公司团委被评为第9批中央企业五四红旗团委创建单位。（彭福刚）

【第六工程有限公司】 房屋建筑工程施工总承包一级,市政公用工程施工总承包二级,土石方工程专业承包二级资质企业。公司机关驻天津市河西区柳林。公司于2005年4月由原建筑工程公司、土木工程公司重组而成。董事长周会军,党委书记付太平(8月免)、祁林(8月任),总经理彭亚飞。下辖11个分公司,11个工程项目经理部,1个制梁场,4个工程项目部,3个铁路客运专线项目部和物资公司、电务公司、华北经贸公司、车管办公室。职工1027人。其中,干部738人;工人289人。资产总额84541万元。其中,固定资产原值14765万元、净值7360万元;流动资产76791万元;其他资产7750万元。机械运输设备306台(套),总功率56778千瓦,动力装备率55.28千瓦/人,技术装备率4.85万元/人。

2009年承揽工程任务224712.8万元。完成企业总产值146098.9万元。其中,施工产值145587.5万元;多种经营产值511.4万元。实现利润262万元,净利润239万元。人均创利2551元,全员劳动生产率142.26万元/人年,职工年人均收入22104元。国有资产保值增值率100%,净资产收益率2.6%,产值利润率0.2%,资产负债率89%,应上缴款完成率100%。完成实物工程量:土石方245.77万立方米,桥梁12455.8延长米,隧道4811.06延长米,涵渠884.99横延米,房屋建筑57558平方米。实现连续安全生产365天,工程质量合格率100%。公司参建的京津城际铁路工程被评为新中国成立60周年百项经典暨精品工程和中国土木工程詹天佑奖,承建的武广铁路客运专线五一水库特大桥、石家庄槐安路高架桥工程6标段、首钢京唐钢铁联合有限责任公司一期项目总图运输铁路工程解冻库、焦化站铁路工程获得集团公司优质工程奖,普利达(远洋城H地块)工程被评为集团公司安全标准化工地;获天津市QC小组活动成果奖1项,集团公司QC小组活动成果奖3项。

（马弘　葛淑香　严妍）

【建筑安装工程有限公司】 市政公用、房屋建筑、机电安装工程施工总承包一级,钢结构、火电设备安装、管道、化工石油设备管道安装工程专业承包一级,锅炉安装维修、压力管道安装、压力容器安装、起重机械安装一级资质企业。公司机关驻河北省高碑店市迎宾路8号。下辖4个综合分公司、5个专业分公司、13个工程项目部、2个办事处和中安大厦、焊工考试委员会等27个分支单位。职工680人。其中,干部149人;工人503人。资产总额42464万元。其中,固定资产原值7328万元、净值5192万元;流动资产35496万元。机械运输设备290台(套),设备总功率5581.8千瓦,技术装备率1.5万元/人,动力装备率11.8千瓦/人。年施工能力10亿元以上。

2009年承揽工程任务106427.39万元。完成企业总产值58065万元,其中施工产值57465万元。实现利润547.47万元。人均创利8389.57元,全员劳动生产率86857元/人年,职工年人均收入23190元。国有资产保值增值率201.32%,净资产收益率5.39%,产值利润率0.89%,资产负债率74.4%,应上缴款完成率100%。公司承建的沈西工业走廊质量技术检验检测基地1号楼建设工程被评为沈阳市优良工程结构奖,承建的江苏丰县龙华城住宅小区1、2号楼工程被评为徐州市优良工程结构奖,承建的河北唐山遵化开元新天地(二期一区)建筑安装工程获唐山市优质工程奖,石家庄房建项目部QC小组被评为股份公司质量管理小组二等奖。公司财务部被评为股份公司财务工作先进单位。黄林获天津市劳动模范称号,陈明菊被评为天津市建功立业先进女职工,党鸿儒被评为股份公司先进工会工作者。（李沱　姜玉霞）

【北京中铁大都工程有限公司】　房屋建筑工程施工总承包一级,市政公用工程施工总承包二级,建筑装修装饰、机电设备安装工程专业承包一级,公路路基工程专业承包二级资质企业。公司机关驻北京市大兴区西红门镇大件路。2001年10月由原北京中铁大都工程公司和原四处大都公司合并重组而成。董事长兼党委书记兰伯超,总经理李文哲。下辖10个项目部。职工956人。其中,干部437人;工人579人。资产总额5000万元,其中固定资产原值1659万元、净值577万元。机械运输设备46台(套),原值1302万元、净值418万元,设备总功率4761千瓦,动力装备率11.9千瓦/人,技术装备率1.4万元/人。年施工能力10亿元以上。

2009年承揽工程任务34196万元,完成企业总产值30702万元,实现利润401万元。职工年人均收入32154元。国有资产保值增值率108.6%,净资产收益率8.24%,产值利润率5.49%,资产负债率85.06%,投资收益上缴率100%,应上缴款完成率100%。单位工程合格率100%,连续安全生产950天。完成主要实物工程量:房屋建筑32049平方米,路基土石方117.4万立方米,桥梁1309延长米,隧道1304延长米,涵洞638横延米。公司被评为集团公司安全达标单位,四川泸州铁路工程被评为集团公司安全质量标准工地;3项工程获集团公司优质工程奖。（贾靖）

【重要记载】

▲1月16日　集团公司、五公司获天津市援建四川、甘肃地震灾区过渡安置房先进集体称号。

▲1月18日　国际工程有限公司成立大会暨挂牌仪式在天津市举行。中国外交部副部长吕国增、中国对外承包商会会长刁春和、天津市商务委员会及天津市对外经济合作协会主任赵建中、股份公司副总裁扈振衣出席成立大会。

▲1月　由集团公司科研设计院所属天津中铁滨海建筑设计公司完成的“大型交通运输工程结构系统可靠性优化设计和风险控制技术及其应用”成果获2008年度国家科学进步二等奖。

▲2月5日　集团公司与沙特阿拉伯ACC公司组成联合体中标沙特麦加到麦地那高速铁路,合同投资18.1亿美元,其中集团公司承担3.85亿美元的施工任务。

▲2月10日　集团公司与股份公司合作中标的沙特阿拉伯麦加轻轨项目合同签约仪式在沙特阿拉伯首都利雅得举行,中国国家主席胡锦涛和沙特阿拉伯国王阿卜杜拉出席签约仪式。集团公司承建的土建工程合同额8.2亿美元。签字仪式结束后,胡锦涛主席叮嘱建设者:“项目要干好,一定要干好!”

▲2月18日　国际公司承建的库尔亚特至苏尔高速公路全线通车。

▲3月20日　一公司京沪高速铁路静海制梁场通过国家生产许可证实地核查和产品质量检验。

▲3月27日　集团公司召开深入学习实践科学发展观活动动员培训大会。

▲3月　中原公司承建的四川广巴高速公路LJ18合同段获2008年度全国公路施工企业重点工程劳动竞赛优胜奖。

▲3月　集团公司被评为2008年度全国工程建设质量管理优秀企业,总工程师韩利民获全国工程建设质量管理先进工作者称号。

▲3月　三公司副总经理兼西安工程指挥部指挥长杨利全获2008年度全国“青年岗位能手”称号。

▲4月20日　建筑安装工程公司企业档案工作目标管理通过国家二级认定。

▲4月29日　国际公司薛新广、三公司张建、五公司祝天祥、建筑安装工程公司黄林、隧道公司孔凡成、华南公司宋鹤庆6人获天津市劳动模范称号。

▲4月　集团公司连续3年被天津市授予优秀诚信施工企业称号。

▲4月　四公司获得市政公用工程施工总承包一级资质,六公司获得房屋建筑工程施工总承包一级资质。

▲5月12日　三公司连续两年被评为全国“安康杯”竞赛优胜企业。

▲5月31日　集团公司科研设计院获得建筑工程甲级设计资质。

▲6月17日　集团公司获得房地产开发资质。

▲6月　五公司承建的天津市海河进步桥工程获中国市政金杯示范工程奖。

▲6月　四公司轨道工程支座施工QC小组获2009年全国工程建设优秀质量管理小组称号。

▲7月2日　集团公司“三位一体”贯标新版国际质量体系标准转化认证暨环境、职业健康安全管理体系复评认证顺利通过。

▲7月　集团公司中标新建京津城际延伸线天津至于家堡工程JYSG-1标段,合同投资302373万元。

▲9月28日　在股份公司召开的纪念新中国成立60周年暨中国铁建兵改工25周年大会上,三公司唐良杰、二公司肖德富被授予中国铁建杰出人物称号。

▲9 月　集团公司中标新建武汉至咸宁城际铁路工程 WXSG-1 标段，合同投资 262386 万元；中标新建武汉至黄石城际铁路工程 WHSG-3 标段，合同投资 341291 万元；中标湘桂铁路黎塘至南宁段扩能改造工程和新建南宁至黎塘铁路工程站前及部分站后工程 LN-4 标段，合同投资 248099 万元。

▲9 月　国际公司承建的鲁法大桥工程获得苏丹共和国交通部颁发的桥梁施工特优奖。

▲9 月　三公司被中华全国总工会命名为第 2 批全国"职工书屋"示范点。

▲11 月 8 日　集团公司姜书范获 2009 年度全国优秀新闻工作者称号，受到中共中央政治局常委李长春等领导接见。

▲11 月 13 日　集团公司获中国对外承包企业社会责任金奖。

▲11 月 28 日　集团公司获建国 60 年财务管理成就奖。

▲11 月　集团公司参建的新建井冈山铁路井冈山市站工程、青岛滨海公路仰口隧道工程、天津华能杨柳青热电有限责任公司四期工程、国道 213 线云南思茅至小勐养高速公路工程获 2009 年度国家优质工程银质奖。

▲11 月　集团公司中标新建铁路兰新第二双线兰州至西宁段站前工程 LXS-2 标段，合同投资 405024 万元。（阎世杰）

中铁十九局集团有限公司

【简况】 中铁十九局集团有限公司是铁路工程施工总承包特级，公路、矿山、市政公用、水利水电、机电安装、房屋建筑工程施工总承包一级，港口与航道工程总承包二级，公路路基、公路路面、机场场道、桥梁、隧道、水工隧洞、铁路铺轨架梁、钢结构工程专业承包一级，铁路电气化、送变电、电信工程专业承包二级，预应力工程专业承包三级和城市轨道交通工程专业承包资质企业，同时拥有境外工程承包资质和对外经营权。前身系中国人民解放军铁道兵第九师，1984 年 1 月 1 日集体转业并入铁道部，改编为铁道部第十九工程局；1999 年 12 月改称中铁第十九工程局，2001 年 12 月企业改制改称现名。机关驻北京市经济技术开发区荣华南路 19 号。下辖第一至第五工程有限公司、华南工程有限公司、电务工程有限公司、轨道交通工程有限公司、房地产有限公司、矿业公司、辽阳基地、物资总公司、计量测试中心、职工中心医院，东北、西北、西南、华南、华东、北京指挥部和海外工程指挥部。职工 17582 人。其中，干部 7106 人；工人 10476 人。技术干部 6425 人，占干部总数的 90.42%；技术工人 8148 人，占工人总数的 77.8%。资产总额 1295090.73 万元。其中，固定资产原值 370619 万元、净值 254985.6 万元；流动资产 980431.22 万元。机械运输设备 4761 台（套），原值 260252.4 万元、净值 182332.6 万元；设备成新率 70%，动力装备率 28.6 千瓦/人，技术装备率 10.2 万元/人。其中主要施工机械 1602 台（套），完好率 90.8%，利用率 79.5%。年内新购设备价值 79124.3 万元，其中主要施工设备 262 台，价值 44274 万元。

2009 年承揽工程任务 116 项，合同总额 352.15 亿元。完成施工产值 275 亿元，实现利润 34286 万元。全员劳动生产率 45.50 万元/人年，职工年人均收入 33791 元。净资产收益率 6.42%，应上缴款完成率 100%，资产负债率 89.16%。在建工程 227 项，其中年内竣工交付 86 项。完成施工产值 275 亿元。完成主要实物工程量：土石方 14059 万立方米。桥梁 210906 延长米，其中特大桥 175120 延长米，大桥 26021 延长米，中小桥 9765 延长米。隧道（洞）106426 延长米。其中，铁路隧道 58195 延长米；公路隧道 15687 延长米；地铁 10329 延长米；引水隧洞 9304 延长米；其他隧道（洞）12911 延长米。涵渠 29810 横延米。公路路面 1260 万平方米。房屋建筑 41 万平方米。铁路正线铺轨 279.6 公里，站线铺轨 63.6 公里，铺设道岔 318 组，无砟轨道 16 公里。制梁 10777 片。其中，铁路制梁 5777 片；公路制梁 5000 片。架梁 8839 片。其中，铁路架梁 4409 片；公路架梁 4430 片。现浇梁 14206 米。其中，铁路现浇梁 9865 米；公路现浇梁 4342 米。电力通信电缆 296 公里，电力设备安装 9 座。工程质量分项工程一次检查合格率 100%，单位工程合格率 100%。年内获国家级优质工程奖 5 项，省部级优质工程奖 9 项；全国优秀 QC 小组 5 个，铁道部优秀 QC 小组 2 个，省、直辖市优秀 QC 小组 32 个；国家级工法 2 项，省部级工法 9 项；总公司先进安全质量标准工地 4 个。全年安全生产形势稳定，被评为股份公司 2009 年度安全生产先进单位。企业先后被授予全国优秀施工企业、全国先进建筑企业、全国工程建设管理先进单位、全国守合同重信用企业、全国建设施工企业设备管理优秀单位、全国思想政治工作优秀企业、全国精神文明建设工作先进单位、全国企业文化建设优秀单位、全国文明单位等称号。（张莹）

【领导人员】

董事会

董事长	左春文(8月6日免)
	葛永利(8月6日任)
副董事长	孙公新
董事	左春文(8月6日免)
	葛永利(8月6日任)
	孙公新
	史俊奉(7月10日免)
	栾显国
	富德春
	施化祥
职工代表董事	江志明(7月10日免)
	葛永利(8月6日任)

监事会

监事	夏志炳
职工代表监事	安绪才
	刘正昶

经理层

总经理	孙公新
副总经理	史俊奉(7月10日免)
	栾显国
	王跃进
	王学忠
	侯希承(12月16日任)
	吴言坤(12月16日任)
	解方亮(12月16日任)
	魏万征(12月16日任)
	柏林成(12月16日任)
	尚尔海(12月16日任)
总工程师	侯希承(12月16日免)
	丰兴桥(12月16日任)
总经济师	王景华
总会计师	施化祥

党群领导

党委书记	葛永利
党委副书记	孙公新(兼)
	富德春
	夏志炳
纪委书记	夏志炳(兼)
工会主席	江志明(7月10日免)

领导班子副职待遇

	信长才(12月16日任)

顾问	史俊奉(7月10日任)
	江志明(7月10日任)

（耿庆宇　陈培贵）

【工程项目指挥机构】　东北指挥部　驻辽宁省沈阳市和平区五里河城A座14楼。指挥王学忠。

华东指挥部　驻上海市静安区康定路211号艺海大厦3楼。指挥柏林成。

西南指挥部　驻重庆市渝中区莱袁路209号新东福花园紫烟阁10－1。指挥曲桂有。

华南指挥部　驻广西壮族自治区南宁市五象广场东方曼哈顿2403号。指挥吴言坤。

北京指挥部　驻北京市石景山区鲁谷大道聚兴园3号楼2单元102室。指挥史俊奉。

海外指挥部　驻北京市经济技术开发区荣华南路19号。指挥魏万征。

京沪高速铁路第1合同段项目经理部　驻天津市静海县北环工业园A区－1号恒兴钢兴宿舍楼4－2号。项目经理孙吉东。

石武铁路客运专线项目经理部　驻河南省新乡市牧野工业园环宇大道16号。项目经理李华伟。

盘营铁路客运专线2标段项目经理部　驻辽宁省海城市浪潮金东方高科技发展有限公司。项目经理于涛。

合蚌铁路客运专线站前1标段项目经理部　驻安徽省南市大通区经济开发区建兴路。项目经理王跃进。

沪宁城际铁路工程站前Ⅴ标段项目经理部　驻江苏省无锡市钱桥镇北312国道钱蓉高架桥东引桥100米,项目经理隋忠庆。

长吉城际铁路项目经理部　驻吉林省吉林市船营区长吉北线。项目经理王必军。

厦深铁路广东段4标段工程指挥部　驻广东省潮州市潮安县浮阳镇广城路3号。指挥于进江

海南东环铁路工程第Ⅲ标段项目经理部　驻海南省万宁市人民西路。项目经理陈新华。

向莆铁路工程项目部　驻福建省闽候县上街镇美岐村。项目经理王成宏。

包西(北)铁路工程指挥部　驻内蒙古自治区达拉特旗电厂。指挥崔玉彬。

广昆、昆枢铁路工程指挥部　驻云南省昆明安宁市温泉路北桥村。指挥李庆双。

天平铁路工程指挥部　驻甘肃省清水县政府。指挥安文杰。

西康铁路二线项目经理部　驻陕西省旬阳县甘溪镇显神庙山庄。项目经理宋延波。

兰渝铁路工程项目部　驻甘肃省定西市安定区内官营镇。项目经理解方亮。

温福铁路工程指挥部　驻福建省霞浦县福宁新城东南路口。指挥王跃进。

武襄铁路项目部　驻湖北省安陆市楚跃小区碧云北路国安制盖厂二单元202室。指挥杜日鹏。

武广铁路客运专线5标段项目经理部　驻广东省昭关市新华南路艺苑大酒店。项目经理栾显国。

宜万铁路W16标段项目经理部　驻湖北省恩施市白果乡。项目经理王书彬。

宜万铁路W22标段项目经理部　驻重庆市万州区罗田镇。项目经理杨迪文。

大丽铁路项目经理部　驻云南省大理市经济开发区龙山市场东门宾川海稍鱼对面6楼。项目经理张振忠。

玉蒙铁路工程指挥部　驻云南省玉溪市通海县礼乐路43号。指挥曲桂有。

阿尔及利亚项目经理部　驻阿尔及利亚阿艾茵·迪夫拉省豪赛尼亚县。项目经理魏万征。　（张　莹）

【职工队伍】　职工17582人。干部7106人，其中技术干部6425人，占干部总数的90.42%。技术干部中，硕士研究生26人，本科学历3034人，大专学历3017人，中专学历266人，高中学历及以下学历82人；35岁以下4630人，36岁～40岁926人，41岁～45岁248人。专业技术干部中高级职务590人，中级职务1497人，初级职务3081人。

工人10476人，其中技术工人8148人，占工人总数的77.8%。本科学历422人，大专学历1628人，中专技校学历2830人，高中学历2859人，初中及以下学历2737人。30岁以下2065人，31岁～40岁3204人，41岁～50岁3711人。技术工人中，高级技师73人，技师595人，高级工3282人，中级工1501人。

（王玉青　刘培领）

【工程施工】　2009年，在建工程227项，其中年内竣工交付86项。完成施工产值275亿元。占股份公司下达年度计划的145%。重点工程完成情况：

京沪高速铁路土建工程1标段　位于天津市静海县境内，线路长36.07公里，合同投资33.5亿元，合同工期2008年3月1日～2011年3月31日。主要实物工程量：天津特大桥36070延长米，箱梁1121榀，架设725孔，连续梁4929延长米。2009年完成投资207275万元；开工累计完成投资257275万元，占合同投资的71.2%。

石武铁路客运专线河南段SWZQ－2标段　位于河南省新乡境内，正线长50.104公里，合同投资325000万元，合同工期2008年10月15日～2012年6月30日。主要实物工程量：CFG桩165.7万米，区间土石方117.5万立方米，站场土石方104万立方米；特大桥43964延长米，箱梁1303榀，架设580孔。2009年完成投资224452.3万元；开工累计完成投资237506万元，占合同投资的73.1%。

玉蒙铁路　位于云南省通海市境内，线路长19.45公里，合同投资32624.66万元，合同工期2005年10月18日～2008年12月31日。主要实物工程量：土石方151.979万立方米，涵洞18座548.08横延米，桥梁8座3228.8延长米，隧道2座10404延长米。2009年完成投资5744.6万元；开工累计完成投资37014.7万元，占合同投资的112%。

哈大铁路客运专线TJ3标段　位于吉林省四平市境内，线路长23.267公里，合同投资68274万元，合同工期2007年8月1日～2009年12月31日。主要实物工程量：土石方228.59万立方米，涵洞14座352.1横延米，桥梁15座13800.5延长米。2009年完成投资59065万元，占合同投资的86.1%。

太中银铁路ZQ－Ⅶ标段绥德隧道工程　位于陕西省榆林绥德满堂川乡境内，与中铁二十一局集团公司共同承建，施工隧道全长12105延长米，总投资10.79亿元。集团公司承担7020延长米施工任务，合同投资3亿元，合同工期2006年9月01日～2010年2月28日。2009年完成投资7010万元；开工累计完成投资30000万元，占合同投资的100%。

西格铁路增建二线XGZHQ2标段　位于青海省西宁市境内，正线全长44.79公里，合同投资100350万元，合同工期2007年10月1日～2009年5月30日。主要实物工程量：路基土石方312.7万立方米，桥梁24座4196.87延长米，涵洞120座2884.86横延米，隧道7座12296米。2009年完成投资37500万元；开工累计完成投资100350万元，占合同投资的100%。

海南东环铁路站前工程DHZQ－3标段　位于海南省万宁市境内，与中铁二十五集团公司共同承建，总投资197133万元。集团公司承担53.06公里的施工任务，合同投资115300万元，合同工期2007年9月29日～2011年3月29日。主要实物工程量：路基土石方437.88万立方米，桥梁38座14473.3延长米，涵洞129座2883.01横延米，隧道5.5座7442延长米。2009年完成投资51668.6万元；开工累计完成投资116495.58万元，占合同投资的101%。

长吉城际铁路CJCJ－2标段　位于吉林省长春市和吉林市境内，正线长40.005公里，合同投资158934万元，合同工期2008年4月1日～2010年9月3日。主要实物工程量：土石方455.3817万立方米，涵洞76座1648.37横延米，桥梁1座11502.4延长米，隧道1座340延长米，铺轨194.68公里。2009年完成投资66832.5万元；开工累计完成投资102009.5万元，占合同投资的64.2%。

包西铁路包大段3标段　位于内蒙古自治区包头市和鄂尔多斯市境内，正线长109公里，合同投资250423.8万元，合同工期2007年07月10日～2009年07月31日。完成主要实物工程量：路基土石方1268.64万立方米，桥梁64座13754.96延长米，涵洞4786.4横延米，隧道2座7460延长米。2009年完成投资144794万元；开工累计完成投资185334万元，占合同投资的74%。

包西铁路(陕西段)1标段　位于陕西省榆林市，线路长159.88公里，合同投资207062万元，合同工期2007年11月26日～2010年9月30日。主要实物工程量：路基土石方1277万立方米，桥梁340座12176延长米，涵洞4159横延米，旋喷桩3709根22717延长米，制梁1983片，架梁1710片。2009年完成投资97612万元；开工累计完成投资125711万元，占合同投资的61%。

广昆铁路改造工程4标段　位于云南省安宁市，线路长27.9公里，合同工期2007年10月18日～2010年12月18日，合同投资56304万元。主要实物工程量：路基土石方200.3万立方米，桥梁21座964.76延长米，涵洞93座1926.46横延米，隧道5座2165延长米。2009年完成投资7927万元；开工累计完成投资11525万元，占合同投资的20.5%。

青岛胶州湾湾口海底隧道青岛端连接线云南路隧道工程　隧道长1659延长米，合同投资22726万元，合同工期2008年4月29日～2010年12月31日。主要实物工程量：隧道1座1659.02延长米。2009年完成投资10968万元，开工累计完成投资12571万元，占合同投资的55%。

青岛滨海公路陈家贡湾特大桥　位于山东省青岛市城阳高新技术开发区境内，大桥长1811.5延长米，合同工期2006年7月20日～2008年7月20日，合同投资13681万元。2009年完成投资8220万元；开工累计完成投资13681万元，占合同投资的100%。

向莆铁路道德山隧道和大尖山隧道工程　位于福建省莆田市，全长12.812公里，合同投资42969万元，合同工期2007年11月23日～2010年11月22日。主要实物工程量：道德山隧道6043延长米，大尖山隧道6169延长米。2009年完成投资19080.1万元；开工累计完成投资32332.6万元，占合同投资的75.3%。

沪宁城际铁路站前V标段　位于江苏省无锡市境内，线路长51.087公里，合同投资286047万元，合同工期2008年7月1日～2009年12月15日。主要实物工程量：路基土石方201.9万立方米，桥梁40843.95延长米，涵洞322.32横延米，箱梁1169榀，无砟轨道道床51.1公里。2009年完成投资280946万元；开工累计完成投资353518万元，占合同投资的123.6%。

兰渝铁路LYS－1标段　集团公司承建，与中国中铁十局集团公司专业联合。集团公司施工管段位于甘肃省定西市内官营镇境内，线路跨越榆中县、安定区、临洮县、渭源县4个区县，线路长39.276公里，合同投资302495万元，其中自行完成228495万元。合同工期2009年4月18日～2014年7月16日。主要实物工程量：路基土石方92.54万立方米，隧道35353延长米。2009年完成投资42920万元；开工累计完成投资42920万元，占自行完成投资总额的14.2%。

厦深铁路广东段站前4标段　位于广东省潮州市潮安县境内，承担莲花山隧道出口至桑浦山隧道进口施工任务，线路长29.44公里，合同投资216955万元，合同工期2008年10月1日～2010年9月30日。主要实物工程量：潮汕站软基处理预应力管桩90万米，路基土石方162.8万立方米，桥梁23627.65延长米。2009年完成产值109910万元；开工累计完成产值126887万元，占合同投资的58.7%。

厦深铁路广东段站前1标段　位于广东省潮州市潮安县铁铺镇境内，承担莲花山隧道施工任务，隧道长7648延长米，隧道最大埋深245米，隧道设无轨运输斜井两座。合同投资34415万元，合同工期2007年11月28日～2010年10月22日。2009年完成投资13862万元；开工累计完成投资22947万元，占合同投资的66.8%。

厦深铁路福建段3标段　位于福建省漳州市诏安县境内，线路长28.119公里，合同投资79319万元，合同工期2008年9月5日～2011年3月5日。主要实物工程量：路基土石方304.47万立方米，桥梁7552.85延长米，涵洞2240.6横延米，隧道3829延长米。2009年完成投资50030万元；开工累计完成投资55252万元，占合同投资的73.6%。

新建盘锦至营口铁路客运专线2标段　位于辽宁省中南部，线路正线长89.422公里，合同投资388609万元，合同工期2009年5月31日～2011年11月30日。主要实物工程量：CFG桩193万米，路基土石方145.9万立方米，桥梁46242.76延长米，涵渠440.09横延米。2009年完成投资78175万元，占合同投资的22%。

合蚌铁路1标段　位于安徽省淮南市境内，正线长58.829公里，蚌埠至蚌埠南联络线8.253公里。合同投资353285万元，合同工期2009年5月19日～2011年12月10日。主要实物工程量：路基土石方248.5万立方米，桥梁58458.46延长米，涵渠1554.42

横延米;隧道 1371 延长米。2009 年完成投资 101043 万元;开工累计完成投资 101043 万元,占合同投资的 28.6%。

新建天水至平凉铁路 TJ-2 标段　位于甘肃省东部天水和平凉两市境内,正线长 69.045 公里,合同总投资 194383 万元。集团公司承担 136469 万元的施工任务,合同工期 2009 年 3 月 15～2012 年 9 月 15 日。主要实物工程量:路基土石方 416.49 万立方米,桥梁 5218.12 延长米,涵渠 2076.4 横延米,隧道 44936 延长米。2009 年完成产值 30905 万元,占施工任务的 22.6%。(郭立志)

【经营管理】　工程承揽。2009 年新签合同额突破 300 亿元大关,再创历史新高。集团公司在强调经营上规模的同时,注重市场结构的调整;在强化铁路承揽的同时,不放手铁路外市场,市场结构趋于合理。铁路新签合同额 227.65 亿元,公路 51.25 亿元,轨道交通 23.29 亿元,水利电力 9.08 亿元,矿山 17.86 亿元,房屋建筑 10.94 亿元,市政 4.38 亿元。矿山工程新签合同比 2008 年减少 54.7%,铁路、公路、地铁工程分别比 2008 年增长 23.5%、147%、104%。核心客户战略功效不减。一公司承揽工程任务 22 项,合同投资 13.2 亿元,90% 以上来自大唐、华电、伊泰、华润等老客户;三公司 11 个公路项目中,有 7 个来自辽宁省高等级公路建设局,投资占承揽总额半数以上。专业化发展基础更牢。轨道交通工程分布在全国 12 个城市,全年新签合同额首次突破 20 亿元;矿业公司不急不躁、稳扎稳打,全年承揽工程任务超过 15 亿元;四公司铺架里程达到 686 公里,合同投资 23 亿元;三公司公路路面投资 6.7 亿元。

工程管理。大力推进项目标准化管理,狠抓质量安全,严防告急项目发生,不断增强项目施工能力和履约能力。集团公司下发标准化管理推进计划,支持和鼓励铁路项目部积极承办业主现场会,年内先后有京沪、厦深、天平等铁路项目业主在集团公司项目部召开现场会,有效地促进了项目标准化管理水平的提升。以完善安全质量责任管理体系为主线,分级管控安全质量风险,不断强化终端责任落实;开展安全质量“大反思、大检查、大整改”活动,组成 9 个检查组分别对西北、西南、辽阳片以及 21 个高风险项目进行检查,现场整改安全质量问题 68 项;建立重大危险源台账监管机制,派安全专家现场驻勤,直接参与安全管理;推广沪宁铁路客运专线质量管理实名制经验,创新质量管理模式。2009 年被股份公司评为安全生产先进单位。集团公司在 2009 年铁路上半年 73 家施工单位信誉评价中排名第二,取得历史最好名次,连续 5 次进入 A 类。

企业管理。切实抓好二次和三次创效工作。通过制定铁路项目分项工程劳务指导价、编制内部计价指南、建立责任成本三级分析报告制度,进一步完善三次经营创效工作机制;对长吉、厦深、沪宁、京沪等 11 个项目进行责任预算编制,签订经济目标责任状,定期通报和抽查。逐步规范财务管理。围绕资金集中管理、规范会计核算、健全内控制度、推进信息化建设等重点工作,出台财务管理控制制度和差旅费、会议费报销管理办法,完善财务管理制度体系;加大应收账款管理力度,收回欠款 26436 万元;通过整合保险资源,实施保险业务集中管理,节约保险费 1970 万元;推动竣工项目并账制度落实,有效防止效益流失和资金沉淀。不断加强设备物资管理。严格两级公司对 A、B 类设备重点监管,年底前进行年度设备检查,发现问题及时整改,使两类大型设备始终处于受控状态,杜绝重用轻管现象,主要设备完好率 91%、利用率 82%。加强周转材料管理,对周转材料审批、报废程序作出明确规定,建立管理台账,加强集中调剂使用。开展项目督察活动。为深入推进“项目管理落实年”活动,进一步规范项目管理,确保各项管理制度得到严格执行,集团公司成立督察组,以管理费用开支、资金管理使用、计划合同管理、外部劳务使用、设备购置租赁、物资招标采购等重要管理环节为重点,对铁路在建项目及重点路外项目进行督察。针对存在问题,提出整改意见,责令限期整改。监察部门认真开展效能监察,对 6 个亏损项目进行剖析,经济处罚 4 人,调整项目领导班子 2 个,撤换项目经理 2 人,清理不合格包工队 7 个。通过督察和监察,真实揭示项目存在问题,对强化企业管理执行力起到积极促进作用。

科技工作。加大科技管理工作力度,确定科研计划,及时签订科技合同;加强与辽宁省科技厅、中国铁道学会和中国土木工程学会的联系,沟通科技立项、科技查新、科技鉴定的申请渠道。“霞浦长大铁路隧道综合施工技术”获中国施工企业管理协会科学技术进步一等奖和辽宁省科技进步三等奖;“双块式无砟轨道组合式轨道排架法施工工法”、“困难条件下换铺 75 千克/米 SC381 重载道岔施工工法”被认定为国家级工法,7 项工法被认定为辽宁省省级工法,2 项工法被认定为部级工法;14 篇论文被评为辽宁省优秀科技论文。随着高速铁路的迅速崛起,梁场认证工作越来越重要,年内 12 个梁场、1 个轨道板场通过生产许可证认证。积极开展隧道风险评估,根据在建隧道施工进展情况,将天平铁路关山隧道列为重点隧道项目进行风险评估,经专家组评估认定,关山隧道风险等级确定为工期风险Ⅱ级、塌方Ⅱ级、其他Ⅲ级。

审计工作。严格履行内审职责,全年审计项目 110 项,促进增收节支 311.4 万元,提出审计建议 492

条,连续4年被股份公司评为审计工作先进单位。配合协调外审,外审涉及哈大、京沪、石武、武广、向莆、温福、海南东环、大丽、包西南、包西北、集包、合蚌、西格13条铁路线,实现被审项目"零损失"目标,巩固了企业风险防线。 (张 莹)

【党群工作】 党的工作。2009年集团公司下辖党委90个、党工委90个、党总支2个、党支部409个,有党员6768名。年内发展党员225名。(1)领导班子建设。集团公司党委以"抢抓机遇提实力、夯实基础促发展"为主题,在全体党员中开展深入学习实践科学发展观活动,整理基层上报的意见和建议1378条,分门别类逐条制定整改方案,并狠抓整改落实,确保活动取得实效。集团公司在推进科学发展中坚持"过紧日子",坚持走精细化管理道路,努力提升企业效益的做法得到股份公司的高度认可和兄弟单位的首肯。促进工程公司、集团直管项目部领导班子思想作风建设,集团公司领导班子连续3年被股份公司评为"四好领导班子"。(2)基层党建工作。指导新成立的集团公司直管项目部按照规定要求规范程序,成立党工委;以党员实力统计数据和党费收缴记录为基础,在集团公司范围内开展"三无"党员核查清理工作;督促指导所属各单位开展党课教育;举办后备书记培训班,加强基层党组织后备书记队伍建设;注重总结,选树典型,沪宁项目部党工委先进做法受到股份公司党委认可和推介。(3)党风廉政建设。集团公司与工程公司两级党政主官、纪委书记对口签状,工程公司与下级党政主官分别签状,形成逐级抓落实的党风建设责任链条。年内对党风廉政建设责任制情况进行自检自查。狠抓反面典型教育,专门下发《关于狠抓反面典型工作的通知》,重点抓有令不行、有禁不止、我行我素、严重违规的事件;违反廉洁从业规定,在职工中造成极坏影响的违纪违法行为;对集团公司布置的工作落实不好、执行不力三个方面的典型。狠抓案件查处,全年受理信访举报21件,初核案件线索14件,立案21件,结案22件,处分36人,收缴涉案金额53.8万元,为企业挽回经济损失161.3万元。(4)宣传工作。紧紧围绕生产经营中心工作,定目标,抓重点,创亮点,充分发挥思想政治工作的保证服务作用。集团公司被授予全国文明单位称号,国资委、中央企业研究会转发集团公司精神文明创建活动经验材料。修订企业文明建设"十星"考核评比办法,精神文明建设"十星"创新案例在辽宁省《思想政治工作》上刊发。加大合蚌、兰渝、天平、盘营新上铁路项目企业文化达标检查力度,集团公司被评为全国企业文化建设工作先进单位。开展选树优秀项目、优秀项目经理、专业技术人员和"贤内助"典型活动,集团公司《铁道工人》报开辟典型事迹宣传专栏,收到较好效果。1人被评为中国铁建首届十佳道德模范,3人被评为中国铁建杰出人物。全年在《中国铁道建筑报》刊稿650篇,集团公司和一至五公司、轨道交通公司被评为股份公司新闻报道工作先进单位。《铁道工人》围绕集团公司重点工作先后开辟企业如何增效、安全生产知识教育、纪念集团公司组建60周年、项目管理落实年活动、重点工程京沪铁路项目、汶川抗震救灾1周年、集团公司机关搬迁庆典等专版专刊。华南公司被评为辽宁省思想政治工作先进单位。

工会工作。2009年,集团公司工会下辖处级单位工会12个、直管项目部工会21个、基层工会317个,工会会员17582人。各级工会广泛开展以"六比六创新"为主要内容的劳动竞赛活动,有效地推进了施工生产任务的圆满完成。大力开展争先创模、"工人先锋号"活动,集团公司京沪高速铁路、长吉铁路项目部被股份公司评为劳动竞赛综合优胜单位,11人分别获得省部级劳动模范、火车头奖章、"工人先锋号"标兵荣誉。征集职工合理化建议1028项,实施371项,取得技术创新成果86项,受到股份公司、省部级和国家通报表彰23项,直接或间接创造经济效益1630万元。建家建线工作被股份公司工会评为特色工作一等奖,获股份公司工会先进单位4个、先进个人7名。落实"三不让"承诺和互助补充保险救助401人,救助金额45.8万元。开展两节送温暖活动,筹集资金144.6万元,走访慰问833人。

共青团工作。集团公司团委下辖基层团委55个、团总支18个、团支部117个,有团员2446人。各级团委坚持融入中心,创誉创效,建设组织,服务青年的工作思路,不断提升基层团组织的凝聚力,增强团的活动创新能力,努力培养青年典型。2009年,集团公司团委获全国五四红旗团委称号;全集团获得省部级荣誉7项、市局级荣誉45项。进一步融入中心服务企业,全年完成"五小"科技成果超过300项,将2006年以来的"五小"成果刻录成光盘发至基层,组织学习交流。协助股份公司团委在集团公司京沪高速铁路项目部开展"保增长、促转型,我是青年我先行"主题活动启动仪式,集团公司11个集体和个人受到股份公司团委表彰,《人民日报》、新华社等7家主流媒体报道集团公司京沪高速铁路项目部青年典型事迹。在《中国铁道建筑报》刊载反映共青团工作报道11篇,在中央企业青年网刊登信息53篇,在中国铁建青年网刊登信息110余篇,信息工作位列股份公司第一名。 (张 莹)

【第一工程有限公司】 公路、房屋建筑、市政公用、机电安装工程施工总承包一级,铁路工程施工总承包二级，地基与基础、钢结构、隧道、公路路基、水工隧道工程专业承包一级资质企业。前身系中国人民解放军铁道兵第九师四十一团，1984 年 1 月集体转业并入铁道部，改编为铁道部第十九工程局第一工程处；1999 年 12 月改称为中铁第十九工程局第一工程处，2001 年 12 月企业改制改称现名。公司机关驻辽宁省辽阳市白塔区卫国路 138 号。董事长李程（12 月任），党委书记曲久彬（2 月任）。下辖 10 个项目管理部、64 个项目部及职工医院、物业公司、日照基地等单位。职工 3183 人。其中，干部 942 人；工人 2241 人。技术干部 915 人，技术工人 2241 人。企业资产总额 128893.26 万元。其中，固定资产原值 268299145.88 元、净值 9037162.83 元；流动资产 103412.75 万元。机械运输设备 561 台（套），总功率 74701 千瓦，技术装备率 8.38 万元/人，动力装备率 37.2 千瓦/人。

2009 年承揽工程任务 166929 万元，完成企业总产值 332286 万元，实现利润 1776 万元。全员劳动生产率 283957 元/人年，职工年人均收入 33455 元。完成主要实物工程量：土石方 4972 万立方米，隧道 29244 延长米，桥梁 31823 延长米，涵渠 1932 横延米，房屋建筑 61900 平方米。年内，陕西户勉公路朱家垭隧道工程获得火车头奖杯。全年获集团公司优秀 QC 小组奖 4 个，股份公司优秀 QC 小组奖 1 个，重庆市优秀 QC 小组奖 2 个，辽宁省优秀 QC 小组奖 4 个。（张继艳）

【第二工程有限公司】 公路、房屋建筑、市政公用、水利水电工程施工总承包一级，铁路工程施工总承包二级，桥梁、隧道、机场场道、公路路基、公路路面工程专业承包一级资质企业。前身系中国人民解放军铁道兵第九师第四十二团，1984 年 1 月集体转业并入铁道部，改编为铁道部第十九工程局第二工程处；1999 年 12 月改称中铁第十九工程局第二工程处，2001 年 12 月企业改制改称现名。公司机关驻辽宁省辽阳市白塔区和平路 17 号。董事长、总经理张洪杰，党委书记廖爱生。下辖 32 个项目部及物业管理公司、职工医院、北京办事处。职工 3029 人。其中，干部 1902 人；工人 1937 人。专业技术干部 825 人，技术工人 1175 人。资产总额 133989 万元。其中，固定资产原值 35006 万元、净值 21885 万元；流动资产 108488 万元。机械运输设备 774 台（套），总功率 71748.8 千瓦，动力装备率 23.68 千瓦/人，技术装备率 72251 元/人。机械化施工水平程度 81%。

2009 年承揽工程任务 136625 万元，完成施工产值 453090 万元，实现利润 1908 万元。全员劳动生产率 334679 元/人年，职工年人均收入 23473 元。完成主要实物工程量：土石方 1344.6 万立方米，桥梁 88502 延长米，涵渠 6595.7 横延米，隧道 26263.6 延长米，公路梁预制 33 孔 201 片，架设 18 孔 78 片，铁路现浇梁 77.5 孔。年内获第九届中国土木工程詹天佑奖 1 项，国家优质工程奖 2 项，铁道部火车头优质工程奖 1 项，股份公司优质工程奖 2 项；辽宁省优秀 QC 成果奖 3 项，股份公司优秀 QC 成果奖 1 项，集团公司优秀 QC 成果奖 3 项。（刘英华）

【第三工程有限公司】 公路、市政公用工程施工总承包一级，铁路、水利水电工程施工总承包二级，房屋建筑、矿山工程施工总承包三级，隧道、桥梁、公路路面、公路路基工程专业承包一级资质企业。前身系中国人民解放军铁道兵第九师第四十三团，1984 年 1 月集体转业并入铁道部，改编为铁道部第十九工程局第三工程处；2001 年 12 月企业改制改称现名。公司机关驻辽宁省辽阳市太子河区南郊街 137 号。董事长陈宝军，党委书记刘志军，总经理刘智。公司下辖 8 个项目管理部、4 个直属项目经理部、10 个铁路工区、3 个代局指项目（经理）指挥部及辽阳基地管委会、四川金堂基地。职工 2919 人。其中，干部 994 人；工人 1925 人。技术干部 798 人，技术工人 1398 人。资产总额 155635 万元。其中，固定资产原值 45846 万元、净值 23975 万元；流动资产 127891 万元。机械运输设备 889 台（套），原值 43552 万元、净值 23159 万元，设备总功率 88488 千瓦，设备成新率 53%，技术装备率 7.8 万元/人，动力装备率 30.2 千瓦/人，完好率 90.2%，利用率 74%。

2009 年承揽工程任务 291342 万元；完成企业总产值 385590 万元，其中施工产值 385590 万元；实现利润 460 万元。全员劳动生产率 463394 元/人年，职工年人均收入 30619 元。完成主要实物工程量：路基土石方 1448 万立方米，桥梁 20355 延长米，涵洞 6092 横延米，隧道 16397 延长米，高速公路沥青路面 1308 万平方米，无砟轨道 20363 米。年内，江西武吉高速公路项目获火车头优质工程二等奖，沿海公路秦皇岛至乐亭段高速公路 Q1 合同段获股份公司优质工程奖，沈大高速公路改扩建工程被评为新中国成立 60 周年百项经典暨精品工程；黄塔桃高速公路项目部 SMA－13 沥青路面施工 QC 小组被评为全国优秀 QC 小组，5 个 QC 小组被评为辽宁省优秀 QC 小组；获集团公司科学技术奖 1 项，辽宁省自然科学技术成果奖 1 项。

（刘永华）

【第四工程有限公司】 铁路、公路、市政公用工程施工总承包一级，房屋建筑工程施工总承包二级，桥梁、隧道、公路路基、水工隧洞工程专业承包一级资质企业。前身系中国人民解放军铁道兵第九师第四十四团,1984 年 1 月集体转业并入铁道部,改编为铁道部第十九工程局第四工程处;1999 年 12 月改称中铁第十九工程局第四工程处,2001 年 12 月企业改制改称现名。公司机关驻内蒙古自治区通辽市和平路 807 号。董事长兼总经理丰兴桥(12 月免),党委书记匡福(3 月免)、王纯玉(3 月任)。公司下辖第一至第十工程公司、铺架运输工程总公司、中南工程公司、铁路客运专线铺架公司和通辽、辽阳物业中心。职工 3043 人。其中,干部 1090 人;工人 1953 人。专业技术干部 731 人,技术工人 594 人。资产总额 153289 万元。其中,固定资产原值 54474 万元、净值 41854 万元;流动资产 104497 万元。机械运输设备 1013 台(套),原值 52471 万元、净值 41140 万元,设备成新率 78%。铺架设备 82 台(套),原值 36887 万元、净值 31739 万元。公司形成常规铁路 5 架 3 铺 5 捣 4 稳 2 整形,高速铁路 8 架 9 运 3 提梁的铺架施工能力。

2009 年完成施工产值 384719 万元,实现利润 615 万元。全员劳动生产率 328133 元/人年,职工年人均收入 23375 元。完成主要实物工程量:路基土石方 1792.73 万立方米,桥梁 24561 延长米,涵洞 6532.61 横延米,隧道 5340.5 延长米,房屋建筑 6326 平方米,铺轨 303.56 公里,预制梁片 2393 片,架梁 2254 孔,上道砟 76 万立方米。工程质量合格率 100%。年内,杭州湾跨海大桥工程获浙江省钱江杯优质工程奖;包西南铁路电渣压力焊接 QC 小组先后被评为铁道部优秀 QC 小组和全国优秀 QC 小组。 (许丽波)

【第五工程有限公司】 房屋建筑、公路、市政公用工程施工总承包一级,铁路工程施工总承包二级,桥梁、公路路基、隧道、工程专业承包一级,机场场道工程专业承包二级,预应力工程专业承包三级资质企业。前身系中国人民解放军铁道兵第九师给水营与修理营,1984 年 1 月集体转业并入铁道部,改编为铁道部第十九工程局建筑工程公司和机械修造厂;1993 年 3 月两单位合并组建建筑安装工程处,1997 年改称第五工程处;2000 年 8 月,集团公司资产重组,直属工程处、大连技工学校并入五处;2001 年 12 月企业改制改称现名。公司机关驻辽宁省大连市金州区拥政街道 586 号。董事长兼总经理吴言坤(12 月免)、王必军(12 月任),党委书记张怀平。下辖 14 个专业分公司、5 个项目管理部及机械厂、职工培训中心、物业管理中心。职工 1875 人。其中,干部 967 人;工人 908 人。专业技术干部 822 人,技术工人 370 人。资产总额 13.4 亿元。其中,固定资产原值 42318 万元、净值 34105 万元;流动资产 97000 万元。机械运输设备 1159 台(套),总功率 75652 千瓦,动力装备率 57.1 千瓦/人,技术装备率 24 万元/人,完好率 86%,利用率 84%,成新率 83%。综合机械化施工程度 90%。

2009 年承揽工程任务 58.55 亿元;完成企业总产值 35.83 亿元,其中施工产值 263895 万元。实现利润 1905 万元。全员劳动生产率 268513 元/人年,职工年人均收入 25594 元。完成主要实物工程量:土石方 1096 万立方米,桥梁 21068 延长米,涵渠 5041 横延米,隧道 13980 延长米,架设梁 38 孔 38 片,预制铁路梁 2247 孔 2247 片,预制公路梁 49 孔 432 片,架设公路梁 36 孔 400 片,铺轨 8.57 公里,房屋建筑 6 万平方米,路面 7.82 万平方米。工程质量合格率 100%。年内,青岛仰口隧道工程和青藏铁路那曲以桥代路特大桥工程获国家优质工程银质奖。公司继续保持辽宁省 AAA 级信用企业称号。 (李兴虹)

【华南工程有限公司】 房屋建筑、铁路、水利水电、公路、港口与航道工程施工总承包二级,公路路基工程专业承包二级企业资质。公司成立于 1985 年 6 月,先后称珠海办事处、珠海工程公司、珠海工程总公司,2002 年 12 月企业改制改称现名。公司机关驻广东省珠海市拱北港昌路 111 号中铁大厦。董事长兼党委书记李长江,总经理兼副董事长许国安。下辖一公司、工贸(物业)公司。职工 265 人。其中,干部 197 人;工人 68 人。技术干部 151 人,技术工人 57 人。资产总额 20091 万元。其中,固定资产原值 3101 万元、净值 2487 万元;流动资产 17526 万元。机械设备 175 台,成新率 47.95%,总功率 5550.2 千瓦,动力装备率 24.89 千瓦/人,技术装备率 3.28 万元/人。

2009 年承揽工程任务 21603 万元,完成施工产值 52967 万元,实现利润 1080 万元。全员劳动生产率 20.9 万元/人年,职工年人均收入 42261 万元。完成主要实物工程量:土石方 120.82 万立方米,桥梁 1810 延长米,轻轨 843.33 延长米,公路架梁 92 片。年内,1 项 QC 成果获全国优秀 QC 小组活动成果奖,2 项 QC 成果获辽宁省优秀 QC 小组活动成果奖;1 项工法被认定为辽宁省省级工法;广东佛山市和北公路工程获火车头优质工程奖,南水北调京石段卢沟桥暗涵工程获北京市长城杯奖。 (霍贵敏)

【电务工程有限公司】 铁路电务、机电设备安装工程专业承包一级,电信、铁路电气化、送变电工程专业承包二级企业资质。前身系中国人民解放军铁道兵第九师通信科,1984 年 1 月集体专业并入铁道部,改编为铁道部第十九工程局通信处;1995 年改称电务工程公司,2002 年 2 月企业改制改称现名。公司机关驻辽宁省辽阳市白塔区和平路6号。董事长、总经理崔吉林，党委书记杨静。下辖通信、信号、电力、电气化、设备安装5个工程公司和通信中心。职工798人。其中，专业技术干部326人；技术工人350人。资产总额25513万元。其中，固定资产原值729万元、净值417万元；流动资产24882万元。机械设备、仪器仪表573台(套)，完好率95%。

2009年承揽工程任务39659万元，完成企业总产值44711万元，实现利润553万元。职工年人均收入34149元。工程质量合格率100%，优良率95%以上。沈阳地铁1号线铁西广场站工程获长春、哈尔滨、沈阳三市优质工程观摩金杯奖。 (刘茗郁)

【轨道交通工程有限公司】 2008年2月成立。公司机关驻辽宁省辽阳市。董事长、总经理朱元生，党委书记朱斌。下辖8个分公司。职工806人。其中，干部551人；工人255人。专业技术干部449人；技术工人100人。机械设备200台(套)，其中进口盾构机3台。固定资产原值10823.31万元、净值7042.56万元，总功率9949.6千瓦，技术装备率8.74万元/人，动力装备率12.34千瓦/人。

2009年新签合同额20.79亿元，完成企业总产值100766万元，实现利润1241万元。职工年人均收入3.3万元。完成主要实物工程量：区间隧道4373延长米，车站主体结构46658平方米，附属结构12299平方米。年内，一分公司被评为2009年度上海市重点工程实事立功竞赛先进集体，二分公司获宁波市重点工程立功竞赛模范单位称号。 (陆玉振)

【房地产开发有限公司】 2008年5月19日成立，8月7日获得房地产开发暂定资质，注册资本金2000万元；2009年通过企业营业执照年检。公司负责集团公司可开发利用土地和项目的调研，为集团公司房地产开发项目的实施打下良好基础。 (杨国华)

【矿业公司】 2005年3月15日由原机械化工程公司与原建筑工程公司整合重组而成。公司机关驻辽宁省辽阳市徐往子大街3号。总经理信长才，党委书记金学锋。下辖3个分公司、23个项目部。职工1297人。其中，干部576人；工人721人。专业技术干部549人，技术工人518人。资产总额116869万元。其中，固定资产原值61038万元、净值42004万元；流动资产48617万元。机械运输设备764台(套)，总功率48909千瓦，动力装备率44.54千瓦/人，技术装备率55.59万元/人，完好率92%，利用率81.7%，成新率68.8%。

2009年新签合同额15.89亿元，完成企业总产值20.33亿元，实现利润1.024亿元。全员劳动生产率484705元/人年，职工年人均收入37300元。完成主要实物工程量：土石方86.66万立方米，桥梁3772延长米，涵渠256横延米，预制梁102片；开拓工程2369米。工程质量合格率100%。张石高速公路项目部QC小组被评为辽宁省优秀QC小组。 (陶占杰)

【辽阳基地】 2009年7月成立。下辖招待所、维修队、生产基地、职工餐厅。主任李联营。职工927人。其中，在岗职工426人；离退休职工501人。在岗职工中干部140人，工人286人。

2009年完成营业收入225万元，实现利润0.8万元；盘锦农场生产粮食70万斤，收入80余万元。年内，哈大铁路回迁住宅楼竣工，实现经济效益1500余万元。 (汪宇飞)

【物资总公司】 1999年6月由物资公司与机关物资处合并组建，2001年改制为集团公司直属分公司。机关驻辽宁省辽阳市和平路17号。总经理候忠。职工12人。

2009年完成销售额4139万元，实现销售收入235万元。 (刘乃鲁)

【重要记载】

▲3月30日　集团公司召开深入学习实践科学发展观活动动员大会。

▲3月　集团公司中标兰渝铁路LYS-1标段，中标价30.2亿元。集团公司承担20亿元施工任务，工期67个月，正线长73.14公里。

▲3月　集团公司中标天平铁路TP-TL2标段，中标价19.4亿元，工期42个月，正线长69.045公里。其中，关山隧道15.6公里；六盘山隧道16.69公里。

▲3月　五公司沪宁城际铁路项目部女职工小组被中华全国铁路总工会授予全路先进女职工集体称号。

▲4月1日　阿尔及利亚总理、阿全国民主联盟总书记艾哈迈德·乌叶海亚视察集团公司承建的阿尔及利亚东西高速公路M5标段工程。

▲5月28日~31日　五公司吉林市制梁场生产的后张法预应力混凝土铁路桥箱型简支梁通过国家审查，获得生产许可证。

▲5月30日　集团公司承建的阿尔及利亚东西高速公路M5标段主体工程完成，比合同工期提前了8个月。

▲5月　集团公司中标合肥至蚌埠客运专线HBZQ-1标段，中标价35.2亿元，总工期31个月，正

线长58.8公里。

▲8月7日　经股份公司董事会审议通过,指定葛永利为中铁十九局集团公司董事长;左春文不再担任中铁十九局集团公司董事长、董事。

▲9月17日　五公司《铁建员工》报被评为2009年度全国工程建设行业优秀报纸。

▲9月21日　集团公司在北京举行办公大楼落成、机关乔迁北京、组建60周年庆典仪式。

▲10月30日　五公司被评为全国企业文化建设先进单位,党委书记张怀平被评为全国企业文化建设优秀管理者。

▲11月23日　集团公司承建的阿尔及利亚东西高速公路M7标段建成通车,比合同工期提前55天交付使用。

▲11月27日　共青团中铁十九局集团有限公司第三次代表大会在北京机关召开。

▲12月　三公司团委被共青团辽宁省委授予辽宁省先进团委称号。

▲2009年　集团公司获国家级优质工程奖5项,省部级优质工程奖9项;全国优秀QC小组5个,铁道部优秀QC小组2个,省、直辖市优秀QC小组32个;股份公司先进安全质量标准工地4个。　(张　莹)

中铁二十局集团有限公司

【简况】　中铁二十局集团有限公司为铁路工程施工总承包特级,公路、市政公用、水利水电工程施工总承包一级,公路路基、地基与基础、隧道、桥梁工程专业承包一级资质企业,同时具有城市轨道交通工程专业承包和境外工程承包资质。机关驻陕西省西安市太华路89号。前身系中国人民解放军铁道兵第十师,1984年1月1日集体转业并入铁道部,改编为铁道部第二十工程局;1999年12月1日改称中铁第二十工程局,2002年6月28日企业改制改称现名。下辖第一、二、三、四、五、六工程有限公司和电气化工程有限公司,房地产开发有限公司,西安工程机械有限公司,陕西物资有限公司,兰州商贸有限公司,路桥公司,深圳工程分公司,技工学校,西安、咸阳基地管理处,西南、东南、华北、西北工程指挥部,海外工程保障中心。职工15791人。资产总额147.09亿元,负债总额131.9亿元,股东权益15.2亿元。其中,固定资产原值26.32亿元、净值14.3亿元;流动资产129.6亿元;长期投资1.1亿元;无形资产1.3亿元。机械运输设备2368台(套),设备原值11.01亿元、净值5.48亿元,总功率364700千瓦,技术装备率34200元/人,动力装备率22.75千瓦/人,成新率48.6%,完好率91%,利用率63.4%,闲置率12.1%。年施工能力150亿元以上。

2009年承揽工程任务98项,合同总额283亿元。完成企业总产值152.5亿元。其中,施工产值144.3亿元;附营产值8.16亿元。实现净利润2.84亿元,上缴税金4.1亿元。全员劳动生产率28.3万元/人年,职工年人均收入35642.8元。完成主要实物工程量:土石方8776万立方米,隧道33590延长米,桥梁77913延长米,正线铺轨65.62公里、站线铺轨22.58公里,铺道岔70组,架梁380孔,通信线路88.11公里,供电线路262.28公里,接触网2.35公里,修筑给排水管路8.8公里,公路215.71公里,房屋建筑811145平方米。单位工程合格率100%。国有资产保值增值率137.4%,资产负债率89.7%,产值利润率2.2%。

兵改工以来,获国家和省部级优质工程奖92项,中国铁建优质工程奖86项;获国家和省部级科技进步奖32项,中国铁建科技进步奖87.5项,集团公司"一级管理"模式获国家级管理创新成果奖;获国家和省部级优秀工法31项,中国铁建优秀工法46项;获国家和省部级优秀QC成果奖103项,中国铁建QC成果奖60项。集团公司先后获得全国优秀施工企业、全国精神文明建设工作先进单位、全国模范职工之家、全国守合同重信用企业、全国对外承包工程30强企业、全国公路建设行业优秀企业、全国施工企业设备管理优秀单位、全国工程建设质量管理小组活动优秀企业、中国工程建设协会质量安全管理先进单位、陕西省守合同重信用企业、国家环境保护百佳工程、全国用户满意工程、陕西省模范职工之家等荣誉。

2009年,集团公司获全国优秀施工企业、中国优秀诚信企业、陕西省优秀施工企业称号。集团公司承建的遂渝铁路第5合同段综合工程获中国建设工程鲁班奖,禹阎高速公路芝川河特大桥工程获陕西省优质工程长安杯奖,重庆水界高速石龙隧道、湖南邵怀高速公路雪峰山隧道、宝鸡代家湾渭河大桥工程获火车头优质工程一等奖,国道318线拉纳山隧道工程获火车头优质工程二等奖。苛瓦铁路T01标段隧道喷射混凝土班组、204国道扩建常熟段路面标段QC小组、铜川玉皇阁特大桥项目混凝土班组和安哥拉指挥部耕耘QC小组被评为全国优秀QC小组,获省部级优秀QC小组22个,股份公司优秀QC小组3个;苏州绕城高速公路、京杭运河常州市区段改线工程获中国土木工程詹天佑奖;参建的青藏铁路工程获国家科学技术进步特等奖,获省部级科学技术进步奖1项,股份公司科学技术进步奖4项;混凝土施工缝SEM弥合防水砂浆施工工法被认定为国家级工法，9项工法被认定为省部级工法，5项工法被认定为股份公司优秀工法；6篇论文被评为股份公司优秀科技论文。集团公司和8个子分公司通过质量、环境、职业健康安全管理体系认证。（孟繁荣　麻　炜）

【领导人员】

董事会

董事长	余文忠
副董事长	周　富
董事	余文忠
	周　富
	姜永军
	马登峰

监事会

监事	于凤丽
	杜经红
	康义初
	危　江
	辛平安
	朱宝林

经理层

总经理	姜永军
副总经理	马登峰
	陈文珍
	郭祥君
	赵崇科
	王选尚
总工程师	任少强
总经济师	王玉松
总会计师	尤敦同

党群领导

党委书记	周　富
党委副书记	余文忠
	姜永军
	康义初
纪委书记	康义初
工会主席	张志军
顾问	王冠峰
	王景柱
	李克林

（孟繁荣　麻　炜）

【工程项目指挥机构】　安哥拉工程指挥部　指挥长王选尚，党工委书记马振东。驻安哥拉首都罗安达。

蒙古国铁路工程指挥部　指挥长李令选，党工委书记杨玉国。驻蒙古国色楞格省叶罗县境内。

石武铁路客运专线工程指挥部　指挥长郭祥君、周海军，党工委书记郭祥君、邓仁平。驻河南省新乡市新乡县境内。

莞惠城际铁路项目经理部　项目经理孙长江，党工委书记高忠杰。驻广东省东莞市大朗镇银朗南路399号东正商务大厦。

哈齐铁路客运专线项目经理部　项目经理赵崇科。驻黑龙江省肇东市正阳一道街。

（工程部　孟繁荣　麻　炜）

【职工队伍】　职工15791人。干部6711人，其中专业技术干部6541人，占干部总数的97.47%。本科以上学历3148人，占干部总数的46.91%；大专学历2475人，占干部总数的36.88%。35岁以下干部4190人，占干部总数的62.43%；36岁～40岁干部780人，占干部总数的11.62%；41岁～45岁干部448人，占干部总数的6.68%；46岁～50岁干部631人，占干部总数的9.4%；51岁～54岁干部359人，占干部总数的5.35%；55岁以上干部133人，占干部总数的1.98%。专业技术干部中高级职务467人，中级职务1656人，初级职务3075人。工程技术干部4149人，占专业技术干部总数的61.82%。2009年接收高校毕业生745人，其中土木工程、机械专业毕业生594人，占接收总数的80%。

工人9080人，其中技术工人7178人，占工人总数的79.05%。大专以上学历1129人，占工人总数的12.43%；中专学历2490人，占工人总数的27.42%；初、高中学历3824人，占工人总数的42.11%。技术工人中获得国家职业资格证书的初级工624人，中级工2993人，高级工2182人，技师465人，高级技师72人。2009年新增工人747人，工人减少558人。接收安置中专高职毕业生458人，复转军人30人。

（人力资源部　麻　炜）

【铁路工程】　在建铁路工程48项。重点工程进展情况：

宜万铁路W15标段　位于湖北省恩施州境内，线路长11.439公里，合同投资31000万元。2004年12月1日开工，合同工期42个月。主要工程量：土石方151.8万立方米，桥梁9座2867.69双线延长米，隧道2座5005双线延长米，铺粒料道床3.7万立方米。年内完成投资4131万元，开工累计完成投资34949万元，占合同投资的112.7%。

襄渝铁路安康至重庆增建二线、安康至梁家坝段站前及部分站后工程XYNS－04标段　位于四川省万源市、达州市境内，正线长69.366公里，合同投资

111180万元。合同工期2005年7月31日～2009年2月28日。主要工程量：土石方201万立方米，圬工40万立方米，桥梁56座13115.45延长米，隧道37座41662延长米，新建车站1座、改建车站3座。开工累计完成投资106965.3万元，占合同投资的96.2%。2009年10月23日建成通车。

海安至洋口港铁路　途经江苏省南通市海安、如皋、如东3个县，全长74.325公里，合同投资126000万元，合同工期2009年3月～2011年4月。主要工程量：路基土石方720万立方米，桥梁61座8078.07延长米。年内完成投资56390万元，开工累计完成投资56390万元，占合同投资的44.75%。

九江至南昌城际铁路ZDZ标段　位于江西省，长12.34公里，合同投资20961万元，合同工期2007年6月28日～2009年6月27日。主要工程量：桥梁11650延长米。年内完成投资1487万元，开工累计完成投资20488万元，占合同投资的97.74%。

石武铁路客运专线SWQZ－2标段　位于河南省新乡市新乡县，长22.58公里，合同投资180000万元，合同工期2008年10月15日～2012年6月30日。主要工程量：桥梁4座13850延长米，框架小桥5座，框架箱涵47座，路基土石方180万立方米。年内完成投资104253万元，开工累计完成投资111798万元，占合同投资的62.11%。

新建兰州至重庆铁路兰州枢纽货车北环线及兰州北编组站等工程LY－LZSN－1标段　位于甘肃省兰州市城关区，合同投资222511万元，合同工期2009年8月1日～2011年1月31日。主要工程量：桥梁31座，隧道17座。年内完成投资49624.3万元，占合同投资的22.3%。

锡乌铁路　位于内蒙古自治区锡林浩特市，合同投资97035万元。主要工程量：土建169.793公里，铺架239.043公里。截至2009年底，桥梁开工累计完成1570延长米，涵洞开工累计完成4899横延米，土石方开工累计完成1809万立方米，正线铺轨1.1公里。开工累计完成投资71870万元，占合同投资的74.07%。

新建南宁至广州铁路NGZQ－2合同段花培岭隧道工程　全长5918延长米，合同投资27700万元，合同工期30个月，2009年1月16日开工。年内完成投资11159万元，占合同投资的40.28%。

哈尔滨至齐齐哈尔铁路客运专线HQTJ－2标段　位于黑龙江省肇东市，线路长14.95公里。主要工程量：桥梁3座5624延长米，涵洞14座，路基9.331公里。（陈剑　孟繁荣　麻炜）

【铁路运输】　神朔铁路运输　驻陕西省府谷县。主要承担大柳塔至阴塔间内燃机车调车及小运转作业任务。2009年完成运营收入2914万元，累计完成产值14121万元，连续安全行车4559天。

西延铁路运输　驻陕西省蒲城县西头乡。2009年完成运营收入4911万元，累计完成产值24303万元，实现安全生产2975天。

电力运输分公司　驻陕西省神木县神木北站。主营铁路运输。2009年完成运输产值5105万元，累计完成产值24083万元。（贺春奎　麻炜）

【铁路外工程】　在建铁路外工程131项。重点工程进展情况：

西安地铁1号线汉城至纺织城段D1TJSG－15标段　合同投资29257万元，合同工期2009年2月1日～2011年3月31日，主要工程量：土建工程由浐河东站、半坡站、纺织城站三部分组成，建筑面积23365平方米。开工累计完成投资7920.5万元，占合同投资的27.07%。

苏州工业园区北环快速路东延BH1标段　线路长1648.6米，合同投资21100万元，合同工期2009年2月10日～2010年4月10日。主要工程量：土方6万立方米，现浇箱梁27联，混凝土12万立方米，钢筋1万吨、钢铰线1800吨。年内完成投资20388万元，占合同投资的96.63%。

厦门至漳州高速公路ZA6合同段　位于福建省龙海市东园镇，线路长6.15公里，合同投资49921.67万元，合同工期2009年2月12日～2010年8月11日。主要工程量：土石方37.6万立方米，路基2177.4米，桥梁13座4820.95延长米，涵洞7座535.98横延米。年内完成投资19737万元，占合同投资的39.54%。

北京地铁8号线2标段　位于北京市昌平区，线路长1.26公里，合同投资18690万元，合同工期2008年12月1日～2012年3月31日。主要工程量：土方34.6万立方米，混凝土5.7万立方米，钢筋8240吨。年内完成投资4542.35万元，占合同投资的24.3%。

十堰至天水高速公路古城至上元观段H－C12合同段　位于陕西省汉中市西乡县沙河镇苦竹坝村，线路长8.435公里，合同投资31843万元，合同工期2008年11月28日～2010年5月28日。主要工程量：土石方237万立方米，桥梁7座2520延长米，涵洞17座692.96横延米。年内完成投资25711万元，开工累计完成投资26754万元，占合同投资的84%。

十堰至天水联络线略阳公路H－C36合同段　位于陕西省汉中市略阳县磨坝村磨坝小学附近，线路长7.34公里，合同投资47900万元，合同工期2009年7

月～2011 年 5 月。主要工程量：土石方 347526.66 立方米，桥梁 15 座 8121 延长米，隧道 3 座 5487.5 延长米，涵洞 1 座 17 横延米。年内完成投资 5633 万元，开工累计完成投资 9275 万元，占合同投资的 19.36%。

庄河至盖州高速公路　位于辽宁省盖州市小石棚乡小锅峪村，线路长 11.8 公里，合同投资 27924 万元，合同工期 2009 年 9 月～2011 年 4 月。主要工程量：土石方 4424500 立方米，桥梁 10 座 1917.6 延长米，隧道 1 座 421 延长米，涵洞 18 座 743 横延米。年内完成投资 21700 万元，占合同投资的 77.7%。

纳黔公路 C8 合同段　位于四川省泸州市叙永县境内，线路长 5.872 公里，合同投资 35284 万元，合同工期 2008 年 12 月 30 日～2012 年 3 月 31 日。主要工程量：路基土石方 573203 立方米，桥梁 8 座 1950.21 延长米，隧道 2 座 4514 延长米，涵洞 2 座 64 横延米。年内完成投资 14176 万元，占合同投资的 40.2%。

奉节至云阳高速公路 B14 标段　位于重庆市奉节县朱衣镇，线路长 3.1 公里，合同投资 19966 万元，合同工期 2006 年 7 月～2009 年 7 月。主要工程量：土石方 14.5 万立方米，圬工 1.6 万立方米，桥梁 2 座 595 延长米，隧道 4840 双线延长米。年内完成投资 5610 万元，开工累计完成投资 22014 万元，占合同投资的 110.26%。

达陕高速公路 D9 合同段　位于四川省万源市石塘乡高家坝，线路长 13.255 公里，合同投资 35851 万元，合同工期 2008 年 8 月～2011 年 1 月。年内完成投资 13165 万元，开工累计完成投资 14174 万元，占合同投资的 39.5%。

十堰至天水高速公路汉安段 H－C17 标段　驻陕西省城固县董家营乡，线路长 3.434 公里，合同投资 23500 万元，合同工期 2008 年 9 月 30 日～2010 年 9 月 30 日。主要工程量：路基土石方 103 万立方米，桥梁 5 座 4605.76 延长米，涵洞 8 座 410.2 横延米，隧道 3 座 1827.38 延长米。年内完成投资 690 万元，开工累计完成投资 1790 万元，占合同投资的 7.6%。

广东省江门至肇庆公路 G14 标段　广东省四会镇，线路长 4.54 公里，合同投资 28696 万元，合同工期 2008 年 8 月 28 日～2010 年 4 月 28 日。主要工程量：路基土石方 101 万立方米，桥梁 3 座 1597 延长米，立交桥 1 座 1282.16 延长米。年内完成投资 11100 万元，开工累计完成投资 16500 万元，占合同投资的 57.5%。

杭瑞高速公路阳通段 HRTJ－13 标段　湖北省通山县大路乡山口村，线路长 10.099 公里，合同投资 19518 万元，合同工期 2009 年 1 月～2010 年 5 月。主要工程量：路基土石方 350 万立方米，桥梁 6 座 1169.98 延长米，涵洞 36 座 1363.35 横延米。年内完成投资 12010 万元，占合同投资的 61.53%。

衡桂高速公路第 9 合同段　湖南省常宁市罗桥镇，线路长 8.3 公里，合同投资 21589 万元，合同工期 2009 年 7 月～2011 年 6 月。主要工程量：路基土石方 450.54 万立方米，桥梁 2 座 402 延长米，涵洞 63 座 2859.35 横延米，路面 4470 平方米，水泥混凝土面板 15356 平方米。年内完成投资 9141 万元，占合同投资的 42.3%。

宝鸡至天水高速公路 BT8 合同段　位于甘肃省天水市利桥乡，线路长 5.9 公里，合同投资 16151 万元，合同工期 2005 年 12 月～2009 年 9 月。主要工程量：填方 0.65 万立方米，隧道 1 座 5828 延长米，涵洞 1 座 24.12 横延米。年内完成投资 5408 万元，开工累计完成投资 19196 万元，占合同投资的 118.85%。

衡阳至南岳高速公路第 4 合同段　位于湖南省衡阳市石鼓区境内，线路长 9.194 公里，合同投资 13150.8 万元，合同工期 2008 年 12 月 1 日～2010 年 11 月 24 日。主要工程量：路基土石方 329.15 万立方米，路面 25.95 万平方米，桥梁 9 座 622.32 延长米，涵洞 23 座 965.48 横延米，通道 24 座 962.68 横延米。开工累计完成投资 6942 万元，占合同投资的 52.8%。

西安兰乔圣菲房建工程　位于陕西省西安市太白南路与电子三路交汇处，总建筑面积 180000 万平方米，合同投资 30000 万元。由 7 栋 18 层高层建筑、1 栋 24 层高层建筑和独立地下车库组成，框架剪力墙结构，合同工期 2006 年 10 月～2009 年 10 月。年内完成投资 1558 万元，开工累计完成投资 24845 万元，占合同投资的 82.82%。

南水北调中线一期工程总干渠安阳段第 4 标段　位于河南省洛阳市，长 3.322 公里，合同总投资 9850 万元，合同工期 2006 年 10 月～2010 年 6 月。主要工程量：土方 244.1 万立方米，混凝土 6.1 万立方米，砌石 5.4 万立方米，金属结构设备安装 140 吨。年内完成投资 2706 万元，开工累计完成投资 8572 万元，占合同投资的 87%。

西安办公住宅楼项目　位于陕西省西安市辛家庙康新路 4 号，合同投资 6647 万元，合同工期 2008 年 3 月 1 日～2009 年 12 月 31 日。建筑面积 31822 平方米，框架剪力墙结构，地上 28 层，地下 2 层，楼高 92.8 米。年内完成投资 4600 万元。

江西德昌高速 D5 合同段　位于江西省进贤县三里乡，线路长 3.6 公里，合同投资 10785.5 万元，合同工期 2009 年 7 月 15 日～2010 年 10 月 15 日。主要工程量：路基土石方 802400 立方米，桥梁 4 座 1230.81 延长米，涵洞 8 座 269.25 横延米。　（陈剑　麻炜）

【国外工程】 安哥拉罗安达铁路大修工程 西起罗安达巴亚车站，途经仁热、卢卡拉，东至马兰热车站，是安哥拉三条铁路主干线之一。线路长450公里，合同投资50662万美元，合同工期2005年2月26日～2009年8月。工程主要包括450公里的路基、桥涵、轨道、通信信号、电力、站后房建及其养护设施等设计施工，其中大修段235公里、中修段215公里。主要工程量：路基土方754万立方米，桥涵125座，上道砟45万立方米，车站16座，工务、机务段4座。年内完成全部工程，完成投资4034万美元。

本格拉铁路大修工程 位于安哥拉中部，西起大西洋沿岸的洛比托港，东至安哥拉与刚果边境，是安哥拉三条铁路主干线之一。线路长1344公里，合同投资156776万美元，合同工期2006年1月～2011年1月。主要工程量：路基土方174万立方米，工务、机务段4座。年内完成投资8449.76万美元。

蒙古国叶罗河铁矿专用铁路工程 位于蒙古国色楞格省叶罗河县境内，西起杜兰汗镇，东至叶罗城矿山。线路长83公里，合同投资4957.26万美元，合同工期2008年9月1日～2009年7月1日。主要工程量：土石方400万立方米，车站5座。年内完成投资2600万美元，开工累计完成投资7000万元，占合同投资的20.17%。 （海外事业部 赵彦彬 麻炜）

【经营管理】 工程承揽。全年承揽工程101项，合同投资290亿元，占年度承揽计划240亿元的120.86%。其中，铁路工程24项1297248万元；公路工程55项1234077万元；水利电力工程5项12771万元；房屋建筑工程4项27389万元；城市轨道交通工程6项218141万元；市政工程5项93850万元，其他工程2项17092万元。投资3000万元以上的项目93项。集团公司认真贯彻中国铁建“适度规模，精耕细作，最佳效益”的经营方针，始终坚持工程经营和资本经营并重、国内与国外市场同抓的原则，精揽优选项目，发展高、精、尖、难工程。国内工程经营实行区域管理，集团公司在全国设立4个区域工程指挥部，负责所属区域内的项目管理。继续加大海外工程承揽力度，明确海外经营方向，确保海外工程在承揽数量和项目利润率上有新的提高。

项目管理。（1）小型项目建设。集团公司小型项目建设主要分布在西安基地和咸阳基地，全年完成投资347.39万元。（2）定额管理。建立集团公司施工成本定额测定体系，及时发布劳务分包信息价，保证施工成本定额的完整性、先进性和适用性。（3）合同管理。实行全员岗位责任目标合同管理，根据职责分工，按照分级管理，责、权、利相结合的原则，逐级签订岗位责任目标合同。（4）工程指挥部管理。集团公司工程项目实行“一级管理，两层分离，分级核算”的管理模式，指挥长、党（工）委书记、总工程师实行竞争上岗，物资、设备、劳务实行公开招标。调整2000年以来实行一级管理的工程项目承包经营责任合同中的奖罚标准，激励工程项目指挥部创誉争效。（5）物资管理。全年供应钢材28.39万吨，木材2.77万立方米，水泥152.77万吨，油料25万吨，炸药1.4万吨，总价值516784.4万元；招标采购物资253976.52万元，节约采购成本10257.23万元，采购成本降低率2%。（6）设备管理。全面推行大型设备操作（驾驶）目标责任制，提高设备资产的使用效果；规范设备购置行为，有计划地进行设备更新；积极调剂使用闲置设备，充分发挥特种设备作用；强化设备基础管理，努力提高设备“三率”指标。年内购置运输设备396台（套），价值18916.12万元，10万元及以上设备购置招标率100%。集团公司全年组织招标购置设备81次，节约采购资金1179万元。

企业管理。集团公司制定企业中长期发展规划，落实“三步走”发展战略第三步目标和《中铁二十局集团公司“十一五”发展规划》。年内，集团公司取得地质灾害防治工程施工甲级资质；电气化公司取得机电设备安装专业承包二级资质，三公司取得公路工程总承包三级资质。390人取得一级注册建造师资格证书，其中351人注册。根据国务院办公厅《关于第二批中央企业分离办社会职能工作有关问题的通知》（国办发〔2005〕4号）精神，社会职能分离移交工作基本结束，二十公安处二分处、四分处和乐山基地派出所正式移交地方政府。年内，集团公司被评为全国优秀施工企业、陕西省优秀施工企业、陕西省建筑业协会先进集体。集团公司青藏铁路、烟大轮渡工程项目部被评为全国优秀项目经理部，戴家湾渭河大桥项目部获全国建设工程优秀项目管理成果三等奖；参建的青藏铁路、成昆铁路、大秦铁路被评为中国成立60周年百项经典暨精品工程。1人被评为中国工程建设优秀（高级）职业经理人，2人被评为全国工程建设优秀项目经理，4人被评为陕西省建筑业优秀项目经理，1人被评为陕西省建筑业联合会先进个人。

安全质量。集团公司以“安全生产月”、“隐患治理年”等活动为载体，加强安全管理，强化过程控制，深入开展安全专项大检查，有效地促进了集团公司施工生产。2009年，4个工地获股份公司安全质量标准工地称号。认真贯彻《建筑法》《建设工程质量管理条例》，积极开展“创精品、树名牌”活动，落实工程质量责任制，年内集团公司获省部级优质工程奖5项，承建的遂渝铁路第5合同段综合工程获中国建设工程鲁班奖，禹阎高速公路芝川河特大桥工程获陕西省优质工程长安杯奖,重庆水界高速公路石龙隧道、湖南邵怀高速公路雪峰山隧道、宝鸡代家湾渭河大桥工程获火车头优质工程一等奖,国道318线拉纳山隧道工程获火车头优质工程二等奖;苛瓦铁路T01标段隧道喷射混凝土班组、204国道扩建常熟段路面标段QC小组、铜川玉皇阁特大桥项目混凝土班组和安哥拉指挥部耕耘QC小组被评为全国优秀QC小组;22个QC小组被评为省部级优秀QC小组,3个QC小组被评为股份公司优秀QC小组。

财务审计。按照《集团公司2009年财务工作指导意见》,完善财务管理规章制度,制定《工程项目财务管理办法》《会计基础工作规范》等一系列办法、规定。随着生产规模的不断扩大和资本运营的实施,企业资金缺口不断增大,银行担保业务不断增加,努力扩大授信额度,保证企业施工任务的承揽和生产经营的需要。深入贯彻股份公司责任成本管理指导意见,开拓管理思路,创新管理模式,加强项目成本管理和控制,修订完善责任成本管理办法和制度,规范责任成本管理工作,建立集团公司责任成本管理体系。年内缴纳税金4.1亿元,出口退税4713万元。全年完成审计项目558项。其中,经济责任审计14项;工程项目审计155项;财务收支审计342项;经济效益审计5项;后续审计1项;专项审计调查37项;其他审计4项。审计金额198亿元,提出审计报告184份,发现问题金额7895万元。其中,违规违纪4689万元;损失浪费2316万元;不良资产873万元;其他问题金额17万元。纠正问题金额3115万元,促进增收节支2万元;提出审计建议1072条,被采纳1072条。 (麻 炜)

【科技教育】 科技工作。年内3项科技开发项目列入股份公司科技计划,集团公司新立科技开发项目23项,投入科研经费305万元,4项科研项目获专用经费818万元,4项科技成果通过股份公司评审得到应用推广。承建的苏州绕城高速公路西南段工程和京杭运河常州市区段改线工程获中国土木工程詹天佑奖;“混凝土施工缝SEM弥合防水砂浆施工工法”被认定为国家级工法,“深基坑支护钢管支撑施工工法”等5项工法被认定为陕西省省级工法,“隧道低振幅控制爆破工法”等5项工法被认定为股份公司优秀工法;参建的青藏铁路工程获国家科学技术进步特等奖,“客运专线装配式模架制梁施工技术”成果获石家庄市科学技术进步奖,“黄河砂土层深基坑施工技术”等4项成果获股份公司科学技术进步奖;《既有电气化铁路无侧向防护扩堑A类控制爆破关键技术》等6篇论文获股份公司优秀科技论文奖。

教育培训。全年举办培训班34期,培训职工3257人次。其中,测量、试验、预算、安全、质量、铁路客专、统计、内审员、职业健康等岗位专业资格培训9期651人;电工、焊工、厂车等特种作业培训3期159人;项目标准化管理、责任成本管理、施工现场环境管理、财务集中管理、科技开发、审计、财会人员继续教育、党支部书记、纪检监察、新闻报道、工会干部等专业培训22期2447人次。职工技能培训鉴定339人。其中,中级工159人;高级工45人。技师培训鉴定72人,其中高级技师20人。选送43人参加股份公司一线急需专业(工种)高技能培训。 (麻 炜)

【党群工作】 党的工作。集团公司下辖党委45个,党总支1个,党支部347个。党员5775名。其中,女党员678名;预备党员358名;少数民族党员47名。(1)思想理论建设。集团公司党委以科学发展观理论作为学习重点,以提高领导干部正确认识规律、准确把握规律为目标,通过中心组集体学习、培训辅导、知识竞赛、心得交流和集团公司一刊一报、网站媒介宣传等形式,不断增强各级领导班子加快集团公司发展的紧迫感和责任感,坚定开创集团公司各项工作新局面的信心。(2)领导班子建设。进一步增强领导班子的执行力和控制力,调整工程公司领导班子,规范法人治理结构。集团公司各级领导班子按期、按程序召开高质量的党员领导干部民主生活会,通过开展批评和自我批评,进一步统一思想,增强团结,明确目标,形成分工合作,团结共事,一心一意谋发展的良好局面。(3)党建工作。以项目党建工作为重点,加强基层党组织书记队伍建设,举办1期53名党支部书记、后备人选及组工干部参加的培训班。年内,集团公司党委表彰“十大先进党支部标兵”和“十大优秀共产党员标兵”。(4)宣传思想工作。深入开展以“抢抓机遇保增长,科学发展上水平”为主题的形势任务教育和“加强责任心,提高执行力”主题教育活动,下发《严控六大要素,狠抓六项指标办法,全面提升项目管理水平》的项目管理宣传提纲,扎实推进文化落地和安全质量文化建设。年内,集团公司获第14届大路画展美术创作第一名,被评为全国文明单位。全年对外报道1500余篇,在《中国铁道建筑报》2009年评比中,5个单位被评为先进单位,9人被评为先进个人,9篇作品获奖。集团公司《开路先锋》报出版52期,《企业建设》出版6期。(5)党风廉政建设。坚持“标本兼治、综合治理、惩防并举、注重预防”的方针,推进惩防体系建设,为企业提供风正气清的内部环境和坚强有力的组织保证。全年受理来信来访、电话举报等案件线索52件,初核52件,查否11件,适当处理8件,转立案33件,结案33件(其中大要案12件)。处理违纪人员41人(党纪处分2人,政纪处分40人)。通过查办案件挽回直接经济损失319万元。防范和化解企业经营风险9起;排查在建项目132个,整治效益潜亏项目35个,扭亏为盈项目15个,盈亏持平项目12个,减少亏损6300万元。全面进行项目督查,查处三证不全、工期滞后、信誉较差劳务队66支,清退66支;补签完善合同122份;发现重复计价11项,涉及金额650万元;查处违规集资项目2个,涉及金额184万元;查处违规资金753万元,避免经济损失65万元,挽回经济损失32万元。年内任前谈话352人,警示训诫65人,诫勉谈话37人,述职述廉308人次,建立领导人员廉洁档案396份。

工会工作。集团公司工会下辖工会委员会19个、工会小组526个,专职干部39人、兼职干部379人,有会员16181人。(1)组织建设。努力推进工会自身建设,工会干部履职能力不断提高。年内组织64人参加基层工会主席(干部)培训班。通过现场观摩和集中学习,进一步提高工会主席(干部)政治素质和业务能力,更好的履行职能,切实贯彻落实"组织起来,切实维权"的工作方针。建立职工之家140个,职工小家526个;19个单位建立职代会。(2)民主管理。1月15日,集团公司召开三届一次职工代表大会;3月12日,集团公司工会召开职工(会员)代表会议和集团公司工会二届二次全委(扩大)会议。(3)劳动竞赛。深入开展"安康杯"竞赛活动暨"一法三卡"推进工作,激励广大职工为企业建功立业。年内,电气化公司被评为全国"安康杯"竞赛优胜单位;二公司连续5年获全国"安康杯"竞赛优胜企业称号,并被评为全国"安康杯"竞赛活动示范企业。1个公司被评为陕西省职工经济技术创机关报优胜单位,1个项目部获陕西省重点工程建设立功竞赛先进集体称号,3个项目部分别被股份公司、陕西省和中华全国总工会授予"工人先锋号"称号;2人获得火车头奖章和中央企业劳动模范荣誉,1人获股份公司"工人先锋号"标兵称号,2人获陕西省经济技术创新标兵称号;3篇论文获股份公司群众生产论文三等奖,3项建议及成果获股份公司和陕西省年度合理化建议和技术改进优秀成果二等奖;集团公司工会权益维护部被评为股份公司群众生产先进单位,3人获股份公司劳动竞赛优秀组织者、优秀工会工作者和先进个人称号;5个单位被评为集团公司劳动竞赛优胜单位,10人被评为集团公司劳动竞赛优秀组织者,25人获集团公司先进生产(工作)者称号;5个单位获集团公司经济技术创新优胜单位称号,10人获集团公司经济技术创新先进个人称号。(4)建家建线。年内,一公司海洋铁路项目部工会、房地产开发公司工会、咸阳基地管理处工会被评为股份公司模范职工之家,五公司渭南材料厂工会被评为股份公司模范职工小家,一公司工会、四公司工会、六公司工会、电气化公司工会被评为股份公司工会先进单位,7人被评为股份公司先进工作者,2人被评为股份公司优秀工会工作者,2人被评为股份公司工会积极分子;1个单位获全国"职工书屋"称号;1个单位获陕西省学习型组织先进单位称号,1人获陕西省学习型组织标兵班组称号,1人被评为陕西省知识型职工标兵个人;4人获陕西省庆祝新中国成立60周年职工书法美术摄影优秀作品奖。(5)女工工作。集团公司各级女工委积极实施"女职工素质提升"和"巾帼建功立业"工程,团结带领广大女职工立足本职,甘于奉献,争创一流,涌现出一大批先进女职工集体和个人。1人获全国三八红旗手称号,1个单位被评为全国巾帼建功立业标兵岗,1个女工委被评为陕西省先进女职工组织,1个单位获陕西省五一巾帼标兵岗称号;6个单位获集团公司三八红旗集体称号,23人获集团公司三八红旗手称号,16户家庭被评为集团公司五好文明家庭,14人被评为重视支持工会女职工工作领导干部。(6)送温暖活动。切实履行"三不让"承诺,深入开展送温暖活动,加大帮扶救助力度,构建企业和谐劳动关系。年内筹集"三不让"承诺专项资金577万元,补助困难职工家庭2225人次113万元,资助困难家庭子女入学200人次27万元,慰问住院职工470人次68万元。全集团公司慰问困难职工家庭2067户。其中,特困职工家庭44户;重困职工家庭159户;一般困难职工家庭1846户;困难遗属家庭13户。慰问其他人员2239人。其中,劳模先进9人;老干部32人;离退休人员1323人;生产一线职工806人;农民工69人。

共青团工作。集团公司团委下辖团委9个,团工委10个,团支部148个;有团员2517名,35岁以下青年5498名。集团公司团委号召各级团组织和广大团员青年,通过电视、广播、报纸、网络、书籍、会议、培训等多种形式,认真学习贯彻党的方针和政策。年内安排多名团干部参加团中央、团陕西省委、陕西省国资委团工委、股份公司团委组织的学习培训活动,以提高团干部的学习能力、服务能力、凝聚能力和合作能力。全年组织青年突击队40余支,不断深化五四红旗团委创建活动,先后有2个先进团委被评为股份公司五四红旗团委,2个团组织被评为股份公司五四红旗团支部,3个单位被评为股份公司五四红旗团委创建单位,3个单位被评为股份公司五四红旗团支部创建单位,2项工程获股份公司"青年文明号"称号,5人获股份公司"青年岗位能手"称号,2个项目部被评为股份公司"青年文明号"(工程)创建示范点。 (麻 炜)

【第一工程有限公司】 公路、市政公用工程施工总承包一级，铁路工程施工总承包二级，房屋建筑工程施工总承包三级，桥梁、隧道、公路路基、公路路面工程专业承包一级，预拌商品混凝土专业承包二级和城市轨道交通工程专业承包资质企业。公司机关驻江苏省苏州市大同路10号。董事长赵斌(1月任)，党委书记赵斌，总经理白建伟。前身系中国人民解放军铁道兵第十师四十六团，1984年1月1日集体转业并入铁道部，改编为铁道部第二十工程局第一工程处；1999年12月1日改称为中铁第二十工程局第一工程处，2002年7月22日企业改制改称现名。下辖33个专业工程队、4个商品混凝土厂、2个工程公司、1个材料厂、1个物资公司、6个办事处、2个基地。职工3187人。其中，干部1117人；工人2070人。专业技术干部743人，占干部总数的66.52%；技术工人1117人，占工人总数的54%。资产总额21.75亿元。其中，流动资产19.88亿元；固定资产原值2.89亿元、净值1.28亿元。机械运输设备501台(套)，原值2.37亿元、净值1.02亿元，动力装备率13千瓦/人，技术装备率3.2万元/人，成新率43%，完好率91%，利用率73%。年施工能力20亿元以上。

2009年承揽工程任务29.8亿元，完成企业总产值26.72亿元，其中施工产值22.72亿元。实现利润3087万元。全员劳动生产率46.19万元/人年，职工年人均收入34553元。完成主要实物工程量：土石方1015万立方米，隧道2306.6延长米，桥梁26061延长米，涵渠6213横延米，公路架梁4072孔(片)。单位工程合格率100%。公司先后获得全国先进集体、全国五一劳动奖状、全国用户满意施工企业、全国守合同重信用企业、全国施工企业设备管理优秀单位、全国工程建设优秀质量管理小组、全国质量管理先进单位、全国工程质量施工安全企业信誉AAA级优秀企业、中国建设银行AAA级信用企业、陕西省文明单位、江苏省质量管理优秀企业等荣誉。2009年获中华全国总工会女职工建功立业标兵岗、陕西省模范职工之家、陕西省高速公路建设劳动竞赛优胜单位等称号。1项工程获陕西省建设工程长安杯奖，2项工程获中国公路交通优质工程奖，昌九城际铁路、宜万铁路15标段工程获得铁路客运专线建设火车头奖杯。2人分别获中华全国铁路总工会先进工作者和火车头奖章荣誉，3人分别被评为全国建筑企业优秀项目经理、陕西省建筑业优秀项目经理、四川省总工会劳动竞赛先进个人，2人分别获股份公司团委“青年岗位能手”和优秀团干部称号。 (黄峻梅 孟繁荣 麻 炜)

【第二工程有限公司】 公路、铁路工程施工总承包一级，公路路基、公路路面、隧道、桥梁、混凝土预制构件专业承包一级，地基与基础工程专业承包二级资质企业。公司机关驻北京市海淀区西四环北路158号慧科大厦12层。董事长苗文怀，党委书记苗文怀(9月免)、邵怀全(9月任)，总经理邵怀全(9月免)、刘庭联(9月任)。前身系中国人民解放军铁道兵第十师四十七团，1984年1月1日集体转业并入铁道部，改编为铁道部第二十工程局第二工程处；1999年12月1日改称为中铁第二十工程局第二工程处，2002年7月21日改称为中铁二十局集团第二工程有限公司。2007年5月通过增资扩股形式变更为中铁交通国际工程技术有限公司；2008年6月，公司重组恢复为中铁二十局集团第二工程有限公司。下辖8个工程队、7个机械队、2个公司、1个基地。职工2049人。其中，干部714人；工人1335人。专业技术干部610人，占干部总数的85.43%；技术工人1142人，占工人总数的85.54%。资产总额11.69亿元。其中，固定资产2.92亿元、净值1.52亿元；流动资产10.04亿元。机械运输设备441台(套)，原值19111.8万元、净值10106.1万元，总功率57352千瓦，技术装备率4.95万元/人，动力装备率28.11千瓦/人，成新率51.4%，完好率91.5%，利用率71.5%。年施工能力45亿元以上。

2009年承揽工程任务24.95亿元，完成企业总产值15.4亿元，其中施工产值15.4亿元。完成主要实物工程量：土石方1808.77万立方米，桥梁48670.75延长米，隧道81545延长米，涵洞854横延米，房屋建筑3545平方米，公路155.7公里。单位工程合格率100%，优良率100%。公司先后获得全国用户满意施工企业、全国“安康杯”优胜企业、昆明市文明单位、全国工程建设质量管理优秀企业、全国优秀施工企业、全国质量安全管理先进单位、中国工程建设社会信用AAA企业、股份公司项目管理先进单位、集团公司“四好领导班子”等荣誉。 (王军林 孟繁荣 麻 炜)

【第三工程有限公司】 主营公路、铁路、市政、水利水电、工业与民用建筑、城市轻轨、地铁、机场、码头工程。公司机关驻重庆市渝北区黄山大道中段5号水星科技发展中心。董事长冯军武(1月任)，党委书记陈益发，总经理邓建涛(1月任)。2006年2月由集团公司下辖的房地产开发公司、上海兴甬建筑市政工程公司、北京工程公司、西安工程公司合并组成；2007年5月，将川渝工程公司并入第三工程有限公司；房地产开发公司从第三工程有限公司划出；2008年12月，上海兴甬市政工程公司划归一公司管理。下辖2个直属单位、1个基地和35个工程队。职工1362人。其中，干部825人；工人537人。专业技术干部618人，占干部总数的

74.91%;技术工人437人,占工人总数的81.38%。资产总额10.28亿元。其中,固定资产原值1.45亿元、净值1.02亿元;流动资产9.24亿元。机械设备235台(套),总功率30993千瓦,技术装备率4.04万元/人,动力装备率22.73千瓦/人,成新率65%,完好率91.8%,利用率100%。年施工能力15亿元以上。

2009年承揽工程任务21.74亿元,完成施工产值14亿元。完成主要实物工程量:土石方585万立方米,隧道8464延长米,桥梁3408延长米,年内,公司获陕西省"安康杯"竞赛优秀组织奖,被评为全国"安康杯"竞赛优胜企业;2人分别获陕西省职工经济技术创新标兵、陕西省职工学习标兵称号。

(公司办公室　孟繁荣　麻　炜)

【第四工程有限公司】 铁路、公路、市政公用工程施工总承包一级,隧道、桥梁、公路路基、铁路铺轨架梁专业承包一级资质企业,拥有对外承包国际工程资质。公司机关驻山东省青岛市东海东路89号。董事长兼党委书记王树文,总经理肖红武。前身系中国人民解放军铁道兵第十师四十九团,1984年1月1日集体转业并入铁道部,改编为铁道部第二十工程局第四工程处;1999年12月1日改称为中铁第二十工程局第四工程处,2002年7月18日企业改制改称现名。下辖69个工程队(分公司)、1个指挥部、2个基地和4个办事处。职工3954人。其中,干部1232人;工人2722人。专业技术干部1168人,占干部总数的94.73%;技术工人2384人,占工人总数的80.75%。资产总额25.65亿元。机械设备390台(套),原值3.25亿元、净值1.62亿元,总功率156779千瓦,成新率49.7%,技术装备率4.1万元/人。年施工能力20亿元以上。

2009年承揽工程任务31.36亿元,完成企业总产值30.41亿元。其中,施工产值29.12亿元;附营产值1.29亿元。实现利润7620万元。职工年人均收入2.44万元。完成主要实物工程量:土石方3061.34万立方米,桥梁63座21832延长米,涵渠6991.05横延米,隧道12座4401.9延长米,公路架梁1897片,铁路架梁288孔,公路57.35公里。工程质量合格率100%,优良率90%以上。公司先后获得全国用户满意施工企业、全国质量安全先进单位、全国质量信得过班组、全国五一劳动奖状、陕西省质量信得过班组、陕西省模范职工之家、河南省精神文明先进单位、青岛市精神文明先进单位、咸阳市精神文明先进单位、山东省守合同重信用企业、全国"安康杯"优胜企业、陕西省先进施工企业、青岛市守合同重信用企业等荣誉,连续11年被陕西省评为重合同守信用企业。年内,阿深高速公路开封黄河特大桥工程获火车头优质工程一等奖,昭待高速公路毛家村2号特大桥工程获火车头优质工程二等奖,大秦铁路2.5亿吨扩能改造工程DQTDS7标段被新评为中国成立60周年百项经典暨精品工程;麻武项目部获全国"工人先锋号"称号,1人获全国三八红旗手称号。

(公司办公室　孟繁荣　麻　炜)

【第五工程有限公司】 公司前身为中铁二十局第二工程有限公司,2007年5月10日,集团公司撤销第二工程有限公司编制,5月15日将西北工程公司人员、资产与原第二工程有限公司改制重组存续人员、资产合并成立第二工程有限公司;2008年7月25日,第二工程有限公司更名为第五工程有限公司。董事长康玮,党委书记郭学平,总经理郭育红。下辖2个公司、1个酒店、1个宾馆、22个工程队(架子队)。职工1393人。其中,干部777人;工人476人。专业技术干部622人,占干部总数的81.1%;技术工人315人,占工人总数的66%。资产总额12.86亿元。其中,固定资产原值2.099亿元、净值1.42亿元;流动资产11.14亿元。机械运输设备174台(套),原值7617.28万元、净值4113.33万元。其中主要施工运输设备70台,原值2767.55万元、净值1664.95万元,总功率16975千瓦,技术装备率5.4万元/人,动力装备率11.35千瓦/人,成新率54%,完好率88%,利用率84%。

2009年承揽工程任务20.46亿元,完成企业总产值19.74亿元。其中,施工产值16.53亿元;附营产值3.21亿元。实现利润620万元。全员劳动生产率141.7万元/人年,职工年人均收入3.1万元。完成主要实物工程量:土石方2099.3万立方米,桥梁5600.7延长米,隧道3324延长米,涵洞7279.06横延米,公路架梁158片,房屋建筑1734平方米,公路12.06公里。单位工程合格率100%。年内,公司被评为云南省文明单位,获国家和省部级优秀工法2项。

(公司办公室　孟繁荣　麻　炜)

【第六工程有限公司】 房屋建筑、公路、市政公用工程施工总承包一级,铁路工程施工总承包二级,土石方、建筑装修装饰、桥梁、公路路基、隧道工程专业承包一级资质企业。公司机关驻陕西省西安市辛家庙康新路。董事长兼党委书记黄锦波,总经理张文峰。前身系中国人民解放军铁道兵第十师新建铁路管理处,1984年1月1日集体转业并入铁道部,改编为铁道部第二十工程局新建铁路运输处、建筑公司、建筑工程处;1999年12月1日改称为中铁第二十工程局建筑工程处,2001年1月改称为中铁第二十工程局第六工程处,2002年7月18日企业改制改称现名。下辖35个项目部、1个协调组、1个办事处、3个专业队和机械化作业租赁中心、医疗保健中心、咸阳基地管理委员会等单位。职工2271人。其中,干部999人;工人1272人。专业技术干部813人,占干部总数的81.4%;技术工人1210人,占工人总数的95%。资产总额20.03亿元。其中,流动资产18.54亿元;固定资产原值2.43亿元、净值1.19亿元。机械运输设备584台(套),原值1.28亿元、净值5042.73万元,总功率42694.5千瓦,技术装备率2.22万元/人,动力装备率22.34千瓦/人,成新率39.27%,完好率94.6%,利用率74%。年施工能力20亿元以上。

2009年承揽工程任务45.04亿元,完成施工产值25.02亿元,实现利润5980万元。全员劳动生产率51万元/人年,职工年人均收入24289元。资产负债率90.78%,产值利润率2.36%,净资产收益率26.95%。完成主要实物工程量:土石方1176万立方米,隧道2481延长米,房屋建筑777218平方米,公路54.62公里。单位工程合格率100%。先后获国家和省部级优质工程奖25项,股份公司优质工程奖7项;获国家和省部级科技进步奖1项,股份公司科技进步奖8项、优秀工法2项。年内,获国家级奖励4项,省部级奖励12项。

(温素华　孟繁荣　麻　炜)

【电气化工程有限公司】　铁路电务、电气化、建筑智能化、送变电工程专业承包一级,电信、机电设备安装工程专业承包二级资质企业。公司机关驻陕西省西安市高新区新型工业园企业壹号公园6号。董事长张西,党委书记(1月任),总经理王志义(1月任)。前身系中国人民解放军铁道兵第十师司令部通信科,1984年1月1日集体转业并入铁道部,改编为铁道部第二十工程局电务处;2002年6月29日企业改制为中铁二十局集团电务工程有限公司,2006年2月18日与中铁二十局集团路桥工程公司合并重组改称中铁二十局集团第五工程有限公司,同时保留电务工程有限公司机构;2007年10月18日,由第五工程有限公司和电务工程有限公司重组整合改称现名。下辖4个专业公司(工程队)。职工625人(包括计划外人员43人)。其中,干部348人;工人277人。专业技术干部324人,占干部总数的93.1%;技术工人234人,占工人总数的84.48%。资产总额52043万元。其中,固定资产原值6872万元、净值4961万元;流动资产46675万元;其他资产5369万元。机械运输设备66台(套),原值3676万元、净值2500万元,总功率6750千瓦,技术装备率6万元/人,动力装备率11.59千瓦/人,成新率68%,利用率96%。年施工能力10亿元以上。

2009年承揽工程任务7.9亿元,完成企业总产值3.23亿元。其中,施工产值3.21亿元;附营产值0.02亿元。实现利润1542万元。全员劳动生产率53.65万元/人年,职工年人均收入38200元。国有资产保值增值率101.26%,资产负债率81.4%,产值利润率4.78%,净资产收益率3.31%。完成主要实物工程量:土石方9.98万立方米,铺道岔3组。单位工程合格率100%。公司先后获得陕西省精神文明建设先进单位、陕西省优秀建筑施工企业、西安市守合同重信用单位等荣誉,公司领导班子被集团公司评为“四好领导班子”。2009年,公司被评为陕西省文明单位、股份公司先进集体;1人获股份公司“青年岗位能手“称号。

(田　华　孟繁荣　麻　炜)

【房地产开发有限公司】　房地产开发二级资质企业。公司机关驻重庆市南岸区江南大道19号城市之光30层。董事长周玉山,党委书记简军,总经理钱学军(12月免)。公司成立于2002年1月,2006年2月由房地产开发公司、上海兴甬建筑市政工程公司、北京工程公司、西安工程公司合并组建第三工程有限公司;2007年5月,房地产开发公司从第三工程有限公司划出。下辖12个职能部门。职工47人。其中,干部42人;工人5人。

2009年完成企业总产值24045万元。职工年人均收入56125元。公司开发的“同景国际城”项目总占地面积37万平方米,规划总建筑面积43万平方米。

(李亚玲　麻　炜)

【西安工程机械有限公司】　具有大吨位振动压路机生产许可证,桥式起重机(电动单梁悬挂起重机DPK32)制造、安装改造维修B级资质。公司机关驻陕西省西安市辛家庙新灞路。总经理王必强,党委书记李俊。1984年1月1日成立,前身为铁道部第二十工程局修造厂,1987年12月10日更名为铁道部第二十工程局机械厂,1999年12月1日更名为中铁第二十工程局工程机械厂,2007年12月企业改制改称现名。下辖3个生产车间、7个分公司。职工473人。其中,干部156人;工人317人。资产总额8933万元。其中,固定资产原值1556万元、净值1025万元;流动资产5935万元。年生产能力1.2亿元。

公司自建厂以来,先后自主研究、开发、生产压实机械、桥隧机械、铁路施工机械等产品。1984年研制生产的YZT16型大吨位拖式振动压路机获总公司科技进步一等奖,首家在国内取得生产许可证;2000年冲击压路机获总公司科技进步一等奖;2001年研制开发的YZ(k)20/YZ20G型全液压双驱动自行振动压路机获总公司科技进步二等奖、陕西省科技进步三等奖；"DPK18 型窄轨铺轨机研制"和"全液压往复式机械化轨排组装生产线(设备)研制"成果获 2007 年度总公司科学技术进步二等奖；"无砟轨道双块式轨枕工厂化生产技术研究"成果获 2008 年度总公司科学技术进步一等奖。2002 年，公司被评为中国顾客满意先进企业。 (公司办公室 麻 炜)

【陕西物资有限公司】 于 2002 年 7 月成立，先后划归西北工程公司、第二工程有限公司、第五工程有限公司管理；2009 年 11 月成立中铁二十局集团陕西物资有限公司，由集团公司直接管理。公司机关驻陕西省西安市华清东路 125 号。总经理吴雪松(11 月任)，党委书记马军峰(11 月任)。职工 189 人。其中，干部 127 人；工人 62 人。公司下辖 5 个专业公司。资产总额 9490 万元。其中，固定资产原值 686 万元、净值 390 万元；流动资产 6495 万元。机械运输设备 3 台(套)。

2009 年完成产值 3.1 亿元。其中，销售钢材 52941 吨；水泥 124375 吨；油料 1522 吨；防水板 39360 平方米。2008 年，公司通过长城(天津)质量保证中心质量体系认证。 (公司办公室 麻 炜)

【兰州商贸有限公司】 前身为中铁二十局集团公司兰州办事处，组建于 1985 年；2009 年 10 月 13 日成立中铁二十局集团兰州商贸有限公司，由集团公司直接管理。公司机关驻甘肃省兰州市张掖路 250 号时代广场 9 楼。总经理陈向鸿(10 月任)，党委书记柳小昌(10 月任)。职工 61 人。其中，干部 50 人；工人 11 人。固定资产原值 821 万元，流动资产 4765 万元。年施工能力 3 亿元以上。

2009 年承揽工程任务 2.14 亿元，完成企业总产值 1.16 亿元。其中，施工产值 9201 万元；商贸物流 2353 万元。职工年人均收入 43608 元。

(公司办公室 麻 炜)

【路桥分公司】 2006 年 2 月成立，为集团公司分公司。公司机关驻陕西省西安市太华北路 89 号。总经理刘克锋。职工 86 人，其中工程技术人员 35 人。年施工能力 2 亿元以上。

2009 年承揽工程任务 4.88 亿元；完成企业总产值 8600 万元，其中施工产值 1.01 亿元；实现利润 100 万元。职工年人均收入 3.5 万元。完成主要实物工程量：土石方 68 万立方米，涵渠 120 横延米。单位工程合格率 100%。年内，公司领导班子被集团公司评为"四好领导班子"。 (公司办公室 麻 炜)

【深圳工程公司】 2002 年 12 月 28 日成立，为集团公司分公司。公司机关驻广东省深圳市福田区福荣路碧海红树苑 5 栋 9B。总经理兼党委书记凌茂钦。职工 46 人。其中，干部 36 人；工人 10 人。

2009 年签订工程施工及军用梁租赁合同 6 份 8015.3 万元，完成企业总产值 20490 万元。其中，施工产值 19900 万元；军用梁租赁施工合同产值 183 万元；附营产值 382 万元。 (张小怀 麻 炜)

【技工学校】 为集团公司直属单位。前身是中国人民解放军铁道兵第十师教导队，1984 年 1 月 1 日集体转业改称铁道部第二十工程局技工学校，2002 年更名为中铁二十局集团公司技工学校。驻陕西省渭南市向阳北街 245 号。校长徐寅忠，党工委书记赵小健(4 月任)。教职工 79 人。学校占地面积 3.3 万平方米。固定资产 1000 万元，职工年人均收入 43243 元。学校常设专业 19 个，技工教育专业 15 个，函授教育专业 2 个，是陕西省劳动和社会保障厅、教育厅、经贸委、团省委等部门命名的首批青工岗位技能培训基地、省劳动预备定点培训学校、农民工培训基地和股份公司高级技师及高级工培训基地。

2009 年招生 1127 人，毕业学生 563 人；完成 1308 人次职工培训工作，特有工种培训 204 人次；职业技能鉴定 1375 人，其中 1115 人次取得职业资格证书。学校先后获陕西省重点技工学校、文明单位、职业教育先进单位和股份公司先进培训基地称号。

(技校办公室 麻 炜)

【重要记载】

▲1 月 14 日 中国铁路工会中铁二十局集团有限公司第二次代表大会在陕西西安机关召开，会议选举产生第二届工会委员会主席、副主席、常务委员。

▲1 月 15 日~16 日 集团公司三届一次职工代表大会暨 2009 年工作会议、党委一届九次全委(扩大)会议、经检监察工作会议在陕西西安机关召开，会议提出 2009 年的工作思路和要求。

▲2 月 20 日 股份公司副总裁赵广发一行在集团公司副总经理郭祥君等陪同下到集团公司石武铁路客运专线项目部检查指导工作，对项目全面管理表示满意，并亲笔题词鼓励大家"再接再厉再创辉煌，争取最大光荣"。

▲2 月 22 日 一公司承建的苏州绕城高速公路西南段、许昌至南阳高速公路工程分别获 2008 年度中国公路优质工程一、二等奖，项目经理姚长文、付荣芝获中国公路工程优秀项目经理称号。

▲2 月 26 日 铁道建筑公安局第二十公安处四

分处 28 名公安干警整体移交青岛市公安局崂山分局。

▲2 月　集团公司获全国文明单位、中央企业思想政治工作先进单位、陕西省“两联一包”扶贫先进单位称号。

▲3 月 20 日　集团公司在陕西西安召开开展深入学习实践科学发展观活动动员培训大会。

▲4 月　西安工程机械有限公司出口安哥拉、卡塔尔、利比亚压路机等设备 48 台，积极开拓了海外市场。

▲4 月　四公司德令哈至大柴旦公路项目经理部获 2008 年度全国公路建设施工企业重点工程劳动竞赛优胜奖。

▲5 月 19 日　六公司副总经理兼集团公司石武铁路客运专线项目常务副指挥长周海军获第二届陕西省国资委系统优秀青年称号。

▲5 月 28 日　集团公司承建的石武铁路客运专线项目新乡南制梁场取得时速 350 公里客运专线铁路预制后张法简支箱梁国家生产许可证。

▲6 月 3 日　二公司承建的宝天高速公路麦积山特长隧道（全长 12286 米）胜利贯通，创造独头人工掘进公路隧道 6270 米的亚洲纪录，为中国矿山法施工特长隧道积累了宝贵的经验。

▲6 月 6 日　全国政协委员、全国工商联副主席王文虎一行到一公司承建的内蒙古独贵塔拉奎素黄河大桥建设工地参观考察。

▲6 月 10 日　五公司承建的应急抢险项目——集通铁路沙力河特大桥工程提前 20 天顺利竣工，集通公司为此赠送题为“抗洪抢险的勇士、集通建设的先锋”的牌匾。

▲7 月 8 日　集团公司召开深入学习实践科学发展观活动总结大会。

▲7 月 15 日　全国人大副委员长陈昌智，人大财经委员会副主任委员、人大常委会预算主任高强，中央纪委委员、甘肃省副省长冯健身，兰州市市委书记陆武成，甘肃省建设厅厅长一行视察六公司承建的兰州砂坪村房建项目。

▲7 月 17 日　中央政治局委员、天津市市委书记张高丽率天津市理论学习中心组百余名代表到六公司承建的天津铁路西站交通枢纽工程第 2 标段建设工地参观，天津市市委副书记、市长黄兴国在施工现场向与会代表介绍工程建设情况。天津西站建成后将成为以高速铁路、城际铁路、普速铁路、城市轨道交通、长途客运、城市公交为一体的大型综合交通枢纽。

▲7 月　集团公司安哥拉工程指挥部耕耘 QC 小组开发的“提高螺纹道钉锚固效率”成果获陕西省 QC 小组成果一等奖。

▲8 月 2 日　国资委综合局副局长刘源率专家组一行 5 人在股份公司副总裁刘汝臣陪同下到集团公司进行安全生产专项督查，考察五公司承建的西安地铁 1 号线半坡车站施工现场，专家组称赞集团公司安全生产工作扎实，体现了铁军作风，央企风范。

▲8 月 12 日　铁道建筑公安局第二十公安处乐山派出所移交四川省乐山市公安局市中心分局。

▲8 月 18 日 ~19 日　集团公司第二次党代会在陕西西安机关召开，股份公司党委副书记、纪委书记、工会主席、监事会主席彭树贵，陕西省省委组织部二处处长康宏任出席大会。

▲8 月 19 日　集团公司党委二届一次全会在陕西西安机关召开，会议选举产生第二届党委常委会委员、书记、副书记。

▲9 月 9 日　集团公司承建的蒙古国叶罗河铁矿专用铁路建成通车。

▲9 月 16 日　集团公司《企业建设》杂志被评为全国工程建设行业优秀期刊。

▲9 月 30 日　集团公司召开首次视频会议，传达股份公司经营管理专题会议和经营创效会议精神。

▲10 月 29 日　陕西省西安市公安局铁路建设警察二支队成立暨揭牌仪式在集团公司西安基地举行，中国铁建 74 名在陕公安人员正式移交西安市公安局。

▲11 月 14 日 ~16 日　国家实验室认证认可委员会铁道评审组对集团公司计量认证进行现场复查评审，经审核，同意通过国家计量认证并报国家技术监督总局审查。

▲11 月　五公司昆明雅都商务酒店通过国家绿色酒店工作委员会认证，成为“国家三叶级绿色饭店”。

▲12 月　六公司蔚蓝国际二期项目部 QC 小组获陕西省 2009 年度优秀 QC 小组一等奖。

▲12 月　西安工程机械有限公司取得起重机制造、安装改造维修许可证书。（孟繁荣）

中铁二十一局集团有限公司

【简况】　中铁二十一局集团有限公司是铁路工程施工总承包特级，房屋建筑、公路、水利水电、矿山、市政公用、通信工程施工总承包一级，环保、桥梁、隧道、公路路基、铁路铺轨架梁工程专业承包一级资质企业。

公司机关驻甘肃省兰州市城关区和平路63号。2004年3月16日由兰州铁路建设集团有限公司、乌鲁木齐铁路工程(集团)有限责任公司、中铁二十局集团第三工程有限公司整合重组而成。下辖第一至第五工程有限公司及电务电化工程有限公司、西安德盛和置业有限公司、铺架工程公司、北京分公司。职工12264人。其中,干部4635人;工人7629人。专业技术干部4474人,占干部总数的96.53%。资产总额1080776.27万元。其中,固定资产原值120061.63万元、净值71147.94万元;流动资产89.71亿元;非流动资产18.37亿元。机械动力设备2964台(套),原值72214.52万元、净值42682.52万元,总功率178718.27千瓦,技术装备率3.48万元/人,动力装备率14.59千瓦/人,主要设备完好率93.12%,利用率70%。

2009年新签合同额221.66亿元,完成企业总产值103.99亿元;实现利润1.37亿元,净利润1.15亿元。解决历史总债务7142.8万元,清收历史总债权510.3万元。职工年人均收入比2008年增长20.29%。国有资产保值增值率116.99%。完成主要实物工程量:土石方4979万立方米,隧道48160延长米,桥梁63169延长米,涵渠17615横延米,铺轨155.45公里,铺道岔195组;客运专线制梁330孔,架梁263孔;铁路架梁68孔,公路架梁975片;通信线路1276条公里,电力供电732公里,接触网1046正线公里;给排水管路300公里,房屋建筑19.28万平方米,公路26.6公里。单位工程合格率100%,未发生重大、特大质量事故。年内,集团公司获得全国五一劳动奖状、全国优秀施工企业、全国"安康杯"竞赛优胜企业、甘肃省建筑业诚信企业等荣誉。 (高秋凤)

【领导人员】

董事会

董事长 柴顺林(6月免)
李　宁(6月任)
副董事长 李　宁(6月免)
孟广顺(6月任)
董事 张克勤
王继红
邹兰明
郑群棣
王耀华
黄庆华

监事会

监事会主席 赵胜平
监事 张超民
孔德库

经理层

总经理 李　宁
副总经理 孟广顺(6月免)
王继红(6月任)
邹兰明
郑群棣
黄庆华
张超民(6月任)
总会计师 王耀华
总经济师 渠巨华
总工程师 王继红(6月免)
赵彦旭(6月任)
高级顾问 陈尚贵
顾问 张培众

党群领导

党委书记 柴顺林(6月免)
孟广顺(6月任)
党委副书记 李　宁
张克勤
赵胜平
纪委书记 赵胜平(兼)
工会主席 张克勤(兼)

(刘　昊　华国栋　于梅芝)

【工程项目指挥机构】 福厦铁路项目部　驻福建省泉州市兰台路人才大厦六楼。项目经理兼党工委书记王继红。

太中银铁路工程指挥部　驻宁夏回族自治区中卫市长城东路东方家园4号楼。指挥长高玉峰,党工委书记兼副指挥长余少鲁。

包西铁路工程指挥部　驻陕西省延安市枣园路中段。指挥长兼党工委书记李寿福。

京石铁路客运专线指挥部　驻河北省鹿泉市铜冶镇。指挥长宋建忠。

津秦铁路客运专线工程指挥部　驻河北省卢龙县迎宾路中段路桥公司院内。指挥长张增科。

贵广铁路工程指挥部　驻贵州省黎平县双江乡政府院内。指挥长张超民。

天平铁路工程指挥部　驻甘肃省天水市麦积区渭滨北路东1号。指挥长兼党工委书记张培众。

银川车站改造工程项目经理部　驻宁夏回族自治区银川火车站兴洲北街。项目经理、党工委书记彭海涛。

兰渝铁路项目经理部　驻甘肃省兰州市榆中县定远镇亨通宾馆。项目经理兼党工委书记杨安怀。

兰新第二双线兰州枢纽引入工程项目部　驻甘肃

省兰州市西固区西固东路276号西亚快捷宾馆6楼。项目经理赵彦旭,党工委书记马养真。

(高秋凤　李　玲)

【职工队伍】 职工12265人。其中,干部4635人,占职工总数的37.79%;工人7630人,占职工总数的62.21%。职工中女职工3015人,占职工总数的24.58%。学历构成:研究生25人,占职工总数的0.2%;大学本科1789人,占职工总数的14.59%;大专2569人,占职工总数的20.95%;中专956人,占职工总数的7.79%;技校694人,占职工总数的5.66%;高中2886人,占职工总数的23.53%;初中及以下3346人,占职工总数的27.28%。年龄结构:55岁以上910人,占职工总数的7.42%;50岁~55岁1611人,占职工总数的13.13%;45岁~50岁2260人,占职工总数的18.43%;40岁~45岁1696人,占职工总数的13.83%;35岁~40岁1603人,占职工总数的13.07%;30岁~35岁1184人,占职工总数的9.65%;25岁~30岁1713人,占职工总数的13.97%;24岁以下1288人,占职工总数的10.5%。　(王兰生)

【工程施工】 2009年在建工程92项。其中,铁路工程47项;公路工程20项;地铁工程5项,房屋建筑及其他工程20项。重点工程进展情况:

津秦铁路客运专线4标段　位于河北省秦皇岛市,线路长69.232公里,合同投资365136.82万元,合同工期2008年12月23日~2011年8月30日。主要工程量:桥梁34座27919延长米,隧道14座11077延长米,土石方671.31万立方米,车站1座。2009年完成投资165131万元,开工累计完成投资166141万元,占合同投资的45.5%。

京石铁路客运专线JS-4标段　位于河北省鹿源市境内,线路长16.02公里,合同投资138713万元,合同工期2008年8月1日~2011年6月30日。主要工程量:路基土石方24万立方米,涵洞5座164横延米,桥梁134269延长米。制架简支箱梁234孔,架设预应力简支T梁250孔;无砟轨道铺设240公里,有砟轨道铺设59.718公里。2009年完成投资31367万元,开工累计完成投资34867万元,占合同投资的25.14%。

福厦铁路站前工程3标段　位于福建省泉州市境内,线路长63.58公里,合同投资19.3亿元,合同工期2006年4月10日~2010年3月30日。主要工程量:隧道13座11007延长米,桥梁32座20315延长米,涵洞128座3164横延米,路基土石方931万立方米,制架梁521孔。2009年完成投资40080万元,开工累计完成投资207880万元,占合同投资的107.71%。

精伊霍铁路站前工程Sl、S7标段及站后工程ZH2标段　Sl标段位于新疆维吾尔自治区伯乐蒙古自治州精河县境内,线路长56.4公里,合同投资25568万元,合同工期2005年5月~2009年12月。S7标段位于新疆维吾尔自治区伊犁哈萨克自治州境内,线路长26.53公里,合同投资57055万元,合同工期2005年7月~2009年12月。ZH2标位于新疆维吾尔自治区伊犁哈萨克自治州境内,线路长80公里,合同投资28168万元,合同工期2006年5月~2009年12月。2009年12月18日全线建成通车。

兰州至重庆铁路LYS-7标段　位于甘肃省兰州东至夏官营,线路长29.989公里,合同投资181500万元,合同工期2009年7月20日~2010年10月20日。主要工程量:隧道3座6953延长米,桥梁20座13660.27延长米,T梁架设714孔,正线铺轨83.66公里。桃树坪隧道3210延长米和王家崖宛川河2号特大桥2517延长米为全线重难点工程。2009年完成投资43332万元,占合同投资的23.87%。

天水至平凉铁路TP-TJ1标段　线路长43.38公里,合同投资145592.36万元,合同工期2009年3月26日~2012年9月26日。主要工程量:铺架112.8公里,土石方501.23万立方米,路基附属工程43.38正线公里。桥梁20座8148.33延长米,涵洞70座1692.76横延米,隧道10座19101延长米。2009年完成投资35002万元,占合同投资的24%。

贵广铁路　集团公司承担31.628公里的施工任务,管段位于贵州省黔东南黎平县双江乡己约村境内。合同投资186000万元,合同工期2009年1月1日~2012年12月31日。主要工程量:隧道6座28233延长米,桥梁13座2309.88延长米,路基1085.12米。2009年完成投资21060万元,占合同投资的11.32%。

太中银铁路ZQ-VII标段　位于宁夏回族自治区银川市、中宁县及陕西省绥德县境内,合同投资72540万元,合同工期2006年9月30日~2009年12月31日。该标段由4段工程组成:第一段包兰铁路二线平吉堡站至银川站段,正线铺轨14.136公里,银川、双渠口、平吉堡3个车站站场改造;第二段中宁东站至黄河特大桥以东段,正线铺轨11.95公里,站线铺轨5.1公里,桥梁9座,涵洞17座,新建车站1座;第三段黄河特大桥以西至迎水桥站段,线路长44.345公里,桥梁7座,隧道1座;第四段绥德段,正线铺轨13.8双线公里,桥梁1座2130双线延长米,隧道1座12330双线延长米。管段主要工程量:路基土石方255.53万立方米,桥梁15座6554.13延长米,涵洞76座1898横延米,隧道2座11329延长米。2009年完成投资24480万元,开工累计完成投资72558万元,占合同投资的100.02%。

包西铁路通道陕西段 BXS－2 标段　位于陕西省境内，线路长 55.09 公里，合同投资 117000 万元，合同工期 2007 年 11 月 25 日～2010 年 10 月 31 日。主要工程量：路基土石方 244 万立方米，隧道 14 座 23464 延长米，桥梁 25 座 93455.5 延长米，涵洞 75 座，改建路 7.124 公里，房屋建筑 5376 平方米。2009 年完成投资 62296 万元，开工累计完成投资 114304 万元，占合同投资的 97.6%。

向莆铁路莆田特大桥 XPFJ－12A 标段　位于福厦省莆田市，左线长 10960 延长米，右线长 2452 延长米。合同投资 59479 万元，合同工期 2008 年 6 月 10 日～2010 年 11 月 15 日。2009 年完成投资 34554 万元，开工累计完成投资 41324 万元，占合同投资的 69.5%。12 月 15 日大桥合龙。

吐库铁路二线 S4 标段　位于新疆维吾尔自治区南疆地区，线路长 56.5 公里，合同投资 56700 万元，合同工期 2007 年 10 月 1 日～2010 年 4 月 30 日。主要工程量：土石方 475 万立方米，隧道 1 座 3132 延长米，桥梁 35 座 3079.75 延长米，涵洞 109 座 1688.27 横延米，房屋建筑 25000 平方米。2009 年完成投资 18048 万元，开工累计完成投资 40675 万元，占合同投资的 71.7%。

奎北铁路 S2 标段　位于新疆维吾尔自治区北疆地区，线路长 211.05 公里，合同投资 90400 万元，合同工期 2007 年 8 月 28 日～2009 年 7 月 30 日。主要工程量：路基土石方 1474.87 万立方米，桥梁 23 座 3276 延长米，房屋建筑 13155.58 平方米。2009 年完成投资 39753 万元，开工累计完成投资 107185 万元，占合同投资的 118.57%。

乌精铁路二线 S2 标段　位于新疆维吾尔自治区境内，线路长 161.738 公里，合同投资 52000 万元，合同工期 2007 年 4 月 23 日～2009 年 1 月 31 日。主要工程量：路基土石方 430.4 万立方米，桥梁 54 座 2345.29延长米，涵洞 411 座 3771 横延米，铺轨 96.91 公里，铺道岔 127 组。2009 年完成投资 21779 万元，开工累计完成投资 66182 万元，占合同投资的 127.27%。

十天铁路 3 标段　位于陕西省西乡县，合同投资 27895.25 万元，合同工期 2008 年 11 月 28 日～2010 年 10 月 28 日。主要工程量：桥梁 10 座 2888.5 延长米，涵洞 5 座 178.6 横延米，隧道 6 座 2604 延长米。

十天铁路 23 标段　位于陕西省白河县卡子乡，线路长 7.92 公里，合同工期 2009 年 3 月 20 日～2010 年 3 月 20 日。主要工程量：桥梁 15 座 5352.2 延长米，隧道 3 座 659.2 延长米。

十天铁路 35 标段　位于陕西省旬阳县金寨乡，线路长 6.278 公里，合同投资 30051 万元，合同工期 2009 年 2 月 20 日～2010 年 1 月 20 日。主要工程量：桥梁 22 座 5638 延长米，涵洞 7 座，路基土石方 60 万立方米，防护工程 13 万立方米，隧道 506 延长米。

青兰高速公路 LJ19 标段　位于陕西省境内，线路长 2.295 公里，合同投资 18427.73 万元。2008 年 10 月 23 日开工，合同工期 12 个月。主要工程量：隧道 2 座 1368 延长米，桥梁 2 座 186.08 延长米，路基填方 13.4 万立方米，通道 2 座 50.07 横延米。

达陕高速公路 D8 标段　位于四川省万源市，线路长 7.519 公里，合同投资 49484 万元，合同工期 2008 年 10 月 23 日～2011 年 10 月 23 日。主要工程量：隧道 2 座 8551 延长米，桥梁 11 座 2294.56 延长米，涵洞 7 座 179.26 横延米，路基土方 44.6 万立方米。

西安地铁 2 号线 2 标段土建工程　合同投资 5957 万元，合同工期 2008 年 2 月 1 日～2009 年 10 月 31 日。主要工程量：土方 20.39 万立方米，钢筋混凝土 2.2 万立方米，防水工程 1.4 万平方米，双层二跨岛式站台 1 座。（周文斌）

【经营管理】　经营承揽。2009 年，集团公司新签合同额 221.66 亿元。其中，铁路工程 53 项 161.54 亿元，占承揽总额的 72.88%；公路工程 17 项 40.97 亿元，占承揽总额的 18.48%；城市轨道交通工程 2 项 10.23 亿元，占承揽总额的 4.62%；房屋建筑工程 17 项 5.48 亿元，占承揽总额的 2.47%；矿山工程 1 项 0.44 亿元，占承揽总额的 0.2%；水利水电工程 1 项 0.37 亿元，占承揽总额的 0.17%；市政工程 3 项 0.26 亿元，占承揽总额的 0.12%；其他工程 21 项 2.37 亿元，占承揽总额的 1.06%。

企业管理。集团公司注册资本金由原来的 3.5 亿元增加到 9.6 亿元。5 月，将第一工程有限公司电务分公司、综合服务公司划转电务电化有限公司管理，增强铁路“四电”专业化竞争能力；7 月，将第一工程有限公司 3 个制梁厂、第五工程有限公司铺架分公司、第四工程有限公司机构租赁站分部整合重组，成立铺架工程公司。11 月，将第一工程有限公司哈密桥梁分公司划转铺架公司管理。根据企业发展需要，集团公司成立华北、东北、西南、甘青、新疆、东南、西安、内蒙 8 个区域指挥部。优化资质结构，拓宽经营领域。年内，一公司完成建筑幕墙工程专业承包三级资质申报，二公司完成铁路、公路工程施工总承包两个三级资质申报，三公司完成公路路基工程专业承包一级资质申报，四公司完成钢结构工程专业承包一级、桥梁工程专业承包二级资质申报。集团公司有一级建造师 182 名，二级建造师 87 名。集团公司获 2008 年度全国优秀施工企业、全国建筑业先进企业称号，集团公司、二公司被授予甘肃省建筑业诚信企业称号,二公司青藏铁路工程项目部、西格铁路二线应急工程指挥部获股份公司优秀项目经理部称号;李寿福、房军被评为2008年度全国工程建设优秀项目经理,李鸿云、卢长德被评为2008年度全国建筑业优秀项目经理,张建明,史平、蔺俊杰、高志勇、朱世军、何颉被评为甘肃省工程建设优秀建造师(项目经理)。10月9日,集团公司召开管理咨询项目启动大会,进行企业发展战略、薪酬体系、定岗定编和企业文化分析、策划。

安全质量管理。截至2009年12月底,集团公司实现安全生产2378天。年内,1项工程获中国建设工程鲁班奖,5项工程获省部级优质工程奖,5项工程获股份公司优质工程奖;获国家优秀QC成果2项,省级优秀QC成果5项,铁道部优秀QC成果1项,股份公司优秀QC成果4项。集团公司被评为股份公司安全生产先进单位,一公司获2009年度新疆维吾尔自治区安全生产目标管理先进单位;王泽泉、杨洪亮被股份公司评为2009年度安全先进工作者。强力推行施工现场文明工地建设,津秦铁路客运专线葫芦山隧道项目部被北京铁路局评为建设文明工地,天平铁路清水牛头河特大桥工程、天平铁路下倪村牛头河特大桥工程、兰州东岗家具城工程获甘肃省建设工程文明工地称号,西格铁路二线祁连路特大桥工程获青海省安全标准化工地称号,太中银铁路ZQⅦ标段综合工程、福厦铁路客运专线丘后特大桥工程获股份公司安全质量标准工地称号。集团公司2009年上半年信用评价在73家施工单位中排名第22名,下半年信用评价在78家施工单位中排名第15名,实现集团公司"确保在排序中B类中等偏上名次"的责任目标。

财务管理。7月实行资金集中管理,分别与中国建设银行、工商银行、农业银行签订"现金管理服务协议",截至年底,实现加挂账户100户,日归集资金平均3.5亿元。实行经费预算管理制度,严格控制非生产性支出。加强预算组织管理,健全预算报表体系。开发全面预算信息填报软件,初步实现全面预算报表管理信息化,预算编制水平明显提升。年内举办浪潮财务集中管理软件和久其网络报表培训班,600人次参加培训。年内,5项成果获2009年度铁道财会学会科研成果奖。

成本管理。建立责任成本管理体系,配备专职成本管理人员。加大责任成本管理力度,依据责任承包合同、考核办法、责任成本核算结果,按照"公开、公平、公正"和统筹兼顾、收支真实性原则进行考核兑现,使责任成本管理真正深入到施工项目的每道工序。

审计工作。全年完成内部审计项目138项。其中,完成经济责任审计11项;工程项目审计87项;财务收支审计15项;经济效益审计8项;后续审计6项;审计调查及其他专项审计11项。出具审计报告138份,提出审计建议842条,其中802条被采纳。发现问题金额16117.06万元,纠正问题金额5334.54万元。其中,发现违纪违规问题金额11815.65万元;损失浪费金额1364.66万元;不良资产金额726.97万元。

劳动人事管理。2009年,经股份公司考核,3名年轻干部被提拔到集团公司领导岗位。全年调整处级干部96人,其中新提拔副处级干部42人,平均年龄38.3岁;提拔或调整项目部领导干部43人。年内接收毕业生761人。其中,专家1人;硕士4人;本科287人;大专高职330人;中专技校139人。2009年在岗职工期末人数9038人,职工工资总额30047.6万元,平均人数8659人,年平均工资34704元;其他从业人员703人,平均人数571人,劳动报酬1407.8万元,年平均工资24655元;非在岗职工3227人,平均人数3312人,生活费总额5383.4万元,年人均生活费16254元;在岗职工中息工放假人员932人,平均人数1020人,生活费总额1244.4万元,年人均生活费12200元;使用建制单位外部劳务19485人,平均人数16471人,劳动报酬总额25946.5万元;职工总数11265人,年平均人数11971人,工资(生活费)总额35431万元,年人均收入29597元。平均人工成本费用53331元,企业总产值劳动生产率410117元。(陈丽杰　张万婴　张雷年　王春丽　张明庆　樊乾于梅芝　刘昊　王兰生)

【科技开发】 2009年,集团公司科技研发项目11项,获资助190万元。新承担股份公司科研项目1项,获资助35万元。继续承担铁道部"宝塔山隧道综合施工技术"科研项目,获资助10万元。年内申报国家级工法5项、省部级工法16项、股份公司工法6项,申报科研专利8项;11项科技成果获股份公司科技进步奖,6篇论文获股份公司优秀科技论文奖。(李文波)

【党群工作】 党的工作。集团公司下辖基层党委18个、党总支26个、党支部208个,有党员5048名。(1)党的组织建设。深入开展学习实践科学发展观活动和主题教育活动,推进企业又好又快发展。主要抓好六个方面的工作:一是抓学习、重教育,践行科学发展观成效明显;二是抓班子、带队伍,领导班子和人才队伍建设继续加强;三是抓规范、强基础,党建工作水平得到提升;四是抓源头、建体系,反腐倡廉工作有力推进;五是抓宣传、鼓干劲,企业文化建设不断深化;六是抓中心、增合力,群团组织作用充分发挥。全年发展党员81名。落实集团公司党委中心组学习制度,以学习实践科学发展观教育活动、应对国际金融危机以及学习贯彻党的十七届四中全会精神为重点，结合实际制定学习计划，加强学习督促检查，做到学习时间、内容和考评“三落实”，并在集团公司《新里程》报和网站开设专栏，广泛交流集团机关及基层单位的学习情况。集团公司两级中心组全年撰写理论文章28篇，其中《亲切的关怀 巨大的鼓舞》在《中国政协》杂志第8期刊登。征集党建工作研究论文9篇，获股份公司党建工作研究论文二等奖1篇、三等奖2篇、成果奖2篇。(2)宣传思想工作。策划“5·12”汶川地震1周年灾后重建对外宣传，组织相关中央、省市媒体记者深入集团公司承建的都汶高速公路龙溪隧道灾后恢复重建施工现场采访报道，中央电视台《新闻联播》、新华社、《经济日报》《工人日报》《人民铁道报》《四川日报》及四川电视台等中央、省市媒体通过消息、通讯等形式，对集团公司参与灾后恢复重建工作进行了集中宣传报道。同时，人民网、中国公路网、中国政府网、腾讯网等网络媒体进行了转载报道，引起社会较大反响，股份公司专门发来贺信对此次宣传工作给予肯定和表扬。围绕集团公司改革发展重大事件组织力量在人民网、新华网和《中国青年报》《工人日报》等重要媒体，刊发文字和图片进行专题宣传，进一步扩大集团公司的知名度。聚焦兰青、福厦、精伊霍、太中银、包西、京石、京秦等重点铁路工程建设，组织多家媒体采访，进行广泛宣传报道。全年刊登新闻稿件1093篇，其中中央级报(站)发表稿件178篇。3篇作品获中国铁路对外报道好新闻三等奖，一组新闻图片获中华全国总工会第七届火车头文艺群星奖铁路摄影大赛艺术类优秀作品奖。(3)纪检、监察工作。建立纪检监察机构7个，配备专职纪检监察干部24人。全年收到信访举报28件，了结18件；立案3件，结案5件。处理违纪人员15人，行政处分10人，党纪处分9人，通报批评2人，其中党纪政纪处分6人。罚款处理12人，罚款金额19.9万元。化解经营风险5起，避免和挽回经济损失588万元。开展项目效能监察，在集团公司抽查的57个项目中，经济效益好的项目51个，亏损项目2个，存在潜亏问题的项目4个，对亏损和潜亏项目提出整改意见。年内先后对京石、京秦、太中银等重点项目进行成本预算、内控制度、施工方案优化、三项招标、三重一大监督检查，全年检查项目85个，发出监察建议206份，纠正违规问题33个，协助建章立制101项。开展轿车购置执法监察，通报所属单位违规或不按规定程序审批购置的轿车20辆，对违规购置的高档轿车进行上缴处罚。(4)廉洁从业制度建设。年内考核所属单位和机关领导干部165名，其中处级干部96名。对新提拔的42名副处级干部进行任前廉洁谈话。开展“述廉、评廉、考廉”活动，集团公司及所属6个工程公司领导班子成员向职工代表报告廉洁自律情况，领导班子自查和述廉率100%。

工会工作。集团公司工会下辖基层工会6个，有工会会员12147人。注重理论学习，促进观念创新。各级工会组织认真学习贯彻党的十七大和中国工会十五大精神，召开集团公司工会一届二次全委(扩大)会议，加强民主管理，落实维护职能。组织工会专职干部参加甘肃省总工会和股份公司举办的理论培训班学习，提高工会干部理论水平和业务素质。全年有26名工会专兼职干部撰写群众生产理论论文16篇、经验材料10篇。坚持职代会和企务公开制度。年内指导6个公司按时召开职工代表大会，职代会召开率100%。公司和项目部建立健全企务公开制度，成立企务公开领导机构。通过职代会、公开栏、简报、工作例会、民主议事会等形式公开施工生产、劳务招标使用、工资奖金分配、社保金缴纳等方面的情况，保障职工的知情权、参与权和监督权。围绕生产经营，深入开展劳动竞赛。各公司、指挥部、项目部成立劳动竞赛组织机构，制定活动方案，细化活动目标，明确各项工作职责，根据不同项目、不同时期的具体任务，积极开展阶段性劳动竞赛活动。集团公司投入16万元表彰奖励劳动竞赛优胜单位。2009年获股份公司合理化建议成果二等奖1项、二等奖2项，集团公司表彰21项合理化建议和技术改进成果。坚持平等协商和集体合同制度。各单位成立集体合同监督检查小组，切实保障职工的合法权益。推广“一法三卡”和“岗位劳动安全检查表”工作法，确保施工生产安全。大力开展“安康杯”劳动竞赛活动，年内，集团公司、四公司西格铁路二线项目部、四公司分别获全国“安康杯”竞赛优胜单位、全国“安康杯”竞赛优胜班组、青海省“安康杯”竞赛优胜单位称号。落实“三不让”承诺，建立和完善困难职工档案。2009年“两节”送温暖活动筹集资金70万元，慰问特困职工90名、重困职工156名、劳动模范58名、困难遗属62名、困难离退休职工109名、一般困难职工472名。深入开展争先创模活动，推动企业两个文明建设协调发展。年内，集团公司获得全国五一劳动奖状，三公司农民工马小利获得全国五一劳动奖章；五公司、包西铁路第三项目部获得甘肃省五一劳动奖状，二公司项目经理柴生虎获得甘肃省五一劳动奖章；中太银铁路工程指挥部、五公司绥德作业队获甘肃省“工人先锋号”称号，四公司乌兰煤化铁路专用线项目部获青海省“工人先锋号”称号；1人被评为中央企业劳动模范。加强工会组织建设，制定《集团公司工会委员会议事规则》《工会工作考核办法》《工会财务管理办法》等十多项制度和办法，统一工作标准，强化规范管理，集团公司工会获股份公司工会2008年度特色工作二等奖。按照党政工组织同步设置的原则,新项目及时组建工会机构,工会主席(工委主任)及时到位,确保工会工作正常开展。加强女职工委员会组织建设,维护女职工合法权益,广泛开展巾帼建功立业竞赛活动,在企业改革发展中充分发挥女职工"半边天"的作用。

共青团工作。集团公司团委下辖基层团委6个、团总支8个、基层团工委14个,有团员1710名。开展"我为国家重点工程作贡献",争创"青年文明号"、"青年环保工程",争当"青年岗位能手"、"青年安全生产示范岗"、"青年突击队"活动,年内,2个青年集体被团甘肃省委命名为"青年文明号",2名青年被命名为"青年岗位能手",1个青年集体被授予"青年创新创效先进集体"称号。"五四"期间,各级团组织开展"缅怀革命先烈"、"新团员入团宣誓、老团员重温誓词"等活动,纪念五四运动90周年。集团公司4名团干部、3名共青团员、1个团委、1个团支部被股份公司团委分别授予优秀团干部、优秀共青团员、五四红旗团支部、五四红旗团委称号;2个团委、2个团支部被确定为股份公司五四红旗团委、团支部创建单位。1名团干部、1名共青团员、1个团委、1个团支部被团甘肃省委分别授予优秀团干部、优秀共青团员、五四红旗团委、五四红旗团支部称号。集团公司团委被团甘肃省委评为2008年度团员发展工作先进单位、团费收缴工作先进单位和团内统计工作先进单位。集团公司团委表彰五四红旗团支部11个,优秀团干部18名,优秀共青团员26名。(张建兵　吴广红　郝礼　乔贺青　何凯)

【第一工程有限公司】 铁路、房屋建筑、市政公用工程施工总承包一级,通信工程施工总承包二级,公路工程施工总承包三级,建筑装修装饰、土石方工程专业承包一级,铁路电务工程专业承包二级,建筑幕墙、铁路电气化工程专业承包三级资质企业。公司机关驻新疆维吾尔自治区乌鲁木齐市经济技术开发区河南西路275号。董事长张增科(6月免)、石龙海(6月任),党委书记罗宗良,总经理张增科(6月免)、石龙海(6月任)。公司前身为乌鲁木齐铁路工程(集团)有限责任公司,2004年3月16日划归中铁二十一局集团有限公司,重组改制改称现名。下设1个子公司、9个工程队、1个物业中心、1个租赁中心。职工1796人。其中,干部773人;工人1023人。资产总额145074.19万元。其中,流动资产71035.97万元;长期投资279万元;固定资产13390.57万元;无形资产及其他资产67050.69万元。机械运输设备578台(套),原值6750万元、净值2541万元。年施工生产能力20亿元。工程验交合格率100%。

2009年新签合同额92634万元,完成企业总产值179947万元,实现利润3438万元,上缴税金4801万元。职工年人均收入26135元。年内,公司被评为乌鲁木齐市精神文明单位、甘肃省厂务公开民主管理先进单位,获得集团公司2008年劳动竞赛考评安全优胜杯。2项科技成果分别获新疆维吾尔自治区和股份公司科技进步奖,2项工法被认定为自治区区级工法,3篇科技论文获集团公司优秀科技论文奖,4项QC成果获集团公司优秀QC成果奖。

(王春晖　蔡小疆　李凤群　翟晓凤)

【第二工程有限公司】 房屋建筑、市政公用、机电安装工程施工总承包一级,铁路、公路工程施工总承包三级,钢结构、地基与基础、消防设施、建筑装修装饰工程专业承包一级资质企业,同时具有锅炉、起重机械、压力管道3个特种设备安装、改造、维修许可证。公司机关驻甘肃省兰州市和平路63号。2004年3月成立,注册资本10100万元。董事长杨清江(11月免)、高志明(11月任),党委书记杨清江(11月免)、高称义(11月任),总经理张发祥(11月免)、高志明(11月任)。下设1个子公司、3个分公司。职工2042人。其中,干部750人;工人1292人。资产总额103630.4万元。其中,固定资产原值10098.98万元、净值4219.74万元;流动资产89135.15万元。机械运输设备576台(套),原值6831.06万元、净值2384.92万元,总功率15937千瓦,新度系数0.37,技术装备率3.31万元/人,动力装备率7.97千瓦/人,完好率94%,利用率76%,机械化施工程度70%。年施工能力10亿元以上。

2009年新签合同额140958万元,完成企业总产值110000万元。实现无责任重大事故2107天。年内获全国工程建设优秀QC小组成果奖1项,甘肃省优秀QC成果奖2项,股份公司优秀QC成果奖1项;2项工法被认定为省级工法,1项工法被推荐申报国家级工法,3项工法被评为股份公司优秀工法;1项科技成果达到国内领先水平,1项科技成果达到国内领先水平,1项科技成果获股份公司科学技术三等奖。承建的敦煌站综合工程获中国建设工程鲁班奖,新华社甘肃分社新闻信息综合楼工程获甘肃省优质工程飞天奖。

(行政办公室)

【第三工程有限公司】 公路、市政公用工程施工总承包一级,铁路工程施工总承包二级,土石方、桥梁、隧道、机场场道工程专业承包一级和城市轨道交通工程专业承包资质企业。公司机关驻陕西省咸阳市迎宾大道。前身系中国人民解放军铁道兵第十师第四十八团,1984年1月1日集体转业并入铁道部,改编为铁道部第二十工程局第三工程处;2002年7月18日,企业改制改称中铁二十局集团第三工程有限公司;2004年3月29日,整合重组为中铁二十一局集团第三工程有限公司。董事长张超民(7月免)、赵春锋(7月任),党委书记张超民(7月免)、曾继光(7月任),总经理赵春锋。下辖物业公司、第二至第五综合队,派出项目部33个。职工2993人。其中,干部1029人;工人1807人。专业技术干部1021人,占干部总数的91.7%。资产总额269025万元。其中,固定资产原值33258.2万元、净值17541.9万元;流动资产247958.3万元;长期投资571.2万元;无形资产及其他资产2953.7万元。机械运输设备536台(套),原值31075.5万元、净值16055.7万元,总功率56986千瓦,技术装备率2.95万元/人,动力装备率18.95千瓦/人,成新率45.86%,完好率92%,利用率69%。企业年施工能力30亿元以上。

2009年新签合同额216000万元,完成施工产值303500万元,实现利润2305万元。全员劳动生产率100.52万元/人年,职工年人均收入19765元。国有资产保值增值率172%,净资产收益率6.31%,产值利润率0.77%,资产负债率96.28%,上缴款完成率100%。完成主要实物工程量:路基土石方8609.5万立方米,隧道27528.24延长米,桥梁13855.4延长米,涵渠1706.8横延米,架梁521孔。单位工程合格率100%。未发生责任等级重伤和死亡事故。年内,申家湖高速公路观音桥枢纽互通立交桥获火车头优质工程一等奖。 (贾晓宇)

【第四工程有限公司】 房屋建筑,市政公用工程施工总承包一级,铁路工程施工总承包二级,土石方、钢结构工程专业承包一线,桥梁、起重设备安装工程专业承包二级,园林古建筑工程专业承包三级,建筑施工企业试验室一级资质企业。公司机关驻青海省西宁市火车站后384号。前身系兰州铁路局第四工程公司,2002年4月企业改制更名为兰州铁路建设集团第四工程有限责任公司,2004年3月企业整合重组改称现名。董事长高红旗,党委书记高红旗(8月免)、石永仕(11月任),总经理朱昌岳(8月免)、高红旗(8月任)。职工1392人。其中,干部487人;工人905人。专业技术干部456人,占干部总数的93.63%。资产总额68999.7万元。其中,流动资产61892.8万元;固定资产原值50298.5万元、净值23261.2万元。机械运输设备195台(套),原值3239.1万元、净值1190.06万元,总功率4951.7千瓦,动力装备率3.65千瓦/人,技术装备率8782.7元/人,完好率43%,利用率92%。年施工能力20亿元以上。

2009年承揽工程任务63538万元,完成施工总产值73280万元,实现利润1707.9万元。全员劳动生产率73348元/人年,职工年人均收入22448.59元。国有资产保值增值率123.58%,产值利润率2.43%,应收账款周转率3.08次,净资产收益率18.68%,主营业务利润率3.98%,资产负债率86.02%,投资收益上缴率100%,应上缴款完成率100%。完成主要实物工程量:土石方442.39万立方米,桥梁6825延长米,涵渠2821.32横延米,站线铺轨6.9公里,正线铺轨3.71公里,铺道岔21组。年内,公司连续4年被中国建设银行青海省分行授予AAA信用等级企业称号,太中银项目部QC小组被评为全国工程建设优秀QC小组,西格铁路二线祁连路特大桥工程被评为青海省标准化文明工地;获国家一级工法、甘肃省省级工法各1项;1项科技成果获青海省科技进步二等奖,2项科技成果获股份公司科技进步三等奖。公司通过质量、环境、职业健康安全管理体系认证。 (文华俊)

【第五工程有限公司】 铁路工程施工总承包一级,房屋建筑、市政公用工程施工总承包二级,桥梁、隧道工程专业承包一级资质企业。公司机关驻甘肃省兰州市火车站南路189号。前身为兰州铁路局第三工程段,1992年更名为兰州铁路局第三工程公司;2001年与兰州铁路机械运输工程公司合并,2001年11月更名为兰州铁路建设集团第三工程公司;2004年3月与兰州铁路建设集团工程材料厂整合重组为中铁二十一局集团第五工程有限公司。董事长、总经理马涛(1月任),党委书记周生贵(10月免)、薛守常(11月任)。下辖18个铁路、公路、市政、房建等专业工程项目部。在岗职工1544人。其中,干部540人;工人1004人。专业技术干部517人,占干部总数的95.74%。注册资本金10100万元。资产总额127286万元。其中,固定资产净值9056万元;流动资产110979万元。机械运输设备476台(套),原值9335.09万元、净值8167.08万元,总功率23281.43千瓦,动力装备率11.86千瓦/人,技术装备率4.16万元/人。年施工能力30亿元以上。

2009年承揽工程任务9.49亿元,完成企业总产值20.51亿元,实现利润2003万元。职工年人收入25127.26元。产值利润率0.97%,净资产收益率44.27%,资产负债率95.4%。完成主要实物工程量:路基土石方1895.924万立方米;隧道8座2314.45双线延长米,单线隧道13座6385延长米;公路隧道6座416.31延长米,引水隧道2座2356.41延长米;特大桥30座15275.39延长米,大桥43座4543.57延长米,中小桥28座644延长米;涵洞3333.63横延米;铺轨23.731公里,房屋建筑3293.5平方米。单位工程合格率100%。年内,公司获得甘肃省五一劳动奖状。

(马小英)

【电务电化工程有限公司】 通信工程总承包一级、铁路电务、电气化工程专业承包一级资质企业。机关驻甘肃省兰州市城关区红山西路148号。前身系兰州铁路局兰州铁路建设集团有限公司所属电务工程公司和电气化工程公司,2004年3月整合重组为中铁二十一局集团电务电化工程公司,2008年3月6日企业改制改称现名。董事长兼总经理张天舒,党委书记齐字旗(8月免)、程永和(8月任)。下辖通信工程队、信号工程队、接触网工程队、送变电工程队、配件加工厂、物业管理中心。职工1403人。其中,干部486人;工人917人。专业技术干部456人,占干部人数的93.83%;技术工人564人,占工人总数的61.5%。固定资产原值7220.85万元、净值4076.81万元。机械运输设备121台(辆),仪器、仪表设备96台(套),总功率2656.6千瓦,技术装备率3.0662万元/人,动力装备率1.8935千瓦/人,新度系数0.59。年施工能力20亿元以上。

2009年承揽工程任务222363万元,完成施工总产值98863万元,实现利润1502.76万元。完成主要实物工程量:通信线路1071公里,信号自动闭塞27区间公里,电气集中连锁道岔178组,供电线路329.9公里,变配电所13座,接触网836条公里,牵引变电所7.5座,站线铺轨16.83公里,正线铺轨4公里,涵渠807横延米,给排水管路20.2公里,土石方83.8万立方米,房屋建筑2106平方米。工程质量合格率100%。年内获省级工法2项、国家实用新型专利1项,承建的兰西铁路增建第二线站后工程LQTH-01标段工程获青海省建筑工程江河源杯奖。 (企业管理办公室)

【西安德盛和置业有限公司】 房地产开发三级资质企业。2008年9月成立。注册资本金5000万元。公司机关驻陕西省西安市雁南五路商通大道曲江综合服务中心6楼。董事长、总经理李让平,党委书记高称义(10月免)。职工20人。

2009年,曲江·梧桐苑房地产项目开工建设,实现集团公司房地产板块零的突破。 (赵利强)

【铺架工程公司】 2009年8月26日成立,是铁路、公路、桥梁和铁路铺轨、轨道工程施工专业公司,具有预应力混凝土铁路桥简支梁生产许可证。公司机关驻陕西省西安市南二环东段236号金桂苑大厦6楼。总经理凌洪涛,党委书记麻玉江。职工381人。其中,干部127人;工人254人。固定资产原值24381.52万元、净值18024.48万元。机械设备444台,原值19904.99万元、净值15514.32万元。年施工能力20亿元以上。

2009年在建项目4个,完成施工产值3.2亿元。

(行政工作部)

【北京分公司】 是铁路、公路、房屋建筑、市政公用、水利水电、隧道、桥梁等工程施工综合性企业。机关驻北京市海淀区万丰路18号院5号楼3层。总经理孟广顺(10月免)、王庆安(10月任),党委书记孟广顺(10月免)、夏吉涛(11月任)。职工28人。固定资产原值756万元、净值675万元。年施工能力6亿元以上。

2009年新签合同额33900万元,完成施工产值34858万元。 (综合办公室)

【重要记载】

▲1月 集团公司中标西安地铁1号线工程,合同投资1.8亿元。

▲2月10日 二公司开发的"敦煌火车站大跨度钢桁架悬挂网架结构关键技术研究"成果获甘肃省科学技术进步二等奖,五公司与兰州交通大学合作完成的"斜拉桥箱形主梁的空间应力分析及尺寸优化研究"成果获甘肃省科技进步三等奖。

▲2月 四公司获青海省首批优势建筑企业称号。

▲3月6日 四公司工会主席张长城、副总经理张志强被评为青海省"十一五"建功立业竞赛先进个人称号。

▲3月16日 集团公司成立5周年庆祝大会在甘肃兰州宁卧庄宾馆隆重举行。甘肃省省委副书记刘伟平,省人大常委会副主任、省总工会主席孙效东,甘肃省副省长石军,股份公司党委副书记、纪委书记、工会主席、监事会主席彭树贵出席大会。

▲3月17日 集团公司召开深入学习实践科学发展观活动动员培训视频大会。

▲3月18日 集团公司在甘肃兰州召开团委一届二次全委(扩大)会议。

▲4月7日 四公司获青海省建设行业"安康杯"竞赛活动优胜企业称号。

▲5月4日 集团公司包西铁路工程指挥部指挥长李寿福获甘肃省青年五四奖章标兵称号。

▲同日 四公司西格铁路二线指挥部获青海省青年民族团结进步先进集体称号。

▲5月12日 四川公路灾后重建标志性工程——都汶高速公路建成通车。中共中央总书记、国家主席、中央军委主席胡锦涛,中共中央政治局常委、国务院副总理李克强出席通车仪式,并亲切接见集团公

司总经理李宁、三公司董事长张超民等参建单位代表。

▲7月10日　集团公司召开深入学习实践科学发展观活动总结大会。

▲7月　集团公司人力资源信息管理系统启动。

▲8月8日　由甘肃省体育局和兰州市人民政府主办，甘肃省总工会承办，集团公司等5家中央在甘大型企业协办的"全民健身日"职工健身展示活动在兰州金轮广场火车头体育馆举行。

▲8月20日～24日　集团公司京石铁路鹿泉制梁场生产的时速250公里、津秦铁路滦县制梁场生产的时速350公里的客运专线后张法预应力混凝土铁路桥简支箱梁通过国家认定。

▲8月26日　铺架工程公司成立大会在甘肃省兰州市举行。

▲8月　三公司中标西安至商州高速公路24合同段，合同投资2.9亿元。

▲10月16日　集团公司参建的商州至漫川关高速公路工程建成通车。

▲10月25日　集团公司开发的"'5·12'强震后特长瓦斯隧道恢复重建施工技术研究"、"铁路大跨度下承式连续梁拱组合桥施工及控制技术"、"福厦铁路客运专线丘后特大桥128米钢箱系杆拱施工技术"成果通过甘肃省科技厅鉴定。

▲10月29日　集团公司参建的青藏铁路、成昆铁路、乌鞘岭特长铁路隧道工程被评为新中国成立60周年百项经典暨精品工程。

▲11月5日　一公司承建的精伊霍、乌精二线、奎屯、乌准4条铁路竣工开通运营新闻发布会在乌鲁木齐举行。　（高秋凤　李　玲）

中铁二十二局集团有限公司

【简况】　中铁二十二局集团有限公司是铁路工程施工总承包特级，公路、水利水电、市政公用、房屋建筑工程施工总承包一级，地质灾害防治工程甲级，城市轨道交通工程专业承包，钢结构、公路路基、桥梁、隧道工程专业承包一级资质企业，同时拥有对外承包工程资质和对外经营权。2004年3月16日成立，公司机关驻北京市石景山区石景山路35号。下辖第一、二、三、四、五、六工程有限公司及哈尔滨铁路建设集团有限责任公司、电气化工程有限公司、天瑞机械设备有限公司、天瑞泰投资有限公司，深圳分公司、铁路运营指挥部和北方、南方、华东、西北指挥部等10个子公司、1个分公司、5个指挥部。全民职工9795人。其中，干部4523人；工人5272人。资产总额776442.8万元。其中，固定资产原值139574.9万元、净值79167.7万元；流动资产653057万元；其他资产123385.8万元。机械运输设备2504台（套），原值82508万元、净值38996万元，总功率154818千瓦，成新率47.26%，技术装备率4.12万元/人，动力装备率16.36千瓦/人。其中，主要机械设备439台（套）；原值51780万元、净值25638万元；设备完好率87.6%，利用率89%，成新率49.51%。

2009年承揽工程任务1843714万元，完成企业总产值1240411.3万元，其中施工产值1220417.8万元。实现利润18134.5万元，净利润13566.6万元。人均创利1.8514万元，全员劳动生产率57.63993万元/人年，职工年人均收入3.6568万元。产值利润率1.41%，国有资产保值增值率122.54%，净资产收益率3.68%，资产负债率83.75%，应上缴款完成率100%。完成主要实物工程量：路基土石方3456万立方米，桥梁67882延长米，隧道39119延长米，涵洞12430横延长米，房屋建筑42万平方米，制梁9608片，架梁5954孔，铺轨543公里，机械化整道1125公里。年内，集团公司技术中心通过北京市企业技术中心认定。1项工法被认定为国家二级工法，4项工法被评为股份公司优秀工法；3篇科技论文获股份公司优秀论文奖。承建的中国铁建大厦获中国建设工程鲁班奖，浙赣铁路电气化提速改造工程获中国土木工程詹天佑奖，苏州市独墅湖湖底隧道工程获国家优质工程奖，苏州北环快速隧道工程获中国市政金杯示范工程奖，8项工程获火车头优质工程奖，1项工程获黑龙江省工程质量龙江杯奖，1项工程获黑龙江省结构优质工程奖，7项工程获股份公司优质工程奖。集团公司被评为全国建设质量管理优秀企业，莆田三信·金鼎广场项目QC小组、六沾乌蒙山二号隧道支护QC小组、广州新客站房桥墩柱工程QC小组获国家优秀QC小组奖。　（万红梅）

【领导人员】

董事会

董事长	刘国志
副董事长	孟乔然（9月免）
董事	刘国志
	孟乔然（9月免）
	司家海（9月任）
	王参军

王庆国
王怀尧
柴　纹

经理层

总经理	孟乔然(9月免)
	司家海(9月任)
副总经理	王参军
	王庆国
	周生文
	李晓莹
	王在仁(9月任)
	李国华(9月任)
	陈宏伟(9月任)
	秦培文(9月任)
总工程师	王在仁(9月免)
	王爱国(9月任)
总会计师	柴　纹

党群领导

党委书记	刘国志
党委副书记	孟乔然(9月免)
	司家海(9月任)
	郭衍敬
	程文才
纪委书记	程文才(兼)
工会主席	王怀尧

(于福生)

【工程项目指挥机构】 广州新客站 XKZ－3 标段工程指挥部　驻广东省广州市番禺区钟村镇石壁四村华海路南一街。指挥长兼党工委书记柴春明。

津秦铁路客运专线1标段工程指挥部　驻天津市塘沽开发区厦门路2号水库万通上北新新家园15栋1802。指挥长郭建东。

京石铁路客运专线 JS－1 标段工程指挥部　驻北京市房山区长阳镇夏场村。指挥长陈延军。

广珠铁路 SG－3 标段工程指挥部　广东省鹤山市古劳镇麦水南安村。指挥长周振兴。

六沾铁路复线内资2标段工程指挥部　驻贵州省六盘水市进出口公司3楼。指挥长尹久清。

厦门翔安海底隧道 A3 标段工程指挥部　驻福建省厦门市翔安区新店镇。指挥长郭衍敬。

哈齐铁路客运专线铁路站前1标段工程指挥部　驻黑龙江省哈尔滨市松北区松北大道225号。指挥长张国华。

茂湛铁路 MZZQ－1 标段工程指挥部　驻广东省茂名市茂南区高水路鲤鱼岭5号交通执法局4楼。指挥长司尚荣。

湘桂铁路 LN－3 标段工程指挥部　驻广西壮族自治区宾阳县黎塘镇金龙大道136号。指挥长李国华。

(林　毅)

【职工队伍】 全民职工9795名。其中,干部4523人,占职工总数的46%;工人5272人,占职工总数的54%;男职工7035人,占职工总数的72%;女职工2760人,占职工总数的28%;大学本科及以上学历1806人,占职工总数的18%;大学专科学历2115人,占职工总数的22%;专业技术人员4523人,占职工总数的46%;高技能人才1897人,占职工总数的19%。专业技术人员中高级职务428人,中级职务1003人。高技能人才中高级技师17人,技师247人。

(于福生)

【工程施工】 2009年,在建铁路工程86项,完成投资820338万元;在建铁路外工程143项,完成投资480163。重点工程进展情况:

广州新客站 XKZ－3 标段　位于广东省广州市番禺区钟村镇石壁村附近,由集团公司与中国航空港建设总公司联合体中标承建,正线长4.158公里,合同总额447908.8万元。2007年3月开工,合同工期20个月。主要工程量:桥梁72座26097延长米,桩基6486根72832米,承台719个,墩柱691个,梁体494孔,混凝土114.7万立方米,轨道48601米,道岔100组。集团公司承担310200万元的施工任务。年内完成投资149000万元,开工累计完成投资296000万元,占合同投资的95.42%。

湘桂铁路 LN－3 标段　线路长64.361公里,合同投资447354万元,合同工期2009年10月～2012年6月。主要工程量:路基土石方288万立方米,桩基钻孔16.4万米,混凝土130万立方米,道砟126.6万立方米,钢材15万吨。年内完成投资6330万元,占合同投资的1.41%。

津秦铁路客运专线1标段　正线长57.413公里,合同投资230000万元,合同工期2008年11月～2010年11月。主要工程量:路基10.089公里,混凝土管桩144万米,水泥搅拌桩137万米,水泥砂浆桩85万米,桥梁47324延长米,铺无砟轨道96.147公里。开工累计完成投资136000万元,占合同投资的59.13%。

茂湛铁路 MZZQ－1 标段　合同投资149016万元,合同工期2009年7月～2010年12月。主要工程量:线下工程28.4公里,线上工程77公里。其中,路基土石方267.2万立主米,路基混凝土8728立方米;特大桥3座6114.95延长米,涵洞1615.9横延米;正线铺轨168.83公里,站线铺轨14.8公里,铺设道岔88

组;房屋建筑 2918 平方米,站场道路 3850 平方米;预制架T梁 992 孔。年内完成投资 9993 万元,占合同投资的 6.7%。

哈齐铁路客运专线站前土建工程 HQTJ-1标段　线路长 47.7 公里,合同投资 476274 万元,合同工期 2009 年 10 月~2013 年 10 月。主要工程量:路基土石方 568.6 万立方米。桥梁 8 座 135000 延长米,钻孔桩 1.8 万立方米,涵洞 63 座,铺轨 289.5 公里,铺设道岔 48 组,预制架梁 384 孔,现浇箱梁 103 孔。年内完成投资 11354 万元,占合同投资的 2.38%。

前抚铁路工程　线路长 88.6 公里,合同投资 80000 万元,合同工期 2009 年 7 月~2010 年 12 月。主要工程量:土石方 486.9 万立方米,桥梁 53 座,涵洞 182 座,正线铺轨 86.1 公里,站线铺轨 9.127 公里,房屋建筑 13501 平方米。年内完成投资 29990 万元,占合同投资的 37.5%。

京石铁路客运专线 JS-1 标段　线路长 14.49 公里,合同投资 141100 万元,合同工期 2008 年 8 月 1 日~2011 年 8 月 31 日。主要工程量:钻孔桩 4768 根,桥墩 458 个,预制箱梁 436 孔,铺轨 288 公里。年内完成投资 46002 万元,开工累计完成投资 48338 万元,占合同投资的 34.26%。

广珠铁路 SG-3 标段　线路长 28.781 公里,合同投资 152976 万元,合同工期 2008 年 4 月~2011 年 12 月。主要工程量:桥梁 15 座 14104.12 延长米,涵洞 37 座 1077 横延米,混凝土 40 万立方米,制架梁 1442 孔,隧道 4 座 1623 延长米,车站 1 座,路基 12.79 公里,路基土石方 272 万立方米。年内完成投资 36111.64 万元,开工累计完成投资 48338 万元,占合同投资的 31.6%。

六沾铁路增建二线Ⅱ标段　位于贵州省威宁县境内,线路长 11.608 公里,合同投资 53900 万元,合同工期 2007 年 2 月 1 日~2010 年 2 月 28 日。主要工程量:土石方 77 万立方米,桥梁 2 座 594.6 双线延长米,隧道 5 座 10635.06 延长米,车站 1 座。年内完成投资 21700 万元,开工累计完成投资 34800 万元,占合同投资的 64.56%。

厦门翔安隧道工程 A3 标段　位于福建省厦门市翔安区,合同投资 48279 万元,合同工期 2005 年 9 月~2008 年 5 月。主要工程量:左线隧道长 2885 延长米,服务隧道长 2890 延长米。年内完成投资 12300 万元,开工累计完成投资 41200 万元,占合同投资的 85.3%。

贵阳南编组站扩建及枢纽客车外绕线铺架工程　位于贵州省黔南州龙里县境内,线路长 278.477 公里,合同投资 34249 万元,合同工期 2007 年 3 月~2008 年 4 月。主要工程量:架梁 277 孔,正线铺轨 105.94 公里,站线铺轨 172.537 公里,铺道岔 369 组,铺道砟 86.54 万立方米。开工累计完成投资 27300 万元,占合同投资的 79.7%。2009 年 6 月 30 日外绕线开通。

广州轨道交通 6 号线 10 标段　位于广东省广州市越秀区署前路,线路长 387.8 米,合同投资 8248 万元,合同工期 2006 年 4 月 28 日~2008 年 8 月 28 日。主要工程量:车站总建筑面积 10873 平方米,站厅面积 4294 平方米,站台面积 4958 平方米。年内完成投资 1548.23 万元,开工累计完成投资 4912.82 万元,占合同投资的 59.56%。

哈尔滨地铁一期土建工程 6 标段　位于黑龙江省哈尔滨市,合同投资 25499 万元,合同工期 2009 年 3 月~2011 年 10 月。主要工程量:铁路局车站建筑面积 10184 平方米,教化场车站建筑面积 10446 平方米,铁路局站至教化广场站区间长 859.4 米,教化广场站至西大桥站区间长 679.64 米。年内完成投资 4843 万元,占合同投资的 19%。　（林　毅）

【经营管理】　工程承揽。全年承揽工程 85 项,新签合同额 1843714 万元。其中,40 亿元以上项目 2 个,10 亿元以上项目 2 个,5 亿元以上项目 1 个。在建项目增加合同额 126836 万元,房地产销售增加合同额 94158 万元。

企业管理。董事会制定《集团公司董事会议事规则》和《集团公司董事会各专门委员会组成及工作机构》,全年组织召开董事会会议 2 次,形成董事会决议 22 项。集团公司营业执照变更,注册资本金增加到 9.26 亿元。加强工程公司建设,实施架子队管理模式,出台《集团公司实施架子队管理模式指导意见二》,编制《集团公司工程队组建方案》和《集团公司编制序列》。按照铁道部项目标准化管理和股份公司建设规制性企业要求,下发《关于开展标准化管理年活动的通知》,整理现行规章制度和管理标准 131 项,编印《集团公司管理制度汇编》下发执行。对四公司、六公司和哈尔滨建设集团公司 9 宗地块的土地权证变更进行限期督办,完成 8 宗,1 宗土地因房产证与土地证的单位名称不符,需巨额资金进行房产更名,故未办理。全年评审合同 18 份,审核企业规章制度 5 份,参与重大合同谈判 5 次,有效降低了企业风险和潜在隐患;组织法律知识宣传和教育讲座,提高全员依法治企的意识。贯彻国家新版质量管理体系标准,对集团公司管理体系文件进行换版。年内完成 5 名一级建造师、7 名二级建造师初始注册,全集团已有一级注册建造师 220 人、二级注册建造师 17 人。

工程管理。规范项目管理,实行项目评审制度,年内对通灌铁路、前抚铁路、湘桂铁路、茂湛铁路、津秦铁路客运专线、广南高速公路、哈尔滨地铁1号线等项目进行施工组织设计、专项技术方案及上场前的评审。充分发挥工程调度职能,及时跟踪重点工程,全年收发工程调度报表2600余份,并编制月、季、年度报表,为企业决策提供信息服务。强化测量管理,培训工程测量技术人员,提高集团公司测量专业水平,年内对12个项目进行施工过程的控制网复测。严格审定使用合格外部劳务,确保工程项目健康实施,年内通过对劳务供方履约能力、资质情况、信誉评价等方面的调查评定,形成“合格劳务供方名单”和“不合格劳务供方名单”,为施工现场劳务外包工作提供依据。集团公司工程检测中心通过计量认证资质复审和公路工程试验综合乙级资质年检。年内82人取得试验工程师证书,121人取得试验员证书。

安全质量。进一步强化安全岗位教育和专职安全员资格培训,开展“全国安全生产月”活动,进行安全质量综合大检查,全年检查评定分项工程29059项,分项工程检查率100%;一次评定工程28590项,一次评定合格率100%;检查路基填土1756.1万立方米,合格率100%;检查混凝土试件126270组,合格率100%;检查水泥砂浆试件11228组,合格率100%;检查评定单位工程1221项,工程质量合格率100%。年内,承建的中国铁建大厦工程获中国建设工程鲁班奖,浙赣铁路电气化提速改造工程获中国土木工程詹天佑奖,苏州市独墅湖湖底隧道工程获国家优质工程奖,苏州北环快速隧道工程获中国市政金杯示范工程奖;8项工程获火车头优质工程奖,1项工程获黑龙江省工程质量龙江杯奖,1项工程获黑龙江省结构优质工程奖,7项工程获股份公司优质工程奖。集团公司被评为全国建设质量管理优秀企业,莆田三信·金鼎广场项目QC小组、六沾乌蒙山2号隧道支护QC小组、广州新客站房桥墩柱工程QC小组获国家优秀QC小组奖。

财务管理。加强预算编制工作,根据预算执行情况定期进行调整。推进财务管理信息化建设,集团公司所属核算单位浪潮财务集中管理系统上线率100%。资金集中管理初见成效,中国农业银行资金池系统首批账户上线实施,归集资金2.6亿元。信用评价连续保持AAA信用等级,树立了良好的企业形象。项目效益目标可控,增收增效成果显著,在建项目成本管理精益化程度大幅提高,已结算项目清欠收回资金1.3亿元。

审计工作。年内对中原、华南、华东区域经营指挥部及其直管工程项目部进行财务收支审计,提出审计建议13项;结合完工项目与业主的结算情况,对海满、浙赣、黔桂铁路项目和京津城际铁路制梁项目开展竣工审计。对深圳(海南)分公司原经理李同果进行任职期间经济责任履行情况审计,已形成审计报告。5月20日~6月20日,对集团公司和工程公司直属32个单位开展财务收支专项检查,形成《关于财务收支专项审计和检查工作的自查自审报告》提交股份公司。

劳动人事管理。年内对一、三、四、五、六工程公司和哈尔滨铁路建设集团公司、电气化工程、天瑞机械设备公司领导班子进行调整配备。全年任免领导干部60名。其中,提拔36名;调整15名;改任调研员9人。2009年申请京外调配指标12名。其中,京外调干指标7名;公开招聘指标3名;解决夫妻两地分居指标2名。接收大学毕业生215名。其中,工程类专业154人;经济、财务专业及其他专业61人。博士生1人,研究生7人,本科生125人,专科及以下82人。年内209人申报专业技术职务评审。其中,教授级高级工程师4人、高级工程师59人、高级经济师3人、高级会计师5人、高级政工师11人;工程师106人、政工师11人、助理工程师1人;统考工程师4人、经济师3人、会计师2人。75人参加职业技能鉴定,74人取得职业资格证书。其中,初级工7人;中级工15人;高级工51人;技师1人。企业累计取得职业资格证书人员1897人。其中,初级工122人;中级工525人;高级工1034人;技师247人;高级技师17人。开发人力资源管理软件,实现集团公司人力资源系统化管理。 (万红梅)

【科技教育】 科技工作。7月,集团公司技术中心通过北京市企业技术中心认定,获得专项补助资金100万元。“广珠西江特大桥施工技术研究”列为股份公司研究科技研究开发项目,获经费资助50万元;“津秦铁路客运专线CRTSII无砟轨道板铺设技术研究”等25项列为集团公司科技研究开发项目,获资助经费200万元。集团公司参与编写的“铁路客运专线900吨架桥机及13.4米宽箱梁过隧道施工工法”被认定为2007~2008年度国家二级工法;“城市轨道交通先隧后站逆序施工工法”、“铁路客运专线CRTSⅠ型板式无砟轨道长轨铺设施工工法”获股份公司优秀工法一等奖,“斜拉三角挂篮悬臂浇筑预应力混凝土连续梁施工工法”、“特大桥深水承台复合钢板桩围堰施工工法”获股份公司优秀工法二等奖。《铁路客运专线中等跨度预应力混凝土箱梁造桥机节段预制拼装技术研究》《广州新客站承台大体积混凝土施工技术》《青山湖隧道现浇箱体H型钢桁架整体模板加固技术》3篇科技论文获股份公司优秀论文二等奖。8项科技成果获集团公司科学技术奖,8项工法被认定为企业三级工法,55篇科技论文获集团公司优秀论文奖。3项科技成果获得国家发明专利,13 项成果获得实用新型专利,1 项成果获得外观设计专利。

教育培训。全年组织各类培训班 35 期,培训职工 1420 人次;通过职工夜校等形式培训职工和农民工 8904 人次。 (应爱武　于福生)

【公安与综合治理】 全年查处各类案件 60 余起,处罚违法人员 80 余人,调解纠纷 40 余起,处理打架斗殴案件 10 起,为企业挽回直接经济损失 100 万元。年内安全检查辖区爆炸物品库 10 余次,发现隐患 6 处,整改 6 处,确保爆炸物品绝对安全。 (万红梅)

【党群工作】 党的工作。(1)领导班子建设。3 月 20 日 ~6 月 29 日,集团公司开展深入学习实践科学发展观活动,活动历经学习调研、分析检查、整改落实 3 个阶段,制定整改方案 36 条,取得阶段性成果。5 月 21 日,集团公司召开深入学习实践科学发展观专题领导班子民主生活会,征集意见和建议 5 个方面 37 条。开展"四好领导班子"评比活动,一公司、二公司、三公司、六公司、天瑞机械设备公司、天瑞泰投资公司 6 个单位领导班子被评为集团公司 2009 年度"四好领导班子"。(2)组织建设。加强基层党建和思想政治工作指导,根据"哪里有党员,哪里就有党组织"的工作原则,对新开工项目部及时建立党工委,明确区域指挥部党组织的建立及归属问题,推动基层党组织建设有效开展。集团公司出台《党委议事规则》《党政联席会制度》等规章制度,促进集团公司标准化管理年活动深入开展。建立党员信息库,对集团公司党员的个人信息进行采集和录入。(3)宣传思想工作。大力开展形势任务教育,编印《大挑战,大机遇,大发展形势任务教育读本》,引导职工认清当前机遇,鼓足干劲,提高效益,再创佳绩。推出集团公司成立 5 周年专题宣传活动,在媒体做形象宣传,回顾发展成果,凝聚职工力量,激发工作干劲。注重思想政治研究工作,开展近两年政研成果征集活动,8 月在集团公司思想政治研究会年会上进行了表彰。全年发表调研论文 50 篇,三公司、五公司总结的管理经验被北京市国资委《破解国企大主题》丛书收录,集团公司党委书记刘国志 1 篇政治思想研究文章被北京市国资委党委评为二等奖。年内组织全体干部党员收看吴大观先进事迹,通过组织座谈会、网络讨论、征文等形式开展向吴大观学习活动。国庆期间,中央电视台《讲述》栏目制作的介绍四公司原副总经理郭文才事迹专题片播出后,反响很好。对京石、津秦铁路客运专线等工程的跟踪报道和京承高速公路三期工程清水河 2 号桥合龙、厦门海底隧道贯通等重大事件的报道,产生了良好的宣传效果。全年在中央级报刊、全国各大门户网站刊稿 200 余篇,营造了良好的舆论氛围。(4)党风廉政建设。2009 年,各级纪检监察部门结合学习实践科学发展观活动,狠抓以预防职务犯罪为重点的警示教育,通过观看警示片和对湖北中铁工程有限公司杨池林等人经济犯罪案件的剖析,促进领导干部廉洁自律意识的提升。开展"党性党风党纪集中教育"活动,采取调查研究、领导班子民主生活会专题剖析和对照整改等措施,对各级领导干部作风建设方面存在的突出问题进行集中归纳和督促整改。认真组织学习中央《关于实行党政领导干部问责的暂行规定》《中国共产党巡视工作条例》《国有企业领导人员廉洁从业若干规定》以及中央办公厅和国务院办公厅联合下发的《关于开展工程建设领域突出问题专项治理工作的意见》,增强各级领导干部的责任意识和遵纪守法意识。认真贯彻国有企业领导人员廉洁自律七项要求,加强所属单位目标责任制的考核力度,年内签订党风廉政建设目标责任书 343 份,强化责任兑现。推进企业领导人员在领导班子民主生活会上汇报廉洁自律情况、向上级纪委报告廉洁自律情况、向职代会述职述廉的"三项监督制度"的实施,以及"三重一大"决策制度的监督检查和领导人员任前公示、廉洁档案、廉政谈话、诫勉谈话、企务公开、民主评议等制度的推行和落实。全年各级领导干部述职述廉 286 人次,诫勉谈话 12 人次,对新提拔任用干部任职谈话 181 人次。认真贯彻股份公司《招标监督暂行办法》,两级监察部门全程参与本单位招标工作 524 项次,节约和避免经济损失 3000 余万元。加大项目管理制度落实情况效能监察和亏损项目专项治理工作力度,全年检查项目 136 个,纠偏 147 项,对亏损项目的 12 名责任人员和管理出现质量事故的 49 名责任人进行责任追究,严肃企业纪律。加强惩防体系基本制度建设,促进决策层基本制度不断规范。全年受理群众来信来电来访举报 10 件,初核 10 件,了结 10 件,了结率 100%。立案 3 件,结案 3 件,处理 12 人。

工会工作。集团公司工会下辖基层工会 11 个、工会小组 520 个,有工会专职干部 22 人,工会会员 9472 人。2009 年以创建"工人先锋号"活动为载体,引导广大职工为企业改革发展建功立业。深化"创建学习型组织,争当知识型职工"活动,全年培训职工和农民工 8904 人次,54 名农民工通过职工夜校培训走上工班长等岗位;各基层工会举办职工技术比武、技术表演赛 21 次,58 名职工获得技术能手称号。深化经济技术创新活动,全年征集合理化建议 547 条,采纳 219 条,创造价值 876 万元,取得经济技术创新成果 45 项,节约成本 1800 余万元。继续深入开展"五比五创"活动,集团公司举办工程管理升级杯竞赛,提高工程项目管理水平，强化考核奖罚力度。四公司获全国“安康杯”竞赛优胜企业称号，一公司连续两次被评为北京市“安康杯”竞赛优胜企业，集团公司广珠铁路工程项目部获全国“安康杯”竞赛优胜班组称号。1 人被评为中央企业劳动模范，1 个集体被评为中央企业先进单位，1 人获得首都劳动奖章，2 人获得火车头奖章，哈尔滨铁路建设集团公司获得火车头奖杯。进一步推进职代会标准化和程序化建设，修订《集团公司职代会实施细则》，确保《企业法》规定的职代会重大决策的审议建议权、评议监督权、审议通过权、审议决定权和推荐选举权五项职权落实。落实“三不让”承诺，全面加大帮扶救助力度，全年发放困难补助费 268 万元、助学金 14.2 万元，为 563 户困难职工和 67 名困难职工子女就学提供了保障。

共青团工作。集团公司团委下辖基层团委 13 个、团工委 25 个、团支部 156 个，有团员 1682 名。2009 年，各级团组织紧紧围绕生产经营中心开展工作，抓学习教育统一思想，坚定信心；抓青年竞赛促进生产，锻炼人才；抓组织建设夯实基础，推动工作；抓业余文体娱乐活动活跃气氛，凝心聚力，为企业生产经营健康快速发展作出积极贡献。学习贯彻党的十七大精神和团的十六大精神，组织全体团员青年深入开展科学发展观的学习教育活动，购买 200 余册团的十六大精神学习资料汇编发放到各基层团组织学习。学习集团公司 2009 年工作会议精神，开展形势任务教育，引导全体团员青年在当前面临的大机遇、大挑战面前坚定企业发展信心。“五四”期间，1 个单位团委、1 名团员受到中央企业团工委表彰，1 个团支部、1 名团员受到团市委表彰，4 名团员、2 名团干部、2 个单位团委和 3 个团支部受到股份公司团委表彰。全面推进“保增长、促转型，我是青年我先行”主题实践活动，切实发挥青年生力军、突击队作用，弘扬“青年突击队”有冲劲、能吃苦、敢作为的优良传统。加强基层团组织建设，年内，三公司、哈尔滨建设集团公司、天瑞机械设备公司团委进行换届选举；根据工作需要，及时调整基层团组织负责人。开展共青团工作调研，了解基层团组织工作现状和存在的问题，有针对性地提出加强基层组织建设的工作措施。组织 9 名集团公司团代表参加股份公司第一次团代会，集团公司团委书记屈立军当选第一届团委常委。（王炳良　臧伟忠　刘世春　屈立军）

【第一工程有限公司】 桥梁、隧道、土石方工程专业承包一级资质企业。公司机关驻北京市石景山区鲁谷路 86 号。董事长兼党委书记秦培文（12 月免）、徐冬青（12 月任），总经理徐冬青（12 月免）、杨金有（12 月任）。下辖机械设备经租分公司和 9 个工程项目部。职工 420 人。其中，干部 344 人；工人 76 人。资产总额 50495 万元。其中，固定资产原值 14880 万元、净值 5274 万元；流动资产 44933 万元。机械运输设备 102 台（套），原值 12943 万元、净值 4487 万元，总功率 18695 千瓦，动力装备率 44.51 千瓦/人，技术装备率 10.58 万元/人，设备完好率 80.95%，利用率 85%，机械化施工程度 90%。年施工能力 150000 万元。

2009 年承揽工程任务 50300 万元，完成企业总产值 115000 万元，其中施工产值 115000 万元。实现利润 811 万元，人均创利 1.9 万元。全员劳动生产率 25.51 万元/人年，职工年人均收入 6.05 万元。产值利润率 1%，应上缴款完成率 110%，国有资产保值增值率 145.58%，净资产收益率 10.24%，资产负债率 81%。完成主要实物工程量：土石方 936 万立方米，桥梁 5212 延长米，涵渠 3024 横延米，隧道 6869 延长米，制架梁 901 片。工程质量合格率 100%。公司承建的云南昆石高速公路、云南砚平高速公路工程获国家优质工程银质奖，承建的安徽黄塔高速公路牛岭隧道工程获火车头优质工程二等奖；获股份公司优质工程奖 1 项，集团公司优质工程奖 3 项。公司被授予北京市五四红旗团委、北京市优秀青年突击队称号，获北京市“安康杯”劳动竞赛活动优胜奖和集团公司“工程管理升级杯”铜杯奖；公司领导班子被评为集团公司“四好领导班子”；安徽黄塔桃高速公路项目部被评为安徽省环境保护优秀施工单位。1 项工法被评为股份公司优秀工法。（庞　然）

【第二工程有限公司】 铁路铺轨架梁工程专业承包一级、土石方工程专业承包二级资质企业。公司机关驻北京市石景山区石景山路 35 号。2004 年 3 月，由中铁工程集团公司线路工程处、机械化工程处呼准铁路工程指挥部和原中铁十八局集团四公司铺架分公司整合重组而成。董事长刘明杰（11 月免）、杜以军（11 月任），党委书记杜以军，总经理李阳。下设房山设备基地、整道分公司。职工 520 人。其中，干部 330 人；工人 190 人。专业技术干部 247 人，占干部总数的 74.8%；技术工人 73 人，占工人总数 38.4%。公司有一级建造师 14 人。资产总额 69363 万元。其中，固定资产净值 11809 万元；流动资产 57487 万元；其他资产 67 万元。机械运输设备 128 台（套），资产原值 18330.2 万元、净值 10305.28 万元，总功率 53583 千瓦，动力装备率 64.37 千瓦/人，技术装备率 32.25 万元/人，完好率 96.7%，利用率 89%。机械化施工程度 70%。拥有国际一流的 SVM1000 铺轨机组、FD910T 运梁车、焊轨生产线、PJ32 铺轨机和大型整道机组等先进设备。

2009年承揽工程任务74500万元,完成企业总产值163760万元,其中施工产值163760万元。实现利润712万元,人均创利1.37万元。全员劳动生产率314.9万元/人年,职工年人均收入3.08万元。国有资产保值增值率164.53%,净资产收益率7.09%,产值利润率0.43%,资产负债率88.41%,应上缴款完成率100%。完成主要实物工程量:铺轨512公里,架T梁1930孔、高速箱梁108孔、公路梁24片,制铁路梁124孔、公路梁85片,铺道岔383组,隧道2785延长米,路基土石方220万立方米,桥梁7529延长米,涵洞1222横延米。年内,1项工法被评为股份公司优秀工法,3项工法被评为集团公司企业工法;2项科技成果分别获得国家发明专利和国家实用新型专利。公司被评为北京市"安康杯"劳动竞赛优胜单位。 (徐春芳)

【第三工程有限公司】 市政公用、房屋建筑工程施工总承包一级,铁路、公路、水利水电工程施工总承包二级,桥梁、钢结构、隧道工程专业承包一级,地基与基础工程专业承包二级,房地产开发三级资质企业。1993年成立,前身为总公司厦门市办事处,2004年4月并入集团公司,2005年7月公司改制改称厦门中铁建设有限公司,2008年7月更为现名。公司机关驻福建省厦门市观音山国际商务运营中心11号楼22层。董事长兼党委书记孙桐林,总经理邹德松。下辖福州、浙江、四川、广东区域指挥部和隧道事业部、房建事业部、路桥事业部、直属项目部。职工478人,其中专业技术人员328人。资产总额88084万元。其中,固定资产净值4463万元;流动资产83533万元;其他资产88万元。机械设备63台,原值6749万元、净值4463万元,总功率3706.48千瓦,动力装备率8.56千瓦/人,技术装备率2.58万元/人,利用率77%,机械化施工程度77%。年施工能力13亿元。

2009年承揽工程任务23.9亿元,完成企业总产值133998万元,其中施工产值12.97亿元。实现利润1901万元,人均创利4.11万元。全员劳动生产率290.26万元/人年,职工年人均收入46775元。产值利润率1.42%,净资产收益率30.14%,净利润1491万元,资产负债率92.18%,应上缴款完成率100%。年内,公司被评为全国优秀施工企业、中央企业先进集体,获得厦门市五一劳动奖状和集团公司"工程管理升级杯"金杯奖。脉湾、同安湾大桥工程获铁道部火车头优质工程一等奖,3项QC成果分别获国家QC成果二等奖、福建省优秀QC成果一等奖、厦门市优秀QC成果二等奖。 (汪爱凤)

【第四工程有限公司】 公路、房屋建筑、水利水电、市政公用工程施工总承包一级,铁路工程施工总承包二级,隧道、公路路基、铁路铺轨架梁、桥梁工程专业承包一级,预应力工程专业承包二级资质企业。前身是中国人民解放军铁道兵第三十九团,组建于1958年;1984年1月集体转业并入铁道部,2001年10月企业改制改称中铁十八局集团第四工程有限公司,2004年3月企业整合重组,更名为中铁二十二局集团第四工程有限公司。公司机关驻河北省高碑店市和平路39号。董事长兼党委书记杨忠孝,总经理张双智(12月免)、王志才(12月任)。下辖第一至六指挥部,第十指挥部、桥梁指挥部、沙城桥梁厂,广州、京石、六沾、哈齐、湘桂项目部,生活服务中心、医院、中心试验室。职工3127人。其中,干部1378人;工人1749人。专业技术干部1099人,占干部总数的79.8%人;技术工人948人,占工人总数的54.2%。资产总额166129万元,其中固定资产净值11381.02万元。机械运输设备759台(套),净值11381万元,总功率60385千瓦,动力装备率19.31千瓦/人,技术装备率3.61万元/人,完好率93.2%,利用率70.4%。年施工能力15亿元以上。

2009年承揽工程任务119597.7万元,完成企业总产值243133万元,其中施工产值215016万元。实现利润803万元,人均创利2568元,职工年人均收入25398元。国有资产保值增值率103.08%,净资产收益率0.93%,产值利润率0.33%,资产负债率90.27%,应上缴款完成率86%。完成主要实物工程量:土石方619.29万立方米,桥梁14728.52延长米,隧道15733.04延长米,涵渠4185.66横延米,房屋建筑3617.8平方米,公路制梁2037片,铁路制梁1409孔。年内,获股份公司优质工程奖1项;获部级工法奖2项,股份公司科学技术奖1项,2项科技成果获得国家实用新型专利。 (王少华)

【第五工程有限公司】 市政公用工程施工总承包一级,隧道、路基土石方工程专业承包一级资质企业。公司机关驻重庆市渝中区大坪正街140号。2005年7月成立,由四公司、三分公司和重庆分公司重组而成。董事长兼总经理陈传元,党委书记熊昌刚。下辖12个项目部及北碚商场。职工389人。其中,干部296人;工人93人。专业技术干部226人,占干部总数的76%;技术工人53人,占工人总数的57%。资产总额46159万元。其中,固定资产净值2903万元;流动资产43250万元。机械运输设备107台(套),净值1479.5万元,总功率8696.8千瓦,动力装备率22千瓦/人,技术装备率38132元/人,完好率83%,利用率87.46%,机械化施工程度80%。年施工能力10亿元。

2009年承揽工程任务65330万元，完成企业总产值57513万元，其中施工产值57513万元。实现净利润761万元，人均创利2.37万元。全员劳动生产率125万元/人年，职工年人均收入36916元。国有资产保值增值率146.26%，净资产收益率3.71%，产值利润率1.6%，资产负债率86.79%，应上缴款完成率100%。完成主要实物工程量：土石方238.5万立方米，隧道6409延长米，桥梁2933.1延长米，涵渠490.8横延米。单位工程合格率100%，优良率100%。年内，公司获重庆市建筑业先进企业称号；获全国优秀QC成果奖2项，2个QC小组分别被评为重庆市优秀QC小组和全国工程建设优秀QC小组。（钱文秀）

【第六工程有限公司】 房屋建筑、市政公用工程施工总承包一级，建筑装修装饰、钢结构、消防设施、机电设备安装工程专业承包一级资质企业。公司机关驻黑龙江省哈尔滨市南岗区下夹树街128号。2004年4月，由原哈尔滨铁路建设集团一、二、四分公司及装饰公司、锅炉安装公司重组成立。董事长、党委书记张家安，总经理杨刚。下辖10个项目部及安装公司、电力公司、装饰公司、设备经租中心、多集经管理中心、劳务中心、沈阳分公司、呼伦贝尔分公司和北京、天津办事处。职工2567人。其中，全民职工1219人；集体职工1348人。全民职工中，干部553人，占职工总数的45.4%；专业技术干部513人，占干部总数的92.8%。工人666人，其中技术工人317人，占工人总数的47.6%。资产总额63818万元。其中，固定资产净值3300万元；流动资产58225万元；其他资产5593万元。机械运输设备427台（套），原值4405万元、净值2721万元，总功率7302.1千瓦，动力装备率5.98千瓦/人，技术装备率2.19万元/人，完好率60%，利用率74.5%。年施工能力15亿元以上。

2009年承揽工程任务87297万元，完成企业总产值144952万元，实现利润1335.5万元。全员劳动生产率58.7万元/人年，在岗职工年人均收入22549元。国有资产保值增值率124.88%，净资产收益率6.17%，产值利润率0.92%，资产负债率92.61%，应上缴款完成率100%。完成主要实物工程量：土石方22万立米，架梁227片，铺轨6.8公里，房屋建筑160123平方米。连续实现第6个安全年，工程验交合格率100%。年内获中国市政金杯示范工程奖1项，铁道部火车头优质工程奖2项，集团公司优质工程奖2项。公司第3次获全国优秀施工企业称号，被评为全国“安康杯”劳动竞赛优胜企业、北京市“安康杯”劳动竞赛先进集体和股份公司先进集体；连续4年被评为哈尔滨市安全先进单位。公司领导班子连续6年被评为集团公司“四好领导班子”。董事长、党委书记张家安获中国铁建杰出人物和黑龙江省优秀施工企业家称号，总经理杨刚获得铁路客运专线建设火车头奖章。

（陈桂英）

【哈尔滨铁路建设集团有限责任公司】 铁路、房屋建筑、市政公用、公路工程施工总承包一级，桥梁工程专业承包一级，机电设备安装、铁路铺轨架梁工程专业承包二级资质企业。公司机关驻黑龙江省哈尔滨市南岗区西大直街113号。2004年3月脱离哈尔滨铁路局，划归中铁二十二局集团公司管辖。董事长、党委书记周凤龙，总经理周振兴。下辖绥化第三工程公司、佳木斯第五工程公司、机械化工程公司、郑州分公司、物资设备租赁中心、国外公司、混凝土分公司和北京、天津、广州、南京、上海办事处。职工4304人。其中，全民职工2590人；集体职工1714人。全民职工中干部979人，其中专业技术干部923人，占干部总数的94.28%。资产总额117324万元。其中，固定资产原值12179万元、净值6977万元；流动资产107384万元。机械运输设备509台（套），原值5520万元、净值2782万元，总功率15197千瓦，动力装备率6.2千瓦/人，技术装备率1.1万元/人，成新率50.4%。年施工能力15亿元。

2009年承揽工程任务39.7亿元，完成企业总产值157338万元，实现利润1761万元。全员劳动生产率234174元/人年。国有资产保值增值率100.18%，净资产收益率4%，产值利润率1.05%，应上缴款完成率100%。完成主要实物工程量：土石方532万立方米，正线铺轨12公里，铺道岔22组，桥梁5975延长米，架梁673片。年内，承建的滨绥线哈尔滨至亚布力南间提速改造工程获黑龙江省龙江杯优质工程奖，苇亚铁路亚布力南站站舍工程获黑龙江省结构优质工程奖，杭州留石快速路一期工程B合同段工程获浙江省钱江杯优质工程奖，许昌至南阳高速公路工程获中国公路交通优质工程奖。公司被评为新中国成立60周年黑龙江省工程质量管理先进施工企业。（高　成）

【电气化工程有限公司】 通信工程施工总承包三级，铁路电务、建筑智能化、机电设备安装工程专业承包一级，铁路电气化、送变电工程专业承包三级资质企业。公司机关驻北京市石景山区鲁谷路74号。董事长、党委书记李国华，总经理李锟。下辖哈尔滨电务分公司和北京、上海、重庆工程指挥部及通信中心。职工625人。其中，干部334人；工人291人。专业技术干部297人，占干部总数的89%。资产总额46126万元。其中，固定资产净值4409万元；流动资产41206万元；其他资产511万元。机械设备160台，原值2633.03

万元、净值1787.46万元,总功率5299千瓦,动力装备率8.48千瓦/人,技术装备率4.21万元/人,完好率97.63%,利用率96.74%。年施工能力5亿元。

2009年承揽工程任务80716万元,完成企业总产值41135万元,其中施工产值40866万元。实现净利润450万元,人均创利9281.3元。全员劳动生产率69563.75元/人年,职工年人均收入40773.19元。国有资产保值增值率208.15%,净资产收益率10.47%,产值利润率1.46%,资产负债率87.39%,应上缴款完成率100%。完成主要实物工程量:敷设光缆1072.75公里,电力迁改326.6426公里,通信迁改799.212公里,土石方643290立方米,联锁道岔326组,电缆敷设47.834公里。年内承建的中国铁建大厦弱电智能监控工程获中国建设工程鲁班奖,重庆鱼洞长江大桥供电照明工程获铁道部火车头优质工程奖。 (郑敏学)

【深圳分公司】 为集团公司直属分公司。前身为总公司深圳工程部,2001年划归原总公司国内工程公司,2004年3月更名为集团公司深圳分公司,2004年6月成立深圳(海南)分公司,2009年公司海南的人员和资产划归集团公司管理,更名为深圳分公司。机关驻广东省深圳市罗湖区新安路森威大厦雍景园12层。党工委书记兼经理杨兴国。下辖宜昌分公司、东莞分公司和4个项目部。职工32人。资产总额7643.8万元。其中,固定资产原值1268.4万元、净值970.9万元;流动资产6672.9万元。

2009年承揽工程任务25423万元,完成企业总产值6359.5万元,其中施工产值6359.5万元。全员劳动生产率199万元/人年。完成主要实物工程量:土石方73.38万立方米,桥梁331延长米,隧道105延长米,涵渠710横延米,公路制梁12片。 (章文元)

【北京中铁天瑞机械设备有限公司】 公司拥有自主进出口权。主要经营国际贸易,进口机械设备整机销售、设备维修及配件销售。机关驻北京市复兴路40号。董事长、党委书记徐政志,总经理吴烨。职工64人。其中,干部55人;工人9人。

2009年完成产值1.3亿元,实现利润480万元。产值利润率3.69%,净资产收益率19.94%,毛利率22.26%,应收账款周转次数4.83次。 (张 艳)

【铁路运营指挥部】 1998年10月组建,代表中国铁建全面负责中国铁建系统铁路运营单位与铁道部、神华集团等单位的协调工作。2004年划归集团公司管理。指挥长杨继彤。职工4人。办公地点分别设在北京总公司机关和神朔铁路神木北车站。

2009年完成运送重车16800列、货运量6960万吨;完成货物周转量932751万吨公里。机车总走行531万公里,运用率96.1%。完成产值18120万元。连续安全运输3285天。 (杨继彤)

【北京天瑞泰投资有限公司】 为集团公司控股的有限责任公司,成立于2003年1月。公司机关驻北京市石景山区石景山路35号。2007年4月12日,完成集团公司职工股收购,成为集团公司的法人独资子公司。主要从事房地产开发、信息咨询和投资、物业、资产管理。董事长徐才宝,总经理兼党委书记赵成堂。下辖中铁房地产开发(保定)有限公司、黄石天方科技置业有限公司、中铁二十二局集团良乡物业管理公司。职工24人。资产总额1338.9万元。其中,固定资产净值5.4万元;流动资产1333.5万元。

2009年完成企业总产值210.7万元,实现利润41.3万元,人均创利1.72万元。全员劳动生产率8.78万元/人年,职工年人均收入8.77万元。国有资产保值增值率110.04%,净资产收益率3.1%,产值利润率19.6%,投资回报率3.53%,资产负债率77.69%,应上缴款完成率100%。年内,公司领导班子被评为集团公司“四好领导班子”。 (杨树源)

【重要记载】

▲2月7日~8日 集团公司召开2009年工作会暨一届五次职代会,会议听取并审议集团公司行政工作报告、财务工作报告、一届四次职代会提案处理及一届五次职代会提案征集处理情况报告和2008年集体合同履行情况报告、2009年度生产经营计划,签订2009年生产经营责任状。

▲3月16日 集团公司在北京怀柔红螺园举办集团公司成立5周年纪念活动。

▲3月19日 集团公司团委召开一届四次全委(扩大)会,部署“保增长、促转型,我是青年我先进”主题实践活动。

▲4月26日 五公司承建的雅泸高速公路C10标段汉源隧道右线顺利贯通,该隧道全长6096米,其中右线长3040米,隧道进出口均为V级围岩,先后通过539米的冰水堆积体和280米的溶洞区等不良地质施工。

▲6月30日 京石铁路客运专线长阳梁场通过国家桥梁生产许可证认证审查验收,正式投入生产。

▲7月13日 集团公司技术中心通过北京市企业技术中心认定。

▲8月6日~7日 集团公司在黑龙江省哈尔滨市召开2009年新闻宣传工作会暨党建思想政治工作

研究会年会。

▲9月26日~27日　集团公司工程检测中心通过国家计量复审。

▲11月5日　集团公司承建的厦门翔安海底隧道A3标段左线隧道顺利贯通。

▲12月18日~19日　集团公司在河北省保定市召开2009年领导干部会议。会议传达股份公司合肥房地产工作会议精神,研讨集团公司今后三年房地产开发及资本运作战略发展规划。　（万红梅）

中铁二十三局集团有限公司

【简况】　中铁二十三局集团公司系铁路工程施工总承包特级,房屋建筑、公路、水利水电、市政公用、机电安装、矿山工程施工总承包一级,援外工程A级,桥梁、隧道、公路路面、公路路基、爆破与拆除工程专业承包一级,预应力、混凝土预制构件、钢结构工程专业承包二级资质企业,同时拥有对外经营、城市轨道交通专业承包等资质。公司机关驻四川省成都市二环路西二段10号。下辖10个子公司。职工12846人。资产总额87.45亿元。其中,固定资产原值18.51亿元、净值11.11亿元;流动资产66.35亿元。机械动力设备6779台(套),原值10.9亿元,总功率220749千瓦,动力装备率17.2千瓦/人,技术装备率5.25万元/人。年施工能力200亿元以上。

2009年承揽工程任务237.74亿元,完成企业总产值152.54亿元,实现利润1.63亿元。全员劳动生产率119万元/人年。国有资产保值增值率110.67%,产值利润率1.07%,资产负债率83.1%。完成主要实物工程量:土石方7156万立方米,隧道71517延长米,桥梁60429延长米,涵渠16435横延米,正线铺轨118公里,站线铺轨81公里,铺道岔221组,铁路预制梁3881孔,高铁预制梁765孔,铁路架梁1820孔,铁路预制轨枕87万根,公路45公里,公路预制梁2997片,公路架梁3721片,房屋建筑80360平方米。工程质量合格率和产品出厂合格率100%。年内,集团公司被四川省授为高新技术企业和知识产权优势培育企业;3个QC小组分别被评为铁道部和全国工程建设优秀QC小组。获中国建设工程鲁班奖2项,国家优质工程银质奖2项,省部级优质工程奖10项,省部级用户满意工程1项,参建的成昆铁路和青藏铁路被评为新中国成立60周年100百项经典暨精品工程。集团公司累计获省部级以上科技进步奖13项,中国建设工程鲁班奖6项,中国土木工程詹天佑奖1项,国家优质工程银质奖9项,省部级优质工程奖88项,拥有国家专利37项;先后获得全国五一劳动奖状、全国“安康杯”劳动竞赛优胜企业、全国用户满意施工企业、全国模范职工之家等荣誉。　（吴东儒）

【领导人员】

董事会

董事长	王长留
副董事长	李洪奇
	千天成
董事	王长留
	李洪奇
	千天成
	田宝华
	张克华(11月退休)
	高　峰
	汤建国
	张庆军

监事会

监事会主席	廖大球
监事	张树福
	汪起帆
	谷成伦

经理层

总经理	李洪奇
副总经理	张克华
	田宝华
	袁全祥
	张庆军
	廖礼坤
	丁维利
	陈　涛
	杨　鑫
总工程师	田宝华(兼)
总会计师	汤建国

党群领导

党委书记	王长留(兼)
党委副书记	李洪奇(兼)
	千天成
	张树福
纪委书记	张树福(兼)
工会主席	高　峰

（吴东儒）

【工程项目指挥机构】 向莆铁路工程指挥部　驻福建省永泰县塔山路32号家业局院内。指挥长袁全祥，党委书记孙国臣。

贵广铁路工程指挥部　驻广西壮族自治区桂林市阳朔县田园路1号。指挥长廖礼坤，党委书记钟勇。

成昆铁路成都外绕工程指挥部　驻四川省成都市龙泉驿区鲸龙路351号。指挥长张庆军，党委书记王恒峰。

石武铁路客运专线工程指挥部　驻湖北省大悟县泉水路财政局农税干部培训中心。指挥长丁维利（10月免）、袁松（10月任），党委书记李文耀。

南广铁路工程指挥部　驻广东省德兴县龙母大街县委党校。常务副指挥长王煊，常务副书记徐守新。

郑西铁路客运专线工程指挥部　驻陕西省华阴市华山镇公安宾馆。指挥长丁维利（10月免）、邢兆伟（10月任），党委副书记陈哲华。

大瑞铁路工程指挥部　驻云南省大理州永平县博南东路43号。指挥长丁维利（10月免）、冉瑞忠（10月任），党委书记王恩和。

厦深铁路工程指挥部　驻广东省惠东县太阳坳工业园A栋14号。指挥长碗国建，党委书记党培林。

大连长兴岛铁路工程指挥部　驻辽宁省大连市经济技术开发区泊石湾20号1－4－2。指挥长王武，党委书记张忠阁。

兰渝铁路工程指挥部　驻重庆市北碚新区碚南大道88号军都酒店6楼。指挥长李建军，党委书记李胜宝。

贵昆六沾铁路增线工程指挥部　驻云南省宣威市乐半乡新村。指挥长王义春，党委书记唐淑萍。

湘桂铁路工程指挥部　驻广西壮族自治区桂林市永福县公路段。指挥长袁明贵，党委书记赵文华。

（熊　伟）

【职工队伍】 职工12846人。其中，干部6021人；工人6825人。干部文化结构：研究生及以上学历33人，大学本科2152人，大学专科2582人，中专635人，高中及以下268人。专业技术干部5088人，占干部总数的89.6%。其中，高级职务430人；中级职务1253人。技术工人4720人，占工人总数的69.15%。其中，高级技师64人；技师587人；高级工1752人。（熊　伟）

【铁路工程施工】 2009年，在建铁路工程项目50项。重点工程进展情况：

向莆铁路XPFJ－10标段　位于福建省莆田市境内，标段长26.05公里，合同投资151695万元，合同工期2008年8月～2011年12月。主要工程量：隧道5座46504.82延长米，斜井4座7792.67延长米，大桥4座947.68延长米，涵洞6座332.33横延米，路基土石方45万立方米，永临电力26.05公里，轨道44公里。年内完成投资45656万元，开工累计完成投资60373万元，占合同投资的39.8%。

新建铁路成都枢纽成昆货车外绕线及相关站前工程　位于四川省成都市境内，标段长53公里，合同投资222571万元，合同工期2008年12月～2010年5月。主要工程量：桥梁35座19470延长米，隧道1座1075延长米，路基土石方1401万立方米，涵洞6451横延米，房屋建筑4万平方米，铺轨151公里。年内完成投资189000万元，开工累计完成投资191240万元，占合同投资的85.9%。

贵广铁路站前工程GGTJ－7标段　位于广西壮族自治区桂林市境内，标段长94.05公里，合同投资526640万元，合同工期2008年12月～2012年11月。主要工程量：路基土石方884万立方米，桥梁58座29785.79延长米，预制架设箱梁679孔，涵洞108座2972.5横延米，隧道23座43652延长米。年内完成投资51360万元，开工累计完成投资51360万元，占合同投资的9.8%。

南广铁路站前工程NGZQ－7标段　位于广东省德庆县境内，标段长71.49公里，合同投资377940万元，合同工期2009年3月～2011年11月。主要工程量：路基土石方911万立方米，桥梁43座10364延长米，现浇箱梁292片，涵洞78座，隧道45座43815延长米。年内完成投资92197万元，开工累计完成投资92197万元，占合同投资的24.4%。

石武铁路客运专线TJ1标段　位于湖北省孝感市大悟县境内，标段长62.3公里，合同投资398600万元，合同工期2008年11月～2010年3月。主要工程量：路基土石方984.5万立方米，桥梁54座19235延长米，隧道13座19795延长米，铺无砟轨道62.3双线公里。年内完成投资195124万元，开工累计完成投资202425万元，占合同投资的50.8%。

厦深铁路XSGZQ－9标段　位于广东省汕尾市、惠州市境内，标段长51.56公里，合同投资215257万元，合同工期2008年9月～2011年2月。主要工程量：桥梁22座15711延长米，隧道12座21081延长米。年内完成投资100320万元，开工累计完成投资106642万元，占合同投资的49.5%。

大瑞铁路大理至保山段站前2标段　位于云南省大理州境内，标段长32公里，合同投资90129万元，合同工期2008年6月～2013年5月。主要工程量：路基土石方303万立方米，桥梁12座2890延长米，涵洞6座103横延米，隧道6座25232延长米。年内完成投资28489万元,开工累计完成投资33706万元,占合同投资的37.4%。

兰渝铁路引入重庆枢纽工程　位于重庆市北碚区,标段长48.52公里,合同投资217369万元,合同工期2009年7月~2013年1月。主要工程量:区间路基土石方263万立方米,站场土石方2265万立方米,桥梁12座4520延长米,涵洞124座8984横延米,改建既有隧道3座2312延长米,新建隧道4座6209延长米,正线铺轨51.66公里,站线铺轨178.49公里,房屋建筑96068平方米。年内完成投资11072万元,开工累计完成投资11072万元,占合同投资的5.1%。

贵昆六沾铁路增建二线工程W5标段　位于云南省宣威市境内,标段长23.76公里,合同投资66588万元,合同工期2008年1月~2010年9月。主要工程量:路基土石方255万立方米,桥梁23座5377延长米,隧道12座9695延长米,涵洞26座582横延米。年内完成投资24049万元,开工累计完成投资49916万元,占合同投资的75%。

大连长兴岛铁路港站工程　位于辽宁省大连市境内,标段长25.03公里,合同投资67192万元,合同工期2009年8月~2011年1月。主要工程量:路基土石方440万立方米,桥梁15座1911延长米,涵洞67座2294横延米,正线铺轨25.03公里,站线铺轨20.45公里,铺道岔41组,架梁70孔,房屋建筑16500平方米。年内完成投资10635万元,开工累计完成投资10635万元,占合同投资的14.9%。

湘桂铁路XG-5标段　位于广西壮族自治区桂林市境内,标段长54.75公里,合同投资206546万元,合同工期2009年3月~2012年3月。主要工程量:区间路基土石方582万立方米,站场土石方99万立方米,涵洞167座3859横延米,桥梁27座9861延长米,隧道8座11140延长米,铺无砟轨道12.484公里。年内完成投资43305万元,开工累计完成投资43305万元,占合同投资的21%。

利比亚南北铁路　全长820公里,合同投资103520万元,合同工期2008年11月~2013年11月。主要工程量:路基土石方2084万立方米,桥梁26座3687延长米,通道及涵洞842座11739横延米,道砟202万立方米。年内完成投资2784万元,开工累计完成投资2784万元,占合同投资的2.7%。

(集团公司工程部)

【铁路外工程施工】　2009年,在建铁路外工程项目74项,重点工程进展情况:

雅泸高速公路C20合同段　位于四川省石棉县境内,标段长3.5公里,合同投资45265万元,合同工期2007年10月~2010年10月。主要工程量:路基土石方44万立方米,桥梁3座3123延长米,隧道1座3511延长米。年内完成投资10816万元,开工累计完成投资34722万元,占合同投资的76.7%。

成都地铁2号线一期工程土建18、20标段　位于四川省成都市境内,标段长2.8公里,合同投资18994万元,合同工期2008年9月~2011年11月。主要工程量;盾构隧道右线1385延长米,左线1397延长米。年内完成投资5140万元,开工累计完成投资5140万元,占合同投资的27.1%。

(徐定汝)

【经营管理】　生产经营。2009年,集团公司承揽工程任务237.74亿元,完成企业总产值152.54亿元,同比增长85.54亿元,增幅128%。

工程管理。加大工程项目管理力度,推进工程项目标准化管理,年内投入4亿元购置各类大型专用设备,出台集团公司《五二四项目管理暂行规定及考核评比办法》《铁路工程项目架子队管理暂行规定》《信用评价管理办法》,不断加强过程控制。以"大反思、大检查、大整改"活动为契机,全面落实"六位一体"标准化管理模式,推动集团公司项目管理迈向新台阶。

人力资源管理。2009年,紧紧围绕"建得人心班子,办能挣钱企业"的领导班子建设理念,坚持"五湖四海、量才是用"的选人用人理念,坚持"绩效为先、德才至上"、"奖功罚过、奖罚分明"的考评机制,不断加强各级领导班子履职履责的考核管理,进一步优化干部队伍建设。全年调整任用局管干部137人次。其中,正部职级41人次;副部职级96人次。开辟绿色通道引进各类人才377名,接收、安置37个专业的大中专毕业生1053人,缓解了企业人力资源短缺与经营领域不断扩大的矛盾。根据企业发展和集团机关实际情况,对集团公司机关16个部门的人员编制、科室设置进行全面核查,为机关高效运转奠定基础。组织第三期领导人员培训班、公路施工"三类人员"考核培训班、安全质量管理干部培训班、财务人员培训班等多批次、分类别的业务综合素质培训,不断提高全员综合素质。

(熊　伟)

【科技开发】　全年在研重要科技项目10项。其中,铁道部3项,股份公司7项。新立科研项目6项。其中,铁道部3项;股份公司3项。集团公司参与研制的成灌高速铁路新型无砟轨道Ⅲ型板初步形成了目前唯一能够走出国门、具有中国完全自主知识产权的创新产品。年内有6项关键技术成果通过股份公司评审鉴定;获股份公司科技进步奖5项,成都市科技进步奖1项;获国家级工法3项,省部级工法9项,股份公司优秀工法5项;主编《高速铁路无砟轨道工程施工精调作业指南》行业标准1项,参编行业标准2项;获得国家专利8项,累计拥有国家专利37项。 (陈幼林)

【党群工作】 党的工作。(1)领导班子建设。集团公司党委开展学习实践科学发展观活动历时102天,组织中心组学习56次,局处两级公司主管专题辅导56次,专家学者讲座12次,举办培训班127期,开展解放思想大讨论62场。查找影响和制约企业发展的突出问题193项,采取整改措施268项,为职工办好事实事76项。群众满意率95%以上。(2)党的组织建设。一是对新上工程项目做到"三同时",保持党组织覆盖率100%。二是继续深化党组织和党员践行科学发展观岗位责任承诺活动。三是不断总结经验,发现、培养和推广先进典型,开展最具创新力"十佳项目党组织"和"十佳共产党员"活动,召开党建宣传政研暨纪检监察现场推进会。(3)宣传思想工作。注重宣传阵地和媒体建设,集团公司本级、10个子公司、国内集团公司直管指挥部全部自办宣传期刊。集团公司连续4年被《中国铁道建筑报》评为新闻报道先进单位。(4)党风廉政建设。集团公司召开党性党风党纪教育专题辅导视频会,举办专题图片展,组成宣讲组送教育到基层,组织领导人员自查自纠,与有关铁路局和驻地检察院、法院联合开展"企检共建"活动,筑牢各级领导、广大党员和各级管理人员的思想道德防线和党纪国法防线,增强拒腐防变能力。二是狠抓项目效能监察,防腐堵漏效果明显。年内加大对大型铁路项目的监督力度,规范管理,堵塞漏洞,保证工程项目的良好运行和企业经济效益的提高。三是认真查处违规违纪案件,严格实施责任追究。年内对3起案件的7名责任人分别进行党纪、政纪处分,移送司法机关1人。通过查办案件和责任追究,较好地警示了各级领导干部,教育了广大管理人员,维护了党纪政纪的严肃性。

工会工作。围绕企业生产经营中心工作,坚持把"五比四创夺五杯"劳动竞赛作为融入中心的主旋律,先后组织"大干四个月"、"百日大战"、"两保一创"、铁路工程建设"攻坚杯"、创建铁路工程建设"工人先锋号"等活动50余次,充分发挥工程建设主力军作用。2人获股份公司劳动竞赛优秀组织者称号,3人获得铁路客运专线建设火车头奖章,1个单位获得铁路客运专线建设火车头奖杯。健全组织,有序推进"一法三卡"安全管理模式,集团公司获全国"安康杯"竞赛优胜企业称号。争先创模活动取得新成绩,1人获得全国五一劳动奖章,1人获得四川省五一劳动奖章,1个单位获得四川省五一劳动奖状,1人获得火车头奖章,1个单位获得火车头奖杯,1人获四川省优秀工会工作者,5人获股份公司先进工会工作者称号,2个单位被评为股份公司工会工作先进单位。筹集送温暖资金70万元,看望慰问困难职工1056名。

共青团工作。组织全体团员青年认真学习党的十七届四中全会和团的十六届三中全会精神,深入贯彻落实科学发展观,增强广大团员青年的政治意识、责任意识和服务意识。以纪念建国60周年、建团87周年、五四运动90周年为契机,组织开展主题演讲、诗歌比赛、图片展览、文体比赛等系列活动。坚持"融入中心,服务大局"的工作方针,深入开展"导师带徒"、"青年文明号"创建、青年创新创效等活动,促进青年成长成才,充分发挥生力军和突击队作用。创股份公司五四红旗团委2个、五四红旗团支部2个、"青年文明号"2个、"青年文明号"示范点2个,5名个人分别被股份公司评为优秀共青团员、优秀团干部,5人被股份公司授予"青年岗位能手"称号,1人被授予中国铁建第四届"十佳青年技术工人"称号。

(林礼明　周裕君　晏　萍　光红庆)

【第一工程有限公司】 公路、市政公用工程施工总承包一级,铁路、房屋建筑、水利水电工程施工总承包二级,公路路基、公路路面、桥梁、隧道工程专业承包一级,机场场道、堤防工程专业承包二级资质企业。公司机关驻山东省日照市黄海二路65号。前身系中国人民解放军铁道兵第四师第十六团,1984年1月1日集体转业并入铁道部,改编为铁道部第十四工程局第一工程处;1999年12月1日改称中铁第十四工程局第一工程处,2001年11月16日改称中铁十四局集团第一工程有限公司,2004年2月3日企业整合重组改称现名。董事长兼总经理王忠谋,党委书记李洪安。下辖23个项目经理部、3个机械化施工公司和混凝土机械化施工公司、房地产开发公司、建安公司、租赁站和物业中心。职工2548人。其中,干部795人;工人1753人。技术干部567人,占干部总数的71%;技术工人931人,占工人总数的53.1%。资产总额15.37亿元。其中,固定资产净值1.4亿元;流动资产13.19亿元;其他资产0.78亿元。机械运输测式设备274台(套),原值1.53亿元、净值7922万元。设备总功率39363千瓦,成新率51.6%,技术装备率6万元/人,动力装备率15.4千瓦/人。年施工能力20亿元以上。

2009年承揽工程任务22.66亿元,完成企业总产值30.66亿元,实现利润1515万元。全员劳动生产率5.21万元/人年。国有资产保值增值率140%,产值利润率0.52%,净资产收益率33.6%,应上缴款完成率100%。兵改工以来,先后获中国建设工程鲁班奖3

项,国家优质工程银质奖6项,中国土木工程詹天佑奖1项,省部级优质工程奖24项。公司先后获山东省文明单位、先进企业、重合同守信用企业、特级AAA信用企业和全国五一劳动奖状等荣誉,连续多年进入山东省建筑施工企业综合实力50强行列,顺利通过质量、环境、职业健康安全管理体系认证。（马 磊）

【第二工程有限公司】 铁路、房屋建筑工程施工总承包一级,市政公用工程施工总承包二级,桥梁、钢结构、铁路铺轨架梁工程专业承包一级,公路路基、铁路电务工程专业承包二级资质企业。公司机关驻黑龙江省齐齐哈尔市铁锋区站前大街256号。前身系齐齐哈尔铁路局工程大队,1986年更名为哈尔滨铁路局齐齐哈尔第一工程处,1995年更名为哈尔滨铁路局齐齐哈尔铁路工程总公司,2002年更名为齐齐哈尔铁路建设集团有限责任公司;2003年10月29日划归中国铁道建筑总公司,2004年8月26日企业整合重组更名为中铁二十三局集团第二工程有限公司。董事长王剑,党委书记丁维民,总经理曹鹏程。下辖3个分公司、3个子公司。职工3048人。其中,干部1260人;工人1788人。技术干部969人,占干部总数的77%;技术工人321人,占工人总数的18%。资产总额105401.83万元,其中固定资产27377万元、净值16735万元。机械运输设备908台(套),原值13082万元、净值7291万元。设备总功率31614.7千瓦,动力装备率10.4千瓦/人,技术装备率2.4万元/人。设备成新率55.7%,完好率92%,利用率70%,机械化施工程度80%。年施工能力15亿元以上。

2009年承揽工程任务120.425亿元,完成企业总产值18.9亿元。其中,施工产值17.7亿元;工业产值1.2亿元。实现利润802万元,人均创利2631元。全员劳动生产率245051元/人年,职工年人均收入21354元。国有资产保值增值率108.4%,净资产收益率3.94%,产值利润率7.42%,资产负债率79.92%,应上缴款完成率100%。完成主要实物工程量:路基土石方962万立方米,桥梁256延长米,涵渠427横延米,正线铺轨47.07公里,铺道岔69组,房屋建筑14990平方米。年内,1项科技成果获股份公司科技进步一等奖,1项工法分别被集团公司、股份公司评为优秀工法一等奖,1项工法被股份公司评为优秀工法二等奖。依托严寒地区无砟轨道工程获得8项国家专利。（李汉东）

【第三工程有限公司】 市政公用、房屋建筑工程施工总承包一级,水利水电、铁路工程施工总承包二级,桥梁、隧道工程专业承包一级资质企业。前身为铁道兵第五师第二十三团,1984年1月集体转业并入铁道部,改编为铁道部第十五工程局第三工程处;2001年5月企业改制为有限公司;2004年2月整合重组为中铁二十三局集团第三工程有限公司。公司机关驻四川省成都市温江区天府街中段336号。董事长、党委书记毕天尧,总经理刘牛生。下辖29个项目部、2个机械化公司及租赁公司、混凝土公司、劳务公司、基地等单位。职工2803人。其中,干部1138人;工人1665人。专业技术干部1046人,占干部总数的92%;技术工人678人,占工人总数的41%。资产总额114273万元。其中,流动资产99889万元;固定资产净值10541万元;其他资产3843万元。机械运输设备291台,原值126647939元、净值70099576元。设备总功率30495.6千瓦,动力装备率13千瓦/人。设备完好率91.5%,利用率75.2%,机械化施工程度91%。年施工能力30亿元以上。

2009年承揽工程任务23.11亿元,完成企业总产值31.63亿元,实现利润1365万元,人均创利6823元。全员劳动生产率155万元/人年。国有资产保值增值率103.98%,净资产收益率47.03%,资产负债率96.96%。年内,公司获得四川省五一劳动奖状;获铁道部火车头优质工程奖2项,股份公司优质工程奖2项,集团公司优质工程奖4项;获股份公司安全质量标准化工地1个,集团公司安全质量标准化工地3个。通过质量、环境、职业健康安全管理体系复审。

（裴广锋）

【第四工程有限公司】 市政公用、房屋建筑、水利水电工程施工总承包一级,公路工程施工总承包二级,桥梁、隧道、土石方、建筑装修装饰工程专业承包一级,公路路基、预拌商品混凝土、混凝土预制构件工程专业承包二级资质企业。公司机关驻四川省成都市东门街84号。公司组建于2002年7月,原名中铁路桥集团建设工程有限公司;2004年3月19日改制重组为中铁二十三局集团第四工程有限公司。董事长兼总经理刘衍堂,党委书记禹富初。下辖16个项目经理部。职工666名。其中,干部594人,技术干部占71.72%;工人35人,技术工人占68.58%。资产总额10035万元。其中,固定资产原值10035万元、净值6900万元;流动资产77323万元。机械运输设备原值6588万元、净值4909万元。设备总功率36455千瓦,动力装备率54.9千瓦/人。设备成新率74.65%,完好率100%,利用率100%。年施工能力10亿元以上。

2009年承揽工程任务44亿元,完成施工产值161942万元,实现利润2190万元,人均创利5.3万元。全员劳动生产率6.1万/人年,职工年人均收入6.6万元。国有资产保值增值率145.25%，净资产收益率17.16%，产值利润率1.35%，资产负债率86.34%，应上缴款完成率107%。年内，都江堰蒲阳中学、大观学校项目获得铁道部优秀QC小组、全国优秀QC小组和四川省用户满意工程、“芙蓉杯”、“天府杯”5项荣誉，湖北恩利高速公路、准东铁路二期工程分别被评为火车头优质工程一、二等奖，4项QC成果分别获全国和铁道部优秀QC成果奖；公司获得火车头奖杯，公司领导班子连续6年被集团公司评为“四好领导班子”。

（祖 婧）

【第五工程有限公司】 市政公用、房屋建筑工程施工总承包一级，公路工程施工总承包二级，建筑装修装饰、钢结构、环保、桥梁工程专业承包一级，混凝土预制构件工程专业承包二级资质企业。公司机关驻上海市南汇区惠南镇城南路335号。董事长兼总经理喻丕金，党委书记高炳荣。下辖上海结构件分公司、成都工程有限公司、苏州工程有限公司和4个项目部。职工296人。其中，干部220人；工人76人。专业技术人员190人，占干部总数的86%；技术工人49人，占工人总数的64%。机械运输设备881台（套），净值8840.6万元。设备总功率6237千瓦，动力装备率21.1千瓦/人，技术装备率12.8万元/人。设备成新率74%，完好率100%，利用率85%，机械化施工程度91.3%。年施工能力15亿元以上。

2009年承揽工程任务3.75亿元，完成企业总产值65389万元，实现利润980万元，人均创利36195元。国有资产保值增值率114.9%，净资产收益率9.18%，产值利润率8.47%，资产负债率79.62%，应上缴款完成率105%。完成主要实物工程量：预制地铁管片11000环、箱梁611孔、轨道板5759块，土石方8.4万立方米。年内，公司被集团公司评为“四好领导班子”。

（张蜀秦）

【第六工程有限公司】 市政公用工程施工总承包一级，公路、房屋建筑工程施工总承包三级，桥梁、隧道工程专业承包一级，混凝土预制构件工程专业承包二级资质企业。公司机关驻重庆市渝中区嘉滨路118号附2号。前身为中铁路桥集团重庆工程分公司，2004年3月整合重组为中铁二十三局集团第六工程有限公司，2009年7月与轨道分公司合并。董事长、总经理苏红卫(7月免)、王彬(7月任)，党委书记张玉萍。下辖18个项目部。职工598人。其中，干部493人；工人105人。专业技术干部441人，占干部总数的89%；技术工人75人，占工人总数的71%。资产总额54034万元。其中，固定资产原值10476万元、净值8121万元；流动资产44503万元；其他资产1410万元。机械运输设备657台（套），现值11430万元。设备总功率12500千瓦，动力装备率20.9千瓦/人，技术装备率23.33万元/人。设备使用率89%，完好率93%，机械化施工程度94%。年施工能力8亿元以上。

2009年承揽工程任务3.967亿元，完成企业总产值8.3亿元。人均创利1.39万元，全员劳动生产率37.42万元/人年，职工年人均收入30149元。国有资产保值增值率105.95%，净资产收益率13%，产值利润率1.22%，资产负债率87.81%。工程质量合格率100%，优良率100%。公司多次获中国市政金杯示范工程奖、国家优质工程银质奖、火车头优质工程奖、重庆市三峡杯优质结构工程奖、重庆市政工程金杯奖，被重庆市、四川省和中华全国铁路总工会授予模范职工之家称号。

（公司办公室）

【第七工程有限公司】 市政公用、房屋建筑工程施工总承包一级，桥梁、隧道工程专业承包一级，混凝土预制构件、预应力、土石方工程专业承包二级资质企业。公司机关驻广东省深圳市龙岗区中心城龙城北路3号。公司成立于2004年7月，前身系中铁路桥集团珠海工程分公司。董事长兼党委书记何秀春，总经理申明志(7月免)、李武士(7月任)。职工350人。其中，干部259人；工人91人。资产总额27213万元。其中，固定资产原值7283万元、净值4634万元；流动资产20754万元；其他资产1825万元。机械设备433台（套），现值2094万元，总功率6447千瓦，动力装备率18.42千瓦/人，技术装备率5.9万元/人，利用率81.1%。年施工能力10亿元以上。

2009年承揽工程任务107300万元，完成企业总产值82953.27万元，实现利润489万元。全员劳动生产率910839元/人年，职工年人均收入26866元。国有资产保值增值率111.11%，净资产收益率7.9%，产值利润率0.59%，资产负债率81.25%。工程质量合格率100%，优良率98.5%。年内，公司柴木铁路项目被股份公司授予“工人先锋号”称号。

（胡晓岚）

【第八工程有限公司】 市政工程施工总承包一级，钢结构、桥梁、房屋建筑工程专业承包一级，公路、混凝土预制构件、预应力工程专业承包二级资质企业。公司机关驻四川省成都市青羊区工业园区G区8栋A/B座。前身系中铁路桥集团养马河工程分公司，2004年3月整合重组为中铁二十三局集团养马河工程有限公司，2009年7月更名为第八工程有限公司。董事长沈德华，党委书记周宏，总经理吴登银。资产总额65330万元。其中，固定资产7840万元；流动资产

46770 万元;其他资产 10720 万元。机械设备 1738 台(套),总功率 12117 千瓦,原值 9323 万元、净值 5384 万元,动力装备率 14.16 千瓦/人,技术装备率 10.89 万元/人,完好率 98.5%,利用率 87.4%。目前公司具备轨枕 100 万根,桥梁 6000 孔,高速铁路轨道板 40000 块、钢结构加工 5000 吨的生产能力及特大型桥梁、长大隧道、铺轨架梁施工能力。年施工生产能力 20 亿元。

2009 年承揽工程任务 129860 万元,实现工业总产值 122167 万元,实现利润 367 万元。公司先后获全国思想政治工作优秀企业、全国模范职工之家、科学技术部国家级火炬计划项目证书、四川省重合同守信用企业、省级文明单位、AAA 特级信用企业等荣誉,承建的吉安大桥、渝遂铁路、新建成都北编组站工程获中国建设工程鲁班奖。公司通过质量、环境、职业健康安全管理体系认证。 (赵 建)

【川东水泥有限公司】 公司机关驻四川省达州市渠县三汇镇。前身为中国人民解放军 6015 工厂,1984 年 1 月集体转业并入铁道部,1990 年 11 月更名为中国铁道建筑总公司川东水泥厂,2001 年并入中铁路桥集团有限公司,2002 年 7 月企业改制更名为中铁路桥集团川东水泥有限公司,2004 年 3 月整合重组为中铁二十三局集团川东水泥有限公司。董事长兼总经理吕保华,党委书记周家志。下辖 4 个分厂及水泥机械制造厂、技术质检中心、市场部、包装运输公司、物业管理公司、职工医院。职工 955 人。公司占地面积 68 万平方米,厂房建筑面积 12.58 万平方米。资产总额 55835 万元。其中,固定资产 4957 万元;流动资产 10403 万元;其他资产 40475 万元。机械设备 1225 台(辆),生产设备 823 台(套),固定资产原值 9160 万元、净值 1318 万元,总功率 29868 千瓦,动力装备率 34 千瓦/人,技术装备率 1.5 万元/人,设备完好率 73%,利用率 80%。

2009 年生产水泥 48.37 万吨,销售水泥 49.69 万吨,完成工业总产值 21000 万元,实现利润 185 万元,人均创利 2119 元。国有资产保值增值率 100.01%,净资产收益率 0.37%,资产负债率 75.75%。11 月新建的 2500T/D 熟料新型干法水泥生产线联动试产,年设计生产能力 160 万吨。主要产品有"华蓥山牌"复合硅酸盐 32.5 等级、42.5 等级和普通硅酸盐 32.5R 等级、42.5R 等级水泥及水电站大坝专用中热水泥、普通 52.5R 等级水泥和高速公路半刚性路面施工专用水泥。年内,公司被评为四川省质量管理先进企业。

(谢 兵)

【电务工程有限公司】 机电安装工程施工总承包一级,房屋建筑工程施工总承包二级,铁路电务、铁路电气化工程专业承包一级,消防设施、建筑智能化工程专业承包二级,送变电工程专业承包三级资质企业。2009 年取得压力管道 GC 安装、压力容器安装Ⅰ级许可证书。公司机关驻天津市南开区密云一支路燕字小区 45 号。董事长车源壮,党委书记池洪旗,总经理杨佩宏。下辖 16 个项目部。职工 613 名。其中,干部 231 名;工人 382 名。固定资产净值 1548 万元,流动资产 26957 万元。机械设备净值 590 万元,动力装备率 7.3 千瓦/人,设备完好率 92%,利用率 98%。年施工能力 7 亿元。

2009 年,公司承揽工程任务 30007 万元,完成产值 26220.72 万元,实现利润 850.07 万元,人均创利 14143 元。全员劳动生产率 59 万元/人年,职工年人均收入 27925 万元。国有资产保值增值率 113.45%,净资产收益率 11.57%,产值利润率 3.24%,资产负债率 79.86%,应上缴款完成率 100%。年内获得 4 项软件著作权,公司获高新技术企业称号,连续 3 年被评为天津市南开区重点企业。 (公司办公室)

【重要记载】

▲1 月 15 日 ~ 17 日 集团公司首届五次职代会、2009 年工作会、党委全委(扩大)会暨党风廉政建设会议在成都召开。

▲1 月 26 日 上海市副秘书长兼上海市对口支援都江堰灾后重建指挥部总指挥薛潮和副总指挥许解良一行到四公司承建的大观九年制义务学校重建工地检查慰问。

▲2 月 9 日 上海市市长韩正到四川省都江堰灾后重建工程现场看望全体参建人员,对集团公司承建的灾后重建项目进展情况给予高度评价。

▲2 月 28 日 集团川东公司水泥技术改造生产线顺利点火投产。

▲3 月 9 日 集团公司中标湘桂铁路扩改工程 DG-5 标段,合同投资 21 亿元。

▲3 月 18 日 集团公司召开深入学习贯彻科学发展观活动动员视频大会。

▲3 月 21 日 集团公司主编的《高速铁路无砟轨道精调作业指南》经铁道部专家评审通过,并呈报铁道部发布使用。

▲4 月 17 日 参建东方汽轮厂灾后重建的养马河公司参加中央电视台《当代工人》栏目"走进'5·12'灾区"节目录制。

▲5 月 14 日 瑞士西卡集团全球五大洲各区总裁及技术总监到五公司上海地铁管片厂参观。

▲6 月　集团公司向莆铁路指挥部青云山隧道 1 号斜井创月掘进 330.2 米的高产纪录。

▲7 月 10 日　中共中央政治局委员、国务院副总理王岐山在内蒙古调研时,视察二公司承建的满洲里国际货场工程,提出具体要求。

▲8 月 19 日 ~20 日　股份公司工程项目管理暨质量安全管理现场会议在集团公司石武铁路客运专线工地召开。

▲9 月 10 日　二公司入驻北京大兴。

▲9 月 25 日　国务院总理温家宝视察汶川地震灾后重建工作期间,在东方汽轮厂亲切接见集团公司参与东汽灾后重建的全体员工,并与集团公司董事长王长留亲切握手。

▲10 月 16 日　八公司入驻四川成都。

▲12 月 31 日　集团公司首台盾构机“铁龙一号”在成都地铁成功始发。　(集团公司办公室)

中铁二十四局集团有限公司

【简况】　中铁二十四局集团有限公司是铁路工程施工总承包特级,公路、房屋建筑、市政公用工程施工总承包一级,水利水电工程施工总承包三级,桥梁、公路路基、隧道、铁路铺轨架梁工程专业承包一级和城市轨道交通工程专业承包资质企业,同时拥有对外经营权。公司机关驻上海市会文路 2 号。2004 年 3 月 16 日,由原上海铁路局上海铁路建设(集团)有限公司、福建铁路建设(集团)有限公司和南昌铁路局南昌铁路工程(集团)有限责任公司整合重组而成。下辖安徽工程有限公司、江苏工程有限公司、上海铁建工程有限公司、浙江工程有限公司、福建铁路建设有限公司、南昌铁路工程有限公司、新余工程有限公司、南昌建设工程有限公司、上海电务电化有限公司、贵溪桥梁厂有限公司、鹰潭设备安装工程有限公司、上海房地产开发有限公司及路桥分公司、上海开发办公室、京津工程指挥部、西南工程指挥部、北京办事处、武汉办事处。职工 12835 人。资产总额 1349133 万元。其中,固定资产原值 141726 万元、净值 94167 万元;流动资产 1222286 万元。机械运输设备 3724 台(套),总功率 229200 千瓦,动力装备率 18.52 千瓦/人,技术装备率 5.58 万元/人。年内新购设备 1221 台(套),价值 46504 万元。

2009 年承揽工程任务 3030321 万元,完成企业总产值 2137013 万元,其中施工产值 2098401 万元、附营产值 38612 万元。实现利润 21165 万元。全员劳动生产率 167 万元/人年,职工年人均收入 37040 元。国有资产保值增值率 120.43%,净资产收益率 3.78%,产值利润率 0.99%,资产负债率 89.64%,投资收益上缴率 100%,应上缴款完成率 100%。完成主要实物工程量:土石方 6003 万立方米,隧道 26418 延长米,桥梁 208602 延长米,涵渠 34629 横延米,正线铺轨 585 公里,站线铺轨 80 公里,铺道岔 504 组,铁路架梁 3438 孔,公路架梁 2636 片,给排水管路 66 公里,圬工 665 万立方米,通信线路 627 条公里,供电线路 320 正线公里,变配电所 3 座,自动闭塞 69 公里,电气集中 265 联锁道岔,公路 85 公里,房屋建筑 130 万平方米。工程质量合格率 100%。

企业重组前后,获中国建设工程鲁班奖、国家优质工程奖、中国土木工程詹天佑奖、中国市政金杯示范工程奖等 21 项,省部级优质工程奖 90 余项;获得全国优秀施工企业、全国质量管理先进企业、全国用户满意建筑工程、全国守合同重信用单位、中国行业 100 家最佳经济效益建筑企业及省(市)文明单位等 50 余项荣誉。2009 年,集团公司获国家优质工程银质奖 3 项,中国土木工程詹天佑奖 4 项,省部级优质工程奖 6 项,股份公司优质工程奖 2 项;全国优秀质量管理小组奖 3 项,省部级优秀质量管理小组奖 23 项,股份公司优秀质量管理小组奖 5 项;国家专利 1 项;国家级工法 3 项,省部级工法 6 项。　(姚小平)

【领导人员】

董事会

董事长	王北京
副董事长	韩家英
董事	王北京
	韩家英
	陈招团

经理层

总经理	韩家英
副总经理	林校纯
	陈招团
	朱　赤
	郭富君
	韩文忠
	周光民
	刘明杰(9 月任)
	江如辉(12 月任)
	王建民(12 月任)

总经济师　　武宪功(7 月免)
总工程师　　许伟书
总会计师　　沈济业(12 月任)

党群领导

党委书记　　王北京
党委副书记　　韩家英
纪委书记　　李　生(12 月任)
工会主席　　叶建国(12 月任)
顾问　　虞良珍　　(陈　勇　赵婉红)

【工程项目指挥机构】　甬台温铁路工程项目部　驻浙江省临海市临海大道 2 号桥塘里村。项目经理赵喜科。

南昌枢纽西环线工程指挥部　驻江西省南昌市新建县工业大道 269 号。指挥长朱赤。

昌九城际铁路 CJQ－2 标段项目经理部　驻江西省南昌市昌北经济开发区青岚大道(安源科技园)。项目经理朱赤。

京沪高速铁路上海虹桥站及相关工程项目管理部　驻上海市华翔路 505 号 3 楼。项目经理郭富君。

沪宁城际铁路工程站前 IV 标段项目部　驻江苏省常州市武进区奔牛镇。项目经理吴为爱。

厦深铁路福建段 I 标段工程指挥部　驻福建省龙海市角关镇苍坂农场。指挥长林校纯。

杭甬铁路客运专线工程指挥部　驻浙江省宁波市江北区庄桥街道康桥南路 599 号。指挥长郭富君。

宁杭铁路客运专线工程指挥部　驻浙江省杭州市余杭经济开发区兴起路 1 号。指挥长周光民。

沪杭铁路客运专线 I 标段项目经理部　驻上海市闵行区化林路 211 号。项目经理许伟书。

漯阜铁路工程指挥部　驻安徽省阜阳市太和县成关镇工业园区。指挥长张春德。　(赵婉红)

【职工队伍】　职工 12835 人。干部 5125 人。其中,女干部 778 人;少数民族干部 71 人。干部中专业技术干部 4121 人,占干部总数的 80.41%。其中,高级职务 287 人;中级职务 1524 人;初级职务 2310 人。学历结构:大学本科以上 2182 人,大专 1904 人,中专 612 人,高中及以下 427 人。年龄结构:35 岁以下 2772 人,36 岁~45 岁 1049 人,46 岁以上 1304 人。专业结构:工程系列 3085 人,经济系列 271 人,会计系列 402 人,统计系列 4 人,教育系列 4 人,档案、新闻、艺术、体育、翻译系列 5 人,政工系列 350 人。全年接收高校毕业生 726 人。其中,博士生 2 人;研究生 4 人;大学本科 518 人;大专 197 人;中专 5 人。

工人 7710 人。其中,技术工人 5480 人,占工人总数的 71.08%。技术工人中,初级工 394 人,中级工 1668 人,高级工 999 人,技师 205 人,高级技师 34 人。学历结构:大专以上 215 人,中专 338 人,高中 2430 人,初中及以下 4727 人。年龄结构:30 岁以下 382 人,31 岁~40 岁 2239 人,41 岁~50 岁 2946 人,50 岁以上 2143 人。　(赵婉红)

【铁路工程施工】　2009 年,在建铁路工程 78 项,完成施工产值 1238057 万元。重点工程进展情况:

南京至杭州铁路客运专线 NHZQ－4 标段　位于浙江省杭州市和湖州市境内,标段长 53.64 公里,合同投资 433000 万元,合同工期 2009 年 3 月~2011 年 12 月。主要工程量:路基土石方 153 万立方米,隧道 5 座 9871 延长米,桥梁 10 座 40505 延长米,涵渠 6 座 169 横延米,预制、铺设轨道板 107 公里,房屋建筑 6634 平方米。年内完成投资 140095 万元,占合同投资的 32.35%。

杭州至宁波铁路客运专线站前工程 HYZQ－3 标段　位于浙江省宁波市境内,标段长 27.05 公里,合同投资 215000 万元,合同工期 2009 年 3 月~2011 年 12 月。主要工程量:路基土石方 24 万立方米,桥梁 6 座 26811 延长米,正线铺轨 1.98 公里,站线铺轨 11.91 公里,无砟道床 53.89 公里,铺道岔 45 组。年内完成投资 85242 万元,占合同投资的 39.65%。

上海至杭州铁路客运专线站前工程 HHZQ－1 标段　位于上海市境内,合同投资 241240 万元,合同工期 2009 年 4 月~2010 年 9 月。主要工程量:路基土石方 238 万立方米,桥梁 10567 延长米,涵渠 1141 横延米,路基 4.8 公里,存车场 1 座,检修库 1 座。年内完成投资 132000 万元,占合同投资的 54.72%。

上海至南京城际轨道交通站前工程 HNCJZ4 标段　位于江苏省常州市和镇江市境内,标段长 44.09 公里,合同投资 185307 万元,合同工期 2008 年 7 月~2010 年 2 月。主要工程量:路基土石方 252 万立方米,预应力管桩 36 万米,CFG 桩 98 万米,水泥搅拌桩 24 万米,桥梁 25 座 24650 延长米,铺轨 44.08 公里,制作轨道板 18100 块。年内完成投资 190879 万元,开工累计完成投资 235671 万元,占合同投资的 127.18%。

京沪高速铁路上海虹桥站及相关工程　位于上海市境内,合同投资 127435 万元,合同工期 2008 年 6 月~2013 年 4 月。主要工程量:路基土方 237 万立方米,桥梁 19 座 21583 延长米,涵洞 21 座 236 横延米,预应力管桩 103 万米,搅拌桩 186 万米,旋喷桩 2.8 万米,CFG 桩 7.6 万米,铺轨 42.4 公里。年内完成投资 45950 万元,开工累计完成投资 85968 万元,占合同投资的 67.46%。

昌九城际铁路CJQ－2标段　位于江西省南昌市境内，合同投资131600万元，合同工期2007年11月～2010年3月。主要工程量：路基土石方487万立方米，桥梁21座5843延长米，涵洞142座2851横延米，铺道砟64万立方米，铺轨245.76公里。年内完成投资60494万元，开工累计完成投资125338万元，占合同投资的95.24%。

向塘至莆田铁路工程XPJX－1A标段　位于江西省南昌市境内，标段长31.11公里，合同投资101138万元，合同工期2008年6月～2010年4月。主要工程量：土石方201万立方米，桥梁10座12305延长米，涵洞47座1229横延米。年内完成投资40203万元，开工累计完成投资82825万元，占合同投资的81.89%。

向塘至莆田铁路三江镇至福建段施工总承包XXPJX－4A标段　位于江西省抚州市和福建省建宁县境内，标段长71.17公里，合同投资160000万元，合同工期2008年10月～2011年9月。主要工程量：桥梁49座10263延长米，隧道7座10766延长米。年内完成投资74709万元，开工累计完成投资85588万元，占合同投资的53.49%。

厦深铁路福建段Ⅰ标段　位于福建省厦门市境内，合同投资167666万元，合同工期2008年8月～2010年12月。主要工程量：路基土石方1089万立方米，桥梁18座17447延长米，正线铺轨33.27公里，站线铺轨14.06公里，铺道岔64组。年内完成投资72488万元，开工累计完成投资80782万元，占合同投资的48.18%。

漯阜铁路增建二线工程　位于河南省周口市和安徽省阜阳市境内，标段长219.969公里，合同投资212938万元，合同工期2009年9月～2011年7月。主要工程量：路基土石方425万立方米，桥梁69座18989延长米，涵洞210座3300横延米，平改立113座2233横延米，正线铺轨207公里，站线铺轨34公里，铺道岔153组。年内完成投资32045万元，占合同投资的15.22%。

阜阳至六安铁路Ⅱ标段　位于安徽省六安市境内，合同投资151829万元，合同工期2009年7月～2011年7月。主要工程量：路基土石方688万立方米，桥梁22座9498延长米，正线铺轨162公里，站线铺轨36公里，房屋建筑8081平方米。年内完成投资26790万元，占合同投资的17.64%。（瞿罗生）

【铁路外工程施工】　2009年，在建路外工程180项，完成施工产值860344万元。主要工程进展情况：

A15公路3标段　位于上海市境内，标段长4597米，合同投资30000万元，合同工期2007年12月～2009年7月。主要工程量：路基土方31.4万立方米，桥梁2938延长米，承台188座，制架梁板2326片。年内完成投资14272万元，开工累计完成投资32639万元，占合同投资的108.8%。

马宁特大桥工程　位于广东省佛山市境内，全长2.88公里，合同投资23069万元，合同工期2008年5月～2010年1月。年内完成投资13406万元，开工累计完成投资16633万元，占合同投资的72.1%。

陕西十天高速A－CD22标段　位于陕西省安康市境内，标段长14.38公里，合同投资23405万元，合同工期2009年3月～2010年3月。主要工程量：路基土方96万立方米，桥梁14座2164延长米，涵洞36座，隧道4座841延长米。年内完成投资19583万元，占合同投资的83.48%。

淮安市通甫路大运河桥工程　位于江苏省淮安市境内，全长1446米，合同投资11800万元，合同工期2008年1月～2010年5月。主要工程量：双塔双索面预应力矮塔斜拉桥1座872延长米。年内完成投资6134万元，开工累计完成投资8080万元，占合同投资的68.47%。

厦门杏林大桥主体工程C标段　位于福建省厦门市境内，标段长700米，合同投资22609万元，合同工期2007年10月～2009年10月。主要工程量：U型槽494米，明挖隧道485延长米，暗挖隧道321延长米。年内完成投资8406万元，开工累计完成投资22609万元，占合同投资的100%。

达陕高速公路D5合同段　位于四川省万源市境内，标段长6.79公里，合同投资34336万元，合同工期2008年10月～2011年3月。主要工程量：路基土石方33.5万立方米，桥梁7座2834延长米，架梁30片，隧道6座8167延长米。年内完成投资15682万元，开工累计完成投资16070万元，占合同投资的46.8%。

合肥市南北高架1号线工程2标段　位于安徽省合肥市境内，标段长4.74公里，合同投资76663万元，合同工期2009年10月～2011年1月。主要工程量：道路4.74公里。年内完成投资14131万元，占合同投资的18.43%。

广西钦州至崇左高速公路第5合同段　位于广西壮族自治区上思县境内，标段长6.5公里，合同投资24250万元，合同工期2009年9月～2011年8月。主要工程量：路基土石方160万立方米，桥梁3座1404延长米，隧道1座2016延长米，涵洞12座717横延米。年内完成投资4155万元，占合同投资的17.13%。

（瞿罗生）

【海外工程施工】　2009年，在建海外工程2项，完成施工产值16206万元。主要工程进展情况：

阿尔及利亚铁路更新工程　全长94公里，合同投资52221万元，合同工期2007年5月13日～2009年10月12日。主要工程量：换轨94公里，更换道岔16组，铺道砟18.8万立方米。年内完成投资14651万元，开工累计完成投资34357万元，占合同投资的65.79%。

马里妇女儿童活动中心援建项目　位于马里共和国首都巴马科及各个大区，合同投资5496万元，合同工期2008年1月～2010年7月。主要工程量：房屋建筑8447平方米。年内完成投资1555万元，开工累计完成投资5505万元，占合同投资的100.2%。

（瞿罗生）

【经营管理】　工程承揽。全年承揽工程任务182项，新签合同额3030321万元。其中，铁路工程2022256万元，占承揽总额的66.7%；公路工程348420万元，占承揽总额的11.5%；市政工程336589万元，占承揽总额的11.1%；房屋建筑工程57717万元，占承揽总额的1.9%；城市轨道工程203848万元，占承揽总额的6.73%；其他工程61490万元，占承揽总额的2.03%。

企业管理。完善生产经营责任激励约束机制，修订企业负责人年度经营业绩责任书，集团公司与二级单位签订生产经营责任书。深化工程公司建设，集团公司从揽项目的任务分劈、大型专业设备的投入、专业人才的引进培养三个方面对工程公司建设进行导向，各工程公司综合实力不断增强。积极推动架子队建设，制定集团公司《架子队管理办法》，并组织开展架子队建设、外部劳务使用和管理工作督查。注入货币资金50745万元，工程公司资信状况和经济运行质量得到改善。调整充实9个工程公司的领导班子，领导力量得到增强。优化组织机构设置，成立设备物资管理处、资金管理中心和西安办事处，将呼和浩特办事处移交南昌公司管理。

安全质量。坚持以人为本、安全发展、和谐发展理念，以“安全第一，预防为主，综合治理”和“百年大计，质量第一”方针为指导，以创建“质量安全型企业”为目标，全面落实安全生产责任制，加强技术保障和安全基础建设，深入开展安全质量培训、安全大检查、大反思、“安全生产月”、“质量月”等活动，安全生产形势总体保持平稳，工程质量稳定可控。建立企业内部安全质量激励和约束机制，集团公司与所属单位签订安全质量包保责任书。质量、环境和职业健康安全管理体系通过年度审核。年内有3项工程被评为股份公司安全质量标准工地，4项工程被评为省级工地；获国家优质工程银质奖3项、中国土木工程詹天佑奖4项、省部级优质工程奖6项；获全国优秀质量管理小组奖3项，省部级优秀质量管理小组奖23项，股份公司优秀质量管理小组奖5项。

财务管理。全面完成集中式财务管理系统建设，为集团公司加强会计基础工作、提高财务信息质量和规范财务信息披露奠定基础。加强资金管理，内部调剂资金5亿元，满足经营生产需求，银行贷款规模得到控制。狠抓清欠工作，全年收回应收账款19.8亿元。

审计监督。以风险管理为导向，以强化内控，优化治理为目标，加强和改进审计工作，全年完成审计项目92项，发现问题金额1640万元，提交审计报告92份，提出审计建议425条，被采纳402条。

（蔡显琨　陈勇　张奇　王吉莉　张玮）

【科技教育】　科技开发。全年投入科研经费190万元，资助科技项目18项。“竖向预应力倒Y型斜塔双侧不对称斜拉桥施工技术”成果获中国施工企业协会科学技术二等奖，5项科技成果获股份公司科学技术奖，4项科技成果分别通过福建省和股份公司鉴定；“跨座式单轨PC轨道梁预制工法”被评为国家Ⅰ级工法，“岩盐地区耐腐蚀性混凝土施工工法”、“滨海地区软土地质网格式水冲法双排大口径顶管施工工法”被评为国家二级工法，6项工法被评为省部级工法，2项工法被评为股份公司优秀工法；3篇论文获股份公司优秀科技论文奖。编辑出版《工程科技》3期。

教育培训。全年培训干部5046人次。其中，政治理论培训1180人次；岗位任职资格培训104人次；中青年干部培训20人次；适应性培训1043人次；继续教育741人次；项目经理培训43人次；“十一大员”培训725人次；短期培训919人次；学历教育271人次。工人培训4042人次。其中，规范化岗位培训671人次；适应性培训3226人次；学历教育145人次。组织技师考前强化培训，13人取得高级技师任职资格，17人取得技师任职资格。

（乐伟　赵婉红）

【党群工作】　党的工作。集团公司党委下辖基层党委25个、党总支4个、党支部296个，有党员5386人。(1)加强理论学习。一是从3月下旬～6月底，组织13个工程公司党委、9个局管项目（指挥）部党工委，3453名在职党员和1715名离退休党员开展学习实践科学发展观活动。学习调研阶段，完成调研报告52篇，组织调研成果交流会、各个层面的解放思想讨论会23场；分析检查阶段，按照找准问题、分析原因、明确方向的要求，召开领导班子民主生活会，形成领导班子分析检查报告；整改落实阶段，按照“四明确、一承诺”和可操作、能落实、好检查的要求，制定《集团公司深入学习实践科学发展观整改措施实施方案》，细化10个大项98条整改落实项目。二是加强领导班子理论学习，全年组织中心组集中学习12次，参学率95%。领导班子成员认真落实基层单位包保责任制，结合工作实际给基层党员上党课；认真落实调研制度，围绕优化集团架构、加快工程公司专业化进程等15个课题，深入基层，调查调研，撰写报告，交流研讨。(2)干部和人才队伍建设。一是深化“四好领导班子”创建活动。严格政治达标考核制度，评比表彰2008年“四好领导班子”；集团公司领导班子被授予2008年度股份公司“四好领导班子”称号。二是加强工程公司领导班子建设。年内充实调整9个单位的领导班子，工程公司领导班子总人数126人，平均年龄44.8岁。三是加强人才队伍建设。全年录用高校毕业生726人，签约2010年毕业生600人；各专业高、中级职称评审分别通过81人和182人；引进专业人员57人。加大对年轻专业技术人员的培养，2004年以来的高校毕业生中，担任子分公司项目部中层以上岗位的有286人，占2004～2008年毕业且目前仍在岗人数的24%。四是建立健全集团公司和工程公司两级领导班子成员后备队伍。集团公司级后备人员15名，工程公司级后备人员162人。(3)项目党组织建设。按照“四同步”工作原则，及时做好新建项目党组织建设工作，为8个直属项目(指挥)部配齐配强委员会和党组织书记。继续推进“项目党组织建设示范点”活动和项目党建“二二二”管理机制，结合学习实践活动在基层党组织中广泛开展实践案例活动。结合建党88周年，组织开展“四先两创”先进集体、个人和优秀组织者评比表彰活动。认真做好党员教育管理和发展工作，全年发展党员124名，转入组织关系238名，转出102名。(4)宣传思想工作。一是广泛开展形势任务教育活动，在集团公司报刊发《拷问心灵》《号角声声》《你是主角》3篇评论员文章，登载《大江奔流》《回望征程》两篇形势任务教育文章，帮助干部职工直面危机、勇抓机遇，树立决战决胜的信心和勇气。二是认真抓好新闻报道工作，全年在各大媒体刊发稿件1659篇，其中在《中国铁道建筑报》刊发稿件数量名列股份公司系统第7。三是进一步提高报纸和门户网站质量，增强可读性、知识性、传播性。全年出版《中铁二十四局集团报》36期，刊发文字70余万字、图片约400幅；门户网站全年刊发文字30余万字、图片600余幅。四是扎实推进企业文化落地，广泛开展“工程公司文化建设年”活动，持续推进战略文化、人本文化、执行文化、诚信文化、安全质量文化、绩效文化“六大文化”建设。五是积极参加股份公司举办的“我与中国铁建”征文和“闪光的里程”书法、摄影、美术作品展，征集稿件50余篇，收集书法、摄影、美术作品40余幅，有4人获“我与中国铁建”征文奖，9人获书法、摄影、美术作品奖。(5)党风建设和反腐倡廉工作。一是将廉洁从业教育纳入党委中心组学习计划，强调不准把亲属劳务队、供应商、租赁商等安插到集团公司项目上，不准与外部施工队伍等建立个人之间的利益关系，不准收受外部施工队伍等任何礼金、礼品的“三不准”原则，继续坚决贯彻“两手抓两手都要硬”的方针。二是大力宣传反腐倡廉形势任务。全年组织反腐倡廉形势报告会85场次，受众面5325人次，撰写思考性文章32篇。通过深入的廉洁从业宣传教育，党员领导干部的自律意识得到强化，全年有19人次自觉上缴礼金、礼品和有价证券13.6万元。三是抓好反腐倡廉责任落实。两级领导班子逐级签订廉洁从业责任书143份，278名项目经理和项目书记作出书面廉洁承诺，与外部施工队伍签订廉洁从业协议书290份，使之成为日常督查和评价领导班子责任履行的重要依据。四是坚持反腐倡廉工作联席会议制度，每季组织机关职能部门对反腐倡廉工作重点进行研究、分析、检查和评估。五是认真做好信访受理、案件查处工作。全年查办违纪违法案件5件，受理信访举报8件。(6)和谐企业建设。各级党委充分认识维护社会和企业稳定对抓好、用好重要战略机遇期的特殊重要性，加强对稳定工作的领导和组织保障。集团公司建立维稳工作例会制度，每月召开会议集中分析稳定形势，制定相关对策，及时化解问题和矛盾；各单位认真做好基础工作，对本单位、本部门影响稳定的问题做到底数清、情况明、措施实，防范于未萌未发；认真倾听群众的诉求，解决群众反映的问题，防止矛盾和问题的不断累积与激化；针对重大活动、敏感时点和节假日，制定严密的应急预案，完善信访接待制度，妥善处理各类来信来访、集体上访等事件。年内化解50人以上群体性上访事件3起，企业、队伍保持稳定。

工会工作。集团公司工会下辖基层工会22个、工会小组488个，有工会专职干部59人，工会会员12441人。积极开展职工之家建设，建立合格职工之家52个、先进职工之家12个、模范职工之家27个。广泛开展劳动竞赛，获江西省五一劳动奖章4个、五一劳动奖状2个、“工人先锋号”4个。积极开展合理化建议和技术改进创新活动，对28项成果进行逐项评审，评出一等奖2项，上报股份公司2项。畅通民主管理渠道，建立健全职代会、企务公开、平等协商集体合同等制度。积极开展评先树模活动，获省部级五一劳动奖状5个、五一劳动奖章15个，1人被评为省部级劳动模范。建立评选先进单位、先进集体、先进员工、劳动模范机制，选出首批集团公司劳动模范10名。组织实施送温暖活动，走访慰问困难职工、离退休职工6308人次，投入送温暖资金280.4万元。

共青团工作。集团公司团委下辖二级团委11个、团总支3个、团工委7个、团支部133个，有35周岁以下青年3318人，团员2032人。坚持服务大局有新发展，服务企业有新贡献，服务青年有新作为的总体思路，紧紧围绕企业中心工作，紧密结合青年特点，深入开展青年工程、青年突击队立功竞赛活动，组织送医进工地，为农民工子弟小学进行世博英语义教活动，扎实推进团中央分类引导青年试点工作，取得新的成绩和进展。年内，集团公司团委被评为中央企业五四红旗团委、上海市先进团组织标兵和股份公司五四红旗团委，上海公司崔纯纯获上海市“新长征突击手标兵”称号，电务公司尹小能获股份公司十佳青年技术工人称号，4人分别获上海市“标杆青年突击队员”、“新长征突击手”、“青年工程、青年突击队立功竞赛优秀组织者”、“重点工程立功竞赛建设功臣”称号，3人被评为上海市优秀“青年突击队员”，2人被评为上海市“青年岗位能手”，2人获上海市重点工程立功竞赛记功个人荣誉；2个集体获上海市“共青团号”、3个集体获上海市优秀“青年突击队”、1个集体获上海市“新长征突击队”、1个集体获上海市五四特色团支部、2个集体获上海市重点工程立功竞赛活动先进集体称号，1个集体获上海市优秀基层团建工作项目奖。

（华彩红　马峻岭　李晓巍）

【安徽工程有限公司】 市政公用工程施工总承包一级，铁路、房屋建筑工程施工总承包二级，桥梁工程专业承包一级，钢结构、隧道、土石方工程专业承包二级，预应力工程专业承包三级资质企业。公司机关驻安徽省合肥市瑶海工业园区新海大道15号。前身是上海铁路局工程总公司第一工程公司，2002年6月企业改制改称上海铁路建设集团安徽第一工程有限公司，2005年1月更名为中铁二十四局集团安徽工程有限公司。董事长、党委书记王帮群，总经理李金亭（1月任）。下辖3个子公司、5个分公司。职工1080人。其中，干部407人；工人673人。技术干部332人，占干部总数的81.5%；技术工人494人，占工人总数的73.4%。资产总额169980万元。其中，固定资产原值17194万元、净值13275万元，流动资产15400万元；货币资金11816万元。机械运输设备722台（套），总功率11700千瓦，动力装备率10.60千瓦/人，技术装备率8.20万元/人。

2009年，承揽工程任务178300万元，完成企业总产值252975万元，其中施工产值232002万元。实现利润2158万元。全员劳动生产率234万元/人年，职工年人均收入32400元。完成主要实物工程量：土石方1386万立方米，桥梁11980延长米，铺轨58公里，隧道413延长米，涵渠656横延米。国有资产保值增值率102.36%，净资产收益率3.29%，产值利润率0.85%，资产负债率90.1%，投资收益上缴率100%，应上缴款完成率100%。实现连续安全生产2119天，工程质量合格率100%。年内，公司承建的合肥市金寨路高架桥工程获国家优质工程银质奖。（陈　芳）

【江苏工程有限公司】 市政公用工程施工总承包一级，铁路工程施工总承包二级，房屋建筑工程施工总承包三级，桥梁工程专业承包一级，钢结构、预应力工程专业承包二级资质企业。公司机关驻江苏省南京市龙蟠路新庄村54号。前身是上海铁路局工程总公司第二工程公司，2003年8月企业改制改称上海铁路建设集团江苏工程有限公司，2005年1月更名为中铁二十四局集团江苏工程有限公司。董事长、党委书记李小林，代总经理陶有祥（1月任）。下辖4个分公司。职工828人。其中，干部313人；工人515人。技术干部246人，占干部总数的78.6%；技术工人426人，占工人总数的82.7%。资产总额84346万元。其中，固定资产原值5022万元、净值3003万元；流动资产78422万元；其他资产5924万元。机械运输设备175台（套），总功率6704千瓦，动力装备率8.10千瓦/人，技术装备率3.19万元/人。

2009年承揽工程任务103000万元，完成企业总产值145558万元，其中施工产值145023万元。实现利润1905万元。全员劳动生产率227.4万元/人年，在岗职工年人均收入31932元。完成主要实物工程量：土石方463万立方米，桥梁24105延长米，涵渠578横延米，铁路架梁5孔，公路架梁112片，房屋建筑4500平方米。国有资产保值增值率136.32%，产值利润率1.31%，资产负债率89.87%，投资收益上缴率100%，应上缴款完成率100%。实现连续安全生产4401天，工程质量合格率100%。年内，公司被评为江苏省建筑业企业安全生产先进单位、质量管理优秀企业、重合同守信用企业，南京市政行业优秀企业；获江苏省优秀质量管理小组奖3项。（李良启　马铁栋）

【上海铁建工程有限公司】 市政公用、公路、房屋建筑工程施工总承包二级，铁路工程施工总承包三级，铁路铺轨架梁、桥梁、地基与基础、预应力工程专业承包二级，钢结构工程专业承包三级资质企业。公司机关驻上海市闸北区共和新路911号。前身是上海铁路局工程总公司第三工程公司，2005年10月26日企业改制改称中铁二十四局集团上海铁建工程有限公司。董事长、党委书记吴鹤敏，总经理陈克望。下辖3个子公司、4 个分公司。职工 991 人。其中,干部 389 人;工人 602 人。技术干部 284 人,占干部总数的 73%;技术工人 515 人,占工人总数的 85.6%。资产总额 106158 万元。其中,固定资产原值 12987 万元、净值 7466 万元;流动资产 96572 万元。机械运输设备 266 台(套),总功率 12080 千瓦,动力装备率 12.1 千瓦/人,技术装备率 6.26 万元/人。

2009 年承揽工程任务 137811 万元,完成企业总产值 220185 万元,其中施工产值 213443 万元。实现利润 1923 万元。全员劳动生产率 35.71 万元/人年,职工年人均收入 47528 元。完成主要实物工程量:土石方 215 万立方米,桥梁 9321 延长米,公路 20.7 公里,涵渠 2692 横延米,正线铺轨 9.1 公里,站线铺轨 1.5 公里,铺道岔 5 组,铁路架梁 837 孔,公路架梁 536 片,给排水管路 4.6 公里,圬工 18 万立方米,房屋建筑 12386 平方米。国有资产保值增值率 125.45%,净资产收益率 16.3%,产值利润率 0.87%,资产负债率 88.93%,投资收益上缴率 100%,应上缴款完成率 100%。年内,公司获省部级优质工程奖 3 个,优秀质量管理小组奖 1 个,股份公司优秀工法 2 项,上海市文明工地 2 个,股份公司安全质量标准化工地 1 个;公司被评为上海市“平安单位”。 (周顺芬)

【浙江工程有限公司】 市政公用、房屋建筑工程施工总承包一级,铁路工程施工总承包二级,桥梁工程专业承包一级,隧道、建筑装修装饰、预应力、钢结构工程专业承包二级资质企业。公司机关驻浙江省杭州市江城路 692 号。前身是上海铁路局工程总公司第四工程公司,2003 年 7 月企业改制改称上海铁路建设集团浙江工程有限公司,2005 年 1 月更名为中铁二十四局集团浙江工程有限公司。董事长、党委书记章国庆,总经理沈志明(9 月任)。下辖 2 个子公司、5 个分公司(站、中心)。职工 804 人。其中,干部 339 人;工人 405 人。技术干部 254 人,占干部总数的 74.93%;技术工人 391 人,占工人总数的 96.5%。资产总额 129602 万元。其中,固定资产原值 5162 万元、净值 2767 万元;流动资产 124613 万元;其他资产 4989 万元。机械运输设备 327 台(套),总功率 7571 千瓦,动力装备率 9.8 千瓦/人,技术装备率 1.3 万元/人。

2009 年承揽工程任务 91661 万元,完成企业总产值 171997 万元,实现利润 2023 万元。全员劳动生产率 27.94 万元/人年,职工年人均收入 3.66 万元。完成主要实物工程量:土石方 107.9 万立方米,桥梁 21529 延长米,涵渠 1258 横延米,铺轨 18.2 公里,圬工 28 万立方米,给排水管路 6.3 公里,房屋建筑 18503 平方米,钻孔桩 12.6 万米,管桩 10.6 万米,搅拌桩 86.1 万米,铁路架梁 344 孔,公路架梁 28 孔。国有资产保值增值率 129.3%,净资产收益率 20.37%,产值利润率 1.18%,资产负债率 92.66%,投资收益上缴率 100%,应上缴款完成率 100%。年内,公司被评为浙江省建筑业诚信企业,2 个集体被评为浙江省重点建设立功竞赛先进集体,1 个工地获浙江省市政安全文明施工标准化工地称号。 (高建华)

【福建铁路建设有限公司】 市政公用、铁路工程施工总承包一级,房屋建筑、公路工程施工总承包二级,桥梁、隧道工程专业承包一级,地基与基础、铁路铺轨架梁工程专业承包二级及城市轨道交通工程专业承包资质企业。公司机关驻福建省福州市晋安区沁园路 77 号。前身为上海铁路局福州工程总公司,2001 年 1 月企业改制改称福建铁路建设(集团)有限公司,2004 年 3 月更名为中铁二十四局集团福建铁路建设有限公司。董事长、党委书记刘钦曙,总经理林志勇。下辖 4 个分公司、6 个子公司。职工 1918 人。其中,干部 792 人;工人 1126 人。技术干部 694 人,占干部总数的 87.6%;技术工人 854 人,占工人总数的 75.8%。资产总额 165474 万元。其中,固定资产原值 24255 万元、净值 14807 万元;流动资产 146082 万元。机械运输设备 422 台(套),总功率 11324 千瓦,技术装备率 5.24 万元/人,动力装备率 5.9 千瓦/人。

2009 年承揽工程任务 120365 万元,完成企业总产值 321386 万元,其中施工产值 318500 万元。实现利润 3154 万元。全员劳动生产率 168 万元/人年,职工年人均收入 35786 元。完成主要实物工程量:路基土石方 1382 万立方米,隧道 7763 延长米,桥梁 19434 延长米,涵渠 6665 横延米,正线铺轨 316 公里,站线铺轨 19 公里,铺道岔 102 组,铁路架梁 665 孔,公路架梁 326 片,圬工 13 万立方米,公路 12 公里,房屋建筑 236871 平方米。国有资产保值增值率 108.83%,净资产收益率 16.27%,产值利润率 0.98%,资产负债率 89.95%,投资收益上缴率 100%,应上缴款完成率 100%。公司实现安全生产 5826 天,连续第 16 个安全年。年内,公司获火车头优质工程奖 1 项,福建省闽江杯优质工程奖 3 项,福建省用户满意工程奖 1 项;连续 5 年被评为福建省“安康杯”竞赛先进企业。

(李本光)

【南昌铁路工程有限公司】 铁路、市政公用、公路工程施工总承包一级,桥梁、隧道工程专业承包一级,铁路铺轨架梁、混凝土预制构件专业承包二级资质企业。公司机关驻江西省南昌市二七南路 109 号。前身是南昌铁路局工程总公司,2002 年 1 月企业改制改称南昌铁路工程(集团)有限责任公司,2003 年 11 月划转中国铁道建筑总公司管辖,2004 年 3 月隶属中铁二十四局集团有限公司管理,2005 年 4 月更名为中铁二十四局集团南昌铁路工程有限公司。董事长、总经理黄任平,党委书记周南昌。下辖 4 个子公司。职工 2096 人。其中,干部 791 人;工人 1305 人。技术干部 616 人,占干部总数的 77.88%;技术工人 741 人,占工人总数的 56.78%。资产总额 182888 万元。其中,固定资产原值 9406 万元、净值 3957 万元;流动资产 175112 万元;其他资产 3818 万元。机械运输设备 487 台(套),总功率 11465 千瓦,动力装备率 5.47 千瓦/人,技术装备率 11.98 万元/人。

2009 年承揽工程任务 126987 万元,完成企业总产值 223380 万元,其中施工产值 216911 万元。实现利润 2616 万元。全员劳动生产率 103 万元/人年,职工年人均收入 31224 元。完成主要实物工作量:路基土石方 889.54 万立方米,隧道 994 延长米,桥梁 22735 延长米,涵渠 7108 横延米,圬工 15.6 万立方米,正线铺轨 86.55 公里,站线铺轨 33.11 公里,铺道岔 171 组,上道砟 37.72 万立方米,给排水管路 8434 米。国有资产保值增值率 125.41%,净资产收益率 27.26%,产值利润率 1.17%,资产负债率 95.81%,投资收益上缴率 100%,应上缴款完成率 100%。实现连续安全生产 915 天,工程质量合格率 100%。年内,公司获江西省 100 强企业、优秀企业、文明单位等称号;获全国工程系统优秀质量管理小组活动成果二等奖 1 项,江西省优秀质量管理小组活动成果三等奖 2 项。

(程绍玢)

【新余工程有限公司】 市政公用工程施工总承包一级,铁路、房屋建筑工程施工总承包二级,公路工程施工总承包三级,隧道、桥梁、土石方、建筑装修装饰工程专业承包一级资质企业。公司机关驻江西省新余市铁兴路 216 号。前身是南昌铁路工程(集团)有限责任公司第一、第三工程公司,2005 年 2 月整合重组为南昌铁路新余工程有限责任公司,2007 年 1 月更名为中铁二十四局集团新余工程有限公司。董事长、总经理吴义良,党委书记吴明华(2 月任)。下辖 4 个分公司、1 个管理中心和 1 个办事处。职工 1747 人。其中,干部 548 人;工人 1199 人。技术干部 415 人,占干部总数的 75.7%;技术工人 956 人,占工人总数的 79.7%。资产总额 90547 万元。其中,固定资产原值 6788 万元、净值 3865 万元;流动资产 84735 万元;其他资产 5812 万元。机械运输设备 194 台(套),总功率 10176 千瓦,动力装备率 5.82 千瓦/人,技术装备率 1.53 万元/人。

2009 年承揽工程任务 90000 万元,完成企业总产值 143288 万元,其中施工产值 143020 万元。实现利润 1909 万元。全员劳动生产率 82.1 万元/人年,职工年人均收入 25900 元。完成主要实物工程量:路基土石方 826 万立方米,隧道 10290 延长米,桥梁 14528 延长米,涵渠 1802 横延米,圬工 19.4 万立方米,正线铺轨 11 公里,站线铺轨 8.6 公里,铺道岔 52 组,上道砟 1.1 万立方米。国有资产保值增值率 133.06%,净资产收益率 24.28%,产值利润率 1.33%,资产负债率 91.5%,应上缴款完成率 45.5%。年内,公司参建的浙赣线电气化提速改造工程温厚特大桥获国家优质工程银质奖,沪宁城际铁路工程四工区获得火车头奖杯,昌九城际项目部二分部获江西省"工人先锋号"称号。

(李国华)

【南昌建设有限公司】 房屋建筑、市政公用工程施工总承包一级,铁路工程施工总承包二级,公路工程施工总承包三级,钢结构、机电设备安装、建筑装饰装修工程专业承包一级,桥梁、隧道工程专业承包二级资质企业。公司机关驻江西省南昌市二七南路 116 号。前身是南昌铁路工程总公司建筑工程公司,1999 年 12 月企业改制改称南昌铁路建筑工程有限责任公司,2007 年 5 月更名为中铁二十四局集团南昌建设有限公司。董事长、总经理易曙青,党委书记陈仁光。下辖 2 个子公司。职工 1063 人。其中,干部 450 人;工人 613 人。技术干部 349 人,占干部总数的 77.56%;技术工人 134 人,占工人总数的 21.86%。资产总额 84627 万元。其中,固定资产原值 2463 万元、净值 1080 万元;流动资产 82723 万元。机械运输设备 49 台(套),总功率 3580 千瓦,动力装备率 3.37 千瓦/人,技术装备率 0.88 万元/人。

2009 年承揽工程任务 70500 万元,完成企业总值 145500 万元,其中施工产值 145300 万元。实现利润 1628 万元。全员劳动生产率 44.88 万元/人年,职工年人均收入 32600 元。完成主要实物工程量:土石方 943 万立方米,隧道 1199 延长米,桥梁 5886 延长米,涵渠 4608 横延米,铺轨 7 公里,铺道岔 5 组,公路架梁 211 片,给排水管路 4.1 公里,圬工 142521 立方米,公路 7 公里,房屋建筑 108799 平方米。国有资产保值增值率 124.81%,净资产收益率 19.63%,产值利润率 1.12%,资产负债率 91.43%,投资收益上缴率 100%,应上缴款完成率 100%。年内,公司承建的井冈山市站房工程获国家优质工程银质奖,明珠广场工程获江西省优良结构工程奖,抚州市四套领导班子机关办公用房工程"轻型吊架"成果被授权国家实用新型专利,获江西省建设工程优秀质量管理活动成果一等奖 1

项;公司被评为江西省守合同重信用 AAA 企业。

(杨 佳)

【上海电务电化有限公司】 铁路电务工程专业承包一级,铁路电气化、电信工程专业承包二级,城市及道路照明、建筑智能化工程专业承包三级资质企业。公司机关驻上海市闸北区天目中路 585 号 18 楼。2005 年 6 月 15 日,由原上海铁路局工程总公司电务工程公司、福建铁路建设(集团)有限公司福州电务工程分公司、南昌铁路工程(集团)有限责任公司电务工程公司整合重组而成。董事长王怡烈,党委书记云柏,总经理吴耘。下辖 3 个分公司。职工 1019 人。其中,干部 408 人;工人 611 人。技术干部 378 人,占干部总数的 92.6%;技术工人 346 人,占工人总数的 56.6%。资产总额 93604 万元。其中,固定资产原值 3261 万元、净值 1415 万元;流动资产 89759 万元。机械运输设备 159 台(套),总功率 5287 千瓦,动力装备率 5.2 千瓦/人,技术装备率 0.7 万元/人。

2009 年承揽工程任务 99114 万元,完成企业总产值 90735 万元,其中施工产值 90687 万元。实现利润 1408 万元。全员劳动生产率 95.51 万元/人年,职工年人均收入 41949 元。完成主要实物工程量:通信线路 627 条公里,自动闭塞 69 公里,电气集中联锁道岔 589 组,供电线路 316 条公里,变电所 4 座,接触网 5 公里。国有资产保值增值率 102.47%,净资产收益率 3.07%,产值利润率 1.55%,资产负债率 88.15%,投资收益上缴率 100%,应上缴款完成率 100%。年内,公司获全国优秀质量管理小组奖 1 项,省部级优质工程、优秀 QC 成果奖各 1 项。

(沈 宇)

【贵溪桥梁厂有限公司】 混凝土桥梁、轨枕,铁路、公路等工业与民用建筑混凝土构件生产许可企业。公司机关驻江西省贵溪市柏里路 7 号。前身是南昌铁路局贵溪桥梁厂,2006 年 1 月企业改制改称中铁二十四局集团贵溪桥梁厂有限公司。董事长、总经理胡金生,党委书记杨坡。下辖轨枕、路桥分公司及 15 个现场制梁场。职工 386 人。其中,干部 120 人;工人 266 人。技术干部 92 人,占干部总数的 76.7%;技术工人 214 人,占工人总数的 80.5%。资产总额 86558 万元。其中,固定资产原值 23499 万元、净值 16772 万元;流动资产 66656 万元。机械运输设备 867 台(套),总功率 8422 千瓦,动力装备率 22.16 千瓦/人,技术装备率 61.83 万元/人。

2009 年承揽生产任务 31600 万元,完成企业总产值 150358 万元,实现利润 1042 万元。全员劳动生产率 390 万元/人年,职工年人均收入 45600 元。完成主要生产量:桥梁 2321 孔,轨枕 83 万根。国有资产保值增值率 115.71%,净资产收益率 13.99%,产值利润率 0.69%,资产负债率 92.9%,投资收益上缴率 100%,应上缴款完成率 100%。

(叶国华)

【鹰潭设备安装工程有限公司】 机电设备安装、钢结构工程专业承包一级,起重设备安装工程专业承包二级资质企业。公司机关驻江西省鹰潭市环城东路 105 号。前身是南昌铁路工程总公司设备安装工程公司,2001 年 12 月企业改制改称南昌铁路设备安装工程有限责任公司,2006 年 1 月更名为中铁二十四局集团鹰潭设备安装工程有限公司。董事长、党委书记丁力,总经理叶光灿。下辖 12 个项目部和 1 个工厂。职工 287 人。其中,干部 127 人;工人 160 人。技术干部 81 人,占干部总数的 63.8%;技术工人 120 人,占工人总数的 75%。资产总额 38203 万元。其中,固定资产原值 20034 万元、净值 17717 万元;流动资产 18950 万元。机械运输设备 18 台(套),总功率 10462 千瓦,动力装备率 25.09 千瓦/人,技术装备率 38.8 万元/人。

2009 年承揽工程任务 38288 万元,完成企业总产值 42411 万元,实现利润 321 万元。全员劳动生产率 108.1 万元/人年,职工年人均收入 45602 元。完成主要实物工程量:铁路架梁 1499 孔。国有资产保值增值率 110.45%,净资产收益率 10.32%,产值利润率 0.76%,资产负债率 91.76%,投资收益上缴率 100%,应上缴款完成率 100%。年内,公司获股份公司先进集体称号。

(沈 桢)

【上海房地产开发有限公司】 房地产开发三级资质企业,上海市房地产协会理事单位。公司机关驻上海市民德路 20 号。前身是上海铁路局房地产开发经营公司,2001 年 7 月企业改制改称上海铁路建设集团房地产有限公司,2005 年 9 月更名为中铁二十四局集团上海房地产开发有限公司。董事长、总经理倪杰,党委书记纪超。下辖 3 个子公司。职工 122 人。其中,干部 68 人;工人 54 人。技术干部 52 人,占干部总数的 76.47%;技术工人 54 人,占工人总数的 100%。资产总额 7666 万元。其中,固定资产原值 862 万元、净值 563 万元;流动资产 6933 万元。

2009 年承揽工程任务 12639 万元,完成企业总产值 20317 万元,其中施工产值 19386 万元。实现利润 147 万元。全员劳动生产率 113.5 万元/人年,职工年人均收入 49787 元。国有资产保值增值率 104.46%,净资产收益率 4.41%,产值利润率 0.76%,资产负债率 67.27%,投资收益上缴率 100%,应上缴款完成率 100%。

(王旻敏)

【路桥分公司】 驻上海市秣陵路80号华象大楼15F。2006年1月，由原集团公司路桥分公司与道桥分公司合并成立。总经理刘宝剑，党委书记奚跃忠。下辖16个工程项目部。职工104人，其中专业技术人员76人。资产总额42952万元。其中，固定资产原值1002万元、净值651万元；流动资产42301万元。

2009年承揽工程任务62027万元，完成企业总产值65018万元，实现利润1626万元。全员劳动生产率625万元/人年，职工年人均收入100000元。完成主要实物工程量：土石方105万立方米，公路12公里，桥梁6315延长米，铺轨3公里，圬工80万立方米，给排水管路45公里，立交桥9座。实现连续安全生产1460天，工程质量合格率100%。年内，公司承建的常州市青洋大桥工程获中国土木工程詹天佑奖，苏州市人民路北延下穿立交工程获江苏省优质市政示范工程奖。

（朱桂芳）

【重要记载】

▲1月3日 集团公司中标阿荣旗至北海公路万源（陕川界）至达州（徐家坝）段高速公路土建工程D3合同段，合同投资23811万元。

▲1月5日 集团公司中标改建铁路杭州铁路枢纽杭州东站扩建工程Ⅱ标段，合同投资65480万元。

▲1月9日 集团公司中标陕西十天高速A－CD22合同段，合同投资23405万元。

▲1月18日 中共中央政治局委员、上海市市委书记俞正声到京沪高速铁路上海虹桥枢纽工地，亲切慰问集团公司参建员工。

▲2月11日 中国驻马里大使张国庆、马里妇女儿童和家庭促进部部长当芭、马里城市化部部长福法纳视察集团公司承建的巴马科河南、河北两项妇女儿童活动中心工程。

▲2月12日 中共中央总书记、国家主席胡锦涛在访问马里期间与集团公司马里项目部经理、总工程师等人合影。

▲2月17日～19日 集团公司利用视频会议系统召开2009年度QC小组成果发布会。

▲2月27日～3月1日 集团公司2009年工作会议暨党委（扩大）会议、一届四次职工代表大会、党风建设和反腐倡廉工作会议在上海召开。

▲2月 集团公司开展成立5周年十件大事评选活动。

▲3月1日 集团公司中标新建南京至杭州铁路客运专线站前及相关工程NHZQ－4标段，合同投资215700万元。

▲3月22日 集团公司深入学习实践科学发展观活动正式启动。

▲3月30日 集团公司中标陕西省蒲城至渭南高速公路路基桥涵第5合同段，合同投资20310万元。

▲4月3日 集团公司中标新建上海至杭州铁路客运专线站前工程HHZQ－1标段，合同投资241241万元。

▲4月6日 集团公司中标新建上海综合维修基地工程，合同投资41166万元。

▲7月4日 集团公司召开深入学习实践科学发展观活动总结大会。

▲7月6日 尼日利亚首都地区部部长阿里艾罗、首席经济顾问雅库布在集团公司董事长、党委书记王北京等陪同下，到集团公司承建的京沪高速铁路上海虹桥站工程项目参观考察。

▲7月9日 集团公司中标改建铁路漯河至阜阳增建二线工程LFSG－2标段，合同投资206843万元。

▲7月14日 宁启铁路复线电气化工程建设动员大会在江苏省泰州市举行，江苏省省委书记梁保华、省长罗志军出席大会。集团公司总经理韩家英应邀出席。

▲8月6日 集团公司中标新建铁路阜阳至六安线工程Ⅱ标段，合同投资151829万元。

▲同日 集团公司中标合肥市裕溪路高架工程3标段，合同投资26918万元。

▲8月7日 合肥市城市轨道交通1号线试验段开工典礼在滨湖新区隆重举行。安徽省省委常委、合肥市市委书记孙金龙，市长吴存荣等省市领导出席仪式。集团公司董事长、党委书记王北京应邀出席并代表施工单位发言。

▲8月10日 阜（阳）六（安）铁路开工建设动员大会在安徽省六安市隆重召开。安徽省省委书记、省人大常委会主任王金山，安徽省省委副书记、省长王三运等省市领导出席开工仪式并为工程奠基。集团公司董事长、党委书记王北京应邀出席。

▲8月30日 集团公司中标合肥市南北高架1号线（中段）工程2标段，合同投资76662万元。

▲9月15日 国家安全生产监督管理总局副局长梁嘉琨率国务院安委会第14督查组在集团公司总经理韩家英、副总经理朱赤陪同下，到集团公司昌九城际铁路项目检查施工安全生产情况。

▲10月6日 集团公司中标包头至茂名国家高速公路湖南省怀化至通道高速公路土建工程7标段，合同投资24400万元。

▲10月30日 集团公司中标厦门（海沧）至漳州（天宝）高速公路厦门段公路工程东孚隧道先期工程，合同投资23000万元。

▲12 月 1 日 集团公司中标重庆轨道交通 6 号线一期工程上新街至礼嘉段礼嘉车站及区间隧道工程，合同投资 23579 万元。

（姚小平 华彩红 蔡显琨）

中铁二十五局集团有限公司

【简况】 中铁二十五局集团有限公司是铁路工程施工总承包特级，房屋建筑、市政公用、公路工程施工总承包一级，水利工程施工总承包二级，桥梁、隧道、公路路基、铁路铺轨架梁工程专业承包一级及城市轨道交通工程专业承包资质企业。公司机关驻广东省广州市越秀区中山一路 55 号。董事长王汉林，党委书记王精华，总经理安康。下辖广州、柳州铁路工程有限公司，第二、第三工程有限公司，电务工程有限公司、建筑安装工程有限公司、恒元建筑工程有限公司、南方实业开发有限公司、广州铁诚工程质量检测有限公司。职工 8392 人。其中，干部 3456 人；工人 4512 人。专业技术干部 3377 人，占干部总数的 98%；技术工人 2651 人，占工人总数的 58.8%。资产总额 597300 万元。其中，固定资产原值 120300 万元、净值 65906 万元；流动资产 468500 万元；其他资产 8500 万元。机械设备 4240 台(套)，原值 54176 万元、净值 32677 万元，总功率 91301 千瓦，动力装备率 15.7 千瓦/人，技术装备率 5.6 万元/人，完好率 93.5%，利用率 71.2%。年施工能力 150 亿元。

2009 年承揽工程任务 2240000 万元，完成企业总产值 836000 万元。其中，施工产值 802400 万元；附营产值 33600 万元。实现利润 8930 万元。全员劳动生产率 422520 元/人年，职工年人均收入 42729 元。完成主要实物工程量：土石方 2772 万立方米，隧道 23725 延长米，桥梁 38728 延长米，制梁 539 孔，架梁 1392 孔，房屋建筑 37 万平方米，铺轨 525.7 公里，公路 36.7 公里。

（雷 罡）

【领导人员】

董事会

董事长	王精华(10 月免)
	王汉林(10 月任)
副董事长	王汉林(10 月免)
	王精华(10 月任)
董事	安 康(10 月任)
	黄卫民
	王小青

监事会

监事	贺爱民

经理层

总经理	王汉林(10 月免)
	安 康(10 月任)
副总经理	卫建峰
	臧 丹
	况成明
	任国华
	李茂松
	葛 斌(10 月任)
总经济师	任国华
总工程师	王小青
总会计师	郑丽华

党群领导

党委书记	王精华
党委副书记	王汉林
	黄卫民
	贺爱民
纪委书记	贺爱民
工会主席	王志国(10 月任)

（贺振宇）

【职工队伍】 年末职工总数 8392 人，其中干部 3456 人。干部中，女干部 651 人，占干部总数的 18.8%；少数民族干部 337 人，占干部总数的 9.7%；专业技术干部 3377 人，占干部总数的 98%。本科以上学历 1741 人，占干部总数的 50.3%；大专学历 1265 人，占干部总数的 36.6%；中专学历 376 人，占干部总数的 10.9%；高中以下 74 人，占干部总数的 2.1%。30 岁以下 1759 人，31 岁～35 岁 458 人，36 岁～40 岁 466 人，41 岁～45 岁 308 人，46 岁～50 岁 212 人，51 岁～54 岁 144 人，55 岁以上 109 人。专业技术干部中，高级职务 230 人，中级职务 893 人，初级职务 1656 人；工程系列 2558 人，经济系列 247 人，会计系列 312 人，卫生系列 9 人，统计系列 2 人，教育系列 2 人，政工系列 240 人。年内接收大学毕业生 578 人。

工人 4512 人，其中技术工人 2651 人，占工人总数的 58.8%。技术工人中，高级技师 7 人，技师 54 人，高级工 1433 人，中级工 191 人。文化程度：初中以下 2474 人，高中 1444 人，技校、中专 374 人，大专以上 220 人。年龄结构：30 岁以下 215 人，31 岁～40 岁 1431 人，41 岁～50 岁 1757 人，50 岁以上 1109 人。

（贺振宇）

【工程项目指挥机构】 襄渝铁路二线胡安段工程指挥部　集团公司副总经理臧丹兼任指挥长、党工委书记。驻陕西省旬阳县兴旬路中段农业局园内。

湘桂铁路7标段工程指挥部　集团公司副总经理卫建峰任指挥长、党工委书记。驻广西壮族自治区柳州市鹅山路菜市区23号。

广珠铁路工程指挥部　指挥长、党工委书记门智杰。驻广东省广州市白云区江高镇夏荷路18号。

武广铁路客运专线项目经理部　陶石林任项目部经理。驻广东省韶关市浈江区梨市镇梅村铁路林场内。

洛张铁路电气化改造工程指挥部　指挥长、党工委书记李建云。驻湖南省张家界火车北站宇航酒店。

（张建军）

【铁路工程施工】 在建铁路工程74项，完成施工产值571400万元。重点工程进展情况：

广珠铁路SG－Ⅰ标段　标段长16.9公里，合同投资185900万元。2008年4月开工，合同工期45个月。主要工程量：路基土石方234.62万立方米，特大桥5座10573.75延长米，中桥4座220.7延长米，简支梁制运架2436孔，正线铺轨169.593公里。开工累计完成投资49600万元，占合同投资的26.7%。

太中银铁路ZQ－1－1标段　标段长52公里，合同投资100300万元。2006年9月开工。主要工程量：路基土石方180万立方米，桥梁17746延长米，涵洞1729横延米，架梁1094孔，铺轨145公里，铺道岔177组。开工累计完成投资60000万元，占合同投资的59.8%。

湘桂铁路扩改工程Ⅶ标段　标段长68公里，合同投资324000万元。2009年4月开工，合同工期36个月。主要工程量：路基土石方1193.6万立方米，涵洞10338横延米，桥梁12862延长米，制架梁888片，隧道310延长米，房屋建筑85万平方米，铺轨357公里，铺道砟114万立方米。开工累计完成投资25000万元，占合同投资的7.7%。

湘桂铁路扩改工程衡阳至永州段GTXG－1标段　标段长24.4公里，合同投资142000万元。2009年3月开工，合同工期34个月。主要工程量：土石方328万立方米，桥梁10933双线延长米，预制单线简支T梁449单线孔，正线铺轨202公里，站线铺轨16公里，铺道岔69组，铺道砟57万立方米。开工累计完成投资38600万元，占合同投资的27.2%。

衡茶吉铁路HCJ－1标段　合同投资105345万元。2009年4月开工，合同工期33个月。主要工程量：路基土石方857万立方米，涵洞3831横延米，隧道5座，其中鹅岭隧道长10445米，无砟轨道10公里。开工累计完成投资26900万元，占合同投资的25.5%。

郑西铁路客运专线郑州至渑池段站前工程第ZQ4标段　标段长278.3公里，合同投资131000万元。2006年8月开工，合同工期36个月。主要工程量：路基土石方94万立方米，铺长轨558公里。开工累计完成投资161000万元，占合同投资的100%。

海南东环线铁路站前工程DH2－3标段　标段长18.3公里，合同投资78900万元。2007年10月开工，合同工期29个月。主要工程量：路基土石方194万平方米，桥梁7座6912延长米，隧道1座2200延长米，制运架箱梁552榀，移动模架现浇梁56孔。开工累计完成投资84300万元，占合同投资的106.8%。

黄桶至织金铁路站前工程2标段　标段长38.6公里，合同投资58500万元。2005年12月开工。主要工程量：路基土石方468万立方米，桥梁23座5896延长米，隧道19座18864延长米。开工累计完成投资53302万元，占合同投资的91.1%。

遂渝铁路二线ZH－Ⅱ标段　标段长95.7公里，合同投资177000万元。2009年1月开工，合同工期24个月。主要工程量：路基土石方574万立方米，桥梁62座22620延长米，涵洞112座2223.59延长米，隧道35座22218延长米。开工累计完成投资31750万元，占合同投资的17.9%。

赣州至韶关铁路ZQ－1标段　标段长59.2公里，合同投资98500万元。2009年8月开工，合同工期30个月。主要工程量：新建车站6座，路基土石方928万立方米，桥梁33座9212.6延长米，隧道9座8258延长米，涵洞284座6895.6横延米，铺轨14.2公里。开工累计完成投资16600万元，占合同投资的16.8%。

南广铁路NGZQ－3－2标段　标段长19.11公里，合同投资177000万元。主要工程量：涵洞65座1673.39横延米，路基土石方406万立方米，铺轨436.92公里，铺道砟125万立方米，铺道岔128组。

（王慧贞）

【铁路外工程施工】 在建路外工程96项，完成施工产值110700万元。主要工程进展情况：

深圳南坪快速路二期工程第4合同段　线路长2088米，合同投资45000万元，2008年12月开工。年内完成投资21000万元。

汝城至郴州高速公路土建工程第20合同段　位于湖南省境内，线路长4.156公里，合同投资18000万元。主要工程量：隧道2座5595延长米。2008年10月开工，开工累计完成投资7896.8万元，占合同投资的1.7%。

广州市轨道交通6号线如意坊站及站前折返线土建工程　车站长253米，合同投资18300万元。2006年4月开工，开工累计完成投资8115万元，占合同投资的44%。

娄新高速公路第4合同段　位于湖南省境内，线路长6.872公里，合同投资18000万元。主要工程量：路基土石方191.9万立方米，桥梁5座1497.68延长米，服务区1个。2008年11月开工，开工累计完成投资5609万元，占合同投资的31.2%。

（王慧贞　朱必礼）

【经营管理】　工程承揽。全年承揽工程任务62项，新签合同额224亿元。其中，铁路工程178亿元，占合同总额的79%；公路工程20亿元，占合同总额的9%；市政工程12亿元，占合同总额的5.5%；房屋建筑工程4亿元，占合同总额的3.4%；其他工程10亿元，占合同总额的4.5%。

企业管理。年内加快产业结构优化和区域布局调整步伐，拟成立轨道交通工程、房地产、北方、西北公司4家二级机构；调整经理层工作分工，进一步落实经理层管理责任；出台《关于进一步明确当前项目管理权责的意见》，规范项目管理权责；进一步加强基础管理工作，制定经营、人事、项目、安全质量管理五大类20多项制度；着力推进工程公司建设，改善工程公司管理团队结构，全年调整8家子公司领导班子成员，涉及干部56人次；基本完成集团机关职能调整和机构改革，理顺了部门职能；实行新的分包差政策，为基层公司减负6853万元；长沙经济适用房交付使用。年内，公司晋升隧道、桥梁两项一级资质，一项铁路工程总承包二级资质。集团公司及所属子公司通过质量、环境、职业健康安全管理体系年度审核。

安全质量管理。狠抓重点工程的安全监控和基础管理，落实安全生产逐级负责制和岗位责任制，开展安全隐患排查专项整治活动，建立长效机制与安全约束机制，全面提升集团公司安全管理水平。组织参加3期国家安全技术培训中心举办的应急预案培训班。集团公司作为广东省安监局安全生产应急预案管理试点单位，编写的《集团公司安全生产事故综合应急预案》《集团公司铁路交通安全生产事故专项应急预案》等7个专项预案，通过广东省评审获准修订发布。集团公司实现2009年度安全管理目标。严格规范要求，认真执行设计、合同文件组织施工作业，工程质量稳定有序，年内交验单位工程632项，合格率100%，无重大工程质量事故发生，无业主及顾客质量投诉。2009年，全集团获优质工程奖8项。其中，中国土木工程詹天佑奖1项；中国建设工程鲁班奖1项；国家优质工程银质奖1项；火车头优质工程一等奖4项；股份公司优质工程奖1项。

财务管理。强力推进财务集中管理，全面正式启用浪潮财务信息集中管理系统，全集团上线率100%，阶段目标基本实现；资金集中管理稳步推进，成立集团公司资金中心，集团公司“资金池”初步形成，全年内部调剂资金余额7.45亿元，节约了利息支出；与税务局联合开展“税企共建廉政文化示范点”活动，加强税务沟通、筹划，化解税务风险；增加注册资本，优化资产结构，改善资产质量；清理历史遗留问题，抓好清欠，降低企业经营风险；制定《集团公司工程项目核算办法》，理顺经济核算关系，规范企业管理。

（雷　罡　王惠贞　翟湘萍　周永才）

【科技教育】　科技开发。2009年，集团公司投入科技开发经费10720万元。2项科研课题获股份公司经费资助，6项科技成果通过股份公司评审，获股份公司科学技术奖4项，铁道部科学技术奖3项。开发股份公司级工法4项，铁道部部级工法2项，国家级工法4项；研发4项专利，编写1项国家行业标准；技术中心通过广东省省级企业技术中心认定；获国家和铁道部QC成果奖各1项。

教育培训。全年举办培训班42期，培训职工2500人次。其中管理人员培训680人次；“十一大员”及技能操作人员培训1820人次。培养技师人选34人，高级技师人选2人。通过培训取得建设部等3部委认可使用的各类证书1000多本，取得国家劳动与社会保障部颁发的技能上岗证书170本。

（贺振宇　符望春）

【综合管理】　企业重视和强化综合治理工作，全年企业内部政治安定、治安稳定，职工队伍稳定；两级公司及工地的内部保卫工作有效，未发生各类刑事和重大治安案件。高度重视消防工作，集团公司和各单位均制定消防应急预案、消防安全制度等管理办法，每年组织职工进行消防知识培训教育和现场灭火操作演练，定期组织防火安全检查。组织相关单位对管内广东、湖南、广西的经营点进行防火、防爆安全检查。年内，集团公司机关处理来信156件，来访214件，立案51件，结案49件，结案率97%。2009年，2个子公司通过国家二级企业档案目标认定，集团公司获广东省直及中直驻粤单位档案工作评估优秀单位称号。

（梁冬生　罗广香）

【党群工作】　党的建设。集团公司党委下辖二级党委11个、党工委6个，党支部（党总支）254个；有党员

4979人。(1)认真开展深入学习实践科学发展观活动。全集团按照上级党组织部署,以"抢抓机遇保增长,苦练内功促发展"为主题,以两级领导班子和处级以上干部为重点,加强组织领导,注重宣传教育,深入学习研讨,联系实际,边学边改,实现"党员干部受教育,科学发展上水平,人民群众得实惠"的要求。全集团学习实践活动群众满意度测评满意率达到92.2%。(2)党的建设。集团公司党委坚持把党组织工作制度与公司法人治理结构工作规则相结合,修订《党委会议事规则》。坚持完善"双向进入、交叉任职"的企业领导体制,积极推进党组织参与企业重大问题决策。组织召开全集团党委书记座谈会,就企业党组织在规范法人治理结构下如何融入中心工作,发挥政治核心作用的新途径和新机制进行探索。以"五好党支部"创建活动为载体,推动项目部党建工作与生产经营管理工作的有机结合。重视从党员专业技术干部和党员大学生中培养选拔党支部书记,全年有20余名大学生被培养为项目部党支部书记。注重从优秀高校毕业生、生产经营骨干中培养发展党员,全年发展党员69名。(3)领导班子和人才队伍建设。认真开展创建"四好领导班子"活动,进一步加强两级领导班子思想、政治、作风和能力建设。按照股份公司推进工程公司建设要求,重点加强工程公司领导班子组织建设。2009年,先后对8个子公司领导班子进行全面考核,调整配备领导干部99人次。重点抓好经营管理者、专业技术人员和技术工人队伍建设,制定下发《集团公司项目经理管理暂行办法》和《集团公司优秀项目经理评选办法》。印发《集团公司高等院校毕业生见习管理暂行规定》,推动见习生管理规范化、制度化。(4)企业文化建设和宣传思想工作。深入开展"机遇与信心、目标与责任"主题形势任务教育,引导职工认清形势,坚定信心,抢抓机遇,苦练内功,全面实现年度各项任务目标。围绕生产经营,组织专题宣传,重点宣传推广先进典型,推动了集团公司重点工作落实。围绕打造品牌形象,扩大社会影响,大力宣传推广重点项目和重要业绩,全年在省部级以上媒体发表新闻稿件突破2000篇。着力加强新闻危机管理,下发《关于建立集团公司新闻发言人制度的通知》,建立集团公司、子公司、工程项目三级新闻发言人队伍,组织集团公司新闻危机管理暨新闻发言人专题培训。在大力推行中国铁建的主体文化,践行集团公司的价值目标和行为准则的基础上,进一步推进企业文化落地。按照股份公司"工程公司文化建设年"活动的部署要求,重点推进工程公司文化建设。(5)党风廉政建设。坚持把党风建设和反腐倡廉工作纳入党建和生产经营管理工作同部署、同检查、同考核、同奖罚。签订党风廉政建设责任书,落实领导责任制。领导干部认真执行《国有企业领导人员廉洁从业若干规定》,自觉接受党组织和群众的监督。注重源头治理和警示教育,健全经营管理、资产管理、项目责任成本管理和物资设备招标、劳务录用等管理办法。廉洁文化建设取得进展。专项效能监察取得比较好的成效。全集团查办案件力度不断加大,全年立案30件,结案28件。

工会工作。集团公司工会下设工程公司级工会10个、项目部工会132个,有工会会员10330人。10月,集团公司工会召开第一次代表大会,选举产生集团公司工会领导班子。各级工会大力发展群众生产,有力激发一线员工的劳动热情和创造潜能,全集团投入劳动竞赛奖励24.3万元,获业主奖励124万元;2个单位获得火车头奖杯,5人获得火车头奖章;2个集团公司获股份公司"工人先锋号"称号,3人获股份公司"工人先锋号"标兵称号。海南东环铁路工程被评为股份公司铁路客运专线劳动竞赛综合优胜单位,太中银铁路工程被评为文明施工单位并获节支单项奖。2项成果获股份公司合理化建议和技术改进成果二等奖。开展职代会制度建设专项检查,形成书面报告,提出加强和改进意见,职代会制度建设逐步规范。坚持共建共享,积极主动维护职工合法权益,全年安排380人次重新上岗。筹集"三不让"资金415万元,支出242.28万元,慰问困难职工1100余户,帮助269名困难职工子女继续学业,资助患大病职工40人次。强力推进项目部建家建线,改善一线员工生产生活环境。拨款4万元在隧渝铁路二线等工地进行试点,探索项目部建家建线经验。集团公司制定的《项目部建家建线的工作规范》,为项目部建家建线提供了标准。以庆祝建国60周年为契机,先后举办书法绘画摄影展、歌咏比赛暨文艺汇演和第二届职工篮球赛等系列文体活动,吸引了广大爱好者参加,丰富了职工文化生活,推进了企业文化建设。

共青团工作。集团公司团工委下辖8个团委、1个团工委、1个团支部,有35岁以下青工2885人,团员1669人。2009年,团组织努力践行"服务大局、服务社会、服务青年"的职能,团的各项工作和组织建设取得新的进展。(1)坚持以理想信念教育为核心,引导青年维护企业改革发展稳定大局。开展"机遇与信心、目标与责任"主题形势任务教育活动,结合纪念五四运动90周年、建国60周年开展青年文体活动。(2)坚持以围绕中心发挥作用为主线,深入开展"青字号"活动。通过启动"激扬青春,建功东环"主题实践活动,进一步推动"我为重点工程建设作贡献"和"企业发展我进步"主题实践活动在施工一线的深入开展。全年集团公司成立20余支"青年突击队",举行"青年突击队”授旗仪式或誓师大会 15 场次，评选表彰集团公司创新创效先进集体 11 个。(3)坚持以紧贴团员青年实际为要求，以服务青年为宗旨，开展“关注见习生”、“导师带徒”等主题活动，做好见习生各项工作，稳定见习生队伍。(4)坚持党建带团建，加强团的基层组织和基础建设。团干部的政治生活待遇落实率 90%以上，有效调动了团干部的工作积极性。开展共青团和青年工作调研活动，提高团干部的理论水平。年内，1 个集体被评为中央企业“青年文明号”，8 个集体分别被评为股份公司五四红旗团委、五四红旗团支部、“青年文明号”工程(创建单位)；7 人分别被评为湖南省“青年岗位能手”和股份公司“青年岗位能手”、优秀团干部。 (郭小林　陈外联　刘　芳)

【广州铁路工程有限公司】 市政公用工程施工总承包一级，铁路工程施工总承包二级，房屋建筑、公路工程施工总承包三级，桥梁、隧道工程专业承包二级，地基与基础、公路路基工程专业承包三级资质企业。公司机关驻广东省广州市越秀区桂花岗东 2 号。董事长、党委书记何功玲，总经理张建慈。下辖 3 个专业项目部、7 个分支机构、25 个直属项目部。职工 1251 人。其中，干部 571 人；工人 680 人。专业技术干部 534 人，占干部总数的 93%；技术工人 386 人，占工人总数的 57%。资产总额 141082.3 万元。其中，固定资产净值 14756 万元；流动资产 117596 万元；其他资产 8729 万元。机械运输设备 1104 台(套)，净值 13936 万元，技术装备率 11 万元/人，动力装备率 11 千瓦/人，设备新度系数 0.93。年施工能力 40 亿元以上。

2009 年承揽工程任务 85200 万元，完成企业总产值 217700 万元，实现利润 1148 万元。单位工程合格率 100%，优良率 100%。完成主要实物工程量：土石方 249.6 万立方米，桥梁 9457 延长米，隧道 4399 延长米，涵洞 1607 横延米，铺轨 507.7 公里，铺道岔 51 组，房屋建筑 31714 平方米，铁路架梁 201 孔，公路架梁 167 片。年内，“武合铁路运架梁工程项目管理成果”获国家项目管理成果一等奖；2 项工法被认定为国家二级工法，3 项科技成果获国家实用新型专利，1 项科技成果获铁道部科学技术三等奖、股份公司科学技术一等奖。深圳市宝安大道跨铁路连接段工程被评为中国市政金杯示范工程奖。 (荣彭芬)

【柳州铁路工程有限公司】 铁路、市政公用工程施工总承包一级，房屋建筑、公路工程施工总承包二级，土石方、桥梁、铁路电务工程专业承包一级，混凝土预制构件、爆破与拆除工程专业承包二级资质企业。公司机关驻广西壮族自治区柳州市和平路 138 号。董事长、党委书记乔国强，总经理陈树登。职工 1690 人。其中，干部 976 人；工人 714 人。专业技术干部 646 人，占干部总数的 66.2%；技术工人 426 人，占工人总数的 59.7%。资产总额 1229977 万元。其中，固定资产原值 20311 万元、净值 11890 万元；流动资产 108132 万元；无形资产 8978 万元。机械设备 478 台(套)，原值 10385 万元、净值 4261 万元，总功率 20637 千瓦，动力装备率 11.516 千瓦/人，技术装备率 23778 元/人。年施工能力 40 亿元以上。

2009 年承揽工程任务 757300 万元，完成企业总产值 155234 万元，其中施工产值 152511 万元。实现利润 1746 万元。国有资产保值增值率 135.84%，净资产收益率 9.79%，产值利润率 1.12%，资产负债率 86.37%。完成主要实物工程量：路基土石方 933 万立方米，隧道 16221 延长米，桥梁 9937 延长米，涵洞 3376 横延米，铺道岔 2 组，架梁 80 片，公路 8.2 公里。工程验交合格率 100%，实现安全质量工作年度目标。 (刘永红)

【第二工程有限公司】 市政公用工程施工总承包一级，铁路工程施工总承包二级，房屋建筑工程施工总承包三级，桥梁、隧道工程专业承包二级，土石方、预应力、送变电工程专业承包三级资质企业。公司机关驻湖南省衡阳市珠晖区乐群里 166 号。董事长、党委书记邓毅，总经理潘建明。下辖物业管理部、劳务管理中心、离退休管理中心、任务开发中心、物资设备租赁中心和基础、土石方、水电工程综合项目部及若干工程项目部。职工 1163 人。其中，干部 445 人；工人 718 人。专业技术干部 443 人，占干部总数的 99.55%；技术工人 552 人，占工人总数的 76.88%。企业注册资本金 10000 万元。资产总额 98022 万元。其中，固定资产原值 9546 万元、净值 6759 万元；流动资产 90084 万元。机械设备 980 台(套)，现值 5662 万元，总功率 11730 千瓦，动力装备率 10.1 千瓦/人，技术装备率 4.87 万元/人。年施工能力 15 亿元以上。

2009 年承揽工程任务 87529.7 万元，完成企业总产值 129143 万元，其中施工产值 129106 万元。实现利润 1034.9 万元，人均创利 8899 元，全员劳动生产率 1110430 元/人年。国有资产保值增值率 242.89%，净资产收益率 13.31%，产值利润率 2.65%，资产负债率 91.85%，应上缴款完成率 100%。工程质量合格率 100%，优良率 90% 以上，实现安全质量工作年度目标。公司参建的浙赣铁路电气化提速改造工程获第八届中国土木工程詹天佑奖，公司档案室通过企业档案工作目标管理国家二级认定，海南东环铁路项目部被股份公司授予“青年文明号”称号。 (代　辉)

【第三工程有限公司】 铁路工程施工总承包一级,市政公用、房屋建筑工程施工总承包三级,桥梁工程专业承包一级,隧道、预应力工程专业承包二级资质企业。公司机关驻湖南省长沙市人民中路职院街129号。董事长、党委书记陈鸣,总经理范伟。下辖3个分公司、劳动服务中心、物资设备公司和若干项目部。职工981人。其中,干部455人;工人526人。专业技术干部443人,占干部总数的97%;技术工人279人,占工人总数的53%。企业注册资本金1亿元。资产总额81896.6万元。其中,固定资产原值8355.2万元、净值5017.3万元;流动资产71312.8万元。机械运输设备593台(套),现值4345万元,总功率26821千瓦,动力装备率27.3千瓦/人,技术装备率4.5万元/人,机械化施工程度85%。年施工能力30亿元以上。

2009年新签合同总额105000万元,完成企业总产值100000万元,实现利润900万元。全员劳动生产率10.19万元/人年。主要实物工程量:土石方567万立方米,隧道1623延长米,桥梁11001延长米,铁路铺轨40.55公里,圬工0.89万立方米,涵渠2914延长米,铁路架梁51孔,铺设道岔100组,公路5.4公里。工程质量合格率100%。年内顺利通过质量、环境和职业健康安全管理体系认证。1项工法被评为股份公司优秀工法三等奖,被认定为广东省省级工法;2项工法被评为集团公司优秀工法。参建的浙赣铁路电气化提速改造工程获第八届中国土木工程詹天佑奖。苏建斌被评为中国铁建杰出人物。 (吴 达)

【电务工程有限公司】 铁路电务工程专业承包一级,电信、建筑智能化、铁路电气化、送变电工程专业承包二级,机电设备安装工程专业承包三级资质企业。公司机关驻广东省广州市共和西路8号。董事长、党委书记唐宇辉,总经理万宝华。职工417人。其中,干部223人;工人208人。资产总额25575万元。其中,固定资产净值345万元;流动资产24500万元。机械设备及仪器仪表109台(套)。年施工能力在4亿元以上。

2009年承揽工程任务43000万元,完成企业总产值27005万元,实现利润690万元。净资产收益率3.82%,产值利润率2.56%,资产负债率81.76%,应上缴款完成率100%。全员劳动生产率64.76万元/人年,人均创利16550元。完成主要实物工程量:敷设通信光缆502条公里、电缆410条公里,中间站40站,联锁道岔674组,自动闭塞100公里,信号电气集中67站;电力线路271公里,变配电所15座。工程质量合格率100%。年内顺利通过质量、环境和职业健康安全管理体系监督审核。公司参建的井冈山站工程获国家优质工程银质奖,“客运专线综合环保贯通地线施工工法”被认定为国家二级工法。(郦红娟)

【建筑安装工程有限公司】 房屋建筑工程施工总承包一级,铁路、市政公用工程施工总承包三级,建筑装修装饰、环保、消防设施、钢结构、机电设备安装工程专业承包一级资质企业。公司机关驻广东省广州市共和西路8号。董事长兼党委书记李飞前,总经理周晓兵。职工873人。其中,干部364人;工人509人。专业技术干部318人。资产总额33849.3万元。其中,固定资产净值7293.37万元;流动资产23698.44万元。机械设备727台(套),净值4514万元,技术装备率8.07万元/人,动力装备率16.73千瓦/人。年施工能力20亿元以上。

2009年承揽工程任务75500万元,完成企业总产值126700万元。其中,施工产值126300万元;附营收入472万元。全员劳动生产率145.15万元/人年。净资产收益率17.99%,产值利润率1.03%,资产债权率74.1%,资产负债率90.75%,应上缴款完成率100%。完成主要实物工程量:房屋建筑24.18万平方米,土石方161万立方米,涵渠164延长米,隧道415延长米,制梁481榀。年内通过质量、环境和职业健康安全管理体系监督审核。1项QC成果获全国工程建设优秀QC小组三等奖,1项工法获国家级工法,两项科技成果获铁道科学技术奖,1篇科技论文获股份公司优秀科技论文一等奖。程卫、庄泽获全国工程建设优秀项目经理称号。 (张小芳)

【恒元建筑工程有限公司】 房屋建筑、市政公用工程施工总承包一级,铁路工程施工总承包三级,装修装饰、钢结构、机电设备安装、消防设施工程专业承包一级,建筑幕墙工程专业承包二级资质企业。公司机关驻广西壮族自治区柳州市红岩路二区75号。董事长兼党委书记曾小勇,总经理谢朝阳。职工796人。资产总额39641万元。其中,固定资产1310万元;流动资产3040万元。机械运输设备198台(套),原值890.5万元、净值350.8万元,总功率3816.81千瓦,动力装备率4.75千瓦/人,技术装备率1.11万元/人。年施工能力15亿元以上。

2009年承揽工程任务42639万元,完成企业总产值39895万元,实现利润293万元。全员劳动生产率98999元/人年。全年完成房屋建筑25.1万平方米。工程质量合格率100%,实现连续安全生产2986天。

(谢雪芬)

【南方实业开发有限公司】 为集团公司多元经营企

业。公司机关驻广东省广州市越秀区共和西路8号。董事长、党委书记冼海燕，总经理李新黎。主要从事房屋场地租赁、物业管理、房地产开发，铁路专用线运输、装卸搬运、运输代理、仓储，物资贸易业务。下辖12个事业部和1个分支机构。职工624人。其中，干部243人；工人381人。资产总额44717.5万元。

2009年完成经营收入29126万元，实现净利润850万元。应上缴款完成率100%。 （李筱娟）

【广州铁诚工程质量检测有限公司】 为国家技术监督局计量认证检测单位。公司机关驻广东省广州市越秀区共和西路8号。公司执行董事兼总经理李杰。职工56人。主要为国家铁路、地方铁路建设提供检测服务。资产总额1182万元，固定资产原值780万元、净值455万元。机械运输设备原值16万元、净值5.8万元。

2009年完成企业总产值1213.4万元，实现利润110.5万元，人均创利1.97万，全员劳动生产率21.7万元/人年。国有资产保值增值率118.9%，净资产收益率18%，产值利润率9.47%，投资回报率19.89%，资产负债率62.28%，应上缴款完成率100%。年内购置探地雷达设备，开辟新的检测领域。公司获得公路丙级综合资质和广东省建设厅见证材料检测机构资质。 （雷 娟）

【重要记载】

▲1月15日~16日 集团公司工作会议暨党委（扩大）会议在广州召开。

▲3月~6月 集团公司开展深入学习实践科学发展观活动。

▲3月 集团公司海南东环项目获海南省安全生产工作先进企业称号。

▲4月22日 集团公司获广东省2008年度最佳诚信企业称号。

▲4月 集团公司参加渝怀铁路抢险。

▲5月11日 广东省省委副书记、省长黄华华考察集团公司承建的韶关新客站。

▲6月22日 国资委监事会主席刘怡到集团公司广珠铁路项目部调研。

▲6月23日 中共中央政治局委员、广东省省委书记汪洋到集团公司广珠铁路项目部调研。

▲6月28日 集团公司入选广东省企业百强。

▲7月29日 集团公司参加焦柳铁路抢险。

▲7月30日 集团公司承建的海南东环铁路海口东站开工奠基。

▲9月 股份公司对集团公司增资6亿元。

▲10月13日 股份公司调整集团公司领导班子：王汉林任董事长、党委副书记，王精华任党委书记、副董事长，安康任总经理、党委副书记。

▲11月10日 中央企业团工委书记许高峰到集团公司广珠项目部调研，为青年突击队授旗。

▲12月21日 集团公司召开党委书记座谈会，研究加强和改进党建思想政治工作。

▲12月26日 公司承建的武广铁路客运专线韶关站、清远站正式投入使用。 （雷 罡）

中铁建设集团有限公司

【简况】 中铁建设集团有限公司是房屋建筑工程施工总承包特级，装饰装修设计施工一体化一级，市政公用、机电安装工程施工总承包一级，钢结构专业施工承包一级资质企业。驻北京市石景山区石景山路20号。前身为中国人民解放军铁道兵独立建筑团。1984年1月集体转业并入铁道部，先后称铁道部工程指挥部建筑工程处、中国铁道建筑总公司北京工程公司、北京中铁建筑工程公司；2001年8月改制为北京中铁建设有限公司，2003年12月更名为现名。经营范围包括建筑、铁路、市政、土石方工程施工及装饰装修、机电设备安装、商品混凝土生产和输送、机械化吊装和运输、电梯安装和改造、建材供销、模板架构件租赁和加工、工程机械车辆设备租赁和修理、房地产开发等业务。职工4282人，其中专业技术干部2408人。资产总额80.7亿元。机械运输设备825台（套），原值1.17亿元、净值0.5亿元，总功率3.19万千瓦，动力装备率10.63千瓦/人，技术装备率1.7万元/人，机械设备成新率50.09%。

2009年承揽工程任务165亿元，完成企业总产值75.15亿元，实现利税5.45亿元。其中，铁路站房（车场）工程29项，合同额74亿元，占承揽总额的44.8%；政府投资工程75.7亿元，占承揽总额的45.9%；战略合作伙伴工程35.6亿元，占承揽总额的21.6%。兵改工以来，集团公司获优质工程奖372项。其中，市部级以上优质工程奖219项；中国建设工程鲁班奖9项；国家优质工程奖2项；中国建筑钢结构金奖4项。21项科技成果获科技进步奖，11项专利获得国家授权。集团公司先后获得全国最佳施工企业、全国优秀施工企业、全国用户满意施工企业、全国质量效益型先进单位、全国用户满意服务单位、火车头奖杯和全国五一劳动奖状、全国质量管理奖、全国实施卓越绩效模式先进企业、北京百强企业等荣誉。顺利通过质量、环境、职业安全健康管理体系认证。集团公司连续16年被北京市评为守信企业,连续20年保持资信等级"AAA"级。(赵大鹏)

【领导人员】

董事会

董事长	汪文忠
董事	赵　伟
	郭剑平
	陈有忠

监事会

监事会主席	李左军
监事	张军柱
	李忠心
职工代表监事	张建强
	赵文泉

经理层

总经理	赵　伟
副总经理	庄初最
	孙金城
	郭剑平
	吴成木
	贾　洪
	倪　真
总工程师	贾　洪(兼)
总会计师	郭剑平(兼)
总经济师	于久龙

党群领导

党委书记	汪文忠
党委副书记	赵　伟
	张军柱
纪委书记	张军柱(兼)
工会主席	陈有忠

(赵大鹏)

【职工队伍】 干部1702人,其中专业技术干部1576人,占干部总数的92.5%。学历结构:本科以上学历1268人,占干部总数的74%;大专学历325人,占干部总数的19%。年龄结构:36岁~45岁263人,占干部总数的15%;46岁~59岁315人,占干部总数的18%。专业技术干部中高级职务177人、中级职务481人、初级职务682人,分别占专业技术干部的11%、30%和43%。全年调出32人,接收应届大学本科毕业生224人,调入干部210人。

工人1070人,其中技术工人81人,占工人总数的7%。大专以上学历62人,占工人总数的5%;中专学历24人,占工人总数的2.2%。30岁以下11人,占工人总数的1%;31岁~40岁57人,占工人总数的5%;41岁~50岁551人,占工人总数的51%。技术工人中技师59人,高级技师22人。(赵大鹏)

【工程施工】 在建工程103项。其中,新开工38项;竣工25项。全年完成企业总产值751500万元,其中施工产值703449万元,折合建筑面积2666772平方米。重点工程进展情况:

北京东直门交通枢纽工程　由第55项目经理部承建,工程位于北京市东城区东直门立交桥东北角,建设单位北京城建东华房地产开发有限责任公司,由商务写字楼等多栋建筑组成,总建筑面积339677平主米,合同金额75000万元。年内主体封顶,南商屋面施工完成。

石家庄勒泰中心工程　由第5项目经理部承建,工程位于河北省石家庄市中山路以北,总建筑面积623642平方米,合同金额18亿元。工程集购物、餐饮、娱乐、休闲、办公、资讯为一体,为一座多功能复合型商业中心。

厦门火车西站及配套工程　位于福建省厦门市集美区,总建筑面积162409平方米,合同金额109510万元。2008年6月30日正式开工,2009年11月30日竣工,目前处于结构施工阶段。全年完成产值3183万元,完成实物工程量4247平方米。

海南洋浦EPC工程　位于海南省洋浦经济开发区,建设单位海南省洋浦经济开发区管理局,整个工程分为11个区块,总建筑面积38万平方米,合同金额79779万元。年内主体结构大部分完成,处于装修施工阶段。

新建海南东环铁路海口地区站房和三亚、博鳌站站房工程　合同金额6.3亿元。主要工程量:海口东站建筑面积9903平方米,三亚站建筑面积14991平方米,博鳌站建筑面积10172平方米。

福建宁德火车站工程　位于福建省宁德市蕉城区漳湾镇,总建筑面积56776平方米,合同金额28785万元。2008年6月30日开工,2009年5月30日竣工。年内主体结构封顶,处于装修阶段。全年完成产值7063万元,完成实物工程量19010平方米。

中铁·凤岭山语城项目　位于广西壮族自治区南宁市民族大道东段琅东客运站北面,百花岭路以北、枫林路以东。建设单位中铁房地产集团(广西)有限公司。该项目拟分三期进行建设,总建筑面积431000平方米,主要功能为商品房住宅楼。2009年12月15日开工,计划2011年6月15日竣工。

长沙恒大名都工程　位于湖南省长沙市望城县金

星路与普瑞路交汇处,南接城市二环线及长株潭城市一体化先导核心区,北面紧邻规划中的长沙铁路西客站,地理位置及小区环境优越,由广州恒大地产集团投资建设。总建筑面积57万平方米,2008年8月20日开工,计划2011年3月竣工。

西安世融嘉城工程　位于陕西省西安市凤城四路,由西安世融投资有限公司投资建设。总建筑面积56万平方米,合同投资75000万元。商业、住宅均为30层以上高层,剪力墙结构,3层商业裙房及地下车库为框架结构。

太原恒大绿洲一期工程　位于山西省太原市小店村康宁街以北,中铁建设集团山西分公司承建。工程采用砖混、框架、框剪结构三种形式建设,总建筑面积166300平方米。工程包括10栋12层高的住宅楼、1栋3层高的幼儿园、1栋5层高的小学。2007年11月开工,计划2010年5月竣工。

唐山市正泰里惠民园住宅小区项目　中铁建设集团天津分公司承建,合同投资56000万元,建筑面积34.5万平方米,合同工期2007年11月25日~2010年5月31日。

唐丰快速路TF-4标段　中铁建设集团市政分公司承建。主要工程量:路基填方55万立方米,大桥2座,分离式立交桥1座。　(赵大鹏)

【战略管理】　随着经营生产规模不断扩大、业务领域不断扩展、京外海外地域不断扩张,集团公司管理幅度日益增大,实行多年的扁平化管理模式和原有的组织架构已经不能适应"跨越式"发展的要求。2009年,集团公司制定以集团化为方向的组织架构调整方案,建立总部、分公司、项目部三级管理架构,确立房建施工、房地产开发、铁路工程施工、海外工程施工、专业分子公司、设计咨询六大业务板块,制定2010~2019年中长期发展规划和相匹配的人力资源专项规划;同时确定集团公司要向资金、管理、技术密集和设计施工、投资建设一体化的工程总承包及房屋建筑施工与房地产开发并重的方向发展。　(赵大鹏)

【生产经营】　房地产开发。加大市场调研力度,广泛开展业内联系,做好现有房地产项目的市场定位、前期策划和规划设计,把握入市时机,积极跟踪有投资价值的房地产项目。年内编制集团公司《房地产板块中期战略发展规划》,在项目公司试行部分制度与流程,提高决策、协调、执行能力。

铁路工程。进一步加强铁路站房工程的监督管理,出台集团公司《铁路工程项目管理策划管理办法》《铁路站房工程标准化管理手册》等一系列指导文件,开展"大反思、大检查、大整改"活动,规范施工项目标准化管理。年内中标长春西站、哈尔滨西站、宁波南站等大型站房工程,合同总额74亿元。集团公司位列上海铁路局信用评价B类第一名。

海外工程。坚持与股份公司海外事业部和中国土木工程集团公司合作为原则,规避海外市场风险。2009年新签巴布亚新几内亚国际4星级酒店项目合同,建筑面积48000平方米,合同金额7亿元人民币。加强海外人才培训,举办工程英语和菲迪克条款培训班,50余名专业技术人员参加培训。

工程质量。继续坚持精品战略,全面推行"双百"方针,以法人治理结构调整为契机,不断完善施工现场质量保证体系,建立健全规章制度,加强过程监督,强化质量责任意识,营造"绩效优先"文化,提高集团公司质量保证能力,打造过程精品,创造质量效益。2009年获优质工程奖33项。其中,中国建设工程鲁班奖1项;北京市建筑结构长城杯金、银奖各5项;北京市建设(竣工)长城杯金、银奖各1项;北京市建筑装饰优质工程奖2项;火车头优质工程一等奖3项、二等奖2项;股份公司优质工程奖7项;西安市建筑结构示范工程奖6项。

安全施工。全年有7项工程参加北京市绿色施工文明安全工地评比验收;12项工程被评为北京市文明安全工地,1项工程被评为天津市文明工地;3项工程被评为西安市安全文明工地,其中1项工程被评为陕西省文明工地;3项工程被评为股份公司安全质量标准工地。集团公司被评为股份公司安全生产先进单位。

企业管理。7月,集团公司取得建筑智能化工程专业承包一级资质;10月,集团公司增加注册资本金至11亿元,并办理对外贸易经营者备案手续。指导中铁建设集团物业管理有限公司、西安工程有限公司、西北设计有限公司北京分公司和中铁建设集团湖北建设有限公司办理注册手续。

造价管理。以提高成本管理水平为核心,加大全面预算、目标成本和精细化管理力度,及时编制新开工工程施工图预算及初始合同策划书,对初始预算总收入与总成本进行对比分析。加快造价管理信息化进程,将合同评审纳入信息化管理。加强项目经理部经济运行统计监测,按月为相关部门提供统计数据。

法律风险管理。集团公司积极启动司法程序,以仲裁、诉讼、抵押、财产保全等方式维护集团合法权益,有效避免并减少了国有资产的流失。制定《中铁建设集团有限公司法律事务管理办法》《中铁建设集团有限公司风险管理办法》等9项规章制度,进一步将风险管理与法律事务工作精细化、系统化和归口化。加强工程款回收工作，以非诉方式解决工程项目合同纠纷。将法律风险控制融入工程总承包合同招标文件及合同文件评审中，并加强劳务、专业分包及材料采购、设备租赁等分供合同管理，提高合同质量。

信息与知识管理。运用信息化手段，实现管理过程的制度化、标准化、程序化、信息化，达到“规范管理、快速复制”的效果，满足集团公司规模扩大的管理需要。4月，集团公司视频会议系统正式上线运行，年内招开视频会议48次，有效地提高了信息传递效率，开创了业务培训的新形势。造价管理系统全面应用，集团公司项目部的分供合同实现网上审批。造价管理系统与物资管理系统进行整合，实现系统之间数据的无缝衔接。安全、质量管理系统进行重新梳理并升级，实现工程安全质量情况的动态管理。10月完成工程管理信息系统门户的开发，通过集团公司信息系统公共服务接口与其他相关业务系统进行数据交互，调用公司信息系统公共资源，实现既突出职能部门特点，又不脱离整体信息化建设规划。

财务管理。2009年是集团公司财务管理工作的提升年，各级财务部门积极推进财务制度建设，夯实会计基础工作，完善财务工作管理流程，加强会计监督意识，防范财务风险，提高财务管理水平及财务人员参与企业管理的能力。年内配合股份公司财务收支审计和集团公司内部审计工作，不断完善财务、资金集中管理和责任成本、全面预算管理制度。集团公司再次被北京市石景山区评为纳税信用A级企业。

审计管理。5月将审计委员会从原计划、预算、投资和审计委员会中独立出来，成立董事会下的专门委员会，内部审计工作的独立性得到充分体现，法人治理结构更加完善。开展分、子公司年度绩效审计、项目工程竣工审计、财务收支联合审计检查、单位负责人任期经济责任审计和后续审计，审计结果纳入年度绩效考核。审计过程推行计划控制、方案指导、过程审核、结果沟通等审计质量管理手段，实行审计工作底稿的三级复核制。全年完成各类审计项目98项，下发审计决议4份，提出审计建议198条。

物资管理。2009年，集团公司加大物资管理工作执行力度，全面推行精细化管理，在落实资源保障及效益管理方面取得长足进步。对供应商的管理，以总部和各区域性、专业性公司的长期合作供应商群为基础，以集中采购为手段，培养和开发战略合作伙伴级供应商，进行供应链的上下游联合，逐步形成联合投标、异地供应、资源共享、风险共担的能力。（赵大鹏）

【科技教育培训】 科技攻关。年内批准“建筑垃圾再生混凝土高性能化的技术研究”、“复合材料桩新技术的研究与应用”、“基于SMW工法的基坑支护新技术研究与应用”、“地下工程变形监测方法与关键技术”和“厦门西站施工监控关键技术研究”为集团公司科研开发重点项目，其中“建筑垃圾再生混凝土高性能化的技术研究”和“厦门西站施工监控关键技术研究”被列为股份公司科研项目。

科技创新。“北京工业大学体育馆通风空调技术研究”成果获股份公司科技进步二等奖，“海航维修机库屋盖网架智能化累积提升关键技术研究”成果获股份公司科学技术奖；“基坑可拆卸复合材料面板土钉支护施工工法”被认定为国家一级工法；“全自动瓷砖粘贴机”获得国家发明专利授权，“一种环保通用设备气水隔离装置”获得两项实用新型专利授权，申请实用新型专利两项。

教育培训。年内选派1名集团公司领导参加中央党校脱产学习，选送2名领导干部参加股份公司党校75天处级干部脱产进修，选送5名中层干部参加股份公司党校领导干部脱产培训；选送3人参加清华大学英语和国际商务脱产培训，为进入国外市场储备人才。继续加强岗位及新员工培训工作，全年近500人参加岗位培训，持证上岗率100%。集团公司被评为2009年中国百佳人力资源典范企业。（赵大鹏）

【党群工作】 党的工作。（1）开展深入学习实践科学发展观活动，提升企业发展质量。集团公司党委按照股份公司部署，于3月18日召开学习实践科学发展观活动启动大会，围绕“乘势而上抓机遇，固本强基促发展”主题，经过学习调研、分析检查、整改落实三阶段历时4个月的学习实践，边学边改、边查边改、能改立改，以满意度测评，满意率86.3%，比较满意率13.7%。（2）领导班子建设进一步加强，制定2009年集团公司中心组学习计划，确定学习内容和学习步骤，确保班子理论学习的有序进行和取得成效。全年集团公司党委召开全会6次，开展党委中心组学习7次。集团领导班子以深入学习科学发展观活动为契机，团结带领全体员工坚定信心，凝心聚力，全力拼搏，在加强各级领导班子建设的同时，加大铁路站房和大客户、核心战略伙伴业务的承揽，按照系统性、归口性和基础性管理的要求积极调整组织架构，顺利完成各项年度任务指标，集团公司领导班子被股份公司评为2009年度“四好领导班子”。（3）切实加强党组织建设，全年组建基层党支部17个，撤销1个党支部；增补党委、党支部委员6人；完成6个新组建党支部的班子建设。年内接收调入组织关系党员75名，开出调离组织关系5名。举办入党积极分子培训班1次，发展新党员35名。制定《基层党组织书记工作条例》，明确基层党组织书记的职责、工作内容、考核、岗位管理;下发《关于进一步维护稳定工作的通知》,明确维护稳定工作领导小组职能及成员部门职责。加强政工干部队伍建设,组织83名基层党组织书记集中培训。(4)强化内外部新闻宣传,增加企业影响力。对外,集团公司党委积极配合集团公司在铁路站房市场的拓展,与《人民铁道报》结成战略合作伙伴,在报纸上密集推出介绍企业沿革、竞争优势、站房工程进展等宣传报道42篇;在《中国铁道建筑报》刊稿72篇,其中头版稿件23篇、头版通栏稿2篇。同时,与中央电视台、人民网、新华网等主流媒体建立联系,展示企业良好形象。对内,宣传形式多样,及时全面,全年通过内部报纸、网络刊稿387篇,及时报道集团公司各项决策制度、承揽信息、活动体会、职工心声,增加了信息沟通交流。(5)党风廉政建设。集团公司把反腐倡廉教育作为一项基础工作,不断加大教育预防工作力度,扎实开展党性党风党纪系列教育活动。组织学习《国有企业领导人员廉洁从业若干规定》等4个法规文件,充分利用内部网站扩大反腐倡廉教育覆盖面,加强廉洁文化建设。认真执行领导人员廉洁自律三项监督制度,年内40名领导人员签订廉洁从业承诺书。全年集团公司各级主要领导人员亲自讲党课7人次,开展警示、案例教育24场次,7200人次接受教育;先后主动上缴礼品礼金折合人民币7.5万元。创新内部监督机制,推行"两员"(专兼职纪检监察员和廉洁从业监督员)和"两书"(《项目部廉政建设责任书》和《廉洁共建责任书》)工作制度,建立纪检监察员月工作报告制度、月工作情况汇总通报制度、季度三项招标汇总报告制度、季度纪检监察员交流培训制度和纪委工作人员定期与廉洁从业监督员电话沟通交流制度。开展周转料管理和工程项目管理效能监察,提出监察建议6条,作出监察决定2个,协助建章立制2个,清退不合格分包队伍10家,重点帮扶项目4个。进一步落实党风廉政建设责任制,强化源头治理,规范企业经营管理行为。

工会工作。7月,召开集团公司第二届二次职工代表大会,民主评议集团公司领导班子成员13名,签订"2009年中铁建设集团有限公司集体合同"。年内下发《中铁建设集团有限公司项目经理部企务公开实施细则》,明确项目部公开内容、公开时间、公开形式、公开范围、责任人,有效保证职工的知情权和监督权。基层工会紧紧围绕施工生产,开展劳动(工作)竞赛活动,提高劳动生产率,鼓励职工争先创模,重新修订集团公司《先进生产(工作)评选表彰办法》。深入、细化落实"三不让"承诺,完善困难职工帮扶救助工作机制。开展文体减压活动,为职工提供健身、娱乐、沟通、交流、减压平台,提高企业凝聚力。

共青团工作。4月,集团公司团委启动以"保增长、促转型,我是青年我先行"为主题的青年突击队竞赛活动,先后在漳州南站、哈大铁路客运专线项目部等重点工程举行授旗仪式,激发青年立足岗位,勤学业务,勇争第一的工作热情和积极性。继续以创建五四红旗团委(团支部)活动和"两优两红"评选活动为载体,采取有利措施,推动团的基层组织建设再上新台阶。年内,集团公司团委创北京市"优秀青年突击队标杆"1支,保持北京市"优秀青年突击队标杆"3支、"优秀青年突击队"3支,1项工程及指挥长被评为北京市"优质青年工程"及"优秀青年工程指挥",1人获北京市"青年岗位能手"称号;物资公司被评为中央企业"青年文明号"。

(赵大鹏)

【设备安装分公司】 机电设备安装工程施工总承包一级、弱电专业工程承包二级和空调清洗专业承包资质企业。成立于1990年1月。机关驻北京市丰台区张仪村16号。经理贾学斌,党委书记王曰亮。下设市场部等7个部门、15个施工项目部和1个加工制作中心。职工188人。其中,干部164人;工人24人。资产总额3亿元。其中,固定资产净值250万元;流动资产30946万元。机械运输设备86台(套),现值120万元,总功率2631千瓦,技术装备率6.6万元/人,机械设备完好率95%,利用率92%。

2009年承揽工程23项,完成企业总产值4.02亿元,实现利润1682万元。职工年人均收入116688元。分项工程一次交验合格率100%。年内,1项参建工程获中国建设工程鲁班奖,1项参建工程被评为北京当代十大建筑,1项工程被评为北京市文明安全样板工地,1项科技成果获股份公司科技进步二等奖;公司被评为股份公司先进集体,连续16年获集团公司党委"四好领导班子"称号。

(赵大鹏)

【北京中铁电梯工程有限公司】 特种设备安装改造维修A级资质企业,1992年9月成立。机关驻北京市丰台区张仪村16号。经理惠文生。职工101人。其中,技术干部6人;技术工人40人。资产总额819万元。其中,固定资产净值11万元;流动资产797万元。

2009年承揽工程任务2208万元,完成企业总产值1406万元,实现利润38万元。职工年人均收入51000元。公司先后获得中非合作论坛北京峰会电梯维保贡献奖、中国共产党第十七次全国代表大会特种设备安全服务保障工作先进单位、北京奥运会安保服务工作先进单位等荣誉,年内被评为北京市电梯维保示范企业。

(赵大鹏)

【北京中铁建安装工程有限公司】 起重设备安装一级资质企业。前身系中国人民解放军铁道兵独立建筑团机修连,1994年成立机械设备租赁中心,2002年企业改制更名为设备租赁分公司。机关驻北京市丰台区张仪村16号。经理刘延泰,党委书记刘德元。职工35人。其中,技术干部17人;技术工人13人。资产总额4233万元。其中,固定资产净值1746万元;流动资产1425万元。机械运输设备44台(套),总功率5284千瓦,动力装备率46.6千瓦/人,技术装备率4.3万元/人,机械设备完好率98%,利用率82%。年施工生产能力1100万元。

2009年完成企业总产值1650万元,实现利润50万元。职工年人均收入44252元。9月,公司机械队承担共和国60年华诞天安门56根民族柱的运输及吊装任务,得到各方高度赞扬。 (赵大鹏)

【商品混凝土分公司】 商品混凝土生产二级资质企业。组建于1986年。机关驻北京市丰台区张仪村16号。经理刘加文,党委书记李清堂。职工205人。其中,干部28人;工人177人。下设北京西商品混凝土搅拌站、北京东搅拌站,长春现场搅拌站、信阳搅拌站。其中,北京西搅拌站有3条自动化生产线,每小时生产能力150立方米;北京东搅拌站有两条混凝土生产线,每小时生产能力150立方米。

2009年完成企业总产值1.1亿元,生产商品混凝土39万立方米,实现利润90万元。职工年人均收入44808元。 (赵大鹏)

【市政工程分公司】 市政公用工程施工总承包一级,地基与基础、土石方工程专业承包一级资质企业。1984年7月成立,先后称机械运输段、机械运输分公司,2004年7月改称现名。机关驻北京市丰台区张仪村16号。经理付建中,党委书记方红旗。职工173人。资产总额21472万元。其中,固定资产原值266万元、净值123万元;流动资产21349万元。

2009年承揽工程任务32580万元,完成企业总产值27820万元,实现利润1224万元。职工年人均收入80616元。年内,公司获全国工程建设优秀管理质量一等奖,被评为全国优秀质量管理小组。 (赵大鹏)

【模板架构件加工和租赁中心】 1997年4月组建。机关驻北京市丰台区张仪村29号院南侧。经理田正章,党委书记黄应生。职工49人。其中,技术干部2人;技术工人25人。资产总额5368万元。其中,固定资产净值27万元;流动资产5368万元。具有钢木龙骨,大模板平模、角模、井筒模、梁柱模、门窗模等20余个品种大模板及快拆体系的设计加工生产能力,日生产量300平方米,模板年吞吐量10万平方米。机械运输设备148台(套),原值170万元、现值54万元,总功率820千瓦,动力装备率16千瓦/人,技术装备率1.13万元/人,机械设备完好率100%,利用率95%。年施工生产能力2000万元。

2009年承揽任务1960万元,完成企业总产值1960万元,职工年人均收入55000元。年内参与加工设计的高速公路墩柱模,取得很好反响。 (赵大鹏)

【北京中铁装饰工程有限公司】 建筑装饰装修工程设计与施工一级资质企业。成立于1999年9月。机关驻北京市丰台区张仪村16号。经理赵向东,党委书记陶信山。职工260人。资产总额16000万元。其中,固定资产135万元;流动资产15874万元。

2009年承揽工程任务4.4亿元,完成施工产值3.3亿元,实现利润1500万元。职工年人均收入60000元。年内承建的官园公寓4号楼装饰工程、中国铁建大厦B1－F34装饰工程获北京市建筑装饰优质工程奖,公司被评为集团公司"四好领导班子"、廉政建设先进单位。 (赵大鹏)

【北京中铁建工物资有限公司】 北京市建筑材料供应B级资质企业。成立于1993年。主要从事工业与民用建筑、商业设施及铁路线路、铁路站房建设工程物资系统集成供应,主要经营品种有螺纹钢、线材、盘螺、钢结构用钢、水泥、直螺纹套筒、电线电缆、桥架母线、JDG管、铸铁管、五金工具、竹木胶合板、安全网、瓷砖洁具等各种工程配套物资。经营地址北京市丰台区张仪村路16号。经理魏广铭,党委书记王春林。职工近百人。其中,中、高级职务20人;铁道部评标专家2人;CIPS采购与供应经理2人。

2009年经销钢材80余万吨,水泥20万吨,其他材料(五金交电、周转材料等)3亿元,销售收入35亿元。年内,公司获中央企业"青年文明号"称号。(赵大鹏)

【中铁建设集团物业管理有限公司】 2009年1月成立。前身为中铁建设集团房产膳食管理服务中心。机关驻北京市石景山区石景山路20号。经理赖艳阳,党委书记张建强。职工270人。其中,管理人员20人;技术人员10人;维修人员50人。公司主要负责集团所属住宅区、办公区房屋、大学生公寓、临时房、外租商铺、职工食堂和中铁建设大厦的物业服务管理工作。公司先后被评为北京市首都全民义务植树先进单位、北京屋顶绿化先进单位。公司领导班子多次被集团公司评为文明单位、"五好党支部"、廉政

建设先进单位。（赵大鹏）

【天津分公司】 2004年4月成立。机关驻天津市河东区华兴道6号。经理张永春，党委书记张荣吉。下辖6个项目部。职工175人。资产总额42216万元。其中，固定资产净值5万元；流动资产42211万元。年施工生产能力4.58亿元。

2009年承揽工程任务4亿元，完成施工产值4.5亿元，实现利润900万元。职工年人均收入70000元。公司先后获得塘沽区优秀施工队伍管理先进单位、天津市优秀进津建筑业企业等荣誉，多次被集团公司评为安全无事故先进单位、优秀青年突击队、“五好党支部”。（赵大鹏）

【西安分公司】 前身为中铁二十局集团城建总公司，2001年12月划归北京中铁建设有限公司，更名为北京中铁建设有限公司西北分公司，2004年7月21日改称现名。机关驻陕西省西安市高新区高新四路17号。经理吴永红，党委书记辛宁海。下辖13个项目部。职工268人。

2009年承揽工程任务7.58亿元，完成施工产值71460万元，实现利润2360.5万元。年内获西安市安全文明工地2个，陕西省安全文明工地2个，西安市优质结构示范工程3项。（赵大鹏）

【山西分公司】 2004年3月成立。机关驻山西省太原市南肖墙88号。总经理李擘，党委书记魏宏才。职工150人。

2009年承揽工程3项82万平方米，完成施工产值36815万元，实现利润1522万元。年内，公司领导班子被评为集团公司“四好领导班子”。（赵大鹏）

【重要记载】

▲1月23日　中铁建设集团物业管理有限公司注册成立。

▲5月　造价管理系统正式全面应用，集团公司所有项目部的分供合同实现网上审批。

▲5月　集团公司山西分公司承建的恒大绿洲二期项目被评为太原市安全文明工地。

▲7月1日　集团公司研发的全自动瓷砖粘贴机获国家专利授权。

▲7月30日～31日　举办集团公司成立30周年和喜迎共和国华诞60周年文艺汇演。

▲7月　市政工程分公司QC小组获全国工程建设优秀质量管理小组一等奖，被评为2009年全国优秀质量管理小组。

▲8月1日　北京东直门交通枢纽，北京过程工程大厦，天宇郎通生产实验楼，新华联商业大厦，铁道部羊坊店住宅区7、8号楼工程获2008年度北京市结构长城杯金奖；中国铁道建筑总公司综合办公楼、国家自然科学基金委员会评审业务楼扩建工程分别获2008年度北京市建筑（竣工）长城杯金、银奖；北大科技成果转化中心，金汉绿港家园B区B03、B04楼，北京沙河高教园区住宅及配套一期A区8、9、11、18号楼，B1区4、5号楼，十四中学校综合楼，北京石景山万达广场5项工程获2008年度北京市结构长城杯银奖。

▲8月27日　市政工程分公司QC小组、第55项目部碳纤维粘贴QC小组获2009年度股份公司优秀QC小组一等奖，第55项目部东直门交通枢纽QC小组、第37项目北大科技成果转化中心QC小组、设备分公司解放军总医院9051工程QC小组获股份公司优秀QC小组二等奖。

▲9月　集团公司承担共和国60年华诞天安门56根民族柱的底座土建基础、运输及吊装任务，成为国庆60周年地表性建筑，得到一致好评。

▲9月　设备安装分公司参建的北京新保利大厦工程被评为北京当代十大建筑。

▲9月　正式启用中铁建设集团工程管理信息系统。

▲10月19日　“基坑可拆卸复合材料面板土钉支护施工工法”被认定为国家一级工法。

▲10月28日　“一种环保通用设备气水隔离装置”、“一种穿墙螺杆清理装置”获国家实用新型专利授权。

▲11月　官园公寓4号楼装饰工程、中国铁建大厦B1－F3装饰工程被评为北京市2009年建筑装饰优质工程。

▲12月25日　电梯分公司被评选为北京市电梯维保示范企业。

▲12月　华城国际II期1号楼，华城国际II期2号楼，华城国际II期3号楼，华城万象9号楼及B、C区地下车库工程，华城万象10号楼及地下车库工程，风景御园工程1、2、3楼6项工程被评为2009年度西安市建筑结构示范工程。

▲12月　集团公司获全国推行全面质量管理30周年优秀企业称号，集团公司董事长、党委书记汪文忠被评为全国推行全面质量管理30周年杰出管理者。

▲2009年　集团公司被股份公司、北京市住房和城乡建设委员会分别授予2009年度安全生产先进单位称号。（赵大鹏）

中铁建电气化局集团有限公司

【简况】 中铁建电气化局集团有限公司是通信、房屋建筑工程施工总承包一级,机电安装工程总承包一级,电气化、电务、电信、送变电、机电设备安装工程专业承包一级资质企业。机关驻北京市石景山区石景山路29号。前身系中铁建电气化局有限公司,由中铁十五、十七、十八局集团电务工程有限公司和中铁二十五局集团电务工程有限公司电气化分公司及柳州铁路工程有限公司电务分公司重组而成,2005年7月19日挂牌成立;2005年12月12日改为现名;2009年8月,中铁十一局集团电务工程有限公司、中铁十二局集团电气化工程有限公司主体划归集团公司管理。主要从事铁路电气化、电务、通信信号、电力和城市轨道交通、公路交通、机电设备安装、地方电信、送变电等工程施工。下辖14个控股子公司。职工7489人。其中,干部2733人;工人4756人。专业技术干部2639人,占干部总数的96.56%;技术工人2608人,占工人总数的54.84%。资产总额94.9亿元。其中,固定资产净值7.17亿元;流动资产85.14亿元;其他资产9.77亿元。机械运输设备406台(套),成新率64.84%,闲置率0.78%,完好率95.83%,利用率89.05%,总功率56408.4千瓦,技术装备率344万元/人,动力装备率8.98千瓦/人。

2009年承揽工程任务220亿元,完成企业总产值103.54亿元,其中施工产值101.4亿元。实现利润2.23亿元,人均创利36766.24元,职工年人均收入39843元。净资产收益率25.39%,产值利润率2.15%,国有资产保值增值率169.58%,资产负债率87.8%,成本费用占营业收入比重的97.9%,投资回报率26.13%,应上缴款完成率100%。完成主要实物工程量:通信线路7752公里,自动闭塞4222区间公里,电气集中联锁道岔4683组,电力线路8355公里,变配电所164座,接触网7373条公里,牵引变电所68座,房屋建筑87382平方米。年内获省部级优秀QC小组成果奖5项,火车头优质工程奖2项,广西壮族自治区优质工程奖1项;承建的遂渝铁路获中国建设工程鲁班奖。集团公司被评为北京市地税局、北京市国税局纳税信用A级企业和中国工商银行AAA级信用企业,被认定为北京市高新技术企业,获得第五届中国优秀企业公民、第八届全国设备管理优秀单位、全国职工教育职业培训先进单位、中央企业先进集体等荣誉。

集团公司先后参加50多条铁路工程建设,包惠、武襄、徐连、襄渝、洛张等铁路工程建成通车,郑西、胶济铁路客运专线及福厦、新菏兖日、兰新、太中银、包西等铁路工程进展顺利,京九铁路南段电化、宁杭铁路客运专线、成灌铁路、长吉城际铁路等项目相继开工。有100余项工程被评为国家和省部级优质工程,其中获中国建设工程鲁班奖和国家优质工程奖9项;4项科技成果获省部级科技进步奖。集团公司先后获得全国重合同守信用企业、全国用户满意施工企业、全国十佳道德建设先进单位、全国五一劳动奖状、全国模范职工之家及铁道部火车头奖杯等60多项荣誉。(邹国华)

【领导人员】

董事会

董事长	薛之桂
副董事长	张志才
	郑　斌
国有股董事	薛之桂
	张志才
	郑　斌
	冯学彬
	田恒开
	张国俊

监事会

监事会主席	廖大球
国有股监事	廖大球
	李如东
职工代表监事	王　青

经理层

总经理	郑　斌
副总经理	冯学彬
	李章锁
	李汝军
	郭志光
	孟宪浩
	姜晋南
总工程师	寇宗乾
总经济师	万传军
总会计师	张国俊

党群领导

党委书记	张志才
党委副书记	薛之桂(兼)
	郑　斌(兼)
	李如东
	田恒开

纪委书记　　　田恒开(兼)
工会主席　　　李如东(兼)　　　(赵润莲)

【工程项目指挥机构】　郑西铁路客运专线四电集成工程指挥部　驻陕西省西安市。指挥长兼党工委书记郭志光,副指挥长兼总工程师张汉波。

福厦铁路四电系统集成联合体项目经理部　驻福建省福州市。指挥长兼党工委书记李汝军,总工程师黄虎。

京九铁路电气化改造工程南昌段指挥部　驻江西省赣州市。指挥长李章锁,党工委书记吴长亮,副指挥长兼总工程师岳小川。

京九铁路电气化改造工程广东段指挥部　驻广东省惠州市。指挥长兼党工委书记李章锁,副指挥长兼总工程师何景华。

兰新铁路电气化改造工程指挥部　驻新疆维吾尔自治区乌鲁木齐市。指挥长兼党工委书记冯学彬,总工程师徐开文。

新菏兖日电气化改造工程指挥部　驻山东省济宁市,在河南长垣设分指挥部,分管郑州铁路局相关事务。指挥长兼党工委书记李章锁,副指挥长兼总工程师岳小川。

武襄铁路电力电化工程指挥部　驻湖北省随州市。指挥长兼党工委书记潘功书,总工程师廖军华。

徐连铁路电气化改造工程指挥部　驻江苏省徐州市。指挥长兼党工委书记杜志祥,总工程师王振铎。

襄胡铁路工程指挥部　驻湖北省襄樊市。指挥长李爱忠,党工委书记窦业坤,总工程师左三良。

包惠铁路电气化改造工程指挥部　驻内蒙古自治区巴彦淖尔市临河区。指挥长兼党工委书记李章锁,副指挥长兼总工程师何景华。

洛张铁路电气化改造工程(武汉铁路局管段)指挥部　驻湖北省襄樊市。指挥长李爱忠,党工委书记窦业坤,副指挥长兼总工程师陈再红。

洛张铁路电气化改造工程(郑州铁路局管段)指挥部　驻河南省南阳市。指挥长兼党工委书记罗世昌,总工程师孙克炎。

西格铁路二线工程指挥部　驻青海省德令哈市。指挥长袁玉森,党工委书记曹学仁,总工程师王勇。

包西铁路通道陕西段工程指挥部　驻陕西省榆林市。指挥长谢晖,总工程师姜成师,党工委副书记李金片。

包西铁路通道第5合同项目部　驻内蒙古自治区包头市。指挥长兼党工委书记李章锁,副指挥长兼总工程师王清波。

太中银铁路工程指挥部　驻陕西省靖边县。指挥长寇震,党工委书记贾丽国,总工程师郝加强。

成灌铁路站后系统集成工程项目经理部　驻四川省成都市。指挥长兼党工委书记罗世昌,总工程师王杰。

宁杭铁路客运专线工程指挥部　驻浙江省湖州市。指挥长郭志光,总工程师张学哲。

胶济铁路客运专线工程指挥部　驻山东省潍坊市。指挥长黄国胜,党工委书记何明海,总工程师王继军。　(袁　莉)

【职工队伍】　职工7489人,其中干部2733人。干部中,女干部624人,占干部总数的22.8%;少数民族干部57人,占干部总数的2.1%;专业技术干部2639人,占干部总数的96.6%。干部学历结构:本科以上学历1466人,大专学历883人,中专及以下学历386人,分别占干部总数的53.6%、32.3%、14.1%。干部年龄结构:30岁以下1357人,占干部总数的49.7%;31岁~40岁772人,占干部总数的28.2%;41岁~50岁424人,占干部总数的15.5%;51岁以上180人,占干部总数的6.6%。专业技术干部中,高级职务274人,占专业技术干部的10.4%;中级职务628人,占专业技术干部的23.8%;初级职务1737人,占专业技术干部的65.8%。干部专业结构:工程系列1977人,经济系列157人,会计系列307人,政工系列163人,其他系列35人。

工人4756人,其中女工1202人。工人中,中共党员493人,共青团员981人,少数民族60人。工人学历结构:初中以下1364人,高中1033人,中专、技校、职高1721人,大专576人,本科及以上62人。工人年龄结构:30岁以下2005人,31岁~40岁855人,41岁~50岁1421人,51岁~55岁403人,56岁~60岁72人。1983年以前参加工作的1479人,1984~2000年参加工作的1368人,2001年以后参加工作的1909人。2608人获得国家职业资格证书。其中,初级工445人;中级工769人;高级工1034人;技师326人;高级技师34人。　(周丽慧　魏雪琴)

【工程施工】　2009年在建工程123项,合同总投资471.41亿元,完成投资103.54亿元。其中,铁路工程99项;铁路外工程24项。完成主要实物工程量:接触网7373条公里,牵引变电所68座;电力线路(10千伏以上)8355公里,变配电所164座;长途光电缆7752公里,站场通信255站;自动闭塞4222公里,联锁道岔4683组。年内完工交付工程54项,工程质量优良,一次验收合格率100%。主要工程进展情况:

郑西铁路客运专线"四电"系统集成工程　全长474公里,合同投资313220.36万元,合同工期2008年

8月1日~2009年12月31日。主要工程量:通信线路1868公里;自动闭塞2251区间公里,联锁道岔289组;电力线路3223公里,变配电所13座;接触网1345条公里,牵引变电所11座;房屋建筑850平方米。2009年完成投资172533万元,开工累计完成投资271532万元。9月1日,郑西铁路客运专线全线开始联调联试,铁道部动车组试验运行最高时速394.2公里。截至年底,郑州、西安枢纽改造工程已基本完成,计划2010年2月6日正式运营。

福厦铁路"四电"系统集成工程　全长262.428公里,合同投资148781.6万元。2008年10月9日开工,计划2010年3月30日竣工。主要工程量:接触网791.51条公里,牵引变电所5座,AT所、分区所、开闭所14座;通信光电缆1065.8公里,漏泄同轴电缆51公里;信号电缆1462公里,联锁道岔336组;10千伏高压电缆639.5公里,低压电缆215.8公里,配电所8座;房屋建筑8585平方米。2009年完成投资139100.5万元,开工累计完成投资142295万元,占合同投资的96%。

京九铁路向塘西至东莞段电气化工程　全线分别由南昌铁路局和广铁集团股份有限公司管辖。正线全长821.525公里,合同总投资402063万元,合同工期2009年11月18日~2011年10月24日。实际开工日期2009年12月1日。南昌铁路局管段合同投资252163万元,正线全长517.984公里。主要工程量:长途光缆517.98条公里,地区及站场光、电缆82.9条公里;信号联锁道岔690组,信号电缆3469公里;电力线路309.96公里,变配电所6座;接触网1481.31条公里,牵引变电所11座,分区所12座,开闭所2座;房屋建筑20255平方米。2009年完成投资16844万元,开工累计完成投资16844万元,占合同投资的6.7%。广铁集团股份有限公司管段合同投资149900万元,正线全长303.541公里。主要工程量:通信长途光缆460.74条公里,地区及站场光、电缆57条公里,集群移动通信天线铁塔120座;信号联锁道岔573组,信号电缆2030.319公里;电力240.23公里,变配电所9座,远动23处;接触网921.45条公里,牵引变电所7座;房屋建筑14067平方米。2009年完成投资11819万元,占合同投资的7.88%。

兰新铁路红柳河至乌西电气化改造工程　正线全长203.567公里,合同投资190042.09万元,合同工期2009年3月1日~2010年8月31日。实际开工日期2009年5月。主要工程量:站场土石方2127595立方米,涵洞20座458.98横延米,房屋建筑40493平方米,接触网964.22条公里,通信长途光缆376公里,敷设地区光、电缆203条公里,信号自动闭塞211.4区间公里,电力线路111公里。2009年完成投资24500万元,开工累计完成投资24500万元,占合同投资的12.89%。

兰新铁路嘉峪关至红柳河段电化改造工程　正线全长158.8公里,合同投资45646万元,合同工期2009年7月20日~2010年12月31日。主要工程量:通信光电缆338公里,信号电缆133.1公里,变配电所2座,改造既有配电所及车站供电系统8站,接触网导线架设431.18条公里,牵引变电所3座。2009年完成投资1530万元,占合同投资的3%。

新菏兖日铁路电气化改造工程　隶属郑州、济南铁路局。正线全长614.31公里,合同总投资280827万元,合同工期2008年8月1日~2010年3月31日。实际开工日期2008年8月1日,计划2010年6月30日完工。主要工程量:通信线路614公里;自动闭塞614区间公里,联锁道岔1312组;电力线路614公里,变配电所60座;接触网1607条公里,牵引变电所15座;房屋建筑26968平方米。济南铁路局管段合同投资200002万元。2009年完成投资148563.55万元,开工累计完成投资173000万元,占合同投资的86.5%。郑州铁路局管段合同投资80825.35万元。2009年完成投资56754.25万元,开工累计完成投资74500万元,占合同投资的93.13%。

改建铁路沪汉蓉通道武汉至襄樊段增建第二线电力电气化工程　正线全长282公里,合同投资44000万元,合同工期2006年7月1日~2008年6月30日。电力工程于2006年4月1日开工,电气化工程于2006年7月1日开工。主要工程量:10千伏配电所5座,高压电缆142公里,高压架空250公里,低压架空4.7公里;接触网支柱11000根,接触网导线776条公里,牵引变电所7座,分区所6座。2009年完成投资9700万元,开工累计完成投资44000万元。9月完成全部工程。

陇海铁路徐州至连云港东段电气化改造工程　正线全长223.9公里,合同投资51101万元,合同工期2006年4月~2007年10月。实际开工日期2006年7月。主要工程量:212公里牵引供电工程及配套房屋,东海至徐州153公里"三电"及"三电"迁改工程。2009年完成投资1215.36万元,开工累计完成投资51101.1万元。11月完成全部工程。

改建铁路沪汉蓉通道武汉至安康增建二线工程XYS-07标段　全长235.357公里,合同投资41583万元,合同工期2006年5月15日~2008年9月30日。实际开工日期2006年8月。主要工程量:自动闭塞235双线公里,敷设光电缆700条公里。2009年完成投资3589万元,开工累计完成投资50704万元。9

月完成全部工程。

改建铁路包兰线包头至惠农段电气化改造工程施工总承包 BHSG－总标段　全长 275 公里，合同投资 78841 万元，合同工期 2006 年 12 月 30 日～2008 年 9 月 30 日。主要工程量：通信线路 620.3 公里；信号自动闭塞 395.3 公里，联锁道岔 548 组；电力架空 373.56 公里，电缆 206.059 公里，配电所 8 座；接触导线 1126.948 条公里，供电线 70 条公里，回流线 844.162 条公里，架空地线 65.467 条公里；新建牵引变电所 8 处，房屋建筑 26810 平方米。该工程于 2009 年 5 月完工，这是呼和浩特铁路局开通的第一条电气化铁路，也是集团公司交付的首条大型电气化项目。

焦柳铁路洛阳至张家界段电气化改造工程 LZSG－2 标段（武汉铁路局管段）　电气化工程 171 正线公里，"三电"工程 179 正线公里；合同投资 45000 万元，合同工期 2007 年 10 月 18 日～2009 年 10 月 17 日。实际开工日期 2007 年 12 月 10 日。主要工程量：接触网 483.88 条公里，牵引变电所 3 座，分区所 4 座；通信线路 179 公里，中间站站场通信 17 站，中继站 2 站，无线直放站 37 座；自动闭塞 179 正线公里，电气集中 10 站，计算机联锁 7 站，联锁道岔 506 组；改造高、低压线路 17 站，改造配电所 5 座，10 千伏电源线路架设 3 公里。2009 年完成投资 15395 万元，开工累计完成投资 45000 万元。工程已全部完工。

焦柳铁路洛张电气化改造工程（郑州铁路局管段）　全长 167.955 公里，合同投资 25590 万元，合同工期 2007 年 10 月 18 日～2009 年 7 月 17 日。实际开工日期 2007 年 12 月 20 日。主要工程量：接触网 459 条公里，牵引变电所 4 座，供电线路改造及架设281.73 公里，电力远动系统安装调试 11 处。工程已全部完工。

青藏铁路西宁至格尔木段增建二线工程 XGZHH2 标段　全长 410.17 公里，合同投资 89159 万元，合同工期 2007 年 9 月～2012 年 9 月。实际开工日期 2007 年 9 月。主要工程量：通信光电缆 410 公里，自动闭塞 68 公里，行车指挥设备 410 正线公里，电力线路 623.86 公里，接触导线 1048 条公里，供电线 136.5 公里，回流线 819.4 公里，保护线 58 公里，牵引变电所、分区所各 11 座。2009 年完成投资 15639.5 万元，开工累计完成投资 28396 万元，占合同投资的 33.93%。

包西铁路通道省界（陕西）至张桥段站后"四电"工程 BXZH－1 和 BXZH－2 标段　正线全长 376.68 公里，合同投资 82676 万元，合同工期 2008 年 8 月 1 日～2010 年 10 月 31 日。实际开工日期 2008 年 9 月 10 日。主要工程量：接触网 1037.105 条公里，牵引变电所 8 座，分区所 8 座；10 千伏电力线路 627.212 正线公里，配电所 6 座；通信光缆 197.9 公里，通信长途干线光缆 564.15 公里；自动闭塞 367.41 正线公里，微机联锁车站 16 座。2009 年完成投资 33411 万元，开工累计完成投资 37331 万元，占合同投资的 45.2%。

包西铁路通道包头至省界段工程施工总承包 BSSG－5 标段　全长 177.08 公里，合同投资 25718 万元，合同工期 2007 年 5 月 28 日～2009 年 11 月 28 日。实际开工日期 2009 年 4 月。主要工程量：敷设通信光、电缆 494 条公里，联锁道岔 165 组。2009 年完成投资 18426 万元，开工累计完成投资 19660 万元，占合同投资的 59.9%。

新建铁路太原至中卫（银川）线站后"四电"及给排水工程 SDS－Ⅱ标段　正线全长 296 公里，合同投资 116245 万元，合同工期 2008 年 9 月 1 日～2010 年 8 月 31 日。实际开工日期 2008 年 10 月 10 日。主要工程量：接触线 573.54 条公里，牵引变电所 5 座；通信光缆 560 公里，信号自动闭塞 243.63 正线公里；电力高压电缆 336.82 公里。2009 年完成投资 47029 万元，开工累计完成投资 47029 万元，占合同投资的 40.5%。

新建铁路太原至中卫（银川）线站后"四电"及给排水工程Ⅲ标段　正线全长 237.272 公里，合同投资 55106.87 万元。2008 年 10 月 8 日开工，计划 2010 年 8 月 31 日完工。主要工程量：敷设通信光电缆 586 公里，无线基塔 60 座；信号安装道岔 287 组，敷设电缆 601.9 公里；电力投光灯塔 562 座，变电所 4 座；电气化混凝土（钢）支柱组立 6567 根，承导线架设调整 1942 公里，牵引变电（分区）所 4 座。2009 年完成投资 2991 万元，开工累计完成投资 4142 万元，占合同投资的 8%。

成灌铁路站后系统集成工程　全长 72.184 公里，合同投资 7.3 亿元，合同工期 2009 年 7 月～2010 年 5 月。实际开工日期 2009 年 9 月，计划 2010 年 5 月 1 日开通。主要工程量：通信线路 72.184 公里；自动闭塞 72.184 区间公里，联锁道岔 82 组；电力线路 72.184 公里，变配电所 17 座；接触网 229.9 条公里，牵引变电所 2 座。2009 年完成投资 42380 万元，占合同投资的 58%。

新建南京至杭州铁路客运专线通信、信号、牵引供电及电力供电系统集成工程　全长 248.96 公里，其中江苏省境内 146.77 公里，浙江省境内 102.19 公里；合同投资 188555 万元，合同工期 2009 年 8 月 1 日～2011 年 12 月 31 日。实际开工日期 2009 年 8 月 1 日。主要工程量：通信线路 249 公里；轨道电路 498 区段，道岔 101 组；10 千伏电缆 720 公里，变配电所 5 座；牵引变电所 5 座，接触网 700.75 条公里。2009 年完成投资 771.86 万元，开工累计完成投资 771.86 万元，占合同投资的0.4%。

胶济铁路客运专线通信、信号、电力及牵引供电子系统工程　全长362.5公里，合同投资9.29亿元，合同工期2007年9月10日～2008年4月30日。实际开工日期2007年9月10日，计划2010年完工。主要工程量：通信光、电缆233公里；信号联锁道岔612组，敷设电缆2320公里；接触网混凝土支柱组立10248根，钢柱组立4339根，硬横梁架设1475组，承导线架设930.46条公里；新建牵引变电所4座，改建牵引变电所5座；电力架空线310.96条公里，电缆线路258.4条公里；房屋建筑3331平方米。2009年完成投资10591万元，开工累计完成投资100466.6万元。"四电"主体工程基本完工。截至2009年底完成总体工程的94%。（袁　莉）

【海外工程】　巴布亚新几内亚房建工程　位于巴布亚新几内亚巴新莫尔兹比港，3层楼超市，建筑面积45720平方米，合同投资23000万元，合同工期2008年6月1日～2009年11月31日。实际开工时间2008年6月。2009年完成投资13426万元，开工累计完成投资15121万元。中铁建电气化局集团二公司承建。（王　洁）

【经营管理】　工程承揽。2009年新签合同额220.24亿元，为股份公司年度计划110亿的200.2%，比2008年增长144.73%。全年承揽项目81项。其中，施工工程51项；设计项目4项；产品制造26项。铁路客运专线系统集成项目实现重大突破，先后中标京汉、宁杭、厦深、汉宜、成灌、长吉等铁路工程，总里程1945正线公里，合同投资132.6亿元，占新签合同额的53.97%。普速铁路保持良性互动格局，地铁轻轨领域稳步推进，首次进入北京轨道交通市场，在上海轨道市场连中3标。海外工程在探索中前行，成效明显。电气化铁路运营维护管理业务不断拓展，精伊霍铁路正式进入运营维护管理。

施工生产。全年在建工程123项，合同投资471.41亿元，铁路正线里程14333公里，其中营业线8231公里；竣工交付54项，完成投资123.45亿元，比2008年增长146.41%。全年完成通信线路7751公里，信号自动闭塞4222区间公里，电气集中联锁道岔4683组，电力线路8354公里，变配电所164座，接触网7372条公里，牵引变电所68座，房屋建筑8.74万平方米。全年投入安全生产和劳动保护专项资金5800.4万元；举办安全培训班136期，培训12092人次。评定单位工程1957项，一次验收合格率100%，未发生任何质量事故。二公司承建的遂渝铁路工程获中国建设工程鲁班奖；全年获省部级优质工程奖3项、股份公司优质工程奖2项，获省部级优秀QC成果5项、股份公司优秀QC成果5项，2个直管工程指挥部获股份公司优秀项目经理部。年内受到建设单位嘉奖68次，获奖金100余万元；收到业主表扬通报166件次。

经济管理。通过强化内控机制建设，狠抓责任成本和资金集中管理关键环节，优化资源配置，强化过程控制，加大清欠力度，加强审计监督和效能监察，实施风险管理和税务筹划，经济管理工作规范有序，经济效益明显增强。全年实现营业收入103.19亿元，比2008年增长135.16%；实现利润2.37亿元。期末集团公司货币资金存量30.7亿元，比2008年增长149.88%。

人力资源管理。全年接收大学毕业生285人；115人参加中级专业技术职务评审，42人取得高级专业技术职务任职资格，4人取得教授级高级工程师任职资格；引进高级专业技术和项目管理人才6人。年内举办培训班230期，培训职工7346人次。其中，培训干部3319人次，占干部总数的95.6%；培训工人4027人次，占工人总数的84.7%。委外送培432人次。17个工种176名技术工人通过职业技能鉴定，评审技师15名、高级技师5名。拥有注册执业资格人员190名，其中注册一级建造师166名。有57个集体和95名个人受到股份公司及以上表彰，其中1人获国务院特殊政府津贴专家荣誉。

综合管理。7月，中铁十一局集团电务工程有限公司和中铁十二局集团电气化工程有限公司划归集团公司管理，提升了集团公司在"四电"产业中的竞争能力；进一步完善集团产业结构和市场布局，成立南方和北方公司、康远新材料公司、新疆维管分公司；提升集团公司总部机关指挥协调功能，增设海外、经济管理、法律事务、物资设备、工业系统管理、客运专线"四电"系统集成及运营维护管理等职能部门。集团公司工程公司建设成效显著，工程队建设扎实推进，劳动合同及劳务队伍管理逐步规范；完善企业总法律顾问制度，加强项目合同管理，规避市场法律风险。（邹国华）

【科技兴企】　集团公司分别与德国力倍公司、江苏康远新材料有限公司签署中国高速铁路电气化零部件制造技术转让协议和中国高速铁路电气化新型接触线合资合作协议，与西南交通大学、北京交通大学、清华大学、湖南大学等结成校企联盟，开展科研开发。合资成立的轨道交通器材公司、康远新材料公司已建成投产。研发的具有完全自主知识产权的高速铁路超细晶强化型铜镁接触线通过铁道部技术评审，可满足时速350公里以上高速铁路运营需求，已在郑西铁路客运专线挂网试验。与江西新航电气化绝缘子制造有限公司合作研制的全天候空气动力自洁型高性能棒式绝缘子通过江西省技术鉴定，达到国内领先水平。承担国家科学技术部、铁道部科研课题1项，股份公司科研课题6项，集团公司科研课题8项。36项科技成果通过各级评审验收，多项科研成果达到国内领先，2项科技成果获股份公司科技进步奖。发明创新成果显著，1项专利获得授权，7项专利进入审批阶段。年内开发工法18项。其中，4项被认定为部级工法；6项被评为股份公司优秀工法。全年完成科技论文和技术总结30篇。

（侯晓俊）

【党群工作】 党的工作。集团公司下辖基层党委20个、党（总）支部125个，有党员2308人。（1）开展深入学习实践科学发展观活动。通过学习调研和分析检查，加深对市场、行业和企业发展规律的新认识，找出影响和制约集团公司科学发展的六个方面突出问题。通过解放思想大讨论，确立政治、经济、文化、和谐和党的建设全面发展的治企理念，形成“抢抓机遇确保快速增长，科学发展争创行业一流”的新共识。通过加强整改，制定推进企业科学发展举措310项，清理和健全管理制度175项，提出企业第二个“三步走”发展战略，落实职工收入、福利、养老、子女就业、改善居住环境等方面的措施70项，一些遗留的历史问题被彻底解决。（2）领导班子和党员干部队伍建设。以“四好领导班子”创建活动为载体，充分利用学习实践科学发展观活动，组织领导班子成员进行专题调研，把好企业发展脉搏，掌握企业发展主动权。组织中心组理论学习，提高各级领导班子的理论素养。认真执行“三重一大”集体决策要求，提高决策的科学性。组织专题民主生活会，增强领导班子的凝聚力。加强领导班子组织建设，对二级单位领导班子成员进行考核、评议，调整领导班子成员17人，提拔处级领导干部25人，组建13个指挥部党工委，进一步改善领导班子的年龄、知识结构，增强班子的整体功能。及时调整北方工程公司领导班子，保证干部职工队伍稳定，公司发展势头得到延续。积极选拔后备干部，86名优秀干部选入子公司领导班子队伍梯队。（3）基层党建工作。建立健全基层党组织，年内成立南方、北方工程公司党委。全年发展党员72名，70%集中在生产一线、生产经营骨干和大专以上学历毕业生中。11月，集团公司党委召开首次领导班子建设暨项目党建工作座谈会，总结基层党建经验，分析基层党建形势，明确基层党建重点，有效地推动了基层党建工作的开展。（4）人才队伍建设。大力实施“人才强企”战略，把“党管人才”工作落实到科学选人用人、充实人才数量、提高人才质量、优化人才结构上。与北京交通大学、西南交通大学签订战略合作协议，加强人才交流培养。集团公司建设了一支以专业技术人才为主，多学科多门类，基本适应企业当前发展的人才队伍，施工生产管理中人才短缺的局面得到进一步缓解。（5）宣传工作。及时组织编发集团公司“四会”专题宣传教育提纲，引导干部职工明确企业发展方向，落实肩负的责任，努力为企业创誉增效作贡献。在深入学习实践科学发展观活动中，编发专题简报30期。其中，被股份公司作为典型经验转发6期；20期简报在股份公司网站和“科学发展观专栏”上刊用。全年在各类媒体刊稿560篇。其中，在《人民铁道报》刊稿45篇；在《福建日报》《河南日报》等省市地方报刊稿27篇；在中央电视台《新闻联播》播发新闻3条；在新华社播发通稿4次；在地方电视台、广播电台播发新闻6条；在主流网站发稿22篇。集团公司被股份公司评为对外宣传报道先进单位，赵守民被评为股份公司新闻报道工作先进个人。组织策划重点建设项目宣传报道方案，年内对包惠、郑西、福厦、胡安、武襄、洛张等铁路重点工程进行集中宣传，产生了较好的影响。在开展工程公司企业文化建设年活动中，南方工程公司获股份公司企业文化建设先进单位称号，郑西铁路客运专线、福厦铁路、新菏兖日铁路项目部被评为股份公司优秀项目部，齐晓景、陈祥俊、项昌华、王莉、孙秀芬被评为股份公司企业文化建设先进个人。

工会工作。集团公司工会下辖7个处级工会，50个基层工会，有工会会员7816人、专兼职工会干部71人。坚持职代会和企务公开制度，组织召开一届二次职代会，选举产生职代会5个专门委员会，对领导班子成员进行民主测评，把干部任免、职工工资、“五险二金”缴纳、物资采购、民工使用等职工关注的热点问题作为工作重点，认真落实集体合同制度。围绕重点工程开展劳动竞赛，年内集团公司表彰先进集体12个、劳动模范15人、“工人先锋号”11个、“工人先锋号”标兵9人、先进个人52人，6人受到股份公司表彰，1人获得火车头奖章。集团公司被国资委评为中央企业先进集体、被中华全国铁路总工会授予火车头奖杯。集团公司表彰先进女职工9名，先进女职工集体2个，1人获铁道部先进女职工工作者称号。创新帮扶机制，完善职工保障体系。开展“双节”送温暖活动，筹集送温暖资金120万元。落实“三不让”承诺专项资金30万元，各级行政筹集65万元，各级工会拨款25万元，慰问困难职工家庭153户，慰问劳模先进、老干部、离退休人员及生产一线职工616人。开展“金秋助学”活动，发放助学资金11.436万元，子公司、项目部助学捐款5.4万元，资助困难职工子女113人，其中资助受灾职工子女10人，发放助学资金1.2万元。

共青团工作。集团公司团委下设基层团委9个、团支部 88 个,现有团员 1847 人、青年 3545 人。集团公司团委以"想在长远、干在实处、走在前列"为基本理念,以"围绕中心、融入管理、服务企业、服务青年"为工作总体要求,组织开展青年主题实践、创新创效、"五小"成果评选、争创"青年文明号"、争当'青年岗位能手"、"导师带徒"等活动。年内召开第二次团代会,选举产生共青团中铁建电气化局集团有限公司第二届委员会书记、副书记、委员。开通集团公司团委网站。全年有 10 个先进集体和 5 名先进个人受到省部级表彰。 (党委工作部 韦选毅 丁晓毅)

【第一工程有限公司】 铁路通信、信号、电力、电气化、城市及道路照明、电信工程专业承包一级,送变电工程专业承包三级及公路交通(通信、监控、收费综合系统)工程专业承包资质企业。公司机关驻河南省洛阳市白马寺镇 18 号。前身为中铁十五局集团电务工程有限公司,2005 年 7 月整体划归中铁建电气化局集团有限公司,改称现名。总经理宋景奇,党委书记张立华。下辖通号、通信、电化分公司及机械设备、员工培训、非标准件加工中心和北京办事处。职工 1497 人。其中,干部 380 人;工人 1117 人。资产总额 116574 万元。其中,流动资产 110709 万元;固定资产原值 7747 万元、净值 5037 万元。拥有仪器仪表 99 台,自轮运转设备 37 台,汽车 76 台,其中生产用车 29 台。年施工能力 20 亿元以上。

2009 年承揽工程任务 107772 万元,完成企业总产值 185247 万元,其中施工产值 133514 万元。实现利润 1678 万元,人均创利 11215 元。职工年人均收入 26193 元。产值利润率 0.91%,净资产收益率 11.47%,成本费用利润 0.22%,资产负债率 96.28%。年内获集团公司优质工程奖 2 项,公司优秀 QC 成果 5 项、集团公司优秀 QC 成果 3 项、股份公司优秀 QC 成果 1 项。公司先后获中国建设工程鲁班奖 1 项,国家优质工程银质奖 3 项,铁道部优质工程奖 16 项,省优质工程奖 1 项,集团公司优质工程奖 36 项。企业信誉等级被中国建设银行河南省分行评为 AAA 级。

(马舟丽)

【第二工程有限公司】 铁路电务、建筑智能化、铁路电气化工程专业承包一级资质企业。公司机关驻山西省太原市尖草坪区昌盛西街 18 号。董事长、总经理燕正安,党委书记唐中国。下辖物业公司、北京办事处、通号工程分公司、网上作业队和 3 个区域经营开发部、22 个工程项目部。职工 1299 人。其中,干部 580 人;工人 719 人。技术干部 415 人,占干部总数的 72%;技术工人 439 人,占工人总数的 61%。资产总额 122272 万元。其中,固定资产原值 8825 万元、净值 6187 万元;流动资产 115616 万元。机械设备 94 台,原值 6914 万元、净值 4659 万元,总功率 13224.7 千瓦,动力装备率 10.18 千瓦/人,技术装备率 3.2 万元/人。年内新购设备 16 台,原值 1081.05 万元。设备完好率 95%,利用率 95.24%,机械化施工程度 18.95%。

2009 年承揽工程任务 41 亿元,其中完成自揽合同额 114370 万元,占年度经营计划的 114%。完成企业总产值 162979 万元,其中施工产值 162979 万元。实现利润 2273 万元,人均创利 20927 元。职工年人均收入 32079 元。国有资产保值增值率 122.92%,净资产收益率 47.11%,产值利润率 1.39%,投资回报率 28.52%,资产负债率 95.4%,应上缴款完成率 111.33%。公司通过山西省高新技术企业认证,北京华夏中心 QES 体系认证,取得对外承包工程经营资格证书。公司曾荣记山西省劳动竞赛集体一等功,连续 4 年获山西省文明和谐单位称号,连续 10 年获太原市文明单位标兵称号,被山西省国税局、地税局联合授予纳税信用等级 A 级企业,获山西省优秀建筑企业称号。2009 年,公司先后获太原市园林标兵化单位、太原市百佳单位、山西省绿色社区称号;获股份公司科技进步二等奖 1 项、三等奖 2 项,4 项工法被认定为山西省省级工法;获中国建设工程鲁班奖 1 项,火车头优质工程奖 3 项,股份公司优质工程奖 3 项,集团公司优质工程奖 2 项;获国家优秀 QC 成果 1 项,股份公司优秀 QC 成果 3 项,集团公司优秀 QC 成果 1 项。公司被股份公司评为先进工程公司,公司领导班子被集团公司授予"四好领导班子"称号。 (王 洁)

【第三工程有限公司】 铁路电气化、通信、信号、电力工程专业承包一级,地方电信、送变电工程专业承包二级资质企业。公司机关驻河北省高碑店市兴华北路 57 号。前身为中铁十八局集团电务工程有限公司,2005 年 7 月整体划归中铁建电气化局集团有限公司,改称现名。董事长、总经理刘永进,党委书记修德富。下辖通信信号、电力、电气化、海外项目 4 个专业分公司。职工 728 人。其中,干部 326 人;工人 402 人。技术干部 172 人,占干部总数的 64%;技术工人 257 人,占工人总数的 60%。资产总额 9.36 亿元。机械运输设备 113 台(套),净值 3459 万元,总功率 9942 千瓦,动力装备率 13.66 千瓦/人,技术装备率 4.8 万元/人,设备利用率 94%。年施工能力 15 亿元以上。

2009 年承揽工程任务 141953 万元,完成企业总产值 145633 万元,其中施工产值 107336 万元。实现净利润 1605.15 万元,人均创利 3.15 万元。国有资产保值增值率 130.23%,净资产收益率 23.41%,产值利润率 1.6%，投资回报率 24.08%，资产负债率 91.02%，应上缴款完成率 100%。全年设备购置投入 1948 万元，自行采购电气化作业设备 7 台，吊车 1 辆，仪器仪表 61 台(套)。年内，公司领导班子被集团公司评为“四好领导班子”，公司获集团公司经济效益杯和安全质量杯奖，被股份公司评为先进集体，包惠铁路项目部董康青年突击队、西格铁路二线电力工程项目部分别获北京市优秀青年突击队、“青年文明号”称号。全年有 29 个先进单位(集体)、51 名先进个人受到北京市、股份公司、集团公司的表彰奖励。

（陈祥俊）

【第四工程有限公司】 铁路电务工程专业承包一级，铁路电气化、机电设备安装、建筑智能化工程专业承包二级，送变电工程专业承包三级资质企业。公司机关驻湖南省长沙市雨花区中意一路 728 号。2005 年 7 月由原中铁二十五局集团电务工程有限公司电气化分公司整体划入中铁建电气化局集团公司，11 月与第一工程有限公司所属第三分公司、第五分公司、攀枝花分公司整合重组，改称现名。董事长、总经理肖勇，党委书记项昌华。下辖通信信号、电气化和交通机电安装 3 个分公司。职工 810 人，其中专业技术人员 226 人。资产总额 52524 万元。其中，固定资产 7317 万元；流动资产 44750 万元。机械设备及仪器仪表 100 台(套)，总功率 9155 千瓦，动力装备率 11.29 千瓦/人，技术装备率 3.59 万元/人。年施工能力 15 亿元以上。

2009 年承揽工程任务 155588 万元，完成企业总产值 74031 万元，实现利润 1021 万元。职工年人均收入 37258 元。国有资产保值增值率 100%，资产负债率 86.75%，营业利润率 2%，成本费用占主营业务收入比重 97.86%，净资产收益率 5.36%。年内 1 项 QC 成果获集团公司 QC 成果一等奖。公司获集团公司经营承揽杯奖，被股份公司评为经营先进单位；被湖南省及长沙市评为守合同重信用企业，企业信誉等级被评为 AAA 级。年内顺利通过质量、环境、职业健康安全管理体系认证。

（罗　昆）

【第五工程有限公司】 铁路电务、电信工程专业承包一级，铁路电气化、送变电工程专业承包二级，机电设备安装工程专业承包三级资质企业。公司机关驻广西壮族自治区柳州市红岩二区 6 号。总经理郑光荣，党委书记吴克坚。2005 年 12 月 15 日，由原中铁二十五局集团柳州电务工程公司与中铁十五局集团电务工程公司六分公司重组而成。下辖电气化分公司、通号一分公司、通号二分公司。职工 810 人(含内退人员)。其中，干部 316 人；工人 494 人。专业技术干部 301 人，占干部总数的 95.3%；技术工人 473 人，占工人总数的 95.7%。资产总额 68757 万元。其中，固定资产原值 4023 万元、净值 2918 万元；流动资产 63966 万元；其他资产 1873 万元。机械运输设备 58 台(套)，总功率 6736 千瓦，动力装备率 9.92 千瓦/人，技术装备率 3.43 万元/人。年综合施工能力 20 亿元以上。

2009 年承揽工程任务 62488 万元，完成企业总产值 81869 万元，其中施工产值 62387 万元。实现利润 993 万元，人均创利 1.23 万元。职工年人均收入 3.73 万元。国有资产保值增值率 121.56%，净资产收益率 21.56%，产值利润率 1.59%，资产负债率 88%，投资收益上缴率 100%，应上缴款完成率 100%。年内获广西优质工程奖 1 项，公司获集团公司质量管理先进单位和北京市“青年文明号”、质量管理先进单位、“工人先锋号”称号，顺利通过质量、环境、职业健康安全管理体系认证。

（范　丽）

【南方工程有限公司】 前身系中铁十一局集团电务工程有限公司，2009 年 7 月 22 日划归中铁建电气化局集团公司管理，8 月 18 日挂牌成立，更名为中铁建电气化局集团南方工程有限公司。公司机关驻湖北省武汉市东湖开发区华光大道 19 号。董事长、党委书记邵汉军，总经理徐金平。下辖 9 个事业部、4 个建制项目部。公司主要从事铁路通信、信号、电力、电气化工程，城市轨道交通通信、信号、供电、接触网、机电设备安装工程，公用通信、专用通信、送变电、工业与民用建筑等工程施工。职工 1168 人。其中，干部 546 人；工人 631 人。专业技术干部 437 人，占干部总数的 80%；技术工人 488 人，占工人总数的 77.3%。资产总额 124257.2 万元。其中，固定资产原值 8981 万元、净值 5848 万元；流动资产 116097.7 万元。机械运输设备 111 台(辆)，总功率 11200 千瓦，动力装备率 9.56 千瓦/人，技术装备率 3.18 万元/人，年施工能力 26 亿元以上。

2009 年承揽工程任务 17.5 亿元，其中划转后承揽 6 亿元。完成企业总产值 116278.9 万元，实现利润 2762 万元。职工年人均收入 38550 元。净资产收益率 40%，产值利润率 2.38%，资产负债率 94.44%，投资收益上缴率 100%，应上缴款完成率 102%。公司先后获得全国五一劳动奖状、全国优秀施工企业、全国用户满意施工企业、全国质量效益型先进施工企业、模范职工之家、全国职工职业道德建设十佳单位、全国精神文明建设工作先进单位、全国守合同重信用企业等荣誉。年内获中国建设工程鲁班奖、国家优质工程银质奖各 1 项，火车头优质工程奖 2 项；获股份公司科技进步奖2项,4项科技成果获得国家实用新型专利。

(方丽丽)

【北方工程有限公司】 前身系中铁十二局集团电气化工程有限公司,2009年7月21日划归中铁建电气化局集团公司管理,8月18日挂牌成立,更名为中铁建电气化局集团北方工程有限公司。公司机关驻山西省太原市迎泽西大街369号。董事长、党委书记金智庆,总经理高斌文。主要从事铁路电气化、通信、信号、电力工程施工,机电设备安装、送变电、公路交通(通信、监控、收费综合系统)工程专业承包,通信、房屋建筑工程施工和220千伏及以下电力计量测试总承包。下辖电化、通号、建筑安装、送变电、城市轻轨和机电安装5个分公司,派出项目22个。职工644人。其中,干部412人;工人232人。资产总额10.11亿元。其中,固定资产净值0.64亿元;流动资产16479万元;其他资产7874.23万元。机械运输设备32台(套),原值5010.7万元、净值1505.4万元,总功率4688千瓦,动力装备率7.28千瓦/人,技术装备率2.34万元/人,设备完好率95.5%,利用率72.5%。年施工生产能力20亿元。

2009年承揽工程任务30.73亿元,完成企业总产值11.73亿元,实现利润570.33万元。人均创利0.62万元,全员劳动生产率117万元/人年,职工年人均收入4.56万元。净资产收益率7.44%,产值利润率0.59%,资产负债率93.63%,应上缴款完成率100%。全年没有发生重大生产安全事故,无职工因工、非因工亡人事故,实现年度安全生产目标,工程质量合格率100%。年内,公司通过质量、环境、职业健康安全管理体系认证,被集团公司评为成本管理先进单位。公司先后被评为山西省百家信用示范企业、全国守合同重信用企业、山西省和太原市守合同重信用企业、山西省优秀施工企业、太原市园林化标兵单位,获火车头优质工程奖2项、山西省汾水杯优质工程奖1项。

(卫明娟)

【北京京燕饭店有限公司】 驻北京市石景山区石景山路29号。系三星级涉外酒店,客房296套,商务办公面积11652平方米,大小会议室8个,设有首层商务餐厅和顶层阳光餐厅。总经理高砚明,党委书记隋立华。职工249人。2009年实现经营收入3908万元。

(梅籽偲)

【西安电气化制品有限公司】 由中铁建电气化局集团有限公司和陕西省西安市灞桥电气化电杆厂共同出资组建,于2007年4月10日在西安注册成立,集团公司出资占87.5%。主要从事铁道横腹杆式预应力混凝土支柱、环形等径预应力混凝土接触网支柱、环形电杆、水泥制品、钢结构接触网支柱、混凝土轨枕的制造、销售以及铁路电气化、通信、信号、电力器材的销售,具备年产腕臂支柱8万根、软横跨支柱2万根、等径支柱2万根的生产能力。公司机关驻陕西省西安市纺织城纺南路。董事长孙传福,总经理张海军。下辖3个车间、4个项目部。职工258人。其中,干部45人;工人213人。技术干部38人,占干部总数的85%;技术工人130人,占工人总数的61%。资产总额3729万元。其中,固定资产原值983万元、净值823万元;流动资产2906万元。机械设备130台(套),净值694万元,总功率3000千瓦,动力装备率11.6千瓦/人,技术装备率3.19万元/人,设备完好率100%,利用率92%。

2009年承揽工程任务8000万元,完成企业总产值6147万元,实现利润411万元,人均创利1.6万元。全员劳动生产率23.8万元/人年,职工年人均收入30000元。国有资产保值增值率104.1%,净资产收益率14%,产值利润率6.7%,投资回报率15%,资产负债率72%,应上缴款完成率100%。公司成立以来先后获得陕西省守合同重信用企业、产品质量信得过企业等荣誉。

(杨平安)

【中铁建电气化局集团科技有限公司】 驻河北省高碑店市西大街建国胡同9号。2007年11月,原中铁十八局集团高碑店材料总厂整体划入中铁建电气化局集团公司;12月,企业改制改称现名。董事长兼总经理孙传福,党委书记宫业海。下设H型钢柱事业部、战备材料事业部、仓储物流事业部、多元经营中心、唐山工程项目部、兰新工程项目部。职工202人。其中,干部73人;工人129人。资产总额6731元。其中,固定资产1874万元;流动资产3985万元;其他资产721万元。机械设备109台,净值720万元,总功率346.3千瓦,动力装备率75千瓦/人。

2009年实现营业收入8557万元。其中,工业产品制造5163万元;工程施工2964万元;其他业务430万元。实现利润371万元。职工年人均收入17670元。国有资产保值增值率106.18%,净资产收益1.5%,产值利润率1.02%,资产负债率81.88%。年内工业产品制造通过ISO9001质量管理体系认证,产品链得到进一步延伸,所有14种型号和规格的产品全部通过铁道部检测并获得证书。公司获集团公司安全生产先进单位、高碑店优秀成长型企业、保定市联系共建社区先进单位称号,唐山工程项目部被评为北京市“青年文明号”。

(黄婷婷)

【北京中铁建电气化设计研究院】 铁道行业乙级工程设计,铁路电气化、通信信号专业工程设计甲级资质企业。2006年6月注册成立。机关驻北京市石景山区石景山路29号京燕饭店8层。下设电化分院、通号分院。院长、党委书记寇宗乾。职工44人,其中专业技术干部44人。资产总额2596万元。其中,流动资产2535万元;固定资产原值47万元、净值35万元。具备年完成150公里既有复线改造施工图、400公里新线施工图、250公里既有复线改造前期设计、500公里新线前期设计等"四电"设计咨询能力。

2009年新签合同额3570.94万元,完成企业总产值1819万元,实现利润260万元,人均创利6.9万元。职工年人均收入70461元。国有资产保值增值率194.96%,净资产收益率15.65%,资产负债率53.38%。年内再次被北京市认定为高新技术企业,通过质量、环境、职业健康安全管理体系认证。科研课题"新型接触线"通过铁道部组织的技术评审,目前正在挂网试运行;国家科技支撑计划课题中的"零部件研制"和"电铁谐波补偿"任务完成技术方案调研、样品试制。全年发表科技论文7篇;发明专利5项,其中1项已获授权。公司被集团公司评为科技工作先进单位,获集团公司技术创新杯奖。 (高 森)

【城市轨道交通分公司】 为集团公司所属分公司,独立经济实体。机关驻北京市石景山区石景山路29号。总经理李汝军,党委书记王广恩。

2009年承揽城市轨道交通工程任务8100万元。

(王广恩)

【中铁建电气化局集团轨道交通器材有限公司】 由中铁建电气化局集团有限公司和江苏省铭隆轨道交通设备有限公司共同投资组建。注册资本金6500万元。公司机关驻江苏省常州市武进区雪堰镇潘家工业集中区。董事长赵德胜,总经理马友芳。首期投资3亿元人民币新建生产厂房56000平方米。公司为中铁建电气化局集团公司与德国力倍公司签订的"高速铁路电气化接触网零部件制造技术转让协议"中所涉技术的承接方,负责德国力倍技术的国内转化和应用。职工221人。其中,干部97人;工人98人;后勤28人。专业技术干部69人,占干部总数的71%。资产总额1.56亿元。其中,流动资产0.74亿元;固定资产0.82亿元。机械运输设备287台(套),总功率1964.71千瓦,技术装备率9.23万元/人,动力装备率8.89千瓦/人,成新率95.89%,完好率100%,利用率90.7%。年施工生产能力2亿元。

2009年,21种产品、27种规格的样品经铁道部监测中心检测,全部达到中国高速铁路标准。公司被常州市武进区授予中国高速铁路电气化科技产业园称号。

(王 蓉)

【中铁建电气化局集团康远新材料有限公司】 前身是江苏康远新材料有限公司,由江阴市电工合金有限公司于2005年8月24日投资设立,注册资本金5000万元;2010年1月1日,中铁建电气化局集团公司和江阴市电工合金有限公司共同合资成立中铁建电气化局集团康远新材料有限公司,中铁建电气化局集团公司占51%股份,江阴市康达投资有限公司占49%股份。公司机关驻江苏省江阴经济开发区靖江园区江防村。董事长邱正晓,总经理刘铁伦。职工66人。其中,干部11人;工人55人。技术干部6人,技术工人46人。资产总额14817万元。其中,固定资产净值4341万元;流动资产9826万元;其他资产650万元。机械运输设备现值1012万元、净值972万元,总功率1800千瓦,动力装备率27千瓦/人,技术装备率914.72万元/人。年生产能力7200吨。

2009年承揽生产任务5409吨。其中,接触线3080吨;绞线2329吨。完成企业总产值3.16亿元,实现利润1.5万元。全员劳动生产率478万元/人年,职工年人均收入2.4万元。国有资产保值增值率、净资产收益率、产值利润率、投资回报率均持平,资产负债率59.6%,应上缴款完成率100%。年内生产的电气化铁道用铜及铜合金接触线、绞线获江苏省优质产品称号,完成时速350公里及以上超细晶强化型铜镁接触线的研制,公司通过ISO9001: 2008质量体系认证。

(鲁衍任)

【重要记载】

▲1月2日 集团公司中标京包铁路集宁至包头段增建第二双线工程JBSD8标段,合同投资55062万元。

▲1月11日~13日 集团公司一届三次职代会2009年工作会党委扩大会和党风廉政建设会在北京召开。

▲1月21日 集团公司中标兰新铁路红柳河至乌西段电化改造工程DS2标段,合同投资190042万元。

▲3月17日 集团公司中标新建铁路天水至平凉线工程,合同投资40944万元。

▲3月20日~7月底 集团公司开展以"抢抓机遇确保快速增长,科学发展争创行业一流"的深入学习实践科学发展观活动。

▲4 月　集团公司包惠铁路电化工程指挥部被评为全国建筑业企业优秀项目经理部。

▲5 月 5 日　集团公司董事长薛之桂代表集团公司与德国力倍公司在北京钓鱼台国宾馆签署高速铁路电气化接触网零部件制造技术转让协议；与江苏康远新材料公司签署中国高速铁路电气化接触线合资合作协议。铁道部副总工程师张曙光、江阴市副市长费平，股份公司副总裁、总工程师夏国斌到会并作重要讲话，股份公司总裁赵广发参加签约仪式。同日，中央电视台《新闻联播》播出签约盛况。

▲5 月 30 日　集团公司中标改建铁路遂宁至重庆线增建第二线站后工程，合同投资 46502.3 万元。

▲6 月 29 日　集团公司五公司承建的湘桂铁路鹧鸪江至柳州南段自动闭塞工程获广西壮族自治区优质工程奖。

▲7 月 11 日　集团公司中标兰新铁路嘉峪关至红柳河段电化改造工程乌鲁木齐铁路局管段，合同投资 60595.89 万元。

▲7 月 13 日　集团公司中标新建南京至杭州铁路客运专线通信、信号、牵引供电及电力供电系统集成施工总承包工程，合同投资 188555.27 万元。

▲7 月 14 日　集团公司中标新建成都至都江堰铁路站后工程系统集成施工总承包工程，合同投资 73056.55 万元。

▲7 月 17 日　集团公司中标新建新街至恩格阿娄、恩格阿娄至陶利庙铁路工程 XTSG－2 标段，合同投资 81256 万元。

▲7 月 24 日　集团公司中标改建铁路漯河至阜阳增建二线工程 LFSG－3 标段，合同投资 40910 万元。

▲8 月 18 日　根据中国铁建股份公司《关于将中铁十一局集团电务工程有限公司、中铁十二局集团电气化工程有限公司划转中铁建电气化局集团公司管理的通知》（中国铁建发展〔2009〕72 号文），集团公司组建中铁建电气化局集团南方工程有限公司、中铁建电气化局集团北方工程有限公司，并分别在武汉、太原举行成立大会。

▲9 月 6 日　集团公司中标新建长吉城际铁路工程“四电”系统集成及相关工程施工总承包工程，合同投资 62394 万元。

▲9 月 11 日　集团公司中标新建铁路北京至石家庄、石家庄至武汉（河北段）铁路客运专线通信、信号、电力及牵引供电系统集成施工总承包工程，合同投资 346345.81 万元。

▲9 月 15 日　集团公司中标新建厦深铁路（福建段）站后“四电”工程系统集成施工总承包工程，合同投资 110096.38 万元。

▲9 月 30 日　集团公司召开董事会临时会议，会议决定第一至第五工程公司注册资本金增加到 6000 万元，设计院注册资本金增加到 1000 万元。

▲10 月 15 日　集团公司中标新建武汉至宜昌铁路“四电”系统集成及相关工程施工总承包工程，合同投资 194018.56 万元。

▲11 月 4 日　集团公司中标京九铁路向塘西至东莞段电气化改造工程 JJNS 标段施工总承包工程（南昌铁路局管段），合同投资 252162.97 万元。

▲11 月 5 日　集团公司中标京九铁路向塘西至东莞段电气化改造工程 JJNS 标段施工总承包工程（广铁集团公司管段），合同投资 149900.43 万元。

▲11 月 12 日～13 日　集团公司召开首次领导班子暨工程项目部党建工作座谈会。

▲11 月 18 日　五公司襄渝铁路二线电气化改造 QC 小组、二公司洛张铁路项目部 QC 小组被评为铁道部优秀质量管理小组。

▲11 月 26 日　集团公司被中国社工协会评为 2009 年第五届中国优秀企业公民。

▲12 月 28 日　铁道部副部长卢春房到集团公司承建的成灌铁路客运专线施工现场检查。（邹国华）

中铁房地产集团有限公司

【简况】　中铁房地产集团有限公司专门从事房地产投资与开发业务，具有房地产开发企业一级资质。主要经营房地产开发建设、商品房销售、物业管理，兼营房地产项目策划、信息咨询、技术开发以及相关建筑材料、机械电器设备等业务。机关驻北京市石景山区阜石路 166 号泽洋大厦。2007 年 4 月 20 日，由中国铁建股份有限公司、中铁十二局集团有限公司、中铁建设集团有限公司和中铁第四勘察设计院集团有限公司共同出资组建中铁房地产开发有限公司，11 月 12 日更为现名。2008 年 7 月，股份公司出资受让中铁十二局集团有限公司、中铁第四勘察设计院集团有限公司和中铁建设集团有限公司所持 60% 的股权，将中铁房地产集团有限公司变为股份公司的全资子公司；8 月 18 日，股份公司以自有资金向集团公司增资，将其注册资本金由人民币 5 亿元增至 20 亿元。下辖北京天太金海置业有限公司、长沙市大联实业发展有限公司、中铁房地产开发(保定)有限公司、徐州中铁房地产开发有限公司、贵州中泓房地产开发有限公司、长春中铁房地产开发有限公司、中铁地产(成都)开发有限公司、中铁房地产集团(广西)有限公司、中铁嘉业(北京)投资有限公司、湖南中盛嘉业房地产开发有限公司、中铁房地产集团(惠州)有限公司、中铁房地产集团合肥置业有限公司、北京中盛广源房地产开发有限公司、北京第六大洲房地产开发有限公司14家控股子公司。职工513人,管理人员占90%以上。资产总额159.26亿元。其中,流动资产158.73亿元;其他资产0.53亿元。

2009年新增按集团公司权益计算的容积率建筑面积60.53万平方米。完成企业总产值215276万元,实现利润82360万元(含存货跌价准备冲回38600万元),缴纳税费15961万元,上缴股份公司资金利息25852万元。全员劳动生产率419.64万元/人年,人均创利165.7万元。国有资产保值增值率111.42%,净资产收益率(含少数股东权益)26.58%,净资产收益率(不含少数股东权益)28.83%,产值利润率38.27%(包括存货跌价准备冲回38600万元),资产负债率81.3%。年内,集团公司被北京市石景山区精神文明建设委员会评为2009年度石景山区文明单位。

(李娜　李刚)

【领导人员】

董事会

董事长　李　黎
董事　王　军
　吴仁岩(4月任)
职工董事　易善健(7月任)
外部董事　曾庆道(7月任)
　吴太石(7月任)
　束克欣(7月任)
　王文英(7月任)
　王连印(7月任)

监事会

监事会主席　李左军(7月任)
监事　洪　梅(7月任)
职工监事　王　彪(8月任)

经理层

总经理　吴仕岩(4月任)
副总经理　赵红鹰
　安　康(10月免)
　易善健
总会计师　易善健(兼)

党群领导

党委书记　王　军
党委副书记　李　黎
　吴仕岩(4月任)
纪委书记　王　军(兼)
工会主席　易善健(兼)

(赵琦　李娜　王彪)

【董事会工作】 7月,中铁房地产集团公司作为股份公司第一批二级单位董事会规范运作试点,正式启动建立和完善董事会试点工作。试点以来,集团公司董事会运作有序开展,初见成效。(1)基础制度建设。集团公司董事会在深入贯彻落实国资委和股份公司关于董事会试点有关文件精神的基础上,结合公司实际情况,制定出台董事会运作相关制度,建立组织保障体系,设立专门委员会相关办事机构。截至12月31日,制定《集团公司章程》《集团公司董事会议事规则》《集团公司监事会议事规则》《集团公司总经理议事规则》《集团公司董事会秘书工作细则》等11项制度。设立董事会战略与投资委员会、提名委员会、薪酬与考核委员会和审计与风险管理委员会4个专门委员会,明确工作机构职能和分工,为实现辅助董事会决策打下坚实基础。(2)召开董事会会议。通过董事会的召开,规范议事程序,完善决策机制,严格执行票决制,董事会成员的角色意识逐步增强,董事会的决策水平和决策效率不断提高,为企业稳健发展提供了有效保障。年内召开董事会会议7次。其中,正式会议1次;临时会议5次;研讨会1次。通过决议23项。其中,土地获取决议11项;项目股权收购决议2项;任选人员决议1项;建章立制决议4项;投资决议1项;公司股权出让、合并决议2项;审议报告、分配预案决议2项。(3)组织外部董事调研。年内组织外部董事对集团公司所属子公司所在的北京、长沙、保定、徐州、合肥、长春、贵阳、成都、广西9个城市12个项目进行考察调研。

(范昕宇)

【职工队伍】 职工513人(含子公司招聘人员),其中集团公司总部管理人员140人。总部管理人员中,编制内职工95人、外聘员工45人,平均年龄35岁。研究生及以上学历16人,占管理人员总数的11.4%;大学本科以上学历126人,占管理人员总数的90%;大专以上学历136人,占管理人员总数的97.1%。专业技术人员95人,占管理人员总数的68%。其中,教授级高级工程师2人;高级职务32人;中级职务41人;初级职务20人。

(张晓宇)

【经营管理】 经营工作。2009年,集团公司积极稳健地扩大在建工程规模,新开工面积237万平方米,在建工程面积333万平方米,年内竣工面积50万平方米。土地经营坚持"宁肯少拿一块地,绝不错拿一块地"的工作原则,坚守土地价值投资底线,坚决不拿高价地,规避了市场风险。新增按集团公司权益计算的计容积率建筑面积60.53万平方米。

企业管理。9月根据集团公司战略发展需要,出台《中铁房地产集团有限公司工程质量管理办法》和《中铁房地产集团有限公司安全文明施工检查管理条例》,标志着集团公司经营管理工作逐渐步入正轨。集团公司信息化建设稳步推进,10月积极贯彻落实股份公司信息化规划,完成集团公司视频会议分会场建设;12月,子公司视频会议系统正式投入使用,取得良好效果。加强集团公司品牌建设,11月制作集团公司宣传片和客户会刊,形成初步成果。

财务工作。(1)财务管理。继续完善组织结构、实行财务总监委派制,加强财务控制力;进一步优化财务信息化平台,采用统一的财务报表网报系统和浪潮会计核算系统,促进财务会计工作的标准化和规范化;继续加强资金的集中管理和预算、收支计划管理,以"收支两条线"和时点资金限额制度为手段加强资金的动态监控,在账户、收支、信贷管理等方面,严格落实股份公司资金管理办法。(2)投融资管理。加强信贷集中管理,提高市场融资比例。7月,集团公司与光大银行签订集团公司整体授信协议,授信额度10亿元,将集团公司所属项目全部纳入授信范围,12月授信额度增至35亿元。(3)制度建设。制定集团公司《全面预算管理办法》,成立全面预算管理领导小组;印发集团公司《会计基础工作规范》,统一会计基础工作标准;配合董事会制定集团公司《对外担保制度》《投、融资制度》,明确集团公司在担保、投融资业务中的决策、审批程序,规范相关运作。

审计监督。改进财务收支等原有审计项目工作方法,并结合集团公司实际管理需要,积极研究和探讨内部控制审计的程序和方法。全年按计划完成审计项目9项,包括财务收支审计、内部控制审计及后续审计。根据股份公司和集团公司的要求,部署财务收支专项审计自查工作,对出现的问题进行全面整改;在内部控制审计工作中发现的具有代表性的问题予以归集整理分析,下发总结分析报告,促进各单位内部管理水平的提升,对于规范各项财务收支活动及防范经营管理风险起到积极的推动作用。

(张立军　李　娜　吴凌遥　陈建明)

【土地储备】 2009年,集团公司以股权收购的方式获得长沙市大联实业发展有限公司、北京第六大洲房地产开发有限公司100%股权,相应新增按集团公司权益计算的计容积率建筑面积60.53万平方米。

(1)长沙山语城项目新增权益土地储备　集团公司收购长沙市大联实业发展有限公司原合作股东方所占该公司49%股权,相应新增长沙山语城项目按中国铁建地产权益计算的计容积率建筑面积34.42万平方米。

(2)北京朝阳区来广营乡清河营村(1号地)1-10地块　该地块由集团公司通过收购北京第六大洲房地产开发有限公司100%股权的方式获得,建设面积5.8万平方米,容积率4.5,计容积率建筑面积26.11万平方米。

(奚　华)

【项目建设】 北京西派国际公寓　由集团公司与北京摩达斯投资有限公司合作开发。2009年2月,工程全部竣工备案并交付业主使用。该项目是集团公司成立以来第一个经历完整开发周期的项目。

长沙山语城　由集团公司与北京摩达斯投资有限公司合作开发,是集团公司实施大规模成片开发、跨地域经营的初步尝试。2009年,该项目因股权合作问题处于停滞状态。

保定中国铁建·京南一品　为集团公司与中铁二十二局集团公司合作开发项目。项目于2009年4月14日取得用地规划许可证,8月26日取得一期工程(建筑面积12.89万平方米)规划许可证,8月25日取得一期工程施工许可证,11月27日取得一期工程商品房销售许可证。截至年底,一期工程部分楼座施工至地下室结构。

徐州中国铁建·人才家园(原中铁新城)　是集团公司组建以来以市场化运作方式获得的第一个房地产项目。2009年12月18日,一期南区工程全部竣工备案并陆续交付业主。

合肥中国铁建·国际城　为集团公司独自开发的项目,2009年2月24日,一期工程(F地块,建筑面积15.73万平方米)取得施工许可证,8月28日后陆续取得商品房销售许可证。截至年底,一期工程全部结构封顶,进行二次结构施工。二期工程(C、D地块,建筑面积46.66万平方米)处于桩基基础施工阶段。

长春中国铁建·国际花园　是集团公司与中铁十三局集团公司合作开发的项目。该项目一级开发与二级开发联动。一期工程(20.18万平方米)于2009年1月23日取得商品房销售许可证,6月全部结构封顶,截至年底,装修工程基本结束。

贵阳中国铁建·国际城(原山语城)　是集团公司委托北京东和嘉业房地产开发有限公司参与竞拍取得的项目。2009年9月7日取得一期工程(B、C组团,建筑面积48.58万平方米)规划许可证,9月9日取得B组团工程施工许可证。截至年底,一期工程部分楼座结构施工至13层。

北京中国铁建·国际城　该项目通过协议转让方式获得,由集团公司独自开发。2009年10月15日、29日、30日和12月16日、24日陆续取得一期工程(1~6地块,总建筑面积23.89万平方米)规划许可证,12月7日取得一期部分楼座施工许可证。截至年底,一期工程部分楼座结构已施工至8层。

成都中国铁建·国际城　是集团公司进军西南,立足成都的重要起点,由集团公司独自开发。2009年9月24日取得一期工程(总建筑面积32.08万平方米)规划许可证,11月26日、12月23日取得一期工程施工许可证。截至年底,一期工程进行部分楼座桩基施工。

南宁凤岭山语城　由集团公司独自开发。2009年6月5日取得一期工程(建筑面积23.98万平方米)规划许可证,6月12日和7月28日取得一期工程施工许可证,8月28日和9月22日、24日陆续取得一期商品房销售许可证。截至年底,一期工程完成所有楼座的主体结构,正进行二次结构施工。

长沙中国铁建·国际城　是集团公司与长沙经济技术开发有限公司合作开发项目,2009年5月取得项目立项批复,12月2日取得一期工程(建筑面积9.97万平方米)规划许可证和一期部分楼座工程施工许可证。截至年底,一期工程完成部分楼座地下室结构施工。

北京中国铁建·原香小镇　是集团公司独自开发项目,由两个地块组成(D、E地块,总建筑面积22.36万平方米),一次性开发建设。2009年8月14日和12月29日分别取得D、E地块工程规划许可证,10月23日取得D地块工程施工许可证,11月8日和12月5日分别取得D地块4栋楼的商品房销售许可证。截至年底,D、E地块已全面开工建设,D地块部分楼座结构施工至4层,E地块进行土方施工。　(张立军)

【党群工作】　集团公司党委下辖党支部12个,其中临时党支部2个。有党员71名。其中,发展党员1名;预备党员转正3名。集团公司党建、思想政治工作和企业文化建设紧密结合房地产经营工作,积极营造企业和谐氛围,为推进企业改革,全面完成年度目标提供了坚强保证。(1)领导班子建设进一步加强。深入开展学习实践科学发展观活动,集团公司党委中心组紧扣中心工作,发扬理论联系实际的学风,在带头学习、广泛调研的基础上,提出“按规律办事,促科学发展”实践载体。在全体党员和员工中开展“对房地产规律的再学习、再认识、再提高”大讨论活动,进一步深化对行业规律的认识。党委班子成员在深入调研、广泛征求员工意见的基础上,撰写5篇符合公司实际、切中企业时弊的调研报告,形成质量较高、针对性较强的《集团公司领导班子分析检查报告》和《整改落实方案》。坚持民主集中制原则。班子成员严格按照董事会规范运作试点单位要求运行,董事会、党委会、经理层严格按照集团公司章程、党委会议事规则有关要求,在各自的职责范围内行使职权。决策职责范围内的重大事项,决策前,认真听取其他委员和成员的意见,确保决策会上意见一致,形成整体合力。班子成员团结协作,相互支持,充分发挥“班子”的整体作用。(2)基层党组织作用进一步发挥。集团公司党委在坚持“围绕中心,服务大局”的前提下,着力加强基层党组织建设,坚持开发业务到哪里,党组织就建在哪里,党组织的活动就开展到哪里的原则,充分发挥党组织的战斗堡垒作用和党员的先锋模范作用。年内新建立2个党支部和2个临时党支部;在“争先创优”活动中,3名党员分别获得火车头奖章和中国铁建杰出人物、“工人先锋号”标兵荣誉。(3)宣传思想工作。多渠道、多途径宣传企业核心价值观,塑造企业“廉洁、团结、敬业”的职业道德文化,进一步规范企业标识,重点打造、推广“中国铁建地产品牌”,全年在各省、市新闻媒体刊稿43篇,充分发挥宣传思想工作“外树形象,内鼓士气”的积极作用。(4)党风廉政建设。坚持“预防为主,教育为先”的反腐倡廉指导原则,积极开展“廉洁履职,筑牢思想防线”的宣传教育活动。制定《在项目公司开展效能监察工作的实施方案》和《关于严格落实集团公司招标制度的有关规定》等制度,确保领导干部勤政廉洁。开展落实党风廉政建设责任制情况自查活动,企业的党风建设和反腐倡廉工作取得明显效果。

工会工作。集团公司工会下辖基层工会组织8个,有工会会员513人、兼职干部9人。7月,召开集团公司职工代表会议,工会主席易善健当选集团公司职工董事。8月,召开集团公司首届一次职工代表大会,会议审议通过总经理工作报告和财务工作报告及《集团公司职工代表大会实施细则》等文件,董事长和工会主席分别代表集团公司和集团公司工会签订集团公司集体合同,工会副主席王彪当选集团公司职工监事。加强民主管理,职工从关心企业建设和发展方面提出合理化建议31条。年内建立基层工会组织3个。

(刘全昌)

【北京天太金海置业有限公司】　房地产开发四级资质企业。公司机关驻北京市西城区西直门南小街国投大厦东南角西派国际公寓2号楼2层。2004年6月，由中铁房地产开发有限公司和北京摩达斯投资有限公司联合出资成立。董事长申伟，总经理彭倚剑，党支部书记王晓飞。下设综合行政部、工程部、营销部、财务部。职工19人。其中，高级职务1人；中级职务14人；初级职务2人。资产总额124470.3万元。其中，固定资产净值53.9万元；流动资产124416.4万元。

2009年，北京西派国际公寓项目竣工面积10.53万平方米。全年完成销售收入144977.5万元，实现利润48076.37万元，人均创利2403.82万元，全员劳动生产率7248.875万元/人年。国有资产保值增值率250.31%，净资产收益率74.82%，产值利润率33%，投资回报率63.27%，资产负债率46.83%。（刘辰燕）

【长沙大联实业发展有限公司】 房地产开发三级资质企业。公司机关驻湖南省长沙市开福区秀峰路69号。2007年4月9日，由中铁房地产开发有限公司和北京摩达斯投资有限公司联合出资成立。2009年12月28日，股份公司下达《关于中铁房地产集团有限公司收购长沙市大联实业发展有限公司49%股权》的批复，同意收购北京摩达斯投资有限公司持有公司的49%股权。董事长彭长城，总经理赵力。下设综合部、财务部、工程部、总工室、预算合约部、销售部。职工28人。其中，高级职务2人；中级职务7人；初级职务1人。资产总额102413万元。其中，固定资产净值78万元；流动资产102335万元。

2009年，公司开发的山语城项目一期山顶组团实现交房243户，入住110户，其余第二、三、四组团年内均处于施工建设阶段。国有资产保值增值率99.29%，资产负债率72.16%。年内，公司被长沙市建设委员会评为“诚信金牌房地产开发企业”。

（邬咏梅）

【中铁房地产开发（保定）有限公司】 房地产开发企业暂定资质。公司机关驻河北省保定市复兴中路999号。2007年5月10日，由集团公司和中铁二十二局集团有限公司联合出资成立。董事长柴纹，党工委书记宁卫东，总经理徐才宝。下设综合管理部、前期管理部、工程部、成本预算部、销售部、财务部、规划设计部、物业服务部。职工32人。其中，高级职务3人；中级职务8人；初级职务13人。资产总额52828.6万元。其中，流动资产52771.2万元；固定资产净值57.4万元。

2009年，公司规划开发的中国铁建·京南一品项目一期工程开工建设并对外销售，项目二期工程处于开工建设前期准备阶段。国有资产保值增值率74.99%，资产负债率97.18%。（邓秋生）

【徐州中铁房地产开发有限公司】 房地产开发二级资质企业。公司机关驻江苏省徐州市建国西路财富广场A座22层。2007年8月23日正式注册成立，系集团公司全资子公司。执行董事吴仕岩，总经理田巍，党支部书记刘鹏。下设综合办公室、前期管理部、销售部、成本合约部、财务部、规划设计部、工程部。职工43人。其中，高级职务3人；中级职务13人；初级职务5人。资产总额88473万元。其中，固定资产净值154万元；流动资产88319万元。

2009年，公司规划开发的中国铁建·人才家园项目（原龙域项目）实现交房入住。全年完成销售收入70298万元，实现利润3781万元，人均创利74.15万元，全员劳动生产率1465万元/人年。国有资产保值增值率210.66%，净资产收益率71.24%，产值利润率5.37%，投资回报率3%，资产负债率93.92%。公司被中国房地产及住宅研究中心评为“中国功勋房地产企业”，中国铁建·人才家园项目被评为“典范楼盘”。

（陈媛媛）

【贵州中泓房地产开发有限公司】 房地产开发企业暂定资质。公司机关驻贵州省贵阳市南明区太慈桥车水路76号。2007年9月28日，由集团公司和北京东和嘉业房地产开发有限公司联合出资成立。董事长安康，总经理兼党支部书记吴宏晋。下设工程部、财务部、综合管理部、设计规划部、预算合同部、前期部、拆迁部、销售部、客服部。职工52人。其中，高级职务1人；中级职务8人；初级职务9人。资产总额229992万元。其中，固定资产净值264万元；流动资产229363万元。

2009年，公司规划开发的中国铁建·国际城项目（原山语城项目）一期工程开工建设并对外销售。国有资产保值增值率76.64%，资产负债率98.3%。贵阳中国铁建·国际城项目被北京大学生态文明研究中心评选为“北京大学生态文明示范城”，在“多彩贵州2009房地产十大影响力企业楼盘”评选活动中被评为“2009年多彩贵州十大宜居小区”，在亚洲人居环境国际峰会中获得“绿色亚洲人居环境范例示范项目”称号。（彭琼慧）

【长春中铁房地产开发有限公司】 房地产开发企业暂定资质。公司机关驻吉林省长春市汽车产业开发区长沈路2488号。2007年11月，由中铁房地产集团有限公司和中铁十三局集团有限公司联合出资设立。董事长赵红鹰，总经理赵洪军。下设综合部、工程部、前期部、营销部、合约部、财务部。职工29人。其中,高级职务4人;中级职务6人。资产总额77878万元。其中,固定资产净值120万元;流动资产77548万元。

2009年,中国铁建·国际花园项目续建面积20.18万平方米,开发投资74125万元。国有资产保值增值率73.22%,资产负债率98.25%。公司获中国房地产总评榜“2009中国区域最具影响力品牌房地产企业”称号,中国铁建·国际花园项目被中国国际房地产与建筑科技展览会吉林赛区委员会、《城市晚报》评为“吉林名盘”。（朴媛媛）

【中铁地产(成都)开发有限公司】 房地产开发企业暂定资质。公司机关驻四川省成都市龙泉驿区北泉路1188号。2008年1月14日正式注册成立,系集团公司全资子公司。执行董事安康,总经理兼党支部书记李兴龙。下设行政人事部、财务部、工程部、项目部、合约部、设计部、市场营销部。职工36人。其中,高级职务1人;中级职务14人;初级职务5人。资产总额93984万元。其中,流动资产93858万元;固定资产净值126万元。

2009年,中铁逸都项目处于拆迁及策划阶段;9月,成都中铁新城项目开工建设。国有资产保值增值率101.78%,资产负债率114.33%。（王泽江）

【中铁房地产集团(广西)有限公司】 房地产开发企业暂定资质。公司机关驻广西壮族自治区南宁市金湖路63号金源CBD现代城C座17层1736室。2008年1月25日正式注册成立,系集团公司全资子公司。执行董事吴仕岩,总经理兼党支部书记林凤臣。下设综合管理部、前期部、合约预算部、营销策划部、工程管理部、设计管理部、财务部。职工42人。其中,高级职务4人;中级职务6人;初级职务7人。资产总额86345.83万元。其中,固定资产138万元;流动资产86207.77万元。

2009年,公司规划开发的南宁凤岭山语城项目一、二期工程处于开工建设阶段。国有资产保值增值率117.32%,资产负债率98.86%。凤岭山语城项目先后获“广西地产群英榜2009最值得期待楼盘”、“2009年广西(南宁)房地产博览会百姓满意楼盘优秀规划奖”等奖项。（黄巧梅）

【中铁嘉业(北京)投资有限公司】 房地产开发企业暂定资质。公司机关驻北京市房山区长阳镇广阳大街9号。2008年1月29日正式注册成立,系集团公司全资子公司。执行董事易善健,总经理兼党支部书记钟金东。下设综合管理部、财务部、规划设计部、工程部、合约预算部、前期部、销售部。职工28人。其中,高级职务2人;中级职务8人;初级职务11人。资产总额90488万元。其中,固定资产净值90万元;流动资产90398万元。

2009年,公司规划开发的原香小镇项目(原广阳家园项目)处于开工建设阶段。国有资产保值增值率101.6%,资产负债率98.4%。原香小镇项目获得由《新京报》主办的第四届北京标杆地产评选活动中的“十大宜居社区”和“2009年北京30大标杆区域楼盘”称号。（李　奇）

【湖南中盛嘉业房地产开发有限公司】 房地产开发三级资质企业。公司机关驻湖南省长沙市经济技术开发区漓湘路与东六线交汇处中国铁建·国际城售楼部2楼。公司前身为湖南星沙国际物流有限公司,注册资本金1亿元;2008年1月11日集团公司通过股权转让方式获得湖南星沙物流有限公司51%股份,12月16日公司正式更名为湖南中盛嘉业房地产开发有限公司。董事长易善健,总经理兼党支部书记孙驿杰。下设工程部、财务部、预算合约部、前期规划部、营销客服部、综合管理部。职工33人。其中,高级职务2人;中级职务10人;初级职务3人。资产总额24267.54万元。固定资产净值86.15万元;流动资产24181.39万元。

2009年,公司规划开发的中国铁建·国际城项目(原世界城项目)处于一期一组团主体施工阶段,全年新开工面积9.97万平方米。国有资产保值增值率98.67%,净资产负债率60.21%。（李　亮）

【中铁房地产集团(惠州)有限公司】 公司机关驻广东省惠州市惠城区马安镇。2008年4月28日正式注册成立,系集团公司全资子公司。执行董事兼总经理彭长城。下设前期管理部、综合管理部、财务部、成本预算部、工程(技术)部。职工5人。其中,高级职务1人;中级职务2人;初级职务1人。资产总额1630万元。其中,流动资产1597万元;固定资产净值32万元。

2009年,公司资产负债率0.38%。（谢孟春）

【中铁房地产集团合肥置业有限公司】 房地产开发企业暂定资质。公司机关驻安徽省合肥市庐阳区桃园路99号。2008年6月27日正式注册成立,系集团公司全资子公司。执行董事吴仕岩,总经理兼党支部书记铁铮。下设工程部、营销部、规划设计部、合约部、前期部、财务部、综合管理部。职工46人。其中,高级职务5人;中级职务11人;初级职务5人。资产总额

137338万元。其中,固定资产净值2116万元;流动资产134842万元;其他资产380万元。

2009年,公司规划开发的中国铁建·国际城项目(原中铁·国际城项目)一期工程开工建设并对外销售,全年新开工面积62.39万平方米。国有资产保值增值率46.32%,资产负债率99.37%。年内,公司被合肥市规划行业协会吸收为会员单位,合肥中国铁建·国际城项目被合肥房地产协会评为"电气化家居设计典范楼盘"。（杨 海）

【北京第六大洲房地产开发有限公司】 房地产开发企业暂定资质。公司机关驻北京市朝阳区来广营乡清河营村一号地。2009年9月,集团公司通过股权受让方式获得北京第六大洲房地产开发有限公司100%股份。执行董事侯加海,总经理兼党支部书记宫良国。下设综合管理部、成本预算部、规划设计部、工程部、财务部、销售部。职工37人。其中,高级职务3人;中级职务11人;初级职务3人。资产总额251752.77万元。其中,流动资产251364.12万元;固定资产净值388万元。

2009年,公司规划开发的中国铁建·国际城项目一期工程处于开工建设阶段,全年新开工面积23.89万平方米。国有资产保值增值率87.49%,资产负债率96.08%。（朱 民）

【重要记载】

▲1月9日　集团公司召开2008年度工作总结暨表彰大会。

▲3月20日　集团公司召开深入学习实践科学发展观活动动员大会。

▲4月27日　经股份公司党委研究决定,任命吴仕岩为集团公司党委副书记。

▲4月28日　经股份公司研究决定,委派吴仕岩为集团公司董事,并为总经理人选。

▲7月1日　集团公司召开深入学习实践科学发展观活动情况工作总结会。

▲同日　集团公司职工代表会议召开,会议选举产生易善健为董事会职工董事。

▲7月30日　集团公司聘请曾庆道、吴太石、束克欣、王文英、王连印担任外部董事。

▲8月18日　集团公司第一届第一次职工代表大会召开,会议审议通过《职工代表大会实施细则》《提案征集情况报告》,选举产生王彪为集团公司监事会职工监事。董事长李黎和工会主席易善健分别代表集团公司和集团公司工会签订"2009年度集团公司集体合同"。

▲9月8日　集团公司第一次董事会召开,会议审计通过《集团公司章程》《集团公司董事会议事规则》等10项董事会规章制度、4个专门委员会人选及董事会秘书人选、董事会经费管理办法等。《集团公司章程》等相关议案获股份公司审批。

▲9月25日　集团公司以股权受让方式获得北京第六大洲房地产公司100%股权。

▲12月28日　集团公司以股权受让方式收购长沙市大联实业发展有限公司49%股权。

（王 彪　赵 琦　李 娜）

中铁第一勘察设计院集团有限公司

【简况】 中铁第一勘察设计院集团有限公司(以下简称铁一院)是国家大型综合性勘察设计单位,持有国家颁发的工程勘察、设计、咨询、建设监理、造价咨询,地质灾害评估、灾害防治、勘查、设计、施工,环境影响评价和测绘等21项甲级资质证书;拥有国家批准的对外经济技术经营合作权。主要经营铁路、公路、市政、建筑等行业中的工程勘察、工程设计、工程监理、工程项目管理与评估咨询、工程总承包、岩土工程治理、环境影响评价和对外经济技术合作等项目。铁一院前身为铁道部设计局西北设计分局,成立于1953年1月1日;1956年1月改称铁道部设计总局第一设计院,1958年更名为铁道部第一设计院;2001年由事业单位改为科技型企业,改称铁道第一勘察设计院;2003年由铁道部划归中国铁道建筑总公司管理,2007年7月4日企业改制改称现名。1995年在全国大型综合性甲级勘察设计单位中第一个通过ISO9001质量体系认证;2007年在全国勘察设计行业综合实力百强中排名第29位,2008年排名第31位;2007~2009年在中国工程项目管理营业收入排名中均位居第一;2008年在全行业首批取得建设部颁发的工程设计综合甲级资质;2009年建立并顺利通过中国船级社质量认证公司质量、环境、职业健康安全"三标一体"综合管理注册认证,同时获得英国皇家UKAS质量体系认证。院机关驻陕西省西安市西影路2号。下辖14个行政管理职能部门、12个专业设计处(院)、7个子公司、3个地铁项目部、12个参(控)股公司、8个驻外经营分支机构。职工3879人。其中,干部3112人;技能工人767人。资产总额29.45亿元。其中,流动资产20.77亿元;固定资产4.97亿元;无形资产2.58亿元;其他资产3211万元。拥有卫星定位仪、数字测井仪、全站仪、计算机以及航测、物探、钻探等设备4366台(件),原值1亿元。

2009年新签合同额24.7亿元,完成营业收入31.41亿元,实现利润2.93亿元。完成主要实物工程量:4139线路折算公里,1838电化折算公里,地质钻探280万米。全年获国家"四优"金奖3项、银奖1项,国家优质工程银质奖2项,国家QC成果奖4项,全国优秀工程勘察设计金奖3项,省部级优秀勘察设计和咨询成果奖31项,测绘学会优秀测绘金奖1项、银奖2项;两项工程入选新中国成立60周年百项经典暨精品工程。铁一院在中国工程勘察设计行业国庆60周年"六个十佳"评选中获国庆60周年"十佳感动中国工程设计"大奖。

自1953年建院以来,已设计建成国家和省部级重点工程138项,累计完成铁路阶段研究和勘测设计44.32万公里。1978～2009年,获国家和省部级"四优"、工程咨询、优质工程、优秀测绘奖421项,先后获全国推行全面质量管理先进单位、中国工商银行和建设银行AAA级信誉单位、国家工商行政管理总局守合同重信用企业、中央企业先进集体、全国五一劳动奖状、全国勘察与岩土行业诚信单位、全国地方铁路工作先进单位、中国外贸企业信用体系示范单位、全国企业文化建设百佳贡献单位、中国施工企业技术创新先进企业、中国勘察设计行业"十佳自主创新企业"、全国工程质量管理优秀企业等荣誉。 (王秀梅)

【领导人员】

董事会

董事长	王争鸣
副董事长	李长海
董事	安光保
	冉　理
职工董事	邓殿科

行政系统

院长	王争鸣
副院长	安光保
	蔡西阳
	刘培硕
	冉　理
	刘为民
	朱力争
	李金城
总工程师	冉　理(兼)
总会计师	周仲华
院长助理	董　勇(3月任)

党群系统

党委书记	李长海
党委副书记	王争鸣
	丁　力
纪委书记	丁　力
工会主席	丁　力(1月任)
顾问	邓殿科(8月退休)

(王秀梅)

【职工队伍】 年末在岗职工3879人。其中,干部3112人;技能工人767人。教授级高级工程师130人,高级职务1033人,中级职务1145人,初级职务804人,高级技师1人,技师89人,高级工186人,中级工251人,初级工152人,普通工人88人。博士研究生9人,硕士研究生203人,大学本科2097人,大学专科712人,中专及以下858人。30岁及以下772人,31岁～35岁579人,36岁～40岁834人,41岁～45岁693人,46岁～50岁585人,51岁～54岁286人,55岁及以上130人,全院职工平均年龄39.12岁。有中国工程院院士1人、勘察设计大师3人,享受国家政府津贴人员23人(其中在职6人),铁道部有突出贡献专家4人、青年科技拔尖人才8人,甘肃省优秀专家3人,院专业技术带头人46人、优秀青年工程师33人、有突出贡献奖获得者14人。詹天佑铁道科技奖获得者15人。其中,成就奖4人;人才奖3人;青年奖3人;基金奖5人。861人次取得国家(行业)各类资格证书。其中,注册一级建筑师10人;注册二级建筑师23人;注册一级结构师34人;注册二级结构师12人;注册造价工程师69人;注册监理工程师462人;注册咨询工程师85人;注册一级建造师21人;注册二级建造师28人;注册环境影响评价工程师7人;注册环保工程师5人;注册安全工程师6人;注册岩土工程师50人;具有电气注册资格19人;具有公用设备注册资格27人。

(王秀梅)

【勘察设计】 2009年,铁一院以铁路重点项目为中心,大力提升生产效能,勘察设计生产会战取得丰硕成果,各项经济指标稳定较快增长。全年开展生产项目323项,国家铁路80项(其中铁路客运专线7项,约3600公里),地铁52项,地方铁路10项,公路及其他项目14项,海外项目18项,工程承包41项,咨询及监理108项。勘察设计完成预可行性研究32项4779公里,初测16项4663公里,可行性研究17项6141公里,定测12项3967公里,初步设计15项5116公里,改线定测及补充定测22项1046公里,施工图设计29项3201公里。设计文件交付履约率98%。年内保证了兰新铁路第二双线、西宝铁路客运专线、大西铁路客运专线、宁西铁路二线、西康铁路二线等12个项目的如期开工。全年完成4139线路折算公里,1838电化折算公里;完成地质钻探51项280余万米,其中深孔钻探8万米。

在铁路生产会战中,铁一院采取超前策划、突出重点,加强领导、科学组织,内部挖潜、外部联合,强化配合施工、提高服务质量,改变作风、深入基层等措施,确保17个重点勘察设计项目质量良好地按期完成。兰新铁路第二双线完成初测、可行性研究、定测、初步设计、鉴修核备,11月4日正式开工建设;西成铁路客运专线完成项目土地预审、地灾、压矿、地震安全评估、建设项目选址及防洪评价等前期工作,与中国中铁二院共同编制完成项目初步设计文件报送铁道部;大西铁路客运专线运西段完成初测、预可行性研究、定测、初步设计;哈大铁路客运专线哈沈段完成除长春西站、长春站、沈阳站站房以外的施工图设计;郑西铁路客动专线完成全线工务静态验收、站后各专业静态验收;兰渝铁路夏官营至广元段2月开工,兰州东至夏官营段、兰州枢纽、重庆枢纽、广元至重庆段8月开工。

(庞福祥)

【经营管理】 市场经营。2009年,铁一院坚持营销、生产两手抓,经营工作与技术服务紧密结合,以技术保市场,以服务、经营促发展。在围绕既有项目,不断拓展的同时,努力开拓新市场,抓住机遇,全力组织投标。全年完成社会项目投标21项54个标段,中标13项2.63亿元。其中,地铁项目12项,中标8项1.84亿元;城市道路4项,中标3项2688万元;城际铁路设计咨询4项,中标2项5192万元。年内签订社会项目勘测设计合同金额8.69亿元,进款7.41亿元,分别占计划指标的158%和148%。

工程承包与对外合作。在稳固既有市场的基础上,挖掘潜力,不断开拓,积极承揽工程总承包项目。年内,工程总承包新签合同35项,合同金额9.12亿元,工程总承包项目进款6.8亿元。工程承包的主要项目是铁路专用线,其中中国石油、中国石化铁路专用线项目开拓成果明显,"三电"迁改项目继续保持良好势头,岩土工程、环境绿化、市政工程等地方项目逐年增多,逐步成为工程总承包的主攻方向。经过多年的努力。对外技术经济合作项目逐年增加,2009年安排涉外项目18项,主要有沙特麦加轻轨、沙特麦加至麦迪纳铁路投标、阿尔及利亚铁路勘测,斯里兰卡铁路、阿根廷铁路、伊朗西部铁路、蒙古铁路等项目前期工作,非洲铁路网规划,俄罗斯铁路设计咨询等。年内,外经项目工程进款3738万元。

财务管理。年内,适应新的形势变化,完善各项财务管理制度,做到经济事项有据可依,提升了财务管理水平;强化预算管理,完善考核机制;加强设备管理,优化资产配置,提高设备使用效率;调整理财思路,加强财税知识与高新技术、技术服务相关优惠政策的研究;加大成本控制力度,完善责任成本管理;进一步加强银企合作,统一集团授信,强化资金集中管理,合理使用银行信用,确保生产大会战资金的需求;规范海外财务管理,积极制定完善配套制度,保障海外资产的安全完整,提高海外业务的价值贡献。年内实现营业收入31.41亿元,较2008年增长36%;财务支出总额28.57亿元,较2008年增长38%;实现利润2.93亿元,较2008年增长16%。

审计工作。进一步强化服务意识,全面履行内部审计职责。全年完成审计项目26项。其中,领导干部经济责任审计13项;财务收支审计1项;工程项目审计8项;专项审计4项。审计查出违纪问题51个,违规违纪金额1469万元。通过工程项目审计,促进增收节支315.55万元。

企业管理。严格依据公司法及公司章程,以院董事会监事会办公室为工作平台,以股权管理为纽带,按照子公司重大事项决策工作流程,对子公司包括股权变动、重大薪酬事项、重大资产事项等提出处理意见。加强新资质的申报和原有资质的维护工作,为生产经营提供有力保证。积极参加相关协会活动,年内在中国勘察设计协会举办的国庆60周年勘察设计行业"六个十佳"评选活动中,铁一院获3项"十佳"大奖。按照国家有关规定和《中国铁建法制工作三年目标计划》,结合铁一院实际,推行总法律顾问制度。

(庞福祥)

【技术创新】 2009年,铁一院再次被认定为陕西省高新技术企业。年内与铁道部新签科研合同8项,与股份公司新签科研合同4项,支疆项目1项;主持铁道部科研项目19项,股份公司科研项目12项,国家基金科研项目1项;自主投入新开发科研项目36项,软件开发项目12项;申请专利14项,已拥有专利40项、计算机软件著作权1项。全年获中国铁道学会科技进步奖8项,股份公司科学技术进步奖4项,陕西省科技进步奖2项;评出院科学技术一等奖7项、二等奖5项、三等奖3项。主持的青藏铁路格尔木至拉萨段工程总体设计、青藏铁路多年冻土区工程地质勘察、青藏铁路拉萨站站房获国家勘察设计"四优"金奖,包茂高速公路秦岭终南山特长隧道综合工程设计获国家勘察设计"四优"银奖;获铁道部优秀勘察设计一等奖3项、二等奖1项、三等奖6项,陕西省优秀勘察设计一等奖4

项、二等奖 3 项、三等奖 2 项，甘肃省优秀勘察设计三等奖 1 项，股份公司勘察设计“四优”奖一等奖 2 项、二等奖 7 项、三等奖 3 项；陕西省、甘肃省优秀咨询一等奖 3 项、二等奖 4 项、三等奖 4 项；中国优秀测绘金奖 1 项、银奖 2 项；获国家优质工程银质奖 2 项。

（庞福祥）

【人才培养】 2009 年培训职工 10579 人次。其中，计划内办班 182 期，培训 6617 人次；计划外办班 91 期，培训 3090 人次；委外培训 790 人次；学历学位教育 82 人。培训干部 9073 人次，培训工人 1506 人次。落实院人才领先战略及“十一五”“1463”人才培养规划，选送 9 人参加工商管理硕士学位人才培养。积极与有关院校联系，引进清华大学、同济大学、西南交通大学、北京交通大学、兰州交通大学等 10 余所院校本科以上毕业生 110 名，研究生占引进人员总数的 60%。其中，博士研究生 1 人；硕士研究生 65 人。经股份公司评审通过教授级高级工程师 49 人，高级会计师 1 人；经院评审通过高级工程师 105 人（其中取得注册资格 11 人），工程师 168 人（含会计师 4 人），助理工程师 4 人（含助理会计师 1 人），技术员 2 人（含护士 1 人）。举办多种专业的高速铁路及客运专线培训班 14 期，培训 555 人次，参加各专业客运专线相关委外培训 35 人次。各相关单位结合承担的地铁设计项目举办培训班 14 期，培训人员 612 人次；参加委外培训 64 人次。举办 7 期跨专业专题培训及总体专册培训班，培训 620 人次。通过聘请内、外部专家授课或举办讲座等形式举办培训班 100 余期，培训人员 4527 人次。年内推荐 186 人次参加各类专家评审，院评出专业技术带头人 10 人、优秀青年工程师 15 人，成功申报“桥梁与隧道工程”、“交通运输规划与管理”两个“三秦学者”岗位。

（庞福祥）

【党群工作】 党的工作。铁一院党委下设党委 6 个、党工委 4 个、党组 1 个、党总支 16 个、党支部 167 个，有党员 3455 名，其中在岗党员 1855 名。年内，全院各级党组织坚持以学习实践科学发展观活动为主线，以服务全院改革发展和生产会战为重点，以各项主题活动为载体，抓关键、保重点、促规范、提水平，为企业改革发展和生产经营各项任务的顺利完成提供了有力的政治、思想和组织保证。一是实现学习实践科学发展观活动与会战“两不误、两促进”。坚持以学带干、以干促学，推动科学发展理念深入人心，成为企业发展的内在动力；系统总结企业可持续发展的经验，提出科学治企方略；居安思危，在新起点上组织实施富有铁一院特色的“3 + 3 工程”，即摸清“三个底数”的技术进步工程和实施“三次创业”的新长征工程。学习实践活动达到“党员干部受教育，科学发展上水平，职工群众得实惠”的要求。二是三支队伍建设水平得到持续提升。以创建“四好领导班子”活动和强化党委中心组学习研讨为载体，进一步提高两级领导班子的治企兴企能力和团结协作水平，有力地保障了生产会战的有序开展。为适应企业可持续发展的要求，出台《关于进一步加强领导干部队伍能力建设的意见》，指导和督促各单位积极实施领导干部知识和能力开发计划，增强领导干部队伍能力建设。完成 17 个单位领导班子及班子成员两年的工作情况综合考核，并在此基础上优化了院属领导班子和领导干部队伍结构。年内，全院申报高层次专家人才 186 人次、“三秦学者”岗位 2 个，评选出第二批院优秀青年工程师 15 人，优秀青年工程师人数达到 33 人。党员发展工作取得新进展，全年发展的 39 名新党员中，生产一线技术骨干 32 名，占 82%；35 岁以下的青年技术骨干 17 名，占 44%。出台《加强技能人才队伍建设的意见》和《海外人才招聘办法》，为加强技能人才培养和引进海外优秀人才提供制度保证。按照院《关于加强青年工作的决定》的要求，成立院青年工作委员会并召开第一次全体会议，对青年工作进行安排部署。三是党建工作在创新中不断彰显服务成效。为适应生产会战的开展，大力加强基层党组织特别是一线党组织建设，制定下发项目指挥部、勘测队、配合施工队和工程监理站党建工作暂行办法和党风廉政建设责任制工作办法，统一制作组织制度与企业文化标识，配发《支部工作手册》，使现场党建工作得到加强。持续开展“两个强化”和“我是党员我带头”两大主题活动，坚持把贯彻会战“七项基本原则”作为活动的重要内容来抓，全院党员和干部职工的积极性和主动性得到很好发挥。依托重点建设项目，加大先进典型的选树和宣传力度，全院有 18 个集体和 32 名个人获国家、省部级和股份公司的表彰奖励。四是宣传舆论紧扣中心工作发动有力。年内，《铁道设计报》出版 47 期，共刊登消息、通讯、现场特写、图片等 1200 余篇（幅）；院网站发布新闻 186 篇、图片 252 幅，以“会战万里行”、“印象会战”等新栏目，对生产会战进行集中时段、集中版面的强势报道，部分高质量、有深度、反响好的优秀稿件被新华社等国家重要媒体采用，进一步提高了“铁一院”品牌的社会知名度。以优化“科技一院、诚信一院、文化一院”形象作为企业文化建设的重点，积极推进企业文化形象阵地建设。精心制作反映半个世纪以来几代一院人艰苦奋斗创业的专题片《跨越》，进一步强化员工的爱岗敬业和团队精神教育。年内，院被评为企业文化建设百佳贡献单位。五是党风廉政建设在规范中不断强化。院制定下发“落实股份公司党委惩治和预防腐败体系五年工作规划〈实施方案〉工作推进表”，明确目标职责和工作方式。积极督促现场单位做好廉洁从业承诺书的签订工作，进一步规范现场人员廉洁从业行为。加大廉洁从业宣传，明确从2009年起，将每年5月定为全院反腐倡廉建设宣传教育月，通过清风阁网页、院报等积极营造全方位、立体化的宣教平台。以融入会战为重点，积极开展地质钻探质量检查、成本管理专项检查和节能增效检查工作，在履行职能中有力地推动了规范管理。六是全院和谐发展环境得到持续保持。年内，院被评为股份公司维护稳定工作先进集体。全院各级党工团组织从“以人为本、关爱职工”的思路出发，积极探索高强度会战条件下职工思想政治工作的新思路，不断增强全院和谐发展的氛围。加强职工舆情的动态分析，建立半年一次的职工思想动态分析机制。积极为生产单位配备小型健身器材，指导基层开展小型健身比赛和趣味游戏活动，加强生产一线慰问，缓解职工的心理压力和身体疲劳。加强联系沟通，认真对待职工群众来信来访，及时将问题发现在基层、将矛盾解决在基层。

工会工作。铁一院工会下设二级工会6个、基层工会34个，有工会会员3829人，专职工会干部9人，年内，各级工会组织紧密围绕全院发展稳定大局，努力全方位服务于生产大会战，深化民主管理，注重开展特色活动，通过抓基层、抓重点，抓规范、抓特色、抓创新，工作取得新成绩。年内召开铁一院职工代表大会，审议通过院行政工作报告、生产经营报告，提案处理情况报告、财务决算和业务招待费使用情况报告，民主评议院级领导干部，为开创全院工作新局面献计献策。全年有20人获得省部级五一劳动奖章、火车头奖章和先进工作者荣誉，3个单位获得火车头奖杯。根据重点工程建设项目的进展和会战情况，组织3次现场慰问活动，共慰问生产一线职工1200余人，发放慰问金36.51万元。在全院开展的历时8个月的铁路客运专线定测阶段劳动竞赛，有力地促进了生产会战任务的完成。加大文化线建设投入，年内为生产单位配备价值5.19万元的文化线设备。选树表彰一批先进女职工，其中1人获全国女职工建功立业标兵称号。年内筹集送温暖资金19.8万元，慰问困难职工及家属218户；“三不让”救助、补助109万元，帮困助学0.36万元，大病医疗救助5万元；捐款救助新疆“七五”事件受害群众、哈密巴里坤双语幼儿园建设等40余万元。

共青团工作。铁一院团委下设团委3个、团工委1个、团总支6个、团支部38个，有共青团员630名。年内，各级团组织以学习实践科学发展观为指引，认真贯彻院青年工作会议精神，紧密围绕生产经营中心和勘测设计大会战，大力开展青工培训、推优评先、组织建设等活动。年内成立临时团支部3个，换届改选团支部2个，集中培训团干部3次。按照院《加强青年工作的决定》要求，编制《青年工作委员会手册》。结合勘测设计大会战开展征文活动，征集照片584幅、视频作品11个、文章23篇，评选出优秀照片50幅、优秀视频作品3个、优秀文章8篇。全年向院报、中国铁建青年网、中央企业青年网推荐发表照片119幅、文章8篇。建立青年就业创业见习基地，设立青年见习岗位22个，得到上级团组织的认可。年内，院团委获省部级奖2项，团员青年获省部级表彰3人次，11个集体和6名个人受到股份公司的表彰。（李景平）

【新疆铁道勘察设计院有限公司】 2006年8月28日由新疆铁道勘察设计院改制而成。驻新疆维吾尔自治区乌鲁木齐市北京南路703号。董事长、院长李斌，党委书记朱霖。下设办公室、人力资源部（党委干部部）、党群工作部、企业管理部、财务部、审计（资产）部、计划经营部、总工程师办公室、退管会、建筑设计分院，线路运输、地质路基、桥梁隧道、公路设计、环境设备、电信自控、工程经济、综合设计、EPC管理分处，工程测绘部、勘探部，信息中心（文整工厂），铁设监理、实业发展公司，伊犁勘测、成都勘测设计处。职工578人。其中，教授级高级工程师5人；高级专业技术职务109人；中级专业技术职务133人；初级专业技术职务111人；技术工人137人。拥有仪器设备258台（套）。

2009年完成产值8亿元，完成营业收入5.7亿元，实现利润3906万元。公司连续20年保持新疆维吾尔自治区文明单位称号。（李景平）

【青海铁道工程勘察有限公司】 2006年9月6日由青海铁道工程勘察院改制而成。驻青海省西宁市城东区共和南路23号。执行董事、总经理马威喜，党工委书记刘德林。下设办公室、财务部、人力资源部、生产经营部、第十一勘测设计队、工程勘探队、工程设计所、后勤管理服务中心。职工75人。其中，高级专业技术职务5人；中级专业技术职务6人；初级专业技术职务8人；技工46人；普通工人3人。拥有仪器设备82台（套）。

2009年完成营业收入1535万元，成本支出1451万元，实现利润84万元。完成工程勘测2项，工程钻探4.6万米，可行性研究3项，施工图设计10项。

（李景平）

【甘肃铁道综合工程勘察院有限公司】 2006年9月8日由铁道勘察设计院岩土工程公司改制而成。驻甘肃省兰州市城关区民主西路35号。董事长蒲有林,党委书记侯全德,院长张巨川。下设办公室、企业管理办公室、总工程师办公室、计划部、经营部、人力资源部、财务资产部、后勤服务部、党群工作部,山东、银川设计处,地质所、物探所、勘测所,第五、第六、第七、第八勘测设计队,勘探部,勘探一、二队,岩土工程公司、机械化施工运输队。职工279人。其中,教授级高级工程师3人;高级专业技术职务31人;中级专业技术职务52人;初级专业技术职务45人;工人142人(含技师13人)。拥有仪器设备718台(套)。

2009年完成营业收入2.86亿元,实现利润1309万元。全年完成铁路控测2项、初测4项、定测和补充定测12项、小煤窑采空和钾肥地基处理等外委任务18项,初测1736公里、定测1425公里、补充定测743公里、物探356.48万个标准点、钻探80.52万米。

(李景平)

【陕西铁道工程勘察有限公司】 2006年9月6日由陕西铁道工程勘察院改制而成。驻陕西省宝鸡市中山西路88号。董事长、总经理黄凯,党委书记欧建中。下设综合管理部、计划部、经营部、技术部、党群工作部、后勤管理部、勘测部、勘察部、工程承包公司(包括岩土工程部、工程管理部)、工程地质室。职工267人。其中,教授级高级工程师2人;高级专业技术职务16人;中级专业技术职务16人;初级专业技术职务33人。拥有仪器设备470台(套)。

2009年完成产值5.9亿元,实现收入2.7亿元,实现利润1607万元。完成铁路勘察项目24项,外委勘察项目22项;初测1259公里,定测2053公里,工程钻探94.3万米。

(李景平)

【重要记载】

▲1月9日 由铁一院设计的青藏铁路工程获国家科技进步特等奖,青藏铁路工程建设成功克服了冻土、高寒缺氧、生态脆弱三大世界性工程难题。

▲2月13日 兰新铁路第二双线项目建议书评估会在乌鲁木齐举行。中共中央政治局委员、新疆维吾尔自治区党委书记王乐泉,铁道部副部长陆东福参加评估会。会议期间,院长王争鸣,副院长、总工程师冉理等陪同陆东福副部长考察乌鲁木齐新线站位,并汇报院开展兰新第二双线勘察设计工作的情况。

▲3月3日 院承担的兰州铝厂、自备电厂铁路专用线工程获得中国勘察设计协会颁发的第四届全国优秀工程总承包铜钥匙奖。

▲3月16日 院获2008年度全国工程建设质量管理优秀企业称号。

▲5月18日 由院总体设计的武汉北编组站建成并正式启用。武汉北编组站是目前中国一次性建成的亚洲规模最大的路网性编组站,占地面积447万平方米。

▲5月19日 根据股份公司《关于中铁上海设计院集团有限公司法人治理结构有关人选的通知》,院副总工程师薛新功调任中铁上海设计院集团有限公司董事,并为院长、总工程师人选。

▲5月30日 由院设计的阿尔及利亚东西高速公路M5标段建成通车。M5标段全长23公里,合同造价3.3亿美元。

▲6月8日 铁道部公布2009年度部分科研项目竞标结果,院参与投标的"复杂地质特长隧道安全施工综合技术研究"和"客运专线信号列控设备维修技术及标准"课题中标。

▲6月26日 兰新铁路嘉乌阿电化扩能改造嘉峪关至红柳河段开工建设。

▲7月23日~24日 中国铁路现代物流发展大会在北京召开,院设计的"昆明铁路集装箱中心站工程设计"获2009中国铁路现代物流发展创新成果奖一等奖。

▲8月17日 院设计的青藏高原规模最大、辐射面最广、功能最全的具有现代化水平的物流中心——那曲物流中心正式建成投入使用。

▲9月1日 由中国勘察设计协会主办的工程项目管理营业收入和工程总承包完成合同额2009年度排序名单揭晓,院再度排名第一。

▲9月8日 国家发展和改革委员会基础产业司巡视员李国勇、中国国际工程咨询公司交通业务部主任周晓勤、陕西省发展改革委员会副主任李忙全等一行到院听取院关于西宝铁路客运专线等设计情况及关中城市群城际铁路网规划的汇报。

▲9月29日 汉中灾后重建铁路职工住宅小区入住暨汉中车站改扩建工程开工仪式在陕西省汉中市举行。陕西省副省长洪峰出席,院长王争鸣作为项目设计单位的嘉宾代表出席仪式。

▲10月10日 在中国工程勘察设计协会组织的国庆60周年"六个十佳"评选中院获"十佳自主技术创新企业"大奖,院主持设计的青藏铁路获"十佳感动中国工程设计"大奖,全国工程设计大师、院长王争鸣获"十佳现代管理企业家"大奖。

▲10月31日 由院设计的襄渝铁路二线西安铁路局管段开通仪式在四川万源火车站隆重举行,国家"十一五"规划重点项目、西部铁路十大重点建设工程之一的襄渝铁路二线全线建成开通。

▲11月3日 中共陕西省省委组织部、陕西省人

力资源和社会保障厅联合发布《关于设立首批“三秦学者”岗位的公告》，经省委人才工作小组研究同意，确定院“交通运输规划与管理”、“桥梁与隧道工程”为陕西省首批“三秦学者”岗位。

▲11 月 4 日　院设计的兰新铁路第二双线在新疆破土动工。新疆维吾尔自治区党委书记王乐泉和自治区主席努尔·白克力、青海省省委书记强卫和省长宋秀岩、甘肃省省长徐守盛为工程奠基。

▲11 月 11 日　院获全国企业文化建设百佳贡献单位称号。

▲11 月 18 日　乌准铁路通车剪彩仪式在乌鲁木齐北站举行，院勘察设计的新疆第一条合资铁路历经两年建成通车运营。

▲11 月 28 日　院设计的西宝铁路客运专线、西康铁路二线、西合铁路二线、黄韩侯铁路同时开工建设。陕西铁路“两纵五横八辐射一城际”路网规划进入全面实施阶段。

▲11 月 30 日　在福州召开的中国勘察设计协会信息化工作会议暨计算机应用工作委员会 2009 年年会上，院获全国勘察设计行业国庆 60 周年“国产 CAD 软件应用先进单位”奖。

▲12 月 6 日　由院勘察设计的兰新铁路乌鲁木齐至精河二线全线通车运营。

▲12 月 18 日　院勘察设计的新疆第一条电气化铁路精伊霍铁路精伊段正式开通运行。

▲12 月 23 日　在中国地球物理学会主办的第九届中国国际地球电磁学术讨论会上，甘勘院物探所总工程师韩永琦被聘为第二届中国地球物理学会地球电磁专业委员会委员。（王秀梅）

中铁第四勘察设计院集团有限公司

【简况】 中铁第四勘察设计院集团有限公司（以下简称铁四院）前身是铁道第四勘察设计院，始建于 1953 年 2 月，原隶属铁道部，2003 年 10 月划归中国铁道建筑总公司管理，2007 年 9 月 11 日改制改称现名。机关驻湖北省武汉市武昌区和平大道 745 号。铁四院拥有国家工程勘察、设计，地质灾害防治工程勘察、设计、监理，环境影响评价、测绘甲级资质，可承担多个行业工程设计、工程勘察、工程咨询、工程监理、工程总承包，并具有对外经营权。2009 年入选国家发展和改革委员会委托投资咨询评估任务铁路专业咨询评估机构。职工 3748 人。其中，干部 3325 人；工人 423 人。资产总额 66.3 亿元。其中，固定资产净值 35265 万元；流动资产 565077 万元；其他资产 62421 万元。拥有各类仪器设备 11795 台（套），机械运输设备 430 台。机械运输设备净值 8736 万元，总功率 51336 千瓦，动力装备率 13.69 千瓦/人，技术装备率 23307.38 元/人，完好率 98%，利用率 98%。

2009 年新签合同额 29.7 亿元，实现营业收入 38.5 亿元，净利润 3.31 亿元。全员劳动生产率 413342.87 元/人年。国有资产保值增值率 111.53%，净值产收益率 36.99%，产值利润率 10.15%，投资回报率 41.94%，资产负载率 84.87%，应上缴款完成率 100%。年内，铁四院被评为中国优秀诚信企业、中央企业先进集体、湖北诚信承诺与示范单位、股份公司经营工作先进单位，获湖北省优秀企业金鹤奖，再次被认定为湖北省高新技术企业，连续 6 次被评为湖北省最佳文明单位，集团公司领导班子被股份公司评为“四好领导班子”。（刘时运）

【领导人员】

董事会

董事长　蒋再秋
副董事长　胡莫愁
董事　何义斌
　王玉泽
　孙万美

行政系统

院长　何义斌
副院长　王锡和
　汤友富
　田要成
　张华钧
　凌汉东
　谢海林
总工程师　王玉泽

党群系统

党委书记　胡莫愁
党委副书记　蒋再秋
　何义斌
纪委书记　胡莫愁（兼）
工会主席　孙万美

（刘时运）

【职工队伍】 职工 3748 人。其中，干部 3325 人；工人 423 人。干部中专业技术干部 3082 人。其中，教授级高级工程师 139 人；高级工程师 1036 人；工程师 1148

人;助理工程师691人。全国工程勘察设计大师2人,新世纪百千万人才工程国家级人选1人,享受国务院政府特殊津贴专家4人,铁道部专业技术带头人2人、青年科技拔尖人才12人,詹天佑铁道科技奖获得者10人,茅以升铁道工程师奖获得者3人,湖北省青年科技奖获得者1人,湖北省突出贡献专家6人,湖北省新世纪高层次人才工程第二层次人选4人,武汉青年科技奖获得者1人,武汉市十百千人才工程第二层次人选1人,铁四院专业技术带头人41人、青年科技拔尖人才55人。668人取得国家(行业)各类资格证书。工人中,高级技师21人,技师80人。 (黄绍康)

【铁路项目勘察设计】 全年安排铁路项目289项,加大对急难项目投入,按期完成杭长、合福等长大铁路干线勘察和前期工作,满足审批需要;科学组织、强化管控,40天完成沪杭铁路客运专线初步设计,从4月开始分期分批提供施工图,满足了18个月工期建成的供图目标;武汉城市圈城际铁路从项目建议到开工动员,仅用了半年时间;有序推进京沪、郑武、广深港、沪宁、沪杭、杭甬以及宜万、汉宜、向莆、厦深、广珠等项目建设,确保洛张电化、武九电化、京九电化按期开通,武广、郑西、合武、甬台温、温福等客运专线以及武汉至襄樊增建二线建成投产。全年完成勘察设计3606线路折算公里,机动钻探390万米、原位测试16.5万米、物探55.3万标准点。年内安排轨道交通项目31项,公路及市政工程项目5项。截至2009年底,铁四院承揽时速250公里~350公里铁路客运专线工程勘察设计线路6051公里,投入运营里程累计2144公里,占全国投入运营客运专线里程的61%。铁四院现有铁路建设指挥部、路外项目部或独立设计组36个,各配合施工机构不断加强和改进工作,设计服务质量稳步提升,在2009年下半年铁路建设项目施工图考核中,铁四院再度排名第一。 (刘时运)

【开拓国内外市场】 全力组织铁路建设方案竞选、设计投标工作,年内中标南三龙、鹰瑞梅铁路方案竞选和昌吉赣、怀邵衡、广汕铁路设计投标;走出传统地域参加一批特大站房投标,取得昆明站投标胜利。以珠三角、长三角、武汉“1+8”、长沙“3+5”、郑州、南昌、海峡西岸城市圈(群)城际轨道交通线网规划研究为重点,抢占市场制高点,合同额攀升,技术研发走在业界前列。以总体总包为重点,全年新承揽城市轨道交通总体总包项目7个,至此,铁四院分别在武汉、长沙、郑州、昆明、无锡、苏州、南京等地承揽总体总包项目15个,轨道交通业务总量跃升。合资成立昆明楚云交通工程设计公司,属地化经营迈出实质步伐。先后中标杭州钱江隧道和武汉地铁2、4号线过江隧道,水底隧道市场优势进一步巩固。中标湖北郧县至十堰高速公路及京沪高速公路济南至乐陵段。给排水、环境评价、水土保持等市场取得新突破。总承包、监理、咨询合同和收款均超额完成年度目标。稳步拓展海外市场。全年新签利比亚西线铁路、拉各斯轻轨等项目合同,中标阿尔及利亚326公里铁路项目;进一步加大与海外公司合作力度,共同参与多个项目前期工作。(刘时运)

【武广和郑西铁路客运专线投入运营】 2009年12月26日,铁四院总体设计的中国首条具有世界一流水平的高速铁路——武汉至广州铁路客运专线投入运营。武广铁路客运专线正线全长1068.6公里,设计时速350公里,平均时速341公里,是迄今世界上一次建成里程最长、运营速度最高的高速铁路。武广铁路客运专线连南通北、承东启西,连接武汉城市圈、长株潭城市圈及珠三角经济圈,对沿线国民经济和社会发展具有极其重要的推进作用。武广铁路客运专线初期每天可运送5万人次,高峰时每天可运送10万~15万人次。投入运营后,将实现武广铁路客货分线运输,极大地释放既有京广铁路运输能力,对提高中国高速铁路建设水平、提升全国铁路网运输能力具有重要意义。

武广铁路客运专线车站设计体现大交通理念,与城市地铁、公交、出租车、航空、水运实现无缝对接,集成为综合交通体,旅客可以“零换乘”选择多种交通方式。武汉站车场规模11台22线,广州南站广场规模15台28线,长沙南站武广场规模8台14线。这些充分体现人文特色的铁路客运车站已成为当地地标建筑和区域客运中心。2005年6月23日,武广铁路客运专线开工兴建,2009年12月9日成功试运行,列车行驶时速394.2公里,创两车重联情况下世界高速铁路最高运行速度。

铁四院总体设计的郑州至西安铁路客运专线全长505公里,设计时速350公里,90%的线路处于黄土覆盖区,其中的90%又处于湿陷性黄土地层。铁四院开展湿陷性黄土浸水试验,完成湿陷性黄土“系列丛书”,即关于地基处理、隧道施工、桥梁桩基处理的纲领性论证报告,提出国内首套时速350公里双线黄土隧道衬砌设计图,在下穿310国道段施工中实现路面零沉降。郑西铁路客运专线将于2010年2月通车运营,郑州至西安列车运行时间将由6个多小时缩短到2小时以内。

铁四院在京沪高速铁路工程项目中进行了10多年高速铁路技术研究,为武广和郑西铁路客运专线建设奠定了坚实的技术基础。设计施工期间开展64项科学技术研究,在江苏省昆山和安徽省凤阳建立软土试验段和 CFG 桩加固地基试验基地，先后承担“客运专线无砟轨道国产化研究”等 17 项课题；为满足路基、桥梁、信号、电力等配套工程对无砟轨道铺设要求，以试验段为依托进行 29 项科研攻关。铁四院编制的《高速铁路设计规范》（上、下册）得到铁道部肯定。研究设计磁悬浮铁路和南京上元门隧道穿越长江两个重要的京沪高速铁路比选方案，铁四院由此成为国内一流的掌握高速铁路技术、磁悬浮铁路技术和水下地下工程先进技术的设计院。 （刘时运）

【沪汉蓉铁路大通道湖北段开通运营】 2009 年 4 月 1 日和 10 月 1 日，铁四院设计的连接中国东、中、西部地区的沪汉蓉铁路大通道合肥至武汉铁路和武汉至安康二线先后开行动车组列车。合武铁路全长 359 公里，是实施《中长期铁路网规划》以来首批开工建设的客运专线之一，武汉至上海动车组 4 小时 45 分即可到达。合武铁路于 2008 年 12 月 31 日开通货车。铁四院承担武康铁路二线东起武汉，西至襄渝铁路胡家营车站勘察设计，正线全长 545.7 公里。2009 年 9 月底通过铁道部安全评估，动车组列车时速 160 公里～200 公里，从武汉坐火车到陕西安康、西安分别只需 6 小时和 8 小时。 （刘时运）

【沿海铁路大通道宁波至厦门段开通运营】 铁四院设计的中国沿海铁路大通道包括甬台温、温福、福厦、厦深等路段，时速均在 200 公里以上。2009 年 12 月甬台温、温福、福厦铁路投入运营。甬台温铁路全长 274.1 公里，2005 年 10 月动工兴建。温福铁路全长 298.4 公里，2004 年 12 月 24 日开工建设。福厦铁路全长 276 公里，2005 年 9 月 30 日开工。厦深铁路全长 502.4 公里，Ⅰ级双线电气化铁路，2007 年 11 月 23 日开工建设。 （刘时运）

【沿江铁路大通道宜万武九汉宜段铁路建设提速】 2009 年 12 月 10 日，宜万铁路八座Ⅰ级风险岩溶隧道最后一座隧道——齐岳山隧道正洞胜利贯通，标志着宜万铁路主体工程建设安全风险全部解除。齐岳山隧道全长 10.5 公里，最大埋深 670 米，通过 15 条断层，3 条暗河，尤其 F11 超高压富水大断层长达 200 余米，施工揭示溶腔 138 个，实测水压最高达 2.3 兆帕，足以将水送到 100 层的高楼。齐岳山隧道于 2004 年 2 月开工建设。十几年来，铁四院投入大量人力物力，进行野外勘测、方案研究和技术创新，首创复杂岩溶隧道防灾预警系统，建立施工地质超前预报和信息化动态设计机制，为工程顺利推进提供了强有力技术保障。

宜万铁路是中国最复杂山区铁路，时速 160 公里，全长 376.99 公里，穿越喀斯特地区，沿途高山河谷深切、溶腔溶洞密布，桥隧总长 278.82 公里，占线路总长的 71%。铁四院坚持“技术兴路”，积极推进宜万铁路技术创新。铁道部组织专家现场调研审查铁四院提交的包括工程建设成套技术研究、运输安全技术研究和环境工程技术研究 3 大类、15 个大课题、43 项研究内容，批准立项铁道部部控科研项目 13 项。这些科研课题大部分属国内首创，部分处于国际技术前沿。在勘察方面，铁四院采用大比例尺航空摄影、全球定位系统（GPS）和立体近景摄影测量；在长大隧道岩溶和构造勘探方面，采用大地音频电磁法、瞬变电磁法、孔内 CT 等多种先进勘探方法，并在国内首次系统采用岩溶水示踪试验技术，提高了长大隧道岩溶构造分辨判释能力和工程地质条件分析的准确性。宜万铁路 8 座Ⅰ级风险岩溶隧道之一、宜万铁路第一长隧、全长 13833 米、最大埋深 684 米的野三关隧道于 2008 年 10 月 18 日贯通。另一座风险岩溶隧道、全长 7879 米的马鹿箐隧道于 2008 年 12 月 24 日贯通。为通过马鹿箐隧道突水溶洞，设计人员采用泄水降压、超前帷幕注浆加固地层、超前密排长管棚预支护、双层加强型初期支护、桩基承台整体隧道结构等综合处理措施，破解了困扰宜万铁路建设大型高压富水充填型溶洞处理技术难题。

2009 年 12 月 31 日，铁四院设计的武九铁路电气化改造工程全线顺利开通。武九铁路电化改造工程全长 237 公里，于 2008 年 12 月开工建设，可开行时速 300 公里高速列车，从武汉到南昌两个半小时。

铁四院设计的穿越广袤江汉平原的汉宜铁路自 2008 年 9 月全线开工建设以来，工程施工进展顺利。线路全长 293.15 公里，设计时速 200 公里以上，武汉到宜昌需两个小时，计划建设工期 4 年，届时“百年川汉梦”将在世人期盼中成为现实。 （刘时运）

【武汉城市圈城际轨道交通工程开工建设】 2009 年 3 月 22 日，铁四院设计的时速 200 公里以上，线路总长 266 公里的武汉至孝感、黄石、咸宁、黄冈 4 条城际铁路开工建设。2008 年 9 月，铁道部与湖北省签署纪要，启动武汉城市圈城际铁路规划研究工作，广大设计人员连续奋战，以前所未有的工作效率确保 4 条城际铁路半年时间内如期开工。武汉至孝感、黄石、咸宁 3 条城际铁路建设工期均为两年半，武汉至黄冈城际铁路建设工期 4 年。铁四院先后 5 次提出武汉城市圈城际轨道交通方案研究报告，受铁道部计划司委托，最后完成《武汉城镇群城际铁路网络规划研究报告》，提出新建相对独立、分功能分层次“放射线 + 环”的城市圈城际铁路网方案。 （刘时运）

【科技创新】 铁四院设计的世界上一次建成里程最长、运营速度最快时速350公里的武广铁路客运专线按期开通运营，开创中国铁路建设史上新的里程碑。依托京沪、武广、郑西高速铁路等重大工程，在线路基础、桥梁隧道、无砟轨道、通信信号、牵引供电、列车控制、调度指挥等方面全面掌握高速铁路系统成套勘察设计技术，进一步巩固行业领军地位。武汉站、广州南站等具有国际影响力的客站建成，彰显了客站设计水平，第三次成功举办铁路客站国际技术交流会。经过6年奋战，攻破世界级风险岩溶隧道修建难题，宜万铁路建设取得决定性胜利。南京长江隧道全面贯通，武广高速浏阳河隧道、长沙市湘江大道浏阳河隧道建成，进一步确立铁四院水底隧道技术优势。

2009年开展科研项目192项，投入经费7300万元。承担《高速铁路设计规范》等6项标准规范项目，通过铁道部组织的评审验收。铁四院获全国勘察设计行业"十佳自主技术创新企业"大奖，南京站被评为新中国成立60周年百项经典暨精品工程，武昌火车站站房获中国建筑学会建筑创作大奖。12项科研、软件成果通过湖北省科技厅鉴定，35项设计工程入选中国企业新纪录，铁四院累计入选143项，继续在同行业中保持领先地位。（刘时运）

【企业管理】 加大安全质量管控力度，超前谋划，加强预防，全年未发生责任事故。铁四院制定《安全工作包保责任制实施办法》，签订包保责任书，逐级分解管理目标和指标，严格奖惩，狠抓责任落实。深入开展铁路建设项目"大检查、大反思"活动，从质量意识、方案优化、收集资料的深广度、作业程序和方法等方面把好勘察设计成果质量关。召开安全生产现场会、安全工作总结会、质量工作会议，深入推进安全质量管理。集团公司被股份公司评为2009年度安全生产达标单位。

深入推进"科学管理年"活动。优化"十一五"规划后两年发展目标和中长期发展战略，为下一个五年规划做准备。清理完善有关规章制度，开展新型生产组织模式研究，在昆明轨道交通项目开展项目制管理改革试点，积极探索机制革新。

进一步加强信息化建设。对信息化子规划实施情况进行检查和评价分析，结合股份公司信息化建设要求，确定优化调整重点。继续推进人力资源管理系统、项目编码系统、办公自动化、勘测设计一体化平台等系统升级，提升集团公司信息化水平。

深化财务管理和审计监察工作。开展会计基础工作检查，加强资金集中管理，强化成本费用考核与预算考核机制，确保预算目标实现和企业效益提高。进一步推进责任成本管理，完善责任成本管理体系。加强资产管理，提高资产使用效率。积极配合国家审计署、财政部对京沪高速铁路等中央投资建设项目开展的审计工作，创新内部审计方式，完成5个单位财务收支审计和9个基本建设项目、31个工程总包项目财务审计。

积极开展劳动用工检查指导，加强劳动合同动态管理，做好薪酬分配和各项社会保险工作。完成集团公司资质管理规定修编，办理资质和商标变更。逐步建立综合风险防范体系，规范规章制度、重要决策的法律审核工作，制定《规章制度法律审核暂行规定》。加强合同管理，强化知识产权保护与管理力度，维护企业合法权益。（刘时运）

【党群工作】 深入开展学习实践科学发展观活动。2009年3月～6月底，集团公司党委和20个二级单位、18个机关职能部门、35个项目部和指挥部、驻外机构及辅助生产单位党组织、3247名党员，深入开展学习科学发展观实践活动。集团公司领导深入40余个二级单位和职能部门调查研究，收集意见和建议320余条，形成11份有价值的调研报告。在多次征求意见基础上形成《集团公司领导班子深入学习实践科学发展观活动分析检查报告》，制定包括6个方面、34项主要措施、122件具体工作的整改方案。学习实践活动达到"党员干部受教育，科学发展上水平，人民群众得实惠"的要求，职工群众对活动"满意"和"比较满意"率达到100%。

大力加强领导班子和干部、人才队伍建设。坚持干部思想政治理论学习制度，集团公司党委中心组被湖北省国资委党委评为2008～2009年度企业先进党委中心组。对71个所属单位和部门、198名中层干部进行了三年一次的全面考核。大力创建"四好领导班子"，集团公司领导班子被股份公司评为"四好领导班子"。制定《关于加强人才队伍建设的实施意见》，推荐各类专家人才482人次，推荐59人通过教授级高级工程师评审，引进新员工266人。

随着生产经营机构调整和人员变化，及时调整组建党的基层组织，新成立项目党组织7个，调整党组织负责人9人、增补委员39人，23个基层党组织进行换届选举，调整党组织隶属关系3个。积极开展创建"五好党支部"、争当"六好共产党员"活动，进一步发挥基层党支部的战斗堡垒作用和共产党员的先锋模范作用。慰问生活困难党员53人、老党员38人。

加强宣传思想工作。深入进行形势任务教育，加强对重大工程、重大活动和典型人物的宣传，对外报道迈上新台阶，社会媒体刊登企业新闻和宣传材料165

篇，其中有份量的深度报道14篇，集团公司社会美誉度进一步提升。继续开展“设计无差错、服务无缺憾”诚信建设活动，践行“诚信创新永恒，精品人品同在”的企业价值观。广泛组织劳动竞赛，评选表彰第十一届“十佳青年”，组织国庆60周年“我爱我的祖国”歌咏大会等系列文体活动。3个二级单位分别被授予国务院国资委先进集体和湖北省五一劳动奖状，13人分别被授予全国五一劳动奖章和湖北省劳动模范、五一劳动奖章及铁道部火车头奖章。

扎实推进惩治和预防腐败体系建设，深化反腐倡廉教育，加强制度建设，提高防范和控制风险的能力；突出勘察设计、工程承包等专项监督检查，深化效能监察；勘察设计效能监察获湖北省国资委优秀效能监察项目称号。严肃查处违法违纪案件，收到群众信访举报4件次，立案2件，结案2件，处分4人，为企业健康发展提供了有力保证。

集团公司党委始终把维护稳定工作放在重要位置，认真履行“第一责任”，坚持每季度职工思想动态分析制度，依法治企，及时有针对性地做好工作。坚持信访接待制度，全年接待来电来访180批186人次，信访秩序根本好转。贯彻离退休政策，落实“两项待遇”，适时向离退休人员通报企业建设发展情况。认真落实职工代表大会制度，加强基层民主建设，推进司务公开。开展“关心健康人健康”文体活动，夏“送清凉”、冬“送温暖”，全年下拨、发放困难救助和慰问金144万元。共青团组织积极开展各项寓教于乐活动，引导青年热爱祖国、建设四院。 （刘时运）

【工程勘察院】 成立于2004年8月，下辖11个勘测队、1个精密测量队、7个地质勘探队、1个仪修厂和信阳、株洲、长沙3个实业发展部。党委书记、纪委书记徐力勤（主持行政工作）。职工474人。其中，干部183人；工人291人。技术干部93人，占干部总数的50.82%；技术工人287人，占工人总数的98.63%。固定资产原值6484.31万元、净值3615.72万元，流动资产2874.64万元。机械运输设备100台。

2009年，完成勘察项目189项。完成勘测14934正线公里。其中，初测4086正线公里；定测3428正线公里；补充定测2233正线公里；精密测量5187正线公里。完成100型地质钻探13287孔601000米。勘察质量合格率100%，年创产值2.03亿元。院获湖北省优秀测绘工程一等奖2项、二等奖3项、三等奖1项。

（周新霞）

【中铁四院集团广州设计院有限公司】 建筑行业建筑工程甲级、铁道行业铁路综合甲（II）级、市政公用行业（桥隧）乙级设计资质及工程勘察、工程咨询、工程监理资质企业。前身为原广州铁路集团广州铁路勘测设计院，2004年3月更名为铁道第四勘察设计院广州设计院，2007年5月企业改制改称广州四科轨道交通勘察设计研究院有限公司，2008年4月更为现名。驻广东省广州市共和西路6号。董事长胡丙齐，党委书记丁沧海，总经理胡丙齐。下辖路桥、建筑、设备、通号、工程经济设计所和勘测公司、广东至艺工程建设监理有限公司。职工431人。其中，正式职工212人；临时聘用人员203人。高级职务52人，中级职务164人，初级职务76人。各类注册人员60人次。其中，一级注册建筑师4人；一级注册结构师9人；注册土木工程师（岩土）6人；注册监理工程师15人次；注册造价师13人次；其他注册工程师13人次。资产总额7957万元。其中，流动资产7470万元；固定资产原值969万元、净值827万元。

2009年签订勘察设计合同102项，合同金额5709万元。开展勘测设计项目193项，其中上年转入项目74项；完成勘测设计项目147项，转入下一年项目46项。完成企业总产值9037万元。其中，勘测设计产值5290万元；延伸经营产值3747万元。勘测设计文件合格率100%，优良率100%，优秀率32.6%；工程监理项目合格率100%。全年完成营业收入18945万元，实现利润436万元，净利润288万元。净资产收益率27%，利润增长率305%，资产负债率87%。

（郑四安）

【中铁四院集团南宁勘察设计院有限公司】 拥有铁路综合工程、建筑工程、岩土工程、工程测量、地质灾害防治工程、工程咨询等甲级勘察设计证书，工程造价、工程监理等乙级证书以及一类施工图设计文件审查许可证，拥有境外工程勘察设计、咨询经营资格。前身为柳州铁路局勘测设计院，成立于1953年；2006年4月更名为中铁建柳州勘察设计院，2007年4月改称中铁建柳州勘察设计院有限公司；2009年8月从柳州市整体搬迁入南宁市高新区高新五路3号新址，更名为现名。董事长张北瑞，党委书记梁国堂，总经理张北瑞。下辖建规、水电、通号、线站、桥隧、地路、造价所和勘察队、监理公司。职工193人。其中，管理干部38人；技术干部147人；技术工人8人。资产总额13640万元。其中，固定资产原值1948万元、净值1199万元；流动资产6995万元；其他资产6645万元。运输仪器设备51台。

2009年完成企业总产值11164万元，实现利润297万元。国有资产保值增值率106%，净资产收益率8%，产值利润率3%，资产负债率79%，投资收益上缴率100%，应上缴款完成率100%。年内获省部级优秀

勘察设计奖2项、优秀工程设计奖1项、优秀工程咨询成果奖2项、QC成果奖1项。 （黎建国）

【重要记载】

▲1月9日 铁四院设计的沪杭铁路电气化改造嘉兴东至杭州站外工程，杭州市德胜快速路东段、中段高架桥工程及铁四院监理的江苏宁淮高速公路老山隧道工程获2008年国家优质工程银质奖。

▲2月23日 铁道部公布2008年度铁路优质工程勘察设计奖评选结果，铁四院获优质工程设计奖4项，其中新建上海南动车组运用所获一等奖，这是全路动车运用所中唯一的部优一等奖；勘察设计协同作业平台系统获一等奖。

▲3月22日 铁四院设计的武汉城市圈城际轨道交通武汉至孝感、黄石、咸宁、黄冈4条总长266公里，时速均为200公里以上的城际铁路开工建设。

▲3月31日 铁四院设计的全长359公里的合武铁路客运专线动车组列车开通运营。

▲8月15日 铁四院连续第6届获湖北省最佳文明单位称号。

▲8月22日 铁四院设计的南京长江隧道工程全线贯通。

▲9月4日 全国政协常委、原铁道部副部长、中国工程院院士孙永福一行到宜万铁路建设工地考察。

▲9月9日 集团公司设计的武昌火车站站房获中国建筑学会建筑创作大奖。

▲10月1日 铁四院设计的连接中国东、中、西部地区的沪汉蓉铁路通道武汉至安康二线开行动车组列车。

▲10月16日 中铁四院集团南宁勘察设计院有限公司举行从柳州市整体搬迁至南宁市高新区高新五路3号揭牌庆典。

▲10月22日 国家发改委下发〔2009〕第14号文，公告确认承担国家发改委委托投资咨询评估任务的咨询机构名单，铁四院入选铁路专业咨询评估机构，全国仅有3家单位入选该专业咨询评估机构。

▲10月28日 中国勘察设计协会授予铁四院“十佳自主技术创新企业”称号，设计的南京火车站被评为新中国成立60周年百项经典暨精品工程。

▲11月30日 集团公司发出通知，以2009年9月30日为截止时点，福建铁四院勘察设计研究院有限公司人员、资产整体划转中国土木工程集团公司管理。

▲12月7日 铁四院设计的井冈山车站获国家优质工程银质奖。

▲12月9日 铁四院总体设计的武广铁路客运专线成功试运行，列车时速达到394.2公里，创两车重联情况下世界高速铁路最高运行速度。

▲12月10日 宜万铁路8座Ⅰ级风险岩溶隧道的最后一座隧道——全长10.5公里的齐岳山隧道正洞胜利贯通，标志着宜万铁路主体工程建设安全风险全部解除。

▲12月11日 铁四院总体设计的郑西铁路客运专线成功试车。

▲12月26日 中国首条具有世界一流水平的高速铁路——时速350公里的武广铁路客运专线正式投入运营。

▲12月31日 铁四院设计的沿海铁路大通道甬台温、温福、福厦段铁路正式开通运营。 （刘时运）

中铁第五勘察设计院集团有限公司

【简况】 中铁第五勘察设计院集团有限公司是集工程设计、勘察、咨询、监理、检测及科研开发、设备制造、工程总承包于一体的综合性大型勘察设计企业；拥有工程勘察综合甲级资质，铁路综合设计甲Ⅰ资质，并在建筑、市政、公路等行业具有15项设计、咨询、监理、地灾评估国家甲级资质和对外承包工程资质。机关驻北京市大兴区康庄路9号。前身系中国人民解放军铁道兵科学研究所，创建于1958年10月；1984年1月1日集体转业并入铁道部，改编为铁道部工程指挥部科学技术研究所；1990年10月1日更名为铁道建筑研究设计院，2004年原哈尔滨铁路局齐齐哈尔、哈尔滨勘测设计院划转到铁五院；2005年7月1日改称铁道第五勘察设计院，2008年1月企业改制改称现名。下辖线路运输、地质路基勘察、桥梁、四电、建筑与地铁、市政工程、工程经济、给排水与环境工程、东北勘察设计院及技术研究院等勘察设计和科研单位及海外工程公司、工程承包公司、基建开发公司等分公司，全资控股北京铁研建设监理有限公司、北京中铁建北方路桥工程有限公司、北京铁五院工程试验检测有限公司、北京铁五院机械科技开发有限公司、齐齐哈尔蓝图勘察有限公司5家子公司，并设有华东、西北、广州、深圳、济南、郑州、西安、沈阳、内蒙古9个驻外机构。在岗职工1236人，专业技术人员占职工总数的77%以上。其中，高级工程师及以上315人；工程师242人。铁道部有突出贡献的中青年专家2人，青年科技突出人才5人，詹天佑专项奖获得者8人，茅以升科学技术进步奖获得者 2 人,享受国务院政府津贴 18 人。

近几年,集团公司勘察设计业务快速发展,先后承担田德、宿淮、赣韶、连盐(淮)、衡茶吉,包兰增建二线、额哈、前抚,阿扎、苇亚、锡巴、长白、松陶铁路及利比亚南北铁路等国内外新建铁路干线勘察设计,太中银、北同蒲、兰渝(广元至重庆段)、南广(黎塘至肇庆北段)施工图审核,北京地铁亦庄线、大兴线等 10 条大中城市地铁车站区间设计、勘察、咨询,青藏铁路、京津城际、京沪、沪杭、石武、贵广、厦深等客运专线和新建常规铁路、城市地铁的监理、检测任务;市政、建筑、桥梁、"四电"设计咨询获得新突破。获国家和省部级科技进步奖和优秀工程勘察设计奖 300 余项,开发研制出高速铁路 900 吨架桥机等一批具有世界先进水平的科研成果;拥有国家专利 20 项,国家级工法 10 项。

2009 年新签合同额 101239 万元,完成企业总产值 65884 万元,实现利润 7913 万元。企业劳动生产率 15.72 万元/人年。资产总额 56151 万元。其中,净资产 27809 万元;固定资产原值 11457 万元、净值 6438 万元;流动资产 41336 万元,新增固定资产投资 2406 万元。国有资产保值增值率 136.71%,净资产收益率 28.75%,应上缴款完成率 100%。 (王丽洁)

【领导人员】

董事会

董事长　娄德兰

副董事长　吴德增

行政系统

院长　娄德兰

副院长　陈国芳

庞建文

杜寅堂

宋彩萍

王立新

总工程师　杨岳勤

总法律顾问　陈国芳

党群系统

党委书记　吴德增

党委副书记　娄德兰

彭志树

纪委书记　彭志树

工会主席　王从贵

顾问　汪树林

周书传　(杨永睿)

【职工队伍】 年末在岗职工 1236 人。其中,干部 1116 人;工人 120 人。离退休职工 339 人。在岗职工学历构成:研究生 176 人,大学本科 803 人,大专 105 人,中专及以下 152 人。在岗职工年龄构成:1960 年及以前出生的 125 人,占职工总数的 10.02%;1960 ~ 1969 年出生的 282 人,占职工总数的 22.61%;1970 ~ 1979 年出生的 327 人,占职工总数的 26.22%;1980 年以后出生的 513 人,占职工总数的 41.13%。在职各类专业技术人员 957 人。其中,高级职务及以上 342 人;中级职务 258 人;初级职务 357 人。有全国工程监理大师 1 人。取得国家各类注册资格证书的 209 人。其中,一级注册建筑师 9 人;一级注册结构工程师 10 人;注册土木工程(岩土)工程师 14 人;注册造价工程师 21 人;注册咨询工程师 41 人;注册监理工程师 80 人;一级注册建造师 14 人;注册安全工程师 6 人;注册电气工程师 6 人;二级注册结构工程师 3 人;注册公用设备工程师 2 人;注册环境影响评价工程师 3 人。

(杨永睿)

【生产经营】 2009 年,集团公司紧紧抓住国家应对全球金融危机,投入巨资,加大铁路、地铁等重点基础设施建设力度的难得机遇,大力拓展铁路、地铁勘察设计市场,取得优异成绩。先后承揽长春至白音胡朔、七台河至密山等 5 个新建铁路项目,正线长度近千公里。地铁工程在巩固北京、郑州等原有 6 个城市地铁市场的基础上,顺利进入天津、长沙、青岛 3 个城市的地铁市场。工程监理、工程检测、科技研发等业务均保持良好发展势头。不断加强生产组织,完成连盐铁路、包兰二线等 22 个铁路项目近 5000 公里的相应阶段勘察设计任务;赣韶、衡茶吉等项目的配合施工工作扎实有效,为工程的顺利推进和如期开工奠定了坚实基础;南广、兰渝等铁路施工图审核项目及 15 个地铁项目的生产工作按计划、按要求顺利完成。开展安全生产和勘察设计质量大检查、大反思、大整改活动,继续保持安全生产的良好态势,全年没有发生重大安全质量事故。年内,集团公司顺利通过质量、环境、职业健康安全管理体系认证,完成技术管理汇编文件上网,建立技术问题协调解决机制,技术质量管理持续加强。

(赵尊宇　王蒨　郭绍影)

【科技成果】 2009 年承担科研计划项目 68 项。其中,国家级项目 8 项;省部级项目 6 项;股份公司级项目 22 项;集团公司本级科研项目 32 项。全年科研项目资金投入 1356 万元。年内,集团公司开发的"客运专线预应力混凝土简支箱梁预制场工业化技术及应用"获中国铁道学会科学技术奖一等奖,开发的"双块式无砟轨道组合式轨排法施工装备及工艺"、"用 Ev2 评价客运专线路基压实质量研究"和编制的《铁路预制混凝土梁梁场设计施工技术指南》获股份公司科学技术奖二等奖,“客运专线预应力混凝土简支箱梁预制场工业化研究”获2008年度中国施工企业管理协会科学技术奖技术创新成果一等奖。1人获北京企业评价协会科技创新人物奖。开发的“电气化铁路二线隧道爆破掘进安全快速施工工法”、“3000型液压提升平台翻模施工工法”被认定为部级工法;“铁路抢修高墩液压顶升施工工法”被评为股份公司优秀工法,5篇科技论文获股份公司优秀科技论文奖;集团公司评出2008年度科技进步特等和一等奖各3项,二等奖1项。全年获国家发明专利2项、实用新型专利8项,申请发明专利1项、实用新型专利8项。按照国家科学技术部要求,完成2010年专项资金项目“客运专线板式无砟轨道施工技术和装备研究”和2010~2012年专项资金研发规划。集团公司开发的“高速铁路无砟轨道工程应用技术试验研究——Ⅱ型板式轨道铺设自动精调系统研究”成果通过铁道部技术鉴定,填补国内外空白。精调机的成功研制,实现科研成果转化,极大地提高了作业工效,市场需求量很大。承担研制的“气囊式容积测定仪”通过国家科学技术部和铁道部科技司验收。“无砟轨道施工标准程序和信息管理系统研究”项目获得国家技术开发研究专项资金立项支持。承担编制的《铁路桥梁移动支架造桥机节段预制拼装施工技术手册》和《客运专线铁路预制板(枕)场建设技术指导手册》顺利通过铁道部审查。完成《铁路箱梁预制场平面布置图(通用参考图)》(通桥(2009)8301)和《铁路后张法混凝土梁预制场建设技术指南》(TZ321-2009)两项行业标准编制。(刘 嘉)

【综合管理】 内部管理。完善办公设备采购流程,规范审批程序,逐步推进办公设备采购集中化、规范化。推进企业制度化建设,对集团公司2000年以来的现行制度、办法进行全面汇总清理,修订完善,形成集团公司规章制度汇编下发执行。加强档案管理,成立集团公司档案馆,重点加强科技档案管理工作。

人事管理。建立以各级正副总工程师为主体的专家队伍,完成海外人才信息库建设。全年引进、调入紧缺专业技术骨干、项目总体及专业技术人员100余人;完成近100名应届毕业生接收工作,接收及转移人事档案200余卷。实施《中铁第五勘察设计院集团有限公司专业技术职务任职资格评审暂行办法》,建立适合集团公司实际的专业技术人员评价体系。年内79名专业技术人员取得工程师任职资格,22名专业技术人员取得高级工程师任职资格,向股份公司推荐的13名教授级高级工程师、高级会计师、高级经济师和高级政工师全部取得任职资格。出台《员工在职进修学历、学位管理暂行办法》,全年推荐5人参加在职研究生进修学习。进一步规范培训工作,着力加强专业技术与经营管理2个团队的建设,全年通过参加社会机构培训、邀请专家讲座、开展技术交流、举行业务培训班等方式,先后组织400余人次参加各层次培训。不断完善各类注册人员管理办法,采用提高一次性奖励,提高紧缺专业注册津贴,注册资格与职称评审挂钩等多种举措,注册人员总数进一步增加。

劳动工资管理。继续贯彻执行《铁道第五勘察设计院工资管理暂行办法》,不断健全和完善以岗位价值和绩效考核为核心的薪酬分配机制,进一步加强对二级单位薪酬分配的指导与监督工作。经职代会讨论,通过《中铁第五勘察设计院集团有限公司劳动合同管理暂行办法》,规范了各类人员劳动合同的签订、续签、解除等工作,员工劳动合同签订率100%。工资发放及时,各项保险足额缴纳,积极营造健康和谐的劳动氛围,连续两年被授予“北京市和谐劳动关系单位”称号。

财务管理。建立健全财务管理制度,提高集团管控水平,明确经济责任,降低控制风险,调动二级生产单位和职工的积极性。开展财务收支专项审计和检查,对检查中发现的问题及时进行整改。通过检查和整改,加强了会计基础工作,提高了会计信息质量。积极开展责任成本管理工作,勘察设计、工程监理等业务的项目成本预算和考核机制逐步建立,数据采集、流程设置、审签程序等成本管理基础工作取得一定进展。定期进行财务收支分析,实时反映公司经济运行情况。资金集中管理工作稳步推进,资金集中度逐步提高,缓解了资金压力;银行授信、信贷业务实现集团集中管理,防范了资金风险。

审计监督。坚持“围绕中心、突出重点,保障效果”的工作方针,全年完成审计项目18项。年内对集团公司范围内涉及国家审计、重点稽查和财政评审的项目进行排查,顺利通过国家审计署对京沪高速铁路涉及的监理和检测项目审计。全面参与劳务委外、基本建设和物资设备采购招评标、议价和合同审查及结算谈判,加强招评标风险预控审计。将审计公示与全面关联审计相结合,实施经济责任审计1项。针对合同签管执行、资产安全完整和责任成本管理,探索实施内部控制审计。

(王丽洁 杨永睿 韩牛牛 戴建国 李德玮)

【党群工作】 集团公司党委下辖基层党委2个、党总支8个、直属支部10个;有党员791名,其中在职党员541名。2009年,集团公司党委以党的十七大精神为指导,以学习实践科学发展观为主线,紧密围绕生产经营开展工作,着力于推动集团公司又好又快发展。不断加强和改进党的建设,着力于更好地发挥党委的政治核心作用和党员的先锋模范作用。加强思想政治工作和企业文化建设,着力于营造奋发向上、团结和谐的良好氛围,在“推动发展,服务群众,凝聚人心,促进和谐”等方面均较好地发挥了作用。年内,召开集团公司第一次党员代表大会,扎实开展学习实践科学发展观活动,组织丰富多彩的庆祝建国60周年系列活动,认真组织学习贯彻党的十七届四中全会精神,制定集团公司《党委工作规则》和《党支部工作细则》,党建工作进一步规范化、制度化、科学化,组织宣传工作、队伍建设等均迈上新的台阶。党风廉政建设稳步推进,完善内控监督办法,制定集团公司惩防体系建设责任制落实办法,构筑党员和各级领导人员廉洁从业的思想防线。年内通过发放各类学习教育书籍资料、组织党员和领导人员讨论杨池林案件、参观北京市反腐倡廉教育基地、观看警示教育片、在集团公司报“廉洁广角”专栏刊文等多种形式,坚持开展反腐倡廉正反教育。推行各类项目负责人和重要岗位人员廉洁从业承诺制度,统一印发“项目工作人员廉洁从业承诺”挂图,建立招标项目“保廉合同”制度。注重将党风廉政监管规定和风险预控理念嵌入管理制度,进行落实党风廉政建设责任制检查。对勘察测绘前期现场管理和配合施工供图等专项监察中出现的突出问题,加大效能问责力度。

工会工作。强化工会组织建设。成立工会办公室,调整配齐各级兼职工会主席。组织开展评先创模活动,评选表彰集团公司工会积极分子61名、优秀职工之友8名;1个项目获得火车头奖杯,5人获得火车头奖章;1人被评为股份公司工会先进工作者,1个单位被评为股份公司工会先进单位。大力开展送温暖活动,积极解决职工实际困难,初步建立“三不让”长效帮扶机制。举办庆祝建国60周年文艺演出和以“爱在五院启航”为主题的集体婚礼,增强了全体职工的团队精神和凝聚力,对集团公司的发展具有十分重要而深远的意义。

共青团工作。积极开展团员青年形势任务教育,宣传集团公司发展规划和发展目标,落实集团公司“三会”精神,学习贯彻股份公司第一次团代会精神,增强团员青年的责任感、使命感。年内评选出集团公司优秀团干部4名,优秀团员14名,“青年岗位能手”20名;集团公司团委被评为股份公司五四红旗团委,1个团支部被评为五四红旗团支部,1个项目被评为“青年文明号”,1个项目被评为青年安全生产示范岗,1人被评为优秀团干部,1人被评为优秀团员,1人被评为中国铁建优秀青年,2人被评为“青年岗位能手”,2人被评为青年安全生产先进个人;1人被评为中央企业优秀共青团员。 (徐 琳 李德玮 苏绪兴)

【线路运输设计院】 院长兼党总支书记吴夯。职工88人。主要业务涵盖经济调查、行车、线路、轨道、站场、机务、车辆、机械、动车及测量10个专业。2009年完成生产项目73项,实现产值7787.8万元,比2008年增长275%。 (邓学燊)

【地质路基勘察设计院】 院长兼党总支书记富志根。职工93人。下辖地质勘察所、路基设计所、物探所。2009年实现产值1.5亿元,人均产值150万元。院领导班子被评为集团公司“四好领导班子”。 (魏润平)

【桥梁设计院】 院长陈铭,党总支书记王国玮。职工77人。2009年完成生产项目41项,实现产值5280.3万元,比2008年增长75.7%。 (庄晓峰)

【四电设计院】 2008年2月,由原通号电化设计分院更为现名。院长汪吉健。职工71人。下设通信所、信号所、电力所、供变电所、接触网所。2009年完成总产值3316万元。11月与中铁建电气化局集团公司组成联合体获得土耳其安伊铁路客运专线2标段电气化工程项目设计施工总承包合同。 (温晓慧)

【建筑与地铁设计院】 2008年2月,由原城市轨道交通设计分院与建筑设计分院合并而成。院长党海军,党总支书记刘亚刚。职工160人。下辖4个设计所。2009年新签合同额1604.43万元,完成产值6300万元。院设计的中国铁建大厦获股份公司勘察设计一等奖。 (段春秀)

【市政工程设计院】 2008年2月,由原工程咨询公司更为现名。院长兼党总支书刘长勇。职工58人。下辖工程咨询公司、道路设计所、桥梁设计所、给排水设计所。2009年新签合同额5000万元,完成产值2700万元,实现利润2500万元。 (刘春凤)

【工程经济设计院】 2008年2月成立。院长兼党总支书记石跃伟。职工24人。主要从事铁路、地铁、轻轨、单项建筑的施工组织设计和工程造价咨询服务及有关招投标咨询、工程检算、概算清理、施工图预算编制服务。2009年新签合同额408万元,完成产值792万元,实现利润289万元。 (肖佳琳)

【给排水与环境工程设计院】 院长李嘉。职工27人。下辖环境工程设计所、给排水设计所。2009年完

成合同总额1731.9万元，其中自揽项目合同额1148.9万元。 （张维成）

【东北勘察设计院】 2008年2月由原东北分院更为现名。院长王宇重，党委书记宋宏祥。职工289人。下辖线路站场所、桥梁隧道所、路基所、建筑轨道所、通信信号所、工程经济所、勘察所、测量所、监理分公司、工程承包公司。固定资产净值902万元。

2009年新签勘察设计项目58项，合同总额9465万元，实现营业收入7806.6万元。完成主要实物工作量：铁路线路320公里，房屋建筑6万平方米，隧道4座，桥梁120座，涵洞1300座，钻探34000米。

（卫 锋）

【技术研究院】 2008年2月，由原科技研发中心更为现名。院长兼党总支书记徐惠纯。职工22人。下设施工技术研究所、工程仿真研究所、工程装备研究所、交通战备抢修研究所、技术发展研究所。

2009年承揽任务32项，新立纵向课题9项，新签横向项目15项。开发的“客运专线预应力混凝土简支箱梁预制场工业化技术及应用”成果获中国铁道学会科学技术奖一等奖，“客运专线预应力混凝土简支箱梁预制场工业化研究”成果获2008年度中国技术创新成果一等奖，“用Ev2评价客运专线路基压实质量研究”成果获2008年度北京市质量技术二等奖和中国质量协会质量技术三等奖，“智能平板载荷试验仪的研制”获全国工程建设优秀QC小组二等奖，“乳化沥青水泥砂浆流动度快速测定仪”被授予国家实用新型专利权。 （刘 陆）

【海外公司】 2007年1月成立。经理兼党总支书记高嵩。2009年承担利比亚南北铁路项目设计，与中铁十八局集团公司联合投标蒙古Ukhaa Khudag－Gashuun Sukhait铁路工程项目，与加拿大CPCS公司联合投标肯尼亚蒙巴萨至马拉巴（含基苏木支线）铁路工程项目，与美国栢诚公司联合投标斯里兰卡南部铁路项目，与中国航空技术进出口总公司联合投标孟加拉帕德马公铁两用大桥项目。 （冯志刚）

【工程咨询公司】 2008年3月成立。经理邢文宝。负责集团公司铁路项目初步设计咨询和施工图审核的生产组织、管理协调工作。2009年新签合同额1500万元，完成产值2000万元。 （曹斌华）

【北京铁研建设监理有限责任公司】 经理兼党总支书记李岩。职工61人。拥有铁路、公路、房屋建筑、市政公用等甲级和电力工程乙级资质。2009年承揽监理项目20项，新签合同额24789.7万元，完成产值14978.96万元，实现利润827.86万元。监理的两个工程被评为新中国成立60周年百项经典暨精品工程。

（赵京梅）

【北京中铁建北方路桥工程有限公司】 桥梁、爆破与拆除、土石方工程专业承包一级，地基与基础工程专业承包二级资质企业。经理李树良，党总支书记宋宇明。职工338人。固定资产3150万元，自行研制开发的专用移动支架造桥机4套，各类机械设备320台（套）。年施工能力2亿元以上。

2009年新签合同8项，合同总额17804万元，完成施工产值4418万元，新增资产345万元。自主研发的SX32/64型移动支架节段拼装造桥机成功应用于包西铁路义南洛河特大桥项目施工。开发的整孔箱梁45°角斜移就位架梁施工技术，最长斜移距离22米。

（陈雯婷）

【北京铁兵爆破有限责任公司】 北京市公安局认定的爆破A级公司。主要经营各类大型爆破、复杂环境深孔爆破、拆除爆破及城市控制爆破工程和爆破技术开发、技术咨询、技术服务与技术培训、安全评估。职工38人。其中，教授级高级工程师4人；高级工程师12人。仪器设备60台（套）。

2009年，承揽爆破任务2项，完成总产值97万元。

（陈雯婷）

【北京铁五院工程试验检测有限公司】 经理兼党支部书记王慨慷。职工18人。主要从事工程试验检测、工程监测、工程咨询、技术开发。下设地基基础检测部、桥梁结构检测部、隧道及地下工程检测部、工程物探部、综合部。

2009年新签合同额2700万元。参与监测的北京地铁6号线被评为2009年度优秀监测单位。

（刘 鑫）

【北京铁五院工程机械科技开发有限公司】 总经理蔡泓。职工13人。2009年承揽任务59项，新签合同额3600万元，完成产值2514万元，实现利润187万元。年内获得国家发明专利1项、实用新型专利7项，自主研发CRTSII型轨道板全自动精调机和24T双向运板车、悬折臂铺板门吊等成套设备。 （郑月静）

【重要记载】

▲1月16日　集团公司召开第一次党员代表大

会，选举产生新一届党委班子。

▲1月17日～19日　集团公司召开2009年工作会议、党委全委（扩大）会议和第二届二次职工代表大会。

▲3月19日　集团公司召开开展深入学习实践科学发展观活动动员大会。

▲5月18日　集团公司党委召开学习实践科学发展观专题民主生活会。

▲7月　集团公司获2008年度首都文明单位称号。

▲10月　集团公司石武铁路客运专线新乡东站设计中标。

▲12月　集团公司中标长春至白音胡硕铁路工程。（王丽洁）

中铁上海设计院集团有限公司

【简况】　中铁上海设计院集团有限公司是国有大型综合甲级设计企业，也是华东地区唯一一家铁道综合甲Ⅰ级设计院。从事城市轨道交通、铁路、市政领域的工程勘察设计以及工程总承包、工程监理、技术咨询等业务，拥有涵盖工程建设全过程的8项甲级资质和2项乙级资质，设有经济调查、行车、线路、路基、站场、桥梁、隧道、建筑、通信、信号、电气化、环境评价、工程经济等30余个专业。前身是上海铁路城市轨道交通设计研究院，始建于1953年，原隶属铁道部，2004年划归中国铁道建筑总公司管理，2007年12月28日企业改制改称现名。机关驻上海市天目中路291号。下辖南昌、杭州、合肥、南京、天津、工程勘察、城建设计、监理、咨询等二级单位。专业技术人员1000余人。资产总额50063.8万元。其中，流动资产36978.5万元；非流动资产13085.3万元。

多年来，集团公司始终致力于现代轨道交通技术的研发、应用和推广，在城市轨道交通、铁路、市政工程等领域奉献了众多杰作，形成了国内海外并举、城轨国铁并重、监理总包并进的经营格局，构建了一院多地的区域布局，打造了专家领衔、骨干支撑的专业队伍，确立了在电气化铁路、高标准铁路、城市轨道交通总体规划、总体设计以及轨道、通信、桥隧、环境评价等领域的实力与品牌，呈现出勃勃生机和快速发展的强劲态势。先后获国家和省部级专利、科技进步、科技成果及优秀工程勘察、设计、咨询、软件奖86项，主持或参与编制国家及行业标准、规范6项，获得国家和省部级重合同守信用单位、文明单位等荣誉。

2009年新签合同额80000万元，完成营业收入57565.2万元，实现净利润4975.1万元。全员劳动生产率18万元/人年。国有资产保值增值率129.28%，净资产收益率22.94%，资产负债率47.72%，总资产周转率1.46次。（杨海根）

【领导人员】

董事会

董事长	柳京京（5月免）
	李永利（5月任）
副董事长	徐增堂
董事	薛新功（5月任）

行政系统

院长	柳京京（5月免）
	薛新功（5月任）
高级顾问	柳京京（5月任）
副院长	喻伟巍
	刘建红
	马汉枨
总工程师	薛新功（兼）

党群系统

党委书记	徐增堂
党委副书记	柳京京（5月免）
	李永利（5月任）
	薛新功（5月任）
	辛建成
纪委书记	辛建成（兼）
工会主席	辛建成（兼）

（杨海根）

【职工队伍及培训】　截至2009年底，从业人员1147人，其中专业技术人员969人。专业技术人员中高级职务231人，中级职务293人，初级及以下职务技术人员445人。注册人员中国家一级注册建筑师11人，一级注册结构师26人，二级注册建筑师14人，二级注册结构师3人，注册工程师179人。

2009年，集团公司下达培训计划项目144项、应培训963人次，实际完成162项1290人次。在培训类别上，集团公司相继建立新进人员岗前培训、在岗继续教育培训和晋级、转岗培训及待岗培训4种人力资源开发培育方式，基本形成专业技术人员全过程培养的培训链。（罗中慧）

【勘察设计】　合肥至蚌埠铁路客运专线　该铁路自

合肥枢纽引出,经淮南市至蚌埠市,正线长131.8公里,设计时速350公里。年内开展施工图配合。

阜阳至六安铁路　阜阳地区袁寨站至宁西线六安站,正线长157.5公里。年内进入施工图配合阶段。

宿州至淮安铁路江苏段工程　宿淮铁路自津浦线符离集站(含)接出,经宿迁至新长线的袁北站(含),线路长210公里,其中江苏省境内97公里,集团公司负责勘测设计。年内进入施工图配合阶段。

阜淮、淮南、水蚌铁路电气化改造工程　阜淮铁路自阜阳枢纽袁寨站至淮南站,淮南铁路由淮南站至合肥东站,水蚌铁路由水家湖站至蚌埠站,全长282公里。年内进入施工图配合阶段。

宁启铁路南京至南通段电化改造工程　位于江苏省中部,呈东西走向。西起南京铁路枢纽京沪铁路林场站,途经六合、仪征、扬州、江都、泰州、姜堰至海安,过海安经如皋至南通,在南通与沪通铁路衔接连通上海方向,全长269公里,设计时速200公里。年内进入施工图配合阶段。

皖赣铁路宣城站至贵溪站电化改造工程　全长541公里,设计时速160公里。年内进入初步设计阶段。

华东二通道合肥至宣城段改造工程　包含淮南铁路(合肥东至芜湖东段)、宁芜铁路(芜湖东至芜湖南段)、皖赣铁路(芜湖南至宣城段)及宣杭铁路,全长420公里,其中集团公司承担215.9公里的勘察设计任务,设计时速120公里。年内进入可行性研究。

芜湖至铜陵铁路扩能工程　位于皖南的皖江地区,北邻长江,自芜湖经繁昌至铜陵,全长72.862公里,是沿江铁路的一部分。年内完成预可行研究。

淮安至扬州至镇江铁路项目　线路北起苏北淮安市,与京杭运河、京沪高速公路并行,向南经苏中扬州市(宝应、高邮、江都),跨长江后止于苏南镇江市,线路全长224.23公里(含扬镇客车线13.89公里、宁扬客车线7.2公里)。正在进行可行性研究。

宁启电气化改造工程二期南通至启东段工程　位于江苏省南通市境内,西接宁启铁路南京至南通段,南临长江、东濒黄海,与长江南通段岸线基本平行,呈东西走向,全长94.3公里。正在进行可行性研究。

城市轨道交通工程　(1)先后承担上海地铁3、4号线改造工程的总体总包设计,7、8、9、13、21号等线路的分项设计,并受上海申通地铁公司委托开展16号线前期研究。(2)中标天津地铁4号线总体总包设计项目和4、5、6号线3个分项设计项目及南昌地铁1号线一期工程土建设计1标段、南京地铁3号线土建设计5标段、成都地铁4号线通信信号系统设计项目。

(汪文锋)

【生产经营】　2009年上半年,集团公司开展生产大会战活动,各单位内部挖潜,优化生产组织管理,合理安排人员,有力地保证了生产的顺利推进。年初确定的合蚌、宿淮、阜六、宁启三线等铁路重点项目,按业主要求的节点及时提供施工图。现场配合施工人员快速反应,热情服务,及时处理现场问题,得到建设单位和施工单位的一致好评。10月31日,安哥拉铁路项目勘察设计工作全面结束。

全年新签合同额8亿元,完成营业收入5.8亿元,实现净利润4962.7万元,比2008年分别增长了98%、49%和66%。一是国内铁路市场进入收获阶段,延伸经营取得重要进展。合蚌、宁启、宿淮、阜六三线等铁路项目陆续进入施工图阶段,在抓好在建的同时,签约、收费等工作同步跟进。中标皖赣、华东二通道、鹰梅3个铁路项目,受铁道部直接委托承接芜湖至铜陵铁路扩能、淮安至扬州至镇江铁路、宁启铁路二期工程南通至启东段项目。同时,国内铁路项目的延伸经营取得实质性进展,以萧甬铁路为依托,新签宁波北货场搬迁、绍兴东货场搬迁、杭甬运河抬道等5个项目。二是轨道交通市场重回总体队伍,走出上海取得重要进展。承担上海地铁3号线改造工程的总体设计,7、8、9、13等线路的分项设计,并受上海申通地铁公司委托开展16号线前期研究,巩固了上海地铁市场的份额。在此基础上,成功中标天津地铁4号线总体总包设计项目和5、6号线3个分项项目,以及南昌地铁1号线一期工程、南京地铁3号线土建工程5标段、成都地铁4号线通信信号系统。三是监理市场快速增长,扩大经营的格局取得初步成效。监理公司先后中标宁安铁路客运专线、福建可门港铁路支线、江西高安陶瓷铁路专用线、上海世博园区专用交通联络线轨道工程。四是工程总承包市场势头良好,在发展中的支撑作用更加明显。新承揽江西泉江煤炭铁路专用线、高安陶瓷产业基地铁路专用线等工程总承包任务,打造了品牌、锻炼了队伍。

(孔好兵　杨海根)

【综合管理】　财务管理。理顺内部财务会计管理体制,制定《中铁上海设计院集团有限公司会计机构和会计人员管理办法》,各子公司财务会计机构、人员由集团公司委派改为各单位按《会计法》规定设置财会机构和配备会计人员。积极推进财务信息化建设,启动、实施财务集中核算系统建设,上线率100%。实行资金集中管理,制定集团公司资金集中管理实施办法,对下属全资子、分公司实行收支两条线管理。坚持以利润为导向,严格控制成本,从加强企业管控能力出发,认真编制预算方案,并定期分析预算执行情况。

审计管理。2009年,股份公司审计监事局对集团公司原董事长兼院长柳京京进行离任经济责任审计，同时开展财务收支审计。通过审计确认了资产、负债、收入、成本费用及利润的真实性，并对审计过程中发现的内部控制和财务收支方面的薄弱环节提出了改进建议。集团公司对下属4家子公司开展专项效能监察的后续审计，通过后续审计使检查效果落到实处。集团公司配合国家审计署做好中央投资项目的专项审计工作，成立专门领导小组和工作小组，开展自查自纠工作，并将工作情况和审计情况以周报形式及时反馈股份公司。

科技管理。年内，集团公司召开重组以来的首次科技大会，明确今后5年科技发展规划，制定科研项目推进和创优计划。启动新版“三标合一”体系文件编制工作，组织新编、改编体系文件34个，已发布实施。结合合蚌铁路客运专线、宁启铁路复线、阜六铁路、宿淮铁路及天津地铁4号线等在建重点项目，集中力量攻克一批技术复杂、科技成分高的勘察设计科研项目，取得阶段性成果。改革集团公司现行技术审签层级，实行两级审查、四级签署程序；修订适合集团公司本级的勘察设计专业分工、分级审查和签署办法，满足生产需要。

质量创优。全年申报科研课题16项，其中“新建铁路合肥至蚌埠客运专线主跨160米无砟轨道连续梁拱组合桥设计研究”等6项课题被列入股份公司科研课题。年内获省部级优秀勘察、设计、咨询和科技进步奖19项，优秀QC成果奖9项，1项科研成果获得国家专利。其中“上海市轨道交通6号线通信系统工程设计”、“合蚌客专精测”、“新建铁路合肥至蚌埠客运专线预可行性研究报告”、“绥芬河新华街立交桥100米跨预应力混凝土斜拉桥工程设计”获省部级一等奖。

（李　薇　舒　芳　孙蔚芝）

【党群工作】 党委工作。2009年，集团公司各级党组织紧紧围绕企业发展中心任务，重点抓了五方面工作。(1)坚持以解放思想、更新观念为先导，为新一轮发展奠定思想基础。一是针对重点项目集中上马、生产任务急剧加重的形势，以动员大会为序幕，开展生产大会战的主题宣传活动，迅速掀起生产大会战的热潮，坚定了集团公司上下抓好在建、抓牢机遇的紧迫感、使命感和责任感。二是针对集团公司重组5周年、形势发生深刻变化、发展步入新阶段，以年初的“四会”为序幕，展开新一轮大发展的主题宣传活动，系统总结5年来的成绩和经验，归纳适合自身实际的发展道路，分析新的机遇与挑战，部署新一轮大发展的目标与规划。三是以学习实践科学发展观活动为契机，进一步用科学的理念去梳理和审视企业的发展理念、发展规划，着手解决了一批制约科学发展的突出问题。(2)坚持议大事、谋全局，为新一轮发展提供坚强的政治保障。修订“三重一大”议事决策规则，进一步界定和重申重大决策、重要干部任免、重要建设项目安排和大额度资金的相关决策会议形式和程序。在重大决策前，注意用好调查研究、中心组学习和班子务虚会等载体，提高常委会决策的科学性、民主性。年内，集团公司党委组织两次征求意见活动，深入市场和现场，深入党员和群众，掌握实情，倾听民意，集思广益，为决策提供第一手资料。在研究制定新一轮发展规划、改革方案等重大事项前，党委预先组织专题中心组学习，召开领导班子务虚会，学习理论，统一认识，酝酿思路，达成共识，为搞好决策奠定理论和思想基础。(3)坚持党管干部、党管人才，为新一轮发展提供有力的组织队伍基础。党委中心组坚持集中学习制度，并督促领导班子成员做好个人自学。学习实践活动期间，领导班子成员带队开展7项专题调研，形成书面调研报告，全面梳理领导班子在贯彻落实科学发展观、推进创业发展过程中的经验和问题，明确下一步的努力方向。在干部队伍教育管理中，集团公司党委坚持对干部的要求严一格、紧一扣，经常性地通过会议和谈心谈话，加强干部的思想建设；通过日常督促、定期检查，加强干部的作风建设；通过中心组扩大学习和工作实践，加强干部的能力建设。(4)坚持融合壮骨、文化塑魂，充分发挥创业精神在新一轮发展中的凝神聚魂作用。通过阶段性评先树模活动，积极发挥先进典型的榜样带头作用；通过见缝插针的文化体育活动，努力保持全员健康良好的精神和身体状态；通过下现场、值班、慰问、送温暖等实实在在的行动，切实关心员工的工作与生活。同时，坚持把强企富工作为凝聚全员的共同价值追求，突出强调海纳百川的理念、大气谦和的胸怀，妥善处理文化差异引发的各种冲突，努力营造心齐、气顺、风正、劲足的氛围。(5)坚持党要管党、从严治党，充分发挥党组织战斗堡垒作用和党员先锋模范作用。4月～6月，集团公司开展学习实践科学发展观活动。在学习实践活动中，集团公司党委制定了9个方面34条整改措施。截至年底，整改工作“回头看”已完成23项，因时间节点未到而没有完成的1项，需要长期坚持的10项。集团公司两级中心组坚持廉政学习制度，开展“六个一”的廉洁从业教育活动，做到警钟长鸣，筑牢思想防线。年内制定项目现场廉洁从业指导意见，对3个项目进行效能监察，发挥纪检监察组织在强化管理、保障监督方面的重要作用。

工会工作。集团公司各级工会围绕企业生产经营和改革发展稳定大局，突出维护职能，开展特色活动，在服务生产和改革发展中发挥积极作用。(1)聚焦难点，在抓好在建中不辱使命。针对繁重的生产任务，集团公司工会配合党政，开展生产大会战活动。各级工会组织和工会干部预先开展形势宣传和组织动员，期间加强关心关怀和后勤保障，后期做好总结表彰和典型发掘，有力地调动和保护了全体职工的生产热情，有效推进了重点项目执行。(2)抓住薄弱点，在管理创新、技术进步中有所作为。针对管理和技术上的薄弱环节，积极开展实用软件征集活动，引导、鼓励广大职工立足本职，为管理创新、技术创新出谋划策。全年征集实用软件32项，评比表彰20项。(3)突出亮点，在争先树模中成绩突出。全年集团公司工会表彰先进集体15个、先进生产(工作)者65名、先进女职工14名，获铁道部火车头奖杯1项、奖章7项，有2个集体和6名个人获得股份公司表彰。

共青团工作。集团公司团委始终秉承“服务企业大局，引导青年成才”的宗旨，紧密围绕公司改革发展大局，努力开创共青团工作新局面。深入开展青年突击队立功竞赛、青年优质工程创建、青年创新创效等活动，发挥青年的生力军和突出队作用。加大青年人才培养，制定集团公司《青年科技拔尖人才选拔培养管理办法》；大力推进青年职业生涯导航、“导师带徒”等活动，为青年人才脱颖而出创造条件。积极参与上海世界博览会筹办工作，与上海市闸北区北站街道团委联合举办“世博进社区”宣传活动，并动员团员青年争做世博志愿者。年内被评为股份公司“青年文明号”1个、“青年岗位能手”2名，集团公司五四红旗团支部4个、优秀共青团员20名。（孔好兵　杨海根）

【南昌铁路勘测设计院有限责任公司】 由南昌铁路勘测设计院改制而成。是工程咨询、岩土工程勘察甲级，建筑工程设计、市政(桥梁、道路)工程设计、测量、测绘乙级和城市规划丙级资质企业，可承担铁路、市政(道路、桥梁)、建筑工程及其配套的给水排水、电力、通信、信号工程的勘测设计和相应的项目总承包。公司驻江西省南昌市工人新村二路27号。院长康新平，党总支书记彭跃辉。职工211人，其中专业技术干部186人。资产总额10351万元。其中，固定资产原值1722万元、净值1022万元；无形资产(土地使用权)1715万元；流动资产7599万元；其他资产15万元。

2009年新签合同额9584万元，完成企业总产值20342万元，实现利润1351万元、净利润1000万元。国有资产保值增值率121.68%，净资产收益率20.88%(不含少数股东权益)。（熊　菲）

【杭州铁路设计院有限责任公司】 2007年7月由杭州铁路设计院改制而成。铁路、市政(桥隧)、建筑工程设计及工程咨询、工程总承包乙级资质企业，通过质量、环境保护和职业健康安全管理体系认证。公司驻浙江省杭州市延安路468号浙江经贸广场综合楼B座6楼。院长钟国钢。下设综合办公室、线桥设计所和房建设计所。资产总额1955万元。其中，固定资产原值154万元、净值81万元；流动资产1827万元；其他资产128万元。

2009年新签合同额4300万元，完成企业总产值4000万元，实现利润299万元。国有资产保值增值率100%，净资产收益率33%。（叶　锋）

【合肥铁路勘察设计院有限责任公司】 原为合肥铁路勘察设计院，2007年12月5日企业改制改称现名。铁路工程设计、建筑工程设计、工程咨询乙级资质企业，通过质量、环境保护和职业健康安全管理体系认证。公司驻安徽省合肥市瑶海工业园区新海大道15号中国铁建安徽大厦。院长朱德荣。下设铁道设计所、建筑设计所、综合管理部和总承包部。

2009年新签合同额3600万元，完成企业总产值3000万元，实现利润335.7万元。国有资产保值增值率145.1%，净资产收益率39.64%。（袁秀侠）

【上海先行建设监理有限公司】 工程监理甲级资质企业，通过质量管理体系认证。公司驻上海市天目中路291号。总经理何幸。下设江西分公司。职工394人。资产总额1473.7万元。

2009年新签合同额10099万元，完成企业总产值3874万元，实现利润309.8万元。净资产保值率136.51%，净资产收益率34.12%。年内，两人获得火车头奖章。（贾凤丽）

【天津分院】 驻天津市南开区卫津路18号新都大厦A座15层。院长顾培龙。下设综合管理部、经营计划部、土建设计室、线路设计室、机电设计室。资产总额1873万元。其中，固定资产原值1671万元、净值1659万元；流动资产214万元。

2009年新签合同额10106万元，完成企业总产值335万元，实现利润7万元。净资产收益率0.05%。（姜熙柱）

【南京设计院】 2009年3月16日由南京铁路勘测设计所改制而成。主要从事铁道线路、站场、桥梁、房屋建筑、轨道交通工程设计和工程总承包等业务。驻江苏省南京市中山北路223号建达大厦7楼。院长潘必胜。下设综合部、铁道工程设计所、建筑工程设计所和勘察队。资产总额550万元。其中，固定资产原值64

万元、净值58万元；流动资产483万元；其他资产9万元。

2009年新签合同额860万元，完成企业总产值980万元，实现利润109万元。（陈应平）

【工程勘察院】 2006年由上海铁路城市轨道交通设计研究院和南昌铁路勘测设计院所属工程勘察院重组而成。具备工程勘察专业类岩土工程甲级、工程测量甲级和测绘乙级资质，通过质量、环境、职业健康安全管理体系认证。驻上海市交通路3131号乙。院长朱锦富，党总支书记陈震华。下辖南昌工勘所、合肥工勘所、地质工程所、测绘工程所、岩土工程所。

2009年新签合同额12600万元，完成企业总产值6000万元，实现净利润536.4万元。（李 帅）

【城建设计院】 2008年1月由原建筑、机务、车辆、机械设计所组建而成。驻上海市天目中路267号蓝宝石大厦15楼B座。院长朱雪斌。下设建筑所、结构所、设备所、机辆所。生产所专业涵盖建筑、结构、电力、给排水、暖通空调、机务、车辆、机械8个专业。

2009年新签合同额3400万元，完成企业总产值1593万元，实现净利润118万元。（院办公室）

【重要记载】

▲1月8日 集团公司设计的合肥至蚌埠铁路客运专线正式开工建设。

▲2月2日 天津市地下铁道集团有限公司正式委托集团公司开展地铁4号线总体方案研究工作，编制《天津市地下铁道4号线工程方案研究报告》。

▲2月9日 上海申通地铁集团有限公司委托集团公司为上海地铁16号线总体方案研究单位。

▲3月17日 中铁上海设计院集团有限公司南京设计院成立。

▲3月27日 集团公司获上海市文明单位称号。

▲3月27日～28日 集团公司召开2009年工作会议、党委一届四次全委（扩大）会议、一届四次职工代表大会暨重组5周年纪念大会。

▲3月28日 集团公司召开深入学习实践科学发展观活动动员大会。

▲4月17日 天津市地下铁道集团有限公司正式下发中标通知书，明确集团公司为天津地铁4号线设计总体总包单位。

▲5月30日 集团公司设计的萧甬电气化铁路正式开通。

▲7月6日 集团公司中标天津地铁6号线土建设计及6号线车辆段、停车场和4、5、6号线通信系统设计，设计费总额超过6000万元。

▲7月14日 集团公司设计的宁启铁路复线电气化工程正式开工建设。

▲7月29日 集团公司参与设计的新建宿州至淮安铁路在皖北重镇符离集举行开工动员大会。

▲8月10日 集团公司设计的阜阳至六安铁路开工建设。

▲9月19日 合肥铁路勘察设计院有限责任公司举行建院50周年及乔迁庆典。

▲11月21日 集团公司设计的国内第一孔时速350公里单位无砟轨道简支梁箱试制梁试验在合蚌铁路客运专线蚌埠梁场获得成功。

▲10月31日 集团公司承担的第一个海外项目——本格拉铁路大修工程勘察设计任务完成。

▲12月18日 集团公司首届科学技术大会在上海召开。（杨海根）

中铁物资集团有限公司

【简况】 中铁物资集团有限公司是铁道部铁路建设项目部管物资代理公司、铁路用钢轨招标代理服务商，国家发展和改革委员会批准的成品油专项供应单位，是全球最大的铁路工程物流服务商和全国第二大铁路物资供应商。主营铁路运输、建设所需的钢轨及配件、油料、火工品及大型基建项目所需钢材、水泥等相关物资；兼营工程物流、物资仓储、配送等业务，并受铁道部委托承担部分铁路建设项目物资供应、组织和管理工作。公司机关驻北京市海淀区西四环中路19号。前身系中国人民解放军铁道兵后勤部物资处，1984年1月集体转业并入铁道部，改编为铁道部工程指挥部物资处；1990年3月组建中国铁道建筑总公司物资局，1999年改称中铁建物贸公司，2000年12月4日更名为中铁建物资集团有限公司，2003年企业改制改称现名。下辖12个全资子公司、3个控股子公司、1个代表处和4个钢厂办事处，并设20余个分支机构。职工1436人。资产总额76.3亿元。其中，固定资产净值2.1亿元；流动资产70.2亿元；其他资产4亿元。

集团公司及所属子公司全部通过质量、环境、职业健康安全管理体系认证，先后取得铁道部铁路建设用钢轨招标与采购供应代理、成品油内部批发经营、工程招标代理、民爆器材经营、部管物资招标代理和中央投资项目招标等重要经营资质。集团公司与鞍钢、包钢、攀钢、武钢、河北钢铁、首钢、海螺水泥、冀东水泥、山水水泥、山桥、宝桥、株桥、中国石油、中国石化、南岭民爆等大型企业建立长期稳定的战略合作伙伴关系，实现国内首次销售企业与民爆骨干企业共同组建专营公司的合作；成为国内首家成功进军时速350公里百米钢轨市场的企业。先后承担成昆、大秦、京九、南昆、内昆、青藏铁路，京沪高速铁路，郑西、武广铁路客运专线等国家重点工程的物资供应任务，直接或间接参与建设的新建铁路累计50000余公里，占全国铁路总里程的50%，为中国铁路事业的发展作出重大贡献；先后参与京沪、京珠、沪宁等高速公路，北京、上海、广州、深圳、南京等城市地铁，首都机场扩建项目、南京环城铁路、南水北调工程以及诸多港口、码头、水利水电、民用建筑等工程的物资供应；积极为北京2008年奥运会、上海2010年世界博览会、广州2010年亚洲运动会的配套工程提供物资保障；与欧洲、中东、南亚、东南亚、东亚等地建立了良好的业务关系。集团公司先后获中央企业先进集体、“工人先锋号”、火车头奖杯、北京市和谐劳动关系单位、全国守合同重信用企业、中国诚信经营示范企业、全国用户满意企业、国家AAAA级综合服务型物流企业、北京市国地税A级纳税企业、银行资信等级AAA级信用企业、全国首批物流AAA级信用企业、中国铁建生产经营先进单位等荣誉；成为中国物流与采购联合会、中国铁道物资流通协会、中国建筑材料流通协会和中国建筑业协会材料分会的副会长级单位；在2009年全国最具竞争力的物流企业50强排名中，位列第9名。

2009年新签合同额269亿元，完成企业总产值141亿元(含关联交易13亿元)，实现利润3.15亿元，人均创利24.25万元。全员劳动生产率983万元/人年，职工年人均收入5.1万元。净资产收益率32.42%，流动资产周转率2.17次，投资回报率44.96%，成本费用利润率2.53%，国有资产保值增值率155.19%，产值利润率2.47%，资产负债率86.73%，投资收益上缴率100%，应上缴款完成率100%。

(王　蕾)

【领导人员】

董事会

董事长	申兆军
副董事长	李明申(10月免)
	金跃良(10月任)
	王　涛
董事	李锦云
职工董事	杜宝新

监事会

监事会主席	廖大球
监事	汪启帆
	李景光
职工监事	刘　芳

经理层

总经理	申兆军(10月免)
	金跃良(10月任)
常务副总经理	王　涛
副总经理	张长根
	熊卫东
	李志群
总会计师	李锦云

党群领导

党委书记	李明申(10月免)
	申兆军(10月兼)
党委副书记	金跃良(10月兼)
	孔庆林
纪委书记	孔庆林(兼)
工会主席	孔庆林(兼)

(武　茜)

【职工队伍】 职工1436人。干部673人，其中专业技术干部391人，占干部总数的58%。专业技术干部中高级职务46人，中级职务98人，初级职务247人。工人763人，其中技术工人326人，占工人总数的43%。

(陈广文)

【经营管理】 经营业绩连续攀升。2009年，集团公司新签合同额269亿元，比2008年增长95.9%，首次突破200亿元大关；实现企业总产值141亿元(含内部关联交易13.72亿元)，比2008年增长65.57%，首次突破百亿元大关，位居股份公司系统第13名；实现利润3.16亿元，比2008年增长106.54%，位居第9名；实现净利润2.34亿元，比2008年增长107.08%；资产总额76亿元，比2008年增长43.08%；净资产10.11亿元，比2008年增长135.96%；人均实现产值1085万元，人均创利24万元。所属各区域型子公司均超额完成集团下达的各项经营指标，年度实现利润总额超过3000万元的单位有东北、西南、华南、中南和华北5家公司。

战略合作继续推进。集团公司不断深化与鞍钢、包钢、攀钢、武钢、河钢、首钢、中铁山桥、中铁宝桥、海螺水泥、冀东水泥、中国石油、中国石化、南岭民爆等大型资源厂家的合作关系，加强互访磋商，构建战略同盟，提升经营资源的掌控能力，巩固集团公司的服务优势。深化与德国福斯罗公司的合作，成为福斯罗扣件系统(中国)公司的第二大股东，将获得其所供应的京沪高速铁路675万套扣件中16.2%的收益，并与其合作成立北京中铁福斯罗技术有限公司。与中国石油合作，成立中铁建油品销售有限公司，为推进股份公司系统内油品集采专供做好充分准备。与中国民生银行签署40亿元综合授信合同，成为中央企业二级企业中单笔授信额度最大的企业。与中技国际招标公司结为战略合作伙伴关系。

业务体系稳健发展。培育铁路物资集成供应和工程物流系统服务两大核心业务，并初步形成贸易、物流、国际、加工、资源、资本运营6个板块。铁路物资集成供应业务保持增长，年内新签钢轨合同201万吨、道岔2754组，合同金额126.7亿元，实现产值63亿元，占集团公司总产值的45%。工程物流系统服务的核心作用充分显现，集团公司先后参与京沪高速铁路、津秦铁路客运专线、昆明二环路BT项目等大型项目的工程物流系统化服务，全年新签钢材合同335万吨、水泥40万吨，合同金额138亿元，完成产值56亿元，占集团公司总产值的40%。

集中招标采购工作逐步推进。制定《中国铁建物资集中招标采购管理暂行办法》等纲领性文件，建章立制、明确主旨、细化流程；协助建立中国铁建物资招标网，及时准确发布物资招投标、资源分布、市场动态等信息；协助开展合作供应商资格预审，138家供应商通过首批遴选；明确钢材集中采购模式，以集团公司二级子公司为依托，设立东北、华北、华东、华中、华南、西北、西南7个物资采购区域分中心和中铁建油品销售有限公司、铁建民爆器材专营有限公司两个专业采购分中心。年内，集团公司代表股份公司与河北钢铁集团缔结战略合作协议，京津冀地区钢材集中采购逐步展开。部管物资业务平台作用进一步显现，全年为75个建设项目开展部管物资招标采购工作，累计招标包件429个144.46亿元，协助建设单位签订部管物资采购合同482份116.6亿元，签订部管物资代理委托服务合同39份、外部合同两份。

企业管理科学发展。2009年，集团公司注册资本金增至7亿元，整体实力更加雄厚。深化改制以来形成的“贸易+物流”的发展方向，制定“163工程”战略规划，即将集团公司打造成为“全球最具实力的工程物流系统服务商和铁路物资集成供应商”，形成贸易、物流、国际、加工、资源、资本运作6大业务板块，在2012年、2015年、2020年实现产值分别为500亿元、800亿元、1500亿元，利润分别达到5亿元、10亿元、20亿元。改革机构，完善布局。为适应2009年新的工作形势，成立全面预算与风险管理部、营销管理部，专门配合股份公司集中招标采购工作，增强总部的统筹协调能力和风险管控能力。新设天津、大连、哈尔滨、无锡、南宁、南昌三级分公司或办事处，二级公司与三级经营网点（公司）已达30余个，覆盖京沪高铁、沪宁津秦、石武、贵广、宁杭等数十个大型铁路建设项目，并结合当地市场，灵活开展现货贸易业务。逐步推进兰州公司接收工作，完成通达公司注销工作。统一调配企业人才资源，积极推行领导干部交叉任职、异地交流。全年任免调配干部85人次。其中，提拔15人次；职务调整12人次；任职44人次；免职5人次；挂职6人次；交流3人次。员工收入稳步提高，在岗职工人均收入同比增长37%。财务集中管理释放多重效益，集团公司资金归集率100%，简化了信贷流程，提高了运作效率。进一步加强“总对总”的融资方式，由集团公司总部统一与银行总部谈判融资。ERP系统顺利上线，实施数字化管理，实现业务与财务的无缝对接，做到账账相符、账物相符，提高了业务环节监管能力。全年节省财务费用2923万元，企业无银行贷款，现金存款保持在25亿元上下。发挥内部审计监督与服务的职能，强化关键环节审计。（王 蕾）

【党群工作】 党的工作。2009年，集团公司以党的十七大精神为指导，以科学发展观为统领，紧紧围绕“改革创新强基础，科学发展促跨越”的主题，为集团公司健康发展提供强有力的政治保证和组织保证。（1）开展深入学习实践科学发展观活动，围绕“党员干部受教育，科学发展上水平，人民群众得实惠”的总体要求，3月~8月组织实施科学发展观活动。集团公司两级15个党（工）委、49个党组织、847名党员干部参加学习实践活动，参学率100%。先后编发学习活动简报10期，其中1期被股份公司全篇刊登。股份公司网站学习实践活动专栏报道集团公司学习实践活动情况12篇。组织集团公司系统领导班子民主生活会，印发集团公司领导班子《贯彻落实科学发展观情况分析检查报告》与《中铁物资集团深入学习实践科学发展观活动整改落实方案》等，针对不符合、不适应科学发展的16个具体问题，落实责任，限期整改，效果良好，群众满意度100%。集团公司在股份公司学习实践活动第三阶段工作电视电话会议上，作为先进典型单位发言。（2）切实落实党的十七届四中全会建设学习型党组织的精神，全年组织党委中心组学习9次，及时部署集团公司系统“抢抓机遇保增长，科学发展促转型”为主题的形势任务教育活动。贯彻落实股份公司两次会议精神，拟定“解放思想、转变观念、严肃纪律、强化责任”专题教育活动实施方案。组织开展“向吴大观同志学习”活动及学习“中央企业党的建设工作会议”和“宣传思想工作会议”精神。（3）进一步强化党组织建设，对集团公司所属单位党委成立时间、党委委员情况、换届选举情况、各支部情况进行摸底，评出集团公司“四好领导班子”3 个。优化领导班子结构，对所属 7 家单位的领导班子进行考核配备，提升各级领导班子的整体战斗力。(4)深化党风廉政建设。年内编制“中铁物资集团领导人员廉洁自律登记表”，96 名副处级以上领导填表备案；落实党风廉政建设责任制，围绕“责任是否明确”、“制度是否健全”、“措施是否落实”三项内容，从十个方面对贯彻落实情况进行全面检查，总体情况良好。全年受理群众来信来访 10 件(次)，全部做了积极妥善的处理。通过案件查处，为企业收回资金 1720 万元。(5)加大企业宣传力度。年内加强与《人民铁道报》《现代物流报》《中国铁道建筑报》等各类媒体合作，积极参与媒体活动，与之保持良好关系。全年发表稿件 132 篇、图片 229 张。企业报《中铁物资集团》出版 12 期，内容涵盖集团公司系统内各方面信息。为庆祝中华人民共和国成立 60 周年、铁道兵兵改工 25 周年、物资局建局 19 周年，于国庆前夕推出“历史见证跨越，宏图引领未来——中铁物资集团有限公司(物资局)回顾展”，提升了广大员工对企业认同度和自豪感，激发为企业美好未来努力奋斗的热情。(6)企业文化建设常抓不懈。继续推行企业 CI 形象设计，协助所属单位做好企业文化建设工作，根据各单位发展实际，成立企业文化建设领导小组，按照股份公司要求，统一视觉标识。

工会工作。(1)加强工会自身建设。规范工会的财务管理，截至 2009 年 12 月 14 日，工会经费收缴率 100%；年内在股份公司工会系统进行的财务竞赛评比中获得三等奖。注重工会信息工作，制定《中铁物资集团公司工会信息工作管理办法》，以《中铁物资集团》报、集团网站为载体，及时反映工会工作动态和重要活动信息。(2)解决职工后顾之忧。“两节”期间慰问困难职工和家庭 111 人、离退休老干部 46 人，发放慰问金 28.65 万元。修订《中铁物资集团公司互助合作保险管理办法》，扩大补偿范围，提高补偿额度。年内，6 名重病职工得到补偿，发放补偿金 3.4 万元。目前，集团公司互助合作保险基金已拥有 100 万余元，职工参与率 99% 以上。开展“金秋助学”活动，年内帮助困难职工子女 11 人，发放助学资金 24050 元。(3)维护职工合法权益。年内，集团公司所属 8 家单位召开职工代表大会 12 次，会议均实行投票表决。推行企务公开工作，在干部选拔任用、工资奖金分配、费用开支等方面加大公开力度，为干部队伍建设和党风廉政建设创造良好环境。(4)开展劳动技能竞赛。8 月 4 日，集团公司首届职工计算机技能竞赛在北京举办，通过对所属公司安全、质量、效益和科技创新等方面的考核，东北、中南、华南、武广公司被评为集团公司劳动竞赛优胜单位。

共青团工作。贯彻落实党的十七届四中全会、全国群众工作会议、团十六届二中全会精神，深入学习贯彻团中央第一书记陆昊与中央企业团干部专题座谈会的会议纪要精神，通过多种形式组织全体青年职工学习习近平在全国培养选拔年轻干部工作座谈会上关于“年轻干部要学会‘五不比’”的讲话精神，效果良好。制定《中铁物资集团公司团委工作条例》《中铁物资集团公司共青团目标管理制度》等管理规定，建立“三会一课”制度和支部工作考核标准。年内组建二级团委组织 4 个，建立团支部 15 个，团组织覆盖率提高至 60%；积极建立外来务工青年团支部。启动宣传工作机制，制定《中铁物资集团公司共青团信息报送制度》，组建共青团信息员(通讯员)队伍。全年在中央企业团工委网站、股份公司网站(铁建青年网)、《中国铁道建筑报》发表新闻报道 51 篇(次)，其中两篇报道刊登在《中国铁道建筑报》头版；在集团公司网站、《中铁物资集团》报、《中铁物资要情》发表新闻报道 79 篇(次)。积极承担中央企业社会责任。年内，4 名团员青年被授予首都国庆 60 周年庆祝活动志愿服务荣誉，其中 1 人被评为国庆阅兵优秀个人；接收两名香港大学生到集团公司实习，近距离了解内地铁路物流系统运作情况。开展评优评先活动和青年服务工作。年内钟常青被评为中央企业优秀共青团干部，五棵松饭店被授予中央企业“青年文明号”，华南公司王辉被评为中国铁建“身边的青年榜样”，东北公司王建中、华北公司董建芬被评为中国铁建“青年岗位能手”；开展集团公司第一届杰出青年和“特别能吃苦、特别能战斗”青年典型评选活动。首次尝试网格化团建模式，与北京市海淀区团委建立共建伙伴关系。集团公司董事长、党委书记申兆军被评选为海淀区优秀青年企业家。集团公司团委首次被中央企业团工委确立为五四团委创建单位。丰富青年员工的业余生活。集团公司各级团组织积极开展主题教育、“野外拓展训练”、“数字模拟实战”等活动，激发广大青年员工的工作热情和积极性。

(王　蕾)

【中铁物资集团东北有限公司】 是铁道部授权指定的铁路建设项目部管物资代理单位、国家铁路建设用钢轨指定供应商，拥有铁道部钢轨储备指定仓库和国家战备物资储备仓库。公司驻辽宁省沈阳市大东区东北大马路 337 号。其前身为中国人民解放军铁道兵后勤部东北办事处，1984 年 1 月集体转业并入铁道部，改编为铁道部工程指挥部东北办事处；1989 年更名为中国铁道建筑总公司东北办事处，2003 年 4 月改制改称现名。董事长、总经理张宝起，党委书记董佃俭。职工 296 人。下设鞍山、徐州、上海、大连子公司，鞍钢、包钢、唐山、葫芦岛办事处,广东、河北、内蒙古大型物流供应基地。公司占地面积12万平方米,拥有4条铁路专用线和数台大型吊装设备,仓储面积10多万平方米,年吞吐能力150万吨以上。主要经营铁路建设所需的钢轨、道岔及配件、金属材料、建材等相关物资及工程物流、仓储物流等业务。公司连续20年被授予全国守合同重信用企业称号,获中国物流行业诚信经营示范单位、2006年中国诚信物流企业、国家AAAA级综合物流型企业、辽宁省企业信用等级AAA级单位、辽宁省工商免检企业、辽宁省文明单位、辽宁省先进职工之家、辽宁省节水型企业、沈阳市文明单位标兵、沈阳市安全生产先进单位、银行信用等级AAA级单位、总公司先进集体等荣誉。

2009年完成企业总产值25.33亿元,实现利润7208万元。职工年人均收入7.6万元。国有资产保值增值率164.2%,净资产收益率13.72%,资产负债率93.65%,产值利润率2.93%,投资回报率90.49%,应上缴款完成率100%。年内通过AAAA级综合服务型物流企业认证,获辽宁省工商局2008~2009年度省直免检企业称号,连续10年被集团公司评为"四好领导班子"。（马丽丽）

【中铁物资集团华东有限公司】 驻上海市长乐路462号。前身为中国人民解放军铁道兵后勤部华东办事处,1984年1月集体转业并入铁道部,改编为铁道部工程指挥部华东办事处;1989年3月更名为中国铁道建筑总公司华东办事处,2003年6月企业改制改称现名。董事长张长根,党委书记李金荣,总经理蔺建杰。职工79人。下设南昌办事处、上海分公司和上海铁城汽车出租有限责任公司。主要经营物资贸易、仓储运输、房屋及设备租赁、汽车出租、工程信息服务以及金属材料、建筑材料、汽车配件批发零售业务。资产总额24900万元。其中,固定资产净值1238万元;流动资产20900万元;非流动资产4021万元。

2009年完成企业总产值61000万元,实现利润2134万元,人均创利27万元。职工年人均收入76000元。国有资产保值增值率141.01%,净资产收益率40.52%,产值利润率7.66%,投资回报率2.59%,资产负债率84.69%,应上缴款完成率100%。年内,公司被评为上海申通地铁股份有限公司的最佳保障单位,上海铁城汽车出租有限责任公司被评为"迎世博"立功竞赛活动先进集体。2008年被评为全国守信用AA级单位。（侯大鹏）

【中铁物资集团中南有限公司】 2005年7月7日成立,2007年成为集团公司独资子公司。公司驻湖北省武汉市武昌区丁字桥路27号。法定代表人李锦云,总经理谢兴沛。职工30人。主营业务为金属材料、建筑材料贸易,机械设备租赁,水泥、钢材、铁路设备器材销售、仓储服务及货物、技术、代理进出口业务。资产总额91763万元。其中,固定资产净值788万元;流动资产90860万元;其他资产903万元。

2009年新签合同额48亿元,完成企业总产值14.2亿元,实现利润2636万元,人均创利83万元。全员劳动生产率2900万元/人年,职工年人均收入9.5万元。国有资产保值增值率279.8%,净资产收益率94.57%,产值利润率2.34%,应上缴款完成率100%。年内被授予武汉市守合同重信用企业称号;获武汉钢铁集团鄂城钢铁有限责任公司颁发的"2010年度代理经销商资格证书",并被授予2009年度优秀代理经销商称号,顺利通过质量、环境、职业健康安全管理体系认证复查。（邓芳菲）

【中铁物资集团西北有限公司】 前身系中国人民解放军铁道兵西北办事处,1984年1月集体转业并入铁道部,改编为铁道部工程指挥部西北办事处;2003年4月企业改制改称现名。公司驻陕西省西安市友谊东路150号。董事长、党委书记宁普选,总经理刘升旗。职工92人。下辖物资设备部、宜万铁路巴东物资仓储基地、西安夏威夷酒店。主要负责铁路建设、大型工程物资供应及服务。资产总额27425万元。其中,固定资产净值918万元;流动资产25379万元。

2009年完成企业总产值29319万元,实现利润707万元,人均创利7.69万元。职工年人均收入5万元。国有资产保值增值率155.54%,净资产收益率31.58%,资产负债率91.46%,应上缴款完成率100%。全年销售钢材8.5万吨,收发水泥16.5万吨、钢材7173万吨。（张维泉）

【中铁物资集团西南有限公司】 前身系中国人民解放军铁道兵西南办事处,1984年1月集体转业并入铁道部,改编为铁道部工程指挥部西南办事处;1989年更名为中国铁道建筑总公司西南办事处,2001年企业改制改称成都中铁建西南物资有限公司;2004年划归中铁物资集团有限公司,改称现名。公司驻四川省成都市一环路北一段113号。主要从事铁路用钢轨集中采购代理、系统内成品油及民爆器材采购供应、铁道部部管甲供物资代理、国家重点建设项目工程物流、钢材现货贸易及货物进出口贸易业务及宾馆服务业。董事长、党委书记季树龙,总经理唐建勇。职工158人。下辖成都、重庆、贵阳、昆明、攀枝花、无锡分公司,郑西铁路客运专线物资工作组、铁西宾馆、铁宾饭店。固定资产原值4599万元、净值3257万元，流动资产135412万元，其他资产5413万元。

2009年新签合同额58亿元，实现营业收入35.08亿元，实现利润6222.14万元。全员劳动生产率3732万元/人年。国有资产保值增值率301.05%，净资产收益率193.96%，产值利润率1.77%，投资回报率4.4%，资产负债率97.17%，应上缴款完成率100%。年内，公司获四川"5·12"特大地震灾后重建百家放心钢材供应商、四川省工程设计十佳法律顾问单位、集团公司"四好领导班子"等荣誉。 （武彩虹）

【中铁物资集团华北有限公司】 驻河北省石家庄市桥东区工人街22号。2002年12月由原石家庄中铁建材料总厂改制为中铁物资集团石家庄有限公司，2007年3月更为现名。董事长兼党委书记齐卫东，总经理赵清修。职工126人。主要经销钢轨、钢材、水泥。拥有仓储库房4万平方米。固定资产原值2921.8万元、净值1773.5万元，流动资产72337.8万元，其他资产6880万元。

2009年新签物资采购与销售合同145份，全年实现企业总产值90647.9万元，实现利润3091.8万元，人均创利14.72万元。全员劳动生产率19.31万元/人年。国有资产保值增值率130.66%，净资产收益率27.83%，产值利润率3.41%，投资回报率52.67%，资产负债率88.98%，应上缴款完成率100%。年内，公司成为河北省现代物流协会副会长单位，顺利通过质量、环境、职业健康安全管理体系认证。 （吴 超）

【中铁物资集团华南有限公司】 2004年1月成立，2006年改制为集团公司全资控股公司。公司驻广东省广州市越秀区东风东路745号东山紫园国际商务大厦17层。董事长、党委书记丁剑平（3月任），总经理王辉（3月任）。职工47人。主要经营钢轨、道岔及其零配件和铁路业务，大力发展物资招标代理、钢材贸易、国际贸易和酒店业务。公司与国内大型钢厂和重要铁路道岔生产厂家建立战略合作伙伴关系，是太原重工、晋西机器、浙江天台、河北翼辰海外独家代理商。

2009年完成企业总产值60800万元，实现利润4040万元，人均创利87.8万元。职工年人均收入73999元。年内，公司被集团公司评为"四好领导班子"，获得广东省守信用重合同先进单位、广州市天河区促进高端服务业发展突出贡献奖等荣誉，顺利通过质量、环境、职业健康安全管理体系认证。 （莫佳修）

【中铁物资集团南京有限公司】 驻江苏省南京市中山路179号易发信息大厦15层A座。公司成立于2007年7月17日，前身是中铁物资集团南京分公司。法人代表、党工委书记沈宁芬，总经理沈建忠（6月免）、窦剑锋（6月任）。职工11人。资产总额14675万元。主要负责铁路建设及大型工程物资供应及服务。

2009年完成企业总产值23561万元，实现利润570万元，人均创利52万元。职工年人均收入7.4万元。国有资产保值增值率154%，净资产收益率20.89%，产值利润率2.45%，投资回报率26%，资产负债率83.27%。年内，公司顺利通过质量、环境、职业健康安全管理体系认证复查。 （李恒衡）

【中铁物资集团武广有限公司】 驻湖南省长沙市经济技术开发区开元大道17号开源鑫城大酒店1222室。公司成立于2006年5月18日。执行董事、经理和法定代表人王跃飞（3月免）、林斌（3月任），党工委书记于洪合（5月免）、安永平（6月任）。职工17人。成立初期主要为武广铁路客运专线供应钢材，2008年逐渐形成以工程物流、铁道部部管物资、现货贸易为主的多元化经营模式。

2009年完成销售收入28000万元，实现净利润1274万元，人均创利118万元。职工年人均收入72680元。净资产收益率50.72%，产值利润率6.25%，资产负债率77.41%。年内相继中标福州南站、厦深铁路、湘桂铁路扩能改造和沪杭铁路客运专线等工程项目的物资供应任务；同时立足长沙，积极开展现货销售业务。公司通过质量、环境、职业健康安全管理体系认证。 （何跃辉）

【北京五棵松饭店有限公司】 驻北京市海淀区西四环中路19号。公司前身系中国人民解放军铁道兵第一招待所，1984年更名为北京中铁五棵松饭店，2002年更名为北京五棵松饭店；2001年11月划归北京铁建工贸集团公司管理，2006年11月划归中铁物资集团公司管理；2007年12月企业改制改称现名。董事长兼总经理朱国超，党委书记张品。职工97人。饭店占地面积2.2万平方米。资产总额1647.15万元。其中，固定资产298.3万元；流动资产1271.81万元；其他资产77万元。

2009年完成产值1803.6万元，实现利润3.6万元，人均创利265.89元。全员劳动生产率9.61万元/人年，职工年人均收入42315元。国有资产保值增值率100.39%，净资产收益率0.26%，产值利润率0.2%，投资回报率3.16‰，资产负债率35.77%，应上缴款完成率100%。年内，公司通过质量、环境、职业健康安全管理体系认证，被海淀区评为诚信经营示范店、住宿业经营业绩优秀单位和首都国家安全工作先进集体，被北京市旅游局授予三星级饭店；饭店总台服务班获中央企业"青年文明号"称号。（郭云婷）

【北京中铁工业有限公司】 驻北京市石景山区玉泉路65号。前身为北京海石丰工业科技开发公司，2001年11月，由工厂局机关服务中心和海石丰工业科技开发公司重组而成，划归北京铁建工贸集团公司管理；2006年11月划归中铁物资集团有限公司管理，2007年7月改制改称现名。董事长张燕峰（6月免）、李志群（6月任），总经理张燕峰，党委书记林长宝。职工78人。下设租赁公司（6月撤销）、监造中心（6月成立）、物业管理中心、招待所。固定资产净值638.97万元，流动资产8097万元。

2009年新签合同额44093万元，完成营业收入20190万元，实现利润367.9万元、净利润282万元，人均创利5.3万元。职工年人均收入6.51万元。国有资产保值增值率155.61%，净资产收益率15.55%，产值利润率1.82%，资产负债率71.05%。公司通过质量、环境、职业健康安全管理体系认证。（魏博）

【北京中铁建印刷有限公司】 是经国家新闻出版署批准的国家级书刊定点印刷企业。驻北京市复兴路40号。前身是中国人民解放军铁道兵印刷厂，1951年2月创建于朝鲜战场；1984年兵改工后为中国铁道建筑总公司机关直属单位，2002年划归北京铁建工贸集团公司管理，2006年11月划归中铁物资集团有限公司管理；2007年12月企业改制改称现名。董事长、党委书记刘林华，副董事长、总经理范玉峰。职工203人。下辖铁印宾馆。资产总额1617万元。其中，固定资产净值579万元；流动资产1038万元。

2009年完成企业总产值7494万元，实现利润27万元，人均创利0.22万元。全员劳动生产率5.9万元/人年，职工年人均收入3.4万元。国有资产保值增值率103.45%，净资产收益率2.94%，产值利润率0.36%，资产负债率35.53%，应上缴款完成率100%。公司多次被北京市印刷质量协会授予质量管理十佳企业、质量管理先进单位称号，是北京市工商行政管理局认定的守信企业，被中国印刷协会授予全国首批诚信印刷企业称号。（阚巍）

【中铁物资集团铁建民爆器材专营有限公司】 驻北京市海淀区西四环中路19号。由集团公司与湖南省南岭民爆器材股份有限公司共同出资组建，2006年10月注册成立。董事长兼总经理刘建军。职工23人。主营业务为炸药、雷管、导爆索等民用爆破器材，取得北京市民爆物品销售许可证。资产总额2856万元。其中，固定资产净值46万元；流动资产2810万元。

2009年销售炸药5539吨、雷管447万发、导爆索208万米，完成销售收入6313万元，实现利润512万元，人均创利27万元。职工年人均收入5.7万元。国有资产保值增值率107%，净资产收益率21%，产值利润率8.11%，投资回报率32%，资产负债率37%，应上缴款完成率100%。（杨凯）

【北京中铁福斯罗技术有限公司】 2009年3月17日，集团公司与德国福斯罗公司组建的合资公司，由集团公司控股，注册资本金500万元。公司驻北京市海淀区西四环中路19号。董事长熊卫东，总经理刘建国。职工13人。主要研究开发扣件系统技术及技术转让、咨询。资产总额320万元。其中，固定资产2万元；流动资产318万元。

2009年完成产值350万元，实现净利润169万元，人均创利16万元。净资产收益率138.41%，流动资产周转率220.02%，投资回报率225.48%，成本费用利润率181.82%，产值利润率64.52%，资产负债率23.71%。（薛志辉）

【中石油铁建油品销售有限公司】 2009年11月19日，集团公司与中国石油天然气股份有限公司组建的合资公司，注册资本金1亿元。公司驻北京市海淀区复兴路21号海育大厦10层。具有成品油批发及危险化学品经营许可证。主要经营铁道建设系统内汽油、柴油批发业务，兼营化工产品（不含危险化学品及一类易制毒化学品）、润滑油、7号燃料油、汽车零配件、百货；提供货物进出口、技术进出口、代理进出口及经济信息咨询服务。董事长钟常青，总经理杨荷。职工16人。资产总额10635万元。其中，固定资产125万元；流动资产10509万元。（刘兴安）

【重要记载】

▲1月19日　集团公司工会在北京召开第一届三次全委（扩大）会议，孔庆林等13人当选第一届工会委员会委员，孔庆林当选工会主席。

▲3月20日　集团公司深入学习实践科学发展观活动动员大会在北京五棵松饭店召开。

▲3月30日　集团公司与南广铁路公司在南宁签署南广铁路铁道部部管物资服务合作协议。南广铁路建成后将直接接入东盟的泛亚铁路网络，形成由中国东南沿海通往东盟国家的国际运输大通道。

▲4月15日　集团公司与中国民生银行签署战

略合作协议。集团公司获得 40 亿元人民币的综合授信支持。

▲4 月 25 日 ~ 26 日　集团公司部管物资年会暨业务研讨会在四川成都召开。

▲5 月 4 日　集团公司董事长、总经理申兆军被授予北京市海淀区优秀青年企业家称号。

▲5 月　应德国福斯罗集团公司邀请,集团公司董事长、总经理申兆军,副总经理熊卫东、李志群等一行 9 人出访德国,在福斯罗集团公司召开北京中铁福斯罗技术有限公司第一届股东会和董事会。

▲6 月　集团公司获北京市纳税信用 A 级企业称号。

▲7 月 17 日 ~ 19 日　集团公司团委在北京举办第一期团干部培训班。

▲8 月 12 日　集团公司与赣韶铁路有限公司在广东韶关正式签署新建赣州至韶关铁路部管物资代理委托服务合同。

▲8 月 21 日　股份公司与中国石油天然气股份有限公司在北京签署合资合作框架协议,双方决定通过组建合资公司来逐步开展汽、柴油,润滑油,沥青等石化产品的集体采购专供业务。

▲9 月 16 日　五棵松饭店被评为北京市海淀区诚信经营示范店。

▲9 月 18 日　《中国铁建物资集中招标采购合作供应商选择资格预审公告》在中国采购与招标网、中国铁建股份有限公司网站和中国铁建物资招标网同时发布,标志着中国铁建物资集中招标采购工作步入实质性的实施阶段。

▲9 月 21 日　集团公司与通用咨询技术公司在北京签署中铁—福斯罗合资合作项目咨询服务合同。双方将通过构筑和谐共赢的产业链条,拓宽双方合作领域,进一步利用中国铁路大建设的机遇期,通力合作,共谋发展。

▲同日　集团公司与中技国际招标公司签署战略合作框架协议。

▲10 月 28 日　集团公司干部会议在北京五棵松饭店召开。会议宣布:申兆军任集团公司党委书记,不再担任总经理职务;李明申不再担任集团公司党委委员、党委书记,董事、副董事长职务;金跃良任集团公司党委委员、党委副书记,董事、副董事长,并为总经理人选。

▲12 月 16 日　集团公司在北京成功收购福斯罗扣件系统(中国)有限公司 16.2% 股权,成为其第二大股东,这是集团公司在产业链条延伸上跨出的重要一步。

▲12 月 22 日　集团公司视频会议系统一期工程正式开通,集团公司系统实现异地即时联通,成为中国铁建二级企业中首家同时开通 2M SDH 网络和 720P 高清数字视频会议系统的单位。　（王　蕾）

昆明中铁大型养路机械集团有限公司

【简况】　昆明中铁大型养路机械集团有限公司是铁道部大型铁路养路机械生产基地、国家火炬计划重点高新技术企业,专门从事铁路养路机械设计研发、制造和修理。前身系中国铁道建筑总公司昆明机械厂,1954 年始建于陕西宝鸡,1964 年搬迁到云南昆明,2003 年改制为国有控股公司,2008 年 3 月随中国铁建整体上市。机关驻云南省昆明市官渡区金马镇羊方旺 384 号。占地面积 59.17 万平方米。职工 1525 人。资产总额 35.45 亿元。

集团公司始终坚持引进技术与自主开发相结合的道路,先后引进 10 个先进技术产品,完成 19 个自主知识产权新产品研发和 6 个车型的高原型改造,形成大中小并举的产品格局,主型产品有清筛、捣固、配砟、稳定、焊轨、钢轨铣磨、物料运输七大系列 35 种产品,获国家重大技术装备成果三等奖 1 项,科技进步三等奖 2 项,铁道部科技进步一等奖 4 项、二等奖 1 项,捣固、清筛两个系列产品被评为云南省名牌。2006 年,集团公司产品获"中国名牌产品"称号,"铁路线路大型养路机械成套装备技术与应用"成果获国家科技进步二等奖、首届中国标准创新贡献奖三等奖,D09 - 32 型连续式捣固车获云南省科技进步二等奖,集团公司连续两届被评为全国文明单位。截至 2009 年底,集团公司生产各类大中型养路机械 1151 台,主要分布在各铁路局、工程局和地方铁路,为中国铁路提速扩能、保证运输安全、加速技术进步发挥了至关重要的作用。

2009 年是集团公司发展史上极不平凡的一年。中共中央总书记、国家主席、中央军委主席胡锦涛,国务院副总理张德江,中纪委副书记张惠新等党和国家领导人相继到集团公司考察。胡总书记要求企业大力推动技术进步、大力开发新型产品、大力开拓国际市场、大力降低经营成本,把公司建成世界一流铁路养护机械设备的基地。视察结束后,集团公司迅速掀起学习落实胡总书记讲话的高潮,通过组织重走视察路线、学习讨论、企业规划再研讨等方式,将胡总书记的讲话转化为推进集团公司科学和谐发展的巨大动力,极大鼓舞了广大员工完成繁重生产经营任务的决心与信心。年内完成企业总产值超过30亿元,在集团公司发展史上具有重要的里程碑意义。全员劳动生产率47.53万元/人年,人均创利21.19万元。净资产收益率18.2%,产值利润率7.58%,国有资产保值增值率118.13%,资产负债率63.29%,流动资产周转率1.14次。 （童普江）

【领导人员】

董事会

董事长	马云昆
副董事长	王尊贤
国有股董事	马云昆
	王尊贤
	黄兆祥
	江　河
职工代表董事	张天祯

监事会

监事会主席	李左军
国有股监事	李左军
	彭长林
	沐家林
	郭　云
职工代表监事	熊泽民

经理层

总经理	马云昆
副总经理	任延军
	黄兆祥
	江　河
总工程师	胡　斌
总会计师	王学武

党群领导

党委书记	王尊贤
党委副书记	马云昆
	张天祯
	杨朝凯
纪委书记	张天祯
工会主席	杨朝凯

（童普江）

【职工队伍】 年末在岗职工1525人。其中,干部448人;工人563人;劳务工514人。研究生以上学历43人,大学本科307人,大专322人,中专及以下853人。干部中工程技术人员324人。其中,高级工程师76人;工程师124人;助理工程师104人。工人中有高级技师35人,技师61人,高级工264人,中级工203人,初级工76人。 （童普江）

【企业管理】 生产经营。全年新签合同154台(车),合同总金额14.57亿元,为年度计划的145.72%,比2008年增长74.82%。制造、修理各类大型铁路养护机械165台,完成工业总产值300258万元,为年度计划的100.09%,比2008年增长34.34%。收回货款26.53亿元,为年度计划的106.12%,比2008年增长26.33%。实现营业收入26亿元,为年度计划的113.04%,比2008年增长28.46%。实现利润2.27亿元、净利润1.87亿元,为年度计划的101.09%,比2008年增长27.83%。

技术改造。2008年以来,股份公司向集团公司投资11.5亿元建设大型养路机械昆明产业基地,一期主体工程于2009年10月完成建设,陆续投入使用,从根本上解决了集团公司生产能力“瓶颈”问题,为集团公司实现产业升级、做强做大奠定了良好基础。

产业拓展。2009年,按照股份公司加快产业结构调整步伐、完善产业布局、促进企业转型升级、做强做大工业制造板块的总体要求,结合集团公司总体发展战略的部署,形成五大创业板块的战略构想,积极开展工作,成绩显著。一方面与北京中铁房山桥梁公司加快合作,在北京房山成立北京瑞维通工程机械有限公司,主要负责对北方地区大型养路机械的修理,进一步完善集团公司修理体系。另一方面利用北京的区位优势和信息优势,积极筹备在北京成立营销公司和研发中心,计划在2010年4月正式挂牌。近年来,集团公司还在线路养护施工上进行有效尝试,总结出作业模式,2009年完成1170公里的线路养护施工,完成产值2080万元。

安全质量。集团公司以“高标准、讲科学、不懈怠”为指导,扎实工作,质量、职业健康安全管理体系通过中国船级社年度监督审核,体系运行有效。持续开展“精品工程”创建活动,推行关键零部件、关键总成件质量认可和质量点检表制度,以作业指导书加强过程管控。认真开展“大型养路机械质量年”活动,牢固树立安全是构建和谐企业的基础,质量是产品的生命、是铁路线路安全的保障的意识,组织安全质量责任事故回顾和“大反思、大检查”活动,认真查找、整改产品质量、安全隐患,取得较好效果。全面开展QC质量攻关活动和岗位创新创效活动,整理发布10项QC成果,有效地促进了大型养路机械产品质量提升。全年完成整机检验172台车,一次交检合格率99.4%;完成自制件检验141.5万件,不合格品率0.13%;完成外协件检验87.2万件,不合格品率0.04%。

信息化建设。全面推进信息化建设,完成ERP企业资源规划系统与OA电子办公系统的整体升级、制造BOM物料清单数据整理平台与生产业务模拟系统搭建以及资产管理系统、售后服务管理系统、考勤系统、财务报表系统的上线实施工作。完成8个车型制造BOM数据整理。ERP系统中最重要的生产管理系统在2009年底全面启动实施,有效地提升了集团公司信息化管理水平,促进了集团公司全面管理水平升级。

（童普江）

【科技创新】 新产品样机试制。2009年完成YHGQ-1200气压式焊轨车、WY-100Ⅲ物料运输车和DWY-S水车新产品样机试制工作,并通过铁道部出厂评议,用户进行工业性考核。CQS-550道岔清筛机通过铁道部质检中心动力学试验,并进行多轮改进试验,所有技术问题已得到解决,在道岔清筛挖掘方式上实现重大突破。QJC-190桥梁检查车投入样机试制,正在组装。新工艺和国产化工作。完成DWL-48型捣稳车50%向70%国产化比例技术转化,确保了捣稳车的正常生产与顺利交付。完成CD08-475道岔捣固车76项进口件国产化转化和5种车型H型钢国产化等项目,并在部分核心装置及核心技术上实现突破。大型养路机械轮对注油压装通过CRCC认证,集团公司获得轮对压装生产资质,不仅解决了制约多年的生产"瓶颈"难题,节约了成本,还拓展了技术领域,为下一步产业拓展打下基础。（童普江）

【人才培养】 集团公司以建造人才库为目标,创新培训、管理模式,着重人才队伍的素质、能力建设。一是抓学习、强能力、树作风,努力维护团结、务实创新、积极求进的领导班子。年内以学理论、党性剖析、民主生活会的形式,提高领导班子成员的政治素质。按照股份公司党委要求,开展领导班子人员公开竞聘,补齐班子成员。二是强执行、拓思路、长水平,努力建设一支生产经营管理方面的中层精英。选派8名中层领导干部参加清华大学高级工商管理研究生项目培训班,2名中层领导干部分别参加中国铁建"十一五"第七期、第八期领导干部培训班,2名中层领导干部分别参加中央党校国资委分校2009年春季、秋季班,1名中层领导干部参加中国铁建高级经营管理人员培训班。三是严考核、善激励、巧培训,努力建设一支作风硬、创新实的人才队伍。开展一般干部考核,专家级、首席、主任级工程师和首席高级技师评审,高级技师、技师聘任考核工作,产生7名主任级工程师、8名首席高级技师、8名优秀高级技师、13名优秀技师。广泛开展学习型组织创建活动,采用"以师带徒"、技师讲坛等方式进行技术、技能培训,充分利用业余时间组织理论学习,进行作业过程中的重点、难点的专项培训。通过理论和实践的有效结合,培养出一支理论基础扎实、实践能力强、综合素质高的高层次施工人才。四是对外培训。发挥铁道部大型养路机械培训中心资源优势,举办培训班89期,培训学员3073人次,718名学员取得大型养路机械司机证。通过学员的交流,提升了集团公司的知名度和美誉度。（童普江）

【党群工作】 党的工作。集团公司党委下辖2个党委、17个党支部,有党员610名。其中,在岗党员429名;发展新党员22名。(1)3月~6月,集团公司党委以"抢抓机遇保增长,科学发展促转型"为主题,深入开展科学发展观学习实践活动。一是清晰流程,拓展学习,明确思路建好奠基工程。将股份公司党委的载体要求细化为"三个一"(谋事布局一盘棋、党员形象一面旗、工作热情一团火)活动,并将二级党组织纳入活动范围,时间上严格安排,从学习的深度和广度上进行拓展。二是抓住机遇,调整战略,深入调研建好规划工程。主要从四个方面入手:直面问题,丢掉遮羞布,先破后立找不足;立足现状,搞好调查分析,优劣对比找机遇;确定中心,形成卫星模式,总分结合找突破;重在实践,强化执行力,上下联动找实效。三是广开言路,深入剖析,找准症结,建反思工程。四是学以致用,注重实践,建好生产、科技、战略规划、品牌宣传、党建工作、学习实践活动落地工程。(2)学习落实社会主义核心价值体系,开展专家讲座、征文、讨论、知识竞赛等活动,强化对其科学内涵的学习;围绕建国60周年、兵改工25周年、建企55周年、生产大机20周年四大庆祝活动,组织《彩虹颂》大型文艺演出,演绎昆明中铁人对企业文化的传承和对美好未来的期望;参加铁道部以"重载运输的创新、实践与发展"为主题的上海第九届中国国际现代化铁路技术装备展览会和建国60周年成就展,展示集团公司在铁路技术装备进步中所取得的骄人成绩,增强员工的自豪感和凝聚力。(3)紧扣中心任务,开展形势教育动员,鼓舞员工士气,警示员工增强危机意识,保持清醒头脑。广泛开展劳动竞赛和青年突击队活动,营造激战环境,全年计划顺利完成。(4)加强基层组织建设,指导铸造公司党支部完成公司组织管理制度的修订,形成一套集党务、行政管理、生产安全质量、工团建设等方面的完整制度范本,为今后二级单位的制度建设奠定基础。(5)加强党风廉政建设,推进反腐倡廉工作。不断增强领导干部廉政勤政的自觉意识,加强关键岗位人员的反腐倡廉教育,强化重点监督对象的责任意识和法纪意识。不断净化企业发展环境,坚持把反腐倡廉工作纳入企业党建和生产经营管理工作的整体格局,强化各级领导在党风廉政建设责任制的主体作用。加快构建惩防体系步伐,制定下发集团公司《建立健全惩治和预防腐败体系实施意见》,举办“廉政文化作品展”。深入开展效能监察,促进企业的全面可持续发展。

工会和共青团工作。年内,集团公司工会和共青团组织发挥好党联系群众、党联系青年的桥梁和纽带作用,结合企业特点,工会组织召开集团公司职代会,建家活动深入开展,获全国群众体育活动先进单位;共青团组织开展“保增长、促转型,我是青年我先行”和“拼搏求奋进,青春创新业”深入学习贯彻胡总书记讲话精神主题实践活动,召开集团公司第三次团员代表大会,集团公司团委连续第5次被评为股份公司五四红旗团委。 (童普江)

【重要记载】

▲1月5日　国家大型铁路养护设备昆明产业基地一期工程施工暨廉政合同签字仪式在集团公司举行。

▲2月13日　集团公司“铁工”商标被授予昆明市首批“知名商标”称号。

▲2月　集团公司继2005年以来,第四次被认定为“铁路专用设备及器材、配件制造行为排头兵企业”。

▲3月6日　中央纪委副书记张惠新在云南省省委常委、纪委书记李汉柏,国务院国资委党委委员、纪委书记贾福兴,中国铁建党委副书记、纪委书记、工会主席、监事会主席彭树贵等陪同下,专程到集团公司调研。张副书记指出,党的建设是国有企业的灵魂,是企业获得长远发展、创新良好效益的坚强思想保证。

▲3月18日　集团公司召开深入学习实践科学发展观活动动员培训大会。

▲4月26日　集团公司举办庆祝生产大型养路机械20周年“彩虹颂”大型文艺晚会。

▲5月15日　中共中央政治局委员、国务院副总理张德江到集团公司视察工作。张德江副总理强调,要深入贯彻落实科学发展观,推进自主创新,推进铁路技术装备现代化。国务院国资委主任李荣融,云南省省委常委、昆明市市委书记仇和等陪同调研。

▲6月22日~25日　第九届中国国际现代化铁路技术装备展览会在上海举办,铁道部副部长胡亚东亲临集团公司展台参观并作重要指示,要求集团公司抓紧搞好国产化工作。

▲6月30日　集团公司召开深入学习实践科学发展观活动总结大会。

▲7月1日　集团公司党委召开庆祝中国共产党成立88周年表彰先进暨形势任务教育活动报告会。

▲7月13日　奥地利商务代表团到集团公司参观考察。

▲7月15日　DWL-48捣固稳定车70%国产化样车通过铁道部评审。

▲7月25日　中共中央总书记、国家主席、中央军委主席胡锦涛在云南考察期间,专程到集团公司考察大型养路机械的研发制造情况。胡锦涛总书记充分肯定近年来铁路系统引进技术、消化吸收再创新取得的成就。希望集团公司广大员工继续努力,把公司建成世界一流铁路养护机械设备的基地。

▲7月30日　集团公司开展员工教育,组织员工重走胡锦涛总书记视察集团公司时走过的路线。

▲8月12日　集团公司与昆明船舶设备集团有限公司签署合同协议,联手打造国家大型铁路养护设备昆明产业基地物流配送系统。

▲9月1日　集团公司上榜2008年度云南百强企业。

▲9月2日　集团公司参加云南省精神文明建设成就展。

▲9月21日　“云南名牌”企业质量管理代表团到集团公司参观考察。

▲11月10日~11日　YHGQ-1200型移动式气压焊轨车和WY-100Ⅲ型物料运输车样车通过评审验收。

▲12月21日　集团公司召开干部大会,股份公司副董事长丁原臣主持会议并作重要讲话。丁原臣指出,各级领导干部要深入学习贯彻党的十七届四中全会精神和全国国有企业党的建设工作会议精神,以“掌握世界一流技术、生产世界一流产品、建成世界一流基地”为目标,按照“引进先进技术、联合设计生产、打造中国品牌”的总体要求,把企业做大做强,建设成世界一流的铁路养护机械设备基地。

▲12月　集团公司获全国群众体育先进单位称号。 (童普江)

中铁轨道系统集团有限公司

【简况】　中铁轨道系统集团有限公司是以轨道系统产品(道岔、弹条扣件)、施工装备、混凝土制品、电气化制品、钢结构研发、设计、制造、销售、安装、施工、维修、搬运装卸、系统集成、产品进出口、技术咨询为主的专业产业集团。机关驻湖南省长沙市经济技术开发区东七路88号。下辖道岔分公司、中铁株洲桥梁有限公司、中铁隆昌铁路器材有限公司、中铁轨道系统集团电气化制品有限公司、株洲中铁电气物资有限公司、中铁轨道系统集团重型装备分公司和中铁轨道工程研究设计有限公司。职工 3906 人。其中,干部 834 人;工人 3072 人。资产总额 302320.75 万元。其中,流动资产 199287.93 万元;固定资产原值 79076.51 万元、净值 49351.94 万元。机械运输设备 2256 台(辆),原值 27014 万元,总功率 37617 千瓦,动力装备率 8.73 千瓦/人,技术装备率 6.27 万元/人,成新率 76.9%。

2009 年新签合同额 401086 万元,完成企业总产值 313694 万元。职工年人均收入 25310 元。净资产收益率 4.96%(含少数股东权益),资产负债率 70.88%。完成主要实物工程量:道岔 1394 组,桥梁 3515 孔,轨枕 593102 根,双块式轨枕 433133 根,接触网支柱 11398 根,工务器材 4700 万件,闸瓦 8.2 万件,金具 4.3 万件,电磁线 559 吨。

(吴定州　王喜桔　曾裕贤　徐自力)

【领导人员】

股东会

夏国斌
段昌炎

董事会

董事长　刘飞香
董事　段昌炎
职工董事　李　睿

监事会

监事会主席　房光辉
国有股监事　李忠心

经理层

总经理　刘飞香
副总经理　刘海华
刘华军
王全生(8 月任)
总会计师　胡少峰
总工程师　王全生(8 月任,兼)

党群领导

党委副书记　刘飞香(主持党委工作)
纪委书记　李　睿
工会主席　李　睿(兼)

(吴定州)

【职工队伍】 年末职工 3906 人。其中高中(含中专、技校)及以下学历 2613 人,占职工总数的 67%;大专学历 784 人,占职工总数的 20%;本科及以上学历 509 人,占职工总数的 13%。30 岁以下 739 人,占职工总数的 19%;30 岁 ~ 39 岁 1357 人,占职工总数的 34.75%;40 岁 ~ 49 岁 1242 人,占职工总数的 31.8%;50 岁 ~ 54 岁 297 人,占职工总数的 7.61%;55 岁及以上 271 人,占职工总数的 6.94%。干部中专业技术人员 1204 人。其中,高级职务 61 人;中级职务 233 人;初级职务 345 人。全年接收高校毕业生 247 人。其中,研究生 13 人;大学本科生 129 人;大专生 82 人;中专及技校生 23 人。

(曾裕贤)

【经营管理】 2009 年是集团公司扩大规模保增长,强化管理打基础,竭力打造企业核心能力的攻坚之年。

生产经营。全年承揽任务 43.27 亿元,完成工业总产值 31.37 亿元,实现营业收入 27.94 亿元,实现利润 1.89 亿元,其中净利润 1.63 亿元;销售毛利率 16.32%,主营业务成本费用率 93.73%。

项目建设。投资 1.5 亿元的道岔扩能改造和高锰钢辙叉项目基建、设备调试任务基本完成,进入试生产阶段。2008 年底开工建设的 2 条高速铁路弹条自动化生产线和一条螺栓自动化生产线,2009 年 7 月建成投产。电气物资公司整体搬迁,4 个月时间投入正式生产。边筹建、边开发、边生产运作的重型施工装备项目完成厂房建设、设备管线安装和人才引进培训任务,具备可同时组装直径 12 米盾构 6 台、年产盾构 30 台的生产能力。

科研开发。道岔分公司完成 27 个产品的技术转化,11 个产品的试制、试铺,20 项工装设计,14 项设备改造,11 项关键工艺与装备研究;自主研发的时速 200 公里 ~350 公里的 18 号可动心单开道岔和 42 号单开道岔相继通过铁道部的验收;5000 吨钢轨一次加热三次成型热锻、道岔钢轨闪光接触焊接、钢轨全喷风 S – Q 等工艺达到国内领先水平;“时速 250 公里客运专线道岔制造技术研究”成果获股份公司 2009 年度科技成果一等奖,6 项技术申报国家专利。重型装备分公司采取原始创新、集成创新和引进消化吸收再创新相结合的自主创新模式,积极与国内外著名院校和顶级工程机械企业合作,开发了四大类 30 个产品。其中,自主研发的第一台土压平衡盾构机解决了海外盾构公司长期存在而又未能改进的许多难题。借鉴国际著名企业设计理念,研制的混凝土机械系列产品,代表了国内最新技术的第五代产品,其独特的塔式结构搅拌主楼和自锁环保仓门设计填补了国内空白;集成创新的旋挖钻机,主要参数达到国际同类产品的先进水平。隆昌公司参与研制的Ⅴ型和 WJ – 7、WJ – 8 型扣件系统,分别完成零部件性能和组装疲劳试验;道岔用滚轮,岔枕用复合套、偏心套等完成样品试制;通过 SGS 欧洲标准认证的利比亚铁路扣件,以及与中国中铁二院集团公司合作编写的Ⅱb 扣件全套技术资料,为拓展海外市场奠定了基础；弹条压型工艺改进和中频感应设备的优化，大大提高了劳动生产率，降低了能源消耗；研制的自锁性弹条扣件，首批出口马来西亚创汇 7.5 万美元；开发生产的 AT 弹性夹和改进的 Tr24 系列地铁螺栓、DI 地铁弹条，实现销售收入 4480 万元；闸瓦出口被选定为四川省的开发项目，获得 30 万元的开发资助金。株洲桥梁公司完成过渡段轨枕、弹性轨枕生产技术的研究和试制，以及长线台座法岔枕养护工艺、宽轨枕工装改进任务，试制的 GLC(07)04－300 和 CZ2209Z 岔枕、SK－2 型双块式轨枕通过铁道部验收，"无砟轨道双块式轨枕工厂化生产技术研究"成果获股份公司科学技术一等奖和中国施工企业协会创新成果二等奖。电气物资公司自行设计的 35 米风速混凝土接触网支柱和硬横跨钢支柱、接触网钢支柱软横跨、桥用钢柱、H 型钢柱、角钢(钢管)硬横跨试验台位，横腹杆支柱卧、立式试验台位，等径杆支柱立式试验转换底座，以及与德阳厂共同开发的等径杆结构性混凝土支柱产品的型式检验均获得一次性通过，H 型钢支柱实现现场制造转移，提升了电气化系列产品的竞争能力。集团公司技术中心通过湖南省省级企业技术中心的资格认定，集团公司和各子公司分别获得湖南、四川省高新技术企业认证。

安全质量。集团公司坚持从建章立制、完善机制抓起，建立了责任清晰、运作可控、赏罚分明的安全质量责任体系，保证了各项制度的有效执行；从预测、预警、预防入手，开展宣传月活动，提高全员的安全质量意识，及时排查、整改各种隐患，减少了事故发生率；从提高安全质量的可靠程度出发，舍得投入，整修、更新了京沪高速铁路梁场的部分工装模型，淘汰了一些危险性高、技术水平落后的传统工艺，从源头上保证了产品质量和生产安全，整个集团顺利通过"三标一体"认证。推行 6S 管理，狠抓标准化作业，严格考核制度。建立健全重大危险源监控机制、重大隐患排查治理机制和紧急状况应急预案，加强对生产过程的监管，及时发现、整改存在的问题，杜绝安全、质量责任事故。

企业管理。继续坚持集团管控与子、分公司专业化运营相结合的管理模式，重点进行战略、财务、人力资源和运营风险管控，对过去的管理制度进行全面清理、修订和完善，进一步明确各项工作的管理制度、运作方式、决策权限和审批流程。各子、分公司在集团管控体系的基本框架下，分别制定涵盖各个方面的内部管理与控制基本规范，为建设规制型企业打下基础。两级财务、资金集中管理和网络报表三大系统及集团公司与股份公司的视频网络系统建成。　（吴定州）

【党群工作】　党的工作。集团公司各级党组织团结带领全集团职工，瞄准行业一流企业的目标，勇闯市场，不断进取，各项经济指标再创新高，实现集团公司历史性的新跨越。党建思想政治工作与企业发展同步迈进，在实践中创新，在创新中加强，取得新的成效。深入开展学习实践科学发展观活动。在全集团 50 多个基层党组织、790 名党员中，深入开展学习实践科学发展观活动，基本上达到"党员干部受教育，科学发展上水平，人民群众得实惠"的目标要求。领导班子建设进一步加强。坚持抓好党委中心组学习，用科学理论武装头脑、指导实践、推动工作，收到明显成效。二季度召开以学习实践科学发展观为主题、四季度召开以推进企业快速发展为主题的专题民主生活会，使两级班子找到不符合科学发展观要求、不适应企业快速发展的问题和不足，采取一系列措施积极整改，使群众反映较为强烈的制度落实不到位、管理较为粗放等问题得到改进。在组织建设上，根据生产规模扩大的实际情况，调整充实集团公司和子分公司领导班子，进一步改善领导班子的年龄、文化和专业结构，为领导班子注入新的生机与活力；以创建"四好领导班子"活动为载体，以增强一班人团结为重点，坚持按照民主集中制的要求决策重大问题，处理相互关系，两级班子工作运行比较顺畅，整体功能发挥较好，集团公司领导班子被股份公司评为"四好领导班子"。基层党组织建设稳步推进。各单位的基层党组织得到进一步健全，制度坚持较好，争创"五好党支部"、争做"六好共产党员"等活动的开展各有特色，取得良好效果。集团公司党委组织评选表彰 5 个先进基层党组织、20 名优秀共产党员和优秀党务工作者，大大激发了广大党员建功立业的热情。企业文化建设取得新的进展。根据股份公司文化建设的总体部署，围绕集团公司发展规划和战略目标，制定下发《中铁轨道系统集团企业文化建设实施纲要》《中铁轨道系统集团行为识别系统》《项目(车间)文化建设标准细解》《常用宣传标语》、集团管控体系文件等系列规章制度，着力构建中铁轨道自身的理念识别系统、视觉识别系统和行为识别系统。采取集中学习培训、报告会、座谈会等多种形式，利用报纸、局域网、标语口号等多种宣传手段，在全集团进行企业精神、企业宗旨、核心价值观、管控体系文件的宣传教育。围绕重点建设项目和五大专业板块发展的重点、难点、热点问题，广泛开展宣传思想工作，先后在全体员工中组织开展以"抢抓历史机遇，加速企业发展"为主题的形势教育活动，以"推进企业快速发展"为主题的宣传教育活动，使员工的思想意识得到新提高。内外报道工作富有成效，在省部以上新闻媒体刊用稿件 52 篇；《中铁轨道报》全年出版 24 期，刊登各类文章 620 余篇；中铁轨道网站编发稿件 280 余篇，特别宣传报道了国务院副总理张德江、湖南省省委书记张春贤等重要领导视察集团公司及集团公司生产的首台国产盾构机成功下线、集团公司机关搬迁长沙等重大事件，提高了中铁轨道集团在市场上的良好声誉。

纪委工作。反腐倡廉工作扎实有效。各级党委、纪委以学习宣传《实施方案》为主线，开展形式多样的典型示范教育和警示教育活动。组织开展以学好一个规定、读一本书、观看一部警示教育片、组织一次专题辅导报告、举办一次知识答题竞赛为主要内容的反腐倡廉“五个一”教育活动，使广大干部职工受到了一次深刻的反腐倡廉教育，提高了干部职工遵纪守法的自觉性；以严格执行《国有企业领导人员廉洁从业若干规定》为重点，继续完善和规范企业领导人员廉洁从业行为，企业领导人员廉洁自律工作不断深化，较好地预防了企业受险、个人违纪现象的发生。

群团工作。集团公司各级工会组织以企务公开、建家建线、“六比六创”劳动竞赛、送温暖活动为主要载体，在规范劳动关系、维护职工合法利益、服务大局中体现新作为。各级团组织以创新创效为主线，大力开展“双争”竞赛、青年安全示范岗等活动，充分发挥团员青年的生力军和突击队作用。各级工团组织积极组织员工开展丰富多彩、寓教于乐、喜闻乐见的文体活动，举办以“忠诚伟大祖国，奉献中铁轨道”为主题的纪念建国60周年、中国铁建兵改工25周年系列活动。成功举办首届男子篮球比赛、红歌赛和文体活动展示晚会，在凝聚员工、增强队伍凝聚力、活跃集体氛围等方面发挥重要作用。（谭光勇　吴定州）

【道岔分公司】 前身为中铁轨道系统集团道岔事业总部，2008年8月改称现名，是集团公司所属非法人单位。驻湖南省株洲市建设北路487号。总经理王全生（兼），党委书记赵晖。下设综合管理部、技术部、质量安全部、道岔制造部、辙叉制造部、设备部、供应部、营销部、财务部、人力资源部、计划考核部。职工897人。其中，生产工人783人；技术和管理人员114人。资产总额30347.75万元。其中，固定资产4321.51万元；流动资产1716.39万元；无形资产及其他资产8862.36万元。生产设备250余套，其中拥有从国外进口的5000吨压力机、数控联合锯钻机床、钢轨闪光焊机等世界先进水平的大型设备，国产的52米数控铣床加工长度居世界第一。

2009年完成承揽任务17.06亿元。其中，高速道岔377组，合同金额8.7亿元；可动心道岔550组，合同金额5亿元。全年完成销售收入8亿元，完成成组道岔1592组。其中，铁路客运专线道岔277组；可动心道岔376组；普速道岔1031组。实现工业总产值10.05亿元。研制的时速350公里铁路客运专线60千克/米钢轨18号无砟单开道岔、60千克/米钢轨42号单开道岔等4项产品通过铁道部技术鉴定，达到国内先进水平；研制的时速250公里铁路客运专线60千克/米钢轨18号单开道岔获股份公司科技进步一等奖。年内，公司被中华全国铁路总工会授予火车头奖杯，被评为股份公司先进集体；公司样板班工会小组获股份公司模范职工小家称号，分公司领导班子被评为集团公司“四好领导班子”，公司团委被股份公司团委授予五四红旗团委称号。（易　镀）

【重型装备分公司】 2008年11月成立。公司驻湖南省长沙市经济技术开发区东七路88号。总经理、党委书记刘华军（兼）。公司拥有中南地区最大加工能力的直径12.5米立式车铣中心、直径260毫米落地镗铣加工中心、16米热处理炉、110毫米数控卷板机等超大型加工设备，完全可以满足直径12米以内盾构机的各种大型关键零部件的生产要求，具备组装直径12米盾构机、年产盾构机30台、可同时组装6台盾构机的生产能力。职工142人。

2009年，公司与海瑞克公司联合研发和生产的第一台土压平衡盾构机中标中铁十一局集团武汉地铁公司，签订1台HZS90G搅拌站、1台HZS120G搅拌站、4套盾构机后配套生产合同。联合开发的ZTR260、ZTR280系列旋挖钻机、HBT90高速铁路专用泵、HGY19/2高速铁路专用布料机产品技术水平在国内处于领先地位。（李兰英　易　杰）

【中铁株洲桥梁有限公司】 混凝土预制构件及桥梁工程专业承包二级资质企业。前身为铁道部株洲桥梁工厂，始建于1958年6月，先后隶属长沙铁路局、铁道部基建总局、中国铁路物资总公司，2000年8月划归中国铁道建筑总公司工厂局管理，2001年11月划转中铁十一局集团公司，2007年4月划归中铁轨道系统集团有限公司管理。公司驻湖南省株洲市石峰区建设北路487号。董事长龚道君郑建华，党委书记刘亚军，总经理刘勇。下辖混凝土制品公司、高岔项目部、工程公司、工业实业公司、五金钢模公司、物业公司，驻外项目部（制梁、制枕场）14个。职工2370人，其中管理人员498人。资产总额115418万元。其中，固定资产15750万元；流动资产88043万元；无形资产及其他资产11351万元。机械运输设备1229台（辆），现值15445万元，总功率21446千瓦，动力装备率9千瓦/人，技术装备率3.8万元/人，新度系数0.58。年生产能力15亿元~16亿元。

2009年新签合同额2.69亿元，完成企业总产值

16.61 亿元,完成营业收入 16.23 亿元,实现利润 3942 万元。全年生产轨枕 685341 根,岔枕 950 组,双块式轨枕 433131 根,箱梁 1644 孔,T 梁 1871 孔。年内,公司被湖南省省委、省政府授予“全省加速推进新型工业化红旗企业”称号,参建的北京至天津城际轨道交通工程获第九届中国土木工程詹天佑奖。 (张 虹)

【中铁隆昌铁路器材有限公司】 主要从事铁路工务器材、电气化接触网零部件、合成闸瓦的生产经营。具有年产各类弹条扣件 1500 万套,电气化接触网零部件 400 条公里,高、低摩机车车辆合成闸瓦 100 万块的能力。公司驻四川省内江市隆昌县外站路 75 号。厂长陈定发(2 月免),董事长申智方(2 月任),党委书记蓝庆岗(2 月免)、李滨(2 月任),总经理张栋(2 月任)。公司前身为隆昌工务器材厂,于 1967 年 5 月筹建,1971 年竣工投产,先后隶属于铁道部物资局、中国铁路物资总公司;2008 年 5 月,工厂整体划转中国铁道建筑总公司管理;2009 年 9 月,工厂改制改称现名。职工 655 人。资产总额 28317 万元,其中固定资产净值 9135 万元。

公司是铁道部选定的铁道器材开发中心研究发展基地,2008 年获国家高新技术企业称号。2005 年以来,配合科研院所成功开发Ⅳ、Ⅴ、WJ-7、WJ-8 型铁路客运专线弹条扣件。2007 年开发的Ⅲ型调高弹条,填补国内空白。公司先后获铁道部、四川省质量管理奖,四川省名牌产品称号,被评为全国劳动关系和谐企业、内江市最佳文明单位。

2009 年新签合同额 92549 万元,实现销售收入 27811 万元,完成产品产量 25929 吨,完成企业总产值 23092 万元,实现利润 3547 万元。职工年人均收入 24814 元。 (龙 敏)

【株洲中铁电气化制品有限公司】 2008 年 12 月由原中铁轨道系统集团电气化制品有限公司和原株洲中铁轨道系统物资有限公司联合组成。公司驻湖南省株洲市红旗北路附 52 号。董事长、总经理周海祥,党委书记姜文斌。职工 240 人。其中,在岗职工 158 人;内部退养 82 人。管理人员 90 人,技术人员 40 人。资产总额 14690 万元。其中,固定资产原值 2055 万元、净值 1404 万元;流动资产 9982 万元;其他资产 3304 万元。厂房面积 3 万多平方米,年物资吞吐能力 100 多万吨,拥有各类大型制造设备、装卸设备和仓储设备 300 多台(套),仓储面积 10 多万平方米,铁路专用线 1.327 公里。机械运输设备 242 台,净值 543 万元,总功率 467 千瓦,设备装备率 2.96 千瓦/人,技术装备率 6.13 万元/人,设备完好率 95%,利用率 100%,机械化施工能力 98% 以上。年生产能力 3.5 亿元。

2009 年承揽任务 3.06 亿元,完成企业总产值 2.04 亿元,实现利润 2323 万元,人均创利 11.97 万元。全员劳动生产率 26.37/人年,职工年人均收入 29568 元。国有资产保值增值率 167.08%,净资产收益率 68.22%,产值利润率 11.38%,投资回报率 62.27%,资产负债率 77.76%。公司被评为湖南省高新技术企业、重合同守信用单位,通过质量、环境、职业健康安全管理体系认证。公司货场是株洲市第一家“五星级货场”。 (顾 箐)

【重要记载】

▲1 月 集团公司被认定为湖南省高新技术企业。

▲3 月 30 日 集团公司深入学习实践科学发展观活动启动。

▲4 月 14 日 中共湖南省省委书记、省人大常委会主任张春贤,中共湖南省省常委、长沙市市委书记陈润儿到建设中的集团公司重型施工装备制造基地调研,并看望慰问为中国铁建盾构施工装备辛勤工作的建设者。

▲6 月 4 日 股份公司独立(外部)董事朱明暹、赵广杰、吴太石等到集团公司调研。

▲6 月 17 日 集团公司高锰钢辙叉项目、道岔扩能建设工程全面动工。

▲6 月 30 日 中铁轨道系统集团道岔分公司试制的具有自主知识产权的首组时速 350 公里道岔顺利通过铁道部组织的厂内试制、试铺验收审查。

▲8 月 23 日 时速 200 公里 18 号单开道岔通过铁道部审查。

▲9 月 23 日 重型装备公司与海瑞克联合制造组装的“铁龙 8 号”盾构机顺利通过验收并成功下线。

▲9 月 30 日 隆昌工务器材厂改制挂牌为中铁隆昌铁路器材有限公司。

▲10 月 16 日 中共中央政治局委员、国务院副总理张德江在国务院副秘书长肖亚庆、财政部副部长丁学东,中共湖南省省委书记、省人大常委会主任张春贤,省委副书记、省长周强陪同下视察集团公司长沙基地。

▲11 月 9 日 集团公司机关正式搬入长沙基地新办公楼办公。

▲12 月 5 日~6 日 集团公司首台自主研发土压盾构机技术设计顺利通过专家评审。

▲12 月 30 日 中国铁建首组时速 350 公里大号码道岔通过铁道部验收。 (吴定州)

北京铁城建设监理有限责任公司

【简况】 北京铁城建设监理有限责任公司成立于1996年1月,前身是中国铁道建筑总公司建设监理分公司,1998年11月完成股份制改革,2006年9月设立董事会和监事会。公司机关驻北京市海淀区复兴路40号。下辖2个子公司、7个分公司、4个事业部和60个项目监理站。公司是中国建设监理协会理事单位、北京市建设监理协会副会长单位和中国铁道工程建设协会建设监理专业委员会常务委员单位,具有住房和城乡建设部和国土资源部核发的铁路、市政公用、房屋建筑、地质灾害防治工程甲级资质和公路工程乙级监理资质及地基基础专项检测资质。通过质量、环境、职业健康安全管理体系认证和档案工作目标管理国家二级评审。资产总额17116万元。现有汽车62辆,试验、检测设备750余台(套),现场监理机构使用统一的管理软件。

2009年新签合同额3.6亿元,完成企业总产值21144万元,实现利润1879万元,人均创利1.01万元。全员劳动生产率11.4万元/人年,职工年人均收入5.9万元。国有资产保值增值率147.73%,净资产收益率40.86%,产值利润率8.89%,资产负债率83.54%。 (龚成术 孟志强 姜英明)

【领导人员】

董事会

董事长	王　鉴
董事	秦正刚
	周步科

监事会

监事会主席	李德琛
监事	彭长林
	朱英爱

经理层

总经理	王　鉴(兼)
副总经理	贾晖东(兼)
	敬廷银
	李克贤
总会计师	蔡梅群
总工程师	敬廷银(兼)
调研员	朱英爱

党群领导

党总支书记	贾晖东(12月止)
党委书记	贾晖东(12月任)
党委副书记	王　鉴(兼,12月任)
工会主席	贾晖东(12月任)

(邢　娜)

【工程项目监理机构】 京沪高速铁路监理联合体项目部　驻山东省济南市。总监理工程师李克贤。

哈大铁路客运专线监理联合体项目部　驻辽宁省营口市鲅鱼圈经济开发区。总监理工程师敬廷银。

温福铁路福建段监理联合体项目部　驻福建省宁德市。项目经理李巨才。

郑西铁路客运专线客北环联合体监理站西安分站　驻陕西省西安市。总监理工程师刘晖。

郑西铁路客运专线客北环联合体监理站西安北站分站　驻陕西省西安市。总监理工程师尹肃。

武广铁路客运专线衡山监理站　驻湖南省衡阳市。总监理工程师王河川。

厦深铁路福建段监理项目部　驻福建省漳州市。总监理工程师刘三友。

汉宜铁路监理站　驻湖北省仙桃市。总监理工程师沈永瑰。

石武铁路监理站　驻湖北省大悟县。总监理工程师樊金奎。

广深港铁路客运专线监理站　驻广东省深圳市。总监理工程师韩振明。

成绵乐铁路监理站　驻四川省绵阳市。总监理工程师黄平原。

贵广铁路监理站　驻广西壮族自治区贺州市。总监理工程师甘平。

沪宁城际铁路监理站　驻江苏省无锡市。总监理工程师袁国忠。

武九联络线监理站　驻江西省九江县。总监理工程师蒋明桂。

沪杭铁路客运专线监理站　驻浙江省嘉善县。总监理工程师陈如意。

京津延伸线监理站　驻天津市塘沽开发区。总监理工程师周献奇。

兰渝铁路监理站　驻甘肃省岷县。总监理工程师方路。

南昌枢纽监理站　驻江西省南昌县。总经理工程师刘占文。

关角隧道监理站　驻青海省乌兰县。总经理工程师孙庆卫。

昌九城际铁路监理站　驻江西省南昌市。总监理工程师刘忠华。

宜万铁路监理站　驻湖北省长阳县。总监理工程师葛强。

京九铁路电气化改造监理站　驻湖北省浠水县。总监理工程师张明大。

准朔铁路监理站　驻山西省忻州市。总监理工程师艾国民。

北京地铁4号线监理站　驻北京市。总监理工程师伍玉江。

襄渝铁路二线安达监理站　驻陕西省紫阳县。总监理工程师王有鹏。

兰渝铁路13标段监理站　驻重庆市北碚区。总监理工程师梅东冬。

赣韶铁路监理站　驻广东省韶关市。总监理工程师杨世杰。

西安地铁监理站　驻陕西省西安市。总监理工程师上官建芳。

深圳地铁3号线监理站　驻广东省深圳市。总监理工程师赵文起。

包西通道绥德监理站　驻陕西省绥德县。总监理工程师谢全红。

蒙古国叶罗河矿铁路监理站　驻蒙古国色楞格省叶罗河县。总监理工程师谢克宽。　（田春珍）

【职工队伍】　在编职工52人，实际从业人员1909人。其中，全国注册监理工程师123人；造价工程师24人；安全工程师44人；铁道部注册监理工程师710人；设备监理工程师33人；建造师35人；其他省部级注册监理工程师353名。107人取得各行业、省市总监理工程师证书，基本实现“专业匹配适用，技术等级适当，年龄结构适合”的人力资源配置初级目标。　（邢　娜）

【监理工程】　哈大铁路客运专线第1标段监理工程　为联合监理工程，公司为主办方。公司管段长172公里。西海特大桥、营海特大桥、海鞍特大桥、鞍辽特大桥、太子河特大桥、北沙河特大桥、马总屯特大桥、鞍山隧道8项工程为全线重点工程。2009年完成建安投资86.88亿元。

京沪高速铁路第Ⅲ标段监理工程　为联合监理工程，公司为主办方。线路长266.617公里，其中公司管段长134.682公里。主要工程量：路基94.742公里，桥梁140座161469延长米，隧道9座10219延长米，涵洞350座，铺轨264.696公里，预制箱梁4177片。2009年完成建安投资10.99亿元。

温福铁路福建段监理工程　为联合监理工程，公司为主办方。线路长229双线公里，其中公司承担第3、4标段105公里土建和全线“四电”、房建及铺架工程监理任务。该工程桥梁深水基础多，软土路基多，潮差、台风等自然因素对工程影响大。2009年6月30日试运营开通货车，9月28日正式开通运营。

郑西铁路客运专线客北环监理工程　为联合监理工程，公司为主办方。线路长56.829公里，外增建咸阳西接轨陇海铁路工程8.311公里，其中公司独立监理KHZQ11标段和西安北站。西安北站建成后，其规模将成为亚洲最大的火车站。2009年完成建安投资7.1亿元。

武广铁路客运专线JL2标段衡山段监理工程　线路长57公里，衡阳湘江特大桥、石门岭隧道为全线重点工程，无砟轨道、博格道岔板、高性能混凝土技术含量较高。2009年7月开始联调联试，12月26日正式通车。

厦深铁路福建段Ⅰ标段监理工程　为联合监理工程，重点控制性工程包括特大桥10座、隧道1座。公司被业主委托为总体监理单位，负责全线设计、监理、施工管理。2009年完成建安投资10.8亿元。

汉宜铁路Ⅱ标段监理工程　冯家旗特大桥、湖联渠特大桥、沉湖汉江特大桥、跨天仙公路特大桥和软土路基为全线重点工程，深水基础与软基处理是控制难点。2009年，汉宜站完成监理费1426万元。

石武铁路Ⅰ标段监理工程　管段全长62.3公里，线路所经过地区水文地质条件复杂。主要工程量：路基23.3公里，桥梁54座，涵洞62座，隧道13座及所有站后工程。2009年完成监理费1456万元。

广深港铁路客运专线站后监理工程　线路长104.6公里，包括“四电”、站房及站场工程。标段专业间接口多，工程协调量大，结构新颖，施工技术要求高。大跨度钢结构屋顶及悬挑结构和无柱钢结构雨棚施工是监控的重点和难点。

成绵乐铁路CMLJL－1标段监理工程　管段全长108.269公里。2009年完成建安投资16.1亿元，完成监理费1313万元。

昌九城际铁路CJQ－2标段监理工程　管段全长46.83公里，软土分布广泛，既有线施工点多。2009年完成建安投资6.2亿元，完成监理费1017万元。

贵广铁路Ⅴ标段监理工程　管段全长119.42公里，桥隧比重大，喀斯特地貌发育是管段最显著特点。2009年完成监理费1228万元。

沪宁城际铁路监理工程　管段全长51.087公里，紧邻既有线，安全防护难度高，施工风险大。2009年完成建安投资32.13亿元。

宜万铁路Ⅱ标段监理工程　管段全长55.47公里。地质复杂，溶洞、暗河较多，极易突发各种地质灾害，桥隧占线路总长的88.8%。2009年管段内所有隧道全部贯通。

准朔铁路Ⅰ、Ⅱ标段监理工程　两个管段长大隧道多，地质条件复杂。2009年完成建安投资11.54亿元。

沪杭铁路客运专线监理工程　管段全长65.133公里。2009年完成建安投资43.3亿元。

京津城际铁路延伸线天津至于家堡工程3标段监理工程　管段全长5.78公里。2009年完成建安投资7787.64万元，完成监理费55万元。

赣韶铁路监理工程　线路全长15.251公里。2009年完成监理费47万元。

包西铁路通道陕西段监理工程　线路全长145.1公里。2009年完成建安投资10.21亿元，完成监理费1021万元。

西格铁路二线关角隧道XGJL4－2标段监理工程　隧道全长32605延长米，为两座平行的单线隧道，是目前亚洲最长的铁路隧道，也是世界上最长高海拔隧道，采用钻爆法施工。2009年完成监理费328万元。

新建兰渝铁路LYJL－3标段监理工程　线路全长86.31公里，管内3座隧道被铁道部确定为极高风险隧道。2009年完成监理费929万元。

新建兰渝铁路LYJL－13标段监理工程　线路全长70.713公里，桥隧总长51.517公里，桥隧总长占线路全长的72.9%。隧道24座，其中高风险隧道4座；桥梁43座，其中复杂桥梁9座。2009年完成监理费285万元。

深圳轨道交通监理工程　包括3号线、国道205深圳段改建工程、布吉客运枢纽、5号线4个监理标段。该工程高架桥比重大，桥梁工程技术含量高，施工工艺复杂，交通疏解难度大，管线迁移数量大。2009年完成建安投资10亿元，完成监理费1507万元。

西安轨道交通2号线监理工程　包括龙首原车站、安远门车站和大明宫西站至龙首原站、龙首原站至安远门站、安远门站至北大街站3个盾构区间及两个暗挖区间隧道。2009年完成监理费152万元。

蒙古国叶罗河矿铁路监理工程　全长83公里，建安投资约5亿元，监理费约170万元。监理工作基本采用国内模式。截至2009年底，该工程路基土石方、桥涵工程已全部完成，累计正线铺轨约58公里。线路采用蒙古国家工企Ⅰ级铁路标准。主要工程量：涵洞32座，路基土石方220万立方米。多为山区，地形、地质结构复杂，施工难度较大。2009年完成建安投资6000万元。（田春珍）

【经营管理】　2009年，公司紧紧抓住铁路大规模建设和企业的影响力不断上升的有利时机，勇闯市场，开拓经营。全年新签合同额3.6亿元，相继中标一批重点铁路、市政、房建项目。各项盈利指标增长幅度较快，经营规模和创效能力增势强劲。公司年营业收入2.11亿元，比2008年增长90%；资产总额1.71亿元，比2008年增长128%。

公司标准化建设取得突出成效，信息化建设全面加速，财务管理工作取得佳绩，内部管理日渐规范，竞争优势日趋凸显，人才队伍不断壮大，各项工作取得新进展。2009年，公司参与监理的青藏铁路工程被评为新中国成立60周年百项经典暨精品工程，2项工程被评为中国建设工程鲁班奖，13项工程被评定为省部级优质工程。公司被铁道部确定为首批做强做大试点监理企业，获铁道部2009年第二次铁路建设工程监理企业信用评价A类第一名，被北京市监理协会授予北京市优秀监理企业称号。（龚成术）

【教育培训】　公司把人力资源开发作为企业基本战略，招人、育人、用人并举。通过员工举荐、网络招聘、参加人才招聘会等方式广招外部人才，同时严格试用期制度，着重考察实际工作能力。采取优先安排工作、晋升职务、增加工资、报销学费等措施鼓励在职员工自学成才，逐年增加骨干人员外出学习规模。2009年，公司与相关高校联系，引进50名急需专业的毕业生到一线实习考察。采取“请进来、走出去”的方式，先后对400余人进行各类知识培训。21人通过专业技术职称评审，全年新增国家注册监理工程师14人、安全工程师11人、设备监理工程师13人、建造师8人。公司大力提倡员工开展学术交流，年内公司员工在刊物发表论文8篇。（邢　娜）

【对外宣传和企业文化建设】　全年刊发信息190篇，编发《铁城监理简报》48期，被《铁建信息》、股份公司网站、《中国铁道建筑报》刊发33篇，公司连续两年被股份公司评为信息工作先进单位。铁城大“家”文化的理念和“诚信严谨团结争先”的精神得到员工的高度认同。公司在推动企业文化视觉系统落实和理念普及的同时，积极开展各种形式的文体活动，培育员工凝聚力，增强团队向心力。公司向广西壮族自治区贺州市步头镇象狮小学捐资助学，凸显社会责任。（龚成术）

【党群工作】　2009年，公司按照股份公司党委的统一部署，认真开展深入学习贯彻科学发展观活动，先后组织党员和员工到井冈山、延安革命圣地参观学习，举行重温入党誓词活动，党员和广大员工的精神面貌得到提升。12 月,为加强党的建设,经股份公司党委批复,公司党总支升格为党委,公司党的建设迈上一个新的台阶。工会选举产生新一届工会委员会,积极发挥群众组织的桥梁和纽带作用。（田春珍）

【信诺工程检测有限公司】 前身为北京铁城建设监理有限责任公司检测部,组建于 2000 年;2004 年 8 月更名为检测中心,2008 年 9 月单位改制改称现名,是公司第一家子公司。驻北京市复兴路 40 号。经理王正成。经营范围包括基桩完整性、承载力检测;结构混凝土厚度、密实度、内部缺陷检测及隧道衬砌厚度、密实度检测、钢筋位置测定检测。职工 18 人。

2009 年新签检测协议 11 份,完成承揽任务 400 余万元。（路利凤）

【重庆铁城公司】 2009 年 9 月取得“企业法人营业执照”,注册资本金 300 万元。驻重庆市渝中区上清寺路 9 号 15 楼 F 户。经理吕联。（韩宝渝）

【成都分公司】 2001 年 7 月成立。驻四川省成都市通惠门路 3 号锦都 2 幢 2 单元 0904 号。经理阎平。主要经营工程监理和工程技术咨询。从业人员 180 人,下设 3 个现场监理机构。固定资产 213 万元。

2009 年完成监理合同额 915 万元。（田　源）

【南京分公司】 2004 年 10 月 12 日成立。驻河南省洛阳市。经理李克贤。主要经营工程监理和工程技术咨询。从业人员 125 人,下设 4 个现场监理机构。固定资产 231 万元。

2009 年完成监理费收入 1140 万元。（郑振清）

【天津分公司】 前身系北京铁城建设监理有限责任公司第一分公司,2005 年 8 月 31 日改为现名。驻北京市朝阳区红松园北里甲 2 号。经理陆裕云。主要经营工程监理和工程技术咨询。从业人员 118 人,下设 8 个现场监理机构。固定资产 225 万元。

2009 年承揽任务 2730.4 万元,完成监理费收入 1223 万元。（寇田喜）

【重庆分公司】 成立于 2008 年 12 月 18 日。驻重庆市渝中区上清寺路 9 号环球广场大厦 15 层 F 户。经营业务范围包括铁路、公路、市政公用、地铁及轻轨、房屋建筑、地质灾害防治工程等施工监理业务。经理吕联。从业人员 260 人,下设 3 个现场监理机构。固定资产 67.47 万元。

2009 年完成监理费收入 2528 万元。（韩宝渝）

【深圳分公司】 2007 年 9 月 21 日成立。驻广东省深圳市福田区侨香路香格丽苑 C 幢 13A02。经理高建华。主要经营工程监理和工程技术咨询。从业人员 110 人,下设 6 个现场监理机构。

2009 年完成监理费收入 1263 万元。（高建华）

【合肥分公司】 2008 年 4 月 30 日成立。驻安徽省合肥市蒙城北路板桥商住楼。经理袁国忠。主要经营工程监理和工程技术咨询。从业人员 140 人,下设 5 个现场监理机构。固定资产 60 万元。

2009 年完成监理费收入 1100 万元。（杨光亮）

【电气化工程监理分公司】 2009 年成立。驻北京市海淀区复兴路 40 号院。经理王亚林。主要经营铁路施工站后监理。从业人员 80 人,下设 4 个现场监理机构。

2009 年新签合同额 1039 万元,完成监理费收入 703 万元。（黄　琳）

【西安事业部】 2006 年 3 月 16 日成立。驻陕西省西安市龙首北路西段 9 号航天新都 B 座 1 单元 1205 室。经理上官建芳。主要经营工程监理和工程技术咨询。从业人员 49 人,下设 2 个现场监理机构。

2009 年完成监理费收入 243 万元。（高宏秀）

【武汉事业部】 2009 年 1 月成立。驻湖北省武汉市东湖开发区关山大道 519 号光谷坐标城 C 区 8 栋 1 单元 401 号。经理王春光。主要经营工程监理和工程技术咨询。从业人员 29 人,下设 2 个现场监理机构。固定资产 17.55 万元。

2009 年完成监理收入 400 万元。（陈　杏）

【上海事业部】 2009 年 4 月成立。驻上海市共和新路 2303 号 201 室～204 室。经理沈志林。主要经营铁路、公路和房屋建筑工程监理。从业人员 80 人,下设 2 个现场监理机构。

2009 年完成监理收入 296 万元。（倪　丽）

【房建事业部】 2009 年 4 月成立。驻北京市海淀区阜成路 42 号中裕商务花园 6C－401。经理吴晓媛。主要从事工程监理和工程技术咨询业务。从业人员 130 人。（王兴杰）

【重要记载】

▲2 月 3 日　铁道部党组成员、副部长卢春房到公司监理的石武铁路湖北段黄龙寺隧道横洞施工现场

视察。

▲4月13日　信诺工程检测公司顺利通过北京市住房和城乡建设委员会组织的现场核查和专业测试,取得工程检测资质。

▲6月5日　铁道部印发《关于进一步加强和改进监理工作的指导意见》,公布首批11家做强做大监理企业试点单位,公司名列其中。

▲6月8日　公司监理的郑西铁路客运专线西安北站北扩工程正式开工。西安北站建设规模目前居亚洲第一。

▲8月22日　公司参与监理的南京长江隧道全线贯通。

▲9月23日　公司和北京铁建联合监理的北京地铁4号线顺利通过北京市建委组织的竣工验收,于9月28日正式开通运营。

▲11月26日　铁道部2009年第二次铁路建设工程监理企业信用评价结果公布,公司获A类第一名。

▲12月15日　公司获共创2009年度鲁班奖工程监理企业称号,监理的遂渝铁路和中国铁建大厦工程获2009年度中国建设工程鲁班奖,陈九香、宋玉库被授予共创2009年度鲁班奖工程总监理工程师称号。

(田春珍)

中铁建(北京)商务管理有限公司

【简况】　前身系北京铁建工贸集团公司,2001年11月组建;2008年1月集团公司改制改称现名。驻北京市复兴路40号。下辖中铁建(北京)物业管理有限公司、北京铁建医院、北京铁建宾馆、北京中铁建商贸中心、中国铁建机关汽车队。职工663人。资产总额6082万元。其中,流动资产4694万元;固定资产115万元;其他资产1273万元。

2009年,公司克服复兴路40号院区拆迁改造带来的困难,转变职工观念,开拓外部市场,挖潜增效,强化服务职能,加大经营力度,培育新的经济增长点。全年完成产值9304万元,实现净利润254万元。职工年人均收入4.8万元。国有资产保值增值率115.47%,资产负债率68.94%,净资产收益率14.38%,流动资产周转率2.06次,成本费用利润率3.95%。(韩　明)

【领导人员】

董事会

董事长　　周步科
董事　　孙　胜
职工董事　　任大友(10月退休)

监事会

监事会主席　　于凤丽
监事　　杜经红
职工监事　　潘吉江

经理层

总经理　　周步科
副总经理　　孙　胜
总会计师　　任大友(10月退休)

党群领导

党委书记　　周步科
工会主席　　孙　胜(10月任)　　(韩　明)

【职工队伍】　职工663人。其中,在岗职工302人;内部退养职工136人;退休职工225人。在岗干部150人。其中,高级职务20人;中级职务34人;初级职务31人。技术干部占在岗干部总数的56.7%。在岗工人152人。其中,高级技师10人;技师54人;高级技术工人35人;中级技术工人5人;初级技术工人1人。技术工人占在岗工人总数的69%。　(孙友霞)

【经营管理】　理顺管理关系。7月,根据股份公司要求,将公司从中铁物资集团公司划出,正式确定为股份公司二级单位。为适应发展变化,提升整体竞争力,公司及时调整所属单位机构设置。10月,将中国铁建机关汽车队从原北京中铁建物业管理中心划出,由公司直接管理;12月,将北京中铁建物业管理中心改制,成立中铁建(北京)物业管理有限公司。

提升服务质量。公司立足院区、服务机关,扎实工作,不断加强基础服务,努力做好物业管理、医疗卫生、餐饮住宿、车辆服务等各方面工作,得到总部机关及院区居民的认可和好评。物业管理公司坚持“业主至上、科学管理”的服务理念,顺利承接中国铁建大厦物业服务工作,获得高档写字楼管理经验。铁建医院遵循“以病人为中心”服务宗旨,加强基础设施建设,改善就医环境,建造特色科室,聘请专家门诊,构建和谐医患关系,推动了医院管理的科学化、规范化和高效化。铁建宾馆以做好工作餐为重点,保证总部机关用餐服务。机关汽车队进一步健全规章制度,强化人员、车辆管理,加强服务规范化建设,切实做好总部机关车辆保障工作。

强化经营力度。明确发展定位,不断开拓外部市场,积极培育新的经济增长点。年内顺利承接中国铁建国际城的物业管理业务，实现公司“走出去”发展战略零的突破；获得股份公司授权，与五粮液集团合作，代理销售中国铁建特供酒项目；加强医疗服务，开展健康体检项目，拓宽创收渠道。铁建宾馆机关餐厅就餐人数不断增加，收入来源逐渐稳定。公司机关加强本级项目创收力度，规范玉泉东市场及房屋租赁业务管理，加大应收账款清欠力度，积极洽谈新的贸易业务，经营工作呈现良好发展态势。（韩 明）

【社会事务】 继续坚持“内抓管理，外塑形象，沟通政府，服务社会”的工作原则，不断加强社会事务工作管理，促进社区和谐发展。2009 年，中国铁建机关继续保持北京市爱国卫生红旗单位、首都绿化美化花园单位的称号，维护了股份公司机关良好的社会形象。物业管理公司被评为北京市先进供暖单位，机关汽车队被评为北京市交通安全先进单位，总公司机关被评为海淀区交通安全先进单位。（韩 明）

【党群工作】 （1）学习实践科学发展观活动。公司两级党委以“规范服务上水平，拓展经营促发展”为载体，认真开展学习实践科学发展观活动。公司领导班子成员组成 4 个调研小组深入所属单位，采取问卷调查、召开座谈会、个别谈话等方式进行集中调研，发放调查问卷 145 份，征求群众意见 436 条，在此基础上形成领导班子分析检查报告，制定整改落实方案，群众比较关注的企业定位、拆迁补偿、内退职工待遇等 12 个方面的问题得到较好解决，群众满意度 100%。（2）领导班子建设和党组织建设。以学习实践科学发展观活动为契机，公司两级领导班子思想观念不断转变，经营思路逐步拓展。开展“四好领导班子”创建活动，在党员中开展“立足岗位作贡献，我为服务经营献一策”活动，物业管理中心党委被公司评为 2009 年度“四好领导班子”。（3）宣传思想工作和稳定工作。组织广大职工深入学习党的十七大和十七届四中全会精神，认真贯彻落实股份公司、公司工作会精神，针对职工关注的住房改善和单位拆迁问题，公司两级党委特别是涉及拆迁的 3 个单位，认真细致地做好拆迁中的思想稳定工作，保持了职工队伍的稳定。（4）党风建设和反腐倡廉工作。认真抓好反腐倡廉教育，公司出台《领导干部问责制暂行办法》，从 9 个方面对各级干部在工作中不作为等不履行或不正确履行职责的情形实行问责，增强各级领导干部的责任意识。（5）工会和共青团工作。开展“工人先锋号”等活动，积极参与队伍稳定工作，组织庆五一、纪念全民健身日、迎国庆等活动，参与人数 1000 多人次，进一步增强了企业的凝聚力，展现了职工良好的精神风貌。认真做好送温暖和职工互助合作保险工作，元旦、春节期间慰问困难职工 336 户。共青团组织积极开展创建“青年文明号”等活动，鼓励团员青年自学成才，岗位奉献。（叶发卿）

【中铁建（北京）物业管理有限公司】 驻北京市海淀区复兴路 40 号院。原名为北京中铁建物业管理中心，2009 年 12 月改制更为现名。为独立法人实体，北京市物业管理二级资质企业，北京市物业管理协会会员单位。主要负责股份公司机关办公大厦及居民住宅区的物业管理。总经理兼党委书记石兴国。职工 187 人。

2009 年完成营业收入 3193 万元，实现净利润 75 万元。坚持“业主至上、科学管理”的服务理念，建章建制，规范管理，业主满意度不断提高，各项服务工作走上规范化、标准化轨道。顺利承接中国铁建国际城物业管理业务，正式进入北京市物业管理市场。年内被北京市评为供暖先进单位，所属机关文化活动中心游泳馆被北京市海淀区体育局评为优秀体育场馆、被万寿路街道评为资源共享先进单位，所属大厦服务中心被股份公司授予安全质量标准工地称号；1 人次被国家体育总局评为全国群众体育先进个人，1 人次被北京体育协会评为北京市体育场馆优秀管理者；1 人次被评为股份公司责任成本管理先进个人，1 人次被评为海淀区万寿路地区安全生产和消防工作先进个人。（王永红）

【北京铁建医院】 驻北京市海淀区复兴路 40 号院。为事业法人单位，系一级综合性医院，北京市基本医疗保险定点医疗机构。主要承担院区及周边地区居民的医疗、预防、保健、健康教育、康复、计划生育“六位一体”社区卫生服务。院长、党委书记张丽霞。在职职工 38 人。其中，高级职务 6 人；中级职务 18 人，初级职务 10 人。2009 年，门诊量达到 69439 人次，体检 5000 余人次，门诊收入 1816 万元。加强基础设施建设，改善就医环境，建造特色科室，聘请专家门诊，实现信息化系统升级改造，建立医生工作站，安装污水处理设备，加强医疗质量管理与监控，健全和完善规章制度，推动医院管理的科学化、规范化和高效化，构建和谐医患关系，建设和谐医院。年内顺利通过北京市免疫预防门诊规范化检查验收，获得北京市临床检验中心颁发的北京市临床血液（血常规）学、北京市临床生化、北京市临床免疫（肝炎）的“室间质评证书”，两名职工被评为海淀区疾病预防控制中心 2009 年度工作先进个人。（李卫莉）

【北京铁建宾馆】 为公司所属全资子公司,独立法人实体。驻北京市海淀区复兴路40号院。总经理刘国华,党委书记赵虎山(1月免)、刘国华(3月兼)。下辖中铁建第三招待所和机关餐厅。职工108人,其中在岗职工56人。

2009年营业收入650万元,实现利润30万元、净利润9万元。宾馆1月~5月接待顾客12055人次(5月底关闭),餐厅接待就餐人员9.6万人次,三招接待顾客28267人次。宾馆食宿顾客满意率98%。中铁建第三招待所被北京市海淀区旅游行业协会选为旅店业分会常务理事单位。 (张靖靖)

【北京中铁商贸中心】 为公司所属全资子公司,独立法人实体,注册资本金100万元。主要经营商用房屋租赁、建筑材料租赁、物资贸易营销。驻北京市海淀区复兴路40号院。总经理杨明云,党委书记何永超。职工115人。其中,干部36人;工人79人。

2009年完成主营业务收入431.5万元,实现净利润10.3万元。 (宋兰平)

【中国铁建机关汽车队】 2009年10月由原北京中铁建物业管理中心划归公司直接管理。主要负责股份公司机关日常办公及接待用车服务。驻北京市海淀区复兴路40号。队长王继平,书记陈彦淼。职工53人。拥有大小型车辆51辆。

2009年出车1800余台次,安全行驶85万公里,完成经营收入581万元,实现利润41万元。连续25年实现安全无事故,连续10年被评为北京市海淀区交通安全先进单位,年内被评为北京市交通安全先进单位。 (郝子硕)

中国铁建股份有限公司北京培训中心

【简况】 中国铁建股份有限公司北京培训中心(中国铁建股份有限公司党校)驻北京市大兴区龙河路16号。前身是1983年12月组建的中国人民解放军铁道兵指挥部干部学校,1984年1月集体转业并入铁道部,更名为铁道部工程指挥部干部学校;1990年10月改称中国铁道建筑总公司干部学校,1991年1月1日定名为中国铁道建筑总公司党校、干部学校;2002年3月,总公司批准成立中国铁道建筑总公司北京培训中心,实行一套班子,兼有党校、干校、北京培训中心三种职能;2005年5月,总公司决定将干部学校更名为管理学院;2008年1月5日,随着中国铁建股份有限公司整体上市,更名为中国铁建股份有限公司北京培训中心;2009年1月16日,总公司党委决定将中国铁道建筑总公司党校更名为中国铁建股份有限公司党校,实行培训中心(党校)党委领导下的主任(校长)负责制。2002年被列入中央党校原中央企业工委分校(现中央党校国资委分校)教学管理体系,同年被列为“中央国家机关会计人员继续教育培训单位”。2006年被授予“中央党校在职研究教学点”,2007年被授予“中国人民大学会计专业硕士教学点”。校园占地面积1.8万平方米,建筑面积1.54万平方米,固定资产净值258万元。下设办公室(党委办公室)、综合教研室、教育培训处、财务处、物业管理中心、经营开发处、信息管理部、法律咨询培训部。在职职工33人。其中,高级职务9人;中级职务12人。培训中心已形成280名学员的办学规模。 (郝慧晶)

【领导干部】

主任(校长)	陈继柏(4月免)
	顾传智(4月任)
党委书记	陈继柏(4月任)
副主任(副校长)	单永新(4月任)
工会主席	刘爱武(兼)

(郝慧晶)

【教学培训】 全年举办培训班、承办会议52期,培训、接待人员5079人次,入住46621人天,平均每天127人在校。2009年培训工作呈现四个特点:一是主体班教学确保质量。在主体班的教学组织过程中,注重紧贴企业实际,不断充实“企业经营管理”等内容;坚持科学发展观内容进课堂,发挥党校理论阵地作用;尝试性地引入专业培训公司,开设研讨式实验课程,进行教学方式改革和创新。二是业务策划能力有所提升。全校职工发扬“没有条件,创造条件也要上;困难重重,克服困难也要干”的拼搏精神,成功举办“中国铁建杯”第二届乒乓球比赛。紧跟股份公司经营形势,策划举办历时46天的中国铁建第一期高级经营管理人员培训班,为未来5年股份公司轮训高级经营管理人员奠定扎实基础。三是外请师资优中选优。在教学活动中,秉承优良传统,继续充实和丰富师资库,外请师资包括国家部委领导、国家机关有关专家、国资委机关领导、行业权威、股份公司领导、高等院校教授和股份公司系统内专家等。四是培训管理方式推陈出新。继续坚持主体班学员“两个带来”、“三个留下”问卷调查方式,形成培训简报,为加强培训管理提供第一手资料。注重加强培训班组织机构建设，研究制定主体班培训流程图，强化流动式管理、跟班式服务。以不定时讲评等方式加大学习监管力度，实行学分制考核方法。教学培训始终服务于股份公司工作重心，全年举办主体班6期、专业培训班37期，承办其他培训班、会议9期。 （翟基生　郝慧晶）

【学历教育】 中央党校在职研究生教育面向股份公司系统内外招收处级以上干部和具有中级以上职称的专业技术人员，培训中心负责日常教学、教务和学籍管理工作，在职研究生招生名额、学制、课程设置均由中央党校研究生院确定，授课教师由中央党校选派。自2006年开办以来，有注册在职研究生学员293人，其中2007级83人、2008级125人、2009级85人。

会计硕士专业学位（MPAcc）的培养对象是国民教育系列大学本科毕业、从事会计或相关领域的实际工作两年以上的会计工作人员，招生名额、学制、课程设置均由中国人民大学确定，授课教师由中国人民大学选派。2008年设立会计硕士专业学位教学点，在册学员56人。 （高洪勇　郝慧晶）

【党群工作】 党务工作。校党委下设3个党支部，有党员37人。2009年，校党委以深入开展学习实践科学发展观活动为契机，加强党员干部政治理想信念和思想道德教育，提高党员干部谋求科学发展的自觉性。通过中心组学习和民主生活会等形式，加强领导班子思想政治建设，提高组织培训创新的能力。通过办公会议、职工大会、专项会议等形式，积极开展经常性职工教育活动，提出工作要求，振奋工作精神。开展评比“五好党支部”、“六好党员”活动，激发党员干部的责任意识和争先意识。

经委工作。坚持贯彻执行党的路线方针政策和国家的法律法规，认真落实股份公司党风建设和反腐倡廉工作会议精神，切实履行纪检监察工作的各项职能。贯彻落实“三重一大”制度，接受职工群众监督，从源头上防止腐败。加强领导干部作风建设和廉洁自律思想教育，增强防腐拒变的能力，为学校健康发展提供纪律保证。

工会工作。年内举办“国庆60周年红歌演唱会”、北戴河旅游等活动，丰富职工业余生活；积极组织职工运动会、女职工活动等，活跃校园气氛；开展送温暖活动，对困难职工、去世职工亲属、患病住院职工进行救济、补助。 （刘爱武　郝慧晶）

【重要记载】

▲1月16日　学校更名为中国铁建股份有限公司党校。

▲1月19日　股份公司党委副书记霍金贵出席“十一五”第7期领导干部培训班开班典礼并作重要讲话。

▲9月6日　中央党校研究生院副院长段若鹏出席中央党校2009级在职研究生班开学典礼。

▲11月14日　股份公司党委副总裁张宗言出席中国铁建第1期高级经营管理人员培训班开班典礼。

▲12月15日　外交部副部长吕国增应邀到校做当前国际形势报告。 （郝慧晶）

2009年4月29日，陕西省西安市召开2009年宣传精神文明工作会，中铁二十局集团公司获全国文明单位称号。图为该集团公司党委书记周富(中)在会上接受全国文明单位授牌。 (麻 炜 提供)

人 物

本栏责任编辑 **杨启燕**

新闻人物

【王争鸣·全国十佳现代管理企业家】 中铁第一勘察设计院集团公司董事长、院长，教授级高级工程师，全国工程设计大师。1957年9月出生，安徽省全椒县人，中共党员。参加工作20多年来，曾参加或主持了十几条铁路干线、客运专线、高速铁路的勘察设计和全国铁路编组站建设规划总体汇编及青藏铁路设计方案优化、站后设计、科研开发等工作。由他负责或主持完成的设计项目和研究成果，先后获得国家科学进步特等奖、国家优秀设计金奖、铁道部优秀设计一等奖、全国优秀设计软件金奖等。他担任国内7个行业协会的理事、3家科技杂志的编委和2所大学的兼职教授。

近几年来，他积极推动管理创新和观念更新，确立"建设中国名优科技型企业、建设和谐一院"的企业长期发展战略，提出"技术支撑经营、技术控制成本、技术提升管理"的治企理念，促进了铁一院快速发展进步，主要经济技术指标连年刷新。铁一院首批获得国家工程设计综合甲级资质，先后被授予中央企业先进集体、全国五一劳动奖状、全国抗震救灾英雄集体等称号，在中国勘察设计协会公布的工程咨询与勘察设计行业2007~2009年的工程项目管理营业收入排名中，均名列第一位。2009年10月，王争鸣获全国工程勘察设计行业国庆60周年十佳现代管理企业家称号。（李景平）

【蒋再秋·全国十佳现代管理企业家】 中铁第四勘察设计院集团公司董事长，教授级高级工程师。1960年9月出生，湖北省天门市人。1982年7月毕业于长沙铁道学院，大学本科学历，中共党员。2007年9月任职以来，他紧紧依靠各级党政工团组织和广大职工加快企业改革发展稳定工作，大力实施企业"一主两翼"发展战略，2008年企业营业收入比2007年增长46%，2009年又比2008年增长53%。他坚持"科技兴院"，积极拓展高速铁路市场。铁四院总体设计的时速350公里的武广、郑西铁路客运专线和连接中国东、中、西部地区的沪汉蓉铁路大通道，以及沿海铁路大通道甬台温、温福、福厦铁路先后投入运营。截至2009年底，承揽时速250公里~350公里铁路客运专线工程勘察设计线路总长6051公里，累计投入运营2144公里，占全国投入运营铁路客运专线里程的61%。2009年，铁四院先后获得中央企业先进集体、全国勘察设计行业建国60周年十佳自主技术创新企业、湖北省五一劳动奖状、股份公司经营工作先进单位等荣誉。他本人先后获得全国勘察设计行业国庆60周年十佳现代管理企业家、第十六届湖北省优秀企业家（金牛奖）、武汉市"有突出贡献经济人物"、湖北省"荆楚功勋——企业界60年60人"等荣誉。（刘时运）

【李军·全国民族团结进步道德模范】 中铁十九局集团五公司工会副主席。1962年9月出生，河北省康保县人，大学本科学历，中共党员。2002年8月~2009年9月，李军先后出资救助西藏自治区儿童福利院的孤儿和敬老院的孤寡老人；尽自己的微薄之力，资助两名藏族孤儿读书，并帮助一名家境贫困的藏族高中学生考上大学，为其承担了全部学费。在西藏的几年里，他帮俄玛迪格的村子建起了"文化站"，并出资维修小学校舍，为学生购买学习用品和书籍；才旺家是那曲县22村有名的贫困户，其母亲有病，奶奶瘫痪在床，家庭条件非常困难，李军在工地帮助才旺安排了工作，并经常给他家送粮食和生活用品，还捐钱为才旺的母亲和奶奶治病。李军回到内地后，在南京地铁施工期间加入了资助聋哑儿童康复的救助组，捐钱捐物，求医问药，四处奔波；修建盘海营铁路时，他与施工所在地的回族自然村的村民以诚相待，真心处事，得到了村民的好评，地方政府为感谢李军与他们路地共建、民族团结的情谊，给项目部送去了"路地共建结友谊，民族团结见真情"的锦旗。几年来，李军先后获得辽阳市精神文明职业道德标兵，集团公司十大杰出共产党员标兵，股份公司优秀共产党员，西藏那曲地区精神文明先进个人、"扶残济困、资孤助学"模范，西藏自治区红十字会荣誉会员，火车头奖章等荣誉。李军曾接受中央电视台《走遍中国》节目组专访，2005年李军作为"感动中国"候选人参加竞选，2007年被西藏自治区评为"2007年度感动西藏"人物。2009年4月13日，中央电视台英语9频道播放了他的感人事迹后，不仅让海外华人、华侨深受感动，还有美国、日本、韩国、澳大利亚等外国友人对他的慈善之举表示敬意。9月28日，李军被评为国务院第五次全国民族团结进步道德模范。（张莹）

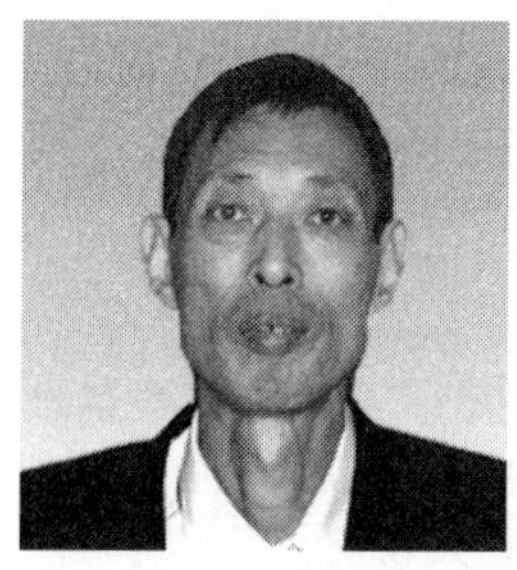

【李艳光·全国道德模范提名奖获得者】 中铁二十四局集团南昌建设公司职工。1952年7月出生，江西省波阳县人，高小文化，中共党员。1966年7月参加工作。李艳光自1992年5月给中国青少年发展基金会寄去200元资助安徽省临泉县一名失学儿童开始，他用省下的10多万元，先后资助了全国82名失学和贫困的孩子。李艳光不仅在经济上资助贫困孩子，更注重在精神上对他们进行支持和引导。他像亲人一样，花了大量时间和精力给孩子们写信，邮寄课外书籍和学习用品，努力培养他们健全的人格、健康的心态，受资助的孩子给他写了1000多封来信。在李艳光精神感召下，他的独生子李峰也资助了9名孩子。他所在单位的同事纷纷加入到献爱心行列，最多的一年资助达到10万元。2009年，李艳光获得全国道德模范提名奖、江西省首届十大道德（助人为乐）模范、中国铁建首届十佳道德模范荣誉。他还曾获得2007年江西省优秀春蕾使者、2005年南昌市“张思德式好市民”、2004年中国铁建劳动模范、2002年第三届“中国保护未成年人优秀公民”提名、2001年江西省优秀共产党员和江西省希望工程10周年“十大爱心人士奖”、2000年江西省职业道德先进个人等荣誉。

（杨 佳）

【何伟·江西省首届十大道德模范】 中铁二十四局集团南昌铁路工程公司汽车驾驶员。四川省南充市人，1968年1月出生，1987年参加工作，中共党员，高中文化。何伟一直以来都在默默无闻地、不间断地做着各种好事，他曾在工作途中将素不相识的病人送往医院抢救而悄然离开，他曾为生活困难的陌生人慷慨解囊，他曾不顾自身安危制止不法分子偷盗集体财产，也曾为保护他人钱物不被盗窃只身与小偷团伙搏斗。2007年8月的一天，何伟开车到鹰潭铁路南站办事，看到前面骑摩托车的人掉落了一个塑料袋，何伟刹住车，捡起打开一看，是一大捆百元现金，立刻加大油门追赶上这位骑摩托车掉钱的人。这位失主是鹰潭市的下岗工人，刚借来拾万元现金准备做生意用，没想到掉落在回家的路上。他要给何伟报酬和设宴招待何伟，何伟都谢绝了。每当有人问起他做这些事的想法时，他都是平淡地说：“我只是做了我应该做的。”何伟的事迹感动了很多人，2007年被评为“感动鹰潭十佳新人新事”；2008年入选由中央文明办和中国文明网开展的“我推选·我评议身边好人”的“中国好人榜”，被评为“中国好人”；2009年当选首届江西省十大道德（诚实守信）模范。

（逄明博）

【姜书范·全国优秀新闻工作者】 中铁十八局集团公司工会副主席，《中国铁道建筑报》驻天津（中铁十八局）记者站站长，主任记者。黑龙江省双城县人，1958年1月出生，大学本科学历，中共党员。姜书范从事企业新闻宣传工作近30年，发表作品400余万字，16次被评为《中国铁道建筑报》优秀记者和十佳记者；有200余篇新闻作品荣获各类新闻奖，其中60多篇分别获中国新闻奖、中国产业报好新闻、中国铁路好新闻及省级新闻奖。出版《昨天的军人们》《放歌大西南》《血脉总相连》《风景流墨》4部新闻作品专著及与人合著《不散的军魂》等20多部作品集。消息《今天，秦岭启开山门》获第十届中国新闻奖三等奖，并被选入中国人民大学新闻学院《新闻写作教程》。2009年，姜书范被中共中央宣传部、中共中央对外宣传办公室、国家广播电影电视总局、中华人民共和国新闻出版总署、中华全国新闻工作者协会联合评为全国优秀新闻工作者，并出席11月8日在北京京西宾馆举行的第十九届中国新闻奖、第十届长江韬奋奖、2009年全国优秀新闻工作者颁奖报告会，受到中共中央政治局常委李长春，中共中央政治局委员、书记处书记、中宣部部长刘云山等中央领导的接见，中央电视台、新华通讯社等主流媒体对此进行了报道。

（辛 文 阎世杰）

【谢卫林·南水北调北京段工程优秀建设者金奖获得者】 中铁十二局集团二公司南水北调西四环暗涵工程8标段项目部项目经理。1967年8月出生，山西省永济市人。2005年5月，谢卫林被公司任命为项目经理，全面负责南水北调西四环暗涵工程8标段项目部的各项工作。上任后，他始终坚持“预防为主，安全第一”的方针和“安全为了生产，生产必须安全”的原则，合理协调生产进度、质量、安全关系，积极推行“重点环节设立事故易发管理点，关键部位设立安全控制点，薄弱环节设立安全检查点”的施工安全管理制度，真正做到边检查，边整改，不留死角，不藏隐患，形成人人讲安全、关心安全、重视安全的氛围。在正洞施工中，针对暗涵主洞穿越西四环南坞桥和蓝靛厂桥的特殊情况，谢卫林组织项目部相关技术人员与石家庄铁道学院联合成立穿越桥梁科技创新攻关小组，进行专题研究，积极寻求对策，科学制定暗涵主洞过桥区施工方案及应急预案，同时采取增设周边打小导管注水泥浆和水玻璃以加强地质硬度的办法，有效地加固了地层，先后避免了凿破污水管、错断地下军用电缆等事故的发生，率先完成试验段工程，为其他标段施工提供了经验依据。在施工管理中，谢卫林精兵减将，严格管理，加强内节外控，积极进行变更设计，项目综合收益率达到25%以上。他本人被评为北京市南水北调工程建设管理中心2005、2006、2007年度安全生产先进个人，获北京市人民政府优秀建设者金质奖章；项目部获得安全生产先进集体、北京市安全文明工地、先进集体金质奖章等荣誉。南水北调西四环暗涵工程获北京市市政基础设施结构长城杯金奖。 （张林祥）

【张立丰 · 山东省富民兴鲁劳动奖章获得者】 中铁十四局集团二公司湖北沪蓉西高速公路第9合同段项目部项目经理，高级工程师。1972年4月出生，1996年7月毕业于西安建筑科技大学管理工程系，研究生学历。1999年7月加入中国共产党。参加工作以来，张立丰先后参加了京九铁路、闽江调水工程、朔黄铁路、河北运河大桥、沪蓉西高速公路龙潭隧道等工程建设，所参建的京九铁路、朔黄铁路工程获中国土木工程詹天佑奖；在指挥当时被专家称为“地质灾害百科全书”、交通部三大科研课题之一及国内在建公路第三、湖北省第一长大隧道——沪蓉西高速公路龙潭隧道施工中，积极组织科技攻关，“确保隧道帷幕注浆质量”QC小组活动成果获全国和山东省一等奖，“提高套管钻机钻进进度”QC小组活动成果获全国、山东省、铁道部一等奖。所率项目部先后获得湖北省交通厅“迎新创优杯”劳动竞赛先进集体、“抗震救灾迎奥运，提质提效保目标”劳动竞赛十佳建设单位、全国公路施工企业重点工程劳动竞赛优胜奖等荣誉。由于业绩突出，他先后被评为集团公司“十大杰出青年”、湖北省沪蓉西高速公路建设指挥部“十佳项目经理”，获集团公司建功立业奖章，2009年获山东省富民兴鲁劳动奖章。《中国铁道建筑报》2009年6月20日以《深入“龙潭”立丰功》为题，对他的事迹进行了详细报道。 （刘　宁）

科技人物

【王玉泽 · 全国工程勘察设计行业国庆60周年信息化突出贡献人物奖】 中铁第四勘察设计院集团公司总工程师，中国勘察设计大师，全国勘察设计行业信息化工作专家。江苏省丹阳市人，1960年5月出生，1982年7月毕业于西南交通大学，工程硕士学位，中共党员。王玉泽是铁道部高速铁路相关项目专家组成员，先后组织和主持京沪高速铁路、京沪铁路电气化改造、武广铁路客运专线等20余项国家重点工程的研究、勘察设计和技术决策。高度重视信息化建设，在他的带领下，铁四院勘察设计一体化和企业信息化工作取得可喜进步。外业勘测软件系统集成实现外业测量数据采集电子化、自动化；工程设计主业实现一体化；各专业通过设计流程控制管理系统，实现数据交换多专业联合设计；自主开发（引进）近500套各类专业设计软件；建立人力资源管理系统、财务管理数据中心；以公文处理为主线的铁四院办公自动化系统成功推广应用。他主持开发完成的“计算机辅助选线设计”系统获2006年度全国优秀工程设计金奖，主持完成的“新建铁路线路数字化设计平台的设计及应用”项目获第八届全国优秀工程设计软件项目金奖。王玉泽曾获铁道部“铁路专业技术带头人”、湖北省五一劳动奖章、火车头奖章等荣誉。 （刘时运）

【胡斌 · 新世纪百千万人才工程国家级人选】 昆明中铁大型养路机械集团公司总工程师，教授级高级工程师，中国铁路养路机械专家，铁路大型养路机械联合体专家组组长。1966年5月17日出生，云南省石屏县人，大学本科学历，中共党员。胡斌长期从事铁路养路机械研究和设计制造，先后主持和参与完成了16种产品的研发制造，获实用新型专利18项，这些产品均处于国际先进水平，实现中国铁路养护综合作业大型养路机械系列化，具备了较大规模铁路线路大修和维修的能力，为中国铁路养路机械行业快速发展发挥了不可替代的作用。他主持完成的“CD08－475 型道岔捣固车国产化的研制”成果，是当今中国铁路大型养路机械研究制造技术的代表；CD08－475 型道岔捣固车是迄今为止世界上最先进的铁路道岔养路设备，其结构复杂，技术含量很高，用于作业功能控制的计算机达 5 台之多。该项目在胡斌的主持下，以不足一年的时间，完成引进技术再创新和样机试制，通过工作性能试验和铁道部主持的科技成果鉴定，填补国内空白，达到国际先进水平，为中国铁路的提速和高速铁路的建设提供了必不可少的先进装备。他先后获得铁道部中青年有突出贡献专家、云南省科技创新人才、昆明市学术与技术带头人、火车头奖章等荣誉。

（童普江）

模范人物

【彭树贵·全国五一劳动奖章获得者】 中国铁建股份公司党委副书记、纪委书记、工会主席、监事会主席。1954 年 10 月出生，山东省济南市人，硕士研究生，中共党员。1972 年 11 月入伍。多年来，他自觉践行科学发展观的要求，勤于思考，勇于开拓，为企业的改革发展作出了突出贡献。一是围绕企业中心工作，旗帜鲜明地抓反腐倡廉建设。坚持正确用人导向，严把选人用人关。他先后带队考察局级领导班子 21 次，推荐提拔任用局级领导人员 50 余人，无一人违纪违法。注重调查研究，强化反腐倡廉制度建设，先后出台惩防体系实施办法、企业领导人员廉洁从业实施细则、廉洁自律三项监督制度、三种谈话制度、案件检查和效能监察暂行办法、“三重一大”集体决策制度等 18 类 104 项全局性重要制度规定，有力地促进了企业领导班子整体建设，规范了各级领导人员的廉洁从业行为。不断推进效能监察工作，优化企业经营管理，组织开展“三项招标”（物资采购、设备购置、外部劳务录用）、工程项目责任成本管理、亏损工程项目整治等多项效能监察，累计为企业节约资金 25.19 亿元，增盈 8.78 亿元。特别是 2007 年立项的“三重一大”集体决策制度效能监察取得成效，得到国资委纪委的充分肯定。加强案件查处工作，全系统累计查办案件 1486 件，挽回经济损失 2.85 亿元。二是围绕企业改革发展稳定大局，切实维护职工合法权益。他当选工会主席以来，坚持以构建和谐、促进发展为主线，突出维权主题，有效地提升了工会工作的水平和境界。坚持以人为本的理念，保护职工合法权益，针对全系统 25000 余名职工息工待岗问题，提出解决指导意见和实施办法，职工待岗人数由 10% 下降到 3%。持续推进“三不让”工作，累计筹集资金近亿元，救助一线困难、重困、特困职工 14676 户，资助困难职工子女入学 3389 人，救助患病人员 4671 人次。坚持从企业实际出发，工会工作取得很大成绩。在“五比四创”劳动竞赛中，26 个单位获得火车头奖杯、134 人获得火车头奖章；在“创争”活动中，24 人、23 个集体在国资委“双千”表彰中分别被评为学习型先进职工和学习型红旗班组；总结推广的“一法三卡”先进管理经验，有效地促进了企业安全生产；在国资委举办的技能大赛上，中国铁建获 3 个金奖、1 个银奖、1 个铜奖，包揽冠、亚、季军；在评先创模方面，8 个单位获得全国五一劳动奖状、17 人获得全国五一劳动奖章、5 个集体获全国“工人先锋号”称号。坚持民主管理，注重基层工会建设，股份公司连续两次被国家六部委表彰为全国推动厂务公开民主管理先进单位。三是积极培养、储备青年人才。5 年来，全系统有 400 余名先进青年和 600 多个先进青年集体受到省部级以上表彰，其中 65 人、60 个集体获国家级表彰；1 人当选中国十大杰出青年候选人；1 人被评为中国青年五四奖章十大标兵，1 人获得中国青年五四奖章。四是认真履行工作职责，积极探索上市公司监事会运行机制，制定《中国铁建股份有限公司监事会议事规则》等相关内部监控制度，加强监督检查，坚决维护广大投资者利益。

（李青颖　宋卫国）

【赵晋华·全国五一劳动奖章获得者】 中铁十一局集团公司总经理，教授级高级工程师，中国铁建著名桥梁专家，湖北省青年企业家协会副会长。1962 年 4 月出生，山西省襄汾县人，1984 年毕业于石家庄铁道兵工程学院，研究生学历，中共党员。历任中铁十二局一处科技科科长、总工程师、副处长兼总工程师、处长，一公司董事长、总经理，2006 年任中铁十一局集团公司总经理。上任以来，他秉承“产业报国，依法经营，诚实守信，自主创新，发展企业”的理念，大力优化企业组织、产业和任务结构，果断改革经营、施工指挥、经济核算及用人体制，全力推行精益化管理，走出一条专业、高效、平安发展的特色经营的新路子，下属 11 个公司专业特色明显、专项能力突出、发展前景喜人。4 年来累计承揽任务1126.43亿元,年均递增63%;累计完成企业总产值634亿元,年均递增54.53%;累计缴纳税费28.59亿元;企业产值规模从不足百亿元提升到300亿元,经营规模从100亿元提升到350亿元,在建项目规模从100多亿元扩大到500多亿元,资产规模从100亿元增长到170多亿元;产值收益率从1.54%上升到8.2%,缴纳税款从3.54亿元增加到12.11亿元。2009年还清13亿元银行贷款,消化、弥补亏损和潜亏12亿元,企业的储备和后备能力提高,偿债能力、变现能力和盈利能力不断增强。集团公司有40余项工程获中国建设工程鲁班奖、中国土木工程詹天佑奖、国家及省部级优质工程奖,参建的5项工程被评为建国60周年百项经典暨精品工程;获国家科技进步特等奖1项,省部级科技进步奖2项,国家级工法2项,省部级工法8项,国家专利授权21项。集团公司参建的石太、合武、甬台温、温福、武广等铁路客运专线和襄渝铁路二线等长大铁路干线于2009年按期开通,其中武广铁路客运专线创造时速394公里的世界铁路第一运营速度。企业先后获得全国文明单位、全国五一劳动奖状、全国优秀施工企业、中国优秀诚信企业和湖北省优秀企业、安全生产红旗单位、重合同守信用企业、AAA级特级信用企业等荣誉,涌现出一大批先进模范人物,他本人先后获山西省劳动模范、全国优秀施工企业家等称号。

(程　辉)

【刘天一・全国五一劳动奖章获得者】 中铁十二局集团三公司京沪高速铁路19项目经理部测量队队长。1975年1月出生,湖北省宜昌市人,高中文化。1993年3月作为进城务工人员,到中铁十二局集团三公司从事测量工作,先后参加侯月铁路、京九铁路、渝怀铁路、武汉枢纽、京沪高速铁路等国家重点工程建设。17年来,刘天一与时俱进,勤奋好学,努力钻研业务,注重理论与实际的结合,练就了“一测准”的真功夫,业务素质和组织管理能力不断提高,成为集团公司测量能手,项目部测量主管,并带出一批业务素质高,团结协作精神强,富有战斗力的业务骨干,圆满完成了不同时期、不同工程项目的测量任务。参加工作至今,其测量差错率为零,确保了工程进度和质量,先后获公司“新长征突击手”和“工程测量尖兵”称号;2005年6月,他以优异成绩夺得集团公司测量技术比武桂冠,获集团公司“青年岗位能手”称号,并受到晋升测量技师的奖励;2006年以来先后获中国铁建劳动模范、山西省优秀“青年岗位能手”、山西省“十佳进城务工人员”、山西省五一劳动奖章、第五届全国杰出进城务工青年和全国五一劳动奖章等荣誉。

(张林祥)

【邹建江・全国五一劳动奖章获得者】 中铁十六局集团二公司天钢项目部项目经理。1963年11月出生,山东省荣成市人。大学本科学历,中共党员,工程师,1981年1月参加工作。先后参加朔黄铁路长梁山隧道、北京八达岭高速公路隧道、地铁西单站、轻轨通州北苑站等工程施工,2005年担任天钢项目部项目经理。项目部以精细管理、讲求诚信为经营宗旨创出了品牌,项目部就地滚动发展,成为公司重要的支柱区域。5年来,项目部先后承揽天津钢铁公司高炉道路铁路工程、钢渣加工厂、设备安装、铸铁机扩建、翻车机室、铁水倒罐站等62项工程,合同投资6.4亿元,并立足天钢向环渤海区域扩展。邹建江大力推行目标成本责任制和工序单价承包制度,承揽工程无一亏损,年年超额完成上缴款等经济指标。截至2008年底,累计完成上缴款865万元,职工年人均工资从项目部成立时的2.8万元提高到6.5万元。他在工程施工中积极开展“五比四创”、“创高产、保平安、效益好”、“安康杯”等劳动竞赛活动,充分调动全体参战员工的积极性、主动性和创造性,项目部先后5次被公司评为群众性经济技术创新先进单位、“安康杯”竞赛优胜单位。他重视安全质量管理,在严、实、细上下功夫,项目部实现安全零事故,工程质量合格率100%。项目部先后被集团公司评为文明工地样板、“四好领导班子”、基层建设先进单位、企业文化建设优秀项目部、企务公开先进单位,被天津钢铁公司评为安全生产管理先进单位,被股份公司评为安全质量标准化工地、模范职工之家,8项工程分别被建设单位评为优质、样板工程。他本人先后被评为集团公司先进生产标兵、天津市优秀项目经理、北京市经济技术创新能手、中国铁建十佳优秀项目经理。

(刘承宝)

【高庆生・全国五一劳动奖章获得者】 中铁十八局集团二公司滇东电厂项目经理,中共党员。1947年11月出生,四川省都江堰市人。高庆生参加了多项国家重点工程建设,为企业创造了可观的经济效益。2003年4月,公司中标滇东电厂进场公路Ⅱ标段工程，合同投资670万元。自2003年进场以来，高庆生带领的队伍施工内容涉及公路、桥梁、房建、暖通设备安装、场外补给水管线安装、储灰场、输煤输水等近10个门类50余项工程，投资达3亿多元，完成施工产值2.7亿元，完成上缴款4000余万元，其中2007、2008两年上缴公司利润1500万元。高庆生十分重视科技创新工作，他在工程中应用的“高复杂地段取水管线施工方案”获得集团公司科技进步一等奖。2009年初，高庆生由于积劳成疾，导致右肺叶坏死硬化，只能进行右肺叶部分切除手术，手术后病情稍有好转，又匆忙赶回工地。他多次获得天津市、铁道部立功奖章，2008年被授予河北省五一劳动奖章。（孙希东）

【马小利·全国五一劳动奖章获得者】 中铁二十一局集团三公司都汶高速公路项目部加工班班长。1971年2月出生，陕西省富平县人。马小利原为三公司都汶高速公路项目部的一名农民工。3年多来，他在项目部充分发挥和展示自己的聪明才智，取得6项创新发明成果，成为集团公司公认的“金牌蓝领”。马小利所在工点承建的隧道是一座高瓦斯隧道，当时掌子面需要一台开挖台车，但隧道内不允许进行电焊作业。如果在洞外制作，因隧道内有两处衬砌台车挡道，无法将开挖台车整体运到掌子面。经过思考，他研制了一台用300个螺栓联接的无焊接开挖台车，解决了施工难题。创新的思路，使他从众多的农民工中脱颖而出，随即被项目部任命为加工班班长。此后，他又根据工程实际情况，不断推出创新发明成果。继无焊接开挖台车后，陆续研制出混凝土自动配料机、H型钢弯曲机、多功能吊装设备、工字钢调直机、六棱形混凝土空心砖预制机等施工急需设备，这些设备操作简便，经济实用，在加快施工进度的同时，减轻了工人的劳动强度，提升了工程质量。2008年5月12日，四川汶川发生特大地震灾害，马小利积极抢救伤员，搭建20余顶帐篷，40余名轻重伤员和200余名施工人员得到妥善安置。公司在建的都汶高速公路在地震中遭到严重破坏，施工机械设备报废，工程要恢复重建十分艰难。马小利带领加工班首先重建混凝土拌合站，根据工程需要又加工了6台衬砌台车，为确保都汶高速公路2009年5月12日前通车作出突出贡献。他先后被评为都汶高速公路G合同段项目部先进生产者、公司经济技术创新先进个人、集团公司劳动模范、公司抗震救灾先进个人、中国铁建“敬业奉献道德模范”。2009年5月6日，三公司与马小利签订无固定期劳动合同。（贾晓宇）

【冉瑞忠·全国五一劳动奖章获得者】 中铁二十三局集团公司郑西铁路客运专线工程指挥部安质部部长，高级工程师，中共党员。1964年11月出生，四川省通江县人，大学本科学历。先后参加京九、秦沈、青藏、郑西、石武、大瑞等多条铁路及公路建设，担任过技术科长、总工程师、工程部部长、副指挥长、指挥长等职务。特别在担任集团公司郑西铁路客运专线工程指挥部安质部部长期间，冉瑞忠认真履行自己的工作职责，严格工作标准，提高工程质量监控水平，坚决消除不安全施工行为。他重视现场巡视和指导，对于重难点、危险项目坚持进行旁站监控，使工程质量时刻处于受控状态。他不断提高自身业务素质，多次针对施工难题提出可行性、创造性的施工方案，在得到业主、监理同意的情况下很好地完成了工程施工，为单位节约了成本。他还针对现场特点，结合自身多年工作经验，提出内业资料管理模式，使内业资料更加完善、更加规范、更加统一，具有很强的操作性和实用性，得到业主和集团公司的肯定。冉瑞忠多次被评为集团公司先进生产（工作）者、优秀共产党员，2002年获得铁道部建设指挥部建功立业杯，2007年获得火车头奖章。（吴东儒）

【戚广枫·全国五一劳动奖章获得者】 中铁第四勘察设计院集团公司电气化设计研究处处长，教授级高级工程师，中共党员。1964年10月出生，河北省滦县人，1986年7月毕业于西南交通大学，取得工程硕士学位、铁道部英语和德语双语资格、IPMP国际项目管理B级证书。1996～1997年赴德国研修高速铁路的建设、运营和管理。他先后担任专业设计负责人、总体、设计研究所副所长、处总工程师、处长等职务；是国际电工委员会（IEC标准）两个专业（即代号TC8－电压电流标准、TC9－牵引供电标准）委员会专家委员，兼一个单项IEC标准工作组牵头人，代表中国参加国际标准的制定、修改和投票决策工作；是铁道部专家库成员、中国铁道学会电气化委员会委员。戚广枫带领研发团队通过近十年技术集成、系统研究，解决了高速铁路机车参数仿真技术、综合接地系统与无砟轨道信号传输的兼容技术、时速350公里高速铁路弓网受流及系统设计技术、隧道内接触网预埋槽道技术、H型钢柱技术引进等难题,经武广、郑西铁路客运专线和京沪高速铁路工程实践,确立了铁四院高速铁路电气化设计研究领域国内领先、世界先进的地位。他著有《新一代超高速接触网SiF-CAT350的研发》《可靠性理论在接触网领域的初步应用研究》等学术论文,先后获得湖北省劳动模范、湖北省突出贡献中青年专家、湖北省五一劳动奖章、北京奥运会火炬手、全国十佳杰出国际项目经理等荣誉。

(刘时运)

【向远华·中国工程建设优秀职业经理人(全国优秀施工企业家)】 中铁十二局集团公司副总经理兼武广铁路客运专线项目经理部项目经理,中共党员。1964年出生,湖南省汉寿县人,硕士。1989年参加工作,先后任项目技术室主任、副段长、计划副科长、总工程师,公司技术科科长、副总工程师、总工程师、副总经理等职务。2001～2006年任七公司总经理,2007年任董事长。自2001年担任公司主管领导以来,他以做大做强七公司为己任,努力发挥领导班子成员作用,不断深化企业改革,率先在集团公司进行用工、人事、薪酬分配制度改革,取得显著成效。他在经营工作中实施核心客户战略,在湖南建筑市场占有一席之地。他坚持经营若水的理念,率领公司全体经营人员秉承直接经营的原则,直面业主、直接沟通;坚持数量与质量相结合的原则,实现规模与效益的统一;坚持路内路外均衡的原则,贯彻稳健、均衡的经营理念,注重发挥经营工作的导向职能,改善任务结构;坚持深耕细作的原则,诚恳待人,谨慎办事,广交盟友,合作共赢。通过几年来的积极运作与全体员工的共同努力,公司自主经营能力得到快速提升,经营理念、经营队伍日趋成熟。2001～2009年,公司自主经营实现从2000万元到25亿元的大步跨越,企业积累由2100万元增长到1.6亿元,固定资产净值由424万元增长到1.05亿元。公司先后被评为湖南省政府重点工程建设先进单位、信誉百强企业、AAA信用企业。他本人先后获集团公司科技工作者、优秀项目经理、科技攻关先进个人及股份公司、集团公司优秀共产党员等称号,2009年获得火车头奖章。

(张林祥)

【谭雷平·中国工程建设优秀职业经理人(全国优秀施工企业家)】 中铁十二局集团四公司董事长、总经理,高级工程师,中共党员。1965年4月出生,山西省运城市人。1987年7月毕业于石家庄铁道学院铁道建筑专业,工学学士。自1987年7月参加工作以来,一直从事工程技术、项目和企业管理工作。2001年2月～2006年3月任公司副总经理,2006年4月任董事长、总经理。他坚定不移地推行以学习、运用、掌握和创新技术为核心的发展战略,着力提升公司桥、隧、线专项施工能力,提高项目管理水平。针对在建项目多、跨度大、技术含量高等重难点问题,他常年深入施工现场,协助项目制定施工方案,坚决实行专家治理,在桥、隧、线方面培养出一批专业化的领军人物,保障了施工生产的平稳推进。在他的主导下,公司在隧道施工方面熟练掌握了新奥法原理,积累了围岩量测、光面爆破、初期支护、二次衬砌等关键施工技术及大断面硬质围岩快速掘进技术经验,具备了瓦斯、溶洞、岩爆、富水、突水突泥、黄土、破碎围岩等不良地质隧道和8000米以上长大隧道的施工能力。为开拓地铁领域,适应高标准、现代化施工作业的要求,谭雷平果断决策,斥资1.08亿元购置了两台进口盾构机,大大提高了公司的机械化施工水平。自2006年以来,公司承建的工程项目无任何等级安全事故发生,工程项目质量合格率100%;公司的施工能力大幅提升,市场开拓取得历史性突破,产值规模逐年攀升,2009年完成施工产值首次突破70亿元,达到71.2亿元。公司先后获山西省优秀建筑企业、山西省重合同守信用单位、全国优秀施工企业等称号。他本人先后获得铁路施工企业优秀项目经理、全国工程建设优秀项目经理、山西省优秀青年企业家、山西省五一劳动奖章等荣誉。

(帅 琦)

【杨有诗·中国工程建设优秀职业经理人(全国优秀施工企业家)】 中铁十四局集团公司总经理,高级经济师。1954年10月出生,山东省巨野县人。自2001年12月起任中铁十四局集团公司总经理、党委副书记、副董事长,2009年12月任董事长、党委书记。他坚持体制、机制、科技和管理创新,着力提升企业的核心竞争力和创利水平。集团公司通过生产和资本经营、国内和海外经营并举，形成具有集团公司特色的差异化经营模式，开辟企业跨越式发展的新路子。企业净资产从2001年的5614.72万元增至2009年的19.95亿元，净增长36倍。积极推进企业管理创新，按照扁平化原则整合组织结构，按照专业化原则整合生产要素，按照精细化原则整合管理流程。8年来，企业经营业绩大幅跃升，2002～2009年承揽任务年均增长29.58%，完成产值年均增长25.95%，货币资金由4亿元增加到18.8亿元。杨有诗始终把科技创新作为支撑企业可持续发展的重要基因，通过激励机制，为人才成长提供平台、创造氛围，并建立不同层次的专家队伍，形成以集团公司、子(分)公司、项目部总工程师为首的三级科技开发体系。增强企业科技创新能力，初步形成一批具有核心竞争力和自主知识产权的技术。在京津城际铁路建设中完成中国第一片32米900吨级双线整孔箱梁的制造；率先建成具有中国特色的博格无砟轨道板预制生产线，制造精度达到0.1毫米，填补国内高速铁路轨道板生产的空白；生产具有自主知识产权的250公里高速岔枕；承建的南京长江过江隧道攻克多项世界级技术难题。近年来，集团公司获国家级科技进步奖2项、省部级科技进步奖15项，国家专利16项，国家级工法6项、省部级工法19项。集团公司3次获全国优秀施工企业称号，连续两年被评为全国技术创新先进企业。他本人先后荣立4次三等功，获得山东省优秀企业家、全国优秀建筑业企业经理、全国优秀项目管理工作者、2006年度全面建设小康社会十大经济人物等荣誉。

（刘 宁）

【潘登华·中国工程建设优秀职业经理人（全国优秀施工企业家）】 中铁十六局集团五公司董事长。1957年3月出生，1976年2月参加工作。江苏省建湖县人，大学学历，中共党员，高级工程师，国家注册一级建造师。他曾先后担任中铁十六局集团五公司大秦铁路郭遵段指挥长及唐山造纸厂、北京协和医科大综合楼、南昆铁路清水河大桥、唐山启新立交桥、神延铁路、西南铁路工程项目经理等职。他在多年的项目管理工作中积累了丰富的经验，每项工程都实现进度快、质量优、效益高，各项规定指标超额完成，合同承诺兑现，队伍建设和文明工地建设得到全面发展，创造了较好的社会效应和企业经济效益。在施工中开发的"大跨度连续钢结构桥梁结合部施工工法"被评为国家级工法、获国家科技进步一等奖，承建的南昆铁路清水河大桥工程先后获中国土木工程詹天佑奖和中国建设工程鲁班奖。2002年5月，潘登华担任中铁十六局集团五公司董事长。任职以来，他在经营理念上创新思路，实施目标责任挂钩制，层层签订责任书，覆盖率100%，企业生产经营业绩快速增长。公司承揽任务由2004年的8亿元提高到2009年的42亿元，完成施工产值由2004年的6亿元增加到2009年的28亿元，实现预期收益2.83亿元。他在经济管理过程中着重抓好"规模效益、边际效益、无形效益"和"六项指标"，2009年实现劳务分包降低率23%，物资设备招标收益率2%，变更索赔收益率9.97%，施工组织方案收益率7.4%，工期提前率83.7%，管理费降低率10%，企业综合实力和施工生产能力不断提高。他狠抓工程质量和安全管理，公司有13项工程被评为国家及省部级优质工程，18项工程被业主评为优质样板工程，其中4项工程获中国建设工程鲁班奖，2项工程获中国土木工程詹天佑奖，10项新技术获省部级以上科技进步奖。公司先后被评为河北省先进施工企业、河北省重质量守信誉单位、全国铁路安全先进企业、中央企业先进集体、全国优秀施工企业，2008年进入中国铁建工程公司20强行列。潘登华本人曾被铁道部神延铁路工程建设总指挥部评为"百名功臣"，先后获得火车头奖章、全国建筑业优秀企业家、全国建筑业企业优秀项目管理者等荣誉。

（刘承宝）

【覃正标·中国工程建设优秀职业经理人（全国优秀施工企业家）】 中铁十六局集团公司董事长。1958年5月出生，广西壮族自治区隆安县人，壮族，中共党员，硕士研究生学历，教授级高级工程师，华东、西南交通大学兼职教授，全国工程硕士专业学位教育指导委员会委员。1976年参加工作。历任科长、副处长、处长，中铁十六局集团公司总经济师、副总经理、总经理、董事长等职。2005年1月，覃正标担任集团公司总经理以来，以全面争第一为核心的"六大理念"为指导，以"标准化管理"为依托，创新生产经营思路，积极推动企业的和谐健康发展。一是实施稳健经营战略，确保企业经营规模实现稳步较快提升。2005年承揽任务143亿元，比2004年增加50亿元，2008年达到300亿元以上，为企业的发展奠定了坚实基础。二是大力推行项目标准化管理，按照"系统化、常态化、流程化、标准化、专业化、数据化、表单化、信息化"的要求，打造企业文化建设新亮点。三是狠抓项目创收增效，推行"131"工程，即坚持干一个项目、盯住三个后续项目、确保中标一个项目,通过区域性、行业性滚动发展,降低资源投入,提高市场占有率。注重企业发展中的"规模效益"和"边际效益",以综合收益率作为企业和工程项目的最终目标和考核标准,并将综合收益目标分解和量化为项目中标收益率、劳务分包降造率、变更索赔收益率、物资设备净节约率、项目管理费降低率、施工方案优化收益率六大单项指标,确立集团公司、子公司和分支机构、项目部三级具体责任目标和责任人,坚持定期考核,充分挖掘潜力,切实提高企业效益。四是加强工程队基层建设,子公司对工程队实行直接管理。五是切实维护广大职工利益,关心员工业务素质培养,开展各类专业培训,为企业长远发展提供人才资源。建立职工工资与企业效益同步增长机制,将工资增长指标、职工上岗率、社会保险缴纳等纳入经营者责任考核目标,2008年集团公司人均工资3.4万元,息工待岗率4%以下。六是坚持"精品兴企、诚信立业"的工作方针,努力创建优质工程和精品工程,塑造重合同守信用的中央企业形象。3年来,集团公司先后获中国建设工程鲁班奖5项、国家优质工程银质奖3项、中国市政工程金杯示范奖3项、全国室内行业装饰优质工程2项、中国土木工程詹天佑奖5项,被评为全国行业质量和质量服务诚信示范企业、中国优秀诚信企业、中国优秀企业形象单位、北京市优秀建筑企业、北京市重合同守信誉单位、中国建设工程鲁班奖工程特别荣誉企业。他本人多次获得先进个人、优秀党员等荣誉,2006年被全国工程硕士指导委员会评为"有突出贡献的工程硕士"。

(刘承宝)

【张洪杰·中国工程建设优秀职业经理人(全国优秀施工企业家)】 中铁十九局集团二公司董事长、总经理,中共党员。1957年7月出生,安徽省阜阳市人,大学本科学历。2005年10月,二公司发展陷入困境,集团公司经过慎重考虑,将阅历丰富的张洪杰调任二公司担任董事长兼总经理。张洪杰上任后,及时提出"遏制无效支出、把握支出有效、抓住有效回收"的十八字管理方针,紧紧抓住"项目在建管理"和"责任成本管理"两条主线,完善规章制度,堵塞管理漏洞,压缩非生产性开支,将项目管理的正规化、制度化、系统化提高到一个新的高度。5年来,张洪杰带领公司全体员工以低调务实、埋头苦干的工作作风,科学谋划,理性经营,稳健发展,实现产值年年递增,职工收入稳步提高的既定目标,净利润连年在5000万元以上。2008年,公司首次进入股份公司前20强行列。公司先后获全国质量管理先进单位、全国首批科技创新型建筑施工企业、全国企业文化建设先进单位、股份公司企业文化建设先进单位、辽宁省守合同重信用企业等称号。他多次被评为公司先进生产者、文明职工标兵和集团公司劳动模范,2003年被评为全国优秀项目经理、总公司劳动竞赛优胜组织者,2008年被评为辽阳市劳动模范。

(张莹)

【黄锦波·中国工程建设优秀职业经理人(全国优秀施工企业家)】 中铁二十局集团六公司董事长、党委书记,高级经济师,中共党员。1963年4月出生,浙江省浦江县人,1978年9月参加工作,硕士研究生学历。他在担任公司党委书记期间,围绕公司建成行业一流现代企业的目标,持续不断地加强企业精神培育,提出以"创造对人类和环境充满关怀的建筑艺术品"为发展定位的企业文化理念,并在继承创新、不断完善的基础上系统塑造公司独特而优秀的企业文化。2009年任董事长以来,主动适应新形势、新变化,提出把握机遇上规模,调整结构抗风险,增加积累蓄后劲,向行业一流迈进、走向卓越的愿景目标。在他的带领下,公司发展势头强劲,竞争实力不断增强,劳动竞赛综合评比获集团公司第一名,在股份公司首次工程公司20强排名中位列第16名。近年来,公司获国家及省部级优质工程9项、股份公司优质工程5项,中国土木工程詹天佑奖1项;先后被评为全国守合同重信用企业、全国优秀施工企业、全国企业文化建设先进单位和陕西省优秀施工企业、劳动关系和谐企业、先进基层党支部,2009年获中央企业先进集体称号。他本人先后获陕西省建筑业优秀项目经理,总公司企业文化建设先进个人、优秀党务工作者,集团公司思想政治工作先进个人、优秀党务工作者等称号。

(麻炜)

【段东明·全国建筑业优秀企业家】 中铁十七局集团公司总经理、副董事长、党委副书记。1963年11月出生,山西省盂县人,1980年9月参加工作,1986年3月入党。1984年7月毕业于石家庄铁道学院,大学本科学历,学士学位,教授级高级工程师。自2006年4月任集团公司总经理以来，他不断创新管理思路和理念，确定“稳健经营，管理增效”的工作原则，建立工程经营标前论证机制，规范投标决策程序，加强标前效益预测和风险评估；整合施工资源，拓展主业链条；积极培育精细管理赢在执行的企业文化。完善目标与责任联锁机制，加大项目控管力度，在建立健全企业决策、工程经营、工程施工、科技创新、成本控制、审计监督六大管理体系的同时，全面推行以工程施工合同为依据，以管理责任目标为内容，以监督考核为手段的工程项目管理责任制；积极推行“架子队”管理，规范劳务用工制度，加大工程安全质量考核和责任追究力度，企业标准化、规范化、制度化管理取得成效。集团公司资产经营和项目管理责任制运行体系分别获全国工程建设企业管理现代化成果一、二等奖。由他主持成立的企业技术中心培养出一大批企业内部专家，推动了企业的技术进步，加快了科技成果的推广转化。他主持开发的“高速铁路900吨级箱梁运架设备的研制”、“青藏铁路冻土湿地地基处理与路基填筑施工技术研究”等多项成果达到国际先进或国内领先水平。近年来，集团公司在长大隧道、高难度桥梁、高等级铁路、城市轻轨和大型房屋建筑群等施工技术和施工能力上取得全面突破，自2006年以来获中国土木工程詹天佑奖1项、中国建设工程鲁班奖5项、国家优质工程4项、省部级优质工程32项。企业生产经营持续发展，承揽任务总额从2006年的145亿元增加到2009年的360亿元，施工产值由105亿元提高到269亿元，实现利润由8517万元上升到3.8亿元。集团公司获得全国优秀施工企业、全国优秀企业形象单位、全国工程质量管理优秀企业、全国技术创新先进企业、全国质量效益型先进施工企业、全国守合同重信用企业、全国五一劳动奖状、全国企业文化建设优秀单位、中国和谐社会建设最具责任感企业等荣誉。他本人先后获京九铁路工程技术奖、詹天佑中铁建成就奖、首届中国建设行业百名管理英才奖，被评为中国铁建优秀科技工作者、铁道部青年科技拔尖人才、铁路建设青年功臣、中国企业形象管理优秀工作者、中国最具社会责任感优秀企业家。　（孟庆财）

【邵汉军·全国建筑业优秀企业家】　中铁建电气化局集团南方工程公司董事长、党委书记，教授级高级工程师。湖北省沔阳县人，1986年7月参加工作。先后组织或参加了衡广复线、南昆、武阳、三茂、京九、武广铁路的通信、信号工程施工。他针对工程特点，科学组织，攻克多项技术难题，工程均按期、优质地投入了运营。在组织衡广铁路复线工程施工时，他科学编制施工方案，把人海战术施工方案改为重点攻克施工难点上，合理安排人员，在规定工期内完成了各单项工程，没有出现待工、窝工现象。从此，彻底改变了部队时兵团作战施工方式，节省了人力和物力，为企业创造了较好的经济效益。三茂铁路通信工程是当时铁路系统的第一个数字通信工程，程控交换机由德国进口。为掌握数字通信施工技术，他翻译了大量的相关资料，技术难点被一一解决，在短短的一个月里安装调试完成茂名铁路通信站的程控交换机，实现一次成功开通，得到业主的好评，为公司在广州的发展打下了坚实的基础。在组织武广铁路通信、信号工程施工中，他在施工环境复杂、安全系数低、技术含量高的情况下，按期优质地完成了施工任务，工程被评为部级优质工程，为企业创立了品牌。因在技术上的突出贡献，他先后获得湖北省、铁道部科技进步奖和詹天佑铁道科学技术奖青年奖。　（邹国华）

【孙公新·全国企业文化建设优秀工作者、全国建筑业优秀企业家】　中铁十九局集团公司总经理，中共党员。1967年10月出生，辽宁省盖州市人，硕士。孙公新将企业文化建设与企业生产经营有机结合，实施“铸魂”、“育人”、“塑形”三大工程，积极构建先进企业文化体系，推动企业从经验管理、传统管理向文化管理迈进。坚持“理性经营、精细管理、创誉增效、协调发展”的经营方针，确定“五个战略”、“六大市场”、“一条道路”的企业发展思路。“五个战略”，即信誉至上、诚信经营战略，核心客户战略，区域经营、行业经营、滚动发展战略，“走出去”战略，人才兴企战略。“六个市场”，即依托铁路市场，壮大矿山市场，优选路外市场，巩固地铁市场，进入资本运营市场，开发海外市场。“一条道路”，即专业化发展，精细化管理之路。他大力构建行为规范文化，调动员工积极性，为企业育人；构建安全文化，提出“以人为本，珍爱生命”的理念和“凡是有人在的地方，就有人管安全”的安全管理准规，连续3年被股份公司评为安全生产先进单位；构建质量文化，本着“为国家负责，为企业负责，为个人负责”的思想，坚持“百年大计，质量第一”的方针，制定质量责任体系，严格施工管理，多项科技成果获国家科技进步奖，20项工程分别获中国建设工程鲁班奖、中国土木工程詹天佑奖和国家优质工程奖，99项工程获省部级优质工程奖；构建效益文化，坚持从源头保效益，从施工过程中增加效益，年效益从2005年的0.65亿元提高到2008年的2.26亿元。他坚持品牌兴企战略，桥梁、长大隧道、地铁、高速公路、矿山五大品牌成为集团公司的核心竞争力。集团公司先后被评为全国先进建筑施工企业、全国优秀施工企业、全国工程建设管理先进单位、全国守合同重信用企业、全国文明单位、全国思想政治工作优秀企业、全国企业文化建设工作优秀单位。

（张　莹）

【富德春·全国企业文化建设优秀工作者】 中铁十九局集团公司党委副书记、工会主席，中共党员。1953年1月出生，辽宁省开原市人，大学本科学历。他积极宣传落实中国铁建主体文化，充分利用单位报纸、网站、电子大屏幕、工地广播、宣传栏、简报等媒体，宣传和普及企业文化知识，深入浅出地对员工进行企业精神、企业价值观等教育，使企业文化融入到企业创新管理的范畴，贯穿在员工日常行为中。建立"三个同步"、"三个纳入"机制，培育富有集团公司特色的制度、质量、安全、品牌、和谐、诚信、饮食、礼仪等文化，为构建集团公司企业文化管理体系奠定基础。建立和完善企业文化长效机制，实行新中标项目申报制度，使企业文化建设规范化。积极指导和总结企业文化建设经验，《以"六抓"为突破口，扎实推进企业文化建设》经验被总公司党委以文件形式转发，《在重点工程项目建设实践中培育企业精神》经验在中央企业党建思想政治研究会《企业文化》杂志刊发。集团公司被评为全国企业文化建设优秀单位，是股份公司企业文化建设的标杆单位；有17个单位和13名领导干部被股份公司评为优秀项目部和企业文化建设先进个人。　（张　莹）

【邓光明·全国企业文化建设优秀工作者】 中铁十七局集团六公司党委书记，高级政工师。四川省仪陇县人，1958年12月出生，1976年12月参加工作，1978年6月入党，大学本科学历。多年来，他始终坚持做强自已比什么都强的理念，精心打造先进的企业文化。经过他的策划，企业制定"五个一工程"，即：3年修订一次实施规划，每年召开一次企业文化创新推进会，每年汇编一套企业文化丛书，每年摄制一部企业宣传教育短片，每年组织一次对职工慰问文艺汇演。他大力推行企业文化VI视觉识别系统建设，规范企业文化管理系统，对集团公司的企业文化发展起到积极地推动作用。在精神文明建设上，他着力于丰富职工队伍的文化娱乐生活，要求每个条件允许的工程项目都必须建设篮球场、娱乐室和阅览室等文化体育设施，为职工提供活动场所，丰富文化生活，熏陶文化素养，增强团体意识，最大限度地调动职工的工作热情和积极性。他把政治思想工作和企业文化创新实现有机结合，坚持用"以文养人、以文化人"的思想和方法陶冶人、激励人和鼓舞人。由他编制的《领导艺术和思想作风建设》《企业文化学习资料汇编》丛书在集团公司范围内得到推广、借鉴。企业文化的创新发展促进了生产经营任务的完成，2006年承揽任务22.8亿元，2007年承揽任务24.37亿元，2008年承揽任务27.19亿元，2009年突破30亿元。公司连续10年获福建省企业文化示范单位称号，2005、2009年被评为全国文明单位，2008、2009年获全国企业文化建设先进单位称号。他本人先后被评为福建省优秀思想政治工作者、优秀企业思想政治工作者和全国企业文化建设先进管理者、全国企业文化建设先进工作者。

（黄玉仙　孟庆财）

先进集体

【中铁二十一局集团公司·全国五一劳动奖状获得单位】 自2004年3月组建以来，始终追求"企业大发展，职工奔小康"的发展目标，实现"立足西北，面向全国，做强主业，多元发展"的企业经营战略，经营范围遍及全国20多个省（区）市，涉及铁路、公路、房屋建筑、水利水电、地铁等工程领域。实施"走出去"发展战略，海外市场取得突破。承建的崇遵高速公路楚米1号大桥成功实现双幅同步转体合龙，在工程难度、技术含量方面创造全国之最；西格铁路二线应急工程创造50天完成土方400万立方米的高产纪录，创造西格"应急精神"；在宜万铁路别岩槽一级风险隧道施工中先后战胜16次涌水，成功穿越3个断裂带，提前53天贯通，获"宜万铁路开路先锋"称号；在青藏铁路建设中挑战极限，高标准地实现"三个阶段性"目标，受到中共中央总书记、国家主席、中央军委主席胡锦涛及铁道部的高度评价。集团公司承建的四川都汶一期高速公路龙溪隧道工程，2008年"5·12"地震后6个月实现双向贯通，为灾区"生命线"建设作出重要贡献，获全国抗震救灾“工人先锋号”称号。整章建制，规范管理。集团公司制定《安全生产管理办法》《工程质量管理办法》《工程环境保护管理办法》等11项规章制度，有效地促进了集团公司安全、质量管理工作的系统化、规范化和标准化，实现连续5年无安全生产责任事故，获中国铁建系统安全达标、安全生产先进单位称号。工程质量大幅提升，以铁路新建扩建工程和客运专线、地质复杂隧道、高墩大跨桥梁工程为重点，建立健全现场质量管理制度；以工程创优为目的，狠抓前期策划和创优措施的落实，工程验交合格率100%。5年获中国建设工程鲁班奖3项、中国土木工程詹天佑奖1项、国家优质工程奖1项、省部级优质工程奖18项。依靠科技创新先后在高原冻土、戈壁风沙、湿地与沼泽路基，长大高瓦斯、大跨、涌水隧道，高墩、大孔径、深孔、连续刚构悬灌桥梁等施工方面取得突破，积累了宝贵的施工经验，为集团公司的持续健康发展奠定了坚实基础。青藏铁路工程获国家科学技术进步特等奖，两项成果获省级科技进步奖。坚持以文化力打造企业核心竞争力，以文化管理提升企业管理水平，努力构建企业文化管理体系。5年来，党和国家领导人胡锦涛、吴邦国、温家宝、李长春、曾培炎、王刚等先后到集团公司视察。胡锦涛总书记高度评价集团公司“是一支很有战斗力的队伍”。强化民主管理，推行企务公开，深入开展“五比四创”劳动竞赛，积极落实“三不让”承诺，创建和谐企业。5年发放救助资金76万元，救助困难职工705人次、困难职工子女入学184人次；筹集慰问金165万元，慰问重点工程和施工现场158次；筹集送温暖资金120万元，走访慰问困难职工家庭1486人（户）次。集团公司积极承担中央企业社会责任，先后参加抗洪抢险、抗震救灾、抗“台风”等抢险救灾活动38次，参加社会公益活动30余次。特别是在“5·12”四川汶川大地震发生后，集团公司在自身施工的几个项目受到地震灾害重大损失的情况下，组织干部职工积极参加抗震救灾和重建家园工作，安全转移汶川重灾区职工群众254人，抢修甘肃陇南重灾区通信基站3个，抢通通信线路80多公里，为灾区捐款280万元，缴纳特殊党费近50万元。5年来为农村富余劳动力转移提供10多万人次的就业岗位，同时自觉维护农民工的合法权益，不断改善农民工的工作生活条件，保证农民工工资按时足额发放，先后4名农民工被评为集团公司劳动模范和先进生产者。（宁宝钢）

【中铁十二局集团公司·全国优秀施工企业】 近年来，集团公司先后参加广深、京九、秦沈、渝怀、胶新、朔黄、青藏、浙赣等铁路主干线建设及电气化、提速改造工程施工，参与京沪、武广、郑西、石太、胶济、甬台温、广深港、京石、沪杭、贵广、宁安、柳南、兰新、大西、中南等高速铁路、客运专线、快速铁路通道工程的建设，其中京沪高速铁路承担170亿元的施工任务。在桥梁施工方面，先后六跨黄河四跨长江，形成冰凌条件下桥梁桩基、造桥机节段拼装的施工能力，具备移动模架制梁、大吨位箱梁制运移架施工技术。在隧道施工方面，逐步掌握地质超前预报、超前地质钻探技术，具有处理涌水、突泥、大变形、高瓦斯等复杂地质的能力。在宜万铁路齐岳山隧道施工中攻克多项世界级难题，受到铁道部的高度评价；在长平高速公路虹梯关隧道施工中，创出人工钻爆法施工单口月掘进556米的世界纪录。开拓海外建筑市场，从2006年承建阿尔及利亚东西高速公路起步，先后承担3个国家9个项目的施工任务。集团公司始终坚持“求真务实、行稳致远、得人与治事并重、和谐统一”的治企理念，在科技创新、经营管理、施工能力方面形成一整套行之有效的管理机制和管理办法，企业逐步发展成为业内经营规模最大、施工能力和企业实力最强的施工单位之一。集团公司获国家科学技术进步特等奖1项、铁道部科学技术进步特等奖1项、中国建设工程鲁班奖10项、中国土木工程詹天佑奖7项、国家优质工程奖21项、省部级优质工程奖100余项；获得国家授权专利66项，其中发明专利4项。集团公司先后被评为山西省职业道德十佳单位、全国模范职工之家、中国优秀诚信企业，连续18年保持省级文明单位称号，连续22年保持全国优秀政工企业称号。2005年以来，在铁道部组织的全国铁路施工企业信用评价活动中连续9次取得第一名，同时在全国其他各基建领域也享有良好的市场声誉。

（张林祥）

【中铁十一局集团四公司·全国优秀施工企业】 公司先后参加鹰厦、贵昆、成昆、襄渝、兖石、丰准、大准、南昆、内昆、京九、西康、渝怀、汉宜，宝成、菏兖日、浙赣等国家铁路干线建设，承担石太、温福、武广、京石、石武、湖北城际、沪宁城际等铁路客运专线施工任务，并在高速公路、地铁、市政工程、机场、水利水电等国家重难点工程施工中取得较好业绩，获国家优质工程银质奖、铁道部火车头优质工程奖各两项。2009年有8项工程19次在业主、地方组织的综合检查评比中获得前三名，赢得社会广泛赞誉。公司本着“贡献社会，报效祖国，发展企业，富裕员工”的基本理念，统筹企业发展、员工进步与报效社会的关系。2009年自揽工程任务24.6亿元，承担集团公司分配任务35亿元，在建工程60亿元；完成企业总产值43.5亿元，实现利润5393.6万元；全员劳动生产率32万元/人年，人均创利1.9万元，职工年人均收入2.8万元。公司坚定专业发展、特色经营的发展思路，构建以铁路市场为主，公路、城市轨道市场为两翼，市政工程为补充的产业结构，为抢占市场、延伸产业链条创造条件。公司技术创新能力不断增强，科技管理水平稳步提升。2009年，1项实用新型专利获得授权，49项新技术推广应用，22项科技成果获股份公司科技进步奖，开发的石太铁路客运专线孤山大桥施工技术达到国际先进水平，公司继续保持湖北省高新技术企业称号。认真履行社会责任，2009年累计缴纳税费13033万元；积极开展企地共建，参加抗击灾害、扶贫帮困、捐资助学、对口扶贫和新农村建设活动，竭力为驻地政府和人民排忧解难。2009年，公司获湖北省先进建筑业企业、最佳文明单位，武汉市守合同重信用企业、建筑施工安全质量标准达标示范企业称号。（杨钟明）

【中铁十四局集团三公司·全国优秀施工企业】 公司积极参与市场竞争，不断拓宽施工领域，先后参与兖石、宝兰、京九、杭州枢纽、内昆、秦沈、青藏、宣杭复线、宜万、京广等20余条主干线及支线铁路，济青、京福、宁杭、同三、京承、宝津、张石、保沧等30余项高等级公路，南京禄口、上海浦东、首都机场扩建等10多项机场及水利电力、工业与民用建筑、市政等工程建设，取得了良好业绩，工程竣工验收合格率100%，优良率98.8%以上，合同履约率100%，无任何合同纠纷。公司坚持“以人为本，诚信守法，和谐自然，建造精品”的管理方针，靠严格的管理和良好的社会信誉，多年来参建和独立承建的工程中有4项被评为国家优质工程，其中东营黄河大桥、青藏铁路沱沱河大桥获中国建设工程鲁班奖，30项工程被评为省部级优质工程。公司先后获得全国用户满意工程施工企业、全国公路行业优秀施工企业、全国施工企业管理优秀单位、全国税法宣传教育先进单位、山东省文明单位、山东省建筑业先进集体、省级重合同守信誉企业、省级优秀政工企业、省AAA特级信用企业、铁道部税收大检查先进单位等荣誉。在当前经济全球化、市场竞争日趋激烈的情况下，公司积极参与国内外市场竞争，主动创新挑战，以一流的管理、一流的技术、一流的信誉，为客户提供一流的服务，确保企业健康、协调、持续发展。（刘　宁）

【中铁十六局集团北京工程公司·全国优秀施工企业】 近年来，公司结合企业特点和市场实际，确立“强势思维、引领高端，打造卓越北工品牌”的战略思想和“共建共赢共奋进”的企业文化理念，突出“精确管理、精细管理、精心经营、精诚共赢”理念，企业生产经营业绩逐年提高。2009年承揽任务25.8亿元，完成产值8亿元，实现利润2亿元。公司连续3年保持安全生产零事故，施工项目零缺陷，装修项目零投诉，创建了一批品牌、优质工程，企业赢得信誉。公司承建的北京首都机场、“宁夏第一楼”建发现代城等项目品牌效应显著，形成公司在支柱区域、支柱项目的持续发展。公司坚持以人为本，积极构建和谐企业。在近年企业快速发展的同时，累计投入近1000万元改善施工生产环境和安全防护条件，出资120多万元组织职工体检、配发工作服及劳动保护用品，实现零职业病例、零突发性卫生事件。职工工资逐年增长，实现职工全员上岗。公司连续3年获得全国重质量守信用企业称号，公司领导班子连续4年被集团公司评为“四好领导班子”。（刘承宝）

【中铁十七局集团六公司·全国优秀施工企业、全国企业文化建设先进单位】 公司前身是成立于1985年的铁道部第十七工程局驻闽办事处。经过艰苦创业，企业由小到大，由单一产业到多元经营，逐步发展成为以工程施工为主，集房地产开发、物资贸易、宾馆旅游为一体的大型企业。经营涉及铁路、公路、市政、房建、地铁、轻轨、港口海岸和地质灾害抢险处置八大领域，具有城市轻轨、地铁盾构、高速铁路、长大隧道、高层建筑、高墩悬灌桥梁、复杂地质路基等多项核心技术，拥有日本小松牌盾构设备、挪威产STK－ULLG95型架桥机等国内外各类先进机械设备450台（套），企业总资产6亿元，年施工能力超过40亿元。先后参与京、津、沪、粤、浙、闽、鲁、豫、皖、蒙等十几个省（自治区、直辖市）大中型基础设施建设，均取得较好业绩。近年来，公司承建的两项工程被评为国家优质工程，16项工程分别获北京市长城杯优质工程金奖、福建省闽江杯奖、铁道部优质工程火车头奖。公司参建的北京地铁5号线13标段获中国建设工程鲁班奖，京津城市轨道交通工程获中国土木工程詹天佑奖，有7项工程获省部级优质工程奖。公司践行“文化管理是企业第一管理”的理念，编印《公司企业文化体系纲要》《工程项目管理规范》《员工礼仪规范》《机关工作规范》《公司管理制度汇编》等企业文化系列书籍，并出台《公司企业文化实施方案》，将企业文化建设列入长期战略任务，把企业文化与思想政治工作、职业道德教育、职工教育培训、建家活动、“三线”建设、群众性文体活动等工作紧密结合，形成互动，共同提高，做法得到相关领导和专家的认同和赞扬，总结为“难得的文化视觉、丰富的文化内涵、成功的文化整合、良好的文化素养、优秀的文化运作”。公司先后获得全国文明单位、全国知名企业、全国“安康杯”竞赛优胜单位、全国企业文化建设优秀单位、中国文化管理先进单位、全国先进建筑施工企业等20余项全国性荣誉。（黄玉仙　孟庆财）

【中铁二十局集团六公司·全国优秀施工企业】 公司严格执行“三重一大”集体决策和“三项招标”制度，使各种权力始终置于有效监控之中，促进了公司党建工作全面推进。认真落实精神文明建设目标责任制，推动企业精神文明建设健康、协调发展。近年来，公司在质量管理、文明施工、安全生产及综合管理等方面均取得良好业绩，多项工程分别获国家优质工程银质奖、中国土木工程詹天佑奖、全国用户满意工程、火车头优质工程奖、陕西省优质工程长安杯奖、山西省建筑工程汾水杯工程质量奖、甘肃省建设工程飞天奖，公司先后获得中国建设银行AAA信用企业，铁道部安全生产先进单位，陕西省“安康杯”竞赛优胜企业、诚信企业、文明标兵单位、名优企业、经济技术创新先进单位、信贷诚信企业、绿色企业、劳动关系和谐企业、学习型组织先进单位，全国守合同重信用企业、全国企业文化建设先进单位、中央企业先进集体、山西省五一劳动奖状等荣誉。工程质量显著提高，安全生产发展稳定，连续3年获集团公司综合考核第一名，并进入股份公司工程公司20强企业。（麻　炜）

【中铁二十二局集团六公司·全国优秀施工企业】 公司始终坚持“质量第一，用户至上”的宗旨，努力追求产品质量、服务质量和社会效益的和谐与完美，工程质量优良率90%以上，合格率100%。承建的哈尔滨机务段机务设备生产设施移建机车检修库工程获黑龙江省建筑工程质量龙江杯奖，绥芬河市通天路环形桥、牡丹江市对俄贸易工业园区三通绿色食品标准化厂房工程获黑龙江省建筑工程质量结构优质奖，承建的中央财经大学研究生公寓、苏州北环快速路隧道、东轻“特板”项目熔铸车间厂房工程及广州轨道交通5号线谭村站土建工程获火车头优质工程奖，沈阳地铁1号线十三号街站工程获沈阳市优良结构奖，沈阳地铁1号线运营控制中心获辽宁省优质主体结构工程奖，哈尔滨市普宁医院新建住院病房楼和桥北小区3、4号楼工程获哈尔滨市结构优质工程奖。公司连续4年获全国优秀施工企业称号，并多次获得全国用户满意工程施工企业、全国先进建筑施工企业、全国工程建设QC小组活动优秀企业、全国重合同守信誉先进单位等荣誉，是东北地区首家获得ISO9000国际质量标准体系认证和英国皇家认证委员会（UKAS）质量体系双认证单位。（万红梅）

【中铁二十四局集团安徽工程公司·全国优秀施工企业】 近年来，公司秉承中国铁建“诚信、创新永恒，精品、人品同在”的核心价值观，发扬“不畏艰险、勇攀高峰、领先行业、创誉中外”的企业精神，励精图治，各项工作取得历史性突破。先后承建合肥新客站、京沪铁路电气化改造安徽段、合武铁路客运专线、合宁铁路客运专线、甬台温铁路客运专线、铜九铁路、青阜铁路增建二线、沪宁城际铁路、沪杭城际铁路、两淮煤炭铁路专用线、合肥市金寨路高架桥、四里河立交桥、长江东大街A标段、合肥地铁1号线试验段、合肥市南北高架1号线、合肥市裕溪路高架、铜陵市青霞路立交、铜陵市西湖立交桥、芜湖市扁担河大桥等铁路和市政工程，以敢打硬仗，优质高效的作风获得业主和当地政府的表扬和肯定。公司坚持科技创新，精品工程不断涌现。承建的合肥市金寨路高架桥工程获国家优质工程银质奖，芜湖市扁担河大桥工程获安徽省建设工程黄山杯奖，合武铁路客运专线站后工程获火车头优质工程奖。加大科技攻关力度，掌握350公里高速铁路施工、无砟轨道双块枕、无砟轨道板等多项新技术。2009年，公司获得中央企业先进集体、安徽省文明单位、股份公司先进工程公司、合肥市大建设先进单位和建设系统“十大风云企业”等荣誉。（陈　芳）

【中铁十三局集团公司·全国建筑业先进企业】 集施工、科研于一体的大型工程总承包企业，拥有4个行业、27个类别的65项施工资质和6个类别的12项勘察、设计、测绘、咨询、检测资质，并具有承包境外工程和境内国际招标工程资质。集团公司坚持贯彻“争创行业一流，实现顾客满意，奉献满意工程”的质量方针，紧紧围绕企业做大做强的战略目标，以科技为动力，以质量求生存，积极实施科技创新，严格质量管理标准，先后通过质量、环境和职业健康安全管理体系认证。企业2001年建立集团信息化协同管理平台，2002年成立集团公司技术中心，2008年被吉林省认定为省级技术中心，2009年被认定为吉林省高新技术企业。集团公司致力于高、新、难、尖施工领域的拓展，在新型大跨度桥梁、长大隧道、深水桥梁基础、地下工程、城市轨道交通、高层建筑及土石方大爆破等施工领域积累了丰富的经验；在深水工程、特殊地质长大隧道、桥梁连续箱梁多点顶推、移动支架法造桥、桥梁悬灌浇筑、钢管拱桥、斜拉桥、盾构地铁施工等方面取得国内国际领先的科技成果。先后参加青藏铁路、南水北调、西气东输、西电东送四大标志性工程和高速铁路、客运专线等80余条铁路工程及70余条高速公路工程建设；参与了北京、天津、上海、广州、南京、成都、西安、长春等20余个城市轨道交通工程，世界最大规模引水隧洞雅砻江锦屏水电站及三峡工程、引松入长、铁岭电厂取水戽头等水利水电工程和上海、黄山、银川、鸡西机场及上海世博会虹桥综合枢纽、石家庄棉一立交桥、长春西解放立交桥等市政房建工程建设。集团公司先后获中国建设工程鲁班奖 10 项、中国土木工程詹天佑奖 3 项、国家优质工程奖 8 项、省部级优质工程奖 77 项、股份公司优质工程奖 70 项,获得全国优秀施工企业、全国模范职工之家、全国建筑业科技进步与技术创新先进企业、全国建筑业先进企业等荣誉。（李升旺）

【中铁十一局集团电务工程公司·全国建筑业先进企业】 公司大力开拓市场,强化整体经营,狠抓责任成本控制,精细理财,施工生产平稳有序,积极推进企业向铁路“四电”、城市轨道交通、通信广电施工专业化发展。公司参建的上海地铁 2 号线、8 号线和广州地铁 5 号线、武汉至咸宁城际铁路试验段等城市轨道交通工程,克服了无轨测量、刚性悬挂、第三轨安装、牵降变配电所等技术困难;合宁铁路客运专线动态试验成功,试验时速 282 公里,标志着公司在高速铁路“四电”集成工程方面取得成功;全面掌握城市轨道交通牵引供电系统综合施工技术,攻克 220 千伏输变电线路和变配电所的设备安装调试施工难题,开发出高原冻土区架空线路的防雷和接地施工方法,研制出适用于高速铁路电气化施工的腕臂计算软件和整体吊弦计算软件;掌握国内最新的 ZPW－2000 无绝缘移频自动闭塞系统调试开通方法和高原冻土区架空线路的防雷和接地施工方法,总结出时速 200 公里既有线改造电气化施工技术。近年来,公司先后获得全国五一劳动奖状、全国用户满意施工企业、全国精神文明建设工作先进单位、全国职工职业道德建设十佳单位、全国质量效益型先进施工企业、全国优秀施工企业、全国守合同重信用企业、湖北省安全生产红旗单位、湖北省高新技术企业等荣誉。（郭　琳）

【中铁十九局集团公司·全国企业文化建设先进单位】 集团公司紧紧围绕企业生产经营中心,深入开展企业文化建设工作,打造名牌企业,促进企业全面发展。集团公司在全国 500 家最大规模建筑企业排名中位列第 21 名,先后被评为全国文明单位、全国先进建筑施工企业、全国工程建设管理先进单位、全国守合同重信用企业、全国思想政治工作优秀企业和全国精神文明建设工作先进单位、全国企业文化建设优秀单位。集团公司坚持项目文化建设与安家设营同步规划,项目文化建设与施工生产同步检查,项目文化建设资金与项目资金计划同步安排;坚持把企业文化建设资金纳入工程成本,把企业文化建设内容纳入精神文明“十星”达标评比,把企业文化建设成果纳入企业绩效考核体系。“三同步”、“三纳入”机制的建立,使企业文化建设工作有目标、落实有措施、考评有标准、奖惩有兑现,使企业文化建设“落地生根”。集团公司及所属 3 个单位被评为全国企业文化建设优秀单位,多个项目部被股份公司评为企业文化建设优秀项目部;两人获全国企业文化建设优秀个人称号。（张　莹）

逝世人物

【陈光孚】 原铁道第一勘察设计院政治部主任,离休干部。2009 年 4 月 25 日 12 时 50 分因病在兰州去世,享年 85 岁。

陈光孚,辽宁省灯塔县人,1925 年 11 月 14 日出生,1948 年 10 月参加革命工作,1949 年 8 月加入中国共产党。历任皇姑屯、苏家屯车辆段检车工、工会主席,中长区工会生产部、满洲里分工会巡视员,东北设计分局第 11 总队工会主席,西北铁路设计分局五总队、兰青总队工会主席,铁一院工会生产部部长、二总队和三总队政委,院政治部副主任、主任等职务。1986 年 1 月离职休养。陈光孚对党忠诚,工作认真负责,为祖国铁路建设作出了贡献。（李景平）

【张正谦】 原铁道第一勘察设计院副院长,离休干部。2009 年 12 月 30 日 17 时 10 分因病在兰州去世,享年 91 岁。

张正谦,陕西省安塞县人,1919 年 2 月 15 日出生,1935 年 5 月参加革命工作,1935 年 11 月加入中国共产党。新中国成立前担任中国工农红军陕甘游击队少先队中队长、副大队长,区政府秘书,少共区团委组织科科长、书记,安塞县一区青救会主席,抗敌后援会主任,县保安科秘书、站长,陕甘宁边区保安处股长,延安北站检查站站长,陕甘宁边区保安处武工队指导员、公安所代科长等职。全国解放后历任陇海铁路西安公安分处科长,铁道部西北干线工程局公安处保卫科科长,铁道部西北设计分局保卫处处长,铁一院保卫处处长、人事处处长、办公室主任、物资处处长、公安处处长、副院长等职务。1982 年 12 月离职休养。张正谦对党忠心耿耿,抗日战争和解放战争时期受到过上级通报表扬。新中国成立后,在长期的铁路勘测设计工作中,认真负责,联系群众,作风正派,廉洁奉公,体现了一名老红军战士和老党员的优秀品质。（李景平）

光　荣　榜

【“工人先锋号”获得集体】

全国“工人先锋号”获得集体

中铁十三局集团二公司成都地铁将军衙门站项目经理部

中铁十五局集团贵州路桥公司武广铁路客运专线制梁项目队张拉工班

中铁十七局集团四公司太佳高速公路项目部

中铁二十局集团四公司麻武高速公路1标段项目部

中铁第四勘察设计院集团城建院地下室工程设计所

北京市“工人先锋号”获得集体

中铁十六局集团五公司京沪高速铁路3标段八工区拌合站

上海市“工人先锋号”获得集体

中铁二十四局集团公司A15公路3标段项目部

中铁上海设计院集团上海市轨道交通7号线通信系统项目组

山西省“工人先锋号”获得集体

中铁十二局集团铁路养护公司当雄车间

中铁十二局集团三公司雁门关隧道项目部

中铁十二局集团二公司翼城高速公路项目部

中铁十七局集团四公司太佳高速公路项目部

中铁十七局集团阿尔及利亚高速公路项目部

中铁十七局集团阿尔及利亚高速公路项目一分部

中铁十七局集团阿尔及利亚高速公路项目二分部

中铁十七局集团阿尔及利亚高速公路项目采石场

中铁十七局集团安哥拉房建项目部

中铁十七局集团安哥拉房建项目建筑公司项目部

中铁十七局集团安哥拉房建项目电气化公司项目部

中铁十七局集团安哥拉房建项目物资公司门窗厂项目部

河南省“工人先锋号”获得集体

中铁十五局集团城市交通公司深圳地铁1号线土建6标段项目部

中铁十五局集团二公司太原项目部

湖北省“工人先锋号”获得集体

中铁十一局集团一公司湖北翻坝高速公路第S2合同段项目经理部

中铁十一局集团四公司武汉地铁2号线24标段项目部

中铁十一局集团桥梁公司黄陂制梁场维修班

中铁第四勘察设计院集团公司信息中心软件技术部

甘肃省“工人先锋号”获得集体

中铁二十一局集团太中银铁路工程指挥部

中铁二十一局五公司太中银铁路工程绥德隧道作业队

青海省“工人先锋号”获得集体

中铁二十一局集团四公司乌兰煤矿铁路专用线项目部

四川省“工人先锋号”获得集体

中铁二十三局集团一公司永武高速公路项目部

中铁二十三局集团川东水泥公司二分厂烧成车间

四川省灾后重建再立新功竞赛“工人先锋号”获得集体

中铁二十三局集团八公司德阳东气项目部

【“安康杯”竞赛优胜单位】

全国“安康杯”竞赛优胜企业

中铁十一局集团六公司

中铁十一局集团电务公司

中铁十二局集团七公司

中铁十四局集团公司

中铁十五局集团公司

中铁十五局集团二公司

中铁十五局集团五公司

中铁十五局集团六公司

中铁十五局集团七公司

中铁十六局集团三公司

中铁十七局集团建筑公司

中铁十八局集团三公司

中铁二十局集团二公司

中铁二十一局集团公司

中铁二十三局集团公司

中铁建电气化局集团南方公司

中铁建电气化局集团北方公司

全国“安康杯”竞赛优胜班组

中铁十二局集团七公司衡炎高速公路项目部

中铁十二局集团建筑安装公司广州动车段项目部

中铁十四局集团隧道分公司南京地铁南延线项目部

中铁十四局集团四公司莱钢指挥部

中铁十七局集团一公司京沪高速铁路900吨梁运架班组

中铁十八局集团三公司土库铁路二线项目部

中铁二十一局集团四公司西格二线铁路工程项目部

省部级"安康杯"竞赛优胜企业

中铁十一局集团二公司(湖北省)

中铁十一局集团城市轨道工程公司(湖北省)

中铁十二局集团三公司(山西省)

中铁十四局集团四公司(山东省)

中铁十四局集团五公司(山东省)

中铁十五局集团三公司(河南省)

中铁十六局集团一公司(北京市)

中铁十六局集团三公司(北京市)

中铁十六局集团电务公司(北京市)

中铁十六局集团路桥公司(北京市)

中铁十七局集团建筑公司(山西省)

中铁十八局集团北京中铁大都公司(天津市)

中铁二十局集团电气化公司(陕西省)

中铁二十一局集团四公司(青海省)

中铁二十四局集团福建公司(福建省)

省部级"安康杯"竞赛优胜班组

中铁十二局集团四公司移动模架造桥公司(山西省)

中铁十四局集团二公司厦蓉高速公路项目经理部(山东省)

中铁十八局集团京沪高速铁路指挥部中心试验室(天津市)

【中央企业先进集体】

中铁十二局集团三公司

中铁十四局集团隧道分公司

中铁十六局集团五公司

中铁十八局集团国际公司苏丹项目部

中铁二十局集团六公司

中铁二十二局集团三公司

中铁二十四局集团安徽公司

中铁建设集团公司

中铁建电气化局集团公司

中铁物资集团公司

昆明中铁大型养路机械集团公司

中铁第四勘察设计院集团公司

【省级五一劳动奖状获得单位】

湖北省五一劳动奖状获得单位

中铁十一局集团城市轨道工程公司

中铁十一局集团四公司武汉地铁 2 号线 24 标段项目部

中铁十一局集团一公司湖北翻坝高速公路第 S2 合同段项目经理部

中铁第四勘察设计院集团公司城建院

中铁第四勘察设计院集团公司信息中心软件技术部

山西省五一劳动奖状获得单位

中铁十二局集团三公司

中铁十二局集团四公司移动模架造桥公司

中铁十二局集团公司川渝指挥部

中铁十七局集团二公司

中铁十七局集团四公司

中铁十七局集团阿尔及利亚高速公路项目部

中铁十七局集团阿尔及利亚高速公路项目一分部

中铁十七局集团阿尔及利亚高速公路项目二分部

中铁十七局集团阿尔及利亚高速公路项目采石场

中铁十七局集团安哥拉房建项目部

中铁十七局集团安哥拉房建项目建筑公司项目部

中铁十七局集团安哥拉房建项目电气化公司项目部

中铁十七局集团安哥拉房建项目物资公司门窗厂项目部

天津市五一劳动奖状获得单位

中铁十八局集团科研设计院

中铁十八局集团国际工程公司

中铁十八局集团中原工程公司石武铁路客运专线河南项目部 8 标段五分部

中铁十八局集团东北工程公司长春铁路专用线项目部

中铁十八局集团南疆铁路土库二线铁路工程指挥部

中铁十八局集团公司财务部

吉林省五一劳动奖状获得单位

中铁十三局集团公司

甘肃省五一劳动奖状获得单位

中铁二十一局集团五公司

中铁二十一局集团三公司包西项目三分部

四川省五一劳动奖状获得单位

中铁二十三局集团三公司

【火车头奖杯获得单位】

中铁二十二局集团哈尔滨铁路建设集团公司

中铁二十三局集团四公司

中铁二十四局集团贵溪桥梁厂西环线昌北制梁厂

中铁二十五局集团建筑安装公司

中铁建电气化局集团公司

【专项火车头奖杯获得单位】

宜万铁路建设火车头奖杯获得单位

中铁十一局集团公司宜万铁路27标段工程指挥部

中铁十二局集团公司宜万铁路工程指挥部

中铁十四局集团公司宜万铁路9标段工程指挥部

中铁第四勘察设计院集团公司宜万铁路建设指挥部

武广铁路客运专线建设火车头奖杯获得单位

中铁十一局集团公司武广铁路客运专线轨道Ⅰ标段项目经理部

中铁十二局集团公司武广铁路客运专线SDⅢ标段项目经理部

中铁十四局集团公司武广铁路客运专线XXTJⅢ标段项目经理部

中铁十五局集团公司武广铁路客运专线5标段项目经理部第3项目队

中铁十六局集团公司武广铁路客运专线XXTJⅢ标段项目经理部第1项目队

中铁十七局集团四公司武广铁路客运专线项目经理部

中铁十八局集团公司武广铁路客运专线XJDI标段项目经理部铺架分部

中铁十九局集团公司武广铁路客运专线5标段项目经理部三工区

中铁第四勘察设计院集团公司武广铁路客运专线建设指挥部

铁路客运专线建设火车头奖杯获得单位

中铁十一局集团公司甬台温铁路工程指挥部

中铁十二局集团公司温福铁路浙江段项目部

中铁十三局集团公司甬台温铁路项目部

中铁二十四局集团公司甬台温铁路项目部

中铁十七局集团公司津秦铁路客运专线项目经理部

中铁二十二局集团公司津秦铁路客运专线项目经理部

中铁二十三局集团公司向莆铁路FJ－10标段指挥部

中铁二十四局集团公司向莆铁路JX－1A标段项目部

中铁十九局集团公司长吉城际铁路项目经理部

中铁上海设计院集团公司合肥至蚌埠铁路客运专线设计总体组

中铁十六局集团公司石武铁路客运专线河南段项目部

中铁十八局集团公司石武铁路客运专线河南段项目部

中铁十九局集团公司石武铁路客运专线河南段项目部

中铁第四勘察设计院集团公司石武铁路客运专线郑武段建设指挥部

中铁第四勘察设计院集团湖北工程监理咨询公司石武铁路客运专线河南段项目部

中铁十二局集团公司贵广铁路工程建设指挥部

中铁十三局集团公司贵广铁路工程建设指挥部

中铁十六局集团公司贵广铁路工程建设指挥部

中铁十七局集团一公司海南东环铁路项目部

中铁十七局集团五公司海南东环铁路项目部

中铁十九局集团公司海南东环铁路工程第3标段项目部三工区

中铁二十五局集团广州公司海南东环项目部

中铁十一局集团五公司武广铁路客运专线项目部

中铁十二局集团七公司武广铁路客运专线项目部

中铁十五局集团公司武广铁路客运专线无砟轨道项目队

中铁十六局集团公司武广铁路客运专线项目部第2项目队

中铁十八局集团公司武广铁路客运专线XJDI标段项目部二分部

中铁十二局集团公司渝利铁路项目经理部

中铁二十局集团公司昌九城际铁路ZDZ标段项目经理部

中铁十五局集团公司太中银铁路工程指挥部

中铁十七局集团公司太中银铁路工程指挥部

中铁第四勘察设计院集团公司哈大铁路客运专线工程咨询项目部

中铁十一局集团公司京石铁路客运专线项目经理部

中铁十三局集团公司京石铁路客运专线工程指挥部

中铁十七局集团公司杭甬铁路客运专线工程指挥部

中铁二十四局集团公司杭甬铁路客运专线工程指挥部五分部

中铁十一局集团公司汉宜铁路项目经理部

中铁十一局集团公司沪宁城际站前Ⅵ标段项目部

中铁十一局集团公司沪宁城际站前Ⅵ标段项目部一工区

中铁十九局集团公司沪宁城际站前Ⅴ标段项目部

中铁十九局集团公司沪宁城际站前Ⅴ标段二工区

中铁二十四局集团公司沪宁城际站前Ⅳ标段第四工区

中铁二十四局集团公司沪宁城际站前Ⅳ标段第七

工区

中铁第一勘察设计院集团公司沪宁城际铁路监理Ⅰ标段西安铁一院监理站

中铁十二局集团二公司宜万铁路齐岳山隧道项目部

中铁十六局集团五公司宜万铁路项目部

中铁二十局集团公司宜万铁路 W15 标段项目经理部

中铁十七局集团公司厦深铁路广东段工程指挥部

中铁十九局集团公司厦深铁路广东段 4 标段工程指挥部

中铁十二局集团公司福厦铁路泉州站房项目部

中铁十七局集团六公司厦深铁路 XSFJ－Ⅰ标段项目部

中铁十九局集团公司厦深铁路Ⅲ标段项目部

中铁建电气化局集团南方公司福厦铁路“三电”迁改项目部

【其他荣誉称号获得单位】

全国企业文化建设百佳贡献单位

中铁第一勘察设计院集团公司

中国对外承包工程企业社会责任银奖获得单位

中国土木工程集团公司

全国企业文化优秀成果获得单位

中铁第一勘察设计院集团公司

山西省集体一等功

中铁十二局集团七公司

山西省集体三等功

中铁十二局集团铁路养护工程公司

湖北省最佳文明单位

中铁第四勘察设计院集团公司

山东省富民兴鲁劳动奖状获得单位

中铁十四局集团山东凯华置业有限公司

中铁十四局集团山东铁正工程试验检测中心

四川省创建和谐劳动关系先进企业

中铁二十三局集团四公司

天津市先进集体

中铁十八局集团公司武广铁路客运专线 XJDI 标段项目经理部

上海市重点工程立功竞赛优秀公司

中铁二十四局集团上海铁建公司

中铁二十四局集团京沪高速铁路上海虹桥站项目部

中铁二十四局集团 A15 公路 3 标段项目部

上海市援建项目立功竞赛优秀集体

中铁二十四局集团四川都江堰援建项目指挥部

【全国优秀项目经理】

全国工程建设优秀项目经理

刘大伟　中铁十一局集团公司
谢敬平　中铁十一局集团公司
殷树华　中铁十一局集团公司
高治双　中铁十二局集团公司
史聪慧　中铁十二局集团公司
陈志高　中铁十二局集团二公司
庞继高　中铁十三局集团二公司
许锁镇　中铁十三局集团四公司
徐　磊　中铁十四局集团公司
林存友　中铁十四局集团四公司
任索芹　中铁十四局集团五公司
王方兵　中铁十四局集团五公司
杨　光　中铁十五局集团公司
段玉顺　中铁十五局集团公司
蔚东绪　中铁十七局集团公司
毕永清　中铁十七局集团二公司
席居浩　中铁十八局集团公司
张　斌　中铁十八局集团一公司
陈方杰　中铁十八局集团三公司
李金锁　中铁十八局集团四公司
曲桂有　中铁十九局集团公司
王久海　中铁二十局集团一公司
刘庭联　中铁二十局集团四公司
黄小军　中铁二十局集团四公司
张文峰　中铁二十局集团六公司
张志强　中铁二十一局集团四公司
张志国　中铁二十一局集团五公司
牛锐峰　中铁二十一局集团电务公司
于加顺　中铁二十二局集团公司
汤贵海　中铁二十二局集团四公司
安茂平　中铁二十三局集团一公司
杨　磊　中铁二十四局集团公司
李存冬　中铁二十四局集团上海电务电化公司
孙基国　中铁二十五局集团公司
李雄标　中铁二十五局集团公司

全国建筑业企业优秀项目经理

崔幼飞　中铁十一局集团三公司
周　晗　中铁十一局集团一公司
李成平　中铁十一局集团电务公司
吕锴生　中铁十二局集团公司
赵西民　中铁十二局集团二公司
林凤国　中铁十三局集团一公司
朱虹生　中铁十四局集团三公司
郭训江　中铁十四局集团二公司水利水电分公司

何红民　中铁十五局集团五公司
胡振潮　中铁十六局集团公司
汤世明　中铁十六局集团公司
崔贵宾　中铁十六局集团二公司
眭爱宏　中铁十七局集团公司
刘德周　中铁十七局集团一公司
代敬辉　中铁十八局集团公司
刘晏斌　中铁十八局集团五公司
牛会峰　中铁十八局集团五公司
宋鹤庆　中铁十八局集团华南分公司
闫广天　中铁十八局集团四公司
金学松　中铁十八局集团五公司
宋正文　中铁十八局集团北京中铁大都公司
任金岭　中铁十八局集团建筑安装公司
李文广　中铁十八局集团五公司上海分公司
王纯玉　中铁十九局集团四公司
汪发安　中铁二十局集团一公司
路积怀　中铁二十局集团四公司
高俊杰　中铁二十一局集团二公司
张志国　中铁二十一局集团五公司
孙桐林　中铁二十二局集团三公司
袁全祥　中铁二十三局集团公司
曹鹏程　中铁二十三局集团二公司
崔树强　中铁二十三局集团四公司
张教才　中铁二十三局集团四公司
李金亭　中铁二十四局集团安徽公司
李丁徕　中铁二十五局集团公司
李　宏　中铁二十五局集团电务公司
徐青海　中铁二十五局集团公司
王立峰　中铁建设集团公司
谭文勇　中铁建设集团公司
郭志光　中铁建电气化局集团公司
李章锁　中铁建电气化局集团公司

【中央企业劳动模范】

林荣新　中国土木工程集团公司董事长、总经理、党委副书记

王桂林　中铁十一局集团公司董事长、党委书记

金智庆　中铁十二局集团电气化公司董事长、党委书记

刘俊民　中铁十三局集团六公司总经理

周长进　中铁十四局集团公司总经理助理、项目经理

黄艳阳　中铁十五局集团公司华南工程指挥部指挥长、党委书记

张化海　中铁十六局集团公司轨道公司董事长

段东明　中铁十七局集团公司总经理

贯振功　中铁十八局集团公司达成铁路工程指挥部指挥长

樊立跃　中铁二十局集团公司襄渝铁路二线工程指挥部常务副指挥长

柴顺林　中铁二十一局集团公司董事长、党委书记

熊升品　中铁二十二局集团公司副总经理

丁维利　中铁二十三局集团公司副总经理

王北京　中铁二十四局集团公司董事长、党委书记

程　卫　中铁二十五局集团建筑安装公司项目经理

汪文忠　中铁建设集团公司董事长、党委书记

【省级劳动模范】

湖北省劳动模范

彭兴文　中铁十一局集团二公司党委书记

郝生德　中铁十一局集团沪宁城际铁路项目部项目经理

胡莫愁　中铁第四勘察设计院集团公司党委书记

西藏自治区劳动模范

刘青林　中铁十二局集团铁路养护公司董事长

辽宁省劳动模范

迟荣益　中铁十三局集团一公司副总经理

河南省劳动模范

米国韬　中铁十五局集团三公司项目经理
宋景奇　中铁建电气化局集团一公司董事长

天津市劳动模范

薛新广　中铁十八局集团国际工程公司副总裁
张　健　中铁十八局集团三公司项目总工程师
祝天祥　中铁十八局集团五公司工程师

黄　林　中铁十八局集团建筑安装公司高级工程师

孔凡成　中铁十八局集团隧道工程公司项目经理
宋鹤庆　中铁十八局集团华南工程公司项目经理

青海省劳动模范

朱昌岳　中铁二十一局集团四公司总经理

【省级五一劳动奖章获得者】

山西省五一劳动奖章获得者

宋津喜　中铁十二局集团公司总经理
薛如明　中铁十二局集团公司副总经理
范　军　中铁十二局集团公司副总工程师
焦　钢　中铁十二局集团二公司副总经理
何国民　中铁十二局集团建筑安装公司总经理

谭雷平　中铁十二局集团四公司董事长

赖立新　中铁十二局集团七公司副总经理

仝有荣　中铁十七局集团阿尔及利亚高速公路西标段项目经理部副总经理

田志明　中铁十七局集团阿尔及利亚高速公路项目部党委书记

牛效良　中铁十七局集团阿尔及利亚高速公路项目部会计师

杨振良　中铁十七局集团三公司阿尔及利亚高速公路项目部队长

吴继刚　中铁十七局集团三公司阿尔及利亚高速公路项目部工班长

李兴旺　中铁十七局集团二公司阿尔及利亚高速公路项目部分部经理

张本国　中铁十七局集团二公司阿尔及利亚高速公路项目部安全总监

宋学慧　中铁十七局集团物资公司阿尔及利亚高速公路采石场技术主管

王学斌　中铁十七局集团安哥拉房建项目部经理

张卫民　中铁十七局集团建筑公司安哥拉房建项目部技术员

李桂康　中铁十七局集团建筑公司安哥拉房建项目部经理

温雪峰　中铁十七局集团建筑公司安哥拉房建项目部工人

石建明　中铁十七局集团电气化公司安哥拉房建项目部经理

望小明　中铁十七局集团电气化公司安哥拉房建项目部副经理

乔根柱　中铁十七局集团电气化公司总经理

刘　岩　中铁十七局集团海外公司/CMEC 通信万博分部副经理

姜四胖　中铁十七局集团安哥拉门窗厂厂长

刘　杰　中铁十七局集团建筑公司工会主席

徐德云　中铁十七局集团一公司工会主席

成志宏　中铁十七局集团二公司董事长、总经理

朱守平　中铁十七局集团二公司党委书记

韩保军　中铁十七局集团二公司工会主席

明思义　中铁十七局集团四公司党委书记

天津市五一劳动奖章获得者

张　斌　中铁十八局集团一公司项目经理

宋华礼　中铁十八局集团二公司副总会计师

周勤茶　中铁十八局集团四公司项目副经理

耿铁铮　中铁十八局集团五公司项目书记

彭亚飞　中铁十八局集团六公司项目经理

赵　昆　中铁十八局集团金属结构公司副总会计师

龚　清　中铁十八局集团路桥公司项目经理

张新斌　中铁十八局集团隧道公司项目经理

矣成辉　中铁十八局集团公司项目书记

董广田　中铁十八局集团公司总经济师

辽宁省五一劳动奖章获得者

赵福军　中铁十三局集团一公司

福建省五一劳动奖章获得者

田要成　中铁第四勘察设计院集团公司副院长

甘肃省五一劳动奖章获得者

柴生虎　中铁二十一局集团二公司项目经理

苗文芳　中铁第一勘察设计院集团兰州铁道设计院高级工程师

四川省五一劳动奖章获得者

王　武　中铁二十三局集团大连项目指挥长

湖北省五一劳动奖章获得者

江淑春　中铁十一局集团一公司副总经理

邱正晓　中铁建电气化局集团南方公司副总经理

郭红民　中铁建电气化局集团南方公司工会主席

陈文科　中铁第四勘察设计院集团公司线站处副总工程师

王小莉　中铁第四勘察设计院集团公司桥梁处高级工程师

曾强运　中铁第四勘察设计院集团公司宜万铁路工程指挥部工程师

【火车头奖章获得者】

曹保刚　中国土木工程集团公司总经理

徐华祥　中国铁建阿尔及利亚项目经理部合同计划部部长

马明聪　中铁十一局集团城市轨道工程公司测量班班长

张凤华　中铁十二局集团三公司董事长

付　增　中铁十三局集团四公司一分公司鸡讷公路 C8 标段拌合站站长

庄纪栋　中铁十四局集团四公司董事长

徐　磊　中铁十四局集团隧道公司副总经理

李传营　中铁十四局集团隧道公司北京地铁 9 号线项目副经理

殷明刚　中铁十五局集团达成铁路工程指挥部架梁队工班长

焦森华　中铁十六局集团路桥工程公司董事长

赵　朴　中铁十七局集团一公司董事长

郝趁义　中铁十八局集团公司党委书记

魏良行　中铁十九局集团四公司包西南指挥部普加工区技师

李令选　中铁二十局集团公司副总经济师

赵　锋　中铁二十一局集团四公司桥隧班班长

李国华　中铁二十二局集团电气化公司董事长

李宪勇　中铁二十三局集团三公司成昆货车外绕线工程项目经理部测量主管

姚贵荣　中铁二十四局集团江苏公司党委助理员

付绍成　中铁二十五局集团三公司作业队长

贾学斌　中铁建设集团公司设备安装分公司经理

宋景奇　中铁建电气化局集团一公司董事长

申　伟　中铁房地产集团公司北京天太金海置业公司董事长

刘彦明　中铁第一勘察设计院集团公司副所长

何志工　中铁第四勘察设计院集团公司副总工程师

董佃俭　中铁物资集团东北公司党委书记

张天祯　昆明中铁大型养路机械集团公司党委副书记

孙国庆　昆明中铁大型养路机械集团总装公司副总经济师

邹红军　中铁轨道系统集团隆昌工务器材厂弹条压型班班长

蔡梅群　北京铁城建设监理公司总会计师

【专项火车头奖章获得者】

宜万铁路建设火车头奖章获得者

李文俊　中铁十一局集团公司宜万铁路 27 标段工程指挥部指挥长

陈仕猛　中铁十一局集团四公司宜万铁路项目部经理

夏敬礼　中铁十一局集团公司宜万铁路 W24 标段项目部经理

董裕国　中铁十二局集团公司宜万铁路工程指挥部指挥长

赵西民　中铁十二局集团公司宜万铁路 32 标段工程指挥部指挥长

张朝阳　中铁十二局集团公司宜万铁路 W10 标段项目部经理

郝国强　中铁十二局集团二公司工人

綦彦波　中铁十三局集团公司宜万铁路 W17 标段合同段项目部经理

张浚厚　中铁十四局集团公司宜万铁路工程指挥部指挥长

刘同江　中铁十四局集团公司宜万铁路工程指挥部总工程师

袁德友　中铁十六局集团四公司宜万铁路项目部经理

郭洪俊　中铁十六局集团五公司宜万铁路项目部安全员

闫文生　中铁十七局集团公司宜万铁路 W9 标段项目部经理

蔚东绪　中铁十七局集团公司宜万铁路工程指挥部指挥长

李生宏　中铁十八局集团宜万铁路工程指挥部指挥长

王书彬　中铁十九局集团公司宜万铁路 W16 标段项目部经理

薛俊峰　中铁二十局集团宜万铁路 W15 标段项目部总工程师

陈益发　中铁二十局集团公司宜万铁路工程指挥部指挥长

黄新连　中铁第四勘察设计院集团公司宜万铁路建设指挥部常务副指挥长

徐红星　中铁第四勘察设计院集团公司宜万铁路建设指挥部高级工程师

王瑞岳　中铁第四勘察设计院集团监理公司宜万铁路监理站总监理工程师

彭少林　北京铁城建设监理公司宜万铁路监理站副总监理工程师

武广铁路客运专线建设火车头奖章获得者

袁定安　中铁十一局集团公司武广铁路客运专线 SDIV 标段项目部总工程师

张军林　中铁十一局集团三公司武广铁路客运专线铺架项目部常务副经理

罗　樊　中铁十一局集团公司武广铁路客运专线站后 1 标段赤壁分部经理

易俊新　中铁十一局集团六公司武广铁路客运专线项目部经理

董化瑞　中铁十二局集团公司武广铁路客运专线 8 项目部经理

曹孟南　中铁十二局集团公司武广铁路客运专线 15 项目部经理

刘占营　中铁十二局集团公司武广铁路客运专线项目部副经理

张连录　中铁十二局集团公司武广铁路客运专线新广州站陈村特大桥项目部经理

李方东　中铁十四局集团公司武广铁路客运专线 XXTJⅢ标段项目部第 2 项目队经理

李新献　中铁十四局集团公司武广铁路客运专线 XXTJⅢ标段项目部第 4 项目队经理

张　麒　中铁十五局集团公司武广铁路客运专线 5 标段项目部总工程师

黄功华　中铁十五局集团公司武广铁路客运专线

5标段项目部六公司经理

郎建平　中铁十六局集团公司武广铁路客运专线XXTJⅢ标段项目部经理

赵永军　中铁十六局集团公司武广铁路客运专线XXTJⅢ标段项目部第2项目队经理

卢　朋　中铁十七局集团公司武广铁路客运专线XXTJⅥ标段项目部经理

毕永清　中铁十七局集团二公司武广铁路客运专线项目部总工程师

张晓华　中铁十八局集团公司武广铁路客运专线XJDI标段项目部总工程师

杨保富　中铁十八局集团五公司雷达2000项目部经理

李庆林　中铁十九局集团公司武广铁路客运专线5标段项目部一工区经理

周　巍　中铁十九局集团公司武广铁路客运专线5标段项目部三工区经理

李广平　中铁二十五局集团公司武广铁路客运专线XXTJⅤ标段项目部副经理

冯　正　中铁二十五局集团公司武广铁路客运专线XXTJⅤ标段项目部移动模架工程项目部经理

王克金　中铁第四勘察设计院集团公司武广铁路客运专线建设指挥部工程师

张敏慧　中铁第四勘察设计院集团公司武广铁路客运专线建设指挥部工程师

李政琦　中铁第四勘察设计院集团公司新广州站“三电”迁改项目部经理

铁路勘察设计系统火车头奖章获得者

刘朝晖　中铁第一勘察设计院集团公司副总工程师

韦永录　中铁第一勘察设计院集团公司总工办副总工程师

江腊沙　中铁第一勘察设计院集团公司计划处处长

孙士云　中铁第一勘察设计院集团公司环设处工程师

任晓春　中铁第一勘察设计院集团公司航测遥感处处长

王正邦　中铁第一勘察设计院集团公司线路运输处副处长

郑　洪　中铁第四勘察设计院集团公司线站处副总工程师

文望青　中铁第四勘察设计院集团公司桥梁处副总工程师

刘坡拉　中铁第四勘察设计院集团公司地路处副总工程师

赵胜强　中铁第四勘察设计院集团公司工程勘察院第七勘测队队长

邱邵峰　中铁第四勘察设计院集团公司设备处工程师

邹庭洪　中铁第四勘察设计院集团公司工经处二设计室副主任

胡　明　中铁第五勘察设计院集团公司副总工程师

宋宏祥　中铁第五勘察设计院集团东北分院副院长

沙文杰　中铁第五勘察设计院集团公司经营处处长

王宏洲　中铁第五勘察设计院集团公司线路运输院副院长

祝建农　中铁上海设计院集团公司副总工程师

严新平　中铁上海设计院集团公司线站处副总工程师

徐幸福　中铁上海设计院集团工程勘察院副院长

钟志华　中铁上海设计院集团南昌设计院铁道所总工程师

铁路客运专线建设火车头奖章获得者

苗忠稳　中铁十一局集团公司甬台温铁路工程指挥部指挥长

章德贤　中铁十六局集团三公司甬台温铁路项目部经理

苏在林　中铁十八局集团公司甬台温铁路项目部经理

刘学庆　中铁十八局集团二公司副总经理

赵喜科　中铁二十四局集团公司甬台温铁路项目部指挥长

沈志明　中铁二十四局集团浙江公司总经理

蔡忠雄　中铁二十四局集团公司项目经理

刘开元　中铁第四勘察设计院集团公司沿海铁路通道建设指挥部指挥长

袁仁基　中铁第四勘察设计院集团公司沿海铁路通道建设指挥部副指挥长

吴建荣　中铁十七局集团公司特级项目经理

丁愿文　中铁十七局集团公司副总工程师

刘丛勇　中铁十八局集团公司津秦铁路客运专线项目部党工委书记

王志杰　中铁十八局集团公司津秦铁路客运专线项目部经理

张增科　中铁二十一局集团公司副总工程师

钱耀峰　中铁二十一局集团五公司总工程师

郭建东　中铁二十二局集团公司津秦铁路客运专线项目部经理

杨　刚　中铁二十二局集团六公司总经理

李永亮　中铁十二局集团公司向莆铁路 FJ－3B 标段指挥部常务副指挥长

牛景梁　中铁十四局集团公司向莆铁路 FJ－3A 标段指挥部测量队队长

张伟光　中铁十八局集团三公司隧道工区技术负责人

毛建安　中铁第一勘察设计院集团监理公司向莆铁路 FJJL－7 标段监理部总监理工程师

赵忠保　中铁第四勘察设计院集团公司向莆铁路建设指挥部项目总体设计负责人

罗国耀　中铁第四勘察设计院集团公司工程监理咨询公司总监工程师

王必军　中建十九局集团公司副总工程师

胡克辉　中铁十九局集团公司长吉城际铁路项目部总工程师

俞国伟　中铁十九局集团公司长吉城际铁路项目部一工区经理

吴　健　中铁十九局集团公司长吉城际铁路项目部二工区经理

张明杰　中铁十九局集团公司合蚌铁路客运专线站前 1 标段项目部党工委书记

郭晓明　中铁十九局集团五公司蚌埠制梁场场长

虞水明　中铁上海设计院集团公司工经处副总工程师

褚人猛　中铁十六局集团公司石武铁路客运专线河南段项目部总工程师

李同海　中铁十七局集团公司石武铁路客运专线河南段项目部副总工程师

周大勇　中铁十八局集团公司石武铁路客运专线河南段项目部总工程师

杨国良　中铁十八局集团公司石武铁路客运专线项目部指挥长

孙鸿雁　中铁十九局集团公司石武铁路客运专线河南段项目部副总工程师

周海军　中铁二十局集团公司石武铁路客运专线河南段项目部经理

李正军　中铁第四勘察设计院集团公司石武铁路客运专线郑武段建设指挥部副总体

沈自力　中铁第四勘察设计院集团公司石武铁路客运专线郑武段桥梁专业负责人

易有森　中铁第四勘察设计院集团工程监理咨询公司 SWJL－4 标段总监理工程师

李天胜　中铁十二局集团公司贵广铁路工程指挥部指挥长

付有民　中铁十二局集团公司贵广铁路第 3 项目部四工区洞长

马正文　中铁十三局集团公司贵广铁路第 2 项目部隧道五队架子队队长

张福国　中铁十三局集团公司贵广铁路工程指挥部副指挥长

王　涌　中铁十四局集团公司贵广铁路工程指挥部副指挥长

郭邦红　中铁十四局集团公司贵广铁路工程指挥部第一项目部架子队队长

李士国　中铁十六局集团二公司贵广铁路项目部材料加工厂厂长

张学坡　中铁十六局集团五公司副总经理

隋红振　中铁十八局集团公司贵广铁路工程指挥部第 1 项目部工人

王清江　中铁十八局集团公司贵广铁路工程指挥部副指挥长

熊令臣　中铁二十三局集团公司贵广铁路第 1 项目部桥梁队桥梁工长

钟　勇　中铁二十三局集团公司贵广铁路工程指挥部经营部副部长

董云松　中铁第四勘察设计院集团公司贵广铁路建设指挥部副指挥长

龙浩进　中铁第四勘察设计院集团公司贵广铁路地质路基专业设计负责人

甘　平　北京铁城建设监理公司总监理工程师

王宏敏　中铁十七局集团公司海南东环项目常务副经理

左小平　中铁十七局集团五公司海南东环项目物资部部长

刘永明　中铁十七局集团公司海南东环项目部一工区副经理

李　炜　中铁十七局集团铺架分公司副总经理

陈二平　中铁十七局集团一公司海南东环铁路 V 标段项目部经理

陈新华　中铁十九局集团公司海南东环铁路项目部常务副经理

花鹤山　中铁十九局集团公司海南东环铁路工程第Ⅲ标段项目部物资部部长

曲中山　中铁十九局集团五公司路桥三公司工会主任

罗永明　中铁二十五局集团建筑安装公司项目经理

曾卫星　中铁二十五局集团公司海南东环项目部常务副指挥长

李火明　中铁十一局集团公司武广铁路客运专线 XXTJ Ⅰ标段项目部副经理

曾国升　中铁十一局集团一公司副总经理

何志勇　中铁十一局集团四公司总工程师

许云跃　中铁十一局集团公司石武铁路客运专线湖北段TJⅡ标段项目部副经理

彭　刚　中铁十一局集团五公司副总经理

向远华　中铁十二局集团公司武广铁路客运专线项目部经理

郭钰锋　中铁十二局集团公司武广铁路客运专线项目部第4生产中心总工程师

冉隆飞　中铁十二局集团公司武广铁路客运专线项目部第10项目部经理

池　现　中铁十四局集团公司武广铁路客运专线XXTJⅢ标段项目部第4项目队计划部部长

贯文龙　中铁十四局集团公司武广铁路客运专线XXTJⅢ标段项目部工程部部长

刘树堂　中铁十四局集团公司武广铁路客运专线XXTJⅢ标段项目部第5项目队经理

张海亮　中铁十五局集团公司武广铁路客运专线项目部经理

汪锡铭　中铁十五局集团公司武广铁路客运专线无砟轨道项目队总工程师

丁善晔　中铁十六局集团公司武广铁路客运专线XXTJⅢ标段项目部总工程师

田大鹏　中铁十六局集团公司武广铁路客运专线项目部计财部部长

王泽国　中铁十六局集团公司武广铁路客运专线项目部第1项目队施工技术部部长

曹宁宇　中铁十七局集团公司武广铁路客运专线项目部副经理

杨　军　中铁十七局集团二公司武广铁路客运专线项目部副经理

武金虎　中铁十七局集团四公司武广铁路客运专线项目部常务副经理

柴学宗　中铁十八局集团公司武广铁路客运专线先建段一分部项目经理

盛永东　中铁十八局集团一公司武广铁路客运专线项目部二分部项目总工程师

曹建腾　中铁十八局集团五公司无砟轨道工程公司总工程师

孙　铁　中铁十九局集团公司武广铁路客运专线一工区副经理

王　伟　中铁十九局集团二公司武广铁路客运专线项目经理

李友良　中铁十九局集团公司武广铁路客运专线5标段项目部二工区总工程师

钟本锋　中铁二十三局集团公司石武铁路客运专线TJⅠ标段项目部总工程师

岳永胜　中铁二十三局集团公司石武铁路客运专线TJⅠ标段项目部副经理

庄　泽　中铁二十五局集团公司武广铁路客运专线韶关站项目经理

刘　准　中铁二十五局集团公司武广铁路客运专线清远站项目经理

万昌海　中铁第四勘察设计院集团公司武广铁路客运专线项目副总体

郭建湖　中铁第四勘察设计院集团公司武广铁路客运专线项目地质路基专册

周全能　中铁第四勘察设计院集团公司武广铁路客运专线咨询项目部副总咨询师

徐孝堂　中铁第一勘察设计院集团监理公司监理组长

王作建　中铁第一勘察设计院集团监理公司SWJLⅡ标段监理站监理组长

周子成　北京铁城建设监理公司SWJLⅠ标段监理组长

余　斌　中铁十一局集团公司渝利铁路项目部经理

王忠伟　中铁十二局集团公司渝利铁路项目部二分部总工程师

张海龙　中铁十八局集团公司渝利铁路项目部经理

石鸿江　中铁二十局集团公司昌九城际铁路ZDZ标段项目部经理

朱　赤　中铁二十四局集团公司昌九城际铁路CJQ－2标段项目部指挥长

钱建忠　中铁二十四局集团公司昌九城际铁路CJQ－2标段项目部经理

章涛松　中铁第四勘察设计院集团公司昌九城际铁路建设指挥部设计总体

朱孝俊　中铁第四勘察设计院集团（湖北）监理公司昌九城际铁路监理项目部总监理工程师

刘忠华　北京铁城建设监理公司昌九城际铁路监理项目部总监理工程师

李为民　中铁十五局集团公司太中银铁路ZQ－Ⅰ－2标段指挥部常务副指挥长

李丰国　中铁十六局集团公司太中银铁路ZK－Ⅵ标段指挥部指挥长

牟光均　中铁十七局集团四公司太中银铁路SJS－Ⅱ标段指挥部二工区经理

郑　烨　中铁二十五局集团公司太中银铁路ZQ－Ⅰ标段指挥部指挥长

韩付成　中铁第一勘察设计院集团监理公司太中

银铁路 JL－IV 标段总监理工程师

张春荣　中铁十三局集团三公司哈大铁路客运专线项目部副总工程师

孙明水　中铁十六局集团公司哈大铁路客运专线 TJ－2 标段第 7 项目部副经理

马千里　中铁第一勘察设计院集团公司“三电”迁改项目部经理

刘晓东　中铁第一勘察设计院集团公司哈大铁路客运专线配合施工设计指挥部地质专业负责人

吉超凡　中铁第一勘察设计院集团公司哈大铁路客运专线监理站铁岭监理分站分站长

赵子俊　中铁第四勘察设计院集团公司哈大铁路客运专线咨询项目部高级工程师

杨金全　北京铁城建设监理公司哈大铁路客运专线监理站试验室主任

陈海学　中铁十一局集团公司京石铁路客运专线项目部副经理

尹传稳　中铁十一局集团公司京石铁路客运专线项目部二分部常务副经理

刘西文　中铁十一局集团公司京石铁路客运专线项目部四分部经理

汪满建　中铁十一局集团公司京石铁路客运专线项目部五分部经理

刘　军　中铁十一局集团公司京石铁路客运专线项目部六分部经理

文智勇　中铁十一局集团公司京石铁路客运专线桥梁分部项目经理

单传学　中铁十二局集团公司京石铁路客运专线项目部党工委副书记

孙　炜　中铁十二局集团公司京石铁路客运专线项目部二分部经理

崔淑斌　中铁十三局集团公司京石铁路客运专线项目部经理

李守鹏　中铁十三局集团公司京石铁路客运专线项目部五分部副经理

于占彪　中铁十三局集团公司京石铁路客运专线指挥部副指挥长

林凤国　中铁十三局集团公司京石铁路客运专线项目部一分部经理

李元涛　中铁十三局集团四公司京石铁路客运专线项目部副经理

王　焕　中铁十四局集团公司石武铁路客运专线项目部经理

刘全青　中铁十四局集团公司石武铁路客运专线项目部副总工程师

乔培贞　中铁十四局集团三公司石武铁路客运专线项目部经理

王　勇　中铁十四局集团公司石武铁路客运专线项目部四分部经理

郑宽昌　中铁二十一局集团三公司京石铁路客运专线常务副指挥长

陈延军　中铁二十二局集团公司京石铁路客运专线项目部常务副经理

刘祖彬　中铁十一局集团五公司宜万铁路 27 标段项目部经理

席继红　中铁十二局集团二公司宜万铁路工程指挥部总工程师

武亮月　中铁十二局集团二公司宜万铁路 33 标段项目部经理

陀春全　中铁十二局集团二公司齐岳山隧道项目部领工员

张广宪　中铁十四局集团公司宜万铁路工程指挥部常务副指挥长

李卫兵　中铁十六局集团五公司宜万铁路项目部经理

杨彦岭　中铁十六局集团四公司宜万铁路 16 标段项目部总工程师

张广耀　中铁二十局集团公司宜万铁路 W15 标段项目部经理

程治平　中铁二十二局集团电气化公司宜万铁路通信工程项目部经理

胡子平　中铁第四勘察设计院集团公司宜万铁路建设指挥部副指挥长

苗德海　中铁第四勘察设计院集团公司宜万铁路建设指挥部副总工程师

葛　强　北京铁城建设监理公司宜万铁路监理总站总监理工程师

焦振东　中铁十七局集团公司杭甬铁路客运专线工程指挥部副指挥长

卢文添　中铁十七局集团公司杭甬铁路客运专线工程指挥部二工区经理

刘红峰　中铁十七局集团公司杭甬铁路客运专线工程指挥部三工区总工程师

李予文　中铁十七局集团公司杭甬铁路客运专线工程指挥部四工区经理

叶建国　中铁二十四局集团公司杭甬铁路客运专线工程指挥部党工委书记

盛片红　中铁二十四局集团公司杭甬铁路客运专线工程指挥部三分部架子队队长

简旺兴　中铁二十四局集团公司杭甬铁路客运专线指挥部四分部总工程师

宋文祥　中铁第四勘察设计院集团公司杭甬铁路

客运专线建设指挥部副指挥长

洪其栋　中铁十一局集团公司汉宜铁路项目部党工委书记

赵　辉　中铁十二局集团公司汉宜铁路项目部常务副经理

王孟钧　中铁十七局集团公司汉宜铁路项目部党工委书记

付小军　中铁第四勘察设计院集团公司沪汉蓉铁路建设指挥部桥梁专业负责人

张金刚　中铁第四勘察设计院集团监理公司汉宜铁路监理站总监理工程师

沈永瑰　北京铁城建设监理公司汉宜铁路监理站总监理工程师

郝生德　中铁十一局集团公司沪宁城际铁路站前Ⅵ标段项目部经理

卢　杰　中铁十一局集团公司沪宁城际铁路站前Ⅵ标段项目部总工程师

邢天恩　中铁十一局集团公司沪宁城际铁路站前Ⅵ标段项目部安质部部长

周　晗　中铁十一局集团公司沪宁城际铁路站前Ⅵ标段项目部第1工区经理

沈显才　中铁十一局集团公司沪宁城际铁路站前Ⅵ标段项目部第1工区梁场场长

卢芝海　中铁十一局集团公司沪宁城际铁路站前Ⅵ标段项目部第2工区经理

丁永全　中铁十一局集团公司沪宁城际铁路站前Ⅵ标段项目部第2工区梁场场长

刘治国　中铁十一局集团公司沪宁城际铁路站前Ⅵ标段项目部第3工区经理

赵双平　中铁十一局集团公司沪宁城际铁路站前Ⅵ标段项目部第3工区总工程师

刘昌盛　中铁十一局集团公司沪宁城际铁路站前Ⅵ标段项目部第4工区经理

蒋国云　中铁十一局集团公司沪宁城际铁路站前Ⅵ标段项目部第5工区经理

赵宗益　中铁十一局集团公司沪宁城际铁路站前Ⅵ标段项目部第6工区经理

张　磊　中铁十一局集团公司沪宁城际铁路站前Ⅵ标段项目部第8工区总工程师

黄文忠　中铁十一局集团公司沪宁城际铁路站前Ⅵ标段项目部第8工区轨道板厂经理

隋忠庆　中铁十九局集团公司沪宁城际铁路站前Ⅴ标段项目部经理

蒋庆举　中铁十九局集团公司沪宁城际铁路站前Ⅴ标段项目部副经理

张俊宏　中铁十九局集团公司沪宁城际铁路站前Ⅴ标段项目部总工程师

姜　文　中铁十九局集团公司沪宁城际铁路站前Ⅴ标段项目部安全总监

罗振平　中铁十九局集团公司沪宁城际铁路站前Ⅴ标段项目部工程部部长

王国群　中铁十九局集团公司沪宁城际铁路站前Ⅴ标段项目部第1工区经理

郝万福　中铁十九局集团公司沪宁城际铁路站前Ⅴ标段项目部第3工区经理

邹德玉　中铁十九局集团公司沪宁城际铁路站前Ⅴ标段项目部第5工区经理

谢宝琎　中铁十九局集团公司沪宁城际铁路站前Ⅴ标段项目部第6工区经理

王志广　中铁十九局集团公司沪宁城际铁路站前Ⅴ标段项目部第7工区经理

吕　超　中铁十九局集团公司沪宁城际铁路站前Ⅴ标段项目部第9工区副经理

戴　军　中铁十九局集团公司沪宁城际铁路站前Ⅴ标段项目部第10工区副经理

杨　波　中铁十九局集团公司沪宁城际铁路站前Ⅴ标段项目部铺架工区副经理

胡兴鹏　中铁十九局集团公司沪宁城际铁路站前Ⅴ标段项目部板厂副厂长

吴为爱　中铁二十四局集团公司沪宁城际铁路站前Ⅳ标段项目部经理

付伟庆　中铁二十四局集团公司沪宁城际铁路站前Ⅳ标段项目部副总工程师兼工程部部长

刘传宏　中铁二十四局集团公司沪宁城际铁路站前Ⅳ标段项目部副总工程师兼安质部部长

朱　坤　中铁二十四局集团公司沪宁城际铁路站前Ⅳ标段项目部第9工区党支部书记、常务副经理

陈京广　中铁二十四局集团公司沪宁城际铁路站前Ⅳ标段项目部第8工区经理

何水龙　中铁二十四局集团公司沪宁城际铁路站前Ⅳ标段项目部第6工区经理

宋　健　中铁二十四局集团公司沪宁城际铁路站前Ⅳ标段项目部第5工区总工程师

杨银桂　中铁二十四局集团公司沪宁城际铁路站前Ⅳ标段项目部第3工区总工程师

甘保言　中铁二十四局集团公司沪宁城际铁路站前Ⅳ标段项目部第2工区党支部书记

陈国强　中铁二十四局集团公司沪宁城际铁路站前Ⅳ标段项目部第1工区经理

罗来前　中铁第四勘察设计院集团公司沪宁城际铁路建设指挥部设计总体

李宝杰　中铁第一勘察设计院集团公司沪宁城际

铁路监理联合体Ⅰ标段监理工程师

杨柏林　北京铁城建设监理公司沪宁城际铁路监理联合体Ⅱ标段副总监理工程师

王建平　中铁十二局集团公司厦深铁路广东段工程指挥部指挥长

李春道　中铁十七局集团公司厦深铁路广东段工程指挥部指挥长

于进江　中铁十九局集团公司厦深铁路广东段4标段工程指挥部指挥长

陈　颢　中铁第四勘察设计院集团公司厦深铁路工程指挥部副指挥长

陈　峰　中铁十二局集团四公司厦深铁路项目部副经理

邵　璞　中铁十六局集团二公司福厦铁路项目部副经理

赵　永　中铁十六局集团五公司福厦铁路福州南站项目部经理

邓建华　中铁十七局集团公司福厦铁路ZD－Ⅰ标段项目部总工程师

裴　莹　中铁十八局集团三公司温福铁路项目部经理

马南飞　中铁十九局集团三公司厦深铁路项目部副经理

冯建军　中铁二十一局集团公司福厦铁路站前工程Ⅲ标段项目部副经理

李海军　中铁二十四局集团公司厦深铁路Ⅰ标段项目部总工程师

罗定武　中铁建电气化局集团公司福厦铁路“四电”集成联合体副经理

张伟中　中铁建设集团公司温福铁路宁德站房项目部经理

王　伟　中铁建设集团公司福厦铁路厦门西站项目部总工程师

张学臣　中铁建设集团公司厦深铁路漳州南站房项目部经理

【其他荣誉称号获得者】

全国诚信建设优秀施工企业家

杨永宏　中铁十七局集团五公司董事长

山西省个人一等功

祁玺剑　中铁十二局集团公司副总经理

赵树林　中铁十二局集团公司川渝指挥部副指挥长

梁永忠　中铁十二局集团一公司项目经理

李守生　中铁十二局集团二公司项目经理

张凤华　中铁十二局集团三公司董事长

山西省个人二等功

陈卫雄　中铁十二局集团四公司项目经理

山西省个人三等功

杜湘豪　中铁十二局集团七公司项目经理

山东省富民兴鲁奖章获得者

田执祥　中铁十四局集团三公司董事长

张立丰　中铁十四局集团二公司项目经理

四川省灾后重建再立新功竞赛先进个人

俸　义　中铁二十三局集团四公司项目副总工程师

四川省优秀工会工作者

宋立铎　中铁二十三局集团公司工会部长

云南省优秀企业家

马云昆　昆明中铁大型养路机械集团公司董事长、党委书记

陕西省优秀勘察设计师

冉　理　中铁第一勘察设计院集团公司副院长、总工程师、教授级高级工程师

刘　赪　中铁第一勘察设计院集团公司副总工程师、教授级高级工程师

舒　磊　中铁第一勘察设计院集团公司地路处总工程师、教授级高级工程师

中铁第五勘察设计院集团公司承担利比亚南北铁路800公里勘察设计任务。图为工程技术人员在撒哈拉沙漠边缘的塞布哈地区进行地质勘察作业。（曹保安 提供）

统计资料

本栏责任编辑 **杨启燕**

中国铁建系统新签合同额完成情况统计表

（2009 年度）

单位：万元

单位＼数量＼类别	计划	内控计划	完成	其中						其中：海外	完成计划（%）	完成内控计划（%）	2008 年同期完成	同比增长（%）
				工程承包	勘察设计咨询	工业制造	物资贸易	房地产开发	其他					
合　计	32216000	51385600	60132701	55531440	622506	568047	2794641	501397	114670	5971548	186.7	117.0	42310465	42.1
中国土木工程集团公司	2000000	3800000	3850431	3714232	3350		73229		59621	3632281	192.5	101.3	3069899	25.4
中铁十一局集团公司	2000000	3200000	3524541	3503767		20773					176.2	110.1	3241029	8.7
中铁十二局集团公司	3000000	3800000	4451696	4451696						56606	148.4	117.1	4616268	-3.6
中铁十三局集团公司	1800000	2480000	3151878	3151878							175.1	127.1	2008465	56.9
中铁十四局集团公司	1800000	2800000	2875122	2845459				29663		123844	159.7	102.7	2834311	1.4
中铁十五局集团公司	1800000	3000000	3512974	3512974						482684	195.2	117.1	2671628	31.5
中铁十六局集团公司	2000000	3500000	3656595	3622858			29737		4000	7636	182.8	104.5	2516308	45.3
中铁十七局集团公司	2200000	3500000	3571352	3564604			6748			64293	162.3	102.0	2853763	25.1
中铁十八局集团公司	2200000	3000000	4035173	4035173						383108	183.4	134.5	3110213	29.7
中铁十九局集团公司	2200000	3500000	3501875	3501875							159.2	100.1	2535367	38.1
中铁二十局集团公司	1800000	2400000	2924568	2900568				24000			162.5	121.9	1321563	121.3
中铁二十一局集团公司	1000000	1800000	2093723	2088731					4992		209.4	116.3	1211714	72.8
中铁二十二局集团公司	1000000	2000000	1937872	1843714				94158			193.8	96.9	1274290	52.1
中铁二十三局集团公司	1200000	2200000	2375621	2375621							198.0	108.0	2050429	15.9
中铁二十四局集团公司	1300000	2200000	3013042	2986848					26193		231.8	137.0	2003191	50.4
中铁二十五局集团公司	1000000	2000000	2242772	2242772							224.3	112.1	703690	218.7
中铁建设集团公司	800000	900000	1654051	1654051						2161	206.8	183.8	652568	153.5
中铁建电气化局集团公司	1100000	1500000	2202356	2175915	9358	15153			1931		200.2	146.8	1000753	120.1
中铁房地产集团公司			353576					353576						
中铁第一勘察设计院集团公司	240000	220000	246743	53501	193242						102.8	112.2	210206	17.4
中铁第四勘察设计院集团公司	270000	270000	297048	71026	226022					8500	110.0	110.0	271088	9.6
中铁第五勘察设计院集团公司	60000	80000	101239	15553	84103				1584		168.7	126.5	51817	95.4
中铁上海设计院集团公司	50000	60000	80019	8624	70238				1157		160.0	133.4	33497	138.9
中铁物资集团公司	1000000	1400000	2692272				2684927		7345	178	269.2	192.3	1373773	96.0
昆明中铁大型养路机械集团公司	100000	140000	137853			137853					137.9	98.5	90643	52.1
中铁轨道系统集团公司	220000	400000	401086			394268			6818	257	182.3	100.3	255109	57.2
北京铁城建设监理公司	30000	35000	36194		36194						120.6	103.4	23227	55.8
诚合保险经纪（北京）公司		600	1030						1030					
股份公司本级	46000	1200000	1210000	1210000						1210000		100.8	325656	271.6

制表：荆彩萍

中国铁建系统工程承包业务新签合同额完成情况统计表

（2009 年度）

单位:万元

单位＼数量＼类别	总计		铁路		公路		机场码头		水利电力		房建		城市轨道		市政		其他工程	
	项数	合同额	项数	合同额	项数	合同额	项数	合同额	项数	合同额	项数	合同额	项数	合同额	项数	合同额	项数	合同额
总　计	2036	55531440	471	30506155	594	12795468	7	80249	89	565483	261	2771062	116	5221615	336	2871213	162	720195
占总投资%		100		55		23		0.1		1		5		9.4		5.2		1.3
中国铁建股份公司	1	1210000											1	1210000				
中国土木工程集团公司	64	3714232	5	2492985	21	181461	3	28863			25	225799	3	646554	7	138570		
中铁十一局集团公司	92	3503767	21	1798839	35	1040295					5	20671	22	607845	4	29723	5	6393
中铁十二局集团公司	114	4451696	23	2724533	38	1229306	1	2220	2	19310	27	209403	6	186074	4	42952	13	37898
中铁十三局集团公司	136	3151878	21	1377497	48	864342			16	87048	4	20806	16	508202	28	273818	3	20166
中铁十四局集团公司	138	2845459	19	1115556	53	1105796			12	45198	17	126918	5	255239	24	145937	8	50815
中铁十五局集团公司	186	3512974	4	664946	92	1935636			8	68617	3	360486	2	64514	35	214793	42	203982
中铁十六局集团公司	163	3622858	21	1473375	35	756534	2	42684	12	113412	19	229842	7	351147	66	650080	1	5785
中铁十七局集团公司	84	3564604	16	2065034	43	1185510	1	6482	3	46243	9	40830	6	140698	6	79807		
中铁十八局集团公司	168	4035173	15	1996884	47	1147227			12	53143	15	82042	7	202613	47	512571	25	40693
中铁十九局集团公司	109	3501875	28	2277350	23	467501			11	80832	20	104028	13	326262	4	56772	10	189130
中铁二十局集团公司	100	2900568	25	1298448	55	1234077			4	11571	4	27389	4	172167	6	139824	2	17092
中铁二十一局集团公司	115	2088731	53	1490347	19	409969					15	54811	2	102343	5	2560	21	28701
中铁二十二局集团公司	85	1843714	24	1440919	16	253168			4	10906	15	64971	5	36624	12	22576	9	14550
中铁二十三局集团公司	74	2375621	26	1696650	21	415389			4	28464	2	3560	2	19021	10	128088	9	84449
中铁二十四局集团公司	175	2986848	47	2021042	32	361549					17	56717	8	230767	62	300453	9	16320
中铁二十五局集团公司	71	2242772	37	1777549	12	199830					9	38232	1	104883	12	122278		
中铁建设集团公司	62	1654051	9	549760							53	1104291						
中铁建电气化局集团公司	53	2175915	40	2108378	3	7773			1	741			6	56662	2	1961	1	400
中铁第一勘察设计院集团公司	18	53501	17	45601											1	7900		
中铁第四勘察设计院集团公司	13	71026	12	68040													1	2986
中铁第五勘察设计院集团公司	9	15553	7	15425	1	106					1	22						
中铁上海设计院集团公司	6	8624	1	6996							1	244			1	550	3	834

制表:荆彩萍

中国铁建系统企业总产值完成情况统计表

（2009 年度）

单位：万元

单位 \ 数量 \ 类别	计划	内控计划	完成	其中						其中：海外	完成计划（%）	完成内控计划（%）	2008 年同期完成	同比增长（%）
				施工产值	勘察设计咨询	工业制造	物资贸易	房地产开发	其他收入					
合　计	26037500	32254900	36822537	33056677	676202	899646	1596139	289445	304428	2816454	141.4	114.2	22096065	66.65
中国土木工程集团公司	900000	750000	778766	661078					117688	620636	86.5	103.8	860496	-9.50
中铁十一局集团公司	1700000	2800000	3003017	2978189		20386	2000		2442	69382	176.6	107.3	1406188	113.56
中铁十二局集团公司	2300000	3000000	3560502	3552057					8445	396469	154.8	118.7	2741875	29.86
中铁十三局集团公司	1300000	1600000	1765960	1761905					4055		135.8	110.4	1085748	62.65
中铁十四局集团公司	1550000	1600000	2097199	2065249				31950		551855	135.3	131.1	1362668	53.90
中铁十五局集团公司	1450000	1600000	1878090	1745535		116148	14725		1682	14864	129.5	117.4	1203275	56.08
中铁十六局集团公司	1650000	1800000	2168677	2126183		4996	18881	17377	1240		131.4	120.5	1534682	41.31
中铁十七局集团公司	1800000	2600000	2746473	2692301			47225		6947	213133	152.6	105.6	1656249	65.82
中铁十八局集团公司	2000000	2700000	2851946	2811212		37901			2833	586111	142.6	105.6	1443350	97.59
中铁十九局集团公司	1900000	2600000	2754076	2750493			3343		240	203467	145.0	105.9	1507255	82.72
中铁二十局集团公司	1500000	1500000	1524663	1443041		8758	12930	24045	35889	103334	101.6	101.6	1171436	30.15
中铁二十一局集团公司	900000	1000000	1039896	1014263		25633					115.5	104.0	663185	56.80
中铁二十二局集团公司	900000	1000000	1214423	1177756			18000		18667		134.9	121.4	738543	64.43
中铁二十三局集团公司	1000000	1300000	1510378	1472653		32168	145		5412	9569	151.0	116.2	670114	125.39
中铁二十四局集团公司	1000000	1500000	2126395	2088049		25407			12939	20706	212.6	141.8	1004114	111.77
中铁二十五局集团公司	800000	800000	835996	802372					33624		104.5	104.5	449148	86.13
中铁建设集团公司	700000	800000	786000	703449			81754	797			112.3	98.3	528680	48.67
中铁建电气化局集团公司	600000	900000	1233665	1210892		14554			8219	15121	205.6	137.1	404941	204.65
中铁房地产集团公司	200000	200000	215276					215276			107.6	107.6	67003	221.29
中铁第一勘察设计院集团公司	220000	220000	301750		301750					4830	137.2	137.2	221026	36.52
中铁第四勘察设计院集团公司	220000	240000	256000		256000					1650	116.4	106.7	196098	30.55
中铁第五勘察设计院集团公司	48000	55000	65800		65800						137.1	119.6	40190	63.72
中铁上海设计院集团公司	40000	50000	52652		52652					5327	131.6	105.3	30440	72.97
中铁物资集团公司	858100	1000000	1408423				1397136		11287		164.1	140.8	725062	94.25
昆明中铁大型养路机械集团公司	230000	250000	300001			300001					130.4	120.0	192386	55.94
中铁轨道系统集团公司	220000	300000	313694			313694					142.6	104.6	180913	73.40
北京铁城建设监理公司	20000	20000	21144						21144		105.7	105.7	11000	92.22
中铁建（北京）商务管理公司		8100	9305						9305			114.9		
诚合保险经纪（北京）公司		400	955						955					
北京培训中心	1400	1400	1415						1415			101.1		
股份公司本级（海外事业部）	30000	60000												

制表：荆彩萍

中国铁建施工单位施工产值完成情况统计表

（2009 年度）

单位：万元

单位＼数量＼类别	合计	铁路	公路	工业与民用建筑	市政	水利	电力	矿山	机场	港口码头	电信	环保	地铁	其他
合　　计	33056677	18114984	7815424	1521288	2255063	168485	677633	153286	44608	5882	36388	2846	1494133	766657
中国土木工程集团公司	661078	48406	414892	127149	63034		1994			3581				2022
中铁十一局集团公司	2978189	1981650	556626	48299	11455	2553	10373				11244		193417	162572
中铁十二局集团公司	3552057	2343503	982289	101267	70419	11099	580		10967				27774	4159
中铁十三局集团公司	1761905	732296	466662	28060	260312	38302	24251		3239	1372	6065	2846	198434	66
中铁十四局集团公司	2065249	551855	1024436	70032	133277	4848	62053	5720					88098	124930
中铁十五局集团公司	1745535	556744	652751	11939	273010	14067	16470		6855				190200	23499
中铁十六局集团公司	2126183	923058	520441	73950	336221	24578	27031		22049	929			192612	5314
中铁十七局集团公司	2692301	1795839	699828	87139	48593	4420	6629	15211	1498		3816		26150	3178
中铁十八局集团公司	2811212	995650	345750	116329	586111		385552						339206	42614
中铁十九局集团公司	2750493	1813450	513744	21548	19394	33696	58985	104774					117727	67175
中铁二十局集团公司	1443041	414718	697247	41878	84234	23772	13667	19969			2186		24552	120818
中铁二十一局集团公司	1014263	794036	157597	24552	4257	2618	152	5464			1220		12918	11449
中铁二十二局集团公司	1177756	705396	198647	97907	51905	8073	37079						11358	67391
中铁二十三局集团公司	1472653	1122778	193129	15195	55769		23565	2148					24189	35880
中铁二十四局集团公司	2088049	1448938	255091	99193	222565		2647						30479	29136
中铁二十五局集团公司	802372	577710	123368	56266	34107	459	49				2223		3617	4573
中铁建设集团公司	703449	141200		500585										61664
中铁建电气化局集团公司	1210892	1167757	12926		400		6556				9634		13402	217

制表：荆彩萍

中国铁建施工单位完成主要实物工程量情况统计表

（2009 年度）

数量类别 / 单位	土石方（万立方米）	隧道设计长度（折合米）	桥梁设计长度（折合米）	铺轨（公里）			铺道岔（组）	架梁（孔）	通信、信号			电力、电气化		给排水管路（公里）	公路		
				正线	其中：高速铁路	站线			通信线路（公里）合计	其中：光缆	自动闭塞（区间公里）	供电线路（正线公里）	接触网（正线公里）		合计（公里）	其中：高速公路	其中：路面（平方米）
合　计	99821	1124320	2006490	3924	679	1093	3258	53474	15785	5305	2356	12690	4564	409	2265	1875	23381685
中铁十一局集团公司	8921	94475	216044	1210		251	608	9812	1595		33	1934	463	46	171	144	3311913
中铁十二局集团公司	10471	165469	241105	97	24	149	329	5233	762	11	62	863	548		163	144	2598996
中铁十三局集团公司	7387	64431	112747	4	3	29	72	6797	180	151	9	403		24	309	203	2388506
中铁十四局集团公司	2448	63058	78188	47	45	8	15	3266	286	256		587			259	256	3589654
中铁十五局集团公司	5746	75906	108594	495		80	294	2763	1	1		2		24	332	297	1379556
中铁十六局集团公司	5825	106239	93575	30		26	7	2828	40	22	12	25	18	131	122	104	483726
中铁十七局集团公司	9590	66932	286393	45	37	6	37	4958	2022	809	21	1140	34		120	105	1142821
中铁十八局集团公司	5401	125422	146787	10	8	1	20	1966				155			6	1	
中铁十九局集团公司	11567	119055	220722	235	39	55	188	1654				15		24	167	159	6310317
中铁二十局集团公司	8776	33590	77913	66		23	70	380	88	85		262	2	9	216	172	1504944
中铁二十一局集团公司	5027	47814	66896	69	25	62	166	599	1276	292	139	662	940	21	38	35	9625
中铁二十二局集团公司	2728	40269	49767	387		173	509	1989	773	773		785	29	11	45	29	30070
中铁二十三局集团公司	7156	71517	60429	118		81	221	5541	104	73	108	168	25	10	45	27	121598
中铁二十四局集团公司	6003	26418	208602	585		80	504	4385	627	453	69	320		66	85	23	267163
中铁二十五局集团公司	2772	23725	38728	526	498	69	218	1303	408	102	6	293		43	37	26	242796
中铁建电气化局集团公司	3								7623	2277	1897	5076	2505		150	150	

制表：荆彩萍

中国铁建施工单位主要经济技术指标完成情况统计表(一)

(2009 年度)

单位 \ 数量类别	劳动生产率					工资			竣工率				
	从业人员平均人数(含外部劳务)(人)	企业总产值(万元)	按总产值计算劳动生产率(元/人)	施工产值(万元)	按施工产值计算劳动生产率(元/人)	在岗职工劳动报酬(万元)	在岗职工平均人数(人)	在岗职工平均工资(元/人)	按竣工产值计算		按房屋竣工面积计算		
									竣工产值(万元)	竣工率(%)	房屋竣工面积(平方米)	房屋施工面积(平方米)	竣工率(%)
合计	801756	33097356	412811	33056677	412303	718959	189284	37983	12911028	39	5315938	22738256	23
中国土木工程集团公司	4308	778766	1807721	661078	1534536	27420	2657	103198			7		
中铁十一局集团公司	81157	3003017	370026	2978189	366966	43954	13050	33682	883037	30		484492	
中铁十二局集团公司	127567	3560502	279108	3552057	278446	55561	11449	48529	1161807	33	218374	2176448	10
中铁十三局集团公司	37591	1765960	469783	1761905	468704	35763	10036	35634	240946	14	57877	402003	14
中铁十四局集团公司	55051	2097199	380956	2065249	375152	48084	13408	35862	1269870	61	598652	1258900	48
中铁十五局集团公司	38489	1878090	487955	1745535	453515	45759	15343	29824	1015555	58	201078	476044	42
中铁十六局集团公司	62427	2168677	347394	2126183	340587	65733	15611	42107	1102260	52	51040	736104	7
中铁十七局集团公司	56189	2746473	488792	2692301	479151	62771	16297	38517	332071	12	89533	620366	14
中铁十八局集团公司	51586	2851946	552853	2811212	544956	47028	13880	33882	1479497	53	713284	1647366	43
中铁十九局集团公司	60521	2754076	455061	2750493	454469	43729	12941	33791	2523240	92		252855	
中铁二十局集团公司	39168	1524663	389262	1443041	368423	48549	12964	37449	203431	14	153101	811145	19
中铁二十一局集团公司	25701	1039896	404613	1014263	394640	30048	8659	34701	179958	18	113346	467810	24
中铁二十二局集团公司	19564	1214423	620744	1177756	602002	26255	7529	34872	157088	13		718475	
中铁二十三局集团公司	24377	1510378	619591	1472653	604116	25800	10429	24738	566196	38	90124	147585	61
中铁二十四局集团公司	58648	2126395	362569	2088049	356031	44841	10829	41408	806991	39	705482	1300675	54
中铁二十五局集团公司	17486	835996	478094	802372	458865	25616	5995	42729	518325	65	177561	819423	22
中铁建设集团公司	27085	786000	290198	703449	259719	16081	2488	64635	424522	60	2146479	10418565	21
中铁建电气化局集团公司	14841	1233665	831255	1210892	815910	25970	5719	45410	46234	4			

制表:荆彩萍

中国铁建施工单位主要经济技术指标完成情况统计表(二)

(2009 年度)

单位 \ 数量 \ 类别	安全生产					主要施工机械				主要材料消耗					
										价值量(万元)			实物量		
	从业人员平均人数(不含外部劳务)(人)	死亡人数(人)	死亡率(‰)	重伤人数(人)	重伤率(‰)	施工机械总功率(千瓦)	动力装备率(千瓦/人)	机械设备净值(万元)	技术装备率(元/人)	钢材	木材	水泥	钢材(吨)	木材(立方米)	水泥(吨)
合　计	219983	20	0.09	1		3529286	16	1762261	80109	5164853	254663	2156573	10933791	1276555	49471563
中国土木工程集团公司	4308														
中铁十一局集团公司	13265					120963	9	167957	126617	369613	5045	188016	924032	46000	4947793
中铁十二局集团公司	12517	2	0.16			266498	21	181115	144695	439282	6960	224009	1087069	55641	5824285
中铁十三局集团公司	10049			1	0.10			89794	89356	303635	34553	203387	751572	181376	4785576
中铁十四局集团公司	25995	6	0.23			578421	22	169874	65349	458697	69875	398976	114987	582264	9485691
中铁十五局集团公司	16100					213256	13	128286	79681	330662	14908	130420	778932	51099	
中铁十六局集团公司	19350	5	0.26			341596	18	184176	95181	691034	6577	81302	1535631	74329	2540679
中铁十七局集团公司	16297	1	0.06			310405	19	145286	89149	644082	75265	192958	1475080	28208	4657467
中铁十八局集团公司	14751	3	0.20			585750	40	182281	123572	382090	2947	178058	861730	24418	2886258
中铁十九局集团公司	12941					410044	32	182333	140896	380047	6671	146315	916854	69	3754404
中铁二十局集团公司	18544					259176	14	54767	29534	156164	4726	58053	283935	27725	1527712
中铁二十一局集团公司	9230					93408	10	42683	46244	83509	1442	65946	218877	9231	1476646
中铁二十二局集团公司	8114					69082	9	38996	48060	138848	1695	40407	277927	9884	1109687
中铁二十三局集团公司	11231					89943	8	67242	59872	340000	10040	144870	802138	66382	3523656
中铁二十四局集团公司	11724	2	0.17			62395	5	69058	58903	155247	4079	70808	400501	28187	2051655
中铁二十五局集团公司	7024	1	0.14			85977	12	32677	46522	148155	3391	27277	275725	49471	790880
中铁建设集团公司	2488					10413	4	5096	20482	140415	6186	2264	223359	41260	73121
中铁建电气化局集团公司	6055					31959	5	20640	34087	3373	303	3507	5442	1011	36053

制表:荆彩萍

中国铁建勘察设计单位主要经济技术指标完成情况统计表

（2009 年度）

数量 类别 单位	企业营业额（万元）		总产值（万元）									
				勘察设计产值					技术咨询与技术转让产值	勘察设计延伸经营产值	工程承包产值	其他产值
						其中		三大部类产值				
	合计	其中：境外	合计	小计	建设项目产值	公路	轨道交通					
合　计	686359	11807	676202	530548	529835	11356	91809	713	17912	50232	75784	1726
中铁第一勘察设计院集团公司	306580	4830	301750	230016	229303	3531	19171	713	10683	16883	44168	
中铁第四勘察设计院集团公司	256000	1650	256000	215209	215209	7825	26625		2500	10500	27791	
中铁第五勘察设计院集团公司	65800		65800	40233	40233		40233		4556	17091	3825	95
中铁上海设计院集团公司	57979	5327	52652	45090	45090		5780		173	5758		1631

续表

数量 类别 单位	设备、安全					从业人员年末数（人）				专业技术人员年末人数（人）				
	生产项目（项）	主要生产设备总台数（台）		计算机总台数（台）	工伤事故（人次）	合计	其中			合计	其　中			
		合计	其中：完好台数				在岗职工	聘用人员	临时人员		高级职务人员	中级职务人员	初级职务人员	其他人员
合　计	1038	23405	22996	10714		17587	9755	2699	5133	8261	2901	2900	2055	405
中铁第一勘察设计院集团公司	195	8833	8656	4622		7621	3869	727	3025	3112	1163	1145	770	34
中铁第四勘察设计院集团公司	94	9845	9648	3306		6414	3748	603	2063	3041	1172	1204	665	
中铁第五勘察设计院集团公司	183	3239	3239	1738		2405	1139	1221	45	1139	335	258	328	218
中铁上海设计院集团公司	566	1488	1453	1048		1147	999	148		969	231	293	292	153

续表

单位 \ 数量 \ 类别	生产人员年末人数(人)					注册执业年末人次数(人)							从业人员平均人数	
	合计	其中				合计	其中						合计	其中：勘察设计平均人数
		勘察生产人员	设计生产人员	工程监理人员	其他人员		一级注册建筑师	二级注册建筑师	一级注册结构工程师	二级注册结构工程师	其他注册工程师	其他注册人员		
合　计	8025	1433	6008	354	230	1661	46	46	109	19	1412	29	16292	8554
中铁第一勘察设计院集团公司	2943	767	1947	127	102	617	10	23	34	12	516	22	6430	3567
中铁第四勘察设计院集团公司	3235	430	2675	130		668	17	9	41	1	595	5	6563	3160
中铁第五勘察设计院集团公司	872	129	582	53	108	197	8		8	3	176	2	2117	987
中铁上海设计院集团公司	975	107	804	44	20	179	11	14	26	3	125		1182	840

续表

单位 \ 数量 \ 类别	工程勘察设计完成情况		其他完成情况		其中					
					工程咨询完成		工程总承包完成		工程监理完成	
	合同数（项）	合同额（万元）	合同数（项）	合同额（万元）	合同数（项）	合同额（万元）	合同数（项）	合同额（万元）	合同数（项）	合同额（万元）
合　计	288	545846	213	203600	104	20769	44	127643	40	52534
中铁第一勘察设计院集团公司	10	234846	49	71734	27	10683	14	44168	8	16883
中铁第四勘察设计院集团公司	17	216790	15	80258		2500	13	71026	2	6732
中铁第五勘察设计院集团公司	165	40233	113	25567	59	4256	12	3825	17	14832
中铁上海设计院集团公司	96	53977	36	26041	18	3330	5	8624	13	14087

续表

数量类别 单位	完成主要实物量情况										
	工程地质（实钻米）	水文地质（实钻米）	工程物探（标准点）	初测铁路正线（公里）	定测铁路正线（公里）	补充定测铁路正线（公里）	预可行性研究铁路正线（公里）	可行性研究铁路正线（公里）	初步设计铁路正线（公里）	施工图铁路正线（公里）	线路（折算公里）
合　计	7349579	6937	5621790	11499	9020	5291	9669	13553	9955	7941	10380
中铁第一勘察设计院集团公司	2794764	6397	5028663	4663	3967	1046	4779	6141	5116	3201	4139
中铁第四勘察设计院集团公司	3921815		553388	4339	3866	2559	2334	4798	3871	2274	3606
中铁第五勘察设计院集团公司	483000	240	36239	1583	859	1084	1557	1700	640	1300	1116
中铁上海设计院集团公司	150000	300	3500	914	328	602	999	914	328	1166	1519

制表：户苏予

中国铁建系统企业投资完成情况统计表

（2009 年度）

单位 ＼ 数量 ＼ 类别	资本运作			房地产开发			固定资产建设项目			固定资产设备购置					合计		
	计划（万元）	实际（万元）	完成（%）	计划（万元）	实际（万元）	完成（%）	计划（万元）	实际（万元）	完成（%）	计划（万元）	设备数量（台）	实际（万元）	完成（%）	设备数量（台）	计划（万元）	实际（万元）	完成（%）
合计	32065	191338	597	558239	350031	63	197955	106315	54	763041	14570	914122	120	20509	1550990	1561806	101
中国铁建股份公司	32065	191338	597	558239	350031	63	177070	102352	58	762981	14569	914049	120	20436	1530045	1557770	102
中国土木工程集团公司							3160	875	28	15000	492	55531	370	1250	18160	56406	311
中铁十一局集团公司								1417		76405	1130	68250	89	1145	76405	69667	91
中铁十二局集团公司										87675	510	72422	83	728	87675	72422	83
中铁十三局集团公司	8105	1680	21	9718	4976	51	2439	2689	110	29543	174	45893	155	727	49805	55238	111
中铁十四局集团公司				5700	6760	119				12155	1087	43335	357	400	17855	50095	281
中铁十五局集团公司										86456	70	57092	66	31	86456	57092	66
中铁十六局集团公司				500	5000	1000	1323	1225	93	59841	2492	97476	163	239	61664	103701	168
中铁十七局集团公司							450	950	211	36117	316	71989	199	1099	36567	72939	199
中铁十八局集团公司				1000	10029	1003				68561	598	114015	166	1731	69561	124044	178
中铁十九局集团公司							2974	3929	132	47484	36	82909	175	1141	50458	86838	172
中铁二十局集团公司				9000	10000	111	799	1718	215	42029	347	18148	43	382	51828	29866	58
中铁二十一局集团公司							101	307	304	31284	429	20008	64	441	31385	20315	65
中铁二十二局集团公司				2000	4788	239				18552	173	12871	69	670	20552	17659	86
中铁二十三局集团公司							4130	8001	194	37519	352	29776	79	1013	41649	37777	91
中铁二十四局集团公司							1454	770	53	51840	267	49435	95	995	53294	50205	94
中铁二十五局集团公司					560			106		30583	213	14466	47	801	30583	15132	49
中铁建设集团公司				7465	2259	30	7040	5077	72	3823	115	1311	34	96	18328	8647	47
中铁建电气化局集团公司	1560	6227	399				950	3171	334	6171	81	5833	95	106	8681	15231	175
中铁房地产集团公司				522856	305659	58				886	336	661	75		523742	306320	58
中铁第一勘察设计院集团公司										1712	857	3203	187	1477	1712	3203	187
中铁第四勘察设计院集团公司							20527	14814	72	7029	2911	7193	102	2933	27556	22007	80
中铁第五勘察设计院集团公司							170	50	29	2000	450	2860	143	1028	2170	2910	134
中铁上海设计院集团公司							10000	6395	64	1292	386	1005	78	367	11292	7400	66
中铁物资集团公司		5698					8216	4309	52	2226	273	2228	100	351	10442	12235	117
昆明中铁大型养路机械集团公司		1940					77457	21149	27	2501	190	16354	654	289	79958	39443	49
中铁轨道系统集团公司							35880	25370	71	2476	151	18115	732	732	38356	43485	113
北京铁城建设监理公司										787	22	507	64	262	787	507	64
中铁建（北京）商务管理公司								30		278	3	28	10	2		58	
中国铁道建设（香港）公司										32							
股份公司总部	22400	175793	785							724	108	1135	157		23124	176928	765
总公司机关							20885	3963	19	60	1	73	122	1	20945	4036	19

制表：邵洪博

中国铁建劳动工资主要指标完成情况统计表

（2009 年度）

项目 数量 单位	计算单位	2008 年	2009 年	比 2008 年 ±	比 2008 年 ±%
从业人员（在岗职工+其他从业人员）年末人数	人	215160	243409	28249	13.13
其中：在岗职工	人	190545	209103	18558	9.74
长期职工	人	187536	204234	16698	8.90
临时职工	人	3009	4869	1860	61.81
其他从业人员	人	24615	34306	9691	39.37
聘用的离退休人员	人	1009	1341	332	32.90
零散外部劳务人员及其他	人	20172	427	-19745	-97.88
在岗职工和非在岗职工合计年末人数	人	244732	260649	15917	6.50
其中：非在岗职工	人	54187	51546	-2641	-4.87
内退	人	47560	44337	-3223	-6.78
下岗	人				
长期病、休假及其他	人	953	1132	179	18.78
女性	人	56571	56571		
建制单位外部劳务人员年末人数	人	357554	540300	182746	51.11
离休退休退职人员年末人数	人	65698	65698		
从业人员劳动报酬总额	万元	719585	965256	245671	34.14
其中：在岗职工工资	万元	654839	867108	212269	32.42
其他从业人员劳动报酬	万元	64746	98149	33402	51.59
在岗职工工资和非在岗职工生活费总额	万元	726590	935722	209132	28.78
其中：非在岗职工生活费	万元	71751	68614	-3137	-4.37
建制单位外部劳务人员劳动报酬总额	万元	636973	1453341	816368	128.16
从业人员人均劳动报酬	元	33667	39991	6324	18.78
其中：在岗职工人均工资	元	34789	42388	7599	21.84
其他从业人员人均劳动报酬	元	25382	26666	1284	5.06
非在岗职工人均生活费	元	12918	13077	159	1.23
其中：内部退养职工	元	13435	14086	651	4.85

制表：张建红

中国铁建年末人员统计表

（2009 年度）

单位＼数量＼类别	从业人员年末人数	在岗职工	长期职工	临时职工	息工放假人员	其他从业人员	聘用离退休人员	零散外部劳务及其他人员	在岗职工和非在岗职工合计年末人数	非在岗职工年末人数	内部退养职工	下岗职工	长期病、休假及其他职工	建制单位外部劳务人员年末人数	离休退休退职人员年末人数	离休人员	退休人员	退职人员
合　计	243409	209103	204234	4869	10241	34306	1341	427	260649	51546	44337		1132	540300	68455	983	65527	1945
中国土木工程集团公司	3979	2543	2370	173		1436	46	165	2575	32	19		1		430	37	393	
中铁十一局集团公司	11734	11615	11615		329	119			15472	3857	3779			58436	2371	11	2330	30
中铁十二局集团公司	13221	11978	11978		199	1243			16642	4664	4119		134	91695	2168	1	2162	5
中铁十三局集团公司	9942	9925	9617	308	265	17			13110	3185	2656		14	25908	1150	3	1019	128
中铁十四局集团公司	22608	12107	11866	241	559	10501	4		16220	4113	2891		305	25330	4118	19	3359	740
中铁十五局集团公司	16952	16191	16191		3268	761	4		20219	4028	2241		78	20349	3071	166	2883	22
中铁十六局集团公司	19884	16455	16455		321	3429	5		18217	1762	1751		11	40169	3146	10	2974	162
中铁十七局集团公司	16324	16324	13255	3069					19671	3347	3347			36029	1082	1	1056	25
中铁十八局集团公司	14858	13922	13922			936	28		18086	4164	4164			37150	2346	6	2234	106
中铁十九局集团公司	13707	13707	13575	132	356				17934	4227	3997		14	42336	2637	7	2630	
中铁二十局集团公司	18804	13621	13621		89	5183			16181	2560	1923		262	13651	2145	6	1920	219
中铁二十一局集团公司	9741	9038	9038		932	703			12265	3227	3056		118	19485	5428	90	5338	
中铁二十二局集团公司	8458	7881	7881		290	577	8	2	9461	1580	518			9876	214	2	212	
中铁二十三局集团公司	11523	10996	10958	38	701	527	11	26	12846	1850	1500		36	15923	4150	81	3971	98
中铁二十四局集团公司	11923	10995	10995		1323	928	154	18	12835	1840	1522		116	48943	13553	144	13356	53
中铁二十五局集团公司	7690	6206	6206		125	1484	202		8392	2186	2117		25	14660	7280	79	7143	58
中铁建设集团公司	2800	2800	2800						3273	473	473			28660	199		199	
中铁建电气化局集团公司	7454	7046	7042	4	279	408	37	65	8229	1183	1157		11	9252	734	5	725	4
中铁房地产集团公司	513	505	505			8	2	14	505									
中铁第一勘察设计院集团公司	4570	2117	2117		1205	2453	84		3328	1211	1205		6		3404	101	3068	235
中铁第四勘察设计院集团公司	4351	3748	3748			603	603		4192	444	444			2063	3718	112	3606	
中铁第五勘察设计院集团公司	2433	1167	1161	6		1266	18		1254	87	87				372	33	339	
中铁上海设计院集团公司	1147	999	999			148	75		1033	34	34				459	11	448	
中铁物资集团公司	1353	1090	1087	3		263	8	2	1436	346	245				444	5	429	10
昆明中铁大型养路机械集团公司	1010	1010	1010						1095	85	85				522	7	510	5
中铁轨道系统集团公司	3681	3058	3058			623	36		3906	848	795			385	2549	27	2502	20
北京铁城建设监理公司	1908	1248	539	709		660			1248									
中铁建（北京）商务管理公司	500	470	302	168		30	16	135	606	136	136				225		221	4
北京培训中心	53	53	35	18					58	5	4		1		21			21
总公司机关	288	288	288						360	72	72				519	19	500	

制表：张建红

中国铁建在岗职工和非在岗职工年末人数专项指标统计表

（2009 年度）

单位 \ 数量 \ 项目	在岗职工和非在岗职工年末人数中专业技术人员			专业技术人员中		专业技术人员技术职务				从事专业技术管理工作之外的其他管理人员	年末人数按文化程度区分							
		从事专业技术工作	从事专业技术管理工作	工程技术人员	女性	初级职务	中级职务	高级职务	无技术职务		合计	初中以下	高中	技校	中专	大专	大本	研究生
合　计	109511	80878	28633	68870	15847	54252	29823	11956	13480	10292	260649	58741	47327	17546	21199	51549	62072	2215
中国土木工程集团公司	781	547	234	311	138	281	225	246	29	77	2575	399	604	350	233	231	689	69
中铁十一局集团公司	7308	5557	1751	4576	890	4020	1590	613	1085		15472	3291	2828	1533	1315	2656	3808	41
中铁十二局集团公司	8293	5894	2399	4609	884	3730	2347	750	1466		16642	3925	3031	710	1256	2195	5472	53
中铁十三局集团公司	5757	4302	1455	3955	983	2828	1849	681	399	318	13110	3034	2411	1340	746	2117	3439	23
中铁十四局集团公司	7558	5140	2418	4629	1104	3822	1904	725	1107	372	16220	3279	2428	1005	1487	3507	4414	100
中铁十五局集团公司	6401	5006	1395	3919	1154	3571	1733	519	578	565	20219	4946	3702	2150	1569	4496	3312	44
中铁十六局集团公司	8020	6278	1742	3923	957	4822	2033	812	353	424	18217	2683	4604	1042	1297	2970	5492	129
中铁十七局集团公司	8033	5425	2608	3959	1233	3710	1768	635	1920	360	19671	3584	3369	1262	2480	3800	5107	69
中铁十八局集团公司	5463	3859	1604	3803	703	3063	1497	475	428	1988	18086	5393	3729	1077	1037	3552	3254	44
中铁十九局集团公司	6682	5121	1561	4566	1102	3578	1631	572	901	633	17934	3853	2887	1287	1305	5044	3510	48
中铁二十局集团公司	6589	4733	1856	3815	957	3080	1950	497	1062	1721	16181	3787	2646	2047	1267	3258	3130	46
中铁二十一局集团公司	4474	3392	1082	3276	627	2957	1143	374		161	12265	3346	2886	694	956	2569	1789	25
中铁二十二局集团公司	4671	3788	883	2965	609	2587	963	380	741	502	9461	2409	1626	411	507	2551	1909	48
中铁二十三局集团公司	5338	4216	1122	3542	749	2599	1253	430	1056	683	12846	3122	1822	1253	1257	3148	2209	35
中铁二十四局集团公司	4274	2924	1350	3125	444	2311	1569	238	156	826	12835	4441	2976	173	940	2131	2152	22
中铁二十五局集团公司	3375	2183	1192	2174	418	1902	941	243	289	411	8392	2490	1598	153	761	1524	1852	14
中铁建设集团公司	1418	1186	232	1173	113	706	503	209			3273	549	493	13	62	594	1521	41
中铁建电气化局集团公司	3079	1682	1397	2002	527	1561	671	265	582	401	8229	1500	1244	363	1886	1484	1696	56
中铁房地产集团公司	405	271	134	165	51	105	109	49	142	92	505	13	30	6	17	197	210	32
中铁第一勘察设计院集团公司	2462	2130	332	2088	428	602	944	907	9	58	3328	315	626	2	204	441	1544	196
中铁第四勘察设计院集团公司	3297	2954	343	2813	666	779	1300	1175	43	243	4192	244	249	151	142	664	2098	644
中铁第五勘察设计院集团公司	1084	883	201	875	247	362	295	337	90	5	1254	34	58	2	37	142	803	178
中铁上海设计院集团公司	844	665	179	715	215	287	272	169	116		1033	78	51	4	24	121	657	98
中铁物资集团公司	477	219	258	79	109	247	132	42	56	210	1436	227	279	9	73	361	453	34
昆明中铁大型养路机械集团公司	448	371	77	254	34	76	195	79	98		1095	261	74	189	52	194	287	38
中铁轨道系统集团公司	1204	768	436	351	227	345	233	61	565	224	3906	1215	889	316	193	784	485	24
北京铁城建设监理公司	1248	1197	51	1197	227	210	663	252	123		1248	50			37	649	487	25
中铁建(北京)商务管理公司	156	114	42	11	44	37	38	19	62	14	606	203	176	4	47	107	68	1
北京培训中心	23	9	14		7	2	14	7		4	58	22	5		3	5	21	2
总公司机关	349	64	285			72	58	195	24		360	48	6		9	57	204	36

制表：张建红

中国铁建劳动报酬、生活费、工资拖欠情况统计表

（2009 年度）

单位 \ 数量 \ 项目	从业人员劳动报酬总额（万元）	在岗职工工资总额（万元）	其他从业人员劳动报酬总额（万元）	在岗职工工资和非在岗职工生活费总额（万元）	非在岗职工生活费总额（万元）	建制单位外部劳务人员劳动报酬总额（万元）	从业人员人均劳动报酬（元）	在岗职工人均工资（元）	息工放假人员人均生活费（元）	其他从业人员人均劳动报酬（元）	在岗职工和非在岗职工人均工资（生活费）（元）	非在岗职工人均生活费（元）	内部退养职工（元）	下岗职工（元）	年末拖欠工资情况：被拖欠工资在岗职工人数（元）	拖欠在岗职工工资总额（万元）	人均拖欠工资额（元）
合　计	965256.2	867107.7	98148.5	935722.0	68614.3	1453341.0	39991	42388	9455	26666	36405	13077	14086		1721	2230.2	12959
中国土木工程集团公司	35359.8	27419.8	7940.0	27509.1	89.3		82079	103198		48092	102075	23500	36800				
中铁十一局集团公司	44339.6	43954.4	385.2	47381.4	3427.0	321045.5	33426	33682	6576	17916	27713	8468	7674				
中铁十二局集团公司	59725.1	55560.6	4164.5	62638.2	7077.6	283394.7	47715	48529	6577	38993	38215	14321	15998				
中铁十三局集团公司	35805.0	35762.6	42.4	39167.6	3405.0	30481.2	35630	35634	6393	32615	29888	11095	11600		1721	2230.2	12959
中铁十四局集团公司	67999.0	48084.4	19914.6	52804.5	4720.1	36428.4	26158	35862	10825	15822	29594	10643	12532				
中铁十五局集团公司	48291.2	45758.8	2532.4	49159.9	3401.1	46348.2	29995	29824	5630	33453	25356	8408	12707				
中铁十六局集团公司	74051.6	65732.5	8319.1	67485.5	1753.0	72707.8	38270	42107	13136	22250	39350	11391	11411				
中铁十七局集团公司	62770.5	62770.5		67896.5	5126.0	75638.2	38517	38517			34467	15068	15068				
中铁十八局集团公司	49004.2	47027.6	1976.6	53373.7	6346.1	89873.7	33221	33882		22693	29477	15013	15013				
中铁十九局集团公司	43728.8	43728.8		48579.6	4850.8	92592.1	33791	33791	4609		28457	11745	11422				
中铁二十局集团公司	62361.2	48548.8	13812.4	51344.5	2795.7	32940.4	33629	37449	6794	24753	32877	10538	12735				
中铁二十一局集团公司	31455.4	30047.6	1407.8	35431.0	5383.4	25946.5	34080	34701	12200	24655	29597	16254	16913				
中铁二十二局集团公司	27845.3	26255.2	1590.1	27399.7	1144.5	15232.4	34318	34872	5636	27181	30034	7180	11091				
中铁二十三局集团公司	27544.2	25799.6	1744.6	28441.0	2641.4	29412.0	24525	24738	3825	21753	23202	14442	14424				
中铁二十四局集团公司	47460.7	44840.8	2619.9	47440.9	2600.1	128574.0	40482	41408	7429	29273	37040	13138	13534				
中铁二十五局集团公司	28237.6	25616.0	2621.6	29382.6	3766.6	26974.7	40202	42729	11304	25477	35422	16377	16027				
中铁建设集团公司	16081.3	16081.3		16931.5	850.2	114553.6	64635	64635			56989	17602	17602				
中铁建电气化局集团公司	26775.5	25969.8	805.7	27762.3	1792.5	23696.4	44220	45410	8027	23979	41129	17386	17627				
中铁房地产集团公司	3956.6	3925.2	31.4	3925.2			79610	80434		34889	80434						
中铁第一勘察设计院集团公司	36979.3	22596.3	14383.0	25301.5	2705.2		83305	107601	21461	61492	75235	21419	21461				
中铁第四勘察设计院集团公司	54236.6	52355.0	1881.6	53340.6	985.6	6779.5	124883	140437		30595	126370	19992	19992				
中铁第五勘察设计院集团公司	17233.4	12882.2	4351.2	13132.3	250.1		81405	117969		42451	110915	27185	27185				
中铁上海设计院集团公司	11118.8	9993.3	1125.5	10078.4	85.1		94068	99734		62528	97094	23639	23639				
中铁物资集团公司	9389.3	8570.1	819.2	9419.8	849.7		72337	82883		31030	68013	24208	24163				
昆明中铁大型养路机械集团公司	13767.1	13767.1		14030.1	263.0		140481	140481			130756	28280	28280				
中铁轨道系统集团公司	10754.2	8097.6	2656.6	9532.0	1434.4	721.7	27904	27798		28232	25311	16816	17883				
北京铁城建设监理公司	10644.8	7757.5	2887.3	7757.5			57384	67457		40955	67457						
中铁建（北京）商务管理公司	401.6	401.6		417.8	16.2		75774	75774			72034	32400	37250				
北京培训中心	2641.3	2505.5	135.8	3055.6	550.1		54685	55309		45267	50257	35490	35490				
总公司机关	5297.2	5297.2		5601.7	304.5		185217	185217			156036	41712	41712				

制表：张建红

中国铁建机械动力设备资产综合情况统计表

（2009 年度）

单位 \ 数量 \ 项目	职工人数（人）	期末实有			新购		报废		大修		成新率（%）	设备总功率（千瓦）	技术装备率（万元/人）	动力装备率（千瓦/人）
		总台数	原值（万元）	净值（万元）	台数	原值（万元）	台数	原值（万元）	台数	费用（万元）				
中铁十一局集团公司	15472	2521	202678.59	148410.20	875	68043.93	127	4227.31	73	716.39	73.00	364075.60	9.60	23.50
中铁十二局集团公司	15573	4757	264910.21	181114.70	975	40183.31	145	1910.66	115	956.47	68.40	454280.80	11.60	29.20
中铁十三局集团公司	13105	1916	139003.66	89794.26	639	44218.96	40	1293.07	23	1961.10	65.00	239312.98	6.85	18.26
中铁十四局集团公司	16207	2879	242154.03	176196.33	557	98743.47	166	5017.15	43	1302.28	72.76	395534.96	10.87	24.41
中铁十五局集团公司	20278	3212	177679.54	128285.92	287	38976.87	188	2448.08	23	349.47	72.20	313255.80	6.33	15.45
中铁十六局集团公司	16986	2481	263476.74	184176.15	693	120631.05	107	3750.22	102	549.91	68.61	359565.19	8.62	21.17
中铁十七局集团公司	15909	4522	217335.79	145285.75	895	51449.26	82	1966.16	73	375.36	66.85	385500.13	9.13	24.23
中铁十八局集团公司	18338	5960	266424.03	182281.34	1731	114015.26	276	5699.28	76	303.60	68.42	585750.30	9.94	31.95
中铁十九局集团公司	17934	4761	260252.40	182332.59	858	79124.29	419	8165.62	101	1336.69	70.00	512555.00	10.20	28.60
中铁二十局集团公司	16031	2368	110131.82	54767.10	396	18916.12	133	2740.38	89	966.04	49.73	364699.70	3.42	22.75
中铁二十一局集团公司	12250	2964	72214.52	42682.53	460	16078.56	248	1082.01	48	262.60	59.11	178718.27	3.48	14.59
中铁二十二局集团公司	9461	2504	82507.53	38996.27	734	25970.17	126	1406.32	49	652.90	47.26	154818.00	4.12	16.36
中铁二十三局集团公司	12808	6779	109138.82	67242.26	1247	40858.23	108	1546.98	19	321.44	61.61	220749.90	5.25	17.24
中铁二十四局集团公司	12378	3724	93395.87	69058.04	1221	46504.16	208	2084.67	16	105.01	73.94	229237.76	5.58	18.52
中铁二十五局集团公司	5809	4240	54176.41	32676.93	1189	15378.22	450	1527.89	89	418.16	60.32	91301.00	5.63	15.72
中铁建设集团公司	3000	825	11728.89	5096.76	115	1510.55	48	281.19			43.45	31926.00	1.70	10.64
中铁建电气化局集团公司	6283	406	33383.85	21631.39	64	7042.12	4	119.32	8	232.41	64.80	56408.4	3.44	8.98
昆明中铁大型养路机械集团公司	989	831	21195.36	12296.08	98	3162.91	13	100.74			58.01	15028.00	12.43	15.20
2009 年合计	228811	57650	2621788.06	1762324.06	13034	830807.44	2888	45367.05	947	10809.83	67.22	4952717.79	7.70	21.65
2008 年合计	218463	48654	1865537.85	1202378.55	6040	373889.92	2912	39467.15	1242	10124.42	64.45	3969003.48	5.50	18.17

制表：张宏成

中国铁建主要施工设备综合情况统计表

（2009 年度）

数量 项目 单位	期末实有			进口			闲置			成新率	闲置率	完好率	利用率
	总台数	原值（万元）	净值（万元）	台数	原值（万元）	净值（万元）	台数	原值（万元）	净值（万元）	（%）	（%）	（%）	（%）
中铁十一局集团公司	1462	180301.21	130468.74	79	39827.49	27380.15	98	10516.04	6140.83	72.36	5.83	87.70	75.10
中铁十二局集团公司	1981	229439.65	160958.27	110	86310.74	63138.65	46	8108.46	5544.31	70.00	3.40	96.70	80.30
中铁十三局集团公司	936	116810.06	77189.02	53	40098.02	20805.01	79	3649.40	1959.02	66.00	3.00	87.00	67.00
中铁十四局集团公司	1551	212058.68	150805.92	151	112138.60	79857.68	61	3424.90	409.78	71.12	5.00	89.00	82.00
中铁十五局集团公司	720	153166.45	112854.14	128	73262.56	60908.80	48	13708.00	8069.59	73.68	6.94	91.00	81.90
中铁十六局集团公司	1289	192342.52	134771.12	85	122346.82	99916.91	133	25430.84	10861.71	69.17	17.90	94.32	75.55
中铁十七局集团公司	2690	193690.03	132609.42	132	34552.11	20916.59	57	5415.90	2664.99	68.46	2.80	96.08	80.94
中铁十八局集团公司	3158	238819.82	176531.98	285	53119.30	31207.80	250	15940.95	6597.47	73.92	6.67	92.00	81.10
中铁十九局集团公司	1602	205481.61	146438.69	164	52273.06	31523.99	99	8587.10	4736.03	71.30	4.20	90.80	79.50
中铁二十局集团公司	1048	80085.85	38910.07	40	10689.27	4444.38	88	9691.67	4135.04	48.59	12.10	90.99	63.43
中铁二十一局集团公司	682	49744.25	30752.27	30	5595.77	1997.42	38	3712.89	1097.96	61.82	7.46	93.12	82.20
中铁二十二局集团公司	439	51779.66	25637.98	84	16703.87	7928.56	66	11910.80	3515.22	49.51	15.03	87.60	89.00
中铁二十三局集团公司	511	72429.45	50038.01	54	20554.34	15670.40	21	4671.80	2881.54	69.09	6.45	90.02	79.37
中铁二十四局集团公司	448	67870.34	5461.79	25	5062.64	2877.96	18	4309.14	2958.44	80.47	6.35	96.51	71.80
中铁二十五局集团公司	411	36695.48	24287.07	40	9925.27	5801.93	53	3528.71	1798.53	66.19	9.62	93.50	71.20
中铁建设集团公司	61	6653.29	2476.75	4	1186.39	262.57				37.23		94.70	76.70
中铁建电气化局集团公司	153	26981.34	17495.06	32	1849.06	1532.02	2	211.79	159.17	64.84	0.78	95.83	89.05
昆明中铁大型养路机械集团公司	73	13958.42	8706.87	22	7130.34	4108.08				62.38		100.00	75.00
2009 年合计	19215	2128308.12	1426393.17	1518	692626.67	480279.90	1157	132818.38	63530.65	67.02	6.24	1667.86	1401.14
2008 年合计	15629	1553384.60	1049976.31	1337	497851.44	321653.79	1096	95946.72	39979.66	67.59	6.18	93.40	76.55

制表：张宏成

中国铁建设备专业人员综合情况统计表

（2009 年度）

单位＼项目	总人数	专业技术人员（人）						技术工人（人）						主要工种人数（人）			业务培训	
		小计	高级工程师	工程师	助理工程师	技术员	其他管理人员	小计	高级技师	技师	高级工	中级工	初级工	机械司机	汽车驾驶员	修理工	期数	人数
中铁十一局集团公司	3941	972	54	168	307	136	307	2927	42	129	1181	755	877	948	841	169	29	293
中铁十二局集团公司	2578	474	39	76	131	69	159	2104	22	314	1057	418	217	660	799	147	37	684
中铁十三局集团公司	2326	437	29	91	86	82	149	1446	50	85	743	491	77	636	712	161	8	178
中铁十四局集团公司	2147	702	60	122	171	155	194	1445	38	137	704	335	231	752	513	182	10	214
中铁十五局集团公司	2329	532	36	84	111	140	161	1797	24	156	517	653	447	858	506	345	10	140
中铁十六局集团公司	1035	1579	124	295	475	149	378	3093	29	248	1633	644	296	1141	1077	300	20	595
中铁十七局集团公司	3551	685	37	101	146	154	247	2866	58	392	836	864	716	1238	1078	272	58	543
中铁十八局集团公司	4898	868	41	127	207	141	377	4030	88	560	2102	644	429	693	1079	283	30	750
中铁十九局集团公司	3999	976	44	198	237	228	269	3023	45	295	789	1144	750	1142	901	203	83	670
中铁二十局集团公司	2729	357	20	80	85	62	110	2372	47	294	764	724	543	1204	937	148	19	261
中铁二十一局集团公司	1890	517	20	66	76	54	301	1373	10	147	492	333	391	309	415	238	27	1339
中铁二十二局集团公司	1118	283	12	63	65	38	105	835	27	68	252	304	184	480	565	227	26	324
中铁二十三局集团公司	1709	403	25	92	94	53	139	1306	25	241	508	372	160	744	808	343	44	741
中铁二十四局集团公司	3190	412	18	106	82	72	134	1547	14	52	272	740	469	428	523	280	49	1303
中铁二十五局集团公司	1038	391	14	86	137	36	116	642	1	5	326	182	128	169	198	89	12	179
中铁建设集团公司	482	109	10	7	15		77	373	2	13	31	211	116	162	212	19	14	624
中铁建电气化局集团公司	521	88	2	17	20	17	32	443	1	45	87	183	127	22	260	9	21	219
昆明中铁大型养路机械集团公司	1163	21	1	11	4		5	715	31	56	277	234	40	170	35	7	6	190
2009 年合计	40644	9806	586	1790	2449	1586	3260	32337	554	3237	12571	9231	6198	11756	11459	3422	503	9247
2008 年合计	38699	7930	508	1525	1920	1324	2653	28779	508	3025	10830	8785	5631	11607	10870	3247	456	5822

制表：张宏成

中国铁建机械动力设备招标采购情况统计表

（2009 年度）

数量 项目 单位	招标采购			市场总价	节约资金	未招标采购		
	次数（次）	数量（台、套）	中标合同总价（万元）	（万元）	（万元）	次数（次）	数量（台、套）	总金额（万元）
中铁十一局集团公司	118	398	63250.76	67149.34	3898.58	53	119	7930.21
中铁十二局集团公司	78	403	45138.10	46910.30	1772.20	84	427	2828469.40
中铁十三局集团公司	71	396	46406.63	14870.08	680.91	22	30	615.62
中铁十四局集团公司	43	225	30300.93	32778.07	2477.14	17	41	12507.23
中铁十五局集团公司	23	102	34884.34	37038.04	2153.70	80	186	4149.53
中铁十六局集团公司	25	333	58290.55	60011.50	1725.45	4	6	174.72
中铁十七局集团公司	94	525	59086.18	64000.74	4914.76	111	209	8515.89
中铁十八局集团公司	189	1077	101521.05	107507.96	5986.83	311	654	12494.43
中铁十九局集团公司	142	793	77892.00	81112.00	3220.00	56	65	1232.00
中铁二十局集团公司	81	396	18916.12	20095.19	1179.07			
中铁二十一局集团公司	75	312	14701.02	15147.27	446.26	53	148	1377.54
中铁二十二局集团公司	63	225	14220.80	11815.00	355.00	158	448	8586.40
中铁二十三局集团公司	59	293	15260.40	16369.00	1108.60	162	622	6611.65
中铁二十四局集团公司	82	340	40683.22	25321.15	1620.24	212	547	6246.48
中铁二十五局集团公司	42	179	6463.40	6908.8	445.40	67	194	722.59
中铁建设集团公司	3	14	569.82	586.00	16.18	21	101	940.18
中铁建电气化局集团公司	6	20	2532.90	2874.00	341.10	14	16	643.33
昆明中铁大型养路机械集团公司	18	75	10370.97	10417.65	46.68	38	62	3481.25
2009 年合计	1212	6106	640489.19	620912.09	32388.10	1463	3875	2904698.45
2008 年合计	769	3537	305823.59	292287.83	14204.26	780	1887	51913.94

制表：张宏成

中国铁建大宗物资招标采购情况统计表

（2009 年度）

项目 数量 单位	招标次数（次）	市场总价（万元）	中标合同总价（万元）	节约资金（万元）	未招标总金额（万元）
合　计	5283	4900876	4634382	266494	
中铁十一局集团公司	623	703601	673457	30144	
中铁十二局集团公司	516	204140	196520	7620	
中铁十三局集团公司	300	149890	142411	7479	
中铁十四局集团公司	142	98134	68005	30129	
中铁十五局集团公司	421	416321	401329	14992	
中铁十六局集团公司	385	616703	588140	28563	
中铁十七局集团公司	317	530877	483045	47832	
中铁十八局集团公司	361	418948	403103	15845	
中铁十九局集团公司	407	186054	180494	5561	
中铁二十局集团公司	315	264234	253977	10257	
中铁二十一局集团公司	247	208689	191871	16817	
中铁二十二局集团公司	144	99709	96619	3090	
中铁二十三局集团公司	229	415996	394971	21025	
中铁二十四局集团公司	261	314264	308706	5558	
中铁二十五局集团公司	83	98695	94694	4001	
中铁建设集团公司	473	66160	59390	6770	
中铁建电气化局集团公司	59	108461	97651	10810	

制表：刘宝庆

中国铁建原材料、能源情况统计表

（2009 年度）

数量单位 \ 类别	计量单位	年初库存量		收入量累计 合计		消费量累计 合计		消费量累计 施工生产用		消费量累计 其他消费用		年末库存量	
		数量	金额	数量	金额	数量	金额	数量	金额	数量	金额	数量	金额
总值	万元		324071. 6		14558108. 7		14415412. 1		14343033. 7		72378. 5		466768. 3
(一)能源类	万元		6973. 8		1710205. 2		1692657. 5		1657149. 1		35508. 4		24521. 5
其中：汽油	吨	1374		135062		134845		126343		8502		1591	
柴油	吨	11977		1576850		1553960		1543796		10164		34647	
原煤	吨	28025		632460		627402		570470		56932		33083	
电力	万千瓦时			1830364		1830364		1762657		67707			
（二）原材料类	万元		317097. 8		12847903. 5		12722754. 6		12685884. 5		36870. 1		442246. 8
1. 黑色金属类	万元		175553. 3		5423224. 8		5346016. 9		5337388. 1		8628. 8		252761. 2
其中：钢材	吨	263910		11875413		11556762		11539485		17277		582561	
（重轨）	吨	47987		579515		563729		560822		2907		63774	
2. 有色金属类	万元		923. 2		376277. 4		375688. 5		375688. 2		0. 3		1512. 1
3. 化工类	万元		3520. 8		382372. 7		377858. 8		377570. 0		288. 8		8034. 8
其中：炸药	吨	1811		150719		149144		149120		24		3386	
雷管	万发	642		22723		22872		22868		4		494	
导火索	万米	185		96033		23005		23005				73214	
4. 建材类	万元		34777. 2		3145039. 4		3141473. 2		3130769. 2		10704. 0		38343. 3
其中：水泥	吨	303364		47000519		46940735		46726777		213958		363148	
5. 木材类	万元		1550. 3		135390. 5		134486. 1		134233. 9		252. 3		2454. 7
其中：原木	立方米	3328		231597		231501		231137		364		3424	
锯材	立方米	3387		332370		330628		330210		418		5130	
胶合板	立方米	1282		77507		77709		77618		92		1080	
6. 金属制品类	万元		12425. 8		328500. 6		327515. 2		326890. 5		624. 6		13411. 1
7. 一次转值机电类	万元		41498. 6		757433. 8		745517. 5		745480. 1		37. 4		53414. 8
8. 其他类	万元		46848. 6		2299664. 3		2274198. 3		2257864. 5		16333. 8		72314. 7

制表：刘宝庆

2009年8月,国资委信息化领导小组办公室副主任、国资委办公厅正局级巡视员刘长虹率有关人员到中国铁建指导企业信息化建设工作。图为赵广发总裁(左)与刘长虹亲切交谈。 (刘 文 摄)

文献辑要

本栏责任编辑 **杨启燕**

中国铁建股份有限公司
新中标项目信息披露实施细则

（中国铁建董〔2009〕26号）

第一章 总 则

第一条 为了确保中国铁建股份有限公司（以下简称"公司"）内部重大信息迅速、顺畅地传递、归集和有效管理，保证公司向广大投资者及时、准确、完整、充分地披露新中标项目情况，切实保护公司、股东、债权人及其他利益相关人的合法权益，根据上海证券交易所、香港联合交易所有关规定及《中国铁建股份有限公司信息披露管理办法》（以下简称《信息披露管理办法》）、《中国铁建股份有限公司重大信息内部报告制度》（以下简称《重大信息内部报告制度》）的要求，结合公司实际，制定本细则。

第二条 本细则所称"新中标项目"，是指自上一季度报告截止日起至当期季度报告截止日止，未以定期报告、临时报告、其他公告等方式在上海证券交易所、香港联合交易所及公司指定信息披露媒体上披露的公司已中标项目。

第三条 本细则的适用范围包括：公司各职能部门、海外事业部、公司各所属单位。

第二章 新中标项目信息披露方式与标准

第四条 新中标项目的披露方式分为实时披露与定期披露。实时披露指项目中标后即予以披露，定期披露指按一定期限汇总披露。

第五条 符合以下标准的"新中标项目"，应予以实时披露。

（一）境内项目中标价或合同金额达到30亿元人民币及以上；

（二）境外项目中标价或合同金额达到5亿美元及以上。

以上信息，以公司接到中标通知书、签定合同等相关法律文件或取得有关行政批文等为准。

第三章 工作程序

第六条 公司经营计划部负责公司新中标项目信息的收集、汇总等工作。

第七条 公司董事会秘书局与经营计划部指定专人负责公司新中标项目信息的上报及部门间的信息沟通工作。

第八条 对符合本细则第五条规定标准的新中标项目，公司所属各集团公司负责收集本集团公司中标的项目，公司海外事业部负责收集公司本级海外中标项目，并于项目中标后两个工作日内报公司经营计划部；公司经营计划部负责收集公司本级国内中标项目。

需实时披露的新中标项目，经营计划部于项目中标后三个工作日内，收集整理新中标项目信息，经部门负责人审核签字后，送交董事会秘书局。董事会秘书局根据相关规定对信息进行整理，按规范格式起草披露公告，经部门负责人审核并报董事会秘书及分管公司领导审批后，同时在上海证券交易所网站、香港联合交易所网站、公司网站和指定媒体上披露。

第九条 对需定期汇总披露的合同信息，由经营计划部于每月8日前整理汇总上月新签合同情况，经部门负责人审核签字后，送交董事会秘书局。董事会秘书局每季度根据相关规定对信息进行整理，按有关要求及时披露或纳入定期报告方式披露。

第十条 有关新中标项目信息属法定信息披露事项的，由董事会秘书局按照《信息披露管理办法》相关规定，履行对外披露程序。

第四章 保密措施

第十一条 在本细则实施过程中，应合理界定需要知悉有关事项人员的范围。任何接触或知悉有关事项的单位和个人均负有保密义务，在其任职期间及任职结束后仍然有效，直至该信息成为公开信息。对于违反规定致信息失密、给公司造成损失或重大影响的，应按有关规定追究相关责任人的责任。

第十二条 公司按照行业管理要求，向银行、税务、工商、统计、国资委、外管局等外部使用人报送的材料、报表等含有本细则所述事项的，必须遵守《信息披露管理办法》《重大信息内部报告制度》等规定。

中国铁建股份有限公司
董事、监事薪酬管理办法

（中国铁建董〔2009〕65号）

第一条 为完善中国铁建股份有限公司（以下简称"股份公司"）的公司治理制度，加强和规范股份公司董事、监事薪酬管理，根据《中华人民共和国公司法》《上市公司治理准则》等有关法规以及《中国铁建股份有限公司章程》，结合股份公司实际，制定本办法。

第二条 本办法所称董事、监事包括：股份公司执行董事、非执行董事、独立非执行董事以及股份公司监事。

第三条 为客观反映股份公司董事、监事履职情况，激励董事、监事积极参与决策和管理，股份公司对董事每年考核一次。具体考核办法由董事会薪酬与考核委员会依据国资委有关规定拟定，报董事会讨论通过后提交股东大会审议通过后执行。

第四条 独立非执行董事薪酬由年度基本报酬和会议津贴两部分构成：

1. 年度基本薪酬是独立非执行董事参与董事会工作的基本报酬，按照规定标准按月发放。

2. 会议津贴指独立非执行董事参加股东会、董事会、董事会专门委员会会议的补助，按照规定标准和参加会议次数发放。

年度基本报酬和会议津贴具体标准参照国资委关于董事会试点企业外部董事报酬确定原则及同类上市公司标准确定，报董事会讨论通过后，提交股东大会审议决定。

第五条 除年度基本薪酬、会议津贴之外，独立非执行董事不享受任何形式的其他收入或福利。

第六条 独立非执行董事履行职务时的通讯费等办公费用，比照股份公司高级管理人员待遇执行。

第七条 不在股份公司内部任职的非执行董事的薪酬参照独立非执行董事标准执行。

第八条 在股份公司内部任职的执行董事和非执行董事不以董事职务取得薪酬，按其在管理层的任职和考核情况发给报酬。具体办法由董事会薪酬与考核委员会组织制定，提交董事会审议通过后实施。

第九条 股份公司监事按照总部机关薪酬与考核管理办法和其所任职务发给报酬。

第十条 本公司股东大会授权董事会、监事会制定具体的实施办法。如国家出台新的与本制度有关的法律法规，致使本制度与国家法律法规不一致，董事会、监事会可以予以修订。

第十一条 本办法经股东大会审议通过后生效。

中国铁建股份有限公司
高级管理人员绩效考核管理办法

（中国铁建董〔2009〕67号）

第一章 总 则

第一条 考核目的

为提升公司治理水平，完善高级管理人员（以下简称高管）绩效考核与激励约束机制，进一步提高高管的工作积极性与创造性，确保公司当前经济效益指标的完成和长远可持续发展，根据国务院国资委《董事会试点中央企业董事会规范运作暂行办法》《中央企业负责人经营业绩考核暂行办法》和《中央企业负责人年度经营业绩考核补充规定》，制定本办法。

第二条 总体原则

（一）战略传承。以公司未来发展战略为基础设定绩效考核指标，强调联系公司长远发展，杜绝追求短期利益。

（二）规范合理。依照国资委及其他相关监管机构的政策规定进行规范设计，体现激励与约束相对等、

责任与权利相匹配。

(三)有效激励。建立高管绩效结果与奖励惩罚举措相结合的机制,创造绩效导向的工作氛围,通过绩效考核反映对任职者能力的认可,打造激励型、创新型的企业文化。

(四)精准到位。使用先进观念打造绩效考核体系,驱动公司科学发展,参照可比市场、可比公司,多角度验证,保证本办法的先进性、准确性与合理性。

(五)简单易用。在兼顾个人指标区分度的前提下,尽量精简考核指标体系,简化考核流程,使本办法易于理解和操作。

第三条 考核周期

高管绩效考核周期分为年度绩效考核与任期绩效考核。年度绩效考核结果主要应用于年度绩效薪金的确定与发放,任期绩效考核结果主要应用于延期绩效薪金和长期激励的确定与发放。

第四条 考核对象

本办法中规定的高管是指由中国铁建股份有限公司确定的高级管理人员,包括总裁、副总裁、总会计师、总工程师、总经济师、总法律顾问和董事会秘书。

第五条 考核方式

(一)年度绩效考核

年度绩效考核采取由董事会与总裁、董事会秘书分别签订年度个人绩效合约,总裁与其他高管分别签订年度个人绩效合约的方式进行。

(二)任期绩效考核

任期绩效考核采取由董事会与总裁、副总裁、总会计师、总工程师、总经济师、总法律顾问集体签订任期绩效合约,董事会与董事会秘书签订任期绩效合约的方式进行,任期绩效考核以3年为考核周期。

第二章 年度绩效考核

第六条 年度个人绩效合约

高管通过签订年度个人绩效合约的方式确定年度绩效考核内容。个人绩效合约中应当包括以下内容:

(一)发约人、受约人的职位与姓名;

(二)个人绩效合约的生效周期;

(三)年度绩效考核指标、权重、目标值;

(四)年度绩效考核指标定义与计算方法;

(五)其他需要规定的事项。

第七条 年度绩效考核的内容

(一)经营指标(公共指标)

为国资委和其他投资人关注的指标,同时体现总裁和其他高管对公司经营目标承担的共同责任,对高管设置经营指标(公共指标),主要包括利润总额、净资产收益率、应收账款周转率、成本费用总额占营业收入的比重、经济增加值等五项指标。经营指标(公共指标)均为定量指标。

(二)管理指标

为提升公司战略核心能力,解决发展短板,对总裁设置战略管理指标,简称管理指标。管理指标依据公司当年重点的管理目标确定。

(三)个人指标

为体现其他高管对分管工作承担的个人责任,在公共指标以外设置个人指标。个人指标主要依据各高管的工作分工确定,一般包括4~6项考核指标,牵引当年要完成的主要业务目标。

(四)安全性指标。主要衡量生产安全责任事故一类对公司经营产生重大负面影响事件的发生情况,该指标为扣分项指标,不单独占权重,只扣分或降级。

(五)考核指标由董事会审议决定。

第八条 考核指标权重

经营指标(公共指标)、管理指标和个人指标在高管年度个人绩效考核指标中所占权重如下表所示。

总裁的考核指标类型和权重:

被考核人 类型	总　裁
经营指标	60%
管理指标	40%

其他高管的考核指标类型和权重:

被考核人 类型	副总裁、总会计师、总工程师、总经济师、总法律顾问和董事会秘书
公共指标	50%
个人指标	50%

第九条 年度绩效考核流程

年度绩效考核采取期初签订绩效合约、期末述职评价的方式进行,详细流程按照《中国铁建股份有限公司高管绩效考核管理办法实施细则》执行。

第十条 高管绩效考核的考核人及打分权重。

(一)总裁

董事会考核总裁;考核人为董事会所有成员,权重相同;由董事长主持召开董事会,听取总裁述职;考核人对总裁的管理指标进行考核打分,经营指标依据计算结果进行打分。

(二)其他高管

1. 副总裁、总会计师、总工程师、总经济师和总法律顾问,由总裁提出考核意见,报董事会审议批准;总裁、其他高管、总部机关部门正职和子公司负责人对其个人指标进行考核打分，公共指标依据计算结果进行打分。

指标类型 考核人	个人指标
总裁	50%
其他高管	25%
总部机关部门正职、子公司负责人	25%

2. 董事会考核董事会秘书：由董事长主持召开董事会，听取董事会秘书述职；董事会成员、其他高管、总部机关部门正职对董事会秘书的个人指标进行考核打分，公共指标依据计算结果进行打分。

指标类型 考核人	个人指标
董事会成员	50%
其他高管	25%
总部机关部门正职	25%

第十一条 高管年度绩效考核得分计算方式

高管年度绩效考核得分 = Σ〔经营指标（公共指标）考核得分 × 指标权重〕+ Σ〔管理指标（个人指标）考核得分 × 指标权重〕+ 安全性指标考核得分

各指标对应权重按照高管年度个人绩效合约中的规定执行。

第十二条 高管年度绩效考核得分与考核级别对应关系

年度绩效考核级别	高管年度绩效考核得分（P）
A	$285 \leqslant P \leqslant 300$
B	$200 \leqslant P < 285$
C	$150 \leqslant P < 200$
D	$100 \leqslant P < 150$
E	$P = 50$

第十三条 年度绩效薪金的兑现

高管年度绩效薪金的60%在年度考核周期结束后当期兑现；其余40%作为延期绩效薪金，根据任期考核结果等因素延期到连任或离任的下一年兑现。

第三章 任期绩效考核

第十四条 任期绩效合约

总裁、副总裁、总会计师、总工程师、总经济师和总法律顾问共同签订集体任期绩效合约，董事会秘书签订单独任期绩效合约。任期绩效合约中应当包括以下内容：

（一）发约人、受约人的职位与姓名；

（二）绩效合约的生效周期；

（三）任期绩效考核指标、权重、目标值；

（四）任期绩效考核指标定义与计算方法；

（五）其他需要规定的事项。

第十五条 任期绩效考核的内容

高管任期绩效考核指标包括所有者权益增值率、3年营业收入平均增长率和任期内3年的年度绩效考核结果。

（1）所有者权益增值率是指公司考核期末扣除客观因素后的所有者权益同考核期初所有者权益的比率。所有者权益最终由股东大会认定。此项指标占50%的权重。

（2）3年营业收入平均增长率是指公司营业收入连续3年的平均增长情况。此项指标占30%的权重。

（3）任期内3年的年度绩效考核结果是指高管3年年度绩效考核得分的平均值。此项指标占20%的权重。

第十六条 任期绩效考核流程

任期绩效考核采取任期初签订任期绩效合约、期末述职评价的方式进行，详细流程按照《中国铁建股份有限公司高管绩效考核管理办法实施细则》执行。

第十七条 高管任期绩效考核得分计算方式

任期绩效考核得分 = 所有者权益增值率考核得分 × 50% + 3年营业收入增长率考核得分 × 30% + 任期内3年的高管年度绩效考核得分平均值 × 20%

第十八条 高管任期绩效考核得分与考核级别对应关系

任期考核级别	高管任期考核得分（K）
A	$285 \leqslant K \leqslant 300$
B	$200 \leqslant K < 285$
C	$150 \leqslant K < 200$
D	$100 \leqslant K < 150$
E	$K = 50$

第十九条 任期绩效考核结果的应用

高管任期绩效考核结果主要应用于延期绩效薪金和长期激励的发放，具体按照《中国铁建股份有限公司高管薪酬管理办法》执行。

第四章 附 则

第二十一条 生效与解释

本办法自2009年1月1日起实施，由公司董事会薪酬与考核委员会负责解释。

中国铁建系统机关文件材料
归档范围和文书档案保管期限的规定

（中国铁建总裁办〔2009〕34号）

第一条 为便于中国铁建系统正确界定文件材料归档范围，准确划分档案保管期限，使所保存的档案既能全面反映企业主要职能活动情况，维护其历史真实面貌，又便于保管和利用，根据国家档案局第8号令《机关文件材料归档范围和文书档案保管期限规定》精神，结合中国铁建系统档案工作实际，重新修订《中国铁建系统机关文件材料归档范围和文书档案保管期限的规定》。

第二条 本规定中的文件材料是指本企业在从事职能活动中形成的具有保存价值的各种门类、各种载体的历史记录。

第三条 文件材料的归档范围：

（一）反映本单位主要职能活动和基本历史面貌的，对本单位现行工作和历史查考具有利用价值的文件材料；

（二）本单位在各项职能活动中形成的在维护国家、集体和职工权益方面具有凭证作用的文件材料；

（三）本单位需要贯彻执行的上级机关、同级单位的文件材料以及下级单位报送的重要文件材料；

（四）其他对本单位工作具有查考价值的文件材料。

第四条 文件材料不归档范围：

（一）上级机关普发性的不需要本单位办理的文件材料，任免、奖惩非本单位工作人员的文件材料，供工作参考的抄件等；

（二）本单位的重份文件，无查考利用价值的事务性、临时性文件，一般性文件的历次修改稿、校对稿，无特殊保存价值的信封，不需办理的一般性人民来信、电话记录，单位内部互相抄送的文件材料，本单位负责人兼任外单位职务形成的与本单位无关的文件材料，有关工作参考的文件材料；

（三）同级单位不需要贯彻执行的文件材料，不需办理的抄送文件材料；

（四）下级单位报送的供参阅的简报、情况反映，抄报或越级抄报的文件材料。

第五条 凡属本单位归档范围内的文件材料，必须按照有关规定定期向本单位档案部门归档，实行集中统一管理。任何部门或个人不得以任何理由据为己有或拒绝归档。

第六条 文书档案保管期限限定为永久、定期两种。定期一般分为30年和10年。

第七条 永久保管的文书档案主要包括：

（一）本单位制定的政策法规性文件材料；

（二）本单位召开重要会议、举办重大活动形成的主要文件材料；

（三）本单位在职能活动中形成的重要业务文件材料；

（四）本单位关于重要问题的请示与上级机关的批复、批示，重要报告、总结、综合性统计报表等；

（五）本单位机构演变、人事任免等文件材料；

（六）本单位房屋买卖、土地使用以及重要的合同协议、资产登记等凭证性文件材料；

（七）外事活动中形成的重要文件材料；

（八）上级机关制发的属于本单位主管业务的以及表彰奖励、处罚等重要文件材料；

（九）上级机关领导检查、视察本单位工作形成的文件材料；

（十）造成重大经济损失和国际国内影响的重大安全质量事故的文件材料。

第八条 定期保管的文书档案主要包括：

（一）本单位在职能活动中形成的一般性业务文件材料；

（二）本单位或与其他单位联合召开会议、举办活动中形成的一般性文件材料；

（三）本单位人事管理工作中形成的一般性文件材料；

（四）本单位一般性事务管理文件材料；

（五）本单位关于一般性问题的请示与上级机关的批复、批示，一般性工作报告、总结、统计报表等；

（六）上级机关制发的属于本单位主管业务的一般性文件材料；

（七）上级机关和同级单位制发的非本单位主管业务但要贯彻执行的文件材料；

（八）同级单位、下级单位关于一般业务问题的来函、请示与本单位的复函、批复、批示等文件材料；

（九）下级单位报送的年度或年度以上的计划、总结、统计、重要专题报告等文件材料；

（十）本单位编辑出版的报纸、书籍，编印的内部刊物、信息材料及其他文件材料。

第九条 本单位形成的人事、科技、会计、声像档案及其他专门档案的归档范围和保管期限，仍按国家有关档案管理规定执行。

第十条 各单位对归档范围内的电子文件也应随纸质档案一并归档。各级机关归档的纸质文件材料中有文件发文稿纸和文件处理单的，应与文件正本、定稿一并归档。

第十一条 本单位与其他单位联合召开会议、联合举办活动、联合行文所形成的文件材料，原件由主办单位归档，其他单位归档相应的副本或复制件。

第十二条 各单位应根据本规定并结合机关工作实际，编制本单位的文件材料归档范围和文书档案保管期限表，并报上级档案部门备案。

第十三条 各单位在编制文件材料归档范围和文书档案保管期限表时，应全面分析和鉴别本单位文件材料的现实作用和历史作用，正确界定文件材料的归档范围，准确划分档案保管期限。

第十四条 本规定适用于中国铁建系统所属各单位。

第十五条 本规定自颁发之日起施行，2004 年颁发的《文书档案保管期限表》同时废止。

中国铁建系统文书档案保管期限表

序号	条　　款	保管期限	备　注
一	会议文件		
	1. 本单位召开的党代会、职代会、工作会及工会、共青团、纪律检查委员会会议及其他大型会议的文件材料		
	（1）请示、批复、通知、议程、名单、报告、领导人讲话、选举结果、决议、决定、会议记录、纪要、重要简报等文件材料	永久	
	（2）典型材料、发言材料、交流材料，重要的贺信、贺电	30 年	
	（3）会议一般简报、快报，会议服务机构的计划、总结等文件材料	10 年	
	2. 股东会、董事会、监事会会议文件材料		
	（1）请示、批复、通知、议程、名单、签到表、报告、议案、表决表、决议、选举结果、会议记录、纪要等文件材料	永久	
	（2）讨论未获通过的文件	10 年	
	3. 党委会、常委会、董事会、监事会、党政联席会、办公会及纪委、工会、团委会会议记录、纪要等文件材料	永久	
	4. 职能部门召开的业务工作会议、专题会议的文件材料		
	（1）请示、批复、通知、议程、名单、报告、讲话、总结、决定、纪要及其他材料	30 年	
	（2）典型材料、发言材料、交流材料、简报	10 年	
	5. 现场会、电话会、小型专业座谈（研讨）会文件材料		
	（1）重要的	30 年	
	（2）一般的	10 年	
	6. 在上级主管机关召开的会议上本单位的发言或本单位的经验介绍	30 年	

续表

序号	条　　款	保管期限	备　注
	7. 本单位与其他单位联合召开会议的文件材料		
	(1)本单位主办的		
	①请示、批复、通知、名单、议程、报告、讲话、总结、决议、决定、纪要	永久	
	②典型材料、发言材料、交流材料、简报	30 年	
	(2)本单位协办的		
	①请示、批复、通知、名单、议程、报告、讲话、总结、决议、决定、纪要的复制件或副本	30 年	
	②典型材料、发言材料、交流材料、简报的复制件或副本	10 年	
二	上级机关文件材料		
	1. 上级机关颁发的文件		
	(1)直接针对本单位主要业务、需长期贯彻执行的方针政策性文件	永久	
	(2)非直接针对本单位业务,但在较长时期内需贯彻执行的文件	30 年	
	(3)一般性的,在一定时期内要贯彻执行的文件	10 年	
	2. 上级机关关于本单位机构设置、编制定员、领导人员任免等文件材料	永久	
	3. 上级机关、上级领导视察、检查本单位工作形成的文件材料		
	(1)重要的	永久	
	(2)一般的	30 年	
	(3)执法检查情况汇总、通报及整改情况	30 年	
	(4)本单位的工作汇报材料	30 年	
三	形成的决定、决议、规定、制度、指示、命令、领导批示等文件材料		
	1. 本单位制定的文件材料		
	(1)属于方针政策性、全局性、反映主要职能活动等有历史查考价值的文件	永久	
	(2)属于职能业务问题,在较长时期内要查考利用的文件	30 年	
	(3)属于局部或具体业务问题,在一定时期内有查考利用价值的文件	10 年	
	2. 以本单位为主的联合行文		
	(1)以本单位业务为主、需长期贯彻执行的文件	永久	
	(2)属一般性业务,在一定时期内要贯彻执行的文件	30 年	
	3. 本单位协办的联合行文		

续表

序号	条　　款	保管期限	备　注
	(1)涉及本单位主管业务,需长期贯彻执行的文件	30年	
	(2)属一般性业务,在一定时期内要贯彻执行的文件	10年	
四	法规性文件		
	1.本单位制定、颁发的方针政策性、法规性文件及中长期规划、纲要等有历史查考价值的文件	永久	
	2.本单位制定的业务性、需在较长时期内执行的文件	30年	
	3.本单位制定的一般性、事务性的文件	10年	
	4.同级单位和非隶属单位颁发的		
	(1)方针政策性、需长期执行的文件	30年	
	(2)一般性文件	10年	
	5.本单位代上级机关起草并被采用的重要法规性文件、专项业务文件的最后定稿		
	(1)重要法规性文件	永久	
	(2)专项业务性文件	30年	
五	计划性文件		
	1.上级机关下达的长远计划、年度计划	30年	
	2.本单位年度(含)以上及主要职能部门的年度工作计划	永久	
	3.各业务部门的年度计划	30年	
	4.本单位年度以下的计划	10年	
	5.下级单位报送的年度计划	10年	
六	总结、报告、调查研究材料		
	1.本单位年度(含)以上及主要职能部门的年度工作总结,重要专项工作总结	永久	
	2.各业务部门的年度工作总结、专题总结报告及重要的典型调研材料	30年	
	3.一般性的总结、报告和调查材料	10年	
	4.下级单位报送的年度总结、报告和调研材料	10年	
七	本单位与有关单位的来往文件		
	1.本单位的请示及上级机关的批复、批示		
	(1)重要业务问题的	永久	
	(2)一般性业务问题的	10年	

续表

序号	条　　款	保管期限	备　注
	2. 同级机关、下级机关的来函、请示及本机关的复函、批复等文件材料		
	(1)重要业务问题的	30 年	
	(2)一般性业务问题的	10 年	
八	统计报表		
	1. 本单位编制或汇总的年度和年度以上的以及重要职能活动的一次性调查统计报表	永久	
	2. 本单位年度以下的	10 年	
	3. 下级单位报送年度以上的	30 年	
九	本单位行政管理形成的审批、审查、核准文件材料		
	1. 固定资产投资、科技计划等项目的审批(核准)、管理、验收(评估)等材料	永久	
	2. 不动产及自然资源所有权、使用权的确认文件材料	永久	
	3. 有效期 20 年以上或未注明有效期的许可证、执照、资质证、资格证的审批、管理文件材料	永久	
	4. 有效期 20 年以下的许可证、执照、资质证、资格证的审批、管理文件材料	30 年	
	5. 行政管理中形成的备案文件材料	10 年	
	6. 行政处罚、处分、复议、国家赔偿等工作中形成的文件材料		
	(1)重要的	永久	
	(2)一般的	30 年	
十	本单位事务管理形成的文件材料		
	1. 涉及房产、土地所有权和使用权的文件材料	永久	
	2. 与有关单位签订的合同、协定、协议、议定书等文件材料		
	(1)重要的	永久	
	(2)有效期 10 年以上的	30 年	
	(3)一般的	10 年	
	3. 接待工作的计划、方案		
	(1)重要的	30 年	
	(2)一般的	10 年	
	4. 财务预算		

续表

序号	条　　款	保管期限	备　注
	(1)本单位年度预算	30年	
	(2)本单位年度以下预算	10年	
	5. 机关物资(办公设备及用品、机动车等)采购计划、审批手续、招标投标、购置等文件,机动车调拨、保险、转让等文件	30年	
	6. 国有资产管理(登记、统计、核查清算、交接等)文件材料		
	(1)重要的	永久	
	(2)一般的	30年	
	7. 职工承租、购置本单位住房的合同、协议和有关手续	永久	
	8. 职工住房分配、出售的规定、方案、细则,职工住房情况统计、调查表,职工住房申请表	30年	
十一	外事活动形成的文件材料		
	1. 外国政府官员、民间社团、企业领导到本单位访问、考察、参观等文件材料	永久	
	2. 反映重要国际活动、国际交流情况的文件材料	永久	
	3. 签订的合同、协定、协议书、重要会谈记录、纪要		
	(1)本单位经办的	永久	
	(2)非本单位经办但要执行的	30年	
十二	出国或出境执行公务、参观考察、出席国际会议等形成的文件材料		
	1. 出国或出境执行公务、检查指导工作签订的合同、协议、协定、备忘录及重要的会谈记录、纪要、讲话	永久	
	2. 出国或出境考察访问、出席国际会议等考察报告、会议简报、发表的学术报告	30年	
	3. 出国或出境审批手续、执行日程等文件材料	30年	
十三	外国专家在企业活动形成的文件材料		
	1. 被采纳的重大改革举措、有科学历史价值的建议	永久	
	2. 科学技术、生产经营、企业管理中的建议	30年	
十四	安全、质量事故形成的文件材料		
	1. 重大、特大事故	永久	
	2. 大事故	30年	
	3. 一般事故	10年	
十五	纪检监察立案材料		

续表

序号	条　　款	保管期限	备　注
	1. 重案、要案以及涉及对领导干部违纪处理的结案材料	永久	
	2. 职工一般违纪处理的结案材料	30 年	
十六	审计立案材料		
	1. 涉及对领导干部处理的重大审计事项及经济责任审计的重要事项	永久	
	2. 重要的专项审计事项和经济责任审计重要事项	30 年	
	3. 一般的审计事项	10 年	
十七	在各种运动中形成的文件材料		
	1. 反映运动概况的综合性、结论性的文件和运动总结、领导讲话及会议记录、统计资料等	永久	
	2. 个人结论、结案材料	永久	
	3. 反映运动进程的有关文件材料	30 年	
十八	本单位处理群众来信来访的文件材料		
	1. 有领导重要批示的信访事项及处理结果	30 年	
	2. 一般信访处理结果	10 年	
十九	组织机构定员材料		
	1. 本单位机构成立、合并、名称更改、资产重组、企业重构、撤销及组织机构定员表、企业章程、印信启用与作废等文件	永久	
	2. 所属单位机构成立、合并、名称更改、资产重组、企业重构、撤销、破产文件及组织机构定员表	30 年	
二十	本单位管辖干部、职工的录用、任免、调转等文件材料		
	1. 干部录用、任免、调资、定级、内部退养、提前离岗、停薪留职、辞职、离退休、死亡、抚恤等文件材料	永久	
	2. 职工录用、转正、聘任、调资、定级、内部退养、提前离岗、停薪留职、辞职、退休、评残、死亡、抚恤等文件材料	永久	
	3. 人事考核、技工考核鉴定、职称评审工作文件材料	30 年	
	4. 干部、职工花名册	永久	
	5. 人事工作制度、规定、办法等文件	30 年	
	6. 转移组织关系介绍信及存根	永久	
二十一	表彰先进单位、劳动模范、先进工作者等文件材料		
	受本级(含)以上表彰、奖励的文件材料	永久	
二十二	本单位对有关人员处分的文件材料		

续表

序号	条　　款	保管期限	备　注
	1. 受到警告(不含)以上处分的	永久	
	2. 受到警告处分的	30 年	
二十三	党委、纪委、工会、共青团工作活动中形成的文件材料		
	1. 工作报告、总结、换届选举结果	永久	
	2. 重要专项活动的报告、总结等	永久	
	3. 党团员、工会会员名册,批准加入党团、工会组织的文件材料	永久	
	4. 一般情况反映、工作简报	10 年	
二十四	本单位编辑、编写、出版的书籍、刊物及文件材料		
	1. 本单位编辑出版的企业志、企业简史、企业年鉴、企业刊物等	永久	
	2. 组织沿革、大事记、企业史料、报纸刊物、书籍	永久	
	3. 各业务部门根据工作需要编印的法规性文件汇编、管理成果汇编、经验材料选编等	30 年	
	4. 情况反映、工作简报、工作信息等	10 年	
二十五	清产核资、资产评估形成的文件材料		
	1. 本单位形成的文件材料	永久	
	2. 下级单位上报的文件材料	30 年	
	3. 清产核资形成的一般性文件材料	10 年	
二十六	效绩评估材料		
	1. 上级机关对本单位的效绩评估材料	永久	
	2. 本单位对下级单位的效绩评估材料	30 年	
二十七	企业资质、贯标认证形成的文件材料		
	1. 资质证书(正本)	永久	
	2. 管理手册、程序文件	30 年	
二十八	各种普查工作形成的文件材料		
	1. 结论性、综合性的	30 年	
	2. 一般性的	10 年	
二十九	党和国家领导人的题词、批示	永久	

中国铁建股份有限公司信息化规划纲要

（2010～2014年）

前　　言

信息化是当今世界发展的大趋势，是推动经济社会变革的重要力量。大力推进信息化是中国铁建发展战略和经营管理的实际需要和必然选择。有效指导全系统的信息化“高起点、高标准、高效率、低风险、低成本”建设，创新管理工具，实现对中国铁建战略发展目标的有力支撑，提出中国铁建信息化规划纲要。

规划纲要在深入研究信息化现状与差距、机遇与挑战的基础上，明确了信息化战略，确定了信息管理、信息化架构和信息化治理体系，指明了信息化建设路线和建设模式，进行了信息化投资分析（图1）。

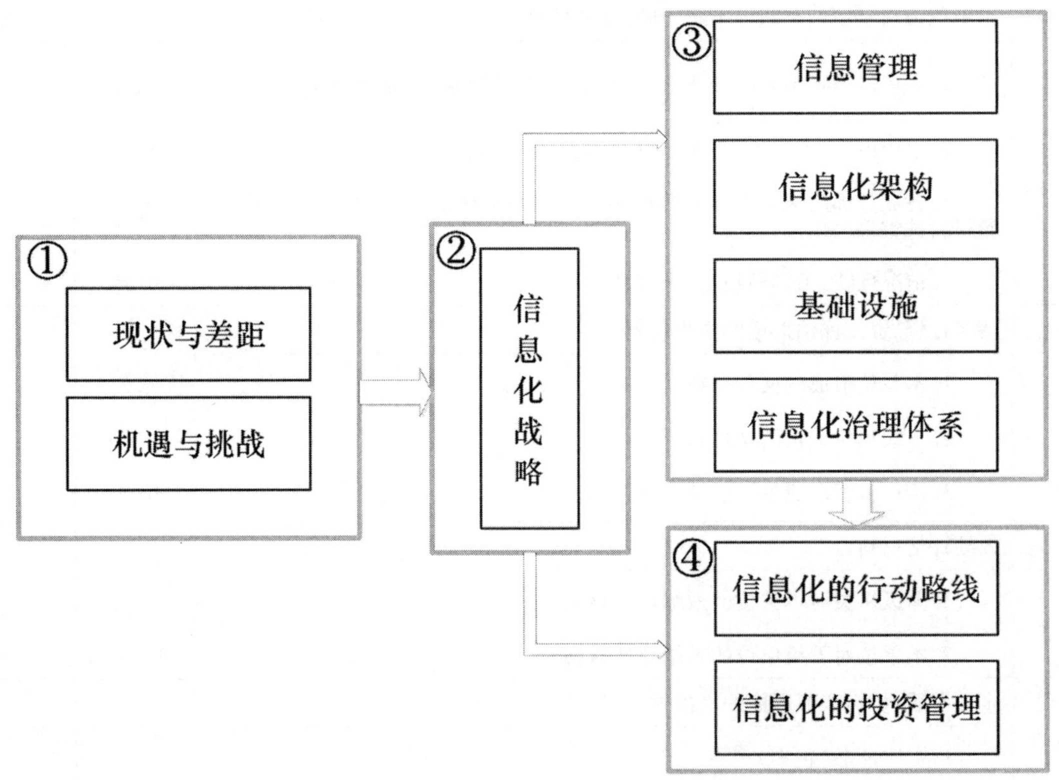

图1　规划逻辑图

规划纲要从战略层面绘制了中国铁建信息化蓝图，指明了信息化的方向和行动路线，是信息化建设的纲领性文件，它的确立和发布，对即将展开的大规模信息化建设具有重大的指导意义。

1. 现状与挑战

中国铁建信息化建设处于起步阶段，具有强烈的内部管控需求、较好的社会环境、上升的行业景气形势和较成熟的技术条件等良好的信息化建设机遇，也面临着巨大的挑战与风险。

1.1　国内外信息化发展趋势

20世纪90年代以来，信息技术不断创新，信息产业持续发展，信息网络广泛普及，信息化成为全球经济社会发展的显著特征，并逐步向一场全方位的社会变革演进。进入21世纪，信息化对经济社会发展的影响更加深刻。广泛应用、高度渗透的信息技术正孕育着新的重大突破。信息资源日益成为重要生产要素、无形资产和社会财富。信息网络更加普及并日趋融合。国外大型工程承包企业在发展先进的施工技术，探索创新经营模式的同时，把应用先进的信息化技术作为提升核心竞争力的重要手段，集团级信息化系统成为其支撑业务运营和战略发展的重要驱动力量。

中国的企业信息化建设从80年代开始探索和起步，伴随着经济体制向市场经济转轨，市场化压力的逐渐增大，企业竞争环境的变化促使企业向信息化寻求出路，信息技术的成熟及成本下降也使企业提高信息化水平的积极性进一步提高。20世纪90年代以来，随着计算机、网络、通信、控制、系统集成和信息安全等技术的日臻成熟和广泛应用，对企业的沟通、管理和商务模式产生了深远影响。进入21世纪后，涌现出电信、石油石化、电力、钢铁等集团型企业信息化的成功案例，这些行业的信息化建设逐步走向稳定和成熟。随着市场经济的发展，中国大型施工企业集团得到了快速发展，规模日益扩大，并且逐渐加入到国际竞争的行列，利用信息化技术加强竞争力的需求也日益增强。在国务院、国资委、住房和城乡建设部等国家管理机构的要求和推动下，国内建筑行业大大提升了对信息化的认识和重视程度，加大了信息化建设投资，呈现出一股信息化建设热潮，也逐渐涌现出了一些信息化建设的成功案例。通过信息化建设改造和提升建筑业管理手段和生产组织方式，从而提高建筑企业经营管理水平和核心竞争能力。然而，建筑行业具有点多、线长、横跨多个区域市场的特点。项目部在远离集团总部的异地进行生产活动，行政、财务、物流等管理与业主的要求和当地的特点息息相关，集团总部对项目部的管理控制力度不足。这些特点在一定程度上制约了建筑行业的信息化发展，造成建筑行业信息化相对落后的局面。

1.2　信息化现状和差距

走过61年光辉历程的中国铁建，经过几代人的艰苦奋斗、开拓进取，经营管理取得了长足发展：经营规模持续快速发展，实力不断壮大，营业收入在大型中央建筑企业排名领先，连年进入世界企业500强和ENR全球225家最大承包商排行榜。

当前，中国铁建抓住上市契机，整合相关业务，形成了以工程承包、勘察设计为主，多板块协同发展的业务体系，在向工业制造、物资流通延伸的同时进行相关多元化，进入房地产开发领域，并积极开展资本运营。目前，板块经营初见成效，伴随着业务的发展，中国铁建在加强工程承包板块业务和管理能力的同时，将大力发展其他板块业务，形成多种业务并重、协调发展的良好局面。

中国铁建采用母子多级法人治理体制，设有二级单位29家、三级单位300多家及一定数量的四级、五级以下法人公司，分布在全国乃至世界各地。二级单位作为经营管理的核心和独立利润中心的运营体制在短期内不会改变。工程承包板块各二级单位和三级单位都是独立法人，各二级单位所属三级单位、项目部在地理上呈现相互交错且叠式分布，业务交叉重叠，同一区域内存在若干不同层级的单位在开展业务，相互之间存在竞争关系，资金、设备资产和技术等各方面的资源不能有效集中，难以发挥规模优势。

中国铁建的信息化经过多年的建设和发展，已经具备了一定的基础。各级领导对信息化工作一直非常重视，在各级部门和人员的共同努力下，一些信息化领域也取得了不同程度的应用成果：中国铁建的财务信息化工作起步较早，目前已经实施了财务核算、报表和资金三大平台，实现了集中部署，其中财务核算和报表覆盖了股份公司和全部各级单位，资金系统覆盖了大约80%的单位，对财务工作起到了重要的支撑作用，对信息化建设起到了先行和示范作用；共有18家集团公司建设了办公自动化系统；工程承包板块综合项目管理系统的建设已经起步，共有13家集团公司启动了系统建设。股份公司和全部29家集团公司已经搭建了局域网，并且通过专线、公网、ADSL等多种方式接入了因特网，建立了外部网站。

在长期的信息化建设过程中，各级企业领导和员工逐步培育了一定程度的信息化文化，建立了不同级别的信息化部门，培养了一支初具规模的企业信息化建设的专业队伍，积累了企业信息化建设正反两方面的经验教训，激发了企业对加快信息化建设的期待与渴望，为企业信息化建设的进一步推进奠定了较好的发展基础。总体上看，中国铁建信息化建设处于起步阶段。虽然在信息化建设上取得了一定成果，但是在信息化建设及管理等各方面还存在诸多不适应的地方，主要表现在：

（1）股份公司本级缺失领头作用。股份公司本级除财务外其他信息化系统大部分空白，信息化管理机构不能适应建设需要、人员配置不足，难以对信息化全局起到带动作用。

（2）信息化基础设施建设薄弱。尚没有建立全系统的内部专网，网络传输速度、可用性和安全性方面有待提高；计算机机房等基础设施的管理不统一，资源利用有待提升；股份公司机房目前只有网络功能，尚不具备数据存储和处理功能，急待增强。

（3）应用系统建设发展不平衡。应用系统在各板块之间、层级之间、业务环节之间建设水平参差不齐；系统和产品多种多样，由于缺乏统一规划和集中建设，造成了大量的“信息孤岛”，投入高，集成难度大；各集团公司的系统之间不能实现互通，大多数系统在功能和应用方面尚存在许多空白和不足。

(4)信息化治理体系薄弱,信息化组织和专业人才缺失。信息化组织不健全,总体上看,信息化部门地位不高,人员配备不足,专业搭配不尽合理,业务管理经验欠缺。

(5)各层级对信息化认识不足。各级员工对信息化认识差异较大,缺乏足够的信息化意识和技能,亟需培训。

与国内同行相比,中国铁建的信息化建设主要体现在财务等单一业务系统的建设,在企业级集成化的信息系统建设方面还相对空白。从总体上看,中国铁建的信息化建设还存在较大的差距和不足,与当前中国铁建世界500强企业的地位不相称。

1.3 信息化机遇和挑战

从内部管控来看,各层级均对信息化建设存在强烈的需求。决策层需要通过信息化实现科学决策、资源整合、集中管控和战略落实;管理层需要通过信息化实现快速准确获取所需经营管理信息以支持经营决策、规范经营业务管理和防控业务过程风险;操作层需要通过信息化实现业务处理的标准化、流程化、自动化和合规化,从而提高工作效率和降低运营成本。

从外部政策环境来看,作为中央企业的出资人和监管部门的国资委对包括大型工程承包企业在内的中央企业的信息化工作非常重视,近两年连续下发《关于加强中央企业信息化工作的指导意见》等文件对中央企业的信息化工作提出具体的要求和指导意见。作为建筑施工行业的管理部门的建设部在2007颁布的《施工总承包企业特级资质标准》中把信息化建设作为一项必备条件,提出了明确的建设目标和考核标准。“五化”并举,“两化”融合是当前中国经济社会发展重大的战略选择,不论对经济社会发展,还是对信息化而言,都是一个难得的历史机遇。中国铁建的信息化建设一方面是自身战略发展和管理提升的自主选择,另一方面也是响应党和国家的号召,遵从监管部门要求的合规化行动。

从行业发展态势来看,金融危机以来,国家在铁路等基础设施领域的大力投资(图2)为中国铁建带来企业发展机遇的同时也使信息化建设面临最佳时机。抓住这一时机,集中开展信息化建设,把主要业务领域的信息化系统部署到位,大力推动信息系统应用,使之达到平稳运行的状态。

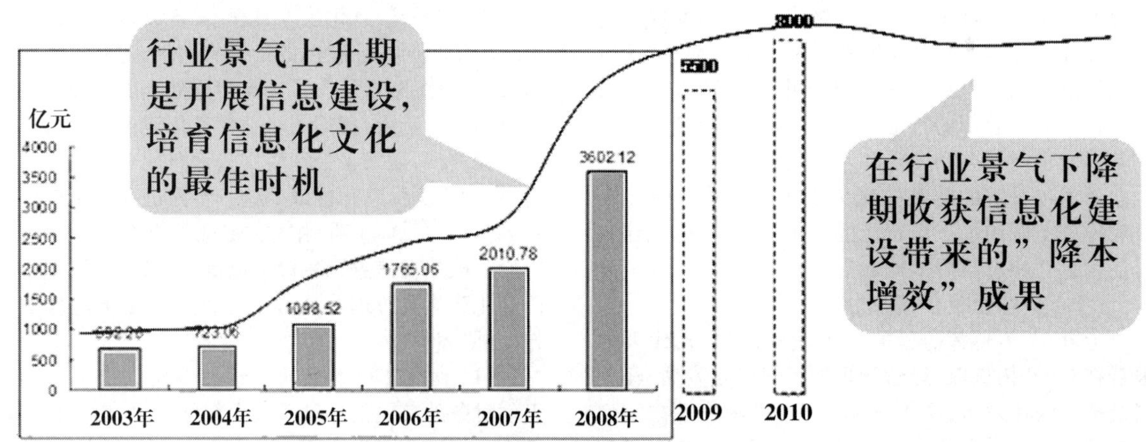

图2 建筑行业景气预测图

信息化建设内外部条件具备、符合各级人员迫切愿望,信息化建设时机成熟。大规模建设信息化,必将对企业各层级的管理提升产生巨大的推动作用,最终推动中国铁建实现企业管理转型。在看到信息化建设能够给中国铁建带来的预期价值和效果的同时,也要清醒地分析信息化建设过程中面临的风险:

(1)各级阻力风险。信息化过程中必然带来相关的职责权限调整、数据透明化和工作习惯改变等变化,如果各级部门和人员认识不统一,就会给信息化推进带来阻力。

(2)沟通协调风险。项目参与各方沟通不畅,对项目目标、需求、方案设计、任务进度等存在不同理解和执行。

(3)范围失控风险。在利益相关各方的影响下,如果对投资分配等方面的问题处理不当,就会造成项目范围失控的风险。

在信息化建设过程中,还可能遇到各种挑战:

(1)各级“一把手”的重视程度、支持力度及其持续性。

(2)业务部门参与程度,以及是否对信息化建设带来的管理变革做好各方面的准备。

(3)大型信息化项目群管理的经验和能力,以及技术支持、运维服务的能力。

应对以上挑战,需要各级部门和人员付出艰苦的努力,信息化建设任重而道远。

2. 信息化战略

信息化战略包括信息化愿景目标、中期目标、建设原则和实施策略。

2.1 愿景目标

信息化的愿景目标是:支撑中国铁建战略发展,领军中国建筑行业。

信息化愿景目标是信息化的方向和长远目标,是各级人员对未来信息化形成的共同图景。信息化肩负着提升企业管理水平,推动企业管理转型,支撑中国铁建战略发展的远大使命。

2.2 中期目标

信息化的中期目标是:用5年的时间,逐步完善信息化治理体系,集中开展信息化建设,建成贯通中国铁建组织体系、覆盖各业务板块的“五纵四横”九大应用平台,信息化达到国内同行业领先水平,支撑中国铁建业务运营。

2.3 建设原则

遵循“立足现实、着眼长远、统筹兼顾、协调发展”的信息化建设原则,打造有中国铁建特色的信息化。

(1)立足现实

立足现实就是从中国铁建自身的现实基础出发,把握企业特点、植根企业文化,量力而行、循序渐进,兼顾现有投资的保护和建设方案的可行性。

(2)着眼长远

着眼长远就是信息化建设需要在实现支撑业务运营的中期目标的同时,着眼支撑战略发展的长期愿景,实现信息化中期目标与长期远景的统一协调。

(3)统筹兼顾

统筹兼顾就是统筹决策层、管理层、操作层等各层级对信息化的需求,兼顾技术、效率与成本,高起点规划、高质量建设、高标准实施、高效率推进。

(4)协调发展

协调发展就是信息化建设首先要填补目前存在的空白,着力解决发展不均衡的主要问题,加强主营业务信息化建设,为实现业务财务一体化创造条件,形成各业务领域信息化协调发展、相互促进的良好局面。

2.4 实施策略

遵循“速赢”与“长效”兼顾的策略实施信息化。

“速赢”策略是指信息化建设首先应选择那些建设周期短、见效快的“速赢”项目。

“长效”策略是指信息化更要从长远发展和需求出发,坚定信心,下定决心在具备条件和基础的单位实施那些应用范围更大、集成度更高、对企业管理提升和促进更大的集团级应用系统,为信息化全局树立标杆,引导信息化的建设方向。

在企业愿景和战略发展目标的指引下,按照信息化建设原则,遵循信息化实施策略,运用先进的网络通讯、系统集成、软件开发和信息安全等技术,充分调动内外部资源和力量,广泛发动各层级各部门人员的信息化积极性,建立“横向融合、上下互动”的信息化建设治理结构,按照信息化规划统一部署,有效推动全系统信息化“高起点、高标准、高效率、低风险、低成本”建设,实现对信息资源的深度开发和利用,不断提高生产、经营、管理以及决策的效率和水平,全面提升整体创新能力、提高经济效益和强化市场竞争力,为实现“中国建筑企业的领军者、全球最具竞争力的特大型综合建筑企业集团”的企业发展愿景提供有力支撑。

今后5年的时间内,各级要凝神聚力,协调统一,按规划有组织地进行信息化投资,有计划按步骤地集中开展信息化建设,采用先进成熟的信息化技术和产品,建设包括通讯沟通、人财物管理、业务管理和信息决策分析等主要的信息化管理平台,充分发掘、利用信息资源的巨大价值,完善信息化治理体系,初步建成整个企业集成统一、共享协同的信息化平台,信息化达到国内同行业领先水平,实现对业务运营的支撑。

3. 信息化的主要任务

用5年的时间,在建设一个统一规划的中国铁建内部专用广域网和符合标准与需求的数据中心及建立“四统一”的中国铁建信息标准与管理体系的同时,搭建总体应用架构贯通中国铁建组织体系、覆盖各业务板块的“五纵四横”九大应用平台,并通过完善信息化组织机构、确立“横向融合、上下互动”的信息化治理机制、创新信息化项目管理模式来构建中国铁建的信息化治理体系,以建设中国铁建的“大信息化”。

3.1 建立“四统一”的信息标准及管理体系

建立分类、定义、名称、编码“四统一”的中国铁建信息标准,并架构与之相适应的信息管理体系(图3)。

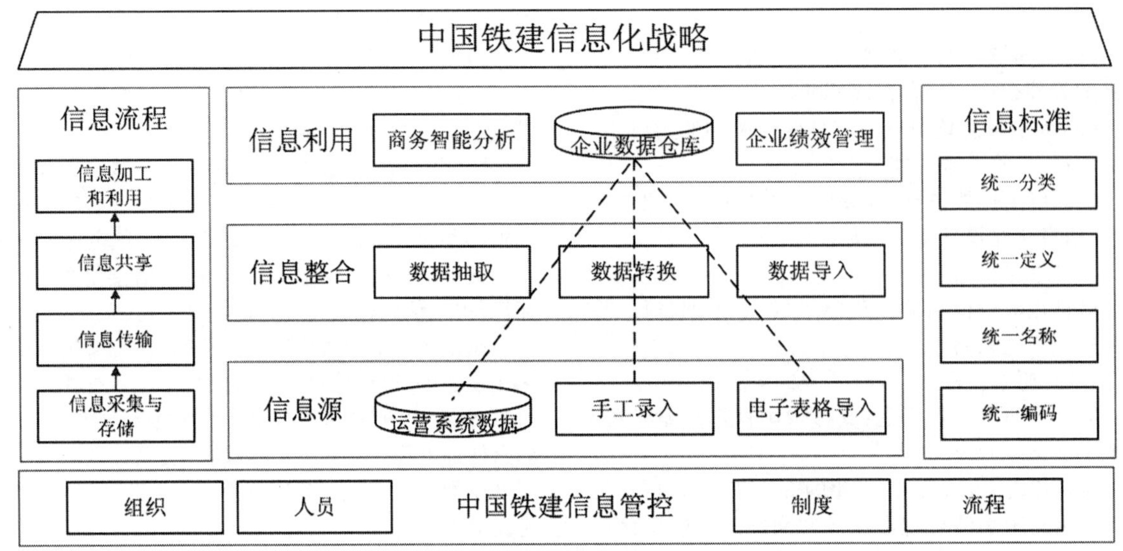

图3　信息标准及管理逻辑图

(1)信息标准是信息化建设的重要基础和保障。为此需建立统一数据分类、统一数据定义、统一数据名称和统一数据编码的中国铁建信息标准。

(2)架构统一的信息管理体系。建立明确、规范的信息管理流程和制度,对信息采集与存储、传输、共享和加工利用的全流程进行规范管理,明确相关部门和岗位的信息管理责任。完善包含信息源管理、信息整合技术以及数据仓库等主要功能的信息化架构,实现信息管理。

3.2　建立"覆盖全面、功能完善"的应用体系

3.2.1　搭建"五纵四横"九大应用平台的信息化架构

(1)总体应用架构

本着"大信息化"的建设理念,在"立足现实、着眼长远、统筹兼顾、协调发展"的建设原则指导下,遵循标准化与针对性、灵活性相结合,集中与拓展相配合的应用架构设计原则,总体应用架构贯通全系统组织体系,覆盖工程承包、勘察设计、物流、房地产、制造和资本运营等六大业务板块,整体搭建"五纵四横"九大应用平台(图4)。

图4　总体应用架构图

在全系统组织体系统一建设人力资源、财务、协同办公、管理支持和电子商务五大信息化平台，实现全系统信息资源的集中统一和职能管理的协同共享。其中管理支持平台包含知识管理、科技管理、法律合规、档案管理、审计管理等功能模块。

企业信息门户平台构建面向内部员工和外部社会的多级门户网站。决策支持平台侧重于面向全局的计划统计管理、全面预算管理、商务智能管理以及企业绩效管理，是挖掘利用信息资源价值的关键。集成平台负责实现应用衔接、数据交互和流程贯通，是整个信息化架构的基础技术平台。业务运营平台由各业务板块的主营业务信息系统构成，是应用架构的核心平台。

(2)总部应用架构

在总体应用架构下，股份公司总部通过五个统一的基础平台来完成事务性的管理工作；通过决策支持平台来完成一系列决策指导和管理支持性工作；股份公司总部借助集成平台将下属二级单位的各种业务和管理活动信息通过企业信息门户实时展现，从而掌控整个中国铁建的运营动态(图5)。

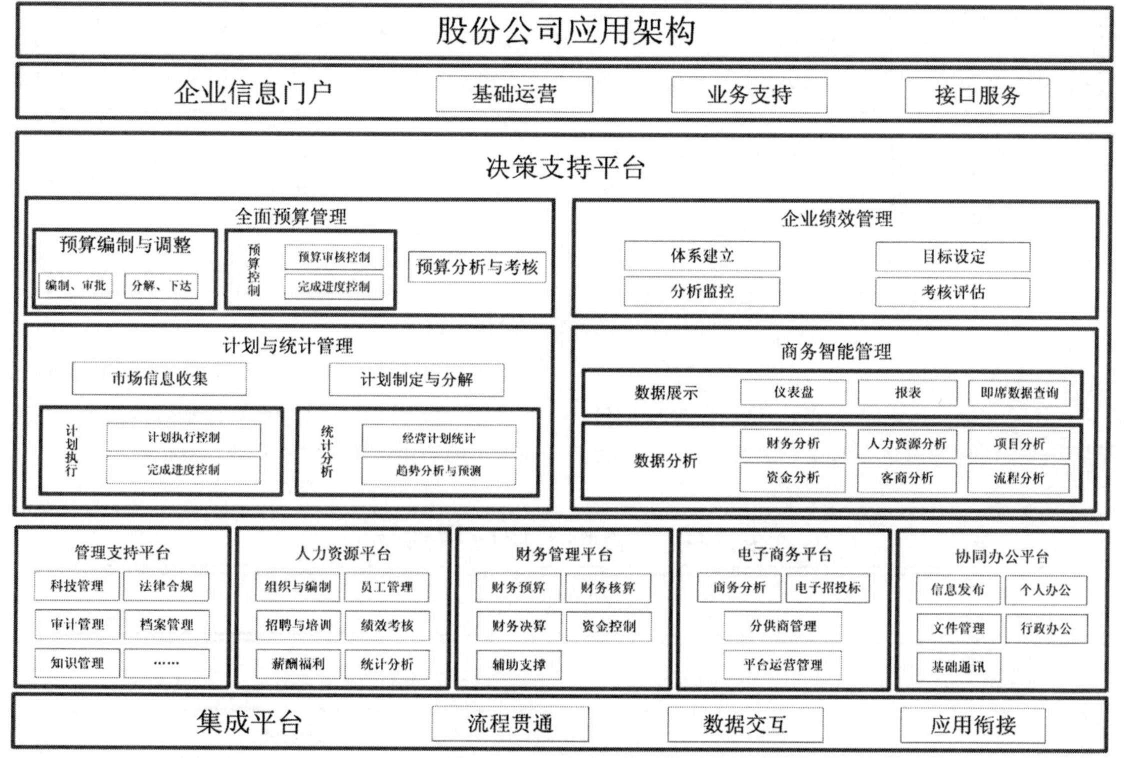

图5　总部应用架构图

(3)工程承包板块应用架构

在五个统一的应用平台基础上，建设以施工项目管理为核心的业务运营平台，主要包括市场开发及投标管理、施工项目管理和项目后期管理等功能。在业务运营平台的基础上搭建集团公司的决策支持平台和企业信息门户(图6)。

工程施工板块应用架构
企业信息门户
基础运营
业务支持
接口服务
决策支持平台
计划与统计管理
全面预算管理
商务智能管理
企业绩效管理
市场开发及投标管理
项目机会开拓
营销资源管理
营销服务管理
项目投标管理
客户管理
施工项目管理
施工组织
项目立项管理
项目计划管理
项目合同管理
项目生产管理
项目进度管理
项目变更管理
项目劳务管理
物资设备管理
物资管理
设备管理
采购管理
项目竣工管理
项目验收管理
项目竣工管理
项目结算管理
项目财务管理
项目预算管理
项目成本管理
项目收入管理
项目决算管理
项目控制管理
项目安全管理
项目质量管理
项目风险管理
项目环境管理
项目后期管理
项目后期维护
项目后期评估
管理支持平台
科技管理
法律合规
审计管理
档案管理
知识管理
……
人力资源平台
组织与编制
员工管理
招聘与培训
绩效考核
薪酬福利
统计分析
财务管理平台
财务预算
财务核算
财务决算
资金控制
辅助支撑
电子商务平台
商务分析
电子招投标
分供商管理
平台运营管理
协同办公平台
信息发布
个人办公
文件管理
行政办公
基础通讯

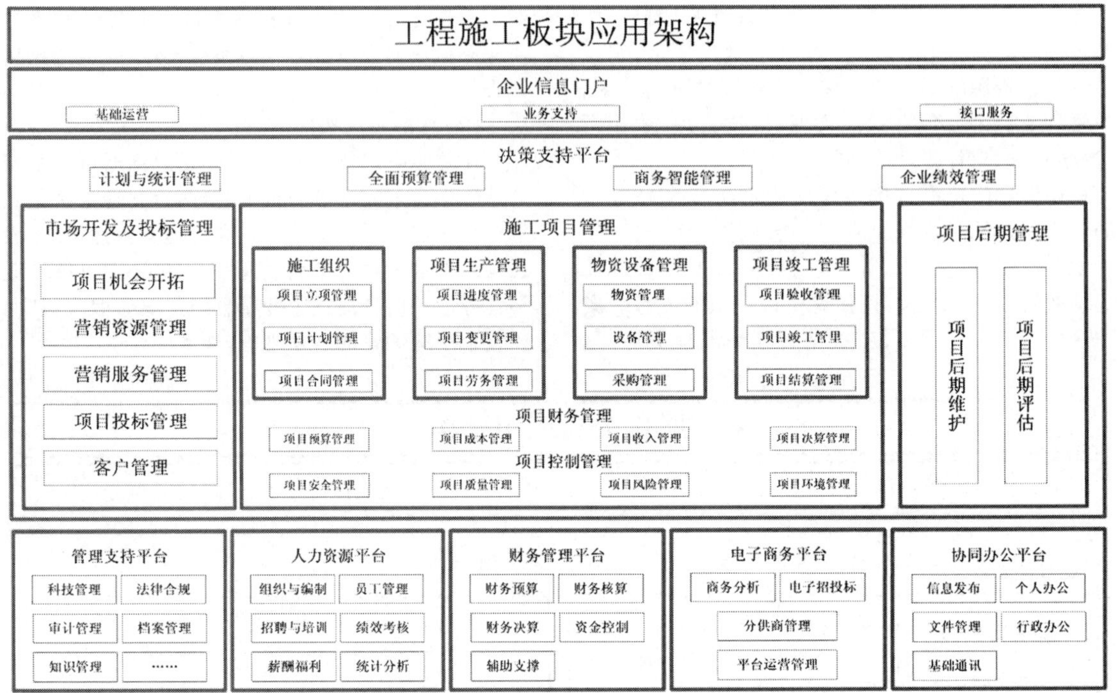

图6 工程施工板块应用架构图

(4)勘察设计咨询板块应用架构

在五个统一的应用平台基础上,建设以设计项目管理和协同设计管理为核心的业务运营平台,主要包括客户关系管理、投标管理、设计项目管理、设计协同和设计执行等功能。在业务运营平台的基础上搭建集团公司的决策支持平台和企业信息门户(图7)。

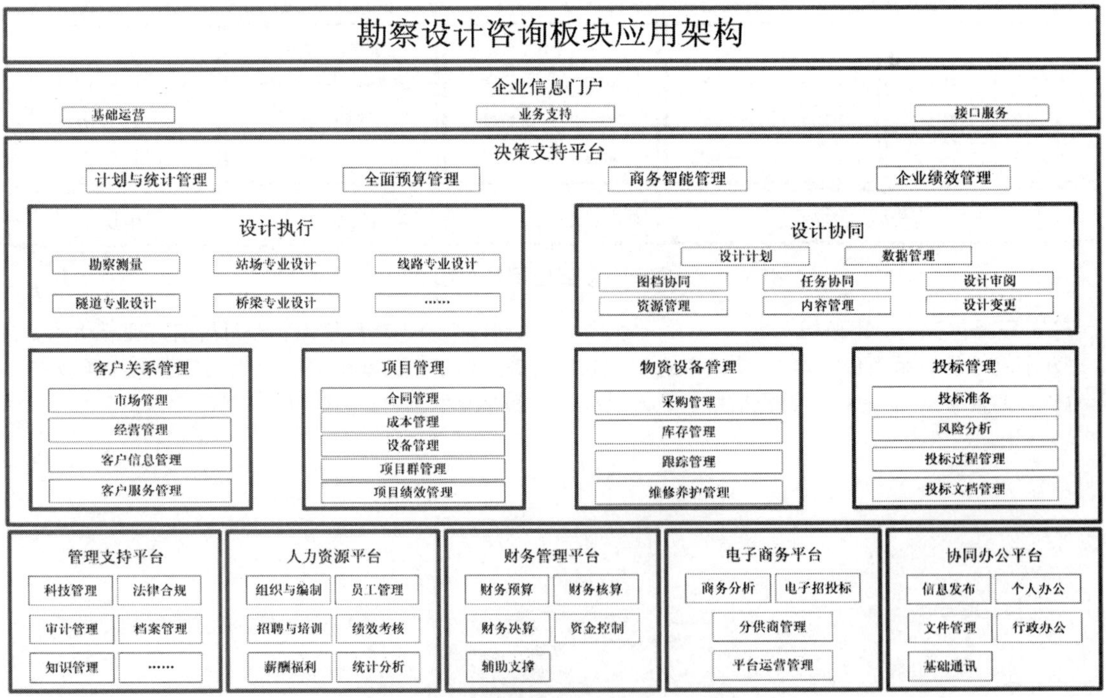

勘察设计咨询板块应用架构
企业信息门户
基础运营
业务支持
接口服务
决策支持平台
计划与统计管理
全面预算管理
商务智能管理
企业绩效管理
设计执行
勘察测量
站场专业设计
线路专业设计
隧道专业设计
桥梁专业设计
……
设计协同
设计计划
数据管理
图档协同
任务协同
设计审阅
资源管理
内容管理
设计变更
客户关系管理
市场管理
经营管理
客户信息管理
客户服务管理
项目管理
合同管理
成本管理
设备管理
项目群管理
项目绩效管理
物资设备管理
采购管理
库存管理
跟踪管理
维修养护管理
投标管理
投标准备
风险分析
投标过程管理
投标文档管理
管理支持平台
科技管理
法律合规
审计管理
档案管理
知识管理
……
人力资源平台
组织与编制
员工管理
招聘与培训
绩效考核
薪酬福利
统计分析
财务管理平台
财务预算
财务核算
财务决算
资金控制
辅助支撑
电子商务平台
商务分析
电子招投标
分供商管理
平台运营管理
协同办公平台
信息发布
个人办公
文件管理
行政办公
基础通讯

图7 勘察设计咨询板块应用架构图

(5)制造板块应用架构

在五个统一的应用平台基础上，建设以研发设计和生产制造为核心的业务运营平台，主要包括研发设计管理、采购管理、仓储管理、制造管理、设备管理、营销管理和售后管理等功能。在业务运营平台的基础上搭建集团公司的决策支持平台和企业信息门户(图8)。

制造板块应用架构
企业信息门户
基础运营
业务支持
接口服务
决策支持平台
计划与统计管理
全面预算管理
商务智能管理
企业绩效管理
设计、研发管理
研发计划
技术设计
工艺方案设计
产品数据管理
工作流管理
采购管理
市场信息搜集与共享
采购计划
采购申请
供应商管理
价格管理
合同订单管理
仓储管理
库存计划
调拨管理
出入库管理
验货管理
预到货管理
退库管理
物资编码管理
制造管理
主生产计划
能力需求计划
制造计划
物料清单管理
调度作业
成本管理
生产现场管理
产成品质量管理
设备管理
采购管理
组装管理
设备调拨管理
维修养护管理
营销管理
营销计划管理
招投标管理
合同订单管理
产品推广管理
发货运输管理
售后管理
维修养护管理
配件跟踪管理
索赔管理
客户培训管理
客户反馈信息
管理支持平台
科技管理
法律合规
审计管理
档案管理
知识管理
……
人力资源平台
组织与编制
员工管理
招聘与培训
绩效考核
薪酬福利
统计分析
财务管理平台
财务预算
财务核算
财务决算
资金控制
辅助支撑
电子商务平台
商务分析
电子招投标
分供商管理
平台运营管理
协同办公平台
信息发布
个人办公
文件管理
行政办公
基础通讯

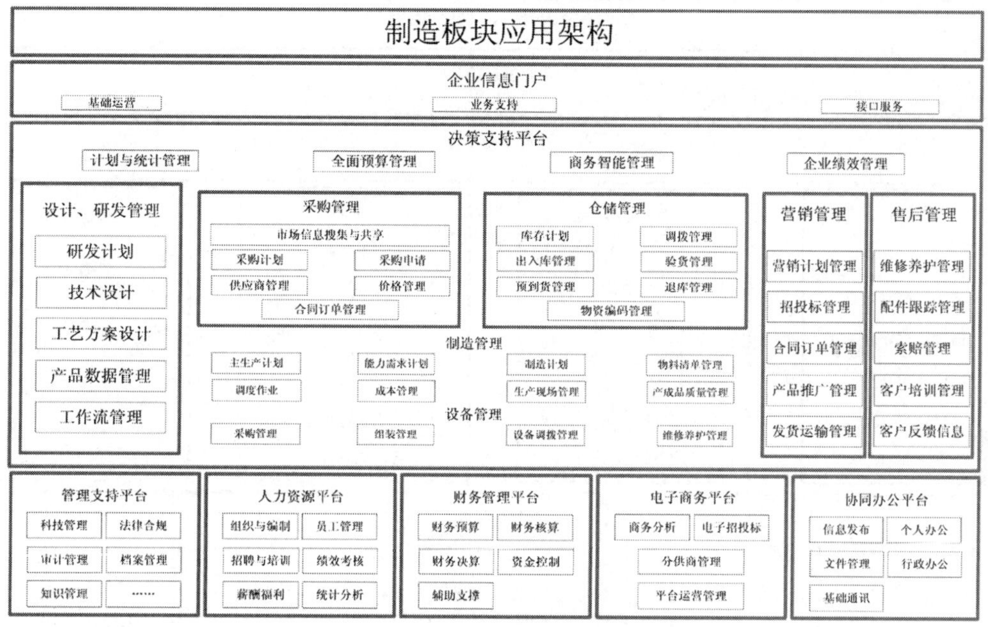

图8　制造板块应用架构图

(6)房地产板块应用架构

在五个统一的应用平台基础上，建设以房地产项目管理为核心的业务运营平台，主要包括市场开发管理、项目管理和客户关系管理等功能。在业务运营平台的基础上搭建集团公司的决策支持平台和企业信息门户(图9)。

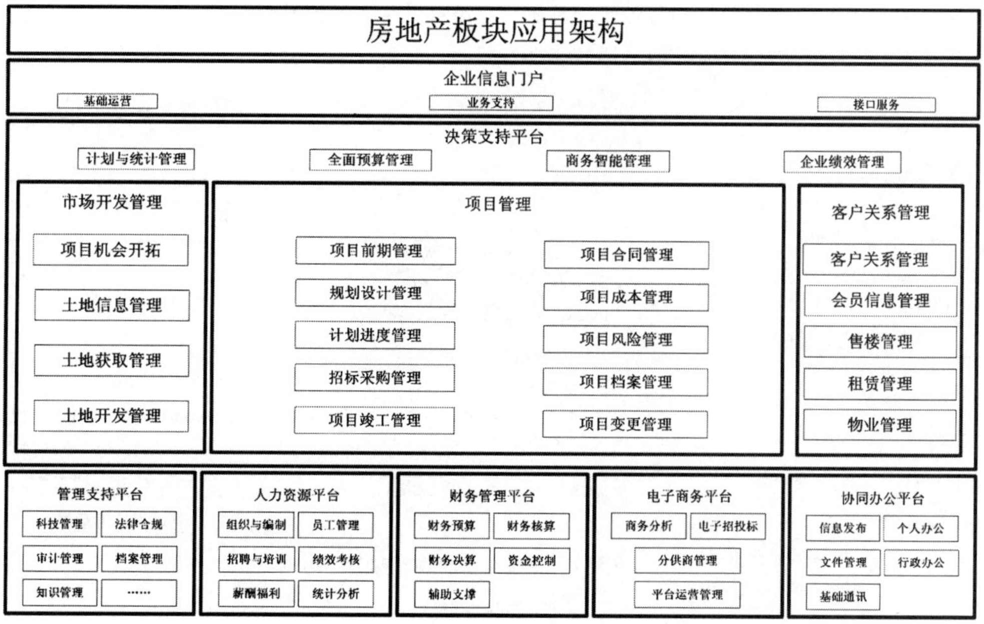

房地产板块应用架构
企业信息门户
基础运营
业务支持
接口服务
决策支持平台
计划与统计管理
全面预算管理
商务智能管理
企业绩效管理
市场开发管理
项目机会开拓
土地信息管理
土地获取管理
土地开发管理
项目管理
项目前期管理
规划设计管理
计划进度管理
招标采购管理
项目竣工管理
项目合同管理
项目成本管理
项目风险管理
项目档案管理
项目变更管理
客户关系管理
客户关系管理
会员信息管理
售楼管理
租赁管理
物业管理
管理支持平台
科技管理
法律合规
审计管理
档案管理
知识管理
……
人力资源平台
组织与编制
员工管理
招聘与培训
绩效考核
薪酬福利
统计分析
财务管理平台
财务预算
财务核算
财务决算
资金控制
辅助支撑
电子商务平台
商务分析
电子招投标
分供商管理
平台运营管理
协同办公平台
信息发布
个人办公
文件管理
行政办公
基础通讯

图9　房地产板块应用架构图

(7)物流板块应用架构

在五个统一的应用平台基础上，建设以物流管理为核心的业务运营平台，主要包括销售管理、采购管理、仓储管理和配送管理等功能。在业务运营平台的基础上搭建集团公司的决策支持平台和企业信息门户(图10)。

图10 物流板块应用架构图

3.2.2 搭建基于SOA原则的集成平台

建立统一的符合SOA架构原则的中国铁建集成平台(图11)，以确保未来整体信息化架构体系的稳定性和可扩展性。以全系统共享的数据和服务作为基础构件，方便灵活地适配各种业务应用系统，从而有效地解决企业中日益增长的应用交互、数据交换与集成、跨业务系统流程整合等问题，从架构上消除“信息孤岛”，适应企业快速变化的业务管理所需要的信息系统高效率和灵活性。

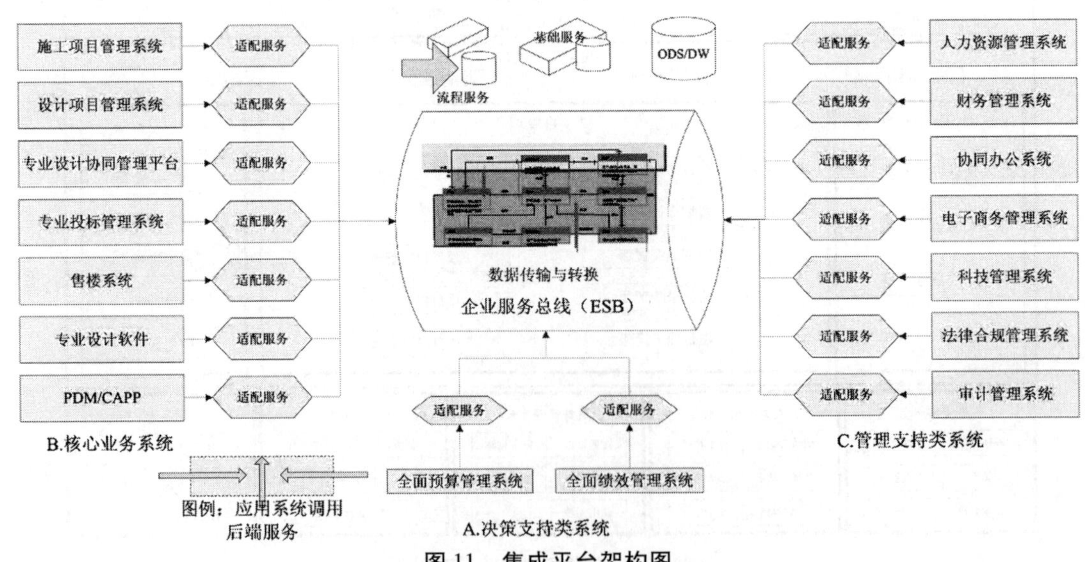

图11 集成平台架构图

今后新建的各信息系统应符合统一的集成技术架构要求；对已有的信息系统应逐步按统一要求调整、完善技术架构；对无法达到要求的应逐步用新系统替代。

3.2.3　采用“集中式”部署模式

采用股份公司、集团公司两级“分布式集中”向“大集中”模式迈进部署信息系统(图12)。

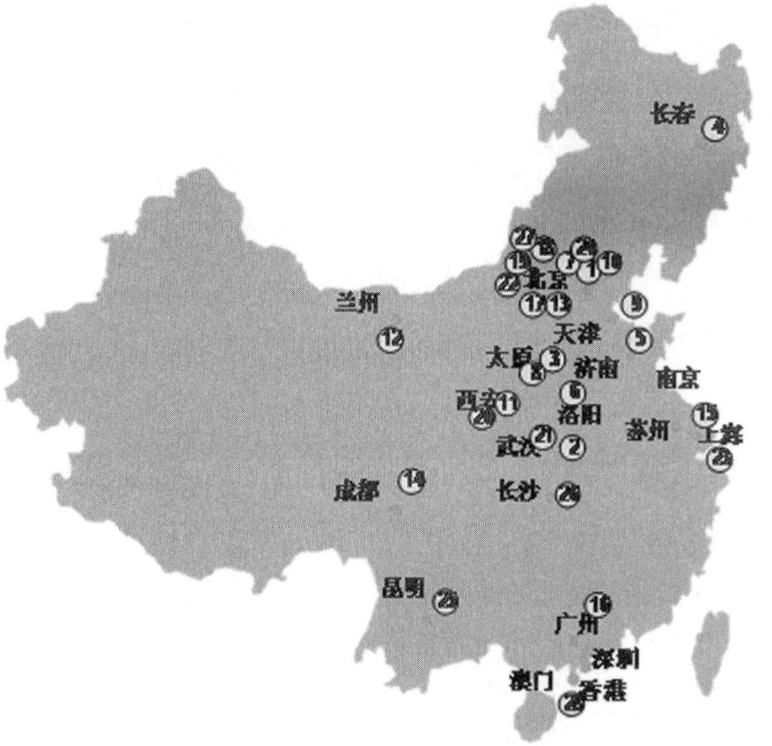

1. 中国土木建设集团有限公司（北京）
2. 中铁十一局集团有限公司（武汉）
3. 中铁十二局集团有限公司（太原）
4. 中铁十三局集团有限公司（长春）
5. 中铁十四局集团有限公司（济南）
6. 中铁十五局集团有限公司（洛阳）
7. 中铁十六局集团有限公司（北京）
8. 中铁十七局集团有限公司（太原）
9. 中铁十八局集团有限公司（天津）
10. 中铁十九局集团有限公司（北京）
11. 中铁二十局集团有限公司（西安）
12. 中铁二十一局集团有限公司（兰州）
13. 中铁二十二局集团有限公司（北京）
14. 中铁二十三局集团有限公司（成都）
15. 中铁二十四局集团有限公司（上海）
16. 中铁二十五局集团有限公司（广州）
17. 中铁建设集团有限公司（北京）
18. 中铁建电气化局集团有限公司（北京）
19. 中铁房地产集团有限公司（北京）
20. 中铁第一勘察院设计有限公司（西安）
21. 中铁第四勘察院设计有限公司（武汉）
22. 中铁第五勘察院设计有限公司（北京）
23. 中铁上海设计院集团有限公司（上海）
24. 中铁物资集团有限公司（北京）
25. 昆明中铁大型养路机械集团有限公司（昆明）
26. 中铁轨道系统集团有限公司（长沙）
27. 北京铁路建设监理有限责任公司（北京）
28. 中国铁路建设（香港）有限公司（香港）

图12　部署模式示意图

综合考虑目前二、三级部署并存的现状、建设成本与管理需求、系统实施与管理的现实可行性，采用股份公司、集团公司两级“分布式集中”部署模式，随着信息化建设和管理逐步走向统一、技术的发展及基础设施的进一步完善，系统部署也将朝更进一步的“区域性集中”和“大集中”部署模式迈进。

3.3　建立“高速畅通、安全可靠”的基础设施

为了支持信息化应用架构的实现，支持以股份公司、各集团公司为核心的“分布式”集中部署，应大力建设符合先进成熟、安全可靠、灵活开放、扩展性强、标准化高同时兼顾经济性等原则的信息化基础设施。

在改造优化各级局域网的基础上统一规划、重点建设中国铁建全系统的内部专用广域网(图13)。广域网络建设过程中可以积极探索和网络运营商建立战略合作关系，综合采用SDH、VPN等组网技术，双线互为备份提高稳定性，兼顾视频业务和数据业务，提高网络带宽的利用率，同时降低建设成本。

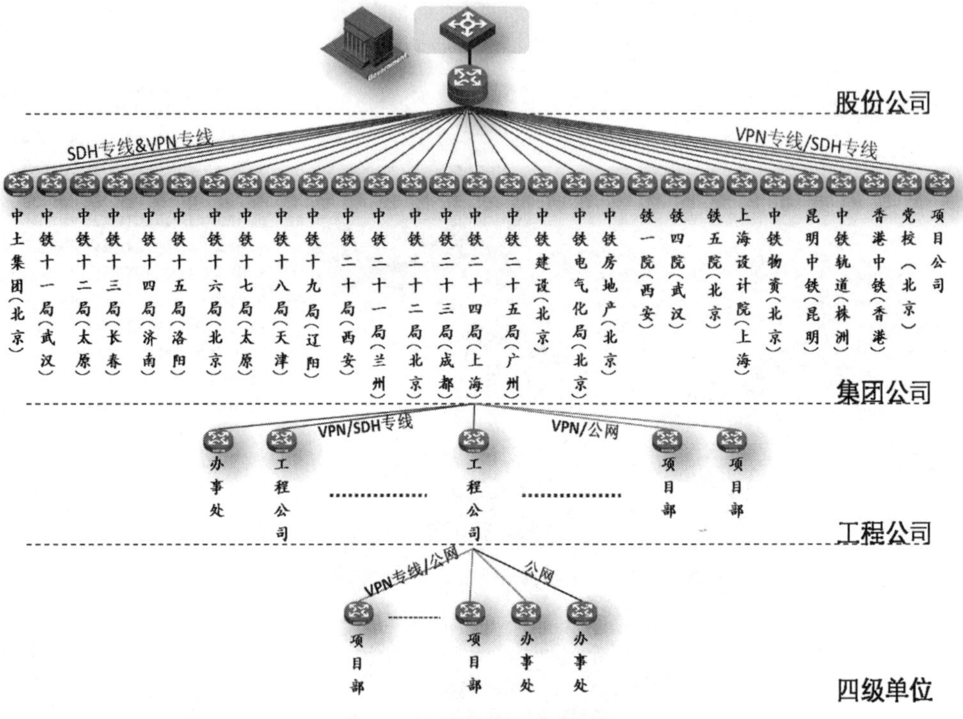

图 13　广域网规划示意图

股份公司与二级单位之间，建立 SDH 专线网络和 VPN 网络，并建立备份线路。二、三级单位之间建立 VPN 网络或/和 SDH 网络，实现互联互通。三级单位与下属单位或机构之间建立 VPN 网络或 Internet 公网，实现互联互通。

建设股份公司和集团公司两级机房(图 14)。股份公司建立机房，作为支持股份公司本级信息系统正常运转的的网络中心和服务器中心，将来随着统一集中式信息系统的建立，股份公司机房职能将逐步向数据中心方向发展。各集团公司分别建立机房，以支持本集团内的各类应用系统的正常运转。三级及以下单位的机房仅承担本级网络通讯的职能。

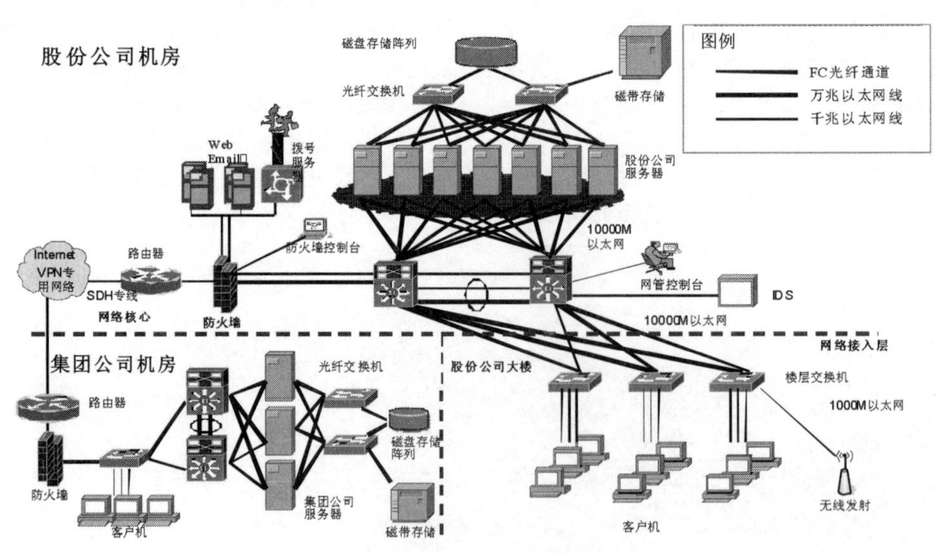

图 14　机房设置示意图

3.4 建立"横向融合、上下互动"的信息化治理体系

信息化治理是企业信息化建设的保障和基础。为保证信息化建设的顺利实施,确保信息技术对业务发展的支持和促进,需要建立完善的信息化治理体系,有效整合信息化决策、组织、流程、人员等各方面资源,保障信息化管理的合理性和有效性。

通过完善信息化组织机构、确立"横向融合、上下互动"的信息化治理结构、创新信息化项目管理模式,构建信息化治理体系。

(1)完善组织机构

在信息化发展战略和信息化建设愿景与目标的指导下,充分考虑信息化管理现状,参考国内国际最佳实践经验,确定在股份公司本级设立一级职能部门信息中心(图 15)。

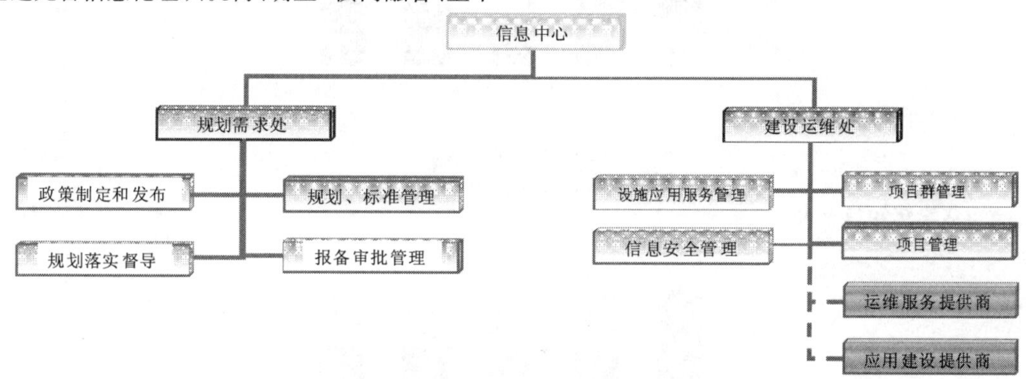

图 15　股份公司信息中心组织架构图

股份公司信息中心的主要职能是负责全系统信息化的规划和建设组织与管理。规划需求处负责信息化规划、标准的管理,股份公司和集团公司信息化项目的报备和审批管理,信息化政策的制定和发布,信息化规划落实情况的督导。建设运维处主要负责信息化项目、信息化项目群的管理和基础设施、信息化系统的运行维护管理、信息安全的全面管理。

从全系统范围看,集团公司将承担信息化项目的建设和运行维护的大量工作,为此,集团公司应设置一级信息化管理部门(图 16),进一步加强其职能以支撑、保障信息化建设按规划顺利开展。

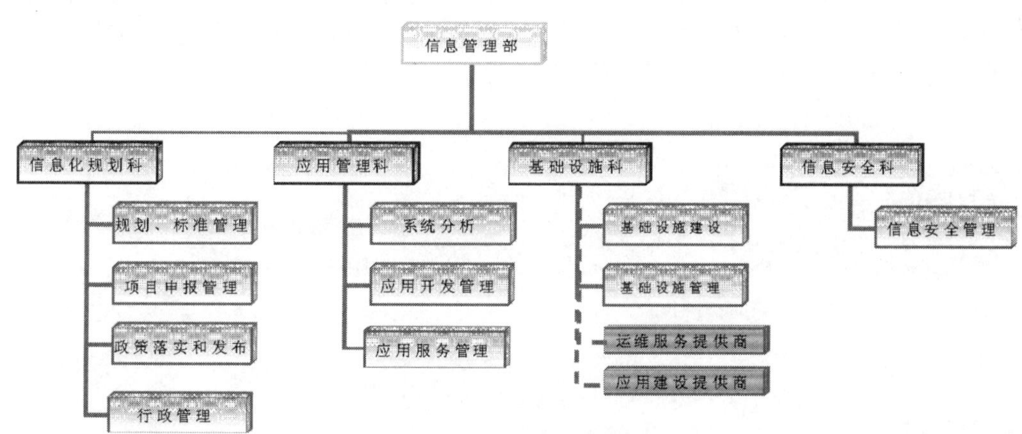

图 16　二级单位信息管理部门组织架构建议图

(2)建立信息化治理结构

建立适应实际情况和未来信息化建设需要的治理结构。建立和完善信息化决策机构、实施机构、管理部门和专业指导机构,明确各相关机构的定位和具体职责,确保信息化工作扎实稳妥开展。信息化治理结构的重要特征是"横向融合"、"上下互动"(图 17)。

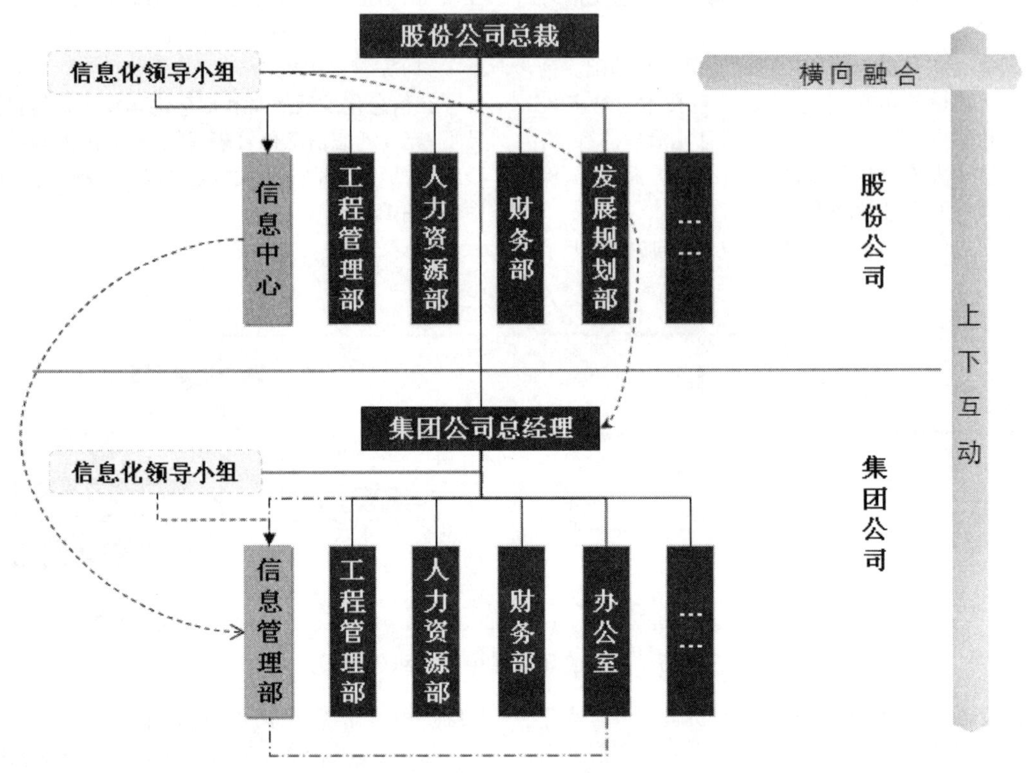

图 17　横向融合示意图

“横向融合”是指信息化部门和业务部门之间的相互配合，相互支持（图 18）。信息化是一项系统工程，信息管理部门和业务管理部门间的相互支持和配合对于信息化建设的成功至关重要。在信息化建设过程中，信息化部门是规划主体和技术支持主体；业务部门是需求主体、实施主体和业务支持主体。在明确责任的前提下，信息化部门和业务部门要紧密合作，共同努力，齐心合力推进信息化建设。

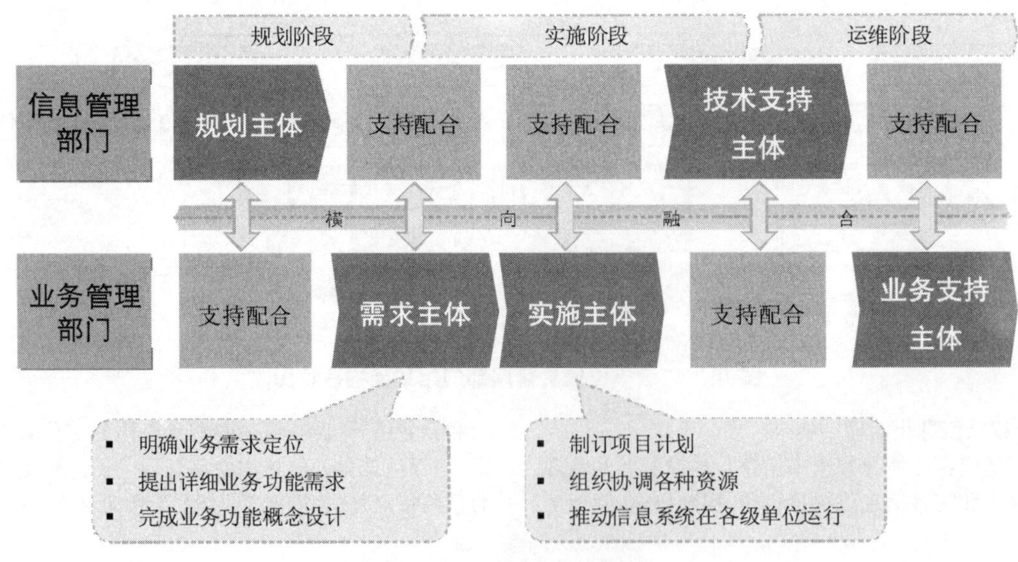

图 18　横向融合示意图

“上下互动”是指股份公司对集团公司信息化建设的统一指导,沟通协调和有效帮助(图19)。为了保证信息化建设在统一的信息化规划指导下顺利推进,必须建立股份公司信息化组织和集团公司信息化组织间的互动机制,通过“管理要求、绩效考核、专业指导、标杆引领、资金支持”等多种方式推动信息化建设向既定的目标迈进。

为了保证信息化建设能够在全系统内达到集成统一、协同共享,股份公司对各集团公司不同类别的信息化项目实行统一建设、申报审批和上报备案的管理制度:

A. 规划中贯穿全系统的和其他需要统一建设的信息系统,由股份公司统一组织建设,按照先试点再推广的方式稳步推进,各集团公司要按照统一部署积极配合。

B. 规划中非统一建设、但系统内各单位有共同需求的信息系统,由各集团公司提出申请、股份公司批准后启动建设,建设过程中股份公司要按照规划要求进行指导、检查和监督,可以通过适当的激励手段加以引导,确保信息化项目按计划顺利开展。

C. 规划中主要满足各单位自身特有需求和规划外的信息系统由各集团公司上报股份公司备案管理,并自主建设。

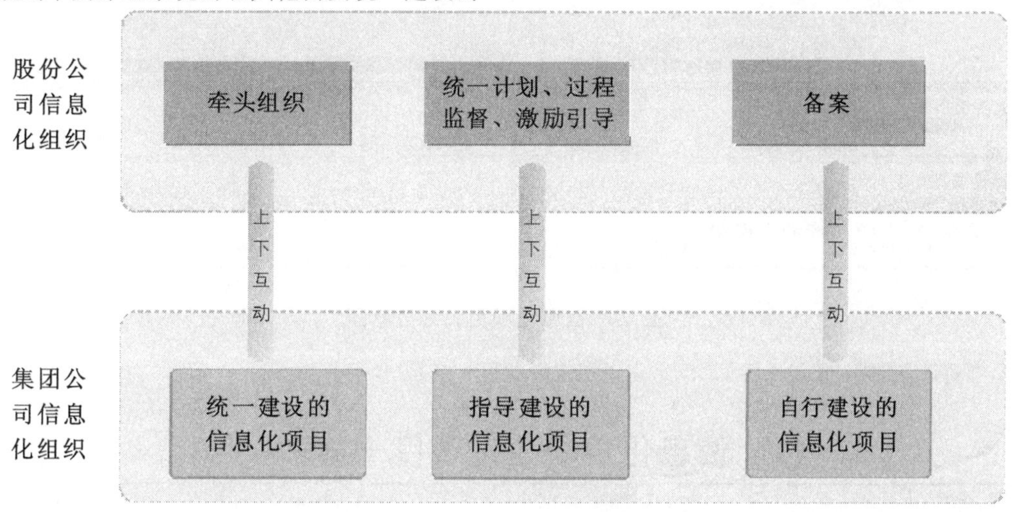

图19　上下互动示意图

(3)创新信息化项目管理模式

信息化项目管理是当今信息化建设行之有效的方法,结合信息化特点与规律,充分发挥中国铁建在项目管理方面的优势,创新信息化项目管理模式,以实现信息化成功建设。

信息化项目管理的机制是:在信息化领导小组的领导下,信息化规划实施办公室综合协调,信息化项目指导委员会直接领导,以业务部门和信息部门为主体建立项目组具体实施,引入信息化专家委员会、咨询、实施伙伴提供咨询、实施与监理服务,建设中国铁建信息化项目。

4. 信息化的行动路线

在信息化战略的总体指导下,信息化分基本建设、拓展提升和优化完善三阶段,选择适用的信息化系统建设模式,实施28个信息化项目,落实四项保障措施,实现信息化建设稳健快速发展。

4.1　分阶段建设

2009~2011年为基本建设阶段。在此阶段建设企业内部门户、办公自动化、人力资源以及施工项目管理等先前空白或薄弱的信息化系统。达到可以借助信息化系统完成主要的业务处理,提高信息处理的效率和准确性,提高工作效率的效果。

2012~2014年为拓展提升阶段。在此阶段建设档案管理、知识管理等深入或延伸的信息系统。信息化逐步起到支撑业务运营的作用,能够通过信息化建设规范业务流程和管理,运用信息资源来增加业务运营的价值。

2014年以后为优化完善阶段。此阶段的主要任务是优化并推广各种已建的信息化系统到全系统,深化各系统的应用,充分运用信息化平台增强管理和创新能力,推动实现卓越管理,支撑企业建立竞争优势。

4.2　实施28个项目

未来的信息化项目包括三大类项目群,即应用系统、IT管控和基础设施类项目群。从2010年开始的未来5年信息化建设计划进度如图20。

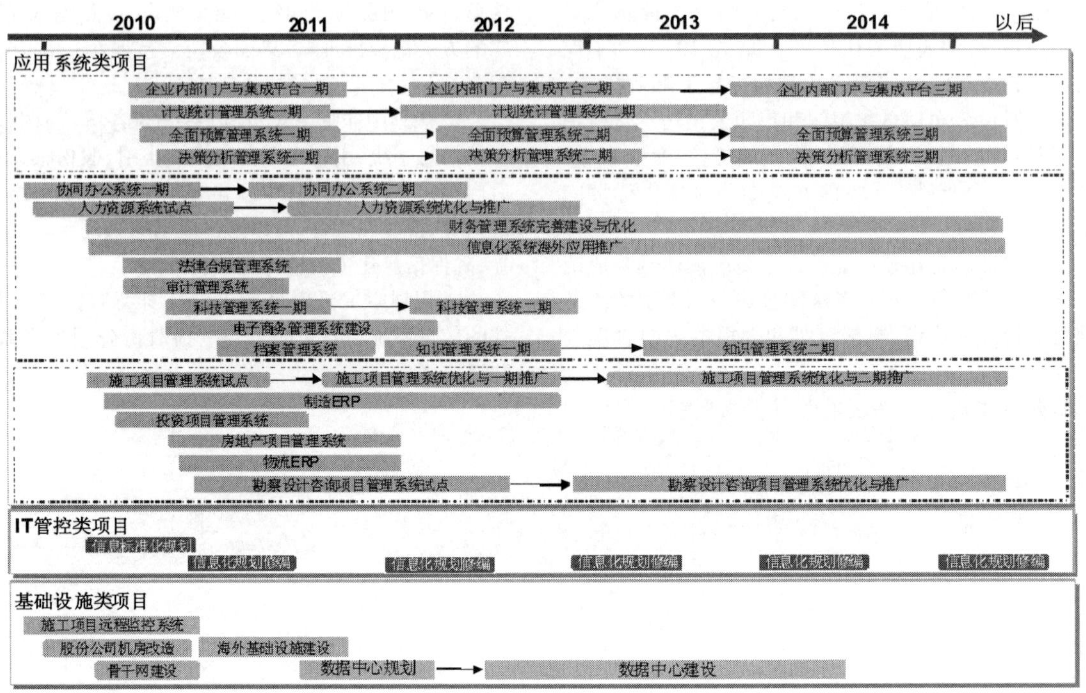

图 20 信息化项目计划进度图

各个项目计划时间、建设内容如“信息化规划建设项目一览表”所示。

信息化规划建设项目一览表

序号	项目类别	项目名称	项目描述	计划最迟启动时间
1	应用系统	协同办公系统建设项目	建设涵盖公文管理、行政办公、个人事务以及信息发布等主要功能的协同办公系统。	2009.11
2	应用系统	人力资源系统建设项目	建设涵盖组织与编制、招聘培训与发展、薪酬福利、员工管理、绩效考核、统计分析等主要功能的人力资源管理系统。	2009.12
3	应用系统	财务平台优化项目	优化核算、资金、报表系统，建设财务分析系统。	2010.04
4	应用系统	企业内部门户与集成平台建设项目	在搭建以适配服务、企业服务总线等为主要构件的集成平台上，建设涵盖内容管理、搜索引擎、流程管理等主要功能的企业内部门户。	2010.06
5	应用系统	法律合规管理系统建设项目	建设涵盖法律资源、法律审核、诉讼案件、合规管理与清欠统计等主要功能的法律合规管理系统。	2010.06
6	应用系统	审计管理系统建设项目	建设涵盖审计资源、审计计划和审计项目等主要功能的审计管理系统。	2010.06
7	应用系统	计划统计管理系统建设项目	建设涵盖计划制订与分解、执行控制、经营情况统计、分析与预测等主要功能的计划统计管理系统。	2010.06
8	应用系统	全面预算管理系统建设项目	建设涵盖预算编制、预算控制与分析等主要功能的全面预算管理系统。	2010.07
9	应用系统	决策分析系统建设项目	建设涵盖商务智能、绩效管理等主要功能的决策分析系统。	2010.08

续表

10	应用系统	科技管理系统建设项目	建设涵盖技术管理、建设标准以及科技交流等主要功能的科技管理系统。	2010.09
11	应用系统	电子商务平台建设项目	建设涵盖电子招投标、分供商管理、商务分析和平台运营管理等主要功能的电子商务平台。	2010.09
12	应用系统	档案管理系统建设项目	建设涵盖档案收集、整理归档、档案移交、借阅管理、鉴定与销毁、检索与统计和档案数据交换等主要功能的档案管理系统。	2011.01
13	应用系统	知识管理系统建设项目	建设涵盖知识展示、知识搜索、协作管理和知识库管理等主要功能的知识管理系统	2011.10
14.1	应用系统	施工项目管理系统(1)建设项目	市场开发、招投标与成本、合同管理模块。	2010.04
14.2	应用系统	施工项目管理系统(2)建设项目	进度、风险与竣工管理模块,安全、质量管理模块。	2010.05
14.3	应用系统	施工项目管理系统(3)建设项目	物资、设备管理模块。	2010.05
15	应用系统	勘察设计咨询项目管理系统建设项目	建设涵盖勘察、设计、咨询业务的项目全过程管理的系统。	2010.12
16	应用系统	制造 ERP 系统建设项目	建设涵盖采购、仓储、制造、设备管理等主要功能的企业资源计划(ERP)系统。	2010.05
17	应用系统	物流 ERP 系统建设项目	建设涵盖采购、仓储、配送等主要功能的企业资源计划(ERP)系统。	2010.11
18	应用系统	房地产管理系统建设项目	建设涵盖项目前期、规划设计、进度、招标采购、合同、成本等主要功能的房地产项目管理系统。	2010.10
19	应用系统	投资项目管理系统建设项目	建设涵盖投资项目评估、合同管理、收费管理、计划统计管理和运营成本控制的投资项目管理系统。	2010.06
20	应用系统	信息化系统海外应用推广项目	对涉及海外业务的信息化系统,统一组织协调在海外的应用实施与推广。	每年
21	基础设施	股份公司机房改造项目	建立完善股份公司机房的硬件设备和基础软件等各类设施。	2009.12
22	基础设施	骨干网建设项目	建设全系统内部专用广域网。	2010.04
23	基础设施	数据中心规划与建设项目	规划与建设中国铁建集中的数据中心。	2011.06
24	基础设施	施工项目远程监控系统建设项目	建设对工程项目的视频远程监控与应急指挥系统平台。	已经开始
25	基础设施	海外基础设施建设项目	在中国铁建基础设施统一规划下,统一协调海外的网络、视频、监控、机房等基础设施的建设实施。	2010.06
26	基础设施	信息安全管控建设项目	在软硬件及制度方面建立起中国铁建信息安全的保障平台。	2010.03
27	IT 管控	信息标准化项目	建立统一分类、统一定义、统一名称和统一编码的中国铁建信息标准体系,制定信息管理标准流程和制度。	2010.03
28	IT 管控	信息化规划修编项目	对中国铁建信息化规划进行年度滚动修编和编制年度计划。	每年年底

4.3　落实四项保障措施

为确保信息化建设能够按照规划有条不紊地展开，必须落实四方面保障措施：

(1)完善信息化组织机构建设。信息管理部门升级为一级部门，明确信息化治理结构，建立信息化项目管理机构。

(2)建立信息化绩效考核体系。建立和完善信息化项目和人员的考评体系。把信息化工作纳入各级领导绩效考核内容。

(3)规范信息化管理流程和制度。结合管理现状和信息化建设规律，逐步建立完备、适用的信息化管理流程和制度，加强制度的落实和执行。

(4)落实信息化建设资金保障。将信息化投资纳入年度预算管理，奠定信息化项目成功的物质基础。

4.4　选择适用的信息化系统建设模式

基于应用系统对业务的支撑能力、集成性、灵活部署等要求，综合考察目前市场上应用系统与信息技术的成熟性、成功案例、系统建设、实施与维护费用，选择以套装软件为主、定制开发为辅、自主开发为补充的信息化系统建设模式。

5. 信息化的投资管理

(1)投资估算

信息化建设投资估算包括应用系统建设费用和基础设施建设费用两大类。应用系统建设费用由咨询、实施和软件费用构成(不含系统运行维护费用)；基础设施建设费用由服务器设备和基础软件费用构成。

初步估算5年内的建设总投资额将会达到10.6亿元，投资规模与以往基本持平。将总投资分解到股份公司、集团公司、三级单位和项目部等各层级，成本在其承受范围之内。

未来5年内的总投资需求较大，通过统一规划建设和集中投资以实现资金的有效利用。

按照股份公司总部、29个集团公司本部、300个三级单位和7500个项目部满足基本需求的网络部署，在统一的内部专用广域网建设完成后，每年固定投入的网络租用费初步估算为3.3亿元。

(2)资金管理

将信息化投资纳入年度预算管理，建立信息化资金管理制度，明确信息化资金归口管理部门，以保证信息化投资与信息化规划方向相符，合理有效利用资金。

中国铁建工程公司20强发布实施办法

(中国铁建发展〔2009〕56号)

为全面深入推进工程公司建设，鼓励和引导工程公司不断提高积累和赢利能力，促进工程公司经营管理方式的根本转变和整体实力的提升，根据总公司、总公司党委《关于加强工程公司建设的指导意见》和股份公司2009年工程公司建设推进会精神的要求，特制定本办法。

一、指导思想和原则

坚持以科学发展观为指导，坚持企业发展战略的大方向，坚持规模和效益相统一的原则，打造“盈利光荣、亏损可耻”的舆论氛围，不断增强工程公司创效能力、市场竞争能力和抵御风险的能力，使企业能够保持长期可持续发展的后劲。

二、发布指标和范围

发布的指标为年度利润总额，依据股份公司年度财务报表，按照工程公司盈利绝对值大小依次排序，取前20位作为发布对象。为能够更全面、客观掌握工程公司建设动态，除利润总额作为发布指标外，营业额、资产总额、净资产收益率、负债率、纳税总额、从业人数、员工工资总额等指标作为参考。

发布范围为中铁十一局集团公司至中铁二十五局集团公司以及中铁建电气化局集团公司独立注册并在主业经营范围内的、年产值过亿元的各子公司。

三、发布方式和时间

股份公司以正式文件通报表彰，同时在《中国铁道建筑报》、股份公司网站公开发布；时间一般为股份公司年度财务报告公告后1个月内发布，考虑到股份公司保密制度要求，公开发布时具体利润数额不公布。

四、组织实施

发布活动由发展规划部具体组织实施，相关财务数据由财务部提供，办公厅、宣传部、中国铁道建筑报社配合做好公开发布和宣传工作。

中国铁建股份有限公司
子公司负责人绩效考核管理办法

（中国铁建发展〔2009〕85号）

第一章　总　　则

第一条　考核目的

为发挥中国铁建股份有限公司（以下简称“股份公司”）总体发展战略对子公司经营管理行为的引导作用，落实国有资产保值增值责任；有效分解公司战略目标，传递经营压力；完善子公司负责人激励约束机制，提高子公司负责人的积极性与创造性，特制定本办法。

第二条　总体原则

（一）落实战略，体现板块差异。有效落实股份公司各板块战略重点，依据子公司业务特点、所处板块和发展情况制定经营目标。

（二）业绩导向，激励约束并举。根据子公司实际业绩与目标业绩的比较，确定子公司绩效考核结果；强化激励与奖惩力度，体现子公司责任、风险与利益的统一。

（三）面向未来，有效传递压力。对子公司的经营目标考核，在考虑子公司历史与现实的同时，更具前瞻性、挑战性和持续性，有效传递公司经营发展压力。

（四）公平公正，简化实际操作。通过子公司业绩考核目标体系的设定，调动子公司主观能动性，鼓励子公司实际贡献，并力求公平公正。

第三条　适用对象

本办法的适用对象为：中国铁建股份有限公司子公司主要负责人（本办法中简称子公司负责人），包括董事长、党委书记和总经理。子公司其他负责人的绩效考核办法由子公司自行制定，报股份公司审批后执行。

第二章　年度绩效考核

第四条　绩效考核指标体系

年度绩效考核指标体系由公共指标、个性指标和安全指标组成。

（一）公共指标。主要引导子公司提升自身资产效率和盈利能力，通过子公司效益目标的实现，达到股份公司的整体效益目标。子公司公共指标基本一致，一般设置2～3项考核指标，权重占80%。

（二）个性指标。主要引导子公司依据自身业务特点和发展阶段弥补短板、提升竞争力。个性指标根据子公司所处业务板块进行设置，一般包括2项考核指标，权重占20%。

（三）安全指标。引导子公司关注生产安全，该指标为加减分项，不单独占权重。

第五条　板块划分

根据子公司主营业务不同，将子公司按照主营业务进行板块划分为：

（一）工程承包板块。包括中国土木工程集团有限公司、中铁十一至二十五局集团有限公司、中铁建设集团有限公司、中铁建电气化局集团有限公司。

（二）勘察设计咨询板块。包括中铁第一、第四、第五勘察设计院集团有限公司，中铁上海设计院集团有限公司、北京铁城建设监理有限责任公司。

（三）工业制造板块。包括昆明中铁大型养路机械集团有限公司、中铁轨道系统集团有限公司。

（四）房地产板块。中铁房地产集团有限公司。

（五）物流板块。中铁物资集团有限公司。

（六）其他板块。

今后股份公司新组建、成立的子公司，按其主营业务类别划入相应板块实施业绩考核。

第六条　考核指标内容和权重

（一）公共指标

1. 中国土木工程集团有限公司：净利润占30%，营业收入占15%，新签合同额占35%。

2. 房地产板块、其他板块：净利润占45%，营业收入占35%。

3. 上述两类企业以外的子公司：净利润占40%，营业收入占30%，新签合同额占10%。

（二）个性指标

业务板块	个　性　指　标	权 重
工程承包板块	成本费用总额占营业收入的比重	10%
	应收账款周转率	10%
勘察设计咨询板块	毛利率	10%
	盈余现金保障倍数	10%
工业制造板块	毛利率	10%
	存货周转率	10%
房地产板块	销售额	10%
	期间费用率	10%
物流板块	盈余现金保障倍数	10%
	存货周转率	10%
其他板块	毛利率	10%
	期间费用率	10%

（三）公共指标和个性指标内容、权重每年依据股份公司发展战略及经营实际进行适当调整，具体调整指标及权重在绩效合约中确定。

相关指标的定义及说明见附件。

第七条　绩效目标制定方法

（一）绩效目标值水平及含义

绩效目标分为必保值、努力值、挑战值三个水平，各级目标的含义如下：

必保值(T_1)。在现有资源条件下，通过正常努力即可实现的目标值。

努力值(T_2)。在现有资源和正常情况下，通过较大努力才能实现的目标值。

挑战值(T_3)。在有利的政策及经济环境因素推动下，通过极大努力才能实现的目标值。

（二）目标值确定原则

必保值(T_1)按照不低于考核指标前两年实际完成值的平均值且不低于上年实际完成值确定。

努力值(T_2)和挑战值(T_3)根据当年股份公司经营目标和战略规划，在必保值(T_1)基础上适当增长一定比例确定。

（三）绩效目标体系含义

年度绩效考核设立两类绩效目标体系。

必保型：维持公司稳定经营，承担相对较低风险，获得相对稳定收益；必保型绩效目标体系目标值为必保值(T_1)。

挑战型：在公司稳定经营前提下，承担更高绩效指标要求，并在更大的绩效风险下获取更高利益；挑战型绩效目标体系目标值为努力值(T_2)。

第八条　绩效考核计分规则

（一）年度绩效考核分数等于年度经营评价分数与绩效评价调节系数(R)的乘积。其中，年度经营评价分数按照本办法第八条第（二）款的规定执行；绩效评价调节系数(R)是股份公司依据子公司的规模、利润贡献度确定的综合系数，计算方法参见附件。

（二）根据股份公司确认的各项考核指标实际完成值与 T_1、T_2、T_3 的比例，确定各项考核指标得分，将各项考核指标得分进行加权，计算年度经营评价得分。

年度经营评价得分 = ∑（考核指标得分 × 指标权重）+ 安全指标得分

绩效考核数据完成值以子公司考核年度含评估值的经中介审计的财务报表为准，同时，适当考虑相关因素对考核指标实际完成值的影响。

1. 必保型绩效目标体系公共指标与个性指标计分方式

每项指标分别设有 T_0（即 $T_1 \times 80\%$）、T_1、T_2 3 个目标值，设 T 为该指标实际完成值，S 为该指标得分。

（1）若 $T < T_0$，$S = 0$；

（2）若 $T_0 \leq T < T_1$，得分区间为(60,100)，$S = 60 + 40 \times (T - T_0)/(T_1 - T_0)$；

（3）若 $T = T_1$，$S = 100$；

（4）若 $T_1 < T < T_2$，得分区间为(100,120)，$S = 100 + 20 \times (T - T_1)/(T_2 - T_1)$；

（5）若 $T \geq T_2$，$S = 120$。

2. 挑战型绩效目标体系公共指标与个性指标计分方式

每项指标设 T_1、T_2、T_3 3 个目标值，设 T 为该指标实际完成值，S 为该指标得分。

（1）若 $T < T_1$，$S = 0$；

（2）若 $T_1 \leq T < T_2$，得分区间为(100,120)，$S = 100 + 20 \times (T - T_1)/(T_2 - T_1)$；

（3）若 $T = T_2$，$S = 120$；

（4）若 $T_2 < T < T_3$，得分区间为(120,150)，$S = 120 + 30 \times (T - T_2)/(T_3 - T_2)$；

（5）若 $T \geq T_3$，$S = 150$。

3. 安全指标计分规则

(1)工程承包板块:基本分 8 分。年度内完成安全生产指标的企业,得 8 分;年度内未发生生产安全责任事故的企业,得 9 分;被评为年度股份公司安全生产先进单位的企业,得 10 分。全年生产安全责任事故死亡率超过每百亿元产值 2 人,扣 2 分;一般安全责任事故死亡人数超过控制指标的,每超 1 人加扣 2 分。

工程承包板块以外的企业:基本分 8 分。年度内完成安全生产指标的企业,得 8 分。全年发生一般安全责任事故,每死亡 1 人,扣 3 分。

(2)全年发生一起负主要责任的较大安全事故,扣 8 分;重复发生负主要责任的较大安全事故,每次加扣 8 分。发生一起负一定责任的较大安全事故,扣 2 ~4 分;重复发生负一定责任的较大安全事故,每次加扣 2 ~4 分。

(3)全年发生 1 起负主要责任的重大以上安全事故,扣 20 分;重复发生负主要责任的重大以上安全事故,每次加扣 20 分。发生 1 起负一定责任的重大以上安全事故,扣 5 ~10 分;重复发生负一定责任的重大以上安全事故,每次加扣 5 ~10 分。

(4)凡发生谎报、瞒报事故的单位,安全指标不得分,同时加扣 10 分,情节特别严重的,加扣 20 分。

(三)对于子公司发生重大决策失误、重大质量责任事故、重大违纪和法律纠纷等事件,给企业造成重大不良影响或严重经济损失的,由股份公司视情节酌情扣减绩效考核得分。

第九条 绩效目标体系确定流程

(一)预报年度绩效考核指标目标建议值。每年四季度,子公司提出下一年度拟完成的绩效考核目标建议值,并将考核目标建议值和必要的说明材料上报股份公司。

(二)下达考核指标目标值。股份公司依据发展战略和下年度经营目标,确定子公司绩效考核指标目标值(T_1、T_2、T_3),并向子公司下达。

(三)选择绩效考核目标体系。子公司负责人会同领导班子成员根据自身发展状况和战略规划,选择必保型或挑战型绩效目标体系作为年度绩效考核依据,同时将选择结果上报股份公司。

(四)签署绩效合约。股份公司总裁代表股份公司与子公司负责人签订"子公司负责人年度绩效合约"。

第十条 绩效薪金兑现

子公司负责人年度绩效薪金的 80% 在年度考核周期结束后当期兑现,其余 20% 作为延期绩效薪金根据任期考核结果等因素延期到连任或离任的下一年兑现。

第三章 任期绩效考核

第十一条 考核指标内容和权重

任期绩效考核指标包括资产保值增值率、3 年营业收入平均增长率和任期内 3 年的年度绩效考核结果。

(一)资产保值增值率是指企业考核期末扣除客观因素(由股份公司核定)后的所有者权益同考核期初所有者权益的比率,占 50% 的权重。计算方法为:3 年期内各年度资产保值增值率的乘积。

(二)3 年营业收入平均增长率是指营业收入连续 3 年的平均增长情况,占 30% 的权重。计算公式为:

3 年营业收入平均增长率

=[(考核期末当年营业收入/考核期前一年营业收入)-1]×100%

(三)任期内 3 年的年度绩效考核结果是指子公司负责人任期内 3 年年度经营评价得分的平均值,占 20% 的权重。

第十二条 绩效考核计分方式

任期绩效考核得分 = 资产保值增值率考核得分 × 50% +3 年营业收入平均增长率考核得分 ×30% + 任期内 3 年的年度经营评价得分平均值 ×20%

其中,资产保值增值率和 3 年营业收入平均增长率的考核得分计算办法如下:

每项指标分别设有 T_1、T_2、T_3 3 个目标值,T_1 为必保值,T_2 为努力值,T_3 为挑战值,设 T 为实际完成值,K 为该指标得分。

(1)若 $T < T_1$,$K = 0$;

(2)若 $T_1 \leqslant T < T_2$,得分区间为(60,100),$K = 60 + 40 \times (T - T_1)/(T_2 - T_1)$;

(3)若 $T = T_2$,$K = 100$。

(4)若 $T_2 < T < T_3$,得分区间为(100,150),$K = 100 + 50 \times (T - T_1)/(T_2 - T_1)$;

(5)若 $T \geqslant T_3$,$K = 150$。

子公司负责人任期绩效考核得分与考核级别对应关系

任期考核级别	子公司负责人任期考核得分(K)
A	K≥135
B	100≤K<135
C	60≤K<100
D	K<60

第十三条 绩效考核结果应用

任期绩效考核结果主要应用于延期绩效薪金和长期激励的发放。

第四章　组织保障与考核流程

第十四条　组织保障与职责分工

（一）发展规划部

发展规划部是子公司负责人绩效考核的执行机构，主要负责拟定子公司负责人绩效考核办法；审定子公司年度绩效考核目标体系及目标值；负责对子公司负责人阶段性经营业绩实现情况进行监控分析，组织实施子公司负责人年度绩效考核。

（二）各业务部门

各业务部门是子公司负责人绩效考核的辅助部门，包括各业务板块管理部门及经营计划、安全质量监督、财务部、审计监事局等。负责协助发展规划部制定子公司绩效考核办法、提出绩效考核指标目标值；负责提供子公司考核指标完成情况及说明，协助发展规划部进行绩效考核。

（三）人力资源部

人力资源部是子公司负责人绩效考核结果的应用实施部门，负责依据子公司负责人绩效考核结果，计发年度绩效薪酬，并提出续聘、晋升、任免与轮调等建议。

第十五条　年度绩效考核流程

（一）前期准备。每年财务决算后，子公司依据财务决算数据，按照绩效考核要求，对上年度绩效考核指标完成情况进行测算及总结分析，并上报股份公司。

（二）数据审核。各相关业务部门对子公司绩效考核指标完成值进行审核，并将确认结果提供给发展规划部。

（三）考核评分。发展规划部根据各业务部门提供的数据及“子公司负责人绩效合约”，按照本办法的有关规定进行初步评分，提出考核建议。考核建议经总裁办公会审议通过后形成考核结果。

（四）考核兑现。人力资源部依据发展规划部提供的考核结果计算并发放年度绩效薪酬，同时提出必要的人事调整建议，包括续聘、调动、免职等。

第十六条　任期绩效考核流程

参照年度绩效考核流程执行。

第五章　附　　则

第十七条　生效与解释

本办法经中国铁建股份有限公司总裁办公会2009年第7次会议审议批准，自2009年1月1日起实施，由股份公司发展规划部负责解释。

中国铁道建筑总公司
部分工作岗位实行特殊工时制度实施办法

（中国铁建人〔2009〕11号）

为了依法保障职工的休息权利，促进企业生产经营活动的正常开展，根据国家人力资源和社会保障部《关于中国铁道建筑总公司部分工作岗位实行不定时工作制和综合计算工时工作制的批复》（人社部函〔2009〕20号），制定本办法。

一、实行特殊工时制的工作岗位

中国铁道建筑总公司执行国家规定的工作时间标准。根据建筑施工生产的特点和不同岗位工作职责的要求，经国家人力资源和社会保障部批准，对部分工作岗位实行不定时工作制和综合计算工时工作制。具体实施范围是：

（一）对以下无法实行标准工时制度的部分岗位工作人员实行不定时工作制

总公司本部及所属全资、控股公司以及中国铁建股份有限公司的28家二级单位副职以上高级管理人员及其专职秘书、专职司机。采购人员、营销人员、清欠人员、非生产性司机。实行年薪制的工程项目部经理、总工程师。

（二）对以下无法实行标准工时制度的部分岗位工作人员实行综合计算工时工作制

建筑施工现场的工程施工人员、工程管理人员、工程技术人员、工程材料试验检验人员、起重装卸机械操作人员、运输设备操作人员、工程监理人员、施工生产辅助人员，从事野外作业的勘探人员、测量作业人员及设计人员，维修人员、保管人员、值班人员，长期驻外人员，宾馆、饭店、职工食堂的烹调人员和服务人员，实行以年为周期的综合计算工时工作制度。

根据岗位工作需要安排轮班工作的话务员、报务员、巡守、保安、配电、供水、供暖、仓库、生产调度、医护等值班人员，公路收费及监控员，实行以季度为周期的综合计算工时工作制。

二、实施特殊工时制的有关要求

各单位应加强工时管理，不得扩大实行特殊工时制度的范围。对实行特殊工时制的职工，要根据《中华人民共和国劳动法》第一章、第四章的有关规定，在保障职工身体健康并充分听取职工意见的基础上，采取适当的工作、休息方式，确保职工的休息休假权利。要制定和完善实行特殊工时的规章制度，对实行不定时工时制和综合计算工时制的工作岗位，各单位要制定具体的实施细则以及职工休假办法，并履行民主程序，经职代会或者全体职工大会审议后公布实施，要将实施特殊工时制有关的各项规章制度告知劳动者。总公司、股份公司所属各单位实行特殊工时制的实施细则，要分别报总公司、股份公司备案。单位安排加班的，应当按照国家有关规定向劳动者支付加班费。

三、实施特殊工时制的有效期限

上述有关工作岗位实行不定时工时制和综合计算工时制的有效时限为3年，自国家人力资源和社会保障部对总公司批复之日起计算，到期后视情况重新向主管部门申报。

四、原总公司《转发铁道部〈关于公布国家铁路劳动者实行综合计算工时工作制办法〉的通知》（中铁建劳〔1995〕427号）作废。

五、本办法与今后国家有关规定相悖的，按照有关规定执行。

中国铁建股份有限公司
房地产计划统计定期报表制度

（中国铁建房产〔2009〕151号）

一、总说明

为准确掌握全系统房地产开发经营情况，及时为国家及企业提供、反馈房地产开发业务统计信息，依照《中华人民共和国统计法》的规定，结合股份公司实际，特制定本报表制度。

（一）实施范围

中国铁建股份有限公司系统内，凡以开发经营方式运作房地产业务的单位均须按照本报表制度规定及要求据实填报。

（二）填报要求

1. 本报表制度中所有报表均由集团公司统一归口填报，各集团公司（公司）应指定负责房地产业务的部门和专业人员认真填报，确保数据真实、准确。

2. 本制度从2010年1月1日起执行。

3. 房地产开发经营项目以签订"国有土地使用权出让合同"为依据，逐项填列，但同一地块分期签订土地出让合同的项目，可合并为一个项目填列；同一项目明确进行分区、分期建设的，可以划分为多个项目填报。

4. 各填报单位报送当年第二季度报表和年度报表时，除依照报表内容编写编制说明外，还要对本单位上半年和本年房地产开发经营状况予以认真分析，其文字材料随报表一并上报。

（三）报送时间

1. 年报及相应文字材料：翌年1月5日前（有调整的单位在1月底前重报）。

2. 季度报及相应文字材料：下季度首月5日前。

3. 月报及相应文字材料：翌月5日前。

（四）报送方式

定期报表和相应文字材料先用电子邮件上报（同时保留原件）。纸质报表及文字材料用A3/A4纸打印两份，并加盖公章后上报（月报采用传真方式上报）。

（五）有关情况说明及要求

1. 各类报表上报时要进行认真自查、审核，避免出现漏项、错项数据。

2. 系统内单位共同合作开发项目的报表由大股东单位填报。

3. 新增房地产项目应在项目取得当月填报"房地产项目基本情况表"。

4. 报表数据项目为零，应填报"0"，不应为空。以"万元"为单位的数据，不保留小数；以"万平方米"为单位的数据，保留两位小数。

5. 房地产报表将逐步实施网上直报系统。

6. 有关业务交流渠道：采用QQ群形式。

二、报表目录

序号	表号	报表名称	报送时间
一	年报		
1	房地产计1	中国铁建房地产开发投资计划表	翌年1月5日前
2	房地产统1	中国铁建房地产项目基本情况表	翌年1月5日前
二	季度报		
1	房地产统2	中国铁建房地产项目投资与成本表	下季度首月5日前
2	房地产统3	中国铁建房地产项目销售与收益表	下季度首月5日前
3	房地产统4	中国铁建房地产项目实物量统计表	下季度首月5日前
三	月报		
1	房地产统5	中国铁建房地产项目月报表	翌月5日前

三、报表式样(略)

四、附录

(一)指标解释

1. 企业名称:指负责具体实施房地产开发项目的公司名称。

2. 项目名称:指房地产开发项目楼盘的推广名称,没有推广名的,填写项目正式名称。

3. 批准立项文号:指项目建议书或可行性研究报告经股份公司批准的文件编号。

4. 建设地点:指建设项目的具体建设地址,建设地址应填××省××市××区。

5. 项目类型:指开发项目的主要使用功能,主要类型按住宅、办公、商业等划分。

6. 开发模式:指开发项目的建设模式,分独资或合资。

7. 股权比例:指填报单位在开发项目中所占的股权比例。

8. 土地成交时间:指土地出让成交或签订土地出让合同的日期。

9. 宗地总面积:指签订的“土地出让合同”中确定的土地总面积。

10. 建设用地面积:指签订的“土地出让合同”中确定的建设用地总面积。

11. 总建筑面积:指项目规划的地上、地下全部建筑面积之和。

12. 容积率:指项目规划建设用地范围内建筑面积与规划建设用地面积之比。容积率=项目规划建筑面积/项目占地面积。

13. 土地总价款:指企业通过出让方式取得土地使用权,达到熟地开发条件而支付的与土地有关的各项费用,如项目为熟地出让,应为土地出让合同总价。如为毛地出让,应包括:(1)毛地出让总价;(2)拆迁补偿费用;(3)其他土地熟化费用等。

14. 楼面地价:指土地总价款按房屋可售面积平均分摊后的土地价格。

15. 计划总投资:指房地产开发企业(单位)在建的房屋建设工程或正在开发的土地开发工程,按照总体设计规定的内容全部建成计划需要的总投资。包括土地开发成本、前期工程费、基础设施建设费、建筑安装工程费、开发间接费用等。

16. 本年完成投资:是指从本年1月1日起至报告期末止累计完成的投资。完成投资是以货币表示的工作量指标,包括实际完成的建筑安装工程价值,设备、工具、器具的购置费,以及实际发生的其他费用。其计算范围原则上应与“计划总投资”指标包括的工程内容相一致。

17. 销售金额:指已签订销售合同的商品房成交金额。

18. 累计开工面积:指项目报告期末开工的累计建筑面积。

19. 累计竣工面积:指项目报告期末按照设计要求全部完工,达到入住和使用条件,经竣工验收合格,可正式移交使用的建筑面积。

20. 累计可售面积:指项目报告期末累计取得商品房销售许可,具备销售条件的建筑面积。

21. 累计待售面积:指项目报告期末累计取得商品房销售许可,具备销售条件尚未销售的建筑面积。

22. 累计在建面积:指项目已开工未竣工的新建、在建面积。包括本期新开工的面积和上年开工跨入本期继续施工的房屋面积。

23. 销售面积:指已签订销售合同商品房屋的建筑面积。

24. 新增可售面积:指本期新取得商品房销售许可,具备销售条件房屋的建筑面积。

中国铁建股份有限公司
保险资源集中管理专责人制度

(中国铁建财〔2009〕78 号)

第一章　总　则

第一条　为强化保险资源管理,有效贯彻落实股份公司对保险资源实施集中管理的战略决策,建立保险资源集中管理专责人制度,根据股份公司《关于对保险资源实行集中管理的决定》(中国铁建财〔2009〕60 号)和《保险资源集中管理暂行办法》(中国铁建财〔2009〕77 号)的规定,特制定本制度。

第二条　本制度适用于股份公司及所属各级法人实体。

第二章　专责人管理

第三条　专责人是指在本单位保险资源集中管理分管领导和分管部门领导下,负责本单位及所属单位有关保险资源集中管理具体工作的专责人员。

第四条　股份公司所属各级法人实体都须指定一名工作人员作为专责人。专责人可以隶属财务部、经营部或海外部等职能部门。

第五条　股份公司财务部负责全系统专责人的管理工作,并进行业务培训和指导。

第六条　股份公司财务部建立专责人登记台账,动态掌握专责人有关情况。

第三章　专责人职责

第七条　专责人主要职责

(一)接受股份公司及上级单位组织的风险教育和保险资源集中管理培训。

(二)组织本单位风险教育和保险资源集中管理培训工作。

(三)具体经办本单位保险资源集中管理工作。

(四)协助配合诚合保险经纪公司工作。

第八条　专责人主要具体工作

(一)收集并向诚合保险经纪公司通报本单位包括所属子公司、分公司、项目部等全部经济实体的保险资源信息。

(二)协助诚合保险经纪公司并牵头办理所有保险资源的投保、理赔等相关工作。

1. 建筑安装工程一切险(附加第三者责任);
2. 施工人员人身意外伤害险;
3. 施工设备险;
4. 机动车辆险;
5. 团体人员意外险;
6. 企业财产一切险;
7. 出国人员意外伤害险;
8. 其他保险资源。

(三)指导本单位所属单位开展保险资源集中管理工作。

第四章　专责人与诚合保险经纪公司工作的对接

第九条　沟通联系机制

诚合保险经纪公司的片区分管责任人要与有关单位专责人保持及时、有效的沟通,主要包括日常沟通,定期会议沟通等。

第十条　信息反馈机制

各单位专责人要在每周一直接向诚合保险经纪公司提供本单位上周的项目信息情况,并填写项目信息通知单,准确填写项目概况、项目经理、项目进展等情况。

诚合保险经纪公司通过其他渠道获取项目信息后,也要及时把项目信息反馈给专责人,对项目及时跟进。

第十一条　双轨沟通机制

获得项目信息后,各单位专责人和诚合保险经纪公司要同时与项目部沟通,专责人主要侧重于向项目部贯彻公司保险资源集中管理规定的沟通,要求项目部按规定投保;诚合保险经纪公司主要侧重于从风险管理的角度与项目部沟通,为项目部提供保险建议,制作保险方案。

第十二条　对接工作流程

诚合保险经纪公司和各单位的专责人要在保险资源集中管理工作中各尽其责,做到既有分工,又有配合,共同完成如下工作流程。

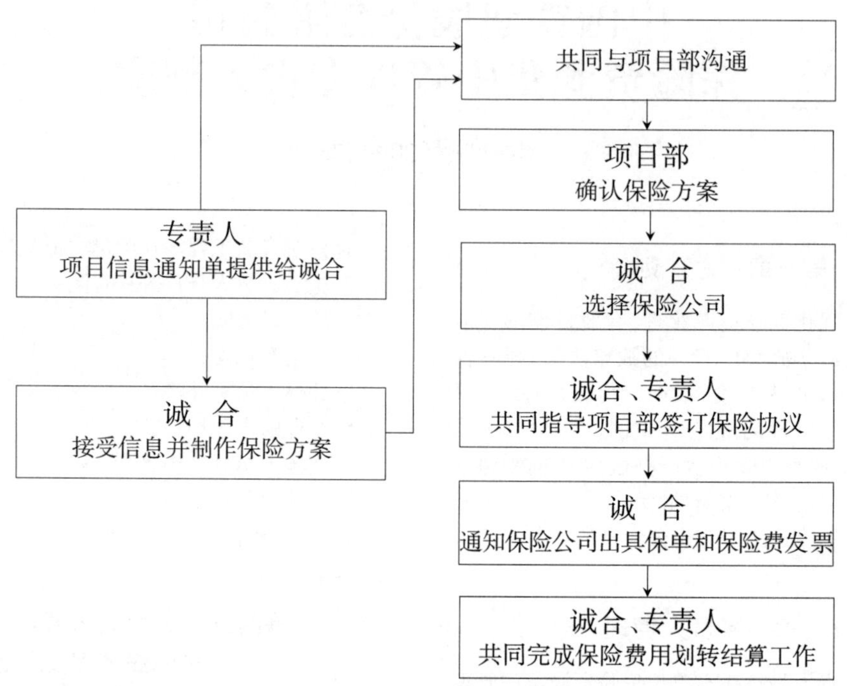

对接工作流程图

第十三条　业绩奖励机制

为了鼓励专责人积极有效开展保险资源集中管理工作，根据各单位开展保险资源集中管理工作力度和结果，要求诚合保险经纪公司对专责人建立奖励机制，具体奖励办法另行制定。

第十四条　股份公司每年对专责人实施考评，评选优秀专责人，并予以表彰。

第五章　附　　则

第十五条　本制度由股份公司财务部负责解释。

第十六条　本制度自下发之日起执行。

2009 年中国铁道建筑总公司文件目录

文 件 号	文 件 标 题
中铁建工管〔2009〕1 号	关于有偿调拨东风 4B 型内燃机车的请示
中铁建发展〔2009〕2 号	总公司、总公司党委关于明确中国铁道建筑报社机构编制有关问题的通知
中铁建安质〔2009〕3 号	关于中国铁道建筑总公司 2008 年安全生产工作情况的报告
中铁建发展〔2009〕4 号	关于中铁建公安机关分离移交情况有关问题的请示
中铁建人〔2009〕5 号	关于对享受按月发放政府特殊津贴专家情况进行核查的报告
中铁建发展〔2009〕6 号	关于成立锦鲤资产管理中心分中心有关问题的通知
中铁建财〔2009〕7 号	关于做好 2009 年财务快报工作的通知
中铁建人〔2009〕8 号	关于印发《中国铁道建筑总公司部分工作岗位实行特殊工时制度实施办法》的通知
中铁建经计〔2009〕9 号	关于 2008 年投资完成情况和 2009 年投资计划的报告
中铁建科〔2009〕10 号	关于公布 2008 年度中国铁道建筑总公司科学技术奖的通知
中铁建工管〔2009〕11 号	关于包西铁路(陕西段)施工情况的报告
中铁建办〔2009〕12 号	关于胡锦涛总书记等中央领导对我公司沙特麦加朝觐城铁项目重要批示情况的报告
中铁建财〔2009〕13 号	关于 2009 年度财务预算的报告
中铁建财〔2009〕14 号	关于将部分 H 股募集的外汇资金汇回国内结汇的请示
中铁建科设〔2009〕15 号	关于公布总公司 2007－2008 年度优秀工法的通知
中铁建经计〔2009〕16 号	关于申报国家大型铁路养护设备项目资金的请示
中铁建经计〔2009〕17 号	关于申报重型装备制造项目资金的请示
中铁建经计〔2009〕18 号	关于申报轨道系统项目资金的请示
中铁建财〔2009〕19 号	关于取消德国政府转贷款剩余额度的请示
中铁建董〔2009〕20 号	关于修改《中国铁建股份有限公司章程》部分条文的请示
中铁建科〔2009〕21 号	关于公布总公司 2008 年度优秀科技论文的通知
中铁建经计〔2009〕22 号	关于下达总公司 2009 年企业投资计划的通知
中铁建工管〔2009〕23 号	关于购买旧东方内燃机车的请示
中铁建财〔2009〕24 号	关于主辅分离辅业改制核减国有权益的请示
中铁建科设〔2009〕25 号	关于 2009 年工程咨询单位资格申报工作的请示
中铁建财〔2009〕26 号	关于施工新技术研究与开发资金的请示
中铁建发展〔2009〕27 号	关于调整房地产管理中心机构设置的通知
中铁建发展〔2009〕28 号	关于中国铁道建筑总公司年度业绩考核有关情况的报告
中铁建经计〔2009〕29 号	关于高速铁路轨道系统项目专项资金的请示
中铁建经计〔2009〕30 号	关于隧道施工装备制造项目专项资金的请示
中铁建财〔2009〕31 号	关于印发《中国铁道建筑总公司国有资本经营预算管理暂行办法》的通知
中铁建董〔2009〕32 号	中国铁建董事会关于 2008 年度工作情况的报告
中铁建董〔2009〕33 号	关于修改《中国铁建股份有限公司章程》部分条文的请示

续表

文件号	文件标题
中铁建战〔2009〕34 号	关于中铁物资集团华北有限公司石家庄战备库项目的请示
中铁建战〔2009〕35 号	关于中铁二十局集团有限公司修建战备库项目的请示
中铁建战〔2009〕36 号	关于中铁十四局集团有限公司泰安修建战备库项目的请示
中铁建财〔2009〕37 号	关于印发《中国铁道建筑总公司资产评估管理暂行办法》的通知
中铁建办〔2009〕38 号	关于上报《中铁建 2009 年软件正版化工作计划》的报告
中铁建设物〔2009〕39 号	关于购买旧东风 4B 型内燃机车的请示
中铁建财〔2009〕40 号	关于对外经济技术合作专项资金的请示
中铁建财〔2009〕41 号	关于 2009 年国有资本经营预算有关问题的请示
中铁建资本〔2009〕42 号	关于中国铁建股份有限公司拟与铜陵有色联合收购加拿大 Corriente 资源有限公司在厄瓜多尔铜矿项目的报告
中铁建资本〔2009〕43 号	关于中国铁建股份有限公司拟与铜陵有色联合收购加拿大 Corriente 资源有限公司在厄瓜多尔铜矿项目的报告
中铁建人〔2009〕44 号	关于中国铁建股份有限公司实施股票期权激励计划的请示
中铁建经计〔2009〕45 号	关于国家大型铁路养护设备昆明产业基地建设项目调整有关情况的报告
中铁建人〔2009〕46 号	关于中铁物资集团有限公司有关问题的报告
中铁建董〔2009〕47 号	关于修改《中国铁道建筑总公司章程》有关条款的请示
中铁建人〔2009〕48 号	关于总公司本级项目公司负责人基薪基数调整的通知
中铁建国际〔2009〕49 号	关于外派劳务清理整顿工作情况的报告
中铁建人〔2009〕50 号	关于报送《中国铁道建筑总公司建设创新创业人才基地总体方案》的报告
中铁建科〔2009〕51 号	关于公布总公司 2009 年度优秀工程勘察设计项目的通知
中铁建设物〔2009〕52 号	关于减免税火车轨道设备移交有关问题的报告
中铁建发展〔2009〕53 号	总公司、总公司党委关于中国铁道建筑报社变更为独立法人企业的通知
中铁建国际〔2009〕54 号	关于外派劳务清理整顿工作情况的报告
中铁建发展〔2009〕55 号	关于中国铁建重组整合矿产资源开发平台以完善产业链有关情况的报告
中铁建财〔2009〕56 号	关于灾后恢复重建贷款贴息资金的请示
中铁建经计〔2009〕57 号	关于编制企业投资 2009 年完成情况和 2010 年建议计划的通知
中铁建资本〔2009〕58 号	关于将矿产资源开发作为公司主营业务的请示
中铁建董〔2009〕59 号	关于贯彻落实李荣融主任在试点企业董事会 2008 年度工作报告专题会议讲话精神情况的报告
中铁建财〔2009〕60 号	关于莱基自由贸易区有关情况的报告
中铁建财〔2009〕61 号	关于编报 2009 年度财务决算报告的通知
中铁建财〔2009〕62 号	关于进一步加强账销案存资产管理的通知
中铁建经计〔2009〕63 号	关于下达国家大型铁路养护设备昆明产业基地建设项目中央投资计划的请示
中铁建董〔2009〕65 号	关于修订《中国铁道建筑总公司章程》的通知
中铁建科〔2009〕66 号	关于公布总公司 2009 年优秀论文的通知
中铁建人〔2009〕108 号	关于中国铁建股份有限公司第一勘察设计院 1998 年提前病退人员群访问题的报告

2009年中国铁道建筑总公司党委文件目录

文　件　号	文　　件　　标　　题
中铁建党组〔2009〕1号	关于总公司党校党委更名的通知
中铁建党组〔2009〕2号	关于成立深入学习实践科学发展观活动领导小组及工作机构的报告
中铁建党组〔2009〕3号	关于中国铁建公司2008年度领导班子民主生活会的情况报告
中铁建党办〔2009〕4号	关于陪同胡锦涛主席凭吊援坦赞铁路专家公墓和向烈士亲属转达胡主席慰问的情况汇报
中铁建党组〔2009〕5号	关于呈报《中国铁道建筑总公司开展深入学习实践科学发展观活动实施方案》的报告
中铁建党办〔2009〕6号	关于贯彻落实中央企业维稳信访工作表彰会议暨中央企业维稳信访工作会议情况的报告
中铁建党纪〔2009〕7号	关于湖北中铁工程有限公司杨池林等人经济犯罪案件的通报
中铁建党组〔2009〕8号	中国铁建关于召开学习实践科学发展观活动专题民主生活会情况的报告
中铁建党组〔2009〕9号	中国铁建股份有限公司党委关于呈报《贯彻落实科学发展观情况分析检查报告》的报告
中铁建党组〔2009〕10号	关于呈报《中国铁建股份有限公司党委深入学习实践科学发展观活动整改落实方案》的报告
中铁建党组〔2009〕11号	中国铁建股份有限公司党委深入开展学习实践科学发展观活动总结报告
中铁建党办〔2009〕12号	关于申请变更《中国铁道建筑报》出版法人及主办单位的请示
中铁建党干〔2009〕13号	关于调整高级政工师评委并上报备案的请示
中铁建党干〔2009〕14号	关于王桂林同志因特殊原因请假的报告
中铁建党干〔2009〕15号	关于更换参加专题研讨班培训人选的请示
中铁建党纪〔2009〕16号	关于党风廉政建设责任制检查情况的报告
中铁建党办〔2009〕17号	关于《中国铁道建筑报》出版单位变更为中国铁道建筑总公司《中国铁道建筑报》编辑部的请示
中铁建党组〔2009〕18号	中国铁道建筑总公司党委关于学习实践科学发展观活动整改落实后续工作情况的报告

2009年中国铁建股份有限公司文件目录

文　件　号	文　　件　　标　　题
中国铁建安质〔2009〕2号	关于表彰2008年度安全生产达标单位的通报
中国铁建安质〔2009〕3号	关于兑现2008年安全工作包保责任状的通报
中国铁建安质〔2009〕4号	关于表彰2008年安全质量标准工地的通知
中国铁建总裁办〔2009〕5号	关于变更股份公司信息化工作领导小组成员的通知
中国铁建人〔2009〕6号	关于下达2009年度职业技能鉴定计划的通知
中国铁建发展〔2009〕7号	股份公司、股份公司党委《关于表彰加强工程公司建设先进单位暨先进工程公司的决定》
中国铁建法〔2009〕8号	关于印发《中国铁建股份有限公司法律事务管理办法（试行）》的通知
中国铁建董〔2009〕9号	关于印发《中国铁建董事会2009年工作要点》的通知

续表

文件号	文件标题
中国铁建审〔2009〕10号	关于印发《中国铁建股份有限公司2009年审计工作思路及项目计划》的通知
中国铁建人〔2009〕11号	关于转发《中国铁道建筑总公司部分工作岗位实行特殊工时制度实施办法》的通知
中国铁建财〔2009〕12号	关于印发《中国铁建股份有限公司境外财务管理暂行办法》的通知
中国铁建发展〔2009〕13号	关于在沙特登记中国铁建股份有限公司沙特麦加轻轨项目公司的通知
中国铁建财〔2009〕14号	关于中铁物资集团有限公司财务内控制度建设及执行情况检查的通报
中国铁建发展〔2009〕15号	关于沙特麦加轻轨项目公司机构编制及工作职责的通知
中国铁建法〔2009〕16号	关于印发《中国铁建股份有限公司法律纠纷案件管理暂行办法》的通知
中国铁建海〔2009〕17号	关于沙特麦加轻轨项目情况的报告
中国铁建科设〔2009〕18号	股份公司、股份公司工会关于2008年度合理化建议和技术改进项目评审结果的通报
中国铁建总裁办〔2009〕19号	关于表彰2007、2008年度信息工作先进单位和先进个人的通报
中国铁建工管〔2009〕20号	关于转发铁道部、中华全国铁路总工会《关于印发京沪高速铁路建设建功立业劳动竞赛的通知》的通知
中国铁建总裁办〔2009〕21号	股份公司、股份公司党委关于印发2009年会议计划的通知
中国铁建工管〔2009〕22号	关于表彰管理先进单位及优秀项目经理部的通报
中国铁建人〔2009〕23号	关于印发《2009年教育培训计划》的通知
中国铁建审监〔2009〕24号	关于开展财务收支专项审计和检查工作的通知
中国铁建法〔2009〕25号	关于印发《中国铁建股份有限公司规章制度、经济合同、重要决策法律审核办法(试行)》的通知
中国铁建董〔2009〕26号	关于印发《中国铁建股份有限公司新中标项目信息披露实施细则》的通知
中国铁建资本〔2009〕27号	关于境外合作区确认考核的请示
中国铁建监〔2009〕28号	关于追究中铁第四勘察设计院集团有限公司会计信息质量检查有关人员责任的通报
中国铁建监〔2009〕29号	关于开展亏损工程项目效能监察的通知
中国铁建审监〔2009〕30号	关于表彰2008年度审计工作先进单位和先进工作者的通报
中国铁建财〔2009〕31号	关于印发《中国铁建2006~2008年度财务收支专项审计和检查方案》的通知
中国铁建发展〔2009〕32号	关于成立中国铁建鱼洞长江大桥建设指挥部的通知
中国铁建人〔2009〕33号	关于做好2009年度专业技术职务评聘工作的通知
中国铁建总裁办〔2009〕34号	关于印发《中国铁建系统机关文件材料归档范围和文书档案保管期限的通知》的通知
中国铁建董〔2009〕35号	转发《关于印发〈董事会试点中央企业董事会规范动作暂行办法〉的通知》的通知
中国铁建人〔2009〕36号	转发国资委《关于印发〈董事会试点企业外部董事履职行为规范〉的通知》的通知
中国铁建法〔2009〕37号	关于印发《中国铁建股份有限公司外部法律顾问管理办法(试行)》的通知
中国铁建法〔2009〕38号	关于印发《中国铁建股份有限公司法律文书管理办法(试行)》的通知
中国铁建总裁办〔2009〕39号	关于调整股份公司经理层领导分工的通知
中国铁建总裁办〔2009〕40号	关于变更股份公司信息化工作领导小组成员的通知
中国铁建财〔2009〕41号	关于中铁十三局集团有限公司长春市绿园区柏家屯土地增值税问题的请示
中国铁建经计〔2009〕42号	关于下达2009年生产经营发展计划的通知

续表

文　件　号	文　　件　　标　　题
中国铁建经计〔2009〕43 号	关于下达 2009 年企业投资计划的通知
中国铁建财〔2009〕44 号	关于核定 2009 年度企业信贷规模的通知
中国铁建财〔2009〕45 号	关于核定股份公司 2009 年内部担保额度系数和担保额度的通知
中国铁建经计〔2009〕46 号	关于表彰经营工作先进单位、先进个人的通报
中国铁建资本〔2009〕47 号	关于协调解决莱基自由贸易区项目资金问题的请示
中国铁建监〔2009〕48 号	关于印发《中国铁建股份有限公司招标监察暂行办法》的通知
中国铁建法〔2009〕49 号	关于印发《中国铁建股份有限公司授权委托书法律审核办法(试行)》的通知
中国铁建经计〔2009〕50 号	关于加强铁路建设工程施工企业信用评价工作的通知
中国铁建财〔2009〕51 号	关于对全面预算进行分析的通知
中国铁建海〔2009〕53 号	关于尼日利亚铁路项目与尼日利亚总统会谈情况的报告
中国铁建经计〔2009〕54 号	关于参加哈大线等高速铁路四电集成工程项目建设的请示
中国铁建财〔2009〕55 号	关于 2008 年度经济运行情况的通报
中国铁建发展〔2009〕56 号	关于印发《中国铁建工程公司 20 强发布实施办法》的通知
中国铁建发展〔2009〕57 号	关于发布 2008 年度“中国铁建工程公司 20 强”的通知
中国铁建发展〔2009〕58 号	股份公司、股份公司党委关于对机关部分机构编制职能进行调整的通知
中国铁建经计〔2009〕59 号	关于中铁建设集团有限公司参与铁路站房工程建设有关事宜的请示
中国铁建财〔2009〕60 号	股份公司印发《关于对保险资源实行集中管理的决定》的通知
中国铁建科设〔2009〕61 号	关于下达 2009 年度股份公司科技研究开发计划的通知
中国铁建科设〔2009〕62 号	关于下达 2009 年度股份公司科技研究开发计划项目经费资助的通知
中国铁建海〔2009〕63 号	关于参与中古乌铁路项目建设的请示
中国铁建发展〔2009〕64 号	关于中铁二十一局集团五公司物资公司(五公司物资供应站)移交中铁物资集团有限公司有关问题的处理意见
中国铁建董〔2009〕65 号	关于印发《中国铁建股份有限公司董事、监事薪酬管理办法》的通知
中国铁建发展〔2009〕66 号	股份公司、股份公司党委关于公布《中国铁建股份有限公司总部机关职能部门工作职责》的通知
中国铁建董〔2009〕67 号	关于印发《中国铁建股份有限公司高级管理人员绩效考核办法》《中国铁建股份有限公司高级管理人员薪酬管理办法》的通知
中国铁建办〔2009〕68 号	关于表彰 2008 年度股份公司网站信息发布先进单位和优秀信息员的通知
中国铁建董〔2009〕69 号	关于调整中国铁建股份有限公司董事会专门委员会成员的通知
中国铁建财〔2009〕70 号	关于印发《财务信息安全管理制度手册》的通知
中国铁建财〔2009〕71 号	关于内退及统筹外费用调减应纳税所得额的请示
中国铁建发展〔2009〕72 号	关于将中铁十一局集团电务工程有限公司、中铁十二局集团电气化工程有限公司划转中铁建电气化局集团有限公司管理的通知
中国铁建经计〔2009〕73 号	关于解决襄渝铁路增建二线有关工程费用问题的请示
中国铁建办〔2009〕74 号	关于印发《中国铁建大厦机关办公区消防安全管理规定》的通知
中国铁建办〔2009〕75 号	关于印发《机关工作人员行为规范》的通知
中国铁建发展〔2009〕76 号	关于成立股份公司本级项目绩效考核领导小组的通知
中国铁建财〔2009〕77 号	关于印发《保险资源集中管理暂行办法》的通知
中国铁建财〔2009〕78 号	关于印发《保险资源集中管理专责人制度》的通知

续表

文 件 号	文 件 标 题
中国铁建发展〔2009〕79 号	关于设立中国铁建股份有限公司技术中心的通知
中国铁建办〔2009〕80 号	关于规范统计信息的通知
中国铁建办〔2009〕81 号	股份公司、股份公司党委关于表彰信访工作先进集体和优秀个人的决定
中国铁建办〔2009〕82 号	关于开展贯彻中发〔2007〕5 号和中办〔2009〕3 号文件督导检查活动的通知
中国铁建经计〔2009〕83 号	关于四电资质整合重组情况的报告
中国铁建办〔2009〕84 号	股份公司、股份公司党委关于做好省(部)级以上领导视察报备工作的通知
中国铁建发展〔2009〕85 号	关于印发《中国铁建股份有限公司子公司负责人绩效考核管理办法》的通知
中国铁建发展〔2009〕86 号	关于公布 2008 年度子公司绩效考核结果的通知
中国铁建法〔2009〕87 号	关于印发《中国铁建股份有限公司合规管理办法(试行)》的通知
中国铁建经计〔2009〕88 号	关于下达 2009 年股份公司生产经营内控计划的通知
中国铁建人〔2009〕89 号	关于印发《中国铁建股份有限公司子公司负责人薪酬管理办法》的通知
中国铁建设物〔2009〕90 号	关于加强设备管理工作的意见
中国铁建设物〔2009〕91 号	关于印发《中国铁建物资集中招标采购管理暂行办法》的通知
中国铁建设物〔2009〕92 号	关于加强物资管理工作的意见
中国铁建财〔2009〕93 号	关于增加注册资本金的通知
中国铁建经计〔2009〕94 号	关于用好信用加分,确保铁路任务份额的通知
中国铁建安质〔2009〕95 号	关于表彰 2009 年中国铁建股份有限公司优秀质量管理小组的通报
中国铁建人〔2009〕96 号	关于子公司负责人 2008 年度薪酬结算兑现的通知
中国铁建董〔2009〕97 号	关于修订《中国铁建股份有限公司董事会提名委员会工作细则》的通知
中国铁建董〔2009〕98 号	关于修订《中国铁建股份有限公司战略与投资委员会工作细则》的通知
中国铁建经计〔2009〕99 号	关于加强和完善经营工作机制建设的通知
中国铁建经计〔2009〕100 号	关于加强工程总承包的通知
中国铁建经计〔2009〕101 号	关于各单位贯彻落实股份公司经营工作会议精神情况的通报
中国铁建人〔2009〕102 号	关于股份公司本级项目负责人基薪基数调整的通知
中国铁建财〔2009〕103 号	关于中国铁建系统机动车辆保险份额分配的通知
中国铁建发展〔2009〕104 号	关于印发《中国铁建 2009 年重大、重要风险管理管控落实方案》的通知
中国铁建董〔2009〕105 号	关于印发《中国铁建股份有限公司章程》的通知
中国铁建经计〔2009〕106 号	关于以中国铁建股份公司资质参加铁路项目投标的请示
中国铁建设物〔2009〕107 号	关于沙特麦加地铁梁场龙门吊事件的通报
中国铁建战〔2009〕109 号	关于落实国家战办储备计划、生产六四式军用梁改型产品及八三式轻墩的通知
中国铁建发展〔2009〕110 号	关于中铁十五局集团公司违反编制规定擅自将区域指挥部改为分公司的通报
中国铁建设物〔2009〕111 号	关于隧道掘进机关键零部件进口税客减免的请示
中国铁建经计〔2009〕112 号	关于进一步规范企业投资计划和统计有关工作的通知
中国铁建发展〔2009〕113 号	关于将中铁二十三局集团第二工程有限公司划转中铁十三局集团有限公司管理的通知
中国铁建科设〔2009〕114 号	关于成立中国铁建阿尔及利亚 55 公里铁路新线项目甘塔斯隧道技术专家组的通知

续表

文　件　号	文　　件　　标　　题
中国铁建办〔2009〕115号	股份公司、股份公司党委关于印发股份公司领导在经营创效工作视频会议上的讲话的通知
中国铁建经计〔2009〕116号	关于编报2010年生产经营发展计划和布置2009年统计年报工作的通知
中国铁建经计〔2009〕117号	关于表彰计划统计工作先进单位和先进个人的通知
中国铁建工管〔2009〕118号	关于印发《中国铁建股份有限公司优秀项目经理评选办法(试行)》的通知
中国铁建法〔2009〕119号	关于中铁十五局集团有限公司与中铁二十三局集团有限公司内部经济纠纷协调处理决定的通知
中国铁建资本〔2009〕120号	关于投资尼日利亚莱基自由贸易区项目的报告
中国铁建发展〔2009〕121号	股份公司、股份公司党委关于将福建铁四院勘察设计研究院有限公司划转中国土木工程集团有限公司管理的通知
中国铁建财〔2009〕122号	关于办理牡丹中国铁建公司卡的通知
中国铁建财〔2009〕123号	关于前三季度经济运行情况的通报
中国铁建财〔2009〕124号	关于将中铁建(北京)商务管理有限公司从中铁物资集团有限公司划出作为股份公司二级机构管理及有关问题的通知
中国铁建设物〔2009〕125号	关于印发《中国铁建设备集中招标管理暂行办法》的通知
中国铁建设物〔2009〕126号	关于股份公司设备物资产品采购供应有关问题的通知
中国铁建发展〔2009〕127号	关于进一步加强股份公司发展战略与规划编制工作的通知
中国铁建财〔2009〕128号	关于编报2010年度全面预算的通知
中国铁建发展〔2009〕129号	关于将中铁十九局集团轨道交通有限公司第一工程公司划转中铁二十五局集团有限公司管理的通知
中国铁建发展〔2009〕130号	关于中铁物资集团有限公司收购福斯罗扣件系统(中国)有限公司股权的批复
中国铁建发展〔2009〕131号	关于明确中国铁建股份有限公司信息中心编制定员有关问题的通知
中国铁建人〔2009〕132号	关于2010年股份公司职业技能鉴定有关问题的通知
中国铁建财〔2009〕133号	关于印发《中国铁建股份有限公司安全生产费用财务管理与会计核算暂行办法》的通知
中国铁建财〔2009〕134号	关于编报2009年度财务决算报告的通知
中国铁建财〔2009〕135号	关于印发《中国铁建股份有限公司财务决算管理暂行办法》的通知
中国铁建财〔2009〕136号	关于表彰2009年度财务工作先进单位和先进个人的决定
中国铁建监〔2009〕137号	关于印发《中国铁建股份有限公司开展工程建设领域突出问题专项治理工作实施方案》的通知
中国铁建发展〔2009〕138号	关于编制股份公司2009年社会责任报告有关问题的通知
中国铁建战备〔2009〕139号	关于下达2009年战备事业费、战备器材维修保养、专业保障队伍训练演练计划的通知
中国铁建安质〔2009〕140号	关于表彰2009年度安全先进工作者的通报
中国铁建发展〔2009〕141号	关于调整机关有关部门职责的通知
中国铁建经计〔2009〕142号	关于包西铁路工程费用问题的请示
中国铁建经计〔2009〕143号	关于郑西铁路工程费用问题的请示
中国铁建经计〔2009〕144号	关于宜万铁路工程费用问题的请示
中国铁建办〔2009〕145号	关于印发《中国铁建信息化规划纲要》和《中国铁建信息化项目建设行动指南》的通知
中国铁建财〔2009〕146号	关于印发《财务报告编制流程暂行办法》的通知

续表

文　件　号	文　　件　　标　　题
中国铁建财〔2009〕147 号	关于印发《财务决算评分管理暂行办法》的通知
中国铁建安质〔2009〕148 号	关于补发《工程项目标准管理指导意见》的通知
中国铁建财〔2009〕149 号	关于部分应收股利转增投资的通知
中国铁建安质〔2009〕150 号	关于表彰 2009 年度中国铁建股份有限公司优质工程及质量管理先进个人的通报
中国铁建房产〔2009〕151 号	关于印发《房地产计划统计定期报表制度》的通知
中国铁建财〔2009〕152 号	关于下达 2009 年子公司负责人绩效考核指标目标值的通知
中国铁建人〔2009〕153 号	印发《关于进一步加强社会保险管理工作有关问题的通知》的通知
中国铁建科设〔2009〕154 号	股份公司、股份公司工会关于 2009 年度合理化建议和技术改进项目评审结果的通报
中国铁建资本〔2009〕155 号	关于尼日利亚莱基自由贸易区项目有关情况的报告
中国铁建工管〔2009〕156 号	关于表彰广州新客站施工会战先进个人的决定
中国铁建发展〔2009〕157 号	关于设立中非建设有限公司的通知
中国铁建董〔2009〕158 号	股份公司、股份公司党委关于建立和完善总部信息管理体制的通知

注:1 号、52 号文未制发,108 号文形成总公司上行文。

2009 年中国铁建股份有限公司党委文件目录

文　件　号	文　　件　　标　　题
中国铁建党组〔2009〕1 号	关于同意中铁第五勘察设计院集团有限公司召开第一次党代会的批复
中国铁建党办〔2009〕2 号	关于印发李国瑞同志在中国铁建股份有限公司二届党委第三次全体会议上的报告的通知
中国铁建党组〔2009〕3 号	关于中铁建电气化局集团有限公司党委委员补选候选人的批复
中国铁建党组〔2009〕4 号	关于中铁房地产集团有限公司增补党委委员的批复
中国铁建党组〔2009〕5 号	关于中共中铁第五勘察设计院集团有限公司第一次代表大会和一届党委纪委一次全会选举结果的批复
中国铁建党宣〔2009〕6 号	股份公司党委关于广泛开展形势任务教育的通知
中国铁建党纪〔2009〕7 号	关于印发《关于贯彻落实〈建立健全惩治和预防腐败体系 2008 ~ 2012 年工作规划〉的实施方案》的通知
中国铁建党组〔2009〕8 号	关于认真做好开展深入学习实践科学发展观活动准备工作的通知
中国铁建党组〔2009〕9 号	关于中铁二十一局集团有限公司党委委员补选候选人的批复
中国铁建党干〔2009〕10 号	转发中组部、国资委《关于印发〈董事会试点中央企业董事会选聘高级管理人员工作指导意见〉的通知》《关于印发〈董事会试点中央企业董事会、董事评价办法(试行)〉的通知》和《关于印发李融荣、王尔成同志在中央企业董事会试点工作座谈会上讲话的通知》的通知
中国铁建党办〔2009〕11 号	关于印发《中国铁建股份有限公司 2009 年党建工作要点》的通知
中国铁建党组〔2009〕12 号	关于印发《中国铁建股份有限公司深入学习科学发展观实践活动实施方案》的通知
中国铁建党工〔2009〕13 号	关于转发国资委党委《关于广泛发动职工群众积极开展降本增效活动的通知》的通知

续表

文　件　号	文　　件　　标　　题
中国铁建党组〔2009〕14 号	股份公司深入学习实践科学发展观活动领导小组关于派出指导检查组的通知
中国铁建党办〔2009〕15 号	股份公司党委、股份公司关于评选表彰中国铁建维稳信访工作先进集体和优秀工作者的通知
中国铁建党干〔2009〕16 号	关于做好 2009 年度政工专业职务评审工作的通知
中国铁建党干〔2009〕17 号	关于转发国资委党委《关于赵广发等 4 名同志职务任免的通知》《关于同意赵广发等 4 名同志职务任免的函》以及国资委《关于赵广发、金普庆职务任免的通知》的通知
中国铁建党组〔2009〕18 号	关于成立中国铁建股份有限公司沙特麦加轻轨项目公司党工委的通知
中国铁建党组〔2009〕19 号	关于转发《关于印发习近平同志在中央企业深入学习实践科学发展观活动调研座谈会上的讲话的通知》的通知
中国铁建党宣〔2009〕20 号	关于评选中国铁建首届“十佳道德模范”的通知
中国铁建党纪〔2009〕21 号	关于对落实党风廉政建设责任制情况进行检查的通知
中国铁建党纪〔2009〕22 号	关于开展股份公司承担新增中央投资项目实施情况专项监督检查的通知
中国铁建党组〔2009〕23 号	关于印发《中国铁建股份有限公司党委贯彻落实科学发展观情况分析检查报告》的通知
中国铁建党组〔2009〕24 号	关于增补中铁二十四局集团有限公司党委委员的批复
中国铁建党组〔2009〕25 号	关于印发《中国铁建股份有限公司党委深入学习实践科学发展观活动整改落实方案》的通知
中国铁建党宣〔2009〕26 号	股份公司党委、股份公司关于建立新闻发言人制度(试行)的通知
中国铁建党组〔2009〕27 号	关于印发李国瑞同志在中国铁建深入学习实践科学发展观活动总结大会上的讲话的通知
中国铁建党宣〔2009〕28 号	股份公司党委、股份公司关于开展建国 60 周年和中国铁建兵改工 25 周年纪念活动的通知
中国铁建党干〔2009〕29 号	关于转发国资委转发的中组部、人力资源和社会保障部在中华人民共和国成立 60 周年之际开展走访慰问老干部、老工人、老党员活动通知的通知
中国铁建党办〔2009〕30 号	股份公司党委、股份公司关于表彰维护稳定工作先进集体的决定
中国铁建党宣〔2009〕31 号	股份公司党委、股份公司关于认真学习贯彻胡锦涛总书记视察昆明中铁和昆明 BT 项目时的重要讲话精神的通知
中国铁建党办〔2009〕32 号	股份公司党委、股份公司关于进一步加强维护稳定工作的通知
中国铁建党纪〔2009〕33 号	关于学习贯彻《国有企业领导人员廉洁从业若干规定》有关事项的通知
中国铁建党组〔2009〕34 号	关于增免中国铁建股份有限公司沙特麦加轻轨项目公司党工委委员的批复
中国铁建党组〔2009〕35 号	关于同意中铁二十局集团有限公司召开第二次党代会的批复
中国铁建党组〔2009〕36 号	关于中共中铁二十局集团有限公司第二次代表大会和二届党委纪委一次全会选举结果的批复
中国铁建党宣〔2009〕37 号	关于转发国资委党委委员、副主任黄丹华在中央企业宣传思想工作会议上讲话的通知
中国铁建党宣〔2009〕38 号	股份公司党委、股份公司、股份公司工会、股份公司团委关于表彰“中国铁建杰出人物”的决定
中国铁建党宣〔2009〕39 号	股份公司党委、股份公司关于表彰中国铁建首届“十佳道德模范”的决定
中国铁建党组〔2009〕40 号	关于认真学习贯彻落实习近平、李源潮、张德江等中央领导同志在全国国有企业党的建设工作会议上重要讲话的通知
中国铁建党组〔2009〕41 号	关于转发中央组织部、国务院国资委党委《关于印发习近平和李源潮、张德江同志在全国国有企业党的建设工作会议上的讲话及沈跃跃同志小结讲话的通知》的通知

续表

文　件　号	文　　件　　标　　题
中国铁建党办〔2009〕42 号	股份公司党委、股份公司关于印发铁道部《关于进一步加强铁路建设实施阶段维护稳定工作的意见》的通知
中国铁建党工〔2009〕43 号	股份公司党委、股份公司、股份公司工会关于对兼职工会干部实施岗位津贴补助的通知
中国铁建党组〔2009〕44 号	股份公司党委、股份公司关于表彰 2008 年度“四好领导班子”的决定
中国铁建党宣〔2009〕45 号	关于表彰“闪光的里程”书法摄影美术作品展暨“我与中国铁建”征文活动获奖作品的决定
中国铁建党办〔2009〕46 号	关于转发中共中央秘书局《关于切实做好 2010 年度〈中共中央办公厅通讯〉发行和学用工作的通知》的通知
中国铁建党组〔2009〕47 号	关于转发《国资委党委关于认真学习贯彻党的十七届四中全会精神的通知》的通知
中国铁建党组〔2009〕48 号	关于增补黄庆华同志为中铁二十一局集团有限公司党委常委的批复
中国铁建党组〔2009〕49 号	关于同意召开共青团中国铁建股份有限公司第一次代表大会的批复
中国铁建党工〔2009〕50 号	关于转发《全国铁路工会女职工委员会工作条例》的通知
中国铁建党组〔2009〕51 号	关于同意成立中国共产党北京铁城建设监理有限责任公司委员会的批复
中国铁建党组〔2009〕52 号	关于共青团中国铁建股份有限公司第一届委员会选举结果的批复
中国铁建党组〔2009〕53 号	关于增补中国铁建股份有限公司沙特麦加轻轨项目公司党工委委员的批复

2009 年 4 月 18 日，中铁十一局集团城市轨道公司建在湖北省青山区的管片厂投入生产。

（徐云华　摄）

为纪念中国土木工程集团公司成立30周年，中土东非有限公司两名员工将中国国旗带上非洲最高峰——乞力马扎罗山。（吕 力 提供）

附 录

本栏责任编辑 **杨启燕**

信息资料

做强主业增实力　科学发展上台阶

——国资委主任、党委书记李荣融在中央企业负责人会议上的讲话（摘录）

（2009年12月14日）

一、2009年中央企业改革发展情况

2009年是新世纪以来中国经济发展最为困难的一年，面对严峻复杂的经济形势，党中央、国务院全面分析、准确判断、果断决策、从容应对，团结带领全国各族人民奋力拼搏，攻坚克难，有效遏止了经济增长明显下滑态势，率先实现经济形势总体回升向好，经济社会发展取得显著成效。中央企业认真贯彻落实党中央、国务院应对国际金融危机的一揽子计划和政策措施，克服困难，扎实工作，保持了生产经营总体平稳运行。2009年1月～11月，中央企业实现营业收入11.1万亿元，同比增长3.4%；实现利润7109.6亿元，同比增长3.4%；上缴税金9963.8亿元，同比增长7%。预计全年实现营业收入12万亿元，实现利润7500亿元。

一年来，中央企业深入开展学习实践科学发展观活动，把握发展规律，明确发展思路，力克发展难题，着力调整优化上水平，在保增长、保民生、保稳定中发挥了顶梁柱作用，各项工作取得积极进展。

（一）在应对金融危机中调整优化上水平

面对国际金融危机的严重冲击，中央企业保持清醒头脑，抢抓市场机遇，大力降本增效，加强风险管控，加快结构调整，强化自主创新，做了大量扎实有效的工作。

一是市场开拓更加深入。在国际市场需求下降、国内市场竞争加剧的严峻形势下，中央企业把市场开拓作为企业生存发展的“生命工程”来抓。许多企业主要负责人带头深入市场一线，认真分析市场形势，及时掌握供求信息，捕捉商机，积极巩固和扩大市场份额。许多企业根据市场变化，及时调整营销策略和产品结构，深入实施市场多元化战略，在精耕细作传统市场的同时，千方百计开拓新兴市场，取得了明显成效。许多产业链上下游企业加强协同配合，在供应、服务、研发等方面签订战略合作协议，携手共度难关。在积极开拓国内市场的同时，许多中央企业抓住国际市场调整的机遇，加快实施“走出去”战略。中国石油、中国五矿、中国有色集团、中核集团等企业加大海外资源开发力度，完善产业链，提高资源配置效率。中国建筑、中国中铁、**中国铁建**、中交集团、中国水电集团、中冶集团等企业，抓住机遇，发挥技术和成本优势，积极拓展海外市场，争得了一批大型海外工程项目。

二是降本增效成效明显。在经济增长不稳固、市场不确定性因素较多的情况下，中央企业进一步提高集团化运作水平，增强集团控制力，强化管理，控制投资，精减支出，努力降本增效。许多中央企业通过推行全面预算管理，加强资金集中管控，有效降低财务费用。目前已有60多家企业实施或开始推行全面预算管理，有80多家企业通过财务公司、资金结算中心等平台开展不同程度的资金集中管理，其中多数企业资金集中度超过70%，国家电网、中国华能、航天科技等企业资金归集率达到或超过90%。鞍钢、中远集团等企业开展外汇资金集中管理工作。中电投集团在资金集中管理的基础上，进一步实现票据集中管理。许多中央企业面对供大于求的市场,清理压缩投资,确保资金用在关系全局的战略性项目上。中国石油累计审减投资超过500亿元。中国化工两次对2009年投资计划进行大幅调整,投资规模调减了74.8亿元。神华集团开展专项清理活动,前三季度调减投资50亿元。中央企业普遍通过集中采购、降低管理费用等措施,有效降低了成本。中国移动通过集中采购,同比降低采购成本189亿元。武钢紧贴市场优质低价采购物资,前三季度实现降本增效11.3亿元。兵器装备集团通过开展"管理增值降本增效活动",全年降低成本约25.5亿元。中国联通充分挖掘融合协同效应,管理费用减少9.6亿元。中国国电以典型引路,强化燃料管理,积极开展煤炭经营和配煤掺烧,节约燃料成本34亿元。中国石化借鉴台塑的经验,积极推动制度E化、全员合理化建议、全员成本管理,有效降低了生产成本。

三是风险管控得到强化。中央企业加强风险管理体系建设,倡导全员风险管理理念,培育各具特色的风险管理文化,提高了风险管理工作的效率和水平。32家中央企业系统梳理了集团及所属企业层面的重大风险,主动向国资委报送2009年度全面风险管理报告。宝钢、国药集团等企业在董事会设立风险管理委员会,有效发挥了董事会在风险管理中的核心作用。中国五矿、南航集团、中粮集团等企业明确风险管理职能部门。中国海油坚持效益、效率和风险三者平衡的风险管理文化。许多中央企业积极采用信息化等管理工具,加大对重大风险的实时监控和预警。中国联通将3G建设与运营风险作为年度重大风险进行分析和防范。中国外运长航推行风险大客户集中管理、黑名单共享制度,加强客户信用管理。上海贝尔对200多个风险控制点不断进行有效性测试,对内控缺陷进行持续改进。一汽集团对51个二级单位的关键控制环节进行有效性检查。许多中央企业强化对金融衍生品和财务风险的管控。中化集团在金融衍生品交易中坚守套期保值原则,牢控期货交易的比例,确保了金融衍生产品交易合规与企业资产安全。中航集团、国投等中央企业运用信息系统管理、台账管理等多种有效手段对下属企业财务账户进行监控。保利集团要求各子企业现金头寸不低于资产总额的10%,资产负债率不超过70%。中央企业法律风险防范机制在应对国际金融危机中发挥了作用,已有99家中央企业建立总法律顾问制度,企业重要决策、重要合同、重要投资项目的法律审核得到加强。许多中央企业切实加强法律风险防范工作,确保企业经营管理中不发生新的重大法律纠纷。

四是结构调整力度加大。中央企业通过开展联合重组、整合主业板块、精简非主营业务等措施,加快资源整合,推进结构调整和优化升级。2009年以来,共有9组20户次中央企业进行了联合重组,户数已调整减少到131家。中国农机院整体并入国机集团,实现研发制造和贸易资源的有效结合。长沙矿研院和鲁矿集团整体并入中国五矿,为加快培育具有国际竞争力的大型矿业集团提供了支撑。一些中央企业将非优势业务剥离与其他企业重组,实现共赢。中航工业将汽车和发动机整机企业全部并入新长安集团,使主业更加突出,也使兵器装备集团汽车产业布局得到优化。许多中央企业立足于做强做大主业,加大内部资源的整合力度,不断增强竞争优势。中国建材通过东南、淮海、北方等三大核心区域市场的建设,推进"大水泥"战略,初步奠定了行业领军地位。中国航油将19家成员企业整合为4个业务板块,推进了集约化经营。中化集团加大业务整合力度,打造专业化、一体化发展平台,有效解决部分业务交叉经营、内部竞争、战略实施主体缺位的问题。中电科技集团加强内部资源整合,加强总体、系统、整机和元器件的融合,形成整体竞争优势。东方电气集团在灾后重建的同时加快结构调整,建立核电、风电市场领先优势。一汽集团加大内部整合力度,基本完成主辅分离和辅业改制工作。

五是创新研发进一步加快。中央企业积极发挥科技创新引领作用,普遍加大研发投入,努力突破制约企业发展的关键技术,抢占市场竞争的制高点。2008年,中央企业科技活动经费总额为2152.9亿元,同比增长21.4%(其中研发经费投入总额1210.6亿元,同比增长22.7%,相当于全国研发经费投入的26.5%)。军工企业研发投入占营业收入的比重在全球处于领先水平。56家中央企业参加由科技部、全国总工会和国资委共同推进的创新型企业试点工作,对推动中央企业走创新发展之路起到带动作用。国家电网特高压交流1100千伏电压成为国际电工委员会(IEC)国际标准。华录集团自主研发的数字音频编解码标准DRA,第一次纳入国际音视频基础标准。电信科研院主导的TD-LTE被国际电联接纳为4G候选技术。南方电网形成世界第一个具有自主知识产权±800千伏直流系统设备完整的标准体系。神华集团煤直接液化示范工程运行试生产,在煤制油产业上迈出重要步伐。中交集团围绕跨海大桥、离岸深水港、越海隧道等工程,着力研发设计施工关键技术,抢占技术制高点。国家核电发挥AP1000技术引进消化吸收再创新的平台、主体和载体作用,各项工作取得进展与突破。中国二重核电大锻件被科技部认定为"首批国家自主创新产品”。中船重工加大技术研发,万箱集装箱船、LNG船等一批高技术、高附加值产品技术储备取得新进展。中国北车、中国南车大功率交流传动电动机车系统集成等关键领域技术达到世界领先水平。

(二)以学习实践活动为契机促进科学发展

2009年,中央企业按照中央统一部署,开展深入学习实践科学发展观活动。各中央企业认真贯彻中央精神,紧紧围绕企业科学发展上水平这一核心目标,突出应对国际金融危机和保增长、保民生、保稳定、调结构、促改革的实践特色,把握四个规律,增强五种意识,提高五种能力,解决一批制约中央企业科学发展和职工群众反映强烈的突出问题,为中央企业成功应对国际金融危机、实现又好又快发展注入了新的动力。中央领导对中央企业学习实践活动的做法和成效给予充分肯定,赞扬中央企业学习实践活动特色多、好的做法和经验多,成为第二批学习实践活动的一大亮点。中央企业职工群众对学习实践活动的满意度平均达到99.3%。总体上看,这次学习实践活动达到提高思想认识、解决突出问题、创新体制机制、促进科学发展的目标。

一是发展战略进一步明晰。中央企业普遍把完善发展战略和发展思路作为学习实践活动的重要载体,在深入研究把握经济发展和行业发展规律的基础上,紧密结合企业自身发展实际,明确企业科学发展新的战略规划与目标,细化战略目标实施的步骤与措施。航天科技把军民融合发展作为未来发展的战略方向,应对全球航天产业快速发展态势,提出“构建航天科技工业新体系、铸造国际一流宇航公司”的目标。中国电信提出“建立战略转型上水平,服务信息化创一流综合评价体系”,加强对企业考核引导,使集团战略在基层得到贯彻落实。中粮集团提出“固本培元,科学发展,打造全产业链的粮油食品企业”,并出台实施战略目标的指导性文件,在全公司系统推进。国家电网在全球率先提出智能电网发展目标,推进电网发展方式和公司发展方式“两个转变”。宝钢实施“精品加规模”和“兼并重组与新建相结合”的发展战略,力争规划期内钢铁主业综合竞争力进入全球前三强。

二是体制机制进一步完善。中央企业把创新体制机制作为学习实践活动的重要内容,加大公司制股份制改革力度,加快推进建立规范的董事会,深化企业内部改革,为企业科学发展奠定体制机制基础。2009年以来,共有9家中央企业控股公司成功完成IPO,中国建筑、中冶集团实现主营业务整体上市。中国国电所属龙源公司在香港公开发售24.6亿股H股,创下中国电力企业首次公开发行最大融资额。一些企业正在抓紧进行主营业务整体上市的前期准备工作。中央企业建立规范董事会工作取得新进展,建立规范董事会的企业扩大到24家,规范董事会运作的各项规章制度不断完善,董事会有效发挥作用的保障机制初步形成。不少企业还制定规范董事会、党委会、经理层相互工作关系的规则。中国外运长航、中国中铁、诚通集团等企业董事会对经理层实施精准考核,并与奖惩挂钩,实现对经理人员的个性化管理。神华集团、新兴铸管集团在子企业推进规范董事会建设。企业内部改革进一步深化。中化集团初步建立和完善适应市场竞争要求的用工分配制度。哈电集团、华润集团、华侨城集团推进市场化薪酬体系建设。航天科工、中国华电、中国电子等许多中央企业都结合实际,深化内部改革,推进管理创新,增强企业发展后劲。

三是组织架构进一步优化。中央企业在学习实践科学发展观活动中,认真把握企业发展规律,适应战略发展需要,进一步梳理管理流程,优化管理架构,压缩管理层级,缩短管理链条,取得了积极进展。许多企业对总部管理机构进行全面调整和优化。宝钢大力推进管理变革,实施扁平化管理的大部制改革,总部职能部门从20个缩减到10个,职能从45项缩减到38项,管理岗位从60个缩减到33个。中铝公司实现总部管理体制由操作管控型向战略管控型转变,公司18个部门精减到12个,中铝股份公司18个部门精减到6个,所有部门负责人和处级干部实行公开竞聘、择优录用,一般员工双向选择。港中旅集团加快推进“强总部管控下专业化经营”管控体制的全面落实,通过专业化整合,形成“四层架构、三级管理”的扁平、高效的体制架构,集团本部管理人员将压缩三分之一以上,四级以下实体企业将于2010年全面退出。与2004年相比,中央企业在资产规模和效益大幅提升的情况下,二级法人单位总量减少了622个,三级法人单位总量减少了637个。兵器装备集团、中国石油、中国石化、国家电网、一汽集团、中煤集团、航天科技、航天科工等一批企业,在清理整合所属企业减少管理层级方面取得明显成效。

四是党的建设进一步加强。中央企业把学习实践科学发展观活动与学习贯彻落实党的十七届四中全会精神和全国国有企业党的建设工作会议精神相结合,积极探索新形势下加强和改进企业党建工作的新思路、新途径和新办法,努力把政治优势转化为核心竞争力,为应对国际金融危机、保持平稳较快发展提供政治保证和组织保证。企业领导班子、党员干部的作风进一步转变,领导班子特别是主要负责人队伍建设得到加强,领导人员综合素质得到普遍提高。基层党组织的建设进一步加强,凝聚力、创造力和战斗力明显增强,战斗堡垒作用和党员先锋模范作用得到充分发挥。以完善惩防体系为重点的中央企业反腐倡廉建设取得积极进展，党风廉政建设责任制得到有效落实，企业领导人员廉洁从业意识进一步增强。企业思想政治建设和企业文化建设不断加强，职工代表大会和厂务公开制度进一步完善，工青妇和统战工作进一步推进，有效调动各方面积极性。人才队伍建设迈出新步伐，目前已有23家中央企业成为海外高层次人才创新创业基地的建设单位，其中14家中央企业在北京集中建设未来科技城。中央企业引进的海外高层次人才中，已有49人列入国家“千人计划”。职工队伍建设进一步加强，中央企业开展多种形式的优秀班组创建活动，完善班组建设各项制度，做好班组长培训工作，目前基本完成用三年时间把班组长轮训一遍的任务。

（三）在保增长保民生保稳定中体现责任意识。

2009年以来，中央企业在积极应对金融危机冲击，切实履行经济责任的同时，积极履行政治责任和社会责任，在保障国庆60周年阅兵活动、保障市场供应、吸纳社会就业、落实节能减排责任等方面发挥了重要作用，在保增长、保民生、保稳定中充分体现中央企业的整体实力和责任意识。

一是圆满完成国庆60周年阅兵保障任务。国庆60周年阅兵，是展示新世纪新阶段我国国威、军威，振奋民族精神，激发爱国热情的一次重大政治活动，意义重大，举世瞩目。这次阅兵参阅武器装备数量之多，规模之大，为历次阅兵之最。军工企业特别是兵器工业集团和中航工业，以极大的政治热情和过硬的技术保障投入装备研制，以世界一流水平圆满完成受阅装备研制生产任务，确保装备零失误、零缺陷。同时，克服阅兵保障装备型号多、数量多、进驻地点分散、保障周期长等困难，提前组织、精心策划，以“零故障”圆满完成装备技术保障任务。有关中央企业为阅兵庆典提供了安全可靠的电力、通讯、油料供应等保障服务工作，11家长安街沿线临街制高点单位和17家纵深制高点单位积极配合、周密组织制高点管控工作，为国庆安保工作作出积极贡献。在国庆60周年阅兵保障服务工作中，涌现出一大批先进集体和先进个人。事实再次证明，中央企业是一支讲大局、讲奉献、过得硬的队伍。

二是全力确保市场供应。电网企业克服政策性亏损的巨大困难，全力保障电力供应。南方电网前三季度供电可靠率达到99.89%，比2008年提高0.04个百分点；用电平均停电时间7.02小时/户，同比减少30%。石油石化企业合理安排库存和装置运行，保证了油气供应。电力和石油石化企业努力服务“三农”，保障“三夏”，特别是在部分地区遭受严重旱灾时，千方百计保障农业灌溉和人畜饮水电力、油品供应，为农业增产增收作出贡献。通信企业加强三农服务，深入偏远地区，通过积极推进“村村通电话工程”、“12316新农村热线”以及“农信通”业务，用信息化手段提高农业生产力，帮助农民脱贫致富。在防治甲型H1N1流感过程中，国药集团加班加点生产供应疫苗，通用技术集团全力组织相关药物的收储和调运，有力支持了疫情防控工作。中央企业在关键时刻切实发挥了顶梁柱作用。

三是积极吸纳社会就业。中央企业积极响应党中央、国务院的号召，采取有效措施，尽最大可能创造就业岗位，吸纳就业人员，为缓解全社会就业压力作出了贡献。大部分中央企业在生产经营形势十分严峻的形势下，承诺并切实做到了“企业不裁员，员工基本收入有保障”。许多企业增加了吸收应届大学生就业人数，不完全统计，中央企业2009年主动招收应届毕业生20多万人，比2008年增长7%。中央建筑企业积极吸纳农民工就业，切实采取措施维护了农民工合法权益。中国中铁为180万农民工提供就业岗位，全面推行农民工与职工同学习、同劳动、同管理、同生活、同报酬“五同”管理，促进了农民工与企业共同发展。许多中央企业采取多种有效措施，优先安排企业下岗、待岗职工向生产一线回流。驻港、澳中央企业主动接收大学生实习，为港、澳社会稳定作出积极贡献。

四是切实落实节能减排责任。中央企业认真贯彻落实国务院有关节能减排的一系列方针政策，建立领导体制，落实工作责任，节能减排工作取得明显成效。许多中央企业结合自身业务特点，大力推进节能减排和环境保护工作。鞍钢鲅鱼圈项目对铁素资源、能源、水资源和固体废弃物的循环和再利用，成为实践循环经济的示范基地。南方电网开展绿色行动，累计对2743家企业开展节能诊断、节能培训等一条龙节能服务。中国华能实施“燃煤发电厂年捕集二氧化碳3000吨试验示范工程”。中国建材全面实施以水泥、玻璃余热发电为重点的节能技改措施，已建和在建余热发电设备近100套。中国大唐实施能效对标，并完成300多项节能减排技术改造。2009年前三季度，中央重点能耗企业万元产值能耗同比下降4.6%，万元增加值能耗同比下降9.5%，二氧化硫排放量下降34.3%，化学需氧量排放量下降11.1%。

五是扎实推进社会责任工作。2009年以来，中央企业普遍加大社会责任工作力度，积极推进社会责任工作体系和制度建设，取得新的进展。大部分中央企业明确社会责任工作的分管领导和归口管理部门，有的成立社会责任工作委员会或领导小组，落实工作责任。一批企业研究制定推动企业社会责任工作的制度文件，积极开展社会责任培训，为深入开展社会责任工作打下基础。许多企业把编制和发布社会责任报告作为不断发现问题、防范风险、促进管理水平提高的重要手段，已有35家企业发布社会责任报告或可持续发展报告，中国石油和中钢集团还发布了可持续发展国别报告。国资委2009年开展的中央企业优秀社会责任实践征集活动，展现了一大批各具特色的社会责任实践案例。中钢集团所属研究院所积极开展"科技服务中小企业"活动，促进科研成果转化，解决了中小企业人才和科技资源不足的难题。华润集团利用企业多元化资源和高效运作模式，在广西百色捐建"希望小镇"，为社会主义新农村建设树立了典范。

回顾2009年，我们所经历的过程不平凡、所做的工作不容易、所取得的成绩不简单。应对历史罕见的国际金融危机，中央企业经受了重大考验，积累了宝贵经验，也给我们带来了很多启示。第一，要有强烈的责任意识。在任何困难面前，中央企业都要坚定信心，敢于担当，勇挑重担，不辱使命。第二，要有有效的应对措施。面对危机的冲击，必须坚持现金为王，紧盯市场，严控风险，谨慎投资，稳健经营。第三，要有敢于变革的勇气。面对外部环境的剧烈变化，必须针对自身薄弱环节，及时调整经营策略，优化组织架构，提高资源配置效率，增强核心竞争力。第四，要有团结协作的精神。面对困难和挑战，中央企业要有大局意识、合作意识、互助意识，手拉手度难关，肩并肩上水平。这些都是我们今后要继续坚持和发扬的。

在肯定成绩的同时，我们必须清醒地看到，中央企业经济运行中的困难和问题还很多，回升的基础还不稳固。一是内部资源整合力度不够，资源配置效率有待提高。二是成本费用与国际先进指标相比还有差距，挖潜增效的潜力仍然很大。三是部分企业过度投资，经营风险积聚。四是部分企业亏损子企业增多，影响整体运行效率。这些困难和问题必须引起高度重视，在2010年工作中认真加以改进。

二、2010年面临的形势和任务

一是要高度关注世界经济发展新动向。世界经济复苏过程中仍有很多不确定性因素，发达国家失业率居高难下，消费和投资疲软，引发国际金融危机深层次体制机制问题没有得到实质性解决，新的资产泡沫和金融风险还在积聚，不排除再次冲击实体经济的可能，中央企业要随时做好应对世界经济局部振荡的准备。国际上许多国家迫于国内政治和经济等压力，大量出台保护本国经济的措施，保护主义持续升温，中央企业"走出去"将要做更加艰苦细致的工作。应对气候、环境变化和能源资源安全已经成为全球共同关注的问题，发达国家纷纷把发展低碳经济和新能源等新兴战略性产业作为推动经济增长的新的突破口，未来低碳经济、低碳技术很可能是国家竞争力的重要体现，这对中央企业既是挑战，也是机遇，要抓住世界产业调整的重大机遇，把握后金融危机时代的发展规律，在新的产业革命中占得先机，努力实现持续较快发展。

二是要高度关注宏观经济政策走势。2010年中国将继续实施积极的财政政策和适度宽松的货币政策，保持宏观经济政策的连续性和稳定性，同时根据新形势新情况，着力提高政策的针对性和灵活性。根据国际国内形势的变化，宏观经济政策的力度、节奏、重点可能会做出必要的有针对性的微调，这对中国经济的平稳发展是有利的。中央企业要坚决贯彻落实国家宏观调控的各项政策措施，在国民经济发展中发挥积极作用。同时，要关注宏观经济政策微调对部分行业和企业生产经营带来的影响，及时调整经营策略，把握机遇，防范风险。

三是要高度关注产业结构调整方向。国际金融危机使全球产业升级和布局结构调整的步伐进一步加快。国际上许多知名企业抓住机遇，迅速调整发展战略，清理出售非核心业务板块，集中力量发展优势产业。国内部分行业产能严重过剩矛盾进一步凸现，淘汰落后产能、调整优化结构、提高产业集中度势在必行。中央企业必须充分认识加快结构调整的紧迫性，准确把握方向，有进有退，有所为有所不为，专注发展优势产业，加快清理非主业和低效资产，推动资金、人才、技术等各类资源向主业集中，把企业发展建立在结构优化升级和价值提升的基础上，进一步巩固行业领先地位，在结构调整中占据主动权。

四是要高度关注市场竞争格局变化。国际金融危机给发达国家的企业带来了调整机遇，虽然经历了破产、裁员、降薪等痛苦过程，但经过调整，不但巩固了原有的技术、管理等优势，还在一定程度上解决了劳资矛盾和人工成本居高的问题，企业竞争力进一步增强。和他们相比，我们的调整步伐相对迟缓。另一方面，金融危机导致全球市场需求下降，产能过剩已成为全球性问题。中国企业在国际市场面对贸易保护主义的冲击，在国内市场还将面对跨国公司的强力竞争，现在已经不是"抢"市场，而是在"挤"市场。这对中央企业挤占市场份额、提升市场地位提出严峻挑战。中央企业必须采取切实有效的措施，不断提升竞争能力，在更加激烈的市场竞争中立于不败之地。

根据中央经济工作会议对2010年工作的总体部署，2010年国资监管工作和中央企业改革发展的总体思路是：以邓小平理论和“三个代表”重要思想为指导，全面贯彻落实党的十七大和十七届三中、四中全会以及中央经济工作会议精神，深入贯彻落实科学发展观，立足于推动中央企业做强主业增实力，突出技术创新和职工队伍建设，进一步深化企业改革，完善公司治理，优化布局结构，加强党的建设，继续完善国有资产管理体制和制度，全面推动中央企业不断提升国际竞争力，实现又好又快发展，为保持国民经济平稳较快发展、实现全面建设小康社会宏伟目标作出新的贡献。

把“做强主业增实力”作为2010年工作的中心任务，是根据宏观经济形势发展、市场竞争格局变化和企业发展客观规律，在调整优化上水平的基础上对中央企业提出的更高要求。做强主业增实力，才能实现企业科学发展，才能体现国有经济的活力、控制力和影响力，才能在中国现阶段着力推进转变发展方式和调整经济结构中发挥中央企业的主导作用。中央企业必须明确定位，牢记使命，坚定不移突出主业，做强主业，集中力量发展优势产业，不断增强核心盈利能力和市场竞争力，实现企业持续健康稳定发展。

要着力抓好两个关键环节，一是技术创新，二是职工队伍建设。这两方面是做强主业增实力的关键，也是中央企业目前薄弱环节所在，必须下大力气取得突破。

技术创新是引领企业持续发展、占据未来竞争制高点的强大动力。在后金融危机时代，世界各国正在进行抢占科技制高点的竞赛，全球将进入空前的创新密集和产业振兴时代，能否在新一轮科技创新和技术进步浪潮中抓住机遇，实现产业升级和培育新的经济增长点，对提升中央企业核心竞争力和可持续发展能力至关重要。近些年来，中央企业研发投入逐年加大，科技人才队伍不断壮大，有效专利数量显著增加，自主研发了一大批关键核心技术和高端产品，在国家科技进步和技术创新的重大奖项中占有较高比例。但中央企业自主创新水平与国外同行业优秀企业相比仍有很大差距，严重制约企业发展和竞争力的提高。中央企业必须深入研究全球科技革命发展趋势，深刻把握本行业未来调整发展方向，抓住带动企业主业发展上台阶的关键技术和重点项目，切实加大研发投入和技术创新力度，努力突破一批居于领先地位的关键核心技术，打造一批知名品牌，提升企业竞争力，努力取得国际标准制定的话语权，为占据本行业未来发展制高点夯实基础。

职工队伍素质是铸造一流品牌、提升企业竞争能力的重要基础。适应未来更高层次、更高水平、更加激烈的竞争，关键是要有一支良好素质的职工队伍。与国际知名企业经营管理者相比，我们很多中央企业负责人个人素质毫不逊色，已经具备与之同台竞技的能力和本领。近些年来，中央企业广泛开展职工技能大赛，大力推进职工素质工程，职工队伍的整体技能水平明显提高，涌现出一大批优秀高技能人才。但客观来讲，中央企业职工队伍整体素质特别是在操作技能、执行能力、知识结构、创新意识和工作理念等方面，与国际知名企业相比还有不少差距，职工培训的方式和手段还需要改进。中央企业要深刻认识到，职工队伍素质的提高是一项长期而艰巨的任务，这是强企之基，必须常抓不懈。要结合企业发展实际和国内外市场竞争形势，切实加强职工队伍教育、培训、激励和管理，激发广大职工的智慧潜力，全面提升职工队伍素质，着力打造一支爱岗敬业、技术精湛、作风过硬的高素质高层次现代化的职工队伍，进一步增强企业竞争力，适应未来更加激烈的国际化竞争。

三、2010年国资委主要工作安排

按照2010年工作总体要求和思路，国资委要重点抓好以下工作。

一是继续推进中央企业布局结构调整。着眼于优化国有资本配置，强化国有资本在战略性领域的控制力、带动力和影响力，加大结构调整力度，加快培育一批行业排头兵企业和具有较强国际竞争力的大公司。发挥出资人主导作用和国有资本经营预算的引导支持作用，通过资本预算资金安排推动中央企业的战略重组和企业内部的产业结构调整。结合编制“十二五”规划和实施重点产业调整振兴规划，引导国有资本向高技术和战略型新兴产业加大投入，控制在一般竞争性领域的盲目扩张，推动国有经济布局结构和产业结构的优化升级。继续推进国有资产经营公司试点，构建国有资本布局结构调整和中央企业重组的新平台。对中央企业非主业资产加大专业化整合力度，力争3～5年时间将中央企业的非主业宾馆酒店分离重组。推动资源向优势企业集中，继续探索科研院所与大企业集团结合的有效方式与途径，继续完成政策性关闭破产项目的组织实施。

二是进一步推进中央企业市场化改革步伐。加大中央企业母公司层面的公司制股份制改革，引入社会资本，实现产权多元化。继续支持符合条件的中央企业尽快实现主营业务整体上市，积极探索国资委直接持有整体上市中央企业股权，加快理顺个别中央企业的股权关系。引导和规范中央企业的股份制改革，指导中央企业整合已有上市公司资源，合理处置存续资产。继续深化中央企业用人、考评、激励制度改革，加大市场化选聘中央企业高级经营管理人员的力度，建立和完善适应现代企业制度要求的选人用人新机制。

三是加快推进中央企业建立规范董事会。按照总体部署，推进具备条件的中央企业建立规范董事会。做好董事会、经理班子和党委领导的人员配备，进一步健全完善董事报酬和高级管理人员考核薪酬管理制度，扎实开展对董事会、董事的年度和任期评价工作，积极稳妥做好向董事会下放经营班子管理权限工作。进一步规范董事会运作，充分发挥各专门委员会作用。推进专职外部董事队伍建设，继续充实外部董事人才库。进一步健全董事、董事会与国资委的信息沟通与交流机制，完善董事会向国资委报告年度工作制度。

四是进一步加强国有资产监管。加快研究制定《企业国有资产法》配套法规和规章。继续完善中央企业经营业绩考核制度，在第三任期全面推进经济增加值(EVA)考核。积极稳妥推进中央企业工资总额预算管理试点，加快职工福利保障体系建设，进一步完善中央企业负责人薪酬管理，规范和完善职务消费管理办法，启动实施与价值创造紧密结合的任期激励等中长期激励机制。加快国有资本收益制度体系建设，继续做好国有资本预算管理工作，进一步落实国有资本收益权。继续深入开展经济责任审计工作，深化财务预决算管理和总会计师职责管理，探索加强中央企业重大财务事项监管方法，开展财务绩效评价，积极推动中央企业与国际先进水平对标。继续完善产权管理制度体系，探索建立境外国有产权管理的规章制度，进一步加强国有产权变动信息监测系统建设。探索建立企业重大风险管控的报告机制。进一步加强和改进监事会工作，推进《国有企业监事会暂行条例》修订，深化监事会当期监督，积极探索监事会监督与现代企业制度结合的有效途径。公布国有资本需要保持控制力的重要子企业名单，做好重要子企业的监管。

五是进一步加强和改进中央企业党建工作。贯彻落实十七届四中全会和全国国有企业党建工作会议精神，以改革创新精神加强和改进党建工作。巩固和扩大中央企业深入学习实践科学发展观活动成果，认真抓好整改措施的落实工作。按照“把建设高素质经营管理者队伍、人才队伍、党员队伍、职工队伍和增强国有经济活力、控制力、影响力贯穿国有企业党组织活动始终，保证党组织参与决策、带头执行、有效监督，发挥政治核心作用”的要求，继续探索企业党组织发挥政治核心作用和党管干部原则与市场化选聘经营者有机结合的方法途径。加强企业领导班子建设，健全考核评价机制，促进班子结构优化，增强整体功能。认真开展争创“四好领导班子”、“四强党组织”、争做“四优共产党员”为主要内容的“争先创优”活动。继续推进惩防体系建设融入企业经营管理，认真开展工程建设领域突出问题专项治理工作。积极开展对中央企业巡视工作，不断规范完善巡视制度。深入推进企业领导人员廉洁从业，严肃查办违纪违法案件。着力加强职工队伍建设，推动班组建设，继续抓好班组长岗位管理能力远程培训，开展优秀班组和优秀班组长表彰活动。继续开展好中央企业职工技能大赛，组织企业与国际知名企业开展技能比赛。切实加强和改进工青妇和统战工作。着力加强改进新闻宣传工作，营造有利于中央企业改革发展良好氛围。

四、2010 年中央企业主要工作要求

一是提前谋划、精心组织，保持生产经营良好运行。要密切关注和深入研判国际国内经济形势的变化，超前做好各项应对措施和预案。加强对大宗商品价格以及原材料、产品价格走势的分析，采取更加灵活的价格策略，及时捕捉盈利商机。继续加强市场调研，及时调整市场营销策略，创新市场营销模式，抢抓市场，抢抓订单，抢占制高点。强化管理，降本增效，落实节能减排责任，切实降低能源消耗和污染物排放。要精心组织、合理安排生产经营进度，保持生产经营良好运行，确保全面完成 2010 年生产经营任务。

二是继续深化体制机制改革，增强发展活力。要继续加快公司制股份制改革，通过引进战略投资者、改制上市等多种方式，促进投资主体多元化。积极做好上市资源的储备工作，加快推进企业改制上市步伐。统一规划、有序推进控股上市公司的资源整合，已经实现部分资产上市的企业，要适时把优良主业资产注入上市公司，加快推进主业整体上市或集团整体上市。继续完善公司治理结构，已建立规范董事会的企业要完善规章制度，强化规范运作。尚未建立规范董事会的企业要学习借鉴规范董事会经验，引入相关制度性安排，积极创造条件，建立规范公司治理结构。要以提高企业竞争力为导向，依法规范劳动用工管理，不断深化劳动用工制度改革，逐步实现用工制度市场化。

三是突出主业，调整优化布局结构。要立足于做强做大主业，注意吸收国际知名企业、有信誉的非公企业资本，继续加快推进强强联合、上下游整合等多种形式的联合重组，加强重组后的整合工作，充分发挥整合效应。加快清理非主业和低效资产，推动资金、技术、人才等各类资源向主业集中，按照确定的主业严控投资方向，防止盲目扩张、盲目做大，开展对非主业投资项目的效能监察，提升资源配置效率。要加快调整组织结构，加大内部资源整合力度，进一步压缩管理层级，优化管理流程，缩短管理链条，切实增强集团控制力和资源配置效率。

四是提高自主创新能力，强化技术创新。要建立和完善自主创新的体系和长效机制，确立自主创新的核心战略，提高核心竞争能力。加大创新研发力度，落实科技投入项目，集中优势力量加大关键领域科技研发投入，提高研发经费在销售收入中的比重，提升研发效率。继续推进产学研合作，加强创新平台建设，加强中央企业之间科技资源共享和信息交流，有效整合创新资源。继续推进技术创新引导工程，加强创新型企业建设，建好人才创新创业基地，做好“十二五”科技发展规划编制工作，提升科技服务功能，提高企业创新能力。

五是切实加强管理。要加强战略管理，强化投资管理，严把投资方向，严格投资程序，严管投资项目，严控投资成本，合理控制负债规模，严禁超越自身实力的过度投资。积极推行全面预算，优化预算管理流程，强化预算执行监督。严格现金流管理，做好资金筹划，加强应收款项和存货管理，减少资金占用。加大集团资金集中管理力度，加快资金融通，严控对外担保，严控借贷规模和资产负债率，审慎安排资金投放，留足资金头寸。加强全成本管理，建立和落实目标成本责任制，提升控制成本的能力，严控人工成本过快增长，努力保持企业的成本竞争优势。要加快落实中央企业法制工作新三年目标，建立健全企业总法律顾问制度，切实加强企业规章制度、经济合同、重要决策的法律审核。要持续推动企业健全全面风险管理体系，加强重大风险管控，完善风险监测识别与防范体系，加强企业内部审计和内控机制建设，严格金融衍生业务管理，杜绝重大资产损失。

六是加强职工队伍建设。要把加强队伍建设、提高队伍素质作为一项重要工作来抓，制定和完善计划，努力培养造就一支具有良好素质的员工队伍，以适应未来更高层次更高水平的竞争。加强创新人才的培养、激励和继续教育，加大国外高新技术和管理人才引进力度，培养和造就一批敢于并善于创新的人才队伍。进一步加强班组建设，广泛开展优秀班组创建活动，制定和完善班组建设工作机制、激励机制和考核机制，加大班组长培训力度。要提高一线员工的职业素质和岗位技能，通过开展岗位练兵活动、技术比武活动和各种形式劳动竞赛活动，大力推进职工素质工程。

七是加强和改进党建工作。要进一步巩固和扩大学习实践科学发展观活动成果，把整改落实作为当前和今后一个时期的突出任务抓紧抓好，努力建立贯彻落实科学发展观的长效机制。抓好党的十七届四中全会和全国国有企业党的建设工作会议精神的贯彻落实工作，把贯彻落实会议精神与巩固和扩大学习实践成果、促进企业科学发展结合起来，推进企业党建工作与业务工作协调发展。进一步落实党建工作责任制，推动企业党建工作的创新与发展，充分发挥企业党组织的政治核心作用。加强党员教育培训，努力把党员培养成生产经营的能手、创新创业的模范、提高效益的标兵。坚持反腐倡廉战略方针，严格执行党风廉政建设责任制，将惩防体系建设融入企业经营管理。加强精神文明建设和思想政治工作，继续推进企业文化建设。建立健全职工代表大会制度，完善企业民主管理制度，支持职工参与企业管理，切实维护职工合法权益。

最后，强调一下安全生产和维稳工作。要高度重视安全生产，切实加强安全生产管理，严格落实安全生产责任，不断完善应急体系，提高安全风险防范能力，努力营造科学生产、和谐安全的社会氛围。要组织有效的安全生产大检查，特别是石油、化工、煤炭、建筑、交通等重点行业，加大隐患排查治理力度，遏止重特大生产安全事故发生。稳定工作事关改革发展大局。要建立健全信访工作长效机制，及时解决职工群众的合理诉求。要做好困难职工的帮扶工作，努力帮助他们解决一些实际困难。要进一步加强群体性事件预防和处置工作，做好不稳定信息预警，抓早、抓小、抓苗头，力争将隐患消除在基层，消除在萌芽状态，维护好企业和社会的稳定。

美国《财富》2010 年度“世界企业 500 强”前 20 名名单

2010 年排名	2009 年排名	中文常用名称	总部所在地	所属行业	营业收入（百万美元）	利润（百万美元）
1	3	沃尔玛	美国本顿维尔	综合商业	408214	14335
2	1	荷兰皇家壳牌石油公司	荷兰海牙	炼油	285129	12518
3	2	埃克森美孚	美国欧文市	炼油	284650	19280
4	4	英国石油公司	英国伦敦	炼油	246138	16578
5	10	丰田汽车公司	日本东京	车辆与零部件	204106	2256
6	11	日本邮政控股公司	日本东京	人寿与健康保险	202196	4849
7	9	中国石油化工集团公司	中国北京	炼油	187518	5756
8	15	国家电网公司	中国北京	公用设施	184496	–343
9	73	安盛	法国巴黎	人寿与健康保险	175257	5012
10	13	中国石油天然气集团公司	中国北京	炼油	165496	10272
11	5	雪佛龙	美国圣雷蒙	炼油	163527	10483
12	8	荷兰国际集团	荷兰阿姆斯特丹	银行	163204	–1300
13	12	通用电气公司	美国费尔菲尔德	多元化金融	156779	11025
14	6	道达尔公司	法国库尔贝瓦	炼油	155887	11741
15	37	美国银行	美国夏洛特市	银行	150450	6276
16	14	大众公司	德国沃尔夫斯堡	车辆与零部件	146205	1334
17	7	康菲石油公司	美国休斯顿	炼油	139515	4858
18	24	法国巴黎银行	法国巴黎	银行	130708	8106
19	47	意大利忠利保险公司	意大利的里雅斯特	人寿与健康保险	126012	1820
20	20	安联保险集团	德国慕尼黑	财产与意外保险	125999	5973

美国《财富》2010年度"世界企业500强"中国企业

排序	公司名称	2010年排名	2009年排名	所属行业	营业收入（百万美元）	利润（百万美元）	所在地
1	中国石油化工集团公司	7	9	炼油	187518	5756	北京
2	国家电网公司	8	15	公用设施	184496	-343	北京
3	中国石油天然气集团公司	10	13	炼油	165496	10272	北京
4	中国移动通信集团公司	77	99	电信	71749	11656	北京
5	中国工商银行	87	92	银行	69295	18832	北京
6	鸿海精密集团	112	109	电子、电气设备	59324	2292	台北
7	中国建设银行	116	125	银行	58361	15628	北京
8	中国人寿保险(集团公司)	118	133	人寿与健康保险	57019	3125	北京
9	**中国铁建股份有限公司**	133	252	工程与建筑	52044	960	北京
10	中国中铁股份有限公司	137	242	工程与建筑	50704	1008	北京
11	中国农业银行	141	155	银行	49742	9514	北京
12	中国银行	143	145	银行	49682	11868	北京
13	中国南方电网有限责任公司	156	185	公用设施	45735	250	广州
14	东风汽车公司	182	-	车辆与零部件	39402	720	武汉
15	中国建筑集团总公司	187	292	工程与建筑	38117	839	北京
16	中国中化集团公司	203	170	贸易	35577	659	北京
17	中国电信集团公司	204	263	电信	35557	581	北京
18	上汽汽车工业(集团)总公司	223	359	车辆与零部件	33629	1070	上海
19	中国交通建设集团有限公司	224	341	工程与建筑	33465	704	北京
20	来宝集团	242	218	贸易	31183	556	香港
21	中国海洋石油总公司	252	318	采矿、原油生产	30680	3634	北京
22	中国中信集团公司	254	415	多元化金融	30605	2766	北京
23	中国第一汽车集团公司	258	385	车辆与零部件	30237	1382	长春
24	中国南方工业集团公司	275	428	车辆与零部件	28757	274	北京
25	宝钢集团有限公司	276	220	金属产品	28591	1448	上海
26	国泰人寿保险有限责任公司	281	291	人寿与健康保险	28315	81	台北
27	香港和记黄埔有限公司	302	281	专业零售	26938	1828	香港
28	中粮集团有限公司	312	335	贸易	26098	629	北京
29	中国华能集团公司	313	425	公用设施	26019	39	北京
30	河北钢铁集团	314	375	金属产品	25924	135	石家庄
31	中国冶金科工集团公司	315	380	工程与建筑	25868	412	北京
32	广达电脑公司	327	342	计算机、办公设备	25429	676	龟山
33	中国航空工业集团公司	330	426	航天与防务	25189	767	北京
34	中国五矿集团公司	332	331	金属产品	24956	299	北京
35	中国北方工业(集团)总公司	348	-	航天与防务	24150	456	北京
36	中国中钢集团公司	352	372	金属产品	24014	42	北京
37	神华集团	356	-	采矿、原油生产	23605	3278	北京
38	中国联合网络通信集团有限公司	368	419	电信	23183	459	上海
39	中国人民保险集团股份有限公司	371	-	财产与意外保险	23116	150	北京
40	怡和集团	382	411	专业零售	22501	1604	香港
41	平安保险	383	-	人寿与健康保险	22374	2032	深圳
42	中国华润总公司	395	-	综合商业	21902	995	香港
43	华为	397	-	网络、通讯设备	21821	2672	深圳
44	中国大唐集团公司	412	-	公用设施	21460	-282	北京
45	江苏沙钢集团	415	444	金属产品	21419	377	张家港
46	武汉钢铁(集团)公司	428	-	金属产品	20543	174	武汉
47	仁宝电脑工业股份有限公司	431	-	计算机、办公设备	20448	582	台北
48	台湾中油股份有限公司	434	306	炼油	20253	1140	台北
49	中国铝业公司	436	499	金属产品	19851	-622	北京
50	中国交通银行	440	494	银行	19568	4409	上海
51	台塑石化股份有限公司	452	323	炼油	19204	1187	麦寮
52	华硕电脑公司	465	436	计算机、办公设备	18474	378	台北
53	中国国电集团公司	477	-	公用设施	17871	32	北京
54	宏碁	487	-	计算机、办公设备	17380	344	台北

2010年度全球最大225家承包商中国企业排名表

序号	排序		公司名称
	2010年	2009年	
1	1	4	**中国铁建股份有限公司**
2	2	2	中国中铁股份有限公司
3	5	7	中国交通建设集团有限公司
4	6	6	中国建筑工程总公司
5	8	9	中国冶金科工集团公司
6	26	31	中国水利水电建设集团公司
7	27	29	上海建工(集团)总公司
8	43	48	中国东方电气集团公司
9	53	57	浙江省建设投资集团有限公司
10	54	64	中国机械工业集团公司
11	55	55	中国化学工程总公司
12	60	88	中国葛洲坝集团股份有限公司
13	73	91	北京建工集团有限责任公司
14	75	143	中国石油工程建设(集团)公司
15	81	71	上海城建(集团)公司
16	86	124	中信建设有限责任公司
17	90	108	中国石油天然气管道局
18	93	* *	云南建工集团有限公司
19	98	112	山东电力基本建设总公司
20	101	109	青岛建设集团公司
21	105	118	江苏南通三建集团有限公司
22	106	102	中原石油勘探局
23	109	144	中国石化工程建设公司
24	111	119	大庆油田建设集团有限责任公司
25	123	140	安徽建工集团有限公司
26	125	196	中国寰球工程公司
27	134	* *	上海隧道工程股份有限公司
28	136	152	上海电气(集团)总公司
29	145	142	台湾中鼎工程股份有限公司
30	153	194	山东电力建设第三工程公司
31	158	187	江苏南通六建建设集团有限公司
32	162	157	中国土木工程集团有限公司
33	165	197	南通建工集团股份有限公司
34	167	* *	中国电力工程顾问集团公司
35	171	201	新疆北新建设工程(集团)有限责任公司
36	194	* *	中国地质工程集团公司
37	203	* *	中国江苏国际经济技术合作公司
38	220	* *	泛华建设集团有限公司

注:表中2009年排名名次标 * * 的为2010年首次入选或2009年未入选企业。

2010年度国际最大225家承包商中国企业排名表

序号	排序		公司名称
	2010年	2009年	
1	13	17	中国交通建设集团有限公司
2	22	25	中国建筑工程总公司
3	25	51	**中国铁建股份有限公司**
4	26	28	中国机械工业集团公司
5	31	61	中国冶金科工集团公司
6	32	59	中信建设有限责任公司
7	41	56	中国水利水电建设集团公司
8	46	100	中国石油工程建设(集团)公司
9	53	62	中国中铁股份有限公司
10	69	94	中国石化工程建设公司
11	76	120	中国石油天然气管道局
12	78	83	上海电气(集团)总公司
13	79	95	山东电力建设第三工程公司
14	80	80	中国东方电气集团公司
15	84	99	中国葛洲坝集团股份有限公司
16	86	72	中国土木工程集团有限公司
17	89	103	上海建工(集团)总公司
18	92	86	台湾中鼎工程股份有限公司
19	101	123	山东电力基本建设总公司
20	106	142	中国地质工程集团公司
21	108	137	哈尔滨电站工程有限责任公司
22	117	140	北京建工集团有限责任公司
23	119	147	中国江苏国际经济技术合作公司
24	123	112	中原石油勘探局
25	124	90	中国化学工程总公司
26	125	122	中国水利电力对外公司
27	128	131	中地海外建设集团有限公司

续表

序号	排　名		公　司　名　称
	2010 年	2009 年	
28	130	141	中国海外工程有限责任公司
29	133	143	青岛建设集团公司
30	135	109	中国技术进出口总公司
31	137	145	合肥水泥研究设计院
32	140	153	中国万宝工程公司
33	141	172	中国大连国际合作集团有限公司
34	149	202	上海城建(集团)公司
35	151	189	中国寰球工程公司
36	157	168	安徽建工集团有限公司
37	159	165	中国河南国际集团有限公司
38	160	185	中国机械进出口(集团)有限公司
39	162	* *	泛华建设集团有限公司
40	169	191	新疆北新建设工程(集团)有限责任公司
41	179	212	安徽省外经建设(集团)有限公司
42	184	222	中国武夷实业股份有限公司
43	185	192	中国江西国际经济技术合作公司
44	186	175	中国中原对外工程公司
45	188	193	中钢设备有限公司
46	197	* *	南通建设集团有限公司
47	200	* *	江苏南通三建集团有限公司
48	201	194	中国有色金属建设股份有限公司
49	206	199	威海国际经济技术合作股份有限公司
50	207	220	中鼎国际工程有限责任公司
51	208	* *	云南建工集团有限公司
52	215	* *	上海隧道工程股份有限公司
53	217	* *	浙江省建设投资集团有限公司
54	221	* *	江苏南通六建建设集团有限公司
55	224	224	中国成套设备进出口(集团)总公司

注:表中 2009 年度排名名次标 * * 的为 2010 年首次入选或 2009 年未入选企业。

2010年中国企业500强名单

名次	企业名称	营业收入(万元)
1	中国石油化工集团公司	139195196
2	国家电网公司	126031199
3	中国石油天然气集团公司	121827809
4	中国移动通信集团公司	49012279
5	中国工商银行股份有限公司	47340600
6	中国建设银行股份有限公司	39867200
7	中国人寿保险(集团)公司	38950383
8	**中国铁建股份有限公司**	35552077
9	中国中铁股份有限公司	34636796
10	中国农业银行股份有限公司	33842700
11	中国银行股份有限公司	33474100
12	中国南方电网有限责任公司	31242311
13	东风汽车公司	26915955
14	中国建筑股份有限公司	26037963
15	中国中化集团公司	24302851
16	中国电信集团公司	24289580
17	上海汽车工业(集团)总公司	22972314
18	中国交通建设集团有限公司	22860587
19	中国海洋石油总公司	20957831
20	中国中信集团公司	20906492
21	中国第一汽车集团公司	20655087
22	中国兵器装备集团公司	19644059
23	宝钢集团有限公司	19530748
24	中粮集团有限公司	17828588
25	中国华能集团公司	17774029
26	河北钢铁集团有限公司	17709075
27	中国冶金科工集团有限公司	17670504
28	百联集团有限公司	17387384
29	中国航空工业集团公司	17207109
30	中国五矿集团公司	17047434
31	中国兵器工业集团公司	16497387
32	中国中钢集团公司	16404265
33	神华集团有限责任公司	16124950
34	中国联合网络通信集团有限公司	15905644
35	中国人民保险集团股份有限公司	15364044
36	中国邮政集团公司	15354898
37	华为技术有限公司	14925041
38	中国平安保险(集团)股份有限公司	14783500
39	中国大唐集团公司	14659724
40	江苏沙钢集团有限公司	14631303
41	华润(集团)有限公司	14582761
42	武汉钢铁(集团)公司	14033158
43	中国铝业公司	13560700
44	广州汽车工业集团有限公司	13359362
45	交通银行股份有限公司	13355200
46	首钢总公司	13038232
47	海尔集团公司	12491161
48	中国国电集团公司	12207864
49	中国船舶重工集团公司	12109366
50	江苏苏宁电器集团有限公司	11700267
51	北京汽车工业控股有限责任公司	11647433
52	浙江省物产集团公司	11321946
53	天津市物资集团总公司	10818806
54	中国化工集团公司	10803459
55	国美电器控股有限公司	10680000
56	联想控股有限公司	10637514
57	中国华电集团公司	10528804
58	中国铁路物资总公司	10517877
59	中国太平洋保险(集团)股份有限公司	10431400
60	河南煤业化工集团有限责任公司	10409527
61	中国机械工业集团有限公司	10349796
62	太原钢铁(集团)有限公司	10136453
63	中国电力投资集团公司	10065761
64	中国航空油料集团公司	9369984
65	上海电气(集团)总公司	8982975
66	山东钢铁集团有限公司	8702584
67	美的集团有限公司	8657202
68	中国电子信息产业集团公司	8589981
69	天津冶金集团有限公司	8420533
70	天津中环电子信息集团有限公司	8210483
71	中国建筑材料集团有限公司	8158163
72	陕西延长石油(集团)有限责任公司	8068660
73	山东魏桥创业集团有限公司	8061821
74	鞍山钢铁集团公司	8026352
75	中国平煤神马能源化工集团有限责任公司	8016013
76	山西焦煤集团有限责任公司	
77	天津汽车工业(集团)有限公司	7701914
78	中国水利水电建设集团公司	7554547
79	光明食品(集团)有限公司	7553083
80	上海建工(集团)总公司	7536883
81	中国外运长航集团有限公司	7425970
82	新华人寿保险股份有限公司	7365968
83	黑龙江北大荒农垦集团总公司	7268546
84	中国航天科工集团公司	7246722
85	山西煤炭运销集团有限公司	7243878
86	大连大商集团有限公司	7053590
87	中国中煤能源集团有限公司	7017192
88	中国通用技术(集团)控股有限责任公司	6858110
89	金川集团有限公司	6647406
90	中国医药集团总公司	6449536
91	北台钢铁(集团)有限责任公司	6214404
92	天津钢管集团股份有限公司	6136501
93	天津天铁冶金集团有限公司	6056545
94	中兴通讯股份有限公司	6027256
95	上海铁路局	5997743
96	上海绿地(集团)有限公司	5929560
97	冀中能源集团有限责任公司	5808577
98	泰康人寿保险股份有限公司	5793242

名次	企业名称	营业收入(万元)
99	沈阳铁路局	5674852
100	北京铁路局	5659573
101	中国南方航空集团公司	5643103
102	海信集团有限公司	5598526
103	开滦(集团)有限责任公司	5593860
104	红塔烟草(集团)有限责任公司	5590222
105	中国重型汽车集团有限公司	5566281
106	山西晋城无烟煤矿业集团有限责任公司	5543456
107	天津天钢集团有限公司	5521915
108	马钢(集团)控股有限公司	5467526
109	江苏悦达集团有限公司	5425123
110	新兴铸管集团有限公司	5386020
111	中国农业生产资料集团公司	5308964
112	江西铜业集团公司	5306360
113	上海烟草(集团)公司	5288138
114	广东物资集团公司	5263629
115	兖矿集团有限公司	5261887
116	中国航空集团公司	5241539
117	潍柴控股集团有限公司	5228133
118	万向集团公司	5148040
119	招商银行股份有限公司	5144600
120	南京钢铁集团有限公司	5133883
121	北大方正集团有限公司	5106480
122	广厦控股创业投资有限公司	5085054
123	湖南华菱钢铁集团有限责任公司	5084459
124	湖南中烟工业有限责任公司	5067304
125	徐州工程机械集团有限公司	5051776
126	红云红河烟草(集团)有限责任公司	5023748
127	山西潞安矿业(集团)有限责任公司	4985778
128	阳泉煤业(集团)有限责任公司	4960041
129	万科企业股份有限公司	4888100
130	华晨汽车集团控股有限公司	4845705
131	中国南车集团公司	4776323
132	太原铁路局	4724265
133	国家开发投资公司	4672443
134	新希望集团有限公司	4606739
135	江苏雨润食品产业集团有限公司	4514916
136	中国海运(集团)总公司	4495291
137	TCL 集团股份有限公司	4428722
138	江苏华西集团公司	4405991
139	杭州钢铁集团公司	4395508
140	广东省广新外贸集团有限公司	4328724
141	杭州娃哈哈集团有限公司	4320417
142	广州铁路(集团)公司	4290459
143	珠海格力电器股份有限公司	4263730
144	大同煤矿集团有限责任公司	4254301
145	新疆广汇实业投资(集团)有限责任公司	4248362
146	中国民生银行股份有限公司	4206000
147	厦门建发集团有限公司	4183451
148	攀钢集团有限公司	4173587
149	中国北方机车车辆工业集团公司	4155884
150	安徽海螺集团有限责任公司	4141996
151	四川长虹电子集团有限公司	4138961

名次	企业名称	营业收入(万元)
152	成都铁路局	4126045
153	广东省粤电集团有限公司	4072031
154	浙江省能源集团有限公司	4062852
155	酒泉钢铁(集团)有限责任公司	4037265
156	天津渤海化工集团公司	4029183
157	山东六和集团有限公司	4021600
158	铜陵有色金属集团控股有限公司	4021115
159	郑州铁路局	4015615
160	河南省漯河市双汇实业集团有限责任公司	4007021
161	本溪钢铁(集团)有限责任公司	4000705
162	中国东方航空股份有限公司	3983130
163	中国港中旅集团公司	3961826
164	山东大王集团有限公司	3960991
165	中国东方电气集团有限公司	3899254
166	内蒙古电力(集团)有限责任公司	3833115
167	珠海振戎公司	3829359
168	南山集团公司	3826019
169	北京建龙重工集团有限公司	3819067
170	包头钢铁(集团)有限责任公司	3787060
171	海亮集团有限公司	3726055
172	新汶矿业集团有限责任公司	3683000
173	上海浦东发展银行股份有限公司	3682393
174	三胞集团有限公司	3670416
175	无锡产业发展集团有限公司	3646570
176	北京城建集团有限责任公司	3640370
177	上海复星高科技(集团)有限公司	3609215
178	日照钢铁控股集团有限公司	3599535
179	海航集团有限公司	3585626
180	浙江省兴合集团公司	3557197
181	庞大汽贸集团股份有限公司	3550177
182	中国中材集团有限公司	3533932
183	淮南矿业(集团)有限责任公司	3524321
184	中国核工业集团公司	3518094
185	中天钢铁集团有限公司	3512667
186	四川省宜宾五粮液集团有限公司	3503882
187	中国黄金集团公司	3454269
188	安徽省徽商集团有限公司	3437883
189	中国诚通控股集团有限公司	3392191
190	天津荣程联合钢铁集团有限公司	3387922
191	长沙中联重工科技发展股份有限公司	3372691
192	安阳钢铁集团有限责任公司	3300087
193	物美控股集团有限公司	3263992
194	黑龙江龙煤矿业控股集团有限责任公司	3261532
195	陕西煤业化工集团有限责任公司	3208783
196	正威国际集团有限公司	3198144
197	天津市一轻集团(控股)有限公司	3191282
198	陕西有色金属控股集团有限责任公司	3160112
199	武汉铁路局	3150989
200	厦门国贸集团股份有限公司	3136399
201	哈尔滨电气集团公司	3131640
202	青岛钢铁控股集团有限责任公司	3123400
203	世纪金源投资集团有限公司	3057500
204	湖北宜化集团有限责任公司	3054758

名次	企业名称	营业收入(万元)
205	三一集团有限公司	3040000
206	天津百利机电控股集团有限公司	3030379
207	哈尔滨铁路局	3028074
208	北京建工集团有限责任公司	3023767
209	浙江中烟工业有限责任公司	3013689
210	上海华谊(集团)公司	3011116
211	浙江省国际贸易集团有限公司	3010101
212	湖北中烟工业有限责任公司	2994300
213	枣庄矿业(集团)有限责任公司	2980688
214	临沂新程金锣肉制品集团有限公司	2979822
215	济南铁路局	2949841
216	西安铁路局	2929000
217	清华控股有限公司	2910075
218	河北敬业企业集团有限责任公司	2909290
219	大连西太平洋石油化工有限公司	2820478
220	广东省交通集团有限公司	2817248
221	南昌铁路局	2803195
222	天津天狮集团有限公司	2789021
223	江苏新长江实业集团有限公司	2788003
224	中国有色矿业集团有限公司	2749023
225	雅戈尔集团股份有限公司	2743700
226	江苏苏宁环球集团有限公司	2736821
227	广西玉柴机器集团有限公司	2719732
228	浪潮集团有限公司	2718586
229	福建联合石油化工有限公司	2714000
230	中国葛洲坝集团公司	2691931
231	北京控股集团有限公司	2673231
232	北京医药集团有限责任公司	2664751
233	呼和浩特铁路局	2652680
234	湖南省建筑工程集团总公司	2613443
235	浙江恒逸集团有限公司	2607402
236	江苏阳光集团有限公司	2596007
237	内蒙古伊泰集团有限公司	2589482
238	河北津西钢铁集团股份有限公司	2588484
239	浙江省建设投资集团有限公司	2576015
240	云天化集团有限责任公司	2572623
241	广东发展银行股份有限公司	2566016
242	山东省商业集团有限公司	2564116
243	山东黄金集团有限公司	2513585
244	重庆商社(集团)有限公司	2470124
245	广东省丝绸纺织集团有限公司	2469248
246	淮北矿业(集团)有限责任公司	2468663
247	大连万达集团股份有限公司	2466434
248	正泰集团有限公司	2439300
249	内蒙古伊利实业集团股份有限公司	2432355
250	新余钢铁集团有限公司	2421848
251	华侨城集团公司	2419707
252	奇瑞汽车股份有限公司	2397976
253	大冶有色金属公司	2360751
254	安徽江淮汽车集团有限公司	2360441
255	新华联合冶金投资集团有限公司	2359633
256	上海纺织控股(集团)公司	2330978
257	四川宏达(集团)有限公司	2313182

名次	企业名称	营业收入(万元)
258	北京首都旅游集团有限责任公司	2309686
259	山西煤炭进出口集团有限公司	2302889
260	江西萍钢实业股份有限公司	2285075
261	河南中烟工业有限责任公司	2284989
262	通化钢铁集团股份有限公司	2276837
263	中国工艺(集团)公司	2273608
264	江苏三房巷集团有限公司	2263353
265	红豆集团有限公司	2232759
266	重庆建工集团有限责任公司	2223229
267	陕西汽车集团有限责任公司	2210350
268	百兴集团有限公司	2210347
269	北京金隅集团有限责任公司	2202736
270	中天发展控股集团有限公司	2202733
271	上海华冶钢铁集团有限公司	2201935
272	浙江省商业集团有限公司	2190215
273	浙江省交通投资集团有限公司	2184321
274	南金兆集团有限公司	2181513
275	恒力集团有限公司	2153621
276	江阴澄星实业集团有限公司	2152500
277	天津一商集团有限公司	2150540
278	武汉商联(集团)股份有限公司	2141619
279	山东泰山钢铁集团有限公司	2114252
280	山东时风(集团)有限责任公司	2106312
281	山东鲁北企业集团总公司	2102815
282	宁波金田投资控股有限公司	2100207
283	紫金矿业集团股份有限公司	2095582
284	人民电器集团有限公司	2092837
285	合肥百货大楼集团股份有限公司	2090000
286	申能(集团)有限公司	2088316
287	陕西东岭工贸集团股份有限公司	2080000
288	唐山瑞丰钢铁(集团)有限公司	2074657
289	海澜集团有限公司	2073022
290	南宁铁路局	2063856
291	北京市政路桥建设控股(集团)有限公司	2061600
292	中国国际海运集装箱(集团)股份有限公司	2047551
293	四川省川威集团有限公司	2038000
294	杭州汽轮动力集团有限公司	2034952
295	南京医药产业(集团)有限责任公司	2034839
296	奥克斯集团有限公司	2012845
297	上海人民企业(集团)有限公司	1992963
298	广州市建筑集团有限公司	1992778
299	中国盐业总公司	1987505
300	德力西集团有限公司	1980445
301	徐州矿务集团有限公司	1943083
302	广东省建筑工程集团有限公司	1928901
303	浙江荣盛控股集团有限公司	1928387
304	大连重工·起重集团有限公司	1926136
305	天津友发钢管集团有限公司	1921355
306	中国中纺集团公司	1918419
307	华芳集团有限公司	1917577
308	山东招金集团有限公司	1910094
309	广东省石油企业集团南方石油化工有限公司	1908793
310	海城市西洋镁矿有限公司	1906363

名次	企 业 名 称	营业收入(万元)	名次	企 业 名 称	营业收入(万元)
311	河南省农村信用社联合社	1899441	364	中国恒天集团有限公司	1612611
312	北京京城机电控股有限责任公司	1898516	365	中国西电集团公司	1601588
313	九州通医药集团股份有限公司	1895771	366	中国新世纪控股集团有限公司	1597434
314	太平人寿保险有限公司	1886621	367	洛阳新安电力集团有限公司	1586130
315	江苏西城三联控股集团有限公司	1877754	368	江苏法尔胜泓昇集团有限公司	1581662
316	江苏高力集团有限公司	1863272	369	郑州煤炭工业(集团)有限责任公司	1581097
317	山东晨鸣纸业集团股份有限公司	1861696	370	天津市医药集团有限公司	1573283
318	金龙精密铜管集团股份有限公司	1861164	371	重庆钢铁(集团)有限责任公司	1556292
319	天正集团有限公司	1860118	372	哈药集团有限公司	1555694
320	滨化集团公司	1858483	373	吉林亚泰(集团)股份有限公司	1554470
321	福建省三钢(集团)有限责任公司	1858273	374	山东如意科技集团有限公司	1553947
322	河北文丰钢铁有限公司	1857645	375	山东京博控股发展有限公司	1550223
323	广东省广晟资产经营有限公司	1847178	376	桐昆集团股份有限公司	1549949
324	中国广东核电集团有限公司	1842021	377	山东高速集团有限公司	1534830
325	兰州铁路局	1830613	378	浙江中成控股集团有限公司	1530995
326	山东中烟工业有限责任公司	1820133	379	利群集团股份有限公司	1516622
327	成都建筑工程集团总公司	1812563	380	西王集团有限公司	1516118
328	扬子江药业集团有限公司	1803028	381	华泰集团有限公司	1514832
329	青岛啤酒股份有限公司	1802611	382	陕西龙门钢铁(集团)有限责任公司	1513967
330	四川华西集团有限公司	1797369	383	江苏南通二建集团有限公司	1512550
331	尚德电力控股有限公司	1795043	384	盾安控股集团有限公司	1509244
332	江铃汽车集团公司	1779689	385	郑州宇通集团有限公司	1502621
333	云南建工集团有限公司	1773102	386	东北特殊钢集团有限责任公司	1487681
334	中国煤炭科工集团有限公司	1760412	387	河南神火集团有限公司	1480684
335	贵州中烟工业有限责任公司	1743064	388	特变电工股份有限公司	1475429
336	广西建工集团有限责任公司	1734998	389	江苏华厦融创置地集团有限公司	1469791
337	西部矿业集团有限公司	1731381	390	天津市津能投资公司	1459556
338	华盛江泉集团有限公司	1726738	391	山东东明石化集团有限公司	1455020
339	江苏国泰国际集团有限公司	1723458	392	云南煤化工集团有限公司	1453644
340	天津二轻集团(控股)有限公司	1713961	393	九三粮油工业集团有限公司	1451776
341	上海外高桥造船有限公司	1713374	394	苏州创元投资发展(集团)有限公司	1449175
342	华夏银行股份有限公司	1712963	395	江苏申特钢铁有限公司	1445697
343	广西投资集团有限公司	1707516	396	山东石横特钢集团有限公司	1442722
344	厦门象屿集团有限公司	1700428	397	江苏双良集团有限公司	1432575
345	长城汽车股份有限公司	1697226	398	北京外企服务集团有限责任公司	1424806
346	深圳市天音通信发展有限公司	1696907	399	山东太阳纸业股份有限公司	1421828
347	中国国际技术智力合作公司	1692687	400	义马煤业集团股份有限公司	1416276
348	江苏南通三建集团有限公司	1685800	401	东营方圆有色金属有限公司	1413894
349	杭州橡胶(集团)公司	1685786	402	亨通集团有限公司	1411923
350	陕西建工集团总公司	1685627	403	沈阳远大企业集团有限公司	1409184
351	新华联控股有限公司	1677470	404	青山控股集团有限公司	1409042
352	唐山港陆钢铁有限公司	1672792	405	北京首都创业集团有限公司	1401016
353	新华锦集团有限公司	1670011	406	中储发展股份有限公司	1400370
354	江苏新世纪造船有限公司	1660486	407	淄博矿业集团有限责任公司	1398781
355	中南控股集团有限公司	1658566	408	浙江宝业建设集团有限公司	1391756
356	旭阳煤化工集团有限公司	1655263	409	宁波富邦控股集团有限公司	1379058
357	上海国际港务(集团)股份有限公司	1654534	410	北京能源投资(集团)有限公司	1368063
358	昆明钢铁控股有限公司	1651702	411	天津城建集团有限公司	1366000
359	浙江吉利控股集团有限公司	1651127	412	江苏金辉集团公司	1364818
360	江苏省苏中建设集团股份有限公司	1646580	413	山东金诚石化集团有限公司	1354037
361	江苏扬子江船业集团公司	1637627	414	安徽省皖北煤电集团有限责任公司	1351990
362	青建集团股份公司	1620766	415	太极集团有限公司	1351210
363	重庆化医控股(集团)公司	1613984	416	万达控股集团有限公司	1346818

名次	企业名称	营业收入(万元)	名次	企业名称	营业收入(万元)
417	厦门金龙汽车集团股份有限公司	1345562	459	张家港保税区兴恒得贸易有限公司	1216520
418	丰立集团有限公司	1343491	460	嘉晨集团有限公司	1213000
419	重庆力帆控股有限公司	1336497	461	大连实德集团有限公司	1206638
420	北京燕京啤酒集团公司	1330815	462	沈阳机床(集团)有限责任公司	1206188
421	天津港(集团)有限公司	1321130	463	华勤橡胶工业集团有限公司	1204263
422	四平红嘴集团总公司	1319323	464	沂州集团有限公司	1203207
423	玲珑集团有限公司	1316041	465	华立集团股份有限公司	1202252
424	宁波银亿集团有限公司	1315122	466	天津市建工集团(控股)有限公司	1201678
425	安徽国贸集团控股有限公司	1311220	467	山东西水橡胶集团有限公司	1193052
426	三河汇福粮油集团有限公司	1310000	468	北京银行	1189411
427	福佳集团有限公司	1309946	469	河北普阳钢铁有限公司	1186968
428	深圳市中金岭南有色金属股份有限公司	1308015	470	维科控股集团股份有限公司	1183817
429	浙江昆仑控股集团有限公司	1305463	471	天津纺织集团(控股)有限公司	1167939
430	三角集团有限公司	1299636	472	石家庄北国人百集团有限责任公司	1167541
431	浙江远大进出口有限公司	1298642	473	山东博汇集团有限公司	1166596
432	重庆市能源投资集团公司	1297985	474	山东寿光巨能控股集团有限公司	1163955
433	山西省焦炭集团公司	1295586	475	浙江八达建设集团有限公司	1162267
434	安徽建工集团有限公司	1293462	476	河北新金钢铁有限公司	1161754
435	杉杉投资控股有限公司	1288597	477	北方重工集团有限公司	1155810
436	铁法煤业(集团)有限责任公司	1287688	478	浙江元立金属制品集团有限公司	1154721
437	吉林粮食集团有限公司	1285865	479	澳洋集团有限公司	1154400
438	隆鑫控股有限公司	1277450	480	冷水江钢铁有限责任公司	1151755
439	中国贵州茅台酒厂有限责任公司	1275297	481	中国电力工程顾问集团公司	1150234
440	昆明铁路局	1272918	482	西子联合控股有限公司	1150000
441	重庆轻纺控股(集团)公司	1271520	483	登封电厂集团有限公司	1149634
442	青岛港(集团)有限公司	1270031	484	传化集团有限公司	1149299
443	北京住总集团有限责任公司	1265379	485	惠州市德赛集团有限公司	1146678
444	广州万宝集团有限公司	1265356	486	山西建筑工程(集团)总公司	1146552
445	盛虹集团有限公司	1261869	487	中基宁波对外贸易股份有限公司	1146424
446	重庆农村商业银行股份有限公司	1258643	488	江门市大长江集团有限公司	1146121
447	山东淄博傅山企业集团有限公司	1257663	489	上海良友(集团)有限公司	1144470
448	山东科达集团有限公司	1256637	490	上海世博(集团)有限公司	1139229
449	环宇集团有限公司	1250098	491	深圳能源集团股份有限公司	1138867
450	深圳华强集团有限公司	1241060	492	江苏三木集团有限公司	1137320
451	春和集团有限公司	1240805	493	河南豫联能源集团有限责任公司	1136818
452	上海舜业钢铁集团有限公司	1232915	494	河南豫光金铅集团有限责任公司	1136777
453	云南冶金集团股份有限公司	1232340	495	远东控股集团有限公司	1136465
454	内蒙古鄂尔多斯羊绒集团有限责任公司	1230480	496	山东胜通集团股份有限公司	1122460
455	宝胜集团有限公司	1226994	497	河北建工集团有限责任公司	1120000
456	新疆天业(集团)有限公司	1223650	498	福建省能源集团有限责任公司	1109839
457	利华益集团股份有限公司	1220921	499	波司登股份有限公司	1108780
458	亚邦化工集团有限公司	1218883	500	云南锡业集团(控股)有限责任公司	1108369

中国铁建所属单位名录

单位名称	地址	电话	邮政编码
中国土木工程集团有限公司	北京市海淀区北蜂窝4号	010－63263392	100038
北京中土大厦	北京市海淀区北蜂窝6号	010－63260860	100038
国内工程部	北京市海淀区北蜂窝4号	010－63263886	100038
中土凯明工程咨询有限公司	北京市北小马厂6号华天大厦16层1607号	010－63435030	100038
中土国际贸易有限公司	北京市宣武门西大街大成广场28号7门11层1108室	010－63600930～42	100053
北京中铁建总国际经贸有限公司	北京市复兴路40号	010－52689286	100855
中土集团培训中心	北京市顺义区李遂镇葛代子新村1号	010－89482003	101313
轨道铺架事业部(轨道)工程公司	北京市顺义区李遂镇葛代子新村1号	010－51848284	101313
广州中土实业发展有限公司	广东省广州市环市西路135号	020－86661050	510010
上海中土实业有限公司	上海市共和新路666号	021－56623777	200070
中国土木工程集团珠海分公司	广东省珠海市吉大石花东路58号28栋6座	0756－3222650	519015
海南基冠房地产开发(香港)有限公司	海南省海口市大同路25号华发大厦B座502室	0898－66526568	570102
福建铁四院勘察设计研究院有限公司	福建省福州市晋安区茶园街道沁园支路41号	0591－87051157	350013
中土尼日利亚有限公司	Airport Road, Behind Dantata Quarry, 2nd Junction, off Galadima Village, Abuja P. O. BOX 6667 WUSE ABUJA NIGERIA	09－5242023	
中土东非有限公司	坦桑尼亚达累斯萨拉姆市邮政信箱4083	00255－22－2851129	
中国土木工程博茨瓦纳有限公司	博茨瓦纳哈伯罗内市特鲁昆	00267－3925332	
中土集团公司吉布提办事处	吉布提南工业区	00253－351942	2072
中国土木阿尔及利亚有限公司	阿尔及尔市,El－Achour区,Oued Romane街,Ouahrani 70号	00213－21300258	
中土集团公司阿联酋代表处	阿拉伯联合酋长国阿布扎比市43076号邮箱	00971－2－6459417	
中国土木工程集团有限公司以色列分公司	1/C Alonim, Ramat Gan, Israel	00972－3－6138125	52514
中土集团公司俄罗斯(远东)办事处	Room 310"B", 154 Lenin Str. YuZhno_sokhalinsk 693000, Russia	007－42－42464758	
中国土木工程集团有限公司利比亚分公司	利比亚的黎波里Gargash街邮政信箱1409	00218－21－4834600	
中国土木工程集团有限公司沙特分公司	No. 8 Humaidan shuw Street SulaimaniaDist, P. O. Box:99861 Riyadh 11625 KSA	00966－1－4611545	
中国土木工程集团(香港)有限公司	香港九龙尖沙咀漆咸道南39号铁路大厦23楼	00852－22718899	
中国土木工程(澳门)有限公司	澳门新口岸北京街怡德商业中心15楼E、F座	00853－28781160	
中铁(澳门)有限公司	澳门友谊大马路南方大厦1楼JLMNO座	00853－28706416	
中土巴西国际商业有限公司	Rua. Prof. Artur Ramos, 241/cj. 91, Jardim Paulistano CEP 01454－011, Sao Paulo－SP	0055－11－38127068	
中土集团公司日本代表处	NAGAMINE BILDG, 7F 2－12－13, SHINKAWA CHUO－KU, TOKYO 104－0033, JAPAN	0081－3－35535065	
中土集团公司(波兰)有限公司	波兰华沙德拉夫斯卡大街17号	0048－22－8223062	
中土集团公司尼泊尔办事处	尼泊尔加德满都3885号信箱	00977－1－5545755	

续表

单位名称	地址	电话	邮政编码
中国铁建土耳其安卡拉分公司	土耳其安卡拉	0090－312－4911130/29	
土铁项目欧洲代表处	德国法兰克福60431海波林大街62号	0049－69－520148	
中铁十一局集团有限公司	湖北省武汉市武昌区中山路347号	027－88710613	430071
第一工程有限公司	湖北省襄樊市航空路73号	0710－3712139	441104
第二工程有限公司	湖北省十堰市白浪中路99号	0719－8362010	442013
第三工程有限公司	湖北省十堰市武当路15号	0719－8763791	441300
第四工程有限公司	湖北省武汉市武昌区华光大道21号	027－87586438	430074
第五工程有限公司	重庆市沙坪坝区新桥新村71号	023－89065226	400037
第六工程有限公司	湖北省襄樊市七里河路2号	0710－3718609	441003
电务工程有限公司	湖北省武汉市东湖开发区佳园路19号	027－51129300	430074
建筑安装工程有限公司	湖北省襄樊市长虹北路3号	0710－3719250	441057
桥梁工程有限公司	江西省鹰潭市南站路24号	0701－7027093	335003
城市轨道工程有限公司	湖北省武汉市东湖开发区华光大道21号	027－87586460	430074
北京办事处	北京市海淀区羊坊店东路19号	010－63988099	100038
东南区域经营部	福建省福州市北环中路2号屏山苑C座1405室	0591－87735892	350003
中南区域经营部	湖北省武汉市武昌区中山路347号中铁大厦2603室	027－88710950	430071
华南区域经营部	广东省广州市黄埔大道中109号华江花园A2803	027－85611465	510630
西南区域经营部	贵州省贵阳市贵乌路冠竹苑F栋1单元501室	0851－6751059	5500011
西北区域经营部	陕西省西安市南二环东段141号新亚大厦3层	029－82235838	710054
北方区域经营部	山西省太原市五一路198号华夏银行后(精英家园)B座818号	0351－3523337	030001
华东区域经营部	上海市普陀区远景路97弄58号2401室	021－61077598	200061
东北区域经营部	辽宁省沈阳市和平区十四纬路402号	024－23865103	110000
襄樊管理部	湖北省襄樊市七里河路2号	027－3718400	441003
中铁十二局集团有限公司	山西省太原市西矿街130号	0351－6353114	030024
第一工程有限公司	山西省临汾市育红路9号	0357－3128231	041000
第二工程有限公司	山西省太原市小店区人民南路19号	0351－6355010	030032
第三工程有限公司	山西省太原市万柏林区西线街39号	0351－6356010	030024
第四工程有限公司	陕西省西安市未央区徐家湾红旗东路3号	029－86584951	710021
建筑安装工程有限公司	山西省太原市迎泽西大街169号	0351－6354192	030024
电气化工程有限公司	山西省太原市万柏林区西线街19号	0351－6356517	030024
第七工程有限公司	湖南省长沙市友谊路176号	0731－85559309	410004
市政工程有限公司	广东省珠海市情侣南路158号海愉半岛花园2栋4单元1105室	0756－3232906	519015
铁路养护工程有限公司	西藏自治区拉萨市经济技术开发区林琼岗路13－1号	0891－6752100	850000
海南振海工程有限公司	海南省海口市面前坡东村1号	0898－36630208	570206
物资公司	山西省太原市万柏林区西线街27号	0351－6356551	030024
铁道大厦	山西省太原市迎泽西大街143号	0351－6353765	030024
中心医院	山西省太原市西矿街182号	0351－6354145	030053
铁路工程学校	湖南省湘潭市广技路58号	0732－58281074	411100
兴城疗养院	辽宁省兴城市兴海北路48号	0429－3919478	125100

续表

单位名称	地址	电话	邮政编码
广州工程指挥部	广东省广州市天河区中山大道建中路5号9层	020－85558258	510665
华东工程指挥部	上海市闵行区鹤庆路66号	021－54710423	200240
西北工程指挥部(陕西工程公司)	陕西省西安市未央路125号第5国际A座17层	029－82126558	710018
川渝工程指挥部	四川省成都市武侯区广福桥正街5号7层	028－85099545	610041
云贵工程指挥部	云南省昆明市国贸路117号	0871－7183879	650200
北京办事处	北京市宣武区马连道南街1号楼A栋2207房间	010－63478128	100055
中铁十三局集团有限公司	吉林省长春市二道区岭东路2138号	0431－86161114	130033
第一工程有限公司	辽宁省大连市沙河口区沙跃街9号	0411－62838201	116033
第二工程有限公司	广东省深圳市盐田区东海大道盐田港9号小区中铁大厦	0755－25288114	518083
第三工程有限公司	辽宁省沈阳市东陵区方家栏路60号	024－24202435	110043
第四工程有限公司	黑龙江省哈尔滨市道外区先锋路459号	0451－55188210	150008
第五工程有限公司	吉林省长春市二道区公平路2299号	0431－86161499	130033
第六工程公司	吉林省长春市二道区岭东路2216号	0431－86161068	130033
电务工程有限公司	天津市河东区新开路46号冠福大厦12层	022－60895971	300011
深圳市中铁达实业公司	广东省深圳市盐田区盐田港后方陆域6号区中铁达物流大厦	0755－25206299	518083
天津春江房地产公司	天津市河北区望海楼北里30号	022－26360835	300143
长春春原工程科技开发有限公司	吉林省长春市二道区岭东路2138号	0431－86161114	130033
大连广桥科技发展有限公司	辽宁省大连市西岗区花园街信兴花园38－2－5－1号	0411－83603167	116011
北京办事处	北京市石景山区玉泉西里二区远洋山水31楼8单元202号	010－88609844	100040
上海办事处	上海市浦东新区云台路1000弄14号1301室	021－33905171	200123
赣州办事处	江西省赣州市八一四大道南段铁龙大酒店	0797－8159099	341000
西北工程指挥部	甘肃省兰州市城关区张掖路1号保利大厦B座5楼	0931－8479719	730030
物业管理分公司	吉林省长春市二道区岭东路2138号	0431－86161114	130033
培训中心(中铁十三局技工学校)	吉林省长春市兴隆山镇	0431－86165313	130102
中铁十四局集团有限公司	山东省济南市和平路1号	0531－88386449	250014
第一工程发展有限公司	山东省日照市海曲东路66号	0633－2285916	276826
第二工程有限公司	山东省泰安市东岳大道西首	0538－2183456	271000
第三工程有限公司	山东省兖州市北环城路16号	0537－83493230	271200
第四工程有限公司	山东省济南市英雄山路267号	0531－82516869	250002
第五工程有限公司	山东省兖州市北站	0537－3638015	272017
电气化工程有限公司	山东省济南市和平路16号	0531－88385366	250014
北京中铁房山桥梁有限公司	北京市房山区阎村镇房山科技工业园区燕房园8号	010－51882869	102400
山东凯华置业有限公司	山东省济南市和平路16号	0531－88385800	250014
山东铁正工程试验检测中心有限公司	山东省济南市和平路16号	0513－88386413	250014
隧道工程有限公司	山东省济南市十六里河镇兴隆山庄	0531－88387001	250002
水利水电工程分公司	山东省济南市历下区经十路13777号中润世纪广场18号写字楼10层	0531－88386697	250014
建筑安装工程分公司	山东省济南市二环东路3966号东环国际广场B座3层	0531－82516088	250100
北京工程指挥部	北京市海淀区阜城路115号	010－88120700	100039

续表

单 位 名 称	地 址	电 话	邮政编码
青岛工程指挥部	山东省青岛市高科园香港东路254号	0532－8889627	266061
成都工程指挥部	四川省成都市高新区芳草街36号瑞升大厦A座15层	028－85122509	610041
西安工程指挥部	陕西省西安市未央路199号基业大厦7层	029－86402366	710021
广州工程指挥部	广东省广州市白云区光辉街48号1203室	020－26271565	510430
海外工程分公司	山东省济南市和平路16号	0531－8385631	250014
职工教育培训中心	山东省济南市十六里河镇兴隆山庄	0531－88387263	250002
物业管理中心	山东省济南市和平路1号	0531－88385175	250014
交通战备办公室	山东省济南市和平路1号	0531－88386637	250014
中铁十五局集团有限公司	河南省洛阳市四通路2号	0379－62637114	471013
第一工程有限公司	陕西省西安市经济技术开发区凤城二路13号	029－62689130	710018
第二工程有限公司	河南省焦作市工业路518号	0391－2589888	454003
第三工程有限公司	河南省洛阳市火车西站	0379－62688438	471041
第四工程有限公司	河南省郑州市二七区新圃东街117号	0371－67055019	450052
第五工程有限公司	河南省洛阳市买家街123号院	0379－62639111	471002
第六工程有限公司	河南省洛阳市邙山路4号院	0379－62631640	471013
第七工程有限公司	河南省洛阳市洛常路6号院	0379－62631065	471002
贵州路桥工程有限公司	贵州省都匀市北工区	0854－8326123	558004
成都建设工程有限公司	四川省成都市郫县犀浦镇珠江东街16号	028－87847202	611731
西北工程有限公司	陕西省西安市碑林区东关柿园路1号	029－62661856	710048
西南公司	云南省昆明市福景路38号	0871－8052558	650228
天津工程公司	天津市经济技术开发区洞庭路122号	022－25325252	300457
中南公司	湖北省武汉市武昌区友谊大道特1号友谊国际小区6栋1单元	027－88703059	430060
华北公司	北京市石景山区聚兴园小区	010－52630677	100040
华东公司	上海市闵行区莘沥路232号	021－64921100	201100
华南公司	广东省深圳市宝安区阳光海花园3C222室	0755－2917873	518101
新疆公司	新疆维吾尔自治区乌鲁木齐市青海路123号	0991－7881962	830011
南京公司	广西壮族自治区南京市江宁开发区将军大道129号2幢108室	025－85437406	211100
包西铁路工程指挥部	陕西省绥德县龙湾开发区	0912－5710038	718000
京沪高速铁路工程指挥部	安徽省固镇县谷阳路222号	0552－6670000	233700
达成铁路工程指挥部	四川省金堂县淮口镇	028－84919518	610404
蒲南高速公路项目经理部	福建省建阳市黄华山路18号	0599－5848611	354200
城市交通公司	广东省广州市番禺区钟村镇	020－39901250	511495
广深港铁路工程项目部	广东省深圳市福田区上梅林中康路北73号	0755－83143352	518049
阳翼项目部	山西省阳城县下芹村锦华小区内	0356－4296723	048100
阜六项目部	安徽省阜阳市颍上县南照镇	0558－4130510	236214
龙浦高速公路项目经理部	福建省浦城县万安乡万新路18号	0599－2863085	353400
济阳迎宾黄河大桥有限公司	山东省济阳县经二路73号		251400
职工培训中心	河南省洛阳市邙山路1号院	0379－63697521	471013
中铁十六局集团有限公司	北京市朝阳区红松园北里2号	010－84311177	100018
第一工程有限公司	北京市顺义区府前东街15号	010－69424859	101300

续表

单位名称	地址	电话	邮政编码
第二工程有限公司	天津市河东区万新村三区	022－24370961	300162
第三工程有限公司	浙江省湖州市湖东路288号	0572－2096966	313000
第四工程有限公司	北京市怀柔区迎宾中路2号	010－51045424	101400
第五工程有限公司	河北省唐山市丰润区光华道2号	0315－3082351	064000
北京轨道交通工程建设有限公司	北京市通州区新华大街226号	010－69525837	101100
铁运工程有限公司	河北省高碑店市兴华北路17号	0312－5591013	074000
路桥工程有限公司	北京市密云县新北路29号	010－69080800	101500
电务工程有限公司	北京市朝阳区楼梓庄皮村北巷甲2号	010－51884197	100018
北京工程有限公司	北京市朝阳区红松园北里2号	010－51884760	100018
北京工程指挥部	北京市朝阳区西大望路19号金港国际2号楼	010－87755336	100022
广州工程指挥部	广东省广州市中山一路23号天兴大厦西7层	020－37586270	510600
粤海工程指挥部	海南省海口市龙昆南路鸿基花园B1栋	0898－66534478	570206
重庆工程指挥部	重庆市洋河中路49号望海现代城C3座14－1	023－67852831	400020
福州工程指挥部	福建省福州市五一中路47号	0591－83357782	350005
顺昌工程指挥部	福建省顺昌县	0599－7822611	353200
厦门工程指挥部	福建省厦门市莲岳路152号新华大厦8楼	0592－5081256	361012
南京工程指挥部	江苏省南京市瑞金路大清河长发东村一栋	025－84624438	210016
云南工程指挥部	云南省昆明市关上关岭路199号	0871－7187348	650200
宁夏工程指挥部	宁夏回族自治区银川市南环西路开发区	0951－5065768	750002
四川工程指挥部	四川省成都市金牛区西体北路8号附1号	028－87662608	610031
湖南工程指挥部	湖南省长沙市芙蓉区火星镇3片25栋1门1楼	0731－4734981	410001
铁龙物资公司	北京市朝阳区红松园北里2号	010－51884628	100018
京博公司	海南省琼海市珠江路42号	0898－62831212	571400
神朔铁路运营部	陕西省神木县神木北站		719316
职业培训中心	北京市朝阳区红松园北里2号	010－51883360	100018
中铁十七局集团有限公司	山西省太原市平阳路84号	0351－7257114	030006
第一工程有限公司	山西省太原市小店区人民北路18号	0351－7093970	030032
第二工程有限公司	陕西省西安市咸宁中路55号	029－62827210	710043
第三工程有限公司	河北省石家庄市中山西路	0311－83986582	050081
第四工程有限公司	重庆市北部高新区洪湖西路18号上丁企业公园24～25栋	023－67030811	401121
第五工程有限公司	山西省太原市小店区人民北路20号	0351－2620114	030032
第六工程有限公司	福建省福州市连江中路181号中铁大厦	0591－3662081	350014
建筑工程有限公司	山西省太原市学府街387号	0351－7233915	030006
电气化工程有限公司	山西省太原市高新区高新街32号	0351－7026348	030006
上海轨道交通工程有限公司	上海市浦东新区张杨路1515弄16号	021－68554723	200135
铺架公司	山西省太原市平阳路84号	0351－7258941	030006
物资有限公司	山西省太原市迎新街南2巷1号	0351－3252633	030008
山西铧兴工程检测有限公司	山西省太原市平阳路西一巷17号	0351－7258527	030012
物业管理中心	山西省太原市平阳路84号	0351－7258316	030006
中心医院	山西省太原市小店区人民北路19号	0351－7259800	030032
中铁十八局集团有限公司	天津市河西区柳林	022－60282114	300222

续表

单 位 名 称	地 址	电 话	邮政编码
第一工程有限公司	河北省涿州市冠云路86号	0312－3686966	072750
第二工程有限公司	河北省唐山市丰润区光华道8号	0315－7763222	063030
第三工程有限公司	河北省涿州市冠云路	0312－3686114	072750
第四工程有限公司	天津市汉沽区大丰路98号	022－67182220	300480
第五工程有限公司	天津市塘沽区新北路3199号	022－25216507	300450
第六工程有限公司	天津市河西区柳林	022－60282685	300222
建筑安装工程有限公司	河北省高碑店市迎宾路	0312－2918221	074000
北京中铁大都工程有限公司	北京市大兴区西红门镇	010－60243246	100076
金属结构工程有限公司	河北省涿州市华阳中路143号	0312－3853972	072750
国际工程有限公司	天津市河西区柳林	022－60282748	300222
隧道工程公司	天津市河西区柳林	022－60283820	300222
路桥工程公司	河北省涿州市大石桥	0312－3893900	072750
科研设计院	天津市河西区柳林	022－28187974	300222
物业管理公司	天津市河西区柳林	022－60282472	300222
上海工程公司	上海市闸北区止园路417号	021－66297072	200071
福建工程公司	福建省福州市福飞路福泉花园	0591－87714928	350012
中原工程公司	河南省郑州市兴华南街兴华小区	0371－67173008	450000
东北工程公司	辽宁省沈阳市于洪区鸭绿江街17号	024－86622138	110032
华南工程公司	广西壮族自治区南宁市金州路31号	0771－2380008	530021
中铁十九局集团有限公司	北京市经济技术开发区荣华南路19号	010－59819114	100176
第一工程有限公司	辽宁省辽阳市白塔区卫国路138号	0419－2324114	111000
第二工程有限公司	辽宁省辽阳市白塔区和平路17号	0419－2327210	111000
第三工程有限公司	辽宁省辽阳市太子河区南郊街137号	0419－2326114	111000
第四工程有限公司	江苏省无锡市凤翔路987号(凤加创业园)	0510－83109698	214045
第五工程有限公司	辽宁省大连市金州区拥政街586号	0411－82163715	116000
华南工程有限公司	广东省珠海市拱北港昌路111号中铁大厦	0756－8180416	519020
电务工程有限公司	辽宁省辽阳市白塔区和平路6号	0419－2327058	111000
轨道交通有限公司	辽宁省辽阳市白塔区和平路17号	0419－2327327	111000
房地产开发有限公司	辽宁省辽阳市白塔区和平路17号	0419－2327005	111000
矿业公司	北京市丰台区莲怡园东路风荷曲苑3号楼	010－52730878	100161
辽阳基地	辽宁省辽阳市白塔区和平路17号	0419－2327940	111000
计量测试中心	辽宁省辽阳市白塔区和平路17号	0419－2327082	111000
物资公司	辽宁省辽阳市白塔区和平路17号	0419－2327498	111000
医院	辽宁省辽阳市白塔区卫国路75号	0419－2327160	111000
西南指挥部	重庆市渝中区菜袁路209号新东福花园紫烟阁10－1	0877－3806011	400016
西北指挥部	陕西省榆林市神木县大保当镇	0912－8632160	719302
东北指挥部	辽宁省沈阳市和平区五里河城A座14楼	024－31501023	110004
华东指挥部	上海市静安区康定路211号艺海大厦3楼	021－52131855	200041
华南指挥部	广西壮族自治区南宁市五象广场东方曼哈顿2403号	0771－5532717	530012
北京指挥部	北京市石景山区鲁谷大道聚兴园3号楼2单元102室		100040
海外指挥部	北京市经济技术开发区荣华南路19号	010－59819230	100176

续表

单 位 名 称	地 址	电 话	邮政编码
中铁二十局集团有限公司	陕西省西安市太华北路89号	029－82153333	710016
第一工程有限公司	江苏省苏州市新区大同路10号	0512－66160328	215151
第二工程有限公司	北京市海淀区五棵松路32号慧科大厦东区12层	010－88591101	100142
第三工程有限公司	重庆市渝北区黄山大道中段5号水星B座13楼	023－61808830	401121
第四工程有限公司	山东省青岛市东海东路89号	0532－88017020	266061
第五工程有限公司	云南省昆明市关上宝海路雅都商务酒店	0871－7176649	650200
第六工程有限公司	陕西省西安市辛家庙康新路	029－62600206	710032
电气化工程有限公司	陕西省西安市高新区新型工业园企业1号公园6号	029－62680920	710119
房地产开发有限公司	重庆市南岸区江南大道19号城市之光30楼	023－62962309	400060
西安工程机械有限公司	陕西省西安市辛家庙康新路	029－62600300	710032
深圳工程分公司	广东省深圳市福田区福荣路碧海红树苑5幢9B	0755－25333286	518033
路桥工程分公司	陕西省西安市太华北路89号	029－82153890	710016
技工学校	陕西省渭南市向阳北街245号	0913－2167628	714000
咸阳基地管理处	陕西省咸阳市文林路	029－33785467	712000
西安基地管理处	陕西省西安市太华北路89号	029－82152759	710016
东南工程指挥部	上海市闸北区中华新路469号905室	021－61234690	200070
西南工程指挥部	四川省成都市高新区天府大道北段20号高新国际广场B座401号	028－85315100	610041
华北工程指挥部	北京市海淀区板井路世纪金源大饭店6单元8D	010－88464965	100097
西北工程指挥部	陕西省西安市太华北路89号	029－82152621	710016
海外工程保障中心	上海市宝山区友谊路318号5号楼	021－56782099	201900
中铁二十一局集团有限公司	甘肃省兰州市城关区和平路63号	0931－4924727	730000
第一工程有限公司	新疆维吾尔自治区乌鲁木齐市河南西路12号	0991－7923607	830011
第二工程有限公司	甘肃省兰州市城关区和平路63号	0931－4952187	730000
第三工程有限公司	陕西省咸阳市迎宾路	029－33784008	712000
第四工程有限公司	青海省西宁市火车站后384号	0971－7193254	810006
第五工程有限公司	甘肃省兰州市火车站南路189号	0931－4958689	730000
电务电化工程有限公司	甘肃省兰州市红山西路148号	0931－4924696	730000
北京分公司	北京市海淀区万丰路18号院5号楼3层	010－58872110	100073
西安德盛和置业有限公司	陕西省西安市雁南五路商通大道曲江综合服务中心6楼	029－85567281	710061
铺架工程公司	陕西省西安市南二环东段236号金桂苑大厦6楼	029－82350511	710054
中铁二十二局集团有限公司	北京市石景山区石景山路35号	010－51889839	100043
第一工程有限公司	北京市石景山区鲁谷路74号	010－51889913	100040
第二工程有限公司	北京市石景山区石景山路35号	010－51886517	100043
第三工程有限公司	福建省厦门市观音山国际商务运营中心11号楼22层	0592－5536927	361008
第四工程有限公司	河北省高碑店市和平路39号	0312－2823016	074000
第五工程有限公司	重庆市渝中区大坪正街140号2栋1单元10－6号	023－68573556	400042
第六工程有限公司	黑龙江省哈尔滨市南岗区下夹树街128号	0451－86424637	150006
哈尔滨铁路建设集团有限责任公司	黑龙江省哈尔滨市南岗区西大直街113号	0451－86422547	150006
电气化工程有限公司	北京市丰台区太平桥路15号尚西商务中心3层	010－63379259	100073
天瑞泰投资有限公司	北京市石景山区石景山路35号	010－51887445	100043

续表

单位名称	地址	电话	邮政编码
深圳分公司	广东省深圳市罗湖区新安路森威大厦雍景园12楼	0755－82357420	518002
海南分公司	海南省海口市海甸四东路富怡公寓8－1号	0898－66262535	570208
北京中铁天瑞机械设备有限公司	北京市海淀区复兴路40号	010－51889787	100855
铁路运营指挥部	北京市海淀区复兴路40号	010－51888752	100855
中铁二十三局集团有限公司	四川省成都市二环路西二段10－1号	028－68311110	610072
第一工程有限公司	山东省日照市黄海路65号	0633－3666120	276826
第二工程有限公司	黑龙江省齐齐哈尔市站前南大街	0452－2924907	161000
第三工程有限公司	四川省成都市温江区天府街3号	028－67230138	611137
第四工程有限公司	四川省成都市东门街84号	028－86695739－6451	610031
第五工程有限公司	上海市南汇区惠南镇城南路335号	021－68037915	201300
第六工程有限公司	重庆市渝中区嘉滨路118号	023－63037826	400010
第七工程有限公司	广东省深圳市龙岗区中心城龙城北路3号	0755－89982299	518172
第八工程有限公司	四川省成都市青羊区工业园区G区8栋A/B座	028－65588799	610091
川东水泥有限公司	四川省渠县三汇镇	0818－7887828	635209
电务工程有限公司	天津市南开区密云一支路燕宇花园45号	022－27519408	300112
轨道技术分公司	四川省成都市一环路北一段113号	028－86393615	610000
北京工程指挥部	北京市丰台区吴家村路3号世纪圣森商务会馆转	010－51755836	100040
西安工程指挥部	陕西省西安市金花北路301号紫昕花庭1号楼3单元1909号	029－88135911	710032
中铁二十四局集团有限公司	上海市会文路2号	021－51221317	200071
安徽工程有限公司	安徽省合肥市新海大道15号	0482－24909	230001
江苏工程有限公司	江苏省南京市龙蟠新庄54号	025－85414534	210037
上海铁建工程有限公司	上海市共和新路911号	021－56723578	200070
浙江工程有限公司	浙江省杭州市江城路692号	0571－87806165	310009
福建铁路建设有限公司	福建省福州市火车站沁园路77号	0591－87577551	350013
南昌铁路工程有限公司	江西省南昌市二七南路109号	0791－7022857	330002
新余工程有限公司	江西省新余市铁兴路216号	0790－6968255	338025
南昌建设有限公司	江西省南昌市二七南路116号	0791－6110683	330002
上海电务电化有限公司	上海市天目中路585号新梅大厦18F	021－51226558	200070
贵溪桥梁厂有限公司	江西省贵溪市柏里大道	0701－3773371	335400
鹰潭设备安装工程有限公司	江西省鹰潭市环城东路105号	0701－6447216	335000
上海房地产开发有限公司	上海市民德路20号	021－51223735	200071
路桥分公司	上海市秣陵路80号华象大楼15F	021－51236006	200070
中铁二十五局集团有限公司	广东省广州市中山一路55号	020－61327005	510600
广州铁路工程有限公司	广东省广州市越秀区桂花岗东2号	020－61357417	510405
柳州铁路工程有限公司	广西壮族自治区柳州市和平路138号	0772－3924927	545007
第二工程有限公司	湖南省衡阳市珠晖区乐群里166号	0734－2523457	421002
第三工程有限公司	湖南省长沙市人民中路职院街129号	0731－2636687	410001
电务工程有限公司	广东省广州市共和西路8号	020－61327499	510600
建筑安装工程有限公司	广东省广州市共和西路8号	020－61339022	510600
恒元建筑工程公司	广西壮族自治区柳州市红岩路二区75号	0772－3926659	545007

续表

单 位 名 称	地 址	电 话	邮政编码
南方实业开发有限公司	广东省广州市共和西路8号	020－61323737	510600
广州铁诚质量检测有限公司	广东省广州市共和西路8号	020－61324447	510600
房地产开发有限公司	广东省广州市中山一路55号	020－61324047	510600
轨道交通工程有限公司	广东省广州市中山一路55号	020－61324047	510600
北方分公司	山东省青岛市崂山区苗岭路29号	0532－89098013	266061
中铁建设集团有限公司	北京市石景山区石景山路20号	010－51885010	100131
北京中铁建安装工程有限公司	北京市石景山区张仪村16号	010－51885259	100040
北京中铁装饰工程有限公司	北京市石景山区张仪村16号	010－51885423	100040
中铁建设集团物业管理有限公司	北京市石景山区石景山路20号	010－51885414	100131
北京中铁建工物资有限公司	北京市丰台区张仪村16号	010－51885211	100040
北京中铁电梯工程有限公司	北京市丰台区张仪村16号	010－51885201	100040
北京尚信世恒工程检测有限公司	北京市丰台区张仪村16号	010－51885837	100040
中铁建设集团有限公司设备租赁分公司	北京市丰台区张仪村16号	010－51885205	100040
中铁建设集团有限公司装饰分公司	北京市丰台区张仪村16号	010－51885423	100040
中铁建设集团有限公司房产膳食服务管理中心	北京市石景山区石景山路20号	010－51885414	100131
中铁建设集团有限公司设备安装分公司	北京市丰台区张仪村16号	010－51885165	100040
中铁建设集团有限公司市政工程分公司	北京市丰台区张仪村16号	010－51885153	100040
中铁建设集团有限公司商砼分公司	北京市丰台区张仪村16号	010－51885172	100040
中铁建设集团有限公司模板架构件加工租赁中心	北京市丰台区张仪村16号	010－51885508	100040
北京中铁建设有限公司	北京市石景山区石景山路20号	010－51885980	100131
天津分公司	天津市河东区华兴道6号	022－24326670	300450
广东分公司	广东省珠海市拱北迎宾大道西侧御花园乾清阁7层D	0756－8119401	519020
西安分公司	陕西省西安市高新区高新四路17号	029－87939848	710075
四川分公司	四川省成都市龙泉驿区龙都南路198号成都大厦6楼	028－87315955	610091
武汉分公司	湖北省武汉市硚口区古田二路南泥湾大道65－71号汇丰企业总部1号楼A座504	027－83592836	
徐州分公司	江苏省徐州维维大道1号潘塘办事处511室	0516－83391516	221000
长沙分公司	湖南省长沙市开福区秀峰路69号山语城会所	0731－4849878	410210
郑州分公司	河南省郑州市金水区东明路187号	0371－65689583	450008
南京分公司	江苏省南京市沿江开发区方水路3－12号	025－86731018	2112000
山西分公司	山西省太原市南肖墙88号	0351－4085820	030001
济南分公司	山东省济南市历山路122号	0531－80655376	250014
厦门分公司	福建省厦门市集美区石鼓路82号	0592－6682115	361024
宁德分公司	福建省宁德市东侨区闽东东路8号	0593－2533300	352100
中铁建设集团湖北建设有限公司	湖北省武汉市硚口区古田二路南泥湾大道65－71号汇丰企业总部1号楼A座504	027－83592836	
中铁建设珠海有限公司	广东省珠海市拱北迎宾大道西侧御花园乾清阁7层D	0756－8880797	519020
中铁建设集团西安工程有限公司	陕西省西安市高新区高新四路17号志成商务C座	029－88310039	710075

续表

单 位 名 称	地 址	电 话	邮政编码
中铁建设集团西北设计有限公司	陕西省西安市高新区高新四路17号志成商务C座506B	029－88310039	710075
澳门中北建设有限公司	澳门北京街244号金融中心9楼A座	+853－62368359	
北京佳汇房地产开发有限公司	北京市怀柔区雁栖镇政府东侧50米	010－65526303	101400
中铁建设集团中加伟业房地产有限公司	北京市密云县沙河村西云秀花园翠竹园2号4层	010－69059771	101500
中铁建设集团信阳房地产有限公司	河南省信阳市浉河区河南路66号	0376－6395900	464000
陕西京创房地产开发有限公司	陕西省咸阳市文林小区11号楼412室	0910－3771720	712000
西安侨隆置业有限公司	陕西省西安市高新区高新四路17号志成商务C座	029－88779813	710075
中铁建电气化局集团有限公司	北京市石景山区石景山路29号	010－88779813	100043
第一工程有限公司	河南省洛阳市白马寺镇18号	0379－62630033	471013
第二工程有限公司	山西省太原市尖草坪区昌盛西街18号	0351－3258199	030023
第三工程有限公司	河北省高碑店市兴华北路57号	0312－7932806	074000
第四工程有限公司	湖南省长沙市雨花区中意一路728号	0731－85627025	410116
第五工程有限公司	广西壮族自治区柳州市红岩路二区6号	0772－3924776	545007
南方工程有限公司	湖北省武汉市东湖开发区华光大道19号	027－51129258	430074
北方工程有限公司	山西省太原市迎泽西大街369号	0351－6129536	030053
北京京燕饭店有限公司	北京市石景山区石景山路29号	010－68876666	100043
西安电气化制品有限公司	陕西省西安市纺织城纺南路	029－83497969	710038
科技有限公司	河北省高碑店市西大街建国胡同9号	0312－7938502	074013
北京中铁建电气化设计研究院	北京市石景山区石景山路29号	010－88779906	100043
城市轨道交通分公司	北京市石景山区石景山路29号	010－88779952	100043
常州轨道交通器材有限公司	江苏省常州市武进区雪堰镇潘家工业集中区	0519－86547055	213179
康远新材料有限公司	江苏省江阴市周庄镇港西路113号江阴市电工合金有限公司	0523－84609028	214423
中铁房地产集团有限公司	北京市石景山区阜石路166号泽洋大厦17层	010－52638620	100041
北京天太金海置业有限公司	北京市西城区国投大厦东南角西派公寓2号楼2层	010－66116689	100043
长沙市大联实业发展有限公司	湖南省长沙市开福区秀峰路69号山语城会所3楼	0731－84849200	410210
中铁房地产开发(保定)有限公司	河北省保定市复兴中路999号	0312－5907906	071051
徐州中铁房地产开发有限公司	江苏省徐州市建国西路75号财富广场A座22层	0516－85969070	221006
贵州中泓房地产开发有限公司	贵州省贵阳市南明区太慈桥车水路76号	0851－5505188	550007
长春中铁房地产开发有限公司	吉林省长春市汽车产业开发区长沈路2488号	0431－85739808	130011
中铁地产(成都)开发有限公司	四川省成都市龙泉驿区北泉路1188号	028－84867208	610100
中铁房地产集团(广西)有限公司	广西壮族自治区南宁市金湖路63号金源CBD现代城C座17层	0771－2829988	530111
中铁嘉业(北京)投资有限公司	北京市房山区广阳大街9号	010－80393567	102445
湖南中盛嘉业房地产开发有限公司	湖南省长沙市经济技术开发区漓湘路与东六线交汇处中国铁建·国际城售楼部2楼	0731－4023296	410100
中铁房地产集团(惠州)有限公司	广东省惠州市惠城区马安镇	0756－2290339	516057
中铁房地产集团合肥置业有限公司	安徽省合肥市庐阳区桃源路99号	0551－5661988	230041
北京第六大洲房地产开发有限公司	北京市朝阳区来广营乡清河营村1号地	010－84912792	100012

续表

单位名称	地址	电话	邮政编码
中铁第一勘察设计院集团有限公司	陕西省西安市西影路2号	055－65021(路)	710043
新疆铁路勘察设计院有限公司	新疆维吾尔自治区乌鲁木齐市北京南路703号	073－56021(路)	830011
青海铁道工程勘察有限责任公司	青海省西宁市共和南路23号	075－92227(路)	810007
甘肃铁道综合工程勘察院有限公司	甘肃省兰州市民主西路35号	071－34733(路)	730000
陕西铁道工程勘察有限公司	陕西省宝鸡市中山西路88号	017－22123(路)	721001
甘肃地一铁道工程承包有限责任公司	甘肃省兰州市和政路127号	071－34597(路)	730000
甘肃铁一院工程监理有限责任公司	甘肃省兰州市和政路127号	071－33053(路)	730000
西安铁一院工程咨询监理有限责任公司	陕西省西安市西影路2号	055－49011(路)	710043
甘肃格瑞生态技术有限公司	陕西省西安市西影路2号	055－49064(路)	710043
甘肃环通工程试验检测有限公司	甘肃省兰州市和政路131号	071－33676(路)	730000
甘肃宏图文印有限公司	陕西省西安市西影路2号	055－49068(路)	710043
中铁第四勘察设计院集团有限公司	湖北省武汉市武昌区和平大道745号	027－86812844	430063
线路站场设计研究处	湖北省武汉市武昌区和平大道745号	027－86816139	430063
桥梁设计研究处	湖北省武汉市武昌区和平大道745号	027－86811470	430063
地质路基设计研究处	湖北省武汉市武昌区和平大道745号	027－51155953	430063
航空勘察处	湖北省武汉市武昌区和平大道745号	027－51156015	430063
设备设计研究处	湖北省武汉市武昌区和平大道745号	027－86814195	430063
通信信号设计研究处	湖北省武汉市武昌区和平大道745号	027－51155236	430063
电气化设计研究处	湖北省武汉市武昌区和平大道745号	027－86814200	430063
工程经济设计处	湖北省武汉市武昌区和平大道745号	027－51155305	430063
环境工程设计研究处	湖北省武汉市武昌区和平大道745号	027－51156234	430063
城市轨道交通建筑设计研究院	湖北省武汉市武昌区和平大道745号	027－51155288	430063
道路交通设计研究院	湖北省武汉市武昌区和平大道745号	027－51156792	430063
工程勘察院	湖北省武汉市洪山区铁机村	027－51156248	430063
信息中心	湖北省武汉市武昌区和平大道745号	027－86811459	430063
图文印制中心	湖北省武汉市武昌区和平大道745号	027－86814198	430063
北京分院	北京市海淀区小马厂华天大厦11楼	010－63323794－1616	100039
上海分院	上海市广灵四路24号甲7层	021－55390252	200083
广州分院	广东省广州市广花二路85号矿泉游泳场	020－61358689	510400
南京分院	江苏省南京市瑞金路33号瑞金花苑10楼A座	025－84585248	210016
福州分院	福建省福州市北环路沁园新村3栋3103号	0591－87595548	350013
郑州分院	河南省郑州火车站架桥机院内	053－54020（路电）	450052
合肥分院	安徽省合肥市新站开发区高阳路东	0482－25433（路电）	230011
杭州分院	浙江省杭州市江干区彭埠镇	0571－86495777	310021
厦门分院	福建省厦门市金培南二路1号	0592－3822125	361004

续表

单 位 名 称	地 址	电 话	邮政编码
深圳分院	广东省深圳市南山区学府路荟芳园D栋5楼	0755－26530649	518054
苏州设计院	江苏省苏州市横山寿山路	0512－68139639	215009
无锡设计院	江苏省无锡市振新路588号重点办606室	0510－82798269	214001
广州设计院有限公司	广东省广州市共和西路6号	020－61322417	510600
南宁设计院有限公司	广西壮族自治区南宁市高新区高新五路3号	0771－2722157	530003
武汉铁道工程承包有限责任公司	湖北省武汉市武昌区和平大道745号	027－86715014	430063
铁四院(湖北)工程监理咨询有限公司	湖北省武汉市武昌区和平大道745号	027－86811518	430063
武汉铁四院工程咨询有限公司	湖北省武汉市武昌区和平大道745号	027－51156952	430063
武汉鸿基岩土工程院有限责任公司	湖北省武汉市武昌区和平大道745号	027－51155953	430063
武汉铁四院工程造价咨询有限公司	湖北省武汉市武昌区和平大道745号	027－51155305	430063
武汉铁四院控制爆破技术有限公司	湖北省武汉市武昌区和平大道745号	051－55512（路电）	430063
湖北华鸿置业发展有限公司	湖北省武汉市武昌区和平大道745号	051－55729（路电）	430063
海南铁四院设计有限公司	海南省海口市和平南路79号	0898－65337590	570203
珠海铁四院勘察设计有限公司	广东省珠海市拱北联安路99号	0756－8888124	519020
惠州大亚湾铁惠实业有限公司	广东省惠州市惠阳区人民六路锦珠花园B栋502号	0752－3362178	516211
中铁第五勘察设计院集团有限公司	北京市大兴区康庄路9号	010－51011506	102600
线路运输设计分院	北京市大兴区康庄路9号	010－51011110	102600
地质路基勘察设计分院	北京市大兴区康庄路9号	010－51011689	102600
桥梁设计分院	北京市大兴区康庄路9号	010－51011569	102600
四电设计分院	北京市大兴区康庄路9号	010－51011265	102600
城市轨道交通设计分院	北京市大兴区康庄路9号	010－51011227	102600
建筑设计分院	北京市大兴区康庄路9号	010－51011589	102600
市政工程设计分院	北京市大兴区康庄路9号	010－51011584	102600
工程经济设计分院	北京市大兴区康庄路9号	010－51011269	102600
给排水与环境工程设计分院	北京市大兴区康庄路9号	010－51011180	102600
东北勘察设计分院	黑龙江省哈尔滨市南岗区西大直街51号	0451－86424957	150006
技术研究分院	北京市大兴区康庄路9号	010－51011159	102600
工程咨询公司	北京市大兴区康庄路9号	010－51011660	102600
北京铁研建设监理有限责任公司	北京市大兴区康庄路9号	010－51011278	102600
北京铁五院工程试验检测有限公司	北京市大兴区康庄路9号	010－51011217	102600
北京中铁建北方路桥工程有限公司	北京市大兴区康庄路9号	010－51011679	102600
北京金铁四方工程机械有限公司	北京市大兴区康庄路9号	010－51011679	102600
中铁上海设计院集团有限公司	上海市天目中路291号	021－51225147	200070
南昌铁路勘测设计院有限责任公司	江西省南昌市工人新村二路27号	0791－7021157	310007
合肥铁路勘察设计院有限责任公司	安徽省合肥市新站开发区18号	0551－2123581	230001

续表

单　位　名　称	地　　址	电　　话	邮政编码
杭州铁路设计院有限责任公司	浙江省杭州市孝女路2－2号3楼	0571－56735530	310007
上海先行建设监理有限公司	上海市天目中路291号	021－63818678	200070
上海铁路局工程咨询公司	上海市天目中路291号	021－63179645	200070
上海先科桥梁隧道检测加固工程技术有限公司	上海市天目中路291号	021－63817090	200070
广州分院	广东省广州市白云区新广从路泉水街15号	020－86336694	510420
工程勘察院	上海市交通路3131号乙	021－56358398	200333
城建设计院	上海市天目中路265号	021－63818203	200070
中铁物资集团有限公司	北京市海淀区西四环中路19号	010－51881098	100143
东北有限公司	辽宁省沈阳市东北大马路337号	024－88204558	110044
华东有限公司	上海市长乐路462号	021－62172358	200020
中南有限公司	湖北省武汉市武昌区丁字桥路25号	027－87929851	430070
西北有限公司	陕西省西安市友谊东路150号	029－82258491	710054
西南有限公司	四川省成都市一环路北一段113号	028－87664714	610031
华北有限公司	河北省石家庄市工人街22号	0311－85364898	050000
华南有限公司	广东省广州市越秀区东风东路745号东山紫园国际商务大厦17楼	020－38880314	510610
北京五棵松饭店有限公司	北京市海淀区西四环中路19号五棵松饭店	010－51881188	100143
北京中铁工业有限公司	北京市石景山区玉泉路65号	010－88688618	100040
北京中铁建印刷有限公司	北京市复兴路40号	010－51888248	100855
南京有限公司	江苏省南京市中山路179号15楼A座	025－83368335	210005
铁建民爆器材专营有限公司	北京市海淀区西四环中路19号	010－51873806	100143
中石油铁建油品销售有限公司	北京市海淀区复兴路21号海育大厦10层	010－68576262	100036
北京中铁福斯罗技术有限公司	北京市海淀区西四环中路19号218房间	010－51881070	100143
鞍钢办事处	辽宁省鞍山市铁东区对炉街30－9号	0412－6331638	114041
包钢办事处	内蒙古自治区包头市昆区民族东路香港花园景秀苑10栋55号	0472－5919167	014010
攀钢办事处	四川省攀枝花市炳草岗大街泰隆大厦西14楼	0812－3359028	617300
武钢办事处	湖北省武汉市武昌区丁字桥27号	027－87129886	430070
昆明中铁大型养路机械集团有限公司	云南省昆明市金马镇大羊方旺384号	0871－3912751	650215
中铁轨道系统集团有限公司	湖南省长沙经济技术开发区东七路88号	0731－84071800	410100
道岔分公司	湖南省株洲市建设北路	0731－28300006	412005
重型装备分公司	湖南省长沙经济技术开发区东七路88号	0731－84071860	410100
中铁株洲桥梁有限公司	湖南省株洲市建设北路487号	0733－8372019	412005
隆昌工务器材厂	四川省隆昌县金鹅镇外站路75号	083－25166500	642150
株洲中铁电气物资有限公司	湖南省株洲市田心北站路81号	0731－22681288	412001
中铁轨道工程研究设计有限公司	北京市丰台区海鹰路1号院1号楼	010－83682459	100070
北京铁城建设监理有限责任公司	北京市海淀区复兴路40号	010－51886957	100855
信诺工程检测有限公司	北京市海淀区复兴路40号	010－52689365	100855

续表

单 位 名 称	地 址	电 话	邮政编码
天津分公司	北京市朝阳区红松园2号	010－51883750	100018
南京分公司	河南省洛阳市四通路2号	0379－62637873	471013
成都分公司	四川成都市通惠门路3号锦都2幢2单元0904号	028－66663176	610015
合肥分公司	安徽省合肥市蒙城北路板桥商住楼1－802室	0551－5695162	230041
深圳分公司	广东省深圳市福田区侨香路香格丽苑C幢13A02	0755－28536274	518034
电气化事业部	北京市复兴路40号	010－52689367	100855
重庆事业部	重庆市渝中区上清寺环球广场15楼F户	023－86362370	400015
武汉事业部	湖北省武汉市东湖开发区关山大道519号长城.坐标城C区8栋1－4－401		430223
西安事业部	陕西省西安市未央区龙首北路西段9号航天新都B座1单元1205室	029－86222033	710014
中铁建（北京）商务管理有限公司	北京市复兴路40号	010－51888421	100855
北京中铁建物业管理中心	北京市复兴路40号	010－51887649	100855
北京铁建医院	北京市复兴路40号	010－51888417	100855
北京铁建宾馆	北京市复兴路40号	010－51889602	100855
北京中铁建商贸中心	北京市复兴路40号	010－51887115	100855
中铁建中非建设有限公司	北京市复兴路40号中国铁建大厦8层	010－52689321	100855
中国铁道建设（加勒比）有限公司	No. 78 Ellerslie Park, Maraval, Port－of－Spain, Trinidad and Tobago, west Indies	1868－6222074	
中国铁道建设（香港）有限公司	香港九龙港铁红磡站港铁红磡大楼207室	852－27749886	
诚合保险经纪（北京）有限责任公司	北京市复兴路40号中国铁建大厦8层东侧	010－52689666	100855
股份公司北京培训中心	北京市大兴区龙河路16号	010－69296341	102600
中国铁道建筑报社	北京市复兴路40号	010－51887497	100855
北京通达京承高速公路有限公司	北京市怀柔区庙城怡安园	010－51043301	101401
重庆铁发遂渝高速公路有限公司	重庆市渝北区洪湖东路55号财富中心19栋	023－67908816	401121
南京长江隧道有限公司	江苏省南京市广州路5号君临际2栋21楼	025－51861288	210008
咸阳中铁路桥有限公司	陕西省咸阳市世纪西路108号	029－33690262	712000
重庆鱼洞长江大桥建设指挥部	重庆市巴南区鱼洞镇双安街47号万友康磐苑	028－66289127	401321
中国铁建昆明市二环改扩建工程指挥部	云南省昆明市西山区福景路38号	0871－8277681	650228
中铁建山东京沪高速公路济乐有限公司	山东省济南市高新技术开发区天辰大楼1188号	0531－89703607	250101
包西铁路工程指挥部	陕西省延安市东关街百姓家园1406号	0911－2118278	716000
中国铁建股份有限公司阿尔及利亚项目经理部		00213－21－586828	16000

索　　引

使用说明

1. 本索引采用内容分析索引法编制。除大事记外，年鉴中有实质检索意义的内容均予以标引，以便检索使用。

2. 本索引基本上按汉语拼音音序排列。具体排列方法如下：以数字开头的，排在最前面；汉字标目按首字的音序、音调依次排列，首字相同时，则以第二个字排序，并依此类推。

3. 索引标目后的数字，表示检索内容所在的年鉴正文页码；数字后面的英文字母 a、b，表示年鉴正文中的栏别，组合在一起即指该页码及左、右两个版面区域。年鉴中用表格、图片反映的内容，则在索引标目后面用括号注明（表）、（图）字，以区别于文字标目。

4. 为反映索引款目间的隶属关系，对于二级标目，采取在上一级标目下缩二格的形式编排，之下再按汉语拼音音序、音调排列。

0～9

A

B

C

D

E

F

G

H

J

K

L

M

N

P

Q

R

S

T

W

X

（王彦祥　毋栋　编制）